北京西城年鉴

BEIJING XICHENG NIANJIAN

2014

北京市西城区地方志编纂委员会办公室　编

中華書局

图书在版编目(CIP)数据

北京西城年鉴. 2014/ 北京市西城区地方志编纂委员会办公室编.
—北京：中华书局, 2014.11
ISBN 978-7-101-10443-1

Ⅰ. 北… Ⅱ. 北… Ⅲ. 西城区-2014-年鉴 Ⅳ. Z521.3

中国版本图书馆 CIP 数据核字(2014)第 235934 号

责任编辑 朱 慧
版式设计 朱红娟
封面设计 朱红娟

北京西城年鉴 2014
北京市西城区地方志编纂委员会办公室 编
*
中 华 书 局 出 版
(北京市丰台区太平桥西里 38 号 100073)
http: // www. zhbc. com. cn
E-mail: zhbc@zhbc. com. cn
北京公交印刷有限公司印刷
*
889 × 1194 毫米 1/16 30.5 印张 32 插页 939 千字
2014 年 12 月第 1 版 2014 年 12 月第 1 次印刷
印数:2000 册 定价:180.00 元

ISBN 978-7-101-10443-1

《北京西城年鉴》编辑部

编　辑　说　明

一、《北京西城年鉴》是一部综合性资料性工具书，在中共北京市西城区委和西城区人民政府的领导下，由区地方志编纂委员会办公室主持编纂。

二、《北京西城年鉴》以邓小平理论和“三个代表”重要思想为指导，贯彻落实科学发展观，遵循实事求是的原则，科学、客观地反映实际情况，为领导决策提供可资参考的依据，为各行各业提供有价值的资料，为各方面人士了解西城、研究西城提供最新信息。

三、《北京西城年鉴》从2000年开始，逐年编纂出版。当年出版的年鉴，全面记述上一年度西城区在各条战线、各个方面所发生的重大事件和新的情况，系统汇集重要的文献。以记述西城区属各系统、各单位情况为主，对境域内中央、市属有关单位适当记述。

四、《北京西城年鉴》采用文章和条目两种体裁，以条目体为主，用规范的语体文、记述体，直陈其事，文字力求言简意赅。文内一般直书月、日，不再书写上一年度年份。

五、《北京西城年鉴(2014)》记述2013年1月1日至12月31日期间情况，设有特载、专文、大事记、党派、政权政协、群众团体、政法军事、功能街区建设重大项目建设、综合经济管理、工业商务、金融、城市建设、交通邮电公用事业、城市管理、科技教育、文化旅游体育卫生、社会生活、街道、人物、统计资料、附录共21个一级栏目。一级栏目下设二级栏目，二级栏目下设分目，分目下设条目。

六、《北京西城年鉴(2014)》收有西城区党、政、军、各民主党派、各人民团体、街道、部分企业负责人名录，驻区部分单位负责人名录，以及获国家、中央部委、北京市奖励与荣誉称号的单位和个人名单。所列均以2013年内为限。

七、《北京西城年鉴(2014)》所选文章和条目，均由各部门、各单位确定专人撰写，并经主管负责人审核。统计资料由区统计局提供。照片由各单位及区新闻中心提供。

八、《北京西城年鉴(2014)》由《北京西城年鉴》编辑部负责编辑，进行文字加工和版式设计。编辑部设在西城区地方志编纂委员会。

九、《北京西城年鉴(2014)》在编辑出版工作中，得到了全区各单位和社会各界的大力支持和帮助，在此一并表示感谢。由于编辑水平所限，疏漏与不足在所难免，恳请广大读者批评指正。

12月28日，中共中央总书记习近平到庆丰包子铺月坛店就餐

“习总套餐”受到追捧

2月1日，国务院总理温家宝到牛街街道调研

10月13日，国务院副总理刘延东到西城区银龄公寓调研

中国共产党北京市西城区第十一届委员会第六次全体会议

北京市西城区第十五届人民代表大会第三次会议

中国人民政治协商会议北京市西城区第十三届委员会第三次会议

中共西城区纪委第十一届四次全体会议

① 东太平街社区学习十八届三中全会公报精神座谈会
② 李大钊廉洁思想专题巡回展启动
③ 月坛地区党建联合会成立
④ 展览路街道党代表接待日

① 全国中小企业股份转让系统在金融街举行揭牌仪式
② 第二届金融街论坛开幕
③ 西城区与大唐集团合作备忘录签约仪式
④ 北京金融博览会金融街展台
⑤ 中国（北京）国际服务贸易交易会合作洽谈文创展厅西城展区

① 护国新天地落成仪式
② 北京市西城区大栅栏琉璃厂商会成立
③ 北京张一元金桥茶叶有限公司、科技发展有限公司、物流有限公司同期开业
④ 老字号德寿堂药店重张
⑤ 外资便利店连锁巨头罗森旗舰店在西城开业
⑥ 西城区首家早餐规范店——护国寺小吃二七剧场路店开业

2013北京西城电子商务消费周

2013北京马连道国际茶文化节

大栅栏琉璃厂精品交易文化季启动仪式

西单店华夏典当行展卖拍卖中心开业

① 保障房房山长阳（经济适用房）项目
② 保障房丰台张仪村项目
③ 保障房昌平回龙观一期项目
④ 白纸坊街道平原里社区节能改造
⑤ 直管公房平房大修翻建

① 整治后的东安福胡同

② 整治后的灵境小区

③ 楼体降层施工改造后的白塔寺药店

④ 劝业场修缮

西城区全响应网格化
社会服务管理指挥中心揭牌

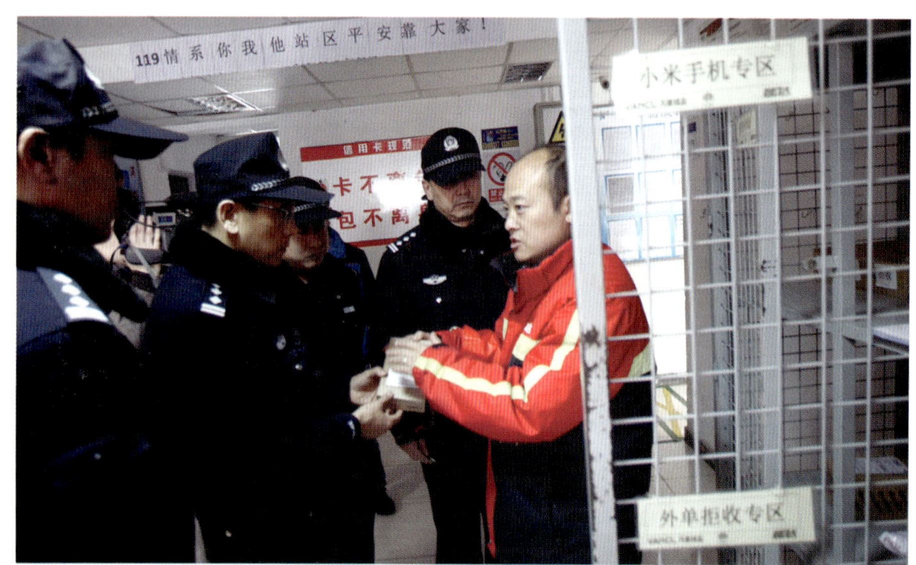

突查128家快递企业

群租房试点整治

查处“黑停车场”

打掉盗版窝点

检查禽产品市场

突击检查网吧

西城区有限空间作业事故应急救援演练

奋斗小学应急演练

广安门外街道社区应急演练

A级旅游景区消防、防汛、救援综合演练

① 环保局工作人员向社区居民讲解机动车尾气排放检测相关知识

② 垃圾减量分类知识竞赛

③ 向建筑工地发放施工现场空气重污染应急措施公告牌

④ 金象环保骑行公益活动

⑤ 食品安全宣传

第十六届中国北京国际科技产业博览会西城馆

北京市保护知识产权举报投诉服务中心（北京12330）西城区分中心及康华伟业孵化器工作站成立

西城区2013科技周启动仪式现场，虚拟场景的灭火培训系统展示

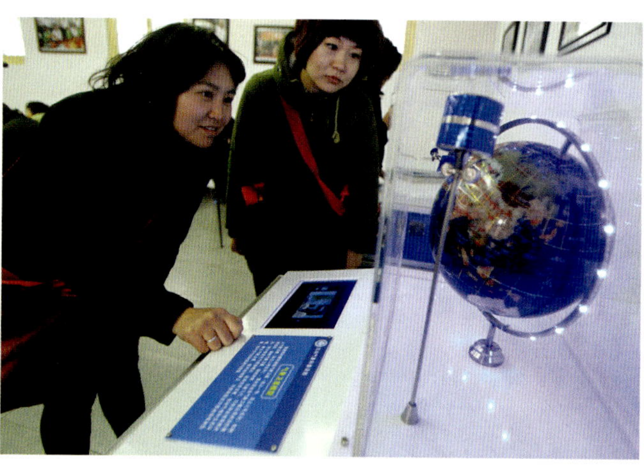

世界气象日，专家向居民介绍气象知识

2013年科普之夏主场活动

教育教学观摩活动

北京市首部小学民族音乐教材在西城区问世

西城区中学生论坛

中小学生博物馆里上“大课”

2013年西城区中小学生田径运动会

西城区幼教系统第二届西城杯评优活动决赛

西城区2名学生获全市技能大赛大奖

西城区学生参加北京市第三十三届青少年科技创新大赛获奖

天桥艺术大厦

天桥历史景观工程竣工

天桥演艺区标识

“走近天桥 领略艺境”首场活动之“忆·天桥的大师”在万胜剧场举行

① 第八届中国北京国际文化创意产业博览会西城展区
② 非遗传承人孟德仁（右）展示金属锻錾工艺
③ 电影《大碗茶》入藏中国电影博物馆
④ 西城原创音乐剧基地落成

① 西城区优秀品牌文艺团队评比

② 第十一届“椿树杯”京剧票友大赛

③ 西城区纪念建党92周年暨首届机关文化节闭幕式

④ 金融街社区学校新春音乐会

⑤ 牛街民族之韵舞蹈队获北京社区舞蹈大赛一等奖

西城区第一届职工运动会

北京市体育公益活动社区行西城区启动仪式

“六一”节3000名西城区小学生在天安门广场展示小学生第三套广播体操

西城区第三届民族民俗体育文化节

① 特警为居民展示装备“奥秘”

② 第二医院进警营举办心理解压讲座

③ 北京北站送走67名新兵

④ 西城区民兵参加北京市举行的冲锋舟操作比武考核

⑤ 40名军转干部在双选会上与用人单位达成意向

西城区第二届家庭才艺大赛

牛街街道成立西城区首家社区工作者协会

陶然亭街道龙泉社区数字图书馆

新街口街道1+5
为老服务平台

限价商品住房选房现场

全市首个街道出入境手续办理窗口入驻金融街街道公共服务大厅

白纸坊街道便民菜店为居民免费发放“爱心菜”

西城区残疾人就业保障金审核征缴出台新措施

全市首家中国青年创业国际计划街道级服务站落户广安门外街道

① 2013年国际民间友好论坛开幕
② 西城区与墨西哥墨西哥城阿斯卡波萨尔科区签署《建立友好城市关系意向书》
③ 西城区与韩国首尔市中区乒乓球友谊赛
④ 西城区与香港南区友好交流音乐会
⑤ 联合国教科文组织外国友人参观大栅栏琉璃厂

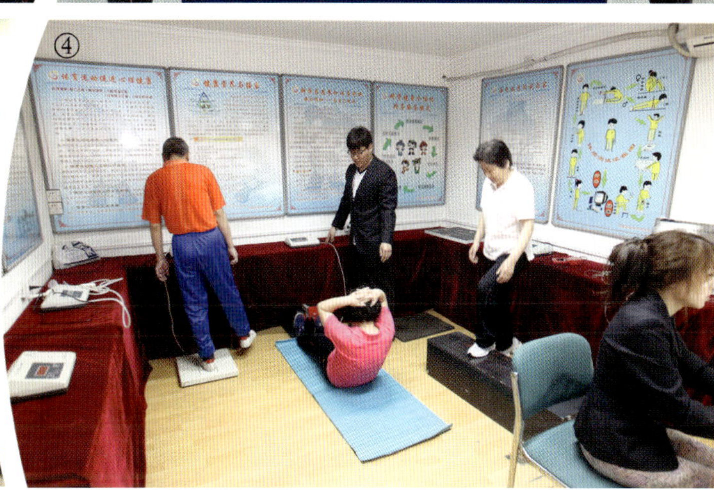

① 北京中医药大学附属护国寺医院升为三级甲等专科医院揭牌仪式
② 北京肛肠医院与北京中医药大学签订教学合作协议
③ 平安医院挂牌成为糖尿病学校
④ 西城区成立首批科学健身个性化指导标准站
⑤ 西城区全民健康生活方式日——减盐行动启动仪式
⑥ 世界卫生日预防高血压主题宣传活动

西城区成立“爱河护绿”志愿者队伍

北京首支涉外红十字志愿服务队在西城区成立

天桥雷锋图书馆开馆

全国道德模范与身边好人现场交流活动第100场

西城侨联举办“我的中国梦”文艺演出

金融街人的中国梦演讲

陶然亭街道组团宣讲“中国梦”

“中国梦·百姓梦·我的梦”宣讲

北京营城建都滨水绿道

北京营城建都滨水绿道金中都公园一角

金中都公园宣阳台夜景

绿道驿站

北京营城建都滨水绿道鸟瞰

西城区地图

图 例

市政府驻地	金融机构	电信机构	汽车站
区政府驻地	邮政机构	科研机构	其他
街道办事处驻地	酒店、宾馆、餐饮	大学、中小学、幼儿园	区界
政府机构	大厦、写字楼、公寓	医院	街道界
街道社区服务中心	工厂公司	商场、超市	公园绿地
新闻出版	公安消防	体育场馆	居民地
文化娱乐	驻京办事处	古迹	

比例尺 1:13000

北京市规划委员会西城分局、北京市测绘设计研究院2011年编制

目　录

特　载

专　文

大事记

党　派

群众团体

政法　军事

·流动人口和出租房屋服务管理工作

·公安工作

·检察工作

·审判工作

·司法行政工作

·交通管理工作

·武装部工作

综合经济管理

工业　商务

金　融

城市建设

交通　邮电　公用事业

城市管理

科技　教育

·学前教育

·职业教育与成人教育

·社区教育

社会生活

街 道

人　物

统计资料

附　录

索　引

BEIJING XICHENG YEARBOOK
CONTENTS

特　载

凝心聚力　抢抓机遇
以改革创新精神推动科学发展

在区委十一届六次全会上的工作报告

中共西城区委书记　王宁

（2013年12月30日）

现在，我受区委常委会委托，向全会报告工作，请予以审议。

这次会议的主要任务是，深入贯彻落实党的十八大、十八届二中、三中全会和中央经济工作会议、城镇化工作会议精神，按照市委十一届三次全会的工作部署和要求，认真总结2013年工作，研究部署2014年任务，动员全区各级党组织和广大党员干部群众，统一思想，坚定信心，以改革创新精神推动区域科学发展。

一、2013年工作回顾

一年来，在市委的坚强领导下，区委认真贯彻落实党的十八大和习近平总书记系列重要讲话精神，按照市委、市政府工作部署，紧紧围绕首都发展的新形势新要求，深入实施“服务立区、金融强区、文化兴区”发展战略。充分发挥领导核心作用，全力保障和支持人大、政府、政协开展工作，积极吸纳社会各界意见建议，不断提高科学决策水平，团结带领全区人民开拓进取、稳中求进，各项事业取得新发展。2013年，地区生产总值预计实现2800亿元，同比增长9%左右；区级公共财政预算收入完成342亿元，同比增长10.6%；全社会固定资产投资预计完成210亿元，同比增长6%左右；社会消费品零售额预计完成840亿元，同比增长10%左右；城镇居民人均可支配收入预计达到43000元，同比增长9%左右。全年工作突出体现在以下几个方面：

（一）进一步加快功能区建设步伐，为区域发展奠定良好基础

区委始终把服务首都大局、促进区域可持续发展作为全区工作的重心，牢牢抓住核心优势，充分调动各方资源，以功能区建设带动发展、增强后劲，加快推进经济发展方式转变和发展质量提升。今年以来，各功能区重点建设项目稳步推进，产业发展空间得到有效拓展，先后吸引中交财务有限公司等83家优质资源入驻，注册资本金达203亿元，全国中小企业股份转让系统挂牌运营并扩容至全国，弥补了在全国性资本市场的空白，北京金融资产交易所控股权转移至中国人民银行，成为全国性金融资产交易市场，金融街的资源配置力和产业辐射力实现新跨越。中国设计交易市场、北京出版创意园的产业集聚态势良好，西单老佛爷百货、护国新天地顺利开业，天桥历史文化景观工程竣工，杨梅竹斜街试点项目深入推进，打造了一批功能区建设发展品牌。同时，在原有“5+2”的基础上，新组建了马连道、北展地区两个指挥部，功能区板块发展、产业调整的步伐全面加快。

（二）进一步强化精细化管理理念，有效改善地区环境、提升城市发展品质

区委紧紧围绕首都环境建设的总体要求，以建设“美丽西城”为目标，坚持以人为本，精细管理，不断完善长效管理机制，深入推进管理重心下移，充分动员全社会方方面面力量，强化源头治理和综合整治，着力打造景观亮点，城市环境更加优美。今年，全区集中力量开展了“拆违、清障、治污、灭脏”四大专项行动，加大重点地区违章停车、占道经营、无照游商查处力度，实施“城中村”、“边角地”环境治理，完成50条街巷胡同绿化和18个老旧小区综合整治，拆除违法建设7.5万平方米，实现新生违法建设“零增长”目标，城市痼疾顽症得到有效治理。积极探索核心区环境提升新模式，调整规划用地为居民增加公共休闲空间，提升城市综合服务功能，美化区域环境，高质量完成中南海周边文保区景观提升试点和“绿道”建设工程，成为全市精品示范项目。探索形成老旧小区与街巷胡同“四管治两小”的停车管理模式，通过多种途径新增停车位，有力地推进了中心城区停车难问题的解决。

（三）突出抓好群众关心的重点难点问题，切实保障和改善民生

区委始终坚持把改善民生作为一切工作的出发点和落脚点，以群众需求为导向，以群众满意为标准，大力促进各项社会事业发展，不断加大社会保障和综合救助力度，居民生活得到有效改善。深入推进“全响应”社会服务管理体系建设，基本建成区街两级指挥中心，强化需求导向机制，推进资源互联互通，民生需求得到有效回应，“全响应”机制服务民生的作用与品牌影响力不断增强。从扩大公共服务资源入手，加快教育、养老等公共服务设施建设，新增教育学位3000余个、养老床位251张，有效缓解了资源不足问题。同时，我们还紧紧抓住北京市全面启动棚户区改造的机遇，积极用好政策，把保障房建设、旧城保护、老旧小区综合整治、简易楼腾退修缮与棚户区改造统筹起来，多措并举改善居民住房条件。截止目前，全区14个棚改项目已全面启动，其中，百万庄北里居民住房改善工程作为全市首个试点，受到了社会广泛关注和群众欢迎。强化维稳第一责任，深入推进“平安西城”建设，巩固了社会安定和谐的局面，群众安全感、幸福感进一步提升。

（四）以改进作风为突破口全面加强党的建设，不断提升党组织的凝聚力和战斗力

区委把改进工作作风作为密切党和群众血肉联系、巩固党的执政基础的必然要求，作为全面加强党的建设的突破口，进一步夯实党建工作基础，为推动事业发展提供了坚强保证。今年以来，区委认真组织学习党的十八大、十八届三中全会以及习近平总书记系列重要讲话精神，开展中国特色社会主义理论体系、“中国梦”宣传教育活动，引导党员干部积极投身改革，聚焦发展。坚持以德为先、德才兼备的原则，认真执行干部选拔任用制度和“一报告两评议”制度，严格干部任用责任倒查，培养选拔了一批综合素质较高的领导干部。开展了“访民情、听民意、解民难”和“践为民宗旨、兴务实之风、促社区和谐”活动，领导干部带头深入基层、贴近群众，选派255名骨干到社区实践锻炼，部门与街道统筹联动，群众反映的问题有97%得到解决。以创建“全国社会组织建设创新示范区”为契机，实现社会组织党的工作全覆盖。从区级、街道、社区三个层面推进区域化党建工作，深化“非公有制企业党建活力工程”，基层党组织服务群众、凝聚群众的作用更加突出。认真落实党风廉政建设责任制，坚决贯彻中央八项规定要求和市委的实施意见，着力纠正“四风”问题，完善廉政风险防控机制，推进党务政务公开，营造了风清气正的良好环境。

回顾过去一年的工作，我们取得的成绩来之不易。这些成绩，是在市委的正确领导下，全区各级党组织和广大党员干部群众扎实工作的结果，是社会各界关心、支持、帮助的结果。大家在工作中的探索和经验，弥足珍贵，希望在今后的工作中继续发扬和深化。

二、聚焦改革，抢抓机遇，主动作为

党的十八届三中全会吹响了全面深化改革的号角，改革成为时代主旋律，这也是我们明年以及今后一个时期各项工作的主题。分析当前的形势，我们面临着前所未有的发展机遇，同时也面临巨大挑战。但总体来讲，机遇大于挑战。

机遇来自于深化改革的大趋势和首都发展的大环境。经济体制改革为提升发展质量提供了新的机遇。中央提出完善金融市场体系、深化科技体制改革等重大举措，对我区发展现代高端服务业和加快区属国有企业改革是重大政策利好，新三板市场扩容、金交所转让升级，更将进一步激发增量、激活存量。京津冀一体化建设为拓展发展空间提供了新的机遇。我区高端服务业辐射带动作用将得到充分释放，业态优化升级有了新途径，为解决空间不足瓶颈问题，打开一扇新窗户。文化体制机制创新为增强文化软实力提供了新的机遇。在建设具有国际影响力的文化之都进程中，我区“文道”建设、天桥演艺区建设以及名城保护、文化创意产业规划的实施，将面临更为有利的政策环境，文化大区向文化强区迈进的步伐将进一步加快。社会事业改革为提高公共服务水平提供了新的机遇。特别是教育、医药卫生体制改革倍受社会关注，我区的优质资源聚集优势将进一步凸显，解决“未来焦虑”的现实环境更为有利，我们对公共服务水平再上新台阶充满信心。重大活动为优化城市环境提供了新的机遇。明年是建国65周年，北京市还将承办亚太经合组织（APEC）峰会，我区将迎来新一轮全国文明城区创建，这些工作都要求我们必须加大城市综合整治力度，进一步提升精细化管理水平。

挑战主要来自于首都发展的更高标准和人民群众对美好生活的更高期待。首都工作代表国家形象，我区作为首都功能核心区，是首都的窗口，各项工作应该保持一流水平。但现实中，我区还存在诸多与区位特征不相称的问题。在产业优化升级方面，不适应首都功能核心区发展要求的业态依然大量存在，生活性服务业需要进一步提升；在城市精细化管理方面，交通拥堵、大气污染、违法建设、违法出租房屋、流动人口管理等“城市病”现象比较突出，功能疏解难题亟待破解；在民生改善方面，部分老旧小区的人居环境亟待改善，群众对教育、卫生等社会事业优质均衡发展的迫切需求亟待满足；在自身建设方面，一些干部的思维模式和工作方法与改革的要求还不相适应，队伍的知识结构与现代化国际大都市的需要还有差距，部分基层党组织的作用还没有充分发挥出来，等等。这其中很多问题，已经直接或间接地影响到我区的可持续发展，要求我们痛下决心加以解决。

应对机遇和挑战，必须坚持科学发展，高标准、大尺度、深层次地审视和谋划各项工作，向突破瓶颈要效益，向改革创新要红利。要通过深化改革，切实推动经济发展方式转变、城市管理模式转换、社会治理方式转型以及公共服务理念转化，让每一份区域资源都发挥到极致，让每个人的潜能发挥到极致，让工作和生活在西城的人们，感到幸福、感到舒适、感到快乐、感到自豪。

要解放思想、主动作为。进一步坚定信心，超前思考、大胆探索，以壮士断腕的决心，冲破传统观念束缚，跳出条条框框限制，突破利益固化的藩篱。主动对接改革，争取试点，带头探索，绝不能犹豫不决、裹足不前。

要对症下药、破解难题。以问题为导向，加强调查研究，准确发现症结，下先手棋，打主动仗。既要有前瞻性的思考和研判，又要有推动发展的闯劲和干劲，用改革拆除壁垒，用改革破解难题，勇过深水区、敢啃硬骨头、善于涉险滩。

要行胜于言、扎实落实。行动最有说服力。对已明确的任务，要倒排工期，细化责任，狠抓落实。重点工作要加强部门协同，形成合力。注重总结经验，将改革成果逐步转化为长效工作机制。

要昂扬向上、充满激情。保持奋发有为的精神状态，把工作当作事业来干，带着感情、热情和激情投身各项事业，用激情激发创造，用激情激发活力，用激情激发潜力，树立为民、务实、清廉、高效的队伍形象。

三、2014 年重点任务

落实十八届三中全会精神，首先要扎实做好 2014 年的工作。按照中央和市委的决策部署，2014 年区委工作的总体要求是：深入贯彻党的十八大、十八届二中、三中全会和中央经济工作会议、城镇化工作会议精神以及习近平总书记系列重要讲话精神，认真落实市委市政府各项工作部署，全面加强党的建设，以改革推动各项事业深层次转型，统筹推进全区经济、政治、文化、社会和生态文明建设，不断提高“活力、魅力、和谐”新西城建设水平，继续在首都科学发展进程中走在前列。

统筹考虑全区经济社会各方面的实际，经区委常委会研究，建议 2014 年经济工作主要预期目标安排为：地区生产总值同比增长 7.5%左右；区级公共财政预算收入增长 9%左右；城镇居民人均可支配收入增长 9%左右。实现上述目标、推动经济社会发展，明年要重点做好以下几个方面工作。

（一）坚定不移抓发展

牢牢抓住深化改革契机，着眼于首都发展的总体要求，坚持以改革创新为动力，巩固优势、深入挖潜，稳中求进、有所作为，切实提高发展的质量和效益。

坚持集约化、功能化发展道路。按照区域发展阶段和空间布局特征，统筹推进功能区建设。做大做强高端产业区，结合空间拓展与产业集聚，加快重点项目建设。抓住国家深化金融体制改革机遇，跟踪关注改革衍生的新生、新设金融机构，加大新兴业态的孵化培育力度，重点吸引具有行业领导力和发展潜力的金融机构入驻。借助全国中小企业股份转让系统扩容后挂牌企业快速增长的契机，进一步完善金融生态圈，借力上交所、深交所、港交所战略合作资源，支持企业发展直接融资，利用资本市场做大做强。

坚持创新驱动战略。加快中关村西城园新一轮产业政策的出台，在大力发展高端设计等优势产业的同时，加大战略性新兴产业扶持力度，特别是针对企业研发投入、专利申请等环节，要积极支持、做好服务。加快建立创新创业人才服务机制，完善信息化服务平台，为高端科技人才聚集创造更优环境。继续扩大与重点金融企业的融资合作，不断拓宽渠道，发挥好金融街资本运营中心和西城区科技金融创新服务平台作用，为科技企业、文化企业切实解决融资问题。加强文化资本运营模式创新，加快文化创意产业集聚示范区建设，利用技术联盟等手段推动文化创意产业实现规模化发展。

坚持激发市场和企业活力。深入贯彻落实中央经济工作会精神，在资源配置、产业布局中，充分发挥市场的决定性作用，加强市场监管，营造公平、公正的市场环境。努力激活消费市场，释放有效需求，激发商业活力，进一步扩大老字号影响力，打造文商旅融合发展示范品牌。深入推进区属国有企业改革，指导企业做好战略重组、资源整合、文化融合和管理提升，加快重点企业的集团化和上市步伐。推动资产管理向资本运营转变，建立健全国有资本收益分享机制，提高国有企业法人治理水平。加大中小企业扶持力度，提高中小企业公共服务平台运转效率，努力消除影响中小企业发展的体制性障碍。鼓励非公有制企业参与国有企业改革，支持非公经济健康发展。

（二）下定决心优化城市功能

从首都功能核心区的定位出发，统筹考虑城市建设、环境整治和产业提升等多方面因素，集约土地资源，有效缓解人口资源环境矛盾，使城市发展重心从形态建设向功能建设、城市管理从粗放型向精细化转变，确保城市健康有序发展、与自然融合共生。

要在优化业态升级上取得重点突破。当前，在我区还存在一定数量不符合首都功能核心区要求的产业形态。譬如，全区共注册登记各类商品交易市场 91 个、设置摊位 24827 个。这些市场给我们城市环境、交通、安全以及流动人口管理等方面带来较大压力，已经成为综合性的“城市病”，是我们绕不过、躲不开、推不掉的城市管理难题，必须下定决心、心无旁骛地按照“转移、调整、升级、撤并”的思路，分类分步予以优化升级。该调的一定要调，该撤的一定要撤。同时解决其周边环境脏乱差问题，并将腾退出来的空间更多地用于环境建设和为居民提供公共服务。对于有条件的市场，要积极引导其有序转移或实现业态升级；对于其它不合理业态，坚决予以撤并。在优化升级过程中，要充分发挥市场机制的决定性作用，稳步推进实施，严格执法检查，杜绝违法经营、违法出租和安全事故发生。

要在提升城市品质上取得重点突破。文化是城市的灵魂。要在城市建设和改造过程中，有机融入文化元素，充分展现文化内涵，使文化成为城市永恒的历史符号。加大历史文化名城保护工作力度，延续城市历史文脉，稳步推进“文道”建设，深化文物“解危、解放、解读”工程，积极构建“名城、名人、名业、名景”工作理念体系，重点使景山北海周边、国家大剧院西侧等文保区项目集中展现保护成果。加快城市增绿步伐，重点推进北二环城市绿廊（西城段）建设和万寿公园改造工程，深入实施胡同绿化、空间拓绿、屋顶绿化等措施，逐步形成滨水绿道、道路绿廊、胡同绿网为一体的城市绿色生态体系。

要在改善区域环境上取得重点突破。按照全市治理PM2.5的要求，在大气污染治理上狠下功夫，推动区域环境空气质量持续改善。全力推进市政基础设施建设，逐步实现城市道路规划和地下老旧管网的更新换代，积极保护好城市生命线。加大对重点区域、主要道路周边的整治力度，尤其是涉及亚太经合组织峰会保障的“三线、四区、四周边”地区，要按照奥运标准，打造出更多的环境亮点。在加强旧城改造、“城中村”、“边角地”治理的同时，把综合整治的重点延伸到背街小巷、高楼背后和群众身边，消灭环境脏乱点和卫生死角，重点打造一批精品胡同、精品院落、精品单元楼。认真总结经验，创新工作方法，下大力气解决好违法建设及其周边的环境秩序问题。要把拆除违法建设、环境整治与为居民提供公共服务结合起来，挖掘空间资源，运用多种方式，改造、增设一批停车设施和文体休闲场所，让环境治理的成果转化为民生福祉。

（三）汇聚各方智慧创新社会治理

加强区委领导、发挥政府主导作用，鼓励和支持社会各方面参与，使社会治理成为全社会的共同行为，努力实现党的领导、政府治理、社会自我调节和居民自治的良性互动，实现由社会管理向社会治理的真正转变。

要强化体制机制创新。完善“全响应”工作机制，健全地区管理委员会组织体系，加强区级指挥中心与街道分中心的有效衔接。按照细化网格、精准管理的要求和“基础力量一员一格、专业力量一员多格、响应力量一格多员”的标准，合理配备人员力量，形成全覆盖、快响应的工作网络。以需求为导向，建立健全社会建设发展形势定期分析机制和“访民情、听民意、解民难”长效工作机制，下大力气解决一批群众普遍关心的热点难点问题。坚持源头治理，健全有效预防和化解社会矛盾的体制机制，完善人民调解、行政调解、司法调解联动工作体系，使群众问题能反映、矛盾能化解、权益有保障。

要强化基层基础工作创新。研究制定进一步加强和改进街道工作的意见，建立重心下移、权责一致的工作机制，加大街道统筹辖区发展和综合执法的工作力度。发挥各级公共服务平台的作用，增加、整合各类资源和便民服务信息，提高为民办事效率和服务质量。探索老旧小区准物业管理、胡同精细化管理新途径。进一步完善流动人口管理基础信息库，全方位掌握社区流动人口情况，实现管理服务同步。下大力量整治违法出租房屋问题，摸清底数，完善管理办法，实现常态化管理。强化我区作为首都功能核心区的责任和意识，加强立体化社会治安防控体系建设，完善反恐防暴工作格局，不断提高公共安全事件的预防预警和应急处置能力，依法严密防范和惩治各类违法犯罪活动，遏制重特大安全事故发生，确保全区政治稳定和社会安定。

要强化社会动员方式方法创新。抓住新一轮创建全国文明城区契机，大力弘扬社会主义核心价值观，提高利用新闻媒体做好舆论引导服务群众的能力和水平，动员居民广泛参与，进一步提升区域文明程度，为实现“中国梦”而努力奋斗。大力推进志愿服务制度化，完善工作机制，营造我为人人、人人为我的良好社会风尚。加强学习型城区建设，不断提升全民科学素质。建立与区域经济社会发展相适应的布局合理、功能齐全的社会组织建设体系，把社会管理事务和公共服务项目通过政府购买服务方式，委托或转移给具有相应资质和能力的社会组织实施。建立社会单位资源开放共享的工作体系，激励更多的驻区单位开放资源、服务民生。进一步加强社区民主自治，开展形式多样的基层民主协商，引导居民参与社会治理和公共事务。创新落实“门前三包”制度，增强驻区单位的社会责任感，使他们更加积极主动地参与到地区社会治理中来。

（四）扎扎实实做好民生服务保障

始终把解决好群众最关心最直接最现实的利益问题作为区委工作的头等大事来抓，从居民的需求出发，扎扎实实地落实好每一项具体措施，使发展成果更多更公平地惠及全区人民。

努力解决居民群众的教育和文化服务问题。当前，我区现有在校小学生5.3万人，到2015年将增长到6.9万人，需要新增教学班599个。保证孩子入学、上好学校，已经成为当前群众最关心的一件大事。因此，我们必须坚持公平、优质、均衡的原则，努力将升学竞争向办学质量创优转化，充分发挥优质教育资源的辐射带动作用，逐步实现“校校精彩、人人成功”目标。要针对当前我区适龄儿童大幅度增长带来的教育资源短缺和优质教育资源不均衡现象，下决心研究出台政策办法，进一步拓展基础教育和学前教育学位资源，加大对入托、入学、升学的监管，努力探索解决择校、就近入学和减负等重点难点问题的新途径，促进教育公平公正。深入实施“文化兴区”战略，更加注重满足群众多样化精神文化需求，以更高的标准建设现代公共文化服务体系，为创建国家和首都公共文化服务体系示范区奠定扎实基础。继续实施文化惠民工程，利用传统节日弘扬民族优秀文化，以地域文化为背景，开展丰富多彩的主题文化活动，组织创作更多群众喜闻乐见的文艺精品。深入开展全民健身运动,推进体育生活化社区建设。

努力解决居民群众的医疗和服务保障问题。以深化医药卫生体制改革为突破口，进一步整合公共卫生资源，健全中医药和老年医疗服务体系，加快卫生重点项目建设，提高卫生监督执法水平。大力发展社区卫生服务，逐步完善分级诊疗模式，深化家庭医生式服务内涵，使群众享受到优质的健康服务。同时，面对人口和生育政策调整，要积极采取措施，做好人口服务工作。进一步完善就业服务、社会保险、权益保障等工作体系，为群众提供高效优质的就业和社会保障服务。加强食品安全工作。高度重视困难群众的帮扶工作，做好扶危济困、助老助残等社会福利和公益慈善事业，让更多的困难群众感受到人文关怀，感受到社会温暖。

努力解决居民群众的居住和生活问题。按照全市统一安排，提前谋划棚户区改造工作，加强政策对接、项目规划、土地供应，畅通融资渠道，统筹调配房源，尽快启动宣西风貌协调区等10个成片改造项目。加大对中低收入群众住房保障力度，积极推动人口疏解安置保障性住房建设，确保昌平回龙观一期、丰台张仪村、房山长阳等房源交付使用，同步完善小区配套服务，让居民生活更加安全舒适。坚持在存量中寻求增量的工作思路，加大整合力度，做好“早餐”、“菜篮子”等示范工程，全面提升生活性服务业发展水平，切实满足居民生活需求。

四、以深入开展党的群众路线教育实践活动为契机，全面加强党的建设，最广泛最充分地凝聚力量、激发活力

当前,西城区已经进入到新的发展阶段，必须以强烈的历史责任感，集中全区力量，调动一切积极因素，广泛凝聚共识，形成发展合力。

认真开展党的群众路线教育实践活动。充分认识开展党的群众路线教育实践活动的重要意义，坚持开门搞活动，紧紧抓住学习教育、听取意见，查摆问题、开展批评，整改落实、建章立制等关键环节，把活动开展贯穿到加强党的建设的全过程。要按照中央八项规定和市委的实施意见，以“照镜子、正衣冠、洗洗澡、治治病”为总要求，对作风之弊、行为之垢来一次大排查、大检修、大扫除，打好解决“四风”突出问题的攻坚战。要真正把群众的利益放在首位，始终关注群众所想、所盼、所忧，面对面、心贴心、实打实地联系服务群众，使教育实践活动成为凝聚人心、凝聚共识、凝聚正能量的一次总动员。要严格落实党风廉政建设责任制，深化廉政风险防控，完善权力公开透明运行监督制约机制，加强对党员干部的教育监督，加大查办违纪违法案件工作力度，以党风廉政建设和反腐败工作的实际成效取信于民。

切实增强党的执政能力。进一步增强领导和推动地区改革发展的信心、决心，把全区广大党员干部的思想行动统一到中央和市委决策部署上来，不断提升区委统筹全区发展的能力。坚持民主集中制，完善决策机制，深入开展调查研究，广泛听取各方面意见，努力提高科学决策水平，确保改革发展顺利推进。坚持依法治区，加快政府职能转变，深化行政执法体制改革，逐步推进司法体制去行政化、地方化，促进司法公正。坚持从严教育、从严选拔、从严管理，加强党性修养教育，不断提高领导班子和领导干部的履职能力。坚持以考品德、考实绩、考作风为重点，建立健全绩效考评和选人用人机制，真正把信念坚定、为民服务、勤政务实、敢于担当、清正廉洁的好干部选拔出来。

强化党委抓宣传思想工作的责任意识，构建大宣传的工作格局，牢牢把握意识形态工作主导权，切实加强理想信念的宣传教育，巩固马克思主义在意识形态领域的指导地位，巩固全区人民团结奋斗的共同思想基础。围绕十八大、十八届三中全会及习近平总书记系列重要讲话精神，依托中心组学习和专题培训，加强理论学习教育，不断提高党员干部思想政治水平。加大正面宣传力度，坚持团结稳定鼓劲，围绕改革发展，弘扬主旋律，传播正能量，不断深化拓展宣传思想工作方式方法，切实增强宣传工作的吸引力、感染力。

充分发挥基层党组织的战斗堡垒作用。围绕组织全覆盖、服务全响应的目标，不断创新基层党建工作格局，完善区域化党建工作体系，创新工作机制和方法，以党建整合带动各方资源，服务区域经济社会发展。加强基层服务型党组织建设，打造和谐型社区党建、效能型机关党建、发展型企业党建、凝聚型非公党建。切实发挥基层党组织在重点工作和重大项目推进中的作用，教育引导广大党员积极投身到全区改革和发展中来，始终保持良好的精神状态，克服畏难心理，克服浮躁情绪，以对党的事业的忠诚和对人民群众负责的态度，切实承担起改革发展的历史使命。

大力加强民主政治建设。更加注重健全民主制度、丰富民主形式，扩大公民有序政治参与。努力推进人民代表大会制度与时俱进，支持区人大及其常委会代表人民依法行使职权，完善讨论、决定区域重大事项制度，增强监督工作实效，在推进依法治区、促进社会和谐、增进人民福祉方面发挥积极作用。推进协商民主广泛多层制度化发展，完善协商民主制度体系建设，围绕团结和民主两大主题，积极发挥政协的政治协商、民主监督、参政议政重要作用。

广泛调动一切积极因素。深入开展“同心同行”主题实践活动，认真听取各民主党派、工商联和无党派人士意见，加强党外代表人士队伍建设，扎实开展新的社会阶层和党外知识分子统战工作。认真做好民族宗教侨务和对台工作，充分发挥工会、共青团、妇联等人民团体作用，齐心协力推进改革发展。积极与中央驻京机构和企事业单位对接，做好服务。加强国防教育，努力提升双拥共建水平。创新人才发展机制，优化人才发展环境，吸引和动员方方面面人才联合起来为我区深化改革献计献策，同谋发展，共绘蓝图。

同志们，做好2014年的工作责任重大。让我们紧密团结在以习近平同志为总书记的党中央周围，按照市委、市政府的工作部署和要求，与时俱进，开拓创新，兢兢业业，努力奋斗，在更高水平上推动西城区实现新发展！

政府工作报告

2014年1月7日在北京市西城区第十五届人民代表大会第四次会议上

西城区人民政府区长 王少峰

各位代表：

现在，我代表西城区人民政府向大会报告工作，请予审议，并请各位政协委员提出意见。

一、2013年工作回顾

一年来，在市委、市政府和区委的坚强领导下，区政府认真贯彻落实党的十八大和习近平总书记系列重要讲话精神，紧紧围绕首都发展的新形势、新要求，深入实施“服务立区、金融强区、文化兴区”发展战略，扎实推进各项工作，较好地完成了全年目标任务。

（一）牢牢把握稳中求进总基调，区域经济实现平稳健康发展

坚持扩大总量与优化结构并重，发挥总部经济和重点产业的支撑引领作用，区域经济呈现稳中有升的良好态势。地区生产总值预计实现2800亿元，同比增长9%左右；三级税收实现3771.9亿元，同比增长23.6%；区级公共财政预算收入完成342亿元，同比增长10.6%；居民人均可支配收入预计达到43000元，同比增长9%左右。金融业核心优势更加突出，增加值预计占地区生产总值和全市金融业增加值的比重均在40%以上，新增中交财务有限公司、中证资本市场发展监测中心有限公司等83家金融机构，注册资本金达203亿元；全国中小企业股份转让系统挂牌运营并实施扩容，成为国内继上海证券交易所、深圳证券交易所之后的第三个全国性证券交易场所；北京金融资产交易所控股权转移至中国人民银行，成为全国性金融资产交易市场；金融服务区域经济、文化、社会、民生的作用不断增强。高新技术产业快速发展，全区新申报国家高新技术企业81家，专利年申请量首次突破1万件，中关村西城园总收入预计突破千亿元。出台加强旅游与文化、商业融合发展的意见，首批认定12个区级文化创意产业集聚区。老佛爷百货、护国新天地顺利开业，全区社会消费品零售额预计实现840亿元，同比增长10%左右。加快业态调整步伐，编制社区生活性服务业体系建设试点方案，成立专门指挥部统筹推进马连道、北展地区的业态提升工作。主动为各级各类企业做好服务，加大区领导联系和走访重点企业力度，国家电网等一批大型央企分拆重组项目落户西城。完成4家区属国有企业的重组改制，区属国有企业在区域建设发展中发挥了重要作用，中小微企业和非公经济的政策服务环境进一步优化。启动第三次全国经济普查，完成区“十二五”规划中期评估，通过修订部分指标、细化工作措施，确保各项任务按计划顺利实施。

（二）加大统筹协调力度，重点功能区发展全面提速

按照“组团规划、统筹联动、板块发展”的思路，加快建设和发展步伐，重点功能区对区域的拉动作用更加凸显。金融街空间拓展和资源置换同步推进，北京市国有资本经营管理中心项目实现竣工，华嘉、丰盛西区C区、广安一期A地块等项目完成搬迁，新增办公面积13.5万平方米，金融街被认定为首批“北京市总部经济集聚区”；北京金博会和金融街论坛已成为金融领域知名品牌，金融街的影响力进一步增强。中关村西城园组建北京设计产业联盟和中国设计交易市场运营公司，华龙大厦项目基本完成拆迁，“广安军民融合特色产业园”项目有序推进，产业聚集发展态势进一步增强。天桥演艺区完成整体规划编制，天桥艺术大厦和历史文化景观工程实现竣工，南中轴路北段顺利通车，首次对外发布天桥演艺指数，中国版权保护中心、中国对外文化集团公司等23家文化企业入驻艺术大厦。大栅栏琉璃厂北京坊项目进展顺利，H地块完成拆迁，劝业场修缮基本竣工，杨梅竹斜街保护修缮试点项目开始招商运营，环境秩序整治初见成效。什刹海阜景街完成白塔寺药店降层、地铁8号线什刹海站西出入口、前海后海燃气改造、旅游标识导览系统等项目，雁翅楼历史景观建设完成主体结构施工，功能疏解试点工作稳步推进。

（三）以环境建设为突破口，城市品质不断提升

按照市委、市政府关于优化中心城区功能的要求，从解决环境突出问题入手，全面加强城市精细化管理。举全区之力开展“拆违、清障、治污、灭脏”专项整治，提前完成前四个阶段的工作任务，共计拆除违法建设3621处、7.5万平方米，整治市、区挂账脏乱点731处。编制2013-2017年清洁空气行动计划和空气重污染应急预案，完成2.2万户平房居民清洁能源改造，淘汰老旧机动车1.71万辆，调整退出工业企业3家。实施多元增绿和身边见绿，新建改造绿地22.78公顷、屋顶绿化3万平方米、垂直绿化5000延长米。完成中南海周边文保区景观提升试点工程和“绿道”建设二期工程，对“文道”、“商道”重要节点进行综合整治。启动新街口北大街、前门西河沿街市政道路施工，完成道路大中修、积水点和无障碍设施改造年度任务，通过多种途径新增停车位8000多个。稳步推进城市管理重心下移，出台在城市秩

序管理中进一步加强职能部门属地管理的意见，制定城市管理履职评价办法和环境问题督查问责办法，加大综合执法力度，有力促进了城市管理水平的提升。深入开展安全生产大检查，加强重点行业和领域的安全监管，确保城市安全高效运行。

（四）着眼群众需求，促进社会事业均衡发展

坚持把推进基本公共服务均等化作为政府的重要职责，在财政支出上优先向社会领域倾斜，各项社会事业发展继续保持较高水平。优化教育资源配置，新建、改扩建西师附小、北京小学走读部等11所学校和幼儿园，新增学位3000余个。创新教育均衡发展的集团办学机制，筹建教育系统导师团，10名中小学教师首批获得北京市正高职称，基础教育质量继续保持全市领先，学生综合素质不断提高，“学习型城市示范区”建设通过验收并在全市推广。积极促进文化的传承与发展，建立区级非物质文化遗产保护中心，完成普济寺大殿等文物修缮和大运河申遗迎检，启动观音寺等6个文物保护单位腾退；全面实现公共文化设施“1121”工程建设目标，群众文化体育蓬勃发展。完成宣武中医院一期、静安医院新址装修改造，建立区属公立医院绩效考评体系，成功创建“全国中医治未病预防保健服务示范区”。健全精神卫生服务体系，深化家庭医生式服务内涵，建成11个以优秀全科医生名字命名的示范工作室，社区卫生服务中心全部实行刷卡结算。健全人口和计划生育服务体系，我区成为“全国创建幸福家庭活动”第二批试点单位。发挥重大科技项目引领示范作用，深入推进首都科技条件平台西城工作站建设，我区被评为“全国科技进步先进县（市）”。信息化在城市管理、社会建设、行政服务等方面发挥了基础性作用，西城政务网站名列2013年中国政府网站绩效评估区县组第一。与市对外友好协会联合举办“2013北京国际民间友好论坛”。妇女儿童、档案史志、防震减灾、公益慈善等各项事业持续发展，民族、宗教、侨务和对台工作取得新成绩。

（五）健全民生保障体系，保持社会和谐稳定

依托“全响应”网格化社会服务管理体系，进一步整合资源、完善机制、优化服务，完成区、街两级为民办实事184件，使群众得到更多实惠。成立区就业服务联合体和街道就业援助中心，出台以创业带动就业实施意见，为就业困难群体提供精细化服务，登记失业率为0.73%，登记失业人员就业率达72.23%，零就业家庭保持动态脱零。扩大社保经办业务在街道社保所的办理范围，加大综合救助统筹力度，成立西城区银龄精神关怀服务中心，完成“北京市残疾人就业服务机构规范化建设示范区”创建工作。大力推进棚户区改造，在全市率先启动百万庄北里居民住房改善项目，完成121万平方米老旧小区抗震加固和节能改造任务，昌平回龙观一期、丰台张仪村、房山长阳保障房项目累计实现14772套住房竣工，筹措7878套房源解决轮候家庭住房困难，多途径改善2.4万余户居民的居住条件。深入抓好“菜篮子”工程和早餐示范店建设，成立区、街两级食品药品监管机构，全面落实统一监管和属地责任，我区被评为全国首批“餐饮服务食品安全示范区”。基本完成区、街两级“全响应”网格化社会服务管理指挥（分）中心建设，实施75个政府购买服务项目，鼓励驻区单位开放资源，依靠居民自治破解胡同整治、停车管理等难点问题，顺利通过全市第二批“六型”社区评估。集中化解了一批重点矛盾纠纷，确保区域安全稳定。认真做好国防动员和征兵工作，国防教育和双拥共建取得新的成绩。

回顾一年来的工作，区政府始终把民生问题摆在突出位置，坚持需求导向和底线思维，加大政策集成创新力度，针对养老服务、失独家庭帮扶、社会综合救助和棚户区改造等群众关切的热点难点问题，先后制定了一系列实施意见和工作方案，为实现从制度全覆盖向人群全覆盖迈进提供了政策和机制保障；始终把优化城市功能作为重中之重，坚持系统思考和统筹推进，不断深化工作创新，针对历史文化街区综合管理、文物保护修缮利用、疏解补偿安置等问题研究制定了相关政策办法，在文保区整院落腾退、胡同精细化管理、街道统筹综合执法等方面初步形成了一些有效机制；始终高度重视政府自身建设，坚持依法行政和服务为先，制定区政府领导“六个联系”制度和“访民情、听民意、解民难”长效机制，建立完善会前学法、行政首长出庭应诉和人大代表、政协委员列席政府常务会议等制度，初步搭建起行政服务标准化体系框架，政府的办事效率和服务水平得到进一步提升。

各位代表，一年来，区政府在认真履行职责的过程中，自觉接受区人大、区政协以及社会各方面的监督，全年共办理人大代表议案、建议178件，政协委员提案288件，办结率100%，解决或取得一定成效的建议、提案分别占80%和85%，有效推动了区域经济社会发展。

过去一年取得的成绩，是市委、市政府和区委正确领导的结果，是全区上下齐心协力、顽强拼搏的结果。在此，我代表区政府，向给予我们支持和帮助的人大代表、政协委员、各民主党派、工商联、无党派人士、各人民团体和社会各界，向中央、市属单位和驻区部队，向所有关心、支持西城区发展的同志们、朋友们表示衷心的感谢！

在看到成绩的同时，我们也清醒地认识到，全区经济社会发展中还存在不少问题。一是推进产业结构优化升级任重道远，改造提升传统业态还缺少有效办法；二是历史文化名城保护面临诸多制约因素，城市管理还需要进一步探索有效机制；三是与群众日益增长的服务需求相比，公共服务资源配置还不够均衡，在促进社会公平、动员社会参与方面还要加大工作力度；四是城市安全依然存在一些薄弱环节，维护区域稳定的任务依然艰巨；五是在工作推进方面，还需要进一步完善统筹协调机制，提高工作落实的效率和质量。对以上问题，我们将高度重视，采取有效措施加以解决。

二、2014年工作总体要求

2014年是深入贯彻落实党的十八届三中全会精神、全面深化改革的第一年，是党的群众路线教育实践活动的深化之年，是努力完成“十二五”规划目标的攻坚之年，政府工作面临新的形势。我们将按照市委、市政府要求和区委的工作部署，以更加坚定的改革勇气推动发展，增强忧患意识和责任意识，突破传统观念束缚，为区域经济社会发展注入新的活力；以更加缜密的改革思维推动发展，统筹谋划，总体安排，把改革创新的要求贯穿于经济社会发展的各领域、各环节；以更加扎实的改革举措推动发展，创新方式方法，破解瓶颈问题，全面落实“服务立区、金融强区、文化兴区”发展战略，高水平履行好首都“四个服务”职责。

2014年区政府工作的总体要求是：深入贯彻党的十八大、十八届三中全会以及中央经济工作会议、城镇化工作会议精神，按照市委、市政府和区委的要求，认真落实“十二五”规划，加大改革创新力度，以完善城市功能和服务人民群众为主线，着力在产业结构优化升级、城市建设管理、保障和改善民生、社会治理创新、政府自身建设等方面取得新突破，推动“活力、魅力、和谐”新西城建设再上新台阶。

结合区域实际，在全面深化改革、推动各项工作过程中，把握好以下四个方面的具体要求：

以改革创新精神推动区域经济科学发展。正确处理政府与市场关系，充分发挥市场在资源配置中的决定性作用，更好地运用经济、法律等手段促进产业结构优化升级，打造更加符合首都发展要求的经济和产业形态。深入把握区域经济结构特点，主动为驻区企事业单位改革发展做好服务，增强区属国有企业的市场竞争力，以服务促进发展、赢得优势。抓住国家深化金融改革的契机，发挥金融产业集聚优势，跟踪引入具有行业领导力和发展潜力的金融机构，优化产业、人才发展环境，为金融改革创新提供服务保障，提升金融业对区域发展的服务力、贡献力和辐射力。深入落实“双轮驱动”战略，发挥区域资源和人才密集优势，加快文化金融创新中心建设，对接国家科技金融创新中心发展，积极促进产业融合，不断增强区域经济可持续发展能力。

以改革创新精神推动城市功能优化提升。坚持以人为本、优化布局、保护生态、传承文化，从首都功能核心区的定位要求出发，建设有历史记忆、区域特色、首都特点的“美丽西城”。强化生态文明理念，着力破解人口、资源、环境矛盾，加快治理“城市病”，使产业、公共配套等功能与安全宜居的要求相协调。加强政策集成创新，总结试点经验，探索中心城区保护与发展的有效模式，统筹推进功能疏解、民生改善、文物保护、环境提升等各项工作，逐步实现城市的有机更新和发展。理顺条块关系，强化属地管理，探索城市精细化管理的有效机制，构建条块协同、部门联动、权责明确、运转高效的城市管理工作格局。

以改革创新精神推动社会建设和社会治理。正确处理政府和社会的关系，加快推进政社分开，通过政府购买公共服务、强化绩效考核评价等方式，激发社会组织活力，鼓励和引导多种力量参与社会建设，形成社会治理的整体合力。深化“全响应”网格化社会服务管理模式，创新社会治理方式，加强基层基础建设，实现政府治理与社会自我调节、居民自治良性互动。坚持把解决群众关心的热点难点问题作为各项工作的出发点和落脚点，大力推进社会领域改革创新，探索公共服务供给的新途径、新方式，不断满足群众多层次、多样化的服务需求。

以改革创新精神推动政府自身建设。深入开展党的群众路线教育实践活动，大力推进政风建设，拓宽政民互动渠道，努力打造人民满意的服务型政府。把政府职能转变和机构改革有机结合起来，进一步推进行政权力公开透明运行，优化审批程序和工作流程，强化履职能力、响应能力和创新能力，提升行政服务效能。坚持科学民主决策，启动“十三五”规划前期研究，系统思考关系区域发展的关键性问题。全面提升依法行政工作水平，建立权责统一、权威高效的行政执法体制，努力打造法治政府。构建决策科学、执行坚决、监督有力的行政权力运行体系，推进决策公开、管理公开、服务公开、结果公开，强化勤政廉政，为区域经济社会发展提供坚实保障。

三、2014年工作安排

今年全区经济社会发展主要预期目标是：地区生产总值增长7.5%左右；区级公共财政预算收入增长9%左右；居民人均可支配收入增长9%左右；登记失业率控制在2%以内；万元GDP综合能耗降低率完成市下达指标。

实现上述目标任务，重点抓好以下七方面工作：

（一）从落实区域功能定位入手，全面推进功能区可持续发展

强化重点功能区的辐射带动作用，加快规划建设进度，加速重点产业聚集，进一步增强区域发展后劲。

一是发挥规划引领作用。立足功能定位，完善规划体系，为功能区长远发展奠定基础。金融街按照南北连片、资源整合、统筹规划、辐射联动的思路，推动“一核心、四街区、两配套”布局形成，加快打造8平方公里的金融中心区，强化国家金融中心功能。中关村西城园依托科技政策优势，促进合理布局和资源整合，形成联动发展的格局。天桥演艺区重点强化文化功能承载，以总体规划和产业植入为引领，促进传统与现代文化有机融合。什刹海阜景街、大栅栏琉璃厂坚持在保护中发展，突出历史文化名城保护、功能疏解和民生改善，持续提升区域环境水平。

二是加快重点项目建设。金融街预计实现开复工面积155万平方米，确保月坛项目按期竣工，实现华嘉、丰盛西区C区等项目开工，加快推进丰盛DE、广安一期、大吉BCD等项目建设，预计新增办公面积49万平方米。中关村西城园继续抓好“广安军民融合特色产业园”和华龙大厦等项目，推进中国设计交易市场平台建设，着力提升设计之都核心区和出版创意产业园发展水平。天桥演艺区加快实施艺术中心、市民广场、天桥汇等项目，推进泰安里项目腾退及北纬路征收，同步做好优秀剧目引进等工作。大栅栏琉璃厂实现北京坊项目结构封顶和H地块开

工，启动琉璃厂艺术文化馆建设，完成前门西河沿街景观工程。什刹海阜景街重点抓好北中轴线保护示范项目，有序实施白塔寺地区修缮保护，加快推进地百商场改造、德胜门对景等重点工程，以项目带动周边环境秩序的持续改善。

三是提升管理服务水平。加强功能区指挥部与委办局、街道和实施主体的沟通协调，落实周调度、月汇报、季检查工作机制，健全绩效考核和监督检查体系，推动重点工作落实。强化与市有关部门的沟通协调，争取政策资金支持，保障重点项目顺利推进。筹建天桥演艺联盟、出版创意产业联盟等行业组织，搭建政企沟通平台，充分发挥行业协会、地区商会作用。进一步加大宣传推介力度，提升功能区品牌影响力。

（二）大力推进产业结构优化升级，不断提高区域经济的质量和效益

坚持高端化、集约化发展方向，把市场机制和政府作用有机结合起来，加快业态升级改造，促进产业从规模数量型向内涵提升型转变。

一是巩固现代服务业发展优势。研究出台促进金融业发展意见，加大对大型金融机构、企业集团综合化经营中新设金融机构的引进力度，争取全国性金融交易市场、高端要素市场入驻金融街，促进互联网金融、消费金融等新兴金融业态发展，进一步完善金融产业链条。主动为全国中小企业股份转让系统扩容做好服务保障，抓住机遇鼓励区内企业挂牌，拓展企业融资渠道。依托新华1949园区推动文化金融创新，积极搭建科技金融和民生金融服务平台，引导金融更好地服务区域经济社会发展。深化产学研合作，研究出台促进设计服务业发展办法，用足用好中关村先行先试政策，引导科技型、创新型中小微企业健康发展。发挥文化创意产业集聚区的带动示范作用，加强政策、资金和人才支持，为文化创意产业发展创造良好环境。制定文商旅融合发展三年行动计划，组建旅游企业协作联盟，大力发展文化、旅游、健康等服务消费，支持电子商务等新型业态，进一步扩大内需、促进消费。

二是下大力气促进业态升级。抓紧编制马连道和北展地区发展规划，探索中心城区业态调整的有效模式。马连道地区通过完善基础设施、引进产业项目、加强环境整治，统筹推进业态升级，逐步改善地区发展环境。北展地区按照疏解一批、提升一批、引入一批的思路，加大行业监管力度，坚决撤销、关闭存在重大安全隐患的经营场所和不符合首都功能核心区要求的产业形态，加强与外省市合作，逐步引导批发市场有序外移或改造提升，着力培育科技金融、文化金融、服装设计、展览展示等新兴业态。按照引进增量、带动存量、完善补充、调整升级的思路，做好“商道”产业发展规划，引导商业实现新的发展。打造老字号集聚区，鼓励老字号企业通过资本运作和产业创新提高竞争能力。编制生活性服务业发展三年行动计划，抓好社区生活性服务业试点工作。

三是进一步优化区域发展环境。加强产业政策统筹，研究制定产业发展目录，建立完善绿色通道，为各级各类企业提供优质服务。深化区属国有企业改革，完善国有资本监管模式，健全收益分享机制，逐步提高国有资本收益收缴比例；发挥金融街资本运营中心作用，组建国有文化投资公司，鼓励有条件的企业重组、上市和走出去发展。设立产业引导基金，发挥行业组织作用，切实为中小微企业和非公经济发展提供政策、融资、培训等服务。加强市场秩序综合整治，营造公平竞争的市场环境。

（三）加快环境改造提升，高标准推进城市现代化建设

紧紧围绕建设“美丽西城”，加大环境整治力度，提升城市宜居水平，以良好的环境迎接亚太经合组织峰会和国庆65周年。

一是加大生态环境建设力度。全面提升西长安街沿线、城市环线、旅游景区及会场周边等重要区域的环境景观水平，切实为亚太经合组织峰会和国庆65周年做好服务保障。完成北二环城市绿廊（西城段）建设，完善城市绿道系统。认真落实清洁空气行动计划，实现1.4万户居民生活无煤化，淘汰老旧机动车1.9万辆，加大扬尘污染控制力度，动员社会力量参与大气污染防治。抓好什刹海和南北护城河水体治理，引导重点用能单位和企业开展节能改造，打造金融街核心区、中关村西城园绿色生态示范区。推进40个小区垃圾分类达标体系建设，广泛开展“美丽西城”评选活动，深化花园式单位、花园式社区创建工作，不断提高绿化美化水平。

二是着力改善居民居住条件。按照全市到2017年基本完成四环内棚户区改造任务的要求，成立棚户区改造工作领导小组，统筹推进文保区修缮、危改、城中村边角地、新增棚改等四类项目。加快实施百万庄北里居民住房改善等14个续建项目，启动棉花片危改等10个成片棚改项目。完成100万平方米老旧小区抗震加固和节能改造任务，翻建、修缮平房5200间，为居民群众创造安全舒适的居住环境。

三是大力推进基础设施建设。加快数字西城地理空间框架系统的拓展和应用，完善地下管线数据库，为城市建设和管理提供信息支撑。研究制定道路建设三年计划，完善市政道路路网体系，力争完成西直门内大街拆迁并启动道路施工，重点抓好北新华街、槐柏树后街等市政道路征收拆迁，协助做好地铁7号、16号线建设以及地铁6号、8号线织补项目。加大市政基础设施维护力度，实施61条道路大中修、24条道路无障碍设施和4条道路微循环改造，抓好架空线入地和菜市口220千伏变电站建设，加快公厕和环卫设施改造，进一步提升城市承载能力。

四是加强历史文化名城保护。积极构建并细化落实“名城、名人、名业、名景”工作理念体系，探索历史文化名城保护的新模式，努力在公房流转、文物腾退等方面先行先试。实施“文道”建设三年行动计划，推广中南海周边文保区景观提升工程试点经验，重点抓好景山北海周边、国家大剧院西侧等文保区项目。继续推进文物“解危、解放、解读”工程，启动粤东新馆文物征收工作，对康有为故居、谢枋得祠等文物实施修缮保护，出台加强非物质文化遗产保护工作意见，开展品牌宣传活动，彰显中华文化魅力。

（四）加强城市精细化管理，不断优化城市服务功能

坚持标本兼治、疏堵结合，建立健全长效机制，全面提升城市管理水平。

一是推进城市管理体制机制创新。健全区、街两级综合行政执法工作机制，加强监督考核，发挥街道在城市环境秩序管理中的统筹作用。深化环境分类分级管理，抓好街巷胡同精细化管理试点，建立后续管理的长效机制。严格落实“门前三包”责任制，创新监督执法方式，督促社会单位参与环境秩序管控。积极推广社区自治管理经验，在小红庙、三义里、泰然居等小区开展物业式环境秩序管理，提升基层服务管理能力。

二是着力解决城市管理难题。深入开展“拆违、清障、治污、灭脏、治乱、撤市”六大战役，依法推进拆违销账行动，注重拆管衔接，确保新生违法建设“零增长”。进一步规范“市容、交通、市场、旅游”四大秩序，加强街巷胡同、集贸市场、老旧小区及学校周边环境综合整治，着力解决环境脏乱、占道经营、乱停乱放、黑车黑导等痼疾顽症。落实交通排堵保畅措施，实施10条道路疏堵工程，做好慢行系统建设和3000辆公租自行车投放工作，开展文明交通引导活动，大力倡导绿色出行。推进群力胡同9号院等4个立体停车楼（库）建设，完成宣武艺园地下停车场建设和6个小区停车设施改造，利用市政待征地、城中村和边角地，多渠道增加停车设施，大力推行单行单停、错时停车、资源共享等措施，努力缓解“停车难”问题。

三是健全城市安全保障体系。强化安全发展理念，落实属地、部门监管责任和企业主体责任，健全隐患排查治理体系和安全预防体系。加强对燃气、危险化学品、消防等重点领域和人员密集场所的专项治理，完成地下空间整治任务，开展部分失管、脱管老旧小区电梯维护更新试点，确保水电气热等基础设施安全运营。完善应急指挥系统和应急预案，加强应急队伍培训演练，强化防灾减灾后备库建设，不断提高突发事件应急处置能力。

（五）以保障和改善民生为重点，切实提升公共服务水平

认真落实中央和北京市关于加快社会事业改革的精神，积极推进基本公共服务均等化，努力为社会提供多样化服务，使发展成果更多更公平地惠及人民群众。

一是办好人民满意的教育。认真贯彻国家深化教育领域综合改革的要求，坚持公平、优质、均衡原则，全面落实“校校精彩、人人成功”理念。深入推进素质教育，实施“开学一课”和“城宫计划”，减轻学生过重课业负担，增强学生社会责任感、创新精神和实践能力。落实北京市中小学三年行动计划，推动“校圆工程”，采取新建、改扩建、追缴还建项目等多种方式，逐步补齐校园面积缺口，新增学位2840个。深化教育集团办学模式，在义务教育阶段招生中实施“双增计划”，加快解决“择校”问题。探索实行校长教师交流轮岗，实施卓越教师工程和教育家培养工程，发挥教育系统导师团和名师工作室作用，完善骨干教师的选拔、培养、使用和管理机制，为教师队伍的稳定发展创造良好环境。进一步扩大学前教育办学规模，改善办园条件，逐步缓解“入园难”问题。办好职业教育和社区教育，巩固“学习型城市示范区”创建成果，构建更加完善的市民终身学习服务体系。

二是切实维护人民群众健康。深化医药卫生体制改革，抓好医院医药分开、全科医生执业方式和服务模式改革试点，完善区域医疗共同体、医师多点执业有效机制，逐步扩大家庭医生式服务覆盖范围；扶持和引导区属医院特色发展，健全完善中医药、民族医药以及老年病医疗服务体系，积极构建和谐医患关系。加强公共卫生体系建设，整合疾控、妇幼、精神卫生等区属公共卫生机构，完善卫生监督执法体系。积极采取措施，应对人口和计划生育政策调整，提高妇幼保健和诊疗能力，切实做好计划生育困难家庭帮扶工作。深入开展健康教育和健康促进活动，倡导健康生活方式，完成46个体育生活化社区达标创建工作。成立西城区食品药品安全专家委员会，建立完善覆盖全过程的监管机制，确保食品药品安全放心。

三是丰富群众文化生活。大力弘扬社会主义核心价值观，切实加强公民道德和未成年人思想道德建设，深入开展环境文明、秩序文明等公共文明引导行动，高标准完成新一轮全国文明城区创建工作。大力推进机关文化、社区文化、校园文化、企业文化、军营文化和家庭文化建设，实施文化惠民365工程，围绕国庆65周年和传统文化节日，举办特色文化活动，推进以地域为背景的文艺创作，扩大“一街一品”品牌影响力，满足群众多样化的精神文化需求。促进区域文化资源共享，借助社会单位力量，搭载公共文化服务内容，推进“书香西城”、“文化家园”建设，为打造公共文化服务体系示范区奠定扎实基础。

四是加大社会保障力度。落实促进就业创业政策，鼓励企业吸纳失业人员和失业人员自主创业，支持企业和社会组织兴建创业见习基地和孵化基地，在社区建立就业援助站，推动实现更高质量的就业。加强劳动保障监察和争议调解仲裁，推进工资集体协商，积极构建和谐劳动关系。加快推进社保、医保服务大厅升级改造，全面推行社保办理网上预约服务。加强综合救助平台建设，健全部门联动的救助机制，切实保障困难家庭基本生活。建设区级综合养老服务中心和回龙观养老院，鼓励社会单位兴办养老机构，推进“社区居家养老示范区”建设，多种途径解决养老问题，新增养老床位500张以上。扎实做好残疾人工作,加快残疾人职业康复中心建设。确保昌平回龙观一期、丰台张仪村、房山长阳保障房项目居民入住，力争实现朝阳北苑、房山长阳限价房项目竣工，扎实做好保障房配租配售工作。

（六）深化“全响应”网格化社会服务管理体系建设，不断增强社会治理能力

坚持系统治理、综合治理、依法治理、源头治理，创新社会治理方式，最大限度增加和谐因素，构建多元参与、良性互动的社会治理格局。

一是完善“全响应”网格化社会服务管理运行机制。进一步加强和改进街道工作，建立重心下移、权责一致的街道统筹机制，充分发挥街道统筹辖区发展和日常管理的基础性作用。深入开展“访民情、听民意、解民难”工作，借助微博、信箱、热线等信息手段，畅通群众诉求表达渠道，及时掌握社情民意，下大力气解决一批群众普遍关心的难点问题。加强区级“全响应”网格化社会服务管理指挥中心与街道分中心的有效衔接，整合便民服务信息，推动部门信息互联互通，确保及时高效地发现和解决问题。

二是夯实社会服务管理基础。按照细化网格、精准管理的要求，推进社会服务管理网格建设，落实“基础力量一员一格、专业力量一员多格、响应力量一格多员”的标准，加快实现城市管理网格、综合治理网格、社会服务网格三网合一，形成基层全覆盖的工作网络。完善社区治理结构，加强基层自治组织建设，试行社区综合受理和社区工作者弹性工作制度，推广社区“预约式服务”，切实为居民群众提供更多方便。继续抓好“六型”社区创建，打造“一刻钟便民服务圈”、社区规范化和智慧社区示范点，加快社区基本公共服务全覆盖，不断提升基层服务水平。

三是健全社会力量参与机制。加强政策引导，发挥社会建设专项资金作用，积极搭建平台，切实为企业、社会团体、驻区单位、志愿服务组织等各方力量发挥作用营造宽松环境。健全社会组织培育发展体系，完善政府购买公共服务办法，以项目运作方式培育一批有典型示范作用的社会组织，规范和引导社会组织在社会治理中发挥重要作用。构建区域化资源开放共建共享平台，完善激励机制，促进更多驻区单位开放资源、服务民生。大力推进志愿服务制度化建设，完善长效工作机制，重点打造一批志愿服务示范队伍、示范项目和示范站点。

四是努力维护区域和谐稳定。深入落实“六五”普法各项措施，拓宽法律援助范围，建立健全多元调解体系。重视和改进信访工作，探索涉法涉诉信访事项剥离方法，实行网上受理信访制度，扎实做好矛盾纠纷排查化解工作。加强全区实有人口管理体系建设，完善以证管人、以房管人、以业控人的工作机制，大力整治群租转租问题，提高流动人口和出租房屋管理水平。深化“平安西城”建设，加大科技创安和群防群治力度，增强基层治安防控能力，全力做好重大活动安全服务保障工作。

加强国防后备力量建设，做好全国双拥模范区创建中期迎检，推动军民融合发展。认真做好民族、宗教、侨务、对台等事务，支持工会、共青团、妇联等群众团体开展工作，充分调动一切积极因素，努力营造团结和谐的社会局面。

（七）认真开展党的群众路线教育实践活动，切实加强政府自身建设

按照为民、务实、清廉的要求，加快政府职能转变，改进服务管理方式，深入开展调查研究，提高推动科学发展和服务群众的能力。

一是着力抓好党的群众路线教育实践活动。认真贯彻中央“八项规定”和市委有关意见，坚决反对形式主义、官僚主义、享乐主义和奢靡之风，根据区委统一部署，扎实推进政府系统教育实践活动。区政府和各单位都要制定实施方案，结合工作实际，认真抓好各个环节，落实好联系服务群众的各项制度。坚持“两手抓、两促进”，把开展教育实践活动和全面深化改革创新、推进重点工作落实紧密结合起来，边学边改、边查边改，确保活动取得实实在在效果。

二是着力推进依法行政。严格执行区人大及其常委会决议，认真听取区政协对政府工作的意见，落实好“四长联席会”和“两政联席会”制度，进一步提高人大议案建议和政协提案的办理质量。坚持重大行政决策集体讨论决定，完善群众参与、专家咨询和政府决策相结合的模式，坚持重大决策出台前听取政协意见，健全向人大报告制度，加强规范性文件备案审核，不断提高依法科学民主决策水平。加大涉及民生的重大决策信息公开力度,推动预决算信息全面公开，提高政府工作透明度。建立健全行政执法联席会制度，注重在前端解决重点领域行政执法争议和问题，进一步规范执法行为。发挥法律顾问团、行政复议委员会和行政调解委员会等组织的作用，落实好行政首长出庭应诉制度，切实为区域建设和发展提供服务保障。

三是着力提升服务效能。稳步推进政府机构改革和简政放权，健全企业市场准入和建设项目联审联办机制，加快行政审批“两集中、两到位”，切实提高办事效率。做好迎接国家行政服务标准化试点验收工作，推进行政服务“一站、一网、一号”联动体系建设，实行预约服务、延时服务，提升各级各类服务大厅规范化水平。加强“12341”政府热线平台建设，做好与市政府热线的对接转办，继续推动完善政务网上办事。优化政府绩效评估指标体系和评估机制，加大对重点工作、重大工程、重要事项的监督检查力度，不断提升群众对政府的满意度。

四是着力加强政风建设。严格控制“三公经费”等一般性支出，降低行政运行成本，支持重大事业发展，推进节约型政府建设。建立健全政府采购、大额专项资金、政府投资项目招投标等监管机制，抓好重点领域专项治理，深化“千家评政府”工作，坚决纠正损害群众利益的突出问题。严格落实党风廉政建设责任制，推进行政权力公开透明运行，进一步规范行政自由裁量权，切实从源头上预防腐败。加强公务员教育管理，积极引导广大公务人员保持昂扬向上、奋发有为的精神状态，以敢于担当、敢于碰硬、敢于创新的工作作风，扎扎实实落实好各项任务。

各位代表！做好今年各项工作，任务光荣而艰巨。让我们紧密团结在以习近平同志为总书记的党中央周围，在市委、市政府和区委的正确领导下，开拓创新，真抓实干，努力完成区人代会确定的各项任务，为建设“活力、魅力、和谐”新西城做出新的贡献！

北京市西城区人民代表大会常务委员会工作报告

2014年1月8日在北京市西城区第十五届人民代表大会第四次会议上

西城区人大常委会主任　刘跃平

各位代表：

我受西城区第十五届人民代表大会常务委员会委托，向大会报告工作，请予审议。

2013年工作回顾

去年以来，在区委的领导下，区人大常委会深入贯彻党的十八大和十八届三中全会精神，全面落实科学发展观，紧紧围绕关系全区发展大局和民生改善的重点问题，加大监督力度，充分发挥代表作用，努力提高人大工作实效，为促进地区科学发展与社会和谐提供了有力的民主法治保障。一年来，共召开常委会会议8次、主任会议14次，常委会听取和审议议题33项，依法任免国家机关工作人员200人次，圆满完成了区十五届人大三次会议确定的各项工作任务。

一、突出监督重点，着力推进了全局性工作的开展

常委会坚持围绕发展大局，依法履行计划预算监督职能，探索运用新的监督方式，统筹组织、突出重点，加大监督力度，为保障和促进区域科学发展发挥了积极作用。

依法开展了对区“十二五”规划实施情况的监督。常委会把推进区“十二五”规划的实施作为一项贯穿全年的重点工作来抓。加强对区域发展战略实施情况的监督，听取和审议了区政府落实常委会关于推进金融强区战略实施建议的情况报告。按照监督法要求，创新方法，组织开展了对区“十二五”规划实施中期评估工作的监督。常委会组成人员及六个委员会委员参加，采取分组视察调研与政府自查评估相结合、全面监督与重点监督相结合的方式，对区“十二五”规划纲要及14个综合和专项规划中期评估情况进行监督，听取了区政府相关部门执行规划的情况汇报。常委会听取和审议了区政府关于区“十二五”规划纲要实施中期评估报告，作出了关于批准部分指标调整方案的决议，批准调整了空气质量和城镇职工五项保险参保率两项指标，提出了四个方面的审议意见，促进了规划纲要更好地落实，为确保区“十二五”规划各项任务圆满完成、谋划编制区“十三五”规划奠定了良好的基础。

探索开展了对区级大额专项资金使用和管理情况的专题询问。针对区级大额专项资金的使用和管理，常委会首次尝试组织专题询问。由常委会组成人员和部分区人大代表组成专题询问组，采取听取自查报告与实地调研相结合、分组询问与集中审议相结合的方式，重点对滨水“绿道”一期、可持续发展、社会建设等三项资金的使用管理情况进行了询问，区政府主管副区长及相关部门负责人到会听取意见并回答了询问。常委会听取和审议了区政府关于区级大额专项资金使用和管理情况的报告，听取了专题询问组工作情况汇报，着重从加大专项资金监管力度、加强制度建设、推进绩效管理等方面提出了审议意见。通过开展专题询问，促进区政府加强了区级大额专项资金管理制度建设，制定了《北京市西城区大额专项资金管理办法》。

持续开展了年度计划和预算监督。在全市率先实现对政府全口径预算决算的审查监督，常委会听取和审议了区政府关于2012年财政预算执行和其他财政收支情况的审计报告，审查批准了2012年财政决算，对审计查出问题整改情况进行了跟踪监督。听取和审议了2013年上半年和1至10月计划、预算执行及调整情况的报告，审查批准了2013年预算调整方案，对2014年计划报告和预算报告的主要内容进行了初步审议。为进一步深化预算监督，听取了区政府关于国有资本经营预算编制和执行情况、区街财政体制调整和执行情况以及西长安街、大栅栏街道财政预算编制和执行情况的报告，促进了预算管理更加科学规范。

二、聚焦民生问题，着力推进了环境建设和社会事业的发展

常委会始终把保障和改善民生作为人大工作的出发点和落脚点，每年围绕群众反映突出的民生问题深入开展监督工作。去年，我们重点抓住城市环境、教育、养老、公共卫生服务等方面的突出问题，结合视察调研、议案办理，不断强化专项工作监督，取得了明显成效。

大力推动了居民生活环境改善。常委会按照建设生态文明和宜居城市的要求，在促进居民生活环境改善和生态环境建设方面加大监督力度。为推进危旧平房改造和老旧小区整治工作，常委会组织代表深入调研，听取和审议了区政府关于危旧平房改造和老旧小区整治的报告，针对群众反映的突出问题和工作中的难点问题提出了改进意见和建议。高度关注什刹海、大栅栏地区居民生活环境的改善，常委会听取和审议了区政府关于什刹海景区建设和管理、加快改造大栅栏地区市政基础设施和改善居民生活环境情况的报告，提出积极争取市有关部门支持、解决政策瓶颈问题、尽快启动计划项目建设等方面的意见建议，促进了什刹海和大栅栏地区重点项目的实施和居民生活环境的改善。加强对绿化工作和“绿道”建设二期工程、拆除违法建设、大气污染治理工作的监督，组织市、区代表实地视察、深入调研，促进了相关工作的开展。

切实推进了教育和养老事业发展。教育和养老问题事关千家万户，备受社会关注。为推动教育均衡发展、提高教育整体水平，常委会听取和审议了区政府关于教学质量督导情况的报告，就强化教育督导职责、完善教学质量督导评价体系提出了审议意见。区政府认真落实常委会的审议意见，加强教育督导工作，从人力、财力等方面增加投入和保障，完善教学质量督导评价方案和工作机制，促进了教学质量提高和教育事业发展。针对日益突出的养老服务问题，常委会组织开展大量的调研，加强对养老服务工作的监督，提出一些具有较强指导性和可操作性的建议，促进区政府研究制定了加强养老服务工作的实施意见，改善社区和机构养老服务条件。同时还加强了对区政府开展学习型城区建设、信息化建设情况的监督，助力区政府改进了相关工作。

结合议案办理，促进了精神卫生事业发展。为办理好区十五届人大三次会议确定的关于加强精神卫生医疗资源整合发展与建设议案，常委会深入开展视察调研，切身感受人民群众的迫切期盼，倾听医护人员的强烈呼声，征集多方面的意见建议，就议案办理工作提出了建议。在此基础上，常委会听取和审议了区政府关于议案办理情况的报告，从进一步贯彻落实精神卫生法、规划建设区属精神卫生医疗机构、改善就医条件和加大对医护人员的职业保护等方面提出了审议意见，并进行跟踪检查，起到了有力的监督促进作用。区政府高度重视，区长和主管副区长深入实地调研，认真落实常委会的审议意见，整合资源、加大投入，规划建设新的精神卫生医疗机构，改善医疗环境和条件，完善长效保障机制，促进了精神卫生事业的健康发展。

三、注重法治建设，着力推进了依法治区

常委会顺应人民群众对依法行政、公正司法、维护社会公平正义的愿望和要求，坚定地把推进地区民主法治建设作为根本任务，维护法律权威，积极保障法律法规正确、有效地实施，在促进依法治区上迈出了坚实的步伐。

以规范职权行使为目的，加强了对司法工作和依法行政工作的监督。为促进"一府两院"按照法定权限和程序行使职权，常委会多措并举，加大了监督力度。深入全区各司法机构调研，听取和审议了区检察院关于加强诉讼监督工作情况的报告，就完善诉讼监督工作机制、深入开展诉讼监督工作提出了审议意见，促进区检察院进一步发挥法律监督职能，提升诉讼监督工作水平。组织代表旁听区法院公开审理案件，广泛开展代表进"两院"活动，深化了对"两院"工作的了解和监督。听取了区政府关于行政复议和行政诉讼工作情况的报告、区法院关于加强队伍建设工作情况的报告，组织代表对执法机关的执法工作进行视察调研，促进了依法行政和执法机关队伍建设。组织部分审判员、检察员以书面报告形式向常委会述职，促进了司法人员进一步规范履职行为、强化为民履职理念。

以跟踪监督和视察调研为手段，深化了对法律法规实施情况的监督。一年来，常委会重点从涉及群众身体健康、工作和出行安全等方面的突出问题着手，狠抓了相关法律法规贯彻落实情况的监督。组织代表对区政府落实常委会关于食品安全执法检查审议意见情况进行了跟踪检查，并就安全生产法和安全生产条例、传染病防治法、残疾人保障法、旅游管理条例等10余部法律法规的实施情况，组织开展大量的视察调研，听取了区政府贯彻防震减灾法、红十字会法、博物馆条例情况的报告，充分反映群众的意愿和需求，有效地推动了有关法律法规的落实，增强了群众的安全感，促进了地区安全稳定。受市人大常委会委托，就归侨侨眷权益保护法实施办法的贯彻落实情况开展执法检查，保障了归侨侨眷的合法权益。

以相关法规为依据，开展了规范性文件备案审查工作。按照市人大常委会制定的规范性文件备案审查条例，成立工作机构，明确责任分工，规范工作程序，与政府相关职能部门进行沟通协调，适时启动了规范性文件备案审查工作。积极参与立法工作，及时收集反映代表和群众以及执法机关对大气污染防治条例、促进中小企业发展条例、全民健身条例等法律法规的修改意见和建议，为立法机关的立法工作提供了重要的参考。

四、强化服务保障，进一步发挥了代表的主体作用

常委会深刻认识到代表是人大常委会履职的重要依靠力量，始终坚持代表的主体地位，注重贴近代表，更有针对性地做好服务保障工作，为代表发挥主体作用创造了良好条件。

逐步改进了代表履职的服务保障工作。针对广大代表的履职需求，组织代表履职学习，通过召开区情通报会、为代表订阅报刊、办好西城人大信息和人大杂志，及时传递区情政情信息。充分发挥常委会各委员会和各街道人大代表工委的作用，组织代表围绕常委会议题开展视察调研，邀请代表列席常委会会议、参加专题询问等活动，面向代表征集监督议题，推进代表深度参与常委会工作，同时还就保障性住房建设、房屋征收、社区矫正、城市管理应急处置工作等热点难点问题，组织代表进行了集中调研。坚持代表接待日、走访选区和选民等制度，进一步密切了代表与选民的联系。一年来，常委会及各委员会组织代表活动79次，参加代表1316人次；街道人大代表工委组织代表活动258次，参加代表1744人次。

切实加大了代表建议督办力度。督办代表建议是发挥代表主体作用、保证人民当家作主权力实现最直接、最具体的工作。常委会高度重视，积极推行常委会主任和副主任牵头督办、各委员会分类督办、代表工作机构整体督办的工作机制，将督办工作与常委会听取和审议专项工作报告、组织代表视察调研紧密结合，并贯穿于所有履职活动中。主任会议重点对综合性强、难度大的建议加大督办力度，有重点地听取建议承办单位办理情况报告，并组织代表建议办理监督员实地视察建议办理落实情况，使办理质量有了实实在在的提高。目前，区十五届人大三次会议受理的196件代表建议（含议案转建议2件），除8件转市有关部门研究参考之外，其余建议已办结并答复代表。从188件建议的办理情况来看，经过努力得到解决或取得一定进展的149件，约占79.2%；受政策法规限制不能解决、向代表说明解释的27件，约占14.4%；列入计划两、三年内解决的7件，约占3.7%；留做参考的5件，约占2.7%。

积极开展了市人大西城团代表的联络服务工作。按照市人大常委会的统一安排，较好地完成了市十四届人大一次会议西城团的服务工作。组织市人大西城团代表参加履职学习、视察调研以及年中和会前的集中活动，邀请市人大代表参加区人大常委会及各街道代表联组组织的活动，加强市、区人大代表的联系交流，凝聚市、区代表合力，共同促进了地区发展。

五、加强自身建设，进一步提高了履职能力和工作水平

常委会坚持把自身建设作为一项基础性工作来抓，不断强化学习意识、责任意识，适应人大工作面临的新形势、新要求，全面加强自身建设，切实改进工作作风，努力提高履职能力和服务水平。

抓工作结合，深化了理论学习和工作研究。常委会深入学习贯彻党的十八大和十八届三中全会精神，结合人大工作实际，不断深化对宪法和国家根本政治制度的认识。举办了常委会专题学习班，就学习贯彻党的十八大精神、推进民主政治建设、坚持和完善人民代表大会制度、加强和改进人大常委会预算监督等内容，组织系列专题讲座。结合学习贯彻代表法、更好地发挥代表作用深入研讨，明确了加强和改进代表工作的思路和措施。坚持常委会会前学法、调研等制度，进一步加强了对法律法规以及人大工作实务的学习，围绕人民代表大会制度在我区的实践，就关系发展和民生的重点问题开展调研，把调研与人大工作有机融合，推动了人大工作的开展。加强与市和区县人大常委会及外省市人大常委会的工作交流研讨，拓宽了视野和思路，提高了依法履职、创新工作的能力。

抓制度落实，改进了工作作风。重点抓好常委会、主任会议议事规则及有关工作制度的落实，加强会前准备工作的组织协调，深化会前视察调研，注重将视察调研成果与会议审议相结合，进一步提高会议审议质量。落实人大信访工作制度，全年共受理群众来信来访278件（批）、364人次，加强对信访问题的分析，推动解决了一批信访突出问题，维护了群众利益。通过《北京西城报》、区人大常委会公报等多种渠道，及时向社会公开常委会履职情况，自觉接受群众监督。

抓常委会机关建设，提高了服务保障能力。进一步加强常委会机关党组织建设，充分发挥党组织作用，推进了机关思想、组织、作风建设。适应新时期人大工作的需要，设立预算工作委员会，健全和完善了各工作机构设置。积极创建学习型机关和文明机关，加强干部队伍建设，组织干部参加学习培训、社区挂职锻炼，推进干部选拔任用和交流工作，激发了机关干部的积极性和主动性，增强了机关工作的活力。

各位代表，过去的一年，常委会工作取了明显成效。这是区委正确领导的结果，是全体代表尽职尽责、充分发挥作用的结果，是“一府两院”自觉接受监督、驻区单位和广大人民群众大力支持的结果。在此，我代表区人大常委会向全体代表，向所有关心和支持区人大工作的各级领导、同志们、朋友们，表示崇高的敬意和衷心的感谢！

在总结成绩的同时，我们也清醒地认识到工作中存在的问题和不足，特别是与党的十八届三中全会对人大工作提出的新要求、与人民群众的新期盼相比还有差距，主要是对推动人民代表大会制度与时俱进的认识还有待深化，讨论、决定重大事项的工作机制还有待完善，运用询问、规范性文件备案审查等监督方式回应社会关切方面还需要加大探索力度，代表联系选民、接受选民监督的工作还需要改进和加强等。对于这些问题，常委会将认真研究，并在今后的工作中切实加以改进。

2014年主要工作任务

2014年，区人大常委会将在区委的领导下，深入学习贯彻党的十八届三中全会精神，以改革创新为动力，以推进依法治区、促进社会和谐、增进全区人民福祉为着眼点，凝聚代表力量，加大监督力度，提高讨论、决定重大事项能力，推动人民代表大会制度在我区与时俱进，为建设“活力、魅力、和谐”新西城提供更加坚强的民主法治保障。

一、围绕深化经济体制改革的新任务，推进计划和预算监督

深化经济体制改革的核心问题是正确处理政府和市场的关系。常委会将紧紧围绕经济体制改革的新任务，结合区域发展实际，加强计划和预算监督，支持和促进区政府转变职能、改进预算管理，更好发挥政府作用和市场配置资源的决定性作用。常委会将听取和审议区政府关于2013年财政决算报告、审计工作报告。加强对审计查出问题整改情况的监督，听取和审议区政府关于审计查出问题整改情况的报告。听取和审议区政府关于2014年计划、预算执行及调整情况的报告，对2015年计划、预算报告的主要内容进行初步审议。加强对区政府全口径预算决算的审查和监督，促进区政府完善国有资本经营预算和基金预算制度，对区政府落实常委会关于区级大额专项资金使用管理工作审议意见的情况进行跟踪检查，促进财政资金的使用管理科学规范、公开透明。加强对区“十二五”规划纲要实施情况的跟踪监督，听取和审议区政府关于第三次全国经济普查、金融街拓展情况的报告，对德胜科技园建设、文化创意产业发展情况加强监督，促进经济持续发展。

二、围绕改善民生和提升公共服务水平，深化专项工作监督

保障和改善民生，既是政府工作的着力点，也是人大监督的重点。常委会将持续推进居民生活环境改善，听取和审议区政府关于环境建设情况、历史文化名城保护工作的报告，结合道路规划建设中存在的问题组织专题询问，加强对棚户区改造、拆除违法建设等方面工作情况的监督，就保障性住房建设、功能街区重点工程建设和产业升级、功能完善等方面情况组织视察调研。为推进社会事业改革和发展，提升公共服务水平，常委会将听取和审议区政府关于教育设施和教师队伍建设情况的报告，对区政府落实常委会关于教学质量督导工作审议意见、关于精神卫生医疗资源整合发展与建设议案办理工作审议意见情况进行跟踪检查，加强对食品药品监管工作的监督，促进改革发展成果更多更公平地惠及全区人民。

三、围绕推进依法治区，加强司法工作监督和法律监督

维护宪法和法律权威，按照法治国家、法治政府、法治社会一体建设的新要求，结合司法体制改革，加强司法工作监督和法律监督，全力推进依法治区。常委会将听取和审议区法院贯彻民事诉讼法情况的报告，对区政府行政权力公开规范运行和提高执行力情况、区检察院加强职务犯罪侦查和预防工作加强监督，对区检察院落实常委会关于诉讼监督工作审议意见的情况开展跟踪监督。继续组织代表旁听区法院公开审理案件和代表进“两院”活动。组织部分审判员、检察员以书面报告形式向常委会述职，促进司法人员不断强化依法履职意识，进一步提高依法履职水平。

加强法律法规实施情况的监督，就大气污染防治法、老年人权益保障法的实施情况组织开展执法检查。通过多种方式开展跟踪检查，坚持不懈地推进食品安全法律法规的实施。加强对安全生产法和安全生产条例、职业教育法、民办教育促进法、档案法、少数民族权益保护条例等法律法规实施情况的监督，通过听取报告、组织视察调研，促进法律法规的贯彻实施。依法开展规范性文件备案审查，回应社会关切，维护国家法制统一。

四、围绕发挥代表的优势和作用，不断加强和改进代表工作

认真贯彻代表法等法律法规，加强代表工作，保障代表的知情权、参与权、表达权和监督权，为代表履职提供全方位、高质量的服务。坚持代表通报会、代表列席常委会会议等制度，办好人大网站和信息宣传刊物，拓展代表知情知政的实现渠道。围绕常委会议题组织代表参加视察调研、执法检查等活动，在更广的范围和更深的层次上，推进代表参与常委会工作。加强对街道人大代表工委的领导，进一步明确街道代表联组的职责和任务，增强代表联组活动的针对性和实效性。拓展代表联系选民的途径和渠道，组织代表向选民述职，接受选民监督。加强代表议案、建议办理工作，完善办理工作制度和措施，不断提高办理质量和实效，促进代表议案、建议更好地落实。做好市人大西城团代表活动的组织服务工作和补选部分区人大代表工作。

五、围绕深化改革对人大工作提出的新要求，全面加强自身建设

常委会将认真学习贯彻党的十八届三中全会精神，牢牢把握坚持党的领导、人民当家作主和依法治国有机统一这个根本要求，不断深化对发展社会主义民主政治、推动人民代表大会制度与时俱进的认识。以纪念人民代表大会制度建立60周年为契机，加强人大制度和人大工作的宣传，总结经验、创新理念，推进人民代表大会制度在我区的实践不断深入。按照区委统一部署，紧密结合人大工作实际，组织开展党的群众路线教育实践活动，切实改进作风，密切与代表和群众的联系，把为民务实清廉的要求落实到人大工作中。加强宪法和法律法规的学习，围绕常委会审议议题、关系区域发展和民生的重点问题、法律法规实施中的问题，以及人大工作面临的新情况和新问题，深入调研，进一步提升履职能力。创新人大工作机制，修改完善讨论决定重大事项、监督、人事任免等方面工作制度。加强常委会网站建设，进一步拓展公开渠道，主动接受群众监督。加强机关建设，积极推进机关干部培训和交流，进一步提高机关干部队伍素质和服务保障水平。

各位代表，新的一年，人大工作面临许多新任务、新要求。我们要在区委的领导下，紧密团结在以习近平同志为总书记的党中央周围，自觉坚持和实践人民代表大会制度，开拓进取、扎实工作，为推进民主法治建设和“活力、魅力、和谐”新西城建设做出更大的贡献！

中国人民政治协商会议
北京市西城区第十三届委员会常务委员会工作报告

2014年1月6日在政协北京市西城区第十三届委员会第三次会议上

西城区政协副主席　刘长铭

各位委员：

我受政协西城区第十三届委员会常务委员会的委托，向大会报告工作，请予审议。

2013年工作回顾

2013年，在中共北京市西城区委领导下，政协常委会坚持团结和民主两大主题，以“学习贯彻十八大精神、健全协商民主制度、推动区域科学发展”为主线，紧紧团结和依靠各界委员，围绕中心、服务大局，认真履行政协职能。全年共召开常委会议、主席会议、秘书长会议、议政会议18次，形成了专委会调研报告7篇，常委会建议案4件，提出提案369件，组织开展调查研究、视察考察等各类履职活动74次，出席委员达4827人次。各界委员以高度的政治责任感和饱满的工作热情，凝心聚力谋发展，尽心竭力惠民生，为推动区域科学发展做出了新的贡献。

一、加强学习，增进共识，夯实履行职能的思想政治基础

常委会认真组织多层次的理论学习和研讨活动，自觉用中国特色社会主义理论武装头脑、指导实践，牢牢把握政协工作的发展方向。认真学习贯彻中共十八大精神，召开主席会议、常委会议，进行传达学习和座谈讨论，先后举办了“健全社会主义协商民主制度”、“推进协商民主制度建设的实践与思考”以及全国“两会”精神辅导报告，提高委员对协商民主制度建设重要意义的认识。组织委员和机关干部参加“中国梦”征文活动。中央八项规定出台后，及时组织学习领会、对照检查、边学边改。为帮助委员知情明政，更好地为西城发展建言献策，邀请区主要领导通报我区经济社会发展情况。通过这些学习活动，使各界委员把思想和行动统一到中共十八大精神上来，把智慧和力量凝聚到推进全区中心工作上来，增强走中国特色社会主义道路的自觉性和坚定性，进一步巩固了各界人士团结奋斗的共同思想基础。

二、积极探索，勇于创新，推进协商民主制度化建设

区政协常委会把协商民主制度建设作为年度工作主线，加强与政府工作的联系沟通，实现与政府工作的整体对接，探索推进协商民主制度建设的有效途径、组织方式、成果转化，取得了初步成效。

专题协商推进决策民主化科学化。紧紧围绕我区经济社会发展中的重要问题组织好专题协商,使意见建议纳入全区重大决策。召开“两政联席”会议，协商确定区政协议政主题、协商议题、调研课题以及主席集体视察、常委集体视察、专委会视察等重点内容，增强了政协工作的针对性实效性；围绕全区“十二五”规划中期评估工作召开专题议政会议，为规划的修订完善献计献策；通过专题通报协商会，帮助破解区域发展的瓶颈问题；在专委会调研基础上形成常委会建议案，为政府决策提供参考。

对口协商促进工作落实。区政府规范了与政协的对口协商，在制定年度计划、出台重要措施时，主动与政协专委会协商，并邀请专委会或委员参与调研论证。区政协八个专委会，积极主动与区各对口部门沟通联系，为委员搭建履职平台，先后围绕西城区交通规划实施工作、养老服务工作等开展联合调研。

界别协商凝聚各方力量。召开由各党派参加的界别协商座谈会，就《政府工作报告》的起草提出具体修改意见；全会期间将委员按界别划分为各界别小组，围绕《政府工作报告》集中讨论，形成界别意见；围绕政协常委会议题，有计划、有重点地组织各界别委员深入调研和视察，激发界别委员发表意见建议。

提案办理协商促进提案落实。在全市率先出台了《关于进一步加强西城区政协提案办理工作的实施意见》，规范了提案办理协商的内容和程序。实行提案联合交办制度，进一步完善提案办理协商机制。建立提案办理会商机制，针对提案人与承办单位意见分歧较大的提案，组织提案人与区委办公室、区政府办公室和相关承办单位座谈协商，达成共识，促进提案办理落实。

区域协商推进街区建设。街道委员联组活动是本届政协拓展委员履职渠道的创新举措，开展两年来，委员们积极建利民之言，办利民之事，促进了区域发展和民生改善。在全区开展的访民情、听民意、解民难活动中，实行委员联系社区制度，使委员视角下移，更接地气，更直接了解民情，关注民生，更好地发挥了委员的作用。

三、围绕中心，积极履职，助推全区经济社会科学发展

始终把促进区域经济社会科学发展，作为履行职能的第一要务，紧扣重点工作和社会民生热点，扎实开展调研视察等活动。

以评议“十二五”规划工作为主题，认真组织协商议政。充分发挥人才智力优势，为“十二五”规划中期评议工作积极建言献策。组织和动员各党派团体广泛参与，经过近半年时间的调研和论证，各党派、工商联在议政会上，分别从加快转变发展方式、创新科技金融产品、完善资助机制等9个方面，对推进“十二五”规划中期工作提出了意见和建议。区长、常务副区长及相关部门领导到会听取意见。区委书记专门作出批示，要求认真研究吸纳议政成果。

突出重点聚焦难点，深入开展专题调研。政协各专委会围绕全区重点工作和重要民生问题，分别选取1至2个调研课题，抽调骨干力量，成立调研课题组，开展广泛深入的调研，形成了7篇专题调研报告。关于《落实“三区”战略，整合功能街区，努力将西城建设成为首都示范区》的调研报告，受到区委区政府领导的高度关注。区政府主要领导批示：这个调研报告很有份量，望各位政府领导认真研阅，结合明年工作研讨，吸纳借鉴。有4篇调研报告，作为常委会建议案报区委区政府研究参考。这4篇常委会建议案分别是“以餐厨垃圾源头减量处理为突破口，多策并举实现西城区生活垃圾减量化目标”、“天桥演艺区设立演艺中国运营平台，以平台信息化实现更大价值”、“进一步推进西城区医疗卫生事业发展”和“西城区失独家庭帮扶工作研究”。

组织通报视察，推进工作落实。常委集体视察了35中新址迁建和金融街E9两个重点项目建设情况，委员们提出了加强金融街配套建设、拓展融资租赁业务、创新楼宇命名、建立金融博物馆等建议。主席集体视察了区民族团结教育工作，委员们提出了发扬民族团结精神、传承民族文化、加强理论研究等方面建议。抓住社会发展和百姓生活中的热点难点问题，先后组织各项视察、通报等活动共计74次，委员们提出了许多具体的意见建议，得到相关部门的重视和采纳，促进了各项工作的落实。

发挥党派界别作用，创新开展民主监督活动。起草制定了《区政协明察暗访工作实施办法》，使明察暗访工作进一步制度化规范化。继续发挥好特邀监督员作用，分别向区国土局、区国税局等单位推荐了10名政协委员担任特邀监督员。继续发挥好财政预算民主监督小组和社会治安综合治理工作民主监督小组的作用，听取情况通报，提出监督意见，较好地发挥了民主监督作用。继续开展行风政风明察暗访工作，分别对我区46个行政服务窗口实施明察暗访，形成《明察暗访情况报告》报区委区政府，有力地促进了政风行风转变。开展“全响应”社会认知度明察暗访工作，深入四个街道，就“全响应”信息化网络建设、社情民意反馈、解决问题成效等方面进行明察暗访，完成了评估报告。

四、团结各界，凝聚人心，促进社会和谐稳定

常委会注重做好争取人心、凝聚力量的工作，为促进我区民族团结、宗教和睦、社会稳定做出了积极贡献。

围绕民族和宗教工作，着力促进团结和睦。认真贯彻落实中宣部《关于进一步开展民族团结进步创建活动的意见》，主席集体视察了民族团结教育工作，提出了发扬民族团结精神、传承民族文化、加强理论研究等方面的意见。组织委员开展民族和宗教工作的调研，举办民族和宗教工作座谈会，积极为做好民族和宗教工作建言献策，在加大民族教育投入、提升民族团结教育水平、发挥民族文化和宗教文化在文化兴区战略中的作用等方面提出了意见和建议。召开了“创建和谐寺观教堂实践与思考”座谈研讨会，视察了和谐寺观教堂建设情况。举办了“台海形势”报告会，视察了区台资企业发展情况，召开了侨务工作座谈会。

开展联情联谊，不断增强政协凝聚力。坚持主席班子成员集体走访党派制度，与各党派负责人认真座谈，互相交流，联情联谊。举办“西城区各界人士迎新春电影招待会”，大家欢聚一堂，共叙友谊。组织女委员通过参观观摩等活动，过好自己的节日。走访部分卫生界委员，向他们致以“护士节”的祝福。开展“政协委员在你身边”和在部分委员单位设立“开放月”活动。围绕“共圆中国梦、同心铸辉煌”主题，开展政协委员文化交流系列活动。举办“欢度中秋、喜迎国庆”书画摄影展。以《知学》为平台展示委员风采。

五、注重创新，讲求实效，做好各项基础性经常性工作

改进和加强提案工作。常委会把提案工作作为全局性工作，不断在提高提案质量、增强提案工作合力、发挥提案作用等方面创新机制、寻求突破。通过提案选题引导、拓宽委员知情渠道、严格审查把关等环节，提高提案质量。通过领导督办、联合督办、协商督办、跟踪督办等多种方式增强提案办理实效，进一步提高了提案工作的科学化水平。

认真做好反映社情民意信息工作。健全完善信息采集和信息工作机制。围绕不同时期热点问题，广泛搜集反映各党派、团体、各界委员的意见建议。全年共接收社情民意类信息1078条。其中“对全国两会的反映”、“关于开展铅污染与青少年犯罪关系研究的建议”等信息被全国政协、北京市委市政府、市政协信息刊物采用，有的信息受到市、区领导的重视并做出批示。这些信息为各级党委政府及时掌握情况、改进工作发挥了积极作用。

开展文史资料征编工作。认真贯彻全国政协、市政协文史工作会议精神，组织召开文史工作座谈会，研究制定《进一步加强文史工作的意见》，明确文史工作的任务和重点，加强与相关部门的沟通联系，拓展政协文史工作平台，丰富文史工作内容，挖掘史料资源，开展文史征编工作，发挥文史工作“存史、资政、团结、育人”功能。

扎实做好新闻宣传工作。《中国政协》、《北京青年报》等12种报刊杂志和9个网站对区政协工作进行了宣传报道。“北京西城：让委员更接地气”和“走基层，看变化，学经验”《中国政协》予以报道。“协商民主的广泛化与多层化”和“西城区协商民主有为有位”被《北京观察》和《政协研究》刊登。《北京西城报》刊稿30余篇。

切实加强政协自身建设。加强常委班子建设，认真组织常委学习和研讨活动，实行常委座席制度，调动常委履职积极性。加强委员队伍建设，密切同委员的联系，坚持委员参加活动履职统计、公示制度与委员履职情况反馈制度，增强委员队伍的凝聚力、战斗力。加强机关服务能力建设，修订完善机关工作规范，组织机关干部参加各类培训，做好干部选拔任用工作，在增强机关干部综合素质、提高机关服务能力上迈出了坚实步伐。得到全国政协和市政协的工作指导，加强与兄弟市区政协的联系，深化与各区县政协的协作，提高了政协工作水平。

各位委员，一年来，区政协常委会坚持围绕中心、服务大局，着眼发挥人民政协职能作用，组织各界委员为全区经济社会科学发展献计出力，做出了积极贡献。这些成绩的取得，凝聚着各界委员的聪明才智和不懈努力，也是北京市政协指导、中共北京市西城区委领导、区人大区政府及社会各界大力支持的结果。在此，我代表区政协常委会向为政协事业发展付出智慧心血、做出无私奉献的各党派团体、各界委员，向所有关心、支持政协工作的各级领导、各界人士，表示崇高的敬意和衷心的感谢！

回顾过去的工作，我们深切地感到：政协工作方向明确，地位重要，责任重大。人民政协事业发展事关社会主义民主政治建设，事关国家改革发展大局，事关中华民族伟大复兴中国梦的实现。中共十八大和十八届三中全会就健全社会主义协商民主制度做出了重要部署，强调要充分发挥人民政协作为协商民主重要渠道的作用，为人民政协事业发展进一步指明了方向。我们深切地感到：委员是政协工作的主体，政协所开展的一切工作都要围绕为委员履职服务。这两年，我们致力于为委员搭建履职平台、畅通履职渠道，进行了一些创新和尝试，取得了良好的效果。我们深切地感到：政协工作必须紧紧围绕全区工作大局谋划和实施，才能方向明、有作为，要切实把全区改革发展的目标任务融入到政协全部工作之中，充分发挥“智囊团”和“人才库”的作用，为全区经济社会科学发展，提供强有力的智力支持和人才支持。在看到成绩的同时，我们也清醒地认识到工作中的差距和不足：一是在充分发挥界别作用和优势上还需要进一步加强；二是在把握政协工作特点、为委员履职服务上还需要进一步加强。对于这些差距和不足，常委会将在今后的工作中认真研究，切实加以改进。

2014年工作思路

2014年，是深入贯彻落实中共十八大和十八届三中全会精神，全面深化改革的重要一年，是发挥人民政协作为协商民主重要渠道作用、推进协商民主广泛多层制度化发展的重要一年。新形势、新任务、新挑战，要求我们坚持改革主旋律，抓住机遇主动作为，发挥优势促进发展。区政协常委会将在中共北京市西城区委领导下，高举中国特色社会主义伟大旗帜，坚持以邓小平理论、“三个代表”重要思想、科学发展观为指导，坚持团结和民主两大主题，以“学习贯彻中共十八届三中全会精神、加强政协协商民主制度体系建设、推进全面改革创新”为主线，认真履行政治协商、民主监督、参政议政职能，为推进西城区经济社会科学发展做出新的贡献。

一、深入学习领会中共十八大、十八届三中全会精神，准确把握人民政协在协商民主体系中的重要地位

深入学习贯彻中共十八届三中全会精神，进一步发挥好协商民主重要渠道作用，是政协组织面临的一项重大而紧迫的任务。要切实按照市委、区委的部署，按照全国政协和市政协的要求，通过报告会、研讨会、专题学习、自主学习等形式，不断把学习活动引向深入。要深刻认识协商民主在我国社会主义民主政治建设中的重要地位。中共十八大将健全社会主义协商民主制度作为一项重要任务，指出协商民主是我国人民民主的重要形式，科学回答了社会主义协商民主的本质属性、制度框架、基本内容，以及人民政协在其中的地位和实践形式等重大问题，具有极其重要的指导意义。要准确把握人民政协在协商民主体系中的重要地位。中共十八届三中全会把推进协商民主广泛多层制度化发展作为政治体制改革的重要内容，勾画出了协商民主建设的清晰脉络和宏伟蓝图。我们要深刻理解、准确把握人民政协在协商民主体系中的重要地位，进一步增强责任感、使命感，切实发挥好人民政协作为协商民主重要渠道的作用。

二、积极探索发挥人民政协协商民主重要渠道作用的有效途径

继续落实中共北京市西城区委《关于加强人民政协政治协商制度建设的意见》。继续邀请政协委员列席区委重要会议和区政府常务会议。继续坚持区政协与区政府两政联席会议制度，围绕政府重要事项、重点工作和政协重要工作安排进行协商。紧扣协商民主主题，在明确协商内容、规范协商程序、丰富协商形式、加强制度保障等方面多下功夫，不断推进协商民主的制度化、规范化、科学化。成立区政协理论研究会，加大理论研究和实践探索的力度，使人民政协政治协商工作更加适应协商民主广泛多层制度化发展的需要。要探索构建政协协商民主机制。构建在党委领导下的重大决策协商机制，规范协商内容和协商程序。在坚持政府与政协工作协商联席会议机制的同时，逐步建立政府部门与政协专委会、界别小组对口协商的机制。要探索完善政协协商民主平台。专题协商，坚持围绕中心，选准课题，提高质量。对口协商，注重常态，发挥专业人才优势，形成良性互动，促进共同发展。界别协商，增进共识，发挥纽带作用，形成合力。提案办理协商，强化机制，规范制度，增强提案办理实效。区域协商，完善制度，有效沟通，化解矛盾，促进区域和谐稳定。充分发挥党派团体协商作用。重视与各党派团体的协商，鼓励和支持各党派团体与政协各专委会联合开展调研等活动。

三、紧紧围绕全区工作大局，充分发挥人民政协优势作用，在促进科学发展上有新作为

全面深化改革创新是今年全区工作的主基调，我们要紧紧围绕经济建设、政治建设、文化建设、社会建设、生态文明建设的改革创新，抓住制约区域发展的瓶颈问题，深入开展调查研究，为决策提供更加有力的智力支持。重点关注区属国有企业体制改革、非公企业发展、产业结构优化升级和功能街区建设；重点关注教育改革、卫生改革和计生政策调整；重点关注司法体制改革、社会组织建设、民生改善和养老问题；重点关注历史文化名城保护、棚户区改造、城市环境治理以及城市精细化管理；重点关注政府依法行政、廉政建设以及群众路线教育实践活动的开展。围绕以上重点领域改革创新召开议政会和协商通报会，组织常委集体视察和主席集体视察。围绕社会治理课题，组织区政协各专委会、各界别委员，开展联合调研。充分发挥人民政协联系广泛、渠道通畅的优势，针对重大改革创新举措的贯彻落实，集民智、汇民意、聚人心，多做协调关系、理顺情绪、化解矛盾、增进团结的工作，为顺利推进改革创新营造良好社会环境。充分发挥政协委员联系群众、联系实际的优势，通过广泛深入的走访、调研、视察等活动，深入街道社区，广泛接触居民，了解和反映群众的利益诉求，做好上情下达、下情上达和解疑释惑的工作，调动各方面参与改革创新的积极性、主动性、创造性，为全面深化改革创新注入新活力。

四、以推进改革创新为契机，切实加强政协自身建设

加强常委会建设，健全制度，明确责任，切实发挥好大会闭会期间的领导作用。加强委员队伍建设，增强委员的责任感和使命感，提高委员履职能力和水平。探索完善委员联络制度，继续实行委员履职登计统计和定期公示制度，探索委员述职制度。坚持和完善走访界别、联系委员制度，进一步发挥好专委会和街道联组联系委员、服务委员的作用。积极探索发挥界别作用的有效途径和方法，调动界别委员履职积极性。加强政协机关建设，以群众路线教育实践活动为契机，以打牢群众观念和服务委员意识为重点，全面提高机关干部整体素质。

各位委员，人民政协事业面临前所未有的发展机遇，深化改革的路线图已经绘就。我们要在中共北京市西城区委的领导下，积极投身全面深化改革的伟大实践，同心同德，开拓进取，努力开创政协工作的新局面，为建成“活力、魅力、和谐”新西城做出新的更大贡献！

聚焦中心任务 强化监督执纪
为西城区改革发展提供有力保证

在中共北京市西城区第十一届纪律检查委员会第四次全体会议暨全区党风廉政建设工作会议上的报告

中共西城区委常委、区纪委书记 王力军

（2014 年 2 月 20 日）

同志们：

我代表区纪委常委会向第四次全体会议报告工作，请予审议。

这次会议的主要任务是：深入学习贯彻党的十八大、十八届二中、三中全会精神和习近平总书记系列重要讲话精神，贯彻落实中央纪委三次全会和市纪委三次全会精神，总结 2013 年全区党风廉政建设和反腐败工作，部署 2014 年任务。王宁同志和王贵平同志将作重要讲话，我们要认真学习领会，坚决贯彻落实。

一、2013 年党风廉政建设和反腐败工作回顾

2013 年是贯彻落实党的十八大精神的开局之年。在市纪委和区委的正确领导下，全区党政部门和各级纪检监察组织深入贯彻党的十八大精神，以落实中央八项规定精神，狠刹“四风”为重点，坚决维护党的纪律，切实改进作风，坚决惩治腐败，全区党风廉政建设和反腐败工作取得新进展。

（一）强化正风肃纪，推动作风转变。围绕落实中央八项规定精神和市、区部署要求，全面开展正风肃纪工作。抓住元旦、春节、中秋、国庆等重要时间节点，通过明察暗访、集中检查、公开曝光等多种形式，狠刹公款送贺卡送节礼、公款吃喝、公款旅游和奢侈浪费等不正之风。各级纪检监察组织认真履行执纪、问责、把关职责，严肃处理违反中央八项规定精神的问题 4 起，给予党纪政纪处分 6 人，并予以通报，发挥了警示教育作用。以“千家评政府”为载体，对 66 个区属职能部门和 15 个街道办事处的作风建设、依法行政、办事效率、落实责任、政务公开等情况进行全面测评，对发现的问题及时反馈，强化以评促改，平均满意度为 93.1%，较上年度有所提升。突出直查快办，加大对违法建设、行政工作人员服务态度和工作效率低下等问题的核查力度，全年受理群众投诉共 191 件次，办结率 100%。对“城市环境集中治理行动”及“两规范一提高”试点单位进行暗访和问题督改，推进政府部门和公共服务行业改进工作作风、提升服务质量。

（二）强化督查推动，促进主责部门依法履职。围绕经济社会发展大局，加强对生态文明和环境建设、安全生产、住房保障、食品安全等重点任务落实情况的执法监察、效能监察和廉政监察，确保政令畅通。加强对功能区重点工程项目和资金监管，发挥“5+2”联合纪检监察组的作用，开展联合检查和现场督办，针对发现的问题及时督促整改落实。深化权力公开透明运行工作，严格执行各单位主要领导不分管人财物工作制度，促进权力规范行使。把发现问题和促进问题解决作为巡视工作重点，对区财政局等 15 个单位开展了巡视，并对 2012 年度巡视的 15 个单位进行回访，确保了巡视成果的有效运用。

（三）加大查办违纪违法案件力度，着力提升办案综合效果。全年共受理群众来信、来访、电话和网上举报 445 件次，信访办结率 100%。初核违纪线索 74 件，立案 22 件，其中大要案 8 件；结案 18 件，给予党政纪处分 20 人，涉及处级干部 2 人，涉嫌犯罪移送司法机关查处 5 人。2013 年查办案件各项指标大幅上升，信访举报数同比上升 59.5%，初核数上升 106%，立案数上升 69%，处分数上升 53.8%。严肃办案纪律、严格制度程序、严控办案风险，案件的检查及审理工作严谨规范。通过调查核实，为 6 名党员干部澄清反映失实的举报问题，维护了党员干部的合法权利。

（四）加强反腐倡廉宣传教育，促进党员干部廉洁从政。将反腐倡廉教育作为领导干部学习培训的必修内容，纳入区委党校主体班的教学培训课程，对新任职的 69 名处级领导干部进行廉政谈话。利用我区违纪违法典型案例开展警示教育，增强党员干部党性修养、纪律意识和法制观念。充分发挥报刊、网络等媒体的宣传和舆论引导作用，依托“红莲讲堂”深入基层单位开展宣讲活动 10 次，举办“李大钊廉洁思想”巡展 30 余场，组织廉政微小说评选、廉政平面公益广告展播等活动，不断营造廉荣贪耻的社会氛围。

*（五）加强干部队伍建设，履职能力进一步提升。*按照中央纪委“打铁还需自身硬”的要求，强化纪检监察干部的思想作风建设，积极开展“铁纪教育”活动，在系统内开展会员卡清退工作，663 名专兼职纪检监察干部全部做到“零持有、零报告”。按照转职能的要求，明确职能定位，精简牵头或参与的议事协调机构 53%，进一步优化区纪委监察局机关内部机构设置，增设第二案件检查室，加强办案工作。强化对派驻机构的人员配备和监督管理，完善与派驻机构沟通监督机制，开展机关和派驻机构双向

述职述德述廉工作。

一年来，我区党风廉政建设和反腐败工作取得了一定成效，但也存在一些问题和不足：有的党委（党组）党风廉政建设主体责任担当不够；一些党员干部贯彻中央八项规定精神的自觉性和主动性不强，群众反映强烈的问题尚未得到根本解决；反腐倡廉制度没有得到有效执行；对违法违纪案件查处力度不够。这些问题在今后的工作中要予以高度重视，切实加以解决。

二、2014年党风廉政建设和反腐败工作主要任务

全区各级党组织和纪检监察组织要深刻认识全面深化改革与推进党风廉政建设和反腐败斗争的关系，牢固树立进取意识、机遇意识和责任意识，扎实开展全年工作。总的要求是:深入学习贯彻党的十八大和十八届二中、三中全会精神，认真贯彻习近平总书记系列讲话精神，坚持党要管党、从严治党，加强党对党风廉政建设和反腐败工作统一领导，按照中央纪委、市纪委和区委的决策部署，结合党的群众路线教育实践活动，聚焦中心任务，以改革精神推进反腐败体制机制创新，着力严明党的纪律，以更加坚决的态度深化作风建设，坚定不移惩治腐败，为全区深化改革和各项事业发展提供有力保证。

（一）认真落实加强反腐败体制机制创新和制度保障的各项措施

严格落实党风廉政建设责任制。各级党委（党组）要切实担负起主体责任，加强对党风廉政建设和反腐败工作的统一领导，把主体责任落实到党风廉政建设决策和执行的全过程。要牢固树立不抓党风廉政建设就是严重失职的意识，党委（党组）主要领导要承担第一责任，班子成员履行“一岗双责”。纪检监察组织要履行好监督责任，协助党委（党组）加强党风廉政建设和组织协调反腐败工作，要加强对党风廉政建设责任制落实情况的监督检查，改进检查考核方式，强化检查考核结果运用。开展覆盖全区的党风廉政建设责任制执行情况民意调查，将民意调查结果作为查找问题、改进工作的重要依据。加大对领导班子和领导干部在党风廉政建设方面失职的责任追究，对反映问题较多、群众意见大、领导不力的单位，对党政主要领导要进行诫勉谈话，问题严重的要给予党纪政纪处分或组织处理。实行“一案双查”，分清党委（党组）、有关部门和纪委（纪检组）责任，对发生重大腐败案件和不正之风长期滋生蔓延的，既追究当事人责任，也要追究相关领导责任。

认真落实市纪委关于党的纪律检查工作双重领导体制实施意见。严格执行“查办腐败案件以上级纪委领导为主，线索处置和案件查办在向同级党委报告的同时必须向上级纪委报告”的规定，加大案件线索下管一级力度。

加强纪检监察派驻机构管理。按照中央纪委、市纪委统一部署要求，明确派驻机构的职责任务、机构设置、人员配备和工作保障。健全派驻机构向区纪委监察局报告工作、定期述职、约谈汇报等制度，强化考核、激励和责任追究。派驻机构要切实履行监督职责，加强对驻在部门领导班子和领导干部的监督。驻在部门要自觉接受监督，支持派驻机构开展工作。

强化巡视监督作用。按照中央和市委关于巡视工作的新要求，明确并落实巡视工作以党风廉政建设和反腐败工作为中心，把发现问题、形成震慑作为主要任务，着力发现领导干部是否存在贪污腐败、违反中央八项规定精神、违反政治纪律、违反组织人事工作纪律等问题。结合督导党的群众路线教育实践活动，全方位、多视角了解相关部门存在的服务不优、效率不高、纪律松弛、为政不廉等问题，对涉嫌违纪违法的案件线索及时移交有关部门进行查处。

（二）强化纪律建设，持之以恒纠正“四风”

严明党的政治纪律，将遵守政治纪律情况作为各级领导班子民主生活会的一项内容固定下来。引导督促广大党员干部在思想上、政治上、行动上同党中央保持高度一致，维护党的集中统一。坚决查处违反政治纪律的行为，决不允许有令不行、有禁不止，决不允许各自为政、阳奉阴违。严明党的组织纪律、财经纪律、工作纪律、生活纪律等各项纪律，严格执行请示报告制度，坚决克服组织涣散、纪律松弛问题，坚决纠正无组织无纪律、好人主义等现象。加大监督执纪力度，确保中央和市、区全面深化改革各项部署落实到位。

严肃治理领导干部在廉洁自律方面存在的突出问题。结合开展党的群众路线教育实践活动，紧密联系实际，认真查摆党员干部“四风”方面存在的问题，推进正风肃纪专项整治工作，切实抓好整改落实。改进千家评政府工作机制，通过暗访、查处、问责、通报等手段，切实发挥民主评议在促进作风建设中的作用。认真落实中央关于厉行节约反对浪费、国内公务接待管理等一系列制度规定。严肃查处公款吃喝、公款旅游、违规使用公车、以各种名义滥发钱物等问题，严肃查处领导干部利用职权收受下属、有利害关系单位和个人礼金行为，以及党员领导干部到私人会所活动等问题。加大执纪检查力度，适时组织力量进行明察暗访，对违反规定的严肃追究相关单位和人员责任，并点名道姓通报曝光。

（三）以零容忍态度惩治腐败，坚决查处违纪违法案件

坚决把遏制腐败蔓延势头作为重要任务，加大惩治腐败力度，既要坚决查处领导干部违纪违法案件，又要切实解决发生在群众身边的不正之风和腐败问题，增强社会对反腐倡廉的信心。

完善腐败案件揭露、查处机制，畅通举报渠道，加强群众信访举报受理工作，规范问题线索管理和处置。对城市基础设施和环境建设重点工程、社会事业和改善民生等重大投资建设项目开展全程监督，紧盯违纪违法易发、高发部位和关键环节，利用审计和党风政风监督、执法效能监督检查等渠道，深入挖掘案件线索。完善查办案件组织协调机制，充分发挥各执纪执法部门职能作用，强化查办大案要案整体合力。强化案件审理，发挥审核把关和监督制约作用。严肃办案纪律，依纪依法、安全文明办案。

严格审查和处置党员干部违反党纪政纪、涉嫌违法行为，严肃查办发生在领导机关和领导干部中贪污贿赂、买官卖官、徇私枉法、腐化堕落、失职渎职案件，严肃查办发生在重点领域、关键环节和群众身边的腐败案件。严格党纪政纪处理，涉嫌犯罪的及时移送司法机关处理。

坚持抓小抓早、防微杜渐，针对查办案件中暴露出的苗头性、倾向性问题早发现、早提醒、早纠正、早查处。加强日常监督，进一步完善约谈、函询、诫勉谈话等制度。坚持查处与保护相结合，及时为受到失实举报的干部澄清是非，保护干部工作积极性。注重以惩促防，增强查办案件的震慑力，发挥查办案件的警示教育作用和治本功能。

（四）加强监督、管理和教育，更加科学有效预防腐败

强化对权力运行的制约和监督。制定《建立健全惩治和预防腐败体系2013-2017年工作规划》具体实施办法，完善防控廉政风险、防止利益冲突、领导干部报告个人有关事项、任职回避等制度，加大各项法规制度执行情况的监督检查，切实提高制度的执行力。积极推进科学有效的权力制约和协调机制建设，进一步规范党政主要领导干部职责权限。认真落实权力清单制度和权力运行流程公开制度，加大对行政权力公开透明运行工作的监督检查和问责力度。继续推进模拟责任追究，促进部门明确职责，切实解决职责不清、推诿扯皮等问题。进一步完善电子监察平台和廉政风险防控信息系统功能，提高科学防控水平。

切实增强监督的有效性。认真落实党内监督各项制度，加强对领导干部特别是主要领导干部的监督。严格落实民主集中制，规范并严格执行“三重一大”集体决策程序。强化日常监督，完善落实上级党委、纪委同下级主要领导干部谈话制度。加强行政监察工作，强化行政问责，促进行政权力依法行使。加强对主要领导干部在经济决策、经济管理和财经政策执行等方面的审计监督。深入开展政风行风治理，认真办理群众来信来访和投诉举报，健全群众监督、舆论监督、法律监督机制，进一步提高监督整体效能。

加强党风廉政宣传教育，重点开展领导干部廉洁从政主题教育活动，推进领导干部任职前廉政法规知识测试工作。充分发挥反腐倡廉教育基地作用，将参观教育基地列入党校各类主体班必修课。推进廉政文化建设，开通“廉政西城”官方微博，切实发挥信息发布、互动交流、舆情引导的作用。

（五）加快转职能、转方式、转作风，提高纪检监察机关监督执纪问责能力

各级纪检监察组织和全体纪检监察干部要适应新形势、新任务、新要求，忠诚履行党章和行政监察法赋予的职责，聚焦中心任务，坚守责任担当，敢于碰硬较真，强化监督执纪问责。

加快转职能、转方式、转作风。明确职责定位，改进监督执纪方式，做到不越位、不缺位、不错位。加强和改进调查研究，以开展党的群众路线教育实践活动为契机，深入排查解决纪检监察系统的“四风”问题，坚持不懈抓好作风建设。

严格落实纪（工）委、纪检组监督责任，对协助党（工）委、党组加强党风廉政建设和组织协调反腐败工作不力，发生严重违纪违法案件的，要严肃追究纪（工）委书记、纪检组长的责任。对纪检监察干部要严格要求、严格监督、严格管理，对违纪违法的，坚决予以处理，决不姑息，用铁的纪律打造过硬队伍。

同志们，深入推进党风廉政建设和反腐败工作，使命光荣、责任重大。我们要按照市纪委和区委的部署要求，坚定信心、扎实工作，不断取得党风廉政建设和反腐败工作新成效，为推动西城区科学发展提供有力保证。

关于北京市西城区2013年国民经济和社会发展计划执行情况与2014年国民经济和社会发展计划草案的报告

2014年1月7日在北京市西城区第十五届人民代表大会第四次会议上

西城区发展和改革委员会主任 吴向阳

各位代表：

受区政府委托，现将2013年国民经济和社会发展计划执行情况与2014年国民经济和社会发展计划草案的报告提交大会审议，并请政协各位委员提出意见。

一、2013年国民经济和社会发展计划执行情况

2013年是全面贯彻落实党的十八大精神、实施“十二五”规划承上启下的关键之年。面对错综复杂的外部环境和宏观经济增速放缓的压力，在区委的坚强领导下，在区人大的监督指导下，全区上下深入贯彻落实党的十八大和市十一次党代会精神，坚持稳中求进总基调，按照集聚带动、创新驱动、统筹联动、服务推动的工作思路，全力推动区域经济平稳发展和社会事业全面进步，圆满完成了区十五届人大三次会议审议通过的计划目标。

（一）区域经济实现平稳增长

把稳增长放在首要地位，聚焦重点功能区建设，突出主导产业带动，优化区域发展环境，区域经济形势总体保持平稳。三级收入实现3771.9亿元，同比增长23.6%。区级公共财政预算收入完成342亿元，同比增长10.6%。预计地区生产总值实现2800亿元，同比增长9%左右。社会

消费品零售额实现840亿元，同比增长10%左右。全社会固定资产投资完成210亿元，同比增长6%左右。居民人均可支配收入完成43000元，同比增长9%左右。合同利用外资额和实际利用外资额完成“双五亿（美元）”目标。

金融中心建设取得积极进展。截至三季度，全区金融机构资产达到65.3万亿元，同比增长7.3%，占全区第三产业资产总额的92.4%。金融业实现三级税收2571.1亿元，同比增长14.3%；实现区级税收105.3亿元，同比增长3.9%。金融街资本市场建设取得突破性进展，全国中小企业股份转让系统扩容至全国,成为国内继上海、深圳之后的第三个全国性证券交易市场，北京金融资产交易所由银行间交易商协会控股，成为全国性金融资产交易所。编制金融街总体规划及空间、产业和交通等专项规划，完善金融街规划体系。加快金融街重点项目建设，月坛南街、E5项目全面开工，E9项目实现封顶，华嘉小区、丰盛西区C区项目完成拆迁，开复工面积达到120万平方米。引进中交财务有限公司等重点企业83家，注册资本金达到203亿元。成功举办第二届金融街论坛、第九届北京金融博览会，金融街被授予首批“北京市总部经济集聚区”称号，品牌影响力不断扩大。

中关村西城园发展成效明显。截至10月底，园区规模以上高新技术企业实现总收入655亿元，同比增长132.5%，预计全年收入突破千亿元。新申报国家高新技术企业81家，国高新企业总量达到181家。编制园区产业发展规划，拟定促进设计产业、出版创意产业发展的政策办法。设计产业“六个一”工作进展顺利，组建北京设计产业联盟，成立北京设计之都有限责任公司，编制完成设计交易市场产业规划和政策目录。积极开展科技金融融合工作，协调园区银企合作，实现贷款融资3.6亿元。广安军民融合特色产业园等项目稳步推进。园区7家高成长企业获选“中关村十百千工程”重点培育企业，园区企业获得国家科学技术进步奖特等奖1项、国家技术发明奖2项、中国专利优秀奖3项。

商贸旅游业品质不断提升。开展“商道”产业规划研究。老佛爷百货、护国新天地开业。举办马连道国际茶文化节、西单时尚节、西城电子商务消费周等多项活动促进消费，其中2013北京马连道国际茶文化节达成合作意向867个。积极推进文商旅融合发展，发挥三大产业关联带动作用。完成什刹海206块标识导览、市级精品旅游资讯站建设和大栅栏地区自助导游系统建设。截至三季度，全区旅游综合收入291.6亿元，同比增长6.6%。编制完成社区生活服务业体系建设试点方案，吸纳罗森（北京）有限公司等20余家企业参与区域生活服务业体系建设并在街道开展试点工作。成立北京马连道建设指挥部、北京北展地区建设指挥部，统筹推进马连道、北展地区产业结构调整、业态升级和重点项目建设任务。

区域发展环境持续优化。完善优化环境服务企业工作机制，落实“六个一”区领导联系重点企业方案，积极服务各级各类企业发展，走访中国华电集团等30余家重点企业，解决企业发展需求。出台促进中小企业发展的一系列政策办法，为区域中小企业发展提供政策支持，引导区域中小企业实现集合信托等创新融资3.6亿元。充分发挥区属国有企业作用，为区域重点项目建设融资97.9亿元。完成天恒、华方公司和京都、金融街集团文化板块资产的重组，区属国有资源配置进一步优化。完成“十二五”规划中期评估工作，为全面完成规划目标和任务打好基础。参加“京交会”各项活动，承办金融、文化贸易等系列主题活动，成功签约165亿元。

（二）城市建设管理水平得到新提升

围绕首都功能核心区的定位和要求，把完善和提升城市服务功能作为重要着力点，坚持项目建设和城市管理并重，城市综合承载能力和区域精细化管理水平进一步提高。

基础设施建设不断完善。地铁7号线附属工程进场施工，16号线二里沟站开工。新街口北大街开工，前门西河沿街（西段）完工，太平街二期拆迁进入收尾阶段，南中轴路北段通车。完成三里河南横街等2处道路微循环工程。完成80条道路架空线入地和南草场街等40条道路大修工程，完成79条胡同雨污水支线和12条道路无障碍改造，改造益民巷等56处积水点和建学胡同等48条胡同管线。推进4个立体停车楼（库）建设。通过停车自治管理、错时停车等方式，新增停车位8000余个。完成西直门南小街等57处共2000辆自行车公租停车点布放工作。

城市环境治理扎实推进。“绿道”景观提升（二期）工程竣工，完成中南海周边文保区环境景观提升试点工程，建设德胜门东滨河路等5条市级达标路和10条精品胡同，对培英胡同等40条背街小巷进行综合治理。开展拆违、清障、治污、灭脏四大专项治理，拆除违法建设3621处共7.5万平方米。完成2.2万户居民煤改清洁能源改造，淘汰老旧机动车1.71万辆，调整退出高污染、高能耗、高排放工业企业3家。完成52个小区垃圾分类达标体系建设。开展西四北等地区50条胡同绿化改造，新建、改建绿地22.78公顷，新增屋顶绿化3万平方米、垂直绿化5000延长米。由于受雾霾等极端不利气象条件影响，空气中主要污染物浓度有所上升，截至10月31日，二氧化硫（SO_2）、二氧化氮（NO_2）和可吸入颗粒物（PM10）平均浓度同比分别下降2.1%、上升3.2%和上升2.2%；细颗粒物（PM2.5）平均浓度为93.2ug/m^3。

城市运行保障能力增强。继续推进城市管理重心下移，出台在城市秩序管理中进一步加强职能部门属地管理的意见，发挥好街道统筹辖区发展作用。加强能源基础设施建设，桃园220千伏变电站投入使用。深入梳理排查风险隐患，开展安全生产大检查专项整治活动，有效预防安全生产事故。西城区食品药品监督管理局及各街道监管所正式挂牌，开展食品、药品安全专项整治。有效应对人感染H7N9禽流感疫情，积极开展卫生监督进社区，被评为全国首批“餐饮服务食品安全示范区”。细化各类灾害和突发事件应急预案，开展空气重污染应急演练等活动，不断提高城市应急处置能力。开通基础数据监控平台，全面强化防范控制。认真开展矛盾纠纷排查化解工作，加大信访积案协调督办力度，集中精力解决了一批重点信访问题，确保全国“两会”及十八届三中全会期间信访秩序稳定。

（三）区域文化魅力进一步展现

依托丰富的区域文化资源，以传承文化与推动发展、保护历史文化名城与丰富居民文化生活为重点，促进文化产业和文化事业共同发展，不断增强区域文化软实力，提升文化引领带动作用。

古都历史风貌保护工作稳步推进。以“文道”建设为平台，深入推进历史文化名城保护工作。什刹海阜景地区白塔寺药店降层、地铁8号线什刹海站西出入口项目完工，齐白石故居、鲁迅旧居和普济寺大殿等文物修缮工程完工，雁翅楼历史景观建设项目完成主体结构施工，启动荷花市场和阜内大街业态提升工程。实施《大栅栏琉璃厂历史街区保护管理办法（试行）》。大栅栏琉璃厂H地块完成拆迁进入入市准备阶段，劝业场文化艺术中心修缮工程竣工，北京坊项目进展顺利，杨梅竹斜街保护修缮试点项目完成平移对接。通过北京大栅栏琉璃厂精品交易文化季等三十余项活动，弘扬大栅栏琉璃厂传统文化。建立区级非物质文化遗产保护中心，完成大运河申遗迎检工作，启动观音寺等6个文物保护单位腾退工作。研发区文物管理信息系统及文物宣传手机应用软件，举办非遗展演季、纪念连阔如先生诞辰110周年等活动，不断提升文物管理和宣传水平。

文化创意产业蓬勃发展。截至10月底，全区文化创意产业收入实现574.5亿元，同比增长3.8%。完成中国北京出版创意产业园区等12个区级文化创意产业集聚区认定和授牌工作，进一步发挥文创产业集聚效应。天桥演艺区编制完成园区整体规划。艺术大厦竣工交用，引进中国版权保护中心等23家文化企业，艺术中心结构封顶，天桥汇、市民广场等项目进展顺利。完成天桥历史文化景观展示工程，消失了87年的老北京“天桥”得以恢复。举办2013年天桥系列文化活动，扩大天桥演艺区影响力。在新华1949文化金融创新中心成立了全国首家以原创音乐剧为主题的音乐剧基地。中国北京出版创意产业园区策划发行的精品力作荣获国家级奖项8项、北京市奖项3项。由京都公司独立制作的话剧《招租启示》获得“2013年香港戏剧金紫荆勋章（团体）奖”。

群众文化生活更加丰富。组织开展北京市学习宣传贯彻党的十八大精神宣讲活动。运行“西城区全国文明城区创建管理平台”系统，加强文明城区创建工作动态常态化管理。完成广外等四个街道的图书分馆改造建设工作，实现公共文化设施“1121”建设目标。在全市率先完成高清交互数字电视工程建设。深入实施文化惠民365工程，开展西城文化节、“百姓周末大舞台”等文化活动3200场。“一街一品”等文化品牌活动辐射范围更广、内容更加丰富，各街道通过文艺汇演、体育活动、艺术培训等形式，全方位丰富群众文化生活。

（四）民生保障能力不断增强

把保障和改善民生作为发展的根本目的，坚持惠民利民导向和共建共享原则，公共服务覆盖范围不断扩大，基本公共服务均等化水平不断提高。

公共服务水平明显提升。积极推进可持续发展示范区建设，我区被评为“全国科技进步先进县（市）”。通过教育集团、办学联合体等方式，持续有效推进教育均衡。启动高中学生质量提升工程，帮扶生源基础较弱的学校提高教学质量。推出“开学一课”活动，邀请航天员、科学家等各领域专家学者举办讲座。开展高层次、多样化的教师培训，提升教师队伍整体素质。参加北京市首批正高职称试点工作，10名教师获正高级职称。扩大教育资源承载力，完成北海幼儿园加固工程及西师附小等校改扩建工程，增加学位数3000余个。向全市推广西城区创建学习型城市示范区等先进经验。新成立6所社区教育学校，实现社区教育实体学校全覆盖。卫生资源整合与建设稳步推进，宣武中医医院一期装修改造项目竣工投入使用，公共卫生大厦项目完成主体结构建设，静安医院新址装修改造项目完工。持续改进医院管理和服务，建立区属公立医院年度绩效考评体系和第三方社会评价机制。西城区被评为“全国中医治未病预防保健服务示范区”。成立11个以优秀全科医生名字命名的示范工作室。社区卫生服务水平进一步提升，德胜中心、月坛中心被评为国家级示范社区卫生服务中心，陶然亭中心被评为北京市示范社区卫生服务中心。家庭医生式服务覆盖面继续扩大，新签约家庭医生式服务团队7个，签约16.95万人，家庭医生式服务团队累计达到264支，累计签约45.59万人。大力提升体育公共服务水平，新建12条健身步道，更新全民健身器材320件，新建体育生活化社区45个，累计建成体育生活化社区161个。稳步推进人口家庭公共服务体系建设，开展宝贝计划、健康生育等六大工程，白纸坊街道“幸福家园”正式落成，被确定为“全国创建幸福家庭活动试点单位”。

社会保障体系更加完善。全区城镇登记失业率0.73%，登记失业人员再就业率72.2%。成立西城区就业服务联合体，15个街道成立就业援助中心。建立区创业工作联席会议制度，制定推进创业带动就业的政策办法，推动创业工作全面发展。实施精细化服务促进就业，对1.5万名就业困难人员提供“一人一策”全程追踪式服务。组织北京金融街高校专场招聘会，为20家金融机构推介专业人才，解决就业岗位640个。启动流动人员人事档案数字化工作，覆盖30万份流动人员人事档案，促进供需对接实现就业。全面提升社会保障服务水平，截至11月底，五项基金共收缴276.7亿元，同比增长16.5%，支出241.6亿元，同比增长18.7%。完成各项社会保险待遇的调整发放工作，实施失业保险待遇社会化发放。实行社保经办分级分类管理，进一步扩大经办服务在街道社保所办理的业务范围。大力推行社会保险网上申报，98%的参保单位已开通使用。深入落实“九养”政策，制定加强养老服务工作的办法，成立西城区银龄精神关怀服务中心，实施“社区居家养老服务示范区”的“一区一品”试点建设项目。新增养老床位251张。表彰2000名孝星，营造敬老爱老的社会氛围。研究制定失独家庭综合帮扶意见和加强综合救助工作的意见，成立居民家庭经济状况核对中心，实现全区救助数据共享。在32个示范型残疾人温馨家园成立了残疾人法律维权中心，为残疾人支付社会保险补贴资金

4276.7万元。

居民生活环境进一步改善。按照国家和北京市加快棚户区改造的要求，大力推进棚户区改造项目。2013年重点推进项目14个，涉及居民1.2万余户。其中，百万庄北里居民住房改善项目是北京市第一个按新棚改政策实施的项目。完成208栋、121万平方米的老旧小区抗震加固和节能综合改造，完成裕中西里、三义里和小红庙小区公共部分综合整治，启动板章路11号等10栋简易楼改造工程。改造284个居民院落，翻建2670间四类房，完成3809间平房综合修缮。完成28个小区467处供热改造，实现5个小区的老楼通热。完成8474户一户一水表改造，全区具备条件的老旧小区一户一水表改造任务基本完成。为1000户居民家庭安装节水器具，创建市级节水型单位20个、节水型小区6个，截至目前共为19600户居民家庭安装节水器具，创建市级节水型单位394个、节水型小区297个。实施40座二类公厕、136座达标公厕整体修缮，改造平房院落旱厕20座。回龙观一期、丰台张仪村、房山长阳项目启动居民入住工作，今年以来筹措7878套房源用于解决轮候家庭住房困难，三年来共有13897套定向安置房对接重点建设项目。新建便民菜店15家、早餐规范店11家，截至目前，区域内市级早餐示范店129家，区级早餐规范店110家。

社会管理体系更加健全。建立区全响应网格化社会服务管理指挥平台，完成15个街道分指挥中心建设，进一步完善了“五位一体、四级联动”的快速响应机制。科学划分1696个社会管理网格，形成网格化社会服务管理体系。深入推进“访听解”工作常态化、规范化、长效化，多部门积极解决群众最关心的各类难题，区、街、社区对各类社情民意解决或拿出解决方案的占收集总量的96.8%。选派255名机关干部下社区挂职。59个社区通过市级“六型”示范单位第二轮评估。全区每万人拥有社区社会组织17.7个，居全国领先水平，社会组织党建工作实现了全覆盖。成功举办第二届西城公益文化节，推动社会组织、社会单位服务民生。

但也要看到，我区在经济社会运行过程中也存在一些问题。如人口资源环境约束的矛盾仍然十分突出。区域可开发空间有限，产业承载空间拓展难度大。同时，我区就业机会多，优质公共服务集中，导致净流入人口不断增加，我区是北京市人口密度最大的区县，截至目前我区流动人口达到34万，密集的人口也为社会和城市管理带来巨大的压力。产业结构调整和优化升级的任务还很重。区内还聚集着一批不适应首都功能核心区发展的业态，带来了流动人口管理难、城市环境秩序乱、安全生产隐患多等一系列问题，已经不符合首都功能核心区的发展要求。城市功能还需进一步优化。我区目前仍有263片、15.1万户居民处于待改造的平房和简易楼片区，需要在政策、改造方式上不断进行尝试和探索，棚户区改造的任务十分艰巨。区内仍有不少断头路需要打通，疏堵和微循环工程需要推进，增强基础设施承载力的任务仍有很大提升空间。在城市管理上，有些重点部位的脏乱差问题整治后时有反弹，大气污染形势日益严峻，严重影响了居民的生活质量和首都的城市环境，城市管理的长效机制仍需进一步完善。公共服务均等化问题还没有很好解决。与群众日益增长的需求相比，我区公共服务还不够均衡，优质教育资源、卫生资源分布不均衡，街道和社区间养老、助残、就业、文化等服务设施差距较大，缺乏个性化的服务项目，难以满足群众的多元需求。

二、2014年经济社会发展计划初步安排

2014年是全面贯彻落实党的十八届三中全会精神的重要一年，是确保“十二五”规划任务全面完成的关键之年。一方面，党的十八届三中全会的召开有利于进一步统一思想、凝聚力量、鼓舞人心，将有多项重要改革政策出台，也对我们明年工作提出了更高的要求。“十二五”规划实施进入后半段，我们还将加大力度集中推进规划任务，对全区经济社会发展也将起到一定的带动作用。另一方面，国际国内的经济环境依然复杂，不稳定因素依然存在。总的看，2014年全区经济社会发展环境总体有利，我们要坚定信心，锐意进取，继续巩固区域经济社会发展的良好势头，实现区域可持续发展。

做好2014年工作，要深入贯彻落实党的十八大和十八届三中全会、中央经济工作会议、城镇化会议精神，按照市委十一届三次全会的部署和要求，牢牢把握全面深化改革机遇，着力推动城市功能完善，服务人民群众，努力实现经济平稳增长、产业优化升级、城市绿色发展、民生持续改善，推动区域经济社会发展取得新突破。

明年我们要以改革创新的精神破解发展难题，全力做好五方面工作：一是加快推进功能区建设。坚持集约化、功能化发展道路，结合空间拓展与产业集聚，加快重点项目建设，强化服务管理，形成产业特色突出、空间布局合理的发展格局。二是大力推进产业结构优化升级。紧抓金融改革新机遇，跟踪引入具有行业领导力和发展潜力的金融机构，为金融改革创新提供服务保障，打造高端服务业升级版；分类分步优化升级不符合首都功能核心区要求的产业形态，引导有条件的市场有序转移或业态升级，撤并不合理业态，在业态升级上取得重点突破。三是不断完善城市功能。全力推进市政基础设施建设，确保道路项目早日竣工，提升城市综合承载力；在加强旧城改造、“城中村”、“边角地”治理的同时，把整治的重点延伸到背街小巷和胡同院落综合整治，打造一批精品胡同、精品院落，集中展现城市治理成果。四是扎实做好民生服务保障工作。深入谋划棚户区改造工作，加强政策对接、项目规划，畅通融资渠道，确保项目如期启动；坚持政府引导、市场运作、社会参与的方式，引导社区生活服务业便利化、集约化、品牌化、连锁化发展；坚持公平、优质、均衡原则，高标准解决居民群众的教育和医疗问题，积极推进公共服务均等化。五是坚持绿色循环低碳发展。建设区域绿道系统，大力拓展公共绿地，加强区域生态环境建设；强化节能减排目标责任制，强力推进节能减排任务，确保到2015年实现无煤区的建设目标；狠抓环境治理，扎实做好应对

气候变化各项工作，构建清新、秀美、宜居的绿色家园。

综合考虑十八大及北京市发展目标，结合我区“十二五”规划以及发展实际，2014年经济社会发展主要目标初步安排如下：

——地区生产总值增长7.5%左右；

——区级公共财政预算收入增长9%左右；

——全社会固定资产投资完成180亿元左右；

——城镇居民人均可支配收入增长9%左右；

——城镇登记失业率控制在2%以内；

——万元GDP综合能耗降低率完成市下达指标。

以上各项指标在计划执行中，还将根据实际情况做出适当调整。

三、实现2014年经济社会发展计划的主要措施

（一）着力推进重点功能区建设，促进产业结构优化升级

把稳增长放在首要位置，坚持以重点功能区建设为抓手，抓住金融业改革的新机遇，加快产业结构调整和升级，促进产业聚集，为中心城区可持续发展奠定基础。

强化金融街国家金融中心功能。发挥金融街总体规划指导作用，出台促进金融业发展相关政策，进一步细化、完善区域交通规划等专项规划。开展金融街评价指标体系研究，定期发布金融街发展情况报告。加快重点项目建设。完成新兴盛、大吉BCD项目拆迁，实现丰盛西区C区、广安一期A地块项目入市，确保金融街E5、月坛回迁楼、35中新址迁建等项目竣工交用，开复工面积达到155万平方米。力争签署三里河北街项目收购协议。利用全国股转系统和金交所发展的有利契机，为相关市场发展和促进产业集聚做好服务工作。抓住国家深化金融体制改革机遇，加大对大型金融机构、企业集团综合化经营中新设金融机构和具有增长潜力的新兴金融机构的跟踪引进力度。进一步强化交易主体和相关资源的引入，争取全国性金融交易市场、高端要素市场落户金融街，巩固金融街总部优势，完善金融产业链条。

为科技、文化产业发展注入新活力。推动中关村西城园设计产业发展，出台促进设计服务业发展的政策办法，成立设计师创业中心，为中国设计交易市场引进红星清庭设计概念店、商务中心等特色配套服务设施，力争使企业入驻率达到80%、年设计交易额达到10亿元。吸纳高端产业项目，通过项目带动科技金融融合发展。建设园区信息化平台，为园区发展提供技术支撑。继续推进广安军民融合特色产业园等项目。继续推进首都核心演艺区建设，编制天桥演艺区重点片区城市设计方案。继续推进艺术中心、市民广场和天桥汇项目建设。开展“天桥音乐剧季”等活动，筹备天桥艺术中心首演剧目。依托新华1949园区推动文化金融创新，搭建科技金融和民生金融服务平台。

加快打造传统与现代融合发展的历史文化街区。开展大栅栏琉璃厂区域道路、交通等规划研究，引导区域投资建设。继续推进北京坊项目，完成C1、C2地块结构封顶和C3地块拆迁，启动H地块建设，全面开展杨梅竹斜街保护修缮试点项目招商运营工作。加强什刹海阜景地区重要片区业态升级研究，继续推进地百商场综合整治、雁翅楼景观建设、官园市场等工程，启动阜内北大街环境整治，抓好地铁4号线西四站和地铁8号线什刹海站织补项目、联勤加油站等项目。

推动传统产业优化升级。按照“转移、调整、升级、撤并”的思路，分类分步优化升级我区不符合城市中心区功能定位的产业业态，坚决撤并存在重大安全隐患的经营场所。明确广外地区发展建设思路，制定相关规划，探索产业升级、环境改善和区域发展的新路径。设立中小企业产业扶持基金，提高政府资金使用效率，引导中小企业健康发展。编制区域生活服务业发展三年行动计划，逐步提高全区生活服务业产业组织化程度。组织开展西单时尚消费季等促消费活动，挖掘消费潜能。制定文商旅融合发展三年行动计划（2014-2016），促进旅游、商贸、文化等产业融合发展。建立涵盖什刹海、大栅栏琉璃厂、天桥等三大区域的特色旅游联盟。

（二）着力提升城市建设和管理水平，不断完善城市功能

坚持建管并举，统筹城市规划、建设、管理与服务，持续提升基础设施承载能力，使城市运行更加高效安全。

增强基础设施承载能力。确保地铁7号线通车、16号线全面开工。力争完成太平街二期、前门西河沿道路建设和西直门内大街拆迁，完成北新华街大部分征收工作，启动阜丰路等道路征收。对61条道路实施大中修、59条道路积水点进行整修、41条道路内的市政排水管线实施改造，实施10条道路疏堵工程、4条道路微循环改造、24条道路无障碍设施改造。推进交通运行监测调度中心（TOCC）分中心建设，完善TOCC发布软件。继续推进群力胡同9号院等4个立体停车设施建设，加快马相胡同、首特钢9号地两个临时停车场建设，启动人民医院北侧地下停车场建设，对地科院宿舍等6个小区实施停车设施改造。对三里河、金融街地区等道路范围的自行车出行系统进行改造，完成3000辆公共自行车租赁建设工作。

加大市容环境整治力度。围绕亚太经合组织会议和建国65周年做好环境景观提升工作。加强景山北海周边环境秩序整治，加快大剧院西侧片区改造，提升地区整体环境质量。完成5条市级达标道路、10条区级达标道路、精品大街建设工作。完成马连道茶文化特色商业街景观照明设计。下大力气解决群众身边的环境问题，进一步规范城市环境秩序。把落实“门前三包”责任作为长效管理的重要抓手，广泛动员社会力量参与城市建设。抓好胡同院落综合整治，开展一批背街小巷环境综合整治，展示整体城市形象。继续深化城市环境分类分级管理模式，完成40个小区的垃圾分类体系建设。持续开展“拆违、清障、治污、灭脏、治乱、撤市”六大战役，继续保持高压态势，确保新生违法建设“零增长”，稳步开展账内违建拆除行动。推广早餐车二维码规范管理做法，编制户外广告修复性规划，加强对户外广告牌匾的规范性管理。按计划实施架空线入地。

强化城市安全运行保障能力。扎实做好节水防汛、供暖、供气、供电工作。全面完成公共机构热计量改造，继续组织实施老旧供热管网改造和既有节能居住建筑热计量改造工作。继续实施临时代永久居民小区电力设施改造，力争实现菜市口220千伏变电站投入使用。强化安全生产建设，摸清全区生产经营单位底数，深化安全生产隐患排查、专项整治和专项行动等措施，有效遏制一般生产安全事故，预防较大以上事故。成立西城区食品药品安全专家委员会，加大对食品药品质量监督抽验力度，严厉打击销售不合格食品药品和扰乱食品药品市场秩序的违法行为。探索涉法涉诉信访事项剥离方法，加快推进网上信访建设，全力做好信访积案和重点矛盾纠纷化解。

（三）着力提升区域生态环境品质，打造绿色宜居家园

把建设资源节约型和环境友好型社会作为转变经济发展方式、提升城市功能的重要着力点，以生态文明引领区域新发展，营造优良的人居环境。

全力改善空气质量。落实2014年清洁空气行动计划，制定工作方案，通过拆迁、清洁能源改造等方式实现1.4万户居民生活无煤化，确保到2015年底实现无煤区的建设目标。开展裸露地面治理、加强道路清扫保洁，探索务实长效的扬尘污染防治机制，推动区域空气质量持续改善。加强机动车污染控制，抽查机动车尾气排放40万辆次，淘汰老旧机动车（含黄标车）1.9万辆，逐步实施5000吨以上加油站油气回收在线监控改造工程。开展餐饮油烟污染、环境噪声污染等专项治理。落实“三高”污染工业企业停产限产。进一步引导各企业及重点用能单位开展节能改造，加快“能源监测平台”建设。积极推进公共建筑节能，选取西城区综合行政服务中心开展公共机构综合节能改造试点。力争实现二氧化硫（SO_2）、二氧化氮（NO_2）和可吸入颗粒物（PM10）平均浓度均同比下降2%，细颗粒物（PM2.5）平均浓度控制在85ug/m^{3}左右。

加强区域生态环境建设。编制区域绿道规划，通过滨水绿道、道路绿廊、胡同绿网形成西城区城市绿道系统。重点推进北二环绿廊（西城段）建设。打造金融街核心区、中关村西城园绿色生态示范区。完成宣内大街等10条道路绿化、树池联通及绿化改造工程和马连道一号项目置换绿地新建任务。完成绿地建设面积20.28万平方米，其中新建2.33万平方米、改造17.95万平方米，新增屋顶绿化2万平方米、垂直绿化3000延长米。做好广外和德外两个水源防护区周边地区的污染监管工作，加强重点废水排放企业污染治理，保护好饮用水安全。

（四）着力保障和改善民生，不断增进人民福祉

顺应人民群众过上更加美好生活的新期待，大力扩展优质公共服务，切实完善保障和改善民生的制度举措，不断提升人民群众幸福指数。

不断改善居民生活条件。大力推动棚户区改造。加强棚户区改造相关研究，在手续、政策等方面探索创新，为深入推进棚改工作打好基础。加快实施百万庄居民住房改善等14个续建棚改项目，启动棉花片危改等10个成片棚改项目。加快推进70余片零散用地整治工程，将腾退出来的空间更多地用于环境建设和为居民提供公共服务。加大老旧小区综合改造力度，完成100万平方米老旧小区抗震加固和节能改造，翻建修缮5200余间平房。完成一户一水表改造收尾工作，为老旧居民小区家庭更换节水器具1500套件，完成28项中水、雨水利用工程。确保昌平回龙观一期、丰台张仪村、房山长阳等3个项目在2014年3月底实现入住。加快朝阳北苑、朝阳东坝单店二期等项目建设。积极与市级国有企业合作，协商解决保障房跨区建设难题。落实国家和北京市控制价格上涨、稳定市场价格的各项措施，做好行政事业性和经营服务性收费的管理工作，确保市场价格稳定。

持续提升公共服务质量。坚持公平、优质、均衡的原则，努力将升学竞争向办学质量创优转化，充分发挥优质教育资源的辐射带动作用，逐步实现“校校精彩、人人成功”的目标。推动教育集团向深度和广度发展，不断扩大优质教育资源覆盖面。落实北京市中小学三年行动计划，通过“开学一课”、“城宫计划”等活动，全面提高学生素质。继续加大对各类队伍的合理配置和质量提升，深化培养机制，实施“卓越教师工程”等专业培训，提高教师水平。继续推进为教育办实事项目和“校圆工程”，努力补齐校园面积缺口，新增学位2840个。加强公共卫生体系建设，完成疾控、妇幼、精神卫生等区属公共卫生机构整合，提高妇幼保健和诊疗能力，完善卫生监督执法体系。继续推进宣武中医医院、丰盛医院等建设项目。加大区域文化资源整合力度，建设现代公共文化服务体系。深入开展文化惠民365工程，举办特色文化活动，扩大“一街一品”等品牌影响力。推进公共文化大厦、琉璃厂公共艺术馆等项目建设。做好全国第一次可移动文物普查工作。解决普恩寺等10余处文物单位的安全隐患，开展康有为故居等文物修缮保护及宣南博物馆展陈提升工作，利用好万松老人塔等文博场所。大力提升体育公共服务水平，完成46个体育生活化社区达标创建工作，推进科学建设个性化指导服务，为255个社区培训社会体育指导员，开展30场科学健身大讲堂，丰富群众体育文化生活。继续推进幸福家庭生命全周期公共服务体系建设，不断完善区级和基层人口和计划生育服务管理工作。

不断提升就业和保障水平。深入推进充分就业区建设，制定促进就业政策，进一步鼓励企业吸纳失业人员、社会组织兴建创业见习基地和孵化基地。扶持吸纳就业型创业实体，促进带动就业潜力大的创业实体产业化、规模化发展。成立区公共就业服务中心，在社区建立就业援助站，进一步完善就业服务平台。加快社保、医保服务大厅升级改造，继续推进社会保险经办业务服务向基层网点延伸，全面推行社保办理网上预约服务，提升社保经办服务效能。大力开展“和谐劳动关系单位”创建活动，加强劳动保障监察和争议调解仲裁，确保劳动关系和谐稳定。出台西城区托老所规范化管理意见和相关办法。推进“社区居家养老服务示范区”建设，打造西城区养老服务品牌。启动综合养老服务中心项目，做好养老机构建设工作。扎实做好残疾人工作，实现“温馨家园”建设全面达标。充分发挥综合救助信息系统作用，统筹救助资源、完善救助信息，进一步推进救助站规范化建设，不断提升社会救助水平。

深化全响应社会服务管理体系。进一步完善“五位一体、四级联动”的快速响应机制。加快推进区级指挥中心建设，进一步建立重心下移、权责一致的街道统筹工作机制。筹建北京市社会发展研究中心，整合网上信箱、12341服务热线、政风行风热线等渠道，综合分析社情民意阶段性动态，定期召开社会建设形势分析会，发布调查报告。按照细化网格、精准管理的原则，完成社区网格化设置，形成基层全覆盖的工作网络。打造14个“一刻钟便民服务圈”示范点，8个社区规范化示范点、70个智慧社区。建立区、街、社区三级社会组织建设发展基地，搭建促进社会组织健康发展的平台。

（五）加大改革攻坚力度，培育区域发展新优势

把改革贯穿于经济社会发展的各个领域和各个环节，进一步发挥市场在资源配置中的决定性作用，围绕重点改革领域，最大限度的释放改革红利，为区域发展注入新动力。

加快转变政府职能。进一步理顺政府、市场和社会的关系，加快建设现代服务型法治政府。清理、取消和调整一批行政审批事项，加大政务公开力度，实现依法、高效审批。深化投资体制改革，加强政府投资项目库管理，实行投资动态管理，提高投资决策的科学化水平。建设中介机构平台，完善代建制项目管理机制。深化事业单位人事制度改革，实施事业单位分类考核，做好收入分配政策调整工作。

深化国资国企改革。进一步发挥区属国有企业在区域建设与发展中的作用，吸引社会资本扩大投入，参与区域经济建设。强化金融街资本运营中心作用，做好企业债发行工作，多渠道募集资金。大力推进区属国有企业股权多元化改革，探索引入具有一定规模和实力的民营资本参与区属国有企业的改制重组，推动国有企业完善现代企业制度。加快推动具备条件的企业重组上市。继续完成区属文化资源整合工作，深化文化体制改革。

积极推进社会领域改革。加强社会管理创新，继续深化社会组织管理体制改革，制定并完善政府购买社会组织服务的办法，把社会管理事务和公共服务项目通过政府购买服务方式，委托或转移给具有相应资质和能力的社会组织实施，激发社会组织活力。深入推进医药卫生体制改革，继续深化基层医疗机构综合改革，稳步推进国家级“全科医生执业方式和服务模式改革试点”工作，积极稳妥推进区属公立医院改革试点工作，建设分级、协调、有序的新型医疗服务体系。深化教育领域综合改革，大力促进教育公平，逐步缩小校际差距。

各位代表：2014年任务艰巨而繁重，我们要坚决贯彻党的十八届三中全会精神，落实北京市的有关决策部署，在区委领导下，在区人大的监督支持下，进一步增强责任感和使命感，深化改革、开拓进取、扎实工作，为“活力、魅力、和谐”新西城建设做出更大的贡献。

关于北京市西城区2013年财政预算执行情况和2014年财政预算草案的报告

2014年1月7日在北京市西城区第十五届人民代表大会第四次会议上

西城区财政局局长　张宗禹

各位代表：

受西城区人民政府委托，现将西城区2013年财政预算执行情况和2014年财政预算草案的报告提请区第十五届人民代表大会第四次会议审议。

一、2013年预算执行情况

2013年，全区各部门坚持以邓小平理论、“三个代表”重要思想和科学发展观为指导，解放思想、开拓创新、扎实苦干，充分发挥公共财政职能作用。全年财政收支预算执行情况良好，预算指标圆满完成。

（一）2013年公共财政预算收支总体预计情况

公共财政预算收入完成3419481万元，同比增加328404万元，增长10.62%，完成区第十五届人大第三次会议批准的年度公共财政收入预算3369300万元的101.49%。

在公共财政预算收入完成3419481万元的基础上，减去向市财政的上解支出1005626万元，加上市财政对我区的财力性转移支付和专项转移支付收入584237万元，以及动用以前年度结余78244万元，当年公共财政预算总财力为3076336万元。

公共财政预算支出预计完成2864489万元，同比增长10.60%，其中：区本级公共财政预算支出2555751万元，完成区本级支出调整预算任务2584603万元的98.88%。

（二）2013年政府性基金预算收支总体预计情况

政府性基金预算收入完成21018万元，同比下降96.12%，完成区第十五届人大第三次会议批准的年度政府性基金收入预算18160万元的115.74%。基金预算收入同比下降较高的主要原因是2012年我区有大栅栏煤市街以东和月坛南街北侧两项土地出让收入，2013年没有土地出让收入。

政府性基金预算支出预计完成70894万元，同比下降87.01%，其中：区本级政府性基金预算支出12357万元，完成区本级支出调整预算任务15043万元的82.14%。基金预算支出同比下降较高的主要原因是2012年拨付了大栅栏煤市街以东和月坛南街北侧土地出让前期成本资金。

（三）2013年国有资本经营预算收支预计情况

2013年，国有资本经营预算收入完成14497万元，同比增加5184万元，增长55.66%，完成区第十五届人大第三次会议批准的年度国有资本经营预算收入14054万元的103.15%。

国有资本经营预算支出预计完成11650万元，同比增加4000万元，增长52.29%，完成调整预算任务11650万元的100.00%。

（四）2013年财政预算执行特点

1. 财政收入实现平稳增长，部分行业受政策影响明显

2013年，我区财政收入呈现前高后低运行态势。下半年，在全区各部门的共同努力下，财政收入克服了经济转型、结构性减税以及纳税关系调整等不利因素影响，最终保持了平稳增长。五大主体税种除营业税受“营改增”改革影响外，均保持同比增长。从分行业收入情况看，电力燃气供应业在一次性入库的拉动下同比增长84.46%，贡献最为显著。房地产业受一季度房屋销量良好以及同期基数较低的影响，同比增长28.24%。金融业完成1298289万元，同比增长8.59%，增速有所放缓，占公共财政预算收入比重为37.97%，仍保持主体行业地位。另外，受到“营改增”改革影响，租赁和商务服务业以及居民服务业呈现较大降幅，同比下降分别为31.89%和14.46%。

2. 财政保障能力进一步提升，重点事业建设稳步推进

一是推进各项社会事业建设。保障教育事业发展，投入58900万元用于实验二小王府校区西扩项目；投入20000万元用于一六一中学改扩建工程。促进科学和文化事业发展，投入26057万元用于全区信息化建设项目、科学普及和可持续发展项目开展；投入4000万元用于天桥演艺园区建设资金，投入6816万元用于护国双关帝庙（文物本体）解危排险腾退。二是着力保障与改善民生。投入15012万元用于落实城市最低生活保障政策，投入15086万元用于支持公立医院和基层医疗机构建设。投入8610万元用于城镇居民基本医疗保险补助，投入5808万元用于就业专项补助。三是推进公共服务建设。投入44258万元用于煤改清洁能源工程，投入40000万元用于什刹海旧城保护项目开展，投入35000万元对姚家胡同5号等八栋简易楼进行腾退。投入51104万元用于老旧小区综合整治。四是加强城市基础建设，投入15277万元用于“绿道”、“文道”、“商道”工程建设。

3. 切实降低行政运行成本，促进财政预算管理水平提高

进一步压缩公用经费和一般性支出，印发《2013年北京市西城区厉行勤俭节约、加强预算管理的实施意见》（京西办发〔2013〕17号）文件，共压缩预算内经费1138万元，并将压缩资金安排用于老旧小区环境综合整治项目。进一步强化预算执行管理，将预算执行进度、绩效评价结果和审计结果作为重要指标纳入《北京市西城区2013年政府工作部门绩效管理考评细则》。进一步扩大绩效考评规模，2013年绩效考评资金达122627万元，规模较上一年扩大了近三倍。配合区人大常委会，对社会建设专项资金、可持续发展专项资金和滨水绿道建设专项资金三个项目开展大额专项资金专题询问工作。规范大额专项资金管理模式，制定了《北京市西城区大额专项资金管理办法》，明确了大额专项资金的绩效目标、使用范围、管理职责、分配办法、支出管理、绩效评价和责任追究等内容。不断强化财政投资评审职能，初步建立投资评审制度，全年共评审项目321个，审定金额421304万元，审减金额31025万元，审减率6.86%。推进报废资产入场交易，处置资产原值14186万元，取得资产处置收益289万元。完成政府采购预算121289万元，合同金额118381万元，节约资金2908万元，资金节约率为2.4%。

总体来看，我区2013年预算执行情况良好，各项财政改革逐步推进，财政科学化精细化管理不断提高。在看到成绩的同时，我们也清醒地认识到，在财政工作中仍然存在一些不容忽视的困难和问题。一是随着经济结构转型和结构性减税政策的逐步推进，保持财政收入增长的持续性和稳定性难度加大。二是预算编制随意性现象仍然存在，预算基础性工作有待进一步增强。三是财政改革有待进一步深入，财政资金的监管体系仍需完善。为此，我们将继续贯彻落实党的十八届三中全会精神，实施积极财政政策，深化各项财政改革，进一步提升我区财政预算管理水平。

二、2014年财政预算草案说明

根据财政部和市财政局编制2014年财政预算的有关要求，结合全区的实际情况，确定西城区2014年预算草案编制的指导思想是：以邓小平理论、“三个代表”重要思想和科学发展观为指导，深入贯彻党的十八届三中全会和中央经济工作会议精神，围绕“服务立区、金融强区、文化兴区”发展战略，推动建立公开、透明、规范、高效的现代财政制度。支持经济结构调整和产业转型升级，保持政策的连续性和协调性；进一步优化财政支出结构，加强预算执行的科学化精细化管理，提高财政资金的针对性和有效性；从严控制一般性支出，盘活财政存量资金，提高财政资金的统筹利用能力。

（一）2014年财政预算安排考虑的主要因素

1. 根据经济发展形势，积极稳妥安排财政收入预算

2014年，国内外经济环境仍然复杂多变，我区经济运行中面临诸多有利因素与不利因素，财政收入稳增长的任务依然艰巨。从有利因素看，世界经济温和复苏，国内经济基本面运行趋好，十八届三中全会的胜利召开推动经济发展方式转变步伐加快，经济增长的质量与效益越发协调，为财政收入增长奠定坚实基础。从不利因素看，宏观经济运行中产能过剩和消费动力不足的压力仍然没有完全消除，经济增长与结构优化以及环境保护的矛盾依然突出，这些因素将给财政收入平稳增长带来一定压力。同时，产业结构深度调整、金融改革步伐加快以及结构性减税政策的叠加推进，也将对各行业税收增长带来巨大考验。综合考虑上述情况，根据收入预算编制应当实事求是、积极稳妥、留有余地的原则，2014年全区财政收入增

长率安排为9%左右。

2. 加快社会事业建设步伐，促进基本公共服务均等化

支出预算按照统筹兼顾、突出重点、有保有压的原则，继续优化财政支出结构，促进全区经济和社会事业协调发展。一是发挥财政政策服务经济发展的作用，加大对科技创新、文化创意、绿色能源和节能环保等相关产业的财政扶持力度。二是保障和改善民生，确保教育、科学、计划生育等法定支出的依法增长和各项社会保障政策的及时落实。三是保持政府公共投资的适度增长，稳妥推进保障性住房建设和城市基础设施升级改造。四是坚持厉行勤俭节约，进一步压缩公用经费和一般性支出，严控“三公经费”增长。五是盘活财政存量资金，建立结余结转资金清理机制，提高资金统筹能力。

（二）2014年公共财政预算安排情况

1. 收入预算安排情况

2014年全区公共财政预算收入安排3727300万元，比上年增长9%。

具体情况是：增值税359000万元，同比增长16.03%；营业税1235000万元，同比增长6.57%；企业所得税1250000万元，同比增长9.41%；城市维护建设税267000万元，同比增长9.07%；房产税254000万元，同比增长9.21%；印花税115300万元，同比增长9.02%；城镇土地使用税14200万元，同比增长8.01%；土地增值税88000万元，同比增长10.96%；车船税29300万元，同比增长9.15%；教育费附加收入67200万元，同比增长8.91%；行政事业性收费等分级收入预计完成48300万元。

2. 支出预算安排情况

在收入完成3727300万元的基础上，减去向市财政的上解支出1120000万元，加上市财政提前告知对我区的体制返还和补助217046万元，以及提前告知的当年市专项转移支付资金189570万元，当年总财力为3013916万元。

公共财政预算支出安排3013916万元，其中：区级财力支出2824346万元，比上年增长5.99%；市专项转移支付189570万元。

区本级财力安排的具体情况是：

（1）一般公共服务安排184645万元，主要用于党政机关及事业单位正常运转、依法履职经费，保障全区社会事业建设等重点项目开展和计划生育投入的依法增长。

（2）国防支出安排3132万元，主要用于预备役部队建设、人防工程建设、国防动员和兵役征集。

（3）公共安全安排131012万元，主要用于政法系统正常运转经费，保障政法装备配置、科技强警等设施设备升级。

（4）教育支出安排395946万元，主要用于改善学校办学条件，教学设备配置达标和支持教育布局结构调整、特色校园建设等。

（5）科学技术安排27753万元，主要用于支持可持续发展示范项目开展和提升信息化建设水平，支持开展科学普及活动，落实科技型中小企业创业资金。

（6）文化体育与传媒安排30823万元，主要用于组织各类文体活动，保障全区文化和体育场馆的正常运转，支持非物质文化遗产保护和文化创意产业发展。

（7）社会保障和就业安排359030万元，主要用于落实养老助残政策，进一步完善社会化养老保障体系，落实城市最低生活保障、社会救助、优抚安置等方面的社会保障政策。

（8）医疗卫生安排135261万元，主要用于继续推动医药卫生体制改革，确保全区医疗保障制度改革平稳实施。加大对基层医疗机构支持力度，保障公共卫生服务体系和医疗服务体系建设。

（9）节能环保安排16467万元，主要用于节能减排、环境监测和污染治理。

（10）城乡社区事务安排845464万元，主要用于园林、市政和环卫部门正常运转经费，保障全区环境整治工作顺利开展，加快历史文化名城保护与修缮、老旧小区综合整治和旧城人口疏解等工作，以及偿还以前年度贷款本息。

（11）资源勘探电力信息等事务安排6753万元，主要用于国有资产监管、安全生产和支持中小企业发展。

（12）商业服务业等事务安排980万元，主要用于支持旅游事业发展。

（13）住房保障支出安排47895万元，主要用于住房公积金补贴和提租补贴。

（14）粮油物资储备事务安排2978万元，全部是按照市财政局要求建立的粮食风险金。

（15）预备费安排84730万元，占财政支出的3%。

（16）其他支出安排551477万元，主要是金融产业政策资金，以及预留的营业税改征增值税补贴资金和援建资金等。

2014年部门预算中，区级党政机关、全额拨款事业单位的“三公经费”财政拨款支出预算安排了7623万元，其中：因公出国（境）费用400万元；公务接待费507万元；公务用车购置及运行维护费6716万元。

（三）2014年政府性基金预算安排情况

1. 收入预算主要科目安排情况

2014年政府性基金预算收入安排22670万元，比上年增长7.86%。其中：残疾人就业保障金收入20800万元；廉租住房租金收入70万元；国有土地使用权出让收入1800万元。

2. 区本级支出预算主要科目安排情况

在收入完成22670万元的基础上，加上提前告知的当年市专项转移支付资金23613万元，当年总财力为46283万元。

政府性基金预算支出安排为38118万元，其中：区级财力支出14505万元；市专项转移支付23613万元。

区本级财力安排的具体情况是：

残疾人就业保障金安排14505万元，主要用于残疾人职业就业和培训、职业康复等。

（四）2014年国有资本经营预算安排情况

1. 国有资本经营预算收入安排情况

2014年我区国有资本经营预算收入安排12983万元，

其中：利润收入12711万元、股利股息收入272万元。剔除一次性因素1913万元后，同比增加399万元，增长3.17%。

2. 国有资本经营预算支出安排情况

2014年国有资本经营预算支出安排11631万元。按照支出功能分类科目分为：

（1）资源勘探电力信息等支出国有资本经营预算支出安排8500万元，其中：国有经济和产业结构调整支出安排6700万元，企业改革脱困补助支出安排1800万元，主要用于重要产业和重点企业转变经济发展方式，调整优化国有股权投资结构，支持企业做大做强。

（2）商业服务业等支出国有资本经营预算支出安排3131万元，其中：国有经济和产业结构调整支出安排2590万元，企业改革脱困补助支出安排541万元，主要用于支持文化创意产业项目和解决国有企业历史遗留问题。

三、开拓创新，扎实工作，确保完成2014年预算任务

2014年是全面贯彻党的十八届三中全会各项改革部署的第一年，我们将按照区委的要求，坚持“服务立区、金融强区、文化兴区”发展战略，充分发挥财政职能作用，服务经济社会发展大局，确保完成财政各项任务。

（一）以经济转型发展为契机，保持财政收入的稳定增长

在巩固金融业主导地位的同时，加强对科技创新、文化创意、商务服务等新兴产业和旅游、中小企业等扶持力度，打造多元税收增长点。发挥基层在优化环境、服务企业中的作用，在加强财源建设能力、稳定存量税源的同时，吸引优质税源企业入驻。发挥财税政策的引导和带动作用，细化完善激励机制，做好重点行业和领域的政策扶持。充分利用经济转型过程中释放的改革红利，抓住机遇促进产业结构调整升级，争取有利政策助力区域经济发展。

加强对财政收入运行的动态监控，密切关注宏观调控和税收政策的重大调整，提前谋划，针对政策性增减收做好应对准备。强化财政、税务、工商等经济部门在政策落实、数据交换、措施联动等方面的相互配合，合力提升组收成效。认真落实中央关于结构性减税的各项政策，加强对中小微企业的财税扶持力度，激发企业发展活力，为经济可持续发展和财政收入可持续增长奠定基础。

（二）以建立现代财政制度为核心，加强和改进预算管理

预算编制方面，进一步完善预算管理制度，确保部门预算做准、做细、做实。完善预算编制与预算执行相结合的机制，提高部门预算年初下达率，减少代编预算规模，注重预算编制的前瞻性和可持续性。预算执行方面，进一步强化预算约束性和严肃性，减少支出预算追加事项。制定有效的加快财政支出进度措施，完善对各预算单位预算执行的考核机制，提高预算执行进度，避免突击花钱现象。决算方面，加强决算工作与预算工作的配合与衔接，以决算为依据指导下一年度的预算编制。推进预决算信息公开工作，促进财政工作的公开透明。

建立遏制奢侈浪费的制度保障，加强行政经费管理制度建设和构建厉行勤俭节约长效机制，严格控制“三公经费”、会议费、培训费、差旅费、印刷费等一般性支出。盘活财政存量资金，切实消化和压缩财政性结余资金规模，激发资金活力，集中有限的资金用于稳增长、调结构、惠民生等重点领域和关键环节。

（三）以提高资金监管为目标，深化各项财政改革

综合运用绩效评价、投资评审、公务卡制度、政府采购、监督检查等财政手段，构建全方位、多角度、动态化的财政资金监管体系。稳步推进预算绩效评价工作。进一步扩大绩效考评规模与范围，继续完善事前绩效评估工作，将更多的预算单位纳入预算绩效管理。创新预算监管模式，尝试邀请人大代表、政协委员提前介入参与预算编审。创新评审思路，建立健全财政投资评审制度，拓宽投资评审范围。继续扩大政府采购范围，增加协议供货和定点采购的种类，加大政府购买公共服务力度。深化公务卡改革，进一步扩大公务卡改革范围，全面落实公务卡强制结算目录。开展“三公经费”、公款吃喝等重点专项检查，进一步提高财政资金管理的规范化、制度化程度，提高资金的安全性和使用效率。

各位代表，2014年是“十二五”规划承前启后的关键一年，我们将在区委的正确领导下，在区人大的监督支持下，锐意进取，扎实工作，为促进西城区经济社会稳定发展做出积极贡献！

北京市西城区人民法院工作报告

2014年1月9日在北京市西城区第十五届人民代表大会第四次会议上

西城区人民法院代理院长　蔡慧永

各位代表：

现在，我代表西城区人民法院向大会报告工作，请予审议。

2013年的主要工作

2013年，我院在区委的领导、区人大及其常委会的监督和市高级法院的指导下，以党的十八大、十八届三中全会精神和习近平总书记关于法治建设的重要论述为指导，紧紧围绕“努力让人民群众在每一个司法案件中都感受到公平正义”目标，牢牢把握司法为民公正司法主线，充分发挥审判职能，为推进西城区法治建设、平安建设作出了积极贡献，为经济社会发展提供了有力司法保障。

一、发挥审判职能，维护社会和谐稳定

执法办案是人民法院第一要务。2013年，我院共受理各类案件33719件，审结32924件，法定审限内结案率为99.7%。

（一）依法审理刑事案件，维护社会稳定。共受理各类刑事案件835件，审结835件；判处罪犯1032人，其中，判处五年以上有期徒刑的罪犯114人，占11%。一是严厉打击故意伤害、盗窃、信用卡诈骗等多发、高发犯罪，共审结上述案件407件462人，增强人民群众在西城生活的安全感；依法严惩贪污、贿赂、挪用公款等国家工作人员职务犯罪，体现了党和国家坚决惩治腐败的决心，在公开审理张某某等5名被告人介绍贿赂一案中，邀请七家市级机关近300人旁听了庭审。二是充分发挥刑事审判的教育挽救功能。对主观恶性较小、社会危害较轻的犯罪，依法从宽处理，减少监禁刑，让罪犯在社区接受矫治，共对310名被告人判处缓刑或免予刑事处罚。三是加强未成年人犯罪预防和审判工作。制定《关于未成年人犯罪记录封存实施办法》，实施未成年人犯罪背景情况调查制度，未成年人案件审判机制不断健全。四是严格执行新刑事诉讼法的各项规定。作为全市首批审理外国人犯罪案件的基层法院，妥善审结一起两名外国人犯罪案件；扩大简易程序适用范围，适用简易程序审结520件，占全部刑事案件的62.3%，当庭宣判率达到87.8%，审判效率进一步提高。

（二）高效审理民商事案件，促进社会和谐。共受理各类民商事案件24726件，审结23982件，占审结案件总数的72.8%。一是妥善审理婚姻家庭、邻里纠纷、劳动争议等各类民事案件15781件，促进家庭和睦、社会和谐；完善医疗纠纷三位一体解决机制，适用该机制解决纠纷156件，国家卫生和计划生育委员会对此予以高度关注。二是依法审理公司纠纷、借款合同、买卖合同等各类商事案件7736件，妥善办理市高级法院指定管辖的涉外商事案件22件，有力维护了经济秩序，保障了交易安全。三是充分发挥司法对知识产权保护的主导作用。妥善审理“第九套广播体操著作权案”等一批有影响的案件，积极开展“老字号知识产权保护行动”，《中国法院知识产权司法保护状况》白皮书对此作了专门介绍。四是贯彻落实新民事诉讼法的各项规定。制定小额诉讼程序工作规范，全年适用小额诉讼程序审理案件2294件，占全部民商事案件的9.6%，平均审理期限8天，进一步缩短了审判周期，减轻了当事人诉累。

（三）妥善审理行政案件，推进依法行政。共受理各类行政案件509件，审结479件。一是监督与支持并重。加强对被诉行政行为的合法性审查，裁定被告改变具体行政行为、原告撤诉1件，判决撤销行政机关具体行政行为16件，维持行政机关决定和裁定驳回起诉215件。二是协调与判决并重。积极探索行政纠纷协调解决方式，通过协调方式解决234件，占结案总数的48.9%，推动了行政争议的实质性解决。最高法院《2008年以来人民法院司法改革成果回顾》对此作了专门介绍。三是支持法治政府建设。通过开展依法行政专题讲座、发布行政案件司法审判年度报告等方式，促进行政机关执法水平不断提高。

（四）依法推进执行工作，实现胜诉权益。全年共执结各类案件7628件，执行总标的额11亿元。加大执行力度，积极查找被执行人及其财产，依法采取查封、扣押、冻结等强制措施，最大程度地实现债权人的胜诉权益。用足用好法律规定的反规避执行措施，对拒不履行生效裁判的当事人，通过限制出境、公布失信人名单等方式促使其履行义务，对情节严重的，依法实施司法拘留，坚决维护法律权威。探索联动机制建设，借助社会力量从根本上促进解决“执行难”问题。

二、围绕工作中心，服务区域发展大局

服务区域发展大局，是人民法院的重要使命。一年来，我院坚持能动司法，努力为区域发展提供坚强有力的司法保障。

（一）依法保障重点工程建设项目顺利进行。围绕推进“服务立区”战略，成立涉重点工程案件工作小组，统筹全院资源，依法解决涉西黄城根项目等中央、市属重点工程拆迁征补案件；围绕重点功能区建设，平衡各种利益关系，在维护被拆迁人合法权益的基础上，圆满完成涉金融街拓展华嘉项目等一批案件的审判执行工作；围绕保障和改善民生，注重法制宣传、教育疏导和各方协调，妥善处理涉35中迁建、宣武医院项目案件；围绕完善城市功能、提升城市环境品质，依法办理涉中山会馆周边“城中村”整治项目等案件，切实维护了群众的合法权益，实现了法律效果和社会效果的良好统一。

（二）为“金融强区”战略提供有力司法保障。继续贯彻落实服务辖区金融业健康发展的意见，从制度上保障涉金融相关案件的审判执行工作协调有序开展。拓宽金融纠纷化解渠道，与中国银行业协会、金融街商会等七家中国金融行业中最具影响力的协会商会，签订诉调对接合作协议；积极创新保险纠纷的联动调处机制，通过该机制解决保险纠纷230件,履行率达到100%。积极推进金融街人民法庭筹建工作，在市编办正式批准设立金融街人民法庭的基础上，我院成立筹建工作领导小组，就法庭的选址、功能定位等工作开展调研，进一步提升对金融业的司法服务水平。

（三）圆满完成维护稳定任务。认真贯彻落实市、区关于做好全国“两会”、十八届三中全会期间安保维稳工作有关会议精神，全面排查影响社会和谐稳定的各类矛盾，逐案落实化解责任。严把立案关口，认真落实涉稳定案件风险评估机制，实现重大敏感案件的源头化解和妥善处置。抓好现案的审判、执行，把握宣判和执行时机，慎重判决、稳妥执行，有力避免了矛盾激化升级。积极探索信访纠纷联动化解工作模式，邀请人大代表参与矛盾化解，充分发挥律师在处理涉诉信访工作中的积极作用，形成矛盾化解的合力。做好积案化解工作，妥善化解中央政法委、最高法院、市高级法院等交办的各类挂账案件59件，化解率达74%，将矛盾纠纷牢牢地吸附在本院，就地化解在基层，维护了辖区的和谐稳定。

三、践行司法为民，满足群众诉讼需求

司法为民是人民法院工作的基本价值取向。一年来，我院进一步创新和落实便民利民举措，不断满足人民群众对司法工作的多元化需求。

（一）深化诉调对接机制。加强与区职能部门的合作。与区工商分局、总工会、妇联、残联、团区委等签订诉调对接合作协议，拓宽了纠纷解决平台；与区工商联成立全市首家“诉调对接巡回工作站”，进一步实现了行业调解与司法确认的无缝衔接。打造特殊人群保护平台。与中华女子学院妇女儿童法律服务与研究中心、北京致诚农民工法律援助与研究中心等公益组织建立诉调对接机制，加强司法对社会特殊人群权益的保障力度。全国工商联、最高法院到我院进行专题调研；市高级法院院长慕平对此项工作作出专门批示，要求结合全市情况总结推广；中央电视台《新闻联播》节目也对该机制做了报道。

（二）拓展法官“六进”活动。注重围绕特殊节点开展普法宣传活动。结合“消费者权益保护日”、“儿童节”等节点，深入社区、学校、企业等，开展法制宣讲活动。探索建立调解示范社区。在月坛街道、大栅栏街道设立固定联络员，针对社区需要，安排法官开展矛盾化解、指导民调等活动。成立赵海志愿者服务队，制作《志愿者服务社区工作方案》，与中国青年政治学院、什刹海街道司法所、新街口街道司法所合作，建立了12个固定的赵海志愿者服务点。服务队深入多个社区开展法律宣传服务，获得了群众的广泛好评。首都文明委授予赵海志愿者服务队“身边雷锋”团队荣誉称号。

（三）继续深化便民服务。在立案服务大厅增设立案调解室和诉调对接室，进一步拓展便民服务功能，努力实现矛盾纠纷的初始化解。在天桥街道、德胜街道开通“社区诉讼服务平台”，群众在社区街道内，就可以通过电子显示屏及时了解法院工作、掌握诉讼须知，并通过在线留言方式及时反映诉讼需求。深化网上立案工作，加大对网上预约立案等版块的投入，群众足不出户，就可以完成立案相关事项。全年共实现网上立案4600件，极大地方便了群众参加诉讼。

四、加强队伍建设，不断提升司法能力

抓好队伍建设是加强法院各项工作的基础。一年来，我院继续加强队伍的正规化、职业化、专业化建设，努力打造一支政治坚定、能力过硬、作风优良、公正廉洁的高素质法院队伍。

（一）开展教育培训。一是组织广大干警认真学习贯彻党的十八大、十八届三中全会精神和习近平总书记关于法治建设的重要论述，坚定了建设社会主义法治国家的理想信念，进一步明确了法院工作的方向，为各项工作的开展奠定了坚实的思想基础。二是开展岗位大练兵大比武活动，加强新民事诉讼法、新刑事诉讼法专题培训，全年共进行院庭长、审判员、书记员各类培训4200余人次，达到了锻炼队伍、提高能力、促进工作的目标。三是加强与高等院校的合作，与中国政法大学、国家法官学院等高校签订共建教学实践基地协议，加强对卓越法律人才培养机制的探索，促进司法实践与法学理论的良性互动。

（二）注重人才培养。一是推进多样化、多层次的人才梯队建设。建立“中层副职后备干部、骨干法官、青年干警”三类人才库，实行人才层次化管理，形成数量充足、结构合理、配置科学的人才梯队。二是加强典型选树。挖掘不同岗位不同类型的先进典型，在全院范围内评选出30名“亲民型”、“高效型”、“专家型”法官代表，充分发挥先进典型的引领示范作用，营造了比学赶超的良好氛围。三是进一步推动赵海法官先进事迹宣传工作。配合有关部门，启动以赵海法官为原型的电影《巡回法官》项目筹备工作，组建赵海事迹宣讲团开展宣讲活动。2013年，赵海法官荣获“全国五一劳动奖章”、“全国法院先进个人”、“首都政法先锋”、“首都道德模范”等荣誉称号。

（三）狠抓廉政建设。一是严格落实中央关于改进工作作风密切联系群众的八项规定和最高法院关于改进司法作风的六项措施，加强纪律作风建设。二是开展以“六个一”为内容的党风廉政警示教育月活动，签订党风廉政建设责任书，观看警示教育片，进一步增强全院干警的廉政意识。三是继续围绕审判权、执行权、人财物管理权的运行过程，落实风险防范的各项措施，进一步完善廉政风险防控体系。2013年，在全市法院开展的司法巡查活动中，市高级法院对我院领导班子履职情况、队伍建设等工作予以高度肯定。

五、主动接受监督，切实改进各项工作

监督是促进司法公正的重要保障。一年来，我院不断拓展接受监督途径、创新接受监督方式，各项工作取得了新进步。一是坚持重大事项向区人大及其常委会报告制度，向区人大常委会就加强队伍建设作了专题报告。二是组织开展“人民代表进法院”系列活动，共接待各级人大代表、政协委员133人次；及时办理代表建议和委员提案4件。三是依法接受检察机关法律监督，与区检察院就抗诉、再审检察建议办理工作进行座谈，邀请检察长列席审委会7次。四是深入推进人民陪审员工作,新任命人民陪审员56人，人民陪审员总数达到275人，一审陪审率达到99.25%，我院两名陪审员荣获“全国人民调解能手”荣誉称号。五是深化司法公开工作。举办公众开放日活动，邀请社区居民、院校师生、单位职工等走进法院、旁听庭审，增进了社会各界对法院工作的理解和支持。开设西城法院官方微博，主动回应社会关切。举办各类新闻发布会8次，在中国法院网、北京法院网进行庭审图文、视频直播85次，在人民日报、法制日报、人民法院报等重要媒体发稿近300篇，有力地宣传了司法为民公正司法的新举措、新成果。我院新闻宣传工作得到了最高法院的通报表扬。

各项工作的深入推进，我院的审判、执行和队伍建设取得了优异成绩。2013年，“巡回法官进社区”项目被评为西城区十大普法惠民品牌。审判管理工作再创佳绩，北京重点工作指标在全市基层法院排名第一，审判质量综合指数和31项指标指数均排名第三。我院还荣获了第七届首都民族团结进步先进集体荣誉称号。十八届三中全会召开前夕，最高法院院长周强专程到我院进行调研并对各项工作予以充分肯定。成绩的取得，是区委、区人大、区政府、区政协和社会各界真诚关心、鼎力支持的结果，也是各位人大代表监督、理解、信任和支持的结果。在此，我代表区法院全体干警向各位代表和社会各界表示衷心的感谢！

在报告工作成绩的同时，我们也清醒地认识到，法院的工作还存在着一些问题和不足。主要表现为：一是面对党对司法工作改革的新要求，司法公开的广度、改革创新的力度需要进一步增强；二是面对人民群众的多元化多层次司法需求，司法为民、司法民主的水平需要进一步提升；三是面对社会主义法律体系的不断健全，队伍熟练掌握法律、准确理解法律、正确适用法律的能力需要进一步提高。对于上述问题，我院将切实采取措施，努力加以解决。

2014年的主要任务

各位代表，2014年，是全面深入贯彻落实党的十八届三中全会精神的关键之年，我院将紧紧依靠区委领导，进一步牢固树立首善意识、法治意识、大局意识、底线意识，充分发挥审判职能作用，为全面深化改革、实施“服务立区、金融强区、文化兴区”战略提供坚强有力的司法保障。重点做好以下工作：

一、致力于服务区域发展，进一步发挥审判职能

积极应对劳动教养制度废止后轻罪案件增多的问题，继续完善轻微刑事案件快速审理机制，继续推进量刑规范化改革，促进平安西城建设。妥善审理涉及区域产业转型升级、人民群众切身利益的各类案件，在促进经济结构调整、民生改善方面发挥更大作用。依法处理辖区重点功能区建设中出现的各类行政、执行案件，保障首善之区建设的顺利推进。

二、致力于提高司法公信，进一步推进司法改革

按照中央关于司法改革的总体部署，健全审判权运行机制。深化审判委员会制度改革，改进和完善审判委员会工作规则和议事规程。深化合议庭改革，完善合议庭的议事方式及合议庭成员的职权与责任。探索主审法官办案责任制，让审理者裁判、由裁判者负责。深化院长、庭长审判管理职责改革，规范院长、庭长的审判管理职责。全面推进审判流程公开、裁判文书公开、执行信息公开三大平台建设，以公开促公正，提升司法公信。除法律规定不公开外，自2014年1月1日起实现全部生效判决书在中国裁判文书网上公开。

三、致力于维护群众权益，进一步创新工作机制

进一步细化和完善立案、审判、执行等环节的便民利民措施，提高便民利民实效。依托“北京法院审判信息网”对外服务平台，充分运用APP应用程序、12368系统等方式，满足不同群体的司法信息需求。继续完善“1+10”立案综合服务大厅、网上立案、法官巡回等便民利民举措，切实方便当事人诉讼。进一步实行案件繁简分流，依法适用督促程序、简易程序和小额诉讼程序，在保证案件质量的前提下，努力缩短诉讼周期，使当事人的合法权益能够尽快实现。

四、致力于提升司法能力，进一步加强队伍建设

深入学习贯彻十八届三中全会精神，开展群众路线教育实践活动，不断强化广大干警的大局意识、宗旨意识和底线意识。加强业务培训，不断提高队伍熟练掌握法律、准确理解法律、正确适用法律的能力。继续加大以赵海为代表的法官典型宣传力度，充分发挥典型引领和示范作用。推进党建工作创新，推行开放式党建工作，不断增强党建工作吸引力和实效性。改进司法作风，坚决克服“四风”问题，加强法院队伍拒腐防变教育，继续构建符合审判规律的廉政风险防控机制，确保法官清正、法院清廉、司法清明。

五、致力于改进自身工作，进一步主动接受监督

自觉主动接受人大监督、政协民主监督和检察机关的法律监督。依法主动向人大报告工作，做好人大代表议案建议、政协委员提案的办理工作。继续落实人大代表、政协委员视察、旁听庭审等工作。认真办理检察建议。进一步提高人民陪审员的陪审率，拓宽人民群众有序参与司法的途径。

各位代表，在新的一年里，面对深化改革的新形势、新任务，我院将在区委的领导、区人大及其常委会的监督、区政府、区政协以及各位代表的大力支持下，继续解放思想、开拓创新、振奋精神、扎实工作，忠实履行宪法和法律赋予的职责，为实现“努力让人民群众在每一个司法案件中都感受到公平正义”目标，建设“活力、魅力、和谐”新西城作出新的更大的贡献！

北京市西城区人民检察院工作报告

2014年1月8日在北京市西城区第十五届人民代表大会第四次会议上

西城区人民检察院代理检察长 张铁军

各位代表：

现在，我代表西城区人民检察院向大会报告工作，请予审议。

2013年工作情况

2013年，我院在区委和市检察院的领导下，在区人大及其常委会的监督下，认真贯彻落实党的十八大和十八届三中全会精神，积极开展“平安建设、法治建设、队伍建设”，各项检察工作取得新进展。

一、依法履行检察职能，积极服务经济社会发展大局

认真履行批捕、起诉工作职责。审查批准逮捕各类刑事犯罪702件866人，提起公诉857件1034人；切实服务首都生态文明建设，有效开展对全市涉及森林和野生动植物刑事案件的集中办理，依法批准逮捕33件43人，提起公诉34件49人；深入贯彻宽严相济的刑事政策，与公安分局、法院会签《关于办理恶意透支型信用卡诈骗案件的会议纪要》，以行为人主观恶性大小确定出入罪标准，并根据该《纪要》对42人作出相对不起诉决定。

加强职务犯罪案件侦查工作。立案侦查反贪污贿赂案件19件20人，其中大案16件，要案6人，挽回经济损失4558万元。依法对涉嫌巨额财产来源不明达1000余万元的某市属公园园长肖某某立案侦查；立案侦查反渎职侵权案件5件6人，开展“查办和预防发生在群众身边、损害群众利益职务犯罪专项工作”，立案3件4人，反渎职侵权局被最高人民检察院评为“严肃查办危害民生民利渎职侵权犯罪专项工作先进集体”。

积极参与社会管理创新。向设置在金融街、广内、广外街道办事处的检察官联络室派驻专职工作人员，接待群众来访、提供法律咨询服务71人次；开展“阳光工程”和“检企共建”活动，与国家机关事务管理局就广华新城等在建项目签署“阳光工程”协议，与港中旅集团驻京机构、国电集团物资集团公司签订工作协议，搭建预防职务犯罪平台；前往中国国电集团、三峡集团新能源公司等18家国有企业开展法制宣传教育，参与人数达2100余人；制作的《博弈》廉政海报在全国检察机关首届廉政公益海报评选活动中荣获三等奖；逐步探索“寻点—搭台—评估”三步工作法，为企业提供行贿犯罪档案查询6747次，同比增长57%。

大力服务“金融强区”的战略目标。依法维护平稳、健康的金融秩序，受理金融犯罪案件125件143人，提起公诉78件96人；受理金融领域职务犯罪线索11件，立案侦查2件2人，依法对某金融机构叶某某涉嫌巨额受贿一案立案侦查；制定《关于为首都金融主中心区提供司法保障的实施意见》，作为开展金融检察工作的指引；与证监会北京局、保监会北京局签订《惩防联动工作办法》，完善定期交流、个案追踪、类案指导等工作机制，共同维护金融市场秩序；先后举办“服务金融促发展、公正执法为人民”、“打击涉高利贷犯罪，保护民生民利”等主题新闻发布会，强化宣传效果；结合一件保险诈骗案，向全市32家保险公司发出检察建议，通报行业存在的普遍性隐患，有效开展风险预警。

创新开展未成年人刑事检察工作。制定《办理未成年人刑事案件宣布不起诉工作办法》，对24名未成年人作出不起诉决定；与北京师范大学哲学与社会学院联合对4名未成年人进行附条件不起诉帮教考察，其中3名非京籍未成年人进入“新起点扬帆观护基地”接受帮教，2人已通过考察被决定不起诉；制定《法制校长团队工作办法》，成立19人的法制校长团队；建立“柳青法律课堂”，把法律送到学生和家长身边；与区教委、团区委联合举办第十四届“西检杯”西城区中学生思想道德与法律知识竞赛，参与学生千余人，在未成年人法制教育方面发挥了突出的品牌宣传效应，并荣获“西城区十大普法惠民品牌”。

在检察环节妥善化解社会矛盾。共接待来访群众1031批1490人次，处理集体访41批342人次；积极开展领导干部“大接访”，检察长接访106批201人次，化解重点涉检信访矛盾纠纷13件，妥善处置了犯罪嫌疑人李某某集资诈骗案100余名被害人群体访事件；办理举报线索初核64件、刑事申诉案件7件、刑事赔偿案件1件，开展奖励举报2件，对刑事被害人开展救助5件，发放救助金44.3余万元。

加强检察环节人权保障。严格执行修改后刑事诉讼法，与区内多家律师事务所召开推进“听取律师意见”工作座谈会，制定《审查逮捕阶段听取律师意见实施办法》，认真听取律师意见，促进强制措施准确适用；发挥专业化办案团队优势，制定《办理外国人涉嫌犯罪案件驻华使、领馆官员探视工作流程图》，妥善办理外国人涉嫌犯罪案件3件5人，安排驻华使领馆工作人员会见2件，保障外籍当事人合法诉讼权利；办理当事人和解公诉案件54件，相对不起诉63人。

二、全面发挥诉讼监督职能，着力维护司法公正和权威

强化刑事立案监督和侦查活动监督。监督公安机关立案42件68人，监督撤案13件13人，依法纠正漏捕20人，追诉漏犯22人、漏罪193起，纠正侦查违法12件，对其中2件案件运用非法证据排除规则予以监督纠正；与区有关部门共同建立行政执法与刑事司法衔接信息平台(以下简称“两法衔接”)，通过“两法衔接”监督公安机关立案14件29人，其中依法对区烟草专卖局查处的李某某等40余人涉嫌非法经营一案启动立案监督程序，主动介入并引导公安机关开展侦查取证工作，批准逮捕涉案人员20人；对派出所执法工作开展监督，通过对4009件案件进行梳理，共监督立案4件4人，要求撤销案件5件5人。

加强对刑事审判活动的监督。通过细化量刑情节和量刑步骤，使量刑建议工作更加规范，全年发表量刑建议777次，均获法院判决支持；不断深化简易程序公诉人出庭工作机制，出席简易程序庭审490次；强调对刑事判决证据采信及程序的审查，先后对法院判决提起抗诉5件，上级检察院支持抗诉2件；先后列席法院审判委员会7次，对案件处理提出意见，共同促进司法公正。

创新刑罚执行和监管活动监督。建立“4+4”工作模式和“检司联动”工作机制，促使一名未成年社区矫正人员免于被收监执行；制作《对社区矫正人员保外就医病残鉴定到场监督登记表》，开展到场监督20次；切实开展羁押必要性审查试点工作，共提出变更强制措施审查建议书（函）14份，8人被改变强制措施；开展暂予监外执行检察11件，依法纠正监管活动违法情形13次，针对其他司法机关因送达超期、期限计算错误等问题提出纠正违法9件，切实维护在押人员和社区矫正对象的合法权益。

有效开展对民事诉讼活动的监督。受理民事申请监督案件131件，办结民事申请监督案件129件，提请或建议提请上级检察院抗诉8件，获上级检察院支持抗诉4件，发出再审检察建议4件，法院采纳启动再审程序2件，出席再审法庭4次，促成当事人和解1件；采取递进式接访制度，与上级检察院共同对20件案件开展息诉工作，目前已取得阶段性成效;结合修改后民事诉讼法，完善受理民事申请监督案件工作指引，确保民事检察工作规范开展;探索建立民事案件听证和调查工作机制，确保检察机关公开、公正行使职权;聘请14名律师担任“民事检察联络员”，进一步扩大民事监督案件线索的来源，增强息诉和解效果。

三、大力加强检察队伍建设，努力实现检察工作科学发展

重点加强队伍作风建设。贯彻落实中央“八项规定”，从思想政治建设、专业化建设、纪律作风建设、执法公信力建设及检察机制建设五个方面下功夫，扎实开展“作风建设年”活动；对本院2012年反贪污贿赂局全部办结案件进行回访调查，重点了解承办人员的执法情况，回访满意率达100%；修订《经费预算工作管理办法》，大幅削减会议、培训经费支出；制定《公用车辆管理使用办法》，将公务用车使用情况纳入绩效考核，全年无违规现象发生。

广泛开展教育培训活动。邀请专家就“信用卡诈骗中的持卡人问题”及修改后刑事诉讼法适用中的疑难问题来院讲授；与北京大学、中国人民大学等知名高校开展“检学共建”，利用高校优质教育资源提升培训的针对性和实效性；注重专项技能培训及实战演练，举办综合写作、书记员技能比武，开展信息化侦查模拟实训、公诉业务技能实训及检务接待能力实训，提升检察人员综合业务能力；选派12名检察人员到检务接待中心、驻所检察室轮岗交流，选派3名优秀青年检察人员到社区一线挂职锻炼，提升群众工作能力。

着力加强检察宣传工作。在各类媒体刊登、播报信息1163次；20余名检察人员开通个人实名微博；拍摄微电影《一路同行》，增强社会公众对未成年人犯罪的关注，并在北京市检察机关微电影评选活动中荣获二等奖；就人民群众关注的热点、焦点问题，召开6次新闻发布会，邀请新华社、中央电视台、《人民日报》、《检察日报》等20余家媒体参与，切实增强检察机关对社会舆论的引导能力。

深入开展检察理论与实务研究。制定《关于加强调研工作的若干意见》和《调研课题工作方案》，公开发表法学论文80余篇，其中在核心知名期刊发表20余篇；鼓励检察人员积极参与检察理论与实践相关课题的调查研究，在最高人民检察院、国家检察官学院、北京市法学会共申请立项课题18个，其中《民事再审检察建议研究》首次获得最高人民检察院重点课题；在本院设置20个重点和关注课题，着重解决阻碍业务部门发展的难点问题；出版《西检反腐实录：职务犯罪典型案例精析》一书，对50件职务犯罪案件进行原因及法理分析。

稳步推进案件管理机制改革。制定《案件管理中心工作细则》和《案件管理中心工作人员行为准则》，建立信息化平台，安排专人受理案件1640件，接收、审核法律文书700件；及时对案件信息进行调取、分析和整理，为领导决策提供依据；通过及时预警防控和定期召开案件质量通报会，前移监督节点，全程监控办案流程，案件信息流转速度和案件质量明显提升。

四、全面深化检务公开，以促进执法规范为目标自觉接受监督

着重强化案件信息公开。以制作法律文书模板等方式，规范诉讼权利告知环节，保障案件当事人知情权；利用设立在检务接待中心的案件查询系统，共接受299次查询，便于当事人及其代理人及时了解案件信息、对检察工作开展动态监督；制定《辩护人、诉讼代理人阅卷指南》，接待律师阅卷172人次，切实保障其合法权利；开通网上律师接待平台，辩护人及诉讼代理人可在网上提交会见承办人和阅卷预约申请，为辩护人及诉讼代理人提供便捷、高效的服务。

大力加强代表、委员联络工作。制定《“检务公开”联络员工作制度》，聘任16名街道办事处工作人员为我院“检务公开”联络员；进行特约监督员换届工作，聘任31名代表、委员为特约监督员，邀请特约监督员视察社区矫正检察官办公室、旁听刑事案件简易程序庭审，就检察工作具体环节接受监督；先后向全国人大常委会专题调研组和区人大常委会专项汇报未成年人检察工作及诉讼监督工作；邀请36名代表委员、特约监督员参加市检察院与我院联合举办的“北京市检察机关开展党的群众路线教育实践活动暨贯彻实施刑事诉讼法工作座谈会”，并就金融检察工作进行专项汇报；组织五期“走进西检，促进健康发展”座谈交流，出席代表委员达400余人次，切实增强检察工作的透明度。

2013年，我院各项检察工作得到进一步加强，工作位于全市前列，荣获“全国先进基层检察院”等集体荣誉22项；2件案件被最高人民检察院、市检察院评为精品或优秀案件；反渎职侵权局获“全国工人先锋号”荣誉称号；控告申诉检察处、检务接待中心被最高人民检察院授予“文明示范窗口”；柳青同志被北京市纪委评为“廉政之星”。这些成绩的取得，是区委、市检察院的正确领导，区人大及其常委会的有力监督，区政府、区政协及社会各界大力支持的结果。在此，我代表西城区人民检察院全体检察人员，向关心、支持检察工作的各位代表及社会各界，表示衷心的感谢！

回顾一年的工作，我们也清醒地认识到，检察工作与党和人民的期望还有一定差距，主要表现在：一是在贯彻执行修改后刑事诉讼法、民事诉讼法方面，在增强人权保障、准确适用强制措施、规范办案程序及如何更好地加强民事案件检察监督等方面，需要进一步对现有工作机制进行科学创新；二是在更加强调“阳光司法”的新形势下，要切实解决检务公开的方式和渠道仍较为单一的问题；三是检察专业人才和业务骨干的培养、管理方式，与司法改革所倡导的建立主任检察官办案责任制的要求仍存在一定差距。以上问题，我们将高度重视，采取有力措施加以解决。同时，我们也衷心地希望人大代表和社会各界更加关注和支持检察工作，帮助我们更好地服务社会和人民。

2014年工作任务

2014年，我院将认真贯彻落实党的十八大、十八届三中全会精神，努力打造更加符合司法体制改革需求的西城区检察队伍，继续全面履行检察职能，为区域经济平稳发展和社会和谐稳定提供更加有力的司法保障。

一是进一步履行检察职能，保障区域和谐稳定。依法打击严重暴力犯罪、严重经济犯罪特别是涉众型经济犯罪、侵犯知识产权犯罪；严肃惩治破坏环境、资源和生态的犯罪；重点查办金融、教育、城建、医疗卫生等领域的职务犯罪；大力加强职务犯罪分析、对策研究、预防建议、警示教育和预防调查、宣传、咨询等工作；逐步健全检察环节社会矛盾排查化解、执法办案风险评估等机制，把化解矛盾贯穿于执法办案始终；牢固树立尊重人权、保障人权意识，正确适用非法证据排除制度，积极推进刑事和解、量刑建议等制度创新，努力实现办案政治效果、法律效果与社会效果的统一，切实防止冤假错案，让人民群众在每一个刑事案件中都感受到公平正义。

二是进一步加强诉讼监督和自身监督。充分发挥诉讼监督在司法权力运行和制约机制中的作用，从群众反映最强烈的问题入手，重点监督执法人员违法和程序违法等问题；结合修改后民事诉讼法，进一步加大对民事诉讼和执行活动的监督力度；树立“监督者更要自觉接受监督”的理念，加强检务督察，确保严格公正廉洁执法；不断深化和创新代表、委员联络工作，就职务犯罪侦查和预防工作向区人大常委会进行专题汇报，自觉接受社会各界的监督。

三是进一步深入贯彻十八届三中全会精神，稳步推进司法体制改革。积极适应形势、任务的发展变化，准确把握司法体制改革去行政化、地方化的深刻内涵，继续坚持在党委领导下严格依法独立公正行使检察权；遵循司法规律和检察权运行特点，稳妥推进检察官办案责任制改革试点工作；全面深化检务公开，认真研究检务公开的事项、范围、方式等内容，努力实现当事人通过网络实时查询举报、控告、申诉的受理、流转和办案流程信息，探索不立案、不逮捕、不起诉等检察机关终结性法律文书公开制度，让检察权运行在阳光之下。

四是进一步加强检察队伍建设，切实提高执法公信力。围绕党的群众路线主题实践活动，不断延伸检察职能，积极探索检察机关深入基层、联系群众的新形式，将群众工作融入到检察工作的各个环节；丰富和创新群众工作能力实训方式，切实提升检察人员开展群众工作的能力和水平；注重专项业务技能实训与综合业务能力培训相结合，加大对业务骨干尤其是青年检察人员的培养，为其成长搭建平台，为主任检察官队伍储备人才。

各位代表，在新的历史条件和深化司法体制改革的背景下，建设公正高效权威的社会主义司法制度，责任重大、使命光荣。我们将在区委和市检察院的领导下，在区人大及其常委会的监督下，在区政府、区政协及社会各界的支持下，求真务实，开拓奋进，实现西城区检察工作科学发展，为“活力、魅力、和谐”新西城建设作出新的更大的贡献！

（责任编辑　华大友）

专 文

大力发展生活性服务业　不断提升人民群众生活水平

——关于推动西城区社区生活性服务业发展的思考与构想

中共北京市西城区委书记　王　宁

生活性服务业是国民经济的基础性产业，也是直接服务人民群众生活的民生产业。社区生活性服务业作为生活性服务业的重要组成部分，在一定区域内承担着满足社区居民基本生活需要的功能，在全面建成小康社会、以更高标准创造美好生活中发挥着重要作用。2012年，王岐山考察北京生活性服务业时强调，生活性服务业直接关乎人民群众的衣食住行，关乎稳增长、扩内需、促就业、惠民生的大局，并就提升生活性服务业的质量和水平提出了明确要求。西城区作为首都功能核心区，在推动生活性服务业科学发展方面，既面临更高要求，也具备坚实的基础，应该抓住机遇，积极探索，闯出一条生活性服务业发展的新路子。结合西城区实际情况，为全面提升居民生活水平，重点围绕与社区居民日常生活息息相关的早餐、菜篮子、便利店、再生资源回收、洗染、美发美容、家政服务，组织开展专题调研。

一、推动生活性服务业发展的重要意义

西城区第十一次党代会提出以更高标准创造城市美好生活，努力建设“活力、魅力、和谐”新西城的奋斗目标。创造城市美好生活，就是要强化政府的服务职能，促进各项事业发展，不断满足人民群众日益增长的物质文化需求，提升广大居民的日常生活质量，实现百姓安居乐业，社会和谐安宁。为此，建设和发展好生活性服务业，已成为地方党委和政府工作中一件大事。

（一）推动生活性服务业发展是服务民生之要

生活性服务业以“为民、便民、利民”为宗旨，以满足居民生活需求为直接目标，主要服务于居民家庭改善、提升生活质量。促进生活性服务业发展，是保障和改善民生、提高人民群众生活品质的有效手段，也是立足区域功能定位、做好首都“四个服务”应有之义。早餐、菜篮子、便利店、再生资源回收、洗染、美发美容、家政服务等七类生活性服务业，无不与群众生活密切相关，都是保障群众基本生活的重要内容，增强其发展活力，发展新兴业态，必将极大地方便和丰富人民生活，更好地满足人民群众多元化、多样化的需求。同时，生活性服务业属于劳动密集型产业，在大力发展过程中，必然创造更多的就业岗位，吸纳大量的就业，有利于促进就业。

（二）创新生活性服务业是发展经济之策

需求拉动是推动经济增长的重要因素。随着经济社会的发展和人民收入水平的提高，人们对生产方式和生活质量提出了更高要求，也加快了传统的生存型消费向发展型、享受型的现代消费转变。2012年，西城区人均地区生产总值已经突破3.19万美元，人均可支配收入达到39671元，“十二五”时期将向更高水平迈进，将进一步带动产业结构和消费结构升级。通过创新驱动，必将增强社区生活性服务业的发展动力，加快拓宽产业链、提升服务质量，发挥拉动消费和投资的积极作用，不仅会带动相关产业的发展和新兴业态的形成，还会同其他产业之间形成互促共生的效应，有利于拓宽消费领域，培育新的消费热点和产业增长点，促进区域经济增长。

（三）升级生活性服务业是优化产业之举

转变经济发展方式是一项全局性战略任务，同样涉及生活性服务业优化升级，必须尽快转变发展比较粗放、业态相对低端、结构不尽合理、服务质量差强人意的状况。当前和今后一段时期，必须加快生活性服务业转型升级，推动社区生活性服务业向连锁化、品牌化、集约化、高端化发展。特别是西城区社区生活性服务业还有待进一步提升有效供给，优化结构，同时与金融、文化、科技等产业深度融合，催生新产品、新服务、新管理模式，促进全区产业优化升级。

（四）发展生活性服务业是城市建设之需

西城区要在首都建设中国特色世界城市的进程中走在前列，必须加快城市建设步伐，不断完善城市功能，为创造美好生活夯实基础。居民生活服务水平是展示城市形象的重要窗口，也体现着一个城市的发展水平。空间资源、硬件设施、环境秩序，这些城市建设中的重要要素，在一

定程度上影响着生活性服务业发展，也是一个城市是否宜居的重要标志。加快发展生活性服务业，是适应中国特色世界城市建设发展的趋势和要求，更是强化服务产业支撑，进一步完善城市功能、提高城市服务能力和水平的必然要求。

二、西城区社区生活性服务业发展现状和面临的难题

（一）目前七类传统服务业基本情况

从总量上看，截至2013年，全区拥有各类社区商业网点数量7.6千个，经营面积150.4万平方米，人均拥有社区商业面积1.17平方米。其中，国家级商业示范社区2家，市级商业示范社区9家。具体情况如下：

1.早餐。区域内市级早餐示范店129家，区级早餐规范店100家，规范早餐车174辆，形成了以聚德华天、翔达公司、和合谷、永和大王和嘉和一品等大型连锁企业为主，社会早点规范企业及早餐车为补充的格局。2.菜篮子。全区共有规范化蔬菜零售网点156个，其中规范化社区菜市场31家，规范化便民菜店（菜站）65个，车载蔬菜直销车12辆，规模以上（1000平方米以上）超市经营蔬菜的有48家。全区蔬菜总经营面积达到3.5万平方米，按照2012年西城区常住人口128.7万人计算，每千人达到27.2平方米，日均销售蔬菜40万公斤，已基本形成规范化社区菜市场为主要供应渠道，社区便民菜店和超市为辅助的蔬菜零售网点分布格局。3.便利店。全区共有社区便利店160余家，其中好邻居连锁便利店近80家。4.再生资源回收。全区共有规范化再生资源回收站网点总数276个，从业回收人员346人。5.洗染。西城区洗染门店有150余家（约有100余家洗染业未备案）。6.美发美容。区域内有美发美容店达到962家（不含宾馆饭店内开设的美发美容场所）。7.家政服务。全区有家政服务网点80余家。

（二）西城区在推动社区生活性服务业发展方面所做的工作

近年来，西城区不断加大民生领域建设力度，努力挖掘区域资源优势，重点扶持菜篮子、早餐、便利店、再生资源回收、洗染、美发美容、家政服务等直接关系群众生活的服务行业建设与发展，在满足百姓服务需求方面积极探索和开展工作，目前已基本形成特色鲜明的便民服务格局。

1.政府引导，多部门联动推进。制定了菜篮子建设等相关行业规划，设立相关行业专项发展资金，同时创新性地提出了建立“区级政府搭建平台、专业机构市场化运作、街道社区提供终端”的工作机制。在实施中按照整合现有资源，精心筹划组织，合理建设布局，优选品牌进入的原则推进。在推进菜篮子工程建设中鼓励减环节、降成本，开设基地直供直营和公司化连锁经营，率先实施规范化社区菜市场二次提升改造工程，在菜市场开展“摊商公司化、应季菜直供、公益性菜摊”三种流通模式。

2.注重实效，创新便民服务模式。结合全区开展的“访民情、听民意、解民难”活动，深入街道社区，了解百姓在生活服务方面最关心的热点、难点问题，想方设法加以解决。在早餐示范工程建设中率先实行了市场招标，使更多具备条件的企业参加到市场竞争中来。在社区便利店建设中，积极推行以门店为载体，整合搭载多种便利服务项目，使网上预订、代收代缴、多种刷卡缴费等便利服务在社区得以实现。全面推行再生资源网点“二维码”管理，将再生资源回收网点纳入信息系统。

3.搭建平台，提升供应保障能力。推进生活性服务业品牌化、连锁化、规模化发展，不断提升现代化水平。率先与优势企业签订战略合作协议，在供应体系、网点建设、配送储备、信息共享等方面开展合作。针对区域内空间资源有限的情况，与街道、驻区企业协同合作，创新性的在全市率先将原有煤炭网点改为便民菜店。积极培育大型餐饮龙头企业，重点发展大众化餐饮业，实现固定门店建设与便利店搭载建设并重，座店经营与窗口经营结合。进一步发挥便利店的搭载作用，使一批便利店成功搭载早餐、便当盒饭等新服务项目。鼓励企业以连锁经营方式深入社区开设各类便民网点，最大限度利用空间资源，不断满足百姓的生活需求。

4.强化监管，确保市场安全有序。率先提出“街道社区两级联管”的监督模式，充分调动社区居民的积极性，参与生活性服务业监督管理。启动了蔬菜配送、市场供应监测系统建设，逐步将全区供应网点纳入监测范围。加强部门联合执法，注重日常监管，严厉打击无照经营，严肃查处违规经营，确保食品卫生安全，维护市场经营秩序。

（三）面临的难题

近年来，西城区生活性服务业取得了长足发展，较好地满足了居民日常生活基本服务需求，但距建设“活力、魅力、和谐”新西城奋斗目标和建设中国特色世界城市发展要求仍存在一定差距与不足，同时由于行业自身和外部环境的影响，其发展也面临诸多难题。

1.部分企业经营不够规范，给区域环境秩序带来影响。从西城区实际情况来看，七类服务业发展方式总体上比较粗放，大部分企业规模较小，难以做大做强。同时，有的服务业缺乏行业标准和自律，一些企业规范化程度不高，服务质量参差不齐，难以满足市场需求。比如，在再生资源回收方面，仍然存在无证经营的情况，据不完全统计，目前非证照回收站点仍多于有证照的回收站点。即使是有证经营的，由于主体企业与站点仅是松散的合同关系，企业对站点的监管能力有限，造成再生资源回收行业存在管理无序、污染环境的现象。

2.资源空间布局不均衡，难以适应多层次的居民需求。西城区商业网点总数达到7.6千个，按255个社区计算，平均每个社区占有量近30个，但全区社区商业网点的实际分布并不均衡。调查中发现，对西城区社区生活性服务业的好评率为52.8%，但是仍有18.4%的受访者认为目前的社区生活性服务业不太方便。西城区人口密度较大，空间资源有限，居民社会结构、消费需求情况复杂，255个社区之间均存在较大差异，随着城市建设与发展，部分区域商业网点数量不增反减，有的位置不断调整，供应网络呈现动态变化，造成结构不尽合理、设施不尽完善、部分社区存在资源短缺等问题。特别是一些老旧小区，蔬菜零

售网点少且功能不够稳定，缺乏有效监管，规模化和规范化水平较低。

3.行业协会发挥作用不够，市场活力尚未充分激发。随着社区生活性服务业的发展壮大，政府职能的逐步转变，大量的行业性管理工作逐步由行业协会来承担。但目前相关的组织并不多，现有的行业协会还没有充分发挥代表行业、协调关系、服务企业、实现自律的作用。因为盈利较低，一些企业缺乏积极性，不愿意投资社区生活性服务业，造成社会投资不足，市场缺乏活力。

4.发展受制因素复杂多样，建设过程中面临较大难度。尽管西城区近年来在推动社区生活性服务业建设过程中，制定了统筹推进菜篮子系统工程建设、早餐示范工程建设、再生资源回收体系建设等区域性政策，但是因为缺少相关法规支撑，这些区域政策作用有限。由于西城区域发展空间不足，在一定程度上也制约了旧城改造和基础设施建设，相关配套设施难以落实，迫切需要全区域加强统筹协调。

5.经营主体普遍规模较小，短时间内难以做大做强。调查显示，66%的受访者希望附近的便利店、小商店等能够具备代收水电费、配送餐品、干洗衣物的取送、废品回收、便利店送货、家电维修上门等服务功能。但由于社区相关企业实力不足，经营业态相对单一，尚不具备横向整合能力，难以实现多种服务行业整合发展，限制了社区生活性服务业整体效率的提升，难以实现服务便利化的要求。

6.现代经营方式未占主导，信息平台建设相对滞后。调查显示，63.4%的受访者期盼通过网络或电话等简单的方式来实现订餐、送餐、干洗衣物的取送、废品回收、便利店送货、家电维修上门等服务功能，55.8%的受访者希望能够通过一个统一的网站或电话就可以满足各类生活服务。尽管目前全区各类服务平台较多，但是现代化信息手段利用程度不高，还没有使其成为社区生活性服务业的主营模式。

三、西城区社区生活性服务业优化升级的总体思路

西城区社区生活性服务业建设，要立足于首都功能核心区的区域功能定位，始终把满足人民群众生活需要作为出发点和落脚点，坚持便利化、集约化、品牌化、规范化、连锁化的发展方向，认真遵循市场规律和产业发展规律，科学制定发展目标，分步实施、扎实推进、提质促优，不断提升民生服务水平。

（一）基本思路

西城区社区生活性服务业建设要遵循“群众受益”“产业发展”的基本思路。群众受益，就是坚持以人为本，牢牢把握社区生活性服务业发展的正确方向，更好地满足人民群众日益增长的物质和文化需求。产业发展，就是按照科学发展观的要求，加快调整生活性服务业结构，推进组织制度创新，充实科技、人文等内涵，突出特色，打造品牌，着力提升生活性服务业的质量和水平。要坚持把群众受益与产业发展统一起来，善于运用规划、政策、资金等多种手段，凝聚政府、市场、社会三个方面力量，进一步加大社区生活性服务业建设力度，实现居民生活消费更加便利、放心、舒心。

（二）发展方向

推进社区生活性服务业便利化、集约化、品牌化、规范化、连锁化，实现可持续发展。

1.便利化。不断丰富社区便利服务项目，重点推进和完善社区内的便民菜店、便民早餐、便利店等服务网点建设。广泛运用现代信息技术，多平台、多形式满足群众各种生活服务需求。

2.集约化。探索1+N的经营模式，发展一业为主、多种经营，延展服务链，提高经济效益。

3.品牌化。坚持政府主导、市场运作，积极引进有资质和品牌优势的社区生活性服务企业，为居民提供优质的社区生活性服务。

4.规范化。严格社区生活性服务业准入和退出标准，健全各项规章制度，提高社区生活性服务管理水平，推进社区生活性服务业健康发展。

5.连锁化。培育发展龙头企业，引入连锁品牌零售、品牌餐饮、特色店铺，实现连锁化与品牌化经营，提高社区生活性服务业组织化、规模化和供应服务水平。

（三）发展要求

按照“政府引导、百姓需求、企业主体、市场运作”的总原则，坚持试点先行、分阶段、分区域、分步骤、逐步推进，跨行业整合各类社区资源，搭建复合性服务平台体系，对受空间资源限制的区域，大力发展以信息网络为主的生活服务，加快构建具有首都特色、西城特点的现代社区生活服务新格局。

1.在建设标准上，坚持保障基本、严格规范、优质发展。保障基本就是首先满足群众基本生活服务需求，在此前提上再提供多样化、高层次的生活服务需求。严格规范就是把握好安全、质量等基本要求，合理确定服务标准，有效提供服务项目，逐步提高服务水平。优质发展就是既量力而行、也尽力而为，促进市场良序竞争，引导行业发展水平不断提质增效。

2.在发展方式上，坚持需求导向、因地制宜、突出特色。需求导向就是从居民实际需求出发，把满足居民日常、基础需求作为优先目标。因地制宜就是根据居民需求、社区资源等实际情况，探索可持续的生活性服务业发展之路。突出特色就是根据社区居民的特点，大力发展特色鲜明的社区生活性服务业，避免千篇一律。

3.在推进机制上，坚持政府引导、市场运作、社会参与。政府引导就是正确把握政府在发展社区生活性服务业中的地位与作用，有所为有所不为，重点在引导正确方向、扶持基本服务、加强监督管理等方面发挥作用。市场运作就是高度重视市场在配置资源中的基础作用，在日常经营中尊重市场规律，发挥好市场合理配置资源的功能。社会参与就是完善参与途径，充分调动社会各方面积极性，使其加入到社区生活性服务业建设的行列中。

（四）发展方式

按照“零距离”“云服务”的理念，在全区范围内统筹各类服务资源，建立信息网络支撑平台，与有形网点相

结合，发展高效快捷的物流支撑体系，使居民享受便捷高效的生活服务。“零距离”就是让居民不出家门，通过线上线下实现所需服务。“云服务”就是借助现代科技手段，发挥云数据的突出优势，针对西城实际，提供特色服务。重点发展以下四种方式：

1.现代连锁经营。引导优质的品牌连锁企业进驻社区，鼓励区域优质的商业企业增加服务社区的功能，以品牌化、连锁化、规范化的服务逐步取代低端落后的服务。

2.片区集聚发展。在有条件的街道，可以选取一定区域，规划建设社区生活性服务业相关设施，集中用于发展社区生活性服务业，打造以社区服务为特色的街区。

3.综合服务供给。在社区生活性服务业设施资源薄弱的区域，通过置换、租赁或者改造的方式，建立综合服务中心，根据实际情况设置多项服务，形成聚集化效应，以满足居民生活服务需求。

4.区域定向对接。针对功能社区的特点，鼓励服务优质、产品安全、经营规范、具有一定规模的企业，按照功能社区的特殊需求，提供服务项目定向对接，以满足功能社区生产和生活服务需求。

（五）发展计划

在推进社区生活性服务业建设过程中，要坚持分步走的发展思路，分为三个阶段稳步推进。

1.试点阶段。作为全面建设社区生活性服务业的探索阶段，在对各个街道社区进行深入走访调研的基础上，根据实际情况，选择不同特点的社区，采取不同的试点方式。通过试点，加强实践探索，及时查找分析问题，总结成功经验。试点期为1年。

2.推广阶段。在前期试点的基础上，分批在全区15个街道建设标准化的生活服务设施，并逐步实现255个社区全覆盖。推广期为3年。

3.提升阶段。在已建成的社区生活性服务业基础上，引进更多市场化运作，充实丰富服务内容，提供高端、多样化服务。提升期为3年。

四、推动西城区社区生活性服务业发展的主要对策

生活性服务业建设既是民生工程，也是一项系统工程，涉及面广，情况复杂，需要强化统筹、突出重点、综合施治、多措并举，切实落实属地责任和部门责任，充分发挥驻区单位的资源优势，不断健全促进社区生活性服务业科学发展的体制机制。

（一）实施规划引领，实现科学发展

1.着眼长远，制定阶段发展目标。到2020年，努力构建功能完善、流通安全、服务便捷的现代宜居生活服务体系，形成覆盖全区、分布合理的多元化、多层次生活服务网络，满足居民不断增长的生活服务需求，促进社区生活性服务业持续健康发展。

2.把握大局，制定综合发展规划。根据西城区情实际和发展阶段性特征，按照首都“四个服务”的基本要求，从全局性、发展性、务实性入手，科学编制西城区社区生活性服务业发展综合规划，实现科学发展、规划先行。要结合社区居民的生活需要和城市社区建设发展需要，因地制宜地进行合理规划，提高规划的科学性和实效性。

3.针对行业，制定行业发展规划。根据各行业的特点，充分借鉴发达国家和地区的先进经验，分别制定各个生活性服务业的发展规划。同时，结合城市发展需求，不断完善西城区生活性服务业空间发展布局，规划总量、盘活存量、优化增量、提高质量。

（二）突破发展瓶颈，加快建设步伐

1.统筹利用现有资源。采取租赁权回收、产权回购、协议租赁等方式，改造和新建公益性菜市场和社区菜点。特别是对于原有配套的国有菜店、粮油店、副食店等零售终端网点，如已出租、经营一些低端的项目，可以终止合同，把租赁权收回后进行再利用。发改委、规划、国土、房管和街道等部门，对社区生活性服务业建设要给予支持，保证社区生活性服务业建设项目落到实处。

2.开辟新的发展空间。在环境改造和整治的过程中，根据小区的实际情况，规划出社区生活性服务业的相关用地或者设施。针对新建小区，建设一定面积商业设施作为便民服务网点用房，实施低租金的优惠政策，以便民服务为目的开展经营，为社区生活性服务业发展创造良好条件。围绕“保设施”“保功能”加强社区菜篮子建设。保设施，就是强调蔬菜零售网点配建指标的强制性，将社区蔬菜市场、社区菜店作为居民区配套公共服务设施，与住宅建设同步建设、同步交付使用。保功能，就是加强对配建蔬菜零售网点使用的监管，辅之以一定的政策支持，确保售菜功能稳定、不变。

3.实现综合聚集发展。在一些有条件的街道，将便利店、菜店、餐饮店、美发美容店等生活服务业企业集中在一条街上。在一些有条件的便利店，扩大服务项目，为居民提供更多便利服务。将社区生活性服务业进行空间整合，使居民能“一站式”解决多种服务需求。

4.促进优质均衡发展。以社区为重点，优化网点结构和布局，促进业态向高端化发展，在既有生活服务网点基础上，进一步优化便利店、中小超市、社区菜店等社区商业网点配置，引导和推动生活性服务业均衡发展,促进全区生活性服务业合理布局。

5.积极引入优质品牌。引导全国优质品牌产品和知名企业与西城区生活服务业对接，鼓励知名的生活服务提供企业之间、服务平台之间、服务项目之间，进行搭载和对接，以提高西城区社区生活服务的整体质量和水平。

（三）强化服务管理，促进规范发展

1.为生活性服务业建设开辟绿色通道。对于经营许可、食品卫生、环保安全、工商管理等给予绿色通道，为企业扩大经营范围和增加服务项目，创造便利条件。特别是便利店扩大服务项目方面，比如搭载收发快递、餐饮及配送业务，便利店与主食厨房合作增添主食，便利店开设洗衣收活服务等方面，相关行政部门要提供便利服务。

2.建立健全规范化管理的制度体系。制定行业标准，严格社区生活性服务业准入和退出标准，制定工作人员行为规范等一系列制度，使企业有规可依，使管理更为标准

化和规范化。实施有效的监督管理，确保市场有序、服务优质、食品安全。对社区生活服务企业的经营行为进行督查，对于无证经营、缺乏资质、管理不善、损害消费者权益等问题，商务、工商、质检、卫生、动检、物价、城管等部门实施专业、行业监管，并与街道社区全响应社会服务管理平台监管相结合，及时发现和处理各类违法违规行为，发挥好行政监管的作用。

3.积极做好从业人员的管理服务工作。针对生活服务行业从业人员流动性大、专业服务水准不高的问题，强化职业资质认证管理，要求从事生活性服务业的各类技术人员持证上岗，促进生活服务企业不断提高经营管理水平。

（四）建立保障体系，形成有力支撑

1.加强组织保障。成立西城区社区生活性服务业建设领导小组，负责综合协调、规划布局、资源整合、财政支持等事项的研究部署，强化对建设工作的统筹协调和督促检查。探索建立以街道为核心的社区生活性服务业统筹管理工作机制，形成区、街、社区三级指导协调的工作格局。

2.完善区域政策。根据生活性服务业不同特点，提供更具针对性的扶持政策，重点支持便利店、中小超市、社区菜店、再生资源回收等在社区的发展。积极扶持公益性突出、可持续发展的生活性服务企业，为小微企业贷款提供支持和贴息，以低于市场价格的租金提供必要的经营设施，引导和吸引民间组织经营微利低偿的社区生活服务。

3.加大资金投入。设立西城区社区生活性服务业建设资金，每年纳入财政预算，为社区生活性服务业发展提供资金支持，用于房租补助、装修改造、经营补贴等。严格规范社区生活性服务业建设相关资金使用，建立完善主体企业年度项目申报、评审、承诺、审计制度，确保政府引导性资金和企业配套资金规范使用，提高其使用效益。积极拓宽资金来源渠道，鼓励引导符合条件的中小企业积极参与发行集合债券、集合票据、集合信托、短期融资券和中小企业私募债等融资产品。支持担保机构创新担保业务品种，规范小额贷款企业服务，加大对小型微型企业的融资服务力度，使更多社会资本参与生活性服务业建设。

优化教育资源配置　推动基础教育均衡发展

西城区人民政府区长　王少峰

教育是民族振兴和社会进步的基石。党的十八大提出到2020年进入人才强国和人力资源强国，基本实现教育现代化的目标。党的十八届三中全会提出要深化教育领域综合改革，把大力促进教育公平摆在更加突出位置。西城区作为首都功能核心区，尽管有着丰富的教育资源，基础教育在全市处于领先水平，但与社会对优质教育资源的强烈需求相比，实现教育均衡发展依然任重而道远。如何进一步扩大优质资源覆盖面，办好人民满意的教育，需要我们认真研究，探索新的途径和有效模式。

一、问题提出的背景

教育本身的重要性和西城区特殊的功能定位赋予了西城教育更多内涵和更高要求，使西城教育一直以来倍受社会关注。当前，随着教育理念的不断更新以及区域经济的高端化、社会需求的多元化，解决教育均衡发展的问题显得更加紧迫。

（一）是新形势下教育事业发展的本质要求

基础教育具有明显的先导性、基础性和全局性，是所有适龄群体都可享有的基本权利，这一特点也决定了均衡发展在基础教育中的重要性。多年来，国家一直把教育放在优先发展的战略位置，特别是党的十八大和十八届三中全会对教育改革发展做了新的部署，明确了当前和今后一个时期教育发展的方向。《国家中长期教育改革和发展规划纲要（2010—2020年）》把促进教育公平作为国家基本教育政策，提出到2020年要基本实现义务教育区域内均衡发展。北京市将义务教育基本均衡目标提前到2015年，与各区县签订了责任书，并加大对落实情况的督导力度。西城区作为首都功能核心区，有责任、有能力大胆探索，率先实现义务教育均衡发展目标，为首都基本实现教育现代化作出应有贡献。

（二）是满足现阶段教育需求的必然选择

近年来，随着生活水平提高，人们对教育的需求出现了新变化，对教育的认识更加深刻，正在从生存需求向发展需求转变，对优质教育的渴望也越来越强烈，教育公平意识不断增强，已经不再满足于“有学上”，而是希望“上好学”、进名校。从西城区来看，高端要素聚集，常住人口多，既有大批高端精英人才，也有不少低保困难家庭，对教育的需求呈现出多样化特征。要平衡好不同阶层的诉求，面临的供需矛盾比较突出。2013年，义务教育阶段共建生比例达20%左右，户籍人口人户分离率达50%，另外，随着政策放宽，务工人员入学子女数量迅速上升，2013年小学秋季入学已经达到2000余人。据统计，小学有42%的生源为非本区常住人口（14786人），中学有13%（6310人），幼儿园尚不能满足需求。2010年全区小学入学还不足9000人，到2013年已经突破1.2万人，据此测算，到2015年小学入学将有300个班的缺口无法解决。再考虑到单独二孩等政策的放开，未来几年适龄儿童增长将更加迅速，西城教育面临的压力会更大。

（三）是提升区域发展品质的客观需要

教育的整体发展水平，是一个地区软实力的重要标志。西城区正处在“内涵发展、品质提升”的关键时期，教育事业发展得好不好，关系到区域的可持续发展。从履行首都职责来看，办好教育事业，为驻区中央国家机关、科研机构、社会团体和居民群众提供良好的服务，是做好“四个服务”的重要内容。从促进经济发展来看，教育作为地区综合竞争力的重要因素，在选商择资、延揽人才等方面具有独特优势，有助于吸引更多高端要素落户，可以为区域经济持续发展提供强有力的支撑。从促进文化发展来看，教育是推动“文化兴区”战略的重要组成部分，在全国文明城区和学习型城市建设中扮演着重要角色，对于提升地区文明程度和居民文明素质具有潜移默化的作用。从提高区域开放水平来看，教育是国际交流的重要桥梁，西城区有中外合作办学项目6个，在海外设立3个孔子课堂，与其他国家和地区的112所学校建立友好校关系，为外界了解西城和西城参与对外交流合作提供重要平台。

二、西城区促进基础教育均衡发展的探索

西城区坚持“校校精彩、人人成功”的理念，不断优化教育布局，合理配置教育资源，在促进均衡的同时实现了教育发展水平的提升。特别是在全市率先组建四大教育集团，在推动西城教育均衡发展、特色发展方面进行积极探索，形成了一些有益的经验。

（一）坚持教育优先发展，着力改善办学条件

一是加大基础教育投入。坚持把教育摆在经济社会发展的突出位置，在安排财政预算、规划城市建设时给予倾斜，依法保障教育经费投入“三个增长”。2013年预算内教育拨款53.7亿元，同比增长6.17%；教育经费占财政支出的比例达22.36%，教育经费年增长比例超过财政经常性收入的增长比例，生均教育经费支出和生均教育公用经费支出持续增长。全面施行“三倾斜”，即教育经费支出向义务教育、基础薄弱校、教学管理和师资建设倾斜，为基础教育发展提供有力保障。

二是优化教育资源布局。按照推进义务教育均衡发展责任书的任务目标，制定教育资源布局调整方案，对全区15个街道的教育设施进行统筹安排、均衡配置。截至2013年底，共合并中小学17所，启动15所学校新建、改扩建工程，增加3所学校的办学址。加强对新建小区教育配套建设及交付的监督管理，有计划地对零散教育用地进行置换、整合，使区域教育资源布局结构逐步趋于合理。

三是推进学校规范化建设。落实北京市中小学三年行动计划和学前教育三年行动计划，根据学龄人口发展趋势，制定《西城区基础教育专项规划》。大力推进中小学规范化建设、校舍安全建设等工程，中小学校专业教室基本普及，校舍加固改造全面竣工。区划调整以来，累计投入53.7亿元，完成学校达标建设及校舍安全工程总面积达95.3万平方米。

（二）坚持人才强教，着力打造高素质师资队伍

一是实施“卓越教师”工程。完善教师培养体系，拓宽培训渠道，分学段、分类别开展骨干教师带薪脱产培训，使学科带头人和骨干教师快速成长为名师。成立名师工作室，对各学校在课程建设与实施、教师专业发展以及特色创建等方面进行有针对性的指导，为学校内涵发展提供智力支持。全区共有特级教师45人、市级学科带头人44人、市级骨干教师218人、区级学科带头人570人、区级骨干教师1676名，各级学科带头人和骨干教师的比例达到教师总数的20%以上。

二是打造名校长群体。发挥名校长工作室、校长书记工作站、校长导师团等优质资源的辐射带动作用，培养了一批懂教育、会管理的高素质干部人才。实行校级后备干部资格认证制度和校长任期制管理，以“打造名优校长，培育骨干梯队，扶助新任正职，关注后续力量”为重点，通过研讨交流、诊断分析等方式，指导青年校长进行研修，实现综合素质和办学水平双提升。举办教育论坛，总结提炼西城区名师和名校长的教育教学思想。

三是优化人才发展环境。落实教师绩效工资，探索教师住房、职业发展等方面的有效机制，切实为优秀人才发展提供有力保障。以正高职称评定试点为契机，探索职称制度改革，有10名中小学教师获得北京市首批正高职称。完善优秀教师和优秀教育成果奖励制度，建立优秀教师学术休假制度，在优秀教育人才奖励津贴、子女入学、配偶调动等方面实施更加优惠的政策。

（三）坚持创新发展，着力探索集团化办学新模式

2012年，西城区在名校办分校、学校发展联合体的基础上，本着优势互补、共同发展的原则，成立了以北京四中、北京八中、北京第二实验小学和北京小学为龙头校的“四大教育集团”（详见附表），以此来推动基础教育优质均衡发展。

西城区教育集团构成表

集团名称	成员校数量（所）	组成学校
北京四中教育集团	4	北京四中、北京一五六中 北京三十九中、北京五十六中
北京八中教育集团	4	北京八中、北京四十四中 鲁迅中学、北京八中分校
北京第二实验小学教育集团	5	北京第二实验小学、北京漫水河小学 北京白云路小学、北京玉桃园小学 北京长安小学
北京小学教育集团	5	北京小学、北京小学红山分校、 北京小学走读部、北京小学广外分校 北京红山幼儿园

一是政府主导，深化校际合作机制。四大教育集团以公益性集团办学为出发点，依靠政府的力量将原来较为松散的校际合作常态化、机制化，推动集团内各学校的实质性合作与交流。区政府专门成立教育集团领导小组，由主管教育工作的副区长担任组长，负责集团的协调指导与督促检查。区教委建立跟踪指导制度，按照不同集团学校需求，搭建联动教研合作平台，形成共同交流、学习、研讨的教研格局。区政府教育督导室建立教育集团考核评价机制，对教育集团工作开展情况进行考核。

二是名校牵头，全面打造优质学校群。四大教育集团由名校与若干成员学校构成，在学校法人独立、财务独立的基础上，坚持“理念共识、资源共享、优势互补、品牌

共建、实验先行”原则，每个教育集团内部设立校务委员会，由牵头名校校长担任主任，协调集团组织行为。名校负责输送本校优秀干部、教师参与成员校教育管理，并接纳成员校的干部教师挂职、实训。挖掘名校潜力，做大优质资源总盘子，有效缓解“择校”需求。

三是强化保障，扎实推动集团健康发展。四大教育集团以项目为保障，以科研为支撑，提高集团整体办学水平。一方面，设立专项资金，每年给各集团拨付100万元实验经费，优先支持集团学校与实验项目。另一方面，努力提供科研支持，与北京师范大学、首都师范大学、北京教育学院等高校签订合作协议，由各高校和科研机构派出领衔的教育专家，全程深度参与四个教育集团的办学活动。

三、基础教育均衡发展的趋势及对我们的启示

教育均衡的实质是在教育公平思想和教育平等原则的指导下，教育机构和受教育者在教育活动中有平等待遇的状态和确保其可行的政策制度，其本质是追求教育平等，实现教育公平。基础教育均衡大致包括八个方面，即入学权利和入学机会均衡、区域间均衡、城乡间均衡、学校间均衡、学生间均衡、不同类别教育间均衡、教育质量均衡、教育结果均衡等。影响教育均衡的因素不仅包含宏观层次的国家法律政策因素，也包含中观层次的区域之间、城乡之间、学校之间、群体之间的教育资源配置因素,还包含微观层次的教学和管理因素。西城区作为北京市建成区，主要考虑中观和微观因素，结合当前国内外基础教育发展趋势，从入学权利均衡、校际均衡、师资配备均衡、教育质量均衡等四个方面予以分析。

（一）入学权利均衡是基础教育均衡发展的前提

机会均等是教育公平的应有之义，也是教育均衡发展的重要前提。主要包括入学机会的均等、进入不同教育渠道的机会均等以及取得学业成功的机会均等。一是从财政投入方式来看，很多国家在保障基本生均投入的同时，也适度倾斜以扶持薄弱学校和薄弱群体，这种倾斜不单以学生数量作为标准，还要参考教育成本、地区贫富程度等各种因素，旨在有效弥补教育水平“短板”。西城区教育经费支出已经成为公共预算的第二大开支，基本做到了公平投入，但受现有体制和政策限制，在经费使用考核上主要强调平均投入，很难缩小校际之间原有的水平差距。二是从学校布局规划来看，国外主要做法是强化地方政府教育布局调整的自主权，实现办学合理规模，保障义务教育就近入学等。西城区目前主要坚持“以地补地”，用置换的方式确保现有教育用地不减少，但由于区域空间小、人口密集、城市功能叠加严重，教育布局调整很难兼顾人口分布情况和最优办学规模，导致一些区域教育资源非常紧张。三是从招生政策来看，国家和北京市在基础教育招生改革方面的主要思路是合理划片、减少推优、阳光招生，强化招生工作的公平、公正、公开，在保障公平基础上提供适度选择性。西城区在基础教育招生方面面临务工人员子女入学、与驻区单位共建、人户分离子女教育等诸多问题，给我们在划定学区、确定班额、制定升学政策带来很大压力，需要综合考虑不同层面的因素，推进教育改革政策落实。

（二）办学资源均衡是基础教育均衡发展的基础

基础教育办学条件均衡是指基础教育在学校层面实现均衡，它直接影响教育的和谐发展。从目前国内外通行做法来看，一方面积极推进学校建设的标准化，但方式有所不同，有些采取“削峰填谷”模式，在资源投入上推行完全均等化，虽然克服了择校热、课外补习热等问题，但也抹平了学校差异和特色；还有的采取“补谷就均”模式，即以平均水平为标准，对低于平均水平的学校提供充足的投入保障，使其达到平均水平。另一方面，也很重视教育资源均衡的动态管理，有科学测度办学条件均衡的指标体系，比如杭州市西湖区运用基尼系数测量方法，对校均学生人数、教师合格学历、生均建筑面积等项目进行检测；成都市在基尼系数的基础上，还采用差异系数法，将两种方法的分析结果进行相互验证。从西城区来看，由于空间和历史等原因，学校办学面积、基础设施普遍比较薄弱，在文保区甚至还存在个别“袖珍学校”。基于这种情况，应采取“补谷就均”模式，加大学校标准化建设力度，保障基本办学条件，实现更为广泛的相对均衡。另外，目前我们在均衡评价方面缺乏更为科学的指标体系和动态调整机制，对于教育资源向名校过度集中以及名校在帮扶弱校过程中可能出现的“资源稀释”等问题，难以做出全面、准确、规范的调控。特别是在教育集团发展中，因缺乏相对明晰的评价标准，在区级层面很难测度集团的工作成效，也就很难予以指导和监督。

（三）师资力量均衡是基础教育均衡发展的关键

教师是教育质量的生命之源，强教必先强师。师资均衡配置并不意味着教师资源的平均分配，而是努力达到师资供给与需求的相对均衡状态。概括国内外做法，主要有三个方面：一是建立比较规范的师资流动制度。比如日本有一整套严格的教师流动制度，要求凡是在同一所学校连续任教10年以上以及新任教师6年以上者都必须交流到其他学校。法国政府制定了“优先教育区”政策，对区内的教师给予特别津贴，大大缩小了不同社区之间的师资差异。西城区在师资上存在校际间的横向均衡和各层级间的纵向均衡两方面问题，虽然在推进集团化进程中，一些牵头校建立了教育管理和任课教师两支队伍的交流机制，但由于缺乏相应的激励机制，师资队伍很难真正流动起来。二是健全覆盖职业全周期的师资培养体系。主要是根据每个教师执业不同阶段的特点和规律，开展有针对性的培训，建立教师终身学习的激励机制，强化教师的自主选择权。像法国、日本等国家要求中学新教师取得本科学位后再申请两年研究生免费教育,在导师指导下从事有关研究与教学实践。西城区很重视教师培训，但由于近年来日益紧张的入学需求，学校师资紧张，一线教师尤为短缺，任课教师基本处在满负荷的工作状态，很难实施相对系统的学习培训。三是广泛应用远程教育等现代教育方式。从国内外实践来看，远程教育在师资队伍建设中发挥着重要作用，利用网络信息技术，建立优秀教师在线服务机制，实现名师资源共享。西城区有着比较好的现代远程教育设施，

应该创新方式方法，进一步提高使用效率。

（四）教育质量均衡是基础教育均衡的目标

教育质量属于教育产出的范畴，在一定程度上表征着均衡发展的效果。从目前国内外教育实践来看，主要体现在三个方面：一是课程设置的均权化和综合化。一方面在国家课程的基础上，强调地方和学校的主体参与，倡导因地制宜的“地方课程”和“校本课程”。另一方面强调课程内容的综合化，更加兼顾人文科学和自然科学的均衡发展。应该说，西城区多年来在课程改革方面争做试点，成效比较显著，成为全市唯一在不同学段配齐地方课程的区县。但在教学实践层面，还存在着学生接受程度不一、与考试不相衔接、教学质量难以评估等问题。随着教育综合改革的深入推进，在课程体系建设方面还有很大潜力可挖。二是教育质量评价和督导的多元化。教育发达国家除了学校评价之外，在外部评估方面有很多好的机制和做法，比如美国实行学区管理委员会制度，德国由州教育评估机构组织实施，关注学校的办学思想、办学行为、整体面貌和教师队伍。从我们目前的评价机制来看，评价主体和方式比较单一，缺乏发展性和成长性指标，督导评价与教育管理衔接有待加强。三是深化素质教育。从知识取向逐步转移到更加重视受教育者的全面发展，这是国内外教育共同关注的问题。像美国等国家在中小学阶段除了必修课程之外，还设立选修课程，并从小学开始鼓励孩子做研究，目的是提高学生运用知识的能力。应该说，西城区多年来在素质教育方面走在全市前列，特别是这两年实施的“三个一”工程取得很好的效果，但也存在超前教育、课外补习等现象，还要进一步深化素质教育，探索更加系统、更加有效的教育教学机制。

四、以教育集团化方式推动西城教育均衡发展的基本思路

未来一个时期，是我国推进教育均衡发展的关键时期。要保持相对领先地位，西城教育必须大力推进改革创新，不断提升教育发展的质量和水平，以更加公平、更加优质、更加均衡的基础教育服务人民群众需求，服务经济社会发展。

（一）基本思路

深入落实《国家中长期教育改革和发展规划纲要(2010–2020年)》和首都关于推进教育事业均衡发展的任务目标，准确把握基础教育发展的趋势和规律，全面贯彻“校校精彩、人人成功”的发展理念，加大统筹力度，推动工作创新，加快转变教育发展方式，以深化集团化办学机制为重点，努力探索一条广覆盖、高水平、特色化、可持续的教育均衡发展之路，到2015年基础教育基本实现均衡，到2020年建成高水平均衡的先进区。

（二）基本原则

一是基础教育均衡发展的内涵是“办好每一所学校,教好每一个学生”。学校是教育教学的基本实施机构，教育均衡发展的基础是学校的均衡发展。西城区提出的“校校精彩、人人成功”的教育理念，正是这个原则的题中之义。我们之所以强调“校校”不是“名校”，强调“人人”不是“强人”，就是要进一步突出教育事业的公益性质、公平属性，保障起点公平、过程公平和结果公平，让均衡发展的成果惠及每一所学校和每一个学生。

二是要“造峰扬谷”的共同发展，不要“削峰填谷”的限制发展。教育均衡发展的核心诉求是底线公平。这种公平建立在教育事业的高水平和高效率之上，不应以牺牲优质资源和削弱发展动力为代价。西城区要在均衡思想指导下，以更有力的措施统筹全区资源，引导名校、强校扶持基础薄弱学校，真正确立“弱势补偿”的教育资源配置取向，形成以强带弱、提升整体的工作格局。通过不断发展的“高位均衡”满足居民群众不断提升的“高端需求”。

三是要“各展所长”的特色发展，不要“千篇一律”的同一发展。教育均衡发展是“求和不求同”的发展，就是下要保底，但上不封顶。在保障基本权利和资源投入公平的情况下，承认不同学校在办学传统、学科特色、校园文化方面的差异，承认不同学生在天赋能力、兴趣爱好、发展方向上的差别，鼓励和支持他们根据各自的实际情况，创造性地探索发展道路，实现多样发展和特色发展。这既是国际上基础教育发展的大趋势，也是深化教育改革、推进素质教育的基本方向。

四是要“健康稳定”的持续发展，不要“急功近利”的短期发展。教育发展不均衡有着长期、深刻的历史原因，比如不均情况普遍存在，利益格局调整困难等，要消除这些问题，任务非常艰巨，需要一个长期的过程。另外，教育的均衡发展就是一个由不均衡到均衡、再到新的不均衡的不断发展的螺旋上升过程，要树立长远眼光，把高水平均衡作为调整资源配置的标准，持之以恒、久久为功，坚决防止因追求短期均衡，而影响教育的持续健康发展。

（三）教育集团主要办学模式

按照“政府主导、名校牵头、项目带动、科研支撑、政策推动”的原则，在保持集团内各学校法人独立、财务独立、师资独立、自主发展的基础上，借鉴国内外先进经验，结合西城区实际，今后重点在以下三种模式上进行探索。

一是“名校+弱校”模式。长期以来，由于各种原因，学校之间发展不平衡，形成强校与弱校的差异。这也是老百姓“择校”的客观原因所在。要解决这种状况，单纯的扶持并不能真正使弱校变强，除了在投入、硬件、师资等方面给予弱校扶持外，最根本的是通过名校对弱校的重组或引领，将名校先进的教育理念、管理方式、优秀文化等输出给弱校，从而使弱校在名校拉动下得到快速发展，提升办学质量。

二是“名校+新校”模式。由于受城市改造建设、居住区域变化等因素，需要新建、还建一批学校。对于这些学校，单靠自身力量，要赢得较高的知名度，则需要一个相对较长的时间。如果通过名校输出品牌、办学理念、管理方式、干部和优秀教师、现代化教育信息技术等方式，带动新办学校共同发展，则可以迅速提高办学水平，形成办学特色。

三是“名校+民校”模式。教育的发展需要有大量的投入，政府作为发展教育、尤其是发展义务教育的第一责任人，需要承担起相应的责任。但同时，随着教育改革的深入，民间资本也将越来越多地介入教育行业，对于民办学校，政府也应该给予更多地引导和支持。可以通过名校与民校的相互联手，集聚民间资本，加大教育投入，促进办学体制改革。同时，由名校输出管理人才和优质师资队伍，帮助民校实现快速发展。

（四）教育集团组织架构和职能分工

政府、学校、科研机构、社会力量在推动均衡发展中都扮演着重要角色。要理顺教育集团领导小组、校务委员会、项目组、科研团队、督导团队之间的关系，形成“统分结合，多元参与”的教育集团化组织架构。

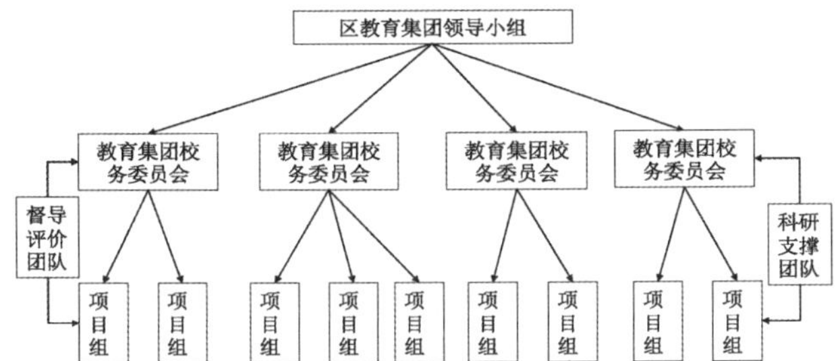

教育集团领导小组。由区政府领导，区教工委、教委、教育督导室等政府部门组成，在区教委下设工作办公室。作为协调议事和统筹推进机构，教育集团领导小组要做到“三个统筹”：（1）统筹资源配置，通过调整财政投入和教育政策配置基础资源，形成促进均衡发展的环境和方向；（2）统筹体系建设，制定教育均衡发展的标准，监督政策措施的执行，规范集团化办学模式，形成有利于均衡发展的良性供给机制；（3）统筹评价督导，保证教育公共服务的质量和公平，健全质量标准和评价体系，强化督导督学，确保教育均衡动态调整和可持续发展。

以理事制形式组建教育集团校务委员会。基础教育集团内部按照管理的权限范围，分为共商制、理事制、会议制这三种具体形式。鉴于西城教育的实际情况，我们主要借鉴理事制方式组建教育集团校务委员会。校务委员会是集团层面的协调决策机构，以牵头学校、成员学校、教委工作人员、科研支撑团队、评价督导机构作为理事，通过理事会的形式，共同商讨有关事项。职能主要有：（1）管理教育教学项目。按照教育集团领导小组的要求管理集团化发展项目。在集团内部组织和筛选项目并向教育集团领导小组申报，立项后推动项目实施，监督教育教学质量和项目进度。决策处理集团校层面的日常事务。（2）推动共建共享，输出优势资源。包括输出干部参与成员校的教育教学管理，输出教师参与集团教研、备课等活动，接纳成员校的干部教师挂职锻炼等，不断扩大优质资源的总盘子。加强教学管理，统筹师资、课程、教科研等资源，推动集团层面在德育、科技、艺术、体育和文化等方面的开放共享。（3）健全制度和动态调整。要制定并完善集团校务委员会议事制度、干部交流制度、教师交流制度、资源共享共建制度、集团奖励制度、质量监控制度、集团资金管理制度等各项相关制度，同时能够根据具体教学实践进行动态调整。

集团化发展项目组。成员由牵头学校、成员学校、教育科研机构以及可能涉及到的教师、学生和评价机构等联合组成。项目组是依申请成立的动态管理机构，教育集团要根据项目的变化情况成立或者撤销项目组。（1）要负责项目的申报计划、组织实施，并接受集团校务委员会的考评监督。（2）要落实集团决策、推进资源输出和共建共享的执行组织，旨在打破学校边界，形成水平沟通。（3）要成为教学科研的主阵地和教育评价改革的实验地，在教育教学活动中形成文化和特色。

科研支撑团队。要解决好名校进行资源输出后的“稀释”问题，为名校注入新的资源和动力，就要从教育科研支撑上下功夫。引入教育科研机构，是西城教育集团化发展的一大创新，既是对首都丰富科研资源的有效利用，也是深化集团化发展理论和实践的重要举措。（1）帮助名校提升水平，特别对课程设置、教学方法、素质教育方式等方面的教研支撑，使名校保持动态优势和发展动力。（2）可以全方位、深入参与集团化运作，在教育教学实践中获取一手资料，不断丰富和发展集团化办学理论，探索资源共享、促进均衡的途径和方法。

（五）教育集团项目管理模式

将教学管理、课程管理、教师研训、学生互动、文化发展等一系列教育教学都纳入标准化的项目管理，通过计划、决策、执行、考核等环节，使教育教学工作更加规范、更加科学。

第一，健全统分结合的项目体系。集团校务委员会要按照全区均衡发展目标，研究建立集团层面的项目体系。项目可分为三类二级。即办学条件均衡、师资力量均衡和教学质量均衡三类，基础和特色两级。（1）基础级项目：是教育集团根据区教育均衡发展的目标任务制定的项目，包括资源输出和共建共享等，属于规定动作，要求教育集团内各学校严格执行并确保完成。（2）特色级项目：是集团内各学校根据自身发展特色和工作实际，在集团范围内联合发起或者单独发起的项目，项目由集团校务委员会进行统筹协调，牵头学校要完成主要比例。

第二，强化科学规范的决策执行。项目管理流程分为申报、决策、执行、验收、考评等环节。（1）项目申报和决策：以牵头校为主，各成员校共同参与，申报均衡发展项目。由校务委员会组织项目集中筛选和审批。校务委员会中的教育部门人员应从全区角度考虑项目对整体教育均衡的影响，并吸收成熟项目在全区推广。集团校成员要从教育教学实践的角度，考察项目可行性和必要性。科研支撑团队要从教育理论和教学管理上给予理论指导和论证。审批后的项目由校务委员会下发项目执行指导意见和工作目标，提出项目实施和管理的标准，确定项目进度和验收标准，并提供资源保障。（2）项目执行和验收：项目组要统筹项目执行的质量和进度，调动各成员校尽量发挥各自力量参与项目建设。教育科研单位要从理论上给予指导，并且贴近项目开展做好调查研究。项目达到既定任务目标后，项目组要按照项目执行意见做好考核验收。

第三，突出多元特色的发展导向。在项目实施过程中，一方面要引导名校输出先进的办学理念和优质资源，实现优势互补，共享资源，提高整体教育质量，另一方面要在公平、自愿、相互认同的基础上，注重发挥集团内部各个成员校的积极性、主动性，保持自己的发展特色，使得集团化办学朝着多元化方向发展，为每个学生成长提供更多选择。最终实现三个方面的转变：一是从输血向造血转变，在名校的带动下，增强成员校的自身造血功能。二是从技术传递向文化传播转变，通过传播先进的教育理念、管理理念，提高成员校的自身软实力和核心竞争力。三是从单向输出向双向互动转变，在牵头校和成员校之间形成平等合作、良性互动、共同成长的局面。

（六）教育集团教育教学模式

提升教育教学质量是集团办学的重要目的之一，西城区的优质校在教学实践中积累了许多有特色的经验。我们要把重点放回课堂，把焦点对准教学，利用集团化优势，让这些经验在集团层面和全区层面发挥更大作用。

第一，丰富教育教学活动方式。在校际资源相互支援的基础上，积极开展多层面的联合教研活动，鼓励引导集体教研和主题研究。紧扣学生的学习研究兴趣开展主题研究课，改灌输式教育为体验式教育，进一步增强学生的学习主动性和研究能力。鼓励教育集团确定一个具有教育意义的主题，由某一所学校负责策划、组织，所属学校的学生一起参与、一起分享。逐步引入开放课堂，各个学校利用公开课、网上学校等共享机制，分享优质课堂，参与教学观摩和相关教学研修活动。对优质课程进行梳理整合，形成以课程为纽带的“云课堂”模式。

第二，创新师资力量沟通载体。围绕促进教师专业化成长，为教师交流合作搭建平台。开展教师沙龙，集团内定期或不定期举行理论学习、反思总结、交流讨论等多种内容有机整合的研讨活动，激发教师的工作热情和教学的积极性，不断提升教师的理论素养和专业水平。组建教师成长联盟，以计算机网络以及多媒体为技术支撑手段，通过教学资源共享、成长博客圈、网上拜师、经典共读等平台，促进教师共同成长。采取教师走教的方式，在集团层面拓宽教师交流渠道，鼓励集团校教师跨学校、跨学科参与教研活动，来实现教师间的相互学习、相互交流，带动各学校办学水平提升。

第三，丰富学生交流互动方式。推广开学第一课、艺术文化节等学校大型活动，开展走亲戚式的家庭互访、融合式的主题活动、互助式的结队交流活动，让不同学校的学生在学习研究中互相影响、共同成长。探索“学生游学”的交流方式，以学生交流带动学校文化互动。

五、推进集团化办学工作的保障措施

教育是一项重要的社会基本公共服务。推动教育基本公共服务均等化，为学龄人群提供更多、更好、更公平接受教育的机会，关键要履行好政府的主导责任。

（一）加大教育经费保障力度

建立基础教育集团化办学的专项发展基金，加大政府对基础教育集团化办学的资金投入，以项目为载体，对于那些教学质量高、管理效率高、资金使用效率高的基础教育集团，给予更多的资金支持，提高其办学的效率和积极性。强化信息基础设施建设，在全区层面和教育集团层面推广教育管理和教学内容共享的信息系统，创新优质课程的共享和互动方式，为集团化发展夯实基础。

（二）长远规划教育资源布局

进一步摸清教育事业现有资源情况，将教育事业空间布局纳入全区经济社会全面布局中统筹考虑，适时制定教育事业空间布局规划。加大调整力度，结合区内人口分布情况，按照就近原则和规模效应原则，合理调整学校布局。强化教育用地的统筹规划，建立教育用地教育布局随人口分布动态调整的机制，切实保障区内生源“有学上”“就近上”。

（三）健全教育均衡发展的政策体系

建立完善集团办学的相关政策，从人事编制、职称评定、财政资金等方面予以支持，确立合理有序的激励机制。限定集团化发展的合理规模、制定成员学校的准入准出标准。对薄弱学校的发展给予物力、人力、财力等各方面的支持，缩小其与优势学校的发展差距。探索多元办学的扶持政策，利用政策和资金鼓励社会力量参与基础教育发展。完善对教育科研机构的政策扶持，让教研体系在教育均衡发展中发挥更大作用。

（四）深入推进教育领域综合改革

建立完善学区制，在义务教育阶段招生中实施“双增计划”，推广集团化办学模式，加快解决“择校”问题。推动“校园工程”，采取新建、改扩建、追缴还建项目等多种方式，逐步补齐校园面积缺口。探索实行校长教师交流轮岗，实施卓越教师工程和教育家培养工程，发挥教育系统导师团和名师工作室作用，完善骨干教师的选拔、培养、使用和管理机制，为教师队伍的稳定发展创造良好环境。

（五）完善学生评价和教育督导体系

完善绿色评价体系，建立基于可持续发展视角的成长性教学评价体系。改变过分依赖终结性评价的模式，增加发展性和成长性指标权重，建立一个多元化、多样性、多角度的考评系统，全面考核学生的发展水平，激发学生的创新能力和实践能力。强化多元考评监督，形成多元参与、逐级负责的监督体系。在区级层面强化外部考核，邀请教育科研专家等第三方和家长代表等社会人士参与，增加外部考核内容。在集团层面邀请家长代表和社会人士同步监督项目实施，反馈监督意见，形成学校与社会的良好互动。

（责任编辑　马忠良）

大　事　记

2013年西城区大事记

1月

6日　中共北京市西城区委第11届第5次全体会议召开。

8至11日　中国人民政治协商会议北京市西城区第13届第2次会议召开。

9至11日　北京市西城区第15届人民代表大会第3次会议召开。

15日　《北京市西城区鼓励和促进企业上市办法》正式实施。

16日　全国中小企业股份转让系统（三板市场）在北京金融街正式揭牌运营。

☆　瑞士银行（中国）有限公司举行开业运营仪式，入驻金融街，为本市第8家外资法人银行。

17日　西长安街街道获“全国社区教育示范街道”称号。

2月

1日　国务院总理温家宝到牛街西里二区看望群众，并召开座谈会听取对政府工作的意见和建议。

2日　商务部部长陈德铭到西城区调研商贸服务业发展工作。

5日　中国计划生育协会党组书记、副会长杨玉学，秘书长姚瑛等到展览路街道新希望家园调研。

8日　中共中央总书记习近平到手帕口清洁站、厂桥派出所慰问环卫职工和一线民警。

18日　区委书记王宁到广安门外街道调研地区居民服务和马连道商业街发展情况。

19日　西城区与中国大唐集团公司签署合作备忘录，合作开发建设金融街F10项目。

22日　西城区2013年工作动员部署大会召开，区四套班子领导出席会议。

27日　区纪委召开十一届三次全会暨全区党风廉政建设工作会。

3月

5日　西城区红十字会金融街威斯汀中外志愿者服务队和路德先锋出租车志愿服务队正式成立，成为北京首支涉外红十字志愿服务队。

☆　西城区国家级行政服务标准化试点工作通过中期验收，逐渐形成应用物联网等信息手段实现行政服务闭环管理等国内行政服务领先标准。

☆　西城区各界妇女纪念“三八”国际劳动妇女节庆祝大会召开，表彰西城区首批31个示范“妇女之家”及其带头人。

7日　西城区统战工作会召开，区领导苏东、程军、杜黎彬出席。

8日　西城区2013年首个围绕房屋征收的诉讼案件公开审理，区长王少峰主动出庭应诉征地纠纷，成为西城区颁布施行《北京市西城区人民政府及其工作部门诉讼案件应诉工作规则》后的第一个行政诉讼案件。

12日　国家统计局局长马建堂到西城区月坛街道统计所调研基础统计工作。

15日　西城区推荐的“北京历史文化衍生产品关键技术研发和创意设计综合服务示范推广平台”项目通过市科委组织的专家结题验收。该项目在实施过程中形成并申报11项专利。

20日　西城区与北京建工集团签署金融街合作备忘录。

☆　民族大世界商场腾退撤市，国家级文物保护单位“国立蒙藏学校”保护修缮工作正式启动。

22日　北京金融街人力资源协会正式成立。

☆　市委副书记、市长王安顺到新街口街道调研白塔寺周边腾退工作。

23日　西城区与中央电视台电影频道联合出品、京都文化投资管理公司参与投资制作的电影《大碗茶》入藏中国电影博物馆。

25日　西城区在由香港大公报主办的第二届“中国最具海外影响力市区”评选活动中，获“中国最具海外影响力明星区”称号，区长王少峰当选为“明星区长”。

☆ 第18个全国中小学生安全教育日主题活动在北京市宣武师范学校附属第一小学举行。

27日 市领导郭金龙、王安顺、赵凤桐、张延昆到西城区调研小街背巷、城市边角地环境建设问题。

28日 国务院参事室在北京市第四中学正式试点国学进校园项目。

29日 全市首个区县级金融工会联合会在西城区成立。

4月

6日 区四套班子领导到菜户营桥东北角丰宣公园参加主题为"弘扬生态文明，建设美丽西城"的首都第29个全民义务植树日活动。

9日 国家税务总局党组书记、局长王军到区国税局调研办税服务厅工作及"营改增"后基层税务部门相关工作运行情况。

11日 北京市西城区大栅栏琉璃厂商会成立。

12日 西城区打响"灭脏、清障、治污、拆违"四大战役，全面整治脏乱环境。历时30天，40余个部门、15个街道全员参加。

☆ 西城区2013年度精神文明建设工作大会召开，部署全国城市文明程度指数测评迎检工作，表彰文明单位和个人。

☆ 西城区行政服务中心开设"服务驻区中央单位和部队"窗口。

19日 2012年"爱在西城"颁奖典礼在民族文化宫举行。

☆ 北京市保护知识产权举报投诉服务中心（北京12330）西城区分中心及康华伟业孵化器工作站成立。

20日 西城区举办纪念北京建都860周年诗会。

24至26日 西城区庆祝"五一"国际劳动节暨职工创新成果展示活动在北京市职工服务中心举行。

26日 中共中央委员、中宣部常务副部长、中央文明办主任雒树刚等到西长安街街道为社区居民举办解析"中国梦"专场讲座。

☆ 北京市建设学习型城市工作示范区现场会在西城区举行。

28日 西城区城市管理综合行政执法监察局挂牌。

5月

3日 西城区在中国工程院报告厅举办"汇聚青春正能量，同心共筑中国梦"青少年主题教育实践活动启动仪式。

8日 全市早餐示范工程1号规范店——位于西城区二七剧场路的护国寺小吃店揭牌。

14日 市领导郭金龙、李士祥、赵凤桐到西城区围绕"推动金融要素市场发展"主题进行调研。

16日 国内首家以原创音乐剧为主题的基地——西城原创音乐剧基地落户"新华1949"文化金融创新中心。

18日 西城区第一届职工运动会暨第九届全民健身体育节在月坛体育场开幕。

22日 全市首家中国青年创业国际计划（简称YBC）街道级服务站在广安门外街道正式挂牌。

24日 西城区与故宫博物院签订战略合作意向书。

27日 全市首个营养健康教育基地校落户北京市宣武师范学校附属第一小学。

31日 西城区与中国北方工业公司签订《合作框架协议》。

☆ 西城区与国家开发银行北京分行签署《新型城镇化建设战略合作备忘录》。

6月

1日 金融街被授予首批"北京市总部经济集聚区"称号。

☆ 全国人大常委会副委员长、全国妇联主席沈跃跃，全国妇联副主席、书记处第一书记宋秀岩等到中国儿童中心参加"六一"游园活动。

☆ 西城区与中国太平保险集团公司正式签署战略合作协议。

☆ 由民政部、北京市民政局共同主办，西城区民政局承办的"传递温暖，关爱救助；合力保学，快乐成长"主题宣传活动暨"流浪孩子回校园"专项行动启动仪式在西单文化广场举行。民政部部长李立国出席活动。

4日 教育部部长袁贵仁到北京师范大学第二附属中学检查高考考点。

5日 西城区成立北京首个环境志愿组织。

☆ 西城区"践为民宗旨、兴务实之风、促社区和谐"实践活动动员大会召开，部署干部进社区工作。

6日 第12届什刹海文化旅游节在什刹海会馆开幕。

8日 西城区在长椿寺成立全市首家非物质文化遗产保护中心。

☆ 中共中央政治局常委、中央书记处书记刘云山到位于西城区的北京工业设计创意产业基地实地调研。

17日 中共中央政治局委员、国务院副总理刘延东到西城区德胜社区卫生服务中心考察医疗改革工作。

18日 区四套班子领导与东城区理论中心组开展学习交流活动，围绕保护历史文化名城、增进文化融合主题，就如何推动两区多层次、多领域、常态化的交流合作进行座谈。

19日 西城区为侨服务中心在西城文化中心揭牌。

20日 西城区与安徽省六安市结为友好区市。

☆ 西城区人民政府、安徽省六安市人民政府、中国茶叶流通协会共同主办的2013北京国际茶业展、2013北京马连道国际茶文化节和第13届中国六安瓜片茶文化节开幕。

☆ 全国第一个舞蹈家名师工作室——潘志涛教授舞蹈名师工作室在北京师范大学附属实验中学揭牌。

24日 西城区全响应网格化社会服务管理指挥中心在城市管理监督指挥中心正式启用。区领导王宁、王少峰出席仪式并为中心揭牌。

☆ 西城区举行纪念建党92周年大会暨首届机关文化节闭幕式。

25 日 区委书记王宁带队走访西单大悦城楼宇党群服务中心、陶然亭街道黑窑厂社区、展览路街道五栋大楼商务楼宇工作站，调研基层党建工作。

26 日 司法部部长吴爱英到什刹海街道司法所调研。

27 日 市人大常委会主任杜德印到大栅栏琉璃厂地区调研。

29 日 市领导郭金龙、吕锡文、赵凤桐到西城区调研基层服务型党组织建设。

月底 天桥艺术大厦竣工并交付使用。

7 月

3 日 区委书记王宁带队到中国国家经济技术研发中心施工工地、北京市第 35 中学迁址建设项目施工现场调研西城区重点建设工程。

4 日 西城区与京粮集团签订《合作备忘录》。

8 日 全国学习型城市建设联盟成立大会在西城区举行。

15 日 新建成的广安游泳网球馆正式对外开放。

18 日 由中国交通建设集团和中国交通建设股份有限公司共同筹建的中交财务有限公司在西城区正式开业，为入驻西城区的第 20 家财务公司。

23 日 西城区国家级标准化试点工作全面实施。

26 日 《北京市西城区大栅栏琉璃厂历史街区保护管理办法（试行)》颁布实施。

29 日 西城区与瑞士蒙特勒市结为友好城市。

30 日 西城区第三次经济普查工作全面启动。

8 月

1 日 中国文明网北京西城站（西城文明网）正式上线运行。

2 日 西城区召开落实中央文明委关于大力提升公民出境旅游文明素质会议精神座谈会。

4 至 6 日 香港南区区议会代表团到西城区访问。

5 日 市领导王安顺、陈刚到展览路街道百万庄西社区调研，了解棚户区改造进展，听取群众意见建议，走访社区服务站。

6 日 市投资促进局与西城区共同组织“驻京中外知名企业投资西城行”活动。

8 日 市领导牛有成、孙康林、戴均良、赵文芝，区领导王少峰、刘跃平、杜灵欣前往牛街看望宗教界代表人士，慰问穆斯林群众。

22 日 国家创新与发展战略研究会到金融街街道丰汇园社区、德胜街道全响应网格化社会服务管理指挥分中心和区综合行政服务中心进行社会建设改革与治理的专题调研并交流座谈。

28 日 区食品药品监督管理局挂牌成立，成为北京市第一家区县食品药品监督管理局，区食品药品安全委员会办公室同时挂牌。

29 日 西城区与北京城建集团和北京城建设计研究总院有限责任公司签署《合作备忘录》。

☆ 西城区与怀柔区签订合作意向书，共同推进城中村改造项目。

30 日 集结餐饮、住宿、剧场等多种特色文化的护国新天地在护国寺街落成。

9 月

1 日 2013 年“金融知识进万家”银行业金融知识宣传服务月活动启动。中国银监会主席尚福林、市领导李士祥、区领导王少峰出席仪式。

4 至 5 日 第二届金融街论坛在金融街举办。

6 日 西城区举办“畅享·2013”北京西城文化消费月活动，10 月 13 日结束。

9 日 西城区召开 2013 年教师节大会，区四套班子领导出席。

16 日 西城区启动主题为“时尚·文化·品质·生活”的 2013 北京西单时尚节，持续至 10 月 20 日；启动仪式上，中国步行商业街工作委员会正式授予西单商业街“中国著名商业街”称号。

26 日 西城区首届残疾人运动会召开。

9 月 全区各街道完成统战机构增设工作。

月底 滨水绿道（二期工程）竣工。至此，北京营城建都滨水绿道全部完工。

10 月

10 至 12 日 京津沪渝四市八区人大工作交流会第 27 次会议在西城区召开。

13 日 中共中央政治局委员、国务院副总理刘延东到北京银龄老年公寓考察 2013 年全国大型义诊活动。

14 日 市委常委、市委秘书长赵凤桐到西城区调研人民调解工作。

15 日 本市首批棚户区改造试点工程——百万庄北里居民住房改善项目召开启动大会。

18 日 法国老佛爷百货亚洲第一店，同时也是中国首家旗舰店在西单正式开业。

☆ 西城区爱国主义教育网正式上线。

21 日 联合国教科文组织总干事伊琳娜·博科娃一行到大栅栏地区参观。

22 日 北京设计产业联盟在西城区成立。

☆ 2013 北京大栅栏琉璃厂老字号旅游购物节暨大栅栏琉璃厂精品老字号展览展示汇正式开幕。

☆ 西城区召开 4 家区属国有企业资产重组实施大会。

24 日 西城区与昌平区签订《合作发展框架协议》。

28 日 全国第 100 场“学雷锋·在行动”全国道德模范与“身边好人”现场交流活动在西城区举办。

31 日 第九届北京国际金融博览会在北京展览馆开幕，至 11 月 3 日结束。

11 月

1 日 北京金融街投资（集团）有限公司与怀柔区政府签订《战略合作协议》，双方就怀柔优质旅游景区项目达成长期战略合作。

7 日　最高人民法院院长周强到区法院调研指导工作。

8 日　全国老龄办检查评估组到西城区检查评估养老服务工作。

9 日　西城区发布“天桥演艺指数”。

11 日　区长王少峰会见以德国黑森州经济、交通及地区发展部部长弗洛里安·伦奇为首的黑森州经济部访华代表团一行。

14 日　2013 北京国际民间友好论坛在西城区举办。

15 日　西城区 15 个街道的居民“煤改电”工程任务总体完成。

16 日　北京马连道建设指挥部正式挂牌。

21 日　西城区被评为“全国科技进步先进区”。

☆　西长安街街道和金融街街道被正式命名为“国际安全社区”。

28 日至 12 月 12 日　西城区举办“2013 北京西城电子商务消费周”。

12 月

4 日　北京北展地区建设指挥部正式挂牌。

5 日　团中央书记处第一书记秦宜智到大栅栏街道三井社区调研志愿服务工作。

13 日　市委常委、教工委书记、北京中关村管委会党组书记苟仲文到西城区调研基础教育改革综合情况，以及中关村广安军民融合特色产业园项目的有关情况。

18 日　南中轴路北段及天桥历史文化景观工程完工。

19 日　西城区顾问团换届会议召开。

20 日　西城区率先成立北京市区县蔬菜流通协会组织——西城区“菜篮子”联合会。

24 日　中国残疾人联合会主席张海迪到西城区调研残疾人托养和康复工作。

25 日　百万庄北里居民住房改善项目预签约工作启动。

27 日　北京市肛肠医院与北京中医药大学签署教学合作协议书，成为北京中医药大学的教学医院。

28 日　中共中央总书记、国家主席习近平到月坛庆丰包子铺就餐，与群众亲切交谈，“主席套餐”受追捧。

30 日　中共北京市西城区委第 11 届第 6 次全体会议召开。

31 日　西城区组建天桥盛世投资集团，由京都文化投资公司和金融街集团文化板块资产重组而成。

12 月　陶然亭街道、月坛街道成为首批全国创建学习型社区示范街道。

12 月　《北京市西城区军事志》和《北京市宣武区军事志》出版。

注：☆表示与上一条同日

党 派

中国共产党北京市西城区委员会

概 述

年内，中国共产党北京市西城区委员会在中共北京市委的领导下，贯彻落实党的十八大和总书记习近平系列重要讲话精神，围绕首都发展的新形势新要求，深入实施“服务立区、金融强区、文化兴区”发展战略，团结带领全区人民开拓进取、稳中求进，各项事业取得新发展。

2013 年，地区生产总值实现 2825.67 亿元，同比增长 9%；区级公共财政预算收入完成 341.9 亿元，同比增长 10.6%；全社会固定资产投资完成 213 亿元，同比增长 7.3%；社会消费品零售额完成 840.5 亿元，同比增长 10%；城镇居民人均可支配收入达到 43479 元，同比增长 9.3%。

加快功能区建设步伐，为区域发展奠定良好基础。区委始终把服务首都大局、促进区域可持续发展作为全区工作的重心，牢牢抓住核心优势，充分调动各方资源，以功能区建设带动发展、增强后劲，加快推进经济发展方式转变和发展质量提升。年内，各功能区重点建设项目稳步推进，产业发展空间得到有效拓展。先后吸引中交财务有限公司等 83 家优质资源入驻，注册资本金达 203 亿元；全国中小企业股份转让系统挂牌运营并扩容至全国，弥补了在全国性资本市场的空白；北京金融资产交易所控股权转移至中国人民银行，成为全国性金融资产交易市场，金融街的资源配置力和产业辐射力实现新跨越；中国设计交易市场、北京出版创意园的产业集聚态势良好；西单老佛爷百货、护国新天地顺利开业，天桥历史文化景观工程竣工，杨梅竹斜街试点项目深入推进，打造了一批功能区建设发展品牌。同时，在原有“5+2”的基础上，新组建了马连道、北展地区 2 个指挥部，功能区板块发展、产业调整的步伐全面加快。

强化精细化管理理念，有效改善地区环境、提升城市发展品质。区委围绕首都环境建设的总体要求，以建设“美丽西城”为目标，坚持以人为本，精细管理，不断完善长效管理机制，深入推进管理重心下移，充分动员全社会方方面面力量，强化源头治理和综合整治，着力打造景观亮点，城市环境更加优美。年内，全区集中力量开展了“拆违、清障、治污、灭脏”四大专项行动，加大重点地区违章停车、占道经营、无照游商查处力度，实施“城中村”“边角地”环境治理，完成 50 条街巷胡同绿化和 18 个老旧小区综合整治，拆除违法建设 7.5 万平方米，实现新生违法建设“零增长”目标，城市痼疾顽症得到有效治理。探索核心区环境提升新模式，调整规划用地为居民增加公共休闲空间，提升城市综合服务功能，美化区域环境，高质量完成中南海周边文保区景观提升试点和“绿道”建设工程，成为全市精品示范项目。探索形成老旧小区与小街巷胡同“四管治两小”(即：对老旧小区与小街巷胡同，充分发挥社区居委会、居民、车主作用，通过成立群众组织、制定停车管理办法、聘用停车管理员等措施，实行停车管理委员会式管理、居民自治管理、车主自主管理、与周边单位间互助管理）的停车管理模式，通过多种途径新增停车位，有力地推进了中心城区停车难问题的解决。

着力抓好群众关心的重点难点问题，切实保障和改善民生。区委始终坚持把改善民生作为一切工作的出发点和落脚点，以群众需求为导向，以群众满意为标准，促进各项社会事业发展，加大社会保障和综合救助力度，居民生活得到有效改善。推进“全响应”社会服务管理体系建设，基本建成区街两级指挥中心，强化需求导向机制，推进资源互联互通，民生需求得到有效回应。全年新增教育学位 3000 余个、养老床位 251 张，有效缓解了公共服务资源不足问题。同时，区委抓住北京市全面启动棚户区改造的机遇，用好政策，把保障房建设、旧城保护、老旧小区综合整治、简易楼腾退修缮与棚户区改造统筹起来，多措并举改善居民住房条件。全区 14 个棚改项目已全面启动，其中，百万庄北里居民住房改善工程作为全市首个试点，受到社会广泛关注和群众欢迎。强化维稳第一责任，深入推进“平安西城”建设，巩固社会安定和谐的局面，群众安全感、幸福感得到提升。

以改进作风为突破口全面加强党的建设，不断提升党组织的凝聚力和战斗力。区委把改进工作作风作为密切党和群众血肉联系、巩固党的执政基础的必然要求，作为全面加强党的建设的突破口，进一步夯实党建工作基础，为推动事业发展提供坚强保证。全年，区委认真组织学习党的十八大、十八届三中全会以及总书记习近平系列重要讲话精神，开展中国特色社会主义理论体系、“中国梦”宣传教育活动，引导党员干部积极投身改革，聚焦发展。坚持以德为先、德才兼备的原则，认真执行干部选拔任用制度和“一报告两评议”制度，严格干部任用责任倒查，培养选拔了一批综合素质较高的领导干部。开展了“访民情、听民意、解民难”和“践为民宗旨、兴务实之风、促社区和谐”活动，领导干部带头深入基层、贴近群众，选派255名骨干到社区挂职锻炼，部门与街道统筹联动，群众反映的问题有97%得到解决。以创建“全国社会组织建设创新示范区”为契机，实现社会组织党的工作全覆盖。从区级、街道、社区3个层面推进区域化党建工作，深化“非公有制企业党建活力工程”，基层党组织服务群众、凝聚群众的作用更加突出。认真落实党风廉政建设责任制，坚决贯彻中央八项规定要求和市委的实施意见，着力纠正“四风”问题，完善廉政风险防控机制，推进党务政务公开，营造了风清气正的良好环境。

（王　琪）

区委主要工作和重大活动

【中央领导调研工作】 1月16日，故宫博物院领导走访历代帝王庙。区四套班子领导陪同。2月1日，国务院总理温家宝到牛街西里二区看望群众，到社区6号楼207号宋长华、李慧云老人家中询问生活情况；在街道召开座谈会，听取群众对政府工作的意见建议。市领导郭金龙、王安顺，区领导王宁、王少峰陪同。2月9日，中共中央总书记习近平到到手帕口清洁站、厂桥派出所向环卫职工、一线民警表示慰问。3月12日，国家统计局局长马建堂先后到月坛街道、金融街街道、区统计局、西城经济社会调查队调研基础统计工作，市领导李士祥、区领导王少峰陪同。3月12日，国家民委领导到回民学校了解开展民族团结教育情况，听取相关工作汇报。6月8日，中共中央政治局常委、中央书记处书记刘云山到驻区北京工业设计创意产业基地调研，查看北京上拓科技有限公司、北京华新意创设计有限公司等文化创意企业，深入了解文化改革发展情况，就文化科技融合、文化业态创新、文化人才培养等话题同有关方面负责人及企业员工交流。市领导郭金龙，中央有关部门负责人雒树刚、蔡武、蔡赴朝，区领导王宁等陪同。6月17日，中共中央政治局委员、国务院副总理刘延东到德胜社区卫生服务中心调研，重点了解家庭医生式服务模式、健康自测小屋、中医特色诊区、康复服务、临终关怀服务、医疗共同体及全科技能实训室等工作开展情况。市领导郭金龙、王安顺，区领导王宁、王少峰陪同。8月22日，中共中央党校学术委员会主任、国家创新与发展战略研究会会长郑必坚带队到到金融街街道丰汇园社区、德胜街道“全响应”网格化社会服务管理指挥分中心和区行政服务中心进行社会建设改革与治理工作专题调研并交流座谈。区领导王宁、王少峰陪同。10月13日，中共中央政治局委员、国务院副总理刘延东到北京银龄老年公寓考察2013年全国大型义诊活动，看望现场开展义诊服务的医务人员。12月5日，团中央书记处第一书记秦宜智到大栅栏街道三井社区调研志愿服务工作，观摩社区关爱农民工子女自护教育志愿服务活动并参与“中国梦　七彩梦”志愿服务，为市星级志愿者代表颁发证书和徽章；观看微电影《志愿西城　你我同行》，传达总书记习近平给华中农业大学“本禹志愿服务队”的回信，与青年志愿者代表座谈。区领导王宁陪同。12月10日，中国志愿服务联合会会长刘淇，中央文明办专职副主任王世明，中央文明办志愿服务工作组副巡视员王朝彬，副市长戴均良，市委社会工委书记、市社会建设办主任宋贵伦，团市委书记常宇，市妇联主席赵津芳一行到大栅栏街道调研志愿服务工作，召开座谈会，听取区志愿服务工作以及大栅栏街道志愿服务创新方法和特色项目情况汇报。区领导王宁、王少峰陪同。12月24日，中国残联主席张海迪到展览路医院和“慧馨园”——展览路街道残疾人综合服务中心调研残疾人托养和康复工作，看望正在进行康复训练的残疾人，并与慧馨园职业康复劳动站学员互动。区领导王宁陪同。

（邓　悦）

【市领导调研工作】 3月6日，市领导陈刚参观金融街街道丰汇园社区一站式服务大厅，参观长安兴融商务楼宇职工服务中心站“五站合一”特色化社区服务建设，察看金融街社区教育学校、街道文体活动中心，察看街道全响应网格化信息平台建设及社会服务管理体系建设。区领导王少峰陪同。3月27日，市领导郭金龙、王安顺、赵凤桐、张延昆到崇光百货东侧拆迁项目和桃园C地块调研小街背巷、城市边角地环境建设问题，听取周边居民意见。区领导王宁、王少峰陪同。4月16日，市领导李士祥、张延昆到国家大剧院南侧规划用地察看公共服务设施项目情况，到前门西大街北京坊北侧路察看中和戏院改造等项目规划。区领导王宁、王少峰陪同。5月14日，市领导赵文芝到白纸坊街道调研全响应网格化社会服务管理体系建设工作，参观光源里社区服务中心、大学生就业中心和社会服务全响应网格化指挥中心并召开座谈会。5月14日，市领导郭金龙、李士祥、赵凤桐走访环球财讯中心、全国棉花交易市场、全国中小企业股份转让系统有限责任公司、北京石油交易所、北京国际矿业权交易所；召开座谈会，听取全市金融要素市场发展情况和辖区金融业总体概况及要素市场发展情况汇报。区领导王少峰陪同。5月16日，市领导李士祥、张工来区调研停车管理工作，听取中央单位对北京市停车管理的意见、建议。区领导王宁、王少峰陪同。5月21日，市领导牛有成来区调研非公有制经济领域统战工作，召开座谈会，听取关于非公有制经济领域统战工作的汇报。区领导王宁陪同。6月5日，市领导姜志刚走访区综合行政服务中心、金融街中心、北京产权交易所、全国中小企业股份转让系统有限责任公司并召开座谈会调研组织工作。区领导王宁陪同。6月21日，市领导李伟到天桥演艺园区天桥艺术大厦观看园区规划沙盘和宣传片，到金融街市民学校慰问地区文艺队伍，到新华1949园区察看西城原创音乐剧基地及园区建设情况。区领导王宁、王少峰陪同。6月27日，市领导杜德印来区调研市人大代表提出的推进大栅栏琉璃厂地区保护复兴的建议案办理情况，走访二锅头博物馆、六必居酱菜店、乌比艺廊，实地察看杨梅竹斜街保护修缮试点项目，并召开座谈会。区领导王宁、王少峰陪同。6月29日，市领导郭金龙、吕锡文、赵凤桐先后走访金融街街道商务楼宇党群工作中心站、西长安街街道幸福家园调研基层服务型党组织建设。区领导王宁、王少峰陪同。7月9日，驻区市政协委员来区调研，察看金融街街道城市管理指挥“全响应”系统、区行政服务中心、北京营城建都滨水绿道一期工程，并召开座谈会。区领导王宁、王少峰、曹长胜出席。7月25日，市高院领导走访金融街中心、北京产权交易所、北京银行、全国中小企业股份转让系统有限责任公司，并召开座谈会。区领导王宁、王少峰陪同。8月12日，市领导王安顺、陈刚到展览路街道百万庄西社区调研工作，了解棚户区改造进展，深入居民家中听取群众意见建议，走访社区服务站。区领导王宁、王少峰陪同。8月19日，市领导戴均良到区“全响应”网格化社会服务管理指挥中心及德胜街道“全响应”网格化社会服务管理指挥分中心进行全响应社会服务管理专题调研。区领导王宁陪同。8月19日，市领导杨晓超走访月坛和德胜两个社区卫生服务中心，就全科医生签约服务、门诊首诊等情况进行考察，了解辖区医疗卫生工作及全科医师执业方式和服务模式改革试点工作情况。区领导王宁、王少峰陪同。10月14日，市领导赵凤桐来区实地查看区人民调解员协会日常运转情况，听取协会整体工作情况、规范化建设、经费保障和队伍建设等方面汇报，并查看人民调解规范化卷宗；听取广外街道红莲中里社区“阳光调解工作室”及基层调解工作情况汇报。区领导王宁陪同。12月13日，市领导苟仲文先后到长安小学和北京三十一中考察学校办学情况，召开座谈会，听取区教育、科技工作以及中关村广安军民融合特色产业园项目情况介绍。区领导王宁、王少峰陪同。12月20日，市领导郭金龙来区检查党风廉政建设责任制工作，肯定西城区党风廉政建设取得的新成效，要求各级党组织和广大党员干部要充分认识肩负的重要责任，坚定不移地抓好党风廉政建设和反腐败斗争。市领导叶青纯，区四套班子领导陪同。

（邓　悦）

【区委十一届五次全会】 1月6日，区委召开中共北京市西城区第十一届委员会第五次全体会议。会议贯彻落实党的十八大和中央经济工作会议精神，按照市十一次党代会和市委十一届二次全会的部署，总结2012年工作，研究部署2013年任务，动员全区各级党组织和广大党员干部群众，统一思想，坚定信心，明确目标，加快发展，在全面建成小康社会的进程中走在前列。区委副书记、区委政法委书记杜灵欣传达市委十一届二次全会精神，区委书记王宁代表区委常委会作题为《深入贯彻落实党的十八大精神在全面建成小康社会进程中走在前列》的工作报告；区委副书记、区长王少峰作关于全区经济社会发展工作的报告；区委常委、区委组织部部长章冬梅报告2012年干部选拔任用工作情况。会议表决通过《关于递补王申恒候补委员为第十一届区委委员的决定》。会议分组审议区委常委会工作报告，讨论全区经济社会发展工作报告，审议并表决通过《中国共产党北京市西城区第十一届委员会第五次全体会议决议（草案）》。区委委员、区委候补委员出席会议。非区委委员的四套班子领导、区长助理、不再担任区级领导职务的市管干部、全区各单位党政主要负责人、区纪委委员和部分基层党代表列席会议。

（陆　羽）

【西城区领导干部会议】 1月29日，区委召开西城区领导干部会议，学习传达总书记习近平重要批示精神、市委常委会（扩大）会议精神和市“两会”精神，部署春节以及全国“两会”期间的保障工作，区委书记王宁主持。区委副书记、区委政法委书记杜灵欣传达市“两会”精神；区委副书记、区长王少峰部署节日期间、全国“两会”保障工作；王宁对做好全年工作提出要求。7月2日，区委召开西城区领导干部会议，区委书记王宁主持。区委副书记、区委政法委书记杜灵欣通报时局,部署维稳工作任务；区委副书记、区长王少峰就近期安全生产工作提出要求；王宁传达市相关会议精神并讲话。11月6日，区委召开西城区领导干部会议，动员部署党的十八届三中全会安全维稳及城市运行保障工作，区委副书记、区长王少峰主持。西长安街街道、大栅栏街道、新街口街道、金融街街道、月坛街道、广外街道汇报安全维稳及城市运行保障工作情况；区委政法委通报加强社会管理维护安全稳定十日战役工作进展情况；区信访办通报信访矛盾纠纷排查情况；区委常委、西城公安分局局长陈思源通报治安形势，部署反恐工作安排；区委副书记、区委政法委书记杜灵欣动员部署安全维稳和城市运行保障工作；区委书记王宁讲话。

（陆　羽）

【西城区2013年半年工作会】 7月26日，区委召开西城区2013年半年工作会，总结上半年工作，部署全区下半年工作，区委书记王宁主持。王宁传达北京市上半年经济形势分析会精神，并就全区工作讲话；区委副书记、区长王少峰作关于上半年经济社会发展情况和下半年重点工作安排的报告；经分组讨论后，王宁作总结讲话。

（陆　羽）

【西城区2014年工作务虚会】 12月9日至10日，区委召开西城区2014年工作务虚会，区委书记王宁主持。区委常委，区人大主任、副主任，区政府副区长，区政协主席、副主席出席，会议结合党的十八届三中全会精神，分析研判区域发展实际，务虚全区2014年重点工作和思路。

（陆　羽）

【区委十一届六次全会】 12月30日，区委召开中共北京市西城区第十一届委员会第六次全体会议。会议贯彻落实党的十八大、十八届二中、三中全会和中央经济工作会议、城镇化工作会议精神，按照市委十一届三次全会的工作部署和要求，总结2013年工作，研究部署2014年任务，动员全区各级党组织和广大党员干部群众，统一思想，坚定信心，以改革创新精神推动区域科学发展。区委副书记、区委政法委书记杜灵欣传达市委十一届三次全会精神；区委书记王宁代表区委常委会作题为《凝心聚力　抢抓机遇　以改革创新精神推动科学发展》的工作报告；区委副书记、区长王少峰作关于全区经济社会发展工作的报告。审议通过《中国共产党北京市西城区第十一届委员会第六次全体会议决议（草案）》。会议分组审议区委常委会工作报告，讨论全区经济社会发展工作报告，审议并表决通过《中国共产党北京市西城区第十一届委员会第六次全体会议决议（草案）》。区委委员、区委候补委员出席会议。非区委委员的四套班子领导、区长助理、不再担任区级领导职务的市管干部、全区各单位党政主要负责人、区纪委委员和部分基层党代表列席会议。

（陆　羽）

【区委常委会议】 年内，共召开区委常委会议21次，完成议题112个。其中，重大决策类67个，约占59.8%；常规议题29个，约占25.9%；干部任免类议题16个，约占14.3%。常委会议贯彻落实党的十八大和十八届三中全会精神，执行中央关于改进工作作风、密切联系群众的“八项规定”和市委15条意见精神，就实施“服务立区、金融强区、文化兴区”发展战略，提高区域经济发展质量、加强民主政治建设、培育文化精品、提高人民生活水平、强化生态文明引领、提高党的建设科学化水平、加强区委常委会自身建设等重大问题进行深入研究，做出了一系列决策和部署。常委会议集体学习全国党委秘书长会议和市委常委会有关精神、总书记习近平在河北省委党委班子群众路线教育实践活动专题民主生活会上的讲话精神、《中国共产党第十八届中央委员会第三次全体会议公报》等重点内容，讨论通过西城区相关的贯彻实施意见；研究制定《中共北京市西城区委关于深入学习宣传贯彻党的十八届三中全会精神的通知》《北京市西城区关于进一步推进行政服务体系建设的实施意见》《关于进一步加强和改进调查研究工作的意见》《中国共产党北京市西城区代表大会代表提议制度（试行）》《关于加强政协建议案办理工作的实施意见》《关于加强和创新社会组织建设与管理工作的意见》《关于组建北京马连道建设指挥部、北京北展地区建设指挥部的通知》《西城区2013年全面推进重大决策社会稳定风险评估工作实施方案》《关于促进旅游与文化、商业融合发展的意见》等；研究部署推进经济发展方式转变和发展质量提升，加快功能区建设，推进全响应社会服务管理、建立健全“访民情、听民意、解民难”长效机制，开展“践为民宗旨、兴务实之风、促社区和谐”实践活动，深化“平安西城”建设，加强城市环境建设及精细化管理，加大住房保障力度，拆除违法建设，贯彻落实厉行勤俭节约加强预算管理、建立预防职务犯罪网络，推进事业单位分类，实施部分国有企业资产重组等全区性重大工作。

（陆　羽）

区委办公室工作

【概况】 中共北京市西城区委办公室（简称区委办公室）是区委的综合办事部门。内设综合科、会议科、信息科、文秘科、行财科、区委权力公开透明运行办公室、离退休干部科、区委督查室、区委机要局（区密码管理局），在职人员41人。年内，区委办公室贯彻落实党的十八大、十八届三中全会精神，树立首都意识，发扬首创精神，坚持首善标准，着力提升服务发展、服务决策、服务落实工作水平。探索在全区办公室系统构建“大办公室”的工作体系，以“同心、同向、同力、同步”的工作理念，提升办公室部门整体合力；加强统筹协调，强化服务保障，以“计划的早一点，考虑的全一点，落实的快一点”的工作理念，发挥办公室参谋助手、统筹协调、督促检查、服务保障作用，确保各项工作高效运转。

地址：北京市西城区二龙路27号

邮编：100032

电话：88064211

（高艺玮）

【综合工作】 年内，围绕探索全区构建“大办公室”工作体系，加强办公室系统协调联动，做好西城区办公室系统“提升行动”的安排部署，协助组织全区145名办公室负责人就提高“业务能力、服务水平、工作作风”等内容分三期进行集中脱产培训。统筹安排好全区重大会议活动，按照中央八项规定和市、区实施意见，整合全区重大活动由228项精简至71项。做好各级领导调研服务工作，服务保障中央、市委领导调研17次，区级领导调研40次。做好区委办公室内部的应急值守、组织人事、工资管理和印章管理等服务保障工作。

（高艺玮）

【会议服务与管理】 全年组织筹备区委常委会议21次、区委专题会议11次，书记碰头会24次，组织服务上级电视电话会议、全区领导干部会议等区级重要会议24次，区委全会2次。起草《区委常委会2013年工作要点》和《区委常委会2013年议题计划》，并以此为依托，重点抓好会议议题计划管理、会议材料审核把关、会议决策落实反馈等工作，并及时编发区委常委会、区委专题会会议纪要及部分决定事项的公开报道。组织安排党代表、人大代表、政协委员50余人次列席区委全会和区委常委会重要议题，参与区委决策，有效拓宽代表、委员的履职途径。

（陆　羽）

【信息工作】 年内，贯彻全国党委秘书长会议和全市党委办公厅（室）工作会及中办信息直报点工作会精神，落实中央办公厅《关于加强和改进党委信息工作的意见》以及中央八项规定要求，按照2013年全区办公室系统“提升行动”部署，结合“服务发展、服务决策、服务落实”理念，着力增强信息服务的针对性和实效性，提高信息反映区域发展动态情况的广度和深度，切实发挥好信息服务领导决策的参谋助手作用，重点对领导活动栏目进行优化调整，对区内重要工作动态进行集中反馈，对全区具有借鉴价值的信息亮点进行重点挖掘和刊登，同时单独开设街道栏目——基层传真，突出反映各街道在工作运行中的重要进展、创新做法和先进经验。另外，对区内刊物进行了整合，将原《调研信息》《业务通讯》统一纳入到《西城信息》（特刊），使刊物更加适应辅助领导决策、交流部门经验、指导基层工作的定位和需要；共向市委信息处报送信息1000余条，被《北京信息》采用200余条，多条信息获得市领导批示和优秀信息称号；编发区内《西城信息》（普刊）240期、刊登信息5000余条，获得区领导批示信息近百条。

（贯　刚）

【文书工作】　年内，审核制发京西发10件，京西办发22件，京西文7件，京西办文1件，京西函6件，京西办函1件，京西办字1件，西办通报15期，无号文21件，共计84件。共处理各类文件5850余件，其中有区委主要领导和区委办公室主要领导批示文件503件，处理涉密文件59件，处理给区委主要领导、区委办公室主要领导来信229件，确保公文流转及时、准确、有效。本年度区委办公室向区机关文档中心移交上一年度归档文件共计1153件。

（胡怿瀛）

【行政财务工作】　年内，继续落实财务工作的各项规章、制度，对财务工作实施规范化、流程化的管理；做好部门预算的收集及报送工作，做到财务信息详实准确。对办公用品及固定资产建立信息台账，实行数据化管理；做好领用登记工作，出入库必须履行相应手续，入库要验收核实，出库要领取人签字。在办公用品的管理工作中，做到材料清、账目清、数量清，摆放整齐，账、物一致。确保消耗品使用物尽其用，耐用品流动公用。在固定资产管理中，对部门的新增设备和已到报废年限的设备做到全面掌握，按照财政局规定进行报废更新，确保部门资产存量与账面相符。在车辆管理工作中统筹兼顾，完善和落实车辆管理制度，规范公务用车的使用。在确保区委领导用车的同时，安排好办公室行政用车，严禁公车私用；定期对车辆进行安全检查，做好车辆的日常维护保养；对驾驶人员进行安全知识和安全技能培训。

（谷　雨）

【区委权力公开透明运行】　年内，在“西城党建”网站开设精神文明、城市环境和社会建设“民意征集”专栏。新增西城区入选北京市“抒正气　颂清廉”微小说和平面公益广告评选活动作品展示、西城区非公有制企业党组织书记工作室联系方式和“挂职干部在社区”专栏等，发挥党委向社会展示工作的窗口作用。对全区各部门办公室主任进行系统培训，强化对区委权力公开透明运行工作的统筹和指导。在全区范围内开展区委及各单位党（工）委、党组职权目录自查及更新工作。全年“西城党建”网站共更新各类信息1530条，向社会公开党务信息62条。网站点击量250万余次，其中区委及各部门职权目录的点击量达到50%。

（周　琦）

【督查与建议提案办理】　年内，区委督查工作围绕市委、区委的重要决策，按照市委、区委主要领导的批示精神，分阶段对全区重点工作任务和专项工作进行督查，完成23项区委重点工作、13项市委和区委领导重点批示事项的承办工作；全年共开展联合督查13次；编辑各类督查刊物29期（含普刊6期、专报21期、专刊2期）。办理建议提案48件，其中政协党派团体提案23件，至5月底，提案办理工作已全部完成，办结率为100%。

（廖　军）

【老干部支部工作】　落实干部政治待遇，坚持每月召开一次支委会，一次专题学习活动。把《支部工作简讯》改为《学习与生活》，许多稿件被《北京老干部支部生活》《北京西城报》《西城回眸》和区思想政治工作研究会《会刊》等报刊杂志刊登。组建离退休支部，改选支部班子。学习贯彻党的十八届三中全会精神，组织老干部收看专家辅导录像，听宣讲团宣讲。开展征文、摄影活动，以图文并茂的形式抒发中国梦我的梦。对于中央、市委和区委关于提高离休干部生活待遇的各项政策规定，及时予以贯彻落实。

（李艳玲）

组织工作

【概况】　中共北京市西城区委组织部（简称区委组织部）是区委主管党的组织工作、干部工作和人才工作的职能部门。内设办公室、干部任免科、干部管理科、干部监督科、组织科、组织指导科、党员教育科、干部教育科、人才工作科、调研宣传科、机关人事科。在职人员50人。年内，全区各级党组织和组织部门学习贯彻党的十八大和十八届三中全会精神，围绕新的发展目标，抓住战略机遇期，深化干部人事制度改革，完善干部工作制度体系，提高组织工作科学化水平，优化区域人才发展环境；加强班子配备和干部教育培训，提升推动区域发展的执政能力；创新基层服务型党组织建设和党员教育管理服务；强化组织部门自身建设，发挥部门优势，为实现建设“活力、魅力、和谐”西城提供坚强组织保证。

地址：西城区二龙路27号

邮编：100032

电话：88064079

（冯永志）

【处级领导班子和处级干部年度考核】　年初，出台《西城区委管理的领导班子和处级干部年度考核测评办法（试行）》，根据单位性质和岗位不同，采用分类考核的方式，对全区91个处级领导班子和996名处级干部2012年度工作进行考核测评。全区共有6721名干部参与，参评率达到95.45%。区委组织部向区委常委会作考核结果专题汇报，组织召开全区党政一把手讲评分析会，向各单位反馈测评结果，对排名靠后的单位领导和个人进行约谈。在考核测评结果的基础上，完成了全区处级干部年度考核奖励工作，190名处级干部被评为优秀等次，46人记三等功。年末，按照全国、全市组织工作会议的有关精神，总书记习近平提出的“信念坚定、为民服务、勤政务实、敢于担当、清正廉洁”的20字好干部标准，修订和细化《西城区委管理的领导班子和处级干部年度考核测评办法（试行）》的考核测评指标，首次引入对处级干部“德”的反向测评，列出10种负面情形，按5个选项进行测评；将副处级非领导职务的测评纳入网上测评系统，提高了全区处级干部民主测评的信息化水平。

（冯永志）

【世界高端金融人才聚集区建设】　3月22日，召开北京金融街人力资源协会会员大会暨金融街建设世界高端金融人才聚集区座谈会，正式成立了北京金融街人力资源协会，由驻区金融机构、人力资源机构等60多家单位自愿组成的联合性、非营利社会团体，打造高端金融人才之家，为金融街建设成为具有国际影响力的金融中心提供人力资源保障。5月29日，召开金融街人力资源协会理事、监事单位座谈会，各会员单位围绕协会发展及发挥作用进行研讨，提出具体意见及建议，明确将协会建设成为高端金融人才之家的工作思路。6月，组织金融人才赴加拿大考察学习金融管理。7月25日，邀请区人力社保局相关工作负责人开展人力社保法规政策宣讲活动等，协调金融街企业组团走进北京大学进行招聘、参加国际人才交流大会等。年内，拟定《关于金融街建设世界高端金融人才聚集区的实施意见》，在全市人才工作领导小组成员单位中征求意见。《高层次人才交流服务平台建设研究》被市委组织部确定为2013年度全市人才工作重点调研课题。

（冯永志）

【区内副处级职位竞争上岗和公开选拔】　4月，经区委常委会批准，在分析岗位空缺和干部队伍状况的基础上，拿出19个副处级职位（其中领导职位11个、非领导职位8个）开展竞争上岗，拿出4个街道办事处副主任职位面向“80后”干部进行公开选拔。全区335名干部报名参加此次竞争，304名干部参加笔试，98名干部参加面试，54人进入考察对象，经过优中选优，最终20人走上副处级工作岗位。工作中把选拔干部同储备干部相结合，首次拿出了8个非领导职务面向全区后备干部进行竞争上岗，发现和选拔了一批优秀的后备干部，为以后担任领导职务做好充分的准备；把选拔干部同优化领导班子结构相结合，在考察干部过程中，不唯分、不唯票，坚持人岗相适、优中选优，在对领导班子结构进行充分分析的基础上，把最合适的人放到最适合的岗位上去；把选拔干部同发现培养干部相结合，将进入考察未任用的干部列为后备干部进一步培养，选调17名有发展潜力的干部进入一年制研修班学习。

（冯永志）

【竞争性选拔正处级后备干部】　4月，启动正处级后备干部补充调整工作，分为报名、履历分析、笔试、心理素质测试、民主测评、组织考察等工作步骤，全程采取差额竞争方式。全区74名干部报名，70名干部参加了笔试，54名干部进入考察对象。本着坚持德才兼备、以德为先，严把政治素质关；坚持扩大民主，引入竞争机制，实现好中选优；坚持着眼长远发展，优化干部队伍结构，注重发现人才的原则，最终确定了46名补充人选。

（冯永志）

【干部挂职锻炼】　5月14日、6月5日，相继召开“践为民宗旨、兴务实之风、促社区和谐”实践活动部署会和动员会。7月，安排全区255名机关干部进社区挂职社区第一副书记或第一副主任，进行为期一年的实践锻炼，其中党员201名，占78.8%。11月5日，召开了部分挂职代表参加的座谈会。截至12月底，挂职干部讲党课和政策法规等486场次，组织开展文艺演出、走访帮扶、志愿服务等活动3352场次，走访慰问群众3261余人次；梳理群众反映的问题和意见建议6255条，帮助群众办实事、解难事2320余件。北京电视台、《北京日报》《北京西城报》等媒体给予连续报道。年内，规范挂职锻炼工作，改进干部挂职工作流程，对挂职时间、工作安排、人员管理、备案要求等环节进行了明确，干部挂职结束后填写制式《西城区机关干部基层挂职锻炼备案表》《西城区机关干部基层挂职锻炼总结鉴定表》，对干部基层工作经历进行有效认定，并存入干部档案。年内，完成了一年制研修班学员赴外地挂职工作和赴区外挂职干部的考察工作。接待来自新疆维吾尔自治区和田地区、四川省攀枝花市、天津市河西区等地挂职干部118人。

（冯永志）

【基层服务型党组织建设】　5月17日，召开老旧小区综合整治工程项目联合党支部经验交流暨2013年工作部署会。在全区组建31个联合党支部，覆盖313个工程项目，吸纳律师党员进入老旧小区联合党支部班子。继续开展创新项目活动和示范点创建活动，组建7个检查组开展创新项目结项验收和示范点巡查指导工作，共准予41个创新项目结项，确立57个基层党组织参与新一轮示范点创建工作。

（冯永志）

【人才发展规划中期评估】　5月，召开区人才工作领导小组成员单位座谈会，18家区人才工作领导小组成员单位主要领导参加会议，区委常委、组织部部长章冬梅出席会议并讲话，会议传达、学习市委《关于进一步加强党管人才工作的实施意见》，审议区人才工作领导小组全年重点工作安排部署中期评估工作。8月，完成评估工作，区人才工作领导小组成员单位和各相关主管部门分别完成规划中9支重点人才队伍建设和11项重大人才项目工程的总结评估工作，最后形成《北京市西城区“十二五”时期人才发展规划中期评估报告》。

（冯永志）

【处级干部选拔任用】　年内，落实区划调整后新批复“三定”方案，对全区各单位领导和非领导职数进行重新核定，对全区91家单位的624个处级领导职位说明书进行修订。从配强主要领导、优化班子结构、着眼干部长期发展的角度出发，全年，完成18批392人次处级干部的调整任免工作和66名处级领导干部的试用期考核工作，安排考察谈话5089人次；提任129人次，交流调整153人次，调离辖区23人，改任23人，脱产学习17人，调任2人，提前退休2人，挂职15人，办理退休28人。研究制定《干部任免文书档案归档具体工作流程》《西城区处级公务员调任工作流程》等办法，编制《个人有关事项报告表》《考察对象近五年来培训情况统计表》《来电反馈事项记录纸》，规范处级干部拟提任人员的数据收集工作，完成2012年度干部任免记实信息上报、218件文书档案整理录入工作。

（冯永志）

【干部教育培训】 年内，完成市委组织部举办的主体班次和专题班次的预报名工作，组织局、处级领导干部40余人次参加相关培训。按照培训计划，完成第三期一年制研修班的培训任务，并于9月起举办第四期一年制研修班；举办2期处级干部理论研修班和2期中青年后备干部培训班，培训干部288人；与中国人民大学合作举办社会建设与管理研修班，培训西城区处级干部30人；与北京大学合作举办第三期西城区领导干部领导力提升研修班，培训干部30人；举办“领导力提升”等自主选学专题培训班，共培训处级干部1600多人次。在全区范围内开通干部在线学习平台，对全区在线管理员进行岗前培训，年内，西城区共有90家公务员管理单位开通在线学习，6081名公务员完成在线学习报名进入学习阶段。

（冯永志）

【干部监督】 年内，执行干部选拔任用四项监督制度，会同区纪委、区人力社保局组成检查组，对天桥街道等11家单位贯彻执行《干部任用条例》、“四项监督制度”情况和科级干部选拔任用工作进行检查，并反馈检查情况。对2012年度全区305家单位的“一报告两评议”结果进行汇总分析和讲评，形成书面报告，向全区通报讲评了2012年“一报告两评议”结果，对排名靠后的单位进行了约谈，督促其整改提高。建立“一报告两评议”网上操作平台，实现“一报告两评议”民主评议工作网络化。坚持和完善干部监督工作联席会制度，多渠道了解干部情况。落实离任检查制度，开展破格提拔任用干部专项检查和“带病提拔”的科级领导干部选拔任用过程的倒查工作。完成56名市管干部和1040名区管干部的个人有关事项报告工作。开展“12380”举报工作集中宣传活动，设计、印发宣传折页1万册，发送“12380”手机宣传短信近千条，在区门户网站和政务网首页上公示了“12380”举报方式，进一步提高“12380”举报受理工作的知晓度。全年，接收来信25件，接待来访18次，接听来电51次；进行调查处理的信访件共24件，其中反映干部选拔任用工作相关问题的15件，反映干部政治、思想、作风等问题4件，反映退改离、职务工资待遇等历史问题5件。

（冯永志）

【干部档案信息化建设】 年内，根据市委组织部关于干部档案信息化工作要求，制定《西城区干部档案信息化工作推进方案》。借鉴市委组织部和其他区县的做法，经部长办公会研究同意，投入70余万元全面推进干部档案信息化建设。改扩建干部档案室140平方米，完成了装修和设备安装调试；建立区管干部档案信息化系统，对区管处级干部、区委机关科级及离退休干部档案信息进行扫描录入。区委组织部管理处级在职、区委机关科级及离退休干部档案共2852卷，其中：在职干部档案1118卷，离退休干部档案1570卷，局级在职副本34卷，局级离退及调出副本80卷，死亡干部档案50卷，年均利用2500余卷次。

（冯永志）

【非公企业和社会组织党建】 年内，设立全市首家非公企业党组织书记工作室，组建党建顾问团，深入北京梅泰诺通信技术股份有限公司、威斯汀外资酒店等上市企业开展党建指导服务，全年新建非公企业党组织29个。以“网状覆盖”方式建设非公党建红色阵地，在非公企业中建立37个党群活动服务中心；在255个社区中建立非公企业党组织“党建共享园地”，聘请150名离退休老干部担任非公企业党建指导员，开展协调指导服务。建立“区委领导、组织部门牵头抓总，社工委、民政部门统筹推进、业务主管单位具体负责”的社会组织党建工作组织领导体系，以创建“全国社会组织建设创新示范区”为契机，实现社会组织党的组织和党的工作“双覆盖”。截至12月底，登记注册的社会组织中建立党委2个、党总支3个、党支部126个，向87家社会组织派驻了党建指导员，全区社会组织党组织应建已建率达100%。

（冯永志）

【区域化党建】 联合中央党校专家，开展区域化党建工作的研究与探索，制发《进一步推进区域化党建工作的意见》，从区级、街道、社区3个层面推进区域化党建工作。区级层面确定以中关村科技园西城园管委会为试点单位，探索功能街区区域化党建。街道层面确定以陶然亭、大栅栏、金融街和月坛街道为试点单位，探索总结出“项目引领”“商圈统筹”“产业统筹”“联建共享”等多种区域化党建统筹辖区发展的协调机制。社区层面规范社区大党委运行机制，组建网格党建联合会，推进社区党建工作网格化覆盖。

（冯永志）

【党员教育管理和服务】 推进非公有制企业和社会组织发展党员工作，探索商务楼宇联合党支部在入党积极分子培养、发展党员和无党组织区域中培养和发展党员新模式，非公有制企业和社会组织中党员比例比去年提高24个百分点。总结全区实施《2009-2013年全国党员教育培训工作规划》情况，完善“区委、区直属党（工）委和基层党组织”三级培训体系，深化“基层党组织书记、积极分子、新党员和党员业务技能”4个重点培训工程，全年共完成26350人次培训任务；加大关爱帮扶力度，全年帮扶慰问22000余人次，慰问资金1100万余元；全区有41843名党员、11056名群众参与“共产党员献爱心”活动，捐款304万余元。

（冯永志）

【基层党内民主建设】 坚持完善党代表列席区委重要会议工作制度，有15名来自基层一线的代表参与区委决策。

制定实施《中国共产党北京市西城区代表大会代表提议制度（试行）》，全年共收集提议49条，内容涉及党的建设、城市建设、民生工作等多个方面，承办部门涉及区属28家单位，办结率和满意率达到100%，取得解决实际问题、服务改善民生的效果。在全市率先推行党员旁听基层党委会议、党代会代表列席同级党委有关会议的做法。截至年底，全区各基层党组织共邀请党员4985人次，旁听基层党委会议1023场，促进了基层党委的各项工作更加公开透明。

（冯永志）

【人才工作“双百工程”】 年内，完成市、区优秀人才项目资助的组织、申报和评审工作，向市推荐资助项目34个，获得市资助项目6个，评选区资助项目109个。8月，召开优秀人才项目资助成果交流座谈会，组织9家单位结合本单位、本系统人才资助实际，围绕两年来优秀人才培养资助开展情况和主要特点，就项目成果转化、取得实效以及下一步打算等方面进行交流，参观7个受资助项目。做好“百名英才”的宣传工作，利用《北京西城报》、西城党建网等载体，开辟“优秀人才项目成果展”专栏，宣传“百名英才”的先进事迹。《西城区实施“双百”工程，打造人才工作品牌》在《北京组工通讯》第五期全文刊登。

（冯永志）

【组工干部管理】 年内，分批组织组工干部参加轮训，学习领会中央精神和总书记习近平系列讲话的精神实质和科学内涵；坚持组织部长联系单位制度，区委组织部领导班子成员按照分工定期走访联系单位，听取意见和建议；采取科长讲业务的方式举办“组工业务大讲堂”活动。出台《西城区委各工委调整配备委员和组织部部长实施办法（试行）》，规范区委各工委委员和组织部部长调整配备工作，明确了区委各工委设置组成、工委委员和组织部部长应具备的条件、调整配备委员的工作程序等。

（冯永志）

【组织工作信息调研】 年内，推进重点调研课题《关于推进区域化党建工作的实践与思考》；开展竞争性选拔调研课题，研究确定全区组织系统调研方向，组织全区组织系统开展课题调研和案例调研50篇。全年，组织起草各类领导讲话、要点报告、会议发言、征文约稿等文字材料35份，成稿约16万字。完成2012年组织年鉴撰写工作，以及《西城区志（1994—2010）》的信息采集、资料长编、初稿撰写工作。向市委组织部报送信息专报52期；报送信息工作月报11期232条；编发《西城组工动态》正刊22期167条；编发组工动态（手机版）26期31条；处理基层信息620条，市委组织部信息刊物采用15条。

（冯永志）

【组织工作宣传】 梳理全年组织工作宣传点41个，围绕竞争上岗、一年制研修班、干部社区挂职、区域化党建、基层服务型党组织、“百名英才”和优秀资助项目等重点内容，开展全方位的宣传。在《北京西城报》制作专版12个；在《北京日报》开展干部挂职社区的连载式报道；《组工通讯》《支部生活》等专业刊物采稿8篇；创作原创网评文章450篇，其中146篇点击率均在2000以上，有的过万或被多个网站转发，被中组部采用6篇，市委组织部组工外网采用13篇，《组织人事报》刊发1篇；建立“挂职干部党建微博社区”、QQ群交流群，为255名干部日常学习交流搭建网络平台。

（冯永志）

宣传工作

【概况】 中共北京市西城区委宣传部（简称区委宣传部）是区委主管意识形态工作的职能部门。内设办公室、理论教育组、宣传舆情组、文化组（文创组）、对外宣传组（区新闻办公室），在编人员23人。区文化创意产业领导小组办公室、区外宣工作领导小组办公室设在区委宣传部，区新闻中心归口区委宣传部管理，区精神文明建设委员会办公室挂靠区委宣传部，区文联、区社科联在区委的领导下由区委宣传部指导工作。年内，全区宣传思想战线高举中国特色社会主义旗帜，以邓小平理论、“三个代表”重要思想、科学发展观为指导，学习贯彻党的十八大精神和总书记习近平系列重要讲话精神，围绕中心、服务大局，发挥宣传思想工作的思想引领、舆论推动、精神激励、文化支撑作用，引导广大干部群众为推动区域科学发展、实现“两个一百年”奋斗目标和中华民族伟大复兴的中国梦而努力奋斗。

地址：西城区二龙路27号

邮编：100032

电话：88064083

（谭凌子）

【区“两会”新闻发布会】 1月9日至10日，召开2013年区“两会”新闻发布会，围绕区2012年政府工作亮点和2013年重点工作，邀请中央、市属各主流媒体，安排区政府领导和相关委办局主要领导分别就“促进产业结构优化升级，不断提升区域经济发展质量”“强化‘5+2’机制统筹作用，提高重点功能区发展水平”“创新社会服务管理模式，提高核心城区管理服务水平”等主题开展新闻发布并接受媒体采访。

（郝江超）

【新闻发言人及联络员培训】 3月28日，邀请新浪微博知名博主点子正（新浪微博辟谣联盟的发起人），对全区71家单位的新闻发言人及联络员进行关于“政府网络舆论引导能力建设”的培训，介绍微博舆论生态环境，阐述政府如何应用新媒体做好群众工作，提高识别网络谣言、虚假新闻的能力，提升网络宣传及舆论引导的水平。

（郝江超）

【清明陶然诗会】 4月3日，由市委宣传部、首都文明办、市文化局、市公园管理中心、西城区委、区政府共同主办的清明陶然诗会在陶然亭公园举行。

（李　萌）

【“最in西城”文化体验行系列活动】 4月，为纪念北京建都860周年，区委宣传部启动“最in西城”北京营城建都文化体验行系列活动，共计21场。通过微博互动活动的形式，组织社会各界人士走访体验文物古迹、名人故居、王府会馆等，聆听专家讲解历史文化，了解区域文化资源。

（周宝欣）

【网络舆情监测平台上线】 6月25日，西城区网络舆情监测平台上线，依托平台，区委宣传部通过编辑、整理《今日舆情》《舆情专报》《近日舆情》手机版，向区委、区政府领导及时提供舆情信息。

（李 萌）

【首届“历史文化名城保护重点工程项目公众交流活动”】 6月27日，区委宣传部与区规划委共同策划，召开西城区首届“历史文化名城保护重点工程项目公众交流活动”，在“北京西城”新浪官方微博公开收集网友意见，邀请著名文保专家、网络文保人士、微博粉丝和居民代表共话西城历史文化名城保护项目，并利用“北京西城”官方微博进行网络直播，及时与市民进行线上和线下交流，及时回应社会关切。

（郝江超）

【规范微博工作机制】 6月，制定《关于加强各单位政务微博及党政干部个人微博管理的意见》；9月，修订完善《西城区突发事件新闻发布应急工作流程》；10月，制定《关于“北京西城”政务微博内容发布的管理办法》并试行。

（周宝欣）

【首届爱国主义教育基地讲解员大赛】 8月7日至9月25日，举办首届爱国主义教育基地讲解员大赛。全区34家基地近200名专、兼职讲解员参加。聘请齐吉祥、阎宏斌、杜敏、于延俊等博物馆学、广播学方面专家作为评审组成员。大赛最终评选出十佳讲解员和优秀讲解员。

（李 萌）

【多平台政务微博上线】 8月20日，“@北京西城”作为“北京微博发布厅”71家成员单位之一，继新浪网政务微博开通后，在人民网、腾讯网官方微博同时上线。12月，“北京西城”政务微博对话题栏目、发布内容、版面样式等进行了全新改版。重新设定每日微博发布话题；发布内容贴近百姓生活，加强时效性；根据主题更换主页面显示图片。全年“@北京西城”共发布微博3597条，原创3304条，约占发布总量的83.5%；通过微博对区内或相关活动进行微博直播24场。“北京西城”政务微博共处理重大或突发事件网络舆情引导11起。接到政策咨询和反映问题类共120余件，答复率100%，问题解决率保持在75%以上。

（周宝欣）

【市委宣传部、讲师团调研】 8月26日，市委宣传部、市委讲师团来区调研百姓宣讲工作，听取百姓宣讲工作汇报，分别观看了区级宣讲团、金融街街道宣讲团、什刹海柳荫街社区宣讲团、民俗文化特色宣讲团专场宣讲，对西城区百姓宣讲工作给予高度评价。

（李 萌）

【党的群众路线档案展览】 10月10日至17日、11月1日至9日，中央档案馆、中共北京市西城区委联合主办、区委宣传部承办的“党的群众路线档案展”先后在中华世纪坛和民族文化宫展出，共接待党员干部群众近7万人次参观，参观单位1388家，其中中央单位381家，市属单位499家，区属单位463家，其他区县单位28家，驻京部队10家，外省市单位7家，共收到热心观众留言700余条。

（李 萌）

【区爱国主义教育网上线】 10月18日，西城区爱国主义教育网上线。西城区爱国主义教育网包含了基地风采、新闻动态、人物事迹、文化游览、青教空间、爱国主义讲堂、活动推介七大板块，内容涵盖爱国主义基地介绍、展示；西城区开展爱国教育的最新动态、活动推广；中华民族传统文化和非物质文化遗产传承；青少年校本课程推广；百姓宣讲视频资料等内容。

（李 萌）

【“扫黄打非”工作专项调研】 10月29日至11月6日，区委宣传部和区“扫黄打非”办公室牵头，联合区监察局、区综治办、区文委、区城管执法监察局、区公安分局组成调研工作组，对全区部分单位“扫黄打非”工作进行专项调研。

（李 萌）

【马克思主义新闻观培训】 11月，按照《北京市全面加强马克思主义新闻观培训方案》要求，区委宣传部对全区各级单位新闻宣传工作人员及新闻采编人员进行马克思主义新闻观培训，要求新闻工作者更加自觉地坚持新闻的党性原则，牢固树立以人民为中心的新闻理念，牢牢把握正确舆论导向，遵守党的新闻宣传纪律，恪守新闻职业精神、职业道德，树立党的新闻工作良好形象。

（郝江超）

【“舆情预警”每日短信推送工作】 为做好舆情应对工作，及时对媒体报道的有关西城区问题报道进行核查，并根据实际情况予以处理。11月11日起，区新闻办通过“政务短信平台”每日推送“舆情预警”短信工作。并于11月31日，向全区新闻发言人单位发出《关于开展“西城舆情预警”工作的通知》。

（周宝欣）

【大众理论宣讲工作】 年内，调整区委讲师团，召开区委讲师团工作座谈会，围绕全区中心工作，结合干部群众实际需求，开展贴近实际、贴近群众、贴近生活，形式多样、内容丰富的理论宣讲活动，全年共完成156场授课，受众达2万余人，授课内容以党的十八大精神为主线，宣传社会主义核心价值体系、“中国梦”等内容。坚持面向基层举办“西城讲坛”，全年完成190场授课，受众达3万余人，授课内容紧扣社会热点、人文内涵，覆盖形势政策、历史文化、法律保障、健康养生等诸多方面。

（邓巍巍）

【中心组学习工作】 全年共计举办中心组学习22场次，其中参加市委、市政府理论学习中心组（扩大）学习5次，区委、区政府理论学习中心组学习17次。内容涵盖宏观经济与加快转变经济发展方式，改善民生和加强社会建设，建设社会主义文化强国等诸多方面。全年配发学习参考书籍12000余册，其中，为区级中心组成员购置配发学习参考书4次，人均24册；为处级中心组主要成员配发学习参考书4次，人均24册；编印中心组学习专刊17期，包括《中共十八届三中全会系列专辑》《习近平总书记系列重要讲话精神专辑》等。联合区委办等相关部门制订了《关于进一步加强区委区政府理论学习中心组学习工作的细则》，明确学习考勤制度、集中学习制度、个人自学制度、理论中心组秘书培训制度、学习档案制度、成果交流以及课题调研制度等。

（李　岩）

精神文明建设

【概况】　北京市西城区精神文明建设委员会办公室（简称区文明办）是西城区精神文明建设委员会的办事机构，负责协调承办全区精神文明建设的日常工作。内设综合科、创建协调科、宣传教育及未成年人工作科，在职人员18人。年内，全面贯彻落实党的十八大精神，以全国城市文明程度指数测评（文明城区迎检工作）和第四届全国道德模范评选为契机，以文明单位的“六个一”建设（一堂——道德讲堂、一队——学雷锋志愿服务队、一牌——遵德守礼提示牌、一桌——文明餐桌行动、一传播——网络文明传播活动、一帮扶——城乡共建精神文明手拉手帮扶活动）为重点，开展“讲文明树新风”公益活动及道德领域突出问题专项教育和治理活动，弘扬学雷锋志愿服务精神，持续推进未成年人思想道德建设，着力提升市民文明素质和区域文明程度。

地址：西城区广安门南街68号

邮编：100054

电话：83976215

（董名扬）

【全国文明城区迎检工作】　年内，区委、区政府把文明城区迎检工作列为重点工作，成立了以区委书记、区长为总指挥的迎检工作指挥部，下设综合协调组、材料审核组、实地考察组、问卷调查组、网络媒体调查组、新闻宣传组、后勤保障组等7个工作组，抽调110名工作人员分批集中办公。区委常委会、专题会和区长办公会等会议先后多次研究文明城区建设工作。通过召开2013年度精神文明建设工作大会、全区迎检动员会议、再动员再部署会以及各种培训会等形式，提高全区干部群众的认识，统一思想，强化责任。区委、区政府对迎检工作进行专项督查，推动文明城区建设任务与全区重点工作紧密结合。区委办、政府办出台《关于加强和改进全国文明城区创建工作长效机制的意见》，从决策、会商、动态管理、联合联动、宣传动员、创新激励、监督、奖惩、经费保障和增长机制等9个方面，完善文明城区创建工作机制。继续研发“文明城区管理平台”，初步实现文明城区创建指标通过该平台进行发布，系统自动提醒督促，责任单位动态提交完成资料、专家网络审核指导、形成测评审核基础材料，并实时显示各责任单位和全区任务完成情况统计。在全区各级文明单位广泛开展“六个一”创建活动，全区各级文明单位帮扶结对率达到100%。

（董名扬）

【“讲文明　树新风”公益宣传活动】　年内，制发《西城区2013年“讲文明树新风”公益广告宣传实施方案》，推动公益广告宣传全方位、多层次、广覆盖、常态化。协调区新闻中心、区市政市容委及街道等部门，在德外合生大厦等116处重点路段的建筑工地制作总面积30843.801平方米公益广告围挡；在西单文化广场等5处主要城市广场及街心公园展出公益广告475幅，在西单君太百货等7处电子大屏全天滚动播放公益广告，在积水潭桥等3处大型户外广告牌和金树街沿街立地灯箱等户外广告牌安排刊登，投放比例占城市户外广告比例达29%；区主要旅游景区、体育场馆、星级宾馆饭店、大型商场等公共场所张贴公益广告海报1000余张，全区各街道、各社区精神文明建设宣传栏，共展出公益广告作品4000余幅；西城区政府网站、西城文明网以及各街道网站首页位置长期刊登“讲文明树新风”公益广告；《北京西城报》每周安排一个整版刊载公益广告。策划各类“道德守礼”提示牌，在公园、绿地、公交站台等公共场所安装展示，形成“讲文明树新风”的宣传合力。

（董名扬）

【评选和学习宣传道德模范】　年内，全区推荐第四届首都道德模范候选人10名，其中，儿童医院B超室主任贾立群获第四届全国道德模范，月坛街道社区居民商雨佳获第四届全国道德模范提名奖，西城法院社区巡回法官赵海被评为第四届首都道德模范。举办全国第100场“学雷锋·在行动”全国道德模范与“身边好人”现场交流活动，中央文明办专职副主任王世明、首都文明办主任滕盛萍以及区四套班子领导与来自北京市的全国道德模范、首都道德模范、西城区公德之星、“身边好人”及社区居民800人参加活动。在落实“中国好人榜”“我推荐、我评议身边好人”活动基础上，开展“弘扬雷锋精神、做西城好人”活动，每月评选5名“西城好人”。委托专业制作团队为石国勇、刘国祥等西城区公德之星拍摄专题宣传片；春节期间，区领导带队慰问道德模范代表赵志良、李桓英、黄俊英等人。

（董名扬）

【建立道德讲堂】　年内，编制《“道德讲堂”活动手册》，规范程序、明确要求、示范推进。建立历代帝王庙、宣南文化博物馆两个区级道德讲堂总堂，开展多场宣讲活动。以首都文明单位为依托，在全区215个市级以上文明单位建立313所“道德讲堂”，并统一标识。以“身边人讲身边事、身边人讲自己事、身边事教身边人”为基本形式，推动良好道德风尚入脑入心，外化于行；按照“唱歌曲、学模范、诵经典、发善心、送吉祥”五加N个环节，举办千余次讲道德实践活动。

（董名扬）

【“学雷锋”志愿服务活动】　年内，制发《关于在全区深入开展学雷锋活动的意见》，统筹安排全区学雷锋活动。全区组建各类学雷锋志愿者队伍432支，其中普通队伍204支，党员学雷锋志愿者队伍113支，老年学雷锋互助志愿者队伍46支，社区学雷锋志愿者队伍69支，参与服务人数达到4599人。举办《永远的雷锋》主题展览在西城的巡展活动，有11160人参观展览，现场实名制志愿者注册293人，1467人留言。继续落实《西城区关爱农民工、关爱空巢老人志愿服务活动方案》，对44个项目的进展、成效、资金使用等情况进行综合评审。在完成“两关爱”（关爱农民工、关爱空巢老人）的基础上，努力打造“三关爱”（关爱他人、关爱社会、关爱自然）志愿服务活动品牌，已有22家单位申报27个项目。

（董名扬）

【道德领域突出问题专项教育和治理】 年内，继续开展道德领域突出问题专项教育和治理活动，制发《西城区开展道德领域突出问题专项教育和治理活动实施方案》，建立专项教育治理活动领导小组。把教育治理活动与2013年城市文明程度指数测评、行风政风建设、创先争优、诚信体系建设结合起来，各系统、各单位以“树立诚信理念、建立诚信机制、强化诚信意识”为目标，开展考核评估、自查自纠、规范机制、完善服务承诺等。

（董名扬）

【未成年人思想道德实践活动】 年内，制发《“做一个有道德的人”主题活动方案》，协调区教委开展相关活动，全区有8万中小学生直接参与实践活动；与区教委、区机关工委联合开展“寻找美德少年、讲述美德故事”主题活动，征集作品800篇，评选出51名美德少年；开展“中国梦”童谣征集活动，先后有3000名中小学生参与创作，130篇优秀童谣作品脱颖而出；在“向国旗敬礼活动”网络投票活动中，全区近10万中小学生参与网络投票达221435票；征集并推荐“北京四中学生支教活动”“团区委先锋讲堂”“红莲小学生态报告”等西城区未成年人思想道德建设创新案例。推荐西城团区委、北京市第十五中学副校长曹煜为第二届首都未成年人思想道德建设工作先进单位和先进工作者。在红莲小学启动“阳光艺术教室”活动，帮助流动儿童接受艺术教育熏陶，向北京19所流动儿童集中的学校提供音乐器材、师资支持、日常管理维护和检测评估等一揽子系统支持，为流动儿童接受优质艺术教育创造条件。

（董名扬）

【“推动生态文明，建设美丽北京”活动】 年内，以每月11日公共文明引导日为依托，与街道、社区、单位志愿者密切配合，开展绿色出行文明交通宣传活动，以及垃圾减量、垃圾分类等环境文明宣传。全区志愿者在公交、地铁站台清洁公共设施3560个，铲除小广告1350张，擦拭护栏1470个、车站路牌540个，清除卫生死角60处，公共文明引导员主动照顾老幼病残孕，提供咨询指路4520人次，为2870人次排忧解难。全区公共文明引导员在公交、地铁站台等发放学雷锋宣传材料16591份，照顾“老弱病残孕”五种人164231人次，提供咨询指路服务934471人次，清除小广告106463张，清扫站台设施82575件次，资助乘客2054人次，劝阻不文明行为27728人次，解决乘客纠纷509起，协助处理治安事件30件次，协助处理交通事件46起，医疗救助87件次。以白纸坊街道、德胜街道为试点开展文明养犬大课堂及组织养犬人开展志愿服务活动，开展“文明养犬社区行——爱宠物、爱邻里、爱社区”“六个一”工程，努力实现“零狗粪”“零扰民”。与区社区学院联合编写《西城区公共文明引导员管理和服务》系列教材，在全市率先推出公共文明引导员标准化培训教材，开展“公共文明引导员素质教育工程（2013–2017）”，着力打造“三型团队”（文明示范型团队、创新服务型团队、学习型团队），1290名公共文明引导员分期分批接受常用英语、手语、礼仪、应急安全等方面的培训。举办“学习宣传贯彻党的十八大精神百姓宣讲团——文明引导员宣讲团”宣讲活动和“引导员的梦·中国梦”宣讲活动，先后建立21支宣讲小分队，走进街道、社区、学校，宣讲46场次，全体文明引导员撰写稿件1000余份。

（董名扬）

【网络文明引导】 年内，制发《西城区2013年网络文明传播活动方案》，全区272个文明单位均设立了3至5名网络文明传播志愿者，志愿者小队已达281支，志愿者人数已近800人。以落实“续写雷锋日记”“讲文明树新风”公益广告传播活动为载体，通过微博、博客、论坛等各类网络渠道开展“文明游客行”“关注中小学生安全教育”“社区便民连锁店”“志愿者之家”“七彩小屋”等特色鲜明的网络主题展示活动，累计发博客4106篇、微博31401条、留言6386条、评论与贴文13535条。中国文明网北京西城站（西城文明网）8月份正式上线运行，至年底，累计浏览量5万次；累计点击数达10万余次。新闻更新1339条，动态版块累计更新832条，报送中国文明网信息200条，官方微博“文明西城”粉丝数量已达到5200人，每日发布、转发微博10余条，并通过留言与网友进行互动。

（董名扬）

【文明市民学校建设】 年内，区文明市民学校三级教育网络开展市民教育教学及成果展示等活动8510次（项），参与活动和受教育者85万余人次。举办“西城区市民讲外语风采大赛”“缤纷社区大舞台—2013年西城区市民学校第三届舞蹈大赛”“西城区第十一届市民学习周系列活动”等。启动西城区公共文明引导员素质教育工程，开展北京市万名社区工作者培训暨西城区2013年社区工作者培训、社区信息管理系统培训、社会工作者职业水平考前辅导培训、生活垃圾减量垃圾分类培训等五大类专项培训，全区3000余名社区、社会工作者，1200余名公共文明引导员，300余名社区信息管理员，400余名垃圾分类指导员和管理员先后接受了430多课时的业务培训。

（董名扬）

统一战线工作

【概况】 中共北京市西城区委统一战线工作部是中共西城区委主管统一战线工作的职能部门（简称区委统战部）。内设办公室、党派科、联络科，西城区社会主义学院是区委统战部的直属事业单位。在职公务员23人，工勤1人。年内，西城区统一战线工作贯彻落实党的十八大、十八届三中全会精神和习近平总书记系列重要讲话精神，围绕服务全区发展大局和区委深入实施“服务立区、金融强区、文化兴区”发展战略的部署，团结带领全区统一战线各界人士和统战干部，为推动全区经济社会科学发展和统一战线科学发展作出贡献。

地址：西城区二龙路27号

邮编：100032

电话：88064279

（崔萌政）

【15个街道增设统战部】 年初，区委常委会听取全区统战工作汇报时，责成区委统战部、区编委就设立基层

统战部的可行性进行调研。3月至5月，成立以区委常委、区委统战部部长程军为组长，区委统战部、区编委、区台办、区民宗侨办、区工商联主要负责人参加的调研组，走访了全区15个街道、区委教育工委、区委卫生工委、区委国资委，与相关部门主要领导、工作人员进行了座谈，就各街道和部分工委设立统战部的必要性和可行性开展专题调研和论证。以此为基础，区委统战部结合日常基层统战工作实际，提出设置方案，向区委主要领导汇报，并报区机构编制委员会；区编委于9月发布《北京市西城区机构编制委员会关于在街道增设统战机构的通知》（西编发【2013】30号），确定街道统战机构名称为“中共北京市西城区委XX街道工作委员会统一战线工作部”，并对设置方式、人员配备、机构职责等作出规定。9月6日，区委统战部召开15个街道的工委书记会议，区委常委、统战部部长程军要求各街道工委研究提出本街道落实方案并抓紧落实。年内，全区15个街道全部完成统战部增设工作。

（崔萌政）

【统战工作会】 3月7日，西城区2013年统战工作会召开，区委常委、常务副区长苏东传达全国、北京市统战部长会议精神，区委常委、区委统战部部长程军就如何做好2013年全区统战工作发言。区委统战部、区台办、区民宗侨办、区工商联、区侨联等统战系统各单位分别总结2012年工作并介绍2013年重点工作。副区长杜黎彬主持会议，区属各单位主管统战工作的领导170余人参加会议。各民主党派区委驻会干部应邀列席会议。

（崔萌政）

【民主党派工作会议】 3月8日至9日，西城区2013年民主党派工作会议召开，区委常委、常务副区长苏东，区委常委、统战部部长程军出席会议并讲话，各民主党派区委班子成员40余人参加会议。会议总结2012年民主党派工作开展情况，研究部署2013年工作思路和主要任务，表彰2012年度民主党派优秀调研和信息先进单位，并邀请区委区政府研究室向各民主党派介绍2013年度全区调研工作重点课题。

（崔萌政）

【民主党派新成员培训班】 3月16日，区委统战部举办2013年民主党派新成员培训班，各民主党派新成员238人参加培训。区委常委、统战部部长程军出席并做开班动员，希望各党派新成员要把握好“五个关系”：执政党与参政党的关系、继承传统与与时俱进的关系、本职工作与社会工作的关系、了解情况与献计出力的关系和“求同”与“存异”的关系，在做好党派工作、服务社会发展的同时，全面提升自身能力水平。

（崔萌政）

【纪念“五一口号”发布65周年演讲赛】 4月27日，区委统战部组织开展“凝心铸和谐、聚力促发展”主题演讲比赛，纪念中共中央发布“五一口号”65周年。8个民主党派的班子成员、区委委员、支部主任等150余人参加。各党派区委选派的8位参赛选手以履行参政党职能、发挥参政党作用的亮点工作、学习践行“同心思想”的典型事例、党派根据界别特色打造的品牌工作和特色活动、党派成员服务社会的先进典型等为切入点开展演讲。

（崔萌政）

【市领导来区调研非公经济领域统战工作】 5月21日，市委常委、市委统战部部长牛有成，市委副秘书长赵玉金，市工商联副主席王爱民和市委统战部有关处室负责人来区调研非公经济领域统战工作，区领导王宁、程军、郭怀刚陪同。牛有成一行实地考察了普天德胜科技企业孵化器北京正安融翰技术有限公司以及DRC工业设计创意产业基地灏域联华科技（北京）有限公司、北京华新意创工业设计有限公司、北京上拓科技有限公司和什刹海商会，并在什刹海商会举行座谈。牛有成充分肯定西城区发展非公有制经济取得的实效，要求创新发展模式，加强非公企业商会建设，促进非公经济健康发展和非公经济人士健康成长。将参政议政与参加建设、服务科学发展，与实现自身价值有机结合。

（崔萌政）

【民生重要实事的情况通报会】 5月28日，按照《2013年中共北京市西城区委与民主党派协商、向民主党派通报内容》的安排，召开西城区2013年在直接关系群众生活方面拟办重要实事的情况通报会。区委副书记、区长王少峰作情况通报。区委常委、常务副区长苏东；副区长陈宁、杜黎彬；代副区长郝风林；区长助理盛保晨以及各民主党派班子成员、区委委员、基层支部负责人和工商联、侨联、党外知识分子联谊会、新阶层联谊会和海外联谊会的代表等100余人参加了通报会。区委常委、统战部部长程军主持会议。

（崔萌政）

【政治协商工作】 年内，继续完善多党合作和政治协商内容、程序，根据年初书记碰头会通过的政治协商计划，围绕“了解区情、关注民生、推进重点工程、协商有关人事安排”等内容，全年安排通报会2次、协商会2次、专题议政会1次、专题座谈会5次，区委书记、区长全程出席，面对面征求统战人士的意见。

（崔萌政）

【党外干部队伍建设】 年内，确定《北京市西城区党外代表人士队伍建设》年度调研课题，针对全区6支党外代表人士队伍建设情况进行专题研究，摸清代表人士底数，全区共有党外代表人士1229人，其中，民主党派代表人士859人，无党派代表人士60人，少数民族代表人士69人，宗教界代表人士62人，非公有制经济代表人士107人，港澳台和海外代表人士19人。是年，落实区委组织部长、统战部长联席会议制度，对党外处级领导干部的培养储备和安排使用进行研究部署，全年共安排处级党外干部4人；与区国资委沟通协商，推荐具有金融业、房地产业、商贸经营管理、投融资决策、股权资产管理、法人治理等方面专长的民主党派成员41人，担任国有独资企业外部董事、外派监事。

（崔萌政）

【引导统战人士建言献策服务社会】 年内，各民主党派、无党派人士、工商联围绕区域发展的热点、难点，在深入调研的基础上撰写了38篇调研报告；围绕推进西城区“十二五”规划中期工作撰写专业报告9篇；围绕推进西城区“5+2”重点工程工作、区政府为群众办实事项目，提出专业建议50条。引导民主党派、无党派人士、工商联挖掘自身资源与区域发展对接，开展捐资助学、咨询讲座、义诊义演和献爱心等活动。

（崔萌政）

【专题座谈会】 年内，围绕老旧小区综合整治情况、阜景街和什刹海文保区管理、金融街建设、德胜科技园发展、城市环境建设等内容开展5次专题座谈会，与会党派人士通过实地参观和听取相关单位汇报，全面深入了解“5+2”机构工作情况及工程、项目进展情况和难点问题，并结合自身专业优势建言献策，提出意见和建议。

（崔萌政）

【民主党派工作】 年内，协助民主党派区委班子及其成员开展届中评议工作，坚持与各党派区委主委定期沟通制度；实施基层组织负责人、后备干部新成员轮训规划；建立代表人士“百字人物印象”库；支持民主党派加强领导班子和后备干部队伍建设。落实《区委统战部与民主党派区委联席制度》，全年召开联席会议11次，促进统战部与党派区委及各党派之间的沟通和交流；做好民主党派区委机关干部的社会公开招录工作，对7名新入职党派驻会干部开展有针对性的业务培训。协助民主党派加强基层组织建设。召开基层支部负责人和区委机关老同志座谈3次，全面了解民主党派基层组织现状、存在问题和呼声诉求，为协助党派区委做好基层组织工作提供参考。

（崔萌政）

【民族宗教工作】 年内，西城区召开民族宗教工作领导小组成员单位联席会议。区委常委、统战部部长程军，副区长杜黎彬出席会议，全区43家成员单位的主管领导参加会议。区委统战部定期走访区级宗教团体和宗教场所，密切同民族宗教界代表人士的联系，加强对少数民族党政领导干部、后备干部队伍建设情况的调研。

（崔萌政）

【统战人士培训工作】 年内，根据《西城区社会主义学院2012-2015年发展规划》安排和实际工作需要，开展统一战线教育培训工作，共举办各类培训班36个，培训统战人士2600余人次。

（崔萌政）

对台工作

【概况】 中共北京市西城区委台湾工作办公室、北京市西城区人民政府台湾事务办公室（简称区台办）是西城区委、区政府负责辖区涉台事务的工作机构，在职人员7人。主要职能是“组织、指导、管理、协调、服务”辖区的对台工作，处理日常涉台事务，广泛动员社会各界人士积极做促进祖国统一工作。年内，区台办贯彻落实中央及北京市对台工作精神，以巩固深化两岸关系和平发展为主要任务，通过开展多种形式的涉台宣传教育活动，奠定全区做好对台工作的思想基础；加强对台交流交往工作的实效性，做好对台经济及联络工作，努力为台商创造公平公正的经营环境；及时、妥善处理涉台突发事件，确保辖区涉台发展环境的稳定。年内，区台办被国台办评为《两岸关系》《台湾工作通讯》刊物宣传工作先进单位。

地址：西城区二龙路27号
邮编：100032
电话：88064282

（丁震宇）

【青少年涉台教育】 2月1日，区台办、区少年宫、区台胞服务中心共同举办“过年了——两岸青少年迎新春文化庙会”，邀请留京过年的台湾小朋友和北京小朋友一起参加活动，少年宫的老师们和台湾志愿者一起向小朋友们讲解春节传统文化。3月12日，区台办与区教工委共同召开青少年涉台教育工作部署会，并在青少年中开展“我爱祖国宝岛台湾”主题活动。9月28日，区台办与区教工委承办以“国学教育”为主题的两岸青少年交流交往活动——“第六届中华文化快车两岸青少年中华国学文化课堂交流”活动，邀请台湾中信学校及台湾南部学校的33名师生，与区涉台教育基地校800余名师生在北京四中开展中华国学文化课堂交流，国台办交流局处长马振杰、市台办主任汪明浩、区长王少峰、区委常委、统战部部长程军、副区长杜黎彬、副区长郝风林出席活动。年内，为加深西城区青少年对台湾传统文化艺术的了解和认识，区台办与市教委艺美处借助民族艺术进校园的平台，邀请台湾亦宛然掌中剧团在西城区中小学校开展巡演活动，举办民族艺术进校园——台湾布袋戏系列表演及讲座，有40所中小学的6000多名学生现场观看布袋戏演出。

（丁震宇）

【对台经济】 4月19日，区台办组织辖区台商代表12人到延庆植树，为北京环境改善贡献力量。6月20日，区政协港澳台侨委员会、民族和宗教委员会组织考察辖区台资企业——北京盛妆家化有限公司，区政协副主席王瑞珠、秘书长孙广俊及两个专委会的主任、副主任参加活动，区台办主任刘琪就辖区台资企业的发展情况进行通报。8月27日，西城区召开以“发挥优势、突出特色、共促发展”为主题的座谈会。区长王少峰出席，并就7位台商代表提出的16项意见和建议逐项进行答复和说明；区9个相关职能部门领导参会。年内，区台办走访台资企业18次，协调台资企业经营问题13件。11月16日，3家台湾品牌店在广外街道开业经营。年内，区内台资企业积极参与“爱在西城”联合募捐等公益活动，北京育青食品开发有限公司董事长黄梅郁先生向四川地震灾区捐款5万元，北京君太百货捐款20万元。

（丁震宇）

【对台交流交往】 4月20日，西城区“城市建设管理考察团”一行12人赴台进行为期9天的交流考察。与台北市政府都市发展局、高雄市政府都市发展局等单位座谈交流。对当地城市建设管理情况进行学习考察。9月4日，由区委社会工委、区司法局等单位和有关街道组成的西城区“社会管理与社区矫正考察团”一行15人，赴台进行为期9天的交流考察。先后到新北市汐止区礼门里中正社区、新北市乌来区温泉社区和竹北惠友远见社区御境保全管理公司交流考察，了解其社区矫正工作。9月10日，西城区

“红十字会工作考察团”一行12人赴台进行为期8天的交流考察。与台湾红十字工作者围绕红十字组织建设、法制建设以及备灾救灾、社会救助、应急救护培训、志愿服务、红十字青少年等业务工作进行交流。10月8日，西城区市政市容委、环境办、园林绿化局、城管监督指挥中心、城管执法监察局等城市环境建设管理相关单位一行14人，赴台进行为期9天的交流考察。参观台北市交通控制中心和资讯中心，观摩体验高雄市地铁运营状况，与台北市经贸协会、农经会、文化教育交流发展协会和公园路灯工程管理处、景观工程商业同业公会等单位座谈交流。10月16日，西城区“青年联合会代表团”一行9人赴台进行为期7天的参访。先后考察了高雄、垦丁、台南、嘉义、南投、新竹、台北等多个市县，与台湾中华公共事务管理学会、台湾青年菁英协会、国民党青年部座谈交流。10月28日，西城区“社区考察团”一行13人，赴台进行为期9天的交流考察。走访了台北市中山区荣星社区、台北市文山区忠顺社区、苗栗县大湖乡姜麻园社区、高雄市燕巢金山社区和屏东市新兴社区，与有关社区发展协会人员、社区志愿工作者进行座谈交流，了解其社区发展建设情况。年内，区台办制发《西城区因公赴台人员审批管理规定》，对全区因公团组赴台及个人赴台进行规范管理，为696人办理赴台审批手续。年内，与相关部门协调配合，分别接待台湾嘉义县农会参访团、台北教师研习中心教师参访团、台中市农业局参访团、台湾眷村参访团、乐升科技有限公司参访团等10个团组140人次来区参访。

（丁震宇）

【对台工作领导小组（扩大）会议】 6月14日，西城区召开对台工作领导小组（扩大）会，区对台工作领导小组（西城区台胞权益保障协调小组）成员、区各街道工委书记共61人参加会议。区对台工作领导小组副组长、副区长杜黎彬主持会议；区对台工作领导小组常务副组长、区委常委、统战部部长程军传达中央和市委对台工作会议精神；区对台工作领导小组组长、区长王少峰讲话，回顾2012年全区对台工作情况，并就2013年对台工作提出学习贯彻中央及北京市对台工作的精神；加大与台湾经济合作和交流的力度，开展好涉台宣传教育工作和争取台湾民心的工作；全区上下形成合力，创造性地做好新形势下的对台工作。

（丁震宇）

【涉台教育】 年内，发出关于开展涉台宣传教育的通知，以涉台教育宣传月活动为抓手，推动涉台宣传教育进党校、进学校、进社区，指导全区各单位开展涉台宣传教育活动，开展西城区涉台教育宣讲团巡回宣讲活动。4月11日，举办台海形势与对台宣传工作培训会，邀请国台办新闻局副局长、新闻发言人范丽青为全区教育系统领导干部作台湾问题报告；4月22日，区台办副主任赵玲为区园林市政管理中心的领导及干部讲解当前两岸关系形势及区对台工作；6月26日，邀请中国战略文化促进会常务副会长兼秘书长罗援少将为金融街控股集团公司举办“周边安全环境及软实力建设”报告会；7月11日，邀请国台办政党局局长贺之军为全区处级干部做“贯彻中共十八大精神　创造性做好对台工作”报告，全区各单位200多名处级领导和主管对台工作的领导干部参加报告会；10月22日，邀请中国国际问题研究所研究员郭震远为西城区退休老干部作“两岸关系和平发展的形势和前景”主题报告，全区离退休老干部近300人参加报告会。12月2日，由《两岸关系》杂志社主办，区台办协办的“两岸家庭老照片珍藏展”在区机关举行巡展，展览以“家国、传情、团圆”为主题，再现了两岸关系变化在两岸百姓家庭中的痕迹。年内，全区举办各类涉台教育活动共110次，1.6万人参加。完成2期《西城对台工作》的编发工作。举办全区对台工作干部培训班2次，共500人参加。向北京市台办及《中国台湾网》报送工作信息60件。

（丁震宇）

【台胞台属服务】 年内，区台办结合中华民族传统节日，组织台胞台属、台籍学生新春和中秋联谊会。6月20日，组织辖区台胞台属参观园博园。走访慰问台胞、台属、台生65次，1500人，帮助他们解决工作生活中的实际困难。6月30日，参加中央音乐学院在读台湾籍学生杨富娟的毕业演出，并为台湾学生提供学习成果展示平台，组织中央音乐学院就读的台湾学生参加区文联的中秋文艺演出。开展辖区常住台胞的基本情况调查，撰写完成市台办重点调研课题《关于西城区对台联络工作的情况与思考》，并获市台办调研课题二等奖。指导西城区台胞服务中心开展各项面向辖区台胞的政策咨询、健康讲座、“三八”妇女节手工编织联谊等相关活动，开展一对一服务。与区妇联联合成立“台胞妇女之家”，拓宽和延伸台办的服务职能。

（丁震宇）

【处理涉台突发事件】 年内，区台办与公安等有关部门协调配合，共处理涉台突发事件3件，确保区域涉台环境安全稳定。

（丁震宇）

决策服务与调查研究工作

【概况】 中共北京市西城区委、北京市西城区人民政府研究室（简称区委区政府研究室），是区委、区政府的决策研究部门。按照“三定”方案，设综合科、政治科、文化科、社会科、经济科5个职能科室。年内调入干部1人，在职干部23人。年内，区委区政府研究室贯彻党的十八大、十八届三中全会以及总书记习近平系列重要讲话精神，围绕落实区域功能定位，围绕解决区域发展中的重点难点问题，开展调查研究和决策服务工作，做好重要文稿起草工作，切实发挥参谋助手的作用。西城区获“2012-2013北京市调研工作先进单位”称号。

地址：西城区二龙路27号

邮编：100032

电话：88064261

（宋　扬）

【文稿起草工作】 年内，强化文稿服务责任分工，规范报送流程，完善调研与文稿起草相结合的工作机制。组织干部学习中央和北京市重要会议和领导讲话精神，结合西城实际，研究领导关注和群众关心的热点难点问题，为做好文稿服务工作打下基础。全年，共起草完成区委全会报告、政府工作报告、经济社会发展报告及其他重要文字材料150余篇。

（宋　扬）

【调查研究工作】　年内，组织召开全区调研工作会议，总结区划调整后的调查研究工作，并就重点调研任务进行了部署。制定区委、区政府《关于进一步加强和改进调查研究工作的意见》，完善文稿服务与调研工作联席会、调研课题管理等工作制度，形成领导主持、单位牵头、部门配合的课题研究体制。围绕首都发展大局和全区中心工作，提出全年12个方面的课题要点，确定区级层面的重点课题35个、部门层面的关注课题114个。改进调研工作方式方法，针对课题研究的综合性、系统性要求，强化课题主持人对课题研究的思想引领，拓展协同调研的领域，整合各类智力资源，合力推出研究成果。加大课题成果转化力度，同时将优秀调研成果汇编成册并推荐到市级以上刊物登载，扩大课题影响力。

（宋　扬）

【决策咨询服务】　年内，组织召开区顾问团换届工作会议。完善顾问团组织机构，改善顾问团成员结构，设立宏观决策等10个专委会，聘请97名专家顾问。修订顾问团章程及相关工作制度，建立统分结合的工作模式，把顾问团整体工作与专委会独立开展活动有机结合起来，为推动决策科学化民主化提供有力支撑。组织专家围绕全区重点工作和重大问题开展专题研究，指导和参与“十二五”规划中期评估，就党的十八大、十八届三中全会和中国梦等重要精神进行解读辅导，为区域发展提出决策建议。

（宋　扬）

【调研信息交流】　年内，搭建调研与决策支持系统，实现信息资源共享、重要文稿网上运行、调研成果及时交流和专家建议迅速传递。编辑《西城调研与决策》20期，突出主题、创新栏目、编制专刊，为领导和部门提供决策信息服务。

（宋　扬）

【调研队伍建设】　年内，建立专兼职调研人员定期联络机制，从课题指导、工作交流、区情沟通等方面，做好与全区各部门的协调联系。开展调研干部培训，在集中培训、专题培训的同时，发挥区委区政府研究室培训基地作用，对有关单位6名调研干部进行“以干代训”。创造条件，组织调研干部参加区理论中心组学习，参加全区各项重要会议，开阔调研干部的视野。

（宋　扬）

老干部工作

【概况】　中共北京市西城区委老干部局（简称区委老干部局）是区委管理全区离退休干部工作的职能部门。离休干部1563人，处级及以上退休干部2540人，易地安置干部87人；全区离休支部34个、退休支部59个、离退休混编支部74个。年内，老干部工作围绕“凝心聚力促发展，精益服务求创新”的工作主线，着力整合资源，融合发展，加强离退休干部思想政治建设和党支部建设，全面落实政治待遇、生活待遇；利用社区资源做好老干部工作，提升老干部管理服务水平；开展主题实践活动、示范性学习阵地建设，加强对老干部党校、老干部活动中心和老干部大学建设的指导，在区域建设中，发挥好离退休干部的作用。

地址：西城区双槐里小区23号楼
邮编：100054
电话：83525651

（许薇冰）

【老干部工作领导小组（扩大）会】　1月16日召开，区委老干部工作领导小组副组长章冬梅主持会议。区领导杜灵欣提出：深化认识老干部工作，是服务区域发展大局的需要；扎实落实领导责任制，健全完善老干部特困帮扶机制；利用社区资源，做好做实老干部服务，提高老干部工作水平。会议传达北京市第26次老干部座谈会精神，总结2012年老干部工作，探讨研究2013年老干部工作思路。

（许薇冰）

【第26次老干部座谈会】　2月5日召开，贯彻落实北京市第26次老干部座谈会议精神。市老干部局副局长刘向东，区领导王宁、王少峰、刘跃平、曹长胜、杜灵欣等与离退休干部们同迎新春佳节，章冬梅主持会议。杜灵欣代表区委、区政府向老领导、老干部致以节日的祝福，传达北京市第26次老干部座谈会会议精神，汇报区老干部工作；表示要把老干部工作放在全区工作的大局来思考推进，全面提高老干部服务工作水平。

（许薇冰）

【离退休干部工作培训和调研】　3月21日，召开老干部工作业务培训会，会上北京市老干部局生活待遇处处长邱爱军针对近期生活待遇出台的政策进行专题讲解，全区130余名老干部工作主管领导和老干部工作人员参加培训；局长王晓谦强调要落实老干部各项政策、关心照顾好老干部。继续实施《西城区离退休干部特困救助帮扶办法》；按照“建立健全家庭、单位、社区相结合的服务管理体系”要求，深入推进利用社区资源做好离退休干部服务工作，切实解决老干部最关心、最直接的利益问题。年内，区委老干部局采取问卷调查与召开座谈会相结合的方式，对离退休干部党支部建设工作开展专题调研，完成《关于加强离退休干部党支部建设的调研与思考》，获市老干部系统优秀调研报告一等奖。

（许薇冰）

【健康体检和健康休养】　5月6日至7月30日，全区离休干部在美年大健康体检中心体检，共1367人参检。检查发现，血压异常、低密度脂蛋白异常以及乳腺疾病三类情况比较突出，分别占总检人数的39.1%、51.1%、82.1%。5月，组织61名局职老干部赴海南三亚、四川三峡参观；33名局职老干部参观第九届中国国际园林博览会。

（许薇冰）

【为老干部办实事】　区领导王宁、王少峰、刘跃平、曹长胜、杜灵欣等参加了春节前走访慰问活动，区委老干部局共走访慰问107名老干部，慰问金额达9万余元。调整去世离休干部无工作配偶生活困难补助标准，将生活不能自理离休干部护理费发放范围扩大到80岁以上高龄离休干部。从区财政申请专项经费170万元，用于全区离休干部家庭无障碍设施（辅助扶手和可视闪光门铃）的安装。加大困难帮扶力度，全年对83名生活困难老干部进行帮扶，对55人给予因病特困帮扶，对28人给予生活困难帮扶，所需43.18万元帮扶资金全部落实到位。全年支付120、999呼叫器年服务费17.95万元。

（许薇冰）

【离退休干部思想政治建设】　发挥老干部党校、老干部活动中心在加强思想政治工作中的主阵地作用，组织离退休干部学习贯彻党的十八大和十八届三中全会精神，全年举办老干部党校读书班6期，大型辅导报告会3次，近2300名离退休干部参加学习培训。坚持和完善情况通报制度，邀请区领导向老干部通报区域经济社会各项事业的发展情况。开展“同心共筑中国梦、我为党旗添光彩”主题党日活动，鼓励老干部积极响应实现中华民族伟大复兴中国梦的号召。举办老干部庆“七一”座谈交流活动，纪念建党92周年。老干部实地参观区综合行政服务中心，了解行政审批、社会管理、公共服务等行政综合服务情况。区离休干部思想政治研究会组织老干部参加市老干部局“学习贯彻十八大，共建小康乐晚年”征文活动，共收到征文68篇，向市老干部局推荐6篇优秀征文，并将部分优秀征文结集印发《征文活动纪念文集》；进行“老干部生活状况及幸福感受”的问卷调查，共发放问卷500余份，收到有效问卷442份，根据问卷所反映生活状况，撰写《北京市西城区老干部生活现状的调查报告》，对进一步解决老干部的实际困难、改善老干部的生活环境、提高老干部工作水平提出建设性意见。

（许薇冰）

【利用社区资源做好老干部工作】　年内，继续实施项目申请制，对德胜街道黄寺大街西社区党委申报的“德缘文化苑”等14个新项目给予立项，培育利用社区资源做好离退休干部服务工作的精品项目。结合社区建设完善老干部发挥作用的平台，建立老干部志愿服务团，依托活动中心的服务设施和老干部聚集的优势，本着自愿量力的原则，定期开展志愿服务，全年，举办志愿服务讲座12期。组建老党员先锋队,促使老干部在加强社区党建、强化社区管理、服务和事务协调等方面发挥积极作用。12名离退休干部与单位签订合同，担任非公有制经济组织党建工作指导员，定期开展服务指导活动。什刹海街道柳荫街社区举办主题为“弘扬雷锋精神，情满柳荫家园”的老党员先锋队便民服务活动。先锋队的老党员们免费为居民提供以小土木、小钳电、小拆洗和小水暖为主的“四小”服务，为社区居民排忧解难。白纸坊街道清芷园社区老党员先锋队以社区课堂为阵地，紧跟形势，定期组织老党员学习讨论党的方针政策。

（许薇冰）

【老干部文体活动】　年内，17个老干部兴趣小组定期在老干部活动中心开展各类活动，参加活动的有22530人次。老干部大学开设8个专业，23个班，参加学习的有1万人次。举办“我的中国梦”老干部书画展及手工艺品展，共展出老干部各类手工艺品300余件，书画作品75件。此外，相继举办棋牌、球类、钓鱼比赛和老干部金秋运动会等活动，为老干部强身健体、感情交流搭建良好平台。

（许薇冰）

保密工作

【概况】　中共北京市西城区委保密委员会办公室（简称区委保密办）、北京市西城区国家保密局（简称区保密局），既是区委保密委员会的办事机构，也是区政府负责本区保守国家秘密工作的行政机构，由区委办公室管理。在职人员14人。年内，区保密工作落实党的保密工作方针政策以及法律法规，围绕中心，服务大局，着力夯实基础，加大监管力度，筑牢思想防线，打造防护体系，为建设“活力、魅力、和谐”新西城发挥好服务保障作用。

地址：西城区二龙路27号

邮编：100032

电话：88064287

（石继鹏）

【保密管理责任制建设】　2月22日，区委保密委员会主任郭怀刚与区属124个单位主要领导签订《西城区保密工作管理责任书》。年内，重新划分了8个保密工作协作组，形成区委保密委、保密协作组、各单位保密工作领导小组和区保密局“四位一体”的保密工作体系。

（石继鹏）

【区委保密委会议】　3月27日,区委保密委员会会议召开，调整组成人员，传达学习市委保密委员会会议精神及市委领导讲话精神，总结2012年工作，审议通过2013年工作要点。区委常委、区委办公室主任、区委保密委员会主任郭怀刚出席会议并讲话。

（石继鹏）

【市委保密委检查指导工作】　4月17日，市保密局副局长许新文带领市委保密委联合检查组到西城区就“十二五”时期保密事业发展规划中期贯彻落实情况进行检查，给予充分肯定。

（石继鹏）

【保密普查工作】　9月，区保密局按照国家保密局、市保密局统一部署，制定工作方案，举办2次专题培训，完成130家单位的保密普查工作。

（石继鹏）

【保密工作调研】　年内，组织召开2次保密协作组长和机要保密干部座谈会，发放调查问卷160份，实地走访30家重点单位，完成《增强保密宣传教育的针对性和实效性的思考》和《信息条件下党政机关失泄密隐患的分析及对策》2个调研课题。

（石继鹏）

【保密干部队伍建设】　年内，以巩固队伍、提高技能、锻炼干部为主线，开展保密干部业务技能培训，做到上机能操作、检查能指导、上台能讲课，做保密工作的行家里手。在机要、保密干部全员培训中，区保密局干部授课。区属单位加强对保密干部的资格审查，在教育管理中，培养树立爱保密、懂保密、会保密、能保密的作风。

（石继鹏）

【保密宣传教育和培训】　年内，发挥党校、行政学院的阵地作用，区保密局的主导作用，各单位的主体作用，部门间的协同作用，形成“专家讲学、分类施教、自主授课、联合办学、广泛促学”五种宣教模式。成立区保密工作宣讲团，2人入选市保密工作宣讲团。在区委党校举办的中青班等4期培训班开展保密教育，到各单位及社区宣讲达40余场。区保密局在办公楼走廊空间打造文化墙，作为长期对外宣传展示的窗口。按照市保密局的统一要求，9月23日，区保密局与区委机要局联合举办区属单位主管领导、办公室主任、机要保密干部、区保密宣讲团成员和辖区军工企业主管领导参加的“西城区机要保密干部全员培训班”，448人通过考试获得结业证书。为纪念新《保密法》颁布施行3周年，10月，在全区开展以“四个一”活动为主题的保密法制宣传月活动。即：举办一次书法作品征集、组织一次设站宣传、开展一次主题教育、在《北京西城报》编辑一期保密工作专版。收到全区书法爱好者作品500余件。国家保密局主办的《保密工作》杂志和《北京西城报》（保密工作专版）分别进行了报道。15个街道分别在辖区内繁华地段或社区设站组织宣传活动。区委常委、区委办主任、区委保密委主任郭怀刚、市保密局副局长许新文等领导参加了西单图书大厦前广场的首场宣传活动。各单位通过理论中心组学习、观看保密教育片等多种形式开展主题教育活动。宣传月期间，借助网络、LED屏等形式广泛宣传，发放宣传挂图1000余张、宣传材料60000余份，发放印有宣传语的环保袋、围裙等15000个。

（石继鹏）

【保密监督检查工作】 全国“两会”前夕，对代表驻地所在街道、重点涉密单位、再生资源回收行业、报国寺收藏品市场及会场周边进行集中检查；与区教委等部门合作，成立考试考务保密安全工作领导小组，做好高考、中考等保密监管。在高考考务安全中，分5组检查区考试中心和20个考点校，确保考试安全顺利进行。年内，完成区属单位产生的国家秘密事项统计工作。加强对涉密载体和内部文件资料销毁环节的监管，组织2次涉密载体的集中销毁工作。在广安门办公区增设内部文件资料存放库房，定期收集，统一销毁。集中开展办公用计算机、涉密文件资料、网络和电子邮箱等5次保密检查。完成辖区内国家秘密载体印制资质单位的年审和武器装备科研生产单位保密资格初审工作。坚持周四到报国寺收藏品市场进行常规性检查，有效规范了市场秩序，严防涉密载体非法交易行为。

（石继鹏）

【监控平台建设】 年内，完成涉密计算计违规连接互联网集中监控平台建设。10月，该平台通过了专家的测评验收。

（石继鹏）

【计算机网络管理和检查工作】 根据市保密局统一部署，加强网络保密管理，组织开展网络核查及分类统计，对涉密网建设过程进行监管、审查，完成涉密网络“系统管理员、安全保密管理员、安全审计员”的确定与信息审核备案工作，并参加市保密局统一培训。区保密局3名干部获市保密局检查员资格。根据各单位涉密文件资料内容提出关键字，建立互联网信息搜索词库，坚持对北京西城门户网站及链接和区政务外网发布信息的日常保密审查。

（石继鹏）

区直机关工委工作

【概况】 中共北京市西城区委区直属机关工作委员会（简称区直机关工委），是区委的派出机构，主要负责区直属机关党的建设和思想政治工作。内设工委办公室、工委组织部、工委宣传部、机关纪工委（内设监察科）、机关工会、机关团工委，在职人员18人。年内，落实党的十八大提出的“创新基层党建工作，夯实党执政的组织基础”的要求，围绕区委提出打造党建工作示范区的工作目标，打造“规范党建，活力党建，特色党建”。弘扬“忠诚、聚力、敬业、先锋”西城特色机关文化，在区域发展中发挥区直属机关党组织和党员的先进模范作用。

地址：西城区二龙路27号

邮编：100032

电话：88064356

（李博洋）

【服务中心工作】 3月，全国“两会”期间，组织机关干部1800人次参与服务保障工作。5月21日，组织1000名区直机关系统干部赴鸟巢完成市政府举办的2013年国际田联世界田径挑战赛北京站比赛观赛任务。10月1日，组织130名机关干部冒雨参加新中国成立64周年向人民英雄纪念碑献花篮仪式。

（李博洋）

【首届机关文化节】 4月12日，举办“第十二届法源寺丁香诗会暨西城区直机关首届机关文化节开幕式”，4月至6月期间，举办书法笔会、书画摄影比赛及参赛作品巡回展等文化活动10余场，千余人次参加。6月25日，举办“西城区纪念建党92周年暨首届机关文化节闭幕式”，区委书记王宁出席并讲话，机关干部演出自编自导的“公务员风采”文艺节目。

（李博洋）

【组织建设】 年内，调整机关系统党组织设置，调整升格机关党委1个、机关党总支2个，指导29个直属党组织完成委员补选工作。纪念建党92周年，“七一”前后开展了“下基层、解难题、送温暖”系列活动，7月1日当天，组织机关系统近80名新党员到李大钊故居参加“缅怀革命先驱，争当时代先锋”集体宣誓仪式。规范党建工作标准，制发《西城区直机关党建工作指导标准（试行）》，成立检查指导小组，并于11月7日至26日期间，对77个直属党组织进行年度检查。对党组织内重要信息数据实行动态管理。开展调研，及时协调解决“5+2”机构党组织活动经费下拨问题。

（李博洋）

【党员教育管理】 遵循党员队伍从数量型向质量型转变的要求，修订《区直机关发展党员工作实用手册》，结合区直机关系统实际调整培训对象人数，布局未来党员发展工作。6月17日至21日，举办积极分子培训班一期。全年发展党员132名，预备党员转正190名。出台《加强基层党务干部队伍建设的意见》，制定党务干部3年培训计划，选调区财政局、区司法局等单位的4名党务干部到工委组织部以干代训。10月15日至18日，组织80

名党务干部参加2013年区直机关系统基层党务干部培训班。

（李博洋）

【创新党建工作载体】　年内，制发《关于推行党员旁听基层党委会议工作方案（试行）》，所属22个机关党委组织安排近百名党员旁听党委会。建立党建工作联席会制度，按照党组织类别，全年召开座谈研讨会议9次，促进系统各单位间的信息交流和资源共享。验收结项年度党建创新项目17个，“员工帮助计划”助力和谐组织建设（区审计局）和名师牵手工程（区委区政府研究室）被评为区级党建创新项目；为5个基层党组织申报党建示范点。

（李博洋）

【社会主义核心价值观教育】　年内，组织500名机关干部参加“我的梦·中国梦”知识竞赛。组建“我的梦·中国梦”（区民政局）、“自强圆梦”（区残联）区直机关宣讲团2个，6月至7月期间举办报告会10场，2000余人参加。组织元旦、“七一”“十一”区直机关升旗仪式，布展机关精神文明宣传栏，组织1000名机关工作人员参观“永远的雷锋”基层巡回展，组织4210名党员干部参与第四届全国道德模范评选。对本系统80余名宣传报道员进行专题培训，全年编发《机关简讯》18期。

（李博洋）

【机关文化建设】　4月至10月，通过问卷、走访等形式开展机关文化建设调研，形成《文化引领出实效、凝心聚力促发展——西城区机关文化建设情况调研》成果。5月24日至6月8日，举办公务员职业素质竞赛，展现干部职工的自我发展、自我完善和自我提高。年内，弘扬“忠诚、聚力、敬业、先锋”西城特色机关文化，召开“机关文化与青年成长”恳谈会，编发《西城区直机关行为规范手册》6000册，举办“公务员职业道德与行为规范”讲座，树立人人是机关建设主体，人人是机关形象代表的理念。完善《文明机关创建活动实施意见》，制定《区直机关系统创建文明机关考评细则》，利用楼宇空间布置美化机关办公环境。

（李博洋）

【党风廉政教育】　5月6日，组织35名党员干部到区法院旁听职务犯罪庭审。6月20日，组织500名机关干部观看大型廉政话剧《这是最后的斗争》。7月5日至17日，举办区直机关李大钊廉洁思想巡展，弘扬忠诚坚定、勤政为民，艰苦奋斗、廉洁自律的优良作风。年内，制定《关于廉政文化进机关活动实施方案》。在系统内以廉政风险防控和廉洁机关创建为重点，开展适合机关特色的廉政警示教育，督促系统内33个机关单位逐级签订《党风廉政承诺书》。

（李博洋）

【服务基层】　7月19日至31日，开展夏季“送清凉”活动。8月26日，组织二龙路办公区的18家单位参加主题消防宣传演练。打造职工健身区域，举办太极拳小教员培训班，组织参加金融街地区运动会。12月，为机关青年举办“好妈妈课堂”知识讲座4场。年内，举办团干部流动例会、“炫彩青春”文艺汇演。对67名结对互助儿童进行“六一”节日慰问，“机关青年服务社区计划”获得市级优秀志愿服务项目称号。全年与椿树街道红线社区共同组织开展应急救护培训进社区、“播种希望、放飞梦想”美化绿化环境讲座等活动，选派3名科级干部到社区挂职锻炼。

（李博洋）

【自身建设】　年内，逐级签订《廉洁从政承诺书》，坚持重大问题集体研究决定、分工负责。对照中央“八项规定”精神，查找不足，从精简会议活动、精炼《机关简讯》、改进调研活动、加强服务基层能力四个方面进行自我规范、自我约束，切实改进工作作风。围绕学习贯彻党的十八大精神、实施办公室系统提升行动等专题内容，开展学习培训12次。区直机关工委干部100%完成公务员在线学习任务。

（李博洋）

社会建设工作

【概况】　中共北京市西城区委社会工作委员会（简称区委社会工委），与北京市西城区社会建设工作办公室（简称区社会办）合署办公。区委社会工委是负责本区社会建设工作的区委派出机构。区社会办是负责本区社会建设工作的区政府工作部门。内设机构：办公室、政策科、党建工作科、街道社区工作科、社会组织工作科、社会工作队伍建设科、监察科，在职人员27人。年内，全面贯彻落实党的十八大精神，围绕全面构建“全响应”社会服务管理体系的主线，着力提高社会服务管理人性化、规范化、精细化，着力丰富多元主体参与社会公共治理，着力创新社会领域党建工作机制，在改进服务、改善民生和创新管理中加快推进社会建设。全年接待上级调研和各省市考察共百余批次、千余人次，其中中央党校和国家创新与发展战略研究会、国家行政学院等国家政策研究机构对辖区多元治理的工作理念给予高度评价。在全国首个地方版社会建设指数报告《中国社会建设蓝皮书·北京社会建设报告2013》中，西城区社会建设指数总分90.88分，名列全市第一。

地址：西城区西直门内大街275号
邮政编码：100035
办公电话：82141123

（栾德廷）

【社会建设专项资金】　年初，利用2000万元社会建设专项资金，购买社会组织服务。公开征集了2013年社会建设项目，采取网上申报的方式优化申报审批流程，完善专项资金拨付、使用和监督，重点支持养老助残服务、社会管理服务、特殊人群心理健康服务、专职社工队伍建设、社会组织培育、文化教育、环境保护7大类75个项目。

（栾德廷）

【第二届公益文化节】　3月5日，第二届爱在西城公益文化节开幕。此届公益文化节主题为“让公益更有力量”，分为开幕式、系列活动、闭幕式三大部分若干个板块，活动持续开展几个月。全区15个街道255个社区的3000余家各级各类社会组织开展系列公益活动近百场。

（栾德廷）

【社会建设工作会议】　4月12日，区社会建设工作领导小组会议召开。会议传达市委、市政府社会建设相关会议的精神，部署2013年社会建设和“六型社区（干净、规范、服务、安全、健康、文化）”建设工作。提出健全完善“全响应”网格化工作体系，重点做好完善机制、整合网格和建设平台三项工作；深入推进“访民情、听民意、解民难”工作；以推进基本公共服务全覆盖为重点，加强全响应民生服务体系建设；以机制创新为重点，不断提升街道统筹辖区发展的能力；广泛动员多元主体参与社会服务管理；扩大党组织和党的工作覆盖面，着力提升社会领域党建科学化水平。

（栾德廷）

【首都最美社工】　11月30日，由中国社会工作者协会、北京市委社会工委、《公益时报》社共同举办的第二届“寻找最美社工”活动结果发布，西城区仁助社会工作事务所总干事安娜、西城区广安门内街道西便门东里社区党委书记潘瑞凤获得“首都最美社工”称号。西城区社会工作者联合会项目部负责人胡蕊、睦邻社会工作事务所副总干事丁蕊2人获得“首都优秀社工”称号。

（栾德廷）

【“全响应”网格化工作体系】　年内，区级“全响应”社会服务管理指挥中心依托区城管监督指挥系统，以信息技术为支撑，建立纵向互联、横向互通、全面覆盖、高效运转的运行网络，推动形成行政服务、社会服务、城市管理、社会管理、应急处置五项功能于一体，区、街、社区、网格四级联动的“全响应”网格化工作体系。采取上下梳理的方式，将原来的1243个综治网格和2432个城管网格以及部分街道自定的社会建设网格进行整合，形成全区统一的1697个网格责任区，完成网格空间标绘，形成GIS电子地图，落实每个网格的基础力量、专业力量、响应力量。区级层面中心依托区城管监督指挥系统正式揭牌使用。15个街道均建成数据中心，14个街道完成硬件建设。85个服务事项实现了网上大厅和实体大厅的统一，34个事项实现了全区通办。70个社区通过北京市智慧社区评定。

（栾德廷）

【“访听解”长效机制建设】　年内，印发《关于建立健全“访民情、听民意、解民难”工作长效机制的通知》，固化“访民情、听民意、解民难”工作12项长效机制。全年区领导走访街道社区128次，委办局领导走访街道社区388次。区、街、社区通过“访听解”工作共收集各类社情民意62670件，其中已经解决的问题60687件，解决比例达96.8%，群众集中反映的环境卫生、为老服务等热点难点问题得到了有效解决。

（栾德廷）

【统筹解决民生问题】　年初，发挥街道统筹解决民生问题的作用，加强对职能部门派驻机构的指挥、调度、考核、评价，规范街道、管委会协调机制，推广街道在社区召开办公会等做法，整合社会组织、驻区单位等各方资源，解决民生问题。原来由各职能部门主管的劳动就业、社会保险、社会福利、住房保障、计划生育、法律服务、志愿者服务等业务职能下沉到街道公共服务大厅，为群众提供标准统一的规范化服务。确定2013年街道为民办实事计划161件，通过《北京西城报》、西城政务网站向社会公布。并对街道办实事项目进行专项督查，截至年底，161件实事项目全部完成。从全区机关、事业单位中遴选255名优秀年轻干部，到社区脱产挂职一年。

（栾德廷）

【社区居民自治】　年内，依托社会服务管理网格让居民自治延伸到楼院、小区的机制，实现居民自治管理的精细化。推广社区互助会、居民事务理事会等经验做法，建立居民群众、社会组织、驻区单位等多方联动自我服务、自我管理机制，培育社区自治组织实施公益事业和公共事务的能力。创新居务公开的有效载体，利用微博、微信等新媒体技术，引导更多的居民参与社区事务，监督社区居委会工作。

（栾德廷）

【社会领域党建工作】　年内，按照党组织班子社会化、组织体系网格化、运行机制常态化的原则，建立以街道工委为核心、社区党组织为基础、其它党组织为结点的区、街、社区三级网络化党建工作体系。推动街道大工委建设，以区域化党建为龙头，统筹引领基层社会服务管理创新工作，建立街道社会工作党委统筹辖区单位、非公企业、五小门店、流动党员的党建管理模式，实现了党的组织和党建工作的全面覆盖。开展社会工作党委示范点建设，申报西长安街街道、展览路街道、白纸坊街道为市级社会工作党委示范点，从组织设置、基础保障、工作机制、活动载体、发挥作用等五方面着力开展创建工作。

（栾德廷）

【非公有制企业党建活力工程】　年内，落实区委《关于实施“非公有制企业党建活力工程”进一步加强和改进全区非公有制企业党的建设工作的意见》，打造了37个市级非公企业党组织“五好”示范点（领导班子好、党员队伍好、工作机制好、发挥作用好、各方反映好），举办非公企业党组织书记示范培训班，建立150人的非公企业党建指导员队伍，编撰《非公企业党建创新工作集萃》，举办两期100人的非公企业入党积极分子培训班。完成包括商务楼宇党建、非公企业党建、区域化党建等方面的38个党建创新项目。

（栾德廷）

【商务楼宇工作站】　年内，重点打造金融街街道西城晶华、展览路街道五栋大楼、西长安街街道大悦城党群服务中心、白纸坊街道金泰开阳大厦楼宇工作站等4个商务楼宇工作站。其面积均在300平米左右，集政务服务、公共服务、公益服务、社会服务等于一体。建立商务楼宇图书借阅点23个，文体活动室40个，提供借阅书籍5.3万册，为楼宇企业员工提供文体服务23518人次。

（栾德廷）

【枢纽型社会组织党建工作】　年内，与教育、卫生、司法等相关部门协作，在辖区民办学校、民办医院和律师协会组建枢纽型社会组织党组织。在私个协、在出租车司机当中建立党组织。在流动党员管理、物业管理、劳务派遣和中介组织等机构筹备组建党组织。

（栾德廷）

【社会领域党建调研】　年内，根据年度重点工作，组织各街道和直属党委申报调研课题，共收集60余篇调研报告，精选出37篇汇编形成《西城区社会领域党建研究课题汇编》。

（栾德廷）

【社会领域党群服务中心】 年内，区社会领域党群服务中心建成，共接转党组织关系530余人，举办百家讲坛4期，开展中国梦等主题宣讲，受教育党员干部1500余人次，完成社会领域党建信息库数据采集工作。

（栾德廷）

【街道系统绩效考核工作】 年内，制定《西城区十二五期间街道系统绩效管理实施意见》，组织街道系统考核工作，内部考核共分为3项一级指标、14项二级指标、85项三级指标，指标内容共涉及到38个职能部门。外部评议委托第三方专业机构进行问卷设计、问卷调查和结果分析等工作。街道共有2100人次参与对街道工作的问卷调查，居民代表、社区工作者代表、驻区单位代表、地区管委会代表、街道本级职工等社会群体对街道工作进行评价，推动绩效考核由“上评下”向“下评上”、由“官评官”向“民评官”方向转变。

（栾德廷）

【老旧小区自我服务管理】 年内，按照北京市《关于开展老旧小区自我服务管理试点工作的意见》精神，指导街道开展老旧小区自我服务管理的工作，逐步实现自治建设好、自我管理机制好、自我服务效果好、辖区单位协同好、突出问题解决好“五好”目标，9个老旧小区试点通过北京市社会建设领导小组检查。

（栾德廷）

【社会工作人才队伍建设】 年内，组织第三期赴新加坡实践培训班，促进教育培训由专业知识普及型向专业应用能力提高型的转变。开展社区工作者调研，规范社区工作者招录、考评、培养等工作，拓宽社区工作者职业发展路径。完善社工联合会工作体系，建立街道社会工作者联合会分会，形成覆盖全区的社会工作者组织网络体系。完善“一街一站”职业社工岗位设置工作，组织开展“一街一队伍”试点工作，推进志愿服务长效化开展。

（栾德廷）

【社区规范化建设】 年内，建立街道主要领导工作例会制度，全年共组织街道系统工作例会3次，印制《西城区街道基本情况汇编》《西城区社区建设基本情况汇编》。围绕创建“六型社区”，社区用房达标类型由“散点拼凑型”向“集中服务型”转变，打造了22个市级规范化建设示范社区、14个市级一刻钟社区便民服务圈示范点；推进70个智慧社区建设，建成10余个能够辐射一定区域的市民中心，为辖区居民提供综合服务和活动场所。

（栾德廷）

【驻区单位资源开放共享】 年内，出台《关于进一步推进社会单位资源开放共享的实施意见》，搭建驻区单位内部资源与居民需求对接的平台，建立资源开放共享评价指标体系，健全促进社会资源开放共享长效机制和奖励机制。投入400万元，表彰奖励了76家资源共享先进单位，促进300余家社会单位开放资源，解决停车难、养老难、活动场地不足等一些依靠政府自身力量无法解决的难点问题，推动养老、文体活动、停车等各项资源开放共享。

（栾德廷）

【“十二五”时期社会建设专项中期评估】 年内，对照“十二五”社会建设专项规划确定的各项任务，对两年来，规划任务完成情况、存在问题和需要调整的内容进行梳理和分析。完成《西城区“十二五”时期社会建设规划中期评估自查情况的报告》，并顺利通过了区人大常委会的审议。

（栾德廷）

党校工作

【概况】 中共北京市西城区委员会党校（简称区委党校）、西城区行政学院，是中共西城区委领导下的培养党员领导干部和理论干部的学校，是党委的重要部门，是培训轮训党员领导干部的主渠道，是党的哲学社会科学研究机构。主要负责全区处级党政干部、中青年后备干部、企事业单位领导干部及公务员的教育培训工作。大专体制。内设校务办公室、党群工作办公室、教务一科、教务二科、科研室、政治理论教研室、管理学教研室、社会学教研室、对外培训一科、对外培训二科、教学保障科、财务科、总务科、离退休干部科，并主办一所具有独立社会办学资格的培训学校——未来学校。在册教职员工83人，专职教师20人，其中，教授2人，副教授10人。区委党校主要承担对全区党员领导干部进行系统的马克思主义基本理论教育和管理教育培训。包括处级领导干部进修班、中青年干部培训班、公务员初任培训班、入党积极分子培训班等主体班次。年内，区委党校按照党的十八大报告中对建设高素质的执政骨干队伍的要求，贯彻落实《中国共产党党校工作条例》和《干部教育培训工作条例（试行）》，全年培训学员总计7160人次，完成西城区干部培训计划确定的各项任务。

地址：西城区南菜园49号

邮编：100054

电话：83975878

（张冬梅）

【领导干部理论进修班】 年内，共举办处级干部理论进修班6期，来自区属各委、办、局的1383名处级领导干部参加了集中脱产培训。其中包括处级干部理论进修班2期84人，处级领导干部初任培训班1期20人，处级领导干部“领导力提升”专题自选培训班1期1200人次，一年制处级干部专题培训班1期18人，西城区第一期处级以上领导干部学习贯彻总书记习近平系列讲话精神轮训班61人。区委党校以党的执政能力建设、先进性和纯洁性建设为主线，以马克思主义群众观点和党的群众路线教育为切入点，反对形式主义、官僚主义、享乐主义和奢靡之风，围绕区委、区政府的中心工作，安排“中国道路中国梦，执政新风与群众路线，《新党章》解读，政德与官德，《共产党宣言》原著解读，领导风格与领导力提升，周恩来生平，系统思维与创新能力，领导者的心理素质与心理调适”等课程。按照西城经济社会发展需要及首都功能核心区发展的新要求调整教学计划，邀请中央党校、清华、北大等专家学者和市、区的相关领导，结合全市区域经济发展状况和西城区文化、经济社会发展等有关内容为学员进行的专题讲座有："解读党的十八大精神，党性教育，改革开放，反邪教，西城区区情，党的统战工作"；并组织学员到金融街、区反腐倡廉基地、区应急指挥中心等地参观和现场教学。其间，推出学员课堂、学员论坛、基层党建工作调研、学习型组织建设现场教学等活动项目，突出授课和研讨并重的特点；同时联系教与学的实际，推进研究式教学，综合运用讲授式、案例式、模拟式、体验式、展板式等新的教学方法，探索新的培训方式，搭建新的教学平台。

(张冬梅)

【中青年后备干部培训班】 年内,共举办2期中青年后备干部集中脱产培训班，来自区属各委、办、局的113名中青年干部参加。围绕党的十八大报告中提出加强党的执政能力建设、先进性和纯洁性建设为主线，以思想建设、组织建设、作风建设、制度建设为导向。围绕推进社会主义经济理论、提高执政能力、加强党的建设等内容，结合形势任务及西城经济社会发展需要，安排"学习党的十八大精神系列讲座，树立正确的世界观、权力观、事业观，西城区区情概况，新形势下党的思想政治工作，西城统战工作现状与展望，西城区人才战略，新西城历史文化的优势整合，领导力与领导沟通"等课程，优化中青年干部的知识结构，提高推动科学发展的能力。

(张冬梅)

【处级干部专题培训】 年内，区委党校配合区委组织部开设处级领导专题培训班。采取自主选学的方式，结合区内干部实际需要，分别以"领导力提升"、"学习贯彻总书记习近平系列讲话精神"为主题开展为期3周的专题培训，参训处级干部共1261人次。

(张冬梅)

【公务员培训班】 年内，西城区行政学院举办公务员初任培训班1期156人，公务员科级任职培训班4期269人。行政学院针对公务员初任、科级任职班的不同培训需求，安排了公务员行为规范、公务员法、努力做一名人民满意的公务员、科长之道、科级公务员的职位特点和能力要求、科长执行力的培养、党的十八大及十八届三中全会精神解读、加强职业道德修养、国家行政机关公文处理、依法行政热点难点问题研究等教学内容，着重加强对公务员的区情教育以及岗位履职所需的基本素质、基本技能和依法行政能力的培训，为建设高素质、专业化的公务员队伍奠定基础。

(张冬梅)

【办公室主任轮训班】 年内，区委办、区政府办与区委党校联合举办西城区办公室主任集中轮训班3期143人。区委党校以党的十八大精神为指导，结合西城区"十二五"规划，安排"立足区情、贯彻党的十八大精神，如何做好办公室主任，领导干部心理素质与心理调试，办公室礼仪"等教学内容。

(张冬梅)

【教学新模式】 年内，区委党校推出制作展板作为一种辅助教学的新模式，任课教师用展板展示教学内容，带领学员就其背景、现状、发展进行探索，引导和启发学员对所学知识进行回顾、总结和思考。在主体班教学中，设置谈话式教学环节。根据不同班次的教学内容，邀请区各委办局的处级领导干部与学员对话。处级领导干部结合自身岗位工作特点，以及走上处级领导岗位后的实践，向学员们传授如何尽快转变角色，胜任本职工作的经验和方法，帮助学员分析在工作中遇到的疑点、难点问题，并提出建议。

(张冬梅)

【信息化工作】 年内，按照区信息办开展"智慧西城"设计的要求，结合区委党校信息化发展现状及今后发展的规划，完成学校信息化设计方案，把已有的信息化系统进行梳理和整合，为主体班教学提供信息化方面的支持和保障。达到避免重复建设，节约经费和优势教学资源全区共享的目的。

(张冬梅)

【教学资料库】 年内，区委党校针对主体班教学，建立一套可扩容的"党校学习资料库"，对已有的"课程视频资料库、影视资料库、中央党校远程教学网资料库、中国知网数据资料库"进行整合，提升其存储空间，并定期进行数据更新、上传、下载、共享和维护功能。保障党校虚拟教学的应用，为学员提供网络学习和调查研究的终端支持。

(张冬梅)

【科研工作】 年内，区委党校明确以理论性研究为基础，以应用性研究为重点的科研工作定位，发挥党校教师的区位优势，从基层党校实际出发开展科研活动。完成市委党校科研协作课题2项："运用信息化手段创新社会服务管理的探索""首都城市精细化管理研究"；完成北京市思想政治研究会重点课题1项："力戒'长空假'践行'短实新'——新形势下加强与改进基层领导干部文风建设研究"；完成区级课题2项："新时期西城区社会组织党建工作现状与对策研究""加强地区中小非公企业党建的思考——以什刹海酒吧街联合党支部为例"；完成往年结转区委组织部人才资助集体项目2项："西城区委党校主体班党性锻炼新模式探索""打造'学习型'教师团队 提升教师专业化水平"；完成往年结转区委组织部人才资助课题1项："政务微博的发展现状研究——兼谈西城区微博行政实践"；完成校级课题10项。全年编辑出版《西城论坛》4期4000余册，《党校工作通讯》6期。全校出版著作2部。发表论文33篇，其中，国家级刊物发表3篇，省市级刊物发表14篇，区级刊物发表16篇。完成征文4篇并入选北京市党校、行政学院系统纪念毛泽东同志诞辰120周年学术研讨会论文集。获各级奖励6项：其中，获北京市思想政治研究会"丹柯杯"优秀论文3篇，一等奖、二等奖、三等奖各1篇；获西城区2012年度优秀调研成果2项，三等奖1项，优秀奖1项；获西城区党建研究会2013年度调研课题成果优秀奖1项。

(张冬梅)

【职称评定】 年内，根据北京市人力资源和社会保障局、北京市教委《关于北京市党校系统高校教师职务聘任制的通知》等文件精神，在专业技术教师岗位设置和职务聘任工作中，区委党校1名教师被聘为教授，1名教师被聘为副教授。

（张冬梅）

【“献爱心”捐献活动】 4月26日，为响应西城区红十字会关于做好“雅安地震”专项募集工作的通知，区委党校全体教职员工为雅安灾区人民向区红十字协会捐款4430元。7月7日，为响应区直机关工委“共产党员献爱心”捐款活动的号召，区委党校全体教职员工捐款3200元并上交西城区慈善协会。

（张冬梅）

党史工作及地方志工作

【概况】 中共北京市西城区委党史工作办公室（北京市西城区地方志编纂委员会办公室），是区委、区政府主管党史、地方志工作的职能部门（简称区史志办）。内设办公室、党史科、志鉴科、宣传科，在职人员18人。党史工作的主要职责是组织、指导全区党史工作开展，征集、整理、编纂全区党史资料，承担市委和区委部署的党史资料征研任务，开展地域党史资料编研；配合相关部门对党员、群众进行党史和革命史教育，面向社会开展党史宣传。地方志工作的主要职责是按照《地方志工作条例》和《北京市实施〈地方志工作条例〉办法》，依法组织、指导、督促和检查全区地方志工作开展；拟定地方志工作规划和编纂方案；组织编纂地方志书和地方综合年鉴；收集、整理、保存地方志文献和资料，组织整理旧志；组织开发利用地方志资源；推动地方志理论研究和学术交流，组织开展业务培训。年内，党史工作完成对《北京西城革命史词典》送审稿进行修改，完成《北京市西城区重要会议资料汇编》和《北京市宣武区重要会议资料汇编》编纂出版工作，继续推进《北京革命史百科全书》编纂工作，创建党史宣传队伍，开展多种形式的党史宣传教育活动，重点征集社会主义建设和改革开放时期的党史资料；地方志工作完成《北京西城年鉴（2013）》的编纂出版工作，完成二轮志书资料长编的编写工作，推进二轮志书初稿撰写工作，完成《北京年鉴》西城部分供稿任务。

地址：西城区南菜园街51号

邮编：100054

电话：83975321

（郝慧芳）

【《北京西城革命史词典》编纂】 年内，按照词典的编纂规范，对初稿进行核实史实、完善要素、统一体例、规范文字的两轮修改并统稿。形成了事件、人物、组织、文献、遗迹等5个分支378个条目，约14万字的征求意见稿，送交专家学者进行初评初审。其间，共召开14次编辑研讨会，对条目的定性和背景把握、各分支条目类同内容的处理等问题进行专题研讨。

（朴淑瑜）

【《资料汇编》编辑工作】 年内，在《北京市西城区重要会议资料汇编》和《北京市宣武区重要会议资料汇编》（简称《资料汇编》）的编辑工作中，查阅收集原西城区、宣武区历次（届）党代会、人代会的重要会议的档案资料1097卷，复印材料6115页，整理录入180万字。遵循准确性、客观性、一致性原则，对史料进行认真辨析和梳理。8月，完成初稿。11月，经过审校、统编、征求意见等项工作后，《资料汇编》正式出版，内容涵盖会议的概况、选举结果、工作报告（决议）、代表分析及名单等6部分，共177.7万字。

（朴淑瑜）

【《北京革命史百科全书》编纂】 年内，开展了条目稿的征求意见和送审、排版工作。全书的配图、大事记、知识主题索引和条内参见系统制作、以及其他后期编辑工作。12月，召开了送审稿征求意见会，向市有关领导和相关单位征求意见。

（朴淑瑜）

【“党史宣传周”活动】 按照北京市委党史研究室《关于开展“党史宣传周”活动的通知》要求，6月26日，区史志办创新宣传形式，联合天桥街道工委举办以“西城情·党史魂”为主题的文艺演出。组织基层百余名文艺工作者创作、演出14个具有西城地域和党史特色的文艺节目，辖区500余名基层党员群众和党史工作者参与活动。《北京日报》《北京西城报》给予报道。

（朴淑瑜）

【创建党史宣传队伍】 年内，向区委社工委审报党建创新项目，整合市、区和基层党史宣传人才资源，组建了一支20多人的党史宣教队伍。开展9次党史讲座，基层街道党员群众、社会领域党组织负责人等约1100人次听课,内容涉及“党史中的智慧与启迪——解读中国梦”“正道沧桑中国梦”“奠基创业·曲折探索”“党的十八届三中全会精神解读”等。11月27日，召开党史宣传教育工作交流会，征求对扩大党史宣传教育覆盖面、密切联系服务群众、探索党史宣传教育联动机制等问题的意见建议。

（朴淑瑜）

【拓展党史宣传教育阵地】 年内，借助区委组织部、区委党建研究会的《西城组工动态》《西城党建研究》宣传平台，分别开办“红色记忆”和“西城区党的建设历程回顾”党史专栏，撰写《北平和平解放》《西城地区历次区划调整情况》《中国人民政治协商会议第一届全体会议》《开国大典》《建国初期西城地区党组织的发展》等30篇文章，约4万字，宣传西城地区不同时期党的革命活动和思想、组织建设工作。

（朴淑瑜）

【党史资料征集工作】 年内，建立党史资料征集制度，重点征集社会主义建设和改革开放时期的资料。收集整理党建、组织、社会建设等15个方面的475条、约20万字的电子资料；通过查阅、复印、购买、受赠、扫描等方式，征集档案资料6000多份，文献资料近100本，图片资料120张。

（朴淑瑜）

【年鉴工作会议】 3月15日，2013年西城区年鉴工作会议召开。市地方志办公室年鉴指导处处长崔震、全区各单位主管年鉴工作的领导、组稿人及西城年鉴编辑部成员共200余人参加会议。会议总结回顾2012年全区年鉴工作，安排部署2012年《西城年鉴》编纂工作。会上印发了《北京西城年鉴（2013）编纂方案》和《北京西城年鉴（2013）编写规范》，对在

2012年《北京西城年鉴》编纂工作中作出突出成绩的50个先进集体和59名先进个人进行表彰。

（郝慧芳）

【向《北京年鉴》供稿】 4月，按照北京市地方志办公室要求，区史志办完成向《北京年鉴》供稿工作，撰写西城“区情”约5700字，组稿“北京金融街”约1000字，并提供西城图片13张，稿件刊于当年发行的《北京年鉴》，客观地反映了全区政治、经济、文化、社会等各方面的发展变化。

（郝慧芳）

【年鉴编纂出版】 年内，完成《北京西城年鉴（2013）》的编辑出版工作。该书系统记述2012年区域内自然、政治、经济、文化和社会的发展变化过程。《北京西城年鉴（2013）》由210个单位参加编写，其中区属单位155个、辖区单位55个。新增10供稿单位：新增单位5+2、园林市政、广发银行宣武支行、经科大。西城第二消防支队与西城第一消防支队合并。全书137万字，一级栏目21个、二级栏目103个、三级栏目205个、条目2571条，其中特载9篇、大事记143条、专文2篇、表格32张、图片159张。新增英文目录、“功能街区建设重大项目建设”一级栏目，二级栏目“劳动人事管理”改为“人力资源和社会保障”。在年鉴图片的征集方面，在各参编单位报送的基础上，继续与区新闻中心征集有代表性的、高质量的新闻图片作为年鉴图片部分的重要素材，图片比上年增加58张。

（郝慧芳）

【第二轮修志工作】 年初，全区修志工作转入初稿撰写阶段。6月，下发《关于全区二轮修志下一步工作安排的通知》，要求参编单位尽快完成入志初稿的撰写，做好入志初稿的修订工作和资料的补充和考证工作。截至年底，全区大部分参编单位完成志书初稿报送工作，共报送资料1400余万字。

（郝慧芳）

【志鉴业务学习培训】 年内，通过开展专题培训、分部类培训、个别辅导等对参与修志工作的人员进行业务指导，提升全区修志队伍的工作水平。3至10月，组织区志副主编参加市志办举办的修志系统业务培训6次：解读《关于第二轮志书编纂若干问题的意见（二）》等文件、志书大事记的撰写、编纂志书初稿过程中需要注意的一些问题、二轮志书编纂的若干问题、北京市二轮志书编纂文件实施中需要注意的问题、概述和无题述。7月，组织人员赴宁波参加北京市地方志办公室与宁波大学联合举办的方志业务培训班。区志编辑部定期举行编辑部会议，汇总工作进度，研讨工作中出现的问题。全年区志编辑部共召开例会35次。组织编辑人员学习中国地方志指导小组下发的《地方综合年鉴编纂出版规定》和新版的《标点符号用法》《出版物上数字用法》，参加市志办组织的全市性年鉴业务培训4次。

（郝慧芳）

【区地方志开发利用状况调查】 6月，调查2005至2013年西城区（包括原西城区、原宣武区）地方志开发利用状况，形成《开发利用地方志资源服务区域经济社会发展——西城区地方志开发利用工作回顾》一文，3000余字。

（郝慧芳）

【地方志信息工作】 年内，根据全区地方志和年鉴工作进度，定期编辑《地方志工作信息》，反映全区地方志工作动态、沟通交流经验，通报工作进度。全年共编辑3期，向北京市地情资料网报送信息2条。

（郝慧芳）

巡视工作

【概况】 中共北京市西城区委巡视组（简称区委巡视组）、中共北京市西城区委巡视工作领导小组办公室（简称区委巡视办），在职干部10人。年内，在区委巡视工作领导小组的领导下，围绕中心，服务大局，发挥监督作用，对区人力社保局、市政市容委、卫生局、安监局、财政局、统计局、法制办、外事办、外联办、什刹海街道、新街口街道、西长安街街道、园林市政中心、广安控股、金工投资公司等15个单位的党组织和112名党政领导班子成员进行了监督检查，向被巡视单位提出意见建议42条，向区委、区政府提出意见建议4条。同时，对2012年度巡视过的椿树街道、白纸坊街道等15个单位进行了回访。确保区委、区政府重大决策部署的贯彻落实。
地址：西城区二龙路27号
邮编：100032
电话：88064115

（王培田）

【干部挂职】 3月，区委组织部干部管理组分别从区委组织部、档案局、民防局、城管中心和德胜街道抽调5名副处级后备干部到区委巡视机构进行挂职锻炼。从3月底开始，巡视工作领导小组办公室对他们进行为期1个月的业务培训，系统学习上级有关文件精神、内部规章制度和巡视工作方法等内容。在巡视期间，各组注重对他们进行言传身教和实践锻炼，提高他们的综合素质能力。10月，就如何提高挂职干部的能力水平进行专题研讨，5名挂职干部结合半年来的经历，谈了对巡视工作的认识和理解，并介绍自己的收获和体会。

（王培田）

【巡视动态】 年内，区委巡视组按照区委巡视条例规定的5项巡视内容，对处级领导班子及其成员，特别是党政主要负责人的监督，着重在“五个突出”上下功夫。突出领导班子的“执行力”。监督检查被巡视单位领导班子及成员在贯彻执行中央、市、区各级决策部署、推进工作的情况，看措施是否得力，是否存在执行走样、落实不到位的问题。突出领导班子的“决策力”。监督检查被巡视单位执行民主集中制和重大问题决策的情况，看是否存在违背规律、不顾实际、盲目蛮干等问题。突出领导干部的“自律力”。监督检查被巡视单位领导班子成员特别是主要负责人遵守廉洁自律各项规定、落实党风廉政建设责任制、抓班子带队伍情况，看是否存在违反规定、以权谋私等问题。突出选人用人“公信度”。监督检查被巡视单位贯彻执行《干部选拔任用条例》的情况，看是否存在用人不当、风气不正、公信度不高和选人用人过程中存在的不够公开透明、程序不够规范的问题。突出“作风建设”。监督检查各单位执行“八项规定”的情况，看是否存在形式主义、官僚主义、享乐主义和奢靡之风等问题。完成对区人力社保局、市政市容委、卫生局、安监局、财政局、统计局、法制办、外事办、外联办、什刹海街道、新街口街道、西长安街街道、园林市政中心、广安控股、金工投资公司等15个区属党政机关、街道和企事业单位领导班子的巡视。了解被巡视单位领导班子和领导干部基本情况，发现和澄清了一些突出问题，初步解决了基层单位一些干部群众反映的热点、难点问题，向被巡视单位提出合理的整改意见，促进了被巡视单位的党风廉政建设和领导班子、领导干部队伍建设；向区委提出了具有建设性的建议。

（王培田）

【巡视回访】 年内，巡视机构完成了对椿树街道、白纸坊街道、金正公司、区行政服务中心、区文联、区档案局、区红十字会、京都文化公司、区信息办、区机关服务中心、区房地中心、展览路街道、天桥街道、区总工会、西直门管委等15个单位的回访工作。主要针对巡视组向被巡视单位反馈的问题和意见建议，检查被巡视单位整改落实的情况。通过回访促进了问题的解决，推动被巡视单位的全面建设。

（王培田）

【自身建设】 年内，加强信息沟通，统筹推进全区巡视工作，制定区委巡视组组长办公会议制度，对会议的组织、会议的主要内容、会议原则及具体要求做出规定。全年共召开巡视组长办公会2次。区委巡视机构组织全体干部学习贯彻中共十八大及十八届二中、三中全会精神和市、区的相关文件精神，适时召开巡视工作专题研讨会，并组织巡视干部参加区纪委和区委组织部组织的各种业务知识培训。

（王培田）

纪检　监察

【概况】 中共北京市西城区纪律检查委员会（简称区纪委）与北京市西城区监察局（简称区监察局）合署办公。下设办公室、干部室、研究室（政策法规室）、宣传教育室、信访室（西城区人民政府举报站）、案件审理室、第一案件检查室、第二案件检查室（案件管理室）、党风政风监督室、（西城区纠正行业不正之风办公室）、执法和效能监督室、预防腐败室、区行政投诉中心。在职人员59人。纪检监察工作主要职责是主管全区党的纪律检查工作和行政监察工作，贯彻落实党中央和市委、区委关于加强党风廉政建设和行政监察工作的决定；维护党的章程和其他党内法规，检查党的路线、方针、政策和决议的执行情况，监督检查国家政策和法律、法规以及决定、命令的执行情况；组织指导全区廉政风险防控管理工作；检查并处理检查、监察对象违反党的纪律案件，违反国家政策、法律、法规以及违反政纪的行为；受理党员和监察对象的控告和申诉等。年内，区纪委监察局贯彻党的十八大精神，以落实中央八项规定精神，改进作风为重点，维护党的纪律，惩治腐败，全区党风廉政建设和反腐败工作取得新进展。

地址：西城区二龙路27号

邮编：100032

电话：88064983

（吴　悦）

【区纪委第十一届三次全体会议暨全区党风廉政建设工作会议】 2月27日举行。会议学习贯彻党的十八大精神、总书记习近平在十八届中央纪委二次全会上的重要讲话和中央纪委、市纪委全会精神，总结上年全区党风廉政建设和反腐败工作，部署年内工作任务。全会审议通过区纪委书记作的《深入学习贯彻党的十八大精神　扎实推进西城区党风廉政建设和反腐败工作》的工作报告和区纪委全会决议。会议要求，全区纪检监察组织和纪检监察干部要紧紧围绕市纪委和区委、区政府各项部署，坚定信心，扎实工作，不断取得党风廉政建设和反腐败工作新成效，为西城区实现新发展提供坚强有力的纪律保障。

（吴　悦）

【正风肃纪工作】 年内，围绕落实中央八项规定精神和市、区部署要求，全面开展正风肃纪工作。把握元旦、春节、中秋、国庆等重要时间节点，通过明察暗访、集中检查、公开曝光等多种形式，狠刹公款送贺卡送节礼、公款吃喝、公款旅游和奢侈浪费等不正之风。严肃处理违反中央八项规定精神的问题4起，给予党纪政纪处分6人，并予以通报，起到警示教育作用。以“千家评政府”为载体，对66个区属职能部门和15个街道办事处的作风建设、依法行政、办事效率、落实责任、政务公开等情况进行全面测评，平均满意度为93.1%，较上年度有所提升，对发现的问题及时反馈，强化以评促改。突出直查快办，加大对违法建设、行政工作人员服务态度和工作效率低下等问题的核查力度，全年受理群众投诉共191件次，办结率100%。对“城市环境集中治理行动”及“规范执法行为、规范政务服务，提高执法能力和服务水平”试点单位进行暗访和问题督改，推进政府部门和公共服务行业改进工作作风、提升服务质量。

（吴　悦）

【领导干部廉洁自律工作】 年内，执行党内监督条例，对69名新任处级实职领导干部进行集体廉政谈话。对2012年党风廉政建设责任制检查反馈意见进行整改落实，开展2013年年中、全年党风廉政建设责任制检查，促进“一岗双责”的落实。开展经济责任审计，完成14名处级领导干部及国有企业领导人员经济责任审计。

（吴　悦）

【权力公开透明运行工作】 年内，推行各单位主要领导不分管人财物工作制度，促进权力规范行使。厘清区政府职权28项、区政府全会职权4项、区政府常务会职权16项，区政府专题会职权6项，区长和副区长职权131项，区政府本级行政权力178项、区政府部门行政权力6219项，街道办事处行政权力54项，为区政府履职用权提供了准确依据。推进权力网上公开运行，根据各方意见不断完善区委权力公开透明运行网站，开通“行政权力公开透明运行网站”，公开权力目录、运行流程及决策、执行、结果等权力运行的主要环节，并对区政府及其各部门权力运行情况进行动态展示，形成多维立体的权力公开模式。西城区的做法引起社会的广泛关注，《人民日报》《光明日报》《中国纪检监察报》《新华每日电讯》《北京日报》《北京青年报》《京华时报》《新京报》《北京晨报》《法制日报》等媒体进行专题报道。

（吴　悦）

【党风廉政宣传教育】 年内，将反腐倡廉教育作为领导干部学习培训的必修内容，纳入区委党校主体班的教学培训课程。利用区内违纪违法典型案例开展警示教育，增强党员干部党性修养、纪律意识和法制观念。依托“红莲讲堂”深入基层单位开展宣讲活动10次，举办“李大钊廉洁思想”巡展30余场，组织廉政微小说评选、廉政平面公益广告展播等活动，不断营造廉荣贪耻的社会氛围。

（吴　悦）

【信访监督和案件查处】 全年共受理群众来信、来访、电话和网上举报445件次，信访办结率100%。初核违纪线索74件，立案22件，其中大要案8件；结案18件，给予党政纪处分20人，涉及处级干部2人，涉嫌犯罪移送司法机关查处5人。查办案件各项指标大幅上升，信访举报数同比上升59.5%，初核数上升106%，立案数上升69%，处分数上升53.8%。严肃办案纪律、严格制度程序、严控办案风险，案件的检查及审理工作严谨规范。通过调查核实，为6名党员干部澄清反映失实的举报问题，维护了党员干部的合法权利。

（吴　悦）

【监督检查工作】 年内，围绕经济社会发展大局，加强对生态文明和环境建设、安全生产、住房保障、食品安全等重点任务落实情况的执法监察、效能监察和廉政监察，确保政令畅通。加强对功能区重点工程项目和资金监管，发挥“5+2”联合纪检监察组的作用，开展联合检查和现场督办，针对发现的问题及时督促整改落实。

（吴　悦）

【纪检监察系统自身建设】 年内，开展“铁纪教育”活动，在系统内开展会员卡清退工作，663名专兼职纪检监察干部全部做到“零持有、零报告”。按照转职能的要求，明确职能定位，精简牵头或参与的议事协调机构53%，优化区纪委监察局机关内部机构设置，增设第二案件检查室，加强办案工作。强化对派驻机构的人员配备和监督管理，完善与派驻机构沟通监督机制，开展机关和派驻机构双向述职述德述廉工作。

（吴　悦）

民主党派　工商联

民革西城区委员会

【概况】 中国国民党革命委员会北京市西城区委员会（简称民革西城区委），下设6个专门委员会（祖国统一和平促进委员会、社会和法制委员会、经济委员会、老年妇女和青年委员会、教科文卫体委员会、人口资源环境委员会）。有区委委员20人，其中主任委员1人，副主任委员5人，秘书长1人。截至年底，共有党员896人，支部31个。党员中有全国政协委员2人，市人大代表6人，市政协委员6人，区人大代表2人，区政协委员26人，民革市委委员13人（其中副主委3人、常委1人、委员9人）。国家特约工作人员1人，市特约工作人员4人，区特约工作人员10人，民革中央和民革市委专委会委员30人。

地址：北京市西城区广内大街169号
　　　（翔达大厦东办公区4层402房间）
邮编：100053
电话：66138930

（王冠男）

【参政议政】 年内，民革西城区委围绕中共西城区委、区政府的中心工作和区域发展的全局性、战略性问题，组织广大党员参加多种形式的参政议政会议。民革西城区委参加区政协召开的议政会1次、区情通报会2次，中共西城区委统战部召开的双月座谈会5次。各专委会分别撰写出《关于西城区社区服务现状调研及建议》《未成年人保护与犯罪预防的调研报告》《以智慧城市理念引导北京市西城区绿道、文道、商道建设》《西城区老年人生活状况及服务需求调研报告》《共享蓝天、放飞梦想，推进义务教育均衡发展——西城区外来人员子女接受义务教育情况调研》《关于让我区围墙围栏披上绿幕的调研》6篇调研报告。其中《西城区老年人生活状况及服务需求调研报告》获得中共西城区委统战部党派调研报告二等奖。全年向区政府、中共西城区委统战部及民革市委等相关部门报送意见和建议类信息共计218篇，比上年增长了127%。其中，12篇被民革中央采用，4篇被中共北京市委统战部采用，44篇被民革市委采用，1篇被全国政协采用，2篇被市政协采用，1篇被北京市副市长张延昆批示，在民革市委全市排名中位列第二名。向区政协会议提交4篇提案。编写《西城民革》刊物4期。民革西城区委组织专委会完成对5家西城区行政部门明察暗访工作，共有30名党员参与此项工作。民革西城区委审议通过并实施《民革西城区委信息、调研表彰办法》，评选出信息工作优秀支部14个，信息工作先进个人11名，参政议政先进个人14名，参政议政先进集体2个。

（王冠男）

【思想建设】　3月，民革西城区委组织20名党员参加由区政协主办的“传达全国‘两会’精神专题报告会”；组织近20名新党员参加中共西城区委统战部组织的新成员培训班，学习中国多党合作制度的历史发展沿革及了解西城区区情。4月，组织30名党员参加区各民主党派纪念“五一”口号65周年演讲比赛，并获第一名。8月，邀请中央社会主义学院张峰教授做题为“中国梦·中国道路·中国精神·中国力量”的专题报告，有70名余区委委员及支部主委委员们参加。11月，召开新党员培训会，为新党员介绍民革发展的历史、区委基本情况及如何撰写社情民意信息，有20名新党员参加；组织10名党员参加民革市委组织的“学习中共十八届三中全会精神报告会”。

（王冠男）

【组织建设】　年内，民革西城区委成立了北京教育学院支部，即第31支部。新发展党员46人。6月至7月，组织10名党员分别参加中共西城区委统战部组织的基层组织负责人培训班，和民主党派中青年骨干培训班。9月，民革西城区委进行了届中民主测评。

（王冠男）

【祖国统一和平促进工作】　7月，为纪念“七·七”事变76周年，民革西城区委组织祖国统一和平促进委员会的30名党员参观抗战名将纪念馆；承办党派单月学习日活动，组织参观保定陆军军官学校和直隶总督府，有30人参加。8月，祖国统一和平促进委员会邀请北京邮电大学蔡亮华教授做题为“发挥正能量　实现中国梦”的专题报告，有50名党员参加。9月，组织25名党员参加民革中央组织的“祖国两岸画展”参观活动。

（王冠男）

【社会活动】　5月，民革西城区委与市银发公益协会，北京市盲人协会共同举办“银发光明行，扶老助残文化公益活动”，近50名党员参加。11月，社会和法制委员会为北京少年犯管教所捐赠200余本图书。

（王冠男）

民盟西城区委员会

【概况】　中国民主同盟北京市西城区委员会（简称民盟西城区委），下设组织部、宣传部、调研部、统战理论研究室、教育委员会、文化艺术委员会、科技委员会、金融经济委员会、法律委员会、医疗卫生委员会、妇女委员会、青年委员会、老龄委员会。截至年底，有盟员2031人，基层委员会1个，支部71个。盟员中有第十二届全国人大代表1人；第十二届全国政协委员5人，其中常委3人。第十四届市人大代表3人；第十二届市政协委员2人。第十五届区人大代表3人；第十三届区政协委员34人，其中副主席1人，常委8人。第十一届民盟中央委员10人，其中常委3人。第十一届民盟北京市委委员11人，其中常委2人。在西城区政协十三届二次全会上提交民盟党派提案4件；复议提交界别提案5件，其中教育界别4件、经济界别1件；提交委员个人提案31件；完成4个提案的答复办理工作。10月，办公地点迁址至西城区广安门内大街165号。年内，民盟西城区委被民盟北京市委评为民盟思想宣传工作先进集体。

地址：西城区广安门内大街165号
（翔达大厦东楼5层）
邮编：100053
电话：66135911　66137943

（宋小华）

【参政议政】　年内，民盟西城区委参加区政协与中共西城区委统战部以“十二五”规划中期评议工作为主题的议政会、参加对中共西城区委十一届六次全会报告和区政府工作报告征求意见民主协商会以及中共西城区委统战部组织的双月座谈会5次。完成《西城区失独家庭帮扶问题的研究》《西城区老年人养老意愿调研报告》《关于天桥演艺区设立“演艺中国”运营平台——以“平台信息化”实现更大价值的建议》《关于推进西城区小区金融服务的调研报告》《加快转变发展方式促进西城区文化产业可持续发展的调研》《上海自贸区成立对西城区金融中心的影响分析及对策建议》6篇调研报告。截至11月，区盟员提供社情民意、信息157篇。2012年完成的《北京旧城中轴线北段保护利用研究》获西城区民主党派优秀调研成果一等奖。

（宋小华）

【组织建设】　年内，民盟西城区委发展新盟员80名，其中男41人，女39人，平均年龄38.4岁；中央、市属及区属单位人数分别为43、18、19人；研究生以上学历46人，占56%；中高级职称40人，占48.8%。对15个基层支部进行换届调整，一批年轻盟员走上主委领导岗位。新成立民盟北京四中、民盟北京四中网校支部。

（宋小华）

【思想建设】　民盟西城区委把加强全盟政治素养作为思想教育活动的主要任务。3月、6月开展了“两会心声”“同心共铸中国梦”征文以及“我与中国梦”之书画、摄影作品征集活动。4月，参加“凝心铸和谐·聚力促发展”——纪念“五一口号”发布65周年主题演讲活动，获比赛第二名。7月，举办“履行党派职责、同心共铸中国梦”为主题暑期培训班。11月至12月，发出《民盟西城区委关于组织收听、收看中共十八届三中全会的通知》。召开民盟西城区一届十三次主委会议进行专题学习。组织区盟员参加民盟市委、中共西城区委统战部组织的专题报告会、讲座以及座谈会等学习实践活动。全年出版《西城盟讯》4期，适时开设《有感十八大》《两会心声》《畅想中国梦》《十八届三中全会感言》等栏目，共刊登盟员稿件11篇。

（宋小华）

【自身建设】　全年组织召开主委会议5次，全委扩大会议2次，届中评议大会1次，通过邮件、电话方式征求主副委意见和建议6次，组织新盟员参加各类学习班4期，组织基础教育界别支部负责人参加中共西城区教工委、民盟、民进三方联席会1期，27人参加中共西城区委统战部组织的民主党派基层支部负责人培训班，2人次参加了民盟市委和西城区组织的中青年骨干学习班。按照全区统一进度要求，完成《西城区志》《宣武区志》相关民盟西城区委内容的编撰工作。

（宋小华）

【社会服务】 3月、5月、8月，分别在河南沁阳、成都龙泉一中、黑龙江省铁力市第五中学开展“烛光行动”，提升农村一线教师教育教学能力及综合素质。6月13日，与新街口街道共同开展“关爱阳光·温暖心灵”志愿帮扶活动，民盟西城区委委员司春林为30名贫困家庭的小学生赠送学习书籍及书卡等，价值13000余元；区盟员著名口技表演大师付学铭与著名单簧管独奏家陶旭光，现场为孩子和家长献上文艺演出。6月，北京四中派出师生一行31人到山西省吕梁市结绳塬学校进行支教活动，并设立长期兴学支教点，为农村孩子们提供学习交流平台。妇女委员会组织到朝阳区金盏乡皮村北京同心实验学校开展支教活动，为100多名学生作安全知识讲座，并为学生们送去科普地图和防震避震手册等安全知识书籍以及风车等小玩具。7月24日，邀请北京“12316”农业热线专家走进椿树街道，举办科学种植大讲堂活动，为辖区居民作“阳台养植”讲座并赠送蔬菜种子。法律委员会围绕老年人维权为广大的老年盟员举办法律知识讲座。9月，民盟西城区委组织文艺界盟员参加“送欢乐”进社区活动，与金融街街道砖塔社区的居民共迎国庆、共话中秋；民盟西城区委走访慰问金融街宏汇园社区2户贫困残疾家庭，为他们送上生活必需品和节日的祝福。10月，青年委员会面向中学生家长举办如何申请出国留学公益讲座。全年，医疗卫生委员会6人次参加义诊送药活动。11月，金融经济委员会主办，金融街、金融、财经3个支部盟员共同参与举办“金融街纵谈”系列沙龙活动，采取主题演讲与自由发言相结合，结合西城金融经济发展的背景和前景，研讨时下西城乃至全国金融经济工作中出现的热点敏感问题，并以信息、提案或调研报告的形式，提出意见和建议；组织3个支部盟员赴平谷区开展新社保新医保试点经验调研，共同探索“共保联办”模式，提升医疗服务和疾病防控水平，以解决群众看病就医难等民生问题。

（宋小华）

民建西城区委员会

【概况】 中国民主建国会北京市西城区委员会（简称民建西城区委），下设组织部、宣传部、参政议政部、信息部、社会服务部，专委会18个，工作委员会2个，学会1个。截至年底，民建西城区委共有委员23人，其中主委1人、副主委7人、秘书长1人。支部19个，其中：综合性支部14个，单位支部4个、专业支部1个，会员1931人。会员中有全国政协委员3人；市人大代表2人，其中常委1人；市政协委员12人，其中常委3人；区第十五届人大代表7人；区第十三届政协委员48人，其中副主席1人、常委8人；特邀监察员、监督员24人。

地址：西城区广安门内大街165号（翔达大厦东楼603室）

邮编：100053

电话：66137941

（李 鹏）

【民建中央领导调研】 12月21日，全国人大常委会副委员长、民建中央主席陈昌智调研民建西城区委青年委员会工作，与青年会员们就如何凝聚青年会员力量，激发青年会员活力，更好地履行党派成员职责议题进行交流。民建西城区委主委李建国、专职副主委周卫青、秘书长张鹏参加座谈。

（李 鹏）

【参政议政】 年内，围绕西城区中心工作组织开展调研活动。完成《调整金融街产业结构与布局提高西城竞争软实力》《中轴线西翼文物保护与文化产业提升》《西城区如何促进文化创意产业》等调研报告8篇。在区政协第二次会议上，提出党派提案1份、委员提案38份，其中，《关于琉璃厂、大栅栏老字号文化传承与发展的建议》获2013年度党派团体优秀提案，《关于改进自行车公租体系的建议》《关于利用西城会馆资源发展会馆经济的建议》等7份提案获2013年度委员优秀提案。民建西城区委共收集信息453条，报送408条，其中被全国政协采用1条，被民建中央采用12条，被北京市政协采用5条，被民建北京市委采用84条。

（李 鹏）

【思想建设】 年内，采取辅导讲座、专题座谈、集中培训等方式，组织会员学习领会中共十八大、十八届三中全会精神，全面贯彻民建十大精神。举办“中国梦与美国梦”“国家安全形势和军事问题”等专题报告会。组织各基层支部负责人参加民建市委“重温历史、坚定信念、风雨同行”主题教育活动。全年，民建西城区委共有250余人次参加中共北京市委统战部、民建市委、中共西城区委统战部组织的支部主任培训班、民主党派基层骨干培训班、新会员培训班、信息员培训班等。

（李 鹏）

【组织建设】 年内，民建西城区委发展会员58人，平均年龄38岁。会员1931人，平均年龄49岁，其中女会员657人，占会员总数的34%；大学本科学历及以上1035人，占会员总数的53%；具有中高级职称的861人，占会员总数的45%。新设立证券委员会。向民建市委报送市委领导班子、领导机构、参政议政专家人才60余人，向中共西城区委统战部报送骨干会员近300人，报送西城区国资委国有独资企业外部董事、外派监事推荐人选13名。

（李 鹏）

【社会服务】 年内，民建西城区会员开展各级各类捐款捐物共计49.1万元，其中向大栅栏街道18位贫困母亲捐助5.4万元现金和部分生活用品；向德胜街道、广外街道的19户残疾人及生活特困家庭捐助现金3.8万元；向月坛街道残疾人家庭和特困户捐助12万元；向四川雅安地震灾区捐款5.5万元，组织企业家会员参加向灾区捐款的义卖活动，共筹集善款12.4万元；向北京市未成年犯管教所捐助10万元帮教资金，并协助即将获释的服刑人员联系工作。民建西城区委妇女委员会和卫生委员会联合组织医务界专家到北京市SOS儿童村看望孤儿，送去会员们捐赠的生活用品，并举行义诊活动。民建西城区委妇女委员会参与北京市妇联活动，为密云县高岭镇上甸村贫困母亲捐助衣物千余件。民建西城区委文艺委员会举办“同圆中国梦、共庆教师节”文艺演出慰问奋斗小学教职员工，举办宏庙小学新年联欢会。民建西城区委企业委员会在大栅栏街道举办小型用工招聘会，为街道开展就业帮扶。民建西城区综一支部、综七支部、综九支部、兴中支部参加大栅栏街道扶孤救残活动，与4位孤残儿童签署了救助协议。民建西城区委社会服务部、慈善委员会赴大栅栏街道石头社区，慰问助老服务队，为她们送去防暑降温和生活物品。民建西城区委与大栅栏街道举办联合课堂，联系会员中的有关专家为大栅栏街道全体机关、事业单位干部、社区负责人和企业负责人提供讲座、培训、咨询等服务。

（李　鹏）

民进西城区委员会

【概况】　中国民主促进会北京市西城区委员会（简称民进西城区委），下设组织部、宣传部、社会服务部、科技教育专委会、经济法制专委会、医药卫生专委会、老龄专委会。有主任委员1名、副主任委员6名，秘书长1名，委员21名。截至年底，有基层支部47个，会员1193人。会员中有市人大代表1人，市政协委员2人；区人大代表6人，区政协委员25人；国家监察部特约监察员1人；市特约工作人员5人。年内，以服务科学发展为第一要务，以自身建设和参政议政为重点，以建设高素质中国特色社会主义参政党为目标，本着创新求实的原则，凝聚共识，强化全会对中国特色社会主义的政治道路认同、奋斗目标认同、文化价值认同；服务大局，强化履行党派参政党职责；强化凝聚会心，提升党派组织活力；强化理论研究，指导党派工作实践。

地址：西城区广安门内大街165号（翔达大厦东办公区802室）

邮编：100053

电话：66137950

（魏　威）

【参政议政】　年内，民进西城区委在政协北京市西城区第十三届委员会第二次会议上提交《关于加强西城区控烟工作的建议》《关于加强教育为金融街服务的建议》《关于加强西城区金融街金融文化建设的建议》3件党派提案，其中《关于加强西城区金融街金融文化建设的建议》提案被区政协评为年度优秀提案。政协委员提交的个人提案及复议案32件，5件政协委员提案获优秀提案奖。在西城区第十五届人民代表大会第三次会议上，人大代表提交的建议案7件。专委会围绕区域中心工作开展调研，2013年度民进西城区委课题组提交《西城区普通高中学生资助工作发挥育人功能，全面提升资助效益研究》《社区社会组织的发展与管理调研报告》《西城区慢病患者住院及转诊情况研究》及《西城区党际协商民主制度健全的对策与建议研究》4篇调研报告。1人在西城区政协和中共西城区委统战部召开的“十二五”规划中期评议工作议政会上，以《以育人为导向完善资助机制　全面提升资助效益》为题进行大会发言。民进西城区委向民进市委和中共西城区委统战部报送信息267条；向民进市委提交210份建议案，提供区“两会”提案线索41件。民进西城区委被评为西城区统战信息工作优秀单位，18位会员所写信息被评为优秀统战信息，2条信息被评为优秀政协信息。担任特约监督、监察、督导工作人员的民进会员明察暗访单位共计13家，访察人次共计49次，填报明察暗访记录表68张，社情民意调查问卷125份，提出问题80余条，建议58条。民进西城老龄委围绕“9064养老模式”、“十八大”有关惠及民生政策的落实问题、政府应如何购买养老服务及养老服务的社会化和产业化等问题组织老龄会员研讨。

（魏　威）

【组织建设】　5月，按照民进市委要求完成对北京市教育学院民进支部属地管理工作。民进西城区委所属支部共计47个，其中37个支部向民进西城区委和所在单位提交了年度工作总结和下年工作计划。按照《中国民主促进会章程》的规定及工作程序，增补民进西城区委秘书长1名。通过2013年公务员招录考试，录用1人为民进西城区委驻会干部。9月，民进西城区委开展届中民主评议工作。年内，发展新会员43人，其中研究生11人，占25.58%，大学本科31人，占72.09%；教育界13人，占30.23%，金融界7人，占16.3%，医卫界6人，占14%，法律界1人，占2.3%，政府机关7人，占16.3%，新阶层4人，9.3%，其他5人，占11.6%。调入会员25人，调出会员2人，自然死亡3人。

（魏　威）

【思想建设】　年内，民进西城区委制定实施《民进西城区委基层组织开展创先争优活动工作方案》。5月，举办“同心促发展，共筑‘中国梦’”暑期培训班。6月，开展民进中央宣传思想工作先进申报活动。7月，召开“弘扬‘五一口号’精神，传承民进优良传统”座谈活动。8月，以会刊为载体开展“中国梦”知识竞赛。9月，举办“西城民进人的‘中国梦’”——“庆三节”活动。全年召开3次全委扩大会。全年组织区委委员、中青年骨干、支部主任、新会员参加中共西城区委统战部、教工委统战部及民进市委举办的信息工作培训班、骨干会员培训班、基层组织负责人培训班、新会员培训班。截止到11月初，参加培训活动共227人次。全年出版《西城民进》6期。

（魏　威）

【总结表彰】　12月19日，民进西城区委召开总结暨表彰大会，300余人参加大会。民进北京市委、中共西城区委统战部领导出席大会并致贺词。会议表彰先进支部10个；“西城民进”年度人物5名、议政调研先进个人4名、信息先进个人5名、社会服务先进个人3名、先进个人58名。

（魏　威）

【社会服务】　1月，第三联合支部书法家到大兴区榆垡乡太子务村开展

"迎新春 书法文化进乡村"活动。2月，北大医院支部医生为白纸坊街道110余名居民开展高血压健康知识讲座。3月，综合支部"雷锋爱心车队"成立暨揭牌仪式在民进北京市委机关举行，义务为"天使之家"的孤残儿童提供看病用车。第三联合支部开展环境与公众健康讲座。4月，医卫支部的医学专家为什刹海地区的25家居委会的卫生主任以及部分居民共60余人进行禽流感防控知识培训。7月，第三联合支部书法家与北京卫戍区某炮兵团和北京武警部队一支队官兵开展了书画联谊活动。9月，中小学联合支部和第三联合支部到承德兴隆大帐子乡中心小学扶贫，捐赠近500本新华字典。西城实验学校支部、第六十二中学支部教师赴四川北川中学支教。北京师范大学附属中学支部、第十五中学支部、第六十二中学教师赴河北滦平长山峪中学参加"常青义教"。各基层支部开展"关爱残疾人，新春献爱心"活动、赴山东台儿庄社会考察实践、举办"宏观经济形势"专题讲座、向张北瓦房沟小学捐赠"爱心书屋"等社会活动。

(魏 威)

农工党西城区委员会

【概况】 中国农工民主党北京市西城区委员会（简称农工党西城区委），下设参政议政工作委员会、老龄工作委员会、妇女工作委员会、社会服务工作委员会、青年工作委员会、理论研究小组。有区委委员21人，其中主任委员1人，副主任委员6人，秘书长1人（专职副主委兼）。截至年底，发展新党员34人，转入党员3人，有基层支部29个，党员987人。党员中市人大代表1人，市政协委员4人（常委2人），区人大代表1人（常委），区政协委员31人（常委5人，副秘书长1人），市特约监察员1人，西城区特约监察员9人。

地址：西城区广安门内大街165号（翔达大厦东楼805-806）

邮编：100065

电话：66137948

(丁 蒙)

【参政议政】 年内，区政协十三届二次全会上，农工党西城区委提交党派提案2件，政协委员提交个人提案31件；《关于落实家庭医生责任制，提高社区卫生服务效能的建议》被区政协评为党派团体优秀提案，5名委员提交的提案被区政协评为个人优秀提案。1名委员被评为2012年度优秀信息员。农工党西城区委调研报告《关于西城区政府职能部门提高自媒体时代执政能力的建议》《发展西城区三甲医院医疗联合体，促进区域医疗资源整合》《建立耕地经营权交易市场，完善金融街服务功能》《关于对西城区二次供水卫生现状的调研和建议》《关于社区慢性非传染性疾病管理现状的分析及对策》《对餐厨垃圾就地处理及废弃油脂收运监管的建议》分获中共西城区委统战部党派调研报告三等奖和优秀奖。在2013年西城区政协议政会上，做《发展西城区三甲医院医疗联合体，促进区域医疗资源整合》的主题发言。年内，向农工党北京市委报送信息87条，向区政协、中共西城区委统战部报送信息77条，其中建议类信息70条。

(丁 蒙)

【自身建设】 年内，农工党西城区委召开新党员见面会，驻会副主委向新党员们介绍区委班子组成，自身建设，履行参政议政、社会服务职能等方面的工作及基层支部基本情况。配合中共西城区委统战部和区社会主义学院，组织新党员参加"西城区民主党派新成员学习班"，组织支部主委参加"西城区民主党派支部负责人培训班"；组织8名党员参加北京市社会主义学院举办的2期"民主党派新成员培训班"。启动届中评议工作，召开届中评议会议，主委代表区委领导班子作述职报告，6位副主委分别进行个人述职，与会人员对班子成员和区委委员进行民主评议测评，全体区委委员对自己2011年至2013年履行职责情况作全面的总结，形成述职报告。农工党西城区委邀请原主委张晓林以党史并结合自身参与各项调研工作和提案工作的经验，为党员骨干作《如何发挥作用更好的参政议政》主题报告。全年编辑出版《西城农工》4期。召开农工党西城区委信息工作会，表彰2012年度信息工作5个先进集体和6名先进个人，并进行信息写作培训。

(丁 蒙)

【思想建设】 年内，农工党西城区委发出《农工党西城区委关于深入学习贯彻中共十八大精神的通知》。结合学习活动，农工党西城区委组织班子成员、区委委员参加中共北京市委统战部组织的天安门观看升旗仪式活动；组织党员参加中共西城区委统战部举办的"凝心铸和谐，聚力促发展"暨纪念"五一口号"发布65周年主题演讲比赛，并获三等奖；组织区委班子成员、区委委员、支部主任观看CCTV-1播出的文献纪录片《习仲勋》，主委、驻会副主委年内走访积水潭医院支部、园林支部、综合一支部、丰盛医院支部、展览路医院支部、肛肠医院支部及所在的单位党委，就统一战线工作，农工党支部自身建设与发展等问题进行探讨。

(丁 蒙)

【社会服务】 5月8日至12日，农工党西城区委组织了赴黔西南自治州首府兴义市医疗义诊和扶贫开发活动，来自北京多家三甲医院的专家，在州人民医院和市人民医院开展了教学查房、专题讲座及义诊活动。与此同时，区委驻会副主委带领经济支部一行6人和州农委、州环保局有关人员进行座谈，全面了解黔西南自治州农业招商情况，并前往贵州醇酒厂、安龙县茶厂开展商贸调研。农工党西城区委利用"中国环境与健康宣传周"活动日，邀请从事空气质量研究的农工党党员、西城区疾控中心理化检验科科长，在金融街街道群众文化活动中心，为街道的居民做了主题为"家居环境空气质量与健康"的科普知识讲座。按照农工党中央《关于举办第二十五届中国"国际科学与和平周"活动的通知》要求，农工党西城区委在11月份举办系列活动。区委组织北京市三级甲医院的党员专家、教授11名，到重庆丰都县开展送医咨询活动，为丰都医院全体医护人员作《女性生殖系统MRI诊断》《急诊危重症患者的管理与救治》专题讲座；到各科室为科内人员开展了科内疑难病例临床医疗、教学查房，义诊近300人。组织10余名专家组成医疗组，深入广外街道青年湖社区，开展义诊咨询服务，为前来诊治的200余人解惑答疑，送科学防病治病知识，为100多人进行身体检查，活动中还发放了常用药品和科普宣传手册。年内，农工党西城区委响应农工党中央号召，组织向芦山地震灾区捐款，募捐23956元，全部上交农工党北京市委汇向芦山地震灾区。

（丁 蒙）

致公党西城区委员会

【概况】 中国致公党北京市西城区委员会（简称致公党西城区委），下设参政议政专委会、社会服务专委会、文化工作专委会、老龄工作专委会和15个党支部。截至年底，共有党员475人。致公党西城区委由17人组成，有主任委员1人，副主任委员6人（专职副主任委员1人），秘书长1人（专职副主任委员兼）。党员中有全国人大代表2人；市人大代表3人，市政协委员2人；区人大代表3人（常委1人），区政协委员20人（常委4人、副秘书长1人）；致公党中央委员3人（常委2人），致公党市委委员8人（副主委1人、秘书长1人、常委2人）；各级特邀监察员、监督员、人民陪审员、建议人共计13人。致公党西城区委有48名党员在致公党中央13个专委会任职，有101名党员在致公党北京市委16个专委会任职。

地址：西城区广安门内大街165号（翔达大厦东楼403、404室）

邮编：100053

电话：66137949

（梁训新）

【参政议政】 年内，在西城区政协十三届二次会议上，致公党西城区委共提交党派提案2件、政协委员个人或联名提案28件，《以企业创新引领产业升级，促进西城区经济优化发展研究》获党派团体优秀提案。董晓莉提交的《关于加快金融与社区产业融合实现西城经济创新发展的建议》、徐军提交的《关于完善大学生社工体制，推进社会事业建设和谐发展的建议》、王晓敏提交的《关于区政府提高支持力度，提高社区诊疗软实力的建议》、徐国兴、陈林、张江永提交的《关于加强社区健身场所日常维护的建议》、徐典文提交的《关于加快社区托老所软硬件建设的建议》等5个提案被评为委员优秀提案。《前线》杂志2013年第4期和《北京观察》杂志2013年第3期分别刊载了市政协委员董晓莉专题文章《关于推进“京味文化”走出去的战略思考》。致公党西城区委获“2012年度西城区民主党派调研工作优秀组织奖”。李岱松、刘静、谢泽执笔的《发展特色孵化器提升西城区企业创新能力研究报告》获2012年度致公党北京市委调研成果优秀奖、2012年西城区民主党派优秀调研成果二等奖和西城区2012年度优秀调研成果奖。董晓莉执笔的《创新金融发展，积极推进在西城建立首个国家级文化金融新区》获2012年度北京市民主党派参政议政优秀调研成果三等奖和“2012年西城区民主党派优秀调研成果三等奖”。仰光执笔的《关于“京味文化”走出去，提升首都文化国际影响力的策略研究》获2012年度北京市民主党派参政议政优秀调研成果三等奖和2012年西城区民主党派优秀调研成果三等奖。王晓敏执笔的《以民生为念，建立科学的各级医院业绩评价体系》获2012年度北京市民主党派参政议政优秀调研成果三等奖和2012年西城区民主党派优秀调研成果奖。郑婕妮执笔的《关于结合传统优势、引进新内容和新举措，推动西城区文化创意产业发展的建议》获2012年西城区民主党派优秀调研成果奖。致公党西城区委全年向致公党市委、中共西城区委统战部、区政协、区社会主义学院报送信息343篇，社情民意信息176篇、活动信息167篇。其中社情民意信息被致公党中央采用14篇、全国政协采用1篇，中共北京市委和市政府采用2篇、市政协采用3篇、致公党市委采用67篇，中共市委统战部采用5篇。年内，致公党西城区委获致公党参政议政工作先进集体荣誉称号，吕彩霞、董晓莉、徐国兴获致公党参政议政工作先进个人荣誉称号。区委副主委贾中华代表先进集体在中国致公党参政议政工作会议上作了“致力为公，履行使命，开创参政议政工作新局面——致公党西城区委参政议政工作报告”的典型发言。区委副主委董晓莉代表全体先进个人在大会上作了事迹介绍。致公党西城区委获2012年度西城区统战信息工作优秀单位。李岱松获2012年度西城区统战信息工作优秀领导，曹瑞芳获2012年度西城区统战信息工作优秀信息员。

（梁训新）

【组织建设】 年内，致公党西城区委先后召开西城区三甲医院骨干党员座谈会和西城区三甲医院致公党基层组织建设发展座谈会，将加强西城区三甲医院的党员队伍建设的工作设想向致公党北京市委和中共西城区委统战部进行汇报，获得有关领导支持和肯定。致公党西城区委根据组织发展需要，经请示致公党市委组织处和中共西城区委统战部同意，按照成立新支部的组织程序，成立了第十五支部。完成第二、第六支部委员改选。经过全委会研究同意，召开大会表彰了2011—2012年度各项工作做出贡献的5个先进支部（第二、第五、第十一、第十三、第十四支部）和马兰等45名优秀党员。第十一支部被评为致公党北京市委先进基层支部。全年申请入党54人，新发展党员26人，转入党员3人，转出党员2人，逝世1人。截至年底，全区党员总数为475名，其中中高级职称占党员总数的90%，归侨、侨眷、港澳台及海外留学人员、有海外关系人士占总数的76%。

（梁训新）

【自身建设】 年内，致公党西城区委完成届中民主评议，致公党西城区委主委贺宏志代表区委作了领导班子届中工作述职。区委副主委刘学增、王晓敏、曾小丹、董晓莉、贾中华、徐典文分别作了个人届中工作述职。参加评议的人员填写了不记名民主测评表，对区委领导班子和区委委员进行了民主评议。致公党西城区委组织主副委、委员，各支部主副委、支委和骨干党员，先后参加致公党市委组织召开的，纪念“五一口号”发布65周年暨“中国梦·侨海心”——中国特色社会主义主题教育活动大会、“中国梦”解读报告会和学习宣传中共十八届三中全会精神报告会。听取了市委主委李昭玲，关于纪念中共中央“五一口号”发布65周年的讲话和关于深入开展“中国梦·侨海心”——中国特色社会主义主题教育活动的重要讲话，以及中共北京人民大学党委统战部部长周淑真关于“五一口号”发布的历史意义和现实启示的专题报告，外交学院中国外交研究中心主任张历历关于“中国梦”的本质内涵、实现路径等解读报告等。致公党西城区委副主委董晓莉出席了中共西城区委统战部召开的西城区各界人士学习中共十八届三中全会精神座谈会并发言。第三支部副主委楚晶晶代表致公党西城区委参加了中共西城区委统战部举办的“凝心聚和谐、聚力促发展”——纪念“五一口号”65周年演讲比赛并获三等奖。致公党西城区委组织党员参加致公党中央举办的“致公党中央地市级组织第一期专职副主委培训班”；致公党市委举办的“2013年度中青年党员学习班”“全市基层支部负责人培训班”和“全市参政议政培训班”；参加中共西城区委统战部举办的“全国‘两会’情况通报会”“西城区2013年在直接关系群众生活方面拟办重要实事的情况的通报会”“西城区上半年工作情况通报会”“统战调研工作培训会”和“西城区民主党派中青年骨干培训班”“西城区民主党派支部（社）负责人培训班”“西城区民主党派新成员培训班”等。4月15日至19日，致公党西城区委联合西城区社会主义学院在中央社会主义学院举办致公党西城区委中青年骨干培训班。这是北京市各民主党派首家区级组织在中央社会主义学院举办培训班。致公党北京市委主委李昭玲，中央社会主义学院副院长黄易宇，中共西城区委常委、区委统战部部长程军，致公党北京市委组织处处长张浩，中共西城区委统战部副部长樊茂云，西城区社会主义学院副院长张庆，致公党西城区委主委贺宏志、副主委贾中华、专职副主委徐典文出席开班仪式。来自各基层支部推荐的32名在职骨干党员参加了为期5天的脱产学习，听取统战理论、多党合作、参政议政和领导艺术等专题讲座。本着“存史、资政、育人”的宗旨，致公党西城区委成立了由区委主委贺宏志为主任，副主委贾中华、徐典文为副主任，姚淑治、李永忠、周慧霞、冯兰君、金镇岗、郭坚、马季彤、蔡学江等老党员为委员的史志编纂委员会，按照组织沿革、政治资源、重大事件、参政议政、表彰奖励、宣传工作、史料照片等内容开展编写工作，已完成资料的收集整理。

（梁训新）

【社会服务】 四川雅安地震发生后，致公党西城区委向各支部发出为灾区捐款的倡议，共募集捐款40440元。致公党西城区委连续3年资助月坛街道困难家庭学生。第二支部在海南省兴隆华侨农场举办了“陶笛·悦耳侨乡行”活动，向兴隆小学和农场捐赠一批陶笛和助听器。第十三支部与北京光彩教育基金会在密云县不老屯中学开展“光彩助学活动”，连续2年向不老屯中学的12个教学班捐赠体育器材，连续2年对密云县不老屯中学的优秀贫困生开展一对一捐资助学，党员徐军连续6年向不老屯中学优秀学生及优秀教师捐赠奖学金。第十五支部向山东省日照市东港区南湖镇中心小学捐建“致公书屋”，捐助书籍3万册。西城区16名党员连续4年对四川省攀枝花市16名贫困彝族小学女生一对一助学活动。5名党员连续3年对贵州省毕节地区5名贫困学生一帮一助学活动。许振东出席了在北京大学举行的2013年度“春晖行动—致公学生培养计划”公益助学捐赠活动，将2013年度受助贵州学生提高到103名，年度捐资提高到2400万元。曹永平、关振鹏组织实施“西部少数民族地区低收入、大病、重病患者医疗救助项目”，对新疆50名中老年贫困无医保的重度骨关节炎患者进行免费人工关节置换。李琼所办企业声望听力公司协办的“珍爱听力 健康人生”活动在长沙举行，这也是致公党中央“听力万里行”系列活动的第五站。杨铁山年内两次资助湖南省凤凰县箭道坪小学1名五年级特困家庭品学兼优学生的学习生活费用，继续资助湖南省凤凰县中学麻文英同学7000元，助其完成高中学业。赖昌良在密云县东邵渠小学设立致公鸿屹助教助学奖学金，开展为期3年的捐资助学活动。7月5日，致公党西城区委在密云县东邵渠中心小学向30名学生颁发了致公鸿屹助学金，共计12000元。李红向北京市未成年犯管教所捐赠了8000册图书。侯永明向云南省腾冲县和顺镇文化站捐赠了3万元的音乐器材，向遮晏和国希望小学捐赠了价值8万元的教学电脑。楚晶晶向云南省腾冲县基层文艺工作者和德宏遮晏和国希望小学师生讲授了民族音乐文化知识。致公党西城区委在陶然亭街道龙泉社区举办送法律、送健康进社区活动暨为老服务项目启动仪式。第十二支部、第十三支部组织医疗专家团、法律服务团为陶然亭街道、月坛街道社区居民提供义诊咨询和法律服务。第十二支部和第十四支部组织党员到陶然亭敬老院看望慰问老人，给老人们送去一批日用品和食品等生活用品，为老人们进行健康义诊。李琼带领声望听力公司员工在全市各区县街道社区开展“关注听力，情满北京”社会公益活动。

（梁训新）

九三学社西城区委员会

【概况】 九三学社北京市西城区委员会（简称九三学社西城区委），下设组织部、宣传部、参政议政委员会、社会工作委员会、青年工作委员会、老龄和妇女工作委员会、咨询委员会。截至年底，九三学社西城区委有委员21人，其中主委1人，副主委6人，秘书长1人。全区共有29个支社，社员1162人，其中具有大专以上学历占95%，高级职称占75%，退休人员占60%，平均年龄61岁，男女社员各占50%。社员中有九三学社中央委员5人，九三学社市委常委2人、委员7人；全国政协委员3人，全国妇联执委1人；市人大代表2人，市政协委员4人，市特约监察员2人；区人大代表4人，区政协委员25人，区特约监察员5人，区青联委员2人。年内，九三学社西城区委被九三学社北京市委授予社会服务先进集体称号。

地址：西城区广安门内大街165号
(翔达大厦写字楼东楼504房间)
邮编：100053
电话：66137947

（宋淙淙）

【参政议政】　年内，九三学社西城区委向中共西城区委统战部报送调研报告5篇，其中《夯实垃圾分类基础　推进生态文明建设》《打造南中轴线的新亮点，焕发南中轴线的生机活力》获三等奖，《用法律和市场的方法整顿改造小商品市场》《构建健康西城　从做强社区卫生开始》《精心收藏前世　创造精彩未来》获优秀奖。《关于在金融中心区打造黄金珠宝街的建议》提案获西城区政协党派团体优秀提案。全年报送建言献策类信息150余篇，采用率48%。九三学社西城区委被九三学社北京市委评为信息工作优秀单位；1人被中共西城区委统战部评为信息工作优秀领导者，1人被评为优秀信息员。

（宋淙淙）

【组织建设】　年内，九三学社西城区委发展社员35人，其中女社员17人，研究生以上学历29人，高级职称13人。按照九三学社北京市委的要求，与中共西城区委统战部协同开展后备干部、中青年骨干推荐工作，各基层支社共推荐89人；制订了后备干部培训计划。成立西城金融支社和发改委支社筹备组；根据办公地点的不同，将中国疾控中心支社拆分为疾控一支社和疾控二支社；完成部分支社的换届工作，对北京市市政设计院支社进行届中调整。完善了九三学社组织管理系统的社籍资料和数据库管理工作。

（宋淙淙）

【制度建设】　年内，九三学社西城区委坚持主委会学习制度，学习贯彻中共十八大及三中全会精神，结合群众路线实践教育活动，进一步明确领导分工、岗位职责。落实届中评议会议、民主生活会制度，对区委主副委、秘书长和区委委员进行民主测评。召开九三学社西城区委领导班子成员和区委委员民主生活会，开展批评与自我批评。健全档案管理制度，完善全区社员资料库、文书档案。

（宋淙淙）

【思想建设】　年内，九三学社西城区委组织社员参加九三学社中央、西城区政协组织的“两会”精神报告会；组织部分社员参加中共西城区委统战部举办的“美丽中国”报告会和“凝心铸和谐　聚力促发展”——纪念“五一口号”发布65周年主题演讲比赛，参赛社员殷骏获三等奖；开展“知西城、爱西城、奉献在西城”主题宣传教育活动，特邀西城区政府研究室副主任周爱峰为社员讲解区情；出版《西城九三》3期，收到社员投稿80余篇，完成刊物外观、内容、排版、印刷的全方位改版；开通九三学社西城区委博客和微博，方便社内外互动。

（宋淙淙）

【民主监督】　年内，九三学社西城区委组织20名社员参与西城区明察暗访工作，对德胜街道办事处、德胜工商所、天桥地税所进行明察，对天桥派出所、德胜司法所、区人才交流中心等单位进行暗访，对察访单位给与真实评价，形成明察暗访工作总结反馈给区政协；区政协将结果送达相关单位进行整改。

（宋淙淙）

【社会服务】　年内，九三学社西城区委与天桥街道和德胜街道协作，开展中医保健讲座、糖尿病讲座、科普讲座、扶贫济困等8次活动，联合天桥街道办事处到西城区东经路消防中队，举办迎“八一”拥军共建活动；鼓励基层支社开展扶贫帮困、医疗服务、社会公益、法律咨询、投资理财等各项社会服务活动，其中，医疗卫生支社的6名成员赴贵阳光炽希望小学开展捐助活动，带去社员募集的4台笔记本电脑和1部数码相机，一些生活和学习用品以及2000元现金，并精选14套适合小学各年龄段的课余读物，价值2000余元。第一综合支社组织社员到清红蓝学校看望孤残儿童，为云南小水井村寄送衣物和书籍。社会工作专委会多次组织专家深入社区义诊、走进军营，开展心理疏导服务。

（宋淙淙）

【表彰先进】　年内，九三学社西城区委表彰了14名先进社员及有突出贡献的社外友人，他们分获最佳新人奖、辛勤奉献奖、社会服务贡献奖、突出贡献奖、携手共建奖、科学普及传播奖和民主党派之友称号。

（宋淙淙）

台盟西城区委员会

【概况】　台湾民主自治同盟北京市西城区委员会（简称台盟西城区委），下设调研工作组、信息工作组和简报工作组。台盟西城区第一届委员会委员9人，其中主任委员1人、副主任委员3人，其中1人兼任秘书长。年内，台盟西城区委有老年支部1个、中青年支部1个，盟员100人，其中新发展盟员7人。盟员中有全国人大代表1人（任常委）；市人大代表1人；市政协委员2人（常委1人）；区人大代表1人（任常委）；区政协委员8人（常委2人）；台盟中央委员2人（副主席1人）；台盟市委委员9人（副主委2人）；市特约工作人员1人；区特约工作人员3人。

地址：西城区广内大街165号
(翔达大厦东办公区505室)
邮编：100032
电话：66137952

（郭　靖）

【参政议政】　年内，台盟西城区委在区政协十三届二次会议上，提交的党派提案《关于建立健全西城区社会源危废回收体系，保障环境安全的建议》，被评为2013年度党派团体优秀提案；台盟的区政协委员提交8件委员提案，其中1件被评为2013年度区政协委员优秀提案。区委调研组部分成员联合环保部专家赴台湾，对台湾电子废物回收处理状况进行调研，完成并提交了《加强电子废物回收管理，推进生态文明建设——西城区电子废物管理现状与管理对策调研报告》，被评为2013年度北京市民主党派参政议政优秀调研成果二等奖、台盟市委2013年度优秀调研报告三等奖、2013年度西城区民主党派调研成果二等奖。全年报送信息33条，被台盟市委采用10条，中共西城区委统战部采用8条。1人被评为台盟市委2013年度参政议政先进个人，10人分别获得台盟市委2013年度信息工作一、二、三等奖。在区政协议政会上，1人代表台盟西城区委作《发展地下综合管廊，统筹城市基础设施建设》的大会发言。参加西城区双月座谈会5次，并作2次交流发言。4人向台盟市委报送9件提案线索。多位盟员参加区政协组织的明察暗访工作，对区属5个政府职能部门进行监督检查。

（郭 靖）

【思想建设】 年内，台盟西城区委组织盟员140余人次参加台盟中央、台盟市委及中共西城区委统战部等部门围绕重大时政活动、台海形势和统战理论等举办的培训学习活动28项。召开组织生活会2次，学习贯彻中共十八届三中全会精神、北京市和全国“两会”精神，学习中共总书记习近平关于群众路线教育实践活动讲话，聘请专家做提高参政议政能力报告等。邀请环保专家作“建设美丽中国，走进生态文明新时代”专题报告，台盟市委和中共西城区委统战部领导等200余人参加报告会。围绕纪念“二·二八”起义66周年、老一辈国家领导人为雷锋同志题词发表50周年、“中国梦”等主题，开展座谈、参观和征文等多种形式的活动。选派盟员代表参加中共西城区委统战部为纪念“五一口号”发布65周年举办的“凝心铸和谐 聚力促发展”演讲比赛并获得三等奖。完成4期《西城台盟简报》的编印和寄发工作。建立台盟西城区委微信群，拓宽工作平台。

（郭 靖）

【组织建设】 年内，台盟西城区委召开主委会议5次、区委（扩大）会议5次和专项工作会议3次。组织完成台盟西城区委届中民主评议工作，对区委领导班子及委员会成员进行民主测评，围绕测评结果，全体区委委员逐一进行自我批评，推进区委各项工作。调整了老年支部负责人。新发展7名盟员，盟员总数达到100人。向台盟市委报送后备干部17人，推荐1位盟员出任西城社会主义学院理论研究小组成员。在台盟市委编印的《朔望——台盟北京市委区级组织成立15周年》纪念画册中展示了西城台盟15年的成长历程，在台盟市委纪念区级组织成立15周年座谈会上，10位盟员获得“区级组织建设贡献奖”。

（郭 靖）

【涉台工作】 年内，台盟西城区委先后组织盟员到中央音乐学院观看港澳台学生音乐会和台湾学生的毕业专场演奏会，并赠送慰问礼品。组织盟员参与台盟北京市委第六届“交流与共享”研讨会，与参会的台湾岛内政党负责人等嘉宾交流互动，4位中青年盟员作了《两岸共圆中国梦》等4个题目的现场或书面发言。

（郭 靖）

【社会服务】 年内，台盟西城区委联合致公党西城区委与月坛街道开展共建活动，组织党派成员在社会路社区为居民进行公益法律咨询。连续第三年扶助月坛街道1名贫困学生，为其送去3000元助学款。在共建单位广内街道举办的2013年夏日文化广场活动中，台盟西城区委邀请中央音乐学院在读台湾学生，为居民演奏了具有台湾特色的民乐。连续第十年组织盟员开展公益植树活动。连续第十年资助1名贫困学生，资助该生1000元助学款，同时利用盟员资源，为该生母亲提供就业岗位。盟员响应台盟市委开展的“助梦启航”主题捐资助学活动，36位盟员捐款2800元。

（郭 靖）

西城区工商业联合会（商会）

【概况】 北京市西城区工商业联合会（简称区工商联），内设办公室、非公企业党建办公室、会员部和经济服务部4个科室。机关行政编制18人，其中常务副主席1人，副主席3人。截至年底，共有私营企业、个体工商户、港澳投资企业等各种经济成分的会员2656户，3户团体会员（科技企业协会、老北京传统小吃延续发展协会、区私营个体协会），15个街道分会，1个女企业家联谊会，2个所属商会（西城区大栅栏琉璃厂商会、西城区金融街创新发展服务中心）。有区工商联名誉主席2人、主席1人、常务副主席1人、副主席22人（驻会副主席3人，兼职副主席19人）、秘书长1人、执委113人；区商会名誉会长2人、会长1人、副会长24人、理事59人。区工商联会员中有市人大代表4人，区人大代表22人，市政协委员8人，区政协委员66人。年内，区工商联学习贯彻中共十八大精神，开展非公有制经济人士理想信念教育实践活动，落实中央16号和市、区17号文件精神，把促进区域非公经济健康发展和非公有制经济人士健康成长作为工作的出发点和落脚点。

地址：西城区月坛南街32号

邮编：100045

电话：68511995

（屈佳雯）

【建立诉调对接调解机制】 1月8日，区工商联与区法院签署诉调对接合作协议，并向区法院推荐一批特邀调解组织和特邀调解员，被全国工商联定为第一批“全国工商联商会调解试点单位”。9月5日，区法院在区工商联建立“诉调对接巡回工作站”，区工商联与区法院举办“诉调对接巡回工作站”揭牌仪式，副区长、区工商联主席李岩和区法院党组书记、院长安凤德共同揭牌。

（屈佳雯）

【九届三次执委会】 3月12日，区工商联召开九届三次执委会。市工商联副主席郑勇男，区委副书记杜灵欣，区委常委、统战部部长程军，区人大副主任周慧来，副区长、区工商联主席、区商会会长李岩，区政协副主席王瑞珠出席会议。会上，区委统战部副部长、区工商联党组书记、副主席皮强传达中共十八大及市、区全会有关精神；宣读区委组织部关于免去张兴军等同志工商联副主席的决定；通过《关于加强西城区工商联、商会领导班子和领导机构建设的意见》；选举霍彦利、蔡莹媛为区工商联副主席；增补王光等10人为区工商联执委；于冬笑等11人为区工商联常委。区工商联常务副主席杨秋作区工商联2012年工作报告并通报新聘请区工商联特邀顾问的情况。郑勇男就非公经济发展形势前景、非公企业的管理和工商联工作作专题报告。

（屈佳雯）

【友好交流】 4月15日，齐齐哈尔市铁峰区工商联（商会）与西城区工商联

(商会）缔结友好商会。5月13日，10余名企业家赴台湾进行以“加强经贸项目交流，推动两岸经贸合作”为主题的经贸考察活动，与当地商会交流座谈、与台湾企业家探讨企业经营心得，寻求经贸合作。5月27日，区工商联组织街道分会会长、分会秘书长赴福建省厦门市工商联（商会）学习考察商会组织建设等方面工作经验。

（屈佳雯）

【非公经济人士理想信念教育实践活动】 5月初，区工商联成立非公经济人士理想信念教育实践活动领导小组，制定《关于开展非公有制经济人士坚定理想信念主题实践活动的工作方案》。6月，召开九届三次常委扩大会暨非公经济人士坚定理想信念主题实践活动推进会，以“坚定理想信念、助力西城发展、共筑中国梦”为主题，将开展教育实践活动的精神在会员企业当中进一步推进。8月2日，区工商联邀请全国工商联副主席庄聪生就非公经济人士如何坚定理想信念作专题报告。10月29日，市工商联和区工商联共同举办“民营企业家与中国梦”宣讲团报告会。市工商联副主席王爱民，区委常委、统战部部长程军，区委统战部副部长、区工商联党组书记、副主席皮强，常务副主席杨秋以及非公经济代表人士300余人参加。自5月初到10月底，程军、皮强、杨秋一行走访北京惠佳丰劳务服务有限责任公司等多家企业调研，了解企业发展现状，听取企业对开展非公经济人士理想信念教育实践活动的意见和建议。

（屈佳雯）

【市领导考察非公经济发展】 5月21日，市委常委、统战部部长牛有成在市委副秘书长赵玉金、市工商联副主席王爱民等陪同下，考察区工商联什刹海商会和段氏经贸公司、京华九门小吃等企业。区委书记王宁、区委常委、区委办主任郭怀刚、区委常委、统战部部长程军等陪同考察。牛有成一行先后听取区工商联什刹海商会会长段云松和程军、王宁的汇报。牛有成肯定了西城区发展非公经济取得的成效。他强调，要继续加强非公企业商会建设，促进非公经济健康发展和非公经济人士健康成长。持续加强党外代表人士队伍建设，将参政议政与参与建设、服务科学发展与实现自身科学发展有机结合，打造鲜活生动的统战实践品牌。

（屈佳雯）

【非公经济组织党建工作】 年内，组织会员企业员工参加中共十八大精神和党章的网上答题竞赛；参观雷锋事迹主题展览；组织志愿者行动和企业宣讲团；开展以“中国梦”为主题的征文等活动。全年发展新党员12名，组织45名入党积极分子参加培训，指导8家企业组建党组织，指导2个支部完成党建创新项目的申报和评估。

（屈佳雯）

【光彩事业】 年内，有91家会员企业参与“两节”捐助献爱心活动，捐助财物折合人民币125.49万元。芦山地震，会员企业共向慈善协会、红十字会捐款29.24万元。奇虎360科技公司向灾区和慈善基金捐款560余万元。爱义行汽车服务有限责任公司青海助学行动捐款20余万元,光彩惠农每年投入13万元。健峰生物技术有限责任公司总经理孙世东为区残联的残疾人捐献爱心款5万元。

（屈佳雯）

【参政议政】 年内，区工商联团体提案《关于及时退税以不影响企业正常经营和发展的建议》获区政协党派团体优秀提案，《关于普及劳动法知识，提高中小企业素质的建议》等5份个人提案获区政协委员优秀提案。区工商联副主席张巍代表区工商联界别参加“政协北京市西城区‘十二五’中期规划评议工作议政会”，从非公经济代表人士角度对区“十二五”规划中期评议工作提出意见和建议。

（屈佳雯）

【原工商业者工作】 区工商联现有原工商业者及遗孀1000多位。年内，继续落实2003年市劳动局等四部门文件，发放困难补助及节日慰问金35万元。

（屈佳雯）

（责任编辑　马忠良）

政权　政协

北京市西城区人民代表大会常务委员会

【概况】　北京市西城区人民代表大会是西城区地方国家权力机关，区人大常委会是本级人民代表大会的常设机关，下设办公室、研究室、代表联络室、内务司法工作委员会、财政经济工作委员会、预算工作委员会、教科文卫工作委员会、城建环保工作委员会等8个办事机构。区人大常委会深入贯彻党的十八大和十八届三中全会精神，全面落实科学发展观，围绕关系全区发展大局和民生改善的重点问题，加大监督力度，发挥代表作用，努力提高人大工作实效，为促进地区科学发展与社会和谐提供民主法治保障。年内共召开常委会会议8次、主任会议14次，常委会听取和审议议题33项，依法任免国家机关工作人员200人次，完成区十五届人大三次会议确定的各项工作任务。

地址：西城区广安门南街68号

邮编：100054

电话：83976304

（李　锟）

【区第十五届人大三次会议】　1月7至9日，北京市西城区第十五届人民代表大会第三次会议在全国政协礼堂举行。大会听取和审议区长王少峰作的西城区人民政府工作报告，区人大常委会主任刘跃平作的人大常委会工作报告，区人民法院代理院长蔡慧永作的人民法院工作报告，区人民检察院代理检察长张铁军作的人民检察院工作报告；审查关于西城区2013年国民经济和社会发展计划执行情况与2014年国民经济和社会发展计划草案的报告；审查关于西城区2013年财政预算执行情况和2014年财政预算草案的报告。大会选举蔡慧永为西城区人民法院院长，选举张铁军为西城区人民检察院检察长；采取举手表决的方式通过关于区人民政府工作报告的决议，关于区2013年国民经济、社会发展计划执行情况和2014年国民经济、社会发展计划的决议，关于区2013年财政预算执行情况和2014年财政预算的决议，关于区人大常委会工作报告的决议，关于区人民法院工作报告的决议，关于区人民检察院工作报告的决议。会议期间，57个政府职能部门和法院、检察院接受了区人大代表提出的关于交通管理、城市建设、社会治安、劳动保障等方面的询问，被询问单位共接受代表询问3217人次、询问事项2591件。会议还收到3件议案和194件建议，其中1件交区政府办理，由区人大常委会审议；其余2件作为建议交区有关部门办理。中共西城区委书记王宁在闭幕式上讲话。

（李　锟）

【西城区第十五届人大常委会会议】
西城区第十五届人大常委会第九次会议于2月28日召开。区人大常委会主任刘跃平主持会议。会议审议通过西城区人大常委会2013年工作要点和会议议题预安排，决定会后印发实施并向社会公布；审议通过西城区人大常委会关于开展区级大额专项资金使用和管理情况专题询问的工作方案，决定会后印发实施并向社会公布；审议通过西城区人大常委会关于区“十二五”规划纲要中期评估监督工作的实施方案，决定会后印发实施并向社会公布；听取区十五届人大第三次会议代表所提议案、建议情况分析的报告；传达学习北京市十四届人大一次会议精神；审议并表决通过区政府提请的有关人事任免事项。西城区第十五届人大常委会第十次会议于4月25日召开。刘跃平主持会议。会议听取并审议区政府关于西城区教学质量督导情况的报告，听取区人大常委会教科委员会关于区政府教育督导室教学质量督导情况的预先审议报告；审议并表决通过区政府提请的有关人事任免事项；按照区人大常委会2013年学习计划，学习《教育督导条例》《国家通用语言和文字法》《老年人权益保障法》，并就《中华人民共和国各级人民代表大会常务委员会监督法》关于预算监督和询问活动的相关内容以及大额专项资金管理的监督工作等内容进行学习解读。西城区第十五届人大常委会第十一次会议于6月21日召开。刘跃平主持会议。会议听取并审议区政府关于西城区2012年财政决算草案的报告，听取并审议区政府关于西城区2012年度预算执行和其他财政收支情况的审计工作报告，听取区人大常委会财政经济委员会关于2012年财政决算报告和审计报告的预先审议情况报告，表决通过北京市西城区人民代表大会常务委员会关于批准西城区2012年财政决算的决议和关于批准西城区2012年度预算执行和其他财政收支情况的审计工作报告的决议；听取并审议区政府关于《加强精神卫生资源整合发展与建设》议案办理情况的报告，听取区人大常委会文卫体委员会关于区政府办理《加强精神卫生资源整合发展与建设》（01）号议案情况的预先审议报告；审议并表决通过区政府、区法院提请的有关人事任免事项；按照区人大常委会2013年学习计划，学习《中华人民共和国精神卫生法》。西城区第十五届人大常委会第十二次会议于8月15日召开。刘跃平主持会议。会议听取并审议区政府关于北京市西城区2013年上半年国民经济和社会发展计划执行情况的报告，听取并审议区政府关于西城区2013年1–6月财政收支预算执行情况的报告，听取区人大常委会财政经济委员会关于对2013年上半年计划、预算执行情况报告的预先审议情况报告；审查区政府落实区人大常委会关于教学质量督导工作情况审议意见的书面报告；审议并表决通过区人大常委会主任会议、区政府、区法院提请的有关人事任免事项；按照区人大常委会2013年学习计划，学习《中华人民共和国防震减灾法》。西城区第十五届人大常委会第十三次会议于9月26日召开。刘跃平主持会议。会议听取并审议区政府关于区级大额专项资金使用和管理情况的报告，听取并审议专题询问组关于开展区级大额专项资金使用和管理情况专题询问工作情况的报告；听取并审议区政府关于什刹海阜景街建设指挥部项目推进和什刹海景区管理情况的报告，听取区人大常委会城建环保委员会关于什刹海阜景街建设项目推进和什刹海景区管理情况的预先审议报告；听取和审议区人民检察院诉讼监督工作报告，听取区人大常委会内务司法委员会关于西城区人民检察院开展诉讼监督工作情况的调研报告；听取区政府关于与瑞士沃州蒙特勒市建立友好城市关系的报告。会议原则同意该项报告，同意区政府按照相关程序上报审批；审议并表决通过区政府、区法院提请的有关人事任免事项；按照区人大常委会2013年学习计划，学习《关于加强人民检察院对诉讼活动的法律监督工作的决议》和《中华人民共和国各级人民代表大会常务委员会监督法》的有关内容。西城区第十五届人大常委会第十四次会议于10月24日召开。刘跃平主持会议。会议听取并审议区政府关于北京市西城区国民经济和社会发展第十二个五年规划纲要实施中期评估报告，听取并审议区人大常委会关于北京市西城区国民经济和社会发展第十二个五年规划纲要中期评估监督工作情况的报告，审查关于北京市西城区国民经济和社会发展第十二个五年规划纲要部分指标调整方案（草案），会议表决通过关于批准北京市西城区国民经济和社会发展第十二个五年规划纲要部分指标调整方案的决议；听取并审议区政府关于落实推进“金融强区”战略实施的建议有关情况的报告，听取区人大常委会城建环保委员会关于区政府落实推进“金融强区”战略实施的建议情况的预先审议报告；审查区审计局关于西城区2012年预算执行和其他财政收支审计查出问题整改情况的书面报告；审查西城区人民政府落实区人大常委会关于《加强精神卫生资源整合发展与建设》议案审议意见的书面报告；审议并表决决定，接受吴铁男辞去西城区人民政府副区长职务的请求，并报西城区人民代表大会备案。会议还审议并表决通过区政府、区法院提请的其他人事任免事项。西城区第十五届人大常委会第十五次会议于11月21日召开。刘跃平主持会议。会议听取并审议区政府关于西城区2013年1–10月国民经济和社会发展计划执行情况和计划调整的报告，听取并审议区政府关于西城区2013年1–10月财政预算执行情况和调整预算的报告，听取区人大常委会财政经济委员会的预先审议报告，表决通过关于批准西城区2013年财政预算调整方案的决议；听取并审议区政府关于2013年人大代表议案和建议办理情况的报告；听取并审议区政府关于危旧平房改造和老旧小区整治情况的报告，听取区人大常委会城建环保委员会的预先审议报告；听取并审议区政府关于进一步改造大栅栏地区市政基础设施和改善居民生活环境工作情况的报告，听取区人大常委会城建环保委员会的预先审议报告；审议并表决通过关于召开北京市西城区第十五届人民代表大会第四次会议的决定；审议并表决通过区政府提请的人事免职事项。西城区第十五届人大常委会第十六次会议于12月19日召开。刘跃平主持会议。会议听取并初步审议西城区2013年国民经济和社会发展计划执行情况与2014年国民经济和社会发展计划草案的报告，听取并初步审议西城区2013年财政预算执行情况和2014年财政预算草案的报告，听取区人大常委会财政经济委员会的预先审议情况报告；初步审议区政府、区法院、区检察院工作报告，研究讨论区人大常委会工作报告，同意将这四项报告作适当修改后交各代表联组讨论；听取并审议区人大常委会代表联络室关于区十五届人大三次会议代表议案及建议、批评和意见办理情况的报告；听取并审议区人大常委会代表资格审查委员会关于西城区第十五届人大代表的代表资格审查报告，同意将审查情况向区十五届人大四次会议报告；讨论大会议程草案，大会主席团、秘书长名单草案，议案审查委员会名单草案，国民经济、社会发展计划和财政预算审查委员会名单草案，大会选举办法草案，同意将各项草案提交各代表联组讨论。会议讨论并决定列席区十五届人大四次会议的人员范围；审议并表决通过区人大常委会主任会议、区政府、区法院、区检察院提请的人事任免事项。

（李　锟）

【区第十五届人大常委会主任会议】 西城区十五届人大常委会第十五次主任会议于2月21日召开。刘跃平主持会议。会议听取区委组织部关于拟向区人大常委会提请任命的区政府工作部门有关人员基本情况介绍，决定提请区人大常委会第九次会议审议；研究区人大常委会2013年工作要点和会议议题预安排，决定提交区人大常委会第九次会议审议；研究关于区级大额专项资金使用和管理情况专题询问活动的工作方案和关于区“十二五”

规划纲要中期评估监督工作的实施方案，决定提交区人大常委会第九次会议审议；听取区十五届人大三次会议代表建议内容分析及办理建议的报告，决定向区人大常委会第九次会议报告；研究召开“四长”联席会有关工作，决定于2月25日召开；研究确定关于加快改造大栅栏地区市政基础设施建设议案办理情况报告的审议意见书，决定印发区政府研究办理；听取常委会第九次会议有关议题准备情况的汇报，决定于2012年2月28日召开西城区十五届人大常委会第九次会议。西城区十五届人大常委会第十六次主任会议于3月14日召开。区人大常委会副主任赵印春主持会议。会议听取区政府关于大气治理工作情况的报告。西城区十五届人大常委会第十七次主任会议于4月11日召开。刘跃平主持会议。会议听取区委组织部关于拟向区人大常委会提请任命的区政府工作部门有关人员基本情况介绍，决定提请区人大常委会第十次会议审议；听取区政府关于贯彻实施《中华人民共和国防震减灾法》情况的报告；听取常委会第十次会议有关议题准备情况的汇报，决定于2012年4月25日召开西城区十五届人大常委会第十次会议。西城区十五届人大常委会第十八次主任会议于5月9日召开。刘跃平主持会议。会议听取区人民法院关于人事任免议案的汇报，决定提请区人大常委会第十一次会议审议；听取区人民法院关于加强队伍建设工作情况的报告；听取区政府关于西城区信息化工作情况的报告；研究对区政府关于教学质量督导情况报告的审议意见书，决定交区政府办理。西城区第十五届人大常委会第十九次主任会议于6月6日召开。刘跃平主持会议。会议听取区委组织部关于拟向区人大常委会提请任命的区政府副区长的情况介绍，决定提请区人大常委会第十一次会议审议；听取区教委关于学习型城区建设工作情况的报告；听取区财政局关于区街财政体制调整和执行情况的报告，听取西长安街街道、大栅栏街道财政预算编制和执行情况的报告；听取常委会第十一次会议有关议题准备情况的汇报，决定于2013年6月20日召开西城区十五届人大常委会第十一次会议。西城区十五届人大常委会第二十次主任会议于6月28日召开。刘跃平主持会议。会议听取金融街建设指挥部关于月坛体育场馆项目有关情况的汇报。西城区十五届人大常委会第二十一次主任会议于7月11日召开。刘跃平主持会议。会议听取区政府关于西城区国有资本经营预算编制和执行情况的报告；听取区政府关于贯彻《老年人权益保障法》，开展养老服务工作情况的报告；听取区政府落实区人大常委会关于教学质量督导工作审议意见的报告；研究确定常委会关于加强精神卫生资源整合发展与建设的审议意见书，决定交区政府研究处理。西城区十五届人大常委会第二十二次主任会议于8月8日召开。刘跃平主持会议。会议听取区委组织部关于拟向区人大常委会提请任命的有关人员基本情况介绍，听取区人民法院有关人员任免议案的情况报告，决定提请区人大常委会第十二次会议审议。还研究决定了区人大常委会机关有关人事任免事项；听取区政府关于《北京市博物馆条例》贯彻实施情况的报告；听取区政府关于行政复议和行政诉讼工作情况的报告；听取常委会第十二次会议有关议题准备情况的汇报，决定于2013年8月15日召开西城区十五届人大常委会第十二次会议。西城区十五届人大常委会第二十三次主任会议于9月12日召开。刘跃平主持会议。会议听取区委组织部关于拟向区人大常委会提请任命的有关人员基本情况介绍，听取区人民法院有关人员免职议案的情况报告，决定提请区人大常委会第十三次会议审议。还研究决定了区人大常委会机关有关人事任免事项；听取区政府关于西城区绿化和绿道二期建设情况的报告；听取京津沪渝四市八区人大工作交流会第二十七次会议筹备方案及工作情况汇报，研究确定相关事项；研究专题询问组关于开展专题询问工作情况的报告，决定适当修改后提请区人大常委会第十三次会议审议；听取区人大常委会代表联络室关于重点建议督办情况的汇报；听取常委会第十三次会议有关议题准备情况的汇报，决定于2013年9月26日召开西城区十五届人大常委会第十三次会议。西城区十五届人大常委会第二十四次主任会议于10月15日召开。刘跃平主持会议。会议听取区委组织部关于拟向区人大常委会提请任免的区政府有关人员基本情况介绍，听取区人民法院有关人员任免议案的情况报告，决定提请区人大常委会第十四次会议审议；听取区政府关于西城区贯彻实施《中华人民共和国红十字会法》情况的报告；听取区政府落实常委会关于加强精神卫生资源发展与建设审议意见书的情况报告；研究区人大常委会关于对西城区财政大额专项资金使用情况报告的审议意见书，决定适当修改后交区政府研究处理；研究区人大常委会关于区“十二五”规划纲要中期评估监督工作情况的报告（初稿），决定适当修改后提请区人大常委会第十四次会议审议；研究确定区人大常委会关于区检察院诉讼监督工作情况报告的审议意见书，决定交区检察院研究处理；听取常委会第十四次会议有关议题准备情况的汇报，决定于2013年10月24日召开西城区十五届人大常委会第十四次会议。西城区十五届人大常委会第二十五次主任会议于11月12日召开。刘跃平主持会议。会议听取区委组织部有关人员任免议案的情况介绍，决定提请区人大常委会第十五次会议审议。还研究决定了区人大常委会机关有关人事任职事项；研究区十五届人大四次会议有关事项，决定提交区人大常委会第十五次会议审议；研究区人大常委会关于北京市西城区国民经济和社会发展第十二个五年规划纲要实施中期评估报告的审议意见，决定适当修改后交区政府研究处理；听取常委会第十五次会议有关议题准备情况的汇报，决定于2013年11月21日召开西城区十五届人大常委会第十五次会议。西城区十五届人大常委会第二十六次主任会议于12月4日召开。刘跃平主持会议。会议听取区委组织部关于拟向区人大常委会提请的人事任免事项介绍，听取区人民检察院有关人员任免议案的情况报告，决定提请区人大常委会第十六次会议审议；研究区十五届人大四次会议有关事项，决定提交区人大常委会第十六次会议审议；听取常委会第十六次会议有关议题准备情况的汇报，决定于2013年12月19日召开西城区十五届人大常委会第十六次会议。西城区十五届人大常委会第二十七次主任会议于12月18日召开。刘跃平主持会议。会议听取区委组织部关于拟向区人大常委会提请的人事任免事项介绍，决定提请区人大常委会第十六次会议审议。西城区十五届人大常委会第二十八次主任会议于12月26日召开。赵印春主持会议。会议听取了区十五届人大四次会议各代表联组会前活动情况汇报，对区人大常委会工作报告稿再次进行研究修改，并根据代表意见对大会选举办法草案进行研究修改。

（李　锟）

【“十二五”规划实施情况监督】 常委会把推进区“十二五”规划的实施作为一项贯穿全年的重点工作来抓。加强对区域发展战略实施情况的监督，听取和审议区政府落实常委会关于推进金融强区战略实施建议的情况报告。按照监督法要求，创新方法，组织开展对区“十二五”规划实施中期评估工作的监督。常委会组成人员及6个委员会委员参加，采取分组视察调研与政府自查评估相结合、全面监督与重点监督相结合的方式，对区“十二五”规划纲要及14个综合和专项规划中期评估情况进行监督，听取区政府相关部门执行规划的情况汇报。常委会听取和审议了区政府关于区“十二五”规划纲要实施中期评估报告，作出关于批准部分指标调整方案的决议，批准调整空气质量和城镇职工五项保险参保率两项指标，提出四个方面的审议意见。

（李　锟）

【组织专题询问】 针对区级大额专项资金的使用和管理，常委会首次尝试组织专题询问。由常委会组成人员和部分区人大代表组成专题询问组，采取听取自查报告与实地调研相结合、分组询问与集中审议相结合的方式，重点对滨水“绿道”一期、可持续发展、社会建设等3项资金的使用管理情况进行询问，区政府主管副区长及相关部门负责人到会听取意见并回答询问。常委会听取和审议了区政府关于区级大额专项资金使用和管理情况的报告，听取专题询问组工作情况汇报，着重从加大专项资金监管力度、加强制度建设、推进绩效管理等方面提出审议意见。通过开展专题询问，促进区政府加强了区级大额专项资金管理制度建设，制定了《北京市西城区大额专项资金管理办法》。

（李　锟）

【年度计划和预算监督】 在全市率先实现对政府全口径预算决算的审查监督，常委会听取和审议区政府关于2012年财政预算执行和其他财政收支情况的审计报告，审查批准2012年财政决算，对审计查出问题整改情况进行跟踪监督。听取和审议2013年上半年和1至10月计划、预算执行及调整情况的报告，审查批准2013年预算调整方案，对2014年计划报告和预算报告的主要内容进行初步审议。为进一步深化预算监督，听取区政府关于国有资本经营预算编制和执行情况、区街财政体制调整和执行情况以及西长安街、大栅栏街道财政预算编制和执行情况的报告。

（李　锟）

【推动居民生活环境改善】 常委会按照建设生态文明和宜居城市的要求，在促进居民生活环境改善和生态环境建设方面加大监督力度。为推进危旧平房改造和老旧小区整治工作，常委会组织代表深入调研，听取和审议区政府关于危旧平房改造和老旧小区整治的报告，针对群众反映的突出问题和工作中的难点问题提出改进意见和建议。高度关注什刹海、大栅栏地区居民生活环境的改善，常委会听取和审议区政府关于什刹海景区建设和管理、加快改造大栅栏地区市政基础设施和改善居民生活环境情况的报告，提出积极争取市有关部门支持、解决政策瓶颈问题、尽快启动计划项目建设等方面的意见建议，促进了什刹海和大栅栏地区重点项目的实施和居民生活环境的改善。加强对绿化工作和“绿道”建设二期工程、拆除违法建设、大气污染治理工作的监督，组织市、区代表实地视察调研，促进相关工作的开展。

（李　锟）

【推进教育和养老事业发展】 为推动教育均衡发展、提高教育整体水平，常委会听取和审议区政府关于教学质量督导情况的报告，就强化教育督导职责、完善教学质量督导评价体系提出审议意见。区政府落实常委会的审议意见，加强教育督导工作，从人力、财力等方面增加投入和保障，完善教学质量督导评价方案和工作机制，促进教学质量提高和教育事业发展。针对日益突出的养老服务问题，常委会组织开展调研，加强对养老服务工作的监督，提出一些具有较强指导性和可操作性的建议，促进区政府研究制定加强养老服务工作的实施意见，改善社区和机构养老服务条件。同时还加强对区政府开展学习型城区建设、信息化建设情况的监督，助力区政府改进相关工作。

（李　锟）

【促进精神卫生事业发展】 为办理好区十五届人大三次会议确定的关于加强精神卫生医疗资源整合发展与建设议案，常委会开展视察调研，征集多方面的意见建议，就议案办理工作提出建议。在此基础上，常委会听取和审议区政府关于议案办理情况的报告，从进一步贯彻落实精神卫生法、规划建设区属精神卫生医疗机构、改善就医条件和加大对医护人员的职业保护等方面提出审议意见，并进行跟踪检查。区长和主管副区长深入实地调研，落实常委会的审议意见，整合资源、加大投入，规划建设新的精神卫生医疗机构，改善医疗环境和条件，完善长效保障机制，促进精神卫生事业的健康发展。

（李　锟）

【司法工作和依法行政工作监督】 为促进“一府两院”按照法定权限和程序行使职权，常委会多措并举，加大了监督力度。深入全区各司法机构调研，听取和审议区检察院关于加强诉讼监督工作情况的报告，就完善诉讼监督工作机制、开展诉讼监督工作提出审议意见。组织代表旁听区法院公开审理案件，开展代表进“两院”活动，深化对“两院”工作的了解和监督。听取区政府关于行政复议和行政诉讼工作情况的报告、区法院关于加强队伍建设工作情况的报告，组织代表对执法机关的执法工作进行视察调研，促进依法行政和执法机关队伍建设。组织部分审判员、检察员以书面报告形式向常委会述职，促进司法人员进一步规范履职行为、强化为民履职理念。

（李　锟）

【法律法规实施情况监督】 常委会重点从涉及群众身体健康、工作和出行安全等方面的突出问题着手，狠抓相关法律法规贯彻落实情况的监督。组织代表对区政府落实常委会关于食品安全执法检查审议意见情况进行跟踪检查，并就安全生产法和安全生产条例、传染病防治法、残疾人保障法、旅游管理条例等10余部法律法规的实施情况，组织开展视察调研，听取区政府贯彻防震减灾法、红十字会法、博物馆条例情况的报告，反映群众的意愿和需求，推动有关法律法规的落实。受市人大常委会委托，就归侨侨眷权益保护法实施办法的贯彻落实情况开展执法检查，保障归侨侨眷的合法权益。

（李　锟）

【规范性文件备案审查工作】 按照市人大常委会制定的规范性文件备案审查条例，成立工作机构，明确责任分工，规范工作程序，与政府相关职能部门沟通协调，适时启动规范性文件备案审查工作。参与立法工作，及时收集反映代表和群众以及执法机关对大气污染防治条例、促进中小企业发展条例、全民健身条例等法律法规的修改意见和建议。

（李　锟）

【改进和加强代表工作】 逐步改进代表履职的服务保障工作。针对广大代表的履职需求，组织代表履职学习，通过召开区情通报会、为代表订阅报刊、办好西城人大信息和人大杂志，及时传递区情政情信息。发挥常委会各委员会和各街道人大代表工委的作用，组织代表围绕常委会议题开展视察调研，邀请代表列席常委会会议、参加专题询问等活动，面向代表征集监督议题，推进代表深度参与常委会工作，同时还就保障性住房建设、房屋征收、社区矫正、城市管理应急处置工作等热点难点问题，组织代表集中调研。坚持代表接待日、走访选区和选民等制度，进一步密切代表与选民的联系。年内，常委会及各委员会组织代表活动79次，参加代表1316人次；街道人大代表工委组织代表活动258次，参加代表1744人次。加大代表建议督办力度，推行常委会主任和副主任牵头督办、各委员会分类督办、代表工作机构整体督办的工作机制，将督办工作与常委会听取和审议专项工作报告、组织代表视察调研相结合，并贯穿于所有履职活动中。主任会议重点对综合性强、难度大的建议加大督办力度，有重点地听取建议承办单位办理情况报告，并组织代表建议办理监督员实地视察建议办理落实情况。年内区十五届人大三次会议受理的196件代表建议（含议案转建议2件），除8件转市有关部门研究参考之外，其余建议已办结并答复代表。从188件建议的办理情况来看，得到解决或取得一定进展的149件，约占79.2%；受政策法规限制不能解决、向代表说明解释的27件，约占14.4%；列入计划两、三年内解决的7件，约占3.7%；留做参考的5件，约占2.7%。按照市人大常委会的统一安排，较好地完成了市十四届人大一次会议西城团的服务工作。组织市人大西城团代表参加履职学习、视察调研以及年中和会前的集中活动，邀请市人大代表参加区人大常委会及各街道代表联组组织的活动，加强市、区人大代表的联系交流。

（李　锟）

【加强自身建设】 年内，举办常委会专题学习班，就学习贯彻党的十八大精神、推进民主政治建设、坚持和完善人民代表大会制度、加强和改进人大常委会预算监督等内容，组织系列专题讲座。结合学习贯彻代表法、更好地发挥代表作用深入研讨，明确加强和改进代表工作的思路和措施。坚持常委会会前学法、调研等制度，进一步加强对法律法规以及人大工作实务的学习，围绕人民代表大会制度在西城区的实践，就关系发展和民生的重点问题开展调研，把调研与人大工作有机融合，推动人大工作的开展。加强与市和区县人大常委会及外省市人大常委会的工作交流研讨，拓宽视野和思路，提高依法履职、创新工作的能力。抓制度落实，改进工作作风。重点抓好常委会、主任会议议事规则及有关工作制度的落实，加强会前准备工作的组织协调，深化会前视察调研，注重将视察调研成果与会议审议相结合，进一步提高会议审议质量。落实人大信访工作制度，全年共受理群众来信来访278件（批）、364人次，加强对信访问题的分析，推动解决了一批信访突出问题。通过《北京西城报》、区人大常委会公报等多种渠道，及时向社会公开常委会履职情况，接受群众监督。抓常委会机关建设，提高服务保障能力。进一步加强常委会机关党组织建设，发挥党组织作用，推进机关思想、组织、作风建设。适应新时期人大工作的需要，设立预算工作委员会，健全和完善各工作机构设置。创建学习型机关和文明机关，加强干部队伍建设，组织干部参加学习培训、社区挂职锻炼，推进干部选拔任用和交流工作。

（李　锟）

北京市西城区人民政府

概　述

年内，区政府围绕首都发展的新形势、新要求，实施“服务立区、金融强区、文化兴区”发展战略，较好地完成全年目标任务。地区生产总值实现2825.7亿元，比上年增长9%；三级税收完成3771.88亿元，同比增长23.4%；财政收入完成341.9亿元，同比增长10.6%；社会消费品零售额实现840.5亿元，比上年增长10%；全社会固定资产投资完成213亿元，比上年增长7.3%；居民人均可支配收入达到43479元，同比增长9.3%。

坚持扩大总量与优化结构并重，发挥总部经济和重点产业的支撑引领作用，区域经济呈现稳中有升的态势。金融业核心优势更加突出，增加值占地区生产总值和全市金融业增加值的比重均在40%以上，新增中交财务有限公司、中证资本市场发展监测中心有限公司等83家金融机构，注册资本金达203亿元。全国中小企业股份转让系统挂牌运营并实施扩容，成为国内继上海证券交易所、深圳证券交易所之后的第三个全国性证券交易场所。北京金融资产交易所控股权转移至中国人民银行，成为全国性金融资产交易市场；金融服务区域经济、文化、社会、民生的作用不断增强。高新技术产业快速发展，全区新申报国家高新技术企业81家，专利年申请量首次突破1万件，中关村西城园总收入突破千亿元。出台加强旅游与文化、商业融合发展的意见，首批认定12个区级文化创意产业集聚区。老佛爷百货、护国新天地开业。加快业态调整步伐，编制社区生活性服务业体系建设试点方案，成立专门指挥部统筹推进马连道、北展地区的业态提升工作。主动为各级各类企业做好服务，加大区领导联系和走访重点企业力度，国家电网等一批大型央企分拆重组项目落户西城。完成4家区属国有企业的重组改制，中小微企业和非公经济的政策服务环境进一步优化。启动第三次全国经济普查，完成区“十二五”规划中期评估，通过修订部分指标、细化工作措施，确保各项任务按计划实施。

加大统筹协调力度，重点功能区发展全面提速。按照“组团规划、统筹联动、板块发展”的思路，加快建设和发展步伐，重点功能区对区域的拉动作用更加凸显。金融街空间拓展和资源置换同步推进，北京市国有资本经营管理中心项目实现竣工，华嘉、丰盛西区C区、广安一期A地块等项目完成搬迁，新增办公面积13.5万平方米，金融街被认定为首批“北京市总部经济集聚区”；北京金博会和金融街论坛成为金融领域知名品牌。中关村西城园组建北京设计产业联盟和中国设计交易市场运营公司，华龙大厦项目基本完成拆迁，“广安军民融合特色产业园”项目有序推进。天桥演艺区完成整体规划编制，天桥艺术大厦和历史文化景观工程竣工，南中轴路北段通车，首次对外发布天桥演艺指数，中国版权保护中心、中国对外文化集团公司等23家文化企业入驻天桥艺术大厦。大栅栏琉璃厂北京坊项目进展顺利，H地块完成拆迁，劝业场修缮基本竣工，杨梅竹斜街保护修缮试点项目开始招商运营。什刹海阜景街完成白塔寺药店降层、地铁8号线什刹海站西出入口、前海后海燃气改造、旅游标识导览系统等项目，雁翅楼历史景观建设完成主体结构施工，功能疏解试点工作稳步推进。

按照市委、市政府关于优化中心城区功能的要求，从解决环境突出问题入手，全面加强城市精细化管理。举全区之力开展“拆违、清障、治污、灭脏”专项整治，共计拆除违法建设3621处7.5万平方米，整治市、区挂账脏乱点731处。编制2013至2017年清洁空气行动计划和空气重污染应急预案，完成2.2万户平房居民清洁能源改造，淘汰老旧机动车1.71万辆，调整退出工业企业3家。实施多元增绿和身边见绿，新建改造绿地22.78公顷、屋顶绿化3万平方米、垂直绿化5000延长米。完成中南海周边文物保护区景观提升试点工程和“绿道”建设二期工程，对“文道”“商道”重要节点进行综合整治。启动新街口北大街、前门西河沿街市政道路施工，完成道路大中修、积水点和无障碍设施改造年度任务，通过多种途径新增停车位8000余个。推进城市管理重心下移，出台在城市秩序管理中进一步加强职能部门属地管理的意见，制定城市管理履职评价办法和环境问题督查问责办法，加大综合执法力度。开展安全生产大检查，加强重点行业和领域的安全监管，确保城市安全高效运行。

坚持把推进基本公共服务均等化作为政府的重要职责，在财政支出上优先向社会领域倾斜，各项社会事业发展继续保持较高水平。优化教育资源配置，新建、改扩建西城区师范学校附属小学、北京小学走读部等11所学校和幼儿园，新增学位3000余个。创新教育均衡发展的集团办学机制，筹建教育系统导师团，10名中小学教师首批获得北京市正高职称，基础教育质量继续保持全市领先，学生综合素质不断提高，“学习型城市示范区”建设通过验收并在全市推广。建立区级非物质文化遗产保护中心，完成普济寺大殿等文物修缮和大运河申遗迎检，启动观音寺等6个文物保护单位腾退，全面实现公共文化设施“1121”工程建设目标。完成宣武中医院一期、静安医院新址装修改造，建立区属公立医院绩效考评体系，成功创建“全国中医治未病预防保健服务示范区”。健全精神卫生服务体系，深化家庭医生式服务内涵，建成11个以优秀全科医生名字命名的示范工作室，社区卫生服务中心全部实行刷卡结算。健全人口和计划生育服务体系，西城区成为“全国创建幸福家庭活动”第二批试点单位。发挥重大科技项目引领示范作用，推进首都科技条件平台西城工作站建设，西城区被评为“全国科技进步先进县（市）”。信息化在城市管理、社会建设、行政服务等方面发挥了基础性作用，西城政务网站名列2013年中国政府网站绩效评估区县组第一。与市对外友好协会联合举办“2013北京国际民间友好论坛”。妇女儿童、档案史志、防震减灾、公益慈善等各项事业持续发展，民族、宗教、侨务和对台工作取得新成绩。

依托“全响应”网格化社会服务管理体系，进一步整合资源、完善机制、优化服务，完成区、街两级为民办实事184件。成立区就业服务联合体和街道就业援助中心，出台以创业带动就业实施意见，为就业困难群体提供精细化服务，登记失业率为0.73%，登记失业人员就业率达72.23%，零就业家庭保持动态脱零。扩大社保经办业务在街道社保所的办理范围，加大综合救助统筹力度，成立西城区银龄精神关怀服务中心，完成“北京市残疾人就业服务机构规范化建设示范区”创建工作。推进棚户区改造，在全市率先启动百万庄北里居民住房改善项目，完成121万平方米老旧小区抗震加固和节能改造任务，昌平回龙观一期、丰台张仪村、房山长阳保障房项目累计竣工14772套住房，筹措7878套房源解决轮候家庭住房困难，多途径改善2.4万余户居民的居住条件。抓好“菜篮子”工程和早餐示范店建设，成立区、街两级食品药品监管机构，全面落实统一监管和属地责任，西城区被评为全国首批“餐饮服务食品安全示范区”。基本完成区、街两级“全响应”网格化社会服务管理指挥（分）中心建设，实施75个政府购买服务项目，鼓励驻区单位开放资源，依靠居民自治破解胡同整治、停车管理等难点问题，顺利通过全市第二批“六型”社区评估。集中化解了一批重点矛盾纠纷，确保区域安全稳定。做好国防动员和征兵工作，国防教育和双拥共建取得新的成绩。

（潘　江）

区政府主要工作及重大活动

【政府决策会议】 年内，区政府召开政府常务会议35次，政府专题会31次，讨论议题251个。2012年12月26日，第37次常务会议，听取有关人事任免情况的汇报。2013年1月16日，第38次常务会议听取邀请特定人员列席区政府常务会议办法的情况、《北京市西城区人民政府常务会议学法制度》的汇报。1月30日，第39次常务会听取平房煤改清洁能源工作计划安排。2月20日，第40次常务会听取《西城区促进中小微企业发展的实施意见》情况的汇报。2月27日，第41次常务会听取安全生产工作、综合交通规划有关情况的汇报。3月7日，第42次常务会听取开展第三次全国经济普查、2013年区政府会议重要议题计划编制工作情况的汇报。3月17日，第43次常务会听取金融街、广外、德胜街道办事处工作情况的汇报。3月20日，第44次常务会听取园林绿化工作安排有关情况的汇报。4月3日，第45次常务会听取建立“访民情、听民意、解民难”长效机制有关情况的汇报。4月17日，第46次常务会听取“十二五”规划中期评估、教学质量督导情况的汇报。4月26日，第47次常务会听取一季度安全生产工作情况的汇报。5月8日，第48次常务会听取信息化工作、拆除违法建设工作进展情况的汇报。5月30日，第49次常务会听取政府绩效管理工作、扶持大中型水库农转非移民工作有关情况的汇报。6月18日，第50次常务会听取精神卫生体系建设工作、2012年财政决算草案的报告。6月19日，第51次常务会议听取“12341政府服务热线”建设方案、制定《北京市西城区大栅栏琉璃厂历史街区保护管理办法（试行）草案》有关情况的汇报。6月26日，第52次常务会议听取绿地系统规划、国家级行政服务标准体系建设有关情况的汇报。关于西城区绿地系统规划有关情况的汇报。7月10日，第53次常务会议听取《西城区关于对失去独生子女家庭开展帮扶工作的意见》、行政服务体系建设有关情况的汇报。7月24日，第54次常务会议听取加强和创新社会组织建设与管理、贯彻落实厉行勤俭节约、加强预算管理有关情况的汇报。7月31日，第55次常务会议听取上半年安全生产工作情况的汇报。8月9日，第56次常务会议听取上半年国民经济和社会发展计划执行情况、城市环境建设及精细化管理有关情况的汇报。8月28日，第57次常务会议听取《西城区行政复议规范化建设实施方案》、上半年全面推进依法行政工作有关情况的汇报。9月4日，第58次常务会议听取有关人事任免情况的汇报。9月4日，第59次常务会议听取大栅栏琉璃厂建设指挥部工作进度、金融街建设指挥部项目工作进展情况的汇报。9月25日，第60次常务会议听取关于区大额专项资金使用和管理情况的汇报。10月9日，第61次常务会议听取国庆长假期间区城市运行和应急管理工作、2012年预算执行和其他财政收支审计查出问题整改情况的汇报。10月16日，第62次常务会议听取编制文商旅融合发展意见、“十二五”规划纲要实施评估情况的汇报。10月23日，第63次常务会议听取第三季度安全生产工作情况的汇报。10月30日，第64次常务会议听取预防煤气中毒工作、供热准备及扫雪铲冰工作、北纬路市政道路等工程项目房屋征收社会稳定风险评估和房屋征收决定有关情况的汇报。11月6日，第65次常务会议听取《西城区贯彻落实质量发展纲要（2011-2020年）的实施意见》情况的汇报。11月13日，第66次常务会议听取2013年1-10月国民经济和社会发展计划执行和调整情况的汇报。11月20日，第67次常务会议听取《西城区2013-2017年清洁空气行动计划》情况的汇报。11月27日，第68次常务会议听取编制《西城区绿色建筑行动实施方案》有关情况的汇报。12月11日，第69次常务会议听取制定《西城区预算单位公务卡强制结算目录》有关情况的汇报。12月16日，第70次常务会议听取进一步加强司法所规范化建设、保障房建设推进情况的汇报。12月18日，第

71次常务会议听取2013年国民经济和社会发展计划执行情况及2014年计划草案、2013年财政预算执行情况和2014年财政预算草案、区政府工作报告起草有关情况的汇报。12月25日，第72次常务会议听取《西城区消防工作考核实施办法》和《西城区消防工作考核责任分工》情况的汇报。

（伯云龙）

【23件实事完成情况】 年初，区政府确定23件为群众拟办重要实事计划，有9件超额完成，14件按计划完成。（1）对6479间房屋、9.96万平方米的危旧房屋进行修缮；超额对592处院落进行下水管线改造；完成对8条历史文化保护区胡同院落的保护性修缮；超额完成对1191个院落户厕的综合修缮。（2）完成对德宝小区、万明园小区、小后仓小区等20个老旧小区的环境整治；完成对京畿道小区11栋楼房的节能改造；完成对天宁寺前街北里2号楼等40栋老旧楼房的综合维修工程。（3）房山长阳南区、昌平回龙观一期、丰台张仪村项目等保障性住房项目，实现14772套全部完工。（4）完成全年43070人次“三无”老人的免费午餐和晚餐送餐工作；完成为全区90岁及以上无保障老人发放城镇居民基本医疗保险补助金工作。（5）对881名无业重度残疾人在家或在医院提供免费体检服务，审批符合条件入住托养机构的残疾人42人，补贴政策覆盖率为100%。（6）为12200名流动人口已婚育龄妇女开展免费孕情检查及免费发放避孕套；为1111名0至3岁儿童开展一次免费的儿童成长测试评估，为新生育家庭免费赠送0至3岁儿童发展指导大礼包约1万份；为全区1133对困难家庭有生育意愿的夫妇开展免费孕前优生检查；分别为独生子女困难家庭父亲2042人、母亲2013人开展免费生殖健康体检。（7）完成16个社区卫生服务机构POS机安装及验收工作，实现银行卡刷卡结算。（8）完成核桃园东街6号院、五路通街19号院、西派国际、富国里、白广路二条4号院等5个老旧小区停车位改造，共新增居住区停车泊位1186个。（9）完成新建和改造三塔便民菜店、陕西巷便民菜店、顺河三巷便民菜店、陶然亭街道南华东街便民菜店等15家便民菜店；新增紫昱轩大食堂餐饮有限公司德胜门店、北京康仔餐饮有限公司新街口店、北京马氏东方饺子王餐饮有限责任公司复兴门店等10家早餐规范店。（10）组建由100名律师组成的15个律师说法进社区专家团，共举办法律讲座682次，代写法律文书231份；推进法律服务进楼宇活动，共有127名志愿律师参与“进楼宇”值班活动，解答咨询528次，举办法律讲座21次；全面建成15个规范社区公益法律服务室；建立32家残疾人温馨家园建设规范化法律服务工作站，为全区7.6万名残疾人提供近距离的法律援助服务。（11）组织公益展览56场、公益演出657场、公益讲座311场、公益数字电影放映500场次；开展“走进艺术殿堂”演艺活动26场；免费为群众艺术团体开展艺术指导、培训工作。（12）在广安门外街道、白纸坊街道、大栅栏街道、椿树街道、牛街街道、天桥街道分别建成社区教育学校，实现全区覆盖。（13）完成北海幼儿园、曙光幼儿园等5所幼儿园改扩建工程，增加学位数900个；育民小学、复外一小等5所小学工程完工，增加学位数2000个。（14）“西城区市民终身学习成果认证制度”试点单位数量扩大至30家，将所有街道和社区教育学校全部纳入认证体系；认证学员规模进一步扩大，注册学员人数增至3万人；初步建立学分积累与积分消费实践模式。（15）在历代帝王庙举办“学历史、习礼仪、赏佳作”社会大课堂区教育教学观摩展示活动，全区120余所中小学社会大课堂主要负责人以及部分学校学生参加；启动非物质文化遗产进校园项目，丰富社会大课堂活动形式。（16）免费提供信息化基本知识、信息安全知识、操作技能等培训30150人次，培训对象主要覆盖社区老年人、残疾人、4050失业人员、失业家庭子女等弱势群体和文明乘车引导员。（17）完成45个体育生活化达标社区创建工作；完成13个科学健身指导标准站建站工作；培训社会体育指导员403人；完成国民体质测试任务，测试人数2230人；组织科学健身大讲堂10次，培训指导站工作人员55人，指导站小教员40人；组织社区居民参加市级科学大讲堂活动，完成“西城区科学健身个性化指导重点实验室”工作并启动应用。（18）完成绿地建设22.78公顷，其中新增5.19公顷、改造17.59公顷，新增屋顶绿化30387平方米、垂直绿化5000延长米。（19）超额完成1.7万户居民燃煤采暖清洁能源改造。（20）完成新街口街道宝产胡同52号、四根柏胡同30号等20座平房院落旱厕的改造工程。（21）完成新增52个小区垃圾分类达标工作，实现垃圾分类投放、分类运输、分类处理。（22）对宣武门外大街、西什库大街等5条市级达标道路，西便门内大街、北线阁街等10条区级达标道路进行景观提升，开展外立面修缮、道路修补、规范户外广告牌匾和公共服务设施等环境综合整治项目。（23）完成对裕中中学、裕中小学、北京四中、自忠小学、北京小学走读部、第63中学共6所学校周边环境整治。

（陈　星）

区政府办公室工作

【概况】 北京市西城区人民政府办公室（简称区政府办公室）是负责协助区政府领导处理区政府日常工作的区政府工作部门。主要职责是：协助区政府领导组织起草、审核以区政府和区政府办公室名义发布的公文。负责区政府会议的会务组织工作。研究区政府各部门、各街道以及其他机构请示（商洽）区政府的事项，提出审核意见，报请区政府领导审批；承办市政府、市政府办公厅文件。负责推进、指导、协调、监督、考核本区政府信息公开工作，承办区政府行政机关的政府信息公开事宜。负责区委、区政府总值班工作；协助区政府领导组织处理需由区政府直接处理的突发事件和重大事故，承担西城区突发事件应急委员会的具体工作，负责区政府领导交办的本区各类突发公共事件应急处置、日常管理、宣传教育和培训工作；负责组织修订本区突发事件总体应急预案；负责统筹、规划、指导、监督和检查区级专项应急预案编制修订工作和应急演练工作。负责督促检查国务院以及市政府文件的执行落实情况；督促检查区政府文件、重大决策、重要部署、会议决定事项以及各级领导重要批示的落实情况，并跟踪调研，及时向区政府领导报告。负责联系区人大、区政协的相关工作；组织区政府有关部门办理各级人大代表建议和政协委员提案；协助安排人大代表、政协委员的视察工作；为人大代表、政协委员知情知政提供服务和保障。负责各街道办事处工作的综合考核。负责全区机要通讯文件的交换工作；负责本机关以及区政府部分部门的财务、人事、固定资产管理等工作。负责区政府系统综合事务的协调工作，协助安排区政府领导参加重要政务活动。负责落实查抄政策界定善后工作及查抄办档案管理工作。负责对区政府系统行政办公室的业务指导。承办区政府领导和上级机关交办的其他事项。

地址：西城区二龙路27号

邮编：100032

电话：88064311

（于明艳）

【文书和档案工作】 年内，办理公文共8803件。其中以区政府、区政府办公室名义制发公文402件；收文共3410件；办理机要文件、密码电报、内部刊物等密级文件1335件，完成3656件密级文件、内部文件的销毁以及清退工作。代转区属部门文件1280件。完成2012年度文书档案归档3442件。区政府印章用印6472次，区政府办公室印章用印806次。

（于明艳）

【信息工作】 全年专报市政府信息650条，《昨日市情》（专、普刊）采用180条；上报长篇经验交流类信息7篇，《昨日市情》《特刊》采用5篇，市领导批示6条。其中长篇信息《西城区加快背街小巷治理初见成效》《西城区发挥金融优势支持经济社会发展取得成效》得到市政府主要领导王安顺、李士祥的批示。《西城信息》（专刊）共编发58期，区领导批示3条；《西城信息》（特刊）共编发19期，区领导批示3条。制定《西城区政府工作部门政务信息采用情况专项考评实施细则》，首次将全区政务信息采用情况纳入政府工作部门绩效管理。

（潘 江）

【政府信息公开工作】 年内，全区共有69个单位承担政府信息公开工作，共主动公开政府信息6756条。全区各政府信息公开工作机构共受理政府信息公开申请456件，主要涉及房屋征收、拆迁许可及前置审批手续、房屋权属等；收到涉及政府信息公开方面的行政复议19件、行政诉讼21件。建立政府信息查阅中心42个。

（吴旭红）

【人大建议政协提案办理工作】 年内，西城区政府承办全国、市、区三级人大代表建议和政协委员提案共539件，其中全国政协委员提案3件，北京市人大代表建议26件，北京市政协委员提案19件，西城区人大代表议案1件，西城区人大代表建议177件，西城区政协委员提案288件，市区级会下平类建议、提案25件。所有建议提案全部按期办理完毕。

（张 辉）

【非紧急救助工作】 年内，北京市非紧急救助服务中心西城分中心共受理市民诉求2.98万件，其中问题类2.53万件、咨询服务类4500件。通过信息管理平台派发2.41万件，按期办结2.14万件，办结率88.7%。市民来电反映的问题主要集中在：公共服务4616件、房屋修缮3498件、市容环卫2522件、市政设施1958件、环境污染1814件、违法建设1508件、安全隐患1235件、市场管理1132件等。

（王金玲）

应急管理工作

【概况】 年内，共处置一般以上突发事件182起，完成十八届三中全会、全国“两会”等重要节点和重大活动的服务保障工作。深化“1+4+12+15”（1个应急委、4位一体、12个专项应急指挥部、15个街道）组织指挥体系建设。推进应急管理“全响应”工作，在街道建设城市管理和应急分中心。巩固应急联动机制，在节假日及重点时期巩固了“1+X+15”的组织指挥体系，形成一个总指挥部（领导小组）、若干专项指挥部、15个地区服务保障分指挥部的工作格局；继续发挥与区监察局、区委区政府督查室联合监察督察值守应急工作的优势；完善自然灾害类突发事件的应对机制及程序。完成并发布《西城区消防应急预案》《西城区交通安全应急预案》《西城区粮食应急预案》和《西城区涉外突发事件应急预案》，印发《西城区地震应急预案》《西城区卫生局H7N9禽流感防控工作方案》，修订《西城区人防工程防汛应急预案》《西城区特种设备事故应急预案》，制定《西城区人防工程四色防汛应急执行预案》《西城政治核心区道路、管线应急抢险应急预案》《西城区道路、管线防汛工作预案》。制发《2013年度西城区应急演练工作计划》，全区开展规模以上应急演练300余次。推进应急宣教培训。一是开展基层应急宣教现状分析及培训体系构建研究，联合北京市劳动保障所对全区基层应急宣教状况进行调研；以宣教顶层设计方案指导全区开展应急知识进机关、进街道、进社区、进校园活动。二是组织全区党政领导干部、应急管理干部、应急救援队伍、应急志愿者队伍，开展应急实务培训。开展“消防知识进机关”活动、邀请市政府办公厅副主任尹培彦作题为“北京市巨灾情景构建和应急管理工作”的培训辅导。年内举办全区规模培训5次，600余人次参加；各部门、各街道组织不同形式应急培训200余次；组织注册应急志愿者全员轮训并参与网上答题。三是开展应急知识进社区活动，全年宣传覆盖面达到辖区户籍人口的25%以上。对100余名公共安全知识讲师团成员进行培训，讲师团进入社区开展公共安全宣传教育；结合“5·12全国防灾减灾日”“全国安全生产月”等开展主题宣传活动；举办西城首届公共安全文化活动节暨群众书法、绘画、摄影展。四是进一步巩固应急宣教阵地。利用“北京应急网”平台宣传应急管理工作、公共安全科普知识，全年报送信息2097条，被采纳2045条；完善《西城应急报》，设立应急机关文化墙，发挥微博平台作用加强网络舆情监控与引导，编制《小学生安全避险手册》和《家庭火灾隐患手册》，完成《商务行业安全生产应急演练教学片》的拍摄工作。重点完善区应急队伍体系。全区组建99支应急队伍，应急队员共计3877人；建立应急队伍常态工作联系人和应急物资、装备台账，完善市应急办“应急队伍与装备管理系统”内容，对全区应急队伍的基本信息、队伍装备、队伍地址、应急能力、管理保障等进行统计，做到相关数据真实可靠。成立全市首支校园救援队。提升应急保障体系。一是应急指挥技术支撑体系。提升全区公共安全图像系统科技化水平，摸清探头底数、建立台账，对3500余个探头进行编码，制作分布示意图，建设“全响应”数字化视频应用系统、3G移动视频数字化平台、“商旅居”公共区域客流智能应急疏散系统等项目；加强城市安全运行和应急管理领域物联网应用示范工程建设。二是强化物资储备管理方式。资金保障方面，健全突发事件工作经费保障机制，修订完成《西城区应对突发事件专项准备资金管理暂行办法》；物资储备方面，创新社区物资储备方式，组织街道采取与地区超市合作签订物资供应协议方式代储物资，同时对社会捐赠、仓储、物流资源通过登记、定购等方式适时征用，建立物资、信息联动机制，及时调运所需物资。

（祝文婷）

综合行政服务

【概况】 北京市西城区综合行政服务中心（简称区行政服务中心）是负责为企业法人、社会组织办理行政许可事项、非行政许可事项以及公共服务事项的区政府派出机构。主要职责是：负责全区行政服务体系的规划、建设、组织、实施；负责对区政府部门专业大厅、街道公共服务大厅、社区服务站的业务和服务规范进行指导、监督、考核评价；负责全区行政许可和行政服务网络的规划、建设、组织、实施和监督、检查；负责全区行政许可事项办理的统一管理；负责研究拟定中心大厅服务事项的办理程序、运行机制的整合调整方案，并组织实施；负责对各部门进驻、委托事项办理的组织协调、监督实施和效能评价；并对进厅工作人员实施管理、考核、培训等；负责跨部门审批事项和重大事项的协调会审、联审；负责对有关部门行政服务工作的业务指导；承办区政府交办的其他事项。区行政服务中心下设“三个科室一个分中心”，即行政机构设置综合办公室、管理协调科、监督考评科“三个科室”;事业机构西城区政务全程办事代理中心下设网络运维中心、行政事务综合受理中心和政府热线管理中心“三个分中心”。年内，区行政服务中心完成窗口接待、标准化试点、热线筹建、信息化建设、绩效考评等各项工作任务，大厅已建成集行政审批、社会管理、公共服务、效能监察功能于一体的综合服务平台，实现窗口服务规范化、信息应用智能化、便民设施人性化、办事环境人文化，窗口整体服务水平和服务形象明显提升。

地址：西城区西直门内大街275号

邮编：100035

电话：82141595

（彭著良）

【参观调研接待】 1月1日至12月31日，西城区综合行政服务中心共接待上级领导、兄弟单位、社会团体和国际友人参观、调研、考察团队82批次1479人次。

（彭著良）

【行政服务“三个一”活动汇报会】 2月5日，在西城区综合行政服务中心报告厅举办西城区行政服务演讲比赛、百题知识竞赛、礼仪风采大赛“三个一”活动汇报会，区行政服务体系领导小组成员和窗口单位主管领导及业务科室负责人210余人参加会议，北京市政务中心筹备办副主任蔡明月、区委常委王旭、副区长孙硕出席会议。会上通报了西城区行政服务“三个一”活动获奖单位和个人，进行颁奖和优秀作品汇报演出。

（彭著良）

【行政服务标准化试点工作】 3月5日，《西城区行政服务标准体系》试点工作顺利通过中期验收。6月26日，《北京市西城区行政服务标准体系》在区政府第52次常务会议审议通过并发布实施。7月8日正式实施。制定《北京市西城区行政服务标准体系实施方案》，7月23日组织召开全区动员会，进行工作部署。编写《西城区行政服务通用岗位工作手册》《窗口岗位工作手册》及《管理岗位工作手册》。9月4至8日，对西城区近1200名窗口工作人员进行行政服务标准化培训。经过检查摸底，什刹海街道公共服务大厅、椿树街道公共服务大厅、金融街街道公共服务大厅和陶然亭街道公共服务大厅作为标准化试点单位。征求各单位标准实施过程中的意见和建议，进行整理汇总，持续改进标准。整理所有699项服务事项标准和45项服务管理标准并编辑成册，统一上报相关验收资料，筹拍标准化工作宣传片。

（彭著良）

【12341政府热线筹建】 3月14日，召开12341政府热线筹建工作会，副区长孙硕主持，区委常委王旭参加会议。区社会办、区行政服务中心、区监察局、区民政局、区财政局、区人力社保局、区编办、区法制办、区信息办、区应急办、区机关服务中心、区城管监督指挥中心作为热线筹建成员单位参会，研究讨论西城区政府热线筹建小组及工作计划，设计热线平台对接方案。对政府及相关企业热线进行深入调研，对全区各政府部门对外咨询电话情况进行调研摸底，在区内开展公众需求调查。制定一号通技术方案及运营方案、场地设置方案，6月19日在区政府第51次常务会上通过。梳理区内所有涉及企业、公众业务办理、服务职能的政府部门、街道办事处、社会团体、企事业单位等进行对外咨询事项、咨询电话、投诉电话及相关管理制度，构建全区解答知识库。编写西城区基本情况、各委办局职能职责和业务分类、各街道办事处辖区范围和简介等内容的专项培训教材共计8.8万字，组织行政和便民坐席共21人进行8课时集中业务培训。

（彭著良）

【行政服务体系建设】 年内，制定《北京市西城区关于进一步推进行政服务体系建设的实施意见》，关于西城区行政服务体系建设有关情况，分别在

7月10日区政府第53次常务会和7月22日区委第39次常委会上汇报，审议通过并进行任务分解和责任分工，抓好重点项目实施推进。组织召开区行政服务体系建设领导小组会、全区窗口单位半年工作总结会,研究和部署重点工作任务，推进行政审批服务“两集中两到位”（推行部门行政审批事项向一个科室集中，部门行政审批职能整体向服务大厅集中；确保部门行政审批事项统一纳入窗口办理落实到位，确保部门对窗口工作人员授权到位）。出台《西城区综合行政服务中心廉政监督员聘请管理办法》，对西城区行政服务工作实施全面绩效管理。

（彭著良）

【12341政府热线开通】　7月23日，召开西城区12341政府热线建设项目启动会，会议由副区长孙硕主持，副区长杜黎彬参加会议并提出要求，热线筹建组10个成员单位参加。区行政服务中心介绍12341热线建设整体情况及工作安排，热线建设合作企业分别汇报12341热线平台建设内容及计划、12341热线顶层设计内容及建设实施管理要点、监理工作安排以及运营商号码落地所需工作等内容。8月9日实现12341政府热线号码开通，9月实现全网开通使用，与西城区社区便民热线进行了语音流程的梳理及对接，与西城区非紧急救助服务中心制定接转案件流程。

（彭著良）

【服务中心大厅窗口服务与管理】　年内，建立全体进厅工作人员信息档案。统一387项进厅行政服务事项的名称和目录。组织召开中心窗口单位创先争优表彰会，对10个“优质服务窗口”和10名“文明服务之星”进行通报表彰。制定《西城区规范企业登记代理中介机构服务的实施方案》《西城区企业新设立注册登记联审联办的实施方案》；打造西城区中小企业服务平台，扶持中小微企业发展；加强西城区“全响应”社会服务管理的重要载体建设，着重社会服务功能布局和展示平台功能。新增区妇联妇女儿童维权窗口和“服务驻区中央单位和部队”窗口，对进驻部门窗口和后台进行了调整整合。在中心大屏幕公示窗口许可事项和非许可事项办理各类信息，在大厅摆放纸介《告之单》《服务手册》和《办事指南》。

（彭著良）

【行政服务中心信息化建设】　年内，完成行政服务中心信息化建设顶层设计，初步构建行政服务总体框架。开展预约服务、自助咨询服务，通过网上、自助机预约服务1026人次。拓展行政自助服务内容，与区街居系统对接，实现街道办理事项的查询、预约及办理结果公示。

（彭著良）

【窗口绩效管理考核评价体系】　结合《西城区政府绩效管理考评实施方案》，围绕“三效一创”（指政府部门的履职效率、管理效能、服务效果和创新创优四项重要管理指标），设计绩效考核与评议的指标体系，形成《行政服务体系绩效考核与评价实施意见》。同时加强外部评价机制，聘请区人大代表、政协委员组建廉政监督员队伍，通过第三方评价机构、公众满意度调查等形式对中心服务大厅、各专业大厅、街道公共服务大厅的窗口服务进行监督评价。

（彭著良）

【国家级标准化试点迎检筹备】　12月24日，副区长孙硕主持召开西城区国家级行政服务标准化试点验收工作部署暨培训会，部署西城区国家级行政服务标准化试点验收工作，并开展标准化试点验收工作培训，行政服务标准化常设成员单位主管领导、进驻区行政服务中心窗口单位主管领导及首席代表、街道行政服务标准化重点推进单位主管领导及大厅负责人、社区行政服务标准化重点推进单位街道主管领导及服务站负责人共120人参加会议；12月25日、26日，组织开展行政服务管理类标准集中培训，区行政服务中心进驻窗口、街道和社区重点推进单位全体窗口工作人员共计180人参加培训。

（彭著良）

【进驻部门完成工作】　截至12月31日，区行政服务中心总接待量为1207963人次。其中：业务受理316080件，占总接待量的26%；咨询891883人次（窗口咨询404721人次，12341政府热线咨询49314人次，前台咨询437848人次），占总接待量的74%。平均每天接待总量为5185人次，其中平均每天业务受理1357件，接待咨询3828人次。

（彭著良）

信息化管理

【概况】　北京市西城区人民政府信息化工作办公室（简称区信息办）既是西城区信息化工作领导小组的办事机构，又是负责本区信息化管理工作的区政府工作部门。年内，西城区信息化工作按照“智慧北京”总体建设部署，围绕区“十二五”规划及年度中心工作，坚持统筹规划、精品服务、务实创新原则，深化“智慧西城”顶层设计，打造了一批具有西城特色的信息化精品工程，信息化服务保障环境进一步优化，全区信息化整体发展水平迈上新台阶。全年共获得各类荣誉10余项，主要有：在2013年度中国政府网站绩效评估中北京西城政府网站位列全国495个区县级政府网站第一名,区城市运行管理系统获住建部颁发的华夏建设科学技术一等奖，区政府网站多个栏目获“2013政府网站精品栏目”奖。

地址：西城区二龙路27号
邮编：100032
电话：88064481

（李　佳）

【信息化规划完善和顶层设计】　年内，推进“智慧西城”顶层设计，明确西城区信息化“三层云”（服务云、协同整合互通云、基础云）的顶层设计总体框架，突出建设重点，融合创新发展，协调组织成立“智慧西城”顶层设计工作组和专家组，针对全区各部门、各街道和各行业特点分类指导、培训研讨，推动完成第一阶段顶层设计规划制定，促进辖区基础设施集约、信息资源共享和系统互联互通，满足西城区经济社会信息需求，为实现“智慧西城”稳妥、高效、跨越发展奠定坚实的基础。全区已有51家区级部门和街道完成部门/街道顶层设计，5个牵头部门完成领域顶层设计。

（李　佳）

【信息化项目统筹管理】 为保证西城区信息化建设项目规范化、制度化管理，区信息办主管部门按照《北京市西城区信息化项目管理办法》，对区属各单位、各部门、各街道等申报的信息化建设项目，统一组织审查，纳入归口管理，联合区监察局、区发改委、区财政局开展项目前期效能评审，由财政部门统筹资金保障。年内，西城区共安排信息化项目134个。

（李 佳）

【信息化基础设施建设】 年内，西城区完成市级公益性无线宽带局域网络建设及优化工作，继续扩大公益性无线网络覆盖范围，已完成20个热点的覆盖，其中文体场所9个、旅游景区4个、商业场所3个、医疗卫生场所2个。新建设无线热点1200余个，实现33万余户光纤到户，完成30余万户高清交互机顶盒发放，完成227个4G基站建设。

（刘 岩）

【基础应用系统建设】 年内，为加强西城区信息化基础应用系统建设，确定以提供各类标准化应用组件为服务模式，面向全区各类应用系统建设提供基础性功能支撑，通过制定标准规范，提供一批标准服务组件。建成统一认证服务组件、电子签章服务组件、短信服务组件，并在全区10余个业务系统中应用。

（商 燕）

【试点公共数据服务网建设】 年内，参考北京市政府数据资源网及国外“一站式政府数据下载网站”的经验，区信息办依托北京市政府数据资源网，开展西城数据公共服务网试点建设工作。通过该网站集中发布政府部门可公开的、具有经济和社会价值的政府数据，为社会团体和个人提供政府信息资源服务。

（蔡宇红）

【人口动态监测系统投入使用】 4月，人口动态监测系统正式投入使用。该系统依托区政务资源共享交换平台、辅助决策系统和GIS系统，整合民政、计生等人口数据资源，实现对历史数据的评估、人口发展趋势的预测预警、人口数据区域动态展示等。

（李 佳）

【试点启用“易医箱”】 为满足不断增长的社区医疗服务需求，4月，在德胜社区卫生服务中心为部分孤寡老人安装“易医箱”。“易医箱”形似杂志大小，可快速完成血压、血糖、心电图等数据的测量，并将其自动储存到街道智能化民生服务与城市管理指挥中心的健康档案。如果健康指标达到警报级别，指挥中心就会亮红灯，提示与患者取得联系，提供相关服务。“易医箱”是物联网技术的应用成果，它的推广应用，缓解了医疗资源的紧张，为实现医疗服务下沉提供了一条新的解决方案，为老年病、慢性病、常见病的居家医疗提供了便利。

（李 佳）

【政务网站获全国第一名】 区信息办以构建政府信息公开的重要窗口为第一要务，将" 倾听民声、实现民意、服务民众" 为立网之本，5至6月对" 北京西城" 政务网站进行了升级改版，11月28日，在第十二届中国政府网站绩效评估（2013年度）中，" 北京西城" 政务网站位列全国495个区县级政府网站第一名。

（左 伟）

【多栏目获政府网站精品栏目奖】 10月，在由电子政务理事会、《电子政务》杂志社主办的2013年政府网站精品栏目评选中，西城区政府网站“互动交流”“闪亮西城专版”“随手拍西城”栏目及区人力社保局网站“岗位信息发布”4个栏目获信息公开类精品栏目奖；西城旅游网的“虚拟漫游”栏目获政民互动类精品栏目奖。

（左 伟）

【行政权力网上公开】 11月25日，" 西城区行政权力公开透明运行网" 上线运行。西城区政府及68个职能部门的9大类6636项行政权力一一公开，并公布2128张“权力运行流程图”。同时，对涉及的109项行政处罚条款进行细化，制定具体处罚标准，最大限度减少公务员执法中的自由裁量空间，杜绝腐败滋生。

（李 佳）

【行政事项在线服务】 年内，西城区全面开通695项行政服务事项的网上预审服务，公众可通过网上政务服务大厅提交事项预审申请。预审服务的开通，可减少企业、公众往返实体大厅提交申报材料的次数，节约办事时间，提高办事效率，提升西城区行政服务水平。截至12月底，通过区网上政务服务大厅公示的各委办局行政服务事项515项。180项办事事项实现网上预约；515项办事事项实现网上材料预审；324项办事事项实现网上申报，同比增加108项。全区各委办局行政服务事项通过互联网申请的业务件数达170273件，通过各类渠道申请及办理的业务件数达508172件，网上申请件数占全部申请件数比例达33.5%，同比增长6.6%。

（商 燕）

【大栅栏自助导览系统运行】 北京大栅栏、琉璃厂、天桥区域的自助导览系统在完成研发、设计和编码调试等工作后，于5月在大栅栏功能区试运行。前往大栅栏功能区的游客可免费下载该系统，实时获取大栅栏功能区老字号、知名企业和特色商家的历史、文化、传说等相关信息。

（李 佳）

【全响应区街信息化指挥体系建设培训】 5月16至17日，西城区社会办和信息办联合举办全区全响应区街信息化指挥体系建设培训，区相关单位主管领导及15个街道主管领导、负责人参加培训，区委常委王旭到会并讲话。会上，区社会办重点介绍了全响应社会服务管理概念及体系框架；区政府信息办、区城管监督管理指挥中心分别介绍了区、街两级指挥平台进展及功能；区综治办、区民政局分别通报了便民服务商圈、网格化建设等相关情况；15个街道交流了工作进展；相关业务公司就数据整合、办事平台等具体业务开展了培训。

（刘 岩）

【整合开通“一号通”】 8月，西城区整合行政客服热线、社区服务热线、非紧急救助热线等热线资源，开通“12341”为民服务“一号通”，首期提供城市管理、行政服务、便民服务、社情民意和投诉举报等5项服务功能，实现一个号码对外服务、基础数据资源共享、后台系统转办互联互通。“一号通”是西城区构建集门户网站、APP移动、微博微信于一体的综合信息服务体系的重要组成部分。

（李 佳）

【市领导到德胜街道调研】 8月19日，区委书记王宁陪同副市长戴均良到德胜街道调研网格化社会服务管理工作，听取德胜街道关于全响应社会服务管理创新工作的汇报，观看全响应运行模式演示。戴均良肯定西城区全响应工作取得的成绩，并对西城区全响应社会服务管理工作提出更高的要求。

（李 佳）

【数字西城地理空间框架扩展项目通过验收】 数字西城地理空间框架建设扩展三维数据项目是对数字西城地理空间框架建设项目的扩展，以数字西城地理空间框架三维平台为基础，制作原宣武区20.54平方公里范围内的三维模型，同原西城区范围的模型实现无缝对接，实现三维模型的全区覆盖；同时，项目对数字西城地理信息公共平台功能进行扩展，为城市发展和精细化管理提供辅助决策支持。9月20日，数字西城地理空间框架建设扩展三维数据项目通过区级验收。

（李 佳）

【建立中小企业数据监测平台】 11月，西城区中小企业数据监测平台由中小企业服务中心与北京正辰科技发展有限责任公司探索建立，在运用中小企业生命周期等理论的基础上，利用中小企业基础数据初步完成对全区中小企业基本情况的监测任务。年内，完成第一份《西城区中小企业发展数据分析报告》。

（李 佳）

【中国电子商务经济发展论坛在西城举行】 12月18日，中国电子商务经济发展论坛在西城区举行。本次论坛主要探讨电子商务经济政策、互联网金融等领域的创新，中国工程院、中国社科院等科研院所和阿里巴巴、京东商城等企业均派代表参加。西城区在论坛上发表了以“着力打造电子商务创新应用示范区”为主题的演讲。

（顾 嫣）

【社会信用体系建设得到国家督导组肯定】 12月18日，国家社会信用体系建设第一督导组到北京市督导调研社会信用体系建设工作。西城区汇报了全区推进社会信用体系建设情况：社会信用体系建设统筹协调机制初步建立，试点推进党委、政府权力公开工作，建立西城区信用服务工作平台，推进西城区电子商务信用建设、科技企业诚信建设，开展诚信纳税、诚信统计评选活动。西城区作为北京市中小企业信用体系建设试验区的工作得到督导组的肯定，督导组希望北京市继续探索社会信用体系建设、信用服务社会化建设机制，为全国信用建设提供示范。

（刘 岩）

【城市监测物联网建设与应用】 年内，西城区率先利用3G物联网技术，在全区15个街道设置34个雨量监测站，实时把全区平房院落、低洼区域的降雨量上传至指挥中心，平均1.5公里布设一个监测站，实现辖区全覆盖。根据雨量情况自动发出中雨、大雨、暴雨等预警信息，通过手机发送提醒服务，建立雨量收集和监测系统，为全区防汛工作提供辅助决策支撑。同时，完成早餐车、报刊亭、广告牌匾、资源回收站三类设施二维码管理工作，建立基础数据库，逐步实现城市运行信息化监管。

（李 佳）

【为旧城保护项目提供地籍数据】 西城国土分局结合什刹海阜景街建设指挥部开展的什刹海文保区风貌保护、人口疏解、基础设施改造及产业提升等工作，通过地籍管理信息系统对其一期项目，即北中轴线核心保护区什刹海地区旧城保护示范项目范围内的土地情况进行初步核查，项目范围内涉及宗地约280宗（含道路），土地登记发证29宗。

（李 佳）

【启动智慧旅游咨询系统建设】 9月，按照智慧旅游咨询系统建设和什刹海咨询站试点工作“智慧旅游”顶层设计规划，在咨询站点总量控制的基础上，将A级景区游客中心和“北京礼物”店有机结合，利用信息化技术手段将“智慧旅游”咨询服务与“智慧旅游”电子商务、“智慧旅游”便民服务等相结合，推进旅游信息传播渠道多元化、旅游电子商务多样化和自助导游便捷化发展。

（李 佳）

【电子商务发展】 年底，完成一站式社区便民电子商务平台——“生活服务网”建设，1500余家社区便民服务商户入驻，服务覆盖200余个社区。区内应用电子商务的企业数占企业总数的比重超过44%；11家企业获得第三方支付牌照，占北京市的四分之一。金融电子商务年交易额过千亿，年度增长速度超过300%；西单商场、金象大药房、西单图书大厦、荣宝斋、张一元、内联升等传统商贸服务企业网上销售额实现年度翻倍增长。“琉璃厂古玩艺术品交易网”注册商户2000家，遍布34个省直辖市，年交易额突破1300万元。马连道茶叶网注册会员3万家，年交易额突破300万元。

（顾 嫣）

人力资源和社会保障

【概况】 北京市西城区人力资源和社会保障局（简称区人力社保局，对外可以使用北京市西城区公务员局名称开展工作）是负责本区人力资源和社会保障的区政府工作部门。主要职责：贯彻国家关于人力资源和社会保障的法律、法规、规章、政策和北京市的相关规定；研究制定本区人力资源和社会保障管理方面的管理措施；拟订本区人力资源和社会保障事业发展规划，并组织实施和监督检查；负责拟订并组织实施本区人力资源市场发展规划；依法管理人力资源市场，促进人力资源合理流动和有效配置；负责本区促进就业工作；完善公共就业服务体系；落实就业援助制度；实行职业资格证书制度相关政策；实施面向劳动者的职业培训制度；贯彻高校毕业生就业政策以及高技能人才的培养和激励政策；负责管理辖区社会保险工作；贯彻社会保险规定；指导本区社会保险经办机构依法开展社会保险具体工作；负责对社会保险基金的收支、管理情况进行监督检查；负责管理本区机关事业单位人员工资、福利和分配制度改革工作；贯彻机关事业单位工作人员工资、福利、津贴和补贴政策；落实机关企事业单位工作人员工资增长和支付保障机制；执行机关事业单位工作人员离退休政策；负责会同有关部门指导本区事业单位人事制度改革；管理本区专业技术职称工作；贯彻专业技术人员管理和继续教育政策；落实本区事业单位人员和机关工勤人员管理政策。负责高层次人才选拔、培养和管理服务；负责引进国外智力工作；参与本区人才管理工作；履行全区公务员主管部门职责；负责全区公务员综合管理工作；落实公务员管理政策；按规定承担区政府部门的督查考核和绩效考评工作；负责区政府各部门、各企事业单位领导人员及区政府授权管理的科级干部的任免工作；负责制定并组织实施本区军队转业干部安置计划和培训计划；承担本区自主择业军转干部的管理服务；负责本区企业军转干部解困和维稳工作；负责驻区部队随军家属安置工作；负责贯彻劳动关系政策；完善劳动关系协调机制；指导本区劳动人事争议调解仲裁工作；组织实施劳动保障监察，依法查处各类违法案件；落实各项童工、未成年工和女职工劳动保护政策；承办区政府和上级业务指导部门交办的其他事项。全局下设22个内设机构、14个事业单位，在职职工620余人，主要分布在育幼胡同8号、就业大厦等7个办公地点。年内，西城区人力资源和社会保障工作，坚持“民生为重、人才优先”原则，以“政务能力建设年”活动为主线，以整合资源、完善体制、创新机制、优化服务为重点，在夯实基础工作中谋发展，在破解工作难题中求创新，在推进重点工作中促稳定，完成全年各项工作任务。

地址：西城区西直门南小街20号

邮编：100035

电话：66206008

（张红　闫娟娟）

【促进就业、再就业工作】　年内，统筹区域就业资源，强化部门联动机制，为失业人员开通单位就业绿色通道；建立社区人力社保专职工作者队伍；保障促进就业资金安全投入，促进失业人员稳定就业。年内，新增城镇就业51200人，完成指标任务的102.4%。帮助19579名城镇登记失业人员实现就业，完成指标任务的108.33%。城镇登记失业率为0.73%，登记失业人员就业率达到72.23%。公共职介机构空岗信息采集111658人次，完成指标的107.36%，进行职业指导60200人次，完成指标的116.89%。

（徐建孚）

【帮扶困难群体就业】　年内，建设精细化就业服务平台，在有条件的街道及社区建立“就业援助中心”和“就业援助站”，按照“五个一”的就业服务模式（每人拥有一项就业规划、每人制定一个帮扶方案、每人制定一名助理员、每月接受一次职业指导、每周推荐一个就业岗位）对有就业愿望的各类失业人员实行重点帮扶。同时，实行就业援助服务“承诺制”，与就业困难援助对象签订《就业援助帮扶协议书》，实行“约谈式”职业指导模式，加大对困难群体的就业援助力度。年内，帮助13855名就业困难人员就业，其中帮扶147户“零就业家庭”的147名成员就业,实现动态“脱零”。

（徐建孚）

【充分就业创建活动】　年内，规范就失业登记、就业援助、随访跟踪、就业回访等精细化服务流程，加强对255个社区就业专职工作者的业务培训，建立每月一次的社保所工作例会制度，加强区街沟通。年内，全区有211个社区实现充分就业，占社区总数的82.7%；其中白纸坊街道清芷园社区、陶然亭街道龙泉社区被授予“北京市充分就业示范区”。有11个街道初步认定达到充分就业街道标准，占街道总数的73.3%。

（徐建孚）

【创业带动就业】　4月10日，成立由区委常委、常务副区长苏东任组长、区人力社保局等45个单位为成员的创业工作联席会议领导小组，制定创业带动就业工作方案，健全政策扶持、创业培训、创业服务“三位一体”的工作机制；11月13日，出台《西城区小额担保贷款担保基金管理实施办法》，适度提高贷款额度，完善小额担保贷款坏账核销和担保基金补偿程序，扩大小额担保贷款财政贴息范围。年内，创业带动就业3737人，完成指标的102.38%，发放小额担保贷款254万，完成指标的115.45%。

（徐建孚）

【职业技能培训】　年内，共培训各类人员45777人，其中失业人员技能培训3666人，完成指标任务的103.3%；创业培训1548人，完成任务指标的172%；来京务工人员培训1215人，企业在职职工培训12172人，其他人员培训27176人。

（齐盛超）

【高技能人才培养】　年内，成功推荐王刚工作室、任新春工作室为北京市首席技师工作室，成功推荐李荣春工作室为国家级技能大师工作室；开设2期烹饪领域技师研修班，对辖区重点餐饮企业的70名技师、高级技师进行培训；开展“服务西城、建设西城—高技能人才大讲堂”系列活动；指导聚德华天控股有限公司、北京翔达投资管理有限公司清华池浴池等单位开展非遗技能传承拜师会，推进高技能人才培养活动。

（齐盛超）

【社会保险】　年内，全区五项社会保险基金累计收入303.7亿元，同比增长16.5%；累计支出五项社会保险基金272.1亿元，同比增长19%。审核各类医疗费用1858.8万人次，基金支付111.3亿元。

（刘东华　李赛）

【社会保险管理服务】　年内，核准退休21116人，工伤认定1710人，劳动能力鉴定1134人。41万人享受养老保险待遇，26095人次领取失业保险待遇，为18945人次支付工伤保险待遇，为58548人次支付生育保险待遇。调整基本养老金，人均养老金达到2850元。

（官瑾　刘东华　潘攀）

【定点医疗机构医疗保险管理】　加强对定点医疗机构日常管理，对辖区定点医疗机构开展日常检查和重点问题专项检查；加大外审外调及约谈力度，拒付不合理医疗费用支出，查处违规行为；加强异常数据监督管理，确保基金安全。年内，共筛查异常数据35.5万人次，拒付10126名违规参保人100.09万元。

（李　赛）

【医保付费总额控制工作】　年内，全面推进总额控制管理工作，对定点医疗机构总额使用情况和各项费用指标进行监控和统计分析，对超出全年指标额度的50%的定点医疗机构走访约谈；制定考评办法及实施细则，对定点医疗机构量化评比。年内，定点医疗机构申报费用74亿元，完成全年总额控制指标的98.16%。

（李　赛）

【社保经办模式改革】　年内，进一步推进社保经办业务向街道社保所延伸的管理服务模式。开辟绿色通道，推行社会保险网上申报，23228户缴费单位开通网上申报，占缴费单位的99%。启动参保单位社保缴费新模式，参保单位可通过12家银行办理缴费。基本养老金代发银行由4家增加为14家，由单位制定模式变为个人自选。实行社会保险个人权益记录自助查询，全年共出具社会保险权益记录证明7.1万份。

（刘东华）

【社会保险基金监督】　年内，加强和完善社保基金长效监督机制，发挥社会保险基金监督系统和医疗保险费用审核结算监督系统的作用，聘请会计师事务所参与社保基金监督检查。全年社会保险基金监督系统自动预警产生疑似问题4448条，按期处理完成率100%；医疗保险费用审核结算监督系统自动预警产生疑似问题7883条，按期处理完成率100%。加大社保稽核清欠力度，收回历年欠费210万元，养老保险清欠指标完成86.7%；收回当年欠款4473万元。加大社保卡违规行为查处力度，下发“医疗保险告知书”1314份，追回违规基金16.5万元。

（孙淑惠　刘东华　李赛）

【行政许可】　落实行政许可准入制度，全年审批实行特殊工时企业210家，涉及职工7.33万人。根据《劳务派遣行政许可实施办法》，自7月1日起实施劳务派遣行政许可，年内共有39家劳务派遣企业获得行政许可资质，涉及劳务派遣从业人员6.86万人。

（贾子辰）

【劳动关系维稳】　年内，完善协调劳动关系三方组织机构，推进“和谐劳动关系单位”创建活动。继续推动劳动监察“两网化”（网格化、网络化）建设，完成22326户用人单位信息采集工作。在15个重点区域开展“劳动用工规范一条街工程”，组织开展“春节前农民工工资支付”等专项执法大检查活动。年内，辖区监控企业劳动合同签订率100%，劳动合同续订率97.82%。执法检查用人单位5969户，完成市人力社保局指标的124%。共受理群众投诉举报案件320件，查处率、结案率均达100%。妥善处理突发事件28起。通过执法检查为1191名劳动者追讨工资929.3万元。

（贾子辰　乔玲）

【劳动人事争议调解】　2月25日，成立西城区劳动人事争议仲裁院。建立人事纠纷调解组织232家，基本覆盖区属事业单位，在9个街道社保所建立劳动争议基层调解机构。全年共立案受理劳动人事争议案件3246件，结案率93%，案件调解率60%。

（吴　静）

【人才引进】　年内，建立区域重点发展领域高层次引进人才跟踪走访机制，完善工作居住证服务措施，加大人才服务力度。制定专项引进招聘计划，为金融街和中关村科技园区西城园所辖企业在全国范围内招聘高层管理和核心技术人才。以区域公共服务领域、高新技术企业及区属国有企业为重点，做好非京生源大学生引进工作。全年引进高级人才31名、非京生源大学生355名，办理工作居住证2049份。

（李　曜）

【公务员队伍建设】　年内，完善竞争性选拔干部机制，首次面向全区机关、事业单位公开选拔科级领导干部，22名35岁以下的年轻干部走上领导岗位。指导各单位组织科级职务竞争上岗工作，共选拔科级干部368人。通过民主推荐选拔科级干部186人。遵循“公平、公正、竞争、择优”的原则开展公务员考录工作，年内累计录用公务员171人。加强公务员培训工作。年内，组织公务员初任、科级任职、军转干部、英语人才库和人力社保干部等培训10967人次，公务员初任、军转干部参训率100%。

（曹丽凤　边晓霞）

【事业单位纳入规范管理】　完善《西城区纳入规范事业单位管理办法》，明确整建制划转、考试录用、职务任免、工资套改、纪律惩戒等工作程序。年内，共有25家事业单位509人纳入规范管理。

（曹丽凤）

【事业单位公开招聘】　开展事业单位公开招聘需求调查，按照规定程序开展公开招聘工作。年内，全区共有41家事业单位提供1084个招聘岗位，最终33家事业单位招聘录用工作人员620人。

（甄广恩）

【军转干部安置】　年内，将团职军转干部、功臣模范军转干部、长期在边远艰苦地区工作的军转干部作为安置重点；进一步完善考试、考核、双向选择与指令性安置相结合的工作机制，努力创造公平、公开、平等、竞争、择优的安置环境。全年安置军转干部76人，其中团职干部20人，营职（含）以下行政及专业技术干部56人。

（甄广恩）

【专业技术人员管理】　年内成功推荐10人通过北京市首批中小学正高级教师系列职称评审。推进中关村科技园区西城园职称评审直通车试点工作，成功推荐7人取得教授级高级工程师职称。制定《西城区进一步加强中青年专业技术骨干人才培养实施办法》，启动中青年专业技术骨干换届工作。全年培养中青年专业技术骨干100名，涉及教育、卫生等领域，其中近50%以上骨干晋升高一级职称。

（王　乔）

【事业单位人事制度改革】　规范事业单位人事管理，核准190家事业单位岗位设置方案，其中对教委所属事业单位岗位设置方案进行核准并对其1.4万余名工作人员入位结果进行审核备案。承担事业单位考核工作试点任务。年内，组织全区129家事业单位开展分类考核及分级考核工作。

（王　乔）

机构编制

【概况】　北京市西城区机构编制委员会办公室（简称区编办）是区机构编

制委员会的常设办事机构，负责本区行政管理体制改革、机构改革及机构编制日常管理工作，既是区委工作机构，也是区政府工作机构，列入区委序列，与区人力社保局合署办公。年内，区编办围绕西城区的区域功能定位、发展战略、发展目标和主要任务，坚持“精简、统一、效能”的原则，加强和完善机构编制管理，发挥编制部门服务、保障和促进科学发展的职能作用，为区域经济社会发展提供了体制和机制保障。

地址：西城区西直门内南小街20号

邮编：100035

电话：66205368

（立　昀）

【调整区教委所属部分事业单位机构设置】 1月8日，根据《关于区教委所属部分事业单位调整设置的通知》（西编发〔2013〕1号）文件精神，撤销原北京市宣武区、原北京市西城区教委所属部分事业单位，组建北京西城区教育考试中心、北京市西城区中小学劳动技术教育中心（不再保留北京市西城区月坛社区教育学校牌子）、北京市西城区现代教育信息技术中心；将北京教育学院宣武分院二部并入北京教育学院宣武分院；在北京市宣武青少年科学技术馆加挂北京市西城区广内地区社区教育学校牌子；在北京市宣武少年宫加挂北京市西城区陶然亭地区社区教育学校牌子；在北京市第十四中学加挂畿辅中学牌子，其他保持不变；撤销北京市汽车工程学校建制。

（张戈　立昀）

【调整区卫生局所属部分事业单位机构设置】 1月8日，根据《关于核定区疾病预防控制中心区妇幼保健中心编制调整区社区卫生服务管理中心的通知》（西编发〔2013〕2号）文件精神，核定北京市西城区疾病预防控制中心（加挂北京市西城区结核病防治所牌子）全额拨款事业编制；核定北京市西城区妇幼保健中心为区卫生局所属相当正科级差额拨款事业单位；撤销原北京市西城区、宣武区社区卫生服务管理中心，组建北京市西城区社区卫生服务管理中心。

（张戈　立昀）

【设立西城人大杂志编辑室】 1月8日，根据《关于北京市西城区人大常委会机关设立西城人大杂志编辑室的批复》（西编发〔2013〕5号）文件精神，设立西城人大编辑室。

（梁国瑞　立昀）

【调整各街道所属事业单位设置】 1月8日，印发北京市西城区人民政府德胜街道办事处等15个街道办事处所属事业单位调整设置的通知，调整全区各街道所属事业单位机构设置。

（孙婕纾　立昀）

【调整区人民政府外事办公室所属事业单位机构设置】 1月14日，根据《关于北京市西城区人民政府外事办公室所属事业单位机构调整设置的通知》（西编发〔2013〕21号）文件精神，撤销原北京市西城区国际交流服务中心，事业编制由区编办收回。

（术轶楠　立昀）

【设立区劳动人事争议仲裁院】 2月25日，根据《北京市机构编制委员会办公室关于同意设立北京市西城区劳动人事争议仲裁院的函》（市编办事〔2013〕8号）文件精神，设立区劳动人事争议仲裁院。

（张戈　立昀）

【组建区住房保障事务中心】 2月25日，根据《北京市机构编制委员会办公室关于同意组建北京市西城区住房保障事务中心的函》（市编办事〔2013〕11号）文件精神，组建西城区住房保障事务中心。

（张戈　立昀）

【区政府办加挂西城区人民政府绩效管理办公室牌子】 2月25日，根据《北京市机构编制委员会办公室关于同意西城区人民政府办公室加挂西城区人民政府绩效管理办公室牌子的函》（市编办事〔2013〕26号）文件精神，在区政府办加挂西城区人民政府绩效管理办公室牌子。

（张戈　立昀）

【成立区文化创意产业促进中心】 2月25日，根据《北京市机构编制委员会办公室关于同意设立北京市西城区文化创意产业促进中心的函》（京编办事〔2013〕36号）文件精神，成立北京市西城区文化创意产业促进中心。

（李可　立昀）

【成立区纪委监察局反腐倡廉教育信息中心】 5月27日，根据《关于同意成立北京市西城区纪委监察局反腐倡廉教育信息中心的批复》（西编发〔2013〕26号）文件精神，成立北京市西城区纪委监察局反腐倡廉教育信息中心。

（李可　立昀）

【成立区房屋管理局档案信息中心】 5月27日，根据《关于同意区房屋管理局成立档案信息中心的批复》（西编发〔2013〕27号）文件精神，将北京市西城区房屋管理局档案中心、北京市西城区房屋管理局信息中心合并，成立北京市西城区房屋管理局档案信息中心。

（张戈　立昀）

【区住建委加挂牌子】 5月27日，根据《北京市机构编制委员会办公室关于同意西城区住房和城市建设委员会加挂牌子的批复》（京编委〔2013〕12号）文件精神，在区住建委加挂西城区重大项目建设指挥部办公室牌子。

（张戈　立昀）

【区社会治安综合治理委员会办公室更名】 6月19日，根据《北京市机构编制委员会办公室关于同意北京市西城区社会治安综合治理委员会办公室更名的函》（京编办行〔2013〕128号）文件精神，将北京市西城区社会治安综合治理委员会办公室更名为北京市西城区社会管理综合治理委员会办公室，各街道办事处社会治安综合治理委员会办公室更名为社会管理综合治理委员会办公室。

（张戈　立昀）

【街道增设统战机构】 8月28日，根据《关于在街道增设统战机构的通知》（西编发〔2013〕30号）文件精神，全区各街道增设统战机构，名称为中共北京市西城区委XX街道工作委员会统一战线工作部。

（孙婕纾　立昀）

【调整区编委会组成人员】 8月28日，根据《关于调整西城区机构编制委员会组成人员的通知》（西编发〔2013〕32号）文件精神，对西城区机构编制委员会组成人员进行调整。

（立　昀）

【设立区预防腐败局】 9月11日，

根据《北京市机构编制委员会办公室关于同意设立北京市西城区预防腐败局的函》（京编办行〔2013〕178号）文件精神，设立北京市西城区预防腐败局，与区纪委、区监察局合署办公。

（李可 立昀）

【贯彻落实中央关于财政供养人员只减不增要求】 11月29日，印发《贯彻落实中央关于财政供养人员只减不增要求的通知》（西编发〔2013〕35号），要求各单位严格执行机构编制工作各项规定，确保中央关于财政供养人员只减不增的要求落在实处。

（梁国瑞 立昀）

【调整区人力社保局所属职业技能培训中心名称及拨款形式】 11月29日，根据《关于同意调整区人力社保局所属职业技能培训中心名称及拨款形式的批复》（西编发〔2013〕37号）文件精神，北京市西城区职业技能培训中心更名为北京市西城区职业技能培训指导中心，拨款形式由自收自支变更为全额拨款。

（张戈 立昀）

【成立区精神卫生保健所】 11月29日，根据《关于同意成立北京市西城区精神卫生保健所的批复》（西编发〔2013〕37号）文件精神，成立北京市西城区精神卫生保健所，不再保留加挂在北京市西城区平安医院的北京市西城区精神卫生保健院牌子和加挂在北京市西城区静安医院的北京市宣武区精神卫生保健院牌子。

（张戈 立昀）

【合并组建北京市西城区平安医院】 11月29日，根据《关于同意区卫生局合并组建北京市西城区平安医院的批复》（西编发〔2013〕38号）文件精神，北京市西城区平安医院与北京市西城区静安医院合并组建北京市西城区平安医院。

（张戈 立昀）

【组建区政府热线管理中心】 11月29日，根据《关于同意区行政服务中心组建北京市西城区政府热线管理中心的批复》（西编发〔2013〕37号）文件精神，成立北京市西城区政府热线管理中心，部分调整了北京市西城区政务全程办事代理中心的职责。

（张戈 立昀）

【调整什刹海风景管理处主要职责及内设机构】 11月29日，根据《关于同意什刹海街道调整什刹海风景管理处主要职责及内设机构的批复》（西编发〔2013〕40号）文件精神，调整什刹海风景管理处主要职责及内设机构。

（张戈 立昀）

【调整广外街道内设机构和事业单位】 11月29日，根据《关于广外街道调整内设机构和事业单位的批复》（西编发〔2013〕41号）文件精神，将广外街道内设机构马连道街区综合管理办公室更名为统筹发展办公室；将北京市西城区广安文化苑更名为北京市西城区马连道街区综合服务中心。

（李可 立昀）

【开展专项整治工作】 12月31日，根据《关于转发〈关于开展“吃空饷”、在编不在岗、编外大量聘用人员情况专项整治工作的意见〉的通知》（西编办发〔2013〕19号）文件精神，要求全区各单位开展自查自纠，贯彻落实。

（梁国瑞 立昀）

【成立中共西城区委中关村科技园区西城园工作委员会和中关村科技园区西城园管理委员会】 12月31日，根据《北京市机构编制委员会办公室关于同意成立中共西城区委中关村科技园区西城园工作委员会和中关村科技园区西城园管理委员会的函》（京编办行〔2013〕202号）文件精神，成立中共西城区委中关村科技园区西城园工作委员会，为区委派出机构；成立中关村科技园区西城园管理委员会，加挂中关村科技园区德胜科技园管理委员会牌子，为区政府派出机构，与中共西城区委中关村科技园区西城园工作委员会合署办公。

（立昀）

法制工作

【概况】 北京市西城区人民政府法制办公室（简称区政府法制办）是西城区人民政府工作部门。行政编制20人，实有21人；事业编制13人，实有10人；工勤编制2人。内设综合科、监督指导科（执法监督队）、审核科、行政复议科、行政调解指导科。年内，区政府法制办围绕全区中心工作，加强班子和机关建设，规范行政行为，强化行政执法监督，努力化解行政争议，为全面推进依法行政工作、加快建设法治政府、促进全区可持续协调发展做出贡献。

地址：西城区南菜园街51号
邮编：100054
电话：83975063

（董若男）

【推进依法行政工作】 年初，制发《北京市西城区2013年依法行政工作要点》。6月与11月分别开展对全区各委、办、局，各街道办事处的依法行政工作半年、年度考核，评选出15家依法行政优秀单位。

（杨叶茂）

【依法行政宣传培训】 6月，区政府法制办组织召开西城区2013年度依法行政培训会。全区55个单位分管依法行政工作的主管领导和法制机构负责人百余人参加培训。8月，召开行政执法案卷制作培训会，全区30个行政处罚主体单位（含垂直单位）的主管领导、法制机构和执法科室的负责人及分管案卷评查的工作人员共90人参加培训。

（杨叶茂）

【制定常务会议学法制度】 年内，制发《北京市西城区人民政府常务会议学法制度》，坚持实施区政府常务会会前学法和区政府理论中心组学法制度，全年共完成《中华人民共和国精神卫生法》《北京市审计条例》等法律法规的学习10次。

（杨叶茂）

【依法行政调研】 6至11月，区政府法制办与国家行政学院有关专家学者组成调研课题组，通过发放调研统计表、调查问卷、召开调研研讨会、走访学习先进经验等方式，就西城区依法行政和法治政府建设工作开展专题调研。其间向全区各部门和公众及社会组织发放调查问卷共计3500份，召开调研研讨会4次。

（杨叶茂）

【执法人员资格、证件管理】 年内，区政府法制办开展行政执法人员资格、证件管理，组织行政执法人员公共法律知识培训，完成10个部门126名执法人员的公共法律知识培训考试和行政执法证件核发工作。

（杨叶茂）

【行政处罚案卷评查】 组织区内10个单位10卷行政处罚案卷参加市级案卷评查，成绩优异。与昌平区、大兴区开展区县行政处罚案卷互查。对20个单位的39卷行政处罚案卷进行区级集中评查，优秀卷31卷，占80%。

（杨叶茂）

【行政执法监督】 年内完成2012年全年和2013年前三季度全区行政处罚数据的审核、统计、上报和分析工作。2013年前三季度全区共实际执行行政处罚决定810906起次，处罚金额1.56亿元，同比分别降低13.4%和4.88%。对全区34个行政执法部门开展年度行政执法责任制暨行政规范性文件备案检查。参与区模拟安全事故责任追究结果讨论和确认，为模拟安全事故责任追究提供政策法律支持。到区质监局、文委、民政局、体育局、司法局等部门开展行政执法培训，多次参加市、区行政执法协调和经验介绍，为区领导决策和各职能部门依法履职提供法律支持。

（杨叶茂）

【建立行刑衔接机制】 年内，区政府法制办与区检察院召开3次行刑衔接联席会，联合制发《行政执法与刑事司法衔接工作办法》《行政执法与刑事司法衔接工作联席会议制度》《行政执法与刑事司法衔接信息共享平台运行管理办法（试行）》，建成行政执法与刑事司法衔接信息共享平台。

（杨叶茂）

【行政规范性文件合法性审核】 全年共审核政府文件、部门文件、其他各类公文草案123件。涉及政府绩效管理考核、重点产业扶持政策、民生救助政策、推进政府行政权力公开等区委区政府重点工作。做好协助市政府立法工作，全年完成市立法草案征求意见稿17件，比上年增长183%。

（刘奕彤）

【行政规范性文件备案和清理】 年内，区政府法制办以区政府名义向市政府、区人大常委会报送备案区级行政规范性文件7件，均准予备案。接受区政府所属工作部门向区政府备案的部门行政规范性文件16件（其中部门补送备案文件12件），出具准予备案文书，在“北京西城”网站予以公告。对区属行政机关行政规范性文件的备案情况开展检查，清查出漏备的行政规范性文件14件，责令制定单位进行补备。以区政府办名义印发《关于开展全区行政规范性文件清理工作的通知》，开展全区行政规范性文件清理工作，并以区政府文件形式公布了清理结果，25件区级行政规范性文件中，保留20件，废止1件，转为一般性文件管理4件。

（刘奕彤）

【政府合同审核】 年内，区政府法制办以区政府名义印发《西城区行政机关合同管理办法》，以法制办名义印发《关于贯彻落实〈北京市西城区行政机关合同管理办法〉的通知》，从合同的起草制定、合法性审核、签订履行、纠纷处理、监督管理等方面，明确合同承办机构和承办工作人员的权利义务、办理程序、注意事项，为全区合同规范化管理奠定制度基础。全年审核政府合同、协议43件。其中以区政府名义签订的34件，以区政府部门名义签订的9件，合同文本涉及经济产业发展、财政资金使用、部门间战略合作等全区重大事项，逐件出具《合同审核意见书》，为区政府依法高效决策提供法律支撑。

（刘奕彤）

【公民法规规章文本自由索取】 年内，区政府法制办继续做好市政府规章文本自由索取工作，印制规章文本5.1万余份，送至全区各索取点，供社区群众免费索取。

（刘奕彤）

【区政府法律顾问团】 年内，区政府法制办组织区政府法律顾问团专家顾问就什刹海地区业态调整规划、庄胜崇光百货改制、全区协管员统筹协调、宋淑琴拆迁历史遗留问题等事宜进行专题论证和法律咨询。组织部分法律顾问团成员列席全区依法行政工作会议。研究组建区委区政府专家顾问团依法行政专委会，进行区政府法律顾问团换届工作，进一步完善法律顾问团工作管理制度。

（刘奕彤）

【提案办理工作】 年内，完成区政协委员张巍关于“加强发挥区政府法律顾问团作用，推进我区成为法治政府的进程”的提案办理工作。提出进一步发挥法律顾问团职能作用的工作措施，委员对办理结果表示满意。

（刘奕彤）

【完善行政调解机制】 年内，制发《北京市西城区进一步加强行政调解工作的实施意见》，明确指导思想、工作原则和工作范围，对全区行政机关和街道办事处积极发挥行政调解化解社会矛盾、维护社会和谐稳定提出指导性的意见和制度规范。建立《西城区行政调解工作考核制度》《西城区行政调解工作办法》等制度。具有行政调解职能的39个单位均建立了行政调解队伍，明确了行政调解工作的主管领导，主责科室和办事人员。6月，组织行政调解人员首次培训。逐步实现行政调解与人民调解、司法调解的衔接机制，运用行政调解方法解决行政争议和民事纠纷，把行政争议化解在行政程序之中，化解在基层。

（李金龙）

【行政调解工作】 年内，区政府法制办按照当事人双方自愿的原则开展行政调解工作，行政案件共计188件，成功调解行政争议29件。全区共进行行政调解22010件（其中行政纠纷10535件；民事纠纷11475件，比上年增加9773件），调解成功17773件，调解成功率占案件总数的81%。

（李金龙）

【建立行政复议工作制度和规范】 年内，为加强行政复议工作规范化、法制化建设，建立行政复议接待工作制度，制订《西城区人民政府法制办公室行政复议接待工作规范》《西城区人民政府法制办公室行政复议受理审查工作规定》，对行政复议立案审查的内容，审查的标准做了明确规定，规范了行政复议接待用语，明确了行政复议接待工作流程。

（李金龙）

【行政复议工作】 区政府法制办全年办理行政复议案件105件，审结86件（含上期结转16件），其中维持行政机关具体行政行为41件，申请人撤回复议申请22件，驳回复议请求11件，撤销具体行政行为6件，责令履行2

件，不予受理4件。8月8日，区政府法制办代表区政府向西城区人大常委会汇报西城区行政复议和行政应诉工作情况。8月28日，第57次区政府常务会审议通过由区政府法制办起草的《西城区行政复议规范化建设实施方案》，并于9月25日以区政府办公室的名义颁布实施。

(张陵云)

【行政应诉工作】　年内，区政府法制办起草《北京市西城区人民政府及其工作部门诉讼案件应诉工作规则》，经区政府第38次常务会审议通过后，于2月8日颁布施行。该规则对委托代理、出庭答辩等应诉程序做出更为详细和具体的规定，并建立健全庭审旁听、分析研讨、业务培训等一系列与行政应诉工作相关的配套制度。此外，《应诉工作规则》还明确规定了行政机关负责人出庭应诉制度，3月和6月，西城区区长王少峰、副区长李岩先后出庭应诉，起到良好的示范作用。11月1日，区政府法制办组织召开全区行政败诉案件分析研讨会，对败诉案件的基本情况、办理过程、败诉原因及应吸取的教训进行总结，为各行政机关进一步规范行政执法程序，不断提高依法行政水平奠定基础。全年区政府法制办共代理以区政府为被告的行政诉讼案件99件，其中一审63件，已审结55件（含上期结转8件），裁定驳回起诉16件，判决驳回诉讼请求15件，原告撤诉15件，维持1件，撤销7件，确认违法1件；二审30件，已审结22件，驳回上诉20件，撤诉1件，撤销原裁定1件。再审6件，已审结6件，均为驳回再审申请。代理区政府为被申请人的复议案件33件，审结30件（含上期结转3件），其中，审理结果为维持的23件，驳回的3件，申请人撤回申请3件，确认违法1件。

(张陵云)

【行政强制执行案件审核】　为确保违法建设查处工作严格依法进行，区政府法制办不断加强强制拆除违法建设的审核工作，全年共收到申请强制拆除违法建设案件69件，已审核46件，其中批准执行29件，退卷17件。

(张陵云)

【审核申请法院强制执行案件】　区政府法制办从事实、法律依据、程序等方面审核区房管局报送的申请法院强制执行案件，全年审核申请法院强制执行案件28件。

(张陵云)

【行政复议委员会】　11月28日，第一届西城区人民政府行政复议委员会任期届满，西城区召开行政复议委员会换届工作会议，对行政复议委员会委员进行调整，并颁发区政府印发的聘书。年内，区政府法制办多次召集行政复议委员会非常任委员召开行政复议案件研讨会，并邀请非常任委员参与行政复议案件审理，提高行政复议案件审理质量，增强案件审理的透明度及公信力。

(张陵云)

【法制工作专题培训】　3月15日，区政府法制办与区政府办配合区委宣传部组织召开法制工作专题培训会，区政府领导班子成员、全区各委办局、各街道办事处、“5+2”指挥部、区属国有企业的主要领导、法制机构负责人到会。会议邀请西城区人民法院院长安凤德作“从行政审判角度看依法行政”的专题报告，提出规范行政执法、不断提高依法行政水平的意见和建议。此外，行政庭庭长王文涛还就行政诉讼应诉工作中应当注意的问题，向各部门主要负责人进行了讲解。

(张陵云)

【联席会制度】　为加强与区法院、市法制办的交流和沟通，区政府法制办针对一些重点工程、疑难案件，多次召开案件研讨会，对行政执法、行政复议中的疑难问题和普遍性问题及时总结、研究、分析，共同探索预防和化解行政争议的有效举措，查找行政执法中存在的不足，提出改进方案，不断推进依法行政。

(张陵云)

民宗侨事务

【概况】　北京市西城区人民政府民族宗教侨务办公室（简称区政府民宗侨办）是西城区政府负责民族宗教侨务工作的职能部门，年内有工作人员16人，其中行政编制15人，机关工勤编制1人。设民族科、宗教科、侨务综合科。主要职责是：贯彻落实国家有关民族、宗教、侨务工作的法律、法规、政策及北京市的有关规定；拟订民族、宗教、侨务工作规划并组织实施；指导、检查、监督本区相关部门开展民族、宗教、侨务工作；负责调查研究本区民族、宗教、侨务工作情况；组织民族、宗教、侨务工作学习交流活动；负责培训民族、宗教、侨务干部；联系民族、宗教、侨界人士；依法保护少数民族公民、信教群众、归侨、侨眷及华侨、华人在本区的合法利益；依法对本区民族宗教侨务事务进行管理等。年内，总体工作以维护西城区的区域和谐稳定为主线，开展民族团结进步创建活动和宗教界教风年创建活动，服务少数民族群众、服务宗教界人士、服务侨界人士，夯实基础、创新举措，实现区民族团结宗教和睦，为全区和谐发展做出了贡献。

地址：西城区二龙路27号

邮编：100032

电话：88064187

(吕丛阳)

【民族团结教育工作总结会】　1月21日，区政府民宗侨办和区教工委联合在北京市第15中学组织召开民族团结教育工作总结会，市民委、区政府民宗侨办、区教工委以及全区40余所民族团结教育基地校负责人参加会议。会上分别由西城区少年宫和教工委负责人总结了2012年各基地校开展民族团结教育的情况，布置2013年的工作；宣布新加入西城区民族团结教育基地校的名单并颁牌；市民委宣教处处长就2013年开展民族团结教育的工作提出具体要求。

(吕丛阳)

【伊斯兰教圣纪活动】　1月24日，西城区各清真寺举行圣纪活动，全区1000余名信教群众参加活动。副区长杜黎彬，区委统战部副部长、区政府民宗侨办主任韩俊田，牛街街道工委书记沙秀华等前往牛街礼拜寺慰问穆斯林群众，祝贺节日。

(吕丛阳)

【组织侨界联欢活动】　1月25日，区政府民宗侨办、区侨联慰问西城区侨界干部。市侨办副主任李纲、市侨联副主席李冬娟、区人大副主任郑然、副区长杜黎彬、区政协副主席姜立光和全区140余名相关委办局侨务干部、街道侨务工作主管领导及干部、侨联委员、侨资企业代表、历届侨联主席参加活动。

（吕丛阳）

【穆斯林群众倡议活动】 1月29日，区伊斯兰教协会和牛街礼拜寺寺管会在寺内开展“从我做起，绿色春节，保护蓝天，倡议市民尽量不燃放烟花爆竹减少雾霾天气，减少大气污染”的倡议活动。牛街礼拜寺全体阿訇和地区部分穆斯林群众共计100余人签名。

（吕丛阳）

【民委领导调研民族工作】 3月7日，市民委主任池维生到德胜街道调研民族工作纳入全响应社会服务管理模式，市民委副主任牛颂、副区长杜黎彬等陪同调研。3月12日，国家民委教育科技司司长田联刚一行5人到西城区检查指导民族教育工作。北京市回民学校负责人汇报了学校通过“融和”文化为引导，开展民族团结教育的情况。

（吕丛阳）

【国家民委慰问牛街敬老院老人】 3月8日，国家民委女干部和中央民族歌舞团的演员们一行40余人到牛街民族敬老院慰问，为敬老院的老人们表演了一场民族歌舞。国家民委直属机关党委常务副书记金星华，副区长杜黎彬陪同慰问。

（吕丛阳）

【天主教基督教复活节】 3月31日是天主教、基督教的重要节日复活节，13400余名信众分别到宣武门教堂、西什库教堂、西直门教堂、缸瓦市教堂参加宗教活动。

（吕丛阳）

【检查侨法实施办法】 4月16日，市人大常委会副主任李昭玲、孙康林带领市人大常委会“侨法实施办法”执法检查组一行到西城区检查办法落实情况。市侨办主任李印泽，区人大主任刘跃平，副区长杜黎彬，区委统战部副部长、区政府民宗侨办主任韩俊田，展览路街道工委书记马业珠等陪同视察。

（吕丛阳）

【教风年创建活动】 4月25日，区民宗侨办组织区级宗教团体、宗教活动场所主要负责人召开“教风”年创建活动动员会。北京市民委（宗教局）委员李胜勇出席会议并讲话。会议传达了国家宗教局《关于2013年以“教风”年为主题开展和谐寺观教堂创建活动的通知》和市宗教局《关于2013年以“教风”年为主题开展和谐寺观教堂创建活动的实施意见》，部署《西城区关于2013年以“教风”年为主题开展和谐寺观教堂创建活动方案》，区天主主教爱国会主席赵建敏神甫等教职人员做交流发言。8月26日，区政府民宗侨办组织全区区级宗教团体、各宗教活动场所负责人召开“教风”年和谐寺观教堂创建活动交流会。

（吕丛阳）

【民族教育展示活动】 5月6日，西城区民族团结幼儿园开展“民族家家美”民族教育展示周活动。活动由开场舞龙、舞狮、专题片《展现民族风采　办出民族特色》、文艺表演、民族歌曲大家唱等4个部分组成。市、区有关单位领导出席活动。

（吕丛阳）

【区政协民族宗教委员座谈】 5月7日，区政协组织部分民族宗教委员进行座谈，委员们建议区政府能进一步加强对民族宗教政策法律法规的宣传，整合区域资源，扩大宣传范围，组织研讨交流，通过多形式多角度弘扬民族团结宗教和睦的良好社会氛围。同时，抓好宗教界三支队伍的建设，培养宗教领袖接班人，提升中青年教神职人员队伍素质，做好信教群众骨干沟通联系，调动各方面的积极性，发挥桥梁纽带作用，为西城区经济社会和谐稳定做出贡献。副区长杜黎彬、区政协副主席王瑞珠等部门领导出席会议。会议由区政协民族宗教和港澳台侨办公室常务副主任委员黄庆主持。11月28日，西城区举行区政协民族宗教委员年终工作总结会。

（吕丛阳）

【国家宗教局领导调研】 5月16日，国家宗教局三司司长马劲到西城区调研宗教团体建设等方面工作。区伊协秘书长汇报伊协组织建设情况，区政府民宗侨办主任汇报依法管理宗教团体及政府与宗教团体之间的职责划分等问题。市民委副主任范宝、副区长杜黎彬参加调研。

（吕丛阳）

【佛教浴佛节】 5月17日是佛教浴佛节。当日2万余名佛教信众分别到广济寺、广化寺、法源寺、天宁寺及居士林参加法会。区政府民宗侨办会同各相关单位按照工作部署密切协作，确保宗教活动安全、有序。

（吕丛阳）

【慰问民族团结基地校】 “六一”前夕，副区长杜黎彬及区政府民宗侨办、区教委统战部、牛街街道办事处、区伊斯兰教协会等单位领导分别到回民幼儿园、民族团结幼儿园、少年宫、回民小学、民族团结小学、回民中学、北京市第56中学慰问孩子们，并送去节日祝福。

（吕丛阳）

【民族工作座谈】 6月13日，市民委民族一处处长赵淑华、区政府民宗侨办副处级调研员塔娜到德胜街道办事处，与工委书记陈献森，工委副书记、主任侯林研讨德胜街道民族工作典型经验。

（吕丛阳）

【新侨乡文艺汇演】 6月19日，西城区主办我的“中国梦”——第六届首都新侨乡文艺演出，中国侨联副主席、市人大常委会副主任、市侨联主席李昭玲，市侨联副主席李冬娟，区委常委、区委统战部部长程军，区人大常委会副主任郑然，区政协副主席王瑞珠，区委统战部副部长、区政府民宗侨办主任韩俊田，区各委办局负责人和全区500余名侨界人士观看演出。

（吕丛阳）

【开斋节安全工作协调会】 7月30日，区委、区政府组织召开开斋节安全保障工作现场协调会。市烹饪协会介绍清真美食节筹备工作情况，区伊斯兰教协会介绍全区各清真寺开斋节活动安排，区政府民宗侨办汇报开斋节活动实施方案，有关单位就开斋节筹备工作情况进行汇报和交流。区委常委、区委统战部部长程军，副区长杜黎彬出席会议。开斋节总指挥部各成员单位主管领导参加会议。

（吕丛阳）

【接待海外华裔夏令营】 8月2至10日，区政府民宗侨办接待到北京参加2013年海外华裔青少年寻根之旅夏令营的11位营员，他们来自美国安华中文学校。期间组织营员感受古都风貌、游览天安门广场、故宫、奥运场馆、什刹海，与西城区少年宫的师生们联欢交流，学习中华文化课，参与“水立方”杯海外华裔青少年中文歌曲大赛。

（吕丛阳）

【清真美食节】 8月8日，北京市第六届“清真美食节”在牛街开幕，美食节持续一周时间，期间20家清真特色餐厅和老字号在牛街进行特色食品展卖。

（吕丛阳）

【伊斯兰教开斋节】 8月8日，是穆斯林传统节日开斋节，3万余名穆斯林群众汇聚在西城区各个清真寺参加节日会礼。市委常委、统战部部长牛有成，市人大常委会副主任孙康林，副市长戴均良，市政协副主席赵文芝等到牛街看望宗教代表人士，慰问穆斯林群众。中央电视台、新华社总社、中国电视报、北京晨报、凤凰卫视、民族出版社、欧洲新闻图片社、土耳其新闻中心社、美联社、香港大公报、马来西亚星报及新闻社、中国百姓摄影协会等12家新闻媒体到牛街礼拜寺采访开斋节的活动。

（吕丛阳）

【佛教盂兰盆会】 8月21日是佛教盂兰盆会节日，1.5万余名佛教信众分别到佛教广济寺、广化寺、居士林、天宁寺、法源寺参加宗教活动。西城区相关单位在宗教活动场所周边维持秩序，确保活动安全有序。

（吕丛阳）

【交流侨务工作】 8月27日，天津市河北区民族宗教侨务办公室主任孙建桥一行13人到西城区交流侨务工作，参观展览路街道榆树馆社区侨界人士活动站。区委统战部副部长、区政府民宗侨办主任韩俊田，书记周兴运参加活动。

（吕丛阳）

【纪念石崑宾阿訇】 10月10日，区政府民宗侨办在牛街礼拜寺组织召开石崑宾阿訇归真20周年纪念会——暨西城区“教风”年建设座谈会。市宗教局副局长范宝等领导以及部分阿訇代表、骨干穆斯林群众代表，石崑宾阿訇的子女参加会议。哈吉·达乌德·石崑宾是牛街礼拜寺著名阿訇，曾任北京市伊斯兰教协会第一副会长、宣武区伊斯兰教协会会长、北京市人大代表、北京市政协常委、宣武区政协副主席，于1993年10月21日1时50分归真，享年66岁。

（吕丛阳）

【接待美国华裔民选官员】 10月12日，美国加州华裔民选官员访问团一行12人到访，主要了解国内社区为老服务情况。华裔民选官员们参观了展览路街道百西社区，走进社区服务站，了解社区便民服务，参观了阅览室、计算机房等多个便民活动室，与在活动室的居民互动。

（吕丛阳）

【伊斯兰教古尔邦节】 10月15日是伊斯兰教古尔邦节。5000余名穆斯林群众到西城区所属的6所清真寺及北京市伊斯兰教经学院参加会礼。市宗教局副局长范宝，市宗教局国保总队副总队长马志强，区委常委、西城公安分局局长陈思源，区委常委、区委统战部部长程军，区政协副主席姜立光等到西城区所属各个清真寺看望阿訇、穆斯林群众。

（吕丛阳）

【市侨办调研社区侨务工作】 10月22日，市侨办到西城区调研社区侨务工作，视察广安门外街道马连道社会服务管理中心的侨务工作。市侨办侨政处副处长刘云艳，区委统战部副部长、区政府民宗侨办主任韩俊田，广安门外街道办事处主任王其志以及广外街道部分社区书记参加座谈。

（吕丛阳）

【侨法咨询】 12月4日，西城区举办侨法咨询活动暨西城区广安门外街道侨法宣传角授牌仪式。区委统战部副部长、区政府民宗侨办主任韩俊田介绍西城区侨法宣传角的工作情况。区政府民宗侨办书记周兴运向广安门外街道授牌“侨法宣传角”。侨界人士现场领取100份侨务工作手册，咨询侨务政策问题。

（吕丛阳）

【民族政策培训】 12月10日，区政府民宗侨办召开民族政策培训会，培训由区委统战部副部长、区政府民宗侨办主任韩俊田主持，原北京市民委副主任马中璞主讲。区民族宗教工作领导小组成员单位代表、各街道主管领导、科长、具体工作人员、民族工作重点社区代表、民族政策监督员等110人参加培训。

（吕丛阳）

【天主教基督教圣诞节】 12月25日，是天主教基督教圣诞节。国家宗教局局长王作安，市领导戴均良、李昭玲、赵文芝，市委副秘书长赵玉金，市宗教局局长池维生，市委统战部副部长张洋，区领导王少峰、杜灵欣、苏东、梁昌新、陈思源、程军、郭怀刚、杜黎彬、姜立光等到各宗教活动场所看望宗教界人士和圣诞节值勤人员，巡视场所安全保障工作。12月24至25日圣诞节期间，西城区共有2.4万余名天主教、基督教信徒到天主教宣武门教堂、西什库教堂、西直门教堂，基督教缸瓦市堂参加庆祝活动。

（吕丛阳）

对外事务·港澳事务

【概况】 北京市西城区人民政府外事办公室（简称区外办）是区政府负责外事工作的职能部门和区委外事领导小组的办公室，主要负责外事统筹协调归口管理，具体承担因公出入境管理、以友城为重点的国际交流、国际语言环境建设及外国媒体、外籍人员、非政府组织等涉外管理职责，内设因公出入境管理科、国际交流科及涉外管理科，在编人员14人。年内，西城区登记散居境外人员6349人次，涉外旅店业境外人员登记302624人次。友好城区总数13个。年内，区外办围绕“三区”战略，开展国际务实合作，全区外事管理及服务水平稳步提升。

地址：西城区二龙路27号

邮编：100032

电话：88064597

（王婧怡）

【各领域国际交流合作】 年内，西城区共接待到访团组47个1123人次；交流内容涵盖经济、教育、文化和社会建设等领域。年内共接待金融类、商贸类访问团7个，组织华盛顿经贸代表团考察华远集团、金融街投资集团，为区属企业牵线搭桥；全力支持保障金融街国际论坛、西单时尚年会、老佛爷商场开业及马连道国际茶文化节等区内大型国际活动；服务企业“走出去”，全年办理APEC（亚洲太平洋经济合作组织）卡23张，受理阿根廷商务签证申请1例。全年教育系统因公出访自组团共137批657人次，占全区出访人员总数的70%以上，开展以校际交流、文化交流和剑桥夏令营等项目为主的国际交流。年内共接待文化类访问团10个，组织加拿大太阳马戏团与天桥演艺区建设指挥部会谈，促进区内文化企业开展国际合作；继续开展“西城文化友城行”项目，赴瑞士、美国友城进行文化展演。11月13至16日，由市友协与西城区政府共同主办的2013北京国际民间友好论坛在西城区召开，20个国家80多个国际机构、近百个国内组织的300余位政界、业界、学界嘉宾齐聚西城，以“民间合作关注城市发展、人文交流促进社会繁荣”为主题，交流城市管理的成功经验，探讨城市建设与管理、教育、文化的可持续发展方向。区领导王宁、王少峰、刘跃平、曹长胜、章冬梅、孙硕等出席论坛有关活动。

（王婧怡）

【友好城市交流】 7月29日，区长王少峰与瑞士蒙特勒市市长洛朗·威利签署《中华人民共和国北京市西城区和瑞士联邦沃州蒙特勒市建立友好城市关系协议书》；11月15日，王少峰与墨西哥墨西哥城阿斯卡波萨尔科区区长塞尔吉奥·帕拉西奥斯签署《中华人民共和国北京市西城区和墨西哥墨西哥城阿斯卡波萨尔科区建立友好城市关系意向书》；并与古巴、比利时、哥斯达黎加、以色列、捷克等国有关城区建立了交流关系。年内与8个友好城市开展了政府间访问及民间友好交流活动。3月7日，美国帕萨迪纳市保利中学代表团20人访问西城区人工耳蜗培训学校、区图书馆。5月28日至6月7日，“古韵老北京·魅力新西城”图片展在瑞士蒙特勒市举办。8月21至26日，西城区青少年民宿文化交流团18人出访韩国首尔市中区。9月8至16日，西城区文化交流团18人出访美国丽浪多市，为庆祝两地结好5周年开展“西城文化友城行”之民族歌舞演出活动；顺访美国帕萨迪纳市，探讨两地2014年结好15周年友好交流活动。9月28至29日，西城区非遗文化交流团6人出访瑞士蒙特勒市，参与蒙特勒市友城大会演出活动。10月10至12日，西城区与韩国首尔中区乒乓球友谊赛在广安体育馆举行。11月4日，瑞士蒙特勒市教育官员弗朗索瓦·马夫里到访，探讨与西城区学校建立友好校并开展学生民宿交流的具体事宜。12月21至25日，西城区商务代表团访问瑞士蒙特勒市，与蒙特勒市政府及圣诞集市活动相关负责人探讨具体商务合作事宜。

（王婧怡）

【因公出国（境）管理】 科学统筹、平稳有序执行出访计划，坚持按照“任务对口、统分结合、保障重点、压缩一般”的原则，优先保障重点团组，对于无实质内容的一般性出访严格控制。推进务实出访，年内，党政机关自组团的出访任务围绕全区中心工作展开，主要涉及重点功能区发展、城市建设管理、历史文化名城保护、公共服务民生保障等领域，开辟5个城市的友好交流渠道，推动3个重点民间交流项目，新增区域金融人才、科级干部社保培训等境外培训项目。在年底形成出访报告集，实现出访成果转化。规范因公出访过程管理，制定落实中央“八项规定”的具体措施。修订《行前教育手册》，严明外事纪律。10月，召开西城区外事专办员因公出国（境）系统使用培训会，启用西城区因公出国（境）系统，为因公出访数据统计及证照管理提供便利。

（王婧怡）

【涉外管理】 1月25日，组织筹备区委外事工作领导小组会。8月30日，召开西城区境外非政府组织管理联席会议，建立境外非政府组织管理联席会议机制。3月，开通西城外事网站，为西城外事对外宣传和交流提供了新平台。参与处置涉外管理和维稳工作，年内共处理政策咨询、活动备案等涉外管理事项20余次。推进国际语言环境建设，联合区文明市民学校总校于6月8日举办“2013年西城区市民讲外语风采大赛”，于11月21日举办“西城区第六届社区外语节”。加强外事调研与宣传，全年组织安排市、区领导外事调研活动8次，实地考察区属企业、学校、文化单位等共计21家。

（王婧怡）

【与香港南区开展友好交流】 8月4至6日，香港南区区议会北京交流团320人访问西城区人大常委会，并于8月4日举办西城区与南区友好交流音乐会。

（王婧怡）

【参加澳门国际贸易投资展览会】 10月16日，西城区派商务委及外办工作人员参加第十八届澳门国际贸易投资展览会北京市代表团，为2014年西城区组团参展积累经验。

（王婧怡）

对外联络工作

【概况】 北京市西城区对外联络服务办公室（简称区外联办）是负责本区对外联络服务工作的部门。主要职责是：贯彻执行北京市关于对外联络服务工作的方针、政策，落实区委、区政府关于对外联络服务工作的部署和要求，研究制定具体工作措施并组织落实；负责指导、协调本区有关部门做好为驻区中央国家机关、驻区部队、中央企事业单位和外省市驻京机构的综合服务工作；负责协调相关部门完成市政府下达的服务驻区中央国家机关、企事业单位、外省市驻京机构折子工程，并督促检查落实情况；负责本区与外省市开展合作交流工作，负责外省市来访的接待和区级领导出访的组织协调工作；负责友好市区间的友好交流工作，为本区经济建设和社会发展服务；负责重要会议、大型活动接待服务工作；负责对口支援联络、服务、协调工作。年内，区外联办围绕区委区政府中心工作，以中央八项规定为工作规范，以创新服务方式为工作重点，以提高服务效能为工作目标，落实“服务立区”要求，推动驻区单位与区域发展的互惠双赢，拓宽地区间交流合作空间与思路，为促进区域发展搭建平台。
地址：西城区二龙路27号
邮编：100032
电话：88064715

（闫　冰）

【服务驻区中央单位和驻京部队】　年内，区外联办按照区委区政府工作要求和部署，以首善标准履行“四个服务”职责，将完善服务机制与注重服务实效相结合，将强化服务管理与推进监督检查相结合，将完善调查研究与提升服务理念相结合，发挥区外联办统筹作用，协调全区各部门做好为驻区中央国家机关和驻区部队的综合服务工作。区外联办对全区各职能部门服务中央单位和驻区部队的相关政策措施进行了梳理汇总，制定《西城区加快推进驻区中央单位和部队有关服务事项办理的办法》，规范工作方式和工作流程，提高服务效率，加快驻区中央单位和部队服务事项办理进程。制定《服务中央单位和驻京部队保密工作制度》，确保驻区中央单位和驻京部队的信息安全。开展推进服务事项落实和合作共赢调研工作，撰写《驻西城区中央单位服务事项情况分析》。按照区政府绩效办要求，制定《服务中央在京单位和驻京部队自查自评表》，按照《服务中央单位和驻京部队评价要点考评细则》，完成56家区属部门的绩效考核工作。

（王　霈）

【走访中央单位和驻京部队】　年内，区外联办强化主动服务意识，坚持定期走访中央单位和驻区部队制度，组织区领导先后到中央机关国家工委、中共中央统战部、中共中央宣传部、中共中央组织部、国土资源部、国务院国资委、国家工商总局、国家发改委、国家开发银行、国家食品药品监督管理总局、国家卫生计生委、国家民委、国家海洋局、国家水利部等14个部委进行走访。向中央单位介绍西城区经济社会发展情况，征询驻区单位对西城区发展的意见建议和服务需求，累计达52项。

（王　霈）

【落实中央单位和驻京部队服务需求】　年内，区外联办共办理中央单位和驻区部队服务事项81项，其中区领导走访期间中央单位提出的服务需求52项，市外联办下达的服务事项16项，中央单位或驻区部队来函13项，涉及安全稳定、交通保障、项目建设、环境秩序保障、民生服务、社区建设等多个方面。通过区领导主持召开专项协调会、现场会，在全区各职能单位内确定主管部门、主管领导和联系人，推进了中共中央组织部周边环境交通整治、中共中央宣传部机关门前维稳以及国务院国资委、国土资源部、国家发改委、国家卫生计生委等国家机关周边交通疏导等事项的办理，保障了国立蒙藏学校旧址保护及民族大世界商场文物腾退工作。加强协调统筹力度，解决驻区中央单位、部队子女入托入学需求等民生需求。

（王　霈）

【地区间合作交流】　6月，西城区与安徽省六安市签订友好协议，与西城区签订友好协议的地区发展到75家。严格执行八项规定，结合西城区接待出访服务工作实际，研究制定《西城区对外联络服务办公室接待出访补充细则》，对接待出访工作范围、工作原则、具体安排提出了细化要求。全年接待来自内蒙古通辽市、青岛市市南区、山西忻州市、四川攀枝花市、云南大理白族自治州、西藏堆龙德庆县、新疆哈密地区等党政领导考察团20余批次。联络协调区领导和部门考察团赴上海、天津、西藏、内蒙古、新疆、四川、吉林等地考察出访11批次。

（刘　杨）

【搭建合作交流平台】　年内，区外联办组织协调友好城区、各驻京机构参加京交会、“2013北京国际茶叶展”等市、区级重大活动；举办“知西城、爱西城、助发展、促和谐”活动，山西省驻京办事处、黑龙江省驻京办事处等35家外省市驻京机构代表出席。创新与各驻京机构联络方式，由往年邀请驻京机构共同参加联谊会，改为向驻区外省（市）政府驻京机构寄发新春贺信，通报西城区经济社会发展情况；与区委组织部联合，向86家驻京机构寄送“关于做好党员服务管理的一封信”，了解掌握各驻京机构党员管理的方式与特点，征询对西城区党员服务管理工作的意见和建议，为下一步做好双向共管党员服务管理模式奠定基础。协调解决喀什地区行政公署驻京联络处办理房产过户手续问题、陕西省驻京办事处与月坛街道办事处联建用房等事宜。

（刘　杨）

【对口支援工作】　年内，落实北京市对口支援与经济合作的工作部署，通过项目支持、智力支持、人才培训等方式，在经济建设、社会事业、旅游开发、党的建设、人才培养等方面全方位进行帮扶，切实改善帮扶地区人民生产生活条件，推动地区经济社会发展。年内，协调区财政局、发改委等部门分别援助内蒙古通辽、赤峰雪灾救灾款200万，统筹协调对新疆和田援助100万元，援助云南大理地震救灾款100万，资助广西崇左困难家庭补助5万元。

（刘　杨）

【东西城合作交流】　年内，区外联办按区委区政府关于《东城区与西城区合作交流机制实施办法（试行）》要求和部署，组织召开了东城区与西城区合作交流工作对接会，建立并完善部门间领导定期互访、情况互相通报、工作机构定期会面等工作制度。6月，两区四套班子领导开展学习交流活动，实地参观考察历代帝王庙、北京金融街、营城建都滨水绿道，围绕保护历史文化名城、增进文化融合主题进行座谈，共同讨论如何在旧城改造、历史文化风貌保护等事关区域和首都发展的重大项目、重要领域，共同破解发展难题，实现共赢发展。两区各部门围绕产业发展、古都风貌保护、城市建设与管理、文化旅游、平安建设、社会建设和社会事业发展等领域，开展了多层次、多领域的交流合作。

（苗林林）

档案管理

【概况】　北京市西城区档案局（简称区档案局）是西城区人民政府负责档案事业行政管理的主管部门。内设办公室、党群工作办公室、业务指导科、法制科、档案管理科、档案利用科、机关文档中心、档案编研科、展陈征集科、信息化科、监察科共11个科室。西城区档案馆（简称区档案馆）为地级国家综合档案馆，是集中管理全区档案的文化事业机构，与区档案局合署办公，一个机构、两块牌子。主要职责是：收集、保管对国家和社会具有保存价值的档案资料；开发档案信息资源，为社会提供服务；是区政府信息公开查阅场所，是市、区爱国主义教育基地。区档案局（馆）大部分科室集中在南馆办公，北馆有利用科、机关文档中心2个科室，负责接待查档利用。区档案馆档案全宗208个，馆藏档案资料57.4万卷（件、册、张），其中照片5.2万张，底图3402张，资料2万余册，开放档案15745卷。机读目录440.5万条，数字化馆藏1149万余页，8194GB。全区档案室全宗214个，313.6万卷（件、册、张）。年内，年内40家区属单位通过北京市区县机关档案工作测评，全区档案规范化管理水平进一步提高。区档案馆开展档案数字化工作，采取多项措施提升档案服务水平，全区档案事业取得新的发展。

南馆地址：西城区广安门南街68号
邮编：100054
电话：83976506
北馆地址：西城区二龙路27号
邮编：100032
电话：88064613

（王振威）

【档案法制建设与宣传】 年内，对机关文档中心所管25个部门进行执法检查，当场以书面形式下发《执法检查反馈意见表》。对存在归档工作和进馆缓慢、未按要求上报保管期限表及档案人员更换频繁等问题的4个单位开展重点检查，下发限期整改通知书。转发《北京市监察局北京市人力资源和社会保障局北京市档案局关于学习宣传贯彻〈档案管理违法违纪行为处分规定〉的通知》和《北京市查处档案管理违法违纪行为程序暂行规定》。宣传贯彻《档案管理违法违纪行为处分规定》，邀请国家档案局政策法规司司长郭嗣平作报告，全区各立档单位200余名档案干部参加报告会。制作2万余把法制和档案征集宣传凉扇，编辑《依法行政工作制度汇编》，举办档案征文活动，向市档案局报送征文31篇，在全区繁华地区、社区、公园等张挂档案宣传挂图60份。

（王振威）

【档案行政管理与服务】 年内，转发《企业文件材料归档范围和档案保管期限规定》，部署区属立档单位档案保管期限表修订工作并开展专题培训，制发《西城区会计档案管理办法》。推进社区居委会档案规范化建设和“文化特色家庭建档示范户”，在调研的基础上与区社会办、区民政局制发《西城区社区档案管理办法（试行）》和《西城区家庭档案管理指导意见》，开展社区建档和家庭建档培训，推动全区255个社区建档，每个街道树立1个家庭建档示范户，完成15家“文化特色家庭建档示范户”建档。开展北京市区县机关档案管理测评工作。完成40家区属单位档案管理测评；指导135个区级立档单位基本按时完成2012年度档案归档工作。继续推进水务普查、府右街拆迁、西单商业街整治等重点工程档案监督指导和全区社保档案整理。选派8名干部到国家编译局、区文明城区创建办公室、区创建全国社会组织管理示范区办公室、4个社区挂职，为驻区单位和全区中心工作提供服务。

（王振威）

【档案利用服务】 从8月1日开始实行免费查档，南北馆开通查档电话一号通，开展南北馆互开档案证明，重新调整南馆接待利用大厅布局，制作查档办事须知告示牌和便民服务电话牌等，编印服务手册，查档窗口工作人员统一着装，查档窗口工作人员参加区行政服务中心统一组织的规范化服务培训。全年接待各界查阅利用档案12894人次、18889卷件，出具档案证明11345份，复印8377页，打印扫描件11636页，接待政府信息公开查阅10人次。发挥机关文档中心服务区委区政府档案管理职能，规范档案整理，接收25家单位（共37个部门）归档2012年文书档案7782件。为全区各单位提供档案利用101人次，查阅档案18卷、6679件，复印1426页，摘抄1049页，外借9次。

（王振威）

【基础业务】 年内接收区规划局、园林绿化局、民政局婚姻登记处等8个单位档案进馆7067卷、33852件、照片229张。机关文档中心整理2010年之前区委区政府全宗形成的待进馆文书档案57560件，更换了部分档案装具。开展档案征集捐赠仪式，征集到西城区“十八大”党代表的合影照片、2008年奥运会刊、国家领导人在西城的照片，还有建国初期的委任令、老照片及华北军区后勤部监护连全体在西城西四附近合影等38件档案资料。启动留存城市记忆工程，建立留存城市记忆图片库和视频库。拍摄了金融街街景、金融机构、建设中的广安门南滨河景观大道、中共第一个少数民族党支部（蒙藏学校）旧址等，共计拍摄图片1000余张、摄像300分钟。启动西城文献资料中心建设，年内收集各类图书资料200余册。重新鉴定馆藏原有开放档案目录2万余卷，南北馆分别开展1981至1982、1982至1983年到期档案的开放鉴定工作。

（王振威）

【档案信息化工作】 年内，完成档案数字化412.7万页，新进馆的婚姻档案全部数字化并投入使用。经市档案局立项的《无线射频技术在档案库房管理中的应用研究》科研课题结题，1万余卷（件）档案粘贴RFID标签，完成库房布线施工，安装了库房内外设备。启动档案馆检索系统建设。梳理各门类档案数据库的字段和结构，统一南北馆档案资源和查阅流程，简化查档手续，建设高效档案利用系统。完成全区立档单位2012年归档数据备份工作。

（王振威）

【档案开发利用】 年内，编发《档案传真》10期。编发《西城追忆》4期。完成《西城档案志》《宣武档案志》初稿编写工作，与展览路街道合作编印《展览路记忆》画册。完成一期《北京西城往事》出版。编研成果共64.5万字。

（王振威）

【档案宣传与基地教育】 6月9日，举办以“档案在你身边”国际档案日暨北京市第五届“档案馆日”活动。围绕主题，区档案局举办了档案捐赠活动、档案法治和档案知识宣传、查档体验、档案征文、接待参观档案展览、学术报告会、编发《北京西城报》专版等一系列活动。在档案捐赠仪式上，市档案局、区档案局领导为向区档案馆捐赠或寄存档案的沙秀华、单嘉筠、王民培、李群生颁发证书。举办“档案征集成果展”和《中国大学百年纪念》2个展览，组织“从共产国际档案探寻外祖父毛泽民的足迹”报告会，在景山公园设立档案馆日活动分会场，开展档案法制宣传和档案管理咨询活动。500余人参加“档案馆日”活动，发放宣传品9种6.5万余份。发挥爱国主义教育基地职能，举办展览3个，共接待党校学员、街道、社区、机关干部、大学生等社会各界3000余人到馆参观。接待8名区职业学校学生到馆实习。

（王振威）

【档案安全】 年内，区档案局与有关部门沟通，着手新馆建设前期工作。同时修改完善多项制度和安保措施，更换南馆全部消防报警设备，开展安全教育培训，建立档案修裱室，继续严格执行档案安全各项制度。汛期，下发加强汛期档案安全文件，采取购置防雨塑料布、加强巡视等措施防控雨水，确保档案安全度汛。与新疆乌鲁木齐市沙依巴克区档案局签订档案异地备份协议，并为该区保存首批数字档案信息。

（王振威）

【档案科教】 申报市级科研课题《老字号企业特色档案研究》并着手前期调研工作。贯彻档案人员教育培训规划，共有130余人注册网上学习完成20学时的课程。组织归档培训、“档案执法员”和“执法联络员”行政执法培训、各类专题培训，共151个单位256人参加。

（王振威）

【档案学会】 6月9日，区档案学会举办“从共产国际档案探寻外祖父毛泽民的足迹”学术报告会，邀请毛泽民的外孙曹耘山先生讲述毛泽民的事迹，通过讲述档案内容，还原革命历史，纪念毛泽东诞辰120周年，50余人参加报告会。

（王振威）

信访工作

【概况】 中共北京市西城区委北京市西城区人民政府信访办公室（简称区信访办）是区委、区政府受理人民群众来信来访的工作部门。区信访办内设5个科室：综合科（监察科）、办信科、接访一科、接访二科、排查调处科。办公地点在南菜园街51号，其中接访二科在二龙路27号办公。区信访办机关行政编制24名。其中主任1名，副主任4名（其中1名兼纪检组长）；科级领导职数5正4副。年内，全区信访工作以领导干部接访、信访积案化解、体制机制创新三项工作为重点，以贯彻落实党的十八大和党的十八届三中全会精神、维护社会和谐稳定为主线，进一步畅通信访工作渠道，狠抓工作落实，信访秩序持续好转，大量信访问题得到及时就地解决，信访形势呈现平稳可控态势。

地址：西城区南菜园街51号

邮编：100054

电话：83975493

（刘宗民 常习芳）

【信访工作基本情况】 全年，区信访办受理信访总量3978件次，其中群众来信1001件次、4492人次，接待群众来访1334批次、2390人次。同比信访总量下降9.1%，其中来信量件次下降8.5%，人次下降8.4%；来访量批次下降16.5%，人次下降22.2%；集体访97批次、1016人次，同比批次下降11%，人次下降24.7%；联名信88件次、3467人次，同比件次下降13.7%，人次下降8.4%；网上信访1701件；群众到市以上越级集体访11批次，同比批次持平。区领导批示交办群众来信共248件，占来信总量的25%，市区领导批示信件按期办结率为100%。

（刘宗民 常习芳）

【信访工作会议】 2月26日，西城区召开2013年全区政法暨信访工作会。区领导杜灵欣、陈思源、郭怀刚、郑然、吴铁男、沈桂芬出席会议。杜灵欣对2012年全区的政法信访工作特别是“十八大”的维稳安保工作给予充分肯定，并就2013年工作提出以下要求：一是切实加强社会面防控体系建设；二是切实加强情报信息工作；三是切实加强社会矛盾排查化解和重点人教育管理工作；四是切实加强安全检查工作；五是切实加强值班备勤和应急处置工作。会上，杜灵欣代表区联席会议与西城公安分局签订“维护信访秩序责任书”，与各街道和相关委办局代表签订“重点矛盾纠纷化解工作责任书”。全区15个街道和相关委办局的主要领导参加会议。12月27日，为进一步维护信访工作秩序，促进首都功能核心区安全稳定，召开46家驻区中央机关、大型事业单位与31个区属职能部门对接中央国家机关门前信访秩序维护工作会。会上通报了全年中央国家机关门前上访形势和特点，制发了《西城区维护中央国家机关门前信访秩序的工作意见》（西政法发〔2013〕1号），签订了《西城区维护中央国家机关门前信访秩序工作对接书》，明确了中央国家机关、区委区政府各部门、相关街道的主要职责，启动了维护中央国家机关门前信访秩序工作对接机制。会议强调，要充分认识维护中央国家机关门前信访秩序工作的重要性，增强责任意识，以责任落实带动工作机制的建立和完善，加强协调配合，互相借力，确保工作落到实处。

（刘宗民 常习芳）

【排查调处工作会议】 2月26日,全区召开西城区突发事件应急委员会第四次全体会议暨全国“两会”服务保障工作部署会议，区领导王少峰、杜灵欣等参加会议。会议对全区第一次人民内部矛盾纠纷排查情况进行通报，对领导包案的重点问题和重点人的化解工作进行部署，并就确保“两会”期间“不发生重大信访群体性事件，不发生信访极端恶性事件，不发生大规模集体越级上访，敏感时期不发生非正常集体访”的“四不”工作目标提出具体安排：一是加强组织领导，强化政治责任；二是继续加大信访矛盾纠纷排查化解力度，切实推动“事要解决”；三是做好信访重点人的教育稳控工作；四是确保信息畅通，提高应急能力。

（刘宗民 常习芳）

【信访工作调研】 1月21日，市信访办纪检组长侯志光等一行4人到西城区就信访工作进行春季调研，听取全区信访工作的情况汇报，对西城区为保障党的“十八大”所做的工作给予高度肯定。提出要深入贯彻落实“十八大”精神，进一步改进工作作风，密切联系群众，抓好信访办的党风监督工作，推动信访工作有序发展。副区长杜黎彬陪同调研。6月28日，区信访办按照国家信访局、市信访办的统一部署启动“贯彻十八大　开创新局面”大调研活动。大调研活动围绕党的“十八大”提出的“正确处理人民内部矛盾，建立健全党和政府主导的维护群众权益机制”精神和国家信访局建议的10项重点调研内容，结合各街道工作实际和各委办局的职能，各单位自主确定调研题目。调研活动期间，共收集调研报告12篇，其中5篇上报市信访办。

（刘宗民　常习芳）

【上级督导检查】　6月4日，市信访办督导组由市信访办副主任张良带队到西城区督导检查敏感期信访工作。督导检查期间，副区长杜黎彬就西城区按照市委、市政府的决策部署，结合敏感期特点组织开展第二次矛盾纠纷排查情况作了汇报。杜黎彬强调指出，西城区针对排查出的重点矛盾纠纷全部实行区领导包案，明确主责单位，落实信访重点人稳控措施，细化突发事件应急处预案，确保敏感期不发生群体性事件。8月16日，国家投诉受理办公室领导到西城区检查指导网上信访工作。在检查指导期间，国家投诉受理办公室副主任齐蒙介绍了国家信访局在网上信访工作方面的新思路和新举措，听取了西城区网上信访工作情况汇报。调研组对西城区坚持用群众工作的理念和方法深化信访工作、通过新建“12341区政府热线”拓宽信访渠道、通过完善网上信访办理机制提升效能、通过“强基层、夯基础”实现信访工作“重心下移、关口前置”等做法，给予充分肯定。

（刘宗民　常习芳）

【信访积案化解工作】　按照市委市政府关于做好积案化解工作要求，着眼“事要解决”“案结事了”工作目标，年内进一步加大信访积案化解工作力度，对历史遗留的疑难信访问题逐案进行再分析、再研究，遵循“依法、依规、依理、依情”原则，动用信访救助资金136.4万元，化解重大疑难信访事项13件。

（刘宗民　常习芳）

【《信访条例》宣传活动】　5月10日，西城区在15个街道255个社区举行“畅通和规范群众诉求表达、利益协调、权益保障渠道”为主题的《信访条例》宣传月启动仪式。宣传现场悬挂横幅、条幅、标语300余条，摆放宣传展板600余块，发放宣传材料2万余件，近万名群众参与宣传活动。区委副书记杜灵欣和各街道主要领导、主管领导参加宣传活动。宣传月期间，区信访办还组织开展“学法用法、依法行政”征文活动，共收到征文17篇，推荐其中10篇参加了全市的有奖征文活动。

（刘宗民　常习芳）

【信访干部学习培训】　全年区信访办通过以会代训形式，组织各种培训会、研讨会6次，全区各单位主管领导和信访干部360余人次参加培训。

（刘宗民　常习芳）

【信访复查复核工作】　区信访办全年接收信访人提出信访复查申请60件，其中立案45件；信访人因对区信访复查意见不服向市信访办提出信访复核请求8件，经市信访办复核，100%维持西城区信访复查意见。

（刘宗民　常习芳）

中国人民政治协商会议北京市西城区委员会

【概况】　中国人民政治协商会议北京市西城区委员会（简称区政协）是中国人民政治协商会议的地方组织，主要职能是政治协商、民主监督、参政议政。区政协第十三届三次全会共有委员535人，常务委员99人。设提案委员会、学习指导和文史资料委员会、经济科技委员会、城建环保委员会、教文卫体委员会、社会和法制委员会、民族和宗教委员会、港澳台侨委员会8个专门委员会。机关设办公室、研究室、专委会工作一室、专委会工作二室、专委会工作三室、专委会工作四室、专委会工作五室、专委会工作六室8个办事机构，行政编制40人（不含局级）。年内，区政协团结依靠各党派团体和各界委员，把握团结和民主两大主题，坚持和发展最广泛的爱国统一战线，围绕全区中心工作履行职能，在不断推进“人文北京、科技北京、绿色北京”和“活力、魅力、和谐”新西城建设中做出新的贡献。

地址：西城区广安门南街68号

邮编：100054

电话：83976147

（康筱丰）

【常务委员会会议】　年内，区政协共召开8次常务委员会会议。1月9日，区政协第十三届委员会第八次常委会会议，听取区委常委、统战部部长程军《关于政协北京市西城区第十三届委员会常务委员部分人员个别调整人选的说明》，区政协十三届二次会议期间各小组讨论《西城区政府工作报告》《西城区2012年国民经济、社会发展计划执行情况和2013年国民经济、社会发展计划草案的报告》《西城区2012年财政预算执行情况和2013年财政预算草案的报告》《西城区人民法院工作报告》和《西城区人民检察院工作报告》的情况汇报。讨论《中国人民政治协商会议北京市西城区第十三届委员会第二次会议选举办法

（草案）》。1月10日，区政协第十三届委员会第九次常委会会议，听取区政协十三届二次会议期间各小组讨论《政协北京市西城区第十三届委员会常务委员会工作报告》《政协北京市西城区第十三届委员会常务委员会提案工作报告》《中国人民政治协商会议北京市西城区第十三届委员会关于增补常委的选举办法（草案）》以及各小组酝酿补选常委候选人建议名单的情况汇报。讨论《政协北京市西城区第十三届委员会提案委员会关于十三届二次会议期间提案审查情况的报告（草案）》《政协北京市西城区第十三届委员会第二次会议决议（草案）》。3月14日，区政协第十三届委员会第十次常委会会议，审议通过《政协北京市西城区第十三届委员会常务委员会2013年工作要点（讨论稿）》《政协北京市西城区第十三届委员会常务委员会关于增补副秘书长的决定（草案）》《政协北京市西城区第十三届委员会常务委员会关于增补专门委员会副主任委员的决定（草案）》；通报《政协北京市西城区第十三届委员会关于调整主席、副主席、秘书长工作分工的决定》。6月6日，区政协第十三届委员会第十一次常委会会议，听取副区长李岩关于西城区交通规划实施工作情况的通报、北京市交通发展研究中心负责人通过PPT从西城区交通现状、面临形势、发展战略、规划方案、实施的保障及建议以及区政府的重点建议等方面对西城区综合交通规划情况介绍。10余名常委和委员从自行车系统规划、停车管理、优化整合西城区域内公交线路、加强交通设施基础管理等方面提出意见建议。7月18日，区政协第十三届委员会第十二次常委会会议，审议通过《政协北京市西城区第十三届委员会常务委员会2013年上半年工作总结及下半年工作安排（讨论稿）》。区委常委、区委办主任郭怀刚通报西城区2013年党派团体提案办理工作。区民政局局长通报区养老服务工作情况。副区长杜黎彬对西城区居家养老、设施养老、机构养老情况进行详细介绍，对委员提出的问题进行说明。7月22日，区政协第十三届委员会第十三次常委会会议，就“推进协商民主制度建设的实践与思考”进行专题研讨。9月12日，区政协第十三届委员会第十四次常委会会议，审议《政协北京市西城区第十三届委员会常务委员会关于以餐厨垃圾源头减量处理为突破口多策并举实现西城区生活垃圾减量化目标的建议案（讨论稿）》《政协北京市西城区第十三届委员会常务委员会关于天桥演艺区设立“演艺中国”运营平台——以“平台信息化”实现更大价值的建议建议案（讨论稿）》《政协北京市西城区第十三届委员会常务委员会关于进一步推进西城区医疗卫生事业发展的建议案（讨论稿）》《政协北京市西城区第十三届委员会常务委员会关于西城区失独家庭帮扶工作研究的建议案（讨论稿）》。区委常委、副区长梁昌新，副区长吴铁男到会通报情况。12月24日，区政协第十三届委员会第十五次常委会会议，听取区纪委关于西城区2013年党风廉政建设和反腐败工作情况通报，听取区政府关于区政协十三届二次会议提案办理情况的通报，区委常委、统战部长程军关于对区政协委员、常委中部分中共党内职务委员进行调整的说明；审议通过《政协北京市西城区第十三届委员会常务委员会关于马红萍等同志不再担任委员的决定（草案）》《政协北京市西城区第十三届委员会常务委员会关于增补委员的决定（草案）》《政协北京市西城区第十三届委员会常务委员会关于表彰2013年度优秀提案的决定（草案）》《关于召开中国人民政治协商会议北京市西城区第十三届委员会第三次会议的决定（草案）》；审议《中国人民政治协商会议北京市西城区第十三届委员会常务委员会工作报告（讨论稿）》和《中国人民政治协商会议北京市西城区第十三届委员会常务委员会关于十三届二次会议以来提案工作情况的报告（讨论稿）》《政协北京市西城区第十三届委员会第三次会议议程（草案）》《政协北京市西城区第十三届委员会第三次会议日程（草案）》《政协北京市西城区第十三届委员会第三次会议决议起草委员会建议名单（草案）》《政协北京市西城区第十三届委员会第三次会议小组召集人建议名单（草案）》。

（康筱丰）

【主席会议】　年内，区政协共召开5次主席会议。3月7日，区政协第十三届委员会第七次主席（扩大）会议，审议通过《政协北京市西城区第十三届委员会关于调整主席、副主席、秘书长工作分工的决定（草案）》；审议《政协北京市西城区第十三届委员会常务委员会2013年工作要点（讨论稿）》《政协北京市西城区第十三届委员会常务委员会关于增补副秘书长的决定（草案）》《政协北京市西城区第十三届委员会常务委员会关于增补专门委员会副主任委员的决定（草案）》，决定以上议题提交区政协十三届十次常委会议审议通过；会议确定召开政协西城区第十三届委员会第十次常委会议的时间和议题。5月16日，区政协十三届八次主席（扩大）会议暨主席集体视察西城区民族团结教育工作，副区长陈宁到会并介绍相关工作，副主席王瑞珠、刘长铭、李建国、荣洋，秘书长孙广俊出席会议并参加视察活动，区政协机关各室负责人、区政协副秘书长，区政协教文卫体委员会、民族和宗教委员会部分委员参加视察活动。7月11日，区政协第十三届委员会第九次主席（扩大）会议，审议《政协西城区第十三届委员会常务委员会2013年上半年工作总结及下半年工作安排（讨论稿）》，听取修改意见，决定提交区政协十三届十二次常委会议审议通过。听取教文卫体委员会关于“政协委员文化交流活动”筹备工作情况、区政协研究室关于“推进协商民主制度建设的实践与思考”暑期研讨会筹备工作的情况通报，确定区政协十三届十二次常委会议召开的时间和议题。9月6日，区政协第十三届委员会第十次主席（扩大）会议，审议《政协西城区第十三届委员会常务委员会关于进一步推进西城区医疗卫生事业发展的建议案（讨论稿）》《政协西城区第十三届委员会常务委员会关于西城区失独家庭帮扶问题研究的建议案（讨论稿）》《政协西城区第十三届委员会常务委员会关于天桥演艺区设立“演艺中国”运营平台——以“平台信息化”实现更大价值的建议建议案（讨论稿）》《政协西城区第十三届委员会常务委员会关于以餐厨垃圾源头减量处理为突破口多策并举实现西城区生活垃圾减量化目标的建议案（讨论稿）》，听取各调研课题组对调研工作的情况介绍，决定对建议案及调研报告修改后，提交区政协十三届十四次常委会议审议通过；通报区政协机关新任命干部情况，确定区政协十三届十四次常委会议召开的时间和议题。12月19日，区政协十三届十一次主席（扩大）会议，听取区委常委、区委统战部部长程军关于区政协委员、常委中部分中共党内职务委员进行调整的说明，审议《政协北京市西城区第十三届委员会常务委员会关于马红萍等同志不再担任委员的决定（草案）》《政协北京市西城区第十三届委员会常务委员会关于增补委员的决定（草案）》《中国人民政治协商会议北京市西城区第十三届委员会常务委员会工作报告（讨论稿）》《中国人民政治协商会议北京市西城区第十三届委员会常务委员会关于十三届二次会议以来提案工作情况的报告（讨论稿）》《关于召开中国人民政治协商会议北京市西城区第十三届委员会第三次会议的决定（草案）》《政协北京市西城区第十三届委员会第三次会议议程（草案）》《政协北京市西城区第十三届委员会第三次会议日程（草案）》《政协北京市西城区第十三届委员会第三次会议决议起草委员会建议名单（草案）》《政协北京市西城区第十三届委员会第三次会议小组召集人建议名单（草案）》《中国人民政治协商会议北京市西城区第十三届委员会第三次会议选举办法（讨论稿）》和《政协北京市西城区第十三届委员会常务委员会关于表彰2013年度优秀提案的决定（草案）》；审议通过《政协北京市西城区委员会关于进一步加强文史资料工作的意见（讨论稿）》，确定区政协十三届十五次常委会议召开的时间和议题。

（康筱丰）

【秘书长会议】　年内，区政协共召开5次秘书长会议。2月26日，召开区政协第十三届委员会第五次秘书长会议。秘书长孙广俊通报2013年秘书长会议安排，区政协研究室副主任通报区政协2013年工作要点，区政协办公室副主任通报2013年区政协重要会议和活动预安排，研究讨论“推进全区十二五规划中期工作”议政会筹备工作。4月25日，召开区政协第十三届委员会第六次秘书长会议。研究室副主任就议政会工作方案（讨论稿）进行说明。各位副秘书长对工作方案分别提出意见建议，并介绍本党派议政会筹备计划，通报议政会发言题目。孙广俊就各党派落实好工作方案提出意见建议。7月4日，召开区政协第十三届委员会第七次秘书长会议。研究室副主任通报区政协2013年上半年工作总结和下半年工作安排，听取各位副秘书长的意见建议。办公室副主任通报区政协2013年上半年反映社情民意信息工作。各位副秘书长通报本党派、工商联2013年提案调研进展情况、上半年反映社情民意信息工作以及议政会调研报告进展情况。孙广俊就做好民主党派提案调研，提高党派团体提案质量，发挥各民主党派优势作用，积极反映社情民意信息、撰写好议政会发言稿提出意见和要求。8月2日，召开区政协召开第十三届委员会第八次秘书长会议。赴兰州学习兰州市政协在协商民主方面好的做法和经验。11月28日，召开区政协第十三届委员会第九次秘书长会议。通报2013年区政协常委会工作报告、提案工作情况报告的起草情况和主要内容，听取各位与会人员对2个工作报告的修改意见。孙广俊介绍区政协十三届三次全会的筹备情况。

（康筱丰）

【提案委员会】　年内，共提交提案360件，立案334件，截至年底全部办复。到区文化委、大栅栏琉璃厂建设指挥部、区卫生局等单位督促提案办理工作。召开民主党派调研交流座谈会。召开提案委员会全体会议，讨论《政协北京市西城区委员会常务委员会关于第十三届第二次会议以来提案工作情况的报告（讨论稿）》，审议《政协北京市西城区第十三届委员会关于表彰2013年度优秀提案的决定（草案）》和《西城区政协2013年度优秀提案建议名单》。

（康筱丰）

【学习指导和文史资料委员会】　年内，组织召开区情通报会；以“推进协商民主制度建设实践与思考”为主题组织召开暑期研讨会,编印《推进协商民主制度建设实践与思考研讨文章选编》一书。围绕区政协“十二五规划实施中期评议工作”开展相关筹备工作并组织召开议政会。编发《知学》杂志2期。编印出版《黄与蓝》一书。

（康筱丰）

【经济科技委员会】　年内，组织开展《关于天桥演艺区设立“演艺中国”运营平台——以“平台信息化”实现更大价值》《落实“三区”战略　整合功能街区　努力将西城建设成为首都示范区》的调研。组织委员到多家区属国有企业和区综合行政服务中心调研视察，组织委员参观考察798艺术区，组织举办“社会经济热点问题”专题讲座，组织科技界委员赴密云水库及周边地区考察北京水环境资源监测及保护情况。

（康筱丰）

【城建环保委员会】　年内，开展《以餐厨垃圾源头减量处理为突破口实现西城区生活垃圾减量化目标》调研活动。组织委员参观北京营城滨河绿道建设二期工程、北控集团国际会都项目；调研西直门综合交通枢纽地区管理工作、西城区2013年绿化工作。组织视察拆除违法建设工作情况、张仪村保障性住房建设情况、雁栖湖生态发展示范区项目建设施工现场、什刹海文保区环境建设工程进度完成情况等活动。

（康筱丰）

【教文卫体专委会】　年内，开展“政协委员在你身边”、设立政协委员单位开放月等主题活动，举办春季如何科学养生、“东方文明中国梦、中国领导者的执政智慧与谋略”等讲座；开展《进一步推进西城区医疗卫生事业发展》和《西城区文化演出市场现状》的调研。其中,《进一步推进西城区医疗卫生事业发展》上升为建议案。

（康筱丰）

【社会和法制委员会】　年内，组织对西长安街街道、西城区看守所、区食品安全工作、区社会保障工作情况、区政府信息化管理工作通报视察活动。组织开展《西城区“失独家庭”帮扶工作研究》专题调研。10个明察暗访工作小组分别对区国税局12个单位的46个大厅、中心、站、队、所等行政服务窗口单位进行行风政风和社会服务管理创新的明察暗访。

（康筱丰）

【民族和宗教委员会】 年内，对民族团结进步创建情况进行专题调研。召开了民族宗教工作座谈会和“创建和谐寺观教堂实践与思考”座谈研讨会，视察了区和谐寺观教堂建设情况、区台资企业北京盛妆家化有限公司、区侨务工作。

（康筱丰）

【港澳台侨委员会】 年内，区委统战部、区委台湾工作办公室及区政协港澳台侨委员会联合举行“台海形势”报告会。召开对台工作通报会。组织100余名女委员、区政协机关女干部参观中国消防博物馆。

（康筱丰）

【区政府区政协联席会议】 2月28日，区政府与区政协召开第二次联席会议，相互通报2013年重点工作安排，研究协商政协调研、议政、通报、视察等课题。区委副书记、区长王少峰，区政协主席曹长胜出席并讲话。

（康筱丰）

【区县政协提案工作交流座谈会】 4月18日，北京市区县政协（西区）第一次提案工作交流座谈会召开。西城区、海淀区、丰台区、石景山区、门头沟区、房山区、昌平区、延庆县等8个区县政协副主席、提案委办公室主任出席会议。各区县副主席结合本区县政协提案工作情况，分别做了主题发言。北京市政协副主席闫仲秋，提案委员会主任董瑞龙到会并讲话。西城区政协主席曹长胜致欢迎辞，秘书长孙广俊主持。

（康筱丰）

【反映社情民意信息工作会议】 4月24日，召开西城区政协反映社情民意信息工作会议。通报2012年区政协社情民意信息工作情况和进一步做好2013年区政协社情民意工作的意见，传达市政协信息工作精神。表彰9名优秀信息员。2位特邀信息员代表分别结合工作实际，介绍如何做好反映社情民意工作的经验和体会。区政协主席曹长胜出席并讲话。市政协研究室信息处负责人和区委办公室负责人参加并讲话。秘书长孙广俊主持。

（康筱丰）

【区政协常委视察重点项目】 6月17日，区政协常委听取区金融街建设指挥部负责人关于金融街整体建设情况的通报。委员们视察了北京35中新址迁建和金融街E9两个项目。区政协主席曹长胜参加并讲话，区委常委、常务副区长苏东，区长助理、金融街指挥部常务副总指挥白力参加视察。区政协副主席姜立光主持座谈会。

（康筱丰）

【区“十二五”规划中期评议工作议政会】 10月17日，区政协与区委统战部联合召开“政协北京市西城区‘十二五’规划中期评议工作议政会”。区委常委、常务副区长苏东通报区“十二五”规划纲要中期评估情况。围绕从推进生态文明建设等方面，听取各党派、工商联和委员的意见建议。区委副书记、区长王少峰，区政协主席曹长胜出席并讲话。区委办公室、区政府办公室、区委区政府研究室、区发改委、区教委、区财政局、区市政市容委、区卫生局、区科协、区文创办等部门的工作人员到会听取意见。区委常委、统战部部长程军主持。

（康筱丰）

【街道政协委员联组活动】 年内，15个街道政协联组结合区委区政府的重点工作，以加强委员沟通联络、提高委员参政议政能力为主线开展活动。据统计，全年有364名政协委员参加街道联组的各种活动，共计832人次。委员们深入社区、深入基层，开展专题协商、专题议政、专题调研和专题视察。

（康筱丰）

【界别协商座谈会】 12月18日，区政协组织召开界别协商座谈会，就《政府工作报告（征求意见稿）》向部分委员征集意见建议。16位来自不同党派和界别的委员结合各自实际，围绕深入贯彻落实中共十八届三中全会精神，从经济、社会、文化、城市建设等方面，就如何发挥西城区优势、解决好群众反映强烈的问题、加大社会动员参与共同解决社会问题、重视人才建设、关注新兴产业研究和发展、政府自身建设等问题，对修改完善《政府工作报告（征求意见稿）》提出意见建议。区长王少峰出席并讲话，区政协主席曹长胜主持并讲话。

（康筱丰）

【宣传工作】 年内，《中国政协》《北京青年报》等12种报刊杂志和9个网站对区政协工作进行了宣传报道。“北京西城：让委员更接地气”和“走基层，看变化，学经验”《中国政协》予以报道。“协商民主的广泛化与多层化”和“西城区协商民主有为有位”被《北京观察》和《政协研究》刊登。《北京西城报》刊稿30余篇。

（康筱丰）

【民主监督活动】 制定《区政协明察暗访工作实施办法》。分别向区国土局、区国税局等单位推荐10名政协委员担任特邀监督员。财政预算民主监督小组和社会治安综合治理工作民主监督小组听取情况通报，提出监督意见。分别对区46个行政服务窗口实施明察暗访，形成《明察暗访情况报告》报区委区政府。开展“全响应”社会认知度明察暗访工作，深入4个街道，就“全响应”信息化网络建设、社情民意反馈、解决问题成效等方面进行明察暗访，完成评估报告。

（康筱丰）

（责任编辑　陈　艳）

群众团体

西城区总工会

【概况】 北京市西城区总工会（简称区总工会）是中国共产党领导下的职工群众自愿结合的群众组织。区总工会受中共北京市西城区委和北京市总工会双重领导，负责指导全区各行各业的基层工会工作。区总工会机关设8部室：办公室、组织人事部、财务部、经济生活部、权益保障部、基层建设部、宣教部、经审办；直属基层工会111个。区总工会所属基层工会委员会2103个，涵盖法人单位21401个，全区职工257346人，工会会员226614人。年内，区总工会认真学习贯彻党的十八大、十八届三中全会及中国工会十六大精神，在推动科学发展、维护职工权益、落实民生保障、创新社会管理中充分发挥工人阶级主力军作用。全年共刊发《西城工人报》41期，工会信息42期，在《劳动午报》《工会博览》《北京西城报》发表新闻稿件152篇，在劳动午报《新西城周刊》刊发42期。筹建了工会社会组织基地，组建了职工技术交流协会、送温暖基金会、职工维权服务联合会、就业服务指导中心、职工婚姻家庭协会共5家工会社会组织。

地址：西城区北营房东里12号楼（北区）

邮编：100037

电话：68300043

（刘　鹏）

【区总工会一届六次委员（扩大）会议召开】 1月5日，一届六次委员（扩大）会议召开，区总工会第一届委员会委员、经费审查委员会委员、街道主管副书记、直属基层工会主席、街道总工会副主席和全体机关干部200余人参加会议，市总工会副主席王玉英、区委常委王旭出席会议。与会代表审议并通过了2012年工作报告和经审工作报告。会上签订了2013年基层工作目标责任书并对2012年度直属基层工会工作目标考核优秀单位进行了表彰。

（刘　鹏）

【经审工作】 1月9日，经审工作会议召开，全区各直属基层工会经审主任100余人参加会议，市总工会经审会副主任王天柱出席。会上，总结了区总工会2011、2012年的经审工作，并提出了2013年的工作思路，对经审规范化达标活动考核和《经审台账》填写等相关工作进行了部署。6月5日，2013年度聘请工会经审特邀审计员及培训会召开，区总工会副主席张红京为15名特邀审颁发聘书。8月28日，区总工会举办工会特邀审计员培训班。培训主要以《工会会计制度》和《中国审计条例》为题，围绕工会财务制度建设与制度应用、审计工作与审计工作要点，以及近两年区总经审办对直属基层工会审计中发现的问题进行了详细讲解。

（刘　辉）

【职工文体活动】 1月23日，西城职工合唱团成立。职工合唱团是公益性合唱团体，隶属于区总工会，由区总工会宣教部协助管理，团长由区总工会聘任，实行团长负责制，由47名团员组成。全年区职工合唱团开展培训班次20余个。6月27日，西城区职工才艺达人秀文艺汇演暨西城职工艺术团成立仪式在西城文化中心举行。此次汇演共评出10家优秀组织单位，20个参赛节目获得一、二、三等奖项，初赛中获奖的20名职工获得了由西城区总工会颁发的职工艺术团聘书。

（张燕峰）

【迎新春劳模招待会】 1月30日，西城区2013年迎新春劳模茶话会召开。区委书记王宁、区人大常委会主任刘跃平、区政协主席曹长胜、区纪委书记王力军等领导与全区150余名劳动模范和先进人物出席。会上，王宁代表四套班子领导进行了致辞并为劳模代表赠送了“福”字和春联，北京市劳模沙秀华代表全区劳模发言。

（刘玉霞）

【经费审查委员会议召开】 3月8日，区总工会经费审查委员会召开一届六次委员会议。会上审议通过了区总工会本级2012年预算执行情况的报告和《西城区总工会第一届经费审查委员会2012年工作报告》。7月4日，区总工会经费审查委员会召开一届七次委员会议，会议审查了区总工会2013年上半年预算执行情况及财务收支、管理情况，讨论通过了2013年上半年区总工会经费审查工作报告。11月27日，区总工会经费审查委员会召开一届八次委员会议，会议审查了区总工会2013年年预算执行情况及财务收支、管理情况；听取了区总工会副主席、经审会主任张红京关于区总工会第一届经费审查委员会2013年年工作报告。会议还对经审会2014年工作报告进行了审议。

（刘 辉）

【厂务公开民主管理】 3月13日，西城区2013年工会组建、厂务公开领导小组会议召开，区委常委王旭及工会组建、厂务公开领导小组成员参加会议。会议通报了2012年工会组建、厂务公开民主管理工作的总体情况，审议通过了《西城区2013年工会组建、厂务公开民主管理工作意见》，对原西城区工会组建工作领导小组、原西城区厂务公开协调小组进行合并，调整了领导小组成员单位和工作分工。召开区厂务公开协调小组会议，制定《2013年西城区厂务公开民主管理工作意见》。7月，西城区2013年度“和谐劳动关系单位”创建工作推进大会召开，西城区常委、常务副区长苏东，区委常委王旭等出席会议，会上对87家优秀企业进行了表彰。区厂务公开协调小组被评为“北京市推动厂务公开民主管理工作先进单位”。

（贺瑞丰）

【工会组织建设与会员发展】 结合区内金融类企业密集的特点，3月29日，西城区成立了北京市第一家金融工会联合会。全区新建工会组织1730家，新发展会员5890人，社区联合工会涵盖建会企业1675家，全区255个社区全部建立联合工会。全区累计建会24918家，建会率达98.74%。街道工会服务站用房总面积增加了453平方米，全部达标。各服务站均按规定配备了5名以上专职工会工作者。13家工会服务站接受并通过市总工会规范化考核验收，确定16家社区联合工会作为示范单位。135家百人以上非公企业“职工之家”建设实现规范化。组织开展全总两年一度“两模三优”评选活动。

（任震宇）

【庆祝“五一”职工创新成果展】 4月24日至26日，由区政府、区总工会主办，区科协、区社保局、区国资委协办的西城区庆祝“五一”国际劳动节暨职工创新成果展示活动在北京市职工服务中心举行，全区基层工会主席、劳动模范、职工代表及参展单位代表200余人参加，市总工会党组成员贾炯协，西城区区长王少峰、区人大常委会主任刘跃平、区政协主席曹长胜、区委常委王旭、副区长陈宁出席。创新成果展中包括2012年度西城区群众性经济技术创新的39项优秀成果、西城区10名首席员工及10个创新工作室等展板、6个实物操作台展示等内容。

（刘玉霞）

【区第一届职工运动会】 5月18日，西城区第一届职工运动会暨第九届全民健身体育节开幕，全区4000名运动员代表、职工群众参加开幕式。区委书记王宁、区长王少峰、区人大主任刘跃平、区政协主席曹长胜、市总工会副主席潘建新出席。10月29日，市总工会副主席潘建新、西城区副区长陈宁等领导与300余名运动员代表、职工群众一同参加闭幕式。本届职工运动会历时5个月，有万余名职工参与，吸引了全区44家单位参与，近万名职工运动员参加了包括田径、台球、篮球、乒乓球、游泳、网球、足球、羽毛球在内的8个大项，76个子项的角逐。闭幕式上对10家获得优秀组织奖和10家获得道德风尚奖的单位进行了表彰。

（刘 辉）

【区总工会一届七次委员（扩大）会议召开】 7月10日，区总工会一届七次委员（扩大）会议召开，区总工会委员、经审委员、街道主管副书记、总工会主席和直属基层工会主席以及区总工会机关干部180余人参加。市总工会副主席王玉英、西城区副区长陈宁出席会议并讲话。会议审议通过了区总工会主席马小鹏作的2013年上半年工作报告和《西城区总工会第一届经费审查委员会2013年上半年工作报告》。

（刘 鹏）

【劳模管理】 11月7日，西城区总工会“中国梦·劳动创造幸福”劳模宣讲团开讲，5名由全区各级工会组织推荐选拔产生的各行各业的优秀劳模、职工代表演讲。充分发挥劳模引领示范作用，“五一”评选表彰了全国、市、区级先进集体38个、先进个人67人。加强劳模日常管理服务，投入78万余元，先后组织256名劳模、各级奖章获得者及先进集体代表疗休养；组织65岁以下退休劳模金秋健步行，为65岁以上退休劳模发放慰问金共计9.92万元；先后组织5批共280名在职、退休劳模进行体检。为全区222名劳模订阅《劳动午报》。

（刘玉霞）

【区总工会一届八次委员（扩大）会议召开】 12月11日，区总工会一届八次委员（扩大）会议召开，总结2013年工作，部署2014年任务，并对区总工会第一届委员会委员、常务委员进行了调整。区总工会委员、经审委员、基层主管书记和工会主席及区总工会机关干部等200余人参加会议。会议由区总工会常务副主席王学章主持。会上，区总工会主席马小鹏作了工作报告。

（刘 鹏）

【区政府与工会第三次联席会召开】 12月27日，区政府与工会第三次联席会召开。会议由区委副书记、区长王少峰主持，区委常委王旭，区总工会主席马小鹏，区有关委办局的负责人及区总工会领导班子成员参加会议。会议原则同意《关于进一步完善工会三级服务体系的实施意见》《关于加强工会服务站规范化建设的意见》。会议原则同意增加评选“西城劳动奖状”集体荣誉称号。

（刘 鹏）

【“面对面、心贴心、实打实服务职工在基层”活动】 年内，将开展“面对面、心贴心、实打实，服务职工在基层”活动与开展“访民情、听民意、解民难”活动相结合，主动为111家直属基层工会开展问需服务，共收集基层工会反映的问题10大类41项，问题办复率达到100%。为15个街道总工会、21个街道工会服务站配备了便捷的交通工具，为街道工会干部深入企业、社区开展工作创造了便利条件。

（刘 鹏）

【工资集体协商】 年内，制定西城区总工会《工资集体协商长效机制建设三年行动计划（2013—2015年）》，确定工资集体协商年度工作目标，制定工资集体协商长效机制建设达标考核标准。深入企业开展工资集体协商培训，以“一对一”形式指导基层企业百余次，培训人数达千人。对企业工会干部、街道工资协商指导员300余人进行了培训。建会企业签订集体合同15790家，签订工资协议15778家，签约率均达97%。百人以上企业198家，签订工资协议的193家，签订率达97%。全区所有协商试点单位全部完成协商签约工作。

（贺瑞丰）

【维权机制建设】　年内，与区仲裁机构合作建立劳动争议公共平台，加强案件转接和调解信息沟通；与区人力社保局协调配合，做好劳动争议案件移转工作。协助与承办市法律服务中心交办的法律援助案件。共接待来电来访500多人次，受理劳动争议案件434件，调解成功320件，履行金额290余万元，调解成功率达80%。上半年，接受区法院委托某保洁公司与66名职工集体争议案件，经过反复调解终获成功。开展“公益律师进社区”活动60次，300余名职工参加法制宣传专场讲座。区总工会劳动争议调解中心获“北京市先进劳动争议调解组织”称号。

（贺瑞丰）

【送温暖工程】　年内，为473名困难职工发放慰问金、慰问品合计70.96万元。协助市总工会做好特殊困难全国劳模帮扶摸排、审核和申报等工作。主动关爱困难劳模、先进人物1200余人次，发放慰问金、差额补贴养老金、专项补助金共计300余万元。实施项目制帮扶救助工作，为36名因患大病造成家庭临时困难职工发放应急专项救助款19.5万元，为171名困难职工发放图书卡、金秋助学款、节日慰问金，共计26.7万元，为22名四川籍家庭遭遇地震灾害职工发放补助款2.3万元。以农民工、劳务派遣工和出租车司机三类群体为重点，开展暑期送清凉活动，投入资金60万元，发放清凉包2万余份。

（刘玉霞）

【群众性经济技术创新工程】　年内，广泛开展群众性经济技术创新、优秀合理化建议活动，并评选出全区优秀建议45条。创建职工创新工作室累计12个，其中4个被评为市级“职工创新工作室”，10家企业率先推行首席员工制，评选首席员工、首席技师20名；全区90%以上规模企业、10万名职工参与“安康杯”竞赛，区总工会获北京市优秀组织奖荣誉。

（刘玉霞）

【女职工工作】　落实女职工“关爱行动”，为6000余名女职工发放“两癌”免费筛查体检卡。组织《女职工劳动保护特别规定》知识竞赛，收到答题卡1.9万余份，全区女职工参与率超过90%。加强女职工组织建设，在已建女职工组织并签订集体合同的企业中，女职工专项集体合同的签订率和履约率达到100%，实现两个“全覆盖”工作目标

（刘玉霞）

【职工书屋建设及读书活动】　改善职工学习环境，推进职工书屋建设，支持建立了104家职工书屋。其中非公企业建立48家。以第十八个世界读书日为契机，启动“阅读、阅快乐”职工读书月活动，1500余名职工免费观看电影。

（张燕峰）

【素质教育工程】　实施在职职工职业发展助推计划，设置专门接待窗口，开通咨询电话（010-63515953），由专人负责政策解答和办理网上申报、审核工作；继续推进农民工助推计划，继首批169名农民工走进大学课堂后，又有56名农民工报名。利用北京广播电视大学和企业培训主渠道，采取校企联合的订单式培训办法，对5000余名职工进行了通用能力培训。

（刘玉霞）

【工会经费收缴】　全区企事业单位税务代收工会经费缴款额19908万元，其中上解市总工会1991万元，基层工会经费留成13936万元。积极与地税局沟通协调，做好工会经费催报催缴工作。开展费源生产库未申报户、零申报户的核查、清理工作，全年共剔除1400余户不符合代收标准的企业。落实地税系统新增税户费源核准工作，完成三批新增核准企业数5532户，核准完成率达到100%。

（刘彦舞）

【职工互助保险】　推进全区职工互助保险，落实保费型保障计划，年内受益人数721人，赔付金额约144万元；投保44253人次，投保总额达274万元。2013年暖·互助保障计划有12407人受益，理赔金额达到184万元。

（刘彦舞）

【京卡·互助服务卡】　加强京卡信息采集工作，年内全区信息采集率达到100%，会员信息准确率达到98.98%，全区累计采集合格会员数233001人。继续扩大“京卡·互助服务卡”宣传力度，投入30多万元，印制了28万张京卡宣传折页，制作了18套108块京卡宣传展板，全区累计办卡186915张，办卡率达到80.22%。

（朱　莉）

【职业介绍】　年内，做好帮扶就业工作拨款近11万元。举办招聘会15场，职业指导和求职咨询5537人次，成功安置各类毕业生、困难职工、外埠和本市农民工987人次。通过市总工会12351就业服务平台，发布招聘岗位信息1052条，职业指导2066人次，推荐就业1722人次，成功安置就业人员1219人次。

（刘玉霞）

【婚姻介绍】　年内，西城区职工婚姻家庭建设协会以“服务职工、贴近职工、凝聚职工、造福职工”为宗旨，努力满足职工关于婚姻恋爱、家庭生活有关问题的相关需求。全年新增入库单身青年200人，会员共计700人，其中男士210人、女士490人。全年共举办单身联谊活动共32场，参加980人次。其中区内举办活动5场，共260人次；参加市婚姻、市妇联及各区县社会团体的联谊活动共27场，共720人次，通过活动成功交往的有212人，成功率在21%，举办婚礼的新人有12人。

（朱　莉）

西城区妇女联合会

【概况】 北京市西城区妇女联合会（简称区妇联）在区委、区政府的领导和市妇联的指导下，全面贯彻落实党的十八大精神，在切实加强对全区广大妇女儿童的思想引领、力量凝聚、需求服务、权益维护等方面，不断出实招、干实事、求实效，使妇联组织联系妇女群众的桥梁纽带作用更加突出，妇女群众在区域经济社会建设中的半边天作用更加显著，真正把妇联组织建设成为可依赖依靠的“妇女之家”。

地址：西城区广安门南街68号

邮编：100054

电话：83976200

（聂晓玲）

【西城巧娘促进会成立】 1月17日，区妇联在大栅栏街道社区文体中心举行“西城巧娘手工艺发展促进会”成立仪式，发布“西城巧娘手工艺发展促进会”LOGO，宣布成立什刹海街道、大栅栏街道、展览路街道、广内街道4家“西城巧娘手工技能培训基地”。市妇联副主席王淑存，各街道妇联主席、“巧娘工作室”负责人及巧娘代表等60余人参加活动。

（聂晓玲）

【开展两节送温暖活动】 1月21日，区妇联在什刹海街道社区服务中心举办“营造温暖之家、共享美好生活”2013年元旦春节走访慰问活动启动暨“恒爱行动”捐赠仪式。街道、社区妇联主席以及巧娘、受助妇女儿童代表100余人参加仪式。活动惠及老妇救会主任、单亲特困母亲、“两癌”妇女、纯老年人家庭困难妇女、边缘贫困妇女、贫困家庭儿童等281人，帮扶资金达23.2万元。

（聂晓玲）

【一届四次执委会召开】 1月24日，区妇联召开一届四次执委（扩大）会议。区委常委王旭出席会议并讲话，区妇联执委、街道主管书记、街道妇联主席等90余人参加会议。会议替补9名区妇联执委。区妇联党组书记、主席薛湘丽作题为《认真学习贯彻党的十八大精神，推动西城妇女事业创新发展》的工作报告，总结2012年工作，部署2013年工作。

（聂晓玲）

【矛盾纠纷诉调对接机制建立】 1月31日，区妇联与区法院签订诉讼与非诉讼对接合作协议，建立矛盾纠纷诉调对接机制，双方就法律志愿者队伍组建和培训、普法宣传、法律服务等方面开展合作，同时区妇联参与涉及妇女儿童利益案件的调解工作。

（聂晓玲）

【妇女儿童维权会召开】 2月5日，区妇联召开2012年妇女儿童维权工作会。区妇女儿童维权工作顾问团成员、街道妇联主席30余人参加会议，就妇女儿童维权工作中获得的好经验好做法以及遇到的难点问题进行交流和研讨。

（聂晓玲）

【开展“三八”维权周活动】 3月，区妇联在全区开展2013年“三八”妇女维权周活动。维权周期间，组织普法宣传活动98次，开展特殊帮扶活动180次，发放宣传品份数1.5万余份，受益人数1.15万人。承办两场由全国妇联权益部、中国妇女杂志社、全国妇联法律帮助中心联合主办的“温暖你我她、维权服务进万家”法律咨询活动。

（聂晓玲）

【举办“三八”庆祝活动】 3月6日，区妇联在区文化中心举办“构筑温暖之家，共建美好西城”西城区各界妇女纪念“三八”国际劳动妇女节庆祝大会，表彰西城区首批31个示范“妇女之家”及其带头人。市妇联党组副书记、副主席陈玲，区委常委、组织部长章冬梅，区人大常委会副主任刘永先，副区长陈宁，区政协副主席沈桂芬，以及女处级领导、区妇联执委、女工干部、港澳台侨妇女联谊会成员、区妇联离退休老干部和社区妇女代表等共500余人参加大会。

（聂晓玲）

【“妇女之家”推进会召开】 4月15日，区妇联在德胜街道黄寺大街西社区召开“妇女之家”工作现场观摩推进会。各街道妇联主席参加会议。会上，德胜街道妇联和黄寺大街西社区妇联分别作典型发言，区妇联部署“妇女之家”工作。会后，与会人员参观了德胜街道“妇儿同乐坊”。

（聂晓玲）

【一届五次执委会召开】 4月26日，区妇联召开一届五次执委会，增补李高霞为区妇联第一届执委，选举李高霞为区妇联主席。

（聂晓玲）

【监测评估动员会召开】 4月26日，区妇儿工委办召开区“十二五”妇女儿童发展规划中期监测评估工作动员会。区妇儿工委主任、副区长陈宁，全区58个委员单位的委员和联络员以及妇女儿童规划专家组成员约90人参加会议。会上，区妇儿工委副主任、区妇联主席李高霞部署中期监测评估工作，陈宁对做好中期监测评估工作提出要求。

（聂晓玲）

【开展“我的梦·中国梦”活动】 4月，区妇联在全区广大家庭中开展“我的梦·中国梦”寄语及摄影、书法、绘画征集活动，共征集到寄语200条，摄影作品188张，书法绘画作品61幅。

（聂晓玲）

【开展“五好文明家庭”创建活动】 5月15日，区妇联举办2013年“五好文明家庭”创建暨“好婆婆好媳妇”表彰交流会，表彰100名好婆婆和100名好媳妇。各街道妇联主席、“好婆婆好媳妇”代表及社区妇女代表共百余人参加活动。

（聂晓玲）

【开展庆“六一”活动】 5月25日，区妇联举办“平安伴童年，关爱助成长”预防儿童意外伤害项目启动式暨庆“六一”主题活动。区女律师公益团成员和120户单亲特困家庭参加活动。活动中，区妇联和区女律师公益团联合向单亲特困家庭儿童赠送节日礼物，并带领他们参观北京动物园和海洋馆。

（聂晓玲）

【接待联合国大使夫人代表团】 6月11日,区妇联协助全国妇联接待常驻联合国大使夫人代表团，带领代表团参观什刹海地区和老北京四合院。

（聂晓玲）

【举办“社会管理与创新”培训班】 7月4日、19日，区妇联举办“社会管理与创新”培训班，分别邀请中华女子学院教授李洪涛和市妇联党组书记、主席赵津芳作专题讲座。区、街、居三级妇联干部近300人参加培训。

（聂晓玲）

【举办“我的梦·中国梦”宣讲活动】 7月11日，区妇联在大观园开展“我的梦·中国梦”西城妇联系统宣讲活动。4位来自不同行业的优秀女性，以“追求成就梦想，奉献彰显价值”为主题，结合自身经历进行宣讲。市妇联副主席周志军，以及各街道妇联主席、社区妇女代表共120余人参加活动。

（聂晓玲）

【开展妇女“两癌”免费筛查】 7月21日，区妇联联合区卫生局、区计生委启动新一轮适龄妇女“两癌”免费筛查工作，通过张贴宣传海报、发放宣传手册、举办讲座等方式在适龄妇女中开展宣传动员工作，提高政策知晓率。全年共组织9554名适龄妇女进行筛查。

（聂晓玲）

【妇女儿童维权服务站成立】 8月1日，区妇联在区综合行政服务中心成立“妇女儿童维权服务站”，并开通维权服务热线——82141639。3家律师事务所和2家心理咨询室在服务站提供咨询服务。

（聂晓玲）

【举办预防儿童意外伤害专题讲座】 8月3日，区妇联邀请中国人民公安大学犯罪学系教授、中国青少年犯罪学会常务理事王大伟，以“为孩子提供没有安全死角的成长环境”为主题作讲座。320余名家长和孩子参加活动。

（聂晓玲）

【普及预防儿童意外伤害知识】 7月至8月，区妇联以“平安伴童年、关爱助成长”为主题，在全区广大家庭中开展预防儿童意外伤害万人知识答卷和知识竞赛活动。在知识竞赛中，经过两轮比赛，共决出一等奖家庭2名，二等奖家庭4名，三等奖家庭8名。

（聂晓玲）

【举办妇女统战人士中秋联谊活动】 9月11日，区妇联在马连道国际茶城举办“共话中秋情　同圆中国梦”西城区妇女统战人士2013年中秋联谊活动。各界妇女统战人士40余人参加活动。

（聂晓玲）

【迎接妇儿规划中期评估督导】 9月13日，市“十二五”妇女儿童发展规划中期评估督导组到西城区进行评估督导。区妇儿工委主任、副区长陈宁，及区妇儿工委委员单位负责人共50人参加评估督导工作会。会上，陈宁汇报西城区实施“十二五”时期妇女儿童发展规划总体工作情况，区教委、区文委、区卫生局分别对“完善学前教育服务体系，促进学前教育事业健康持续发展”“完善公共文化服务体系建设，提升西城区妇女儿童文化服务水平”“完善妇幼卫生服务体系，促进妇女儿童健康事业持续发展”3个示范项目作专题汇报。会后，督导组到金融街街道社区文化活动中心和丰汇园社区文化活动站实地考察西城区社区公共文化服务状况。截至2012年12月底，西城区妇女规划24项重点监测指标中，23项达标；儿童规划8项重点监测指标中，6项指标达标，其中区县党代会女代表比例达到42.24%,高出市指标12.24个百分点；女性接受再就业技能培训合格率达到98.67%，高出市指标8.67个百分点;婴幼儿死亡率和5岁以下儿童死亡率分别控制在2.54‰和2.76‰，达到发达国家水平；新生儿听力筛查率达到98.29%，高出市指标8.29个百分点。

（聂晓玲）

【组织游览北京园博园】 9月25日，区妇联组织第九届首都和谐家庭，以及在“好婆婆好媳妇”评选活动中涌现出的好婆媳代表150余人参观游览北京园博园。

（聂晓玲）

【“新希望歌友会”成立】 10月11日，区妇联在牛街街道社区服务中心成立“新希望歌友会”，吸纳52名失独家庭成员参与。区妇联、区计生委、区残联等单位领导以及各街道妇联主席、失独家庭成员代表等80余人参加活动。

（聂晓玲）

【推进巾帼志愿服务】 11月13日，区妇联在区文化馆举办“爱心助老　情暖西城”巾帼志愿服务推进会，拥有近1400名成员的“爱心助老”巾帼志愿服务队与受助老人签订《“爱心助老”巾帼志愿者服务公约》。市妇联副主席周志军和来自各街道的200余名巾帼志愿者代表参加活动。

（聂晓玲）

【举办藏书状元户表彰交流会】 12月5日，区妇联在区第一图书馆举办“书香家庭　智慧人生”藏书状元户表彰交流会。京味作家刘一达、鲁迅文学院副院长王彬、北师大教授李稚田以及学习型家庭代表、街道社区妇联主席等80余人参加活动。活动中，区妇联向藏书超过5000册的状元户家庭颁发奖杯和证书，6名藏书状元户分享藏书读书体会，3位专家学者与大家进行交流。

（聂晓玲）

【大使夫人协会代表团参观启喑学校】 12月9日，区妇联接待阿拉伯国家大使夫人协会代表团一行15人，参观西城特殊教育学校北京启喑实验学校。全国妇联国际部副部长卢亚民陪同参观。

（聂晓玲）

【“巾帼共建”机制建立】 12月12日，“重庆市开县（北京）流动妇女工作委员会成立暨重庆市开县妇联—北京市西城区妇联‘巾帼共建’启动仪式”举行。全国妇联组织联络部部长张黎明，以及重庆市妇联、北京市妇联、西城区委、开县县委等领导出席启动仪式。以刘伯承元帅之女、原中国人民解放军空军指挥学院副院长刘弥群将军，原中国人民解放军总参军训部副部长陈有元将军为代表的开县籍在京优秀人士，以及开县在京妇女姐妹、西城区基层妇女干部等200余人参加会议。会上，西城区妇联与开县妇联签订“巾帼共建”机制，并互赠妇女手工艺品。与会领导分别为“开县（北京）流动妇女工作委员会”

"重庆市开县妇联、北京市西城区妇联'巾帼共建'工作站""重庆市妇女之家"授牌。

（聂晓玲）

【维权工作分析会召开】 12月26日，区妇联召开2013年维权工作分析会。区妇女儿童维权工作顾问团成员、各街道妇联主席30余人参加会议。会上，区妇联对2013年妇女儿童维权工作进行总结，参会人员就基层妇女儿童维权工作中遇到的难点问题进行研讨。

（聂晓玲）

共青团西城区委员会

【概况】 共青团西城区委员会（简称团区委）是西城区先进青年的群众组织。团区委下设办公室、组织部（社会部）、宣传部、统战部、权益部、区志愿服务指导中心6个部室，区未成年人保护委员会（简称未保委）办公室设在团区委，在职人员32人。主要职责是积极发挥党联系青年的桥梁和纽带作用，组织青年、引导青年、服务青年、维护青少年权益，指导全区各级团组织开展工作。年内，团区委紧密围绕党和区域发展工作大局，努力适应时代发展和青年变化，主动应对共青团事业面临的新挑战，充分发挥社区青年汇、青年先锋讲堂、志愿者之家、青春西城全媒体覆盖等诸多优势工作的支撑作用，积极推动西城共青团事业全面发展。截至12月，团区委下辖共55家直属团组织；团组织总数2018个，基层团委数122个，基层团总支46个，基层团支部1849个；全区团员总数41813名，年度入党团员数137名，全区14至28岁青年为44988名。

地址：西城区北礼士路12号

邮编：100044

电话：88391826

（高　鑫）

【青少年思想政治工作】 紧抓党的十八大、团的十七大、"五四"运动94周年等契机，发动学校、企业、社区等不同领域基层团组织，在团员青年中组织开展交流讨论、参观寻访、征文、演讲、文艺演出、撰写网络日志等形式多样的团日活动，帮助团员青年加深对中国梦的认识，增强团员意识和责任感、使命感。3月，启动"汇聚青春正能量，同心共筑中国梦"青少年主题教育实践活动。针对不同青少年群体的思想实际，开展8个"中国梦"青少年教育实践项目，以形式多样的宣传教育和实践活动，引导激励广大青少年为全面建成小康社会、实现中华民族伟大复兴的中国梦而发奋成才、建功立业。全年启动第三届"西城青年先锋讲堂"巡讲活动，共邀请专家导师、青年代表开展"中国梦"专题宣讲、讲座8期，带动广大青年积极投身"中国梦"建设工程。开展"青年榜样"教育引导系列活动，选树各领域优秀青年典型26人，组建"向梦而行"西城青年宣讲团，针对流动青年、机关青年、社区居民、高校学生、武警官兵等不同群体，举办"向梦而行"西城青年宣讲团巡讲活动五四专场、新居民学校专场、八一专场等20余场，以真实事例鼓励青少年，对中国梦既要有认知、有信念，又要有行动、有实践。

（宋伯宁）

【志愿服务项目化建设】 1月30日，在学雷锋综合包户活动30周年之际，团市委机关党委书记、北京市志愿服务指导中心主任郭新保一行到大栅栏街道走访调研学雷锋综合包户活动。"携手相牵　快乐成长"关爱外来务工人员子女志愿服务项目开展了"菜单式"服务计划，为10所打工子弟学校2321名外来务工人员子女，提供了8类36项志愿服务活动。在什刹海四环社区内，成功申报中央支持"七彩小屋"。3月1日，时值纪念毛主席题词"向雷锋同志学习"50周年之际，团区委与区妇联邀请全国青联委员、歌唱家刘媛媛到北京雷锋小学，为学生们上了一堂公益音乐课。此前，刘媛媛公益音乐课已坚持五六年，在全国各地很多地方均开展过系列活动。10月24日，西城区志愿者联合会携手中国建设银行、美国银行的志愿者在红莲小学开展了"青春与花朵"助学志愿服务活动。适应新形势要求，不断开发新的志愿服务项目。主动发掘区内群众需求，开启了以关爱"失独"家庭为对象的"聚爱·暖心"志愿服务行动，通过社会组织承接，志愿者导师分类指导，专业志愿者团体对接的方式为"失独"人员家庭带去温暖。关注老年群体，启动"美丽西城 留下最美夕阳红"志愿者摄影比赛，号召志愿者为老人提供个性化服务。与安利北京分公司合作开展"安利手语第二课堂"，举办"让志愿走进生活 健康伴你同行"2013北京志愿者组织乒乓球团体邀请赛，2013社区青年汇志愿者台球邀请赛，倡导时尚动感的志愿生活方式。

（李彬彬）

【志愿者体制机制建设】 以综合包户30周年、向雷锋同志学习50周年、第28个国际志愿者日为契机，在全区范围内进行部署，号召各级各类志愿者组织开展志愿服务活动。全年西城区共有1万余名志愿者参与471个志愿服务项目，累计参与志愿服务1.5万人次。在原有医疗卫生、应急救援、防震减灾、法律援助等15支专业志愿者队伍的基础上，在滨河绿道途径的7个街道，成立"爱河护绿"志愿服务队；联络各街道摄影家协会和熊猫摄影队等民间团体，成立西城区摄影爱好者志愿服务队。扩大志愿者联合会覆盖面，吸收首汽新锋班、绿色啄木鸟、爱益志愿者联盟、和众泽益等一批NGO（非政府组织）加入志愿者联合会。强化对志愿者的分级分类培训，制定西城区志愿者培训方案，邀请志愿服务工作研究学者、项目管理和经验丰富的志愿者授课，提高志愿者服务水平，提高骨干志愿者的项目策划和团队管理能力。深入发掘志愿者典型人物，组建志愿者宣讲团，提高志愿服务社会影响力。根据《西城区志愿服务时间累积及志愿者星级评定实施细则》，最终评出2013年度星级志愿者524人，其中一星志愿者174人、二星志愿者213、三星志愿者49人、四星及以上志愿者88人。规范“志愿者之家”参观接待流程，全年累计接待各类参观学习16次600余人，举办各类座谈会、志愿服务活动50余次。加强与兄弟省市和国际城市之间的交流沟通，与新加坡人民协会基层领袖友好访问团一行50余人交流志愿服务工作，组织区委社会工委、区文明办、区民政局、部分街道志愿服务工作负责人赴广州、珠海、深圳三地考察志愿服务先进经验。组织区志愿者参加“3·5”北京市志愿服务推动日和2013中国志愿服务国际交流大会。

（李彬彬）

【团建创新工作】　根据2012年北京市、西城区党建带团建大会精神，对照下发的《西城区党建带团建工作实施办法及考核指标》，制定《西城区党建带团建工作考核方案（试行）》，对直属团组织及区直机关系统、教育系统团组织进行党建带团建考核。在“两新”组织企业建团工作中，团区委根据“属地管理”的原则，将工作主体前移，由团区委提供指导，团工委“自转”开展“两新”组织团建工作。组织召开共青团北京市西城区一届三次全委（扩大）会，对委员、候补委员进行了卸职递补和增补。对新建、换届的世纪金工、华兴新业、卫生局、金座投资集团等基层团组织，进行一对一的对接，对流程、文件进行指导审阅，保证团的基层组织建设的规范性和严肃性。截至年底，全区共新建“两新”团组织234家，其中非公有制经济组织228家，新社会组织6家，35岁以下青年人数3012人，团员数1290人。建团的“两新”组织主要集中在餐饮、高新技术企业、物业公司、旅行社等中小型“两新”组织。

（刘　涛）

【共青团社会领域建设】　5月3日，结合五四青年节时间节点，开展“汇聚青春正能量　同心共筑中国梦”西城区青少年主题教育活动启动仪式暨“我的中国梦”主题团日活动。将活动分为“奋斗·梦”“生活·梦”“创新·梦”“奉献·梦”等篇章，并邀请进京务工青年代表、青年社工代表、创业青年代表和青年志愿者代表结合自身经历进行讲述，活动中发布了大学生西城见习计划、V爱行动等8个重点工作项目。2月至4月，由主管副书记带队，各部室分别开展对接青年汇选址调研，通过合理布局使全区21家青年汇成为有效凝聚青年的阵地。与社工事务所密切合作，规范社工招考上岗流程，形成“总干事+专职社工”的团队模式，提升青年汇整体工作力量。统筹青年汇项目建设，开设8家“新青年学堂”，为560余名青年提供成人高考免费培训。开展2次“缘聚青年汇”大型交友联谊活动，吸引500余名驻区金融、科技、公安等系统青年参与其中。依托社区青年汇，举办西城区第三届青年文化体育节，开展篮球、乒乓球、羽毛球、台球、三国杀等项目的比赛。共吸引300余支运动队伍、近1200青年参与比赛。11月，开展“温暖衣冬”公益项目，共接收御寒衣物4358件。自社区青年汇全面运行以来，共开展学习培训、参观交流、志愿服务、文体娱乐等各类活动957次，参与青年29810人。

（刘　涛）

【未成年人保护工作】　1月至3月，团区委组织全区15个街道开展星光自护培训，包括假期安全、自护常识在内的各类讲座培训等活动，约有600人次参加了活动。2月、4月、7月和11月全年进行了4次社会调查培训和合适成年人培训。5月15日，2013年西城区综治委预防青少年违法犯罪专项组暨未成年人保护委员会全体（扩大）会议在西城区政府召开。副区长、区未成年人保护委员会主任陈宁出席会议。6月25日，西城区检察院、西城团区委和北京师范大学哲学与社会学学院在北京师范大学联合举行了社会调查合作协议会签暨“新起点实践中心”授牌仪式。西城区检察院副检察长宋蕾、西城团区委副书记李黎、北京师范大学哲学与社会学学院党委书记韦蔚和各单位相关领导及部门负责人出席会议。7月15至18日，西城区综治委预青组、区未保委办公室带领区教委、区司法局、西城公安分局、区检察院、区法院等成员单位未成年人工作相关负责人共13人赴云南昆明学习考察。10月29日至30日，团区委在西城干部培训中心举行了为期两天的青少年法制教育工作培训会，共有130名法制校长、德育校长参加培训。12月1日，第十四届“西检杯”西城区中学生思想道德法律知识竞赛在北京市第四中学拉开帷幕。竞赛分为思想道德法律知识试卷答题和“法律、平安、梦想”法制短剧大赛两部分。北京第十四中学获得第一名。

（刘　潇）

【帮扶区域弱势青少年群体工作】　1月至3月，团区委开展“两节送温暖”等慰问活动，利用“希望之星1+1”奖学金、“爱心基金”“寒窗助学金”和“区综合救助基金”等奖学金助学金项目，覆盖区受捐助青少年247人，累计发放140900元善款。3月至5月，西城两委会办公室副主任、团区委副书记李黎及团区委权益部干部一行针对未成年人保护工作和预防未成年人违法犯罪工作到西城公安分局、区检察院、区法院、区司法局和区教委等部门进行了研讨交流。8月7日，西城团区委组织“5050青年公务员爱心行动”结对特困学生、辖区服刑人员子女参观了北京海洋馆，共有10名特困学生、9名服刑人员参加。12月10日，团区委与西城区文化馆艺术培训学校“七彩梦”青少年才艺资助项目签署合作办学协议。12月26日，为加强未成年人安全自护教育提高自护意识与能力，2013年西城区“共青团与人大代表、政协委员面对面活动”座谈会在区政协召开。西城区人大常委会副主任郑然、西城区人大常委会内务司法委员会主任倪效仲、西城区政协专委会工作三室副主任施建平、西城团区委书记史锋及11位区人大代表、政协委员参加了活动。

（刘　潇）

【青年统战工作】　1月27日，西城青联举办健康讲堂暨新春慰问会。2月28日，西城区青联召开了一届二次常委会。增补李黎为区青联一届委员会副主席；增补区青联一届委员20人；通过了《西城区青年联合会会徽、会歌征集办法（草案）》，面向全体委员公开征集青联会徽、会歌。3月7日，开展迎三八“走进国瓷博览馆、品鉴西城文化新亮点”——北京西城区女青联委员赴永丰源北京国瓷博览馆体验之旅。6月1日，组织委员及子女到西城区青少年科技馆体验科技的乐趣，共度六一儿童节。6月7日，召开建言区域科技发展座谈会，委员们分别从科技、金融、经济等不同领域为西城区域科技发展建言献策。6月28日，组织部分委员到北京警察学院开展界别组活动，委员们进行了手枪射击，并在教官的带领下，体验了具有警察学院特色的特殊驾驶技术。7月30日，区青联开展迎八一慰问活动，委员们走访慰问总参陆航四团，促进双拥工作。8月14日，组织委员参观北京市轨道交通指挥中心，了解北京地铁的发展史、运营现状以及未来规划情况并进行了模拟地铁驾驶体验。9月10日，教师节来临之际，区青联走访北京小学红山分校和北京市宣武外国语实验学校的两位委员。10月16日至10月25日，应台湾中华公共事务管理学会、台湾中山大学公共事务管理研究所的邀请，西城区青联赴台进行了为期一周的参访活动。本支代表团以经济、文体界别青联委员为主，通过拜会、座谈、考察等活动，增强了两岸青年的了解和友谊，促进了两岸青年组织在经贸、文化领域的交流与合作，完成了预定任务。10月23日，组织20余名委员到中国北方工业公司内部展厅参观学习，近距离的接触日常生活中接触不到的一些作战装备。12月10日，西城区青联召开大栅栏珠宝市街、粮食店街旧城改造座谈会。会议针对田申申委员提出的《关于西城区金融创新与文化兴区结合打造旧城改造新模式》的建议进行讨论。1月至12月，每月走访2至4名青联委员，增进与委员的交流，了解委员需求。1月至12月，田申申委员旧城改造项目实地考察调研。

（陈　浩）

【宣传工作】　借助市场专业力量，制作推出“青春西城　向梦而行”宣传片，并入选团中央网站首页，通过积极传播文化精品培育和践行社会主义核心价值观。历时3个多月全程跟踪拍摄完成《新青年学堂》纪录片，全方位展现各领域青年敢于有梦、勇于追梦、勤于圆梦的生动实践。通过《青春西城》团刊、网站、微博、微信平台等宣传阵地，开设“中国梦”专栏和主题网页，开展团十七大精神学习问答、微小说征集评选、“书香满西城”等互动活动，以青少年喜闻乐见的形式实现更加有效的宣传引导。定期召开媒体恳谈会，加强与中国青年报、北京日报、北京青年报、中国青年网等新闻媒体的沟通交流，全年共刊登外宣报道24篇。

（宋伯宁）

西城区科学技术协会

【概况】　北京市西城区科学技术协会（简称区科协）是北京市西城区科技工作者的群众组织，是中共西城区委领导下的人民团体，是区委、区政府联系科技工作者的桥梁和纽带，是推动科学技术事业发展的重要力量，是北京市科学技术协会在西城区的地方组织。有区级学会、协会、研究会24个，街道科协15个，会员4万余人。年内，贯彻落实《中华人民共和国科学技术普及法》和《全民科学素质行动计划纲要》，促进区域公众科学素质和“全国科普示范区”建设水平提升，促进科技强区、科普惠民、服务民生。举办第十九届北京科技周及第十五届北京科普之夏西城区主场活动，参加全国第二十八届青少年科技创新大赛和北京第三十三届青少年科技创新大赛，组织相关学（协）会开展学术交流和科普服务，开展形式多样的社区科普活动，建设科技工作者之家，推荐丰汇园社区获中国科协全国科普示范社区。

地址：西城区广安门南街68号
邮编：100054
电话：83976206

（樊士广）

【青少年科技活动】　2月，组队参加北京市第十三届青少年机器人比赛，共取得北京市8个一等奖，成绩全市排名第一，取得代表北京市参加全国机器人大赛资格。组织参加第21届北京青少年科技辅导员论文征集活动，获市一等奖8项、二等奖8项、三等奖9项，并在全国比赛中获得一等奖2项。3月，组队参加第33届北京青少年科技创新大赛，西城区代表队获“北京青少年科技创新市长奖”4个，中学生组一等奖25项、二等奖32项、三等奖6项，小学组一等奖7项、二等奖6项、三等奖6项，金牌总数保持全市第一。代表队还获得“北大先锋辅导教师奖”“安捷伦英才奖”“自然与生命探索奖”“发明创新奖”等多个专项奖项。8月，组队参加第28届全国青少年科技创新大赛获一等奖5项、二等奖3项、三等奖1项，北京实验二小甄奕、北京实验职业学校杨西明获全国十佳科技辅导员。北京四中获全国十佳科技教育创新“校之星”，北京实验二小、北京四中成为全国十佳科技教育创新学校。

（樊士广）

【废品创意再设计大赛】　4月，以“节约·创意·生活”为主题，面向全区征集低碳生活和创意设计作品，经启动宣传、接受报名、开展工作培训等程序，共接收作品212件，其中创意作品184件、低碳摄影作品28件，评奖41件。9月18日，在大观园举行颁奖仪式，活动现场一等奖作品“怪车”受关注，该车可以由AB两人背对背同时自由骑行，其折叠后可装入汽车后备箱方便携带。

（樊士广）

【科技下乡活动】 5月，组织区科技馆及科技教育专家，随同中国科协青少年科技中心赴辽宁阜新蒙县富荣镇蒙古族学校开展科普活动。8月，组织医学、天文等专家赴内蒙古喀喇沁旗开展“科普富民兴边”活动，与喀喇沁旗科协签订互助合作意向书，共同开展科普学习交流、培训，完善科普协作机制，促进科普工作发展。10月，组织医学、健康运动等专家赴京郊延庆县开展健康诊疗、标本展示和体质监测活动，促进科学知识传播。

（樊士广）

【科技周活动】 5月19日，以“携手建设创新型国家——科技创新 美好生活”为主题的第十九届北京科技周西城区主场活动在动物园举办，市科协副主席田文、西城区委常委王旭、西城区政府副区长陈宁出席，北京天文馆等10余家单位参加。科普志愿者总队和分队成立，15个街道和学（协）会代表上台接授科普志愿者分队队旗。现场开展医疗健康咨询、绿植种养宣传、节能环保产品演示、天文和生物科普知识问答及青少年科技互动等活动，发放医疗健康、燃气安全、废旧物品再设计等宣传资料10余种千余份。科技周期间，各街道、学（协）会、科普教育基地及有关单位将开展科普活动近50项。内容涉及低碳环保、食品安全、健康生活和青少年科技体验等。

（樊士广）

【健康科普讲师培训】 5月至6月，开展了第四届健康科普讲师系列培训。辖区二、三级医院，社区卫生服务中心的健康教育专兼职人员，医务人员约320人次参加。培训共安排4期，内容包括健康传播与演讲技巧、健康教育设计方案、健康教育调查问卷设计。10月24日，举办优秀讲师评选，20名选手围绕慢病防控、合理用药、颈椎病预防、母乳喂养、意外伤害等展开讲解和比赛。选派3人参加“北京市第7届社区健康大课堂优秀师资评选”比赛，1人获二等奖。11月，召开社区健康教育工作培训，围绕访谈技巧和科技论文撰写讲解，旨在提高健康教育人员的专业能力和写作水平。

（樊士广）

【社区科普益民计划】 6月，在获北京市“社区科普益民计划”优秀科普社区基础上，推荐金融街街道丰汇园社区参加中国科协“基层科普行动计划”评优，并获“全国科普示范社区”称号，获奖励资助20万元，北京市配套奖励资助65万元。区内11个社区、1个科普场馆和12名个人获市科协、市财政“年度社区科普益民计划”奖励资助121万元。受奖励资助社区：西便门东里社区、温家街社区、铁二一社区、粉房琉璃街社区、法源寺社区、兴华社区、康乐里社区、琉璃厂西街社区、永安路社区、西里四社区、清芷园社区，基层优秀科普场馆：北京海洋馆。

（樊士广）

【全国科普示范区中期评估】 7月25日，由北京农学院教授李华等6人组成的检查组，到西城区对2011—2015年度全国科普示范区建设工作进行中期评估。通过听取汇报、查阅档案资料和实地考察，并经综合研究、评估，检查组对西城区全国科普示范区建设和科普工作开展给予肯定，一致同意西城区通过2011—2015年度全国科普示范区中期评估。

（樊士广）

【科普之夏】 7月30日，在汽北社区开展以“创新点燃人生，科技成就梦想”为主题的科普之夏大篷车进社区宣传启动仪式。8月30日，以“健康生活 安全构筑”为主题的北京“科普之夏”西城区主场活动在广外红莲广场举行，区人大常委会副主任刘永先、区政协副主席王瑞珠出席。居民现场参加了科学饮茶、食品安全、医疗救援咨询和消防逃生、应急避险体验。活动还通过互动小游戏、知识问答及低碳生活常识展板的形式宣传科普知识。“科普之夏”活动期间，各单位举办一系列贴近公众、贴近民生、贴近实际的科普宣传活动，科普大篷车进社区、进校园到清芷园社区、三帆中学、亚太实验学校、西城莱登小学等20余家单位。

（樊士广）

【全民科学素质抽样调查】 12月，承担北京市全民科学素质抽样调查工作的统计人员到西城区，走进随机抽取的15个街道48个社区的1200户居民家中开展面访和问卷答题调查，经过对发放收回1200份问卷的统计和测算，西城区具备全民科学素质人口达18.5%。

（樊士广）

【组织建设与人才】 年内，结合主题活动到街道、学协会和科普教育基地开展调研走访。调整席位制单位委员、全民科学素质建设工作领导小组成员单位，指导街道、社区调整和完善基层组织。完善制度建设，按章履职。通过集中学习、科普基地参观、社区挂职锻炼，提升干部理论素养和实践能力。开展“提升科学素质、增强科普能力”科普工作者培训，围绕“学习先进经验、拓展科普思路”，分批组织街道和优秀科普社区科普工作者赴朝阳区茉莉园社区和大兴区康隆园社区参观学习，增强科普工作实效性。9月，举办“汇集科普情、谱写中国梦”征文活动，收到征文175篇，评选出优秀组织奖11名，个人一等奖20名、二等奖20名、三等奖30名。组织第十三届中国青年科技奖、第十六届茅以升北京青年科技奖候选人以及科技辅导员评优推荐。

（樊士广）

【社区科普活动】 年内，指导街道开展特色科普活动，提升民众科学素养，服务百姓健康生活。德胜街道开展“节约水资源、建设生态文明”主题科普宣传活动。什刹海街道举办保障生命安全、逃生避险系列培训及讲座。西长安街街道利用“长安时讯”等辖区媒体资源，推进未成年人科学传播活动。大栅栏街道搭建的“大栅栏文商旅科技创新平台”上线。天桥街道举办青少年“暑期科普电影专场”。新街口街道开展“废品变玩具”科普实验活动，邀请专家讲解、传授玩具制作技能，通过互动实验启发人人动手参与、变废为宝。金融街街道组织“提高动手能力　培养创新思维”主题青少年科技模型竞赛。椿树街道组织居民走进北京联通电信博物馆，举办参观、宣教及体验互动科普活动。陶然亭街道举办“小手拉大手，我为社区低碳环保添点绿”作品展、“建设新型环保家园——绿色兑换邻里节”活动。展览路街道邀请科普讲师团围绕雾霾防范、中医四季养生、阳台菜苗种植、废品再利用等开展讲座。月坛街道开展以“倡导低碳生活，推进绿色行动”为主题的首届“环保达人秀”。广安门内街道开展“最美阳台(庭院)”评选和“环保创意大赛”，收集照片和实物作品150件，引导居民共同建设美丽家园。牛街街道举办“快乐假期，和谐节日”主题青少年科技冬令营，组织观看科普电影、开展科技动手做比赛。白纸坊街道组织青少年参观北京自然博物馆、海洋馆、天文馆，组织科普种植和养殖以及假期阅读科普书籍活动。广安门外街道开展废品再设计、机动车污染防治、绿色环保低碳生活、保护海洋生态环境主题讲座，宣传节约、环保的科学知识，引导居民节约资源、爱护生态环境。

（樊士广）

【学（协）会活动】　年内，指导所属学（协）会加强自身建设，发挥专业优势，开展丰富多彩的群众性科普活动。区医学会开展“社区孤寡老人心理健康服务”。区老卫协继续举办健康运动科普大课堂，提高大众生活质量，促进社会和谐。区文化产业协会组织“继往开来抒豪情”网络科普夕阳红活动，完成1500余名中老年人计算机基本技能培训。区人力资源和社会保障学会举办军地两用人才科学技能培训，驻区部队50名战士参加并取得电工结业证书；区节能减排环保促进会邀请机动车排放管理专业人员走进社区，讲解机动车污染防治的知识和宣贯老旧车淘汰政策。区图书馆管理协会继续组织“银发悦读俱乐部”，探究“阅读疗法”等服务模式，使银发群体树立健康理念，养成健康行为。区人力资源管理协会举办数码照相、食品安全与营养等专题讲座。什刹海研究会组织编写《什刹海与京杭大运河》，为地区环境保护、人文生态建设研究提供依据。区土建学会继续组织“古建民居园艺鉴赏俱乐部”和环保建筑考察活动，促进青少年学习古建知识，培养生态建筑理念。区统计学会围绕“数字的力量”主题开展统计科普知识宣传。区科技教育学会继续举办青少年科学文化素养提升活动。区预防医学会联合餐饮企业、走进社区开展减盐预防高血压主题宣传，培养居民健康生活方式。

（樊士广）

【科技协作】　年内，组织20余家科技企业开展“科技信息创新”研讨两次，促进企业科技创新能力发展；组织30余家科技企业科技项目交流4次；完成技术推介项目17项，技术交易额近千万元。

（樊士广）

西城区归国华侨联合会

【概况】　西城区归国华侨联合会（简称区侨联），是中国共产党领导的由归侨、侨眷组成的人民团体，是党和政府联系广大归侨、侨眷和海外侨胞的桥梁和纽带。侨联代表归侨侨眷的利益，依法维护归侨侨眷的合法权益，其根本宗旨是为侨服务。下设5个专委会：维护侨益专门工作委员会、海外联谊专门工作委员会、经济科技专门工作委员会、文化交流专门工作委员会、侨情研究专门工作委员会和办公室。年内，区侨联在区委、区政府的领导下，在市侨联和区委统战部的指导下，深入学习贯彻党的十八大、十八届三中全会和第九次全国归侨侨眷代表大会精神，坚持为大局服务和为侨服务相统一，发挥侨界优势，突出侨界特色，较好地完成全年工作任务。

地址：西城区广内大街165号翔达大厦2号楼601室（10月迁入）
邮编：100053
电话：66515072

（闫丽霞）

【参政议政】　1月9日，在区政协十三届二次会议上，区侨联提交《关于为各街道侨联配备专职人员的建议》和《关于加大区管科级干部挂职锻炼的建议》2份团体提案，其中《关于加大区管科级干部挂职锻炼的建议》1份团体提案获优秀奖。侨界人大代表、政协委员围绕区委、区政府中心工作，结合自身优势和专业特长，参与视察、专题调研和情况通报等活动，围绕公共卫生管理、科技园区建设、老旧小区改造、城市交通管理等方面建言献策。认真履行人民陪审员的职责，为加快西城区经济社会全面发展提出意见和建议。

（闫丽霞）

【送温暖献爱心】　1月17日，区侨联开展“爱在西城　温暖万家”两节慰问活动，走访侨界家庭266户，为全区38名困侨发放补助金4.76万元。侨联还向建立友好关系的海外华侨、华人社团、各省市地区友好侨联组织、海外顾问及长期支持侨联工作的各相关部门负责人发放新春贺卡1000余封，通过贺卡向他们送去新春祝福。4月20日，四川省雅安发生7.0级地震，区侨联设立现场捐款箱，截至4月28日，收到侨界群众捐款共计43480元。

（闫丽霞）

【举办新春团拜会】　1月24日，区侨联在老舍茶馆举办新春团拜会，慰问全区侨界干部。北京市侨联副主席李冬娟、区人大常委会副主任郑然、区政协副主席姜立光和全区150余名相关委办局领导、街道侨务主管领导及侨联委员、侨资企业代表、历届侨联主席齐聚一堂，沟通思想，交流感情。副区长杜黎彬代表区政府对侨务干部致以新春问候，感谢全区归侨侨眷、侨商和归国创业人员对西城区发展作出的贡献。

（闫丽霞）

【新侨工作】 2月20日，区侨联召开新侨代表人士座谈会，了解新侨在西城发展的困难和需求，听取为侨服务工作的意见和建议；畅通沟通渠道，助力侨资企业发展。组织北京诺亦腾科技发展有限公司、北京满堂香国际茶文化发展有限公司等侨资企业，参加西城区金融服务办举办的促进企业上市政策发布会，为侨界中小微企业和政府部门之间搭建沟通桥梁；7月6日，关心侨界青年的发展和成长需求，参加团区委举办的“缘聚青年汇”青年联谊会活动，为侨界青年搭建交友联谊平台。

（闫丽霞）

【联情联谊】 3月4日，区侨联举办“品茶　品味　品人生”茶文化知识讲座，全区近60名侨界女性参加讲座。5月10日，区侨联组织80余名归侨侨眷参加以“体验生活，享受人生”为主题的面包制作活动。9月4日，区侨联组织100余名归侨侨眷到园博园游览。为进一步密切与侨联海外顾问联系，区侨联相继接待了来自美国、香港等海外华侨华人社团,通过参观和交流座谈等，为开展海外交流搭建平台。

（闫丽霞）

【一届四次会议】 4月2日，区侨联召开第一届委员会四次全委（扩大）会议。区侨联副主席薛亚明主持会议。区侨联副主席安亚荣传达中央书记处对侨联工作的指示精神和李源潮在中国侨联全委会上的讲话精神，总结区侨联2012年工作。区侨联主席郝寒娟部署2013年工作任务，15个街道负责侨联工作的干部列席会议。区委统战部副部长王新出席会议并讲话。

（闫丽霞）

【街道侨联换届】 5月16日，区侨联召开街道侨联换届工作部署会，15个街道侨联工作负责人参加。会议下发《关于街道侨联换届工作的通知》，编制了街道侨联换届工作手册。区侨联主席郝寒娟对街道侨联换届工作进行了部署，区侨联秘书长赵娇阳解读换届工作指南，就具体工作安排、工作程序进行布置。截至9月10日，15个街道侨联全部完成换届。

（闫丽霞）

【一届五次会议】 6月7日，区侨联召开一届五次全委（扩大）会议。通过全体委员举手表决，增选王蕾、王铁军、林义相、曾昭日四人为区侨联委员。区委统战部副部长王新通报侨联领导班子变动事宜，宣读《关于郝寒娟同志免职的通知》（西十〔2013〕28号），并宣布副主席安亚荣主持侨联工作。郝寒娟做辞职报告，大家举手表决一致通过。15个街道侨务干部列席会议。

（闫丽霞）

【为侨服务中心成立】 6月19日，区侨联在西城区文化中心举行为侨服务中心揭牌仪式。服务中心以“为侨服务”为出发点，把促进西城区经济建设和社会发展进步作为基本任务。业务范围主要包括：组织归侨侨眷、侨资企业开展形式多样的文化交流及联谊活动，并为其提供相应的信息和法律咨询等服务。中国侨联副主席、北京市人大常委会副主任、北京市侨联主席李昭玲，区委常委、区委统战部部长程军，区人大常委会副主任郑然，区政协副主席王瑞珠，区民宗侨办主任韩俊田，区侨联调研员郝寒娟为北京市西城区为侨服务中心揭牌。

（闫丽霞）

【新侨乡文化节活动】 6月19日，区侨联举办“我的中国梦”第六届首都新侨乡文艺演出，中国侨联副主席、北京市人大副主任、北京市侨联主席李昭玲、北京市侨联副主席李冬娟，区人大副主任郑然、区政协副主席王瑞珠，区委办局负责人和全区500余名侨界人士观看演出。展览路街道侨联表演的器乐合奏《北京喜讯到边寨》为演出拉开帷幕，15个街道侨联、汉光百货、京都文化公司等选送了节目。承办新侨乡侨界围棋邀请赛分会场，组队参加全市侨界服装展示、桥牌等五项专场比赛，其中羽毛球、大合唱分获一、二等奖。报送《我的中国梦》征文172篇，占市侨联总数的28%。

（闫丽霞）

【维护侨益】 6月28日，区侨联组建侨界普法宣传员和侨界空巢老人信息志愿者两支队伍。发挥侨界普法宣传员的作用，全年接待侨界群众涉侨政策咨询百余件，处理信访案件6起，帮助美籍华人吴先生协商解决房屋租赁纠纷，依法维护侨益；掌握本辖区侨界空巢老人情况，反映空巢老人诉求，建立电子档案，有针对性地进行帮扶。区侨联与德胜街道结对子，开展“访民情、听民意、解民难”工作，实现“全响应”社会服务管理工作体系，“七一”前慰问3户社区困难老党员，倾听心声，了解诉求，切实为侨排忧解难，努力促进侨界和谐。

（闫丽霞）

【“情缘京华”夏令营活动】 7月19日，参与由北京市侨联以在华侨子女间传承中华文化和宣传“新北京”为主线开展的系列活动，带领来自美国、意大利和斯洛伐克的65名海外华裔青少年，乘坐人力三轮车游览什刹海风景区和北海公园，走进四合院，在鼓楼观看击鼓表演，品尝九门小吃，体验西城文化。市侨联副主席马坚、区委统战部副部长王新、区侨联调研员郝寒娟等陪同参观。

（闫丽霞）

【举办应急救护培训】 8月6日至7日，区侨联在北京市中俊酒店管理有限公司举办“应急救护”知识培训，区红十字会选派培训老师现场给员工讲授“现场心肺脑复苏和创伤止血包扎”的方法，指导员工用模拟人练习心肺复苏，增强自救互救的意识和能力，传播红十字会“人道、博爱和奉献”的精神。

（闫丽霞）

【老归侨座谈会】 8月9日，区委常委、区委统战部部长程军与老归侨座谈，了解老归侨心声，倾听老归侨呼声。区侨联调研员郝寒娟、区侨联主持工作副主席安亚荣、区侨联秘书长赵娇阳参加座谈。原北京市侨联副主席、马来西亚老归侨邓习达，原西城区侨联副主席、印尼老归侨郭丽丝，原北京市政协委员、印尼老归侨黄秀芬等12名与会老归侨分别介绍了自己的回国经历。程军指出，区侨联要做好老归侨事迹的收集和整理，汇编成册进行宣传。建立定期联系机制，听取老归侨的意见和建议，真心实意地为老归侨做好服务。

（闫丽霞）

【市侨联到西城调研】 9月4日，中国侨联副主席、北京市人大副主任、北京市侨联主席李昭玲一行到西城区进行调研。李昭玲介绍市侨联开展党的群众路线教育实践活动安排，区侨联委员、街道侨联主席、老归侨代表、新侨回国创业人员代表参加座谈，并分别就加强侨情普查，帮助老归侨居家养老，搭建高层次人才资源对接平台，对新侨多元化诉求进行服务，树立侨联形象吸纳更多新侨等问题提出意见和建议。市侨联办公室主任李登新、副主任刘金凤和办公室全体工作人员参加调研。区侨联调研员郝寒娟，副主席薛亚明等参加座谈。

（闫丽霞）

【举办侨联工作培训班】 9月11日至12日，区侨联在西城区干部培训中心举办侨联工作培训班。15个街道主管侨务工作的副书记、街道侨务干部和区、街侨联委员近100余人参加培训。区委统战部调研员明木江作开班动员讲话。市侨联副主席马坚以“侨史、侨情和侨联工作”为题为培训班学员授课。北京华文学院教授石汉荣讲解了《侨力资源保护与开发》。区委组织部副调研员张瑾讲授了《如何做好信息收集报送工作》。区委常委、区委统战部部长程军作结业式讲话。

（闫丽霞）

【为老归侨祝寿】 10月13日至23日，区侨联副主席安亚荣、主席助理李功伟（吉林延吉挂职干部），走访慰问老归侨姜慧里、金玉良、黄静君等30名寿星。

（闫丽霞）

【一届六次会议】 11月21日，区侨联召开一届六次全委（扩大）会议。北京市侨联副主席兼秘书长马坚，区委常委、区委统战部部长程军，副部长王新，区委组织部干部任免科副科长王志伟出席会议。会议增选王莹、刘牛、王毅杰3人为区侨联委员，增选蓝卫新同志为区侨联常委；聘请马达加斯加侨胞蔡国伟和意大利侨胞程鹏为区侨联顾问。通过《中共西城区委关于安亚荣、蓝卫新同志的任免决定》，安亚荣当选为西城区侨联主席、蓝卫新当选为西城区侨联副主席。大会表彰了“第六届首都新侨乡文化节”获奖单位及个人。区侨联全体委员、15个街道侨务干部和街道侨联主席参加会议。

（闫丽霞）

【侨之声·中国梦演讲】 12月20日，区侨联举办“侨之声·中国梦”演讲活动。全区100余名老归侨参加。北京市侨联原副主席邓习达、北京市侨联联络维权部部长杨海明、区委统战部副部长王新、区侨联副主席蓝卫新出席活动。演讲活动邀请到来自印尼、日本等5个国家的9名归侨侨眷分别上台讲述自己的中国梦。全区15个街道的侨务干部及街道侨联主席参加了活动。

（闫丽霞）

【涉侨部门联席会】 12月25日，区委统战部牵头召开第二次涉侨部门工作联席会议，区人大、区政协、区侨办、区侨联、致公党西城区委主管侨务工作负责人参加会议，区侨联主席安亚荣主持。全国人大华侨委员会法案室主任毛起雄介绍中央“五侨”部门的职能特点、联席议事机制及运行情况。会上，负责人分别从本部门职责出发，通报2013年开展涉侨工作情况，交流2014年涉侨工作设想，五家涉侨部门在“统筹、整合、联动”上下功夫，围绕全区侨务工作中的热点难点问题，开展专项调研，掌握侨界需求，沟通侨务工作信息，服务西城发展。

（闫丽霞）

【理论调研】 年内，区侨联侨情研究专门工作委员会制订调研工作计划，召开调研小组座谈会，围绕全区人才工作的要求，以开展侨界人才工作为重点，完成两项调研：《西城区侨界代表人士队伍情况调研》和《关于加强新形势下留学回国人员统战工作重要意义的研究》，后者在北京市侨联获三等奖。

（闫丽霞）

西城区残疾人联合会

【概况】 西城区残疾人联合会（简称区残联），是中共西城区委、区政府领导下的残疾人群众团体组织。内设办公室、组联维权部、康复部，下设西城区残疾人劳动就业服务所、西城区残疾人综合服务中心2个全额拨款事业单位。区残联是将残疾人自身代表组织、社会福利团体和事业管理机构融为一体的残疾人事业团体；履行“代表、服务、管理”职能，即代表残疾人共同利益，维护残疾人合法权益，开展各项业务和活动，直接为残疾人服务，承担政府委托的部分行政职能，发展和管理残疾人事业。区残联接受区委领导，业务上接受市残联指导，同时指导辖区15个街道开展残疾人工作。年内审核按比例安排残疾人就业用人单位39385家，审核金额3.19亿元，审核率78.09％；帮助426名残疾人实现就业，组织1009名残疾人开展职业技能培训；为800名残疾人家庭实施无障碍改造；为342名残疾人开展康复训练；为826名残疾人提供免费体检服务。

地址：西城区西直门南小街国英园4号

邮编：100035
电话：83539004

（肖国强）

【温家宝关注西城残疾人民生】　2月1日，国务院总理温家宝到西城区牛街西里二区看望群众，并与各界人士开展座谈。牛街街道社区残疾人工作者王玉梅代表地区残疾人在座谈会上提出建议：适当降低残疾人医保起付线；加大对智力、精神残疾人及家属的关注度；依照残疾类别及个人实际情况，建立弹性退休机制。温家宝认真听取建议，并责成相关部门开展政策层面的可行性研究。市委书记郭金龙、市长王安顺、西城区委书记王宁、区长王少峰陪同走访。

（肖国强）

【"爱在西城"文化助残】　3月5日，第二届"爱在西城"公益文化节在西城区行政服务中心启动。活动由区委宣传部、区社工委、区民政局、区残联等部门联合主办，15个街道和驻区公益组织、企事业单位依项目分别承办。文化节历时3个月，展示西城区9大项民生服务创新工作方法。区残联与区公益文化传播中心联合申报的"愿望树"和"一维画廊"项目作为文化节主要内容在全区推广。《愿望树》项目为西城区宣武培智学生本色出演的舞台剧，在西城区各文化剧场进行5场展演。"一维画廊"依托文化出版及发行企业为智力残疾儿童的绘画作品进行展出义卖。

（肖国强）

【一届主席团第三次全体会】　3月20日，西城区残疾人联合会第一届主席团第三次全体会议召开，区委常委王旭、副区长杜黎彬及主席团委员、残工委成员单位主管领导、各街道残联理事长100余人参加会议。会议审议通过了第一届主席团委员、副主席、主席人员调整名单，杜黎彬当选区残联主席；审议通过了区残联"深化服务理念，创新服务模式，扎实推进残疾人事业科学持续发展"工作报告；王旭对全体代表和残工委各成员单位对西城区残疾人事业发展所做的贡献表示感谢，并提出要不断增强事业的责任心和紧迫感，发挥好政府部门的作用，加强残疾人参与力度，促进残疾人事业与全区经济社会建设协调同步发展；着力解决好残疾人最关心、最迫切的需求和问题，完善落实残疾人"三个优先"，即当残疾人工作和健全人工作摆到一起时，要优先做好残疾人工作；当残疾人问题和其它问题同时遇到时，要优先解决残疾人问题；当残疾人需求和正常人需求同时出现时，要优先满足残疾人需求；在夯实残疾人事业基础上谋求新发展，充分发挥政府职能部门作用，建立完善引导接纳社会力量参与残疾人工作的新机制，不断提升残疾人服务的能力和水平。

（肖国强）

【社会公益组织扶残助残】　3月20日，由"青少年第一人"生存教育培训项目组委会与西城区残联手拉手职业康复站合作开展的"我爱我家"团队拓展训练项目启动。此项目以增强残疾人灾害自救和互救为主旨，结合手拉手职业康复站学员特点，以"我爱我家"为主题，探索提升智力残疾人安全出行、突发事件应对能力。生存教育培训项目组委会委派专业的教师，按照专业化、标准化教学模式，从家庭基本情况认知入手，通过户外基本生存常识和技能、紧急救助知识、自然灾害的应对和一些心理辅导、社会责任感、公益体验等训练科目，以团队拓展训练的形式，帮助智力残疾人提升安全意识和能力。年内，此项目在西城区手拉手职康站开展实验性教学15次，经过标准化设计、绩效考评等环节，在成熟后作为职康服务新内容逐步向各街道职业康复站复制推广。

（肖国强）

【"助残日"主题健身活动】　5月14日，由西城区残联、北京市青年宫主办，由陶然亭街道和陶然亭公园承办的"帮扶同健体，携手共游春"主题健身活动在陶然亭公园举行，区残联党组书记刘少华、理事长李秀荣、陶然亭公园园长李国定、青年宫副主任丁峰、陶然亭街道办事处副主任刘丽彬及百余名残疾人朋友和志愿者参加活动。残疾人朋友与志愿者一同环绕陶然亭公园内水域进行健步走活动，并与游园群众展开交流互动。

（肖国强）

【"文化助残　你我同行"残疾人专场演出】　6月8日，西城区文化委员会、西城区残联在中国儿童中心剧院联合举办"文化助残　你我同行"残疾人专场慰问演出，辖区400余名残疾人朋友观看演出。慰问演出得到西城区"百花深处艺术团"的大力支持，在近两个小时的演出中，艺术团残疾人演员献上了舞蹈、相声、杂技、口技、歌曲等综合类艺术节目。

（肖国强）

【西城区首届残疾人运动会】　9月26日，西城区首届残疾人运动会在月坛体育场举行。中国残联宣文部副主任邹柏林、北京市残联理事长吴文彦、副理事长吕争鸣、区长王少峰等出席开幕式。运动会共设田径、乒乓球、棋牌、飞镖4大类27个小项的比赛，全区15个街道和3所特教学校（北京启喑实验学校、西城培智中心学校、宣武培智学校）近900名残疾人报名。在飞镖比赛中，来自15个街道的95名残疾人选手角逐男女子站姿、坐姿、聋人组六枚金牌，最终什刹海街道、展览路街道、金融街街道分获团体冠亚季军。金融街街道在棋牌分项赛扑克比赛中，获得亚军。在象棋比赛中，获女子轮椅组和男子盲棋组3场全胜和女子盲人组2胜1负的优异成绩。

（肖国强）

【残疾人法律服务站揭牌】　11月4日，西城区"示范残疾人温馨家园法律服务站"揭牌仪式在新街口街道举行。市残联党组成员、理事李树华，市司法局法律援助工作处处长王祖明，区残联党组书记刘少华，区司法局局长李铁等出席仪式并讲话。作为2013年区政府为民办实事项目，区司法局联合区残联在全区32个"示范残疾人温馨家园"建立法律服务站，组建由执业律师组成的西城区残疾人法律服务团，为每个市级示范温馨家园配备1名签约律师，以完善的法律援助体系为支撑保障残疾人依法维权。

（肖国强）

【关爱残疾人精神文化生活系列活动】 11月29日，由西城区残联主办，北京生命阳光心理健康指导中心承办，中国残疾人服务网、梅兰芳大剧院支持的“心力量”关爱残疾人精神文化生活系列活动第二期——“京腔京韵绽芳华”走进梅兰芳大剧院活动拉开帷幕。活动邀请北京市戏曲（职业）艺术学院副院长李连栋教授，介绍了著名京剧艺术大师梅兰芳先生的生平和艺术成就。京剧表演艺术家王奕譞、乔建红登台表演。西城残疾人京剧爱好者和北京市残疾人戏曲基地学员共100余人参与活动。

（肖国强）

【西城区举办首届盲人演讲比赛】 12月3日，在第22个“国际残疾人日”到来之际，由区文化委员会、区残联共同主办，区第一图书馆和区残疾人文化体育活动中心承办的“书香情·中国梦——西城区首届盲人演讲比赛”在图书馆拉开帷幕，近百名视障人士齐出席开幕式。全区15个街道的视力残疾人积极参与、踊跃报名，共征集到稿件70余篇，经过各街道残联初步遴选，共有13名选手参加了比赛。

（肖国强）

【中国残联主席到西城区调研】 12月24日，中残联主席张海迪到西城区展览路医院及展览路街道“慧馨园”残疾人温馨家园调研残疾人康复与托养服务工作，市委副秘书长王翔、市残联理事长吴文彦、西城区委书记王宁等陪同调研。在展览路医院，张海迪依次参观了物理治疗、作业治疗等康复设施，了解了残疾人康复服务流程；在展览路“慧馨园”里，张海迪详细了解残疾人服务机构工作者的管理工作，听取了职康站日常教学情况的介绍，职业康复站的残疾人学员展示了以往的学习成果，书画社的残疾人朋友将亲手绘制的“事事如意”国画作品赠送给张海迪。

（肖国强）

【西城区建成家庭康复支持网络】 年内，根据《2013年西城区肢残人家庭康复项目工作方案》，西城区引入社工服务资源，由区残联购买专业化社工服务，建立5个家属支持小组，改善照顾残疾人的心理认知和沟通技巧；引入辅具适配评估资源，依托中残联辅具中心的个性化适配评估手段，解决4个困难残疾人的就业与生活照顾需求，改善社会参与能力；引入医疗康复资源，加强康复评估对于训练指导的质量控制作用，改善51名残疾人的生活自理能力与身体功能。通过引入“社会化支持为平台”，为“肢残人家庭康复网络”纳入转介支持系统，为每名残疾人建立社工、辅具、医疗三个专业人员组成的家庭康复服务团队，依托西城区残联康复服务管理信息平台的数据库，团队成员每周动态转介服务信息，包括评估结果、服务记录和服务计划的调整；纳入培训支持系统，做好15个残疾人家庭康复培训的个案管理，抓实家庭康复培训学校的工作内容，创新示范性社区康复站工作方法；纳入宣传支持系统，此项工作作为区残联全年的宣传重点之一，北京日报、北京电视台和中央人民广播电台等多种形式的媒体报道了西城区此项工作的情况。

（肖国强）

西城区文学艺术界联合会

【概况】 北京市西城区文学艺术界联合会（简称西城区文联）是西城区各文艺家协会及文艺工作者组成的人民团体，是西城区委区政府联系区域文学艺术界的桥梁和纽带，是繁荣发展地区文艺事业、建设社会主义先进文化的重要力量，是北京市文联的团体会员。区文联下属区作家协会、区戏剧家协会、区美术家协会、区书法家协会、区摄影家协会、区民间艺术家协会、区音乐家协会、区舞蹈家协会、区曲艺家协会共9个文艺家协会。有理事217人，主席1人，副主席37人。区文联机关内设办公室、组联部、事业发展部及“两刊”编辑部，在职人员18人。年内，区文联发挥资源优势，组织开展“‘中国梦’——美丽西城”系列文艺作品创作；开展“文艺家进社区”等文艺惠民活动；支持所属文艺家协会及基层单位开展有特色、有影响的文化活动；编辑出版《西城画报》《西城文苑》，推动了全区文学艺术事业的快速发展，为全面实施“服务立区、金融强区、文化兴区”战略，建设“活力、魅力、和谐”新西城作出贡献。

地址：西城区北礼士路12号（北区）
邮编：100044
电话：88391730
地址：西城区育新街2号（南区）
邮编：100054
电话：83539236

（张　琛）

【原创歌曲创作】 年内，区文联组织“我的中国梦——美丽西城我的家”原创歌曲创作活动，共向全国征集歌词歌曲216首，精选出15首编排了配音、配像的试唱专集，并于7月举办了主题音乐会。其中《美丽西城我的家园》《浪漫什刹海》在“2013年北京市文联区县（局）、产（行）业文联优秀原创文艺节目展演”中分获二、三等奖。

（张　琛）

【“我的梦”——“中国梦”主题征文活动】 3月至10月，区文联在西城区中小学师生中开展以“我的梦”——“中国梦”为主题的征文活动。通过动员西城区中小学师生开展主题校园文学创作，将“中国梦”的宣传教育与社会主义核心价值体系建设相结合，增强当代师生的责任感和使命感，引导激励广大青少年为全面建成小康社会、实现中华民族伟大复兴的“中国梦”而勤奋学习、立志成才。征文活动共收到中小学老师、学生的文章1000余篇，向读者展现了老师心中的教育梦、孩子们心中的成才梦。

（张　琛）

【开展文化交流】 5月14日，区文联受中国文联等有关部门委托，在梅兰芳大剧院举办“睦邻情深——韩国国乐艺术团与北京市西城区百花深处艺术团文艺交流演出”。9月，区文联参加“第九届北京国际民间艺术节”，组织编排了“东方岸芷——中国传统文化艺术璀璨之夜”民族民俗表演专场。全年共接待3批61个国家的文化官员来西城参观访问。相继与全国16个城市区县建立友好文联，开展多次文化互访活动。

（张　琛）

【区文联一届二次理事会召开】 5月15日，区文联一届二次理事会在中国职工之家召开。会议由区文联党组书记汪帮宏主持，市文联党组副书记张占琴，区委常委、区委宣传部部长王都伟出席会议。区文联常务副主席杨海森作了题为《发挥优势　搭建平台　为西城文学艺术事业的繁荣贡献力量》的工作报告，会议增补了马迅等32名理事，增选了田沁鑫、吴进良、夏冬、黄群4名副主席。

（张　琛）

【九歌端午、梦咏京华歌咏及书画笔会】 6月9日，区文联联合区台办、大观园管委会、区文化馆等单位在大观园举办“中国梦”系列活动——九歌端午、梦咏京华歌咏及书画笔会。殷之光、汪国真、曹灿等艺术家朗诵《满江红》《过零丁洋》《将进酒》等经典之作。区文联理事、演奏家徐惠芬演绎苏州评弹《蝶恋花·答李淑一》。来自台湾的学生演奏楚乐，表达对屈原的追思。区文联理事、国家一级演员盖一坤等4人表演舞蹈《牡丹颂》。淳一、米北阳、姜开选、马文典、冷万里等书画家以端午节为主题挥毫泼墨，切磋书画技艺，用笔墨丹青表达了对“中国梦”的认识。

（张　琛）

【开展文艺进军营活动】 7月30日，区文联组织10余位文艺家到什刹海柳荫街北京卫戍区某部连队驻地进行慰问。区音协常务副主席王春来为部队官兵演唱了《北京的门》《母亲》；区文化馆曲艺演员陈娜娜表演了西河大鼓。战士们同台表演了小合唱、三句半等节目。演出结束后，书画艺术家们为在场的部队官兵现场创作了书画作品。

（张　琛）

【举办第二届“大美西城”画展】 9月27日，由区文联、区美术家协会举办的第二届“大美西城”画展在区文化馆（南区）开幕。共展出143幅作品，其中现代人物和历史人物创作25幅，山水风景、街道、胡同建筑风格作品46幅，花卉、动物等作品65幅，油画3幅，钢笔画3幅，彩笔画1幅，集中展示了西城区历史文化和现代风貌。

（张　琛）

【“中国梦·美西城”原创作品展】 10月26日至10月30日，由区委宣传部、区文联共同主办的“中国梦·美西城——原创作品展”在民族文化宫展出。展览作品300余件，涵盖绘画、书法、摄影、民间手工艺等4个艺术门类，诠释了文艺家们对中国梦的理解、对西城区历史文化和现代化建设成就的认识。

（张　琛）

【服务区域文化建设】 年内，区文联依托自身文艺资源优势，配合区有关单位，开展文化服务工作。先后与全区30余家区属部门及街道开展了合作和服务，举办摄影、书法、绘画、舞蹈培训班，累计课时200个小时，开展了书画笔会、摄影展、诗歌朗诵会等活动。其中与区直机关工委联合举办区直机关首届文化节系列活动——“情绘中国梦”书法笔会；与建委等单位合作共同举办“我的中国梦·西城美声音——西城建设者之歌”大赛，产生了较大的社会影响。

（张　琛）

【开展文艺惠民活动】 年内，区文联先后与月坛街道、广外街道等6个街道30余个社区建立合作关系，组织书画家、摄影家、作家为社区文化室站培养了一批文艺骨干人才，全年累计派出文艺家60余人次；利用节庆日开展送文艺进基层活动，累计举办惠民活动16次，组织文艺家128人次向市民赠送各类文化作品300余幅；与相关单位合作，组织艺术家深入军营、工矿、街区乡镇进行采风，举办《当代工农兵影像展》《手牵手公益活动摄影展》等一系列反映百姓生活的主题创作活动。

（张　琛）

西城区社会科学界联合会

【概况】 北京市西城区社会科学界联合会（简称区社科联）是中共北京市西城区委领导下的人民团体，是区委、区政府联系社会科学界专家学者和社会工作者的桥梁和纽带。履行对社会科学界团体和社会科学界人士的联络、协调、管理和服务职能，组织开展学术研究、理论宣传、社科普及、决策咨询和对外学术交流等活动，推动地区社科事业发展。区社科联下设办公室、学术活动部,编制人数10人。年内，区社科联服务区域发展战略，开展课题研究，启动“西城老字号谱系研究”课题项目工程，确定《核心区历史文化名域保护模式的创新与反思》等11个课题项目，编印《“百名社科专家进西城”论文集》，促进成果转换。开展社科普及活动，普及社科知识，全年举办讲座240余场、各种展览咨询活动58场次，接待各界群众6

万余人次；举办西城区第二届社科普及周；组织编写《西城故事与“中国梦”》；举办“我与《西城之最》读书征文”活动，推动广大市民知西城、爱西城。促进社团发展建设，举办社团负责人培训班，提高社团组织服务社会建设的能力。编发《西城社科通讯》6期。

地址：西城区北礼士路12号
邮编：100044
电话：88391758

（吴艳梅）

【社科普及工作会召开】 3月21日，社科普及工作会召开。区文化中心、区第一图书馆及来自市委党史研究室、解放军后勤部指挥学院、收藏家协会、中国报业协会的领导及社科专家10余人参会。与会人员围绕全年社科普及思路及如何发挥社科普及平台优势、增强社科普及工作合力、提升社科普及影响力等开展讨论。

（吴艳梅）

【社团工作会召开】 4月17日，2013年社团工作会议召开。区委宣传部副部长、区社科联党组书记王立华，区社科联副主席兼秘书长叶宝祥，区委社会工委副处调研员、社会组织科科长孙学慧出席会议。区属社科类社团负责人近30余人参加会议。会议重点部署了社科联2013年社团建设重点工作。与会人员就区社科联助推社团建设发展的重要举措展开讨论。

（吴艳梅）

【“我与《西城之最》”读书征文活动】 为进一步扩大《西城之最》的社会影响，同时听取各方面的意见和建议，自上年12月开始，区社科联与区第一图书馆、第二图书馆开展“我与《西城之最》”征文活动。截至4月底，共收到各类文章87篇，评出一、二、三等奖和特别奖共39名，编印获奖作品文集《我与〈西城之最〉》。4月23日“国际读书日”之际，在区第一图书馆举行颁奖仪式，向获奖代表颁发奖状和文集，并通过区第一、第二图书馆向社会发放文集近千册。

（吴艳梅）

【重点课题研究】 5月，立足区域科学发展，就如何保护和发展老字号，创新区域文化和文化创意产业开展研究，启动“西城老字号谱系研究”课题项目工程。课题对全区95家老字号企业的历史沿革、发展精髓、文化价值进行深入挖掘和梳理，并组织专家进行立项评审，最终确定30个老字号研究课题项目。预计到2015年底，完成《西城老字号谱系研究丛书》和《西城老字号论文集》等研究成果。年内组织专家学者对《核心区历史文化名域保护模式的创新与反思》《政府行政权力公开透明运行的实践与思考》等11个课题项目进行深入研究，截至年底完成初稿。

（吴艳梅）

【《西城人的“中国梦”》编写】 为深入开展“中国梦”学习宣传教育活动，6月，区委宣传部、区社科联组织有关委办局、社科专家学者和部分社团编写《西城人的“中国梦”》——西城区市民社科宣传普及教育读本。读本从收集到的120余个反映西城区发展过程中的人和事的案例中选取了61个有代表性的实例，分寻求救国之梦、实践改革之梦、百姓奋斗之梦、创新发展之梦四个部分，充分展示西城人民为实现中国梦想而努力奋斗的历史事件和感人故事。故事由专家进行导读和点评，深入浅出地阐释“中国梦”的基本内涵、本质要求和重要意义，用“中国梦”凝聚共识、团结力量，旨在提高干部群众的理论素养，为建设“活力、魅力、和谐”新西城提供精神动力。

（吴艳梅）

【社科类社团负责人培训】 8月5日，举办社科类社团负责人培训班，24家社科类社团的负责人参加了培训，会期三天。培训班邀请了中央党校宋福范教授，北京市社科院马仲良教授，市委社会工委委员、副巡视员王想平进行了专题授课，培训内容分4个专题：中国梦提出的历史背景、内涵和实现路径；社会建设的发展方向和改革目标；西城区社科联社团组织如何在区域建设发展中发挥作用；社会组织如何参与社会建设。会议还围绕西城社科类社团组织在发展中存在的体制障碍、瓶颈问题和发展出路进行了交流讨论。

（吴艳梅）

【举办西城区第二届社科普及周】 9月17日，以“共筑中国梦，建设新西城”为主题的西城区第二届社会科学普及周在大观园启动。区委常委、宣传部长王都伟出席开幕式并讲话，800余名居民参加开幕式。开幕式上，区社科联向社区群众代表赠送《什刹海文化丛书》《社科知识普及读本》《社区周末大讲堂》等社科普及读物2000余册。当天还举办了展览、文艺演出、现场咨询和体验活动。图书管理协会、统计协会等社团及内联升、瑞蚨祥、张一元等老字号参加活动。本次科普周举办时间为9月17日至21日，科普周期间，文化中心等社科普及试验基地举办各类主题讲座、展览20余场，接待观众2万人次。

（吴艳梅）

【开展学习交流活动】 9月23日，由社科联主席吴元增，党组书记、常务副主席王立华带队，组织部分专家学者一行12人赴山西忻州，就社会科学事业建设发展情况进行考察调研。双方就如何围绕地区发展等重大问题深化社科学术研究、加强社科事业管理、强化社团服务进行交流探讨。

（吴艳梅）

【组织专家参观学习考察】 年内，多次组织专家学者到西城参观学习，旨在增强专家学者对西城发展建设情况的全面了解。11月5日，组织专家委员到德胜科技园参观考察调研。北京城市规划设计研究院顾问、高级规划师王东，北京市社科院首都文化发展研究中心副主任沈望舒等30余人参加调研活动。11月8日，组织专家参观由中央档案馆、中共北京市西城区委联合主办，中共北京市西城区委组织部、中共北京市西城区委宣传部承办的“党的群众路线档案展览”。首都师范大学教授、首都师范大学出版社总编辑杨生平，北京市社会科学研究院研究员、科社所原所长李贺林，北京城市规划设计研究院顾问、高级规划师王东等专家委员及什刹海研究会、西城区医学会、西城区老卫生工作者学会等社团负责人参观展览。

（吴艳梅）

【十八届三中全会精神辅导报告会召开】 12月12日，“党的十八届三中全会精神辅导报告会”召开。报告会邀请区社科联委员、中共北京市委党校党史党建部副教授、北京市党建研究基地研究员江伟，为广安门外街道天宁寺北里社区的居民进行了党的十八届三中全会精神的解读辅导，社区60余名老党员参加报告会。

（吴艳梅）

【科研成果转化】　上年开展的“百名社科专家进西城”课题研究活动年内结项，将《关于西城区“首善”建设的理论与模式研究》《北京金融街发展金融市场和创新金融产品的思路与对策研究》等37个研究课题项目汇集，经过编辑修订后，编印《“百名社科专家进西城”论文集》。这些课题，立足首都体制和西城区情，围绕地区发展重大问题，借助最新研究成果，具有较强的战略性、前瞻性和针对性、实践性。

（吴艳梅）

【开展社科普及活动】　发挥社科联拥有的社科专家资源优势，以区文化中心、区第一、第二图书馆等“社科普及试验基地”为平台，举办《西城讲坛》《周末社区大讲堂》《公益讲座进社区》等活动240余场，各种展览、咨询活动58场次，共接待各界听众、观众6万余人次。

（吴艳梅）

【开展“西城老字号谱系研究”课题专项调研】　4月，启动“西城老字号谱系研究”，为增强广大社科专家对西城老字号的深入了解，保证“西城老字号谱系研究”课题研究的顺利开展，年内，区社科联组织专家分别赴大栅栏、北京老字号协会及青秘阁、红螺食品、烤肉宛、张一元、全聚德、同春园等10余家老字号企业开展了专项调研，参与专家达50余人次。

（吴艳梅）

【编发《西城社科通讯》】　年内，编发《西城社科通讯》6期。通讯开设“权威声音”“理论研究”“社科论坛”“重点工作”“社团建设”等栏目，及时传达中央、市区领导对社科研究工作的重要指示和讲话精神，介绍专家学者的最新理论文章和研究成果，报道社科联工作动态，反映区属社团开展各项工作、活动的信息和成果、经验。全年共刊发稿件160余篇，共计37万余字。

（吴艳梅）

西城区红十字会

【概况】　北京市西城区红十字会（简称区红十字会）是中国红十字会的地方组织，是西城区人民政府直接联系从事人道主义工作的社会救助团体，依法取得社会团体法人资格，独立自主地开展工作。按照西城区行政区域划分，下设15个街道红十字会及区直机关、区教育、区卫生、区国资、区侨联5个系统工作委员会，有基层组织406个，会员12.36万人，团体会员104个，志愿者3966人。

地址：西城区南菜园街51号

邮编：100054

电话：83975413

（焦　蕊）

【红十字志愿服务】　3月5日，西城区红十字会金融街威斯汀“中外志愿者”服务队、西城区红十字会“路德先锋”出租车司机志愿者服务队成立。“希望之光”“牵手希望”“中外志愿者”“路德先锋”4支红十字志愿服务队，开展宣传无偿献血、宣传造血干细胞捐献、帮扶大病患儿、社区心理咨询、敬老助残、帮教服刑人员、帮扶困难家庭、爱心助学等方面活动。3月，开展第二届“关爱外来务工女性　共建和谐美好西城”健康公益活动，通过街道、社区和机关后勤服务中心，为全区2000名来京务工女性发放健康体检卡，为其免费提供乳腺、子宫颈等妇科疾病及恶性肿瘤筛查服务。

（焦　蕊）

【4·20芦山地震募捐】　4月20日8时，四川省雅安、芦山地区发生7.0级地震，区红十字会立即成立工作领导小组，启动救灾救援工作预案。向全区各基层红十字组织下发救灾募捐紧急通知，向社会发出呼吁书，公布募捐账号，全面启动救灾募捐工作，全体人员从4月20日9时起24小时值班，密切关注灾情进展，同时根据区委、区政府及市红十字会对救灾工作的部署，随时做好救援、救护及救灾物资接收储运的准备工作。募捐过程中，区红十字会向区纪委、监察、审计等部门通报工作情况，邀其对募捐工作给予全程指导和监督，每日向有关部门上报当日捐款情况并在网上公示捐款信息，接受社会各界监督。区红十字系统共接收捐款337.7万元，居16区县之首，并通过了市红十字会委托会计师事务所进行的专项审计。

（焦　蕊）

【第一届理事会第三次会议】　7月23日,西城区红十字会召开第一届理事会第三次会议，市红十字会秘书长刘燕君参加并讲话，西城区委常委、副区长、区红十字会会长梁昌新主持会议，区红十字会第一届理事70人出席。会议审议通过《西城区红十字会2012年工作报告》《西城区红十字会2012年募捐款收支情况报告》《西城区红十字会2013年四川芦山地震专项募捐情况报告》和《关于副会长、秘书长人选和更换、增补理事、常务理事的决议》，更换理事18名、常务理事7名，新增理事2名、常务理事3名，选举李晖、王孟军为副会长，李胜杰为秘书长。

（焦　蕊）

【交流交往】　9月10日至18日，区红十字会应台湾红十字组织邀请，组织部分理事和志愿者赴台进行了交流访问。为河北省易县、吉林省延边朝鲜族自治州，及怀柔区、门头沟区等地提供援建、援助款共计 31 万元。接待山东省淄博市、广西柳州市红十字会到区红十字会进行工作交流。会同区财政局、区审计局赴四川省广安市广安区和吉林省延边朝鲜族自治州，对区红十字会援建的 4 所博爱书屋和 1 所博爱卫生站进行考察、评估和竣工验收。

（焦　蕊）

【募捐救助工作】 年内，与区民政、慈善、残联、妇联、团区委等有关部门协作开展“爱在西城”联合募捐活动，募集善款 300.4 万元；通过“捐废献爱”活动募集善款 5.55 万元，用于区大病患儿的救助；爱心企业艾莱发喜食品有限公司捐赠 20 万元，用于开展助学和少儿大病救助活动；华利佳合实业有限公司定向捐款 10 万元，用于支持红十字文化传播及应急救护培训工作。向市红十字会上缴捐款 75 万元。共发放救助款物 256.56 万元,救助 1478 人次，其中助困 61 人次，25.4 万元；助学 467 人，36.2 万元；助残 195 人次，2 万元；救助大病患者 155 人次，97.92 万元；“两节”送温暖活动发放款物合计 64.04 万元，慰问困难家庭 600 户；援助吉林省延边朝鲜族自治州，河北省易县，北京市门头沟区、怀柔区等地 31 万元。

（焦　蕊）

【应急体系建设与救护培训】 区红十字会深入区属国有企业、机关单位和学校，对大学生、军人、科技工作者、企业白领、家政人员等重点人群开展针对性培训，共举办初级急救员培训班 145 期，10832 人取得初级急救员证书。充分发挥区综合服务大厅应急救护培训中心的窗口作用，随时接受社区居民咨询和报名参加自救互救培训。与西城区中学生国防教育基地合作，将应急避险及救护培训课程纳入中学生军训课程。

（焦　蕊）

【红十字青少年工作】 四川雅安、芦山地震发生后，区红十字会学工委组织各学校为灾区奉献爱心，培养学生的社会责任感。开展纪念“五·八”世界红十字日的活动，在青少年中传播“人道、博爱、奉献”的红十字精神。组织红十字青少年积极开展“续写雷锋日记”“博爱在心中，奉献在行动”摄影作品征集和慰老志愿服务等活动，培养青少年的社会责任感和奉献精神。举办“第十四届捐资助学”活动，向 450 名区域内品学兼优但家境困难的学生发放救助款 30 万元。继续开展“天使圆梦”活动，首名由区红十字会帮扶、资助的困难大病学生考上大学。开展学生安全员及教师的应急救护培训，并针对寒、暑假期间青少年意外伤害事件易发、多发的情况，开办寒、暑期青少年应急救护培训班，向青少年普及防灾避险和自救互救知识，提高青少年安全防范意识。

（焦　蕊）

【红十字运动宣传传播】 为纪念区红十字会建会 60 周年，编撰、制作了《人道　博爱　奉献之旅——北京市西城区红十字会建会 60 周年纪念》系列图书、画册和光盘。12 月 12 日，举办区红十字会成立 60 周年报告会，表彰为西城区红十字事业做出突出贡献的先进单位、个人和志愿者，回顾区红十字会发展历程，大力宣传红十字精神，200 余名基层红十字工作者、志愿者代表参加活动。通过参加“首都红十字理论研究会”，积极开展红十字文化及理论研究工作；协同区民政局等多部门举办“2012 年度爱在西城”颁奖盛典；与区直机关工委、中央人民广播电台联合开展“红十字文化进机关”公开课和“红十字与绿色同行”植树等活动，宣传红十字文化和应急避险、自救互救常识。组织志愿者参与市红十字会举办的“献血捐髓、快乐永相随”造血干细胞骑行宣传活动。

（焦　蕊）

（责任编辑　郝慧芳）

政法 军事

政 法

政法委员会工作

【概况】 中共北京市西城区委政法委员会（简称区委政法委）是区委领导、管理全区政法工作的职能部门，并担负着协调组织全区力量维护辖区安全稳定的重要职责。西城区委政法委的工作机制为委员会制，与西城区社会治安综合治理委员会办公室、西城区维护稳定领导小组办公室、西城区防范和处理邪教问题领导小组办公室、西城区流动人口管理办公室合署办公。年内，区委政法委及全区政法各单位在区委的领导下，不断提高履职能力，圆满完成了党的十八届三中全会安保等重大安全保卫任务，巩固了全区政治稳定的局面。全区社会治安保持总体平稳。不断完善区、街两级维稳工作领导运行机制，党委领导、政府各部门积极参与、社会和群众广泛支持的大政法、大维稳、大综治、大信访的工作格局逐步形成。政法维稳工作的触及点和参与面进一步拓展，政法工作通过解决一系列涉及城市建设、企业改制等带来的不稳定事件，为区域其他改革发展事业扫清了障碍。运用法律、政策、经济、教育等综合手段解决疑难矛盾纠纷的能力不断增强，排查化解涉法涉诉信访案件203件。以“面”保“点”的安保模式不断完善，“全响应”的信息化群防群控体系建设有了跨越性发展，信息化精确指导与群防群控动员组织优势结合更加高效。

地址：西城区二龙路27号

邮编：100032

电话：88064293

（王汉洲）

【区政法暨信访工作会议】 2月26日，西城区召开2013年西城区政法暨信访工作会议，会议传达了全国和北京市政法、信访工作会议精神，部署西城区2013年政法、信访及“两会”安保工作。区委副书记、政法委书记杜灵欣，区委常委、公安分局局长陈思源，区委常委、区委办主任郭怀刚，区人大副主任郑然，副区长杜黎彬，副区长吴铁男，区政协副主席沈桂芬，区政法各单位班子成员，区各委办局主要领导200余人参加了会议。

（王汉洲）

【维护稳定工作】 制定下发了《西城区进一步落实风险评估制度的实施方案》。进一步推进重大决策风险评估工作的全面落实，提升评估质量、发挥评估效益，最大限度从源头上防范社会矛盾。全年共召开各类会议166次，妥善化解了各类社会矛盾纠纷。其中：敏感节点情报会商78次；“三长会”2次；不稳定因素化解工作会30次；涉法涉诉工作专题会4次；司法强制执行协调会47次，确保了西城区政治稳定和社会安定。

（崔润强）

【处置突发群体性事件工作】 充分发挥情报预警功能，加强深层次、内幕性情报信息的收集研判，有效地防范了境内外敌对势力围绕“10·28”事件、中共十八届三中全会、“六四”、“七五”等敏感期策划闹事活动的企图，进一步加强重点地区上访处置能力，完善依法告知和规范处置机制，全面提高处置水平。保证了中南海、中纪委、全国人大等重要党政机关的办公秩序，确保了全区政治稳定和社会安定。

（崔润强）

【涉法涉诉矛盾纠纷化解工作】 贯彻落实“矛盾化解年”各项工作要求，设立“信访专项基金”，充分考虑群众实际困难与合理诉求，加大矛盾纠纷联合化解和督查督办力度。全年，共办结中央挂账案件12件，市级挂账案件61件，全部按时结案，办结率达100%。

（崔润强）

【政法队伍建设】 建立西城政法综治网，面向社会广大群众，宣传政法工作动态、以案说法，普及法律知识，提高群众预防犯罪能力；交流好的经验做法，为各单位相互交流借鉴提供有效途径；适时反映全区政法机关和广大政法干警的突出业绩，宣传政法队伍先进典型，展现政法队伍的新形象和新面貌。

（田瑞鑫）

【重大疑难案件协调工作】 始终坚持党对政法工作的领导，发挥政法委员会、发挥党内联合办公会和党内协调会的作用，对涉及西城区和政法机关的重大疑难案件、涉及稳定事项进行研究处理。全年共召开47次专题协调会。对大栅栏CH地块、丰盛C区地块、中山会馆、华嘉项目、中央警卫局、广安一期A地块、中信城、大吉片D地块、儿童医院、西内大街市政道路、中科院十七部委、西直门铁路危改小区、国税总局办公大楼等建设项目41户个人进行了司法强制执行，为西城区重点工程建设项目提供维稳保障。

（崔润强）

社会治安综合治理工作

【概况】　北京市西城区社会管理综合治理委员会办公室（简称区综治办，2013年5月22日，由社会治安综合治理委员会办公室更名为社会管理综合治理委员会办公室）是区委、区政府解决社会管理问题的办事机构，承担维护社会稳定和社会管理综合治理“打击、防范、教育、管理、改造”工作任务。年内，在区委、区政府的领导下，紧紧围绕建设平安北京的总体目标，全面深化平安建设，加强社会管理创新，着力解决影响平安稳定的突出问题，着力健全推动工作落实的制度机制，着力夯实社会管理服务的基层基础，着力提升创新社会管理的能力素质，切实提高社会管理精细化、科学化水平，为推动全区经济社会科学发展创造和谐稳定的社会环境奠定了坚实的基础。严格落实责任制，全区自上而下层层签订社会管理综合治理领导责任书和任务书，签订率达100%。西城区被中央综治委授予全国社会管理综合治理“长安杯”。

地址：西城区北礼士路12号

邮编：100044

电话：88391661

（霍爱全）

【获全国社会管理综合治理“长安杯”】　年内，根据2009—2012年度评选表彰结果，西城区继续保留全国平安建设先进区荣誉称号（中综委〔2013〕3号）。5月31日，中央综治委第二次授予西城区全国社会管理综合治理“长安杯”（中综委〔2013〕4号）。王宁、张建东、刘跃平、王静受中央综治委通报嘉奖（中综委〔2013〕5号）。

（霍爱全）

【群防群治队伍建设】　年内，区综治办根据实际情况对志愿者上岗点位进行了优化部署，细化职责任务，在社区安保志愿者团队中设立十大岗位（指挥岗位、巡逻岗位、守护岗位、监控岗位、安检岗位、流管岗位、宣传岗位、信息岗位、技防岗位、应急岗位），志愿者团队建设达到“五个规范化”，即，团队人员规范化、上岗点位规范化、防控等级规范化、培训总结规范化、突发事件处置规范化。全区成立治安巡逻志愿者协会（团队）16个，注册治安巡逻志愿者人数达到48500人。同时，按照不低于辖区实有人口千分之二的标准，组建街道专职治安巡逻队15支，并按照统一聘用标准、管理方式、装备标识、组织培训和工作制度的要求，制定专职治安巡防队的各项管理制度。全面整合辅警力量，并完善“分类指导、分级投入、整体联动”的辅警工作机制。在大型安保活动中，统一规范辅警力量的标志标识，群防群治队伍建设得到加强。

（霍爱全）

【百日安全宣传活动】　年内，为贯彻落实平安北京、平安西城建设的总体目标，维护西城区政治稳定和社会安定，在前期调研的基础上，区综治办组织开展了“携手共建平安西城”百日宣传活动。从6月1日开始至9月10日结束，为期100天。活动以旬为周期，每旬一个主题，共计开展包括社区平安建设宣传、禁毒和“向日葵社区”建设宣传、环境建设宣传、交通安全宣传、工商行政管理宣传、消防安全宣传、流动人口服务管理宣传、社会管理综合整治宣传在内的8个主题宣传活动。较好地营造了安全防范“全民参与、多方协作、齐抓共管”的良好氛围。

（霍爱全）

【基层平安建设调研】　年内，针对新一轮基层平安建设的新形势、新要求，探索破解基层平安建设中的重点难点问题。综治办根据月坛街道近年来引入国际安全社区先进理念，全面推进基层平安建设的经验做法，在月坛街道确立了《科学植入国际安全社区先进理念，统筹推进基层平安建设向纵深发展》的调研课题，并立项调研。针对大栅栏街道在城市管理中总结出来的1+6工作模式，在大栅栏街道确立了《突出综合治理，注重资源整合，提升城市管理精细化水平》的调研课题，并立项调研。在调研工作中，综治办会同月坛、大栅栏两个街道组成了专题调研组，并邀请专家参与调研工作，先后六次组织召开调研工作专题会，确定调研方向，研究调研提纲，开展座谈了解，保证研究课题具有针对性，调研内容符合基层实际，确保了调研的质量。两个立项的调研材料均上报首都综治办，得到上级认可。

（霍爱全）

【技防建设】　年内，为充分发挥视频监控系统在城市管理中的作用，投资4300万元，增加监控摄像头256个，全区可调用监控探头达到4500个，实现了重点地区视频监控全覆盖。同时，结合实际，在各个社区因地制宜修建了围墙、铁栅栏，楼房安装楼宇对讲、平房院落安装户宇对讲及门磁报警和防盗锁。小区出入口、小区内的重点部位、主要道路安装视频系统，并设立传达室、监控室，实施封闭管理并落实24小时人员值守。截至年底，全区居民社区技防安装率达到85%以上，全面提升了防控能力。

（霍爱全）

【治安重点地区整治专项行动】　年内，依据市区全年工作部署和《西城区重点地区排查整治工作领导责任制》的要求，综治办坚持“以打为主、打防结合”的方针和“治重点、破难点、抓热点、重实效”的工作思路，开展社会治安重点地区排查整治，在市里确定8处市级挂账重点地区（其中秩序类重点地区3处、高发案重点地区5处）的基础上，经认真排查，自行确定区级挂账秩序类重点地区22处，街道级挂账秩序类重点地区7处。按照市区统一部署，相继开展了“春雷压反弹”“夏季保秩序”“四大战役”“三大秩序”“清风2号”、114涉稳重点地区专项整治、夏秋打击整治百日专项行动等综合整治行动。工作中，公安、城管、交通、工商、民政、文化、卫生等各执法部门协同配合，主动作为，有效地形成了执法合力，充分发挥区、街道两级联合执法小分队的作用，破难点、治重点、抓热点、多措并举，使整治工作取得了显著成效。年内，共开展专项整治行动2100余次；开展重点地区和突出治安问题专项排查整治行动310余次，发放宣传材料20余万份，查扣各类非法运营车辆919辆。取缔、规范无照经营、店外经营、擅自摆摊设点等108.1万起。年内，累计发生入室盗窃案件829起，同比下降5%；发生入室抢劫案件4起，同比下降71%；发生盗窃机动车案件9起，同比下降47%。

（霍爱全）

流动人口和出租房屋服务管理工作

【概况】 北京市西城区流动人口和出租房屋管理委员会（简称区流管委），是负责流动人口和出租房屋指导协调和综合管理工作的议事协调机构。下设办公室（简称区流管办）与区综治办合署办公，为区流管委的常设办事机构。2013年，区流管办在区委、区政府的正确领导下，在首都综治办、市流管办的科学指导下，紧紧围绕经济建设大局，坚持“民生为本、服务为先、融合为要”的工作理念，加强流动人口有序管理和服务保障，完善和落实流动人口管理服务政策措施，探索创新服务管理工作，为更好地服务西城人口资源环境可持续协调发展，营造和谐稳定的社会环境做出贡献。

地址：西城区北礼士路12号

邮编：100044

电话：88391683

（骆　妍）

【基础调查工作】 区流管办制定《关于在全区集中组织依法开展流动人口和出租房屋基础调查工作方案的实施意见》，自3月1日起会同西城公安分局、区房管局、区民防局等相关职能部门及各街道流管办，深入开展基础信息调查工作。截至6月底，全区录入市流管网络平台的流动人口330164人，出租房屋67918户。印制发放各种宣传材料近35万余份；检查各类市场、门店等1.5万处次，核查流动人口10.6万人次。

（骆　妍）

【老城区内迁人口管理问题】 3月4日，区流管办和计生委组织召开落实区长王少峰关于西城区研究老城区内迁人口管理批示的座谈会。区流管办副主任李文声主持会议。区公安、房管、城管、工商等相关职能部门主管领导围绕老城区旧平房区现状、本部门在管理流动人口方面的基本情况、好的经验做法、存在的问题以及下一步整改措施进行了讨论和发言。

（骆　妍）

【内迁人口管理】 3月18日，召开2013年第三号督查件（《北京晚报》：老城区亟须管理“内迁人口”，市委常委、常务副市长李士祥等领导批示的答复）研讨会。会议由区委常委、副区长梁昌新主持。区计生委主任彭秀颖、流管办主任马京宝就《西城区政府督导室2013第三号督查文件的回复》进行了汇报。

（骆　妍）

【违法群租房专项治理试点工作】 11月19日，召开西城区群租房专项治理试点工作部署会。会议由区政协副主席姜立光主持。区流管办主任马京宝部署了西城区群租房专项试点工作实施方案，月坛街道工委副书记蒋小刚介绍复北社区复北小区治理情况和试点方案，广外街道工委书记缪剑虹介绍莲花河社区莲花河小区治理情况和试点方案，区委副书记、政法委书记杜灵欣，政法委副书记王学海出席会议并讲话，西城公安分局、区建委、区房管局等相关职能部门主要领导参加了会议。

（骆　妍）

【违法群租房整治工作】 按照北京市房屋违法群租问题治理工作动员部署会的要求，西城区开展为期一年的房屋违法群租问题治理工作。12月20日，召开西城区房屋违法群租问题治理工作动员部署会，区委副书记、政法委书记杜灵欣主持会议。为加强对全区违法群租问题治理工作的统一领导指挥，成立了全区房屋违法群租问题治理工作领导协调小组，杜灵欣任组长，区综治办、区流管办、西城公安分局等部门和各街道主要领导任小组成员。区委常委、西城公安分局局长陈思源、副区长姜立光、区房管局局长谭玉梅分别对专项工作进行了部署，市级挂账试点治理单位月坛、广外街道主要领导介绍了试点治理工作情况。区委副书记、区长王少峰代表区委书记王宁作动员讲话。治理工作主要任务有三个内容：一是2014年春节前，在全区范围内组织开展流动人口和群租房屋基本信息大调查与安全隐患大排查；二是从2013年12月份开始至2014年2月底，全区以群租问题相对突出的广外街道、月坛街道市级挂账小区为重点，其他13个街道选取1个区级挂账小区，同时开展房屋违法群租问题治理试点工作；三是在总结试点经验的基础上，从2014年3月至年底，在全区全面开展房屋违法群租问题治理工作。此次治理工作从“严、打、整、疏、控”五个方面展开，分动员部署、调查摸底、集中治理和总结验收四个阶段进行。动员部署阶段做到组织部署、宣传发动、基础保障“三个到位”；调查摸底阶段做到流动人口和出租房屋底数、出租房屋安全隐患、租赁主体责任、租赁当事人思想动态和行为轨迹“四个清楚”。集中治理阶段做到强化依法告知、强化依法治理、强化执法从严、强化服务保障“四个强化”。总结验收阶段做到严格组织达标验收、系统总结治理工作经验做法、研究建立长效管控机制。

（骆　妍）

【招聘流管员工作】 12月25日，西城区流管办组织召开全区各街道综治（流管）办主任会议。会议由西城区流管办副主任李文声主持，主要研究关于招聘流管员专项工作。西城公安分局人口支队副支队长魏志强、各街道综治（流管）办主任参加了会议。各街道对本街道招聘流管员情况进行了汇报，西城区流管办主任马京宝强调了招聘流管员工作的一些重要事项并对下一步工作提出要求。

（骆　妍）

【流管工作会议】 12月27日，召开2013年西城区综治委、流管委全体

(扩大)会议，会议由区流管办主任马京宝主持。各街道综治（流管）主任和主要领导，区综治委流管委成员单位主管领导参加了会议。会议主要内容有三项：一是西城公安分局通报全区治安情况；二是区统计局就全区群众安全感调查情况作通报；三是区综治办主任王静作2013年度全区综治工作报告。区委副书记、政法委书记杜灵欣参加了会议并提出工作要求。

（骆　妍）

【协调职能部门开展服务】　区流管办协调区流管委成员单位树立“以人为本、服务为先”的理念，开展流动人口管理服务工作。区教委积极落实流动人口子女入学优惠政策，全区26880名流动人口子女在区属中小学、幼儿园及特殊教育学校就读，享有与本市户籍学生同等的升学待遇；区妇联以“关爱流动妇女权益”为主题，进一步强化对流动妇女的维权服务；区民政局不断创新流浪乞讨人员服务救助模式，拓宽服务渠道，全年救助1228人，同比增长29%，促进良好的市容环境秩序；区住建委稳妥处置了10起工程款、劳务费及农民工工资群体性事件，维护农民工的合法权益；区司法局在流动人口聚居区马连道茶城，成立流动人口普法学校，每月组织一次法制培训，每周开展一次法律咨询。建立流动人口志愿者服务队，开展安全常识、法律法规、饮食与健康等系列讲座。团区委联合区少年宫开展“七彩梦——青少年才艺资助公益项目”，为81名特困学生和农民工子女提供艺术教育。依托区文化馆开展“七彩梦”艺术培训项目，为8所对接院校35个有兴趣、有潜质，但家庭条件有限的孩子们争取名额，每周提供一次免费才艺培训。

（骆　妍）

公安工作

【概况】　北京市公安局西城分局（简称西城公安分局）共有建制单位51个，包括综合保障部门6个，业务职能部门17个，系统管辖单位5个，下辖19个户籍派出所和9个治安派出所。西城公安分局结合“114”专项工作，以首都政治中心区为核心，以大栅栏地区、西直门外动物园地区、马连道茶城周边等9处治安复杂地区为重点，梳理排查风险隐患，建立5类11项基础台账，详细梳理出4个方面19件风险隐患，推新改建、扩建社区警务室31个，落实社区民警“驻区制”；争取区财政2056万元专项经费，加化了对3个重点地区图像监控系统的改扩建工程，使全区图像信息管理平台可调用图像达到了4485路,确保视频监控全覆盖、无盲区；完善《服务保障全区经济社会发展的实施意见》，全面推进落实23项举措，确保“9·19”“6·29”、西黄城根南街道路拓宽及综合整治等中央重点工程和“5+2”全区重大项目的顺利推进。年内，全年执行各类警卫勤务2785起，出动执勤警力224999人次；全区刑事类警情同比下降16.61%；治安类警情同比下降11.18%；刑事立案同比下降10.68%；辖区群众安全感和满意度达到93%，名列城六区第一名；共破获刑事案件7796起，同比上升9.99%(其中破获命案5起，命案侦破率保持100%)，抓获作拘留以上处理的各类违法犯罪嫌疑人6342人，同比上升15.23%（其中刑事拘留1551人，同比上升11.51%；行政拘留4791人，同比上升16.49%），收缴仿真枪9支、气枪3支、废旧手榴弹5枚、管制刀具11把，弓弩1把；共检查各类行业场所22100家次，处罚问题场所432家，停业整顿12家，取缔7家，打掉涉黄涉赌违法犯罪团伙37个。

地址：西城区二龙路39号
邮编：100032
电话：83995110

（王　焱）

【办理代表建议委员提案工作】　年内，西城公安分局共承担了40件人大代表建议、政协委员提案办理任务，人大议案1件、人大代表建议22件(含市级人大代表建议1件，区级人大代表建议21件)、党派团体提案1件、政协委员提案16件（全国政协委员提案1件，区政协委员提案15件）；由分局承担单办、主办、分办或代区办理任务的23件，承担会同区属其它部门、单位办理任务的17件。经过分局所属16个职能部门、派出所严格按照分局要求认真办理，最终在规定的时限内全部办理完毕，受到了交办政府部门和人大代表、政协委员的一致好评。其中，有13名提出建议、提案的人大代表、政协委员在分局的办理报告上签属了“非常满意”或“满意”意见，其余9名代表、委员全部签属了“同意”意见。

（王　焱）

【破获特大运输毒品案】　1月10日，西城公安分局禁毒中队接市局十二总队转来线索，称一名云南籍男子有运输大量毒品到京进行贩卖的重大嫌疑。接此线索后，西城公安分局禁毒中队领导高度重视，立即抽调精干力量成立专案组开展工作。利用人口信息系统平台，核录嫌疑人基本信息。对获取的线索进行深度研究，分析确定嫌疑人来京路线、销货地点、嫌疑人动向等关键信息，张网以待；发挥牵动作用，联合相关派出所，集中力量、合理策划、精心部署，并于1月12日15时许，在通州区于家务十字路口东侧加油站将涉嫌运输毒品的犯罪嫌疑人李某（男，28，彝族，云南省玉溪市人）、萨某（女，26，维吾尔族，新疆伽师县人）抓获，当场起获毒品海洛因1000余克。经讯问，李、萨2人对其违法犯罪事实供认不讳。

（王　焱）

【组织开展涉外治安民意调查活动】　按照西城公安分局治安状况民意调查的工作安排和市局出入境管理总队涉外民意调查的指导精神，于1月16日在外国人住宿较为集中的大栅栏北京合德缘四合院宾馆开展了以“走近外籍游客，察民意听民声”为主题的涉外治安民意调查活动。主管副分局长何立民出席活动，并深入外籍游客中间以聊家常的形式面对面地听取外籍游客对北京治安状况的意见、建议，向外籍游客介绍了西城的风景名胜、商业街区、民俗艺术、特色小吃，重点就外籍游客在京住宿登记、乘车安全、财物保管等问题进行了提示。

（王　焱）

【落实取保候审突出问题专项督察工作】　6月6日，公安部、市公安局先后召开视频会议，对公安机关取保候审突出问题专项督察做出动员部署以后，西城公安分局在第一时间贯彻落实公安部、市局视频会议精神和傅政华局长关于“各单位一把手作为督察长要高度重视专项督察，全力推进规范执法”的指示，迅速成立以区委常委、西城公安分局党委书记、分局长陈思源和分局党委副书记、政委张毅任组长的领导小组，研究制定专项督察工作，先后8次召开专项工作推进会，确保此项工作在规定的期限内顺利开展。期间，西城公安分局所属各单位共排查清理取保候审案件1522起，涉案人员2143人（其中人保2120人、财保23人）。经对23名财保人员交付的5.1万元保证金进行审计，发现取保候审期间后续工作不及时、法律文书填写不规范等各类问题400个，未发现违规收取、保管、没收、不及时退还保证金和截留、坐支、挪用、侵吞保证金等行为，完成了工作任务。

（王 焱）

【“一三七”投诉工作机制】 年内，西城公安分局督察大队严格遵照市局提出的“一三七”投诉工作机制，以“快速反应、深入调查、及时反馈、最大限度地让投诉人满意”为原则，落实群众投诉核查工作，按时办结169件由市局投诉台转来的110群众投诉和782余件直接受理的群众来电、来访等相关投诉，完成28件市局分局领导批办的信访核查督办任务，有效化解了大量民警与群众之间的矛盾，赢得了大部分群众的理解与谅解，为首都公安梦和“两最”目标的实现做出了贡献。

（王 焱）

【完成重点区域高清图像建设工作】 年内，西城公安分局科信处具体负责，直接参与了市局组织编写的《北京市高清图像联网技术标准》文件。根据《北京市公安局科技信息化部关于开展故宫筒子河视频监控及报警系统建设的通知》的要求，启动绿色通道，利用原有光缆基础设施，在管界内筒子河及周边区域建设了高清SDI视频监控探头15部；并利用硬盘录像机系统中自带的视频检测功能，划定相关区域进行视频检测入侵行为报警建设，同时完成什刹海高清图像联网建设。不仅率先完成分局二级高清图像平台建设，实现44路高清前端接入系统平台，而且使全区高清图像资源达到210路左右，是全市高清图像建设最多、平台建设最为规范的分局。

（王 焱）

【参与编写全区图像信息系统顶层设计方案】 年内，西城公安分局作为西城区公共安全图像信息系统规划、建设、管理和维护的技术支持单位，根据《智慧北京行动纲要》《北京市西城区“十二五”时期信息化发展规划》和《关于开展“智慧北京”顶层设计的通知》《西城区公共安全图像信息系统管理规定》等文件的要求，承担全区图像信息系统顶层设计方案的编写工作。专门成立由西城公安分局主要领导任组长的全区图像信息系统顶层设计方案编写小组，组织相关部门开展方案的前期调研、方案编写和专家论证工作。经过3个多月的努力，完成全区公共安全图像信息系统顶层设计方案的编写。9月底通过北京市经信委、总参61所、市局等单位的专家评审。

（王 焱）

【“黑车”专项治理工作】 年内，由西城公安分局牵头先后组建3支区级、15支街道级执法小分队，采取综合治理、捆绑执法、弹性上岗、区域性小范围突击整治等多种措施，形成对“黑车”“黑摩的”的持续打击、高限打击、全面打击，实现清理整治工作效能的最大化。年内，共查扣各类非法运营车辆921辆，查处非法运营人员690名（刑拘2人、治拘688人），实现政治中心区、西长安街沿线“黑车”“黑摩的”彻底绝迹，各“黑车”重点部位非法运营现象得到有效遏制的工作目标。对依法查处、经公示后符合条件的505辆非法营运车辆进行集中销毁。

（王 焱）

【组织开展反恐处突实战演练活动】 西城区反恐怖协调小组办公室于4月26日在展览馆后湖停车场，组织分局办公室、勤务指挥处、消防支队、刑侦支队、治安支队、巡警支队、特警二大队以及月坛、福绥境、展览路、新街口、阜外大街、西外大街派出所共50余名民警参加的反恐应急处突演练。此次演练的科目为疑似爆炸物排除。演练过程中，全体参加演练的人员精神饱满，集结迅速，装备到位，处置得当，程序规范，达到演练的预期目标。年内，分局共组织类似反恐处突实战演练活动6次，参加深练民警达400余人次.通过演练，检验了指令发布、警力集结、处置流程、部门配合等各环节工作，有效提高了反恐处突人员的快速出警、快速反应、快速处置能力。

（王 焱）

【举办大型禁毒宣传活动】 6月19日，西城公安分局牵头在陶然亭公园举办禁毒宣传月活动启动仪式。“以6·26”国际禁毒日为契机，先后在北京北站等流动人口集中地区、西城区少年宫及全区各中小学校等青少年聚集场所及全区各街道重点社区，集中组织开展了多场次形式多样、丰富多彩、声势浩大的大型禁毒专题宣传活动。活动采取了播放宣传片、设置宣传站、摆放宣传展板、发放精美宣传品等多种方法增强宣传力度和宣传效果，禁毒宣传月期间，全区共有近10余万群众参与现场活动。活动中共发放各种禁毒宣传材料和宣传品14万余件。

（王 焱）

【建立西城区禁毒教育基地】 6月25日，西城公安分局牵头西城区禁毒委会同辖区德胜街道在西城区少年宫成立西城禁毒教育基地，并举办以“你我同行禁毒品，同心共筑中国梦”为主题的西城禁毒教育基地揭牌仪式。组织现场参加活动的居民和志愿者共同观看了禁毒宣传微电影《与死神共舞》。

（王 焱）

【第一门诊部新址落户西城】 6月26日，西城区禁毒委联合北京市强制治疗管理处，在广外小红庙6号举办北京市药物维持治疗第一门诊部新址落成仪式。同时借助“6·26”国际禁毒日，组织组织开展了以“弘扬西城禁毒文化，提高全民禁毒意识，不断推进具有西城特色的禁毒预防宣传教育活动”为主旨的大型禁毒宣传活动。

（王 焱）

【情报信息工作】　年内，西城公安分局情报信息中心被公安部确定为市、县两级联系点，共上报公安部维稳研判报告、技战法分析37篇，其中33篇被公安部采用，在全国范围内予以转发。情报信息中心新增各类社会信息140万条，获取各类实时数据28亿条并上传市局。通过该数据协助市局各警种破案871起，抓获827人；依托从各部委、信访接待部门获取的线索，提前预警和落地查获极端访、扬言滋事等涉稳人53名；通过情勤联动抓获在逃人员116名、落地稳控涉访重点工作对象216名；录入各类预警情报信息3506条，录入各类重点人员信息1874条，为分局落地核实重点工作对象信息提供线索支撑1241次。

（王　焱）

【社区警务工作机制建设】　年内，西城区已有237个社区具备民警独立办公条件，占社区总数的92.9%。以"114"专项维稳工作为契机，加强了对重点地区的27个警务室、14个流管站、3各治安民事调解室、2个情报工作室的建设，及时联通公安网络。年内已经连通公安网的社区已达188个，占社区总数的73.7%。警务室已安装门头、灯箱、社区标牌、警民联系箱和内部职责展板的社区246个，占社区总数的96.5%。

（王　焱）

【社会面巡逻防控工作】　年内，西城公安分局根据区情区位特点，立足"五大巡区"防控格局和"六个层面"防控等级，以22个巡逻警务站为核心，以首都政治中心区和110条主控大街为重点，以社区街巷为基础，以视频巡控为辅助的网格化巡逻防控运作机制，在基础式巡逻、常规式巡逻、加强式巡逻、加密式巡逻、震慑式巡逻和政治中心区防控六个层面，形成多警种联动、专群结合、24小时全天候的立体防控网络。全年通过巡逻工作盘查，共核查录入741953人，同比上升64.36%。其中，存疑5159人、留置25645人，合计30804人，同比上升4.36倍，存疑、留置量占核录总量的4.15%同比上升2.58个百分点。抓获作拘留以上处理的各类违法犯罪人员3256名（刑拘603人，治拘2653人），同比上升34.71%，其中网上在逃嫌疑人84名、一级临控人员236人、二级临控人员33人，查获全国及本市重症精神病50人，拦截"113"盗抢报警车12辆。年内全区共接报110刑事警情2501件，其中街头刑事警情116件，占接报的4.6%；同比减少50起，下降30.1%。全区街头立案8583件，其中街头立案452件，占比5.3%。同比减少102件，下降18.4%。

（王　焱）

【完成平安夜安保工作】　12月24日，西城公安分局成立2013年圣诞节安保工作总指挥部，下设政治中心区防控、西单地区防控、大栅栏地区防控、什刹海地区防控、西外及动物园地区防控、重点人防控、三办地区防控、宣武门教堂、西什库教堂、西直门教堂、缸瓦市教堂、集中屯兵备勤、大型商市场管控等多个分指挥部。分局启动二级社会面防控方案，部署巡逻力量1312人次。截至25日1时30分，辖区各堂口及社会面治安秩序良好，4个教堂共接待参加活动群众2万余人，完成平安夜安保工作。

（王　焱）

检察工作

【概况】　北京市西城区人民检察院（简称区检察院）是国家法律监督机关，区检察院在管辖的地区内依法独立行使检察权。接受北京市人民检察院和区委的领导，对本区人民代表大会及其常务委员会负责并报告工作。年内，审查批准逮捕各类刑事犯罪702件866人，提起公诉857件1034人；集中办理全市涉及森林和野生动植物刑事案件，依法批准逮捕33件43人，提起公诉34件49人；受理金融犯罪案件125件143人，提起公诉78件96人；受理金融领域职务犯罪线索11件，立案侦查2件2人。立案侦查反贪污贿赂案件19件20人，其中大案16件，要案6人，为国家挽回经济损失4558万元。立案侦查渎职侵权犯罪案件5件6人。接待群众来访、提供法律咨询服务71人次，接待来访群众1031批1490人次，处理集体访41批342人次，检察长接访106批201人次，化解重点涉检信访矛盾纠纷13件。受理民事申请监督案件131件，办结民事申请监督案件129件，提请或建议提请上级检察院抗诉8件，获上级检察院支持抗诉4件，发出再审检察建议4件，法院采纳启动再审程序2件，出席再审法庭4次，促成当事人和解1件。办理举报线索初核64件、刑事申诉案件7件、刑事赔偿案件1件，开展奖励举报2件，对刑事被害人开展救助5件，发放救助金44.3余万元。监督公安机关立案42件68人，监督撤案13件13人，依法纠正漏捕20人，追诉漏犯22人、漏罪193起，纠正侦查违法12件。提出变更强制措施审查建议书（函）14份，开展暂予监外执行检察11件，依法纠正监管活动违法情形13次，针对其他司法机关因送达超期、期限计算错误等问题提出纠正违法9件。安排专人受理案件1640件，接收、审核法律文书700件。接受案件查询299次查询，接待律师阅卷172人次。公开发表法学论文80余篇，在最高人民检察院、国家检察官学院、北京市法学会共申请立项课题18个，出版《西检反腐实录：职务犯罪典型案例精析》一书。

地址：西城区新街口西里三区18号楼

邮编：100035

电话：59555832

（赵　阳）

【人才队伍建设】　年内，区检察院牢固树立科学的人才发展观，不断完善机制、搭建平台、优化环境，先后涌现出全国优秀反贪局长张京文、"爱心姐姐"柳青、全国政法系统优秀党员干警马鲁原等一批先进典型，并有27名干警被评为全市检察业务专家、全市技能比武十佳、全市检察机关业务骨干，区检察院也连续两次获"全国先进基层检察院"，在人才队伍建设和推动自身科学发展上取得了显著成效。

（赵　阳）

【召开节前维稳工作部署会】　2月5日，区检察院监所检察处与区司法局、西城公安分局召开联席会议对春节期间维稳间工作进行了安排部署，及时启动突发事件处置预案和重点人管控方案，相关部门做好24小时值班备勤工作，提高应急处置的时效性。社会面的维稳工作一直是区检察院监所检察处的工作重点之一，区检察院继续掌握社区服刑人员的思想动态和实际表现，配合社区矫正机关加强对社区服刑人员的监督管理，维护社会秩序稳定。

（赵　阳）

【人性化执法】 3月1日，经区检察院批准，在押的犯罪嫌疑人刘某在区检察院干警的护送下来到广安门医院，参加奶奶的遗体告别仪式。区检察院在综合衡量刘某的主观恶性程度和在押期间的表现慎重地做出了决定，希望能借此机会对刘某进行感化、教育，同时也体现出区检察院贯彻新刑事诉讼法尊重和保障人权，落实人性化的执法理念。

（赵　阳）

【参加区信访条例宣传月活动】 年内，区检察院参加区金融街街道办事处举办的西城区信访条例宣传月活动启动仪式。活动中，区检察院职务犯罪预防处干警向参加仪式的群众和单位代表介绍了：近年来，结合金融街职能和特点开展的检察联络室法律咨询与商业银行专项预防等服务金融街区特色主体的两大特色工作。区检察院干警还为群众发放区检察院宣传材料，介绍检察机关法律职能，并鼓励群众和单位多向区检察院提供案件线索。

（赵　阳）

【未成年人的双向保护工作】 3月19日，区检察院未成年人案件检察处承办人带领一名涉罪未成年人前往北京市青少年法律与心理咨询服务中心接受心理咨询师的心理疏导，同时由区检察院副检察长宋蕾亲自为一名未成年被害人发放司法救助金5000元。区检察院在办理未成年人刑事案件时，始终注重对未成年犯罪嫌疑人和未成年被害人多层次挽救和全方位帮助未成年被害人的双向保护工作。区检察院未成年人案件检察处将坚持把“教育、感化、挽救”方针和“双向保护”理念贯穿于办理的每一起案件的始终，以“待之以诚、教之以法、动之以情”的工作方式。

（赵　阳）

【获“全国先进基层检察院”】 3月，区检察院被评为全国先进基层检察院。区检察院全面贯彻落实上级部署要求，认真履行检察职能，加强队伍思想和专业化建设，不断提升基层院建设水平，在服务区域科学发展和推动自身科学发展上取得了新进展。

（赵　阳）

【“看得见的正义”开放日活动】 4月16日，区检察院举办“看得见的正义”检察开放日活动，市、区人大代表和来自正义网、博联社的博友共70余人到区检察院参观院史展、大要案指挥中心和警务区，听取以“尚德明法、求实创新”的西检理念为主线的系列展板的讲解，观看由区检察院干警制作的西城检察职能介绍宣传片，并与部分干警进行了交流座谈。座谈中，区检察院检察长韩索华表示，区检察院将积极履行检察职能，做好关注民生、服务民生、保障民生的法律监督工作，全力守护公平正义。

（赵　阳）

【为雅安地震灾区捐款】 4月20日，四川省雅安市发生7.0级地震，受灾地区人民的生命和财产遭受了重大损失。区检察院党组对此高度重视，号召全体干警奉献爱心支援灾区，院机关党委加强宣传、广泛动员，组织全体干警开展为“雅安地震”灾区捐款的活动。4月24日，在院党组书记、检察长韩索华及党组成员的带领下，区检察院全体党员群众踊跃参加了捐款活动，269名干警共捐款3万元。区检察院党组还责成机关党办在第一时间摸查四川籍干警家庭有无受灾的情况，及时慰问了5名祖籍在四川省的干警，表达了对干警及家属的关怀。

（赵　阳）

【“天网行动”】 4月，区检察院侦查监督处集中办理了一批涉嫌破坏环境资源保护罪的审查批捕案件。此次集中打击，名为“天网行动”，是国家林业局森林公安为进一步保护我国野生动物资源，切实履行国际义务，在全国范围内开展的关于破坏森林和野生动物资源违法犯罪的专项整治行动。此次行动打击效果显著，北京的象牙市场瞬间消失，国内外舆论给予高度评价。

（赵　阳）

【举报宣传进社区活动】 6月25日，按照区检察院2013年度“举报宣传周”活动实施方案的整体部署和具体安排，区检察院控告申诉处、职务犯罪预防处利用驻广外街道检察官联络室，开展举报宣传进社区系列活动。在广外街道办事处，区检察院干警向社区群众发放本院印制的法制宣传册，接受来访者的法律咨询，并向来访群众重点介绍了检察机关的职能、检察机关侦办职务犯罪的范围和立案标准，以及举报职务犯罪线索时需要注意的事项等群众感兴趣的内容。

（赵　阳）

【“中国梦·西检梦”宣讲大会】 7月1日，区检察院开展“中国梦·检察梦”宣讲活动。会上，区检察院领导对本院评选出的6个先进党支部、8名优秀共产党员、8名优秀党务工作者及8名青年岗位能手进行了表彰。表彰结束后，区检察院的3名先进个人、1名先进集体代表结合“中国梦·西检梦”，进行了事迹演讲，弘扬检察机关基层先进党支部和先进个人为实现“中国梦·检察梦”贡献力量的生动实践及成功经验。

（赵　阳）

【加强自主创业高新企业法律保护】 年内，区检察院在审查起诉办案过程中，注重对自主创业中小企业、高新创新企业的法律保护，不断拓展执法办案服务经济社会发展的范围，加大保护企业创新创业力度，主要做法是：注重立足检察职能，打击危害企业创新创业犯罪；注重发挥综合监督效能，助力企业创业发展；注重依托检企服务对接机制，保护企业创新驱动环境。

（赵　阳）

【区总工会领导到区检察院调研工作】 8月8日，区总工会主席马小鹏一行8人到区检察院就工会建设调研指导工作，区检察院政治处主任、工会主席张伟和部分政工部门负责领导参加座谈。区总工会主席马小鹏对区检察院工会工作提出要求。

（赵　阳）

【采取多元化途径化解涉检信访案件】 区检察院始终把群众工作贯穿于涉检信访矛盾纠纷排查化解工作中，坚持以解决上访群众的诉求为抓手，以

"案结事了、群众满意"为目标，不断完善工作机制，创新作方法。区检察院在办案中综合运用领导包案、公开答复、主动下访、困难救助等多种有效途径，化解了市委政法委、北京市检察院等部门挂账的20件重点涉检信访案件，实现了法律效果、政治效果和社会效果的统一。

（赵　阳）

【文明机关创建工作】　11月12日，区直机关工委副书记石殿辉带领区委文明机关创建工作检查组到区检察院检查指导文明机关建设和党建工作。区检察院党组成员、政治处主任张伟、专职工会副主席贾印林、政治处副主任焦小波、机关党办主任苗凤钧等参加会议。区检察院政治处主任张伟介绍了区检察院文明机关建设情况以及党建工作情况。

（赵　阳）

【第十四届"西检杯"竞赛】　12月1日，由区检察院与区教委、共青团西城区委共同举办的第十四届"西检杯"中学生思想道德法律知识竞赛在北京市第四中学落下帷幕。本届"西检杯"以"法律、平安、梦想"为主题，采用法制短剧的形式，并将生动有趣的猜字题与未成年人相关法律知识问答融入比赛之中。经过预赛及决赛的激烈竞逐，北京市第十四中学从参赛的40余所学校中脱颖而出并摘得桂冠。

（赵　阳）

【举办"看得见的正义"博友基层行活动】　12月10日，区检察院举办"看得见的正义——联系群众、服务群众、自觉接受监督"博友基层行活动，来自正义网、博联社的9名博友参观主题展览并进行交流座谈。

（赵　阳）

审判工作

【概况】　北京市西城区人民法院（简称区法院）紧紧围绕"努力让人民群众在每一个司法案件中都感受到公平正义"的目标，牢牢把握司法为民公正司法主线，充分发挥审判职能，着力化解矛盾纠纷，全力维护社会稳定，审判、执行和队伍建设等各项工作取得了新的成绩。全年收案33719件，审结32924件，结案率99.7%。其中刑事案件收案835件，结案835件；民事案件收案24726件，结案23982件；行政案件收案509件，结案479件；执行案件收案7649件，执结7628件。一年来，区法院加强未成年人犯罪预防和审判工作，制定《关于未成人犯罪记录封存实施办法》，实施未成人犯罪背景情况调查制度。适用医疗纠纷"三位一体"解决机制解决纠纷156件，国家卫生和计划委员会对此予以高度关注。举办依法行政专题讲座、发布行政案件司法审判年度报告等方式，促进行政机关执法水平不读提高。拓宽金融纠纷化解渠道，与中国银行业协会、金融街商会等7家中国金融行业中最具影响力的协会商会，签订诉调对接合作协议。年内，区法院"巡回法官进社区"项目被评为西城区十大普法惠民品牌。审判管理工作再创佳绩，北京重点工作指标在全市基层法院排名第一，审判质量综合指数和31项指标指数均排名第三。区法院获得第七届首都民族团结进步先进集体荣誉称号。中共十八届三中全会召开前夕，最高法院院长周强专程到区法院调研并对各项工作予以充分肯定。

北区地址：西城区后英房胡同1号

邮编：100035

电话：82299240

南区地址：西城区半步桥街50号

邮编：100054

电话：63543081

（张　辉）

【创建医疗纠纷"三位一体"解决机制】　年内，区法院针对医疗案件专业技术性强，当事人情绪激化，极易引发涉诉信访等特点，探索诉讼内外多种纠纷解决方式的有机衔接，创建医疗纠纷"三位一体"解决机制。所谓"三位"，是指通过创立医疗纠纷诉调对接机制、医疗纠纷简易程序调处制度、医疗纠纷立案前鉴定制度这三种不同的工作机制，力图多途径解决医患矛盾。所谓"一体"，是指三种机制可以优势互补，互相融合，共同为缓解医患矛盾服务。

（张　辉）

【培养"三型"法官】　年内，区法院评选出"亲民型""高效型""专家型"法官各10名。"亲民型"法官是具有深厚的群众感情，经常深入社区街道倾听人民群众的诉求，及时为群众排忧解难；"高效型"法官是具备灵活高效的办案技巧，能够快速解决纠纷，审判效率高，无超审限案件；"专家型"法官是对所从事的领域有较深理论研究，具有丰富审判经验，公正高效地审判过重大、疑难、典型和新类型案件。

（张　辉）

【完善综合服务大厅】　年内，区法院在立案服务大厅增设了立案调解室和诉调对接室，进一步拓展便民服务功能，努力实现矛盾纠纷的初始化解。开通"西城法院社区诉讼服务平台"，群众在社区街道内，就可以通过电子显示屏及时了解法院工作、掌握诉讼须知，并通过在线留言方式及时反映自己的诉讼需求。继续发挥大学生志愿者服务基地的作用，全年共接待当事人咨询20909人次，为当事人代写诉讼文书5282份。强化网上便民服务，共在网上预约立案4600件，极大地方便了群众参加诉讼。12月16日，北京电视台拍摄了以区法院立案大厅便民服务为主题的微电影，展现了法院司法为民的良好形象。

（张　辉）

【深化诉调对接机制】　年内，区法院加强与西城区职能部门的合作，与区工商分局、总工会、妇联、残联、团区委等签订诉调对接合作协议，拓宽了纠纷解决平台；与区工商联成立北京市首家"诉调对接巡回工作站"，进一步实现了行业调解与司法确认的无缝衔接。与中华女子学院妇女儿童法律服务与研究中心、北京致诚农民工法律援助与研究中心等公益组织建立诉调对接机制，加强司法对社会特殊人群权益的保障力度。市高级法院党组书记、院长慕平专门对区法院诉调对接工作做出批示，要求结合全市情况总结推广。中央电视台《新闻联播》节目也对该机制做了报道。

（张　辉）

【依法保障重点工程项目】　年内，区法院围绕推进"服务立区"战略，成立涉重点工程案件工作小组，统筹全院资源，依法解决涉西黄城根项目等中央、市属重点工程拆迁征补案件；围绕重点功能区建设，平衡各种利益关系，在维护被拆迁人合法权益的基础上，完成涉金融街拓展华嘉项目等一批案件的审判执行工作；围绕保障和改善民生，注重法制宣传、教育疏导和各方协调，妥善处理涉35中迁建、宣武医院项目案件；围绕完善城市功能、提升城市环境品质，依法办理涉中山会馆周边“城中村”整治项目等案件，切实维护了群众的合法权益，实现了法律效果和社会效果的良好统一。

（张　辉）

【保护老字号知识产权】　年内，区法院深入荣宝斋、瑞蚨祥等老字号企业，就老字号及非物质文化遗产保护项目进行调研，适时召开专题研讨会和前沿论坛；密切关注老字号行业发展动向和特点，了解企业发展中需要司法保护的需求，并针对发现的知识产权保护方面存在的问题，开展普法宣传和发送司法建议，有效保护老字号企业的知识产权。

（张　辉）

【开展“六个一”活动】　年内，区法院为深入推进惩治和预防腐败体系建设，提升干警廉洁司法能力和遵规守纪意识，推出党风廉政警示教育月活动。该活动以“六个一”为主要活动形式，即：组织一次专题廉政学习，开展一次漫话廉政大家谈活动，编写一条廉政短信，签订一份干警遵守廉政纪律承诺书，开展一次纪律作风大检查活动，开展一次拒收礼倡节约遵法纪再教育活动。

（张　辉）

【启动赵海志愿者法律诊所】　年内，区法院与中国青年政治学院、什刹海街道司法所、新街口街道司法所以及两街道10个派出所联合调解室、社区一同携手，全面启动12个志愿者服务点，将区法院赵海志愿者以结合法律诊所课程的方式派驻到各服务站点。法律诊所的师资力量由法院、学校、社区和司法所的指导老师组成，志愿者们将在老师的指导下，开展纠纷化解、法律咨询、法制宣传等工作，志愿者需撰写、提交服务总结，法院负责整理编撰，进行效果评估，对表现突出的志愿者予以表彰。

（张　辉）

【暴力伤医案】　2012年4月13日，被告人吕福克在本市西城区北京大学人民医院门诊四层耳鼻喉科四诊室内，趁被害人邢志敏医生不备，持刀扎被害人邢志敏颈部一刀，后吕福克逃跑。被害人邢志敏随即被送急诊抢救，被告人吕福克的行为造成被害人邢志敏右锁骨上方横行皮肤创口1处，长度10.5cm，经法医鉴定被害人邢志敏身体受损程度为轻伤（偏重）。同日19时许，被告人吕福克在本市丰台区北京航天总医院急诊内科诊室内，趁被害人赵立众医生不备，持刀扎被害人赵立众颈部一刀，后逃跑。被害人赵立众随即被抢救，被告人吕福克的行为造成被害人赵立众颈项部锐器伤，创道长5.0cm以上，经法医鉴定被害人赵立众身体受损程度为轻伤。区法院经审理认为，被告人吕福克故意非法剥夺他人生命，致二人轻伤，其行为侵犯了公民的人身权利，已构成故意杀人罪，依法应予惩处。鉴于被告人吕福克属限制刑事责任能力，具有犯罪未遂情节，可依法对其从轻处罚。由于被告人吕福克的犯罪行为给附带民事诉讼原告人邢志敏、赵立众造成了经济损失，被告人吕福克依法应予以赔偿。依法判决：一、被告人吕福克犯故意杀人罪，判处有期徒刑13年，剥夺政治权利3年。二、被告人吕福克赔偿附带民事诉讼原告人邢志敏经济损失共计人民币184774.47元；赔偿附带民事诉讼原告人赵立众经济损失共计人民币15951元。一审宣判后，被告人吕福克不服，提起上诉。市第二中级人民法院经审理后，依法驳回上诉，维持原判。

（张　辉）

【六小龄童肖像权案】　原告章金莱（六小龄童）系上世纪八十年代版电视剧《西游记》中孙悟空形象的扮演者。被告蓝港在线（北京）科技有限公司系网络游戏《西游记》的研发单位，在该游戏中配有孙悟空形象。原告认为，被告在网络游戏《西游记》中使用的孙悟空形象，与其在电视剧版《西游记》中塑造的孙悟空形象面部特征基本一致；因原告对其塑造的孙悟空形象具有肖像权，故被告使用原告塑造的孙悟空形象并营利的行为，已构成对原告肖像权的侵犯，应当承担停止侵权、赔礼道歉、消除影响、恢复名誉和赔偿损失的责任。区法院经审理认为：首先，原告塑造的“孙悟空”形象非其本人肖像，被告在网络游戏中使用孙悟空形象的行为不构成对原告本人肖像权的侵犯。其次，原告自身的肖像与所塑造的孙悟空形象并不同一，现原告未能充分举证证明，相关媒体对网络游戏《西游记》内容和营销的不良评价导致原告本人社会评价的降低，故原告主张被告侵犯其名誉权，本院不予支持。在现行法律框架下，肖像权有其固有内涵，无法随意突破作扩大解释。现原告以肖像权主张相应权益保护，本院不予支持。依法判决驳回原告章金莱的诉讼请求。一审宣判后，原告章金莱不服，提起上诉。市第一中级人民法院经审理后，依法驳回上诉，维持原判。

（张　辉）

司法行政工作

【概况】　北京市西城区司法局（简称区司法局），担负着组织开展法制宣传、人民调解、社区矫正、帮教安置、律师管理、公证管理、法律援助等工作职能，还承担着区依法治区领导小组办公室、区综治委特殊人群专项组办公室、区综治委社会矛盾多元调解专项组办公室职责，在推进民主法治建设、化解矛盾纠纷、维护社会公平正义、促进社会和谐中发挥着越来越重要的作用。政法专项编制142名，其中局机关67名，街道司法所75名。局机关现有干部61人，工勤人员3人。设有办公室、法制科、法制宣传科、律师行业综合指导科、律师执业监管科、公证工作管理科、基层工作科、社区矫正和帮置安教工作科、法律援助工作科、计财科、信息调研科、政工科、监察科、离退休干部科、机关党委等15个科室；另设有职能办公室3个，即西城区依法治区领导小组办公室、西城区综治委矫正帮教协调委员会办公室、西城区综治委社会矛盾多元调解工作协调委办公室（分设在法宣科、矫正帮教科、基层科内）。下辖15个街道司法所、3家公证处、1个区法律援助中心、1个阳光中途之家。

地址：西城区南菜园街51号

邮编：100054

电话：83975231

（吉丽洁）

【完善公益法律服务体系建设】　年内，区司法局开展“法律服务社区行”活动，成立15个进社区专家团，进社区共开展各类法治讲座682场次，发放各类宣传资料10550份，代写法律文书231份，参与活动的社区居民达12000余人次。开展“法律服务进楼宇”活动，共有28家、127名志愿律师在10座商务楼宇中累计值班694天，解答咨询620次，开展法律讲座21次，发放各类普法手册、宣传册4000余册。

（吉丽洁）

【“六五”普法工作】　西城区作为免检区县，在北京市“六五”普法中期总结会上做了典型发言。全面完成了“六五”普法中期检查验收工作，评选出12家先进单位，制作了西城区开展“六五”法制宣传教育活动宣传片。为做好重点人群法制宣传教育工作，在西城区委党校和法院建立“西城区领导干部依法行政教育基地”，吸纳北京大学、北京交通大学等高校学生加入青春船长队伍，在流动人口聚居区马连道茶城成立流动人口普法学校。开展了“营造优美环境　建设美丽西城　做讲法制守秩序的好市民”、“12·4”普法宣传日等多种形式的法治文化实践活动。加强法制宣传阵地建设，建成了“一网、一博、一节目，一刊、一栏、一橱窗，一园、一校、一图书角”的“九个一”普法阵地格局。

（吉丽洁）

【人民调解工作】　年内，区司法局组织开展专项矛盾纠纷排查。共调解矛盾纠纷14538件，调解成功14306件，调解成功率98.4%。完成西城区人民调解员协会换届选举工作，完善协会工作制度，开展“西城区2013年度人民调解知识竞赛”，充分发挥协会对调解员培训、重大矛盾调处指导、工作交流研讨三个基地的作用。8月，什刹海街道调委会被司法部授予“全国模范人民调解委员会”称号，广外街道红莲中里社区人民调解委员会委员成秉亮荣获“全国模范人民调解员”称号。

（吉丽洁）

【社区矫正工作和帮教安置工作】　做好重点敏感时期“两类”人员教育稳控，加强应急处突和信息报告，实现了“四个不发生”和“六个坚决杜绝”的安保工作目标。规范社区矫正人员心理测试工作流程，建立社区服刑人员首接心理测量机制。探索集中教育“模块化管理”模式，提高教育矫正工作质量。与区检察院建立“检司联动机制”，实行信息共享、职能互补、共谋发展的共建模式。年内，全区现有“两类”人员2417人，其中，社区服刑人员365人，刑释解教人员2052名，全年无重大刑事案件和涉稳事件发生。

（吉丽洁）

【公证工作】　组织公证处做好涉及重大工程建设、金融企业法律风险防范、知识产权等重要工作领域的公证事项，为重点建设项目、中小企业和社区群众提供优质高效的公证法律服务。2013年接待办证咨询558539人次，办结公证事项182037件。加强“公证服务示范窗口”建设，驻区中信公证处作为基层公证服务窗口单位的代表，在市局2013年基层站所（窗口单位）“查问题　转作风　树形象”服务规范化建设部署会上进行了交流发言。

（吉丽洁）

【律师工作】　规范和完善律师类行政许可业务，缩短审查时限至5个工作日以内，平均提高效率达到85%。加强对基层法律服务所工作的指导，对全区13个法律服务所进行年检注册工作。

（吉丽洁）

【法律援助工作】　年内，接待法律援助咨询7565人次，受理并指派法律援助案件416件，案件回访300余件次，群众满意率达到100%。与西城区残联密切协作，组建西城区残疾人法律援助工作团，在全区建立32家示范残疾人温馨家园法律服务工作站，为全区7.6万名残疾人提供近距离的法律援助服务。

（吉丽洁）

【“建设平安北京　法律进家庭活动”】　2月1日，北京市司法局、西城区司法局、什刹海街道在什刹海社区服务中心联合举办“建设平安北京　法律进家庭”活动。北京市司法局副局长吴庆宝，法宣处处长马燕，西城区司法局局长李铁、什刹海街道办事处主任徐利等领导和地区人大代表、政协委员以及50名社区居民参加了活动。活动中为柳荫街社区1500户居民赠书，每户一册，共1500册。

（吉丽洁）

【第三届司法行政开放日活动】　4月12日，西城区司法行政系统举办第三届司法行政开放日活动。北京市司法局法宣处、白纸坊、牛街、广内街道的社区居民共计300余人参加了活动。此次活动与《北京司法大讲堂》结合，邀请北京电视台第三调解室栏目著名律师陈旭给居民上法制课。活动现场设置律师、公证、法援等咨询台，由驻区律师、公证员及区法援中心工作人员为群众提供免费咨询服务，并通过设置展板、发放《法律服务便民手册》等材料向群众介绍司法局职能。

（吉丽洁）

【区人民调解员协会换届】　4月27日，西城区人民调解员协会召开第二届会员代表大会。会议听取并审议通过了协会章程修改意见，选举产生第二届西城区人民调解员协会会长、副会长、秘书长和监事长。经投票，彭淑媛、刘跃新分别当选为新一届协会会长、副会长。

（吉丽洁）

【区律师工作会召开】　5月10日，西城区召开全区律师工作会。西城区律师工作围绕“服务立区、金融强区、文化兴区”发展战略和首都功能核心区定位所取得的显著成效进行了总结部署。区律师协会副会长杨矿生、北京德恒律师事务所党委代表牛方鑫、什刹海司法所长李桂清、北京市金台律师事务所律师朱建岳、北京市东易律师事务所李晓松，从不同角度与参会人员分享了他们在区律协自身建设、律师党建工作以及开展公益法律服务活动中的好经验和工作方法。会议还对在“法律服务社区行”活动中积极投身公益法律服务，表现突出的10家律师事务所和10名律师进行了表彰。西城区委副书记、政法委书记、区律师工作领导小组组长杜灵欣、北京市司法局副局长林兆波出席会议并做讲话。

（吉丽洁）

【规范化司法所及外观标识现场会】 5月31日，北京市司法局在西城区什刹海街道司法所召开规范化司法所创建及外观标识推广现场会。会议部署了全市规范化司法所创建及外观标识推广工作，西城区司法局局长李铁做了题为《夯实基层　整体推进　努力开创西城区司法所建设新局面》的典型发言。北京市司法局局长于泓源、副局长郑振远出席会议并讲话。全市18个区县司法局长、基层科长和司法所长参加了会议。

（吉丽洁）

【什刹海街道调委会获全国模范调委会称号】 8月28日，什刹海街道调委会获全国模范调委会称号。在全国人民调解工作会议上，司法部政治部主任张彦珍宣读了《司法部关于表彰全国模范人民调解委员会模范人民调解员的决定》，授予北京市西城区什刹海街道人民调解委员会等300个人民调解委员会“模范人民调解委员会”称号。司法部领导向什刹海街道司法所李桂清颁发了荣誉证书。会后，中央政法委书记孟建柱与模范代表合影留念。

（吉丽洁）

【市领导到西城区调研工作】 10月14日，北京市市委常委、秘书长、政法委书记赵凤桐到西城区调研人民调解工作。实地查看了协会日常运转情况，听取了协会会长彭淑媛就协会整体工作情况、规范化建设、经费保障和队伍建设等方面情况的汇报，并查看了人民调解规范化卷宗。广外街道红莲中里社区书记、“全国模范人民调解员”成秉亮就红莲中里社区“阳光调解工作室”及从事基层调解工作的体会进行了汇报。赵凤桐充分肯定了人民调解工作在维护社会和谐稳定中的重要作用，强调应将西城区人民调解员协会的经验做法向全市进行推广，充分发动各级各类人民调解组织与广大人民调解员的工作积极性，进一步做好人民调解工作，适应经济社会发展需要，为基层群众维护自己权益，促进社会和谐稳定提供优质高效的人民调解服务。

（吉丽洁）

【“12·4”普法宣传日系列活动】 西城区以“做讲法制守秩序的好市民·共筑伟大中国梦”为主题，组织开展了为期四天的“五个一”普法系列活动。即：一堂普法大课——11月28日，邀请区人民调解协会副会长刘跃新就“如何预防常见的婚姻家庭财产纠纷”为200余位社区居民开展了一场司法大讲堂活动；一场短剧大赛——12月1日，第十四届“西检杯”青少年法制短剧大赛开幕，辖区各中学的近百名选手现场表演自编法制小短剧，增强未成年人的法律知识；一场法制电影——12月2日，为近千名市民免费放映法制影片《城管局长》；一轮法制演出——12月3日在北京市军队离休退休干部宣武活动中心举行法制文艺演出，辖区各行各业的普通市民表演了以法制为内容的小品、相声、歌舞、戏曲联唱等作品，区统计局、地税局的工作人员以及律师和公证员现场为群众提供免费法律咨询服务，区法制宣传教育领导小组对区十大惠民品牌以及优秀法制文艺节目进行了表彰和颁奖；一次万人签名——向全区所有公民发起征集签名活动，近万名市民在“做讲法制守秩序的好市民·共筑伟大中国梦”的宣传板上留下了自己的名字。

（吉丽洁）

交通管理工作

【概况】 北京市公安局公安交通管理局西城交通支队（简称西城交通支队）是西城区道路交通安全管理的职能部门，支队下属8个执勤大队（府右街大队、西单大队、西四大队、西外大队、六部口大队、樱桃园大队、广安门大队、机动大队）和5个职能部门（办公室、勤务指挥处、安全监督管理大队、事故处理大队、秩序管理大队），主要职责是对道路交通依法进行管理，主要承担全区道路交通秩序管理、交通安全宣传、交通事故处理和特勤警卫等工作任务。西城交通支队严格贯彻区委、区政府和市局、交管局党委的各项工作部署要求，紧密围绕承担任务实际，突出区域特点，坚持以各项安保活动为中心，突出日常管理，狠抓执行落实，认真履行职责，积极开拓进取，统筹谋划业务工作，扎实推进支队整体各项工作稳步开展。年内，共完成各类勤务8740起，出动警力152948人次。共处罚各类交通违法共79万余起。共制定交通优化方案142个，已落实方案125个，对40处路口、路段进行交通组织优化，对部分道路的78处点段完善了交通设施。增设信号灯5处、增设交通标志601面、增设中心护栏628扇、机非隔离小护栏1773扇、便道护栏1884扇、便道桩291根。共处置各类突发事件545起。全年拥堵报警同比去年下降36%。

地址：西城区赵登禹路303号

邮编：100034

电话：68399201

（李关毅）

【完成中心工作任务】 西城交通支队党委带领全体干部民警牢固树立政治意识、责任意识、大局意识，认真履行岗位职责，确保了“两节”“两会”“六四”敏感日、十八届三中全会、防恐维稳及中央首长、外宾勤务等重大保卫活动的圆满完成。在各项交通保卫工作中，细化完善了各项方案预案130余个，落实绿波疏导勤务组织模式，完成了各项保卫任务。在节假日秩序维护工作中，坚持做到精心安排、周密部署、细化措施、强化管控，深入路面检查指导，及时发现问题，消除各类隐患，确保了政治中心区、管界重点地区、敏感部位、旅游景点交通秩序良好，安全通畅。在日常勤务组织中，坚持严格落实绿波疏导勤务组织模式，体现特勤警卫精细化水平，在确保中央首长出行、外宾来访等勤务万无一失的情况下，最大限度减少对社会交通的影响，努力实现勤务交通与社会交通双赢。全年共完成各类勤务8740起，出动警力152948人次。

（李关毅）

【落实高峰交通勤务】 细化措施，把握重点，确保路面管控能力和效果稳步提升。西城交通支队把握重点工作、中心工作，坚持在落实高峰交通勤务、三大秩序整治、防恐反恐维稳、交巡警联勤联动、疏堵治堵上下功夫，通过做到把握重点，细化措施，狠抓落实，确保了管界路面管控能力稳步提升。坚持高峰交通勤务不放松。针对辖区39处拥堵点段，研究制定了《高峰勤务岗位说明书》，细化明确了51个疏导岗位的岗位职责，确保辖区整体疏堵绿波效应的形成，竭力缩短早晚高峰拥堵时间。强化视频巡检力度，对辖区内3000余个电视监控探头进行了详细统计分类，确保及时发现、快速布警、妥善处置各类突发事件、意外情况，全力提升辖区整体管控效果。全年拥堵报警同比上年下降36%。

（李关毅）

【开展交通秩序整治】 整合优势资源，科学安排警力，强化多警联动，集中攻坚克难，实施动态打击，始终保持对重点违法行为及影响交通秩序环境的痼疾顽症的严管高压态势，全年共处罚各类交通违法共79万余起，最大限度地保持了管界交通秩序良好。强化政治中心区管控，加强培训演练力度，严格落实“一号行动”计划，加大对外埠进京车辆、摩的残三、老年代步车的查控力度，加大执法力度。全年共处置各类突发事件545起，确保了政治中心区的安全稳定。

（李关毅）

【交、巡警联勤联动】 建立培训练兵长效机制，有针对性的强化交、巡警工作职能的互补。制定了遇有“红色警示报警信息”的具体操作流程。搭建交巡联勤指挥平台，在分局指挥中心大厅设立联勤指挥席。强化交通巡逻车组与巡警警务站的沟通联络，开展街面实时警情会商研判，联合执法整顿。完善电视监控视频资源共享，将交通拥堵、交通事故、治安事件、维稳防控一并纳入监控巡检范畴。

（李关毅）

【道路优化渠化工作】 不断完善路口、路段优化渠划，科学挖掘道路潜力，不断提高秩序管理的规范化、交通组织的条理化和交通设施的人性化，营造便利畅通的出行环境，全力服务于区域经济建设和社会发展需要。年内，共制定交通优化方案142个，已落实方案125个，对40处路口、路段进行交通组织优化，对部分道路的78处点段完善了交通设施。增设信号灯5处、增设交通标志601面、增设中心护栏628扇、机非隔离小护栏1773扇、便道护栏1884扇、便道桩291根。

（李关毅）

【道路交通安全监管工作】 西城交通支队秉承“全心全意为人民服务”理念，坚持从安全监管、事故预防、矛盾化解等多方面入手，最大限度争取人民群众对交通管理工作的理解和支持，促进和谐警民关系的构建和维护。强化监管，宣传到位。全年共对4243家社会单位及专业运输单位采取限期改正措施，对2192家社会单位及专业运输单位采取禁止机动车上路行驶措施，对连续发生严重违法、违法超标的12家专业运输单位采取挂“重大交通安全隐患单位”警示黄牌措施。利用报纸、电台、电视台、网络等多种渠道，针对不同群体开展形式多样的社会化安全宣传活动，有效提高广大群众的交通安全意识。

（李关毅）

【事故处理和事故预防工作】 做好事故快清快处，并对事故分析研判，精准掌握管界多发点段实际情况，提高警力效能和处警效率。定期召开事故预防工作会，组织管界交通隐患排查工作，全年治理市级挂账隐患5处，自行排查治理交通安全隐患13处。落实重大事故每案分析，建立多发事故预警机制，注重同月、同时期、同季节一般程序事故对比，查找共同点及突出点，制定工作措施，提前预警事故多发车型、多发人员、多发道路，明确整顿重点。

（李关毅）

【提升服务化解矛盾】 以移动车管上门服务为契机，不断提升服务水平与服务质量。依托人民调解委员会，开展矛盾化解工作。建立矛盾化解实施预案，成立由责任单位、事故大队、信访部门联合联动化解小组。落实首问责任制，建立24小时无接缝解答模式，对涉及事故类信访矛盾案件，明确告知完成时限、主动预约事故当事人，加强与相关部门的沟通协调，听取当事人诉求，有效化解矛盾，和谐警民关系。全年成功化解华泽平等信访案件24件。

（李关毅）

【队伍建设】 西城交通支队始终严格按照局党委的工作部署要求，抓好队伍思想政治工作，狠抓队伍建设，尊警爱警，发挥好党建、队建的促进作用。强化群众路线教育实践活动开展。支队高度重视、精心谋划，在听取意见建议环节，深入基层、创新形式、拓宽渠道，对内共征求意见建议26条，涉及队伍管理、尊警爱警、干部管理及党委班子开展教育实践活动4个方面。同时，支队党委班子着眼于作风建设，重点对照“四风”问题，开展自我检查、自我剖析，深入查摆分析队伍中存在的突出问题，结合工作实际，制定整改措施四类13条，确保群众路线教育实践活动取得实效。强化战时党建。秉承“党建带队建”工作理念，结合管界实际和队伍现状，创新党建工作形式，充分发挥战时党建的核心引领作用，开展好战时党建“五个一”活动，扎实做好重大保卫活动期间战时党建工作，全面提升全体党员干部民警的责任感、使命感。强化刚性管理。对各级干部坚持严管与关爱有机结合，肯定成绩鼓舞士气，批评指正明确方向，严格落实谈心谈话制度，指出优点和不足，提出可行建议。“两会”期间，启动战时纪律监督保障机制，落实战时责任追究，督促干部履职尽责。

（李关毅）

军　事

武装部工作

【概况】　中国人民解放军北京市西城区人民武装部（简称区人武部），受北京卫戍区和中共西城区委、区人民政府双重领导，负责西城区的军事工作，既是中共西城区委的军事指挥机关，又是区人民政府的兵役机关。现编制现役军官12人、士官1人、职工19人，编制等级为副师级。设部长、政治委员、副部长兼军事科长各1人，下辖军事科、政工科、后勤科。下辖街道人民武装部15个，企事业单位及院校人民武装部121个，专（兼）职人民武装干部153人。区人武部被北京市人民政府和北京卫戍区分别评为“先进人民武装部”和“征兵工作先进单位”。10月，区委书记王宁被北京军区评为“党管武装先进个人”。

地址：西城区教子胡同14号

电话：66187322

邮编：100053

（王红光）

【政治理论学习】　年内，区人武部紧跟党的理论创新步伐，按照“五步法”要求，筹划组织党委机关理论学习，传达学习党的十八大和十八届二中、三中全会精神。2月，组织开展了“学习贯彻党章、弘扬优良作风”教育活动。3月，根据军区理论宣讲团“两史一论”内容开展“坚定信念、铸牢军魂”主题教育活动。采取录像辅导、学习讨论、体会交流和宣传展栏等形式，引导大家从理论实践、历史现实相结合，坚持中国特色社会主义道路，为实现中国梦、强军梦做贡献。7月，组织开展“四反”教育和隐患排查治理活动。通过政治考核、内部摸排、敌社情调研和网络管控方面，全面清查纠治隐蔽斗争和“四反”工作中存在的问题隐患，打牢抵御防范敌对势力渗透，提高政治警觉，确保内部纯洁。8月，组织了学习贯彻习主席视察北京军区时的重要讲话宣传教育。

（王红光）

【民兵整组工作】　根据北京军区、北京卫戍区综合防卫作战方案要求和北京市民兵整组工作指示精神，2月25日，区人民武装部组织召开民兵整组工作会议。对民兵担负的作战任务，进一步优化编组布局，调整兵员结构。全区共编组普通民兵6000人，基干民兵8000人（其中基干民兵建有应急分队、支援分队和储备分队三类队伍36支），民兵应急队伍1520人，支援队伍4820人，储备队伍1660人。各街道均建有50人的应急分队，集中建立区属100人应急分队。年内，按照“建在身边、抓在手中、用在关键”的目标要求，扎实抓好常备应急力量建设，具备了覆盖全区的快速反应能力。

（王红光）

【全民国防教育】　年内，区人武部充分发挥国防动员联系经济建和国防建设的桥梁纽带作用，积极开展军民合建共用，推动基础设施、人才队伍和科技教育等领域军民融合发展，普及深化全民国防教育。组织“国防教育宣讲团”宣讲辅导，定期开展知识竞赛、文艺演出和“军事日”“军营开放日”活动，努力营造全区干部群众关心支持国防和军队建设的良好环境。加大国防教育宣传力度，在《北京西城报》刊发国防教育和双拥稿件100余篇，宣传推广双拥经验20余次，树立国防教育和双拥典型70余个，表彰先进单位274个，先进个人188名。8月，区四套班子领导到总装备部轻武器研究所参加“军事日”活动，参观轻武器展室、体验狙击步枪实弹射击。9月21日，区人武部组织15个街道分别设立国防教育宣传点开展全民国防教育日活动，共发放宣传材料4万余份。

（王红光）

【征兵工作】　2013年征兵时间由冬季征兵改为夏秋季征兵。按照北京市征兵办公室统一部署和要求，6月19日，区征兵办公室组织召开征兵领导小组会议，全面开展征兵工作。7月23日，召开征兵工作动员部署会议，副区长吴铁男宣读了《北京市西城区人民政府2013年夏秋季征兵命令》，区长王少峰对征兵工作提出要求。全区上站体检721人，基本合格321人，基本合格率38.03%，征集兵员321人(男兵295人、女兵26人)。其中中国人民解放军201人，中国人民武装警察120人。大专以上文化程度214人，高中（含职高、中技、中专）115人，党团员217人，新兵文化、政治素质比往年有明显的提高。

（王红光）

【党管武装工作】　年内，区委研究制定党管武装实施细则，落实党委议军、现场办公等党管武装工作制度。研究解决国防教育主题公园建设、制定征兵优待政策、区人武部办公营区改造等重难点问题。将党管武装纳入基层党建考核评比，有效促进了基层武装工作落实。2月21日，召开民兵工作会议，15个街道工委书记作了党管武装工作述职。区人武部大力宣传武装工作先进典型，在军地报刊发表通信26余篇。10月，区委书记王宁被北京军区评为“党管武装先进个人”。

（王红光）

【军事设施保护】　根据北京市军事设施保护委员会通知精神，3月，区人武部对全区84家军事单位进行了调查审核，对40家具备军事设施保护区域的军事单位重新进行了划定申报，经北京市军事设施保护委员会批准，划定西城区军事设施保护区域29家（其中军事禁区5家、军事管理区24家）。7月，对军事设施保护牌进行了更换。

（王红光）

【战备执勤和维护稳定】　年内，区人武部以“驻守首都、热爱首都、保卫首都、建设首都”教育实践活动为载体，组织民兵参加生产建设、战备执勤和维护社会稳定。共出动民兵14000余人次，圆满完成了“两会”“6·4”“7·5”“党的十八届三中全会”等重大活动和特殊敏感时期的执勤维稳任务，处理突发事件76起。组建了1000人的防汛抢险队伍和800人的扫雪铲冰应急分队，落实防汛防灾备勤工作。

（王红光）

【预备役登记】 9月，北京卫戍区部署预备役登记工作，区人武部分别设立军官预备役登记和士兵预备役登记点，安排工作骨干负责，登记转业军官450人，其中国家机关安置85人、北京市安置274人、西城区安置91人；登记退伍军人296人（士官29人、士兵267人）。

（王红光）

【军事志出版】 北京卫戍区赋予区人武部编纂《北京市西城区军事志》和《北京市宣武区军事志》两部军事志出版任务。区人武部党委高度重视，从人员、经费等方面加强保障，在收集资料、制定篇目、初稿编纂、修改补充、上报送审等环节严格把关。区党政军领导大力支持，区委书记王宁、区长王少峰为书作序，区史志办提供了大量文献资料，保证了志书顺利进行。12月，两部军事志由北京出版社出版。

（王红光）

【后勤保障工作】 4月，全军军用车辆号牌进行了更换，区人武部根据北京卫戍区统一部署更换了军车号牌，严格落实车辆安全管理。10月，区人武部按照区委、区政府要求，对南区办公营房进行了装修改造，工程总投资800余万元，重点改造了营区环境和信息化建设。年内，区人武部贯彻落实中央八项规定精神、加强和改进作风建设，坚持党委理财制度。11月，北京军区、北京卫戍区审计部门工作组对区人武部财务管理情况进行了审计，在北京卫戍区后勤部审计工作会议上，区人武部受到通报表彰。

（王红光）

【党委班子调整】 12月19日，北京卫戍区副司令员邵亭来区人武部宣布人武部党委班子调整命令。原部长陈华良退休，蔺伟任部长，区委常委、人武部政委李书兵主持会议，区委书记王宁参加会议并作了重要讲话。

（王红光）

双拥共建工作

【概况】 西城区双拥共建工作领导小组由80名成员组成，下设办公室（简称双拥办）承担区委、区政府和驻区部队领导双拥共建工作的参谋助手、军地关系的桥梁纽带和基层双拥共建工作协调指导职能。年初，区委、区政府、驻区部队合并召开军政座谈会和双拥先进单位、先进个人表彰会，共同谋划双拥工作。纪念建军86周年暨延安双拥运动70周年高潮迭起、形式多样；高标准接受全国双拥办、北京市双拥办对创建双拥模范区考评检查。区委、区政府、区人大、区政协领导及机关带头落实国防教育制度；文化双拥创出特色，基层双拥自主创新实效显著，优抚安置政策全面落实。拥政爱民工作贴近民生，军政军民关系融洽。

地址：西城区宏英园17号

邮编：100032

电话：66124993

（张贻发）

【全民国防教育】 国防教育以爱国主义为核心，以全民为对象，以各级干部和中小学生为重点，整体纳入全民教育、精神文明建设和先进文化建设内容，呈现出领导带群众、机关带基层、军民齐参与发展态势，逐步实现制度化、常态化。年内，全区干部群众以各种形式，学习领会总书记习近平关于“建设一支听党指挥、能打胜仗、作风优良”战略思想，进一步增强了对人民军队性质、宗旨、使命的了解，增强了做好双拥工作对实现强军目标的责任感。区四套班子30余名领导身着迷彩服，冒着酷暑，到总装备部轻武器研究所参加“军事日”活动，听取了部队轻武器研发情况介绍，参观了轻武器展室、体验了狙击步枪实弹射击，与总装政治部和研究所领导进行座谈，并赠款20万元祝贺建军节。由区领导带队，分赴西藏林芝慰问区籍士兵，赴青岛参访“辽宁号”航母，接受国防教育。各街道自主安排机关干部参加军训、举办国防教育征文比赛，组织居民参观部队内务、参加消防技能演练等活动。年内，《北京西城报》刊发国防教育和双拥稿件百篇以上，采取座谈、印发简报形式，宣传推广双拥经验20余次，树立国防教育和双拥典型70余个，表彰双拥先进单位274个，先进个人188名。慈善家李春平向什刹海地区军民捐赠800辆自行车。

（张贻发）

【创建迎检工作】 年内，全国双拥办、北京市双拥办先后下发通知，部署对新一轮双拥模范区创建工作进行考核检查。区委、区政府、驻区部队及时研究四项落实措施：组建以区委王宁书记、政府王少峰区长为组长，区委、区政府、驻区部队主管领导为副组长的“迎检”工作领导小组；研究制定了“迎检”实施方案；从部委办局街道选调12人组成“迎检”办公室；召开军地参加的“迎检”动员部署大会，分解“迎检”任务，提出全员动员、各负其责、边查边改、规范工作、力争“迎检”结果走在全市区县前列的目标，在全区出现了抓迎检、促落实的双拥热潮。9月4日，副区长杜黎彬向全国双拥办检查组汇报西城区新一轮双拥模范区创建情况。11月6日，北京市双拥创建检查组来西城检查，在听取副区长杜黎彬汇报后，检查组分5个小组，分别查阅了双拥档案。

（张贻发）

【文化双拥活动】 全区军民以共圆强国梦、共圆强军梦为主题，纪念建军86周年暨延安双拥运动70周年，开展富有创造性的文化双拥活动。为中央五大媒体撰写8篇纪念征文；首次举办街道双拥艺术团文艺汇演，有34个文艺节目、500余名演员参演，最长者78岁。聘请总政歌剧团原团长陈奎及、著名作曲家孟宪斌、北京京剧院原院长王玉珍、北京市舞蹈家协会副主席阮兰玉、歌唱演员候晓青担任评委，有12个节目分获一、二、三等奖，18个节目获优秀奖。组织获奖节目纪念建军节汇报演出，并举行颁奖仪式；区第一图书馆与驻区25支部队联袂举行以“中国梦·我的梦”为主题的庆“八一”文化联谊活动，以自编自演的歌曲、朗诵、舞蹈、小品、讲故事等多种形式讴歌人民军队，抒发爱党、爱国、共圆强国梦、强军梦情怀；“中学生国防教育中心”带着题有“中国梦”字样的500盏宫灯，分别慰问驻区部队。德胜、金融街、新街口街道协调社会单位捐赠电脑95台，帮助驻街武警中队建起了电脑学习室，满足了官兵求知求学的需要。各街道组织4000余名官兵参观“园博会”、游览长城等文化景点，并组织履行使命宣誓活动。什刹海街道举行第18届创评双拥“五好”表彰大会，并组织远道来京接受表彰的“好家长”“好军嫂”游览京城。

（张贻发）

【落实优抚安置政策】　区委、区政府把军转干部、退役士兵、随军家属就业安置作为检验双拥工作的三条“底线”纳入重要议程，每年投入1500万元支持退役士兵、随军家属就业，有力维护其合法权益。坚持岗前培训到位、跟踪服务到家、思想工作到人，90名军转干部安置到位；坚持岗前培训、订单式培训、定向式培训相结合，自主择业、自谋职业与政府经济支持相结合，239名退役士兵已有211名得到安置；坚持自谋职业与市场选择就业相结合、岗前培训与政府经济支持相结合、主管部门与街道“军嫂之家”配合相结合，168名随军家属就业安置到位。建军节期间，区人保局、区双拥办共同组织“西城区2013年随军家属就业服务月”活动。

（张贻发）

【基层双拥创新】　年内，双拥工作抓基层、抓落实、抓创新形式。什刹海地区组建全区首支军民防汛减灾应急救援队，制定了章程、职责，并请参加过印尼海啸、汶川、芦山地震抢险专家讲解专业抢险救灾知识；驻柳荫街连队率先与28名社区孤老签订帮扶协议，组织驻街30名士兵参加华天餐饮集团举办的军地两用人才培训班；广外街道组织50余名军转干部到海军无土栽培实验基地开展“重走青春路，不忘军营情”活动；西长安街街道协调驻街部队为11个社区选派“穿军装的社区主任”，明确了工作职能；天桥街道虎坊桥社区与东经路消防中队联合建立“综合减灾教育培训基地”；新街口、展览路街道分别组织官兵到园博园和长城游览等。

（张贻发）

【支持部队建设】　春节前，西城区组建6个慰问组，分别对驻区部队进行慰问。区财政局拨款800万元支持部队建设。首次与武警北京总队领导座谈，交流贯彻落实市委专题会议精神、落实与驻区武警一支队、七支队“对口支持、共同建设”工作。2013年，将一支队、七支队每年经费支持额度由过去的一百多万元调整为每年500万元、400万元。每年安排160名部队子女“小升初”。年内，区委、区政府用于拥军优属经费达6000余万元。

（张贻发）

【开展拥政爱民工作】　驻区部队与西城区1800余户孤老签订帮扶协议，定期开展帮困活动。驻区部队连续第7年开展“帮困助残送温暖”活动，春节前筹措35万元，对西城区750户居民进行慰问。派出500人次官兵帮助学生军训，安排1000名官兵组成防汛救灾应急分队，派出1500人次官兵参加铲冰扫雪、植树造林等公益活动。第二炮兵缸瓦市招待所在改建施工中，中国基督教缸瓦市教堂请求二炮招待所帮助解决教堂供暖问题。二炮招待所领导不仅承诺免除近30万元取暖施工费，而且保障免费供暖，这一举措在社会和信教群众中引起很大反响。

（张贻发）

民防工作

【概况】　西城区民防局（简称区民防局），是西城区国防动员委员会的常设办事机构和区政府人民防空工作主管部门，承担西城区人民防空、公共安全宣传教育职能。年内，民防工作突出抓好思想政治建设、安全稳定、依法行政、组织和干部队伍建设，认真落实中央“八项规定”，落实廉政建设责任制和廉洁自律各项规定，深入推进组织指挥、城市防护、宣传教育“三大体系”建设和防震减灾工作，求真务实，开拓创新，完成了年度各项工作任务。

地址：西城区西单横二条2号华恒大厦4层
邮编：100031
电话：88064999

（李显臣）

【应急指挥体系基础建设】　年内，完成了三期高点监控建设通过竣工验收；配合市民防局开展了808指挥所物联网建设施工工作；对全区32台防空警报器进行加电测试及联调，对无线电台进行了检测调试；为区政府电话移机360部，维修90部；对应急物资储备库进行了整合。组织应急培训共计119天；应急指挥车值勤、备勤值班共计24天。

（李显臣）

【防空防灾公共安全宣传教育】　年内，各宣教场所共接待参观6339人次；组织了10名街道宣教场所小教员参加讲解员培训，协助市局拍摄5.12宣传记录片。深入推进“五进入”工作，以“国际民防日”“防灾减灾日”等为载体，广泛开展防空防灾社会宣传活动，发放各类宣传资料和宣传品8万余册（件）。组织了全区“防灾减灾公共安全知识”有奖竞答活动；在奋斗小学开展了防灾减灾宣传进校园活动；开展了“关注弱势家庭、平安送进家门”宣传活动，局领导班子陪同市、区领导走访慰问西长安街街道三户孤老家庭，为700余户家庭发放宣传品、防灾书籍、家庭药箱共计6000余册（件）。防空防灾网增设了“国际民防日”专栏，更新工作信息230条。在《中国纪检监察报》《华北人防》等各类刊物刊用稿件26篇、照片30幅。《北京西城报》以“为百姓撑起防震减灾保护伞”为题对区民防局开展的防灾减灾工作进行了专题报道。

（李显臣）

【人防工程综合整治工作】　年内，继续稳步推进人防工程综合整治工作。制定了2013年综合整治工作方案。年内整治完成工程70处，其中联合区属相关部门综合执法清退工程13处（建筑面积15237平方米，拆除小隔断房间916间，清理散租居住人员1830人），整治转变使用用途工程53处，转普通地下室工程31处，超额完成

48处市局挂账工程。

（李显臣）

【安全监管和专项治理工作】 年内，共检查人防地下室694处，现场整改隐患153个，执法约谈27处。与区相关部门联合执法检查11次，检查重点工程41处。

（李显臣）

【人防工程维护维修工作】 制定了《西城区2013年人防工程治理、维护维修计划》，完成早期工程治理、防空地下室维护维修、工程抢险、回填等任务。

（李显臣）

【人防工程建设管理工作】 年内，办理人防工程行政许可事项55件，认可备案人防公用工程2处，公用工程交接2处。完成去年112处已转普空工程的摘牌工作，续签人防工程使用合同20处，新签合同4处，收取人防工程使用费49处649万元。紧紧围绕“政治、金融、生活”三圈，统筹谋划综合整治后人防工程使用管理，已经提供6处（建筑面积17429㎡）人防工程用于改造汽车库向社会开放，提供车位500余个。

（李显臣）

【人防工程防汛工作】 年内，修订了人防工程防汛应急预案；调整了西城区人防工程防汛指挥部成员，明确了各部门职责；制定了安全迎汛工作方案；召开了人防工程防汛工作动员部署会，对全区人防工程进行了汛前拉网式排查，完善了工程台账信息。提前筹备防汛工作物品，并对人防工程防汛设施逐一点验检查，对抢险设备维护、补充，组织了防汛演练。入汛后，强化了应急值守、情况报告等制度，确保了人防工程安全度汛。整组了7支71人的防汛应急抢险队伍；建立了防汛四色预警值班值守工作机制；准备水泵27台、发电机1台、编制袋4570条、木材100立方等防汛物资；召开防汛工作动员部署会，层层签订防汛责任书；在德胜、金融街街道，分别组织了早期人防工程防汛应急抢险和防空地下室防淹、防倒灌应急抢险综合演练。确保了人防工程安全度汛。

（李显臣）

【人民防空训练工作】 年内，对全体人员进行了培训，全局共完成训练212学时；拟制了《西城区民防专业队整组方案》（初稿）；全员参加了全国人防系统训练比武竞赛预选考试；挑选了8人参加比武竞赛初赛，总评成绩在16个区县排名第二。

（李显臣）

【公共安全志愿者队伍建设】 年内，对全区民防志愿者进行了整组，摸底采集全区2036名民防志愿者的信息。配合市民防局做好利用人防工程建设志愿者活动站的调研工作；做好志愿者管理培训工作；设计制作了西城区志愿者标识牌；为志愿者骨干配发装备；组织志愿者开展了火灾逃生、自救互救的演练。全年培训志愿者2000多人次，为志愿者制作发放应急包2010个。

（李显臣）

【依法行政】 年内，依法查处各种使用人防工程违法行为，行政处罚27起，罚款5.5万元。依法办理建议、提案和信访工作，有效化解矛盾纠纷。办理人大建议1件，政协提案3件、市民防局信访批办单3件、区信访办信访事项交办单4件、市非紧急救助中心转办28件。紧贴民防实际，不断改进完善网上公开透明运行系统建设。按照《政府信息公开条例》及时、准确地公开信息。区民防局19项行政权力全部在网上公开透明运行。

（李显臣）

【防震减灾工作】 完善了地震应急预案，编印了《西城区地震应急预案简易手册》；加强地震应急演练，与区机关工委筹划了驻二龙路区直机关防震减灾疏散救护演练，结合“国际减灾日”在裕中中学及3个社区开展地震疏散演练；筹备召开了区地震应急指挥部第一次工作会议；每季度对全区8处强震仪进行一次安全检查；制作地震应急包2010个；推进地震安全社区创建工作，金融街街道丰汇园社区被中国地震局授予“国家地震安全示范社区”称号。

（李显臣）

【解决历史遗留问题】 年内，解决了历史遗留“创模工程”欠款问题；将民防局原下属企业“天外天劳务服务中心”“洞天旅社”划转到北京华方投资有限公司。

（李显臣）

【规范管理工作】 民防指挥中心、民防信息中心纳入了规范管理，正在争取民防宣传教育中心、民防工程管理中心纳入规范管理工作。

（李显臣）

武警第一支队

【概况】 中国人民武装警察部队北京市总队二师第一支队，前身是保卫中国工农红军前委的3个警卫连之一，组建于井冈山时期。1942年10月20日改编为中央警备团，1983年2月改编为中国人民武装警察部队北京市总队第一支队，1995年7月，改称为武警北京市第一总队第一支队。1999年2月，武警北京市第一、二总队合编为北京市总队，支队番号改为武警北京市总队二师第一支队。2013年，我们始终着眼建设现代化武警，坚决贯彻西城区委区政府和部队各级党委首长的决策指示精神，主动融入西城区“服务立区、金融强区、文化兴区”的战略，紧紧围绕提高部队战斗力这个根本，大力加强思想政治建设，深入学习实践中共十八大、十八届三中全会和中央军委主席习近平系列重要讲话精神，广泛开展创先争优活动和“坚定信念、铸牢军魂，永远做党和人民忠诚卫士”主题教育，圆满完成以执勤处突维稳为中心的各项任务，部队全面建设得到提升，被武警北京总队评为基层建设先进支队。

地址：西城区南礼士路5号

邮编：100037

电话：52828177

（李鉴树）

【思想政治工作】 坚持把思想政治建设摆在首位，突出抓好党的十八大、十八届三中全会精神和中央军委主席习近平系列重要讲话的学习贯彻。广泛开展主题教育和强军目标系列教育，部队思想根基更加牢固。积极打好意识形态斗争主动仗，跟进任务严格考核考察，覆盖抓好心理测查疏导服务，确保了官兵绝对纯洁可靠。积极开展双拥共建工作，北京市副市长丁向阳、市民政局局长吴世民、人力资源和社会保障局副局长陈蓓、市民政局副局长霍军、区人大刘跃平主任，区政协主席曹长胜，区委常委、区组织部章冬梅部长等领导先后到支队慰问指导工作，进一步密切了警政警民关系。“橄榄绿赞歌”老兵复退文艺汇演，深受官兵欢迎。全年有103篇新闻稿件被《人民武警报》、新华网等多家媒体刊载。

（李鉴树）

【完成执勤训练任务】　落实新颁发《执勤规定》，推进固定目标“四防一体化”和“三防”建设，突出重中之重要求，加强对首长住地的分类指导，确保了重中之重绝对安全。严密组织参加“卫士—13”演习、兵力抽组演练、勤训轮换和预提士官集训，积极推进基地化训练，狠抓特色分队、应急班及“三战”分队建设，军事核心能力得到提高。坚持领导靠前、精心筹备、严密组织，先后圆满完成了全国政协新年茶话会、全国“两会”、党的十八届三中全会安保等重大临时勤务，扎实做好了“4·25”、“6·4”、“9·18”等敏感时期社会面维稳工作。十六中队战士方磊在执勤中荣立个人二等功，41人荣立个人三等功。

（李鉴树）

【部队安全管理】　坚持依法从严治警，狠抓精细化管理，部队正规化建设质量得到提升，“四个秩序”日趋正规。突出重大节日、敏感时期和季节时段的安全管理，分阶段开展安全竞赛和安全大检查活动，狠抓重点问题治理，部队安全底数进一步增强。坚持挖雷排险和周思想安全形势分析常态化落实，细致做好三个“一人一事”和“三查一除”工作，支队连续15年实现安全稳定。

（李鉴树）

【后勤综合保障】　按照现代化后勤建设要求，狠抓后勤人才队伍、基础设施和保障能力建设，不断提高综合保障效益。围绕遂行任务后勤保障需要，跟进做好应急物资筹备、车辆检修保养、军需装备保障和医疗巡诊服务等工作。着眼官兵所需，在首长住地积极推进“612”伙食保障模式，各类经费物资核拨及时，军人保障卡数据平台初步建成。争取西城区专项资金500余万元，对新训基地路面和支队操场进行了硬化改造。

（李鉴树）

【党委班子建设】　坚持党委中心组理论学习制度，贯彻民主集中制原则，党委依法民主科学决策。贯彻改进作风各项规定，开展“五超”治理和基层风气专项整治活动，研究制定并严格落实了46条《细则》和《公务用车规范》。结合重要节日和敏感时期，组织廉政公开承诺活动，以党委机关的模范带头促进基层风气的转变。大力加强干部队伍建设，加大日常教育管理力度，端正选人用人导向，提前完成年度转业干部安置任务，特困补助等暖心工程深入人心，干部休假率达到了100%。

（李鉴树）

武警第七支队

【概况】　中国人民武装警察部队北京市总队二师第七支队，始建于1949年6月，当时番号为北平市人民政府公安局公安总队第1团。1962年5月，改称中国人民武装警察总队第2团。1966年6月7日，改称中国人民解放军北京卫戍区警卫第二师7团。1969年12月27日，改称为警卫第二师第5团。1979年1月，改称为第7团。1983年2月转隶为武警北京市总队第七支队。1995年7月，改称中国人民武装警察部队北京市第一总队第七支队。1999年2月，支队番号改编为武警北京市总队二师第七支队。同年6月，后勤处调整为正营级。2005年6月，四大队十六中队撤编，运输队降为汽车运输排，成立勤务汽车中队。支队下设司令部、政治处、后勤处，下辖4个大队、15个建制中队及勤务中队、卫生队等直属分队。防区分布在西城、崇文、朝阳、丰台、海淀、和大兴6个区，主要担负警卫、守卫、看押、看守以及武装巡逻等任务。

地址：西城区珠市口西大街133号

邮编：100050

电话：52824726

（左东汻）

【思想政治工作】　年内，开展“坚定信念、铸牢军魂”主题教育和学习“习主席视察总队时重要讲话系列教育活动”，《聚焦强军目标、催生战斗精神》教育做法被总队转发。大力加强政工网建设，注重用网络平台励志育人，《着眼时代特点、加强网络文化建设》和《充分发挥信息网络作用、不断提升思想政治教育的质量效益》在总队作了交流发言，支队先后被总部表彰为“人才培养先进单位”“新闻工作先进单位”，被总队表彰为“网络政治教育先进单位”。四中队指导员杨新维被总队评为“十佳优秀四会政治教员”。

（左东汻）

【完成执勤维稳任务】　全年累计用兵9万人次，完成临时勤务1800余起，“卫士-13”兵力抽组演练和处置“5·8京温”事件受到武警总部和总队首长多次肯定。筹措资金560余万元，高标准完成33处目标城域网建设任务。坚决落实42号文件精神，顺利撤收证券分厂、长话局2处目标。“两个试点”（训练条件试点建设、伸缩警棍试点）、“一部录像片”（《执勤部队兵力抽组方式研究》）得到总队首长高度肯定。特勤（防暴）分队在总队实战化比武竞赛中夺得3个科目第一，总评成绩第五，获集体二等功。支队被总队表彰为“正规化执勤优秀单位”，司令部被师表彰为“先进支队机关”，三、七中队被师评为“军事训练先进中队”，一中队排长张成博被武警部队评为“优秀教练员”。

（左东汻）

【安全管理工作】　年内，开展“2·2”案件反思和“条令学习月”“学法规、用法规、守法规”和“正秩序、严管理、保安全”活动。完成正规化试点任务，得到总队领导充分肯定。投资10余万元为211名干部配备保密手机，及时中退1名精神病患者和1名违纪士官，安全隐患得到了及时化解。全年两次新训任务完成出色，受到了师表彰。

（左东汻）

【基层部队建设工作】　组织学习总队党委2013年1号文件，坚持按“机关按纲指导、基层按纲抓建、官兵按纲争优、年终按纲考核”抓基层打基础，推动了基层建设整体上升。七中队连续7年被总队表彰为标兵中队，荣立了集体三等功。四大队被师表彰为先进大队，多年未进入先进的二、六中队，在总队、师的重点帮扶下，进入先进行列。全年有600余名基层官兵受到各级奖励表彰。开展“追根溯源、总结队魂”和“创家业、蓄家底、藏家珍”活动，七中队荣誉室建设受到总队表扬。

（左东泞）

【后勤服务保障工作】 贯彻总部“天津会议”精神，推动后勤建设创新发展。协调现代后勤建设资金210余万元，5个先期达标中队（1、3、7、9、14中队）按时完成建设任务。推进劲松、方庄两个家属院物业化管理，走在了全总队前列。军人保障卡办公室按时高标准建成，与10家单位的应急保障协议顺利签订，为基层18名战士妥善办理评残鉴定和医疗补助手续，取得师后勤专业训练考核总评成绩第二，累计动用车辆3800余台次，安全行程83万公里。支队被总部表彰为“创建健康警营达标单位”，后勤处被总队表彰为“财务业务汇审优秀单位”，师表彰为“先进支队机关”。

（左东泞）

【班子建设】 持续开展“办实事、解难题、抓落实”活动，先后为12名随军干部分配住房，88户随军干部和双军人家庭发放生活补助28万余元，34户随军无住房家庭发放补助40余万元。先后投入6.4万元组织转业干部就业培训，为转业干部制作简历及党委推荐书80余份，16名在京转业干部得到满意安置。拆除违建房屋1228间，清理出租土地3.3万余平方米，1名滞留部队22年的老干部顺利移交。

（左东泞）

【编制体制调整】 年1月1日，机关及直属队编制调整，司令部新增装备股，原警通中队、勤务中队、运输排合并为勤务中队。

（左东泞）

【执勤目标调整】 按照总队、师统一部署，3月28日二大队五中队证券分厂执勤点撤收；5月10日，二大队八中队长话局执勤点撤收。

（左东泞）

【总部领导看望慰问官兵】 11月28日，中央军委委员、总政治部主任张阳到武警北京市总队二师第七支队一中队中央电视台总部看望慰问官兵，参观了部队营区并深入了解中队全面建设情况。

（左东泞）

（责任编辑 华大友）

功能街区建设　重大项目建设

功能街区产业发展促进局

【概况】　北京市西城区功能街区产业发展促进局根据《中共北京市委办公厅北京市人民政府办公厅关于印发<北京市西城区党政机构调整设置方案>的通知》（京办字〔2011〕5号）及《北京市机构编制委员会办公室关于同意西城区功能街区产业发展促进局更名的函》（京编办行〔2012〕163号）精神，于4月更名为西城区功能街区产业发展投资促进局（简称区功促局）。区功促局是主要负责西城区功能街区发展建设和产业促进及全区投资促进工作的政府工作部门。根据机构设置的调整将原有的中关村科技园区德胜科技园管理委员会办公室职能划出，将区商务委负责的全区招商引资项目的收集和推介工作职能划入区功促局。区功促局下设办公室、综合科、产业科3个科室，行政编制15人，在职人数23人，其中借调“5+2”机构7人。年内，区功促局围绕区委区政府赋予的职能职责，积极谋划，统筹协调，优化服务发展环境，组织协调大型产业促进活动，推进重点项目落实，有效促进功能街区发展。

地址：西城区西直门南小街20号社保大厦520室

邮编：100035

电话：66206294

（陈　娟）

【十大功能街区经济分析】　年内，十大功能街区（金融街、中关村西城园、广安产业园、什刹海历史文化保护区、阜景历史文化街区、琉璃厂艺术品交易中心区、天桥演艺区、西单商业区、大栅栏传统商业区、马连道茶叶特色商业区）共有法人单位16518家，同比增长10.1%，占全区法人单位总数的52.5%；资产总计405125.9亿元，同比增长39.2%，占全区法人单位资产总计的56.8%；累计完成固定资产投资额59.3亿元，同比下降47.4%；实现收入合计10535.4亿元，同比增长37.3%；实现利润总额3290.9亿元，同比增长26.9%；实现三级税收3418.3亿元，同比增长22.7%，实现区级税收247.8亿元，同比增长4.3%，占全区比重分别为90.6%和72.5%。

（姚　远）

【“商道”产业发展规划编制】　年内，制定“商道”规划编制工作方案，并组建规划编制工作领导小组，成立空间规划、产业发展2个工作组，召开“商道”规划编制工作协调会。规划编制过程中，课题组对“商道”8.7公里范围内所有主路及重点支路边的商铺状况开展调研，采集商铺样本共计1559个，数据点14157个，访谈了区商务委、西长安街街道、新街口街道、椿树街道、什刹海阜景街指挥部等相关单位；先后与崇光百货、汉光百货、大悦城、新华百货等7家重点商户座谈；与已有商业开发项目如西都地产、兆泰地产进行接洽，了解项目的定位及进展情况。最终形成《北京市西城区“商道”整体概念设计报告》和《北京西城区“商道”市场调研报告》。

（姚　远）

【区领导调研马连道街区】　8月5日，区委书记王宁、区长王少峰到马连道茶叶特色商业区调研，实地察看茶缘茶城、京华沅茶城、自来水地块、马连道北里地块的运营情况并与商家座谈，到广安门外街道办事处听取相关委办局和街道有关产业提升、街区管理、茶交易中心建设等相关内容汇报，与会领导进行了交流座谈，王少峰强调要从大背景下重新认识马连道的再发展，围绕茶产业发展、优化发展环境、实现可持续发展、创新工作机制、项目引领、品牌提升等方面进一步做好马连道街区的综合提升工作。王宁强调要进一步统一认识，聚焦马连道街区的发展；加强统筹，做好规划、促进产业结构优化；进一步拓宽视野，统筹发展、统筹资源，完善基础设施建设，通过马连道特色商业区的建设带动区域发展；注重文化品质挖掘和生态环境建设。

（张丛岭）

【马连道茶叶特色商业区规划编制】　年内，推动马连道茶叶特色商业区规划编制工作，明确通过区域内产业结构、城市功能与空间布局的整合与提升，推动马连道特色商业街向马连道茶产业特色功能区提升；通过引入茶产业“食品、健康、生态”新的发展理念，研发、推广与主导“中国茶产业马连道标准”，打造“马连道”品牌竞争优势与国际化，实现马连道茶产业特色功能区可持续发展。

（张丛岭）

【西单商业区地下空间开发研究】 年内，通过调研、走访、座谈，针对西单商业区存在的交通、环境等问题，结合“商道”建设提出的“一道两中心三发展带”的新思路、新要求，完成关于西单商业区地下空间开发利用的研究报告。

（王　霞）

【西单商业区建设】 年内，配合国家民委推进西单33号院文物保护修缮项目，加快文物腾退工作。派驻工作小组入驻民族大世界展开工作，建立有效的工作机制，梳理有关法律关系，制定商户补偿方案、舆情应对方案和维稳方案。民族大世界现场保障工作小组共召开调度会140余次，清退商户247户，注销营业执照148个，封闭围挡100余米，累计拆除违法建筑51户，建筑面积5798平方米。同时发挥西单联席会制度的作用，协同解决涉及城市管理、环境建设、业态提升等方面存在的问题。

（陈　娟）

【重点项目及重点企业服务工作】 年内，建立企业服务的“绿色通道”，抓好政策咨询、选址服务等关键环节，为重点投资企业提供全方位服务。协调中国出版创意中心项目落户国家数字版权基地；推进完成中国版权保护中心入驻天桥艺术大厦；完成协助罗森集团入驻西城区等多项企业服务工作。草拟关于《西城区人民政府与国家电网公司战略合作协议书》框架协议，主要包括棉花片危改区A6地块的开发建设、国家电网节能服务公司入驻西城区的政策兑现等4方面内容。同时根据“一企一策”原则，会同区金融办依据《关于促进首都金融产业发展的意见实施细则》，为国家电网节能公司提供注册资本金奖励、租房补贴、子女入学、办公选址等9项政策支持。

（陈　娟）

【信息化工作】 年内，开展西城区楼宇调研工作，完成对区内261座楼宇的房源监控及入驻企业调查工作。开展西城区功能街区数据整合分析系统的建设工作，与相关单位对功能街区的四至范围进行界定，同时重点对楼宇经济进行统计分析。年内门户网站、楼宇经济分析、产业发展测试分析、GIS分析系统（地理信息系统）的建设取得阶段性成果，为功能街区的发展提供及时准确的数据分析奠定基础。

（陈　娟）

【投资促进工作】 年内，坚持“以项目引领活动，以活动落实项目”，主动策划、积极参与以环境推介、政策宣传、商机发布、项目洽谈为重点的各类投资促进活动。坚持“政府搭台、企业唱戏”，与区发展服务中心举办“驻京中外知名企业投资西城行”，组团参加第十七届“京港会”、第十七届厦门“投洽会”等投资促进活动，西城区在由香港大公报主办的第二届“中国最具海外影响力市区”评选活动中，获“中国最具海外影响力明星区”称号。同时配合区商务委办好“马连道国际茶文化节”等大型活动，并与区发展服务中心共同承办“全国茶艺表演大赛”。

（陈　娟）

【参加中国国际投资贸易洽谈会】 9月8至11日，第十七届中国国际投资贸易洽谈会（简称投洽会）在厦门国际会议展览中心举行。区委常委王旭率西城团参会。本届投洽会，西城区以“携手西城赢发展、同心共筑中国梦”为主题，携房地产、文化创意、信息传输、计算机服务和软件业等16个项目与近700家投资方进行洽谈和对接，项目涉及总金额近200亿元人民币。通过参加北京市投资说明会、北京展区展览展示、项目对接会以及精品项目路演等活动，多角度宣传、推介西城区资源。此外，还组织马连道品牌展，首次在京外宣传推介马连道“中国茶叶第一街”。

（王　霞）

【参加京港经济合作研讨洽谈会】 10月23至24日，第十七届京港经济合作研讨洽谈会在北京举行，本届洽谈会以“产业引领、创新驱动、转型发展、共创繁荣”为主题。西城区发挥在金融、文创、商贸等方面的资源优势，参加开幕式、京港金融服务合作专题活动、京港文化创意产业专题活动和京港文化创意产业项目推介洽谈会，重点推介包括天桥艺术大厦、金融街广安一期在内的12个项目，内容涵盖金融、科技、文化等方面。从2012年12月到2013年6月，香港到西城投资设立企业13家、合同外资2.34亿美元，实际投资1.24亿美元。

（王　霞）

北京金融街建设指挥部

【概况】 北京金融街建设指挥部（简称金融街指挥部）是负责统筹协调推进金融街规划、建设、管理、发展工作的常设临时性机构。内设4个处室，分别是办公室、综合规划处、项目建设处和产业发展处。年内，金融街指挥部按照“深入研究、超前谋划、靠前参与、提前完成”的工作思路，推进各项工作稳步有序开展。加快完善规划体系，推进金融街科学发展。坚持“规划先行”的工作理念，推动《北京金融街（2011—2020年）建设发展规划纲要》，以及产业发展、交通战略、城市空间三个专项规划的编制工作，着力搭建和完善“1+3+N”的规划体系。项目搬迁建设取得阶段性成果。完成新兴盛危改项目、宏庙危改小区等9个项目686户居民的搬迁工作，做好华嘉项目、丰盛西区C区项目等拟入市项目的前期准备工作，推进月坛回迁楼项目、金融街E9项目等在建和竣工项目的施工进度。做好金融街A1项目、金融街F10项目等新开工项目的筹备工作。加大产业与在建项目的对接力度，做好资源置换工作。为更好地满足大型金融机构的入驻需求，金融街指挥部完成与北京农商行、招商银行和银行间交易商协会、北京市国有资产管理中心、中国再保险集团、太平洋保险公司等金融机构的对接安置。同时，全面盘点8平方公里470栋楼宇资源，初步筛选确定29个资源置换项目。其中三里河北街等重点置换项目取得积极进展。

地址：西城区金融大街1号金亚光大厦A座8层

邮编：100032

电话：63508199

（韩　冬）

【参与“走进金融街”活动】　2月1日，区领导苏东、孙硕、白力出席2013年全国青联金融界委员“走进金融街”活动，活动在西城区人民政府、北京金融街建设指挥部和北京商银信商业信息服务有限责任公司的支持下举办，全国青联委员、区政协常委、北京商银信商业信息服务有限责任公司董事长林耀主持会议。活动中，金融街指挥部介绍了西城区情、金融街发展的成就和金融街建设发展规划，与会委员与区领导进行了面对面研讨和交流。

（韩　冬）

【与大唐集团签署合作备忘录】　2月19日，西城区政府与中国大唐集团公司签署合作备忘录，合作开发建设金融街F10项目，区领导王宁、王少峰、苏东、郭怀刚、王功伟、孙硕、白力出席签约仪式。王宁指出西城区与大唐集团合作建设商业金融办公楼宇，将成为政府支持驻区大型机构总部业务发展，实现强强联合、优势互补、携手共赢的一次合作典范，西城区将进一步加大服务力度，统筹协调资源，力争项目早日实现开工，以有效提升金融街高端要素聚集，努力实现北京市第十一次党代会上提出的“充分发挥金融街的国家金融中心功能，加快建设具有国际影响力的金融中心城市”的要求。王少峰和大唐集团副总经理邹嘉华代表双方在合作备忘录上签字。

（韩　冬）

【推进金融街建设项目】　3月19日，市政府副秘书长张玉平召开金融街建设项目专题调度会，研究国开行、广安一期、月坛回迁楼、大吉BCD、新兴盛和月坛体育场等重点项目的相关事宜。市重大办副主任王劭卿，区领导苏东、白力出席会议。会议要求市、区相关部门就项目遇到的重点问题，加快审批，确保按期推进。4月8日，北京市金融街建设领导小组在市政府召开金融街重点项目专题会，市委常委、市委组织部部长吕锡文，市委常委、副市长陈刚，市政府副秘书长张玉平，市委组织部副部长闫成听取西城区关于金融街建设重点项目工作的汇报，原则同意西城区关于新兴盛项目、月坛体育场馆改扩建项目、广安一期项目、金融街交通规划等项目的方案。7月26日，北京市金融街建设领导小组在市政府召开金融街重点项目专题会，吕锡文、陈刚、张玉平、闫成听取西城区关于金融街建设重点项目工作的汇报。会议要求，加快推进金融街重点项目的建设进度，在工程整体设计方案中注重节能环保技术运用，把金融街建设成为全国节能环保样板工程。

（韩　冬）

【加强与区人大政协联络】　5月3日，区长助理、北京金融街建设指挥部常务副总指挥白力主持召开党派提案答复会，现场答复九三学社西城区委在政协西城区第十三届委员会第二次会议上提出的“关于在金融中心区打造黄金珠宝街的建议”提案。6月28日，北京金融街建设指挥部向区人大征求关于月坛体育场馆升级改造项目的意见和建议。常务副区长、北京金融街建设指挥部执行总指挥苏东向区人大汇报月坛体育场馆项目的升级改造方案。区人大常委会主任刘跃平，副主任赵印春、郑然、俞强、王功伟听取汇报。7月17日，区政协听取金融街拓展改造项目情况的汇报，区领导苏东、白力，区政协副主席沈桂芬、王瑞珠参加会议。

（韩　冬）

【完成部分重点项目搬迁工作】　6月8日，丰盛西区C区项目历时15个月，全面完成全部521户居民搬迁工作，实现土地供应3.18公顷，其中建设用地2.09公顷，可为金融街提供地上15万平方米的金融办公面积。9月20日，历时一年的华嘉项目拆迁工作，完成全部487户居民和7家单位的拆迁工作。该项目将提供2.07公顷土地面积，地上建筑规模约11.7万平方米，其中商业金融地上建筑规模约7.4万平方米。12月10日，广安一期项目实现A地块全部居民的搬迁。广安一期项目于年内10月25日正式启动，在奖励期内，A地块全部20户居民顺利完成搬迁。

（韩　冬）

【广安一期项目正式启动】　10月21日，金融街重点建设项目——广安一期项目启动动员会在区政府报告厅召开。区领导苏东、白力参加会议。在启动会上，苏东强调了广安一期项目的重要意义，要求金融街指挥部在项目实施过程中加大统筹协调力度，与区相关部门和单位紧密联系、通力配合、全力以赴，努力完成广安一期项目的全部搬迁工作。

（韩　冬）

【区委专题会通过金融街交通战略专项规划】　12月11日，区委专题会听取金融街区域交通发展战略规划的汇报。在西城区第10次区委专题会上，区领导听取并原则同意关于金融街区域交通发展战略规划的汇报。会议要求，金融街区域交通发展战略规划要结合土地开发同步建设新地铁线路，加强轨道站点与周边建筑的衔接；要合理利用现有地下空间，研究交通组织可行办法缓解地面交通压力；要完善区域及周边道路设施，合理引导过境交通；要加强南北向交通途径的研究，做好菜市口地区交通规划；要进一步深化研究成果，作为向市有关部门汇报的依据，提出下一步工作重点，争取相关政策的支持。

（韩　冬）

【市、区领导考察调研金融街发展情况】　2月20日，区领导王宁、王少峰、苏东、王功伟、陈宁、白力调研金融街重点建设项目的进展情况，听取关于月坛项目与北京建工学院地块联动工作的情况汇报。3月23日，公安部副部长黄明一行，查看金融街重点项目涉及公安部单位产搬迁拟安置房源。3月27日，区领导王少峰、苏东、王功伟调研金融街建设指挥部，与指挥部领导班子座谈，听取金融街建设指挥部的工作进展情况及2013年工作计划安排的汇报。5月23日，区领导王宁、王少峰、苏东、郭怀刚、王功伟到金融街建设指挥部召开调研专题会，研究如何加快推进金融街重点项目建设，解决工作中存在的有关问题。6月17日，区政协主席曹长胜带领政协西城区第十三届委员会常委，视察北京市第35中学项目和金融街E9项目现场，区领导苏东，白力陪同视察。7月3日，区领导王宁、苏东、郭怀刚、白力到金融街调研北京市第35中学迁建项目的建设情况。8月23日，市发改委杨旭辉一行到金融街调研，专题研究金融街拟年底入市项目手续办理事宜，区领导苏东、王功伟、白力出席会议。9月18日，市民防局工程建设处处长韦红一行到金融街建设指挥部，听取金融街建设项目涉及民防用地建设整体情况的汇报。10月9日，市财政局副局长于学强到金融街调研，重点了解华嘉项目的建设情况，区领导苏东、白力陪同调研。10月16日，区领导王宁、王少峰、苏东、郭怀刚、王都伟到金融街指挥部调研，并到广安一期项目现场指导工作，金融街指挥部汇报了2013年金融街总体工作情况。10月23日，区人大常委会主任刘跃平率区人大一行调研北京市第35中学新址项目，金融街指挥部就项目的工程建设情况和功能规划情况进行汇报，并详细介绍了项目建过程中的文物保护工作、建成后学校的综合配套和规划发展等情况。

（韩　冬）

北京大栅栏琉璃厂建设指挥部

【概况】　北京大栅栏琉璃厂建设指挥部（简称大栅栏琉璃厂指挥部）设办公室、规划建设处、产业促进处、环境秩序处。主要负责推进大栅栏、琉璃厂区域内重点文物的腾退、保护性修缮和人口疏解等重点工作，推进基础设施建设；加强环境综合治理，创新城市管理新机制；调整产业结构，提升区域内产业品质和经营业态；创新历史文化名城保护和文化创意产业发展新模式；加强与市区相关单位的沟通、协调、联系以及承办区委、区政府交办的其他事项。年内，大栅栏琉璃厂指挥部按照以点带面，以线拓面，点线面相结合的原则，坚持保护、发展与疏解相结合，以历史风貌保护为根本，以城市功能疏解为核心，以改善民生为重点，以挖掘传统优势产业、培育新型产业为支撑，以重大项目为着力点，以政策机制创新为保障，发挥国有企业主体作用及社会投资力量，加快打造传统与现代融合发展的文化商业旅游中心，努力在历史文化街区保护、更新与发展方面做出示范。

地址：西城区铁树斜街113号
邮编：100050
电话：63168652

（白　雪）

【市人大建议案办理工作】　1月17日，在市十四届人大一次会议上，西城区代表团提出的“加快落实新三年城南行动计划，全力推进大栅栏琉璃厂地区保护复兴，打造北京历史文化保护示范区的议案”转为建议案（第2041号），由市人大常委会主任杜德印重点督办。常务副市长李士祥、副市长张延昆、市人大财经委副主任陆海滨、市发改委委员刘伯正分别带队到大栅栏地区调研建议案办理工作。区领导王宁、王少峰、刘跃平、苏东、王旭、赵印春、俞强、李岩等多次组织相关职能部门、街道、实施主体公司等近20家单位，反复调研、实地踏勘、梳理问题、提出建议。5月28日，市发改委委托北京市工程咨询公司组织召开人大建议案答复稿专家论证会，邀请王世仁、边兰春等专家就历史文化保护等有关问题进行专题研究。6月6日，大栅栏琉璃厂指挥部初步编制完成《大栅栏琉璃厂区域拟申报项目基本情况（讨论稿）》，向区各有关部门书面征求意见。6月13日，王宁、王少峰专题听取该议案办理情况的汇报，就议案中拟纳入新三年城南行动计划的7个重点项目进行重点研究。6月27日，杜德印到大栅栏地区调研，要求全市要统一思想，明确区域功能定位，深化改革，坚持开放，创新机制，破解持续发展难题，集成政策，多家参与，形成合力，打造以文化为主的高端服务业聚集区。

（白　雪）

【杨梅竹斜街保护修缮试点项目】　1月17日，召开杨梅竹斜街保护修缮试点项目阶段性的成果汇报及工作座谈会。9月25日，杨梅竹斜街开街。年内，研究立面修缮、绿化夜景照明、标识导览系统建设及招商引资等工作，平移院落——炭儿胡同27号院修缮完成，具备平移条件。

（白　雪）

【服务社会建设项目】　3月5日，副区长李岩主持召开三庆园中国式生活体验馆项目调度会，协调解决辖区企业自主投资进行项目建设遇到的瓶颈问题。

（白　雪）

【观音寺征收试点项目专项工作】　3月12日，西城区成立观音寺征收试点项目专项工作小组，由大栅栏琉璃厂指挥部牵头，区发改委、区财政局、区文化委、区法制办、区征收办、西城规划分局、西城国土分局、区征收中心、大栅栏街道办事处、大栅栏投资公司为成员单位。12月，完成征收前的准备工作，取得项目建议书批复、规划意见书批复意见和土地预审意见书。

（白　雪）

【组织成立大栅栏琉璃厂商会】 4月11日，北京市西城区大栅栏琉璃厂商会成立大会暨第一届第一次会员代表大会召开。商会由宣房投公司、京都文化公司、大栅栏永兴置业公司、张一元公司等单位自愿联合发起成立，共有包括全聚德、张一元、内联升、荣宝斋、中国书店、北京文物公司等会员企业56家。8月22日,组织召开北京市西城区大栅栏琉璃厂商会第二次全体会员大会，研究布置相关工作。向会员单位下发《自律公约》，指导学习公约内容，开展诚信经营倡议活动，推动商户开展行业自律。开通大栅栏琉璃厂商会网站、微博和微信，全方位多角度宣传大栅栏琉璃厂地区和商会工作。

（白　雪）

【大栅栏·北京坊】 4月15日，王宁、王少峰等区主要领导专题听取大栅栏·北京坊项目规划设计方案汇报。8月28日，大栅栏·北京坊规划设计方案通过市委专题会审议。12月，C2-07、08、09三栋建筑完成结构封顶，实现年底局部结构封顶的任务目标。12月5日，C3地块京塑公司职工抢占用房问题彻底解决，开始京塑大楼拆除作业。

（白　雪）

【西河沿市政道路改造工程】 前门西河沿街市政道路工程位于西城区大栅栏地区，西起南新华街，向东经延寿街、大宏巷、煤市街，终点与前门大街相交。道路全长1177米，为城市支路。4月15日，西河沿市政管线综合方案通过市规划委评审会。5月23日开工建设。9月3日，西河沿市政景观设计深化方案通过第八次区委专题会审议。年内，先后召开3次周边居民和商户代表座谈会，发放“致居民的一封信”，赢得居民普遍支持，市政工程施工和沿街拆除违法建设工作基本完成。

（白　雪）

【拆迁工作】 年内，协调区房管局、椿树街道、椿树派出所、信达置业公司等单位，制定《信达宣东项目工作方案》。5月10日，启动信达宣东A-G地块拆迁工作。协调区住建委、区房管局、区征收办、椿树街道、宣房投、中融物产公司等单位，研究启动棉花片A2、A5、A7地块拆迁和腾退工作。

（白　雪）

【信达置业A-G地块调规工作】 信达置业A-G地块项目位于宣武门外大街东侧，东至香炉营东巷，西至永光东街，南起前青厂街，北至香炉营头条。规划建设用地7.14万平方米（含文物用地3113平方米）；总建筑面积44.9万平方米。地上建筑面积29.86平方米，项目开发主体为北京信达置业有限责任公司。5月13日，副区长李岩专题听取A-G地块控制性详细规划调整工作进展汇报，原则同意调整控规的意见建议。9月4日至10月8日，设计方案在施工现场公示。

（白　雪）

【琉璃厂艺术文化馆项目】 5月16日，西城规划分局进行采信通告公示。7月23日，取得市政府关于该项目控规调整申请的批示，完成项目控规调整，重新启动立项工作。8月30日，项目评审单位向区发改委提交评审报告。

（白　雪）

【架空线入地工程】 5月31日，配合区市政市容委等单位，拆除琉璃厂东街杆线入地后废弃的电线杆，琉璃厂东、西街架空线入地收尾工作全部完成。年内，完成施家胡同、陕西巷、百顺胡同、延寿街等胡同架空线入地的设计工作。

（白　雪）

【钱市胡同保护修缮项目】 钱市胡同位于珠宝市街西侧，是北京最窄的胡同，长55米，平均宽0.7米，最窄处0.4米，街内南北共九组建筑。尽端是一庭院，上有罩棚，旁有铺房，是清代官办的银、钱交易的“钱市”遗存，是早期金融市场的雏形。6月18日，大栅栏琉璃厂指挥部与清华大学、北京大栅栏投资有限责任公司就项目功能定位、保护修缮设计深度及项目前期手续办理等事宜进行研究，启动前期工作。

（白　雪）

【出台区域管理办法】 6月19日，北京大栅栏琉璃厂建设指挥部起草的《北京市西城区大栅栏琉璃厂历史街区保护管理办法（试行）》（简称《管理办法》）通过区政府第51次常务会审议，9月1日起正式实施。年内，通过多项工作加强宣传推广，一是组织指挥部全体人员集中学习《管理办法》；二是拟定宣传推广方案，计划面向媒体、机关、企业和社区开展宣传工作；三是开展宣传手册等宣传资料的设计和印制工作，为下一阶段的宣传推广工作做好准备。

（白　雪）

【大栅栏一百解危翻建工程】 工程位于西城区大栅栏街15号、17号，总占地面积1100平方米，总建筑面积1925平方米。房龄超过百年，是大栅栏商业街上自新中国成立后唯一没有进行过整体翻建的老旧房屋。8月8日，北京大栅栏第一百货有限责任公司解危翻建工程开工奠基。

（白　雪）

【举办文化季活动】 8月29日，“2013北京大栅栏琉璃厂精品交易文化季活动”新闻发布会在琉璃厂中国书店拍卖大厅召开。文化季活动由北京市西城区大栅栏琉璃厂商会主办，大栅栏街道办事处、椿树街道办事处、金融街街道办事处协办，以“弘扬大栅栏琉璃厂传统文化，搭建特色区域品牌互动平台”为主题。通过展览展示、精品拍卖、交易促销、推广互动和高峰论坛五大板块，共计30项活动展示中国式生活。9月8日开展首场活动。9月25日，北京国际设计周“大栅栏新街景”设计之旅开幕，接待包括联合国教科文组织总干事、荷兰大使、世界创意城市市长考察团、丹麦高校考察团、市规划委、市住建委、湖州市、成都市、江西景德镇市、区四套班子领导、西城规划分局、区旅游委、区国资委、区统计局等30余团次，来自全国及世界各地的40余万人次参观，80余家媒体报道。共涉及83个参展项目，近百家高端文化及设计机构、20多个国家、200余位设计师及中央美术学院等艺术机构参与活动，20余家高端文化及设计机构作为长期商家入驻本区域，成为复兴大栅栏辐射带动核心节点。9月26日，大栅栏十年改造历程回顾展暨保护与发展论坛在大栅栏劝业场举行，荷兰国家设计代表团、阿姆斯特丹市长及北京建筑设计研究院等参加，区领导曹长胜、梁昌新、王都伟出席。

（白　雪）

【观音寺山门殿前小广场竣工】　9月2日，大栅栏护国观音寺山门殿前小广场开工建设，12月竣工。小广场的建成为大栅栏核心区又恢复出一处人文景观，对提升大栅栏琉璃厂贯通线的环境硬件品质、恢复大栅栏历史文化保护区特有的胡同街巷空间发挥了作用，也为周边居民和游客提供一处休憩交流空间。

（白　雪）

【大栅栏西街路面换铺】　年内，大栅栏琉璃厂指挥部协调北京市鑫宣市政工程有限公司，于10月底完成对大栅栏西街路面共330米的换铺工作。

（白　雪）

【宣东城市复兴发展规划研究】　年内，大栅栏琉璃厂指挥部牵头成立专项工作组，由中信国安公司与北京市城市规划设计研究院共同进行宣东城市复兴发展规划研究。计划对该区域内居住条件、人口密度、交通秩序、产业业态、文物保护等方面存在的城市问题进行详细分析，制定愿景规划，全面改善提升区域经济、社会及自然条件，实现宣东地区复兴发展。

（白　雪）

【大栅栏珠粮商业街改造提升项目】　地处大栅栏煤市街以东地区，北起廊房二条南沿，南至湿井胡同，西临煤市街，东至珠宝市街、粮食店街。项目占地面积12.5万平方米，规划建筑面积约10.3万平方米。涵盖珠宝市街、粮食店街、廊房二条、钱市胡同、门框胡同、施家胡同等特色商业街及大齐家、云居2个四合院群落。年内，完成概念性方案初稿。

（白　雪）

【棉花片危改A3项目】　项目位于菜市口东北角，东至裘家街，西至宣武门外大街，北至规划中的梁家园胡同，南至骡马市大街。项目占地面积56326.1平方米，其中建设用地29791.4平方米、代征道路用地26534.7平方米；规划建筑规模194500平方米（其中地上151600平方米，地下42900平方米），建筑控制高度65米，规划用途为办公、商业。年内，完成设计方案初稿。

（白　雪）

【升级改版名片网站】　年内，会同区信息中心对大栅栏琉璃厂2个名片网站进行升级改版。着重突出区域商业、文化、历史特色，带动经济发展。增强网站的互动功能和服务功能，改进网站版面设计、增加导览地图、创新互动模式，结合“2013大栅栏琉璃厂精品交易文化季”，在网站开辟文化季活动专栏，全面深入介绍活动情况。

（白　雪）

【开辟停车场】　年内，协调椿树街道办事处与辖区内的拆迁主体国家知识产权局，在位于菜市口东北侧的拆迁滞留地开辟停车位50个，占地1600平方米，已交付使用。

（白　雪）

【增设旅游导览标识】　年内，经与区旅游委、大栅栏街道办事处、区园林市政中心、大投公司等部门磋商，确定以杨梅竹斜街为试点，先行设立旅游导览标识。年内，杨梅竹斜街旅游导览标识施工完毕。

（白　雪）

【胡同整治工作】　年内，协调区市政市容委、区环境办、区园林市政管理中心、大栅栏街道办事处、椿树街道办事处，制定2013年胡同整治计划，将区域内10余条街巷列入区胡同整治任务，整治内容包括违法建设、立面、牌匾及绿化等。年内，培英胡同、百顺胡同、炭儿胡同、佘家胡同、琉璃巷、南柳巷、西南园、万源夹道已经完工，大栅栏地区累计拆除各类违法建设68处，面积共计1085.67平方米，清理堆物堆料105处、环境脏乱点101处，清理牌匾灯箱132个、地锁48个、箱子63个，破旧家具等100车，整治施工现场31处，暂扣“黑三轮”26辆，没收“黑三轮”车架1个，拘留非法运营人员10人、扰序人员2人。椿树地区更换断桥铝门窗30个，安装雨搭50个、空调罩46个，贴仿古砖850平方米，粉刷墙面400余平方米，改造商户门头12个。

（白　雪）

北京天桥演艺区建设指挥部

【概况】　北京天桥演艺区建设指挥部（简称天桥演艺区指挥部）隶属区委、区政府，由区政府直接管理。设立总指挥，由区级领导兼任，负责主持指挥部全面工作；设立1名常务副指挥，协助总指挥负责指挥部日常工作。下设办公室、规划建设处、环境建设处、产业促进处。行政编制20人。天桥演艺区指挥部是负责统筹协调推进天桥演艺区规划、建设、管理、发展工作的临时性常设机构。年内，围绕市、区对天桥演艺区建设的工作部署，以“民生改善、产业发展、名城保护、服务首都”为原则，通过“政策发动、集聚推动、核心启动、产业联动、项目带动”等措施，重点实现天桥艺术大厦竣工交用，完成天桥艺术中心结构施工和南中轴路北段改造工程，推进北纬路拓宽工程，研究制定天桥斜街修缮和业态提升方案和办好天桥文化系列宣传活动等工作目标，做好演艺区总体规划编制、重点项目推进、产业集聚发展、品牌形象提升等年度工作。

地址：西城区天桥南大街1号北京天桥艺术大厦A座5层

邮编：100050

电话：83167001

（白　玉）

【天桥演艺区整体规划方案研讨】 5月3日，区政府召开北京天桥演艺区整体规划专题会议，区长王少峰主持。会议研讨了天桥演艺区战略性规划和城市设计，原则同意演艺区的整体规划思路。要求进一步听取专家、群众意见，集各方智慧，完善整体建设思路。区领导苏东、梁昌新、李岩出席会议。

（王 旋）

【确定天桥艺术中心定位】 区委书记王宁于5月28日主持召开区委专题会，研究天桥艺术中心项目定位和装修设计方案。会议原则同意项目定位为以音乐剧为主要演出形式，各剧场差异化经营的思路。

（王 旋）

【成立合资公司运营天桥艺术中心】 6月18日，北京金融街投资（集团）有限公司的二级公司北京天桥盛世文化发展有限公司旗下北京正光房地产开发有限公司，与中国对外文化集团公司旗下北京四海一家文化传播有限责任公司完成《关于共同投资设立北京天桥艺术中心管理有限公司的协议书》及《委托经营管理框架协议》等合作文件的签署，拟共同成立合资公司对天桥艺术中心进行运营管理。10月21日，北京天桥艺术中心管理有限公司正式成立。

（任子坤）

【天桥艺术大厦交用】 天桥艺术大厦项目位于天桥南大街1号，是北京天桥演艺区建设的首批重点项目之一。由北京华融基础设施投资有限责任公司通过法院拍卖方式于2011年10月26日取得现房屋所有权证，授权委托金融街投资集团下属的天桥盛世文化发展有限公司作为项目管理方。天桥艺术大厦按照天桥演艺区战略规划装修改造，定位为甲级写字楼，共7层（地上5层，地下2层），总面积46397.4平方米（地上5层建筑面积28192.9平方米）。6月底竣工并交付使用。截至年底，天桥艺术大厦引入中国版权保护中心、北京四海一家文化传播有限责任公司等21家文化企业，成为西城区文化企业集聚地之一。

（王 旋）

【确定天桥汇改造模式】 9月3日，区委书记王宁主持第8次区委专题会，听取天桥汇项目建设及周边公交场站搬迁工作汇报。会议明确天桥汇项目建设运营和“新建+改建”的改造模式。

（王 旋）

【举办“走近天桥 领略艺境”系列活动】 天桥演艺区指挥部会同有关部门于9月3日至10月26日开展“走近天桥 领略艺境”系列活动。首场活动“忆·天桥的大师”在评剧大师新凤霞先生曾经演出过的万胜剧场进行；在天桥剧场举办《赏·天桥芭蕾》《鼓曲专场晚会》专场演出；在天桥市民广场举办《街头艺术展演》；在天桥德云社剧场举办《听·天桥相声》；在前门建国饭店梨园剧场进行《品·天桥国粹》专场活动；在万胜剧场举办《感·天桥杂技》专场活动，共4000余人参加观演。

（任子坤）

【演艺区区域规划专家论证会】 10月10日，区长王少峰主持召开北京天桥演艺区区域规划专家论证会。会议研讨了天桥演艺区的规划发展目标、规划分区、产业布局、城市设计原则及建设容量增加等事项，原则同意天桥演艺区区域规划方案。会后天桥演艺区指挥部组织对规划方案进行修改完善。专家谢辰生、王世仁、柯焕章、边兰春、赵书出席会议。

（王 旋）

【艺术大厦完成楼顶绿化景观】 年内，以区园林市政中心为实施主体，天桥演艺区指挥部牵头，实施天桥艺术大厦楼顶绿化景观工程，绿化总面积3693平方米，采用复式花园结构，中间部位留有小广场以满足小型活动的需要。10月1日进场，11月4日完工。是观看天桥演艺区全景、为入驻客户提供休闲放松的空间。

（葛鲁军）

【天桥演艺区确定官方标识】 5月8日，天桥演艺区指挥部启动北京天桥演艺区官方标识征集活动。经综合部署、公开征集、初选、专家评选、复审等程序，于11月6日经决选确定北京天桥演艺区官方标识征集活动的获奖作品，确定了首选作品（作品编号：375-1）。标识方案以北京天桥演艺区的中文字首“天”为设计元素，突出天桥的名称特征；提取京剧脸谱元素，展现具有中国传统文化特征的独特形象；又似充满活力的舞者，蕴含中国京剧的飘逸和芭蕾的轻灵，突出中外艺术的互融共通；整体造型似盛开的花朵，寓意多种演艺形式的繁荣发展，体现北京天桥演艺区突出中国文化特色，以演艺业为特色、集演艺总部、文艺演出、文化展示、旅游休闲等功能于一体的具有国际水准的首都核心演艺区的发展理念和品牌主张。

（白 玉）

【召开天桥演艺指数发布会】 11月9日，天桥演艺指数发布会在天桥艺术大厦举行，首次发布天桥演艺指数。建立天桥演艺指数，可实现对西城区演出市场的动态监测，反映演出市场活跃度的走势变化、运行状况，为政府决策、企业经营、行业自律乃至消费者消费等提供数据参考。发布会为广大市民提供天桥地区各大演出场所的演出种类、演出剧目、票房收入、观演人数等动态信息，可有针对性地选择观看的演出剧目和场次。

（任子坤）

【天桥演艺区发展座谈会召开】 12月8日，北京天桥演艺区发展座谈会在天桥艺术大厦召开。会议探讨了演艺区的内容建设、人才支撑、政策支持、市场运作等方面议题。会议认为要借助天桥地区的文脉、人脉、血脉，将天桥演艺区打造成文化传承聚集区；打造艺术创作实践基地，推动艺术创作与实践；搭建人才聚集基地，提供题材、线索和场地等资源；打造文化市场创新平台，利用资本主体进行创新；打造国际舞台，促进文化交流。区领导王宁、王少峰、梁昌新、王功伟出席。中国国家话剧院院长周予援，中国国家话剧院原院长、国家一级演出监督周志强，中国歌剧舞剧院党委书记魏银久、中央芭蕾舞团团长冯英、中国对外文化集团公司董事长兼总经理张宇、印象创新艺术发展有限公司联合创始人兼CEO、著名导演王潮歌，中演四海一家公司总经理田元，著名作家、编剧邹静之，中国国家话剧院导演田沁鑫受邀参加座谈。

（白 玉）

【天桥历史景观展示项目竣工】 天桥

历史文化景观的相关研究及设计工作于2012年4月正式启动。天桥历史景观规划设计范围北起天桥历史遗址印记，南至天坛南大街与北纬路交叉口中心绿化带端头，总长约300米。区园林市政中心为实施主体，投资1500万元。年内9月28日进场施工，12月8日按建设方案完成景观绿化、石桥、水池与立碑建设及地下人行通道主体建设。天桥历史景观工程是为配合北京传统轴线申遗工作、塑造北京天桥演艺区标志形象，由市委、市政府研究决定，采用“文化印记”结合“就近建造”的方案实施建设。它是北京南中轴线上重要的历史文化景观节点，结束了天桥有名无桥的历史。

（葛鲁军）

【南中轴路北段改造工程竣工】　南中轴路道路规划等级为城市主干路，南中轴路西半幅北段（永安路—北纬路）立项主体为西城区市政市容委，由北京广安基础设施建设投资公司负责建设。道路于9月28日建成通车；12月10日，雨水工程、污水工程、中水工程、自来水工程、天然气工程、路灯工程、信号灯工程完成；12月18日，南中轴道路北段的地下人行过街通道交付使用，南中轴路北段改造工程全部竣工。

（王　旋）

【天桥艺术中心建设】　天桥艺术中心是天桥演艺区率先启动的首个剧场项目。项目于2012年3月30日开工建设。地址位于天桥南大街南中轴路西侧，占地1.65万平方米，建筑面积7.4万平方米，地上3层，地下4层。将建设一个1600座左右现代化的综合性演出中心，一个1000座左右的中型剧场，400座和300座的小型剧场各一个。配套商业1500平方米、车位374个。项目主体是天桥盛世文化公司，施工单位是中建二局三公司，监理单位是北京双圆工程咨询监理有限公司。截至年底，项目砼结构完成95%。

（王　旋）

【合作与交流】　2月5日，文化部民族民间文艺发展中心主任李松到天桥演艺区指挥部，就与天桥演艺区开展合作的可能性展开座谈。3月8日，文化部港澳台办副主任赵海生、台湾艺游两岸“大陆表演艺术政策与生态之旅”参访团到访指挥部并开展座谈，就剧场的场地租金、演出票价、内容建设、观众培养、人才培育、演艺招商和文化观光等问题进行交流、探讨。7月10日，俄罗斯总统国际文化合作特命全权代表兼俄外交部全权特使什维德科伊，俄罗斯驻华使馆文化处处长列别杰夫，俄罗斯天然气公司银行总裁办公室主任斯韦特拉娜一行在北京市政府与北京市政府副秘书长侯玉兰，区委常委、副区长梁昌新会见。双方就在天桥演艺区开展文化演艺方面的合作展开交流。

（白　玉）

【各级领导考察调研】　1月21日，市发改委委员杨旭辉到天桥演艺区调研，进行政策对接。3月6日，区长王少峰实地调研演艺区规划建设情况，听取指挥部年度重点工作安排及需要区政府协调解决问题的汇报。3月28日，市投促局副局长张华到天桥演艺区调研指导工作。5月9日，市委宣传部副部长、市文化局局长陈冬一行到天桥演艺区调研，实地考察项目。6月4日，区委书记王宁实地检查天桥艺术大厦建设情况，并听取工程进度汇报。6月21日，市委常委、宣传部部长李伟到天桥演艺区调研。8月13日，九三学社北京市委副主委、市政协副秘书长方炎及“北京市重点发展新媒体高端数字演艺产业”课题组到天桥演艺区调研。10月12日，市发改委委员洪继元带队调研天桥演艺区重点产业项目建设，指导推进措施。10月24日，昌平区区委书记侯君舒、代区长张燕友实地调研演艺区建设情况，王宁、王少峰等陪同调研。11月19日，文化部文化产业司司长刘玉珠实地调研演艺区建设情况，市文化局副局长吕先富，区委常委、副区长梁昌新陪同。12月18日，北京奥运城市发展促进会副会长蒋效愚，北京市广播电影电视局党组成员、副局长丁百之，中国国家话剧院著名导演田沁鑫一行到天桥演艺区调研王宁、梁昌新等陪同。12月25日，市文化局演出艺术处处长张健、首都剧院联盟驻会副秘书长沈春友到天桥演艺区考察，对入驻天桥艺术大厦的文化企业和大师工作室以及演艺区展示中心进行参观，鸟瞰天桥历史景观，并就首都剧院联盟入驻天桥艺术大厦相关事宜进行交流。

（白　玉）

中关村科技园西城园管委会

【概况】　中关村科技园西城园（原中关村德胜科技园，简称西城园）包括“一园三区”（“一园”即西城园，“三区”即德胜街区、北展街区、广安街区），是西城区高新技术产业发展的重要载体、科技成果转化及产业化的主阵地和经济发展方式转变的重要引擎，基本形成以现代服务业为主体，以研发设计、出版创意、科技金融为主要支撑的产业格局。被认定为北京市首批文化创意产业集聚区之一、首都四大金融后台服务区之一、全国唯一的国家级出版创意产业园区、北京设计之都核心区、第一批国家级科技与文化融合示范基地。中关村科技园西城园管委会设办公室、规划分析处、产业发展促进处、创新能力建设处4个内设机构，管委会主任由区领导兼任，工作人员20名。年内，西城园区高新技术企业共469家，累计实现总收入1061亿元，出口创汇32亿元，上缴税费61亿元，实现利润总额147亿元，从业人员67596人。全年园区高新技术企业实现总收入首次突破千亿大关，完成全年的工作目标。

地址：西城区西直门内大街东桃园胡同2号

邮编：100035

电话：66205328

（许海龙　赵俊生）

【园区基础工作】　年内，完成园区产业发展规划前期工作。开展2012年度园区政策兑现工作，实际兑现近亿元；制定出台《北京市西城区促进出版创意产业园区发展办法》，每年安排2000万元专项资金，开展首次政策兑现工作。修订《德胜科技园中关村高新技术企业认定和管理实施办法》，园区新认定国家高新技术企业46家，67家企业通过中关村高新技术企业认定。完成《西城区设计产业发展规划和产业发展指导目录》前期工作；草拟完成《北京市西城区促进设计服务业发展办法》初稿。

（许海龙）

【特色产业重点项目推进】　组建北京设计产业联盟，召开联盟成立大会，中国建筑设计研究院等22家设计机构及企业成为联盟发起单位。推进中国设计交易市场运营公司组建工作。10月，配合全球创意城市网络市长圆桌会议在设计之都大厦举办。推进新风街天秀市场项目。5月31日，与中国北方工业公司签订《合作框架协议》，就以合作方式建设“国际防务装备研究中心”项目和“中关村广安军民融合特色产业园”达成一致协议。

（许海龙）

【园区服务工作】　年内，与全国场外交易市场对接，组织中国证监会发审部领导和专家与出版园企业、高新技术企业代表对接答疑。组织近300家企业，召开2次出版创意产业园区政策宣讲会、3次科技园政策宣讲会、2次科技园政策兑现辅导会。推荐园区企业申报中关村高端领军人才、西城区人才培养资助计划、北京市人才培养资助计划等人才项目。年内有4人获得年度西城区人才培养资助计划，共支持20万元。召开“十百千工程”企业服务对接会，组织17家企业申报“企业持续研发投入支持”专项，获得支持资金642万元。全年共帮助20家企业169项专利申报中关村专利促进资金，4家企业6项标准申报中关村技术标准资金。召开园区企业服务年会，听取企业意见和建议，表彰年度突出贡献企业、高成长企业、自主创新企业、专业孵化基地和自主创新示范基地。联合德胜科技园协会，先后举办“中国梦——影响中国未来发展的10大技术”讲座和“中国梦——企业成功之道”座谈，覆盖园区内的各孵化器及250余家企业。

（许海龙　刘昆）

【全国首家3D打印体验馆开业】　1月15日，中国首家3D打印体验馆在北京DRC工业设计创意产业基地开业。体验馆以数字化三维扫描技术和3D打印技术为核心，面向社会提供3D照相、3D产品打印、个性化定制以及3D产品、设备选购等服务，是中国首个在线3D打印服务平台叁迪网（www.3drp.cn）的线下体验店。在市科委支持下，DRC基地建设以北京上拓科技等龙头企业为核心的3D打印技术条件平台，汇聚美国、以色列技术设备25台套，提供从3D创作到打印的全过程服务。同时进行人体数据扫描存储，为人们提供衣服、鞋子、眼镜、创意礼品等个性化数字定制服务。

（刘昆　田旭）

【园区企业获年度国家科技大奖】　1月18日，在召开的国家科学技术奖励大会上，西城园内13家高新技术企业和科研院所参与研制的14项科技成果获得国家科学技术进步奖及国家技术发明奖表彰。其中中国电力工程顾问集团公司、华北电力设计院工程有限公司共同研制的“特高压交流输电关键技术、成套设备及工程应用”成果成为2项国家科学技术进步奖特等奖奖励之一；北京矿冶研究总院、工业和信息化部电信研究院等研制的3项成果获国家科学技术进步奖一等奖；中国建筑设计研究院等园区6家科研院所及院校研制的7项成果获得国家科学技术进步奖二等奖。北京有色金属研究总院研发的“非皂化萃取分离稀土新工艺”成果和参与研发的“大尺寸电子级硅单晶炉关键技术及其应用”成果均获得国家技术发明奖二等奖。

（刘昆　单毅）

【出台出版创意产业专项支持政策】　2月4日，为建设以出版原创为核心、以产业促进为目的、以高新技术为引领的国家级出版创意产业园区，西城区政府正式公布《北京市西城区促进出版创意产业园区发展办法》，每年财政专项投入2000万元，通过专项补贴、贷款贴息、专项奖励等方式支持中国北京出版创意产业园区发展。

（刘昆　单毅）

【市委统战部调研普天德胜孵化器】　5月21日，中共北京市委常委、统战部部长牛有成，中共北京市西城区委书记王宁到西城园普天德胜孵化器指导工作。此次实地调研旨在进一步深化北京市各政府机关与孵化器的沟通与合作，共同探讨在中关村西城园区政策环境中，孵化器的管理、建设和发展模式与策略。普天德胜总经理侯洁陪同各位领导参观园区的孵化办公环境，向大家简要介绍孵化器近11年的发展沿革，重点阐述孵化器在企业文化建设、搭建中小型科技企业服务平台、政策及项目对接等方面所做出的努力。

（刘昆　杜茜）

【中央领导调研DRC基地】　6月8日，中共中央政治局常委、中央书记处书记刘云山在中共中央政治局委员、北京市委书记郭金龙，中宣部常务副部长雒树刚，中宣部副部长、广电总局党组书记、局长、国家版权局局长蔡赴朝，文化部部长蔡武陪同下，调研北京DRC工业设计创意产业基地。刘云山听取了情况介绍，考察了3D打印体验馆和北京华新意创工业设计公司。刘云山表示，工业设计包含了如此多的内容，是科技与文化结合的典型。刘云山还详细了解了大学生在基地的培训方式和就业情况。

（刘昆　田旭）

【市人大代表调研北京出版创意产业园区】　10月18日，市人大常委会委员、市人大教科文卫体委员会委员、市文学艺术界联合会党组书记陈启刚率市人大教科文卫代表及教科文卫体办公室有关人员一行13人到中国北京出版创意产业园区调研。市新闻出版局局长冯俊科、副局长孙瑛，西城区副区长陈宁共同接待。市新闻出版局介绍了与西城区合作共建中国北京出版创意产业园区的基本情况及发展中遇到的困难；陈宁介绍了西城区全力支持出版创意产业园区发展的政策措施、工作服务、未来计划。人大代表一行参观了天闻数媒科技（北京）有限公司、北京维旺明信息技术有限公司、北京时代光华图书有限公司、北京启发世纪图书有限责任公司等园区入驻企业，并就出版创意产业园区建设发展、机制体制创新、企业需求、“走出去”尝试、阅读与出版立法、出版园区建设与发展专项支持等问题进行交流座谈。

（刘昆　单毅）

【北京设计产业联盟成立大会召开】 10月22日，正值联合国创意城市北京峰会举办期间，北京设计产业联盟成立大会在中国设计交易市场召开。北京市科委副主任朱世龙、中关村管委会副主任杨建华、西城区委书记王宁、区长王少峰、区委常委郭怀刚、副区长陈宁等市、区领导出席会议，来自联盟成员单位的代表、西城区各部门主要领导、其他设计机构和高新技术企业代表以及媒体共约100人参加会议。会上通报了联盟筹建情况，宣读了北京设计产业联盟第一届理事会和秘书长名单，发布了联盟标识。联盟理事长修龙、市科委副主任朱世龙、中关村管委会副主任杨建华、副区长陈宁共同为联盟揭牌。

（刘　昆）

【中韩企业对接会召开】 10月30日，为发挥专业资源优势，助力园区IT企业了解产业设计领域前沿，在西城区政府与韩国设计振兴院建立友好合作关系的背景下，中关村西城园管委会联合韩国设计振兴院中国事务所举办了韩国优秀设计企业与园区IT企业对接活动，邀请韩国设计企业THE DNA、PENTABREED深入园区，分享他们的发展经验及为LG、三星、华为、联想等知名企业提供UI (用户界面) 设计方面的心得体会。园区8家IT企业的代表参会。

（刘　昆）

【中关村示范区先行先试政策宣讲会】 11月19日，中关村科技园区西城园管委会组织园区近200家高新技术企业的300余人参加“中关村示范区先行先试政策宣讲会西城园专场”活动。中关村科技园区管委会副主任杨建华带领由中关村科技园区管委会、市财政局、市地税局、市科委等组成的中关村政策宣讲团结合中关村“1+6”政策体系和国务院批复的“中关村新四条”政策，为与会企业讲解中关村企业所得税试点政策、中关村企业转增股本个人所得税试点政策、国家高新技术企业认定试点政策、文化科技支撑领域范围试点政策、技术转让企业所得税试点政策等中关村新政。西城区政府副区长、西城园管委会主任陈宁出席大会并讲话。

（刘昆　李凤琴）

【西城园企业获国家级工业设计中心称号】 11月25日，国家工业和信息化部审核认定首批国家级工业设计中心，包括26家企业工业设计中心和6家工业设计企业。西城园高新技术企业——北京洛可可科技有限公司获选成为国家级工业设计企业之一。

（刘昆　李凤琴）

【西城园举办“互联网金融”沙龙】 11月26日，由西城园管委会、西城区金融服务办主办，科技园协会承办的“互联网金融”沙龙活动在普天德胜孵化器举行。来自园区的先智创科、联动优势、天相通和、云智通、梅泰诺、途拓等十几家互联网金融、第三方支付、金融后台及高新技术企业的企业负责人和领域专家，就互联网金融发展现状、存在问题及未来趋势进行交流研讨。

（刘昆　单毅）

【西城园企业入选“2013中关村创业之星”】 11月28日，由北京中关村高新技术企业协会主办的大型公益性活动“2013中关村创业之星”榜单发布。西城园高新技术企业——北京广宇大成数控机床有限公司等20家企业获评“2013中关村创业之星”，另外还评选出“2013中关村创业先锋”上榜企业家10名，“2013中关村创业之星伯乐”机构3家。入选企业覆盖信息技术、节能环保、生物医药、高端装备制造、新能源、新材料等国家重点发展的战略性新兴产业，其中20家创业之星平均复合增长率达到177.98%。

（刘昆　单毅）

【西城园专家顾问团座谈会召开】 12月19日，副区长、西城园管委会主任陈宁主持召开中关村西城园专家顾问团座谈会。金孝宗、赵慕兰、梅松、俞慈声等专家参加座谈。会上，各位专家就园区的规划设计、产业布局、信息化平台建设、培养新型社会组织、创新政府服务方式等方面提出建议，并寄语新的一年园区建设得到长足发展。

（刘昆　宋涛）

【中国摄影展览馆落户西城园】 12月20日，位于西城园北京设计之都大厦B1层，中国第一个专门的摄影展览馆——中国摄影展览馆正式开馆，首展“同筑中国梦　百年跨越史——中国摄影与科技”大型影像展也同时开幕。中国摄影展览馆由中国摄影家协会与北京设计之都发展有限公司合作共建，得到市科委和西城区政府的支持，是科学技术、设计创意和摄影艺术的跨界融合，支撑北京“设计之都”建设和西城区核心设计示范区建设。首展吸引了全国政协、中国文联、新华社、文艺界和社会各界代表、中国摄影家协会各团体会员单位、专业委员会的代表和新闻媒体界人士近千人参加。为确保展览活动的专业性和学术性，中国摄影家协会成立摄影策展委员会，为中国摄影展览馆的整体运作提供学术支撑。开幕活动上，为策展委员会揭牌，并向首批委员代表颁发聘书。

（刘昆　田旭）

【西城园7人获正高职称】 12月，经过4个多月的宣传、申报、推荐、评审、公示等流程，在区人力社保局与西城园管委会的合作推进下，齐向东、刘昊扬、刘尚勇、陈彪、娄亚军、陈章永、彭扬7名西城园高新技术企业优秀人才经区级初评推荐、市级评价与专家评审，顺利通过中关村国家自主创新示范区高端领军人才专业技术资格职称评价，成为中关村国家自主创新示范区高端领军人才专业技术资格评价扩大试点后，首批获选的北京市教授级高级工程师。

（刘昆　单毅）

【园区自主创新产品入选中关村国家自主创新示范区新技术新产品】 年内，北京达博有色金属焊料有限责任公司(LED封装用超微细键合金丝)、北京博希格动力技术有限公司（弹簧液压自动变加载装置)、北京阅联信息技术有限公司（3G加油站平台系统软件)、北京市科瑞讯科技发展股份有限公司(CreGA公安综合指挥系统，公安110、122、119报警系统软件)、北京时代亿信科技有限公司（时代亿信UAP访问控制应用安全平台系统软件V4.0，时代亿信Secure Doc文档安全管理系统软件V2.0)、北京恒华伟业科技股份有限公司（配网线路设计软件、资源管理平台、智能电网移动应用平台)、北京正安融翰技术有限公司（全时空立体可视化平台)、北京互信互通信息技术股份有限公司（互信互通图像管理系统）8家高新技术企业的12项自主创新产品分别入选年度第一批（5月）和第二批（10月）中关村国家自主创新示范区新技术新产品。

（刘昆　单毅）

北京什刹海阜景街建设指挥部

【概况】 北京什刹海阜景街建设指挥部（简称什刹海阜景街指挥部）隶属区委、区政府，由区政府直接管理。设立总指挥，由区级领导兼任，负责主持指挥部全面工作；设立1名常务副总指挥，协助总指挥负责指挥部日常工作。下设办公室、产业提升处、规划发展处、建设管理处。行政编制20人。什刹海阜景街建设指挥部是负责统筹协调推进什刹海、阜景街区域规划、建设、管理、发展工作的临时性常设机构。负责项目建设的统筹协调、决策落实、指挥调度、产业培育、综合服务等工作，同时承办区委、区政府交办的其他事项。年内，什刹海阜景街指挥部落实区委区政府“5+2”机构的战略部署，树立统筹、发展、监理、宣传和能力“四种意识”，创新工作方法，推进以打造历史文化名城保护和发展示范区的各项建设任务。按照区域“两轴四片”的基本格局统筹了32个建设项目。完善《什刹海地区业态调整规划》；完成《什刹海地区地外大街、护国寺大街业态调查情况通报》及重点项目产业策划方案；建立完善项目工程进度台账和项目效果图，做好项目进程监控；定期召开调度会、协调会和现场办公会研究解决重点项目推进中遇到的难点问题；组织项目建设主体签署《建设项目工程进度及施工管理目标责任书》，落实项目质量安全责任；开展深度体验活动，展示什刹海地区传统民俗、民间技艺等老字号资源，宣传特色企业、特色旅游和特色文化。

地址：西城区护国寺大街74号（人民剧场2号楼）
邮编：100035
电话：58060650

（陈玉芳　王崧）

【文保区建设项目推进情况】 年内，什刹海阜景街指挥部按照建设区域“两轴四片”的基本格局（两轴：北中轴线、阜景街；四片：什刹海片区、北海—景山片区、西四北1—8条片区、白塔寺—官园片区)，统筹协调32个建设项目，其中11个项目已完成，2个项目在施，19个项目在推进之中。

（陈玉芳　王崧）

【文保区完成项目情况】 年内，由什刹海景区管理处负责实施的前海东南沿码头改造、什刹海景区应急疏散系统改造、什刹海高清监控及人流预警和什刹海旅游标识导览、前海后海燃气改造，区园林市政中心负责实施的游船二期更新设计和护国新天地整体装修项目，华融金盈公司负责实施的阜成门内大街293号院主体加固装修项目；华融金盈公司负责金象复兴公司实施的白塔寺药店降层项目；天恒正宇公司负责的地百下沉广场建设项目和什刹海低碳四合院试点项目；区文委负责实施的普济寺修缮项目均已完成。

（陈玉芳　王崧）

【文保区在施项目情况】 年内，区园林市政中心负责的雁翅楼景观复建项目楼木主体结构已完成，准备进行砖石彻筑；华融金盈公司负责的原官园市场改造项目完成全部的土方量。

（陈玉芳　王崧）

【文保区推进项目情况】 年内，地安门百货商场改造项目通过专家论证，完成加固和精装设计，正在办理相关施工手续；完成地安门外大街疏堵工程项目整治的各专项方案，进行施工进场准备和各项手续的办理；大、小石碑胡同及千秋项目西侧路综合环境提升项目完成污水管线及立面修缮；地铁4号线西四站织补项目，9月初取得市规划委选址规划意见书，具备进场施工条件；地铁8号线什刹海站织补项目，已由华融基础公司与新组建的北京城市基础建设地下空间有限公司进行工作对接，就分站事宜进行协商；什刹海低碳四合院试点项目完成精装修工程；地安门内大街联勤加油站腾退项目控规调整相关资料及设计方案已报市规划委；护国双关帝庙腾退项目文物本体内共6户居民，已腾退3户；什刹海区域15.56公顷和鲁南片区人口疏解项目，什刹海区域15.56公顷完成3个整院和6处沿街整段的协议腾退，鲁南片区完成4个整院（含2个单位产）腾退任务；西四北1至8条人口疏解及一期试点项目方案已形成；联大和万年停车场地块整合项目，已与北京联合大学就前海校址腾退达成一致的补偿意见，已就此地块的使用方案可行性和建设改造方案进行研究；完成德胜门对景项目设计方案修改，已报区政府办公会研究决定；群力胡同停车场项目完成设计方案，控规调整方案已报市规划委；绿地置换项目，区政府就鸦儿胡同15号院南侧代征绿地置换方案调整等事宜的函已报市规划委。同时，德胜门内大街174号和大石虎胡同甲3号、无锡驻京办、茗院、福善寺、什刹海清真寺等社会投资项目均在推进中。

（陈玉芳　王崧）

【工程管理】　年内，什刹海阜景街指挥部通过与相关项目主体单位负责人签署《建设项目工程进度及施工管理目标责任书》，建立工程进度台账，编写《工作动态》。增强服务意识，加强环境秩序管理，采取合理的工作步骤开展工作。如什刹海区域15.56项目和鲁南2个片区的人口疏解工作，采取先综合执法整治，再依法拆除违建的工作步骤，为人口疏解和综合改造创造较好的环境基础。督促协调2个街道组织相关职能部门，开展项目片区的综合执法及拆违整治工作，做好人口疏解的基础准备工作，为前端公司提供有力的服务保障。针对在推进项目过程中存在的难点问题，协调相关部门共同研究，逐一突破解决护国双关帝庙、联勤加油站、德胜门对景、地铁织补等项目。

（陈玉芳　王崧）

【产业提升】　年内，开展护国寺街、烟袋斜街、地安门外大街、前海环湖及鼓楼西大街现状调查，完成《什刹海地区地外大街、护国寺大街业态调查情况通报》；推动区域管理办法的制定。完善《什刹海地区业态调整规划》，收集梳理相关产业政策，指导前端公司开展产业策划业态提升工作；研究0.37项目产业植入策划工作，提出大师（名人）工作室及电影人工作站的方案。完成阜成门内大街313号项目产业植入；完成《北中轴线核心保护区·什刹海地区旧城保护示范项目实施方案》（15.56公顷项目）的一期项目商业业态定位和提升策略，并向区政府进行专题汇报；启动什刹海区域及荷花市场业态提升策划工作；启动阜成门内大街区域业态提升策划工作，完成阜成门内大街区域业态提升策划方案，对区域内的奖杯奖牌等业态的调整提出相关意见，与区域内5家区属国有公司进行接洽沟通协调，初步达成合作意向。

（陈玉芳　王崧）

【推介产业项目】　7月，在第5届投资北京洽谈会上推介华融金盈公司的《白塔寺历史文化保护区鲁南片区试点项目》；8月，完成第2届驻京中外知名企业投资西城行项目推介、宣传咨询等相关工作；9月，在第17届中国国际投资贸易洽谈会宣传推介护国新天地项目和皮影、紫檀主题酒店等区域文创企业；10月，在北京举行第17届京港洽谈会上推介“北中轴线核心保护区·什刹海地区旧城保护示范项目”。配合区发改委做好开放经营四合院节能降耗项目的试点工作，完成北京金泰集团的容园、煦园四合院酒店申报工作。8月，护国新天地在护国寺大街举行落成仪式，主题定位为“感受北京新生活”，以餐饮、小剧场和酒店三大互动主题业态为主。

（陈玉芳　王崧）

【什刹海阜景街品牌宣传】　4月18日，什刹海阜景街人文生态文化深度体验系列活动在什刹海会馆启动，主题是“休验老北京的新生活，”由什刹海阜景街建设指挥部、什刹海街道、新街口街道主办，区委宣传部及相关部门协办。活动展示了什刹海阜景街区域的传统民俗、民间技艺，宣传什刹海阜景街区域的特色企业、特色旅游、特色文化，推介了什刹海阜景街区域的老字号餐饮、名人故居、王府、特色四合院主题酒店等，提升什刹海阜景街品牌的美誉度和知名度。10月24日，全年系列体验活动结束。完成什刹海地区旧城保护示范项目一期试点项目和白塔寺地区起步区示范项目鲁南片区人口疏解工作宣传方案及相关配套文件。配合做好第12届什刹海旅游文化节活动之一护国寺小吃旅游节的相关工作，6月在人民剧场组织30余家餐饮企业上百种名优小吃进行现场展卖。

（陈玉芳　王崧）

【推进综合整治】　年内，什刹海阜景街指挥部牵头组织推进护国寺街综合整治工作。制定了西城区护国寺街环境秩序整治工作方案，5月15日、28日，总指挥姜立光2次主持召开协调会，提出工作要求。什刹海阜景街指挥部组织召开护国寺街重点商户座谈会，与会商家表示要加强沟通、资源整合、互利共赢、塑造护国寺的环境和形象。

（陈玉芳　王崧）

【信息工作】　全年组织召开各专项工作协调会等70余次、行政办公会20次、党组会6次，上报信息60余篇，西城信息采登率95%。编发《会议纪要》20期，《工作动态》8期，制发指挥部文件（海阜指号）14件。办理区政府、区人大、区政协及相关部门文件督查件、函件等40件。

（陈玉芳　王崧）

北京北展地区建设指挥部

【概况】　北京北展地区建设指挥部（简称北展指挥部）于年内12月4日正式挂牌成立，隶属区委、区政府，由区政府直接管理。设立总指挥，由区领导兼任，负责主持指挥部全面工作；设立1名常务副指挥，协助总指挥负责指挥部日常工作。下设办公室、产业发展处、环境秩序处。行政编制20人。北展指挥部是负责统筹推进以动物园服装批发市场为重点的展览路地区内，低端业态和小商品批发市场疏解、改造、业态调整升级工作的常设临时性机构。主要工作为统筹区域各种资源，引导批发市场人口有序疏解和产业有效提升。参与研究区域内资源利用、业态调整相关政策，编制中长期发展规划和专项规划；协调重大项目的论证、立项、引进和落地；负责交流合作活动的项目申报和组织、各类经济指标的收集整理、统计分析和研究、联络区域内商户自治组织、联席会、专家顾问等工作；同时负责牵头协调推进区域内环境的综合治理和城市形象品质提升的相关工作。指挥西直门综合治理办公室开展区域环境秩序工作；编制区域内商品批发市场环境治理的年度工作计划和实施方案；协调区委、区政府相关委办局、街道、产权单位、市场主办方等，开展对区域市场秩序、交通秩序、治安秩序等进行治理和提升，确保区域内市场的安全稳定。

地址：西城区文兴东街1号国谊宾馆商务写字楼6层

邮编：100032

电话：88393453

（马　宁）

【约谈“动批”市场代表】　9至10月，区长王少峰、总指挥孙硕多次约谈动物园地区所有批发市场的主办方。了解市场情况和动态，市场方对产业升级、转移提出了意见建议。北展指挥部会同市发改委、市国资委、市商务局、市工商局、市安监局及区有关委办局，分别约谈动物园地区服装批发零售市场有代表性的9家市场的7个产权单位。

（马　宁）

【为产业转移考察选址】　11月初，北展指挥部会同市发改委、市商务委、市规划委，和区相关部门赴河北省永清县、白沟新城、固安县三地考察对接选址事宜。经讨论并征求意见形成考察的报告，分别向市政府、市支援合作办汇报，为京冀两省市领导会谈提供准备材料。参与京冀发改委就服装批发市场的产业升级、承接转移和建设物流园区等规划进行的商谈。

（马　宁）

【开展基础数据调查研究】　8月底至9月初，北展指挥部在收集整合中关村科技园西城园管委会、西城工商分局、区商务委、街道等相关部门所做的调研、规划和计划、数据资料和联系方式等各类基础信息后，建立台账。同区委区政府研究室合作，并借助专业公司进行市场调查。12月初，赴浙江省考察交流批发市场产业升级、业态调整和市场管理经验等，形成考察报告。

（马　宁）

【形成综合治理合力】　9月中旬，针对西直门外南路综合治理问题，北展指挥部组织协调区域内公安、交通、消防、工商、城管、街道等多个职能单位，组织维稳、消防、安全相关的部署会、协调会、调度会，整合各方资源形成合力进行综合治理。

（马　宁）

北京马连道建设指挥部

【概况】　北京马连道建设指挥部（简称马连道指挥部），依据西城区委区政府办公室《关于组建北京马连道建设指挥部北京北展地区建设指挥部的通知》（京西办发〔2013〕21号）于年内11月16日挂牌成立，隶属区委、区政府，由区政府直接管理。设立1名总指挥，由区级领导兼任，负责主持指挥部全面工作；设立1名常务副指挥，协助总指挥负责指挥部日常工作。下设办公室、规划建设处和产业促进处，编制20人，在职11人。马连道指挥部是负责组织、协调、督促、服务以马连道为主的广安门外地区的业态升级和重点项目建设工作的常设临时性机构。负责综合协调涉及本区域、跨领域、跨区域的建设发展工作，组织协调推进区域重点项目。负责会同相关部门：研究制定本区域中长期发展规划、空间规划、土地利用规划等发展战略，并负责组织实施；制定马连道地区产业发展规划，提升茶企业品牌影响力，促进茶文化产业发展，树立马连道茶产业街区品牌形象；研究制定本区域产业发展的各项激励政策、措施，促进重点产业、企业总部及相关产业聚集发展。年内，马连道指挥部边组建边推进工作，通过抓调研确立工作思路、抓规划编制引领街区建设，抓项目明确重点工程、抓文创引导产业升级，完成组织筹备、走访调研、项目梳理、产业定位、思路谋划等工作。

地址：西城区红莲南路57号中国印刷大厦15层

邮编：100055

电话：52609418

（耿爱华）

【区领导考察调研】　11月16日，马连道指挥部正式挂牌，区长王少峰到马连道指挥部调研，与茶城、品牌茶企、建设商和小茶商企业座谈，听取各企业针对地区基础设施建设、品牌提升、整体资源开发、政府引导等方面的意见和建议。指出马连道地区发展的方向和目标，在于“巩固、优化和提升”，巩固现有基础，优化政府服务，提升产业结构、贡献率和影响力。要从茶产业总体出发，建设成总部基地、创新基地、投融资基地、标准制定基地、信息发布基地和茶文化阐释体验基地，具备为北京、为全国提供茶产业服务、人才和资金的能力。12月12日，区委书记王宁到马连道指挥部调研，听取指挥部工作开展情况、街区产业发展和规划建设思路情况汇报。指出，马连道指挥部和广安门外街道要抓住十八届三中全会全面深化改革的机遇，统筹推进地区建设，引导业态加快提升。抓住京津冀统一布局联合开展产业调整的机遇，引入适合首都功能核心区发展的新型产业，转移不适合产业。抓住2014年国庆65周年和APEC峰会首都城市环境改善的机遇，改善基础设施和公共空间。

要从四个方面落实地区发展规划：一是通过规划引导，挖掘地区发展潜力，集约利用地区空间，做好产业规划和地区总体规划，提高核心城区品质；二是通过转移、调整、提升、撤并，改造现有企业，发展电子商务，延伸茶产业链条，引导督促地区产业升级；三是不断扩展地区产业定位，明确以茶为主，多产业发展的方向。挖掘茶文化内涵，引入和发挥大型文化企业、机构带动作用，促进重点产业、企业总部及相关产业聚集发展。四是发挥综合协调作用，对地区环境改造、基础设施改善、道路交通疏堵等情况进行科学规划和统筹推进，推动以马连道为主的周边地区乃至广安门外地区的发展。

（耿爱华）

【明确地区规划编制方向】　9月12日，召开马连道街区规划建设专题会；9月26日，召开广安门外地区规划建设推进会。随后多次组织区属相关部门、地区茶商茶企、专家学者和规划设计公司，研究制定广安门外地区的空间发展规划和产业发展规划，对编制地区规划的范围、原则、内容、定位等形成共识，规划编制工作顺利启动。

（耿爱华）

【开展街区产业定位论证】　10月8日，马连道指挥部召开马连道街区产业发展规划专家论证会。11月13日，召开马连道街区产业发展定位专题研讨会。11月16日，区长王少峰主持召开马连道茶商座谈会，在多方研讨论证的基础上，初步确立马连道地区“一街区、三原则”的产业发展定位。“一街区”即马连道茶产业特色街区，简称“马连道茶业街”。马连道地区未来的产业发展定位，在于进一步巩固、发展“中国茶叶第一街”的品牌优势，提升整体业态质量，丰富整体业态内容，着力将马连道打造成为在中国乃至世界具有突出影响力的茶产业集聚区、茶文化展示区。“三原则”即巩固、优化、提升的发展原则。巩固当前的工作基础、产业基础、企业基础，通过科学的引导和决策，进行全面升级。优化现有的服务、支持、业态、人才、资金等各类政策和资源，调整产业结构，完善资源配置，焕发企业活力。提升产业集聚度、区域贡献率和品牌影响力，使马连道地区取得突破式发展。

（耿爱华）

【梳理街区重点项目】　年内，走访区政府委办局、产权主体等10余个单位，收集整理涉及广安门外地区发展建设的项目53个，通过与区属相关委办局对接重点工作，梳理出白纸坊西延路（南马连道路）、车站西街道路、宣兴大厦等重大项目19个。对其中情况复杂、涉及部门较多的重点项目，通过专题会、现场会等形式，进行项目调度和重点跟进。

（耿爱华）

【建立街区茶产业商情台账】　年内，通过20余次实地调研、走访、行业座谈会、各型企业座谈会等形式，与各茶城、重点企业、行业协会、商会负责人进行交流座谈，搜集地区茶产业运营情况。梳理茶城、茶商、行业协会商会的主要需求，建立地区茶城和品牌茶商信息资料基础台账。

（耿爱华）

【引导企业业态升级】　通过向街区茶城、茶商和茶企宣讲产业扶持政策、引导产业发展定位、调度重点产业项目进展、座谈产业升级方向，提升企业对文化创意产业发展的认识。专题调研茶文化大厦项目，组织茶商召开文化创意产业政策解读会，召开茶叶交易中心及京华茶业大世界项目建设专题调度会，指导推动茶文化大厦项目策划设计定位，为企业了解政策、发展文创产业搭建平台。

（耿爱华）

西城区重大项目建设指挥部办公室

【概况】　西城区重大项目建设指挥部办公室（简称区重大办）是主要负责全区重大工程项目统筹协调工作的常设机构。内设综合科、财审科、征收事务科、项目管理科、保障房建设管理科、执法维稳工作科6个职能科室。主要职责是组织编制本区重大项目建设总体计划；负责本区内重大项目建设的组织协调、综合调度和监督管理工作。协调有关部门和单位推进重大项目的立项、规划、用地、征收等前期工作；协调区政府有关部门按总体计划要求在项目建设各阶段加快办理各项行政审批手续。参与拟订重大项目房屋征收方面的政策措施；组织编制重大项目房屋征收年度计划；做好重大项目房屋征收的管理和协调工作；指导和协调相关部门推进功能街区、市政基础设施、轨道交通等重大项目及其他专项工程的征收工作；协调重大项目建设中产权单位的搬迁工作。负责本区房屋建筑的抗震节能综合改造和老旧小区整治工作。协调区政府主管部门监督重大项目建设，贯彻落实安全生产、工程质量、资金使用、招标与采购、合同履行等方面法律法规，落实“阳光工程”的各项要求；参与重大项目建设工程事故应急工作。组织重大项目年度资金使用计划的编制，协调、落实资金计划的执行；组织协调重大项目的竣工验收、竣工结算和决算工作。负责全区保障性住房建设和定向安置房源的统筹协调工作。承办区委、区政府交办的其他事项。

地址：西城区培育胡同15号2层

邮编：100051

电话：81025983

（鞠克雪）

【重点征收拆迁项目进展】　十七部委旧城区改造项目：涉及居民463户，截至12月31日签约431户，完成

91%。国家发改委项目：涉及居民153户，截至12月31日签约121户，签约率79%。宣武医院项目：截至12月31日，整个项目剩余160户，签约比例85.1%。大吉项目：累计完成签约1646户（其中用于金融街拓展项目建设的B、D地块完成566户），住宅剩余674户（其中用于金融街拓展项目建设的B、D地块剩余75户）。非住宅单位产剩余1处。实验二小项目：6月28日张贴征收决定公告，截至12月31日签约83户，完成83%。国家税务总局项目：截至12月31日已签约16户，签约率50%。基坑范围内全部签约。北京儿童血液中心：截至12月31日签约12户，完成28%。菜市口220千伏站及生产附属设施项目：总计40户，截至12月31日签约24户，签约率60%。地铁16号线：临时占地80%已经进场围挡，树木伐移工作完成90%，区政府原则同意区园林中心的拆迁方案。西黄项目：涉及居民158户，被征收居民全部签约，道路施工完成并通车。太平街（二期）项目：涉及居民52户、单位5个。截至12月31日签41户，签约78%。完成单位产4个，签约比例80%。新街口北大街项目：涉及居民408户，截至12月31日剩余居民5户。12月20日道路建设开工。西直门内大街项目：涉及居民420户，截至12月31日剩余未签约居民10户，其中3户已发裁决；剩余单位产4家。北纬路、槐柏树后街项目：10月24日区房管局召开风险评估会，10月30日政府常务会通过，资金足额到位后张贴征收公告启动征收。11月19日开展动迁人员工作培训工作。市委党校“山”字楼项目：区文委批复立项并通过修缮方案，进入资金预算阶段。

（鞠克雪）

【老旧小区综合整治项目】　全年累计完成老旧楼房抗震加固和节能改造建筑面积120.9万平方米，完成率100.75%。完成10栋危旧简易楼改造，涉及建筑面积10421平方米、居民380余户。对三义里、小红庙和裕中西里3个小区公共部分集中开展综合整治。涉及居民4873户2万余人。建筑面积26万余平方米，占地20万平方米。裕中西里小区项目全面完成，三义里和小红庙完成上下水更新和热网改造。

（鞠克雪）

【实验二小王府校区西扩工程】　2月26日，北京第二实验小学（简称实验二小）王府校区西扩工程房屋征收指挥部完成入驻工作。7月3日、8日，区政府副区长李岩到现场调研指导。8月1日，区长王少峰和副区长李岩到实验二小征收工作现场，了解情况、总结经验、部署下一步工作，并看望慰问全体征收人员。座谈、调研一直持续到8月2日凌晨。区领导与全体人员见证了签约期最后1户居民签约。

（鞠克雪）

【市领导调研老旧小区综合整治】　3月8日，市重大办副主任戴孟东、市住建委副主任冯可梁等一行7人到西城区调研老旧小区综合整治工作。5月10日，副市长陈刚到广外三义里小区调研并座谈，听取城六区老旧小区综合整治工作、西城区三义里小区及全区老旧小区综合整治工作情况的汇报。9月10日，冯可梁到西城区调研老旧小区综合整治工作，并到灵境小区了解热计量改造情况。

（鞠克雪）

【召开专项工作协调会】　3月19日，副区长李岩主持召开协调会，协调裕中西路、电科国际门前道路整治、黄寺大街26号院遗留楼房处置、德胜门外大街拆迁遗留问题4个项目的调度会。5月17日，李岩主持召开西城区征收拆迁项目相关问题调度会。9月13日，区重大办召开中影集团住宅工程项目协调会，规划、国土、住建委、治安、街道、建设方及施工方等相关单位参加协调会。

（鞠克雪）

【召开专项工作调度会】　3月25日，副区长李岩主持召开市政道路重点工程项目调度会，区重大办、西都公司、广安基础公司分别汇报各项市政道路征拆工作进展情况和存在的问题。5月2日，李岩主持召开国税总局征收项目调度会,对该征收项目进行研究。5月6日，李岩就解决财政部周边道路拥堵问题主持召开调度会。初步确定两套解决方案：财政部北侧三里河南街向东打通直达三里河东路，三里河南二巷向北拓宽双向直达月坛南街。

（鞠克雪）

【召开区重点项目库专题研究会】　3月29日，区重大办召开区重点项目库专题研究会。会议对拟列入2013年重点项目库的项目进行研究与梳理，明确重点项目选择的整体思路及特点。

（鞠克雪）

【市相关单位领导调研棚户区改造】　4月22日，市重大办、市住建委、市保障房建设投资中心等相关单位的领导调研西城区棚户区改造和城市边角地带环境整治工作，副区长李岩对西城区近年来旧城改造方面的工作情况及下一步工作措施进行了汇报。

（鞠克雪）

【市领导调研专项工作】　5月5日，市委常委、常务副市长、市政府党组副书记李士祥一行到西城区调研金税工程北京数据中心项目房屋征收情况。李士祥到项目征收现场实地查看并听取项目征收进展情况的汇报，对西城区的征收工作给予肯定，就下一步如何加快工作进度、确保完成征收任务提出要求。

（鞠克雪）

【区领导实地调研】　5月9日，副区长李岩一行先后到北新华街南段、太平街二期、北纬路、槐柏树后街、新街口北大街、西直门内大街市政道路项目和财政部门前的三里河南横街进行实地查看，了解区内市政道路征拆及建设情况。9月1日，李岩到珠朝街东侧协议腾退项目现场指挥部，听取腾退现场指挥部对近期工作情况的汇报。

（鞠克雪）

【双寺胡同10号院整体拆迁完成】　6月13日，鼓楼大街双寺胡同10号院的12户居民全部签订拆迁协议，实现整体拆迁。

（鞠克雪）

【063工程列入区重大项目库】　7月29日，区重大办组织区有关部门与市委统战部、民盟北京市委对接，将063工程作为西城区重点项目，列入2013年重大项目库，研究居民腾退、

资金申请、安置房源、手续办理和后续建设等相关工作。

（鞠克雪）

【百万庄居民住房改善项目启动】 10月15日，西城区百万庄北里居民住房项目启动大会在区政府三层报告厅召开。区委副书记、区长王少峰，区委常委、常务副区长苏东，副区长李岩，区政协副主席姜立光，以及区相关单位领导和指挥部全体工作人员参加会议。市重大办副主任戴孟东应邀出席会议。

（鞠克雪）

【集中成片加固试点项目启动】 10月，西城区首个集中成片加固试点项目——陶然亭街道黑窑厂小区抗震加固综合改造工作启动，涉及1980年前建成的居民楼10栋，建筑面积3.1万平方米，居民555户。

（鞠克雪）

【区领导调研百万庄居民住房改善项目】 12月4日，区委书记王宁带队到百万庄北里居民改善项目指挥部办公室调研，并慰问一线工作人员。郭怀刚、李岩及相关单位主要领导陪同调研。12月18日，区委副书记、区长王少峰带队到百万庄北里居民住房改善项目指挥部办公室调研，副区长李岩及相关单位主要领导陪同调研。

（鞠克雪）

（责任编辑　陈　艳）

综合经济管理

经济和社会发展

【概况】　北京市西城区发展和改革委员会（简称区发改委），是区政府主管全区经济发展和改革的工作部门，内设行政科室11个，物价检查所科室7个，下属事业单位4家（西城区经济信息中心、西城区政府采购中心、中小企业服务中心、价格认证中心），在职156人。年内，区发改委紧紧围绕"服务立区、金融强区、文化兴区"战略的实施，解放思想、开拓创新、统筹兼顾、认真履职，较好地完成各项重点工作任务，为促进全区经济社会平稳较快发展发挥了积极的作用。全年实现地区生产总值2825.7亿元，同比增长9.0%；区级一般预算收入341.9亿元，同比增长10.6%。

地址：西城区西直门内大街275号综合行政服务中心

邮编：100035

电话：82141213

（李　慧）

【经济社会发展形势分析会】　年内，区发改委主持召开3次经济社会发展形势分析会，区四套班子领导出席，区委、区政府各综合部门的主要领导、主管领导参加。会议对经济社会发展的内外部环境进行深入讨论，就区内各主要指标完成情况、发展中的重点、难点问题等进行全面细致分析，确定下一步重点任务及对策措施。

（李　慧）

【国民经济和社会发展计划报告】　年内，完成半年及全年国民经济和社会发展计划执行情况的报告，就重点工作任务进行安排部署，加强对全区经济社会发展情况的把握，为政府开展下一阶段工作提供参考依据。将计划执行情况及下一阶段主要目标安排向区人大常委会进行工作汇报，认真自觉接受监督。

（李　慧）

【政府投资工作】　年内，印发西城区2013年政府投资计划，多次召开全区政府投资工作协调调度会，采取健全工作机制、分解进度目标、加强协同配合等措施，狠抓项目落地。向市发改委争取市补助资金，有力保障投资项目的推进。进一步修改完善《西城区政府投资管理暂行措施》，规范全区政府投资管理工作。

（朱　江）

【医改工作】　年内，鼓励社会资本办医，医疗服务体系更趋多元化。落实北京市《关于进一步鼓励和引导社会资本举办医疗机构若干政策的通知》，新增医疗机构优先考虑社会资本。规范社会资本办医的审批程序，简化审批环节，办理时限缩短至10个工作日。落实医师多点执业的办理工作，通过网络等多种途径公示办理程序，及时做好办理的指导工作，促进优质资源在医疗机构间横向流动。推动建立北大人民医院医疗共同体、友谊医院医疗联盟，促进优质医疗资源向基层延伸。北京市二龙路医院（北京市肛肠医院）与中国人民大学医改研究中心签署长期战略合作协议，实施"驱动型"公立医院绩效管理改革。北京市回民医院作为"北京市民族医药重点学科建设单位"，成立"北京市回医药研发基地""市级民族医药学科建设试点"和"回医药特色诊疗中心"。区展览路医院开展康复医院试点建设，探索辖区建立康复医疗服务体系。区广外医院探索医疗费用控制措施，开展医保总额预付试点工作。

（祝欣伟）

【制定企业走访机制】　年内，制订落实"六个一"区领导联系重点企业方案，为每位区领导安排2家驻区企业联系，落实区领导走访工作。共有王少峰等7位区领导走访北京市建筑工程专业劳务发包承包交易中心、中国华电集团等10家单位。

（李　玮）

【落实重点企业税源奖励政策】　年内，落实《西城区关于服务重点企业的实施办法》（西发改〔2013〕611号），会同财政、国税、地税、工商、统计等部门，对2011年重点企业税收贡献进行梳理，分别予以奖励，共奖励重点企业475户，奖金7902万元，实现稳固存量税源的目标。开展2012年重点企业奖励测算工作，初步拟定奖励方案，涉及企业约460户。

（李　玮）

【推动功能区规划统筹平台】　年内，落实区政府重点工作任务，把金融街、中关村科技园西城园、什刹海历史文化保护区等功能区作为承接产业升级的重要载体和平台，开展功能区规划统筹工作。共组织6次专题讨论及协调会，沟通各指挥部机构和有关部门，调研重点功能街区规划编制进展情况。搭建功能区规划统筹平台，初步完成《西城区功能区规划编制的专题研究》报告，并草拟《西城区功能区规划编制指导意见》，提高功能区规划编制的科学性，促进功能区合理布局和联动发展。

（李　玮）

【服务中小企业】 年内，贯彻落实北京市、西城区清洁空气行动计划，加强工业企业大气污染防治，减少工业领域污染排放，组织京华印刷厂、利丰雅高印刷公司等3家企业停产或退出。依据西城区资金环境承载力、发展基础和潜力，出台《西城区促进中小微企业发展的实施意见》，完善中小企业政策服务体系。充分利用北京市、中关村及西城区现有的贴息政策，切实解决中小企业融资难题。引导、鼓励西城区17家中小企业累计实现创新融资近3.6亿元（14家中小企业发行集合信托融资2.52亿元，1家企业发行融资租赁融资521万元，1家企业发行中小企业私募债融资1亿），区域3家担保机构为西城区中小企业创新融资担保8250万元，市、区两级贴息共计1376万元。完成《西城区“十二五”期间中小企业发展促进规划》的中期评估工作，并提交区人大常委会审议通过。

（乔　姝）

【价格监督检查】 年内，围绕稳定价格水平这条主线，开展日常检查、节日检查和专项检查。对教育收费、医疗收费、药品价格、涉企收费、烟花爆竹价格、物业收费等进行检查。查处各类价格违法案件9件，实现经济制裁总金额32000元（没款4450元、退款21950元、罚款5600元），上缴财政金额10050元。受理价格举报咨询共计489件（咨询299件、举报190件）。列举报咨询前三位的行业为：机动车停车收费、商业零售业、医疗及药品价格。处理各类价格举报案件190件，协调解决33件，为消费者挽回经济损失18188.6元，纠正16件，无问题87件。针对举报时点密集化、举报事项紧急化、投诉热点敏感化的特点，在节假日及特殊时期，启动价格举报工作快速反应机制，确保及时、快速地处理价格违法问题，保障举报人的合法权益。

（赵　莹）

【价格鉴定】 年内，完成涉案财产价格鉴定案件1223件，鉴定标的金额989.61万元。其中刑事案件1222件，鉴定金额988.78万元；行政案件1件，鉴定标的金额0.83万元。

（石　英）

投资服务

【概况】 北京市西城区发展中心（简称区发展中心）是承担行政辅助职能的区政府直属正处级全额拨款事业单位，由西城区功能街区产业发展投资促进局代为管理。下设办公室、项目促进科、信息资源科、交流合作科4个职能科室。主要职责：负责宣传投资政策，建立与境内外客商的联系渠道，反映境内外客商的意见和要求；组织参与境内外有关投资促进活动，组织实施重大项目招商活动；为境内外投资客商提供投资环境考察、信息、投资导向、申报程序、法律法规等方面的服务工作；负责西城区投资促进网络的建设、运行与维护工作；负责重点招商项目库、重点客商名录库的建立工作；协助落实功能街区重大项目的论证、立项申请及引进工作，做好项目跟踪服务。

地址：西城区育新街2号

邮编：100054

电话：83538270

（汪　洋）

【承办2013“马连道杯”茶艺表演大赛】 6月，承办“马连道杯”全国茶艺表演大赛。负责征集参赛队、确定场地、聘请专家、联系公证、邀请嘉宾、组织评选等具体工作。15支队伍参赛，最终评出一等奖、二等奖、三等奖。

（郑清江）

【承办驻京中外知名企业西城行】 8月，与市投资促进局共同组织“驻京中外知名企业投资西城行”活动。戴尔、光大集团、采禾国际集团、中科招商等400余家涉及金融业、高新技术产业、文化创意产业、商业、旅游业等产业的驻京跨国公司、大型民企、股权投资机构、招商中介机构、外省市企业商会等应邀参加。活动向参会单位全面介绍西城区投资环境、产业发展规划和重点投资领域，大力推进投资人和企业与西城区的合作。

（郑清江）

【参加中国国际投资贸易洽谈会】 9月，组织西城区代表团参加第十七届中国国际投资贸易洽谈会。代表团以“携手西城赢发展　同心共筑中国梦”为主题，采取“政府搭台、协会推介、企业唱戏”的模式，充分利用资源，单设展位，首次在京外推介马连道“中国茶叶第一街”这一品牌，集中展示西城区传统历史文化与现代产业文明和谐相融的特色，将首都功能核心区的整体形象和良好投资环境充分表达。

（金　哲）

【征集项目参与第十七届京港洽谈会】 10月，为在第十七届京港洽谈会活动中突显西城区重点功能街区和重点产业发展，吸引境内外投资人和企业在西城投资发展，向区发改委、区文化委、区旅游委、“5+2+2”指挥部等单位征集项目18个。其中园区项目2个，楼宇项目3个，土地招商项目1个，企业融资项目12个。

（刘　涛）

【参与筹备中国（北京）国际服务贸易交易会】 年内，配合市商务委，筹备“第二届中国（北京）国际服务贸易交易会”。完成“跨国公司板块”相关工作：联系世界五百强企业CEO，邀请其参会；收集各跨国企业参展资料，参会人员资料并注册。通过组织与筹备各项相关活动，宣传西城区的区域环境和投资优惠政策。

（张广勤）

【服务驻区企业】 年内，协助罗森集团入驻西城区；为国家电网公司联系办公用房；为有意向进入西城的文创和科技企业（天合定制传媒和艾瑞咨询）提供相关服务。

（张广勤）

【协助市投促局相关工作】 年内，组织区内相关委办局、街道、指挥部对项目进行梳理，向市投促局提供西城区最新的投资促进优惠政策汇编以及重点项目情况。参加市投促局组织的全市投资促进汇报工作的培训，依照市投促局的要求，按时为市投促局相关接口人提供西城区每季度的投资促进工作整理文稿，及时向市投促局反映西城区的投资促进工作。根据市投促进局《关于进一步做好2013年投资促进活动统计工作的通知》的要求，向区内相关单位征集投资促进活动信息6条。

（马一超）

【起草第三方支付产业调研报告】 年内，起草发展西城区第三方支付产业的分析调研报告，深度调查研究我国的第三方支付行业的现状以及发展前景，挖掘市场机会，了解潜在风险和挑战，为西城区启动金融创新服务产业园区项目（建设中国第三方支付大厦）提供初期的研究分析支持。

（刘 倩）

【开展区内楼宇调研】 年内，继续开展西城区楼宇调研工作，完成对区内261座楼宇的房源监控及入驻企业调查工作，形成《西城区写字楼房源监测数据库》《西城区写字楼入驻客户监测数据库》《统计分析报告》《西城区楼宇经营景气指数研究框架与报告》等调研成果。

（马一超）

【筹划创办《投资西城》期刊】 年内，筹划创办《投资西城》期刊，用于宣传西城区投资环境和招商选资工作。会同《投资北京》杂志社相关人员先后走访市投促局及朝阳、海淀等城区，对《北京投资促进》《商务朝阳》《北京CBD》《中关村》等有一定社会影响的特色刊物进行调研和学习。经过征询有关专业机构的意见及研讨后，根据刊物定位、内容、发行范围等方面，制订《关于创办〈投资西城〉杂志的方案》。

（马一超）

政府投资项目建设

【概况】 北京市西城区政府投资项目建设中心（简称区建设中心）是西城区政府直属正处级全额拨款事业单位。下设办公室（含财务）、代建及中介管理科、项目建设管理一科、项目建设管理二科、项目建设管理三科5个职能科室。2013年8月，根据区政府的要求，区建设中心由区发改委代管，职能发生改变，工作内容重新调整。主要职责：延续以往工作，继续推进原有在建项目进度；负责区政府投资项目建设的监督检查、协调和管理工作；受发改委委托，负责区域内基本建设领域的专项建设规划政策研究和资源调查、梳理、配置工作；承办区政府和上级业务指导部门交办的其他事项。2013年竣工项目为4个社区卫生服务站，节能在线监测平台项目实现开工，完成竣工结算项目2个。

地址：西城区西直门内大街275号（8月迁入）

邮编：100035

电话：62141121

（李丹梅）

【4个社区卫生服务站项目竣工】 6月，天桥街道东经路社区卫生服务站，广外街道荣丰社区卫生服务站、车站西街社区卫生服务站、莲花河社区卫生服务站全部改造完工，该工程于2010年10月开工建设，总建筑面积为1194.44平方米，总投资额为589.21万元，工程改造内容为内部标准化装修改造建设。

（李丹梅）

【节能在线监测服务平台建设项目】 9月，西城区节能在线监测服务平台建设项目获区发改委的概算批复，该项目总投资额2612.78万元，涉及区内67家年综合能耗2000吨至5000吨重点能耗单位和公共机构以及节能数据中心。项目建设主要内容：节能数据中心、数据采集系统、能耗监测指标体系、关键应用系统，以及支撑平台建设5部分。截至10月，已完成前期各项审批工作，并完成施工、监理招投标工作。于年底正式开工。

（李丹梅）

【在建工程】 年内，由执行监理提供数据、现场工程师核实、项目建设三科造价核算，在建工程共有3个：宣武公共卫生大厦项目、北京小学走读部改扩建项目、4个社区卫生服务站标准化装修改造项目，总建筑面积30698.6平方米，总投资额为16790.30万元。6月，天桥、广外2个街道的4个社区卫生服务站标准化装修改造工程已经竣工，由区财政局对该项目进行结算评审。

（李丹梅）

【项目投资完成】 年内，已经竣工并办理结算审核的工程有3个，包括宣武中医医院装修改造工程、陶然亭社区服务中心装修改造、4个社区卫生服务站标准化装修改造建设工程，其中宣武中医医院、陶然亭街道社区服务中心2个项目完成工程竣工结算工作；4个社区卫生服务站项目还在等待结算评审过程中，截至年底完成总投资额4687.21万元。

（李丹梅）

【政府投资项目建设】 年内，区政府投资建设工程4项，总投资额19613.08万元。其中西城区4个社区卫生服务站标准化建设工程年内已竣工；宣武公共卫生大厦工程、北京小学走读部综合改扩建工程2个项目仍在施工建设中，建筑总面积为29504.16平方米；区节能在线监测服务平台建设项目于年底已实现开工。

（李丹梅）

统 计

【概况】 北京市西城区统计局（简称区统计局）是区政府负责管理全区统计工作的职能部门，北京市西城区经济社会调查队（简称区调查队）是北京市经济社会调查总队的派出机构，与区统计局合署办公，共同负责本地区的统计工作。下设20科室，在职人员150人。区统计局、调查队坚持秉承"相融共议，形成合力，促进发展"的工作原则，积极探索"统一管理、分工负责、资源共享"的工作模式，负责全区经济社会发展情况统计数据的采集整理、汇总分析及统计监测工作。年内，完成2013年年报、"十二五"规划中期评估、诚信统计单位评比等一系列重点工作，被授予"全国企业'一套表'联网直报先进集体""北京市区县机关档案工作测评市级优秀单位""西城区十大普法惠民品牌先进单位"等称号。

地址：西城区太平桥大街107号

邮编：100033

电话：66523531

（王旭芳）

【优化统计咨询服务】 年内，紧紧围绕工作重点，立足于全力打造统计分析研究中心，开展"满足需求式""呈现成果式""监测分析式"和"前瞻提醒式"四式服务，为区域经济社会科学发展提供坚强统计保障。第一，以数据质量为核心，进一步规范统计数据提供流程，严格执行首问负责制，不断提高统计数据使用效能。及时、准确、定期发布统计数据，向社会公开统计数据发布计划，按时发布重点指标和主要行业等统计数据，方便区委、区政府以及社会公众的查询和使用。第二，致力做好统计咨询服务。对外提供数据咨询服务155人次，涉及数据87.7万笔。改版印发《华彩西城》《缤纷街道》《特色功能区》《市局反馈资料汇总》等季度数据资料手册；编制印发《2012年西城区情》《2012年北京西城统计年鉴》《2012年西城统计资料汇编》《2012西城区社会发展数据汇编》、2013年"两会"资料等年度数据资料。第三，加大统计分析力度。强化对相关考核指标的监测力度，做到"数据清、情况明、研判准"，持续提升统计服务水平；继续加强进度分析深度，把握各领域运行状况，查找存在的主要问题，为区委、区政府以及有关部门科学决策提供参考依据；适时开展专题分析研究。根据区域发展的热点、重点问题，适时撰写统计专报，满足各方需求。第四，以建设服务型统计为目标，将统计科研工作作为重要抓手，提升统计研究层次和统计服务能力。不断完善和创新统计课题项目管理制度，促使统计科研工作做到"贴近区情、高点突破、严谨务实"。开辟"局队重点调研课题"OA专栏，集中展示课题进展情况和研究成果，并向市、区两级推动统计课题研究的成果转化。《当前政府统计部门民意调查组织模式研究》作为国家统计局立项课题，于2013年结项，研究成果入选世界统计论坛，是局队实现课题研究成果有效转化的重要体现。

（王旭芳）

【经济普查准备工作】 年内，统筹组织开展西城区第三次全国经济普查各项准备工作。区、街两级普查机构全部组建完成，区普查领导小组成员为57个。建立区、街经普办两级工作例会制度，制定各项工作制度及实施方案。自主制作30秒的经济普查公益广告宣传片，在BTV-9《缤纷西城》栏目以及多块户外LED显示屏滚动播放；在《北京西城报》开设"经普进行时"专栏，协助市普查办举办"12·7国家经济普查宣传月"启动仪式，组织15个街道普查办开展全市"12·18"宣传日活动。通过抽调街道各部门业务骨干、发动社区工作者、招聘普查员等多种方式，各街道共有普查人员1499名。首次采用PDA（手持电子终端）数据采集新模式，共核查单位50651家。第三次经济普查暨2014年定报工作直报单位布置会共完成40余场7800余人的培训，培训总人数创历史新高。开展对普查人员的培训43场次，培训3919人次；对普查对象的培训247场次，培训单位44125家。创新开展针对一线普查人员的心理疏导工作。

（王旭芳）

【专项调查和调研】 年内，开展各项调查25次，调查样本量19556个，收集意见建议12942条，撰写调查报告25篇。调查项目内容包括：一是政府职能方面，落实十八大作风建设民意调查、公众对西城区城市管理水平和有关部门履职情况满意度入户调查、德胜科技园北展街区调查、西城区落实中央八项规定情况民意调查、北京市区县反腐倡廉建设民意调查；二是社会热点方面，西城区摇号购车政策民意调查、现代电子商务对西城区居民消费行为影响调查；三是居民生活方面，北京居民文化消费现状及需求意向调查、西城区文化服务需求调查、西城区精神文明建设工作调查、北京居民养老问题民意调查、社情民意调查。

（王旭芳）

【诚信统计】 年内，探索诚信统计建设新思路，在开展诚信统计评估会、表彰会等常规工作的基础上，致力于诚信统计建设的新发展。一是改进细节，增强效果。在评估会上，新增单位展台设置，方便评估专家深入了解；在表彰会上，为新增诚信单位颁发奖牌，原有诚信单位发放证书，使《北京市西城区诚信统计单位评选办法》中两年有效期的问题得以解决。二是深入基层，倾听呼声。对纳入培育机制的单位进行走访，深化“访、听、解”工作，了解单位状况及需求，制订有针对性的指导措施，鼓励他们早日跨入诚信统计单位行列。在诚信统计工作会上，组织研讨座谈，与会人员在诚信统计建设发展规划、统计人员继续教育、宣传模式、交流平台等方面提出自身需求及建议。三是寻求平台，促进发展。借西城区对社会信用体系建设工作征集意见之机，将诚信统计的开展情况，以及对区社会信用体系建设的意见及时反馈区信息办，使诚信统计在全区社会信用体系中得到更好的发展。将诚信统计建设内容进行梳理、汇总，报区法制宣传教育领导小组办公室，不断扩大诚信统计的社会影响力。“诚信统计”获全区“十大普法惠民品牌”。

（王旭芳）

【统计信息化建设】 年内，紧紧围绕提升统计信息化服务水平的工作目标，充分利用信息化技术满足对统计业务、局队重点工作、统计办公服务的技术支撑，以“四个建设”为突破点，不断完善信息化项目建设工作。一是宏观经济与社会发展数据库（三期）建设稳步推进，改善单位定位更新困难的问题，实现统计重要指标数据图表在平板电脑类设备上的展示。系统实现与西城区区域经济与社会发展决策支持系统的整合，为部分统计产品提供数据分析的支撑。二是统计专项调查设计应用系统（二期）升级改造项目已经完成全部功能的开发，并进行验收。完成调查系统与采集系统的细节整合，开发审核功能的精细化控制和非强制审核公式，具备复杂调查表（问卷）的数据采集功能。三是区域经济与社会发展决策支持系统建设完成全部开发工作。完成系统内部平台最新数据和文档的加载工作。四是统计信息资源综合管理系统正式上线运行，上线模块运行正常并在不断完善。对系统的前、后台进行分离，确保系统运行稳定和数据的安全。

（王旭芳）

【特色功能区监测】 年内，立足区情，发挥统计“桥梁”作用，借开展特色功能区调查的契机，探索“双向服务”模式，着力提升特色功能区监测能力。一是开发填报系统，服务统计基层。在功能区发展状况调查中，开发报表填报系统，方便基层统计所录入报表，以统计内网为依托，按照权限统一管理，确保数据的保密性和安全性。在系统后台中加入逻辑审核关系，做到“边报边审”，最大限度减少报表返回修改的概率。二是制定特色指标，服务调查对象。为增加调查表的针对性，突出特色元素，按照调研、制表、试填、反馈、修正、调查的标准化流程，开展大量的前期准备和调研工作。分别为什刹海历史文化保护区、阜景历史文化街区、马连道茶叶特色商业区、琉璃厂艺术品交易中心区、大栅栏传统商业区和西单商业区等不同功能区设置不同的调查表，并以功能区内主要发展和扶持的行业为重点调查领域。调查指标涉及老字号、特色旅游、演艺文化、艺术品交易等日常报表不涉及的指标，以反映功能区特色经济的运行状况。围绕《德胜科技园区产业集聚、产业转移与产业结构升级协调发展研究》《金融业可持续发展》开展课题研究，深度挖掘统计数据价值，为区域经济社会发展“科技金融双轮驱动”提供支持，全面强化对重点产业发展的预判能力。

（王旭芳）

【政府信息公开】 年内，严格遵守《中华人民共和国政府信息公开条例》的要求，以保障公民知情权为中心任务，采取三项措施强化政府信息公开工作。一是明确职责分工，推动信息公开标准化。进一步强化内部考核机制，做到将信息类型、公开步骤与科室职能相结合，基本建立相对科学的信息公开标准化流程。配备兼职工作人员14名。成立政府信息公开工作领导小组，明确各部门具体职责及工作人员的岗位职责。二是完善管理办法，促进信息公开制度化。梳理和完善《政府信息公开工作管理办法》《政府信息公开澄清管理办法》《政府信息依申请公开工作办法》《政府信息公开保密审查实施办法》《政府信息发布协调若干规定》等多项规章条例，强化政府信息公开工作培训制度，严格执行公开权限审查，完善信息目录设置、信息录入制度。三是加强保密意识，确保信息公开规范化。共召开政府信息公开培训会议3次，并结合信息公开要求专门召开机要保密工作宣传教育工作会议，提升整体保密意识和防范技能；查找保密工作的隐患和问题，制定措施、完善制度，确保不发生失泄密事件。

（王旭芳）

工商行政管理

【概况】 北京市工商行政管理局西城分局（简称工商西城分局）主要职责：市场经营主体的准入登记；市场经营主体的竞争监管；消费者权益的保护及流通领域食品安全监管。设有综合类科室、业务职能科室共15个，下设派出机构（工商所）11个，直属执法检查队1个，直属事业部门3个（工商行政管理学会、信息档案中心、后勤服务中心），管理事业法人、社团法人单位2个（西城区消费者协会、西城区私营个体经济协会）。共有在职公务员、员工438名。年内，开展“优化投资环境，促进产业升级；转变执法理念，有效防控风险；挖掘社会资源，加大维权力度；加强队伍建设，提升履职能力”的活动。提升了监管水平，降低了行业风险；指导了科学消费，畅通了维权渠道；优化了经济环境，确保了区域经济平稳发展。

地址：西城区南草厂街冠英园西区6号

邮编：100035

电话：88087594

（马福春）

【跨部门成立行刑衔接领导小组】 3月，与区检察院、区法院、西城公安分局、区国税局、区地税局、区药监局、区质监局、区卫生局等部门联合成立“行刑衔接领导小组”，通过定期召开联席会的形式，互通情报、沟通信息，以扩大案源，防止履职中案件移转不及时的风险发生。

（马福春）

【机构改革】 根据国务院《关于改革完善地方食品药品监督管理体制的指导意见》（国发〔2013〕18号）及市委、市政府《关于北京市食品药品监督管理体制改革方案的通知》要求，9月，工商西城分局97人（公务员91人、事业人员6人）并入西城区食品药品监督管理局。将流通领域食品安全监管职责交由西城区食品药品监督管理局（8月挂牌成立）履行。食品质量监督管理科、食品安全综合科、食品安全监督检查科3科建制随即撤销。

（马福春）

【工商登记注册】 年内，适应登记注册改革要求，实行“一次预约、专人受理、全程服务、高效直通”的新举措，履行一次告知义务，深化全程办理理念，设立快速受理通道，加大个转企宣传力度，建立领导值班制度，增设疑难事宜接待室，登记效率进一步提高。截至年底，全区共有经济主体88496户，同比增长1.02%。其中企业47595户，同比增长7.23%；个体工商户40901户，同比减少5.36%。个体工商户转型为企业155户，同比增长128%。内外资企业年检率分别为94.75%和97.21%，创历年新高。

（马福春）

【加快工商登记制度改革】 年内，继续加快工商登记制度改革。一是放宽名称查重条件，使过去音同字不同的大量企业名称得以使用。二是取消资本金入资专户（原来必须把注册资本金存入工商局指定的银行账户内），改为有任何银行的资本金证明即可。

（马福春）

【实行重点约谈制度】 年内，对有违法苗头或违法行为轻微的经营者进行约谈，指出违法行为危害性，并限定在一定期限内纠正，对原来行为不予追究。仅房地产中介的投诉率同比就下降52.4%，促使行业秩序明显好转。全年共立案639件，罚没款入库1200万元，同比均有明显下降。

（马福春）

【执法力量转向难点热点问题】 年内，将执法力量向社会难点、热点问题转移，加大对医疗广告、房地产中介的执法力度。对9家发布违法广告的民营医院罚款117万元，关闭12家假冒武警二院的网站。

（马福春）

【查处传销案件】 年内，共处理传销案件17件，其中按规定移转公安机关1件（5名当事人已受到刑事追究），移送工商行政管理局丰台、大兴分局各1件，其余都得到有效控制。

（马福春）

【合同管理创新】 年内，合同管理创新管理方式，依托12315平台数据分析指导工作，依托相关部门联动形成合力强化监管。首先，对12315投诉信息进行综合分析、分级分类，针对不同级别、类别的企业实行不同的管理方法，对重点部门加大管理力度。其次，针对房地产中介机构存在的主要问题，多次与区房管局开展联动执法检查，发现问题后按照各自职责进行处理，以纠偏扶正为主，行政处罚为辅。

（马福春）

【对房地产经纪机构注册实行地址确认制】 年内，实行在辖区注册的房地产经纪机构申请人，需经属地工商所对拟注册地址进行现场确认后，方可予以注册的制度。领照后须及时到属地工商所进行备案，强化监管效能，切实规范整个房地产经纪行业。

（马福春）

【推动商标战略强区工程】 年内，启动“一个企业一个商标”的商标强区工程，助推区域商标战略付诸实施。一是建立商标战略推进机制，会同相关部门共同制订区域商标战略推进方案，争取政府在资金、项目等方面的支持。制定企业品牌发展激励政策，调动企业创立品牌的积极性。二是结合辖区特点，梳理产业结构分布，圈定产业聚集区域，分步骤实施。对辖区内的天桥演艺区、出版创意产业园、DRC、琉璃厂、什刹海、新华1949、尚8设计、西长安街现代演艺等文化创意产业聚集区及节能环保、新一代信息技术、高端设备制造、新材料等战略新兴产业、高新技术产业进行扶持，帮助解决困难，建立现代品牌管理制度，推动品牌和企业共同成长。

（马福春）

【辖区商标数量】 截至年底，辖区拥有注册商标48501个，其中年内新注册商标3516个，增长7.8%。

（马福春）

【深化商标代理机制】　年内，采取四项措施加强对商标代理机构的管理：一是从源头上化解风险，推广使用工商西城分局拟定的《商标委托代理示范合同》；二是用信息公示预警风险，向社会公示商标代理行业发展动态，引导行业理性发展；三是立足网格化监管，及时掌握代理机构的经营动态、行业变化等一手信息，做到心知肚明；四是做好纠偏扶正工作，对行业的不良行为定期进行“大扫除”，剔除固瘤顽疾，以净化行业环境。共检查代理机构390家，检查发现23家代理机构未在注册地经营、4个代理机构涉嫌虚假宣传，针对问题发出行政指导告知书28份、行政告诫书1份、限期改正书4份。对市工商局交办的3家代理组织的虚假宣传行为进行查处，罚款1万元。

（马福春）

【市场情况】　年内，西城区共注册各类商品交易市场91家，其中因装修等原因暂时停业的市场6家，实际经营的市场85家。按市场类型划分：农副产品市场45家，其中农副产品综合市场37家、农副产品专业市场（茶叶）8家；工业品市场31家，其中小商品市场8家、服装市场9家、电子市场8家、建材家居市场1家、珠宝工艺品市场5家；生产要素市场2家；文化市场7家。市场总面积460795平方米，摊位总数23905个，容纳经营商户20938户。

（马福春）

【搞好调研工作引导市场外迁】　年内，与区市场管理、设置的相关部门共同约见动物园地区12家商品市场的9个房产产权人，深层次了解企业情况，并对周边商业环境进行调研，及时向区政府领导提交《加快有形市场产业升级改造　服务辖区产业结构优化调整》的调研报告，为服装、建材、农产品等批发市场升级改造和逐步引导市场有序外迁提供参考。

（马福春）

【建立茶叶质量监管跨省联动机制】
年内，与浙江松阳、福建安溪工商执法部门签订质检监管合作协议。建立日常联络、信息沟通、合作执法、推介优质茶品等机制，为茶叶质量的源头控制、质量问题的追根溯源提供保证。

（马福春）

【辖区市场实行三类高风险食品定点供货制度】　年内，与食品协会、市场主办单位、商户代表多次召开座谈会，将容易出现问题的豆制品、鲜肉、熟肉制品定义为三类高风险食品，针对三类高风险食品，组织商户代表逐一到厂家进行实地考察，最终与部分食品优质厂家签订供应协议，促进食品市场健康发展。

（马福春）

【建立食品检测网路】　年内，建立对鲜蔬食品的网路检测制度，实现了市场主办单位自检、工商所快检、分局定期抽检“三位一体”食品检测网路。截至年底，自检样品1170个，检测不合格5个，合格率99.5%；外检（分局、工商所）样品278个，合格率97.8%。根据检测结果及时发布警示信息、调剂市场，促进了市场的科学化管理。

（马福春）

【完成2013年全国城市文明程度指数测评】　年内，作为迎接全国城市文明程度指数测评中有形市场整顿的牵头部门，一是确定辖区迎检重点市场名单，分解任务，确立标准；二是加强责任单位的组织领导，确立网格责任人，把工作落到实处；三是及时反馈问题，保证信息沟通，注重疑难问题的解决。迎检期间，共出动执法检查人员736人次、执法车辆315台次，检查有形市场290个次、市场摊位6996户次，现场口头执法提示380户，下达行政指导文书35户，制发责令改正书6户。全国城市文明程度指数测评（有形市场整顿）工作达标。

（马福春）

【建立外商投资企业网络服务平台】
年内，与区商务委、西城公安分局、重点服务的企业通过博客、电话、短信、微信等方式建立服务网络，通过网络联系疏通办事渠道、咨询业务流程、解决经营中出现的疑难问题、提供快捷的法律法规咨询。年检期间实行无间断服务，受理多语种咨询，寓管理于服务之中。2013年外商投资企业年检通过率97.21%，年报通过率94.53%，两项指标均排城六区之首。

（马福春）

【推出商务楼管理新举措】　年内，以推进商务楼外资企业服务为切入点，编写印制《商务楼宇入驻企业工商政策指南》，通过辖区各工商工作站为外资企业送法律、送服务。为企业提供上门年检，指导尚未年检的企业进行网上申报、填写年检数据。对于数字准确、经营中未出现瑕疵的企业给予网上通过年检；对于数字有矛盾的企业指导其进行修正，对于日常经营中有瑕疵的企业上门指导，或给予行政指导或发放行政约谈文书，促进辖区经济秩序的改善。

（马福春）

【绿色通道建设】　年内，对已建立绿色通道的企业进行梳理，为261家成员单位重新报市工商局审批备案。在此基础上，发展绿色通道企业51家，其中4家大型酒店为每年“两会”代表驻地，这是绿色通道工作的首次尝试。与区工商联合作，结合社会热点问题，发展在非公经济中具有一定规模和影响力的32家单位为绿色通道成员单位。一方面消保维权部门加大与绿色通道成员单位的联系，促进了维权工作的开展；另一方面绿色通道成员单位也加强企业自律，侵犯消费者权益的问题都得到了合理合法的解决，从而使消费环境得到改善。

（马福春）

【与行业协会建立政企合作机制】　年内，分别与北京市美容美发行业协会、区工商联、什刹海商会建立合作关系，以共建数字信息平台、印制发放宣传读本、提供法律咨询服务、积极吸纳绿色通道新成员等方式进行全方位合作。通过合作聚集社会管理资源、拓宽社会管理层面、创新社会管理方式，达到相互借势的目的，发挥了行业协会对企业的约束作用。预付款消费申诉率较上年明显下降，保障了消费者消费资金的安全。

（马福春）

【启动消费纠纷诉调对接机制】　年内，与区法院启动消费纠纷调解与诉讼对接机制。制定《西城区消费纠纷诉调对接实施意见》，并建立共同调解制度及联席会制度，提高了调解的效率和调解书的执行率，也降低了消费者的投诉成本。

（马福春）

【开展老年消费大讲堂系列活动】 年内，针对老年人受骗较多的问题，聘请保健食品、洗染、投资、服装等方面的专家在11个社区开展“老年消费大讲堂”系列活动，参加活动的社区老年人6000余人次，印制、发放《老年消费教育读本》4500册，对老年人的科学消费起到了指导作用。

（马福春）

国有资产监督管理

【概况】 北京市西城区人民政府国有资产监督管理委员会（简称区国资委）是区政府直属特设机构，受区政府委托履行出资人代表职责，不承担其他社会公共管理职能。内设10个科室：办公室、综合科、产权管理科、统计评价科、预算考核科、董事会监事会工作办公室、企业领导人员管理科、党建工作科、监察科、人事科。有干部职工47人。正处级领导2人，副处级领导4人。截至年底，区国资委系统所辖国有及参控股企业312户，直接监管企业12家。所属企业资产总额2265亿元，同比增长14.3%；负债总额1607.9亿元，同比增长11.8%；所有者权益总额657亿元，同比增长20.7%；实现营业总收入485.9亿元，同比增长1.4%；实现利润总额85.7亿元，同比增长35.9%；实现归属于母公司的净利润26.7亿元，同比增长65.6%；缴纳税金59.5亿元。

地址：西城区华远北街1号

邮编：100032

电话：66117164

（管　斌）

【实施区属企业改革重组】 年内，进一步优化国有资产布局，大力推动所属一级企业的改革重组。一是实施天恒置业集团和华兴新业商贸公司合并重组，重新设立北京天恒（集团）公司。新公司成为集政府项目、地产开发、酒店餐饮、物业管理及商业经营全面发展的多元化集团。二是实施华方投资公司和贯通集团重组，将贯通集团整体划转到华方公司，发挥集合优势，降低经营成本，实现人才、资源、管理的合理配置。三是实施京都公司与金融街集团文化板块资产重组，成立集文化产业投资、演艺区开发建设、影剧院运营、文化演出、新媒体广告等业务于一体的大型文化投资集团，即天桥盛世投资集团公司。通过实施改革重组，扩大了企业规模，实现了优势互补，优化了资源配置，完善了产业链条，为有效提高国资国企发展质量和效益，更好地服务区域经济社会发展创造了条件。

（管　斌）

【推进政府重点工程建设】 年内，由区属企业承担的政府重点建设任务共有42项，项目总投资1291亿元。保障房建设方面，昌平保障房一期实现7亿签约6亿回款，超额完成年度计划；张仪村项目完成竣工验收；百万庄棚户区改造项目列为北京市试点，规划设计方案调整取得较大突破，完成70%的房屋征收工作。文保区建设方面，实施杨梅竹斜街精品示范工程；什刹海项目完成地安门外大街商业业态策划及整体规划方案；白塔寺文保区腾退项目全面启动，官园汇规划方案获得批准，开始施工建设。功能街区建设方面，金融街拓展取得新进展，实现华嘉项目拆迁并完成土地入市准备工作；完成广安一期A地块拆迁；天桥艺术大厦正式投入使用。“大栅栏·北京坊”施工进展顺利，H地块已启动供地程序；马连道茶叶特色商业区前期设计策划工作，已完成《北京马连道茶文化产业街区发展战略规划》。

（管　斌）

【融资指导与审批】 年内，加大政府重点项目督导协调力度，鼓励企业积极拓宽融资渠道、创新融资方式，支持指导相关企业开展发行企业债、次级债、收益权信托等直接融资项目的前期准备工作，监督企业做好融资风险管控和项目资金合规使用。对区属企业承担的重点项目投融资需求情况进行全面梳理和汇总，形成融资需求上报机制，动态掌握区属企业资金结构、融资需求、融资方式以及融资到位情况。全年实现融资302.8亿元。

（管　斌）

【进一步完善国有资本经营预算管理体系】 年内，完善国有资本经营预算项目审批流程，建设完成并启动预算项目库管理系统，强化预算支出项目后评价工作，提高项目决策水平和管理水平。在充分调研基础上，研究提出国有资本收益分享机制，初步确定逐步提高国有资本收益收缴比例的方案。完成2013年度国有资本收益收缴工作，上缴国有资本收益14496.6万元。

（管　斌）

【推进经营者分类考核评价】 年内，不断完善考核制度与方法，探索和落实企业全员业绩考核制度，强化成本费用控制和社会责任履行。建立兼顾财务与非财务指标的考核体系，增设管理提升指标和监测指标两大类考核内容，形成基础指标、分类指标、重点任务指标、管理提升指标和监测指标五个方面的多维度考核体系，积极推进管理短板的考核，督促企业针对经营管理方面存在的不足和问题进行专项整改和提升，引导企业科学发展。

（管　斌）

【强化风险管控体系建设】 年内，不断完善企业财务督导工作。选取广安控股公司、金正公司作为试点企业开展全面预算管理；进一步加强审计监督工作，按期完成对华远集团、华方公司、华兴新业3家企业经营成果审计，督促相关企业对资产管理、财务管理、工程管理等方面存在的薄弱环节加强管理；推进金融街集团和华方公司作为企业总法律顾问制度第二批试点企业的相关工作，企业法律风险管控水平得到有效提升。

（管　斌）

【推动区属企业对内对外合作】 年内，引导系统内企业之间资源共享、联动发展。华方公司与金工公司资源互换，菜百与张一元联手在涿州、海南以开设店中店的方式共同发展。金融街集团与怀柔区政府开展战略合作，天恒集团参与怀柔区刘各长村的城中村改造项目，广安控股公司与中信国安集团开展高立庄保障房项目合作，金融街资本运营中心与北京市科委开展“设计之都”合作运营，天桥盛世文化发展公司与中演集团合作成立天桥演艺区运营公司。通过鼓励、支持区属企业对内对外开展务实合作，实现资源共享、共赢发展，进一步拓展企业的发展空间。

（管　斌）

【服务企业发展】 年内，制定区国资委信息化建设三年规划，着手建设国有资产数据采集、综合应用办公、企业重大项目管理、企业资产管理、国有资本经营预算管理库等子系统以及统一公共应用平台。上报市区有关单位信息130余条，更新维护西城区国资委政务门户网站，宣传国资国企的良好形象。组织、指导企业争取各类专项资金，指导区属企业申报首届北京市文化创新发展专项资金，6个项目获批专项补助资金2830万元；组织企业申报节能降耗专项资金，5个项目获批资金763.9万元。

（管　斌）

安全生产监督管理

【概况】 北京市西城区安全生产监督管理局（简称区安全监管局）主要承担全区安全生产综合监督管理责任，指导、协调、监督区政府有关部门和街道办事处的安全生产工作，负责危险化学品、烟花爆竹、职业卫生等安全监督管理工作，负责一般生产安全事故调查处理工作，组织全区安全生产教育和特种作业考核、培训等工作。区安全监管局内设7个科室，分别是办公室、综合协调科、法制宣传科、危化监察科、职业卫生科、监督管理科、事故应急科，有事业单位4个，分别是执法监察综合队、执法监察一队、执法监察二队、执法监察三队。年内，区安全监管局紧紧围绕一个目标、建设一支队伍、落实两个责任、强化三个领域、完善四项制度为重点，推动安全生产工作再上新台阶，全区安全生产形势持续稳定好转。西城区获北京市2013年度“安全生产先进区县”称号，区安全监管局获北京市2013年度基础管理创新奖和安全生产月活动优秀组织奖。区安全监管局制作的高处悬吊作业操作规范宣传、安全生产公益广告分获市安全生产优秀宣传作品视频类一等奖、三等奖。

地址：西城区南菜园街51号
邮编：100054
电话：83975375

（何爱民）

【烟花爆竹安全监管】 年初，联合区烟花办、区监察局、治安支队、西城工商分局、西城消防支队、西城交通支队、区城管大队等部门组成联合检查组，多次对各街道规划预设的烟花爆竹零售网点地址进行实地勘察。从15个街道初选的50个零售网点中勘察筛选出41个零售网点，确定为西城区2013年烟花爆竹经营零售网点。1月4日至7日，为41家烟花爆竹经营零售网点办理行政许可受理手续。在烟花爆竹销售期间，区安全监管局采取日常检查、夜间抽查、联合执法检查等多种形式督促烟花爆竹零售网点做好安全工作。共出动执法人员926人次、车辆316台次，日常检查1538户次，夜查356户次。下达《责令整改指令书》42份，监督整改安全隐患46处。

（张　文）

【安全生产总结大会召开】 3月20日，召开2013年安全生产工作会，总结回顾2012年工作成果，安排部署2013年工作，对安全生产先进典型进行表扬。区长王少峰、市安全监管局副局长陈清出席会议并作重要讲话，副区长吴铁男主持会议。会上，陈清对西城区近年来安全生产工作给予充分肯定，并就做好2013年安全生产工作提出建议。王少峰提出三点要求：一是把安全生产工作作为区域发展的头等大事，各单位要增强做好安全生产工作的责任感、使命感和紧迫感；二是结合首都功能核心区定位，切实提高安全生产工作水平，树立安全生产大局观念及战略意识，强化安全生产监管力度，提高执法检查的针对性和有效性，强化企业安全生产主体责任落实，加强安全生产宣传教育和社会监督；三是扎实推进安全生产各项工作，各部门、各街道结合“三定”方案，相关法律法规及分管行业领域存在的薄弱环节，通过建立“模拟追责”机制，进一步强化安全监管各环节责任落实，全面实现西城区安全生产形势持续稳定。

（许　东）

【开展装饰建材专项检查】 5月28日，组织执法人员对全区装饰建材生产经营单位开展专项执法检查行动。重点检查各单位经营许可条件、货物摆放、消防设施等。检查中发现部分单位管理人员安全意识薄弱、货物摆放不符合规范要求等问题。执法人员当场下达了整改文书，责令各单位负责人及时消除隐患，确保经营安全。此次专项行动共出动执法人员62人次，建立装饰装修建材门店台账并检查105家，发现各类安全隐患70余处。

（周 杰）

【安全生产月咨询日活动】 6月9日，在庄胜崇光百货广场，区委宣传部、区安全监管局、区应急办、区文明办等部门共同主办以“强化安全基础，推进西城安全发展”为主题的安全生产月宣传咨询日活动。此次活动以促进企业落实安全生产主体责任、提高全民安全意识和防范技能为目标；大力倡导“安全第一，预防为主，综合治理”的安全生产方针，营造安全稳定的社会氛围。活动中，区安委会办公室主任、副区长吴铁男为活动致辞，企业代表宣读了倡议书。市、区领导及众多市民参观宣传展板并领取宣传材料，并与参加活动的31家单位进行交流。咨询日当天共设立分会场15个，参加活动241人次，接待咨询7735人，摆放展板90块，发放宣传材料10.8万份，出动车辆25车次。

（佘丙华）

【开展特种作业“双打”专项行动】 6月10日，全面开展特种作业及特种设备作业人员“持假证上岗、无证上岗”专项执法行动（简称“双打”行动）。一是组织召开西城区特种作业及特种设备作业人员“双打”专项执法行动工作会议，对专项行动进行动员并提出工作要求；二是严密部署、计划周详，制定《西城区特种作业及特种设备作业人员“双打”专项执法行动方案》，确定执法内容和检查数量；三是密切配合、形成合力，本着部门联动、统筹协调的原则，联合区住房城市建设委、区质监局成立执法检查组，深入开展执法检查，确保“双打”行动取得实效。共出动检查人员134人次，检查企业48家，检查特种作业及特种设备作业人员384人，查处隐患39项，下达执法文书27份，查处持假证、无证人员44人。

（徐卫军）

【开展餐饮场所燃气专项治理】 6月10日至7月1日，会同区市政市容委、区质监局、区城管监察局等9个相关部门对西城区宾馆饭店、医院餐厅、在施工地食堂、学校食堂等28家餐饮经营单位液化石油气使用情况进行专项联合检查。此次检查采取抽查方式，主要针对区教委、区旅游委、区住房建设委、区文化委、区卫生局5个行业主管部门下属餐饮单位。检查中发现部分餐饮经营单位与燃气供应企业签订的供气合同内容不规范、气瓶间堆放易燃易爆品、燃气连接软管违规穿越墙壁、使用非防爆型电气设备等问题隐患。针对存在的问题，检查组依照职能分别下达执法文书，督促生产经营单位立即整改，各餐饮经营单位负责人表示将立即整改，及时消除安全隐患。

（张 璐）

【开展有限空间应急演练】 6月20日，在西城区大吉危改项目C地块拆迁工地内，组织开展有限空间作业应急救援演练活动。市安全监管局副局长常纪文，西城区副区长吴铁男，政协副主席姜立光，西城消防支队支队长周士涛等到演练现场观摩指导。此次有限空间事故应急救援演练遵循“立足实际，整合资源，发挥部门联动优势”的指导思想，完善事故应急处置机制，科学有效地调度救援力量，主要模拟2012年“7·3”事故开展。演练由现场救援、现场人员互动等部分组成。通过演练活动进一步提升了全区有限空间作业应急处置能力和水平，扎实推进了有限空间作业工作的规范化、监管体系化、应急机制化、处置流程化。

（王之波）

【开展职业病核查】 7月18日，为加强西城区职业病确诊病例数据核查统计工作，确保职业病患者合法权益得到有效保障。区安全监管局执法人员对区内职业病确诊患者所在单位进行实地走访调查：一是对新确诊的职业病患者相关数据进行全方位调查核实，确保数据库数据准确无误；二是对新确诊的职业病患者合法权益保障情况进行深入了解，督导用人单位落实好职业病患者合法权益保障工作；三是对用人单位职业病主管负责人和具体管理人员宣传职业病防治法；四是根据调查数据科学分析研究职业病患者数据管理工作，撰写调查报告，及时上报市安全监管局。

（靳交瑞）

【安全生产标准化创建活动】 11月，区安全监管局、区旅游委、区商务委、区文化委、区国资委、区房管局等9家单位召开西城区标准化建设工作协调会。会上听取了7家单位标准化创建工作阶段性汇报，就共性问题进行研讨。区文化委、区房管局及区体育局分别初步完成本行业现场评审。区住房建设委完成市级绿色工地评比与三级企业安全生产标准化达标对接。其他行业均已进入评审申报阶段。截至年底，西城区一级达标企业2家、二级达标企业1家、三级达标企业206家（区住建委30家、区商务委31家、区旅游委31家、区体育局31家、区文化委32家、区民防局30家、区安监局21家）。

（宋志娟）

【区领导指导安全生产工作】 12月4日，区政协副主席姜立光到区安全监管局指导安全生产工作，听取工作情况汇报，并进行座谈交流。姜立光对区安全监管局在准确把握安全生产形势和采取针对性措施上给予高度评价，对区安全监管局近几年取得的成绩给予肯定，并提出工作要求：一是强化责任，织网补漏，坚持做到全覆盖不留死角；二是强化监督，加大力度、加大密度、加大处罚，在抓安全生产工作上坚持反复抓；三是加快进度，进一步探索生产安全事故模拟责任追究制度；四是广泛宣传，加大教育培训力度，坚持做到横到边纵到底，确保全员参与；五是积极消除隐患，加强体制机制建设；六是注重工作实效，确保全区安全生产形势持续稳定。

（何爱民）

【安全生产控制指标】 年内，市政府下达安全生产控制考核指标23人。截至年底，西城区发生道路交通死亡、生产安全、火灾和铁路交通事故共156起，死亡16人，比上年事故起数增加3起，死亡人数持平。其中发生道路交通死亡事故12起，死亡12人，比上年事故起数及死亡人数增加3起3人；发生火灾事故137起，无伤亡，经济损失累计93.83万元，比上年死亡人数减少2人，经济损失持平；发生生产安全事故7起，死亡4人，比上年死亡人数减少1人；未发生铁路交通事故，与上年持平。

（潘海燕）

【开展安全生产事故模拟追责】　年内，为深入推进行政权力公开透明工作，会同区监察局全力做好安全生产事故模拟追责工作：一是召开专题会对安全生产事故模拟追责工作进行全面部署，确定一名主管领导负责本项工作，事故应急科具体承办；二是结合安全生产事故模拟责任追究工作的特点和意义，选取事故多发类别中的燃气爆燃为模拟事故案例，多次与区监察局开展研讨，最终确定事故模拟涉及单位及工作方案；三是会同区监察局召开安全生产事故模拟责任追究部署会，向事故模拟涉及单位介绍安全生产事故模拟追责工作内容，并对本项工作的开展进行全面部署；四是结合案例充分研讨，理清各部门在日常监管工作和模拟事故中所负责任；五是会同区检察院、区法制办、区编办对各部门提交的自查报告提出修改意见。

（赵常华）

【危险化学品检查】　年内，组织执法人员对全区危险化学品企业和加油站开展执法检查。共检查危险化学品经营单位360户次，下达责令改正指令书55份，查处隐患数62条，完成隐患整改数62条，隐患整改完成率100%。与市安全监管局开展危险化学品专项联合执法检查1次，与西城公安分局开展危险化学品专项联合执法检查7次。

（孙　立）

【安全生产隐患自查自报】　年内，与各属地管理街道、行业管理单位沟通，对特点突出的行业、街道展开调研，深入分析西城区产业发展结构，及时督促相关企业开展隐患排查工作。截至年底，西城区城市运行安全生产风险管理平台共注册企业5733家，其中已上报企业总数3031家，上报隐患265处，隐患上报率为1.19%，隐患排除率100%，有效降低了全区城市运行安全风险。

（宋志娟）

【生产安全事故查处】　年内，从严查处事故，落实责任追究制度。“3·5”西城区复兴门内大街49号民族文化宫北京大剧院高处坠落死亡事故、“4·8”西城区半步桥街13号院5号楼重伤事故、“5·11”西城区地铁七号线二标段死亡事故、“6·8”西城区冠英园西区27号楼5层甘肃电力公司北京办事处重伤事故、“7·21”西城区北线阁街1号北京市多多佳缘餐厅爆燃事故、“9·12”西城区北礼士路60号楼有限空间硫化氢中毒事故、“11·29”西城区金融街新皮库胡同9号教育部职工宿舍平房翻建坍塌死亡事故、“12·30”西城区广外小马厂10号院5号楼重伤事故；共发生8起一般生产安全事故，死亡4人，受伤4人，责任追究1人，罚款34万元。

（赵常华）

【安全生产举报投诉查处】　年内，进一步完善举报投诉制度；建立快速查处机制，接到举报及时到场处理并向举报人回复情况；充分发挥街道执法分队联动机制，对距离远、时间紧的投诉举报安排街道执法人员到现场检查处理。截至年底，共接举报投诉275件，办结275件。其中接市局12350举报中心145件、区城管运行指挥中心95件、市12345非紧急救助7件，其他28件；属实174件；5日内办结234件，10日内全部办结。

（何爱民）

【完成大型活动保障任务】　年内，先后完成第十八个全国中小学安全教育日、永远的雷锋大型主题展览、开斋节、古尔邦节、2013年中国乒超联赛、全国助残日等重大活动保障任务，执法人员分别对施工方资质、特种作业人员（电工、焊工、架子工等）操作证件、施工现场和架子搭建等进行检查和核实真伪。截至年底，共开展执法检查44家次，下达执法文书43份，消除安全生产隐患71处，为大型活动顺利开展创造了良好的安全生产氛围。

（刘春祥）

【行政执法制度】　年内，先后出台《行政处罚程序规定》《行政处罚听证程序规定》《重大、复杂案件集体讨论制度》《行政执法文书制作及管理规范》和《法制员工作制度》5个制度及街道执法分队相关行政执法制度汇编。明确了行政处罚案卷备案、审核制度，规范了听证、重大案件集体讨论的程序要求，促进了依法行政工作有序开展。

（孙建明）

【安全社区创建】　年内，区安全社区创建工作采取“自愿、推进”原则，区安全监管局下发《关于做好2013年安全社区创建申报工作的通知》，加强已创建和未创建安全社区街道间的沟通与联系，发挥手拉手的作用，推进创建工作开展。实行一套总结、一套资料、一本画册、一张光碟、一个现场的迎检“五个一”工作，构建安全社区创建体系。加强与国家职业安全健康协会和北京市安全社区建设支持中心的联系，为创建国际级和国家级安全社区创造条件。2013年完成国际级安全社区创建的街道有6个，完成国家级安全社区创建的街道有2个；新增为国际级安全社区的街道为西长安街街道，新增为国家级安全社区的街道为白纸坊街道。完成国际级安全社区复审的街道为金融街街道、月坛街道；完成国家级安全社区复审的街道有德胜街道、展览路街道。

（何爱民）

质量技术监督

【概况】 北京市西城区质量技术监督局（简称区质监局）内设办公室、标准化科、法制科、产品质量监督科、计量管理科、特种设备监督监察科6个行政科室，西城区计量检测所、西城区特种设备检测所及西城区组织机构代码管理中心3个事业单位，西城区质量技术监督稽查队1个执法机构。年内，深入学习贯彻落实党的“十八大”及“十八大三中全会”精神，围绕“服务立区、金融强区、文化兴区”战略，落实区委、区政府和市局党组的工作部署，坚持依法行政，全面履行职责，各项工作取得了较好的效果，为西城经济和社会发展做出了积极的贡献。年内，先后获十八大服务保障特别贡献奖、西城区精神文明先进单位等称号。

地址：西城区展览馆路8号

邮编：100044

电话：52618080

（朱　宇）

【计量监督管理与检验】 上半年，召开社区菜市场计量工作部署会，对全年工作进行部署，组织各单位进行经验交流。继续落实计价秤“四统一”的管理机制，开展对社区菜市场完善计量管理制度、加强制度落实情况以及在用计价秤统配统管的监督检查。按照市质监局要求，对相关企业开展全员培训，督促企业建立和完善商品净含量诚信计量管理体系，先后有黄金珠宝、医疗卫生、商场超市等24家企业向社会公开做出诚信计量管理承诺。与区商务委、西城工商分局相互配合，完成长安、宫门口、金牛利民、天宁寺驻春园、通达及华大椿树园等6家菜市场规范化社区菜市场的升级改造。对重点用能工业企业情况进行核实，督促企业贯彻落实市质监局《重点用能单位能源计量审查规范》。集中组织开展与百姓生活密切相关的菜市场、超市、加油站、眼镜店、餐馆以及黄金珠宝市场等计量监督检查，有效维护市场公平的环境。与区市政市容委等职能部门联合下发《西城区推进即有节能居住建筑供热计量改造工作方案》，全面推进供热计量改革。完成技术机构新实验楼改造装修工程以及配套的基础改造工程。实现南、北区两个计量检定测试所的正式合署办公。投入资金60余万元，用于购置检测设备、网络的升级及检验数据库的合并等，提升了硬件检测水平，保障了业务工作正常开展。计量检定测试所共完成检定、校准计量器具9.4万台件。

（朱　宇）

【法制工作】 年内，落实执法责任制，实行责任制管理，组织开展行政处罚案卷评查，强化行政执法责任制督查督办及考核，加强法制宣传教育，提高法制宣传教育针对性和实效性。完成区政府对本局执法责任制的专项检查工作。完成行政执法检查活动1340起（市局指标1200起）；当年立案9起，结案9起，结案率100%（市局指标92%）；案件延期办理2起，延期办理率15%（市局指标15%）；上年案件结转4起，结案4起，案件结转率100%。

（朱　宇）

【产品质量监督】 年内，学习国务院质量发展纲要和北京市贯彻质量发展纲要的实施意见等文件，于5月，拟定《西城区贯彻落实质量发展纲要（2011—2020年）的实施意见》征求意见稿和《西城区贯彻落实质量发展纲要2013年行动计划》征求意见稿，在区相关部门内进行三轮征求意见和修改，10月，完成《实施意见》的法律审核，并于11月在区政府第65次常务会议上通过审核，12月11日北京市西城区人民政府印发《北京市西城区贯彻落实质量发展纲要（2011—2020）实施意见》。加强生产许可证监督管理，开展对19家生产许可证获证企业的年度自查报告审查工作，通过对企业提交的年度自查报告材料的有效性、准确性、真实性的审查，企业提交的年度自查报告材料全部符合规定要求，通过了生产许可证年度审查。对提交年度自查报告的1家企业进行了实地核查，确定其监督类别为C级，监管方式为严格监管，企业按要求完成实地核查整改工作。开展对获证企业质量体系认证监督检查和强制性产品认证的监督检查。开展服装质量、应急物资产品质量、煤炭质量、印刷企业检查和农资打假检查等专项整治。

（朱　宇）

【标准化管理】 年内，开展《西城区落实标准化战略工作方案》的起草编制工作。向全区101个委、办、局及相关职能部门征求意见，召开《方案》征求意见稿审议会，通过区委常委会和区政府常务会的审议，12月正式发布。完成区行政服务标准体系框架及各层级标准的编写，通过中期验收和专家评审会，编制完成《北京市西城区行政服务标准体系》（征求意见稿），并通过区政府常务会议审议进入试运行阶段。配合西城区科技扶植政策的实施，制定《北京市西城区支持中关村科技园区德胜科技园自主创新若干规定》的鼓励政策，促进德胜科技园区标准化工作的开展。对2家养老机构开展星级评审，对1家申请三星级的机构开展了初审，由市民政局、市质监局对这家养老服务机构进行了终审，通过三星级养老服务机构的验收。继续与区旅游委共同推进区旅游企业标准化体系的建设工作，提升旅游服务行业服务和管理的水平。已有2家旅游服务企业（大观园、远东饭店）通过市旅游委和市质监局的验收，获市级旅游标准化试点单位的称号。

（朱　宇）

【特种设备安全监察与检验】 年内，完成“全国政协新春茶话会”“全国两会”等18次重大会议活动以及元旦、春节、“五一”等节假日期间特种设备安全保障工作。每次保障工作均制定专项特种设备安全保障工作方案及应急预案，对辖区内重点单位重要设备进行监督检查，共检查特种设备使用单位34家次，出动执法人员76人次，消除各类安全隐患8处。组织开展“安全生产月”各项活动，对商业公共场所、旅游行业及公共交通领域电梯安全开展安全大检查工作。配合区市政市容委、区安全监管局、街道等部门完成餐饮场所燃气安全专项治理活动。开展应急工作，妥善处理投诉举报。针对电梯困人故障，组织执法人员与技术人员开展现场检查，并分析故障原因，采取切实有效措施，保障了电梯的安全运行。全年共计办理各类特种设备投诉举报162件，全部按期查处并回复举报人。特检所全面修订质保体系文件，新的特种设备检验检测质量保证体系于10月1日开始运行，完成临时资质核准。共完成特种设备检验1.2万台。

（朱　宇）

【代码管理及行政许可】　年内，共完成组织机构代码登记近1.6万份，发放代码证书1.4万份，制作IC卡1万张，扫描电子档案1.6万份，年审代码证书0.1万份。完成行政许可及非行政许可审批事项受理1315份，其中行政许可受理437份，非行政许可审批事项受理878份。代码办开展文明优质服务系列主题活动，作为北京市代码中心数据质量自查及完善数据质量监控试点单位，建立健全三级数据质量监控体系，提升数据质量，有效推进行政服务窗口的建设。代码窗口被国家代码中心评为全国组织机构代码工作文明服务窗口，被北京市代码中心评为组织机构代码及行政许可受理工作先进集体，被西城区综合行政服务中心评为优质服务窗口。

（朱　宇）

财政管理

【概况】　北京市西城区财政局（简称区财政局）是负责全区财政收支、财税政策和财政监督的区政府职能部门。全局设有24个行政科室、6个事业单位，共有干部职工186人。年内，区财政局深入学习贯彻落实党的十八大和十八届三中全会精神，坚持以科学发展观为指导，紧紧围绕“三区战略”和市区重点工作目标，充分发挥财政职能作用，全面加强财政科学化、精细化管理，着力提高财政工作效能，完成了各项工作任务，为建设“活力、魅力、和谐”新西城提供了充分的财力保障，有力地促进了全区经济社会又好又快发展。全年区公共财政预算收入完成3419481万元，比上年增加328404万元、增长10.62%；公共财政预算支出完成2866454万元，比上年增加276510万元、增长10.68%。

地址：西城区丰盛胡同39号

邮编：100032

电话：66218006

（陈建鹏）

【财政组收】　年内，区财政局克服经济增速放缓、结构性减税政策以及纳税关系调整等各种不利因素影响，采取多种措施抓收组，确保财政收入稳定增长。一是完善组收工作机制，加强国税、地税、工商、财政四部门之间的协调配合，形成信息共享、决策及时、执行有力的联动工作格局，严格落实收入责任，做到依法征收、应收尽收。二是加强非税收入管理，将更多的非税收入执收单位和非税收入项目纳入非税收入收缴管理，与执收单位沟通了解情况，加强日常监督与分析，并督促各执收单位及时、足额上缴非税收入。三是加大协税护税力度，增强街道协税护税动力，定期开展走访活动，加强对重点税源企业的管理和服务，吸引新企业落地西城，培育新兴税源。

（陈建鹏）

【厉行勤俭节约】　年内，贯彻落实中央八项规定及市委、市政府关于厉行勤俭节约、反对铺张浪费的工作要求，在全区印发《2013年西城区厉行勤俭节约、加强预算管理的实施意见》，严格控制一般性支出，对“三公”经费、会议费、培训费、差旅费、印刷费等进行压缩，共压缩预算内经费1138万元、预算外资金11万元，并将压缩经费全部用于民生事业。按照中央精神要求加强财政性结余资金管理，严控预算追加，统筹安排结余、沉淀资金，积极消化利用，需要追加预算的单位优先使用结余资金，对多年结余、沉淀的资金予以收回。

（陈建鹏）

【保障和改善民生】　年内，优先保障和改善民生，提高基本公共服务保障水平，促进社会和谐发展。教育事业累计投入516513万元，促进教育优质均衡发展，落实依法增长，建立可持续的学前教育投入机制；科技、文化体育事业累计投入65474万元，大力支持争创全国县市科技进步区和各类文化体育活动的开展，促进全区科技、文化体育事业繁荣发展；医疗卫生、社会保障与就业累计投入583568万元，大力支持医药卫生体制改革各项工作，落实好各项惠民、助民政策，社会保障能力稳步提升。

（陈建鹏）

【支持城市建设】　年内，加大资金投入力度，大力推进环境整治和城市管理工作，确保市委、市政府对中心城区城市建设的各项要求落到实处。投入环境建设重点项目资金20041.63万元，保障文保区（中南海周边）景观提升试点工程、“绿道”建设二期工程、5条精品大街和10条精品胡同建设的推进。投入市政基础设施建设项目资金20780.21万元，确保40条道路大中修、29处道路疏堵及56处道路积水点改造、48条道路市政排水管线改造、4条道路架空线入地、79条胡同雨污水支线改造和12条道路无障碍改造任务的完成。

（陈建鹏）

【加大环保投入力度】 年内，大力支持“生态文明”建设，保障大气污染治理、节能改造、绿化美化等项目资金需求，居民生活条件和生活环境不断改善。支持鼓励重点用能单位开展节能改造，加大老旧机动车淘汰力度，投入46458.55万元保障2.2万户平房居民清洁能源改造的资金需求。支持绿化美化工作，投入23158.77万元保障绿地建设21.72公顷、屋顶绿化3万平方米、垂直绿化5000延长米的资金需求。

（陈建鹏）

【完善区街财政管理体制】 年内，综合分析区街财政管理新体制自2012年运行以来的情况，并结合各街道的建议，提出了进一步完善区街财政管理体制的意见，调整了街道收入核定方式、街道基本支出需求，明确了街道支出范围。

（陈建鹏）

【公务卡改革】 年内，在2012年所有财政授权支付改革单位已基本推开公务卡改革的基础上，进一步扩大公务卡使用范围，增加发卡量，提高刷卡比例，提升实施效果。完善管理机制，优化了公务卡业务流程，制定了西城区公务卡强制结算目录。截至年底，全区共有44家单位办理了公务卡，办卡数量为409张；公务卡报销468笔，共计181万元。

（陈建鹏）

【大额资金管理】 年内，加大政府投资项目资金、大额专项资金管理力度。制定《北京市西城区基本建设项目预算管理实施细则》和《北京市西城区城市环境综合整治项目预算管理实施细则》；初步拟定《西城区大额专项资金管理办法》，并配合区人大首次开展大额专项资金专题询问工作。

（陈建鹏）

【财政投资评审】 年内，强化财政投资评审职能，初步拟定《西城区财政投资评审管理规定》。探索评审关口前移，对部分工程项目投资预算进行评审，对项目施工前或签订合同前先进行预算造价评审，实现从事后监督向事前管理和事后监督并重的转变。建立项目全程跟踪评审模式，实施项目评审负责人制，对评审项目进行全程跟踪。全年完成评审项目321个，审定金额421304万元，审减31025万元，审减率6.86%。

（陈建鹏）

【绩效考评】 年内，完善财政支出绩效评价工作流程，将项目小组负责制调整为项目负责人制。开展财政支出事前绩效评估试点工作，完成区科协的“科普特色项目建设”和“科普协作”2个项目的评估试点工作，并对2014年部门预算中涉及区文委和体育局的3个项目开展事前绩效评估。2013年绩效评价项目共51个，考评资金量为129055万元，比2012年增长2.01倍，占2012年部门预算下达资金规模比例20%以上。

（陈建鹏）

【国有资本经营预算管理】 年内，完善国有资本经营预算制度框架，出台《西城区国有资本经营预算编报和执行暂行规定》。规范国有资本经营预算收支，完成国有资本经营预算系统与财政业务系统的对接，实现国资委监管一级企业的“预算全覆盖”。规范国有资本收益收缴审核流程，按时足额收缴国有资本收益，做好国有资本经营预算支出执行工作。国有资本经营预算收入完成14497万元，比上年增加5184万元、增长55.66%，完成国有资本经营预算收入14054万元的103.15%；国有资本经营预算支出完成11650万元，比上年增加4000万元、增长52.29%，完成国有资本经营预算支出11650万元的100%。

（陈建鹏）

【政府采购管理】 年内，创新政府采购监管模式，完善市政市容委、教委系统工程项目政府采购程序，规范政府采购工程项目管理，并采取多种措施加快采购执行进度。在区政府第56次常务会前，向区领导及预算单位宣讲《政府采购法》，增强其对政府采购的认识。全年完成政府采购121289万元，资金节约率2.4%，公开招标率87.86%。

（陈建鹏）

【行政事业单位资产管理】 年内，制定《西城区行政事业单位国有资产管理办法（试行）》，构建行政事业单位国有资产从形成、使用到处置全过程的有效监管体系。规范行政事业单位房产管理，重点解决“应入未入”“应销未销”房产的账务问题，对不能入账的问题房产进行登记备案。强化资产处置管理，拓展资产处置范围及方式，协助区教委将原由各校自行处置的大批量的非固定资产纳入集中处置。

（陈建鹏）

【政府性债务管理】 年内，加大政府性债务综合管理力度，注重风险防范，强化日常监管，做好监控分析，及时掌握债务借、用、还等各环节的变动情况。建立健全政府隐性债务管理长效机制，开展政府隐性债务调研，并建立政府隐性债务情况定期报送制度。西城区隐性债务主要涉及保障房建设、文保修缮和土地开发等政府性项目。

（陈建鹏）

【财务会计管理】 年内，加强预算单位会计基础工作，贯彻落实财政部重新修订发布的《行政单位财务规则》《事业单位会计准则》《事业单位会计制度》和《行政事业单位内部控制规范（试行）》等财务新制度。对区属事业单位会计人员进行培训，确保新旧制度的衔接和平稳过渡；组织预算单位按月报送财务报表，提升会计信息的真实性和准确性；设置“基建”标准账套，规范基建单位基建账套的会计核算。做好会计考试考务工作，完成西城区财政会计学会换届选举工作。

（陈建鹏）

【财政监督管理】 年内，加大监督检查力度，扩大专项资金检查覆盖范围，涉及专项资金47910万元，比2012年增长3.2倍，并将检查范围从一个单位拓展和延伸到一个行业、一个系统；创新会计信息质量检查方式，新增对部门决算数据真实性的核查和对单位房产管理情况的检查，并实行查前公示、查后公告；首次开展内部监督检查，研究拟定《西城区财政部门内部监督检查实施办法》，并选取国库科作为被查科室。在全区范围内开展“公款吃喝”“超标配备公车”“三公经费开支过大”专项整治工作。共计检查项目13个，涉及26个行政事业单位、2家企业和1个局内科室。

（陈建鹏）

【财政法治】 年内，加强法制教育，通过组织培训、观看录像、旁听案件审理等多种形式，开展“六五”普法宣传教育实践活动，营造财政依法理财环境，强化依法行政意识。推进依法行政，规范财政执法行为，将依法行政的各项要求落实到财政管理的各个环节之中，并完成北京市财政系统西片8个区县的依法行政工作观摩会。加强规范性文件制定管理，对区财政局行政规范性文件进行修订、梳理，共有规范性文件7个。

（陈建鹏）

【财政信息化建设】 年内，开展信息化顶层设计工作，完成《“智慧西城”财政顶层设计》报告。加强信息系统安全保障，全面开展信息安全等级保护工作，启用业务审计系统，完成客户端监控系统更换工作，并对运维工作模式进行调整。实施OA系统升级改造，广泛开展调研，研究制定升级方案。

（陈建鹏）

【财政预决算信息公开】 年内，加大政务信息公开力度，增强预算透明度，制订西城区2013年财政预决算信息公开工作方案，扩大公开范围，细化公开内容，完成2013年财政预算公开工作，增加“三公”经费的相关信息，信息公开范围由2012年54家扩大到2013年64家预算单位。

（陈建鹏）

税　务

国家税务

【概况】 北京市西城区国家税务局（简称区国税局）主要负责西城区域内按规定由国家税务局征收的中央税收、中央与地方共享税和部分地方税收的征收管理工作。有干部职工613人。全局设有办公室、政策法规科、货物和劳务税科、所得税科、收入核算科、纳税服务科、征收管理科、财务管理科、人事科、教育科、监察室、大企业和国际税务管理科、进出口税收管理科、离退休干部科、机关党委办公室共15个内设科室。设有信息中心、机关服务中心、票证中心3个事业单位；设有直属机构稽查局1个；设有17个派出机构税务所；设有1个办税服务厅；在西城区综合行政服务中心派驻有国税局税务登记窗口。截至年底，全局共管辖各类纳税户106278户。其中企业户68958户，开业企业户45851户；个体工商户37320户，开业个体工商户23304户。共组织各项税收收入3257.04亿元，同比增加692.74亿元，增长27.01%，三级税收首次突破3000亿元大关；区级税收完成146.78亿元，同比增加19.44亿元，增长15.26%。

地址：西城区二龙路己33号

邮编：100032

电话：66027660

（包长海）

【组织收入】 年内，强化数据管理，理顺收入预测流程，提升预测准确性，全年预测准确率在剔除特殊因素的基础上，始终保持在99.5%以上。坚持将组收工作与目标责任制考核相结合，科学分解落实全年收入任务，完善点、线、面结合的组收体系。加强对税收政策的研讨，对宏观税制以及各项具体税收政策的变动情况做出快速反应，对各类新出台的税收政策进行有效解读，科学测算政策变化对各级收入的影响额度。加强对重点税源企业报表中股权转让、大额留抵、亏损企业预缴所得税等指标异常问题的核查，挖掘大额一次性入库增长点，全年共组织一次性入库261亿元。加大对预提所得税的关注力度，坚持及时预测、提前介入、全程跟进、后期评估的管理模式，使预提所得税成为区级收入的重要增长点，全年实现预提所得税款90.6亿元，形成区级税收18.13亿元，占区级净税收的13.8%。

（包长海）

【营业税改征增值税】 年内，先后组织对内、对外培训6期，对全体一线税务干部和2897户营业税改征增值税（以下简称“营改增”）纳税人进行政策再培训，发放政策辅导光盘12000余份；有序落实一般纳税人认定、系统发行、票种核定等工作，完成对168户广播影视行业纳税人的“营改增”扩围工作。持续开展政策效应分析，完成4期针对不同行业和不同类型纳税人的税负分析报告，以及8期涉及近3000户次纳税人的政策效应分析报告。及时跟进风险防控措施，分析风险隐患，找出纳税申报、差额征税、专用发票开具、减免税审批等管理中易出现的问题，先后开展针对差额征税、“营改增”零申报、免税收入备案、一窗式比对不符等风险事项的一系列核查工作。结构性减税效应显著，辖区内纳税人受益“营改增”累计减税23.28亿元，其中试点纳税人通过税制转换自身实现直接减税11.73亿元，非试点纳税人因增加抵扣范围而实现减税11.55亿元。

（包长海）

【税收征管】 年内，优化税源管理模式，制订《关于进一步加强税源管理工作的意见》，确立以税收管理员管户为基础，实施管户与管事相结合的税源管理方式。确立新型评估监控模式，调整部分税务所工作职能，组建专门负责全局纳税评估和风险监控工作的专业化团队，通过对管理项目进行分析识别，统筹安排风险应对。实施征管档案集中管理，组建11人的征管档案管理团队，专门负责对征管档案进行集中管理；通过修订完善档案工作制度，有效解决征管档案制度不健全、归档标准不统一、档案收集和保管混乱的问题。重点打击小规模发票违法行为，一方面出动联合检查组对所辖多处疑点地区共计201户企业开展突击实地核查；另一方面对小规模纳税人发票比对不符企业实施专项核查，对核查过程发现的走逃企业，及时采取停售发票与抄报税、查询账号并冻结存款等措施，使小规模发票违法势头得到有效遏制。

（包长海）

【纳税服务】 年内，有序做好税法宣传、涉税咨询辅导、涉税信息推送、服务投诉管理、办税服务厅应急响应管理等工作。组织各类培训22期，参训1600余人次；发放各类税收宣传资料6万余册；发送涉税信息51万余条。5月29日，与区地税局联合为507户2013—2014年度纳税信用A级企业举办授牌仪式。全面落实国家税务总局“服务税户、服务基层、服务大局”的要求，梳理出业务科室在布置工作、政策跟进支持和更新、业务流程安排、与上级部门的沟通联系等方面存在的影响纳税服务效率和质量的18类问题，以及一线征管部门在服务态度、政策执行、资料收递、涉税咨询、办税效率、应急管理等方面存在的可能引发纳税人不满的86条问题，并逐一研究制定具体落实措施和改进建议，有效提升全局纳税服务工作水平。

（包长海）

【税收法制】 年内，提升重大案件集体审理工作质量，全年审结重大税务违法案件42件。严格开展税收执法考核系统日常管理、行政处罚案卷评查、税收执法督察、税收疑点核查、科（所）级领导干部经济责任审计、税务行政审批专项执法督察等一系列工作，有效规范税收执法行为。对380余名一线执法干部开展行政处罚裁量权集中培训和考核，进一步规范税务行政处罚裁量权。

（包长海）

【货物和劳务税管理】 年内，优化调整一般纳税人分类管理，重新划分4类企业名单，加强环节监控，在有效防范风险的同时，最大限度满足纳税人的合理用票需求。统一全局货物和劳务税优惠政策备案审批流程，全年为3693户次月销售额不足2万元小规模纳税人实际减免税额96.93万元；办理软件企业增值税即征即退、残疾人企业增值税即征即退等共15300万元，办理金融保险营业税退税21700万元。

（包长海）

【所得税管理】 年内，加强预缴管控，提高预缴比例，有序落实213户企业的按月预缴工作。强化申报数据监控，及时纠正申报偏差，实现2012年度企业所得税申报率100%。制定一般政策评价工作实施指南，对1137户企业、涉及2135户次的政策指标进行评价，合计调整应纳税所得额597万元（减亏），补缴企业所得税52万元。进一步修改完善168个资产损失工作模板，受理清单申报704户，涉及损失87.4亿元；专项申报139户，涉及损失28.5亿元。加强企业所得税减免税备案管理，受理减免税备案987户次。落实汇算清缴退税管理办法，全年为581户次纳税人退税160.21亿元。

（包长海）

【国际税务管理】 年内，加强国际税收征管协作，提供自动情报共计148份。做好非居民税收日常管理，全年入库非居民企业所得税92.35亿元。做好对外支付税务证明的开具工作，共出具税务证明1388份。完成企业年度关联业务申报工作，连续五年关联业务报告表申报率达到100%。做好对“走出去”企业的服务工作，共出具《中国税收居民身份证明》330份。

（包长海）

【进出口税收管理】 年内，加快退税进度，完成退税102批次，退税款2130万元。借助出口退税审核系统、办公流程系统和网上申报系统以及出口退税函调系统“四大系统”，推进出口退税信息化建设。制发《关于函调系统复函相关情况的指导意见》，全年共收到并进行实地核查予以复函450余份，涉及发票近1200份。

（包长海）

【税务稽查】 年内，制订《案源分配实施方案》和《案件跟踪管理办法》，优化案件分析与分配，对案件全程实行监督和反馈。改善稽查办公环境，实现稽查各部门集中办公。成立专司“两重”（税务总局和北京国税局下发的重点案源）案件的专业化稽查团队，并对稽查局人员进行科学配置，凸显领军人物的带头作用。全年共立案检查208户，组织收入15013万元，其中稽查查补收入9037万元，组织企业自查补税5976万元。

（包长海）

【大企业管理】 年内，按照北京市国家税务局关于大企业税收专业化管理的指导意见，统筹整合全局税源，科学配置人力资源，以兼顾行业归口管理和收入集中管理为基本原则，重新调整大企业主管机构，将占区国税局收入90%以上、占区级收入70%的200余户涉及银行业、保险业、证券业、电信业等9大重点行业的企业科学划分于2个大企业（重点税源）税务所，进一步突出行业管理的特色。

（包长海）

【信息管税】 年内，提升信息管税水平，全年对税收征管信息（CTAIS）外挂系统进行90余次升级。配合上级推进金税三期网络设备更换、升级、调试等工作，在业务系统未中断的情况下完成金税三期网络升级工作。

（包长海）

地方税务

【概况】 北京市西城区地方税务局（简称区地税局）共设18个职能科室、1个监察科、1个稽查局（内设11个科）、21个税务所、1个机关后勤服务中心和1个纳税服务中心，共计54个职能部门（其中已成立部门48个）；共有干部职工733人。年内，区地税局共组织各项税费收入累计538.7亿元，增收28.7亿元。其中地方公共财政预算收入410.6亿元，增收9.9亿元；区级收入198.3亿元，增收4.4亿元，完成全年收入任务。

地址：西城区新街口珠八宝胡同23号
邮编：100035
电话：62272820

（黎　阳）

【服务区域经济发展】 年内，在按季度向区委、政府、人大和政协报送收入和税源变动情况的基础上，遇到重大税收政策、结构调整时及时进行汇报。为动物园地区业态升级提供数据信息和政策支持；与区国资委就如何服务区属企业和解决企业在改制、清算等过程中存在的涉税问题，建立长效合作机制。加强与区发改委、区金融办和“5+2”指挥部的沟通和联系，相关税务所长作为联络人，分别与“5+2”各指挥部实施对接，并针对区属政府拆迁和产权置换、金融街建设资源置换中的土地开发等内容提供政策解析。服务中央在京单位，开通绿色通道，安排专人联系，开设短信服务、电子邮件传递等沟通渠道，建立座谈走访制度，加强沟通，听取意见，提升服务；根据各中央在京单位税务注册类型，分别汇总相关税收政策，并进行针对性辅导。落实结构性减免税税收政策，协助中关村德胜园区管委会做好高新企业的认定工作；协助区文创办做好区文化创意企业认定工作；加强与工商行政管理部门的综合治税机制，强化股权转让所得的源泉控管；关注企业改制重组，将其中涉及的适用特殊性税务处理的重组所得暂不确认收入政策落实到位；支持城区改造，准确执行政策性拆迁政策。支持企业走出国门，准确把握关联企业业务往来政策。

（黎　阳）

【征收管理】 年内，落实联动机制，结合工作实际制定《西城地税局组收管理工作责任制》，明确职责分工，合理分配计划，充分挖掘潜力，做好统筹安排。建立组收阶段性目标，坚持组收工作汇报例会制度并根据实际情况随时调整组收措施。对占区国税局总收92%的2699户纳税额百万元以上企业上一年度纳税情况开展调查，加强重点税源管理。继续抓好税务登记、申报、入库等基础管理工作，强化迟报催缴，加大清欠力度，重点加强无税申报管理，严格减免退税管理，提升征管质量，确保应收尽收。细化税务所税务管理员职责，进一步明确工作职责、工作内容和工作标准，有效落实税源户管理办法，增强税收管理工作的规范性和约束性，实现税收征管的科学化和精细化。建立日常协调机制，定期召开会议，整合优势资源，健全“征管评查”间的信息共享和双向反馈，以查促管、以管促收，确保联动机制效能的充分实现。进一步加强与国税、工商等部门的沟通协调，建立协税护税网络。充分调动街道等部门协税护税的积极性，做好源头管控。

（黎　阳）

【依法治税】 年内，坚持重要事项集体讨论决定，健全决策执行情况反馈机制，确保各项工作依法合规。围绕《征管法》《公务员法》等与税收工作密切相关的法律法规，开展法制学习，提高法律意识，确保依法治税。落实各项督察、内审制度，组织做好执法督察和内部审计工作。大力开展日常执法检查，及时发现和纠正执法问题。参照外部审计要求，继续从组织收入、结构性减税、纳税评估和下放行政审批项目四方面加强自查，共抽查案卷51卷，其中有问题22卷，问题主要是文书填写不规范，已全部改正。通过自查，为进一步规范执法行为、规避执法风险打下基础。

（黎　阳）

【稽查评估】 年内，抓好纳税评估制度建设，探索拓宽评估信息的来源和采集渠道，科学选取评估对象，规范评估程序。组织专业培训，加强评估队伍建设，切实提高评估专业化管理水平。加强评估与稽查的有效衔接，将疑点问题及时转入稽查检查。利用电子查账手段提高稽查信息化应用水平，做好稽查反馈工作，强化稽查检查的规范化管理，充分发挥稽查职能，维护税法刚性。按照“查账必查票”“查案必查票”“查税必查票”的要求，强化查办案件中对发票的重点检查，做到与税收专项检查、区域税收专项整治、重点税源企业轮查和税收违法案件检查工作同布置、同要求、同开展，在全年立案检查的案件中，做到查案必查票。

（黎　阳）

【税政管理】 年内，做好营改增试点范围扩大工作，核实税源户，做好财政资金扶持政策的审核工作。进一步规范土地增值税管理，加强各重点环节管控，统一南、北区项目登记方式，明确预征率确定方式，坚持科、所两级审核制。加强印花税管理，组织开展印花税代售单位自查工作，进一步规范对代售单位的管理。完善管理流程与自查互查相结合，加强企业所得税的精细化管理：针对研发费加计扣除备案事项及企业所得税退税设计工作底稿，明确审核要点，提高复杂事项审核的标准化。优化整合，不断提高房地产一体化管理效能：统一契税纳税地点和存量房土增税缴纳及涉税证明的开具地点，明确政策执行口径，方便纳税人；针对房地产一体化管理相关业务的调整情况，对新设岗位职责进行规范，使其更合理、更便于操作；与房管部门建立联动机制，通过数据交换、即时传真、定时汇总等手段，防止假契税完税证明的使用。落实税收优惠政策，扶持弱势群体，促进就业创业，帮扶残疾人，落实相关税种减免政策。协助区住房城市建设委做好保障性住房申请人收入状况核实工作。严格落实房地产市场税收调控政策，落实差别化税收调控政策。

（黎　阳）

【纳税服务】 年内，多举措提高纳税服务行政效能。制定《减轻税务所负担暂行办法》，着力解决多头重复布置工作的问题，从源头上减轻税务所的事务性工作压力，提升服务效能；组织全局干部参加纳税服务艺术专业培训，规范纳税服务行为，提高投诉应对和处理能力。多平台建立高效纳税服务体系。加快推进办税服务厅标准化建设，落实工作要求，提高纳税服务规范化水平。汇总制作包含66项税收业务的《书面一次性告知单》，避免纳税人多次跑、多头问、反复找，有效落实一次性告知制度。畅通网站、12366热线、短信、企业邮箱等日常宣传辅导手段，增强税法透明度。开展多层面走访及座谈活动，面对面征集纳税人需求。作为试点单位，参加北京地税自助服务终端试点开发、试用，为该项工作在全市范围内顺利开展奠定基础。建立纳税服务质量管理考评机制，定期通报纳税服务质量。强化外部监督，做好第三方监督结果应用。实行服务投诉责任追究，规范税务干部服务义务和承担责任内容。多渠道解决纳税人合理诉求。强化维权救助，开辟法律救济个性化援助服务，开辟会谈室，专门排解税收争议，维护纳税人权益。以把问题消化在本环节为目标，最大限度化解矛盾，减少越级投诉。依托外网设立“纳税人权益保护专区”，开通网上复议功能。完善投诉管理制度，健全税务行政调解工作机制，对纳税人合理诉求建立全面快速的反应机制，在处理纳税服务投诉中积极化解矛盾。

（黎　阳）

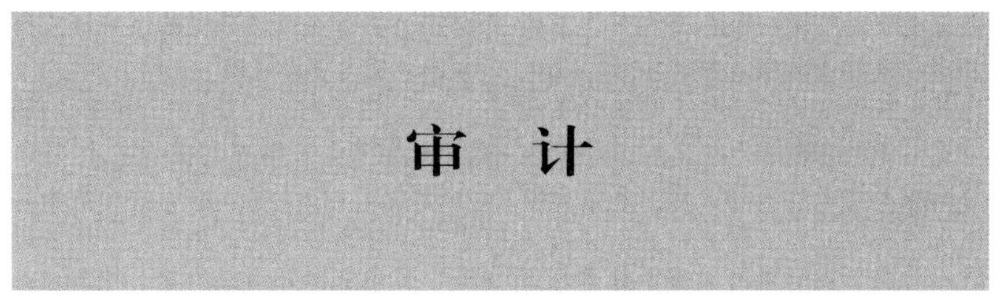

审　计

【概况】　北京市西城区审计局（简称区审计局）是负责西城区审计工作的政府工作部门。受本级政府和上级审计机关的双重领导，对本级人民政府和上一级审计机关负责并报告工作，审计业务以上级审计机关领导为主。年内，区审计局人员编制71人，在编69人。设有综合办公室等15个科室。区审计局在区委、区政府的领导下，在市审计局的指导帮助下，确立了“抓基础，强能力，以审计创新成果服务区域发展”全年工作思路，正确把握好预算执行审计、经济责任审计、政府投资审计3个工作重点。全年完成审计项目43个，审计查出主要问题金额3.03亿元，上缴财政资金2555万元，核减工程造价1.19亿元，审计提出建议83条，完成信息210篇，被各级采用165篇（次）。

地址：西城区复兴门外真武庙四条六里6栋

邮编：100045

电话：68014042

（宋　楠）

【预算执行审计】　年内，完成2012年14个部门预算执行审计项目。项目涉及本级财政预算执行、国有资本经营预算、义务教育经费、区划调整以来各类审计未涉及的部门等。预算执行审计工作方案一方面贯彻细化中央“八项规定”的具体内容和市审计局总体要求，另一方面加大对资金量大的二、三级单位实施延伸审计。在审计实施中，关注部门预算与部门决算草案的差异，揭示预算编制不科学、预算执行不严格等问题，从体制、机制层面分析问题产生的原因，规范部门预算管理行为；加强对部门预算单位会议费、“三公经费”和民生资金的审计，促进部门节约行政成本，加强财政资金管理，不断提高财政资金使用绩效和政府绩效管理水平。通过审计，发现个别预算收入编制不完整金额1802.80万元，归垫资金审批不严谨金额10699.16万元。针对审计中发现的问题，提出审计整改建议35条，被审计单位全部采纳。继续强化审计公开工作，将《2012年度预算执行和其他财政收支情况的审计工作报告》及时在《北京西城报》和西城区政府网站进行公告。区人大常委会在审议报告后认为：2012年度区预算执行和其他财政收支审计工作程序规范，工作认真，简明扼要，突出重点，措施得力，审计报告客观公正，揭露问题实事求是，提出整改措施准确。

（宋　楠）

【经济责任审计】　年内，受区委组织部委托，开展15户经济责任审计项目。查出违规金额25万元，管理不规范金额4949万元，审计提出建议13条。为适应新形势对审计工作的要求，加强规范化建设，制定经济责任审计工作方案制度、年度审计情况综合报告制度和审计整改情况督促检查及报告制度，规范经济责任审计报告模式等内容，促进经济责任审计规范化。通过经济责任审计工作的开展，增强各单位领导干部依法履行经济责任和监督经济事项实施的意识，促进完善和执行内部控制制度，规范以财务核算记录经济行为，为促进廉政勤政建设发挥积极的作用。

（宋　楠）

【固定资产投资审计】　年内，继续加大审计监督力度，不断创新工作思路和方式方法，为政府项目投资创造良好环境。对全区已完工的区重点项目实施竣工决算审计，实现“财政资金运行到哪里，审计监督就跟进到哪里”的目标；对中小学校安工程等一批重点项目提前介入，提前监督，实施全过程跟踪审计，使工程管理逐步规范，存在的问题及时整改，工程造价得到有效控制；对社会中介机构参审的审计项目实行“两审定审制”，提高审计效率；促进制度建设规范工程管理，实行政府投资项目预算、结算、竣工财务决算一体化审计，规范、简化审计工作流程，制定政府投资项目审计相关制度和工作指南；针对项目审计人员少，工作量大的问题，采取混合编组、互为组长、交叉作业的审计工作方法，将审计项目按照轻重缓急程度排序，合理安排时间，提高审计工作效率。全年开展政府投资项目审计6个，核减工程造价1.19亿元，保证了政府资金有效使用。

（宋　楠）

【专项资金审计和审计调查】　年内，围绕保障和改善民生，加强对专项资金的审计力度，搞好专项资金审计工作，开展对教育、文化、卫生、市政等部门的审计工作。采取就地调查与计算机辅助调查相结合的方式，筛选数据，分析资金用途，找准重点环节，有效突出审计重点。在对西城区社区卫生建设管理及运营效益情况的审计调查中，重点从对该专项内部控制制度的建立及执行情况、资金的投入和使用情况、建设规模和网络分布情况、主要服务功能的完成情况及人才队伍建设情况等五方面进行审查，并延伸审计至15个社区卫生服务中心，评价其专项资金的使用效益。对西城区学校所属的、对社会开放的体育场馆管理使用情况进行专项审计调查。根据学校场馆类型、开放形式、俱乐部经营规模，同时兼顾中小学校各自特点、地理位置等因素，选择11所学校作为审计调查重点，关注专项资金的管理，使用的合法、合规情况，从体制上、机制上发现和分析问题。

（宋　楠）

【内部审计】　年内，坚持“服务、管理、宣传、交流”的工作目标要求，推行以制度为基础，以创新为手段，以效率为目标的财务内审保障体系，在各内审协会会员单位共同参与下，全面实施协会年初制定的工作计划，突出重点，讲求实效，充分发挥好桥梁纽带作用，切实履行好管理、协调、服务、交流职责。全区内审机构共完成审计项目702个，审计资金总额5767257万元。通过审计增加效益62万元，被采纳审计建议933条。在与各有关单位进行沟通，了解需求后，组织开展4次审计业务培训，内容涉及审计技术和方法、审计案例等。

（宋　楠）

【信息化建设】　年内，以打造数字化智能审计工程为目标，以提高现场审计工作的信息化和数字化水平为重点，促进审计工作在“科技+管理”上双提升。一是深入开展计算机审计，加大计算机技术的支撑力度，拓展计算机审计工作的深度和广度。二是不断完善联网审计工作机制，进一步提升联网审计实效，发挥好审计的“免疫系统”功能。三是着力完善审计管理系统，全面形成以审计项目计划、项目实施、质量控制、成果利用、机关事务处理为主线的审计管理数字化、信息化的审计管理方式。四是进一步加大计算机审计培训力度，不断提高审计人员计算机审计水平。制定计算机审计学习交流制度，加强计算机审计培训，组织开展计算机审计学习交流活动，同时走访兄弟单位，学习先进经验。充分运用“京OA”进行审计现场管理，全部项目开展计算机辅助审计，加强审计数据的筛选、归纳、综合和分析，形成计算机辅助审计应用案例，扩大审计成果。

（宋　楠）

【审计宣传】　年内，联系审计实际，加强信息宣传工作，形成领导带头出思路，带头写稿件，全局上下从多渠道、多角度抓好信息收集、挖掘、编写工作的局面。转变“重审计、轻总结”“重报告、轻信息”的观念，把信息工作纳入审计业务重要一环，及时总结、分析审计工作中发现的问题，形成有价值的审计建议，为领导宏观决策提供参考依据。

（宋　楠）

烟草专卖

【概况】　北京市西城区烟草专卖局（公司）实行双重领导、垂直管理体制，在北京市烟草专卖局（公司）和区政府的双重领导下，主管辖区内的卷烟营销和烟草专卖管理工作。下设5科2办：营销网建科、专卖监督管理科（专卖稽查支队）、法制科、财务科、人事劳资科（政工科、企管办）、内部监督管理派驻办、办公室（安保科）。年内，共销售卷烟55352箱，全年实现税利23409.38万元。

地址：西城区太平街甲6号A座（10月迁入）

邮编：100050

电话：83160060

（王　颖）

【现代卷烟营销】　年内，打造“求新、求变、求实”品牌培育工作新模式。黄山卷烟销售1294.4箱，同比增长10.98%；黄金叶卷烟销售910.7箱，同比增长95.14%；泰山卷烟销售1542.3箱，同比增长38.74%；长城雪茄卷烟销售4.39箱，同比增长483.78%，长城雪茄上柜率达到32.5%，排名全市第四。

（王　颖）

【营销网络管理】　年内，开展零售终端建设。加强对零售终端入户指导，辖区现代零售终端正常使用率达90%以上，开展街区小组活动5次，推行“同街同价”，针对辖区弱势零售群体延续“服务标兵”对标活动，对标户毛利平均增长6.74%，客户满意度、忠诚度不断提高。突出服务理念，整合客户资源。按照客户经理职级重新划分管辖片区，为辖区卷烟客户提供个性化服务，实施差异化管理，有效提升零售客户获利水平，经尼尔森市场研究公司调查数据统计，辖区零售户卷烟获利水平店均达到12.86%。

（王　颖）

【专卖监督管理和内部规范】　年内，共办理涉烟违法违规经营案件164起，5万元以上大要案件14起，查获违法卷烟733.9万支，罚没款合计51.31万元，总案值670余万元。会同西城公安分局，破获以西城区烟草专卖局为主的“1·26”公安部及国家烟草局督办的家族式销售假冒卷烟网络案件，协助大兴烟草、昌平烟草办理“7·24”“12·24”网络案件。颁布实施《北京市西城区烟草制品零售点合理布局规定》，提高许可审批通过率，解决辖区无证经营卷烟的问题。制定《治理卷烟非法流通暂行管理办法》，加强辖区卷烟外流监管，共处理系统预警信息140条，未发生一起内部违法违规经营行为，卷烟经营工作规范有序。

（王　颖）

【法制教育与宣传】　年内，采取知识讲座、观看视频、以案说法、现场答疑等形式开展领导干部学法、“3·15”进社区、“12·4”法制宣传系列活动，以“街区小组”为依托开展“法律进网点”宣传活动，向零售户发放单页宣传烟草法律法规。首次建立西城烟草法律风险防控体系，明确烟草法律风险防控重点，科学评估法律风险，此项工作通过北京烟草科技项目验收委员会的考评，效果显著。

（王 颖）

【企业内部管理】 年内，落实“四动”工作基调（聚集带动、创新驱动、统筹联动、服务推动）和“五个创一流”工作目标（一流的办公条件、一流的考核标准、一流的管理水平、一流的员工素质、一流的工作业绩）。开展ISO9000质量管理体系贯标工作，通过行业一流质量管理体系建设交叉互评检查。开展质量管理课题小组活动，推进企业“管理创一流”，其中党支部组织的“走市场、转作风、抓落实”活动获“西城区直机关基层党建创新项目优秀奖”，获“2013年西城区交通安全委员会年度交通安全先进单位”称号。

（王 颖）

【公益事业】 年内，组织干部职工参与社会公益事业，其中为四川雅安灾区同胞捐款10500元，开展“共产党员献爱心”捐款9300元，参加“送温暖、献爱心”暨“爱在西城”募捐善款9200元。与社区党组织结对共建，会同社区残联负责人与街道工作人员，慰问社区扶贫助残对象，为困难群众和残疾家庭办实事，解难事。

（王 颖）

（责任编辑 杨桂敏）

工业 商务

工 业

北京世纪金工投资有限公司

【概况】 北京世纪金工投资有限公司（简称世纪金工）注册资金3000万元，在职654人，主营项目投资、投资管理、投资咨询服务等。公司内设8个职能部室，下设7家子公司。工业、物业、资本运营是公司支柱产业。其中北京市科通电子继电器总厂有限公司是高新技术企业和国家定点军民用固体继电器专业厂家，承接国家重点项目，为“神舟”系列航天器和“嫦娥”登月工程等配套；北京第三纺织机械有限公司是国内汽车整车配套件重点企业，具有ISO/TS16949等国际认证资质；北京无仪美达公司拥有国家、国防“校准实验室”的“电子201计量站”；北京塑料十三厂拥有国家特种劳动防护用品生产许可证资质和安全标志证书；世纪金工宏洋大厦是西城区文化创意产业孵化基地和西城区电子商务创业孵化基地；鼎盛陶琦（北京）文化有限公司生产的市级非物质文化遗产项目京彩瓷（仿古瓷）产品屡获国家工艺品大奖；离退休和岗下职工管理中心为公司7208名离退休人员提供统一服务与管理。年内，世纪金工6家工业企业完成销售收入11086万元，人均实现销售收入25万元，实现利润784万元。科通继电器总厂有限公司王彩义获2013年度首都劳动奖章。8月22日，世纪金工公司总部由区培育胡同15号迁至莲花胡同11号新址办公。11月7日，经公司股东大会审议通过，公司注册资本由1000万元增至3000万元。

地址：西城区莲花胡同11号

邮编：100052

电话：63524785

（梁乃康）

【科通公司更名】 1月24日，北京市科通固体继电器总厂更名为北京市科通电子继电器总厂有限公司（简称科通公司），为世纪金工公司全资子公司。

（梁乃康）

【领导慰问】 2月6日，区人力社保局局长郁治等慰问享受国家政府特殊津贴专家赵钢。2月13日，区科委副主任宋国利和高新科科长胡海燕等一行3人到科通公司慰问获优秀人才资助人士李友。

（梁乃康）

【区评审组考察宏洋大厦】 3月26日，区文化创意产业领导小组办公室组织专家评审小组对宏洋大厦文化创意产业集聚区硬件设施及运行情况进行实地考察。11月8日，区首批文化创意产业集聚区授牌，宏洋大厦为首批12个区级文化创意产业集聚区之一。

（梁乃康）

【区人大代表参观仿古瓷艺术馆】 4月10日，市、区人大代表18人参观世纪金工下属企业鼎盛陶琦公司的仿古瓷展馆及传承、创意生产车间。

（梁乃康）

【国家领导视察鼎盛陶琦公司】 4月21日，第十届全国人大常委会副委员长、原民革中央主席何鲁丽、第十二届全国政协副主席陈元视察鼎盛陶琦公司。

（梁乃康）

【京彩瓷入驻园博会北京园】 在5月18日第九届中国（北京）国际园林博览会上，北京市非物质文化遗产、百年纯手工技艺京彩瓷艺术珍品——粉彩百鹿尊及粉彩九桃天球瓶入驻园博园北京园。

（梁乃康）

【“世纪金工青春在线”微信开通】 世纪金工公司团委创建的“世纪金工青春在线”微信公众平台于10月9日正式开通。这个平台面向公司团员及青年，搭建起公司团组织与青年人沟通的桥梁。

（梁乃康）

【京彩瓷获奖作品亮相文博会】 10月10日，获第七届北京“工美杯”铜奖由京彩瓷第四代传承人白莉（北京工艺美术二级大师）设计创作的《龙腾锦绣天球瓶》《千秋绝艳图胆瓶》在第八届文博会上展出。

（梁乃康）

【京彩瓷文化系列活动】 10月19日，京彩瓷文化系列活动启动。活动包括：京彩瓷文化系列讲座艺术品鉴赏参观传承、创意等工作室观摩瓷艺制作区等。世纪金工特邀著名学者李钟秀到现场讲座。

（梁乃康）

【科通公司】 年内，科通公司采用科学管理方法，加强生产线改造和适应性工艺技术攻关，启动ERP项目，实现联动信息共享目标（ERP管理系统是现代企业管理的运行模式，是一个在公司范围内应用的、高度集成的系统，覆盖客户、项目、库存和采购供应等管理工作，通过优化企业资源达到资源效益最大化）。注重科研新品开发，年内承担48项科研项目，按节点要求完成33项。获总装备部军用电子元器件合同管理办公室的科研拨款93万元。完成固体继电器配套任务，为“神舟十号”成功发射和“嫦娥”升天探月提供高新技术配套产品。全年完成销售收入5759万元，实现利润1035万元。

（梁乃康）

【鼎盛陶琦】 年内，世纪金工投入资金将鼎盛陶琦改造成前店后厂模式，相继成立仿古瓷艺术馆，举办系列文化活动，加大宣传力度，开拓市场，推陈出新，既保留粉彩百鹿尊之类传统佳品供收藏，又开发出新彩等茶具套壶。仿古瓷艺术馆开馆后，吸引各界人士参观学习。北京电视台等媒体多次报道。

（梁乃康）

【工业园区工作】 石景山工业园区内有科通公司、无仪美达公司和塑料十三厂等企业，400余名员工在园区工作生活。园区内企业研制出宇航系列配套高科技术产品、出租车计价器、精密测量仪器、新型防毒防尘面具（口罩）等一系列新技术、新产品。世纪金工所属低压电器公司根据发展规划调整转型，由工业生产转向物业经营，为园区内企业服务。园区注入资金改造环境、增添配套设施、种植花草树木、铺设草坪、新建标准篮球场和多功能活动场地，建设花园式工业生产园区。

（梁乃康）

国有资产经营公司

【概况】 北京市西城区国有资产经营公司（简称国资公司）有干部职工18人，设综合办公室、计划财务部及西城区企业离休干部管理服务中心、西城区企业退休干部管理服务中心。主要承担区政府融资平台及区属企业离退休人员管理服务职能。年内，国资公司获得北京市区县机关档案工作测评市级优秀单位。

地址：西城区头发胡同59号

邮编：100031

电话：83229155

（杜京民）

【精神文明创建验收工作】 1月9日，区精神文明建设办公室检查验收国资公司离休干部管理服务中心申报区级精神文明单位进展情况。通过对离休中心软硬件设施建设、企业发展等方面考评、验收，国资公司离休干部管理服务中心顺利通过验收。

（杜京民）

【老干部团拜会】 1月18日，国资公司举办迎新春老干部团拜会，区老干局局长王晓谦，区国资委党委书记涂云国、副书记刘海涛参加团拜会，祝福老同志们新春快乐，身体健康。

（杜京民）

【十八大知识竞赛活动】 1月22日，国资公司组织党员干部18人参加首都职工学习贯彻党的十八大精神“百年牛栏山杯”知识竞赛活动，参加人员全部获得纪念奖。

（杜京民）

【送温暖慰问办实事】 春节前夕，国资公司主要领导带队走访慰问离退休中心管理的特殊困难家庭和患病离休干部、退休劳模、处退干部和高龄退休人员36人，其中离休干部23人、百岁老人2人、劳模4人、处退干部7人，送去慰问金和慰问品价值2.9万余元。为离休干部徐志远申报增加护理费，现在老同志每月护理费达到600元。年内为8名重病离休干部申报增加护理费。

（杜京民）

【组织离退休人员疗养】 3月21至27日，国资公司组织第七批离休干部赴海南疗养。3月26至30日，组织22名退休职工参加区社保服务中心在平谷安排的退休人员休养。7月28至8月1日，组织14名离休干部赴承德休养。10月14至18日，组织第2批22名退休职工，到平谷碧海山庄健康休养。

（杜京民）

【献爱心捐款活动】 4月25日，国资公司通过西城区红十字会向四川省雅安市芦山县地震灾区捐款2万元。7月3日，公司离休中心组织老干部“共产党员献爱心”活动，共捐款2640元。

（杜京民）

【组织离休干部参观学习】 4月18日，国资公司组织离休干部“深刻领会十八大精神，亲身体验国防现代化”主题教育活动，参观北京坦克博物馆。4月24日，国资公司离休中心组织部分离休老干部参加西城区离退休干部学习党的十八大、全国两会精神报告会，听中国战略文化促进会常务副会长兼秘书长罗援少将作题为《周边安全环境及软实力建设》报告。7月3日，组织离休干部到北京焦庄户地道战遗址纪念馆参观。10月15至16日，组织离休、处退干部14人，参加区老干局离退休干部读书班。10月10日，参加西城区金秋老干部趣味运动会。

（杜京民）

北京华方投资有限公司

【概况】 北京华方投资有限公司（简称华方公司）是国有独资公司，注册资本3.06亿元，主要从事国有资本投资、管理业务。华方公司拥有18家企业的全部或部分国有产（股）权，其中11家（7家国有企业、4家集体企业）为华方公司接收原北京西城国有资产管理公司所属工业企业，对其履行“投资、监督、调控、服务”职能。投资涉及房屋租赁、企业孵化器、高端会所、养老产业、品牌医药批发零售、工业生产、文化创意、特色餐饮、金融证券等领域；同时华方公司还承担与本公司没有产权和隶属关系的其他13家工业企业的管理责任。截至年底，华方公司总资产（含18家企业）为16.77亿元，归属母公司净资产7.52亿元。年内，华方公司紧抓“扎实践行发展规划、精心打造自营业务、纵深推进流程优化”的年度工作主题，实现营业收入（不含工业企业）8.54亿元，同比基本持平；利润总额4358

万元，完成计划的117.77%；净资产收益率6.04%，完成计划的151%。
地址：西城区月坛西街乙2号5号楼
邮编：100045
电话：68049172

（王　涛）

【房屋租赁】　年内，华方公司累计实现房租4908万元，其中归属于本年度租金4388万元，实现本年合同金额的98.5%。此外历年欠租全部追回。

（王　涛）

【养老项目启动】　5月6日，北京华方经典养老投资股份有限公司成立。截至8月，华方经典养老股份公司的第一个养老实体——“立水桥颐养中心”一期工程达到入住要求，共有251个床位（包括两种房型：标准间57间、香港模式小隔间137间），配备舞蹈活动室、棋牌室、书画室、多功能厅、医务室、康复室等场所。民政登记手续正在办理中。

（王　涛）

【月子会所项目启动】　经过调研论证，北京华方置地投资有限责任公司（华方公司全资子公司）和北京金象复星医药股份有限公司联袂台商，利用从金工公司接收的金工小楼打造月子会所。8月份完成运营主体——永安馨（北京）健康科技有限公司（名称预核准），年内启动装修改造前期工程。建成后可同时接待42对产妇和婴儿。

（王　涛）

【文化创意】　年内，华方雕漆艺术馆（顺义88号院）落成；10月25至29日在北京大观园举办“华方文化非遗成果展”，国家文化部及北京市、西城区相关部门150余人参加开幕仪式，展览期间每天接待参观人数4000余人次。年内，华方公司参加“第八届北京国际文化创意博览会”展示及“2013东方艺术品博览会”；制定《华方公司投资开发宫毯艺术方案》；向区文化项目库推荐《华方雕漆项目》《华方盘金毯项目》《华方非遗体验馆项目》《华方雕漆艺术馆项目》；向区文创办提交“雕漆”“盘金毯”“非遗体验馆”“内画鼻烟壶”“金属煅錾”“雕漆艺术馆”创意项目企业自荐表。年内，北京华方文化发展有限公司、北京贯通经贸集团和世界遗产青少年教育中心三方联手（已予核准运营主体名称：北京月坛雅集文化发展有限公司），利用原天外天小商品市场地下空间打造类似体验馆的“国家级非遗基地项目”。

（王　涛）

【投资业务】　年内，为期一年半的“浙金信托·滨湖城投宏源纺机退城进园”项目完成，8月份本息合计1714余万元（本金1500万元、净收益214余万元）全部到账。华方公司投资参与的“北京CBD-Z3项目”稳步推进。基金、国债回购和部分二级市场运作合计变现523.52万元，年收益率7.24%。华方公司分别与华远集团和金象复星公司债权投资式合作项目，实现收益940万元。

（王　涛）

【工业企业】　年内，华方公司实现物业收入7544万元，完成计划的108.12%，同比增长2.29%；利润总额2979万元，剔除非经营性因素后实现利润866万元，完成计划的224%，同比增长83.36%。其中，国有工业企业利润总额-223万元，较计划减亏179万元，同比减亏232万元；集体工业企业利润总额1089万元，完成计划的138%，同比增长17.73%。职工工资平均增长12%。

（王　涛）

【帕米尔食府】　年内，帕米尔食府二层重新装修。实现营业收入991万元，同比（953万元）略有增长。

（王　涛）

【整合区域资源】　3月7日金工公司原所属亿万利达大厦划归华方公司，华方公司抓紧审慎决策将该楼房改造为月子会所。4月，华方公司接收原区民防局所属全民所有制企业天外天劳务服务中心和集体企业北京市西城洞天旅社。洞天旅社与基础公司达成拆迁补偿协议；10月22日，区国资委下发《关于对华方投资公司贯通经贸集团实施资产重组的通知》（西国资发〔2013〕27号），华方公司与贯通集团联合、资产重组工作步入实施阶段。

（王　涛）

【慈善捐款】　年内，华方公司在西城区“送温暖、献爱心”暨“爱在西城”社会捐助联合募捐活动中，一次性捐助100万元。

（王　涛）

商业服务业

【概况】　西城区商务委员会（简称区商务委）是区政府主管全区内外贸易和对外经济合作的工作部门。年内，实现社会消费品零售额840.5亿元，同比增长10%。新增16家社区便民菜店、11家早餐规范店。完成商务部早餐示范店建设试点工作，新建和改造早餐规范固定门店92家，便利店搭载早餐40家。
地址：西城区广安门北滨河路9号
邮编：100055
电话：83509319

（柴晓虹　白春伶）

【社区生活服务业发展调研】　年内，成立西城区商务委社区生活服务业调研试点工作领导小组，立足首都功能核心区区域定位，坚持“政府引导、百姓需求、企业主体、市场运作”的总原则，按照“零距离”“云服务”理念，会同区相关部门、街道，围绕早餐、菜篮子、便利店、再生资源回收、美发美容、洗染和家政7个领域，走访调研15个街道、36个重点社区、18家行业企业；发放调查问卷2159份；组织相关部门、街道社区和行业企业、听取专家和群众意见等专题会议28次，完成《关于推动西城区社区生活服务业发展的思考与构想》调研报告、试点总方案和相关子方案。按照试点先行、分阶段、分区域、分步骤、逐步推进的发展计划，开展试点社区建设工作。

（柴晓虹　白春伶）

【促消费保增长繁荣市场】　年内，成立西城区商务委2013年促消费保增长工作领导小组、西城区商务委老字号发展建设工作领导小组、西城区商务委2013年联系街道、社区‘访民情、听民意、解民难’工作领导小组。推出“2013欢天喜地过大年”“2013北京马连道国际茶文化节”“2013北京西单时尚节”“2013北京西城电子商务消费周”等10余项主题促消费活动。在“2013北京马连道国际茶文化节”活动期间，开展展览展示、发布推介、交流论坛、文化体验、产品推广、人才引进与培训、社会公益捐赠等6大类54场特色茶事活动。其中，国际茶业展吸引观众75937人次，专业采购商26682人次，现场成交额6200万元人民币，达成合作意向867个。文化节期间茶叶街客流量超过10万人次，总成交额7.52亿元。“2013北京西单时尚节”期间，老佛爷百货西单店开业；推出“中·韩时尚服装设计创意”文化交流活动；西单商业街获得“中国著名商业街”殊荣；举办中华老字号时尚创意大赛等活动，国庆黄金周西单商业街重点门店总销售额2.71亿元，客流量114万人次。“2013北京西城电子商务消费周”结合“双十一”电子商务促销，带动辖区商业企业、老字号体验电子商务促销。

（李小丽　张锐军）

【早餐示范试点工作】　年内，区商务委经公开招标、企业投标、专家评审、网上公示等程序，确定以华天饮食集团公司为主体，和合谷、永和大王、好邻居等品牌餐饮企业合作的联合体，作为北京市早餐示范工程建设试点项目中标企业。截至年底，完成新建或改造早餐固定门店网点92个、便利店搭载早餐网点60个、主食加工配送中心2个。

（赵杰平）

【早餐规范店折子工程】　截至年底，西城区共有市级早餐示范店129家、区级早餐规范店110家、规范早餐车174辆。形成以聚德华天、翔达公司、和合谷、嘉和一品、永和大王等大型连锁企业为主，社会早点规范企业及早餐车为补充的格局。

（赵杰平）

【项目资金申报工作】　年内，区商务委申报48个商业流通发展项目。项目种类涵盖老字号创新发展、商业品牌提升、生活服务业发展等。经市商务委、市财政局与第三方评审机构评定，辖区北京张一元茶叶有限责任公司、北京金象大药房医药连锁有限责任公司、荣宝斋等10家企业获2013年商业流通发展资金。

（李祎珊）

【典当行业发展】　年内，西城区典当企业52家，其中本部36家，分支机构16家。截至年底，36家典当企业本部注册资金累计8.6亿元，同比增长12%；资产总额10.2亿元，资产负债率4.8%；典当总额27.02亿元，同比增长29.8%，其中动产业务8.26亿元、不动产业务16.46亿元、财产权利业务2.30亿元，三大业务结构保持稳定。

（杨缜钊）

【老字号时尚创意大赛】　4月至8月，区商务委与中国商联会中华老字号工作委员会共同举办中华老字号时尚创意大赛。区商务委与来自全国13省市68家企业的186件中华老字号企业时尚创意作品参赛。中国工艺美术学会、中国服装协会、中国珠宝玉石首饰行业协会、北京印刷学院印刷与包装工程学院、清华大学美术学院等13位专家参加评审。8月6至7日总决赛，菜市口百货有限公司等8家企业的18件作品分获金、银、铜奖（全聚德“富贵如意烤鸭礼盒”、菜市口百货“得与失”获得金奖；张一元“金龙袍”“游北京系列”、全聚德“仿膳盛世中秋月饼礼盒”、菜市口百货“高端精品珍宝盒”和月盛斋“五香酱牛肉包装”获得银奖；菜市口百货“克洛斯”“蔓蔓青梦”“高端精品木制首饰盒”“大师龙凤对牌”、内联升“年年有鱼”“鸿运脸谱”、同仁堂“全鹿丸系列”“海洋胶原蛋白肽”、丰泽园“六味礼盒”、瑞蚨祥“富贵牡丹”、月盛斋“牛肉脯产品”获得铜奖）。

（杨缜钊）

【“菜篮子”工程建设】　年内，区商务委落实《西城区“菜篮子”工程蔬菜零售网点建设规划》，推进公司化连锁经营和基地直营蔬菜零售网点建设，注重品牌化、连锁化、规模化和可持续发展。统一部署各街道网点建设任务，将蔬菜零售网点建设纳入全区为民办实事折子工程，共建蔬菜零售网点19处，其中便民菜店16家、蔬菜直通车3辆；与河北永清蔬菜生产基地和内蒙古通辽市产销对接，与通辽市商务局签订农畜产品战略合作协议，双方企业同时签署37个农副产品合作意向协议；组建西城区“菜篮子”联合会，该协会为非营利性社会团体法人组织，协助政府开展“菜篮子”工程建设工作，促进“菜篮子”零售企业、社区菜市场、蔬菜基地间开展产供销合作，加强行业自律，确保“菜篮子”工程建设的可持续发展。

（王　健）

【再生资源回收亭管理】　年内，区商务委为54个再生资源回收亭人员统一定制工作服；组织专项联合检查22次，出动人员110余人次；在70多个社区回收站点开展再生资源回收日活动5次，回收周宣传活动7次。

（王　健）

【成立专项工作领导小组】　12月24日，西城区打击侵犯知识产权和制售假冒伪劣商品工作领导小组成立，区委常委、副区长梁昌新任组长，成员由25个相关单位组成，领导小组办公室设在区商务委。成立该领导小组是为长期做好西城区打击侵犯知识产权和制售假冒伪劣商品工作，推动西城区知识产权保护和产品质量安全水平不断提高，为老百姓的日常生活起到保驾护航的作用。

（王　健）

【综合执法检查】　年内，区商务委组织商务行业综合执法检查600余次，检查生产经营单位1150家次，其中商业零售企业380家次，餐饮企业770家次，出动执法人员3107人次；发现并整改问题130余处，依法进行安全生产行政处罚2起，罚款金额1万元。

在北京市委宣传部、北京市安全生产监督管理局等12部门考核评选中，区商务委获“2013年北京市安全生产月活动优秀组织奖”。

（郭文志）

【安全生产联组建设】 年内，区商务委加强安全生产联组建设工作的研究和指导，围绕落实企业安全生产主体责任，按照市、区政府和行业部门安全生产管理要求，提高企业全员安全生产管理意识和安全生产应急处置能力。制定联组考核评价指标，完善和规范联组长职责；组织联组长安全生产管理培训，提高联组组长综合管理水平和能力；完善共建平安机制，支持帮助联组长组织单位开展好联组活动。

（郭文志）

【安全生产社会监督员队伍建设】 年内，区商务委继续加强安全生产社会监督员管理工作。完善工作机制，通过召开工作交流座谈会、建言献策、社会监督员培训，提高监督员业务素质和专业监督能力，促进商务行业平安稳定，构建“政府监管、企业自律、社会监督”的商务行业安全生产日常管理新模式。

（郭文志）

【安全生产标准化达标】 年内，区商务委按照市、区政府安全生产标准化建设要求，成立安全生产标准化工作领导小组，制定工作方案，明确工作任务。经过培训、企业自评、专业评审、组织审核等环节，截至年底，全区已有38家规模以上商业零售及餐饮经营单位完成安全生产标准化建设工作，安全生产标准化指标达标。

（郭文志）

【企业备案登记】 年内，区商务委开展酒类流通备案登记工作，截至10月底，提前并超额完成新增酒类流通备案登记245家，其中批发企业131家、零售企业74家、餐饮企业38家、酒吧娱乐2家。辖区17家企业完成预付卡备案登记工作。

（郭文志）

【安全生产教育培训】 年内，区商务委开展《北京市商业零售经营单位安全生产规定》《北京市餐饮经营单位安全生产规定》颁布施行6周年宣传咨询活动，接待咨询500余人，发放宣传材料2000多份；组织“2013年商务行业安全生产技能比赛”，17家企业34名选手参赛，同仁堂药店获一等奖；组织第六届安全生产知识竞赛，近500家企业和56个联组参加，帕米尔食府代表队获一等奖；举办第二期厨师长培训班，300余家餐饮单位的厨师长和主管领导参加，发放商务安全生产有关法律法规单行本和燃气安全使用须知等宣传材料1200余册。向区域内商务行业单位发放应急处置教学片。

（郭文志）

北京金源投资管理有限公司

【概况】 北京金源投资管理有限公司（简称金源公司）是国有法人参股的有限责任公司。内设企业发展部、商品运营部、物业部、财会审计部、人力资源部、办公室，下辖金源千业超市有限公司、牛街清真超市有限公司、正兴德茶叶有限公司、永安茶叶有限公司，拥有直营门店15家，建筑面积近3万平方米，主要从事商业超市及茶叶、服务业经营；控股企业1家（金诚信恒再生资源利用有限公司），回收站点68个，主要从事再生资源利用与回收；参股企业1家（北京国金酒店管理有限公司），主要从事酒店经营。年内，金源公司以调整经济结构为突破，以提高经营质量和工作效率为主线，销售收入同比增长12.79%，利润同比增长7.85%。

地址：西城区广安门南街60号

邮编：100054

电话：63546018

（张寿清）

【各级领导视察调研】 1月14日，北京市副市长程红一行到牛街清真超市调研。2月8日区政协主席曹长胜、副主席王瑞珠一行到牛街清真超市调研，了解企业发展情况。8月30日，区委书记王宁，区委常委、副区长梁昌新，区商务委主任到金源公司下属企业金诚信恒牛街东里再生资源回收商亭调研。9月16日，市政协民宗委主任佟根柱一行到牛街清真超市视察。10月16日，国家民委法制司司长吴浩、政策法规司司长杨正根一行10人到牛街清真超市调研清真食品管理立法事项。

（张寿清）

【牛街清真超市和正兴德店庆】 1月17日，牛街清真超市、正兴德牛街店成立10周年，金源公司领导班子成员参加庆祝活动。活动中向消费者评出最喜爱的十大清真食品品牌供应商颁发荣誉证书，开展购茶赠礼、买茶送茶、优惠打折实惠多等多项促销活动。

（张寿清）

【送温暖活动】 2月，金源公司开展“新春送暖”系列活动。离休干部、处退干部、劳模等40人参加团拜会；两节期间，领导班子成员走访慰问劳模、劳动奖章获得者16人，困难职工23人，离退干部70人，送去慰问品120份。全年共慰问职工及退休职工63人，慰问金9万元。为3名低保家庭子女办理金秋助学款6000元。为83名女员工上在职女职工特殊疾病互助保险。

（张寿清）

【牛街清真超市双日创新高】 2月7、8日春节前夕，牛街清真超市销售突破百万，创历史新高。

（张寿清）

【销售竞赛活动】 1月至2月，金源公司以“新一年新提升开门红，稳增长重质量增效益”为主题，开展为期62天的元旦春节营销服务劳动竞赛。竞赛期间，公司销售额同期增幅10.26%。9月至10月以“争销售，聚客流，创亮点，保安全”为主题开展中秋国庆两节劳动竞赛，销售5162.09万元，增长631.87万元，增幅13.95%，对完成和超额完成销售指标的15个单位进行奖励。

（张寿清）

【签署合作协议】 4月20日，金源公司与河北省石家庄市国大酒店经营有限公司在石家庄大酒店签署了共同投资成立经济型快捷酒店合作协议。金源公司董事长时文生、总经理平国栋、副总经理郑全星等出席签署仪式。

（张寿清）

【正兴德第十一届春茶节】 4月18至5月7日，正兴德茶庄举办第十一届春茶节，同时参加中国茶叶流通协会等部门在大观园举办的2013年北京市第九届春茶节活动启动仪式。活动汇聚北京多家著名茶企业名优绿茶，其中正兴德有7款茶叶获质量合格、质价相符产品荣誉称号。春茶期间，销售同比增长31.6%，其中绿茶销售同比增长了37%。5月31日，北京电视台新闻频道《这里是北京》栏目播出《正兴德清真特色—茉莉花茶香话清真》电视节目，对正兴德清真茶庄的起源、传承、发展以及正兴德清真茉莉花茶特色进行报道。

（张寿清）

【党风廉政建设年】 为发挥党风廉政建设监督员作用，4月26日金源公司党委、纪委召开由党员和群众推荐的13名党风廉政建设监督员座谈会。5月21、22日，金源公司党委组织全体党员到国家博物馆参观大型展览《复兴之路》。5月30日，金源公司召开党风廉政建设暨廉政风险防范工作推进会，传达市区党风廉政建设会议精神，部署年内公司党风廉政建设和廉政风险防范工作。介绍廉政风险防范工作学习体会。

（张寿清）

【开斋节献爱心活动】 8月8日，牛街清真超市、正德德茶庄与穆斯林群众举行“恭贺开斋奉献爱心”活动。为回民小学、回民中学30名贫困家庭学生捐助爱心助学金6000元，为牛街礼拜寺捐赠乜贴5000元及乜贴枣10斤，为牛街民族敬老院捐赠3800元节日礼品。向大兴区崔指挥营回族小学捐赠1万元助学金。开斋节当天，实现商品销售78.57万元，同比增长9.5%；茶叶销售12.39万元，同比增长15.6%。4月26日，金源公司组织全体员工为雅安地震灾区人民献爱心捐款，共募捐款13200万元。

（张寿清）

【金源超市重张】 10月18日，金源生活超市白纸坊店重张开业。10月18至24日开展“贺金源超市白纸坊店重张开业，倾心回馈新老顾客”营销促销活动，开业当天销售额23万余元，接待顾客4248人。

（张寿清）

【第六届幸运顾客厂家游】 10月27日，金源公司举办第六届“幸运顾客厂家游”活动，组织30名幸运顾客及相关人员到唐山法立德清真食品有限公司参观。

（张寿清）

【落实助推计划】 年内，金源公司贯彻落实市总工会《关于开展在职职工职业发展助推计划的实施意见》，确定18个助推工种，自2014年1月起凡获得国家一级、二级职业资格证书的员工除享受市总工会助推资助外，金源公司给予员工晋升200元和100元基础工资的奖励。

（张寿清）

北京金座投资管理有限公司

【概况】 北京金座投资管理有限公司（简称金座公司）所属企业有志同达劳务服务有限公司、大栅栏自行车有限责任公司2家子公司和劳务服务分公司；公司控股、参股企业8家，包括内联升鞋业有限公司、瑞蚨祥绸布店有限公司、瑞蚨祥（北京）投资管理有限公司、鹤年堂医药有限公司、德寿堂医药有限公司、国药健坤（北京）医药有限责任公司、金鑫然医药有限公司、鹤鸣堂医药有限公司。职工总数3639人，其中在职职工1869人，离、退休1770人。年内，通过加大股权投资及股权转让，企业资产经营质量不断提高，收益持续增长，金座公司及参控股企业经营收入86695万元，实现利润6854万元，同比增加8.9；上缴税金3656万元，同比增加2.9%。金座公司注册资本金由1580万元变更为2212万元。在北京市广播电台、北京电视台、北京日报、北京晚报等10余家媒体联合主办，市委宣传部、市国资委、市发改委等20多个政府部委支持的第六届“北京影响力”评选活动中，北京内联升鞋业有限公司董事长兼总经理程来祥荣获“2013年度最具影响力十大企业家奖”。

地址：西城区南横西街27号

邮编：100052

电话：63522526

（王继红）

【三届三次股东大会】 1月18日，金座公司召开第三届第三次股东大会，会议审议并采取举手表决方式，通过公司2012年经济工作报告、财务决算报告、利润分配方案报告、监事会工作报告、公司关于扩增注册资本的实施方案。

（王继红）

【送温暖帮扶工作】 元旦至春节期间，金座公司走访慰问56名离处退干部、7名劳模、20名特困职工，公司工会发放慰问金及物品价值19600元，争取上级工会帮扶资金72062元。金座公司拨款3万元慰问困难职工，为退休职工发放过节费36万元。

（王继红）

【瑞蚨祥参展婚博会】 6月28至30日，瑞蚨祥（北京）投资管理有限公司参加2013年第26届中国婚博会，展会期间收定单192套。

（王继红）

【注资企业】 7月16日，金座公司向志同达注入经营资源，变更注册资本，由100万元变更到200万元，志同达重新申报注册企业经营许可证，成为全市首批取得该行业经营资质企业。通过增资扩股及吸收原股东转让股本，金座公司在瑞蚨祥持股比例由30%上升至49.6%。

（王继红）

【德寿堂重张开业】 11月23日，因房屋险情停业4年的德寿堂药店经过修缮装修重张开业。重新开业的德寿堂药店，在保持老店中药饮片、中西药零售、医疗器具、中医诊所传统经营的基础上，增加了高档保健滋补品、天然保健用品经营。

（王继红）

【内联升160周年店庆】 年内，内联升开展160周年店庆系列活动，通过谢师出徒仪式、重阳节送福履等展示企业文化，推广企业品牌。近年来内联升通过狠抓生产基地建设，合理调整产品价格，改进传统产品设计制作工艺，提升产品质量和档次，不断研制推出时尚系列新品，年内企业实现销售收入9667万元，利润2525万元，上缴税金1471万元，达到历史最好水平。

（王继红）

北京市金工投资管理公司

【概况】 北京市金工投资管理公司

（简称金工公司）主要任务及职责：依法依规做好企业经营管理；履行国有资产保值、增值的职责；承担企业安全稳定工作第一责任；妥善处理解决历史遗留问题；完成区国资委布置的各项工作任务。主要经营项目为资本经营及出租房屋。金工公司设有综合办公室、人力资源部、经营计划部、财务部、安保部、离退休职工管理服务中心。年内，在职职工115人，离退休职工4824人。

地址：西城区白广路二条甲8号

邮编：100053

电话：63582366

（李国庆）

【完成国资划拨交接手续】 2月26日，金工公司根据北京市西城区人民政府会议纪要第47期《关于研究将金工公司所属亿万利达大厦划转至北京华方投资有限公司等工作会议纪要》精神，将亿万利达大厦（位于东城区安德里北街甲17号办公楼及院落）移交华方公司，办理完成相关交接手续

（李国庆）

【划拨资金运作工作】 年内，金工公司与北京华方投资有限公司完成亿利万达大厦国有资产划拨后，将划拨资金全部放至北京市华远集团融资平台，年获利息1000万元，保障部分资金运行。

（李国庆）

【修订制度汇编】 年内，金工公司修订《企业管理制度汇编》。新修订的《北京市金工投资管理公司管理制度汇编》包括制度、规定及管理办法共88项。公司组织干部职工学习。

（李国庆）

【追缴欠费】 年内，金工公司重视追缴历史欠费工作，配备专门人员，逐家逐户上门催缴，截至年底实现收费100余万元。

（李国庆）

【完成4小区老旧楼房改造】 年内，金工公司基本完成朝阳门、马公庄、南柳巷及北调南苑成苑4处自管小区改造工程，完成保温面积26626平方米、防水1220平方米，更换门窗400余套，铺设院内柏油路100余平方米。

（李国庆）

【移交工作】 冬季供暖前，金工公司将马公庄、鸭子桥、南柳巷3处自管锅炉房移交北京宣房楼宇供暖公司、北京天降从横供暖公司专业供暖公司管理，并签订合同书，合同有效期10年。

（李国庆）

【维稳信访工作】 年内，金工公司接访60余件，其中重点8件200余人次，未发生非正常越级访，实现全年维稳信访工作“零”目标。

（李国庆）

【14号院全部实现集中供暖】 年内，金工公司完成西城区半步桥街14号院接入地区供热管线施工任务，该院全部实现集中供暖。

（李国庆）

【建立施工档案】 年内，金工公司在半步桥街14号南楼宾馆改造施工中实行全程监控管理，采集拍摄隐蔽工程、重点部位影像照片300余幅，建立重点项目ppt图文资料4套。

（李国庆）

【整合资源出租经营】 年内，金工公司装修马公庄物业小区209平方米楼房，调整半步桥街14号北小院及广安门北街20号楼一层房屋，分别投向出租经营，实现出租收入28.8万元。

（李国庆）

【签订出租合同】 年内，金工公司与马公庄物业小区18家租户签订出租合同，新签出租合同提租10%至40%。

（李国庆）

【投资理财产品】 年内，金工公司利用暂存划转资金及其他暂时闲置的资金，投资理财产品，获29.91万元。

（李国庆）

北京市金正资产投资经营公司

【概况】 北京市金正资产投资经营公司（简称金正公司）是国有独资企业，作为国有资本出资人的市场化代表，以法人股东的身份进行国有资本产权运作，并对中小企业及个体工商户提供融资担保、小额贷款、投资管理等金融服务。金正公司设2部1室，下设3家子公司，员工48人。公司注册资金68494万元，投资企业18家。年内，金正公司实现归属母公司净利润6163.44万元，主营业务收入2625.20万元。

地址：西城区广安门内大街6号枫桦豪景西配楼3层

电话：83516692

邮编：100053

（田　媛）

【追加投资】 5月27日，金正公司对北京张一元茶叶有限责任公司追加投资291万元。10月14日，金正公司对北京世纪金工投资有限公司追加投资72.42万元。

（田　媛）

【重要子企业管理】 6月22日和12月27日，金正公司两次召开金正公司及其重要子企业经济情况分析会，与各企业就经营活动中的亮点、难点以及稳定发展等问题进行交流。会上，金正公司重要子企业——北京菜市口百货股份有限公司、北京张一元茶叶有限责任公司、北京翔达投资管理有限公司、北京世纪金工投资有限公司、北京金源投资管理有限公司、北京宣兴房地产开发股份有限公司、北京金正光彩融资担保有限公司、北京金正融通小额贷款有限公司分别作工作汇报。

（田　媛）

【股权转让】 12月20日，金正公司将持有的北京万佳利物业管理有限责任公司95%股权转让给北京宣兴房地产开发股份有限公司。

（田　媛）

【提供融资担保】 年内，北京金正光彩融资担保有限公司提供融资担保38151万元，包括为市内96户中小、小微企业及个人的120个融资项目提供担保37930万元，与区人力社保局合作为17户下岗人员、创业大学生及复转军人提供全额贴息贷款担保221万元。

（田　媛）

【提供小额贷款】 年内，北京金正融通小额贷款有限公司为区内中小企业、个体工商户及自然人发放小额贷款110笔，28648万元。

（田　媛）

【投资】 年内，北京金正融兴资产管理有限公司共投资10个项目，涉及7家企业，投资2.1亿元。

（田　媛）

【公益捐款】 年内，金正公司通过各种渠道为区内贫困群众和地震灾区人

民捐助善款25.33万元。

（田　媛）

北京翔达投资管理有限公司

【概况】　北京翔达投资管理有限公司（简称翔达公司）是国有法人参股的有限责任公司。翔达公司注册资本5000万元，经营范围涉及餐饮、饭店、洗浴、美容美发、摄影、旅游文化、物业管理等经营业态，经营网点51处，建筑面积9.1万平方米。设立股东会、董事会、监事会、经理层规范的法人治理结构和党、团、工会组织机构，内设办公室、人力资源部（安全保卫部）、经营策划部、财务部、审计部、集采部和党务工作部7个部室。拥有翔达晋阳饭庄、翔达晋阳白广路饭庄、翔达晋阳马西路饭庄、翔达晋阳银谷饭庄、翔达吐鲁番餐厅、美味斋饭庄、致美斋饭庄、清华池浴池、虎坊路清华池浴池、翔达白鹭美容美发店、首都照相馆、翔达会馆（清华池会所）、翔达恒兆饮食服务分公司、博兴饭店14个分公司制企业和投资设立的北京翔达国际商务酒店有限公司、北京翔达海鲜大酒楼有限公司、北京中兴世纪物业管理有限公司、北京晋雅信达文化发展有限公司、北京翔达旅行社有限公司5家全资子公司及北京翔达南来顺饭庄有限公司1家控股子公司。年内，翔达公司完成营业收入24428万元，实现利润1804万元，资产总额53780万元。北京翔达投资管理有限公司被评为北京市餐饮企业（集团）50强单位；北京翔达投资管理有限公司晋阳饭庄获首都精神文明单位称号。
地址：西城区教子胡同28号
电话：63521731
邮编：100053

（牟星玮）

【走访慰问活动】　春节前夕，翔达公司主要领导带队，走访慰问生活困难员工、长期患病老党员和部分离退休老干部62人，送去慰问金和慰问品。1月30日在翔达晋阳饭庄举办“老干部迎新春团拜会”，20余名离退休老干部参加。

（牟星玮）

【参加厂甸庙会】　1月31日至2月4日即正月初一至初五，翔达南来顺饭庄在厂甸庙会参展，售卖地道的北京小吃，成为厂甸庙会的一大亮点。

（牟星玮）

【建立智障学生实习基地】　4月11日，北京翔达国际商务酒店有限公司与北京市宣武培智学校联合建立智障学生实习基地。基地为智障学生提供包括客房服务、餐厅传菜、后厨操作等岗位技能。

（牟星玮）

【举办职业技能比赛】　5月6日，翔达公司举办春季冷荤菜品“微创新”技术比赛。翔达晋阳饭庄、吐鲁番餐厅、南来顺饭庄等旗下10家餐饮企业集中展示30余道时令冷荤菜品，参赛者相互交流创新菜品制作方法，促进冷荤菜品制作技能的提高，共评选出一等奖1名；二等奖1名；三等奖1名；优秀奖10名。

（牟星玮）

【纪府阅微草堂藤萝宴开宴】　5月，第五届纪府阅微草堂藤萝宴在翔达晋阳饭庄纪晓岚故居拉开盛宴，大厨们用藤萝花入菜，制作出别具匠心的藤萝饼、藤萝酥、紫藤幽香、海棠情思等菜品，让受邀前来的宾客赞不绝口。

（牟星玮）

【学习十八大精神】　4月24日，翔达公司全系统70余名管理人员观看中央党史研究室主任欧阳淞同志十八大精神宣讲。5月24日，部分管理人员和职工参加西城区国资委“我的梦　中国梦”百姓宣讲活动。7月18日，百姓宣讲团走进翔达，全系统60余人参加。

（牟星玮）

【向梦而行青年宣讲】　6月26日，西城区共青团委员会举办“向梦而行”西城青年宣讲团巡讲活动，翔达南来顺饭庄常宏以题为《饭庄里的跑堂大学生》参加巡讲，体现青年的奋斗梦想。

（牟星玮）

【发放老年服务卡】　7月25日，翔达公司所属清华池浴池与西城区陶然亭、天桥、大栅栏、牛街等8个街道联手，向辖区内60岁以上老人代表发放温馨服务卡。持卡人在清华池及所管理的首都照相馆、白鹭美容美发店，享受免费拍摄证件照、水晶版艺术照一次，修脚5折、理发10元、洗浴会员价等多项优惠。

（牟星玮）

【区领导调研】　9月10日，区委常委、副区长梁昌新，副区长郝凤林一行就“老字号企业的持续发展、商业化运作等问题”到翔达公司调研，先后到翔达吐鲁番餐厅和清华池会所了解情况，召开座谈会。

（牟星玮）

【获得烹饪赛奖项】　9月22日，北京市第七届清真烹饪技能大赛上，翔达公司获中餐热菜铜奖，餐厅服务银奖、铜奖等奖项，被活动组委会评为“赛区优秀支持单位”，授予“大赛优秀组织奖”称号。10月，翔达公司所属翔达国际商务酒店副经理黄凯在“2013年度中华金厨奖颁奖典礼暨第23届中国厨师节”上获本年度“中华金厨奖”。在北京市烹饪协会举办的京、港、澳、台两岸四地“烹饪职业精英邀请赛”上，翔达晋阳银谷饭庄马继军获“特金奖”称号。翔达南来顺饭庄苗莉、邹冬梅在北京小吃制作大师、名师评选活动中获“首届北京小吃制作大师”称号。

（牟星玮）

【区国资委领导安全检查】　9月27日，西城区国资委副主任程东炜一行，对节前安全工作进行大检查和安全指导，对设备、设施的保养、使用情况和安全工作给予了肯定和赞同。

（牟星玮）

【管理人员拓展训练】　11月5日，翔达公司邀请拓展培训中心专业教练，对系统内40余名副职以上的管理人员进行综合素质、团队协作、创新思维训练。

（牟星玮）

【送温暖献爱心活动】　年内，翔达公司开展“送温暖、献爱心”活动，开展向雅安地震灾区、共产党员献爱心和慈善捐款活动，共捐款153491.50元。

（牟星玮）

【调整经营结构】　年内，翔达公司按照“精简、效能”的原则，调整公司所属企业经营管理机构：撤销翔达高球体育休闲俱乐部有限公司；将翔达会馆并入清华池管理更名为清华池会所；老字号“首都照相馆”在西城区虎坊路重张开业；美味斋餐厅增加快餐经营，开设外卖窗口；翔达晋阳马西路饭庄在二层北厅开设大众风味排挡；翔达吐鲁番餐厅发挥风味特色，创新菜品，拓展网上订餐及配送市场。

（牟星玮）

【走进老字号活动】 年内，西城区文化委非遗中心组织市民走进老字号、体验非遗老手艺活动，先后邀请并组织陶然亭、天桥、福州馆社区等6个街道社区500多名居民到翔达清华池浴池，了解历史、修治脚病、体验非遗。

（牟星玮）

北京恒达宏业经贸有限公司

【概况】 北京恒达宏业经贸有限公司（简称恒达宏业公司）设有3个职能部室，所属5个分支机构，在职职工57人，离退休人员356人。主要经营炊事机械、不锈钢制品、土产、建材、日用杂品。年内，实现商品销售收入5447.3万元，同比增加269.5万元，实现利润59.7万元，同比增加27.4万元，年资金回报率5%。

地址：西城区盆儿胡同62号院旁门

邮编：100054

电话：63522045

（王立国）

【股东会和职代会】 3月22日，恒达宏业公司召开三届二次股东和二届四次职代会。总结2012年工作，部署2013年工作思路。讨论通过2012年业务招待费使用情况和集体合同修改和执行情况报告。

（王立国）

【完成增资扩股工作】 年内，恒达宏业公司完成增资扩股工作，注册资金由150万元增至800万元。

（王立国）

【安康杯活动】 年内，恒达宏业公司组织全体员工开展安康杯知识答卷活动，通过活动全体员工增强了自我保护意识，认识到安全对企业的重要性，对员工自身的重要性。

（王立国）

【安全检查】 年内，恒达宏业公司坚持节日、重大活动和防汛期间的安全检查。发现不安全隐患立即整改，确保各企业生产安全在可控范围内。

（王立国）

【企业多种经营】 宣武炊机公司科学预测市场潜力和消费需求，引进新产品，拓宽营销渠道，提高企业经济效益。宣武建材商场从严治理企业，向管理要效益提高企业竞争力。菜市口厨具中心把厂商联营做为企业发展方向，继续寻求更好、更适合的合作伙伴。红星炊具商店是烟花鞭炮经营老企业，加强规章制度、经营、安全等方面管理，销售期间增加新的便民措施，满足顾客需求，企业获得更多利益。宏盛兴炊事机械分公司发挥自身优势特点，找准定位，谋求企业品牌在市场更大发展。

（王立国）

北京华天饮食集团公司

【概况】 北京华天饮食集团公司（简称华天集团）拥有20余家中华老字号品牌。华天集团以庆丰包子铺、同和居饭店、同春园饭店、惠丰饺子、延吉餐厅等餐饮为主业态，兼营副食零售、宾馆等业态。集团公司拥有2个重要子公司：聚德华天控股有限公司（简称聚德华天公司）以经营鸿宾楼、烤肉宛、烤肉季、砂锅居、护国寺小吃等中华老字号餐饮品牌为全业态；北京万方有限公司以经营天福号酱肘子、桂香村糕点、元长厚茶叶等食品加工和零售业态为主。年内，华天系统在岗职工5000余名，离退休人员9000余人。华天集团及2家重要子公司共实现营业收入20亿元（含加盟店营业收入），其中直营店实现营业收入14.12亿元，实现利润2.23亿元（华天集团实现营业收入4.74亿元，实现利润6909万元；聚德华天控股有限公司实现营业收入4.77亿元，实现利润6893万元；北京万方有限公司实现营业收入4.61亿元，实现利润8540万元）。加盟店实现营业收入超过6亿元。庆丰包子铺玉桃园店获得“北京市工人文明先锋号”称号；桂香村第二门市部获得“西城区工人先锋号”称号。华天凯丰公司杨秀山获全国五一巾帼标兵称号；国办餐厅屈德森、华天凯丰公司刘晓冬、砂锅居饭庄刘赞获首都劳动奖章；华天凯丰公司任联莹获西城劳动奖章。

地址：西城区二七剧场路乙6–2号

邮编：100045

电话：68059875

（陈　涛）

【习近平到庆丰包子铺用餐】 12月28日中午12时，中共中央总书记、国家主席、中央军委主席习近平轻车简从，到庆丰包子铺月坛店用餐。整个用餐过程中，习近平自己排队、点餐、取餐，亲历亲为，平易近人。习近平还向包子铺月坛店负责人了解庆丰包子铺在原料配送、食品安全保障等方面情况，要求继续抓好食品安全工作。

（陈　涛）

【老字号连锁店发展状况】 年内，华天集团所属北京庆丰包子铺（简称庆丰）继续拓展餐饮连锁市场，连锁店总数达183家。庆丰馅料配送中心二期项目投产后运营正常，单日生产配送馅料产量最高达到14吨，全年累计配送馅料4500吨。年内，华天集团所属的华天凯丰公司承接机关餐厅规模26家。护国寺小吃连锁店规模达到28家。峨嵋酒家发展到9家。延吉餐厅连锁店6家。香妃烤鸡快餐连锁店7家。柳泉居豆包网点28家。新川面馆10家。烤肉宛饭庄3家。砂锅居饭庄、西安饭庄、烤肉季饭庄在东城区、海淀区开了分店。

（陈　涛）

【老字号标准化建设】 年内，庆丰包子铺通过ISO9001质量管理体系、ISO22000食品安全管理体系认证，取得资质证书。与京粮集团合作研发的庆丰专用面粉开始全面供货。庆丰速冻包子启动试生产，相关工艺逐步完善。庆丰电子商务管理系统在庆丰总部、配送中心和各连锁店之间实现报表数据上网，拓宽了督导监管渠道。庆丰配送中心物流监控系统上线，实现物流冷链数字化监控。

（陈　涛）

【早餐示范店项目进展情况】 年内，华天集团、聚德华天公司所属餐饮企业参加北京市早餐示范工程建设试点，示范企业项目进入工程审核和资金拨付审核阶段，申报资料已报送区财政局审核。项目涉及的74个固定早餐门店、2家配送中心均已投入运营。项目成果获得国家商务部、北京市商务委、西城区政府、区商务委等部门认可。位于西城区二七剧场路的庆丰包子铺、护国寺小吃店2家门店被评为西城区早餐工程样板店。

（陈 涛）

【宣传和营销】 年内，华天集团在北京电视台《身边》栏目、《北京晚报》美食版、《法制晚报》和《劳动午报》、北京交通广播电台等电视、广播、报刊等媒体发布广告宣传信息。华天集团投入130余万元，在北京电视台19时黄金时段轮番播出庆丰包子铺、护国寺小吃、柳泉居豆包3个老字号品牌广告。继续与大众点评网、赶集网、糯米网等网站合作，通过团购、网页广告、微信等多种形式开展销售和宣传活动。配合区卫生局、区疾控中心参与“西城区健康生活日——减盐行动”，组织庆丰包子铺全部连锁店统一推出减盐包子。配合区委宣传部、区文明办，落实“诚信做食品”实践活动，倡导“以道德立身，以诚信兴业”。华天集团出版企业刊物《北京华天报》《聚德华天报》，共出刊6期。通过多种营销宣传活动，华天老字号所属企业销售继续保持稳步上升态势，春节长假期间销售增幅20%。

（陈 涛）

【老字号技艺展示】 6月，华天集团、聚德华天公司举办2013年老字号糖艺、果蔬雕及面塑技艺展示活动，所属的18家老字号推出34件大型作品、120余个盘饰作品，突出老字号传统与时代风尚相结合，展示盘饰制作技艺。

（陈 涛）

【老字号人才队伍】 年内，华天集团、聚德华天公司所属18家老字号餐饮企业的39名传统技艺传承人及烹饪、服务大师（名师），举行收徒拜师仪式，共收徒115人。烤肉宛饭庄的中国烹饪大师王刚获“享受北京市政府特殊津贴”荣誉，成立王刚首席技师工作室，支持研发烹饪技艺。华天集团中国烹饪大师、同和居饭店厨师长于晓波获“享受国务院政府特殊津贴”荣誉。

（陈 涛）

【员工待遇】 华天集团一线在岗正式合同制职工年人均收入同比增长8%，外来务工人员年人均收入同比增长13%。子公司聚德华天公司一线在岗正式合同制职工年人均收入同比增长9%；外来务工人员年人均收入同比增长了14%。春节、中秋、国庆节期间，走访慰问在岗职工、离退休职工、患大病重病人员1.5万人次，支出资金400余万元。夏季送清凉活动为4200余名一线员工发放慰问品支出资金28万余元；送温暖活动支出资金21万余元。为员工办理补充医疗保险，支付90余万元。

（陈 涛）

【工程项目】 年内，华天集团工程项目资金审核工作继续执行内审与建设银行外审相结合的“双审制”，共审计19处工程项目，核减工程款331万余元。8月，护国寺小吃平安里配送中心竣工投产运营。

（陈 涛）

【公益慈善活动】 年内，华天集团参加各种社会慈善捐款活动，其中组织“共产党员献爱心”活动捐款5万余元；为四川省雅安地震灾区群众捐款17万余元；为白血病患儿捐款16万余元。

（陈 涛）

北京华利佳合实业有限公司

【概况】 北京华利佳合实业有限公司（简称华利佳合公司）是国有控股集团企业，由3家全资子公司、4家控股子公司、17家核心分公司及公司总部组成。主营连锁饭店和商务写字楼，兼营商品零售、餐饮娱乐、洗浴、照相、装饰装修、珠宝市场、出租汽车、旅游服务。在岗员工495人，离退休员工4341人。年内，华利佳合公司借助“品牌实力提升年”“市场营销创新年”“人才队伍培养年”“企业管理强化年”“生态文明建设年”，即“五个年”活动，促进公司内部服务优质、人才优秀、管理优化、环境优美、业绩优良。实现主营业务收入1.18亿元，同比增加200万元；利润总额3875万元，同比增加610万元；实现成本费用利润率44%，净资产收益率9.6%，国有资产保值增值率109.8%。正式在岗员工月人均收入同比增长12%；一线在岗正式员工月人均收入同比增长14%；外来务工人员月人均收入同比增长8%。年内，新增2家二星级饭店，二星级饭店数量达11家。华利佳合连锁饭店被中国饭店协会评为“2012年度中国优秀品质饭店”。华利佳合公司向区红十字会捐款10万元，连续3年向西城区慈善协会“爱在西城”救助活动捐款10万元，连续6次被评为“北京市纳税信誉A级企业”，连续11年享受地税免稽查的优惠待遇，被市政市容委授予“2012年度北京市生活垃圾分类社会单位贡献奖”，并获市公安局2013年度单位内部安全保卫工作集体嘉奖。华利佳合公司股东——北京市西城区服装公司集体资产管理协会获得4A级社会组织、创建学习型社会团体先进单位。

地址：西城区月坛南街32号

邮编：100045

电话：68522551

（冯 蔚）

【搭建酒店中央管理系统】 年内，华利佳合公司投资10万元，与北京住哲信息技术有限公司签订“住哲连锁酒店管理系统服务合同”，按照集中化管理模式，搭建起连锁饭店中央管理系统（CMS），实现对连锁分店经营数据集中统计、查询、分析与管理，提升经营数据利用价值，为连锁饭店数字化管理奠定基础。

（冯 蔚）

【升级办公管理系统】 4月，华利佳合公司扩版升级财务管理系统。统一搭建K3v12.1财务核算平台，实施远程应用软件，实现权属企业利用客户端进行独立会计核算，财务数据由分散管理变为集中管理。利用财务系统扩版，建立人力资源管理系统平台，提高人力资源管理效率。日常办公启用经营管理短信平台，公司内部沟通更加经济、快捷。

（冯 蔚）

【连锁饭店品牌建设】 年内，华利佳合公司加强连锁饭店品牌建设，升级改造望潮苑度假村餐厅；更换部分酒店供暖锅炉、消防中控设施、空调制冷管线，改造消防外挂梯，粉刷客房墙壁；实现WIFI网络全覆盖等。加强连锁饭店产品宣传，利用《西城企联》《西城商务》《西城旅游》《西城国资》、企业内刊等宣传企业经营内容、管理活动及企业文化，开展"推进品质提升，加速品牌发展"主题活动，组织饭店服务管理监督员按照星级饭店规范标准，检查饭店服务、卫生、环境、安全。开展前台、客房服务员岗位技能比武，表彰奖励5名"岗位标兵"，增强连锁品牌知名度和社会影响力。

（冯　蔚）

【编制系列管理手册】　8至10月，华利佳合公司组织各职能部室根据原《连锁饭店工作手册》基本内容，结合近年连锁饭店发展情况，重新修编《客务部服务手册》《行政管理手册》《安全管理手册》《工程维护手册》系列管理手册。组织员工学习、考核。

（冯　蔚）

【加强内部管理】　年内，华利佳合公司采取5项举措加强内部管理：与相关责任人签订《企业印章保管使用责任书》；收回各类废止印章712枚，经过清点、留印、甄别、造册登记，集中销毁671枚；组织各企业重新核实水、电、燃气、电话、房管所公租房用户名称与缴费名称，查出名称不符现象及时更正；对9类已届满10年的"华利佳合"商标进行续展注册；组织15户应用POS机刷卡企业与工商银行签订下调刷卡费率补充协议。

（冯　蔚）

【提拔引进人才】　年内，华利佳合公司加强干部队伍建设。通过网络招聘录用9名大学本科学历人员充实公司管理岗位，其中6名会计均有中级或初级职称。4名中青年管理干部走上中层领导岗位，9名平均年龄33岁的青年骨干提拔为连锁饭店店长助理。

（冯　蔚）

【节能改造】　年内，华利佳合公司投资80万元，对银岛饭店、鼓楼鑫园客栈太阳能热水系统及洗浴锅炉升级改造，燃气消耗同比节约40%左右。

（冯　蔚）

【区领导到企业调研】　4月27日，区委常委、副区长梁昌新视察华利佳合德胜门快捷酒店，随行区公安、消防、卫生等部门对酒店安全、卫生、服务情况进行检查。6月18日，区委书记王宁在常务副区长苏东、区委办主任郭怀刚陪同下，到华利佳合护国寺快捷酒店和德胜门快捷酒店调研，对如何做强连锁市场、如何帮扶企业做出指示。7月5日，副区长孙硕到德胜门快捷酒店考察。11月12日，区政协主席曹长胜到德胜门快捷酒店参观调研。12月24日，区委常委王旭到德胜门快捷酒店调研。

（冯　蔚）

北京金象复星医药股份有限公司

【概况】　北京金象复星医药股份有限公司（简称金象复星公司）以药品流通产业为经营主线，拥有医药（含中药饮片）批发配送、中药饮片药房托管及调剂代煎、中医诊所、零售连锁药店、医药电子商务、高端母婴护理等业务板块，生产自主品牌鑫元系列精制中药饮片、参茸礼品、中药饮片特色自配方等。截至年底，实现销售收入14亿元、利税金额5000万元。年内，金象复星公司获北京市纳税信用A级企业；在北京市区县档案测评中被评为"市级优秀单位"；2013年度西城区文明单位；获2009—2012年度残疾人就业保障金缴纳工作诚信单位；西城区成人继续教育优秀培训项目；公司员工张海鸥、李芙蓉被授予北京市工业和信息化高级技术能手。公司董事长、党委书记、总经理徐军当选西城区药品医疗器械行业协会第一届理事会理事长、金象复星公司当选第一届理事会理事长单位。3月金象复星公司本部搬迁至阜成门内大街293号。

地址：西城区阜成门内大街293号
邮编：100034
电话：66160159

（董　斌）

【企业发展情况】　年内，金象复星公司完成物流配送中心智能化升级改造，通过药品经营质量管理规范认证；中药饮片配送中标北大医院、人民医院中药饮片调剂代煎业务；老字号白塔寺药店经改造后经营良好；西单金象大药房实现单店年销售额突破亿元大关；白塔寺药店、金象大药房再次获"二〇一一年度（2011—2014年）北京市著名商标"。

（董　斌）

【财务金蝶软件升级】　1月15日，金象复星公司完成财务金蝶软件K/3系统的升级工作。新系统增加网上银行、费用报销、资产管理、单据自定义个性化等功能，实现总账、报表、固定资产管理及现金管理等方面的有效监管。

（董　斌）

【物流改造项目完成】　1月27日，金象复星公司现代化物流改造项目完成并正式上线投入使用。改造项目对原配送中心近5000平方米库区重新规划，引进国内外先进的入库管理设备、货物信息自动识别设备、货架系统、堆垛及装卸搬运设备、库内输送设备、分拣及出库设备、环境监测及控制设备；安装医药行业专业WMS管理软件系统，采用信息化手段实行药品从验收、入库、上架、搬运输送、分拣、出库等作业数据采集和记录，实现药品入库、出库、储存、运输及配送全过程质量管理和控制。

（董　斌）

【新一届董事会成立】　4月26日,金象复星公司召开第五届一次董事会，选举产生了新一届董事会、监事会成员；审议通过公司2012年度工作总结及2013年经营工作计划、2012年度财务决算与2013年财务预算报告、2012年度利润分配方案。

（董　斌）

【区领导检查工作】　4月27日，区委常委、副区长梁昌新到复兴门金象大药房检查药品经营管理情况。12月16日，副区长孙硕率区食品药品监管分局稽查人员到金象复星公司所属医药批发部和月坛北街金象大药房走访检查。

（董　斌）

【依法用工检查】　10月份，金象复星公司主管领导及人力资源工作人员到各所属企业，检查企业在劳动合同管理、加班及加班费支付管理、带薪休假管理等易发生劳动纠纷方面情况，未发现明显违规操作现象。专项检查还就2014年人力资源预算从人员编制、招聘、绩效、薪酬、培训等方面与企业充分交换意见，特别是关键岗位人员培养和人工成本控制方面，通过人力资源工作保证企业经营业务能够顺利开展。

（董 斌）

【白塔寺药店重张开业】 11月20日，白塔寺药店举行“百年相伴 重装同行”开业暨建店141周年庆典。装修改造后的白塔寺药店外观设计体现“鹿鼎”式明清设计风格，药店一层保持原有中西药、参茸保健、医疗器械等区域，新增高档参茸营养品、老年人用品、进口医疗器械、婴幼儿配方乳制品专区。按照新版《药品经营质量管理规范》要求，增加低温阴凉药品区域室温保持在20℃以下。药店二层中药饮片营业区扩大5倍，为中医药专营区。药店内部的妙应堂中医诊所诊室也从原来的8间扩大到12间。

（董 斌）

北京金泰集团有限公司西城分公司

【概况】 北京金泰集团有限公司西城分公司隶属于北京金泰集团有限公司，由北京金泰广安商贸有限责任公司、北京金泰长安市场有限责任公司、北京市金泰永安商贸有限责任公司、北京通华商贸有限责任公司、北京金泰宏达商贸有限责任公司、北京金泰华云商贸有限公司、北京金泰之家通华苑饭店有限公司、北京金泰开阳物业管理有限责任公司、北京金泰颐寿轩敬老院、北京天宁寺驻青园农副产品市场有限责任公司、北京金泰惠达商贸有限责任公司11家托管单位组成，是一家从事房产物业、四合院宾馆、敬老院、超市、饭店管理、民用煤生产销售等多业态、跨行业经营的商业企业。年内，西城分公司资产总计154450万元，销售收入21029万元。

地址：西城区半步桥街48号金泰开阳大厦

邮编：100054

电话：63548097

（韩 峥）

【发放“爱心菜”】 2月4日，金泰广安公司各“菜篮子”便民店参与春节送温暖活动，印制“爱心券”2千余张，面额共计2.8万元，发放给辖区80岁以上老人、残疾人、低保户等困难群体，北京电视台等12家主流媒体到现场采访报道。

（韩 峥）

【调研金泰菜篮子工作】 3月7日，金泰集团公司总经理刘若翔到分公司检查指导“金泰菜篮子”拓展餐饮配送和高端农副产品销售业务工作。3月8日，朝阳区商委、石景山区商委、区工商局和部分街道13人，到金泰菜篮子店参观，对菜篮子工程实施情况进行调研。

（韩 峥）

【启动内控体系建设】 4月8日，北京天圆全会计师事务所内控项目组正式进驻分公司工作现场并召开见面会，金泰集团总经理助理张龙江、内控审计部部长郭明、事务所驻西城分公司项目组成员及西城分公司相关工作人员参加会议，西城分公司内控体系建设工作正式启动。

（韩 峥）

【安全管理工作方法编入年鉴】 4月，西城分公司《安全管理工作方法》被编入2012年《北京安全生产年鉴》。市安全生产协会举办的《安全生产管理工作征文》活动中，西城分公司安保部安全工作征文获得三等奖，获奖征文编入市安全生产协会《安全生产管理工作征文获奖文集》。

（韩 峥）

【参与民生蔬菜销售价格监管】 4月23日，“金泰菜篮子”携手区发改委就蔬菜价格监管事宜达成意向，选择“金泰菜篮子”教场口店为菜价监管试点，安装全城蔬菜价格实时监控LED屏及相关系统设施，确保“金泰菜篮子”店蔬菜售价低于全城同类菜品价格，让百姓买到便宜、优质菜品。

（韩 峥）

【首家为老生活服务中心开工】 5月20日，广安公司“金泰菜篮子”品牌与椿树街道合作开办为老生活服务中心正式开工。中心总建筑面积270平方米，建成后集老年餐厅、配送服务、便民菜店、便民小超市、主食厨房及早餐为一体的综合性便民服务设施。

（韩 峥）

【打造三星级养老服务机构】 6月24日，北京市养老服务质量星级评定领导小组成员、北京市社会福利协会常务副会长杨会英，北京市社会福利行业协会副会长彭嘉琳、区民政局社会福利科长陈刚，到北京金泰颐寿轩敬老院，指导星级评定工作。金泰颐寿轩敬老院院长王建伟介绍敬老院组织架构、床位规模、服务内容、硬件设施等方面情况，副院长赵志杰汇报申请三星级养老服务机构工作进展情况。

（韩 峥）

【新永安公司召开第一次职工大会】 6月25日，新永安公司合并重组后召开第一次职工大会。西城分公司党委书记任保明、经理代贤全、副经理秦有明、苏万岐出席会议。代贤全从六个方面对金泰永安公司与金泰惠达公司合并重组的实施方案进行了说明。会上，宣布永安公司新领导班子成员名单。

（韩 峥）

【参加国际旅游展会】 8月30日至9月1日，西城分公司金泰宏达公司容园宾馆应邀参加国家旅游局和市政府联合主办的“2011年中国（北京）国际商务及会奖旅游展”，与30个特邀机构进行商务洽谈。9月2日，金泰宏达公司容园宾馆、煦园宾馆、长园宾馆参加第九届中国（北京）国际商务及会奖旅游展览会，与50余个家国内外旅游特邀机构洽谈，其中国际特邀机构20个。

（韩 峥）

【完成民用煤预售工作】 9月15日，西城分公司完成2013年民用煤预售工作，9月1日至15日预售和零售蜂窝煤共计2184吨。

（韩 峥）

【获先进集体奖】 9月，在市旅游发展委员会召开的表彰会上，金泰宏达公司煦园宾馆获市旅游发展委“先进集体奖”及奖杯，金泰宏达公司经理关京秀获得“先进个人奖”及奖章。

（韩 峥）

【参加老年节展会】 10月13日，西城分公司金泰颐寿轩敬老院参加北京首届园博园老年节展会，以展板、宣传片、宣传彩页、微电影等形式展示和宣传敬老院的运营服务状况以及现阶段筹备王平等项目。展会期间共接待参观人员上千人，接受北京电视台、北京晚报、首都建设报等新闻媒体采访。市老龄产业协会会长翟鸿祥、市政府副秘书长张玉萍到敬老院展区了解相关信息。

（韩　峥）

【敬老院庆重阳佳节活动】 10月13日重阳节，星光大道2011年月冠军、亚运会形象大使、煤矿文工团著名歌手米粒等6位文艺工作者到西城分公司金泰颐寿轩敬老院为50多位老人表演节目，欢度重阳佳节。

（韩　峥）

【电视台采访敬老院】 9月27日、10月15日，北京电视台生活频道咱爸咱妈的美好时代栏目组，以“养老”专题访谈形式采访了金泰颐寿轩敬老院，10月20日20:50分北京电视台生活频道播出。

（韩　峥）

【参加国际老龄产业博览会】 11月15至17日，西城分公司金泰颐寿轩敬老院参加2013北京国际老龄产业博览会，接待参观人员1500余人次、发放宣传彩页1200余张、为老人免费测量血压500余人次，接受《首都建设报》媒体采访和报道。

（韩　峥）

【完成基建工程验收】 11月20日，西城分公司基建工程管理小组对南华东街便民菜店、金泰之家盛达园饭店、金泰之家通华苑饭店、敬老院孔雀分院二期、鑫侨物业、金泰华云写字楼广安门店装修改造工程项目进行验收和监察，工程项目建设质量合格。

（韩　峥）

【企业合并工作】 12月，西城分公司完成北京金泰惠达商贸有限责任公司和北京市金泰永安商贸有限责任公司合并工作。

（韩　峥）

西城区校办产业管理中心

【概况】 北京市西城区校办产业管理中心（简称校产中心）负责北京市西城区教育系统中校办企业国有资产部分和经营性国有资产的监督管理；教育资产经营行为和部分教育内部消费服务行为的行政管理；教育风险管理服务；育荣国际教育园区的管理；非教育用房可出租规范管理，并保值增值；解决原校办企业历史遗留的相关事宜。截至年底，校办企业资产总额7.22亿元，营业收入7099.45万元，净利润1555.74万元。

地址：西城区中京畿道1号院2号楼
邮编：100032
电话：66179182

（魏素娟）

【益生来公司工作】 年内，校产中心根据市校产中心工作重点调整及区教委审计科审计意见，决定于12月份，停止校产中心投资下属企业益生来公司校园超市经营活动。公司配合做好收尾工作，做到账、物相符，妥善处理好聘用人员的劳动关系。

（魏素娟）

【育荣物业工作】 年内，校产中心投资下属企业育荣物业管理合同期内出租房涉及学校14所、直属单位2家，合同47份。出租房屋面积32147.28平方米，合同金额1971.39万元；待清理租户25户，面积9184.79平米，租金546.4万元。全年共收缴租金2001.64万元，上缴返还款729.48万元，代教委支付补偿款240万元，缴纳各项税费合计313.80万元，实现净利润18.78万元

（俞　勇）

【出租房屋管理工作】 年内，育荣物业公司对管辖范围内出租房屋水、电、结构等进行安全检查。根据租户经营性质，有针对性的检查租户安全情况，发现隐患及时清理，提前对出租房的使用情况进行安全检查，发现问题及时处理，每个租户签订安全责任书，定期检查并记录在案。配合基建处，做好危旧房屋的安全检查和维修改造工作，消除安全隐患，保证出租房屋使用安全。

（俞　勇）

【新至物业工作】 年内，校产中心投资下属企业新至物业公司经营收入812万元；经营成本364万元；管理费用178万元；缴纳所得税29.7万元；税后利润91.6万元。

（高大明）

北京首商集团股份有限公司

【概况】 北京首商集团股份有限公司（简称首商集团）是以百货零售、连锁经营为主的大型商业企业集团，拥有燕莎友谊商城、燕莎奥特莱斯、西单商场、贵友大厦、新燕莎MALL、新燕莎金街购物广场、友谊商店、法雅体育等一批知名企业和驰名品牌，涉足都市高端精品百货、奥特莱斯、大众时尚百货、社区购物中心、大型购物中心和专营专卖等多个业态，主营门店遍布北京及成都、兰州、乌鲁木齐、太原等多座大中城市。总资产65.8亿元，经营面积约100万平方米，年销售额超100亿元，市值近100亿元。截至年底，实现营业收入120.67亿元。年内，西单商场获2012年度全国重点商业企业集团、全国重点百货店、全国羽绒服特色经营最佳商城、2013年度首都商业推荐展播品牌。西单商场总经理尹阿奇获2013年度首都商业推荐展播品牌贡献人物称号。西单店被评为2012年度北京市诚信服务示范单位。

地址：西城区北三环中路23号
邮编：100029
电话：82270200

（吴　江）

【食品安全管理科技示范项目】 3月15日，万方店携手西城区工商分局、月坛工商所、月坛街道办事处、西城科委与北京世纪宏大文化科技有限公司在店前广场举办“月坛地区食品安全管理科技示范项目启动仪式”。作为食品安全管理科技示范项目的“食品安全查询机”也在启动仪式中亮相。

（冯　静）

【领导检查安全工作】 2月9日，西城区商务委党组书记王毅到西单商场万方店视察慰问。王毅书记仔细询问了门店的经营现状、安全生产、食品安全及节日商品供应等情况。2月10日，北京市商务委副主任孙尧、流通秩序处处长褚庆丰、执法监察队大队长郭明学到西单商场西单店检查节日

安全，慰问节日期间坚守岗位的干部职工。4月3日，西城区副区长苏东带领区政府、商务委联合检查组到西单店检查“清明”假期安全情况，随机抽查营业员灭火器使用技能。4月14日，北京市工商行政管理局食品质量监督管理处、西城工商分局食品科、月坛工商所等部门到万方店检查H7N9禽流感流行期间门店食品安全工作。7月18日，市安监执法队到西单店检查安全生产制度、突发事件应急预案、安全生产培训情况，查看变配电设备及当班值守人员操作证、电网入网证等。8月14日，西城区人大常委会主任刘跃平、副主任周慧来、西城食品安全办公室主任兼西城工商分局局长方葆青、西城区工商分局食品科、西城药监局保化科、月坛工商所、月坛街道办事处及西城区人大代表等一行50余人到西单商场万方店检查食品安全。10月1日，北京市商务委党组成员、纪检组长武玉民到西单店检查安全情况，察看营业区域，询问客流与销售、安全设备设施运转及节日期间安全预案落实情况。

（冯　静）

【华夏典当行展卖拍卖中心开业】 8月15日，西单商场华夏典当行展卖拍卖中心在西单店开业，典当行主要从事绝当品展卖，定期举办小型拍卖及主题产品讲座、专家鉴宝等活动，是国内大型商场中首个绝当品展卖拍卖平台和鉴定交流中心。开业4天，展卖拍卖中心平均每天客流达5000人次，展卖和拍卖销售136.56万元。

（冯　静）

【西单店举办体育用品消费节】 西单商场和法雅公司联合北京市商务委举办“2013北京购物季——体育用品消费节”，9月28日在西单店门前举行开幕式。当日西单店销售额499.4万元，同比增加17.7%。

（冯　静）

【消费者保护工作检查】 9月30日，国家工商总局副局长马正其、北京市工商局局长杨艺文到西单商场西单店检查消费者保护工作情况，对西单店在维护消费者权利、保障消费者利益、营造放心购物环境方面的工作给予肯定。

（冯　静）

【西单商场83周年店庆】 12月5至15日，西单商场在7家门店统一举行“西单商场伴我成长”主题系列营促销活动，庆祝西单商场开业83周年。活动期间7家门店累计实现销售1.8亿元，同比上升14.17%。

（冯　静）

北京王府井百货集团长安商场有限责任公司

【概况】 北京王府井百货集团长安商场有限责任公司（简称长安商场）隶属于北京王府井百货（集团）股份有限公司，经营面积2万平方米，10万余种商品，是一座以时尚服装服饰用品为主，集超市、餐饮于一体的时尚生活形态的区域型百货商场。年内，长安商场围绕稳定市场服务首都、品位生活服务百姓的经营宗旨，完成整体品牌调整装修改造、定位得到一定提升，搭建了会员服务维护体系，建立走进社区送服务及电话免费送货等一系列便民措施。多维度利用新媒体增强与顾客互动，实现多元化经营、服务双提升，长安商场微博粉丝达25000人，微信关注人群3000余人。长安商场不断创新服务外延，提升经营顾客能力，激发服务正能量，实现销售突破8亿元。年内，商场获纳税信用A级企业、质量信得过单位、商贸流通企业统计典型企业等3项市级荣誉。

地址：西城区复兴门外大街15号

邮编：100045

电话：68010411

（王云霞）

【第四届顾客委员会年会】 1月22日，长安商场邀请西城区质量技术监督局、药监局、工商局消保科、月坛工商所、北京城建安装公司、职工之家及中国铁路文工团等10余名商场顾客委员会成员召开第4届顾客委员会年会，长安商场领导及相关部门人员参加，年会为企业发展搭建平台。

（王云霞）

【商场整体装修调整】 3月18日至8月6日，长安商场进行整体装修、消防整改和加快商场动线布局调整，引进59个新品牌，置换69个品牌，商品布局和品牌、品类进一步优化，定位得到一定的提升。

（王云霞）

【23周年场庆】 5月15至19日，长安商场推出“场庆欢乐盛宴”主题23周年场庆营销活动，活动期间5天实现销售4124万元，同比上涨1.4%；会员销售达2972万元，同比上升9.63%；会员销售结构占比增加5.41个百分点。此次场庆活动期间和单日销售刷新近年来同期最高纪录。

（王云霞）

【送温暖献爱心活动】 6月18至27日，长安商场1397名党员、积极分子、群众参加“共产党员献爱心”活动，募集善款14608元。11月12至14日，1801名干部、员工和信息员参加“送温暖、献爱心”捐款活动，募集捐款8399元。10月19日，组织会员前往天津SOS村，为孤儿送去价值500余元的书本及玩具。

（王云霞）

【启动绿色通道联盟】 6月28日，西城工商分局在长安商场召开“绿色通道联盟大会”，通过每季度召开一次绿色通道授牌企业座谈会，搭建政府与企业双向沟通平台，创建西城辖区和谐消费市场。西单商场、汉光百货、大悦城、百盛购物中心、沃尔玛、家乐福、物美10余家零售企业参加大会。

（王云霞）

【暑期社会实践活动】 7月15至20日，长安商场组织北京邮电大学、北京四中、北京八中等16所学校66名学生开展暑期社会实践活动，内容有实习班组长、问卷调研和神秘顾客暗访。高中生参加问卷调研，初中生参加实习班组长活动，大学生参加神秘顾客暗访活动。学生们表示，参加社会实践不仅学到了企业文化、品类品牌知识，还感受到王府井百货集团“一团火精神”。多名学生先后参加2项实践活动。开展暑期社会实践活动已是第2年。

（王云霞）

【服务进社区活动】 年内，长安商场开展服务进社区活动，9月17日，商场组织员工干部在广电部家属院开展“长安伴你过中秋，温馨服务进社区”活动，将商品送进社区，DM商品立体化展示给消费者。10月19日，商场与米莲诺品牌开展健康行走讲座，邀请广电总局社区居民、会员40余人参加测量足弓，正确认识足部构造，了解足部健康情况，学会选择健康舒适鞋。10月31日，商场在广二社区开展商品销售与知识讲座，当日达成销售29笔。11月28至12月1日，长安商场开展感恩邻里，惠及社区活动，向顾客发放答谢卡2000张，表达企业对广大顾客的谢意。

（王云霞）

【成立会员中心】 年内，长安商场成立会员服务中心，增加社区服务功能，建立高端会员一对一联系服务项目，搭建多维度会员维护体系。以高端会员维护、顾客体验性互动、异业联盟合作发展作为维护VIP会员的重点，以增进高端会员情感联系，加强市场调研，开展问卷调查为机关团购客户的维护方式，以高端咖啡品鉴会、专享美发会、秋之旅、海参品鉴会、妈妈厨房、厨艺秀、社区居民与商场员工DIY圣诞节手工制作展和圣诞梦幻大巡游等体验式营销活动增加社区服务内容。邀请会员家庭参观义利食品厂，消费者亲眼看到、亲身体验食品生产全过程，购买食品时更加放心。11月1日，举行会员维护成果发布会，表彰优秀VIP顾客维护专柜及命名顾客维护专员。

（王云霞）

【空调招标项目】 年内，长安商场完成空调工程招投标工作，本着总体设计、分步实施、费用总控制、确保到位的原则，达到提升环境舒适度、降低能耗、节约成本、减少噪音的目的。

（王云霞）

【养老助残服务】 年内，长安商场响应西城区月坛社区号召，开展老年餐桌项目，服务社区老年人及残疾人，以实际行动践行企业社会责任，此项工作荣获西城区为老服务三等奖。

（王云霞）

【创新网络营销】 年内，以“七夕”为契机，结合网络营销，打造热点话题“今年七夕来点不一样”，策划开展七夕密室逃脱体验活动，在微博、微信招募夫妻情侣、好姐妹、好基友，发送（说出）“我要与对方一起过七夕”均有机会参与活动，引来网友踊跃报名。实现线上与线下营销的有机结合，为商场进入客群老龄化带来新思路。长安商场微博粉丝25000人，净增粉丝人数7000人，4月建立微信公众平台，关注人数3702人。

（王云霞）

【安全经营】 年内，长安商场实行经营与安全一岗双责制，以安全保经营、安全促发展，员工培训制度化、常态化。组织员工参加安全知识竞赛、征文，年内全场范围内消防演习2次，每月进行安全检查及专题例会，及时排查并消除安全隐患。长安商场作为长安街沿线的驻区单位，为做好维稳安全工作，在“两会”、重大节假日和敏感日期间制定安全保卫处置突发事件预案，配合月坛地区安排人员在商场门前及街道步行天桥处站岗守卫，尽到维护地区安全的责任。根据商场人员流动性较大的特点，做好人员排查和安全教育。重点部室保证人防、技防、物防到位，加强日常巡视力度。

（王云霞）

北京汉光百货有限责任公司

【概况】 北京汉光百货有限责任公司（原北京中友百货有限责任公司，简称汉光百货）是一家拥有众多国内外知名品牌，集购物、休闲、美食、超市于一体的大型综合性百货公司。年内，汉光百货被评为西城区2013年防火安全先进单位、门前三包先进单位、年度交通安全先进单位；被西长安街街道总工会评为模范职工之家和双爱双评先进单位。

地址：西城区西单北大街176号

邮编：100032

电话：66018899

（江　琴）

【企业更名】 6月16日，原北京中友百货正式宣布更名为北京汉光百货，以全新的本土百货品牌形象重新出发。新名称取自已故的前中友百货董事长王汉光先生之名。为表达对创始人的纪念和致敬，公司决定以汉光的名字命名新品牌，力求将其诚实经营的精神传承下去。

（江　琴）

【商场改造装修】 年内，汉光百货商场内部改造装修。加装6F-8F东侧扶梯、改善5F、6F卫生间空气质量和8F东北区空调，全楼进行排风改造、空调设备清洗、空调风机盘管更换，8F东北区增加卫生间。整体改造使购物环境有较大改善。

（江　琴）

【品牌调整】 年内，汉光百货通过调研、分析加大品类、品牌清退、引进和布局调整。上半年引进玛丝菲尔·素、V·GRASS、CANTO MOTTO、ZUKKA·PRO、靓诺、KIDBLUEO、江南布衣（童装）、SUUNTO、TIGER、ICEPEAK、Bouthentique品牌；下半年引进品牌化妆品la mer、YSL、科莱丽、茱莉蔻、雅呵雅丝睿、KATE、美宝莲、蜜丝佛陀丰富5层业种；年底引进香港知名甜品许留山。年内，汉光百货拥有1200个品牌，囊括化妆品、珠宝首饰、男装、各年龄层女装、童装、床品、家品、大小家电等商品。

（江　琴）

【提升服务水平】 年内，汉光百货优化经营布局，改善经营环境，商场内通风换气、温度适宜、通道宽敞、标识图形和安全消防通道标志明显，设立顾客休息座椅。地下2层顾客服务中心，设有叫号系统、等候座椅、书报架、饮料机、饮水机等设施。外地顾客可以委托顾客服务中心快递商品。建立官方购物网站www.my-le.com，方便网上购物。

（江　琴）

【特色促销活动】 年内，汉光百货开展周年庆、化妆品节、大抢节、购物节、圣诞节大型促销活动，设立顾客回店礼、积分升级、年初大实惠等优惠项目。大抢节低价抢，诱人低价，人气爆棚，购物节是汉光百货的重大购物节日，一年一度，尤其优待会员，欢迎新朋老友。一年两度的化妆品节，美妆独家首发、限量上市、高倍积分、精彩买赠，吸引爱美人士的高涨热情。店庆感恩，顾客回店礼，积分升级，年初大实惠。春节前赠予顾客的固定年礼，是已延续多年的山东王哥庄大馒头。

（江 琴）

北京菜市口百货股份有限公司

【概况】 北京菜市口百货股份有限公司（简称菜百公司）是北京最大的以经营黄金珠宝首饰为特色的专营公司，营业面积8800平方米，在岗员工1425人，包含合同制职工、劳务派遣、信息员、合作方等多种用工形式。设有经理办公室、财务管理部、人力资源部、安保物业部、业务拓展部、品牌推广部、质量管理部、经营管理部、连锁经营部、物流中心10个部门。连锁经营分店17家。年内，实现销售135亿元，同比增长8.5%，利税同比增长20%。黄金珠宝销售连续24年在北京保持第一，全国单独门店销售第一。菜百公司获中华老字号始创产品时尚创意金奖、银奖及铜奖6项大奖，全国和谐商业企业、全国商业服务业顾客满意企业，北京十大商业品牌金奖，中国电子商务黄金珠宝行业诚信示范企业，北京市区县机关档案工作测评市级优秀单位，企业诚信评价AAA级企业等多项市级以上荣誉称号。公司党总支书记、董事长赵志良获“中国流通产业十大经济人物”“中国黄金珠宝年度人物终身成就奖”称号，总经理王春利获“全国商业优秀企业家”称号。

地址：西城区广安门内大街306号
邮编：100053
电话：83520468

（佟 萌）

【市领导调研】 1月14日，副市长、市工商联主席程红，市商业委员会主任卢彦等到菜百公司做市场调研。公司党总支书记、董事长赵志良汇报2012年菜百公司经营业绩及2013年工作思路、举措。市领导对菜百公司取得的业绩表示祝贺，并请赵志良转达对全体员工的节日慰问。

（佟 萌）

【区领导调研】 1月14日，副区长孙硕、区外事办党组书记夏长青、主任王干到菜百公司调研，菜百公司党总支书记、董事长赵志良汇报2012年销售业绩、连锁经营情况及新年开门红销售情况。

（佟 萌）

【区领导慰问】 2月8日，区政协主席曹长胜、副主席王瑞珠等到菜百公司节前慰问坚守岗位的营业员。公司党总支书记、董事长赵志良陪同参观营业卖场，并介绍情况。

（佟 萌）

【婚博会参展】 3月3日，菜百公司参加北京婚博会，展出贵金属类、镶嵌类、礼品等类商品。3天共实现销售收入120万元。婚博会上还开展购物赠礼促销、微博、微信、爱的影像互动活动。3月17日，参加在国家会议中举办的中国婚博会，2天销售210万元。展会期间提供售后服务。

（佟 萌）

【以旧换新免工费活动】 3月23日，为期6天的以旧换新免工费活动结束。6天活动中，总店、分店共办理以旧换新业务37501笔，回收旧饰600余公斤，同比增长40%以上。

（佟 萌）

【区商务委春季运动会参赛】 4月11日，公司参加2013年西城区商务委春季运动会。共参加3个集体项目和7项个人项目。其中集体项目广播操由钻石部员工参赛获得比赛第一名，拔河由翡翠部员工参赛获得比赛第二名，沙包掷准和2分钟集体跳绳项目公司获团体第二名。

（佟 萌）

【第四届股东大会】 4月18日，菜百公司召开2013年第四届股东大会第一次会议，会议审议通过了2012年工作报告、财务决算报告、监事会报告、利润分配方案、2013年财务预算报告和用未分配利润转增股本的方案。

（佟 萌）

【第三届二次职工持股会】 5月18日，菜百公司召开第三届二次职工持股会会员代表会议。公司职工持股会理事长付颖通报《2012年菜百公司职工持股会工作报告》，公司职工持股会监事长谢华萍通报《2012年菜百公司职工持股会监事会工作报告》。会议审议通过了《菜百公司用未分配利润转增股本的决议》《菜百公司职工持股会章程》。

（佟 萌）

【意大利K金珠宝艺术展】 5月26日，为期10天的“意大利K金珠宝艺术展暨金帽展”在菜百公司4层卖场展出。此次金帽展是菜百公司与意大利顶级设计师及珠宝大师联手，帽饰与黄金配饰进行完美融合的展会。

（佟 萌）

【母婴保健基金项目爱心单位】 5月31日，“爱·与你一同成长”母婴保健爱心捐献授牌仪式暨金宝宝系列新品发布会在菜百公司召开。公司启动中国妇女发展基金会母婴保健专项基金项目合作计划，通过中国妇女发展基金会向边远地区贫困高危孕产妇提供帮助。同时，菜百公司与国和金证（北京）黄金制品有限公司共同设计创作儿童系列新品。自启动捐款项目以来，累计捐款金额20万元，中国妇女发展基金会为菜百公司颁发母婴保健专项基金项目合作爱心单位证书。

（佟 萌）

【京东商城菜百首饰旗舰店上线】 8月1日，京东商城菜百首饰旗舰店正式上线，经营全品类商品。

（佟 萌）

【菜百首饰分店开业】 8月7日，菜百首饰海南店开业，营业面积1700平米。9月13日，菜百首饰石景山店开业，营业面积248.23平米，经营贵金属、镶嵌类饰和投资类产品、金银币章等。10月15日，菜百首饰河北涿州店开业，营业面积1300平米。新店经营贵金属、镶嵌类饰品和投资类产品、金银币章等。

（佟 萌）

【2013珠宝超级导购大赛参赛】 9月14日，为期三个月的由中宝协主办的2013珠宝超级导购大赛在深圳结束。公司有13名员工参加大赛。其中：韩龙宇获得大赛总冠军、贾冉获得季军；陈超、赵行知、马嶷、刘淡宜分别获得最佳才艺奖、最佳风采奖、最佳销售奖、最佳潜力奖。

（佟 萌）

【马年“贺岁银条”菜百首发】 9月18日，由中国金币总公司发行的“马年贺岁”银条在菜百首发。共有50克、100克、200克、500克、1000克5种规格。

（佟 萌）

【集体协商工资会议】　10月10日，菜百公司召开2013年集体协商决定工资会议。到会企业方、工会方双方代表讨论通过《菜百公司2013年集体协商工资方案》

（佟　萌）

【钱币展参展】　10月13日，在国家会议中心为期3天的2013年北京钱币展落下帷幕。本届展会是由中国金币总公司、中国印钞造币总公司、中国集邮总公司、中国钱币博物馆联合主办，菜百公司作为参展商之一，销售品类有：礼品类、足金饰品、投资类。共计销售63万余元，540余件商品。本次展会展出贺岁金银条、生肖系列本色、彩色金银币、世界遗产系列金银币及自主开发的十二生肖金银条、品牌金银条等项目，同时开展金银币知识普及、购物赠礼、微博、微信等现场互动活动。展位面积约105平方米，创历来钱币展之最。并增加现场黄金投资讲座。

（佟　萌）

【中华老字号时尚创意大赛参赛】　10月24日，菜百首饰获得“中华老字号时尚创意大赛”产品组、包装组6项大奖。其中纯手工制作手镯《得与失》获产品组金奖，“高端精品珍宝盒”获得包装组银奖。

（佟　萌）

【学雷锋在行动现场交流活动】　10月28日晚，公司董事长赵志良参加由中央文明办主办，首都文明办、西城区委区政府、中国文明网承办的全国第100场“学雷锋·在行动”全国道德模范与“身边好人”现场交流活动。活动在中国国家话剧院举行，以诚实守信获得第二、三届全国道德模范提名奖的公司董事长赵志良与现场道德模范和“身边好人”交流，与现场观众和线上网友真情互动。公司30名员工代表参加现场交流活动。

（佟　萌）

【马年“贺岁金条”菜百首发】　11月19日，由金币总公司发行，上海金币投资有限公司总经销，全国限量发售的“马年贺岁”金条，在菜百公司首发、北京地区独家销售。此次发行的“马年贺岁”金条有50、100、200、500、1000克5种规格，全国发行量3.98吨。

（佟　萌）

【推出财富卡积存金卡】　12月24日，菜百公司推出黄金财富卡、积存金卡。财富卡为20、30、50、100克4种规格的金条，可将不同规格实物金转换成卡，进行实时交易。积存金即从1克投资金条开始购买，投资金条可全部积存在积存金卡中，终身免费保管。

（佟　萌）

北京国华商场有限责任公司

【概况】　北京国华商场有限责任公司（简称国华商场）是北京市著名珠宝首饰专营店之一，营业面积5000平方米。国华商场设有经理办公室、人力资源部、业务企划部、财务部、安保行政部、现场服务办公室、后台管理中心及质量控制中心。主要经营黄金、铂金、K金、钻石镶嵌、翡翠、玉石、珍珠、珊瑚、银饰和纪念收藏等几十个品类。年内，国华商场实现销售收入10.10亿元。继续保持“首都精神文明单位”“中国珠宝首饰业驰名品牌”“北京市诚信服务示范单位”“AAA级企业信用等级”等荣誉。获西城区和谐劳动关系先进单位和安置残疾人就业先进单位、西城区先进工会。8个部门、22名员工评为场级、区级各类先进集体和个人。

地址：西城区宣武门西大街18号楼

邮编：100053

电话：63022531

（许恒宽）

【股东会和职代会】　1月30日，国华商场召开六届十次股东代表大会、七届九次职工代表大会，通过公司《2012年工作总结报告》《2013年工作计划报告》《2012年度公司完成各项经济指标及利润分配的审计报告》《2012年厂务公开报告》。

（许恒宽）

【屈臣氏店内开业】　1月，国华商场引进屈臣氏Watsons品牌系列产品在商场内设立北京屈臣氏Watsons品牌系列产品连锁商店经营区。为消费者提供个性化商品和会员制服务。

（许恒宽）

【电子管理系统升级】　年内，国华商场4大项电子管理系统全面升级：国华官方网站全面更新，官方微信正式上线，服务顾客分享更加便利；黄铂金单品管理系统全面升级，减少顾客等候时间，杜绝商品差错；分店运营管理模块和会展运营管理模块上线；VIP积分卡系统与单品系统整合，实现易积分同步。

（许恒宽）

【私人定制销售新模式】　6月起，国华商场根据珠宝市场“时尚消费个性需求”让顾客面对面的与设计师沟通，亲自参与首饰设计、生产和加工过程，满足“独此一件”的个性化需求，私人定制销售模式，受到“追求独特”一族的青睐。年内接收私人定制订单800余件。

（许恒宽）

【新品促销活动】　年内，国华商场举办6场新闻发布会，19个主题促销活动，233次首饰文化宣传活动。有：新品推展“千足金宝宝出生证”个性定制产品；“戒掉单身”千足金、千足铂、钻石情侣对戒新品系列；“青松不老、金玉满堂”青金石精品推展；“腕上风情节”万款翡翠手镯大展；传承古法掐丝工艺“天籁花丝”系列千足金饰品；“巧工坊”个性化编织及配饰设计专柜与顾客互动；特色马年贺岁金条销。年内，报纸、电视台、交通台、网站等20家新闻媒体报道公司活动129次。

（许恒宽）

【参展中国婚博会】　国华商场于9月14至15日和12月8至9日参加中国婚博会秋、冬季会展，2次参展共销售商品800万元。

（许恒宽）

【国华商场星座分店开业】　12月18日，位于石景山路45号国华商场星座分店正式开业，经营面积500平方米，商品涵盖黄金、铂金、翡翠、钻石、银饰、k金、彩色宝石等近10类。

（许恒宽）

【全员培训】　年内，国华商场举办38批次培训、16期专题讲座，2198人次参加。培训内容有：中高级营业员专业技能培训、大中专学生专项培训、精英团队培训、金牌店长、黄金分析师、管理智慧、经营理念及技术人员再教育培训、婚博会专项培训等。国华商场持有钻石分级、珠宝检验、NGTC、黄金分析师、珠宝首饰顾问证书的员工，占珠宝销售员工总数的95%。

（许恒宽）

【企业文化活动】 年内，国华商场举办4次职工劳动竞赛，3次消防、疏散、突发预警演习，2次消防安全知识讲座和考试；举办职工礼仪展示、工间操大赛、五月鲜花歌咏比赛、春冬季运动会，爱岗敬业、服务礼仪标准讲座、先进个人演讲等。

（许恒宽）

北京张一元茶叶有限责任公司

【概况】 北京张一元茶叶有限责任公司（简称张一元）拥有200余家品牌连锁店、31个优质茶生产基地、2家大型茶馆，同时拥有现代化饮品生产厂、茶叶科研所、茶叶配送中心、印刷厂、茶文化休闲园等多家机构，成为集产供销、科工贸、旅游文化为一体的现代化企业。年内销售额、利润额同比递增20%，蝉联全国茶叶内销榜首。

地址：西城区西砖胡同2号院7号楼

电话：83512713

邮编：100052

（刘姒千）

【举办民俗风情节】 1月18日，以“过团圆年，喝张一元”为主题的新春民俗风情节在张一元大栅栏店开幕。3月29日，以“清明品茶鲜，就到张一元”为主题的清明民俗风情节在张一元大栅栏店开幕，现场进行“抖空竹”表演并展示“风筝制作”工艺。6月9日，以“健康端午茶”为主题的端午民俗风情节在张一元大栅栏店开幕，现场包粽子，并向参与活动者赠送特制端午茶香囊。9月4日，以“佳节选茶礼·就到张一元”为主题的中秋国庆民俗风情节在张一元大栅栏店开幕。

（刘姒千）

【慰问牛街敬老院】 2月1日，董事长王秀兰一行前往牛街敬老院，为老人们送上新春的祝福和礼物。9月16日，王秀兰一行前往牛街敬老院，为老人们送上中秋节日祝福和礼物。

（刘姒千）

【大栅栏店销售再创纪录】 2月3日（农历小年），张一元大栅栏店日销售额突破308万元，销售数量突破9.6吨，再创全国茶叶店单店茶叶销售量和日销售额2项新纪录。

（刘姒千）

【开展3·15咨询活动】 3月15日，张一元大栅栏店开展茶叶知识免费咨询活动，发放宣传手册百余份。

（刘姒千）

【特色体验行】 3月24日，张一元博元舫茶楼接待北京小学中国茶文化之旅近20位中外小茶客，同学们亲手体验泡茶技艺。5月20日，来自美国普渡大学孔子学院、普渡大学传媒学院及商学院、丹麦哥本哈根商学院20余名师生参观张一元博元舫茶楼、大栅栏店及张一元诞生地，学习包茶叶包及泡茶技艺，体验中国茶文化。6月25日，澳大利亚布鲁斯班州立小学15名学生到张一元博元舫茶楼体验茶文化。

（刘姒千）

【各级领导调研】 3月25日，区委常委王旭一行走访调研杭州张一元生态旅游开发有限公司。4月7日，原北京市人大常委会副主任范远谋、金生官，原北京市副市长刘海燕等9位领导，走访杭州张一元生态旅游开发有限公司。4月20日，浙江景宁畲族自治县县长蓝伶俐一行参观张一元大栅栏店，考察地方茶销售情况。8月5日，香港南区议会交流团20余人，到张一元大栅栏店参观访问。10月11日，来自京津沪渝四市八区的人大代表近30人到张一元大栅栏店走访调研。

（刘姒千）

【特色茶叶节】 4月19日，以“品百种春茶就到张一元”为主题的张一元2013年春茶节在大栅栏店开幕，各连锁店开设“新春茶体验区”，为消费者免费提供赏茶、品茶、咨询服务。8月23日，以“花茶领群香·中国张一元”为主题的张一元第二届中国茉莉花茶节，在大栅栏店开幕，店内举办“国家非遗工艺展”。张一元与北京楹联协会、北京晚报·新视觉网联合启动“张一元·花茶杯”楹联大赛。

（刘姒千）

【参加多项活动】 4月23日，董事长王秀兰出席以“品饮好茶，享受健康”为主题的2013年北京市春茶节，向首都茶界发出坚决贯彻落实食品安全，确保茶叶质量承诺。4月26日，张一元参加第十五届中国特许加盟展览会。5月9日，张一元参加“品牌食品，绿色消费”“第八届中国（北京）餐饮·食品博览会”。5月19日，张一元参加“科技改变生活、绿色增进健康”第十八届北京商业科技周活动。9月5日，王秀兰参加中国茶叶流通协会茶馆专业委员会年会。12月5日，张一元应邀参加由中国茶叶流通协会和上海市茶叶行业协会共同主办的“2013中国茶业交易会”。12月14日，王秀兰应邀参加2013年中国品牌商业年会暨中国品牌商业联盟成立会议并作主题演讲。

（刘姒千）

【献爱心捐款】 4月25日，张一元参与“4·20”为雅安救灾捐款献爱心活动，共计捐款30980元。

（刘姒千）

【特色促销活动】 5月10日、6月16日及8月30日，张一元以同一主题“最好的茶给最爱的人”，分别举办母亲节、父亲节、教师节促销活动。7月1日，张一元先后走进广安、丽景园及红莲社区，开展健康消暑茶宣传推广活动。9月28日，张一元大栅栏店、大栅栏西街店开展“九九重阳节，浓浓敬老情”重阳节促销活动。11月27日，张一元大栅栏店开展“真情感恩，花茶相伴”感恩节集邮展览活动。12月21日，张一元开展“选放心茶，就到张一元”新年促销活动。

（刘姒千）

【张一元3家全资子公司开业】 7月23日，位于金桥科技产业园区的北京张一元金桥茶叶、科技发展、物流有限公司同期开业，总建筑面积15697.5平方米，实现企业在生产研发、物流仓储、理化检验三方面的升级。

（刘姒千）

【大栅栏西街店开业】 9月28日，张一元大栅栏西街店开业，与北京晚报·新视觉网共同在此开办“老北京生活馆”暨新视觉·京味儿民俗摄影基地。

（刘姒千）

【启动餐饮合作项目】 10月10日，张一元大栅栏店与全聚德和平门店战略合作启动仪式，在全聚德和平门店金色大厅举行，携手打造“游长城、逛故宫，吃全聚德烤鸭，喝张一元花茶”京味儿名片。

（刘姒千）

【获得多项荣誉】 1月18日，张一元大栅栏店获“全国茶业首家亿元店”称号，年内累计接待顾客超过120万人次，销售茶叶突破400吨。2月28日，张一元获“2012年度北京十大商业品牌金奖”称号。4月23日，张一元信阳毛尖、安吉白茶、高桥银峰、西湖龙井等10种茶品获“质量合格、质价相符产品”称号。4月25日，张福元获“2013西城区劳动奖章”称号，张洁获“2013北京市首席员工”称号。6月20日，张一元柚子花茶王获“2013北京国际茶业展茶叶评比金奖”。8月24日，张一元获“中国茉莉花茶十大品牌企业奖”，董事长王秀兰获“中国茉莉花茶产业杰出贡献奖”。9月5日，王秀兰获“全国茶馆十佳经理人”称号，张一元博元舫茶楼获“全国百佳茶馆”称号。10月30日，张一元获“2013年度中国茶叶行业综合实力百强企业”及“2013中国茶叶行业优秀诚信十佳企业”称号。12月19日，张一元“清茗香”系列产品入册“2013北京品牌新品目录”。

（刘姒千）

北京新月联合汽车有限公司

【概况】 北京新月联合汽车有限公司（简称新月公司）是国资参股的股份制企业，隶属西城区国资委管理，注册资金13130万元。拥有12个分公司、2个全资子公司和1个参股公司，有各种车辆9959部，员工11575人。经营范围涉及出租客运、旅游租赁、救援物流等多个领域。年内，新月公司实现营业收入8.7亿元，实现净利润3220万元，净资产收益率4.8%，资产规模38.29亿元；上缴利税4917.60万元。新月公司获2013年度中国道路运输百强诚信企业、中国商业联合会企业信用评价AAA级信用企业、2011—2012年度北京市交通工作先进集体标兵、北京出租汽车暨汽车租赁行业诚信服务企业、第十四届首都旅游紫禁杯旅游行业先进集体；董事长刘长青获全国优秀诚信企业家、2012年北京出租汽车行业治安防范工作先进工作者称号，总经理刘长江获2011—2012年度北京市交通工作先进工作者、第十四届首都旅游紫禁杯旅游行业最佳个人、2012年度市级交通安全优秀管理干部。

地址：朝阳区王四营乡马房寺368号
邮编：100023
电话：67366666（总机）

（吴治英）

【全国政协会议交通服务】 2月26日至3月16日，新月公司执行全国政协第十二届一次会议住铁道大厦委员和工作人员交通服务保障任务。历时19天，共派出管理人员和驾驶员72名，投入车辆66部，发车1237车次，接送委员及工作人员5119人次，安全行驶15858公里。

（吴治英）

【党建创新项目结项验收】 7月16日，西城区委组织部基层党建创新示范项目结项验收组，对新月公司党委组织开展的“流动的党员先锋岗—共产党员示范车”党建创新项目进行实地检查和结项验收。验收组成员由区委社工委副书记许德彬一行6人组成。公司党委书记刘俊德，党委副书记、纪委书记黄成，党委委员、工会主席庞有利等出席验收会，创新项目通过验收。

（吴治英）

【兼并江山出租公司】 7月19日，新月公司兼并北京江山出租汽车公司，接管25部出租车，新月公司出租车总数达7103部。

（吴治英）

【区运管处领导检查指导工作】 8月28日，北京市交通委运管局西城运管处处长冯德带队，到新月公司检查指导客运管理等项工作。公司运营部经理王学强、旅游分公司党支部书记李东林和公司运营部、安保部相关人员参加。

（吴治英）

对外经济贸易

【概况】 西城区商务委员会（简称区商务委）是区政府主管全区内外贸易和对外经济合作的工作部门。年内，新增外商投资企业45家，吸收合同外资5.09亿美元，实际利用外商直接投资5.01亿美元；实现进出口总额1291.95亿美元。

地址：西城区广安门北滨河路9号
邮编：100055
电话：83509359

（柴晓虹　白春伶）

【利用外资】 年内，新批外商投资企业45家，同比增长15.38%；合同外资额50884万美元，实际利用外资50044万美元，同比分别下滑7.1%及17.48%。

（章建平）

【第三产业利用外资出现分化】 年内，第三产业利用外资额占总体63.55%，其中金融业、批发零售业利用外资额居第三产业前两位，分别为21606万美元、6563万美元，同比增长135.26%、234.51%。全年外商投资房地产业减资1992万美元，实际利用外资额750万美元，同比下降24.92%。

（章建平）

【大项目以增资为主】 年内，500万美元以上增资外资项目规模大幅增长。新批500万美元以上合同外资项目7个，合同利用外资总金额16736万美元，同比下降36.4%；500万美元以上增资外资项目4个，合同利用外资总金额33066万美元，同比增长38.87%。1000万美元以上项目7个，实际利用外资额43550万元，虽较上年同比有所下滑，但仍占西城区全年实际利用外资总额87%以上，比重与上年基本持平。实际利用外资1000万美元以上的大项目主要集中于中合中小企业担保股份有限公司、北京市燃气集团有限责任公司2家企业，上述两家企业全年实际利用外资额分别为20171万美元、18000万美元，占同期西城区实际利用外资额的38.17%、34.06%。

（章建平）

【美国投资者实际利用外资规模增长】 年内，来自美国外商投资企业实际利用外资额20505万美元，连续2年增幅同比超过170%，占西城区内实际利用外资总额比重增至40.97%。

（章建平）

【进出口总额全市排名第二】 年内，西城区进出口总额1291.95亿美元，同比增长11.62%；占全市进出口总额30.11%，16个区县中位居第二。其中进口额1190.86亿美元，同比增长13.15%，占全市进口总额32.55%；出口额101.08亿美元，同比增长-3.74%，占全市出口总额15.98%。

（李小丽 章建平）

【境外投资总额同比增长】 年内，区商务委办理企业境外投资初审28家，同比增长27.3%；总投资额7056万美元，同比增长-25.62%。主要投向香港、澳大利亚、莫桑比克、美国、加拿大、俄罗斯、新加坡、德国等国家地区。投资行业为市场开发、投资管理、项目投资及货物进出口等数10个行业。

（李小丽 史倩）

【办理商务邀请】 年内，区商务委为来自迪拜、印度、德国、俄罗斯、法国、奥地利、意大利、英国、墨西哥、英国、孟加拉、加拿大等10多个国家外商，办理来华商务邀请24件30人次。

（李小丽 史倩）

【受理外贸进出口权备案登记】 年内，区商务委受理对外贸易自营进出口备案登记350件，同比增长4.7%。其中企业新备案168件，备案表变更182件。

（李小丽 史倩）

【加工贸易业务】 年内，区商务委为2家企业办理13件加工贸易业务，实现进出口料件总值247.8947万美元，同比增长97.5%。

（李小丽 史倩）

【第二届京交会签约】 5月28至6月1日西城区参与第二届“京交会”，签约3个项目，签约金额165亿元。金融街等8个园区被授予首批“北京市总部经济集聚区”称号。

（李小丽）

（责任编辑 孙凤霞）

金 融

金融服务

【概况】 北京市西城区金融服务办公室（简称区金融办）是负责西城区金融业及金融街地区发展与服务的区政府工作部门。有干部职工15人，内设综合科、发展规划科、产业促进科、市场服务科4个科室。年内，区金融办落实区委、区政府各项工作部署，加强金融业形势分析和研判，优化金融发展环境，提升金融服务水平，积极推进各项工作，努力促进全区金融业快速健康发展。截至年底，西城区金融业增加值1206.7亿元，同比增长9.5%，占全区GDP比重42.7%，占北京市金融业增加值的42.8%；金融机构资产65.6万亿，同比增长7.7%，占全市金融机构资产76.7%；金融业实现营业收入4704.4亿元，同比增长2.0%，占全区营业收入总额35.9%；实现利润1993.4亿元，同比下降2.2%，占全区利润总额46.7%；实现三级税收2794.1亿元，同比增长18.3%，占全区三级税收74.1%；实现区级税收135亿元，同比增长6.9%，占全区区级税收39.8%。金融街实现三级税收3016.6亿元，占全区三级税收比重80.0%。

地址：西城区金城坊街1号金融街公寓C座601

邮编：100033

电话：66290670

（刘 波）

【研究金融发展现状】 年内，区金融办加强对国家金融改革和区域金融业发展状况的关注监测力度，研究金融行业发展情况及趋势，形成季度金融产业分析报告。撰写《金融业要闻》34期、《金融街建设和人才专报》12期，撰写关于中国（上海）自由贸易试验区发展情况报告、关于建设支付清算大厦引导第三方支付行业集聚发展报告等专题性报告20余篇，撰写金融街发展情况及重点机构背景调查等相关材料50余篇、工作动态信息70余条。开展《金融功能区评价指标体系》《新三板市场发展对金融街影响》课题调研。与仲量联行合作开展《国内外金融中心区物业市场及重点国际金融机构选址动态》调查，加强对金融街物业市场动态监测分析，为区域产业规划及建设规划提供建议。

（刘 波）

【调研企业需求】 年内，区金融办对存量金融机构进行梳理分类，涉及21个细分行业类型，明确核心金融机构、重点金融机构和其他金融机构3类，提出分类服务的具体举措。区主要领导走访驻区监管机构及重点企业中国人民银行、中国保险业监督管理委员会等3家监管机构及中国银行、大唐财务公司等16家重点企业。通过走访建立沟通渠道，了解企业发展情况，获取企业新设机构信息，促成优质机构落户。走访中区领导向企业介绍西城区发展规划，促进双方合作，鼓励企业参与区域建设，推动区域经济发展。

（刘 波）

【推动产业项目落地】 收集整理金融机构办公用房需求，完善未来需求对接方案。开展月坛南街、新兴盛、大吉BCD等项目对接工作，探索研究万通大厦资源置换前期工作。

（刘 波）

【落实产业政策】 年内，区金融办向法国兴业银行、花旗银行北京分行等29家重点金融机构提供政策咨询、协调服务，完成47家金融机构政策资金兑现工作，协助8家金融机构完成公积金政策申报工作。

（刘 波）

【引进金融机构】 区金融办巩固总部金融优势，加大对总部机构、外资法人和新兴机构的引入。年内，新入驻中交财务有限公司、中证资本市场发展监测中心有限公司等金融机构81家，其中法人单位注册资本203亿元。

（刘 波）

【促进企业上市】 年内，区金融办建立由30余家职能部门组成的上市联席工作小组，共同推进企业上市工作，为10余家拟上市企业提供综合协调服务。在与上海交易所、深圳交易所、香港交易所合作基础上，拓展与新三板的合作关系。联合开展对金一文化、三夫户外等30余家拟上市和上市企业的实地调研辅导，组织10余场上市培训。出台上市资金奖励操作流程及上市联席会议工作规则，做好政策兑现和综合服务工作。针对“新三板”市场落地开展政策兑现等系列服务。建立拟上市企业信息共享平台，多渠道汇集拟上市企业信息。推进与各功能街区建设指挥部及部分街道办事处建立信息共享及上市工作协同推进机制，推动上市工作开展。

（刘 波）

【人才服务】 年内，区金融办通过医疗绿色通道为350余人次办理就医便捷服务；通过出入境分中心为驻区机构提供F护照办理50余人次；搭建企业与学校桥梁，为金融机构提供子女入学入托服务近300人次；通过北京市海外学人中心金融街分中心组织“激扬青春 助飞梦想——北京金融街高校专场招聘会”，现场为15家机构提供620个岗位，吸引4000多名高校学子参与，借助实践交流基地为20家金融机构推介专业人才。

（刘 波）

【小额贷款公司监管】 年内，区金融办协调律师事务所、会计师事务所等中介机构对区域内小额贷款公司开展现场检查2次，对存在重点问题的机构出具限期整改意见书。截至年底，西城区共有小额贷款公司5家，注册资本金51000万元，累计发放贷款557笔，发放贷款92177.2万元，期末贷款余额49845.35万元。

（刘 波）

【融资性担保公司监管】 年内，区金融办协调师事务所、会计师事务所等专业中介机构合作，对区域内融资担保公司开展现场检查，对存在重点问题的机构出具限期整改意见书，规范企业经营，防控金融风险。截至年底，西城区有融资性担保公司及分公司17家，其中法人机构15家，注册资本111.46亿元。在保余额807.31亿元；代偿金额3.18亿元，代偿率0.45%，代偿回收金额8874.98万元，代偿回收率21.8%。

（刘 波）

【交易场所监管】 年内，区金融办对全区11家交易所建立基础信息台账，形成定期信息报送机制，实施动态跟踪管理。开展现场检查，配合市金融局对北京金融资产交易所、蓝格钢铁2家机构开展现场检查，提出整改意见并对其经营发展情况给予指导。

（刘 波）

【推动民生金融发展】 年内，区金融办启动民生金融试点工作，协调相关部门，与中国人寿保险公司沟通，研究对接城镇小额保险试点的合作方向。开展金融知识进社区活动，邀请驻区机构进社区开展理财知识及风险防范讲座。

（刘 波）

【与机构开展战略合作】 年内，西城区政府与中国太平保险集团公司正式签署合作协议，在机构引进、投资合作、金融保险服务等方面开展合作，太平保险集团将在西城区设立“第二总部”，提供50至100亿元的资金支持。年内，国家开发银行北京分行、招商银行北京分行等金融合作机构为西城区297个项目提供融资支持3046.9亿元，发放贷款638.5亿元。

（刘 波）

【提升金融文化】 年内，区金融办主办主题为中国金融业改革与发展2013金融街论坛，国内外金融监管机构、国际金融组织、国内外金融机构及专家学者等40余人出席会议，发表主题演讲，探讨金融改革、金融支持实体经济发展转型等问题，为加快将北京建设成具有国际影响力金融中心城市提供理论借鉴。牵头主办第九届北京国际金融博览会，4天会期共组织近20场专业论坛及报告会，百余家机构和单位参展，20多万观众参与活动。参与组织第二届京交会、第十七届京港洽谈会筹备，开展金融展台搭建及专场论坛组织工作。

（刘 波）

【对外交流合作】 年内，区金融办与上海、深圳等国内金融区开展交流，借鉴发展经验，搭建沟通平台，促进金融街与其他金融区的交往。与香港贸易发展局初步达成合作意向。协助区领导分别与伦敦金融城主席，德国黑森州经济、交通及地区发展部部长，法国兴业银行大中国区董事长等座谈，加深双方沟通，促进合作。

（刘 波）

银 行

国家开发银行股份有限公司北京市分行

【概况】 国家开发银行股份有限公司北京市分行（简称国开行北京市分行）内设处室20个，在职正式员工212人。截至年底，国开行北京市分行表内外贷款余额3711亿元，比上年增长8.9%。

地址：西城区复兴门内大街158号
邮编：100031
电话：63223100

（常 江）

【加强外部合作】 5月28日，国开行北京市分行与北京市签订《加快推动北京新型城镇化建设战略合作框架协议》。年内，走访调研北京市各委办局、各区县、重点客户50次，与东城区、西城区、北京市市农委等6个部门及北京水务投资中心、北京二商集团有限责任公司等11家企业签署开发性金融合作协议18项，融资金额1880.5亿元。

（常 江）

【支持重点领域发展】 年内，国开行北京市分行发放棚户区项目贷款104亿元，累计承诺625亿元，贷款余额290亿元，支持棚户区改造约837万平米，涉及居民9.2万户，29万人，连续4年获得北京市住房保障先进单位称号。完成新棚户区政策下北京市首个棚户区改造——百万庄项目贷款发放5.4亿元（其中软贷款1.8亿元）。为北京市中小河道治理、百万亩平原造林、旧宫和西红门集体用地等项目提供资金 13.9 亿元。向地铁七号、十四号等 4 条线路发放贷款 84 亿元；向通州副中心国际医疗服务区、文化旅游区等 37 个地块土地一级开发项目评审承诺 143 亿元，发放 21.2 亿元；累计向南水北调配套工程项目承诺贷款 93.15 亿元，发放 32.2 亿元，贷款额约占总额 60%以上。与国航系、首钢总公司、中国供销集团等重点国企合作，发放人民币贷款 106.88 亿元，外币贷款 15.62 亿美元。

（常　江）

【助推首都产业结构调整】 年内，国开行北京市分行新开发紫光收购展讯项目，实现发放 5.29 亿美元；落实科技、文化“双轮驱动”战略，为文化产业示范园区、体育场馆、历史文化名街保护、公共文化传播、影视制作、电影院线建设等领域提供资金 64 亿元；向中科创新园工程授信 5.5 亿元；为乐视网、创毅讯联、新立基、二十一世纪、金风科技等高新技术产业和企业发放贷款 5.8 亿元。

（常　江）

【服务民生领域】 年内，国开行北京市分行向丽泽金融商务区、2014 年亚太经合会议场馆项目承诺贷款 46 亿元。继续与首农集团、二商集团合作，为首都“菜篮子”和食品安全提供融资支持；为重点村、农业产业化重点项目和涉农中小企业项目发放贷款 65 亿元。以 1.16 亿元应急贷款帮助禽类企业应对“H7N9 禽流感”；为中国扶贫基金会、“小贷信用星”、市农投下小贷公司和高创中心统贷平台发放中小企业贷款 15.7 亿元。获“2013 年北京市社会力量参与社会主义新农村建设先进集体”。

（常　江）

【创新金融产品和服务】 年内，国开行北京市分行开发储备项目 24 个，总金额 650 亿元；重点开发全国首支科技园区公募债——中关村发展集团 85 亿元中票及短融，北京地区首支超短融产品——京投 100 亿元超短融，重点客户国资中心 35 亿元中期票据等债券。完成未来科技城、北京市基础设施投资有限公司、方正集团、中国供销集团等 5 支债券 110 亿元承销工作。为国开东方城镇、北汽福田、乐视网、四达时代、首创嘉铭等客户制定综合金融服务方案，实现资金到位量 40 亿元。通过银团贷款、信托、委托贷款等业务引导表外资金约 150 亿元。与国开金融有限责任公司合作为青龙湖项目组建银团贷款 16 亿元；与国开金融有限责任公司合作同业借款 22 亿元；与中非发展基金有限公司支持四达集团肯尼亚数字电视项目，资金到位 4000 万美元。

（常　江）

【支持国际合作项目】 年内，国开行北京市分行实现巴油 30 亿美元、春和钾肥项目贷款承诺。发掘央企二级子工程公司等客户资源，扩展客户渠道及项目渠道，新开发客户 25 个、项目 38 个。

（常　江）

【风险管理】 年内，国开行北京市分行提高项目前端评审能力和审议效率。完善监控机制，加强合同和内部规章制度管理。建立风险管理名单，对不良项目、风险预警项目和潜在风险项目实行动态管理。依法收贷和化解不良贷款，化解天驿华美达不良贷款 3.15 亿元，全额回收良乡高教园区项目剩余本金 1.32 亿元。成功化解泽辉、冰凌花项目潜在风险。

（常　江）

【通州国开村镇银行业务】 年内，通州国开村镇银行通过深耕小微信贷，建立多方联动机制，探索产品创新和“支农支小”途径，资产总额 2.79 亿元，年度累计净利润 1430 万元，贷款不良率为 0。

（常　江）

中国农业发展银行北京市分行

【概况】 中国农业发展银行北京市分行（简称农发行北京市分行）共辖 13 个支行（部），在岗员工 440 人。截至年底，各项贷款余额 394.08 亿元，同比增加 64.07 亿元，增幅达到 19.41%。全年实现利润 9.07 亿元，人均利润 211.68 万元。各项存款日均余额 106.42 亿元，同比增加 32.86 亿元。人均存款 2558 万元，人均中间业务收入 3.67 万元，成本收入比 12.75%，资产利润率 2.45%。

地址：西城区月坛北街甲 2 号月坛大厦
邮编：100045
电话：68081842

（李灵毓）

【政策性粮油信贷业务】 年内，农发行北京市分行累计发放和收回粮油贷款 97 亿元，贷款余额同比增加 9.5 亿元，保证粮油信贷资金及时供应，实现粮油政策指导性贷款连续 10 年“双结零”。

（李灵毓）

【化肥、猪肉等储备贷款业务】 年内，农发行北京市分行累计发放化肥、猪肉等储备贷款 11.15 亿元，并实现淡季化肥储备贷款连续 8 年“双结零”。

（李灵毓）

【政策性中长期信贷业务】 年内，农发行北京市分行累计投放新农村建设中长期贷款 88.22 亿元，比上年增加 45.99 亿元；发放首笔农业生态环境贷款 0.7 亿元。

（李灵毓）

【中间业务】 年内，农发行北京市分行中间业务收入 1527.91 万元，比上年增加 1028.2 万元。为企业提供咨询顾问服务业务收入 1255.5 万元，占全部中间业务收入的 82.17%。

（李灵毓）

【国际结算业务】 年内，农发行北京市分行办理国际业务 575 笔，结算额 1.49 亿美元。开办农发行系统内首笔合作远期结售汇业务 500 万美元。

（李灵毓）

【人力资源管理】 年内，农发行北京市分行举办处级干部学习党的十八大精神轮训班。开展多种形式的新党章学习活动。各层级岗位实行竞聘选拔，聘任处级干部 42 人，提拔聘任处级干部 50 人；支行聘任中层领导干部 25 人，提拔聘任 48 人。

（李灵毓）

【企业文化建设】 年内，农发行北京市分行举办“至诚金农发”第六届职工文艺汇演。开展“农发行文化故事”征集、“服务新发展、建功‘十二五’”主题劳动竞赛、财会业务技能知识竞赛、“我以‘八零’为标准，我与发行共奋进”主题演讲等活动；参加总行“金农发行杯财会业务技能竞赛活动”，获第二名；组织团员青年开展“农发行支持城乡发展一体化”主题征文活动，其中5篇文章分别获得总行二等奖、三等奖和优秀奖。完成第二届一次职代会各项议程。

（李灵毓）

中国工商银行股份有限公司北京市分行

【概况】 中国工商银行股份有限公司北京市分行（简称工行北京分行）下设37家二级分行（含分行营业部），661家营业网点（含自助银行106家），员工18822人。截至年底，本外币资产总计2.66万亿元，同比增长11.4%。实现拨备前利润389.24亿元、拨备后利润381.08亿元，同比分别增长10.9%和10.9%（可比增幅）。本外币全部存款余额达到2.56万亿元，同比增加2516亿元。本外币各项贷款余额5118亿元，较年初增加549亿元。中间业务收入78.89亿元，同比增加0.74亿元。区境内设长安支行、新街口支行、南礼士路支行、金融街支行、宣武支行、广安门支行6家支行。

长安支行下设1个营业室、12个网点支行、1个分理处、1个附属机构，在岗员工480人。截至午底，实现拨备前利润26.03亿元；本外币各项存款时点余额1269.74亿元，同比增长124.32%；本外币各项贷款余额（含票据）832.90亿元，同比增长17.19%；实现中间业务收入2.85亿元，与上年基本持平。

新街口支行下设1个营业室、12个网点支行、2个储蓄所、1个附属机构，在岗员工621人。截至年底，实现拨备前利润26.7亿元；本外币各项存款时点余额939亿元，同比下降6.9%；本外币各项贷款余额（含票据）279亿元，同比增长10.3%；实现中间业务收入3.15亿元，同比下降7.35%。

南礼士路支行下设1个营业室、18个网点支行、1个附属机构，在岗员工643人。截至年底，实现拨备前利润22.32亿元；本外币各项存款（含同业）余额为1204.81亿元，同比下降3.2%；本外币各项贷款余额（含票据）249.56亿元，同比下降9.39%；实现中间业务收入2.45亿元，同比增长1.61%。

金融街支行下设1个营业室、5个网点支行,在岗员工219人。截至年底，实现拨备前利润7.5亿元；本外币各项存款日均余额718.41亿元，同比减长24.26%；本外币各项贷款余额（含票据）111.5亿元，同比增长34.52%；实现本外币中间业务收入1.17万元，同比增长42.03%。

宣武支行下设8个网点支行、1个分理处、1个储蓄所，在岗员工315人。截至年底，实现拨备前利润18.08亿元；本外币各项存款时点余额2075.03亿元，同比增长28.75%；本外币各项贷款余额（含票据）120.33亿元，同比增长27.37%；实现中间业务收入1.18万元，同比增长7.71%。

广安门支行下设1个营业室、10个网点支行、1个附属机构，在岗员工473人。截至年底，实现拨备前利润9.13亿元；本外币各项存款时点余额499.2亿元，同比增长4.91%；本外币各项贷款余额（含票据）144.55亿元，同比增长25.09%；实现中间业务收入2.44亿元，同比下降13.78%。

地址：西城区复兴门南大街2号
邮编：100031
电话：66410579

（刘振华　杨燕英　廖泽兵　朱婴　张悦　梁谦　金鑫）

【信贷业务】 年内，工行北京分行本外币各项贷款余额5118亿元，同比增加549亿元，北京四大行排名第一。先进制造业、现代服务业、文化产业和战略性新兴产业新增贷款355亿元，占新增公司贷款104%。中型客户和小企业贷款分别增加227亿元和31亿元。有贷户同比增加614户，总量接近3000户。供应链融资增加64亿元，贸易融资增加189亿元。个人贷款增加144亿元，余额859亿元。

（刘振华）

【存款业务】 年内，工行北京分行人民币全部存款增加2587亿元，人民币日均存款（不含同业）增加2744亿元。其中，人民币储蓄存款增加457亿元，北京四大行占比47%，余额达到7623亿元；人民币对公存款增加2131亿元，北京四大行占比76%。储蓄存款和对公存款日均余额较上年日均余额分别增加616亿元和2128亿元，北京4大行占比50%和58%。

（刘振华）

【中间业务】 年内，工行北京分行销售个人4项理财产品和法人理财产品6283亿元和2424亿元。新增信用卡159万张，总量达934万张。新增个网、企网和手机银行证书客户129万户、2.2万户和185万户，电子银行交易额58万亿，同比增长7%。主承销债务融资工具1440亿元，系统内占比53%。通过股权融资、并购重组、高端财务顾问实现表外投资199亿；新增对公结算账户5.7万户，总量达26.6万户；国际结算量1738亿美元；销售实物贵金属15.3吨，账户贵金属4151吨；资产托管规模1.2万亿；新增年金账户50万户，总量达447万户。

（刘振华）

【网点竞争力提升工程】 年内，工行北京分行启动网点竞争力工程，以“重在对公业务、着力双轮驱动”为重点，将42039户对公客户纳入客户包管理，合计打包863个，客户包存款日均余额3017亿元，同比增加349亿元，增幅13%。分行贵宾理财中心以上网点负责人配备100%，新增对公客户经理147人，管包对公客户经理843名，基本实现“一人一包”。

（刘振华）

【改革创新】 年内，工行北京分行完成9个流程优化项目，推广4种业务集中处理，实现总行业务集中处理平台业务品种在工行北京分行全覆盖。现金业务与4294台自助机具集中管理。新建、迁建、升格网点61家，新建自助银行24家。运营标准化达标网点492家，占比93%。全年新增自助机具1399台，总量达7144台；柜面业务可分流率29.1%，同比下降6.6个百分点。第四季度贵宾和普通客户平均等候时间分别降至11分钟和19分钟，基本实现“1020”目标，客户投诉量同比下降76%。西客站支行营业部荣获“中国银行业文明规范服务百佳示范单位”称号，另有19家单位荣获“北京市银行业文明规范服务百佳示范单位”称号，5家单位荣获“北京市银行业特色服务示范单位”称号。

（刘振华）

【风险管理】 年内，工行北京分行做好不良贷款清收处置和潜在风险贷款清收转化工作。不良贷款连续13年保持“双降”，不良贷款余额和不良贷款率分别较上年下降0.55亿元和0.06个百分点。可控风险事件总量压降56%，“屡查屡犯”柜员及风险事件数量均压降85%，总行综合评比中排名第一。全年未发生重大安全事故和风险案件。

（刘振华）

中国农业银行股份有限公司北京市分行

【概况】 中国农业银行股份有限公司北京市分行在区境内有西城支行、宣武支行。西城支行有基层网点18个，其中16个二级支行、1个分理处、1个营业部，支行下设8个部室，全行在岗员工368人。宣武支行有基层网点14个，其中包括13个二级支行和1个营业部，支行下设8个部室，在岗干部职工337人。

西城支行
地址：西城区车公庄北街新华里16号院1号楼
邮编：100044
电话：88319695

宣武支行
地址：西城区宣武门西大街28号院10门
邮编：100053
电话：63602266

（刘莉 刘洋洋）

【西城支行业务】 西城支行主要办理人民币存款、贷款和结算业务；办理票据贴现；代理发行金融债券；代理发行、代理兑付、销售政府债券；买卖政府债券、代理收付款项及代理保险业务；办理外汇存款、外汇贷款、外汇汇款、外币兑换、结汇、售汇、国际结算；通过上级行办理代客外汇买卖；代理国外信用卡付款及总行在经中国银行业监督管理委员会批准的业务范围内授权的其他业务。年内，农行西城支行用科学发展观统领全局，以有效发展为中心，以客户建设为抓手，以内部结构优化为重点，不断强化各项工作措施，全面提升支行综合竞争能力，着力健全内部控制体系，实现支行主体业务发展良好、价值创造增幅明显、信贷质量不断提升、争先进位成绩显著、基础管理逐步夯实。截至年底，农行西城支行各项存款余额211.85亿元，各项贷款余额179.32亿元，不良贷款余额和占比持续保持双降，信贷资产质量不断夯实。通过营销债券承销、理财融资、资金托管、国际贸易融资等新兴中收业务产品，推进投融业务发展；通过转口贸易、跨境人民币信用证等新兴业务，推进国际业务带动对公国际结算；通过信用卡分期、商户收单等业务和自助设备布放，提升电子中间业务和渠道建设。开展平安银行建设和党风廉政建设，运营管理和内控水平得到加强。年内，农行西城支行被总行评为“风险管理先进集体”。在分行“三化三铁”评比中，农行西城支行网点达标率100%。团委被评为“2013年度农行总行五四红旗团委”，并连续多年被评为“农行北京分行五四红旗团委”。辖属天通西苑支行被评为“2013年度青年文明号”。

（刘 莉）

【宣武支行业务】 宣武支行主要办理人民币存款、贷款和结算业务；办理票据贴现；代理发行金融债券；代理发行、代理兑付、销售政府债券；买卖政府债券、代理收付款项及代理保险业务；办理外汇存款、外汇贷款、外汇汇款、外币兑换、结汇、售汇、国际结算；通过上级行办理代客外汇买卖；代理国外信用卡付款以及总行在经中国银行业监督管理委员会批准的业务范围内授权的其他业务。农行宣武支行位于西南二环沿线大成广场，紧邻地铁二号线长椿街站，毗邻金融街商圈、宣武核心城区、马连道商圈和西客站中心区。年内，农行宣武支行在市、区政府和总分行的大力支持下，坚持“贴近市场做业务”，一心一意抓经营、齐心协力谋发展，牢牢把握“稳速提质，转型发展”的基调和“稳发展、促转型、活机制、控风险、强基础”的总体要求，实现较好的发展态势，呈现出业务协调并进、结构优化升级、实力不断攀升的良好局面。截至年底，宣武支行本外币各项存款日均余额比年初增加27.68亿元，本外币各项存款时点余额比年初增加40.69亿元，实现经营利润同比增加3547万元，增幅6.72%。年内，农行宣武支行支持城6区棚户区改造，凭借优质综合营销方案开展西城区棚户区专项营销，审批项目贷款并实现投放，成为该改造项目唯一合作银行。项目首批12亿元贷款已审批并全部投放，在营销方案中，首创以“非银”银团方式引入第三方同业资金，解决30亿元项目资金缺口，保证项目有效开展。从客户需求出发，创新理财融资产品，以股权投资配套债权融资方式，解决企业资金需求，降低企业资产负债率，连带释放企业直接融资限额，推动企业发展。宣武支行完成人力资源综合改革和薪酬体系工作，开展平安银行建设，制定《宣武支行重点行治理实施方案》，健全内部控制体系，加强案件风险和员工行为排查，提高反洗钱工作质量，做好重大节假日、重点时期、敏感日的安全保卫和信访维稳工作，全年没有发生重大事故、重大违规、重大案件。9月1日，宣武支行在车站西街社区开展金融知识进万家社区宣传活动。通过张贴宣传标语、设置咨询台、发放宣传材料、现场解答问题等方式从个人贷款、信用卡、借记卡、银行理财、电子银行、自助设备、代销业务和非法集资等8个方面向群众普及金融知识，进行风险提示，引导科学合理使用银行产品和服务，提高消费者保障自身资金财产安全意识和能力。

（刘洋洋）

中国银行股份有限公司北京市分行

【概况】 中国银行股份有限公司北京市分行在区境内有西城支行、宣武支行。西城支行设9部1室（含支行营业部）、18个经营性支行（西城区境外8个），在职员工533人。宣武支行设8部1室，辖内15家网点，在职员工420人。

西城支行
地址：西城区阜成门外大街5号

邮编：100037
电话：68002129
宣武支行
地址：西城区南新华街1号
邮编：100052
电话：63916012

（杨杰茜　王卫）

【西城支行业务】 年内，中行西城支行深化业务结构调整，提高网点产能和竞争力，优化网点硬件设施，加强企业文化建设与专业队伍建设。制定《网点内控管理考核实施细则》，对网点支行经营合规性及制度执行力进行现场及非现场检查。配合总行、分行新业务模式，挖掘客户资源，实现公司、个金多项业务创新。截至年底，本外币存款余额1534.5亿元，同比增长2.71亿元。中间业务净收入1.87亿元，同比增长4%。实现利润10.82亿元。

（杨杰茜）

【宣武支行业务】 宣武支行重视员工队伍建设，抓内生动力机制，加强“二道防线”前移，实行重点客户风险监测和风险预警，推广和升级宣武支行内控合规档案内部管理系统，为加强支行内部管理提供系统化、集约化的数据支持。业务上宣武支行调整客户结构和业务结构改变金融脱媒带来的影响，力求公司和个金业务均衡发展，业务发展健康平稳。年内，宣武支行按进度完成计费净收入任务，计费净收入同比增速20%。零售贷款增速和规模增长在中行北京分行全辖排名第一。大力发展中间业务收入，提高非利息收入占比，实现年内中收收入同比增长增幅达19%。传统国结、资金、个金中收及创新金融机构、投行、个人跨境业务中收已成为支行业务支柱，创新带来中间业务发展的新动力。

（王　卫）

中国建设银行股份有限公司北京市分行

【概况】 中国建设银行股份有限公司在区境内有西四支行、西单支行、宣武支行。西四支行下设5个部室，6个营业中心，2个储蓄所，有中长期劳动合同人员262人。西单支行下设5个营业中心，1个储蓄所，在职员工177人。宣武支行内设公司业务部（集团客户部）、综合管理部（业务管理部）、住房金融业务部和营业部4个部室，员工121人，大学本科以上学历78人，占员工总数的63%；党员39人，占员工总数的32%；团员16人，占员工总数的9%；平均年龄38岁。

西四支行
地址：西城区阜成门外大街甲26号
邮编：100037
电话：51999930
西单支行
地址：西城区西单北大街34号
邮编：100032
电话：66011802
宣武支行
地址：西城区广安门内大街314号
邮编：100053
电话：63209518

（徐铭泽　李烨　刘一）

【西四支行业务】 年内，西四支行把夯实客户基础、拓展客户资源、带好队伍、致力于可持续发展作为工作目标。强化组织管理，推进零售业务发展，做到每个阶段都有营销活动方案，季季都有营销重点。加强分类指导和督促，对群众反映的突出问题建立台账，详细记录，建立解决群众意见建议《督办制度》，落实责任部门、责任人，并将解决结果及时向员工反馈。规避风险的发生，实现合规经营，提高员工对内控合规重要性及风险危害性认识。加强授信业务风险管理，做好客户经理业务风险关键点把控培训。截至年底，西四支行本外币资金量合计299.82亿元，较年初新增4.14亿元。其中存款（不含保本理财）余额269.59亿元，较年初新增54.52亿元；保本理财余额14.06亿元，较年初减少49.28亿元；非保本理财余额16.17亿元，较年初减少1.1亿元。人民币企业存款日均余额110.44亿元，较年初新增2.47亿元。对公部分资金量191.88亿元，其中：企业存款余额为177.68亿元，比年初新增51.85亿元；保本理财余额为10.64亿元；非保本理财余额为3.56亿元。一季度旺季营销中，实现中收同比增速达到18.60%。拓展CTS客户和融资融券客户，6月末完成全年融资融券签约任务。支行所辖9家网点在分行二季度签约竞赛中获奖7次。12月末，面对负增5亿元储蓄存款的不利局面，支行制定营销策略，在5天内，增长8亿多元的储蓄存款，实现2.7亿元的储蓄存款新增。

（徐铭泽）

【西单支行业务】 年内，西单支行实现面利润24239万元。本外币全口径存款时点余额156.33亿元；本外币各项贷款时点余额78.84亿元；五级分类不良贷款余额0.21亿元，不良率0.24%。申报完成中国铁路物资股份有限公司50亿元综合授信，承销15亿元超短融，中标现金管理系统项目已上线运行。营销中广核铀业有限公司业务3亿美元内保外贷，发放8000万美元，办理该公司境外分离式付款保函2821万美元。营销中国人寿股份有限公司在西单支行开立美元存款账户，吸收2笔2.47亿美元外币存款，新增资产托管规模120亿元。对中组部、教育部、中办、国管局和国家档案局等单位的财政授权支付业务继续保持稳定发展。年内，新增公司机构客户135户，增长率13%；大中型授信客户新增14户，增长率200%。个人本外币金融资产时点新增103409万元，人民币存款日均新增39551万元，人民币存款时点新增26161万元；新增私人银行级客户36名；小企业授信客户比年初新增14户，贷款余额9304.97万元，不良率为0。发放个贷4498万元；新增签约楼盘项目2个。全年分期交易额7514.92万元。

（李　烨）

【宣武支行业务】 宣武支行业务有：企事业单位和机关团体本外币存款、各类企业贷款、汇兑结算、票据贴现、本外币储蓄、外汇买卖、个人住房贷款、委托性住房金融业务、个人消费贷款、银行卡业务、金融代理业务、委托贷款、工程造价咨询、财务顾问、网上银行业务等。年内，宣武支行围绕电力专业特色，以争做系统内一流电力专业支行为目标，服务和营销7大电力集团及其关联企业，同时发展政府机关、事业单位、军警等非电力客户的合作关系。从组织建设入手，健全党、团、工会组织架构，完善营销团队结构，使全支行员工统一思想，明确目标，提升整体凝聚力和战斗力，确保支行各项经营管理工作稳定快速发展。年内，宣武支行获得北京市金融工委“先进职工之家”“北京银行业特色服务示范单位”先进典型、2013年度西城区交通安全先进单位称号；被分行授予分行级青年文明号、分行第一届企业文化建设示范单位荣誉。

（刘 一）

交通银行股份有限公司北京市分行

【概况】 交通银行股份有限公司北京市分行（简称交行北京市分行）机构网点总量116家，其中分行营业部1家、中心支行18家、直属支行3家、专业支行8家、二级支行86家，共有员工4773名，平均年龄32岁。截至年底，本外币资产总规模7375.37亿元，比上年增加580.69亿元，增幅8.55%。本外币全口径存款余额7277.62亿元，比上年增长588.41亿元，增幅8.80%，其中，人民币全口径存款7110.73亿元，比上年增加721.13亿元，增幅11.29%。本外币各项贷款（含买断式转贴现）2938.80亿元，比上年增加107.72亿元，增幅3.80%。年内，实现本外币经营利润（含资金业务）94.89亿元，同比同口径增加2.94亿元，增幅3.20%。实现本外币扣除预期损失后利润（含资金业务）94.43亿元，同比同口径增加3.21亿元，增幅3.51%。

地址：西城区金融大街22号

邮编：100033

电话：88668866

（徐 丹）

【公司金融业务】 年内，交行北京市分行扩大对公重点客户合作，中标北京烟草跨行支付系统合作行。截至年底，烟草系统在交行北京市分行存款时点余额为72.62亿元，较年初增加32.42亿元；协助总行推进军队业务合作。年内，交行北京市分行在4次区县财政代理业务招标中全部中标，成为市级财政国库电子化首家试点代理行。上线中农集团、中国电信、中国煤炭、中国新闻出版集团、中国能建等大型企业以及北京金融街、北京市燃气集团、北京建工集团等优质市属企业蕴通账户业务；争揽钱袋网、海科融通、中汇金、交广科技等近30家机构，在北京地区获得央行支付牌照第三方支付企业中占比超过50%。完成市场首支以公开招标方式发行的非政策性金融债、北京市场首单汽车金融公司金融债发行；参与戴姆勒股份公司国际银团贷款项目，参贷金额2.78亿欧元，在全球46家参与银行中位列第一档次。

（徐 丹）

【个人金融业务】 年内，交行北京市分行新增私人银行客户1048户，达标沃德客户（个人高端客户）净增10173户，信用卡客户新增11.12万户。开展源头代发营销工作，累计代发811亿元，同比增长20.61%；开展大额存款利率上浮和特定目标客户批量存款利率上浮工作，推进家易通、代扣代缴等结算类产品营销和个人客户批量资金留存。年底，零售贷款业务余额615.52亿元，占分行全部贷款20.94%，较年初上升4.58个百分点。

（徐 丹）

【国际业务】 年内，交行北京市分行年国际结算量首次突破1000亿美元，达1016.14亿美元；通过贸易融资与结售汇业务相互促进，实现远期结售汇中间业务收入3.53亿元，同比增长47.52%。成功营销中国银行（香港）有限公司，开立交行系统内首个香港特别行政区清算银行跨境人民币清算及现金管理账户。

（徐 丹）

【基础管理】 年内，交行北京市分行实施公司、同业、国际、零贷、个金、风险6个板块渐进式改革，正式挂牌成立国际结算中心北京分中心。在望京中环路支行建立特色零售型二级支行，打造“现金自助+客户经理”服务新模式；在故宫博物院、北京园博园等热点景区投放自助设备。在“中国银行业文明规范服务百佳示范单位”评选活动中，松榆里支行获全国“百佳”称号，9家网点获北京市“百佳”称号，5家网点被评为北京市银行业特色服务示范单位。

（徐 丹）

【业务创新】 年内，交行北京市分行探索境内分行安排协调、境外分支机构直接放款的跨境融资创新运作模式，以系统内银团方式对接北汽集团“海纳川”海外项目；设计挂钩国际黄金价格的外汇结构性存款理财产品、境内机构CDS美元结构性存款等产品；创新开展假远期信用证偿付业务，通过表外融资满足客户业务需求；企业网银提供社保查询、缴纳等功能，个人网银、手机银行开发协和医院预约挂号、银医卡绑定和停诊外呼等功能，满足客户便捷服务需求。

（徐 丹）

【阜外支行金融业务】 阜外支行下设1个营业室和5个二级支行，在职员工176人。截至年底，人民币存款余额133.42亿元，其中对公存款余额80.37亿元，储蓄存款余额53.05亿元；人民币贷款余额122.33亿元，外币存款余额44650万美元；全年完成国际结算量51.63亿美元，实现各类中间业务收入12648万元；全年实现本外币利润30189万元，人均创利171.53万元。

（姜 宁）

【西单支行金融业务】 西单支行下设1个营业室和2个二级支行，在职员工109人。截至年底，人民币各项存款余额335.75亿元，同比增加58.51亿元，其中对公存款204.68亿元，同业存款101.89亿元，储蓄存款29.18亿元；人民币贷款余额66.49亿元；实现国际结算量38.58亿美元；实现各类中间业务收入10022万元；实现本外币利润23259万元，人均创利213万元。

（赵 欣）

【官园支行金融业务】 官园支行下设1个营业室和1个二级支行，在职员工64人。截至年底，人民币存款余额73.18亿元，同比增加15.82亿元，其中储蓄存款5.66亿元，对公存款67.52亿元；人民币贷款余额101.01亿元；实现各类中间业务收入3633.39万元；实现本外币利润22172.23万元，人均创利346.44万元。

（沈 睿）

【德胜门支行金融业务】　德胜门支行下设1个营业室，在职员工38人。截至年底，人民币存款余额56.04亿元，同比增加20.55亿元，其中储蓄存款7.71亿元，对公存款48.33亿元；人民币贷款余额90.37亿元；国际结算量8.7亿美元；实现各类中间业务收入4427万元；实现本外币利润11796万元，人均创利310.42万元。

（周晓红）

中信银行股份有限公司总行营业部

【概况】　中信银行股份有限公司总行营业部（简称中信总行营业部）下设1个营业结算部，65家支行，员工2532人。截至年底，本外币资产总额5097亿元，本外币存款（含金融机构存款）折计人民币4912亿元。本外币贷款折计人民币1939亿元（含贴现），比上年增加143亿元，增加8%。实现账面利润58.2亿元，比上年增加1亿元，增长1.9%。不良贷款余额3.93亿元，不良率仅为0.2%。

地址：西城区金融大街甲27号投资广场

电话：66293012

邮编：100033

（王雨琦）

【公司银行业务】　年内，中信总行营业部本外币公司一般性存款日均余额2967亿元，比上年增加142亿元，增长5%。资产业务方面，新发放人民币公司一般性贷款1445.1亿元。投资银行业务方面，为42家企业发行债务融资工具55支，承销规模1047.5亿元，比上年增加315.9亿元，增长43.2%。累计销售对公理财产品627亿元，比上年增长108%。票据业务方面，全年累计发放量972亿元，较上年增长19%；北京市场占有率27%，较上年增长2%，直贴业务连续6年位居市场首位。托管业务方面，托管规模3019亿元，较上年增长355%。通过长期跟进支付宝与天弘基金合作的“余额宝”（天弘增利宝）创新基金项目，开拓并确立了互联网基金市场的领先地位。年内，取得该基金的独家托管行及监管行资格，并推出针对余额宝（天弘增利宝）特殊需求的流动性支持授信业务，该业务属业内首例，截至年底，该基金规模突破1000亿元。汽车金融业务方面，有效经销商户341户，日均存款93.46亿元，其中核心厂家日均存款52.47亿元；经销商累计融资464.73亿元，融资余额合计110.96亿元；完成中间业务收入2278.64万元，实现经济利润17600万元，不良率为零。

（王雨琦）

【零售银行业务】　年内，中信总行营业部零售资产业务方面，零售贷款余额561亿元，比上年增加110亿元。在本年零售贷款总量中，高定价产品占比由年初的6%提升至20%，住房按揭贷款占比由年初的94%降至80%。消费金融贷款余额达491.32亿元，年增85.51亿元，业务结构优化转型显著。零售负债方面，一般储蓄日均余额373.07亿元，年增29.94亿元；担险理财日均余额96.13亿元，年增65.66亿元；管理资产余额921.21亿元，实际新增177.03亿元。网络贷款方面，累计放款笔数937笔，累计放款金额2.95亿元。电子商务方面，累计拓展商户13家，通过与B2C直联商户建立开展联合营销活动，提升了网银客户的活跃度及网银交易量，宣传了“中信e付”品牌。移动支付方面，结合中信银行的“异度支付”品牌拓展新业务，先后与北京移动、中国联通和中国电信3家电信运营商签署NFC支付合作协议，支付业务相继成功上线。

（王雨琦）

【国际业务】　年内，中信总行营业部实现以客户自营为主向以产品营销推动为主的业务模式的转变，开展产品及模式创新，挖掘潜力客户，调整业务模式，优化业务结构。截至年底，累计完成国际业务收付汇量799亿美元，比上年增长1.5%；累计实现金融市场交易量795亿元。

（王雨琦）

【中间业务】　年内，中信总行营业部深入挖潜市场机会，通过分支联动，优化产品结构，创新重点产品，发掘新兴业务带动中间业务收入稳定增长。全年中间业务收入13.2亿元，比上年增加2亿元。

（王雨琦）

【营业结算部业务】　营业结算部内设营业部、公司营销部、零售营销部等部门，在职员工43人。截至年底，营业结算部一般性存款达1446.3亿元，其中公司一般性存款1427.0亿元，储蓄存款19.3亿元；各项贷款282.3亿元，其中公司一般性贷款255.6亿元，对私贷款26.7亿元。

（王雨琦）

【阜成门支行业务】　阜成门支行内设营业部、公司营销部、零售营销部等部门，在职员工35人。截至年底，阜成门支行一般性存款达19.8亿元，其中公司一般性存款9.5亿元，储蓄存款10.3亿元；各项贷款41.0亿元，其中公司一般性贷款32.8亿元，对私贷款8.2亿元。

（王雨琦）

【西单支行业务】　西单支行内设营业部、公司营销部、零售营销部等部门，在职员工32人。截至年底，西单支行一般性存款达58.8亿元，其中公司一般性存款47.0亿元，储蓄存款11.8亿元；各项贷款35.5亿元，其中公司一般性贷款16.6亿元，对私贷款18.9亿元。

（王雨琦）

【凯晨广场支行业务】　凯晨广场支行内设营业部、公司营销部、零售营销部等部门，在职员工21人。截至年底，凯晨广场支行一般性存款达9.4亿元，其中公司一般性存款4.4亿元，储蓄存款5.0亿元；各项贷款8.4亿元，其中公司一般性贷款1.3亿元，对私贷款7.1亿元。

（王雨琦）

【广安门支行业务】　广安门支行内设营业部、公司营销部、零售营销部等部门，在职员工22人。截至年底，广安门支行一般性存款达20.5亿元，其中公司一般性存款12.9亿元，储蓄存款7.6亿元；各项贷款10.7亿元，其中公司一般性贷款7.8亿元，对私贷款2.9亿元。

（王雨琦）

【中信城支行业务】　中信城支行内设营业部、公司营销部、零售营销部等部门，在职员工27人。截至年底，中信城支行一般性存款达29.6亿元，其中公司一般性存款23.6亿元，储蓄存款 6.0 亿元；各项贷款 19.6 亿元，其中公司一般性贷款 17.7 亿元，对私贷款 1.9 亿元。

（王雨琦）

【德外支行业务】　德外广场支行内设营业部、公司营销部、零售营销部等部门，在职员工 15 人。2013 年 8 月 26 日正式开业，截至年底，德外支行一般性存款达 1.2 亿元，其中公司一般性存款 0.4 亿元，储蓄存款 0.8 亿元；各项贷款 0.5 亿元，对私贷款 0.5 亿元。

（王雨琦）

中国光大银行股份有限公司北京分行

【概况】　中国光大银行股份有限公司北京分行（简称光大银行北京分行）共有营业网点 59 家，员工 2300 余人。截至年底，资产总额 3805 亿元，同比增加 186 亿元。一般日均存款 2362 亿元，同比增加 242 亿元，超计划 24 亿元，增长 11%。其中，日均储蓄存款 376 亿元，同比增加 92 亿元，超计划 29 亿元，增长 32%。一般日均贷款 985 亿元，增加 6 亿元。风险调整前利润 44.7 亿元；风险调整后利润 32.3 亿元。中间业务净收入 17.7 亿元，同比多增加 3.5 亿元，增长 24%。年内，光大银行北京分行被北京市银监局评为北京银行业新闻工作先进单位和信息工作先进单位；团委获 2013 年共青团中央金融工委“全国金融五四红旗团委”奖牌；工会获 2013 年北京市“全国金融系统职工之家”称号。

地址：西城区宣武门内大街 1 号

邮编：100031

电话：66567699

（潘远发）

【公司银行业务】　年内，光大银行北京分行对公存款日均余额 1986 亿元，较上年增加 150 亿元，占全行增量的 11%，增量系统内排名第一。贸易金融业务和同业业务稳步推进，全年主承销债务融资工具 48 支 869 亿元，理财产品累计销量 1396.3 亿元。目前已形成以央企、市企、上市公司、保险（基金）公司、军队客户等大中型客户为主的基础客户群。

（潘远发）

【零售银行业务】　年内，光大银行北京分行储蓄存款达 486 亿元，增幅超过 31%，储蓄存款在一般存款中占比较年初提高 4 个百分点。零售客户总量达 338 万户，9 项（储蓄、理财、基金、保险、信托、国债、券商资产管理计划、黄金、三方存管）资产 860 亿元。对私优质及以上客户增长率超过 33%。银行卡业务发展迅速，信用卡客户突破百万。

（潘远发）

【业务转型工作】　年内，光大银行北京分行把小微业务作为战略转型的突破口，腾出额度支持小微贷款投放。转型 15 家小微专业支行，开发“西联国际石材互保金”等 20 余个模式化项目。截至年底，分行中小微贷款余额 303 亿元，比上年增加 80 亿元，增长 36%。中间业务净收入 17.7 亿元，增长 24%，占总收入的 28%，占净利润比例 55%，收入结构得到有效调整。

（潘远发）

【风险管理及合规建设】　年内，光大银行北京分行严防信用风险，重点防控经济下行周期中的系统性风险，有保有压、有扶有控。严防小微、零售业务风险，实行关口前移、平行作业，实现新增小微及零售贷款零不良。严防操作风险，全面开展安全运营排查，严格财务开支，实现全年无案件、无事故、无重大业务差错，在系统内被评定为一级行。

（潘远发）

【服务管理】　年内，光大银行北京分行以“精益管理”为抓手，以“效率提升”为目标，细化服务管理，促进服务水平提升。开展“金融知识进万家”宣传月活动，在网点及户外搭台设点，向公众普及金融知识。服务特殊客户，制作发放助盲卡、盲文密码键盘、口语教学光盘；在重点支行设立爱心窗口、爱心座椅，为残障人士提供方便快捷的无障碍服务。完善网点布局，新开设建国门内大街支行，与电信、电商、网络支付公司合作，提升整体服务水平。截至年底，有 5 家支行被评为北京市银行业协会“百佳示范单位”，3 家支行被评为北京市银行业协会“特色服务示范单位”；在金融知识进万家宣传活动中，光大银行北京分行获优秀组织奖；北京分行连续 4 年在光大银行系统“阳光服务”工作综合评比中位列第一名。

（潘远发）

华夏银行股份有限公司北京分行

【概况】　华夏银行股份有限公司北京分行（简称华夏银行北京分行）资产总额 2241.25 亿元，比年初增加 77.49 亿元；贷款余额 929.25 亿元，比年初增加 68.2 亿元；一般性存款余额 1710.21 亿元，比年初增加 230.38 亿元；一般性存款日均 1413.53 亿元，比年初增加 156.46 亿元；不良贷款余额 5.22 亿元，不良贷款率 0.56%，实现 5 年连续下降；实现中间业务收入 6.95 亿元，同比增加 1.15 亿元；实现利润 27.24 亿元，同比增长 12.56%。截至年底，华夏银行北京分行下辖 88 个所属机构，其中支行 57 个，行业公司业务部 11 个，分行部室 20 个，正式员工 1878 人。

地址：西城区金融大街 11 号

邮编：100032

电话：58598578

（李原野）

【公司金融业务】　年内，华夏银行北京分行以城镇化建设贷款、供应链金融、公司理财、票据池、债务融资工具和结构化融资等业务为重点，优先支持基础设施、农业、工业等实体经济重点领域发展；参与北京轨道交通、公路、机场、通信、供电、供热、供气、自来水以及污水处理等市属企业重点项目建设；支持高新技术产业，贷款增加 67%。截至年底，对公客户总数 40462 户，较上年增长 2065 户；对公有效客户 4520 户，较上年增长 416 户；全行对公用信客户 1386 户，较上年增长 145 户。

（李原野）

【个人金融业务】　年内，华夏银行北京分行个人金融资产总量 729.53 亿元，储蓄日均增长超过 50 亿元；个贷规模突破 200 亿；个人有效客户 70.56 万户，比年初净增 9056 万户；贵宾客户累计6.95万户，比年初净增1.2万户；速通卡发卡在北京市场占有率60%；信用卡新增发卡较上年同期增长146%，发放易达金6707万元，实现中间业务收入8892万元。

（李原野）

【渠道网点建设】 年内，华夏银行北京分行新开业支行4家，网点总数达到57家，落实金融惠民政策，重点提升对社区居民、老年人客户服务力度，打造万年花城、沿海赛洛城社区金融服务中心；新增自助设备50余台，覆盖北京16个区县，方便远郊区县客户的业务需求，ATM交易量位列辖内9家股份制商业银行第一。银行卡特约商户数10616户，比年初增加3273户；布设POS机具14422台，比年初增加3469户；布放TPOS机具13447台，比年初增加2907台；企业网银客户数18220户；个人网银签约客户34.67万户（证书版25.24万户），比年初增加11.23万户。10月，华夏银行手机银行正式上线，截至年底，客户数23066户，交易90931笔。

（李原野）

【客户服务】 年内，华夏银行北京分行推出老年人专属金融服务、残障人士专属金融服务、延时服务、报时服务、爱心系列服务等新举措。启动分行投诉联动机制，提升分行整体化解投诉的能力；召开专题会和服务现场会，提高全员服务意识。7月18日,首都精神文明办公室为分行"专业·亲情·家"华夏服务品牌揭牌。

（李原野）

【合规与风险管理】 年内，华夏银行北京分行制定风险管理策略，从信用风险、市场风险、信息科技风险、流动性风险、内控合规风险、声誉风险等方面加强全员风险管控机制建设；开展"员工行为规范年"活动，组织风险管控要点测试、"依法合规，履职尽责，坚守职业操守"教育活动等，增强全员风险管控意识和责任意识。重视案件风险防范，建立案防工作机制，组织全员签署《案件防控目标责任书》，员工异常行为排查达100%；全行严守"两条底线"，实现全年"零案件"，未出现违法和重大违规现象。

（李原野）

【履行社会责任】 年内，华夏银行北京分行支持首都经济建设，投放城镇化建设贷款，城镇化建设项目授信合计约142亿元；支持首都绿色信贷项目授信共计170亿元，涉及节能减排、环保、产业升级、新能源、循环经济等多个领域。截至年底，免费为首都市民发放ETC华夏速通卡60万张；与北京市城乡结合部建设领导小组办公室、市金融局、市保障性住房建设投资中心签署合作协议，优先为保障性住房建设提供贷款，支持建设保障性住房300万平方米，惠及3万户中低收入家庭；开展防金融诈骗、反假币宣传活动，向公众普及金融知识。

（李原野）

广发银行股份有限公司北京分行

【概况】 广发银行股份有限公司北京分行在区境内有月坛支行、金融街支行、宣武门支行、西单支行、动物园地铁支行、西直门支行。

金融街支行
地址：西城区金融大街16号
邮编：100033
电话：88088122
宣武门支行
地址：宣武门外大街甲1号环球财讯中心A座一层、M层
邮编：100052
电话：83153358

（陈玉颖　赖晓敏）

【金融街支行业务】 金融街支行是广发银行率先进入智能银行时代的首家智能网点，采用首发或尖端的智能设备，厅内设置"全天候咨询墙"，实时播出各类新财经信息以及银行产品。智能叫号机，采用刷卡叫号方式，使银行工作人员提前了解等候客户的基本情况，节省客户的等候时间。智能填单台，可以在触摸屏上填写有关单据，信息直接录入柜员操作系统，为客户节省业务办理时间。一台24小时远程人工服务的智能银行设备，即使在银行非营业时间，客户也能通过远程操作完成储蓄卡、信用卡申请流程。自助设备和上网体验设备前配备免拨服务电话，厅内设置大量"咨询一点通"，具有触摸互动功能，让客户方便地了解各类金融信息。在广发北京分行辖内，金融街支行作为首创智能网点，为广发财富管理中心的贵宾客户提供专享服务，更以优质服务在金融街核心区域树立广发银行的良好形象。

（陈玉颖）

【宣武门支行业务】 宣武门支行内设营业部、公司银行部、个人银行部、办公室，有正式员工21人。年内，宣武门支行一般性存款9.43亿元，其中对公存款7.32亿元，储蓄存款2.11亿元，实现利润总额348万元。年内，宣武门支行积极为各类企事业单位、社区居民提供特色化、差异化、多元化的金融服务。对公有各类存贷款业务，包括好融通、市场贷、盈利贷、企业"薪管家"代发工资业务等；个人业务包括生意红、生意通、理财产品、基金、保险、贵金属延期交易业务及现货业务等。

（赖晓敏）

招商银行股份有限公司北京分行

【概况】 招商银行股份有限公司北京分行（简称招商银行北京分行）共设营业机构64家，其中年内新开业营业网点4家，已批开业1家。员工3726人，比年初新增366人。截至年底，招商银行北京分行总资产3955亿元，比上年增加205亿元，增幅5.5%；全折自营存款余额3017亿元，比上年增加150亿元，增幅5.2%；自营贷款余额1451亿元，比上年增加133亿元，增幅9.2%；不良贷款率0.2%，不良贷款拨备率839%。全年实现利润108亿元，比上年增加14亿元，增幅15.1%。

地址：西城区复兴门内大街156号
邮编：100031
电话：66427107

（金　晶）

【发展方式转型】 年内，招商银行北京分行按照总行"以服务为主线深入推进二次转型"的工作部署和要求，加强市场营销，拓展收入来源，RAROC水平为91.65%，比上年提升

2.34 个百分点；成本收入比为18.47%，比上年下降0.56个百分点。人均税前利润330万元、网均税前利润1.74亿元，分别比上年增长11万元和1345万元。

（金 晶）

【批发银行业务】 年内，招商银行北京分行批发银行业务人民币日均存款增加130亿元。FPA总量增加605亿元。推进跨境联动业务，内保外贷、境外银团、境外发债等业务推出：医采贷、成长之星信托计划、全能贷、新三板直通车等新产品，小企业贷款余额增长。

（金 晶）

【同业和金融市场业务】 年内，招商银行北京分行承销非金融企业债务融资工具44支，金额572亿元，同业非标债权放款超过57亿元，叙做融资租赁业务16.2亿元，托管规模达2182亿元，销售公司和同业理财产品3503亿元，是上年的2.1倍。

（金 晶）

【零售银行业务】 年内，招商银行北京分行常规理财产品销量4981亿元，信托销量347亿元，公募基金销量294亿元，新增定投协议3.8万个，保险业务收入同比增长31%，高端权益类产品销量同比增长95%。私人银行客户、钻石客户、金葵花客户、金卡客户及代发业务、公积金联名卡业务显著增长。截至年底，小微企业贷款余额216亿元，同比增幅78%。6家网点获北京银行业文明规范服务百佳示范单位，1家网点获北京市银行业特色服务示范单位。

（金 晶）

【风险管理与内控管理】 年内，招商银行北京分行开展信贷资产风险排查，加强重点客户风险监测和风险预警力度，建立法律合规顾问制，加强内控和合规管理执行内控评审会制度，发挥审计检查在揭示风险、完善流程等方面的作用。严格落实中央“八项规定”，开展员工异常行为排查和行为管理，做好事前防范，完善运营管理和支持保障，确保内部安全、稳定运营。

（金 晶）

【服务渠道与队伍建设】 年内，招商银行北京分行新开业西直门支行、海淀黄庄支行、丰台科技园支行、广渠门支行4家，清河支行迁址开业，截至年底末营业机构达64家。完善考核机制，加强员工队伍培训，共举办各类培训近300期，总课时近4000小时。通过企业文化、组织文体活动、履行社会责任等方式增强队伍凝聚力。

（金 晶）

中国民生银行股份有限公司总行营业部

【概况】 中国民生银行股份有限公司总行营业部（简称民生总行营业部）下设支行59家，正式员工2476人。本外币总资产余额5523.12亿元。各项存款余额3935.87亿元，比上年增加72.98亿元，增长1.89%；其中人民币存款余额3710.14亿元。各项贷款余额1488.45亿元，比上年增加51.52亿元，增长3.59%。

地址：西城区复兴门内大街2号

邮编：100031

电话：58560088

（龚耀星）

【公司银行业务】 年内，民生总行营业部公司贷款重点投向公共管理、社会保障和社会组织、房地产业、制造业、批发和零售业、租赁和商务服务业、采矿业、建筑业，贷款余额占公司贷款余额的78.89%。截至年底，民营企业客户数占公司客户数的84.24%，贷款余额占公司贷款余额的57.58%。中小企业贷款余额305.17亿元，比上年减少11.04%。服务实体经济，高新技术企业贷款余额85.48亿元，文化创意类企业贷款余额35.28亿元，绿色金融贷款余额25.43亿元。支持中关村国家自主创新示范区建设，全年累计发放贷款99.20亿元，示范区高新技术企业贷款余额79.58亿元。通过批量授信方式，对北京区域内重点领域如供热行业、经济型酒店、产业园区、高端制造企业等进行规划调研，先后有15笔批量授信方案获得总行审批，审批金额155亿元，分行在批量项下的具体用信企业有终审权，高效服务科技金融、节能环保、旅游等行业中小企业，同时为其提供包括信贷业务、贸易融资、支付结算、现金管理、个人金融、电子银行、上市辅导等综合金融服务。支持昌平区沙河镇巩华城、石景山区苹果园街道改造项目、海淀区苏家坨镇安置房等重点项目建设贷款余额40.97亿元，支持新型城镇化建设贷款余额28亿元。贸易融资余额170.76亿元，其中表内合计41.96亿元，表外合计128.8亿元。非融资性保函余额39.57亿元，融资性保函余额13.97亿元，信用证余额50.01亿元。表内外资产状况良好，无不良贷款发生。票据业务，累计办理票据直贴业务720亿元，转贴现2347亿元，买入返售2276亿元。新增托管业务规模2223亿元，比上年增长120.76%。基金、券商资产管理计划托管发展迅猛，首次超过多年排名第一的信托计划托管规模；保险资产管理、交易所平台业务、单用途预付卡等发展迅速。发债融资业务，全年发行债券26支，承销额339.5亿元。

（龚耀星）

【零售银行业务】 年内，民生总行营业部储蓄余额573.6亿，较上年增长85.6亿，增长14.92%。个人贷款余额617.3亿元，较上年增长86.4亿元，增长16%。金融资产余额1358.5亿元，比上年增加306.1亿元，增长29%。本外币理财余额708.4亿元，比上年增加200.4亿元，增长39%。基金余额47.8亿元，比上年增加12.1亿元，增长33.89%。高端零售客户增长较快，贵宾客户13.59万户，比上年增加2.19万户。全年发卡56.74万张。电子银行业务稳步增长，个人网银客户91.86万户，比上年增加16.25万户，增长21.49%；个人网银替代率79.30%，手机银行有效客户达40.16万户。

（龚耀星）

【中间业务】 年内，民生总行营业部推动公司理财、资产托管、发债融资、信用证、保理、理财产品销售、贵金属交易等业务，实现中间业务收入106143万元，较上年增加22237万元。

（龚耀星）

【资金业务】 年内，民生总行营业部同业存款余额1515.86亿元，比上年增加118.13亿元，同业存款日均

1817.74亿元，同比增长214%。资金业务累计交易量15800.41亿元，同比增长8%。

（龚耀星）

【小微金融】　年内，民生总行营业部“聚焦小微”，以小微金融作为全行发展战略，为超过11万小微客户提供资产、负债、结算、理财、专业服务、非金融增值服务等综合金融服务。结合首都经济发展和区域经济特色，科学规划，重点服务服装服饰、家居建材、批发零售、现代农业、汽车汽配、现代服务、科技、文化创意等关系国计民生的行业，推出“风险补偿基金”产品，解决小微企业担保难的困境。截至年底，小微企业贷款余额480.6亿元，比上年新增100.1亿元，增幅26.3%，总体资产质量较好。小微企业贷款客户19081户，比上年新增5845户，增幅44.2%，扩大了小微企业贷款覆盖面。在小微互助基金基础上升级推出小微风险补偿基金业务，提升银行风险管控能力降低小微企业融资成本。全年服务近6000名客户，提供授信约70亿元，无一笔不良贷款。

（龚耀星）

【风险管理】　年内，民生总行营业部贯彻落实各项监管政策，信贷结构进一步优化，运用各类风险管理工具提高全面风险管理水平，压缩产能过剩和平台贷款，受托支付比例继续提升。截至年底，压缩退出风电设备、汽车制造等产能过剩行业贷款1.7亿元。政府融资平台贷款余额206.3亿元，比上年增加8.64亿元。全年新发放贷款受托支付比例达99%。

（龚耀星）

北京银行股份有限公司

【概况】　北京银行股份有限公司（简称北京银行）分支机构总数267家，其中北京地区分支机构180家，在册员工9193人。截至年底，资产总额13368万亿元，增幅19%；实现净利润135亿元，同比增长15%；资本回报率18%；人均创利146万元，继续保持同业领先水平。不良贷款率0.65%，拨备覆盖率385.91%。品牌价值达150亿元，一级资本在全球千家大银行排名第105位。年内，获《银行家》杂志中国金融创新奖评选“十佳金融产品创新奖”、《首席财务官》杂志2013年度中国CFO最信赖银行评选“最佳现金管理创新奖”、金融社保IC卡项目获“国家金卡工程2013年度金蚂蚁奖”创新应用奖；获中国银行业协会评选的银团贷款“最佳管理奖”，在证券时报社主办的2014投行创造价值高峰论坛上获2013年度最佳银团融资银行单项奖、2013年度最佳创新资管项目奖以及2013年度最佳中期票据项目奖；获中国银监会“2012年度全国银行业金融机构小微企业金融服务先进单位”称号。

地址：西城区金融大街丙17号北京银行大厦

邮编：100033

电话：66426500

（王昕芳）

【公司业务】　年内，北京银行推动债券承销、银团贷款、结构融资、并购融资等投行业务板块发展，推出“现金e通”“网络链”特色网络化方案，打造金融互联网财资服务领先优势。“京医通”项目快速发展，在首都儿研所、同仁医院等12家北京市属医院和部属西苑医院上线，累计发卡69万张。支持科技金融、文化金融、绿色金融建设，科技金融客户增长43%，文化金融客户增长40%，绿色金融客户增长77%。

（王昕芳）

【零售业务】　年内，北京银行加快零售业务转型，储蓄存款、个人贷款市场份额提高，储蓄存款占全行存款总额20%。个人贷款余额（不含信用卡业务）1162亿元，同比增长306亿元，增幅36%；“短贷宝”产品余额273亿元，同比增加76亿元，增幅39%。零售客户1075万户，增长115万户，其中VIP客户增幅25%；私人银行达标与潜力客户突破1万户，达标客户增长46%。信用卡发卡25万张，累计发卡164万张。新发行6款信用卡产品，继续发行和推广慈善信用卡品牌—大爱卡，累计发卡78万张。年内，通过大爱卡消费共筹集善款159万元，发卡以来累计筹集善款374万元，主要用于助学、助困、助医等。零售业务品牌第五次获得《亚洲银行家》“中国最佳城市商业零售银行”称号。

（王昕芳）

【金融市场业务】　年内，北京银行本外币投资2598亿元，较年初增长18%。同业借款余额486亿元，增长179亿元；票据转贴现买入返售余额1160亿元，增长360亿元；存放同业余额988亿元，增长441亿元。国际业务方面，实现结算规模550亿美元，同比增长34%；外汇存款增加58亿元，同比增长32%；国际类中间业务收入7亿元人民币，同比增长17%。推出“国际金融通”环球金融服务品牌，打造进口金融通、出口金融通、全贸易链金融通、引资金融通、走出去金融通、跨境人民币金融通6大领域增值金融产品服务。

（王昕芳）

【优化业务结构】　年内，北京银行加大向零售、小微转型力度，加快中间业务发展，推进客户结构、收入结构持续优化。手续费及佣金净收入在营业收入中占比首次突破10%。提高个贷和小微企业贷款在贷款总额中的占比。储蓄存款在存款总额中占比20%。

（王昕芳）

【加强渠道建设】　年内，北京银行新开业网点31家，绍兴支行升格为二级分行。加快电子渠道建设，零售网银客户、手机银行客户、企业网银客户数量同比分别增长31%、171%和28%。投放北京地铁6号、8号和昌平线自助取款机（ATM）100台；新建自助银行73家，投放远程智能柜员机（VTM）5台，自助机具保有量突破1500台。

（王昕芳）

【风险管理】　年内，北京银行通过完善总分支三级风险管理体系和“信贷六集中”管理，构建1.5道风险管理防线，加大风险预警提示频度和不良资产清收处置力度，强化内部审计监督等方式，提高全员廉政风险意识。截至年底，全行不良贷款率0.65%，拨备覆盖率385.91%。

（王昕芳）

证　券

中国证券监督管理委员会北京监管局

【概况】　中国证券监督管理委员会北京监管局（简称北京证监局）在北京辖区年内有21家公司通过增发、配股等方式再融资212.62亿元，全年股权融资212.62亿元，占全国的5.24%。有2家公司发行可转换债210亿元，有7家公司发行公司债融资371.9亿元。年内，通过交易所债券融资581.9亿元，占全国32.36%。辖区证券市场融资794.52亿元，占全国13.57%。北京辖区217家上市公司总市值97040.23亿元，占全国35.73%；上市公司总股本20703.19亿股，占全国51.08%。新增5家基金公司、1家期货公司，新设16家证券营业部、1家证券分公司和7家期货营业部。18家证券公司总资产2844.24亿元，净资本813.25亿元；15家法人基金管理公司管理基金份额5312.30亿份，公募基金规模5323.72亿元；21家期货公司资产总额469.42亿元，全年期货代理交易额73.11万亿元，约占全国27.34%，代理成交量6.45亿元，约占全国31.3%。辖区有证券期货业务资格会计师事务所22家、资产评估事务所37家，境外上市公司及各类股权投资机构数量均居全国前列。

地址：西城区金融大街26号金阳大厦6层
邮编：100033
电话：88088060

（张　靖）

【拟上市公司监管】　年内，北京证监局落实《拟上市公司辅导工作监管指引》要求，对辖区拟上市公司辅导备案和验收受理拟上市公司辅导备案26家，完成辅导监管和验收10家。

（张　靖）

【上市公司监管】　年内，北京证监局完成对32家公司的现场检查，内容涵盖年报现场检查、专项检查、IPO专项核查及现场走访等。对2家公司移交稽查初步调查处理（其中1家已立案稽查），对7家公司出具行政监管措施，对15家公司出具监管关注函。面向辖区上市公司及相关机构开展北京地区中小企业并购重组业务、北京地区公司债、北京辖区企业资产证券化、股权激励、年报审计及财务等专题培训；继续开展常规培训，全年共培训上市公司董、监事1536人次。调整上市监管工作分工，按照功能监管导向，划分主板、创业板等不同板块，设立日常监管组和现场检查组，结合板块和行业特点组织日常监管，强化现场检查深度与质量，合理配置监管资源。制定《上市公司风险分类指引》等相关工作规程，提高监管效率。

（张　靖）

【证券机构监管】　年内，北京证监局完成辖区公司资产管理、合规及风险管理、融资融券、代销金融产品专项检查，配合中国证监会机构部完成对中信证券、山西证券及西部证券直检工作，完成辖区中信建投证券、国开证券公司现场检查。推行营业部分类评价。积极搭建自律平台，成立北京证券业协会合规委员会、经纪业务委员会。加强非现场检查，建立重大事项沟通机制。梳理备案报告事项，明确法律依据及备案时限。制定《保荐机构持续督导工作监管指引（试行）》，督促保荐机构提高持续督导质量。

（张　靖）

【期货市场监管】　年内，北京证监局对20家期货公司进行现场检查，发现问题及时总结、反馈、督促整改。开展营业部分类评价工作，AA类公司5家、A类公司19家，B类公司65家，C类公司65家，D类公司4家，E类公司0家。制定居间人管理指导意见，指导北京期货商会搭建居间人备案管理系统。加大行业内外沟通交流力度，建立首席风险官联席会制度。举办营业部负责人、首席风险官等培训，提升机构合规管理水平。举办高管论坛、期货暨衍生品市场等高层次论坛，多渠道激发期货公司创新主体的内在动力和活力。

（张　靖）

【基金行业监管】　年内，北京证监局将证券投资咨询机构、独立销售机构列为重点检查对象，制定区别化检查方案，配合中国证监会基金部完成新设基金公司现场验收和股东核查50余次，对公司出具监管提示函3次，出具警示函1次，责令整改1次。强化非现场监管，利用FIRST系统，加强基金产品线监管。定期分析数据，及时提示存在负偏离、巨额赎回等问题。落实外资代表处监管。督促基金销售机构增强合规意识，避免引发投诉纠纷导致风险集聚或外溢。

（张　靖）

【证券期货投资咨询及资信评级机构监管】　年内，北京证监局将“荐股软件”纳入持牌机构投资咨询业务范畴，开展“荐股软件”6家投资咨询机构及关联机构进行专项检查。对不具备“荐股软件”销售资质的“金融界”等重点企业，加大清理、整顿力度，年内“金融界”清理工作基本结束。加大对资信评级机构监管，会同证监会公司债券办公室、中国证券业协会对2家资信评级机构开展现场检查，要求各公司对主体资格合规管理等方面存在的问题进行整改。

（张　靖）

【会计审计及评估业务监管】　年内，北京证监局落实中国证监会关于加快会计监管职能转型，加强监管执法的要求，完成对2家会计师事务所、1家资产评估机构的全面检查，对8个审计项目及5个评估项目执业质量进行专项检查。

（张　靖）

【落实资本市场法律监管责任】　年内，北京证监局落实中国证监会《律师事务所证券法律业务监管工作分工协作规程》，制定《北京辖区律师事务所从事证券期货法律业务监管工作规程（试行）》，建立北京辖区律师证券期货执业行为监管机制。启动法律意见书审核工作，截至11月底共审核法律意见书27份。完成诚信建设日常查询录入工作，截至11月底录入许可信息243项，监管措施信息23项，公开承诺信息12项，保密信息查询337批次。

（张 靖）

【监管执法保护投资者合法权益】 年内，北京证监局落实稽查执法指导意见，严厉打击证券期货违法犯罪，与公检法、银监局、会稽查局综合执法，办理证券期货涉及内幕交易等违法案件55件，办结43件，结案率达78.2%。应对信访投诉新特点，修订信访工作流程，建立“12386”热线处理工作制度，通过现场检查等方式引导证券机构提高客户纠纷内部解决能力。完善投保工作协调机制，加强信息共享和联系沟通。建立投保工作档案，持续抓好“整非打非”工作。

（张 靖）

保 险

中国人民财产保险股份有限公司北京市分公司

【概况】 中国人民财产保险股份有限公司北京市分公司在区境内设西城支公司和宣武支公司。西城支公司设综合部、德胜门出单分中心及12个营销团队，有员工89人。宣武支公司下设出单中心、车险直销部、非车险直销部和6个中介部，1个综合部，职工66人，其中正式职工48人。

西城支公司
地址：西城区德胜门外大街73号
邮编：100088
电话：62370120
宣武支公司
地址：西城区菜市口南大街平原里20号楼
邮编：100054
电话：63559066

（严娟娟 顾惠潼）

【西城支公司业务】 年内，西城支公司坚持以客户为中心的工作要求，以销改为基础，以专业发展为方向，实现公司有效益发展。对内坚持依法合规经营，通过制定考核奖励办法，提高人员素质，提升销售能力；对外通过理清渠道、细分客户，为客户提供更加专业、优质的服务。年内，西城支公司实现保费收入48784万元，比上年同期增长5157万元，增幅为11.82%，承担各类风险金额3797.77亿元；全年支付赔款2.69亿元，比去年同期增长1727万元，增长6.03%，全险种赔付率57.66%；上缴税金2904万元。机动车辆保险承保102649辆，车险保额503.2亿元。承保企业财产2530笔，承担风险金额1963.23亿元。承保货运险风险1101.99亿元。承保责任险风险111.36亿元。承保工程险风险35.94亿元。承保短期意外险风险82.05亿元。

（严娟娟）

【宣武支公司业务】 宣武支公司主要经营各类财产保险、货物运输、建筑工程等保险以及多种责任保险、短期人身意外保险等。宣武支公司坚持以市场为导向，以客户需要为宗旨，采取多项措施调整业务结构，有针对性的制定经营策略，把握市场动态，了解客户需求，提高服务水平，疏通展业渠道，加大承保、理赔力度。年内，宣武支公司实现保费收入34598万元，利润完成783万元，同比增长128.07%。企业财产险保费收入1857万元；家庭财产保险保费收入26万元；机动车辆保险保费收入30687万元；货物运输保险保费收入762万元，同比增长16.92%；推出为航天、石油等特殊行业服务的险种—特险，特险保费收入450万元，同比增长41.07%；工程险保费收入460万元；责任险保费收入369万元；意外险业务保费收入37万元。被西城区人民政府授予“西城区文明单位”

（顾惠潼）

中国平安财产保险股份有限公司北京分公司

【概况】 中国平安财产保险股份有限公司北京分公司（简称平安产险北京分公司）设有2个营业部、4个支公司、4个营销服务部，从业人员1210人，其中正式在编员工1016人，劳务派遣194人。截至年底，实现保费收入612541万元，计划达成率90.7%，同比上升1.0%，市场占有率20.5%。车险保费收入446575万元，计划达成率94.0%，同比上升6.2%；综合费用率30.2%；综合赔付率64.4%，承保利润20577万元。财产险保费收入150474万元，计划达成率82.1%，同比上升-12.8%；综合费用率29.6%，综合赔付率80.3%。承保利润-6888万元。健康险、意外险保费收入15492万元，计划达成率93.9%，同比上升18.3%；综合费用42.4%，综合赔付率39.9%；承保利润2607万元。
地址：西城区金融大街23号
邮编：100032
电话：59700123

（陈家伟）

中国平安人寿保险股份有限公司北京分公司

【概况】 中国平安人寿保险股份有限公司北京分公司（简称平安人寿北京分公司）设有16个职能部门，33个营销服务部。在职员工875人，返聘1人，个人代理人17410名。西城区境内有西单、新街口北大街、宣武门

3个营销服务部。年内，实现规模保费收入124.19亿元，同比增长10.47%。其中，个险规模保费收入111.30亿元，同比增长18.79%；银保总规模保费12.56亿；团险总规模保费0.33亿。个险新单规模保费收入28.12亿元，续期保费收入83.18亿元。截至年底，平安人寿北京分公司总客户420万余人，保单594万余件。年累计办理个银理赔57504件，赔款、死伤医疗给付累计4.66亿元，年金及满期给付18.18亿元。

地址：西城区金融街大街23号

邮编：100033

电话：95511

（缪　进）

【个人营销业务】 年内，平安人寿北京分公司推出：新年平安礼福进千万家、春天有约专注为您、缤纷夏日欢乐童年、爱在金秋千亿保障送万家4大主顾活动，开拓新市场。个险人力17410人，占据北京市场31%份额；个险规模保费收入111.30亿元，同比增长18.8%，市场份额36%。其中个险新单规模保费收入28.12亿元，同比增长28%，市场份额36%。

（缪　进）

【银行代理业务】 年内，平安人寿北京分公司银行代理业务坚持“以期交为主、以NBEV（新业务内涵价值）为导向”的经营方针，合法、合规经营，推动销售模式转型、停止驻点销售、普及巡点作业。实现首年期交保费34743万，计划达成率97.8%，同比增长5.9%；NBEV5287万，计划达成率74.7%；折算规模保费15.5亿。

（缪　进）

【重大承保与理赔】 年内，平安人寿北京分公司总客户420余万人，累计为北京市民提供人身保障4480亿元；为32万客户赔付32亿元，送去千亿元保障和贴心服务。截至年底，平安人寿北京分公司理赔整体结案时效1.89天，标准案件2日结案率95.12%。2013年，客户董某因疾病身故，其受益人获得中国平安人寿北京分公司给付身故保险金2062225.62元，这是平安人寿北京分公司2013年度最大单笔理赔款。同年，41岁的客户武某投保寿险保额3000万元，意外伤害保额7000万元，年度累计承保保额1亿元，成为中国平安人寿北京分公司2013年最大承保契约。

（缪　进）

【客户服务】 年内，平安人寿北京分公司VIP客户“回味经典　亲子同乐”儿童观剧活动、知名金融专家及北京大学知名教授讲座、“享团圆　采硕果”VIP客户采摘、以及“喜乐开门马到成功”新春喜乐会相声专场，约7800个VIP客户及家庭参与。23.2万个客户参与第18届“友善　安心　欢乐　平安”平安客服节活动。

（缪　进）

【风险控制】 年内，平安人寿北京分公司开展合规宣导、风险检视、内控自评项目、反洗钱自查、重点可疑交易报送等工作，结合年度监管重点，加强保险营销人员销售误导行为的治理力度，采取多举措严查保险营销人员违规行为，不定期进行现场检查，做好风险事前管控。

（缪　进）

【社会公益】 年内，平安人寿北京分公司组织良乡蒲洼平安希望小学师生到北京东城区黑芝麻胡同小学，推动两校师生互相交流学习。选择4批次（共计20人）志愿者赴房山区蒲洼乡平安希望小学支教（9月11日至10月15日），并向学校捐赠价值5万元的设备和用品。参与平安集团大学生励志计划活动，与北京大学、清华大学、人民大学、中央财经大学等9所高校合作，征集经管类论文逾百篇，其中39篇论文获得集团论文大赛嘉奖。

（缪　进）

中国太平洋财产保险股份有限公司北京分公司

【概况】 中国太平洋财产保险股份有限公司北京分公司（简称太平洋产险北京分公司）下设支公司9家、营业部2家、营销服务部2家，正式员工1087人。在西城辖区内设西城支公司、营业部。截至年底，实现保费收入476901万元，同比增长14.33%。累计赔款支出272892万元，赔付率57.22%。非车险保费收入101737万元，同比增长33.27%。车险保费收入375164万元，同比增长10.06%。

地址：西城区复兴门内大街158号

邮编：100031

电话：66428888

（申渝杰）

【车险业务】 年内，太平洋产险北京分公司坚持销售管理体制改革，整合内部资源，成立专项管理部门，强化车险条线管理职能，调整机动车辆保险业务结构，以总对总业务和重点集团渠道业务为重点，确保基础业务实现规模增长；以多维度数据分析为基础，实现销售费用的精细化和差异化投入；建立渠道分级制度，理顺客户服务工作和理赔工作流程；建立专业化销售团队60个，初步形成专业化经营销售局面。

（申渝杰）

【非车险业务】 年内，太平洋产险北京分公司制定经营策略，发展非车险业务。坚持重大客户与重大项目同步拓展的做法；开拓政策性农业保险、信用保险业务等非车险业务渠道；实现意外险与定额货运险保单的电子化；拓宽海外业务承保一批全球工程和财产险项目。截至年底，非车险保费业务收入突破10亿元，市场份额超过10%

（申渝杰）

【综合服务】 年内，太平洋产险北京分公司围绕星级示范门店建设、服务质量管理以及投诉管理三项基础工作，建立和完善普通客户基础服务标准，实现客户资源分类管理。完善3G移动视频后援、配件报价集中管控、差异化工时调整、理赔口径数据分析、医疗法务调解、人员队伍管理6个系统建设，推动理赔服务进一步标准化、专业化。在北京市金融工会和北京保险行业协会联合主办的2013年北京市职业技能大赛保险行业车险定损员比赛中获得佳绩。

（申渝杰）

中国太平洋人寿保险股份有限公司北京分公司

【概况】 中国太平洋人寿保险股份有限公司北京分公司（简称太平洋寿险北京分公司）下辖10个支公司、2个营销服务部，在职内勤员工355名，个人营销员5035名，银行保险系列外勤员工338名，团体业务系列外勤员工68名。截至年底，实现保费收入39.65亿元。其中，个人营销业务保费收入4.22亿元，银邮业务保费收入8.38亿元，团体业务保费收入为1.35亿元，续期业务保费收入25.70亿元。年内共处理各种赔付、给付4.46万人次，共计金额1.18亿元。

（多玲辉）

【个人营销业务】 年内，太平洋寿险北京分公司以“稳增长、重价值、促转型、增效率”的经营方针，稳中求进，创新驱动，优化投产比，持续提升价值，持续推进转型。强化基础活动管理，以健康人力为抓手，实现关键人力指标全面优化，推动营销的健康发展。科学配置资源，合理控制业务节奏，个人营销业务实现新单保费收入4.22亿元。

（多玲辉）

【银邮业务】 年内，太平洋寿险北京分公司聚焦期缴，推动渠道长期价值增长。巩固品牌优势，合理配置网点资源。产品结构持续优化，银保期缴保费收入3.89亿元，同比增长6%。银邮业务实现保费收入8.38亿元。

（多玲辉）

【团体业务】 年内，太平洋寿险北京分公司团体业务渠道优化队伍，提升团险法人客户经营专业力，推动和实现可持续价值增长。拓展大项目经营，精细化项目部管理，实现渠道价值不断积累。非健康短期险（含一年期定期寿险）取得长足发展，实现9164万元，同比增长52%；短期意外险积极挖掘新增长点，实现8461万元，同比增长49%。团体业务渠道实现保费收入1.35亿元。

（多玲辉）

【客户服务】 年内，太平洋寿险北京分公司坚持“以客户需求为导向”的战略思想，提升客户体验。开展多样式技能培训，加强团队建设，提升服务品质。通过“神行太保”移动应用设备向客户提供“一站式”上门服务，提高效率，提升满意度。开展丰富多彩的客户活动，如少儿书画大赛、亲子活动、健康讲座、高端客户答谢活动。

（多玲辉）

【合规经营】 年内，太平洋人寿北京分公司完善制度，梳理流程。坚持“一守三全”的工作要求，守住风险底线，杜绝违规行为，全力遏制重大风险，全方位杜绝合规问题。加大合规检查力度和重点风险排查范围，做好风险提示。强化合规理念和制度的宣导，建立合规考核机制。

（多玲辉）

（责任编辑 孙凤霞）

城市建设

规划管理

【概况】 北京市规划委员会西城分局（简称市规划委西城分局）是北京市规划委员会的派出机构，负责组织本行政区域内的规划实施、规划审批和规划监督工作。内设办公室（政工办）、综合业务科、规划科、建设用地管理科、建设工程管理科、市政交通工程管理科、纪检监察科、法制科等8个科室，直属1个行政执法机构——西城区规划监察执法队，有北京市西城区历史文化名城保护促进中心、北京市西城区规划管理信息中心、北京市宣武建筑设计所等3个下属事业单位。年内，市规划委西城分局按照《北京城市总体规划（2004-2020年）》的要求，围绕区域《“十二五”期间经济和社会发展规划》，强化规划引领作用，加强规划统筹协调，推进历史文化名城保护，加快基础设施和重点项目建设，加大查违和规划监督力度，稳步开展各项工作，取得了阶段性成效。

地址：西城区西直门南小街国英园5号楼

邮编：100035

电话：66182866

（刘明增）

【完成《西城区综合交通规划》】 2月，编制完成《北京市西城区综合交通规划（2012年—2020年）》，由区政府第41次常务会议审议通过。

（吴旻旻）

【香厂新市区规划建设研讨】 10月，组织召开西城区人民政府主办的2013年度第6期北京历史文化名城保护论坛，主题为“香厂新市区的规划与建设”。该论坛探讨了香厂新市区规划建设的时代背景、推动因素、主要活动、规划实施与管理，分析了衰败的主要原因。与会专家认为香厂新市区的探索为北京的规划建设留下宝贵的规划理念和方法，对北京天桥演艺区建设有重要作用。

（吴旻旻）

【召开西城区名城委2013年年会】 11月，举办西城区历史文化名城保护委员会2013年年会暨海峡两岸共话名城保护论坛。谢辰生、王世仁、王东、柯焕章、徐裕健（台湾）等专家，市政府副秘书长张玉平，北京名城办常务副主任邱跃，西城区委书记王宁、区长王少峰等出席会议。论坛以烟袋斜街和杨梅竹斜街为案例，总结了历史文化保护区的修缮改造模式和工作经验。台湾建筑师徐裕健分享了台湾历史老街的保护案例。年会发布北京市第一款历史文化资源应用软件——西城区历史文化名城资源手册（APP）。

（吴旻旻）

【历史文化名城保护】 年内，推进“文道”建设，完成“文道”建设工作方案，由区政府专题会议审议通过；建成天桥历史文化景观，完善了中轴线桥序列；全面梳理“四名”（名城、名人、名业、名景）理念体系涉及的人口疏解、民生改善、环境整治等若干要素；建立与东城区历史文化名城保护工作委员会办公室交流机制，加深对名城保护共性问题的认识，增强保护北京历史文化名城的历史责任感。

（吴旻旻　于长艺）

【四合院适老化改造规划设计】 年内，联合清华大学建筑学院，以大栅栏杨梅竹斜街院落为试点开展适老化改造，探索历史文化街区四合院发展和利用模式。该试点设计的主要特点是：符合老年人生理心理需求；延长老人生活自理时间；增强邻里之间相互照应；避免不安全隐患；符合无障碍需求，在有限空间内提供适于老年人生活的设备设施；植入立体化空间利用、提高通风采光性能、增加房间与院落视线互动等多种适老化设计理念。

（于长艺）

【编制完成法源寺保护区规划】 年内，编制完成《法源寺历史文化街区（保护区）保护规划》，该规划对法源寺地区的胡同、院落、建筑等进行了详细的调查和记录；将法源寺历史文化街区定位为北京南城以法源寺为中心的平民居住为主的区域，按照“原高度、原产权面积”的原则对建筑开展保护与整治，严格保护竖胡同肌理、传统院落空间和建筑风貌；采取西侧支路提级、规划新增胡同、内部交通单行组织等方式，改善交通环境；采用配置小型化公共设施、种植乔木等绿化手段，提升居住环境品质。

（于长艺）

【启动西城区地下空间总体规划编制】 年内，启动西城区地下空间总体规划（2013-2020年）编制，形成工作框架，完成地下空间基础数据的收集。

（王智强）

【完成西城区规划实施评估】 2005至2011年，西城区实施城市总体规划，在城区功能定位的引领下，各项指标逐步靠近规划目标，也存在偏离规划目标的个案和新问题。年内，在分析西城区人口、经济、产业、建设等相关数据的基础上，继续评价用地变化特征、人口变动影响、功能结构优化、公共服务能力、产业发展水平、历史文化保护、生态环境改善、基础设施保障和实施监管等9项基础性内容，完成西城区规划实施评估。建议西城区从“保护为要，文化引领；总量控制，内融外联；服务中央，建设社区；提升管理，精细设计”等4个方面完善目标。

（吴旻旻）

【完成“十二五”基础设施规划中期评估】 年内，完成《西城区“十二五”时期基础设施发展建设规划》中期评估。评估结果：“十二五”时期基础设施发展建设基本上达到了时间过半任务过半的目标，城市发展建设取得了显著成绩；部分指标提前达到，尤其是供水、供热、供气、环卫和信息等市政工程；轨道交通建设进展顺利，路网建设受拆迁等因素影响较大，停车设施建设有序进行；规划实施中存在基础设施建设需求不断增长，拆迁难度大、成本高，基础设施建设周期长，基础设施精细化管理水平仍然不高等问题。建议措施：加强统筹协调，突出重点，实现规划设定的目标；对接《西城区“十二五”时期固定资产投资和重大项目建设规划》和《北京市西城区综合交通规划（2012年—2020年）》，适当调整规划重点任务；加强基础设施系统的精细化管理。

（吴旻旻）

【规划管理和服务创新】 年内，创新工作思路和服务举措，全面梳理西城区教育、文化、功能区建设等200余项基本建设项目，建立“规划重点服务项目表”，搭建项目信息共享平台，对西城区重点项目实施动态规划管理和服务。

（吴旻旻）

【控制性详细规划调整】 年内，完成粤东新馆、大栅栏观音寺、棉花危改A6及A7地块、华夏女中、中古友谊小学、大栅栏历史文化展览馆、戊戌维新纪念馆、铁二中改扩建、北师大幼儿园用地置换、南线阁卫生服务站、北京市第35中学迁址建设工程地下停车场项目、中古友谊小学分校改造、德胜门内大街58号院、按摩医院、浸水河小学翻改建、回民中学翻改建、西黄城根垃圾楼、植物保护站、百姓家园等项目的控制性详细规划调整。

（康帝 吴旻旻）

【建设项目规划受理核发】 年内，受理建设项目行政许可、行政服务事项和规划监督事项545件，其中行政许可277件、行政服务事项99件、规划监督事项169件；核发518件，其中行政许可259件、行政服务事项95件、规划监督事项164件。

（梁海超）

【重点项目前期规划】 年内，办理完成金融街E5绿化广场改造、广安门外街道办事处社区办公活动用房、新街口街道办事处社区办公活动用房、白塔寺药店降层、广济寺新征用地建设围墙、大栅栏历史文化展览馆、戊戌维新纪念馆建设工程、德胜门对景仿古建筑、燕翅楼复建工程、三庆园改造专家论证、庄胜A-G地块危改、新兴盛危改等项目的前期规划。

（康 帝）

【重点项目规划审批推进】 年内，按照“提前介入、主动服务”的原则，推进金融街E5绿化广场改造、燕翅楼复建工程、地内联勤加油站迁建、大吉危改、北京市第35中学迁建工程图书馆项目、第四幼儿园改扩建、北纬路中学改扩建等建设项目进展；核发北京第二实验小学迁建工程、北师大附中改扩建工程、新建校场口消防站工程、白云观B地块地下停车库工程、顺城街第一小学翻扩建工程、小肠陈翻建工程、什刹海防汛抢险设施等项目的规划许可。

（王智强）

【重点功能区建设项目规划】 年内，针对北展地区建设指挥部，梳理西外地区建设项目，研究西城文化休闲商区和北京展览馆改造方案；针对马连道地区建设指挥部研究马连道茶产业街区空间战略规划、产业发展规划，听取经济产业专家意见和建议；与金融街建设指挥部共同研究金融街地区楼宇置换方案、灵境胡同试点停车库建设方案等重点项目；配合什刹海阜景建设指挥部推进白塔寺药店降层、鸦儿胡同15号代征绿地置换、什刹海社区管理用房、群力胡同地下车库、地百改造等项目。

（吴旻旻 王智强）

【私房规划审批】 年内，按照“维护城市传统风貌、切实解决居民需求”的原则，坚持绿色通道审批机制，核发私房建设工程规划许可证173件，为私房居民排危解险做好规划服务。

（王智强）

【棚户区改造规划审批】 年内，在全市率先启动棚户区改造试点项目——百万庄北里居民住房改善项目。该项目位于西城区三里河路与车公庄大街交叉口的东南侧，用地面积3.4万平方米，原有建筑面积5.33万平方米，包括危旧楼房24栋，其中22栋为简易楼。规划设计方案规划总建筑规模约16.0万平方米，居民全部回迁安置。

（康 帝）

【教育设施改造规划审批】 年内，推进“校圆工程”，办理完成北京第二实验小学新征用地、广安门外第一小学改扩建、北京市第156中学扩建操场一期、自忠小学新征用地、回民中学改扩建、西城区教师研修学院改扩建、北京市第35中学新址完善用地手续等项目的规划审批。

（韩 浩）

【“煤改电”千伏变电站选址】 年内，完成国家大剧院南侧西交民巷和报国寺西南侧等2处110千伏变电站选址任务，落实市政府关于“煤改电”的要求。

（吴旻旻）

【老旧小区加建电梯前期规划】 年内，按照“符合规范、技术可行、不新增占地面积”的原则,试点西城区多层住宅楼加装电梯。组织完成国英园小区15号楼3单元加装无障碍电梯现场公示，电梯验收合格后投入运行。

（康 帝）

【南中轴道路规划】 年内，研究确定南中轴道路方案，核发道路和管线规划许可。南中轴道路方案明确了天桥地标性建筑展示、天桥展示与轴线对称关系，道路建设与大容量公交、铛铛车的衔接关系，以及道路方案和管线建设的关系，满足南中轴城市道路交通功能，并充分展现老北京中轴线的历史文化景观。

（濮雪丽）

【道路微循环规划服务】 年内，为缓解交通拥堵、改善环境，研究微循环道路方案，完成永安路、红居北街东段、红莲路、三庙街、马连道南街、北纬路、红莲南路西延等道路和管线规划服务，推动道路微循环建设。

（濮雪丽）

【宣阳桥规划审批】 年内，在西护城河南段金中都都城遗址范围内，规划建设一座跨河景观人行桥，建筑设计形式为廊桥，命名为“宣阳桥”。

（张 彦）

【违法建设查处】 年内，在市、区开展的打击违法建设专项工作中，主动出击，集中检查和日常巡查相结合，监督在施建设项目，遏制了新生违法建设。年内，立案查处违法建设11件，下发执法文书29份，其中4处违法建设自行拆除。同时，加强执法配合，核查建筑物、构筑物是否依法取得建设工程规划许可证833件。

（张 亮）

【规划监督检查】 在规划监督工作中主动服务、提前介入，加强与在施教育、医疗、消防、住房回迁等项目建设单位的联系，定期检查施工现场；及时协调解决项目建设过程中的规划问题，继续加强与私房产权人的沟通和规划法规宣传，指导私房项目建设；引导历史文化保护区范围内的建设项目落实房屋传统风貌要求。年内，完成规划验线建筑面积约1.68万平方米、规划验收建筑面积约29.1万平方米。

（张 亮）

【地名命名】 年内，按照“符合历史，照顾习惯，体现规划，好找好记”的原则，依法开展地名调整和命名，并听取社会公众的意见和建议，完成大玉胡同、东教场胡同、新街口七条等8条道路的命名。

（吴旻旻）

【建议提案办理】 年内，承办市、区两级人大代表建议和政协委员提案共31件，内容涉及历史文化名城保护、教育设施建设、民族宗教、土地合理利用和道路交通消防安全等方面。建议和提案全部提前办结，代表和委员均表示满意。

（葛 利）

建设管理

【概况】 北京市西城区住房和城市建设委员会（简称区住建委）是西城区政府的职能部门，代表区政府行使城市建设的工作职能，负责全区城市建设工作。年内，全区房屋施工面积269.1万平方米，竣工56.3万平方米；危改开复工107.7万平方米，新开工21.1万平方米、竣工49.7万平方米。全年保障性住房实现新开工2022套，竣工16270套。完成210栋累计123万平方米既有居住建筑节能改造任务，完成3100余栋公共建筑能耗统计基础信息采集和25.8万平方米节能改造，基本完成4大类243个子项目的无障碍设施建设和改造任务。

地址：西城区长椿街甲24号

邮编：100053

电话：63027019

（尹 申）

【市领导听取人口疏解等工作情况】 年内，市委常委、副市长陈刚3次听取西城区人口疏解、旧城改造和保护以及老旧小区综合整治方面的情况，根据进展分阶段提出工作思路和要求。

（尹 申）

【济宁考察团调研无障碍设施建设】 4月13日，山东省济宁市政府考察学习团到西城区考察学习无障碍设施建设改造的先进经验和做法，实地考察了西城区残联办公楼、西城区图书馆、交通银行、中国银行、西城区综合行政服务大厅和居民楼、公厕、人行过街系统的无障碍设施建设情况。

（尹 申）

【市住保办调研住房保障工作】 6月9日，市住房保障办公室（简称市住保办）主任邹劲松调研西城区住房保障工作。副区长李岩介绍了西城区住房保障工作的相关情况、存在的问题及建议。区住建委、区房管局分别就保障性住房建设、摇号配售工作的相关情况做了汇报。各实施主体汇报了项目建设的进展情况。

（尹 申）

【西河沿低洼院落疏解工程完成】 西河沿低洼院排险解危区域为2006年广内消防站项目拆迁时遗留的区域，该区域为自愿式疏解。工程自年内7月4日正式启动，9月17日疏解工作顺利结束，共有26户居民签订《自愿申请疏解协议》，疏解率达到66.7%。西河沿低洼院排险解危疏解工程首次试用了区住建委研究起草的《西城区人口疏解补偿安置实施办法》。

（尹 申）

【市住保办调研保障性住房建设】 7月至8月，市住保办对西城区北苑宾馆项目、昌平回龙观项目、房山长阳项目、丰台张仪村等所有在施的保障性住房项目进行现场调研，北京城建集团、华融金晖公司、天恒康都公司、广安置业公司等单位参加。

（尹 申）

【区人大代表调研住房保障工作】 7月9日，区人大常委会副主任俞强率10名区人大代表调研西城区保障性住房建设及分配情况，分别听取区住建委关于西城区保障性住房项目建设相关情况、区房管局关于保障性住房分配及征收工作情况的汇报。

（尹 申）

【市住建委调研节能改造】 7月17日，市住房城乡建设委调研西城区既有居住建筑热计量及节能改造工作进展情况。区重大办、区市政市容委、区房地中心、宣房投公司等部门参会。

（尹 申）

【启动地铁16号线征拆工作】 8月15日，地铁16号线西城区段征地拆迁工作正式启动，北京快轨公司与西城区园林中心就拆迁委托协议和树木伐移协议达成一致。

（尹 申）

【保障房项目参加设计展获好评】 西城区保障性住房丰台大红门油毡厂、丰台南苑项目参加2013年北京市第二次保障房设计展，获得好评。其中丰台大红门油毡厂项目作为优秀户型设计的代表，在8月27日北京日报文章《保障房设计展开幕，10区县保障房主打“宜居牌”》中获得大篇幅介绍。

（尹 申）

【启动珠朝街项目】 8月28日，珠朝街棚户区住房改善项目正式启动并张贴《致居民的第一封信》，该项目位于菜市口南大街东侧，占地2.9万平方米，涉及居民979户，待拆房屋面积18267平方米。项目执行西城区研究出台的《西城区人口疏解补偿安置实施办法》。

（尹 申）

【定向安置房获奖】 8月30日，西城区定向安置房项目丰台区张仪村（南区）B1#–B13#楼及地下车库工程、房山区长阳站7号地7#住宅楼等7项工程被评为2013年度结构长城杯金质奖章工程，建设单位分别为北京广安置业投资公司和北京天恒康都房地产开发有限责任公司。10月，西城区定向保障性住房丰台区南苑项目获得2013年全国人居经典规划、建筑双金奖，此项目建设单位为北京燕广置业有限责任公司。

（尹 申）

【启动百万庄住房改善项目】 10月15日，西城区百万庄北里居民住房改善项目启动大会在区政府召开。区委副书记、区长王少峰，区委常委、常务副区长苏东，以及区相关单位领导和百万庄北里居民住房改善项目指挥部全体工作人员参加会议。市重大办副主任戴孟东出席会议。10月16日张贴《暂停办理事项公告》。12月25日预签约工作正式启动，当日居民签约总数达到590户，签约比例达到49.8%（不含总政军产楼），签约居民全部交房。

（尹 申）

【区人大调研房山长阳项目】 10月23日，区人大常委会主任刘跃平带队调研西城区房山长阳保障性住房建设项目，副区长李岩陪同调研。调研组实地查看了项目建设情况及样板间，了解了户型设计、周边配套、公共设施及绿化等方面的内容。天恒康都公司介绍了项目建设相关情况。

（尹 申）

【全国建设节能检查组专项督查】 12月12日，住房和城乡建设部组织的全国住房城乡建设领域节能减排专项监督检查组到西城区，对建设领域节能减排工作进行监督检查。本次专项监督检查的主要内容是：建筑节能、节能保温方式、采暖方式、供热计量等。重点抽查了中央音乐学院音乐厅等2项工程。

（尹 申）

【确定14个棚改项目】 年内，全区共14个项目纳入棚户区改造和环境整治工作，涉及居民12779户。其中新增棚改项目为百万庄北里居民住房改善项目、香厂路香仁地块旧城改造项目、珠朝街、枣林南里、琉璃厂M地块，文保区项目为大栅栏杨梅竹斜街、什刹海试点区域、白塔寺试点区域、金融街E1地块，危改项目为宣东A–G地块、棉花危改A6A7地块、菜园街危改、横二条危改，环境整治项目为桃园C地块。其中百万庄北里居民住房改善项目、珠朝街、大栅栏杨梅竹斜街、什刹海试点区域、白塔寺试点区域、宣东A–G地块、棉花危改A6A7地块共7个项目启动居民征收、拆迁或腾退工作，完成签订各类补偿协议454户。

（尹 申）

【完成保障性住房建设任务】 年内，昌平回龙观一期项目取得027地块竣工备案表，丰台张仪村项目、房山长阳项目完成竣工验收。另外，市住保办调拨给西城区的亦庄X1项目1498套房源（约10万平方米）于年内6月竣工，7月实现入住。全年共实现竣工保障房房源约1.6万套，超额完成年度建设任务，完成率达116%。

（尹 申）

【完成老旧小区综合整治任务】 全年老旧小区综合整治总任务为120万平方米，含节能改造和抗震节能综合改造任务。年内完工208栋120.9万平方米。

（尹 申）

【完成无障碍设施改造】 年内，完成无障碍设施建设和改造项目228项，完成400户残疾人家庭、2处园林绿化项目、6个公园、博物馆、展览馆、177座户外公厕、11条市政道路、5个老旧小区、8所中小学校、24家医疗卫生机构的无障碍设施建设和改造任务。

（尹 申）

建筑行业管理

【概况】 年内，区住房城市建设委窗口受理施工许可证42个，核发夜间施工许可416个次，竣工验收备案53项，大型机械使用登记62项，建筑拆除工程备案5项，受理建造师注册登记420人次，企业资质变更和资质核定113件，完成招标207项，面积13.69万平方米，涉及金额23.69亿元。安全、质量、市场监督部门出动5204人次，检查工地1484个次，整改各类问题776个，约谈139家项目负责人，对60家建设方、施工企业和工程监理单位做出经济处罚，共处罚金额310余万元，对10名个人做出经济处罚，共处罚金额13.7万元；对65家施工企业和总监代表做出行政处理，共计89分，对104名个人做出记分处理，共计120分。

（尹　申）

【考评安全监督协管员】 3月1日，区住建委按照《西城区建设工程安全协管员管理规定》的要求，对25名协管员进行考试测评，重点考察协管员对建筑工程施工现场安全管理有关政策法规和应知应会的内容的掌握水平，全部协管员通过测评。

（尹　申）

【工地H7N9禽流感防控】 4月11日，区住建委对做好建筑工地应对人感染H7N9禽流感疫情防控工作进行部署，要求各施工工地做好健康教育、落实消毒措施、严格进场登记，并发放《关于加强春夏建筑工地食品卫生安全管理工作的通知》。

（尹　申）

【组织防汛演练】 6月17日，区住建委在中国中医科学院广安门医院扩建门诊楼项目工地，举办由区域内重点防汛项目负责人参加的2013年西城区建设工程防汛演练，演练在黄色汛情预警天气条件下，防止基坑工程因雨水倒灌致使基坑发生边坡位移、不均匀沉降等情况及可能引发的次生灾害。

（尹　申）

【开展农民工健康体检活动】 6月27日，区住建委在北京韩建集团有限公司承建的公共卫生大厦项目工地，举办由区域内部分施工企业项目部负责人参加的“关注职业健康　促进安全生产”启动仪式，开展农民工健康体检活动，约有230名农民工参加体检。

（尹　申）

【市住建委调研建筑市场监管】 7月18日，市住房城乡建设委领导就建筑市场监管工作进行调研，与区住建委工作人员就加强现场和市场两场联动和加强市区两级协同监管等方面的问题进行交流。

（尹　申）

【开展钢筋混凝土质量专项检查】 7月20日至8月15日，区住建委在全区结构在施工程中抽取部分工程，对结构施工钢筋混凝土质量进行专项检查。共抽取工程10项，总建筑面积50.9万平方米，共抽取钢筋试件13组、工程混凝土构件6个进行检测，共发现质量问题82项，其中土建专业66项、水暖通专业8项、电气专业8项，发出责令整改通知书2份，对责任单位及责任个人予以扣分处理，立案处罚1起。

（尹　申）

【城市文明指数测评迎检工作】 年内，为做好西城区2013年全国城市文明程度指数测评迎检工作，区住建委依照标准逐个工地检查落实情况，共出动260人次、56车次，布设公益广告3万平方米。8月19至23日，加派安全协管员到20个重点单位，督促各项目落实迎检各项要求，确保了文明程度指数测评指标达标。

（尹　申）

【开展国庆保障工作】 国庆节前，开展安全隐患大检查。梳理出20个重点项目，节日期间检查出动21人次、7台车，编发短信1376条。扬尘管控检查出动6人次、2台车，编发短信548条，确保了全区在施工地平稳度过国庆节。

（尹　申）

【开展十八届三中全会保障工作】 11月，开展安全隐患排查，排查辖区内工地起重机械情况：塔吊54台，外用电梯22台，物料提升机12台；统计在施工程易燃易爆品数量：氧气瓶246个，乙炔瓶223个，挥发性气、液体187桶。各工地起重机械和易燃易爆品均设有专人管理，提交专项防控预案108份。重点盯守长安街沿线500米范围内的8个在施工地。共编发短信828条，出动339人次、44台车次，检查工地134个，出动抢险队员65人、应急车辆15台。

（尹　申）

【空气重污染预警应急演练】 11月13日，区住建委组织开展由区域内土方、地铁、拆除项目施工人员参加的全市空气重污染一级（红色）预警应急演练，演练程序如下：区住建委接收“启动空气重污染一级（红色）预警”通知后，通知相关项目人员采取规定措施，并安排协管员巡查。3小时后通过短信平台发布解除令。此次应急演练应传达16个项目，实际全部传达到位；共派出盯守协管员16人，巡检监督员3组9人次；所查16个项目均能严格落实规定动作。

（尹　申）

【与香港屋宇署公务员交流】 11月21日，香港屋宇署公务员张玉清调研建筑市场监管和执法情况，实地考察正在建设中的经济日报印务中心及综合业务楼工程，并与区住建委建筑市场监管部门、工程参建单位、农民工代表进行座谈交流。

（尹　申）

【发放空气重污染应急措施公告牌】 11月28日，向区内24个土方、地铁施工项目发放施工现场空气重污染应急措施公告牌及使用告知书，要求在空气重污染日启动应急预案，执行相应级别的扬尘控制措施，并按预警级别悬挂相应公告牌。

（尹　申）

【冬季施工消防应急演习】 11月29日，联合西城消防支队在经济日报印务中心项目，组织由区内30家建筑工地项目代表参加的2013冬季施工现场消防工作会暨消防应急演习。演习设置引发火情、应急预案启动、应急队救火、火势蔓延、消防支队救火、火源熄灭等环节，为各项目应对火灾突发事件消防救援行动积累了经验。

（尹　申）

【安装工地远程视频监控系统】 年内，为实现绿色施工和渣土运输规范化管理，区住建委对区域内所有在施的且建筑面积5000平方米以上的土石方工程以及地铁工程施工现场安装远程视频监控系统。该视频系统具有实时监控、实时抓拍、无线传输、远程控制等功能。共完成20个土方工地视频监控系统安装工作。

（尹　申）

【施工现场防治艾滋病宣传】 年内，区住建委开展施工现场防治艾滋病工作，利用工地宣传栏、板报、横幅和农民工夜校进行宣传，改善农民工的生产环境和生活条件，丰富农民工的业余文化生活，发现高危行为人员，鼓励其主动接受检测和治疗。

（尹 申）

【发放消防安全宣传材料】 12月，为加强施工现场冬季取暖和火灾防控宣传教育，区住建委制作印发《致建筑工地农民工朋友的一封信》2000封，内容包括火灾防控注意事项和火灾逃生注意事项，发放消防安全宣传画2000张，内容包括灭火器使用方法、遇火灾逃生自救办法等。

（尹 申）

【冬期施工专项检查】 12月9至20日，开展为期2周的建筑工地冬期施工专项检查。共计检查10项工程，建筑面积67.8万平方米，占在施工程面积的30%以上，其中结构在施工程8项、装修工程2项。共计抽取工程混凝土构件16件进行现场回弹法定检测，抽取钢筋试样17组。所抽取的构件、试样经法定检验，全部合格。

（尹 申）

【工程质量监督执法】 全年质量监督工程289项，共计402万平方米。共有新注册项目112项，面积122.14万平方米，其中装修工程82项，面积64.73万平方米，新建工程27项，建筑面积57.41万平方米，市政工程3项，合同造价1412.2万元。全年共实施质量监督执法检查435次，出动人员1513人次，现场监督竣工验收46项,面积53.2万平方米，共约谈质量管理存在问题的建设单位、施工单位、监理单位73家，发出责令改正通知单27份，依据本市企业资质和人员资格动态监管的有关规定给17家企业和30名个人做了记分处理，共作出质量类行政处罚7起。

（尹 申）

【招标投标管理】 年内，办理建设工程招标投标项目279项，建筑面积约154.54万平方米，合同额24.01亿元。同时，完成合同备案209项。

（尹 申）

【企业资质及人员管理】 年内，办理新设立建筑业企业申请14家、升级7家、增项7家、变更109家，办理新设立房地产开发企业10家、升级企业12家，办理房地产开发企业资质核定93项。办理二级建造师初始注册及变更注册1790人次。

（尹 申）

房地产开发与建筑业

北京金融街投资（集团）有限公司

【概况】 北京金融街投资（集团）有限公司（简称金融街集团）是西城区国资委所属的综合性投资集团公司。年内，金融街集团各所属公司合计实现营业收入2576316万元，实现净利润459767万元；年底总资产达1256亿元，净资产399亿元，分别较上年增长11%、23%。截至年底，金融街集团系统共有职工9421人，大学本科及以上学历人员占公司总人数的35.42%。年内，金融街集团及所属公司获得“全国工人先锋号”“首都劳动奖状”“首都劳动奖章”“天津市五一劳动奖章”“西城劳动奖章”等荣誉奖项50个。金融街集团全年未出现重大主体责任安全事故、重大经营风险事件和重大信访事件。

地址：西城区金融大街33号通泰大厦B座11层

邮编：100033

电话：88088080

（郭岩松）

【政府重点工程建设任务】 年内，金融街拓展区域拆迁工作取得重大进展，按时完成华嘉项目的拆迁工作和土地入市前期工作。按时完成金融街南区拓展的第一个拆迁项目——广安一期A地块的拆迁工作，同时办理广安一期剩余地块的拆迁手续，四季度拆迁工作全面启动，截至年底完成25.5%。金融街E9项目实现竣工交付；金融街A1项目完成土方、工程监理招标工作；金融街A5项目取得立项备案，完成地下室结构施工；月坛南街项目，按计划推进住宅回迁楼、公建的建设；金融街E5绿化广场项目完成方案设计并开工；北京市第35中学项目部分工程竣工，音乐厅结构封顶，遵义楼及图书馆开工。年内，金融街集团继续深化金融中心区空间布局与优化研究，推进广安新区的整合与定位，加强金融街核心区交通规划研究，提出解决金融街交通问题的建议，开展金融街核心区和广安新区地下空间的综合利用方案研究。年内，对接西城区人口疏解的昌平保障房一期工程全部竣工备案，落实了入住居民的前期物业管理工作与相关预案准备工作；二期北区地块实现全面开工，二期南区738与745地块提前实现主体结构封顶，720与738地块按计划完成工程形象进度；配套小学完成主体及二次结构施工，配套中学实现开工，医院完成项目建议书批复，项目一期实现供暖，基本解决居民入住配套设施建设。年内，白塔寺文保区一期起步区腾退项目启动，截至年底实现签约94户，完成4个整院的腾退收购。白塔寺地区第一个示范项目——官园汇规划方案获得批准，并开始施工建设。年内，天桥艺术大厦交付使用，中国版权保护中心、中国对外文化集团公司等多家文化演艺机构签约入驻，出租面积2.9万平方米，标志着天桥演艺区正式投入使用；天桥艺术中心建设按计划推进，完成地下工程。年内，金融街集团积极参与市区政府组织的旧城改造工作，明确责任分工，制定项目计划，做好项目的资金、规划、人员等相关准备。确定香仁路、宣西、大剧院西侧等7个实施项目，并按危改、棚改、腾退等多种方式推进项目。

（郭岩松）

【房地产开发业务】 年内，金融街集团房地产开发完成销售签约225亿元，完成销售回款160亿元，完成开复工面积369万平方米，完成新开工面积46.4万平方米，完成竣工面积92万平方米。月坛南街、中信城等项目受到金融机构欢迎，实现集中销售；金融街·融汇等住宅项目取得良好销售业绩；创建以4C为核心的写字楼散售模式，南开中心销售取得2013年天津写字楼市场第一的成绩；整合大客户资源，全年大客户签约同比提升144%。

（郭岩松）

【物业经营业务】 年内，金融街集团物业经营业务降低成本，开辟新的增收途径，实现平稳经营。全年完成净利润3.5亿元，上交业主利润7.5亿元。全面加强业务拓展，金融街购物中心二期全面开业，老佛爷百货按计划实现开业，按期完成金融街E2会所筹备工作；加强写字楼经营模式探索，写字楼项目盈利水平持续提升，金融街中心新签约租金每平方米提升200元，较原租金提升1倍，天津津塔项目保持天津市同等写字楼租金水平第一，市场占有率达65%；加强对自持物业经营的专业化管理，成立董事会资产经营委员会，自持物业经营实现分业管理。

（郭岩松）

【物业管理业务】 年内，金融街集团所属物业公司，开展以客户服务满意度为中心的考核评价体系的建设与实施；加强与开发业务的协调与合作，住宅客户满意度提高15个百分点；探索创新物业管理模式，惠州项目实现物业管理和开发业务一体化的项目管理；开拓市场化项目，新增物业管理面积280万平方米，开展绿色养殖等增值服务。全年实现营业收入5.9亿元，净利润1994万元。

（郭岩松）

【保险业务】 年内，金融街集团所属保险公司控制费用投入，续期、个险等高价值保费稳定增长，涌现出一批绩优机构；加强产品管理和研发，开发了“金街1号”等一批新产品；推动营销渠道创新，探索培育职域销售、网络销售等新型销售渠道。公司坚持稳健投资，加强股票直投研究，在市场波动的背景下取得较好收益；加强偿付能力管理，完成3.5亿股权增资和1.5亿次级债发行，偿付能力保持在163%。全年实现保费收入29.22亿元，继续保持盈利。

（郭岩松）

【证券业务】 年内，金融街集团所属证券公司加强调整业务结构，对经纪业务进行充实整合，对管理架构全面调整，经纪业务效益增长显著；优化资产配置，自营业务收入比重上升，成本管理能力达到历史最好水平，经纪和投资咨询收入、资管业务成长性等竞争性指标市场排名稳定在中位数以上。公司推动业务创新，直投、另类投资等创新类业务发展较快，资管业务市场排名靠前。

（郭岩松）

【文化产业】 年内，金融街集团影院业务通过改善客户体验、拓展收入渠道等措施，票房收入及毛利率平稳上升。所属首都影院的票房收入位于全国前列，首都影院金融街店继续扩大盈利，电影放映业务营盈利水平大幅上升；天津远洋、昌平万科项目实现开业，连锁影院格局初步形成；所属广告公司拓展市场业务，媒体资源不断增长。所属文化公司全年实现营业收入1.25亿元，净利润1034万元。

（郭岩松）

【董事会换届】 金融街集团第一届董事会于2010年11月12日经北京市西城区国资委正式批复成立，于2013年11月11日任期届满。第一届董事会向西城区国资委申请换届，并聘请外部机构对董事长和总经理进行经济责任审计、完成公司第一届董事会工作总结。12月31日，北京市西城区国资委下发《关于同意北京金融街投资（集团）有限公司第二届董事会、监事会换届工作的批复》（西国资干发〔2013〕16号），公司第二届董事会正式成立。第一届董事会履职期间，金融街集团总资产由2010年初的853亿元增长到2013年末的1256亿元，增幅47%；净资产由243亿元增长到399亿元，增幅64%；公司累计实现营业收入近800亿元，累计实现净利润超过百亿元。圆满完成董事会的工作目标。

（郭岩松）

【公益活动】 年内，金融街集团组织系统内各企业和全体员工参与各种公益捐赠活动，履行企业社会责任。包括向雅安地震灾区捐款及共产党员献爱心捐款，通过所属公司向北京市体育协会、昌平区慈善协会、金融街研究院等公益和社会教育机构捐款，通过金融街慈善协会向西藏拉萨市堆龙德庆县捐款。全年共捐赠897万元。

（郭岩松）

北京市华远集团

【概况】 北京市华远集团（简称华远集团）业务经营以房地产业为主，在金融、商业、高科技、国际旅游、物业管理、餐饮诸领域均具较强实力。年内，华远集团根据公司年度发展经营计划，以“整合资源、盘活资产、优化结构、做强主业”为主线，采取“稳中求进、顺势发展”的开发经营策略，妥善应对宏观经济结构调整。继续利用“华远”品牌优势，加大资本运作探索力度，着力构建集团新的金融投资体系，为集团形成多元化稳定发展态势、确保国有资产的保值增值奠定基础。资产总额209.46亿，净资产59.70亿（归属于母公司38.25亿），营业收入49.3亿，利润总额11.76亿，净利润8.5亿（归属于母公司3.05亿）。资产总额增长24%，净资产增长8.06%，营业收入增长49.97%，利润总额增长38.53%。较好地完成了国有资产保值增值任务及各项工作目标。

地址：西城区南礼士路36号华远大厦

邮编：100037

电话：68037022

（李南南）

【董事会会议】 3月27日华远集团核心企业北京市华远集团有限公司（简称集团公司）第一届董事会第二十九次会议依据中电投工程研究检测评定中心检测报告，决定对公司办公大楼华远大厦进行维修改造。5月14日，集团公司第一届董事会第三十次会议通过公司《2012年度工作报告及2013年工作计划》《2012年度财务决算报告》《2012年度利润分配方案》《2013年度财务预算报告》等议案。6月3日，集团公司第一届董事会第三十一次会议召开，会议同意公司质押所持北京银行股份有限公司93204238股股份，向厦门国际银行北京分行贷款人民币7.45亿元，该笔贷款用于偿还部分银行贷款及集团内企业流动资金周转使用。8月29日，北京市华远集团有限公司第一届董事会第三十二次会议召开，同意公司出资不超过2900万元参与招商银行的2013年度的配股。

（杨云燕）

【华远小额贷款公司获批成立】 3月，北京盈科律师事务所对北京华远小额贷款有限公司（简称小额贷）申报材料的合法合规性出具法律意见书。6月至9月，组织小额贷股东完善前期筹备资料。9月30日至10月15日，向区金融办正式提交筹办申请材料。11月20日，大公国际资信评估有限公司完成对小额贷各股东单位的信用评估。12月11日，获得区金融办同意以集团公司等6家单位发起设立小额贷的批复。

（程　博）

【华远典当行有限公司成立】 在区委区政府和区国资委的支持下，3月6日，北京华远典当有限公司获得市商务委的行政许可决定，4月15日取得由市商务委颁发的典当经营许可证。6至12月完成营业场所的装修改造、经营及管理人员的招聘等工作。

（李南南）

【华远·铭悦好天地项目】 1月7日，华远地产股份有限公司（简称华远地产）北京城市公司获取通州区梨园镇新地块，其中商业金融用地确定案名为“华远·铭悦好天地”。4月8日，华远·铭悦好天地项目（北京）取得由市国土局核发的（166、164地块，168地块）《国有土地使用证》（编号为京通国用〔2013出〕第00050号、京通国用〔2013出〕第00051号）。4月16日，华远·铭悦好天地取得由市发改委核发的《项目核准批复》（文件号为京发改〔2013〕693号）。11月12日，华远·铭悦好天地项目168地块7至9号楼取得由市规划委核发的《建设工程规划许可证》，编号为2013规（通）建字0169号。12月20日，华远·铭悦好天地项目166商业地块取得由市规划委核发的《建设工程规划许可证》，编号为2013规（通）建字0198号。12月24日，华远·铭悦好天地项目168地块6号住宅楼及地下车库B段取得由市规划委核发的《建设工程规划许可证》，编号为2013规（通）建字0199号。

（冯英杰）

【华远·澜悦项目】 5月6日，华远地产建设项目北京市密云县新城0202街区0901、0902、0903地块，案名确定为“华远·澜悦”（北京）。9月18日，项目取得由密云县发改委核发的（0901、0902、0903地块）《项目核准批复》（编号为密发改〔2013〕257号）。

（冯英杰）

【华远地产大兴孙村项目】 11月11日，华远地产北京尚居置业有限公司通过挂牌出让的方式获取“北京市大兴区孙村组团居住区B-17地块R2二类居住用地项目（配建限价商品住房）”国有建设用地使用权。

（冯英杰）

【华远地产门头沟项目】 11月21日，华远地产北京市华远置业有限公司与北京金秋莱太房地产开发有限公司组成联合体，通过招标出让的方式获取“北京市门头沟区门头沟新城MC08-014/015地块住宅混合公建、商业金融用地（配建“经济适用住房”“自住型商品住房”）”国有建设用地使用权。

（冯英杰）

【华远·君城（西安）项目】 1月12日，华远地产华远·君城（西安）三期B区项目（9号、15号楼及地下车库）完成结构封顶。8月29日至9月1日，10月31日至11月3日，华远·君城（西安）三期B区交房。

（冯英杰）

【华远·海蓝城（西安）一、二期项目】 1月12日，华远地产华远·海蓝城项目小学校主体结构完成封顶。3月15日，华远·海蓝城一期项目取得由西安浐灞生态区规划建设局核发的《西安市建设工程竣工验收备案表》，编号为浐灞〔2013〕085号。3月22日，华远·海蓝城二期项目取得由西安市住房保障和房屋管理局核发的《西安市商品房预售许可证》（2号、3号、5号、6号楼），编号为市房预售字第2013060号。3月23日，华远·海蓝城项目2号楼开盘。4月15日，华远·海蓝城二期东区项目（幼儿园）完成主体结构封顶。7月18日，华远·海蓝城二期项目11号、12号、13号楼商业取得由西安市住房保障和房屋管理局核发的《西安市商品房预售许可证》，证书编号为市房预售字第2013177号。8月25日，华远海蓝城二期南区1号、4号楼主体结构全部封顶。11月29日，华远·海蓝城项目二期西区开工。

（冯英杰）

【华远·锦悦（西安）项目】 1月17日，华远地产华远·锦悦（西安）项目售楼处主体结构封顶。同日，一期项目取得由西安曲江新区管理委员会核发的《关于华远·锦悦一期项目备案确认的通知》，文号为西曲江发〔2013〕20号。1月31日，项目地块取得由西安市国土资源局曲江新区分局及西安市人民政府核发的《国有土地使用证》，证书编号为市曲江（大）国用〔2013出〕第001号、002号。7月11日，一期项目取得由西安市规划局核发的《建设工程规划许可证》，证书编号为西规建字第D〔2013〕006号。7月13日，“锦悦之夜”营销中心开放活动成功举办。8月23日，一期项目取得由西安市城乡建设委员会核发的《建筑工程施工许可证》，证书编号为西曲建施（大明宫）13014号。9月8日，项目于销售中心举行开盘仪式。9月9日，一期项目取得由西安市住房保障和房屋管理局核发的《西安市商品房预售许可证》，证号为市房预售字第2013227号。12月18日，一期（2号楼）项目取得由西安市住房保障和房屋管理局核发的《西安市商品房预售许可证》，证书编号为市房预售字第2013368号。

（冯英杰）

【华远·海蓝城（西安）三期项目】 8月29日，华远地产通过股权变更方式取得海蓝城三、四号地土地储备，完成工商变更，取得由西安市工商行政管理局核发的《企业法人营业执照》，西安唐明宫置业有限公司的营业执照号为10133100004985；西安骏华房地产开发有限公司的营业执照号为610133100016323。9月26日，华远·海蓝城（西安）三期项目开发主体西安唐明置业有限公司完成股权变更，由北京市华远置业有限公司占有100%股权变更为：北京市华远置业有限公司占有51%股权、上海歌斐星舟投资中心（有限合伙）占有49%股权，并取得工商备案。9月29日，项目三号地开发主体西安唐明宫置业有限公司取得由陕西省住房和城乡建设厅核发的《暂定资质证书》，证书编号为陕建房暂〔2013〕650号。11月18日，三期项目取得由西安市规划局核发的《建设工程规划许可证》，证书编号为浐灞规建字第〔2013〕028号。12月5日，三期项目取得由西安市城乡建设委员会核发的《建筑工程施工许可证》，证书编号为浐灞〔2013〕043号。12月6日，三期项目（7号、13号楼）取得由西安市住房保障和房屋管理局核发的《西安市商品房预售许可证》，证书编号为市房预售字第2013352号。

（冯英杰）

【华远·华中心（长沙）一期项目】 5月31日，华远地产华远华中心一期项目外立面亮相。8月20日，取得一期《房地产测绘报告》。11月30日，完成园林景观工程施工。12月4日，取得《工程竣工验收备案表》。12月11日，正式办理入住手续。

（冯英杰）

【华中心三、四期项目】 1月17日，华远地产华中心三、四期取得地下部分临时施工许可证。2月28日，完成三、四期范围内零散土地拆迁。4月30日，四期项目君悦酒店合作协议签订。5月22日，取得三、四期地下部分人防质监备案。11月6日，取得三、四期地上部分工作联系单。12月11日，取得零散土地《国有土地使用权证》。12月13日，裙房结构封顶。12月18日，取得三、四期《建设用地规划许可证》。

（冯英杰）

【华远集团三十周年庆祝活动】 9月28日，由华远集团主办，华远地产承办的“改革三十年、华远三十年”主题论坛在华远企业中心举行。西城区区委书记王宁、区长王少峰，区人大常委会主任刘跃平、区政协主席曹少胜，常务副区长苏东、区委常委郭怀刚、区人大常委会副主任俞强、区国资委主任牛明奇、区国资委书记涂云国等领导及华远集团各企业高管，来自学术界、产业界的逾50位嘉宾出席活动。11月1日，华远集团成立三十周年庆典暨“改革三十年、华远三十年”大型文艺演出活动在北京展览馆举行。区国资委主任牛明奇、书记涂云国、原华远经济建设开发总公司党委书记胡纪平、原西城区区长衣锡群及华远集团总裁、华远集团有限公司董事长、总经理杜凤超，华远集团副总裁、华远地产董事长任志强及来自华远集团各企业的领导、员工、部分集团退休职工共900余人参加了此次活动。同日，华远集团表彰了为公司发展做出突出贡献的先进集体和先进个人。党委书记于锦义宣读表彰决定，董事长杜凤超、工会主席哈保民、财务总监刘丽云、党委副书记胡德刚、地产公司总经理孙秋艳为获奖集体和个人颁发奖章、证书和奖金。

（李南南）

北京天恒置业集团

【概况】 北京天恒置业集团（简称天恒集团）为西城区所属的全资国有企业，2001年初由原西住开、西城开合并成立，2013年10月与原北京华兴新业商贸有限责任公司（简称华兴新业公司）合并重组，原华兴新业公司所属企业股权正在无偿划转中。天恒集团以房地产开发、商业零售为龙头，以资产管理为核心，实行资本运营与资本运作并进的经营模式，综合开发能力强，产品系列齐全，旗下拥有40余家企业，涉足土地一级开发、危旧房改造、商品住宅、公寓、别墅、高档写字楼项目开发销售、物业经营管理、住宅高科技产业、商业批发、零售、酒店餐饮、婚庆服务、信息咨询等多个领域的经营。全年净利润完成年度预算113%；开复工面积818338万平方米，完成全年指标的98%；竣工面积360132平方米，完成全年指标的99%；房屋销售面积114271平方米，完成全年指标的70%；房屋销售签约95278万元，完成全年指标的64%。完成居民拆迁162户、单位拆迁4个，分别完成全年预算的57%和25%。预算外百万庄棚改项目完成居民拆迁859户和单位6个；完成人口疏解23户，完成年度预算比例115%。

地址：西城区阜成门外大街31号天恒置业大厦
邮编：100037
电话：52609100

（王　丹）

【土地储备工作】 2月28日，北京市土地交易市场竞拍房山、大兴、朝阳的13块土地，天恒集团所属乐活城公司参与并最终竞得房山区阎村镇04-0084地块R2二类居住用地。8月28日，天恒集团所属山天公司与怀柔区政府签订《刘各长一级开发意向书》，并开展控制性详细规划编制工作。

（王　丹）

【威海天恒·龙泽府项目】 3月25日天恒·龙泽府项目对威海市场开盘销售，开盘销售当天项目累计意向客户约200组，意向金额1.5亿左右。中高端住宅产品定位得到客户的认可，拓展外埠市场和探索异地联动销售模式初见成效。

（王　丹）

【新街口百货】 4月11日选派骨干人员参加“2013国家服装纺织品标准”培训班，针对服务标兵和骨干举办“商品知识及服装标识”专题培训，为提升员工队伍素质、优化经营策略和提高管理水平奠定了良好的基础。

（王　丹）

【百万庄北里居民住房改善项目】 该项目是列入北京市2013年棚户区改造和环境整治工作计划的中心城区棚户区改造试点工程。天恒股份经半年时间完成入户调查，在取得97.3%居民同意的基础上，设计出多达90种不同户型，以更好地满足居民回迁需求，10月15日召开启动大会，11月15日项目正式进入方案征询，12月中旬如期启动签约。

（王　丹）

【管理咨询项目启动】 12月4日，天恒集团管理咨询项目启动会召开，这是集团落实西城区国企改革、实施重大重组方案并组建新天恒集团后，首次全体中层以上管理人员大会，旨在搭建科学的集团战略体系，优化集团组织架构和管理模式，健全、完善集团人力资源管理体系。

（王 丹）

【长阳保障房项目】 12月15日，天恒康都公司承建的房山区长阳站7号地西城区保护定向安置房项目南区（28万平方米）完成竣工备案，北区（18万平方米）楼座全部结构封顶。完成二期经适房、限价房的选房。北区土地变性出让工作积极推进，重新编制可行性研究报告并完成土地评估，报区发改委项目核准。在北京市质量最高奖结构长城杯的评定中，天恒康都公司共取得2项结构长城杯金质奖、3项结构长城杯银质奖。

（王 丹）

【桃园危改小区F1地块】 12月27日，天恒集团所属西都公司桃园危改小区F1地块完成所有拆迁工作。F1地块位于西直门内大街与北草厂胡同十字路口东北角，东起规划220千瓦变电站，西至北草厂街，南起西直门内大街，北至规划小区路。规划占地面积约8188平方米，建筑面积约59847平方米。项目地处西城区新街口商圈，属于金融街辐射区域。该地块共有拆迁居民226户，拆迁面积5265.46平方米。

（王 丹）

【什刹海文保项目】 一期试点于年内完成地安门外大街商业业态策划及整体规划方案，实现下沉广场竣工，确定地安门外大街道路交通疏堵工作模式；完成一期试点片区人口疏解工作实施方案制定及前期入户调查，开展589公顷及环湖区域发展战略规划制定；配合区政府引进联合国知识产权组织落户什刹海。

（王 丹）

【马连道改造项目】 年内，根据区政府马连道建设指挥部的统一部署，天恒集团成立正道公司作为前端市场化运作平台公司。委托相关单位完成茶文化特色商业街的战略规划研究和城市设计，该项目由区功促局和广安门外街道共同监督推进。

（王 丹）

【桃园C区项目】 年内，北京天恒房地产股份有限公司受区政府委托办理土地一级开发相关手续。从正式接手开展工作，仅用一个月时间即按要求将项目土地一级开发核准等相关前期手续全部办理完毕。同时，与设计公司和市规划委多次沟通，形成规划建筑总面积约46243平方米、地上建筑面积约36743平方米的规划设计方案。

（王 丹）

【乐活城项目】 年内，乐活城扩大与电商合作，运用电商平台进行宣传蓄客。在销售许可证办理受限的情况下，基本完成可售房屋的销售签约。天恒乐活家园居住小区被北京市人民政府、首都绿化委员会授予“2012年首都绿化美化花园式单位”称号，是房山区唯一获得该称号的住宅小区。

（王 丹）

【复兴商业城】 年内，结合厂家需求和消费群需求，加大反季促销力度。开设“家居生活馆”，为消费者提供体验式的消费场所。新开“复兴商业城羽绒服特卖场——天客隆迦南店”，不交房租而与商铺以销售倒扣方式进行合作尝试，在有效控制门店拓展风险的同时，提升了复兴商业城的市场知名度。

（王 丹）

【西西友谊商城】 年内，租金收入实现稳步增长，相比往年同期上升7.5%。西西酒店将营销重心调整为商务散客，通过与“携程”“艺龙”等网络订房中心合作，加大宣传促销力度，提升散客入住率补充客源。109婚庆大楼完成经营格局调整和装修改造，一层西侧场地重新规划、二层西侧拆除改造，使场地格局和面积更趋合理。利用行业销售淡季，协调二层部分商户完成店面改造升级。加大婚庆主题品牌宣传，为商户创造商机，提高企业知名度。

（王 丹）

北京华康欣和建筑工程有限责任公司

【概况】 北京华康欣和建筑工程有限责任公司（简称华欣公司），为房屋建筑工程施工总承包二级资质、建筑装修装饰二级资质企业。具有独立承揽28层以下、36米跨度以下建筑工程和高度120米以下构筑物工程、管道工程、送变电工程及拆除工程施工的能力和水平。企业注册资金3000万元；资产总额1.99亿元；从业人员近200名，拥有同企业资质要求相适应的工程技术、经济管理人员。年内，公司完成营业收入1.71亿元，实现利润11万元，上缴国家税金496万元，工程合格率100%，合同履约率100%，实现安全生产和文明施工。接受认证部门对质量、环境、职业健康、安全管理体系年审并顺利通过。通过“北京建设行业AAA信用企业”年检。河北兴隆项目有序推进。

地址：西城区西直门内后半壁街11号

邮编：100035

电话：66160591

（王 珊）

【股东会暨工作会】 3月21至23日，召开2013年股东会暨工作会。分别审议通过2012年董事会工作报告、监事会工作报告、财务工作报告、行政工作报告和党委工作报告；华欣公司与各基层单位签订生产经营承包合同及安全生产、综合治理、计划生育责任书。

（王 珊）

【河北兴隆开发项目启动】 4月3日，河北兴隆大有屯城中村改造项目土地招、拍、挂揭晓，华欣公司顺利摘牌。河北兴隆大有屯城中村改造项目正式启动。首期10万平方米。

（王 珊）

【安全生产工作会】 6月26日，华欣公司召开2013年安全生产工作会。总经理吴志刚作前5个月生产及安全工作总结；副经理颜一同介绍河北兴隆分公司成立情况；党委书记吕玉民作党委半年工作总结；董事长杨玉良通报江苏扬州邵伯城、河北兴隆2处开发项目进展。基层单位党、政、工、安全员等相关人员40余人参加。

（王 珊）

【临时股东会】 10月25日，华欣公司召开2013年临时股东会，讨论董事会、监事会延期一年换届之事。全体股东一致同意并在临时股东会决议上签字。

（王 珊）

【重点工程项目】 年内，华欣公司先后完成建筑安装、装饰装修等工程项目 140 余项，合同价款 1.1 亿余元。其中包括北京市工商行政管理局西城分局天桥工商所修缮工程、西城区机关事务服务中心办公用房修缮工程、北京市规划局西城分局办公用房修缮工程等政府工程。

（王　珊）

北京广安控股有限公司

【概况】　北京广安控股有限公司（简称广安控股）隶属于西城区国有资产监督管理委员会，是以文保区保护修缮、对接安置房建设、市政基础设施建设为主营业务的西城区属国有企业。公司注册资金为 18.51 亿元，截至年底资产总额 249 亿元。在岗职工人数为 260 人，离退休人员 165 人。广安控股下设 3 个子公司及 1 个代管公司，即以实施文保区改造修缮项目为主的北京大栅栏投资有限责任公司，以保障房建设、房地产开发为主营业务的北京广安置业投资公司，以实施政府市政基础设施为主的北京广安基础设施建设投资公司（代管），以资产经营管理为主业的北京广安资产管理公司。全年主要工作为杨梅竹斜街保护修缮、CH 地块土地一级开发、张仪村等保障房建设、大栅栏地区北京坊项目等。

地址：西城区宣武门外大街 10 号庄胜广场中央办公楼北翼 13 层

邮编：100052

电话：63108908

（李　晶）

【张仪村项目】　年内，张仪村项目完成全部住宅楼与配套公建的主体结构施工、水电安装、外装施工及各市政专业施工，完成《建筑工程竣工测量成果报告书》《房屋土地测绘技术报告书》的编制工作，10 月正式进入规划验收阶段，年底完成竣工备案，并开始着手准备居民入住工作。

（杨海涛）

【旧宫东站项目】　年初，广安控股与北京土地储备中心、大兴区土地储备中心签订土地补偿协议，并缴纳第一笔土地开发补偿。2 月，取得市规委关于旧宫东站项目新的规划条件。

（杨海涛）

【高立庄项目一期工程】　9 月 22 日，高立庄项目一期工程正式动工。9 月 29 日，完成一期公租房 2–10 号楼土方开挖。10 月 22 日，完成 CFG 桩施工。

（杨海涛）

【棉花片 A3 项目】　7 月 31 日，广安控股与国家知识产权局正式签署棉花片 A3 项目补偿协议，并支付土地补偿 5.92 亿元。在 9 月第七次区委专题会上，明确由广安融丰公司作为棉花片 A3 项目实施主体，广安融丰公司对 A3 项目现场临时房屋、相关设备设施等进行接收管理，对项目前期、拆迁和安置房源资料进行整理、编排和处置。

（杨海涛）

【南苑项目】　年内，完成南苑项目立项、规划选址意见、地灾备案、人防初设意见、调整设计方案、取得市政方案咨询和凿井工程许可证等各项前期工作。7 月 17 日，举行南苑项目开工仪式。

（杨海涛）

【成立广安融泰公司】　4 月，根据集团公司的总体部署，对集团内部的拆迁腾退工作进行组织架构调整，并成立广安融泰公司。

（杨海涛）

【杨梅竹斜街立面修缮项目】　全年腾退项目完成 84 户，新增 7 个整院。累计完成腾退 614 户，整理出整院 53 处、沿街门面房 42 处，并开始重新办理立项手续。完成绿化及 116 处修缮工程；完成杨梅竹斜街广告牌匾的制作和安装；全线市政基础设施改造全面完工。杨梅竹斜街两侧已引入 15 处高端文化产业；完成商户自行提升、两权分离、搭建平台等模式的引导提升示范；初步完成前店后厂、微胡同零散空间创新利用。平移试点院落——炭儿胡同 27 号院于 8 月 28 日正式开工建设，年内全部竣工。茶儿胡同 19、21、23 号院的试点工作，方案设计取得阶段性成果。

（相迪静）

【大栅栏 C 地块规划及市政工作】　8 月 28 日，市委常委专题会原则同意大栅栏 C 地块规划方案。9 月 22 日，取得廊房头条雨水、污水、自来水、燃气、电信和电力市政管线规划条件，为后续施工图设计及办理相关工程规划许可证提供了基础规划文件。12 月 18 日，取得北京市规划委员会关于西城区大栅栏煤市街以东 C1、C2 地块规划设计方案的审查意见。

（王文华）

北京陶然建筑有限公司

【概况】　北京陶然建筑有限公司（简称陶建公司）是具有年施工面积 50 万平方米以上、竣工面积 20 万平方米以上、施工产值 3 亿元以上施工总承包能力的土木工程建筑企业，建筑资质为房屋建筑施工总承包二级。在项目施工过程中，陶建公司建立了产品实现策划管理规定、产品防护管理办法等相关产品质量管理制度，对特定的产品或合同及顾客的要求，制定专门的质量监督措施、资源管理规定和生产制造程序，确保顾客满意。年内继续被评为“守信企业”和建筑业“诚信企业”。

地址：西城区广安门外天宁寺前街 2 号 C 座

邮编：100055

电话：63263613

（王　芳）

【鸭子桥北里 13 号楼选房签协议】　5 月 3 日，由北京陶然房地产开发有限责任公司为实施主体，广安门外街道办事处、西城区住房和城市建设委员会、青年湖社区居委会协同配合，西城区鸭子桥北里 13 号楼正式开始拆迁居民签协议选房工作。工作人员对居民逐户进行登记备案，并及时将备案登记情况进行公示。截至 5 月 18 日，完成选房签协议的居民为 71 户，完成比例达到 69%。由居民代表委员会、广安门外街道办事处、西城区住房和城市建设委员会、青年湖社区居委会、陶然房地产公司共同组成的鸭子桥项目联合工作组对未签协议居民做进一步洽谈。

（王　芳）

【开展安全生产月活动】　5 月 31 日，陶建公司召开安全生产月活动启动工作会。会上公司主管领导对安全管理工作做了整体部署，要求将安全工作的主要方面放在房屋管理及生产生活用电方面，要从根源上预防因用火用电不规范而导致火灾事故的发生。为提高公司职工的防火安全意识，配合开展“安全生产月”活动，陶建公司组织机关及物业管理部门专业人员参观中国消防博物馆。通过参观使职工了解消防事业发展历程和火灾事故形成的原因，并通过参与模拟火灾场景演练，让职工掌握了一些在生产生活中遇到的火灾及其他危险情况的自救技能。

（王 芳）

【第三届第一次职工大会】 10月9日，陶建公司召开第三届第一次职工大会，讨论并通过北京陶然建筑有限公司关于《集体合同文本、工资集体协商协议书》草案，并报送西城区人力资源和社会保障局备案。

（王 芳）

北京市鑫宣市政工程有限公司

【概况】 北京市鑫宣市政工程有限公司（简称鑫宣市政公司）是具有独立法人资格的有限责任公司，注册资本金2000万元。主要承揽单项合同额不超过企业注册资本金5倍的城市道路工程，单跨跨度40米以内桥梁工程，断面20平方米及以下的隧道工程，公共广场工程，10万吨每日及以下给水、污水泵站，15立方米每秒及以下雨水泵站，各类给、排水管道工程，总储存容积1000立方米及以下液化气贮罐厂（站），供气规模15万立方米每日燃气工程，中压及以下燃气管道、调压站，供热面积150万平方米每日燃气工程，各类城市生活垃圾处理工程，同时担负着区属道路的养护、翻修改造任务。年内，鑫宣市政公司有职工178人、离退休员工58人，其中高级工程师5名、中级职称人员25名、初级职称人员77名、一级注册建造师1名、二级注册建造师10名，各种综合性、专业施工机械设备100台。拥有由鑫宣市政公司控股有独立法人资格的北京市鑫宣园林绿化工程有限公司（简称鑫宣绿化公司）、北京市鑫宣世纪能源科技应用有限公司（简称鑫宣能源公司）以及5个市政工程项目经理部。鑫宣市政公司实行总经理负责制，下设总工程师、总会计师和总经济师。职能部室有：党群部、工会、办公室、财务部、人力资源部、市场部、经营部、工程部、安全生产部、设管部、养护项目部、机械运营部、亮丽项目部和顾问组。鑫宣市政公司连续12年通过“市政公用工程施工总承包二级”资质和GB/T19001-2008/ISO9001:2008质量管理体系认证、ISO14001:2004GB/T24001-2004环境管理体系认证和OHSAS18001:1999GB/T28001-2001职业健康安全管理体系认证。并获得“诚信企业”和“AAA信用企业”称号。年内，鑫宣市政公司在西城区“送温暖献爱心”活动中捐款1万元。

地址：西城区培育胡同甲7号
邮编：100052
电话：63546948

（吴 玥）

【道路大中修工程】 年内，完成工程16项。包括南马道、西城区（南区）政府门前路、白纸坊街（南北段）、笤帚胡同、马连道东街（南段）、核桃园东街、广安门南街、核桃园西街、枣林前街西段、白广路二条、西草厂街西段、铁门胡同、教佳胡同、四川营胡同、菜园街、右安门内西街。累计铺设沥青路面68214.67平方米，人行步道铺装27452.37平方米。

（吴 玥）

【胡同新增市政排水管线改造工程】 年内，完成工程20项。包括福长街六条、排子胡同、东壁营胡同、西壁营胡同、胭脂胡同、棕树头条、福长街五条、天宁寺东里北区、和平门外西里、小马厂、原宣武检察院北侧路、滨河路、六十三中南墙外、中兴巷、中胜巷、广外医院东侧路、南柳巷、红莲路北段、新安中里二巷、右安门西街。累计新建排水管线2190米，恢复沥青路面34500.04平方米，人行步道铺装12077.86平方米。

（吴 玥）

【小区道路整治工程】 年内，完成小区道路整治工程21个，涉及广安门外街道、广安门内街道、陶然亭街道、白纸坊街道、大栅栏街道等5个街道。累计摊铺沥青混凝土路面16700.61平方米，人行步道铺装7113.73平方米，路缘石砌筑4947.4米

（吴 玥）

【雨水中水收集利用工程】 年内，完成雨水中水收集利用工程，涉及椿树街道、大栅栏街道、天桥街道3个街道的473个院落。累计铺设环保透水砖17484.9平方米。

（吴 玥）

【雨污水支线改造建设工程】 年内，完成雨污水支线改造建设工程94项，涉及广安门外街道、广安门内街道、大栅栏街道、椿树街道、天桥街道、陶然亭街道等6个街道。累计铺设沥青路面1941.39平方米、环保透水砖2693.84平方米、管线2317.56米。

（吴 玥）

【疏堵工程】 年内，完成茶马东路及商标大楼北侧路交通疏堵工程。累计铺设沥青路面7383.26平方米，人行步道铺装1820.33平方米，路缘石砌筑1347米，雨水管线铺设638.1米，污水管线铺设326.8米。

（吴 玥）

【太阳能工程】 年内，完成西城区双槐里太阳能工程，建太阳能光伏电站51.7千瓦，建路灯40盏；西城区（南区）小街小巷太阳能路灯安装工程，建太阳能独立灯236盏；大栅栏地区道路改造亮化工程，建仿古式庭院灯30盏；前门月亮湾照明改造工程，改造壁灯23盏、草坪灯11盏、景观灯4盏，建幺铺村63.45千瓦太阳能光伏电站、上辛堡村82.25千瓦太阳能光伏电站、黑庄户村43.2千瓦太阳能光伏电站。

（吴 玥）

【路灯维修和亮化养护工程】 年内，完成朝阳区新农村1280盏太阳能路灯维修更换维护工程，天桥市民广场5000平方米铺装绿地和音乐喷泉水下灯1077盏灯具维护工程，大栅栏西街379盏景观灯照明养护工程，南菜园街82盏景观灯照明养护工程，朗琴园和小马厂广场98盏景观灯照明养护工程。

（吴 玥）

【廊桥和广告牌匾养护工程】 年内，完成琉璃厂艺术廊桥养护工程，广安门大街、广渠门大街、白纸坊东街、白纸坊西街主要道路公共设施和广告牌匾养护工程，大风恶劣天气户外广告、牌匾标识及配套设施安全检查巡视工程，重大节日户外广告、牌匾标识及配套设施安全检查巡视工程，共计出动巡查车辆169台班、巡查人数676人次，其中白天巡查天数102天，夜间巡查天数67

天，拆除违法广告牌 4 块。

（吴　玥）

【后期养护工程移交】　年内，完成后期养护工程 2 项。包括红莲路 69 号院周边道路绿化工程、国家话剧院绿化养护工程。累计绿化养护面积 4594.75 平方米。完成红莲路 69 号院周边道路绿化工程养护任务，并移交给广安门外街道办事处。

（吴　玥）

【绿化工程】　年内，完成绿化工程 3 项。包括药物研究所绿化改造工程、小马厂 1 号院绿化工程、国家话剧院木制品翻新工程。累计绿化面积 1551 平方米，并进入养护管理阶段。

（吴　玥）

北京昊都建筑工程有限责任公司

【概况】　北京昊都建筑工程有限责任公司（简称昊都公司）为区属国有企业，主要经营工业与民用建筑项目、地基与基础工程的施工、设备租赁、建筑材料的技术开发、锅炉安装及热力、防水管线工程的施工等。

地址：西城区白纸坊西街 22 号楼 1602 号

邮编：100054

电话：67504923

（杨惠娟）

【人事档案管理】　年内，根据区相关部门要求，为加速昊都公司改制工作进程，退休人员人事档案转出整理准备工作基本结束，截至 12 月底，昊都公司退休人员 503 人。

（杨惠娟）

【财务及退办工作】　年内，完成企业所得税年度汇算清缴鉴证审计工作。全年追缴 6 人（死亡）养老金 14227.98 元；为 20 名退休人员变更医疗机构，保证退休人员及时就医。完成异地安置 8 名退休职工身份认证及医疗保险异地选择的申报工作，为 9 名人员审核并办理异地医院医疗费报销。

（杨惠娟）

【投资工程】　年内，公司投资广东中山工程诉讼案件尚未结案，诉讼保全后的房产及银行帐户按季度继续进行续封工作。

（杨惠娟）

【提升服务水准】　年内，接待外调、公证及为企业调出人员查档、出具各种证明、公示材料 152 份。

（杨惠娟）

北京房开置业股份有限公司

【概况】　北京房开置业股份有限公司（简称房开置业公司），注册资金 5000 万元，属三级资质房地产开发企业，并通过 ISO9001 国际质量管理体系认证。主要经营房地产开发、商品房销售、城市危旧房改造和开发建设等项目。年内，完成牛街东里一区地下车位停车设施安装、腊竹危改摸底及方案报送和修缮建功北里老旧小区电梯等工程。被评为 2013 西城区精神文明单位。

地址：西城区广安门内大街 210 号西华经典 2 层

邮编：100053

电话：63577515

（闫　欣）

【牛街东里一区地下停车设施安装】　年内，为解决居民停车难问题，房开置业公司组织专人办理牛街东里一区 12 号楼地下车位清理及停车设施安装工作，腾退占用车位改造库房 5 间，完成划线车位 50 个，并向本小区居民公开销售，缓解小区停车难问题。

（闫　欣）

【腊竹危改摸底及方案报送】　年内，房开置业公司组织专人成立腊竹危改项目摸底调查小组，同房管部门及公安部门核实居民和单位产籍户籍资料，编制项目方案，年底前完成腊竹危改项目摸底及方案报送工作。

（闫　欣）

【防汛工作】　汛期，房开置业公司，专门成立防汛工作领导小组，划拨专项资金，指派专人 24 小时值守，处理应急突发情况。做到加强日常检查，及时发现问题，采取措施将隐患消灭在萌芽状态，确保无人员、财产损失发生。

（闫　欣）

【修缮建功北里老旧小区电梯】　年内，房开置业公司为解决老旧小区居民出行难的问题，划拨 30 余万专项资金，对建功北里小区的电梯进行更换、修缮，切实解决居民实际困难。

（闫　欣）

北京宣兴房地产开发股份有限公司

【概况】　北京宣兴房地产开发股份有限公司（简称宣兴公司）为综合性房地产开发企业，注册资本 5420 万元，房地产行业等级为二级，其股份由国有、社会法人及自然人多元股东集合构成。宣兴公司经营管理为房地产开发、商品房销售和物业管理一体化模式，是通过 ISO9002 国际质量标准认证的企业。

地址：西城区枣林前街 35 号

邮编：100053

电话：63585100

（高　莉）

【宣兴商厦项目拆迁工作】　宣兴公司实施一级开发的项目宣兴商厦位于西城区广安门外大街湾子路口西南角，占地 1.33 公顷，建设内容为商业金融。该项目以引进战略投资方式运作拆迁，公司始终对拆迁工作加强领导，多方协调，为居民解决实际问题，维护稳定。

（高　莉）

【车站西街 17 号院小区房屋修缮】　由宣兴公司控股设立的物业管理公司管理的小红庙车站西街 17 号院小区，建筑面积近 10 万平方米，房屋均为改革开放初期所建，多处屋面、上下水管道和电梯进入大修期，外墙饰面脱落开裂严重，宣兴公司多方筹措资金 300 余万元，重点修缮所辖小区上下水管道，并对所有楼房外立面重新装修。

（高　莉）

【慰问离退休老干部】　宣兴公司是西城区为数不多的由企业负责管理离休老干部的单位之一，公司对现管理的 7 名离休老干部坚持进行每年一度的身体体检，开展节假日慰问活动，还利用企业自有资金为病逝的离休人员家属发放 10 余万元的补助金。

（高　莉）

（责任编辑　陈　艳）

交通　邮电　公用事业

交　通

交通行政执法

【概况】　北京市交通执法总队（简称市交通执法总队）是北京市交通委所属副局级行政执法机构，主要负责全市公共交通、公路和水路交通运输行业的交通行政执法工作。年内，市交通执法总队以维护运输市场秩序，提升监管社会效果为工作主线，统筹兼顾行业监管和“黑车”治理，维护运输市场秩序，完成运输市场秩序监管任务。截至年底，共查处各类违法违章3.9万起，处罚出租汽车投诉案件4680起。市交通执法总队首都机场执法大队被评为2013年交通运输行政执法评议考核优秀单位；市交通执法总队被评为2013年北京交通年鉴工作先进集体；市交通执法总队第五执法大队被评为首都全民义务植树先进单位。
地址：西城区北礼士路22号
邮编：100044
电话：68367578

（尹　鉴）

【春运交通运输市场秩序保障】　春运期间，市交通执法总队加强道路运输市场监管，规范从业人员营运行为，打击各类非法营运行为，出动执法人员1.2万余人次，企业管理人员4100余人次，检查运输车辆13.8万余台次，查处违章838起，查扣“黑车”643辆，总队及区县交通执法部门联合查获非法运输烟花爆竹案件3起，查缴烟花爆竹80余箱，保障春运期间交通运输环境秩序良好。

（尹　鉴）

【参加市专项整治】　1月27日起，市交通执法总队参加全市“三大秩序”专项整治。为确保首都社会面秩序持续平稳，市公安局在全市范围内发起交通、治安、环境3大秩序突出问题集中管理整治专项工作，突出对交通、治安、环境等影响城市秩序、车辆通行和群众反映集中的9类问题进行治理。市交通执法总队依职责治理“黑车”等严重影响交通秩序的问题。年内参与全市性“黑车”整治及统一夜查行动44次，巩固和推动“黑车”整治工作。

（尹　鉴）

【“两会”交通运输环境秩序保障】　2月28至3月19日，市交通执法总队启动2013年全国“两会”交通运输环境秩序保障专项勤务，出动执法人员4700余人次、企业管理人员1600余人次，检查运输车辆6.1万余台次，查获各类运输车辆违法违章735起，查扣各类“黑车”544辆。

（尹　鉴）

【重大假日交通运输秩序保障】　年内，市交通执法总队在重大节假日加强重点公交枢纽、轨道交通车站、旅游景区及繁华商业街交通运输环境秩序监管，严厉查处出租汽车拒载、议价、多收费，省际客车站外揽客、超员载客，旅游客车“非法一日游”等违法违章行为。清明小长假出动执法力量480余人次、企业管理人员280余人次，执法车辆240余台次，检查各类运输车辆2400余台次，查获违法违章23起，查扣“黑车”8辆，对160余起轻微违章批评教育，50个重点监管地区周边交通运输环境秩序总体良好。“五一”期间出动执法力量520余人次、执法车辆180余台次，组织企业管理人员280余人次，检查运输车辆6300余台次，查处各类运输车辆违章51起，查扣“黑车”10辆，对310余起轻微违章批评教育。端午节期间出动执法力量480余人次，检查运输车辆5700余台次，查处违章运输车辆23起，对240余起轻微违章批评教育。中秋节期间出动执法力量480余人次，检查运输车辆5400余台次，查处各类运输车辆违章41起，对180余起轻微违章批评教育。国庆节期间出动执法力量1100余人次，组织企业管理人员380余人次，检查各类运输车辆9500余辆，警告轻微违章驾驶员117人。

（尹　鉴）

【春季安全专项行动】　4月23日起，市交通执法总队牵头组织市公交保卫总队、市交通委运输管理局开展出租汽车、省际客运、旅游客运及“黑车”非法运营专项治理；配合市交通委运输管理局做好出租汽车行业安全监管及维稳工作；会同市交通委运输管理局开展对汽车租赁、汽车维修、化学危险品运输企业安全监管。专项行动出动执法人员1200余人次，查处违法违章724起，查扣“黑车”281辆。

（尹　鉴）

【安全生产大检查】　6月下旬至9月底，市交通执法总队以“全覆盖、零容忍、严执法、重实效”为目标，对出租、省际、旅游、汽修、危险化学品运输等重点行业进行4次全市性安全生产大检查、整治，区域性整治30余次；查处消除交通运输行业各类违法违章隐患2718起；会同运管、消防等部门检查40余家企业，消除安全隐患30余处，约谈问题企业5家；出动执法人员120余人次，会同运管、安监、公安、工商等部门对机动车维修企业开展联合检查15次，入户检查38家，查处违规经营8起、“黑汽修”2家，责令9家安全隐患企业整改，要求限期提交书面整改报告。

（尹　鉴）

【交通执法宣讲活动】　9月29日至12月4日，市交通执法总队组织交通执法宣讲团到展览路社区、右安门外国语学校、万泉寺出租汽车公司等地举办3场“绿色出行、畅通北京”“维护运输秩序，创建平安交通”宣讲活动，为社区居民、企业职工480余人次宣讲交通执法、绿色出行、交通安全等知识。

（尹　鉴）

【销毁“黑车”】　市交通执法总队对2011年前暂扣长期不接受处理的滞留车辆，进行统计、核档、拓号、转运等工作，协调市“打黑办”进行媒体公告，12月10日销毁“黑车”116辆。

（尹　鉴）

境内交通执法

【概况】　北京市交通执法总队第二执法大队（简称市交通执法二大队）是北京市交通执法总队下设的执法大队。市交通执法二大队主要负责西城辖区内交通运输行业执法工作，具体管理的行业有出租汽车、小公共汽车、省际长途客运、旅游客运汽车、道路货物运输（含危险货物运输）、货运服务、汽车维修、汽车租赁及水域运输（游船）等行业。截至年底，出动执法人员9687人次，检查各类车辆81031车次，查处违法违章3128起，查处各类非法机动车经营案件959起，收缴罚没款660.76万元。受理并处理群众及消费者各类投诉信件、电子邮件2845封。

地址：西城区南礼士路44号

邮编：100037

电话：68013973

（王平海　龙永东）

【出租汽车行业监管】　年内，市交通执法二大队在做好路面执法检查工作同时，加强出租车信访投诉处理工作。西城区注册登记出租汽车企业34家（有转出和转入企业），运营车辆近1.2万辆，占全市出租运营车总量17.91%。年内受理乘客投诉2845件，处理率100%；执法案件办结3128件，结案率98%。为237位因乘坐出租车利益受损乘客挽回经济利益。对616名因服务违规违法的出租汽车驾驶员按违法行为轻重，分情节给予相应处罚。在路检稽查中，合理安排执法勤务，分时段加强重点点位监管工作。在西城区内著名旅游景点开展出租车拒载、议价等严重违法行为专项检查。访谈出租汽车经营企业27家，听取意见、建议。在部分路边小区口和商业网点处，设立221处出租汽车扬招站，初试出租汽车定点候客、乘客定点叫车的运营方式，投入1.8万人次全天监管。

（王平海　龙永东）

【打击非法营运行为】　年内，市交通执法二大队与区公安、交管等部门联合执法，打击“黑车”非法运营，重点整治北京北站、动物园公交枢纽、西单、积水潭、德胜门等地铁站口和交通场站周边“黑车”非法运营。共查处机动车非法经营959起，其中“黑出租”853起，“黑货运”53起，“黑旅游”37起，“黑长途”9起，“黑化危”7起。查获“克隆”出租汽车27辆。为出租汽车企业收缴回丢失出租汽车专用发票62卷（每卷100张）。春节前期在本区域内查扣1辆非法运输烟花爆竹车辆。

（王平海　龙永东）

【汽车修理行业监管】　年内，市交通执法二大队与辖区运输管理处联合检查汽修企业67家次。出动执法人员476人次、执法车辆93台次，对区内一、二、三类汽修企业进行检查，抑制了个别汽修企业维修质量下降，消费者投诉案件增多现象。

（王平海　龙永东）

【旅游客运行业监管】　年内，市交通执法二大队将旅游客运作为检查重点，加强旅游旺季监督检查。在天安门、故宫、恭王府、什刹海等旅游景点执法检查中，查扣“黑旅游”经营37起。在德胜门地区铲除假公交站牌及假公交临时站牌103面（张）。给擅自经营旅游客运业务的汽车租赁公司发出整改通知书27封，堵住非法“一日游”用车渠道。

（王平海　龙永东）

【化学危险品运输专项整治】　年内，市交通执法二大队每月组织相关部门联合开展危险化学品运输专项整治。针对区内医院多、医疗垃圾产生点位多、使用液化石油气用户多等特点，严格管理本区域内危化车辆的运输行为，确保人员车辆的资质和证照齐全、合格、有效，执行各种安全防护措施，保证安全运输。年内查扣非法运输的“黑化危”车辆7台。

（王平海　龙永东）

交通行业管理

【概况】　北京市交通运输管理局西城管理处（简称西城管理处）是受北京市交通委运输局委派，负责西城区境内公共交通、公路和水路运输管理的专门机构。年内，西城管理处出动执法人员2086人次，检查辖区交通运输单位992户（站）次。

地址：西城区平安里西大街玉廊东园5号楼1单元

邮编：100034

电话：59701075

（葛　然）

【公共交通行业】　年内，西城管理处根据运输局公交处工作安排，完善西城辖区公交线路优化工作，组织人员每周在平峰和早晚高峰时段，对辖区3条公交线路（10路、37路、691路）进行发车执行情况、行车计划、运营执行情况进行调查，调查时段为早晚高峰和平峰。此项工作已成为地面公交行业今后常态化工作。

（葛　然）

【轨道交通行业】　年内，西城管理处按照“一站一方案”原则和运输局轨道处要求，督促辖区轨道交通车站完善大客流疏导预案、应急预案等，提高轨道交通车站大客流应对能力。S2线纳入轨道交通行业管理后，配合轨道处建立健全应急协调机制，保障S2线运营安全。加强轨道交通日常安全监管及电梯等设备设施维护。

（葛　然）

【出租汽车行业】　年内，西城管理处督促企业建立健全运营服务管理规章制度、交接班备案制度、电话召回服务管理制度。加强企业内部稽查和动态监控，加大违规治理力度，建立运输、执法、企业三结合联勤制度，整顿重点地区出租汽车运营服务秩序，打击拒载、议价、绕路等严重违章行为，规范行业运营秩序。及时排查化解不稳定因素，加强对重点人员的监控，按时按规定发放燃油补贴，确保驾驶员队伍稳定。

（葛　然）

【省际客运行业】　年内，西城管理处配合市局开展客运班线运行情况调研，逐步优化省际客运行业既有班线及运力资源配置；实施出京客车在郊区县实施配载，延伸服务，提高运输效率；规范运营秩序，对站外揽客、超员、超速违法违规问题突出的运营企业进行约谈，提出整改要求及后续从严惩处措施。完成元旦、春运、全国“两会”、暑运、黄金周期间运力筹备、运输组织、运营服务、运行安全等工作。配合市局重新核定客运班线经营期限标准。监督企业落实安全告知、运营车辆落客安检制度，出站例检制度。强化运营车辆运行过程中GPS动态监控，督促企业完善GPS管理使用规定，提高GPS连通率，建立健全GPS监控台账。落实应急救援预案。配合交通执法等部门，整治站外揽客、超员载客。

（葛　然）

【旅游客运行业】　年内，西城管理处配合市局调整优化旅游客运运力资源，实行总量控制，整合现有运力资源，调整车型结构档次布局，依法严格审查更新车辆，所有更新车辆必须加装座椅安全带和有效使用GPS，投保承运人险。结合行业淡旺季分明的运行特点，制定安全监管计划，细化检查内容，督促企业落实安全生产主体责任，按照《道路旅客运输企业安全生产规范（试行）》要求，完善各项规章制度，加强驾驶员和车辆管理。按照市局《关于规范旅游客运行业从事包车业务管理的通知》要求，对学校包车业务的企业、人员及车辆资质审核检查达100%，保障学校包车运行安全。强化运营车辆运行过程的动态监控和GPS安全应用，督促企业完善GPS管理使用规定，继续提高GPS连通率，加强车辆在线实时监控，提高GPS应用管理水平，建立健全GPS监控台账。配合市局做好规范省际包车客运标志牌管理，按照《交通运输部关于进一步加强客运包车管理的通知》要求，加强省际包车证件检查。严格核查年度旅游包车证换发程序，不符合要求的坚决不予发放。对连续发生违法违规的企业督促整改，整改后仍不具备安全生产条件的，依法建议取消相应的经营范围或吊销其道路运输经营许可证件。做好春运、“两会”、黄金周等重点时段运输安全服务保障工作。按照《北京市交通运输行业突发事件应急预案》精神，督促企业完善应急预案，形成衔接紧密、协调统一、可操作性强的应急预案体系并组织实施年度安全应急演练计划。

（葛　然）

【汽车租赁行业】　年内，西城管理处依据《北京市汽车租赁管理办法》，加强行业管理人员、汽车租赁经营者权利义务、服务规范和相关业务办理流程、时限要求、法律责任培训。配合市局开展市场调研，做好指标配备、跟踪管理和年度租赁小客车指标配置工作。督促企业履行承租人身份和资信核实程序，杜绝以租车和包车为名从事各类非法活动。强化大中型租赁客车监管，对已备案的大中型租赁客车跟踪管理，实施租赁用途登记制度，大中型租赁客车安装GPS监控设备实现车辆运行实时在线监控。加强行业监管，严格查处租赁企业使用未备案的大中型客车从事非法经营活动。督促企业落实行业日常检查、隐患排查等制度，完成春运、“两会”、黄金周及重大活动和重点时段运输安全服务保障工作。督促企业完善突发事件应急预案，组织实施年度安全应急演练计划。

（葛　然）

【普通货物运输管理】　年内，西城管理处扩大辖区城市货运保障“绿色车队”规模，保障辖区城市重点生产生活物资运输需求。依据“绿色车队”标准，引导具备标准的货运企业申报“绿色车队”，目前“绿色车队”已有1173辆车（2013年无新增），加强对货运企业组建“绿色车队”工作的服务、宣传和政策引导。配合市局组织开展甩挂运输试点和申报国家第三批甩挂运输试点项目；参与研究制定实施甩挂运输试点配套支持政策参与研究制定《城市中心区昼运货运经营者条件》，完善城市中心区配送组织保障机制；加大辖区《城市中心区货运汽车营运技术要求》宣传力度，与公安交管部门协同配合，规范城市中心区配送车型，督促未达标货运车辆兑现3年更新车辆承诺，提高车辆技术等级。

（葛　然）

【危险货物运输管理】　年内，西城管理处督促危险货运企业落实安全评价制度，严格车辆技术管理，强化从业人员培训。推广道路危险货物运输教学视频，提高从业人员安全运输操作水平。加强化学危险企业GPS监控系统管理，建立GPS监控定期通报制度，提高一线监管人员系统应用能力，对超速严重的企业和车辆定期通报和处理。

（葛　然）

【机动车维修管理】　年内，西城管理处按照《北京市机动车维修经营许可工作规范》实施维修经营许可审批，规范机动车维修业户开业、歇业、注销、吊销等手续。开展维修经营业户清理工作，选择北京京宇汽车服务有限责任公司、北京中电联汽车服务有限责任公司为机动车维修规范化经营示范单位。按照《质量信誉考核实施细则》对辖区内维修企业进行质量信誉考核，落实对B级企业监管措施。督促辖区内维修企业健全内部质量监控体系，落实维修质量管理4项制度和维修竣工检验4项标准。在辖区内试行维修服务质量投诉登记制度，追踪维修服务质量问题调处结果，为探索维修服务质量纠纷处置方法和提高效率积累经验。

（葛　然）

【安全生产管理】　年内，西城管理处宣传贯彻《在用汽车喷烤漆房安全使用综合评价规则》，促进维修企业掌握汽车喷烤漆房按周期进行综合评价和淘汰更新的规律，提高企业汽车喷烤漆房安全使用系数。在“机动车维修危险废物安全处置、规范回收”活动中，对一类维修企业进行核查，是否与有资质的公司签订维修废物处置合同。春节前后汽修行业清理可燃物，保证烟花爆竹燃放期间的安全。“两会”期间，代表驻地周边维修企业做好安全保障。加强日常监管，检查维修企业落实安全生产制度、安全应急预案、安全操作规程、设备设施效能及从业人员安全教育等情况。6月份，在辖区维修业户中开展以安全生产为主题的“安全宣传月”活动，组织部分维修业户消防演练。

（葛　然）

【规范水域游船】 年内，西城管理处对辖区水运游船单位的非自航船进行开航前检验。与辖区游船单位签订安全生产责任书，对水域游船行业从业人员、撸工进行培训、考核。配合海事局水路运输管理处、北京市船舶检验所做好自航船检验，水路运输企业年审换证。组织水域游船单位开展应急救生演练，开展安全月、航海日宣传活动。完成游船单位新增非机动船员适任证书考试和发放，做到从业人员100%持证上岗。按照水运行业管理的法律、法规对水域游船单位的安全运营进行检查、巡查，督促各企业健全自检自查基础台账，加强什刹海夜航的安全值守。配合局水运处开展水运行业安全监管互检互查。

（葛　然）

地下铁道管理

【概况】 北京市地铁运营有限公司（简称地铁公司）是专门从事轨道交通运营管理的市属大型国有独资公司。共运营14条地铁线路，分别是1、2、5、6、8、9、10、13、15号线、八通线、机场线、房山线、亦庄线、昌平线，共235个运营车站，37个换乘站，运营里程403公里。地铁公司业务有运营业务、新线业务和关联业务3大板块，9项主要业务：运营、维修、增值服务、运营筹备、配合建设、工程监理、车辆制造、职业教育、运营研发。年内，地铁列车运行3.56亿车公里，客运量27.38亿人次，日均750万人次，票款收入30.27亿元。北京市地铁运营公司被交通运输部授予“第三批交通运输文化建设示范单位”称号。

地址：西城区西直门外大街2号地铁大厦

邮编：100044

电话：62293820

（张华兵）

【完成冬运工作】 冬运期间地铁公司安全运送乘客7.38亿人次，同比上升18.41%。日均运送乘客609.54万人次，共开行列车634037列，加开临客422列，列车运行图兑现率99.93%，正点率99.85%。客运最高峰为3月8日，运送乘客880.89万人次，创历史最高纪录。冬运期间多次遭遇降雪天气，地铁公司分别于11月3日、10日、16日和12月12日、16日、20日、1月20日7次启动雪天应急预案，加开临客1700列。其中春节期间，运送乘客7431.11万人次，日均464.44万人次，开行列车84485列，加开临客148列，运行图兑现率99.95%，正点率99.94%。安检物品数3889.2万件，查获违禁品6932件。

（张华兵）

【地铁站内设置环保回收机】 倡导绿色出行、低碳环保生活，地铁公司分别在10号线劲松、芍药居站内各设置2台智能环保回收机，进行试点。乘客将废旧饮料瓶投入回收机后，可向乘客一卡通内充值相应金额。截至2月20日，4台回收机安全试运行60天，共回收瓶数11946个，成功充值1330次。

（张华兵）

【领导到地铁检查调研】 1月31日，市交通委主任刘小明带队到地铁9号线六里桥站检查春运情况，地铁公司汇报春运安排情况。2月8日，副市长张工到地铁西直门站，检查地铁安检和换乘通道客流情况，查看西直门站综控室、变电站、智能调度、科学指挥系统和配电安全情况。3月2日，市委副书记、市委政法委书记吉林，市政府秘书长李伟，市交通委副主任张树森等到地铁车公庄站，检查全国“两会”期间地铁安全运营准备工作情况，查看车公庄站综控室，检查应急预案、监控设备、应急器材摆放。4月15日，副市长张延昆到地铁5号线东单站检查乘客安检、换乘情况，查看车站综控室，听取应对突发事件、火灾等应急处置工作流程汇报。6月17日，市委书记郭金龙检查地铁安全运营工作情况。9月29日，副市长张延昆到地铁公司就北京地铁定位为优化北京城市功能做好服务进行调研。11月1日，市委书记郭金龙到地铁六里桥车站，就做好首都公共服务和公共安全工作作专题调研。

（张华兵）

【市领导慰问地铁员工】 2月1日，市人大常委会副主任、市总工会主席梁伟到地铁1号线公主坟站慰问员工，赠送慰问品和10万元慰问金，并向广大地铁员工拜年。

（张华兵）

【北京地铁车辆装备公司重组】 2月22日，北京地铁车辆装备有限公司重组。重组后，北控集团全资子公司以北京北控交通装备有限公司持股51%入股，以现金方式增资，北京市地铁运营有限公司持股49%。市国资委党委书记、主任周毓秋，副主任张宪平出席签约仪式。北控集团副总经理徐太炎代表北京北控交通装备有限公司与地铁运营公司党委书记、董事长谢正光签署重组协议。

（张华兵）

【地铁日客运首次破1000万人次】 3月8日，北京地铁全路网日客运量首次突破1000万人次，达到1027.6万人次。北京地铁公司所辖14条线路客运量880.9万。其中1号线154.0万人次，2号线151.7万人次，5号线107.1万人次，6号线53.6万人次，8号线20.5万人次，9号线31.5万人次，10号线169.8万人次，13号线94.6万人次，15号线18.7万人次，八通线35.6万人次，昌平线14.3万人次，房山线7.9万人次，机场线3.2万人次，亦庄线18.4万人次，4号线和大兴线146.7万人次。

（张华兵）

【1号线信号系统改造工程开工】 3

月 11 日，地铁 1 号线信号系统改造工程正式开工，工程涉及地铁 1 号线正线 34 公里线路、25 座车站、2 个车辆段和 1 个控制中心；道岔 228 组，信号机 472 架，轨道电路 718 工程。投资总额 7.8 亿，预计 2016 底完工。

（张华兵）

【1、2 号线 LED 节能改造项目启动】 3 月 20 日地铁公司启动 1、2 号线线路 LED 改造项目，涉及 34 座车站、3 万支照明灯具，预计年节电 450 万度。7 月 27 至 11 月 8 日，进行 1、2 号线隧道洞体清洁工作。

（张华兵）

【地铁线路缩小行车间隔】 5 月 6 日起，地铁公司所辖 2 号线、昌平线、亦庄线缩短平日列车运行间隔提高运力。1、2 号线早、晚高峰时段列车运行间隔调整至 2 分，中午平峰时段缩至 4 分 30 秒，运力提高 11.1%。昌平线早、中、晚高峰时段分别缩至 6 分 30 秒、11 分 30 秒和 5 分 30 秒，运力分别提高 30.8%、26.1%和 18.2%。亦庄线早、晚高峰时段分别缩至 6 分 30 秒和 5 分 50 秒，运力分别提高 19.2%和 11.4%。

（张华兵）

【完成暑运工作】 7 月 15 至 8 月 31 日暑运期间，地铁公司所辖线路共运送乘客 3.96 亿人次，同比增长 34.08%。客运最高峰日为 7 月 16 日，达到 947.49 万人次；共开行列车 270472 列，同比增长 21.39%；列车运行图兑现率 99.91%，列车运行正点率 99.88%。

（张华兵）

【地铁官方微信正式上线】 11 月 1 日，北京地铁官方微信正式上线，实现手机版线路查询、首末班车查询、运营信息查询、失物招领等信息服务功能，用户可通过两种方式（点击查询和微信平台推送）了解突发事件引发的列车延误信息。

（张华兵）

【地铁实施公众责任险】 11 月 1 日，地铁公司正式实施公众责任险。地铁公司在处置乘客意外伤害事件时引入社会化专业机构，依据相关法律法规为乘客提供更加专业、规范、优质的理赔服务。

（张华兵）

【整治地铁小广告】 11 月 19 至 12 月 12 日，地铁公司联合公安部门组织 400 余人次开展 4 次地铁站车秩序整治，重点打击站车内散发小广告的非法行为，共清理非法人员 117 人，拘留 34 人，清理小广告近 25 万张。

（张华兵）

【地铁乘客服务中心启动】 12 月 26 日，地铁公司启动首批 42 座站台乘客服务中心，乘客服务中心服务项目分为自助服务和人工服务，提供出行服务、应急服务、公益宣传服务三大类。出行服务包括人工问讯、出行手册取阅（宣传品自助取阅）、计算机辅助查询打印（电子查询）。应急服务包括应急医药箱、手机应急充电、应急雨具、应急电话、针线包、捆扎物品。公益宣传服务包括地铁资讯、公益信息宣传、品牌推广。

（张华兵）

铁路管理

【概况】 北京北站（西直门车站）处于西城区与海淀区交界处，东临学院南路，西以高粱桥路东侧为界，南讫西直门地铁站，北与清华园东站相临，为京通、京包线起点。按等级为西客站下属二等客运站，其中车场有到发线 10 条、牵出线 1 条、专运线 3 条。站内道岔 64 组；专运线道岔 3 组。闭塞方式采用单线半自动。联锁为 JD-IA 计算机连锁，车站总面积为 22008 平方米，设有旅客候车室（面积 8244.5 平方米）、售票室（面积 973 平方米）、行李房（面积 565.8 平方米）。行政管理机构有综合室、客运部、运输部、物业部、科贸公司。

地址：西城区北滨河路 1 号
邮编：100044
电话：51866852

（刘津京）

【安全生产】 年内，北京北站继续推进安全生产整治工作，取得安全生产的持续稳定，围绕人身、行车、消防、车机联控、防溜、进路等环节，加强职工素质培训，提高全员安全意识，落实安全逐级负责制。制定和完善车站安全教育制度，学习人身安全卡控措施和事故案例，开展"安全生产月"大检查、"放非控非"等活动。进行安全检查 367 次，发现问题 759 件，解决 759 件；防火防爆检查 97 次，发现问题 85 次，解决 85 次，保证安全运输有序可控。截至年底，实现无一般行车事故 8628 天，无重大、大事故 21211 天，无险性 17225 天，无轻伤事故 5837 天，无重伤事故 10176 天，无死亡事故 12409 天，无火灾事故 23476 天，无事故苗子 5393 天，无特种设备事故 4382 天。

（刘津京）

北京北站列车时刻表

始发				到达			
车次	终到站	开点	到点	车次	到点	始发站	开点
S201	延庆	6:12	7:49	2622	5:28	赤峰	19:30
1455	呼和浩特	6:48	19:00	2560	5:59	赤峰	21:10
K275	满洲里	7:39	次日 14：33	1458	6:29	通辽	17:25
S287	沙城	7:58	10:16	k274	7:07	呼和浩特	21:20
S205	延庆	8:34	10:05	S202	7:35	延庆	6:00
S207	延庆	9:02	10:33	S204	8:13	延庆	6:29
4471	承德	9:12	19:08	S206	8:31	延庆	6:59
2621	赤峰	10:22	19:25	K1016	9:30	通辽	20:40
S209	延庆	10:57	12:31	S208	9:47	延庆	8:07

续表

始发				到达			
车次	终到站	开点	到点	车次	到点	始发站	开点
S211	延庆	12:42	14:19	2102	10:53	阜新	18:48
S213	延庆	13:14	14:43	S210	12:12	延庆	10:35
S215	延庆	13:35	15:15	1802	12:28	齐齐哈尔	13:45
1801	齐齐哈尔	13:47	次日 13：16	S288	12:41	沙城	10:35
2101	阜新	14:09	次日 6：18	S214	13:12	延庆	11:34
K1595	临河	15:49	次日 7：30	K1596	11:28	临河	20:20
S217	延庆	15:24	17:01	S216	15:00	延庆	12:46
S219	延庆	17:11	18:48	4472	16:30	承德	6:55
S221	延庆	17:41	19:15	S218	16:43	延庆	14:45
S223	延庆	18:39	20:16	S220	17:25	延庆	15:30
k1015	通辽	18:18	次日 7：53	S222	17:39	延庆	16:01
S225	延庆	19:11	20:40	S224	18:54	延庆	17:17
1457	通辽	20:21	次日 10：00	1456	20:05	呼和浩特	9:00
2559	赤峰	20:49	次日 7：05	S226	21:11	延庆	19:19
S227	延庆	21:28	23:02	S228	21:43	延庆	19:42
S229	延庆	22:03	23:35	S230	22:19	延庆	20:42
S231	延庆	22:36	23:59	S232	23:03	延庆	21:18
K273	呼和浩特	23:47	次日 08：42	K276	23:29	满洲里	16:00

邮　政

北京市西区邮电局

【概况】 北京市西区邮电局（简称西区邮局）是北京市邮政公司直属二级通信企业。服务区域包括西城区、石景山区、海淀区南部和丰台区部分行政区域，服务面积156平方公里，服务人口230余万人。承担着为党中央、国务院、全国人大、全国政协、中央军委、各军兵种司令部等党政军机关及金融街众多企业总部提供邮政通信服务的重要职责。区局机关设办公室、党群工作部、人力资源部、计划财务部、监督检查与安全保障部、市场经营部、监察室、运行维护部、工会9个职能部室，账务中心、宣传中心、大客户中心、策划中心、培训中心5个挂靠单位（账务中心挂靠计划财务部、培训中心挂靠人力资源部、大客户中心和策划中心挂靠市场经营部、宣传中心挂靠党群工作部）。有员工1990人。西区邮局下辖5个专业公司、15个邮政支局、85个邮政所，包括商函分局、集邮公司、报刊发行分局、代理业务分局、电子商务分局。经办国际和国内函件、包裹、小包、特快专递、汇款、报刊订阅和零售、集邮业务和集邮品制作、商业信函制作、邮政贺卡、定制邮资封片、邮送广告、邮政物流、代理保险、代办电信以及金融类代办业务，邮政短信（彩信）、代收代缴业务、代售机票、火车票业务、自邮一族业务等。年内，西区邮局坚持“转方式、调结构、增效益、建机制、强管理、优网点、促服务”工作主线，实现业务收入7.07亿元。

地址：西城区南礼士路头条五号

邮编：100820

电话：68023282

（杨晓凤）

【境内支局】 年内，西区邮局在境内的9个邮电局分别为中南海邮政局（17支）、西长安街邮电局（31支）、西单邮电局（32支）、金融街邮电局（33支）、西四邮电局（34支）、百万庄邮电局（37支）、西外大街邮电局（44支）、三里河邮电局（45支）、阜成门邮电局（47支）。

（杨晓凤）

【邮政网点优化改革】 7月，西区邮局按北京市邮政公司整体部署进行网点优化改革，原复外大街邮政支局与三里河邮政支局合并为三里河邮政支局，原西四邮政支局与新街口邮政支局合并为西四邮政支局，原鲁谷邮政支局与老山西里邮政支局合并为鲁谷邮政支局，原复外大街邮政支局、新街口邮政支局、老山西里邮政支局改为邮政所建制。

（杨晓凤）

【"两会"邮政服务】　全国"两会"期间，西区邮局16个驻会服务网点的工作人员，以"政治第一、服务一流、一丝不苟、滴水不漏、准确无误、万无一失"的工作目标，做好邮政服务，确保"两会"通信畅通，收到表扬信22件、代表感言94件，营业收入1347万元。

（杨晓凤）

【品牌建设】　年内，西区邮局结合中国梦、中共十八届三中全会、毛泽东诞生120周年等活动，提升中南海邮局品牌影响力，开发《福蛇吉祥》《中华人民共和国编年邮票厂铭大全》等专题产品；故宫博物院邮政服务点开通，推出《故宫博物院首日封、纪念封》专题邮品。北京动物园邮局，借助2013年公园节、北京园博会等，开发《动物世界》《绚丽生灵·多彩生命》等集邮品，收入380余万元。3月5日"学雷锋日"和"向雷锋同志学习"邮票首发，成立雷锋主题邮局，研发《雷锋》邮折、纪念封等主题产品。建党92周年、雷锋逝世51周年之际，陆续推出"雷锋"主题邮资机戳及配套邮品，通过微博、淘宝店及线下销售等多种方式，扩大品牌影响力。

（杨晓凤）

【财务管理工作】　年内，西区邮局把握利润导向，严格财务管控。按照"以利润为导向"的工作要求和"以收定支"的调控原则，精细成本费用预算管理，严格执行归口管理审批流程，控制成本。加强资金管控，严格控制事前、事中资金支出，保证资金有序流动。加大礼仪营销、电子商务等业务资金管控力度，确保资金应收尽收；严格执行欠费管理，严防欠费挤占资金。加强损益核算，利用远程报账系统，从生产经营源头加强成本管控。进一步规范房屋资产经营管理，提高资产使用效益。

（杨晓凤）

北京市南区邮电局

【概况】　北京市南区邮电局（简称南区邮局）是北京市邮政公司所属的二级通信企业，承担北京市丰台区和东城区、西城区、朝阳区、大兴区部分行政区、北京西站地区以及北京经济技术开发区（亦庄开发区）、中关村科技园丰台园（总部基地）2个大型总部经济区的通信服务任务。南区邮局服务面积480平方公里，服务人口约400万人。南区邮局机关设办公室、计划财务部、人力资源部、党群工作部、监察室、市场经营部、监督检查与安全保障部、运行维护部、工会9个职能部室，账务中心、培训中心、大客户中心、信息技术中心4个挂靠单位（账务中心挂靠计划财务部、培训中心挂靠人力资源部、大客户中心挂靠市场经营部、信息技术中心挂靠运行维护部）。全局下辖15个邮政支局、79个邮政所、13个便民服务站，下设函件分局、邮票公司、报刊发行分局、代理金融业务分局、电子商务分局，员工1573人。经办国际和国内函件、包裹、小包、特快专递、汇款、报刊订阅和零售、集邮业务和集邮品制作、商业信函制作、邮政贺卡、定制邮资封片、邮送广告、邮政物流、代理保险、代办电信以及金融类代办业务，邮政短信（彩信）、代收代缴业务、代售机票、火车票业务、自邮一族业务等。南区邮局为周边企事业单位、个体商户及社区居民提供普遍用邮服务，与国家监察部、水利部、国家体育总局、北京市国资委、新华人寿保险股份有限公司、中国全聚德（集团）股份有限公司、北京同仁堂（集团）有限责任公司等大型企业建立业务合作关系。年内，完成全国"两会"代表驻地及第九届中国（北京）国际园林博览会的通信服务任务。

地址：丰台区方庄蒲芳路22号

邮编：100078

电话：67661123

（步安娜）

【邮政网点优化改革】　7月，南区邮局按北京市邮政公司整体部署进行网点优化改革，骡马市支局与永安路支局合并为永安路邮政支局，里仁街支局与牛街支局合并为牛街邮政支局，马连道支局与北京西站支局合并为西站邮政支局。原骡马市支局、里仁街支局、马连道支局改为邮政所建制。南区邮局所属的3个邮政支局为永安路邮政支局（50支）、和平门邮政支局（51支）、牛街邮政支局（53支）。

（步安娜）

【"两会"服务】　3月5至18日，永安路支局在金霖酒店"两会"代表驻地设置邮政驻会服务点，选派政治素质高、业务能力强、具有会议服务经验的营业人员组成服务团队，为代表提供用邮服务。驻会服务点准备了充足的普通邮票、信封、信纸、牛皮纸、包装箱和各式邮品，提出"用心服务，用心经营"理念和包退、包换、包邮寄的"三包"承诺，即邮品买多了为您退，不满意帮您换，只要您写好地址替您寄。会议期间，该服务点共提供流动服务50人次，收寄大会封27440件，销售邮册、邮折2578册。

（步安娜）

【举办集邮文化论坛】　年内，牛街邮政支局以"集邮、集识、集友"为主题举办集邮文化论坛，旨在传播集邮文化，扩展集邮知识。政协北京市西城区委员会部分委员参加了论坛。集邮专家冯青海以《邮票收藏与邮票投资》为题，从欣赏邮票、品味集邮文化、正确投资三方面进行讲授，与会人员就邮票收藏的价值魅力和影响邮票升值的内外因素进行讨论和交流。

（步安娜）

【服务第九届中国（北京）园博会】　4月10日起，北京邮政230个网点开始预售第九届中国（北京）国际园林博览会门票。园博园内设园博园邮局和永定塔邮局两处邮政服务网点，于5月18日园博园开园之日正式开业。永安路支局等邮政服务团队在开园期间为园博组委会、园区内各展园、驻会企业、国内外游客提供邮政综合业务办理、特许产品及邮品销售和加盖园博园风景纪念戳等服务。

（步安娜）

【骡马市邮政支局迁址更名】　年内，西城区政府在"大吉危改"项目中5号地块上规划出建筑面积1500平方米，作为拆迁后原骡马市邮政支局新址建设用地。解决了1979年"两广路"拆迁骡马市邮政支局用房的历史遗留问题。在小区配套局房未建成交付使用之前，开发商中信公司提供菜市口大街6号院499.3平方米房屋作为拆迁期间邮政生产服务周转用房。11月20日，骡马市支局迁址更名为菜市口大街邮政所正式对外营业。菜市口大街邮政所经营范围与原骡马市支局相同。

（步安娜）

【惠民汇便民服务联盟】　年内，南区邮局根据北京市政府提出的“一刻钟社区服务圈”要求，通过邮政服务及产品链接政府、商户与社区居民，形成政府政令传达、商家生意兴隆、百姓便利实惠的融合局面。此联盟将政府时事信息及地区商户信息汇总印制为期刊，在社区内免费发放。以邮政储蓄银行绿卡为载体，制发具有普通银行卡功能的“惠民卡”，居民持卡可享受社区便民服务联盟合作商户给予的优惠折扣。12月26日，牛街社区便民服务信息专刊创刊号发刊，发刊量达4万份。

（步安娜）

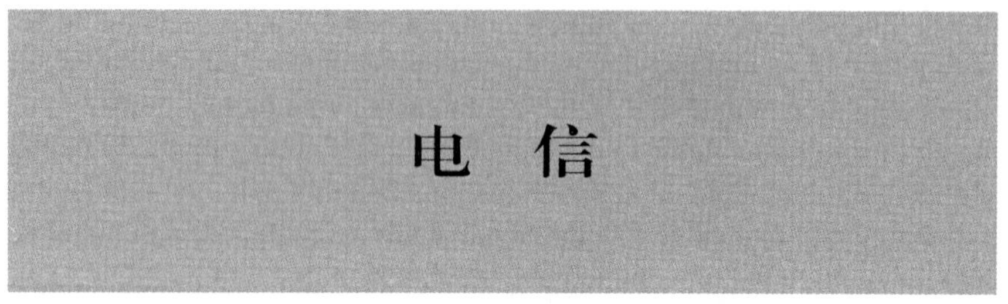

电　信

中国联合网络通信有限公司北京市分公司

【概况】　中国联合网络通信有限公司北京市分公司（简称北京联通）隶属于中国联合网络通信有限公司，致力于北京市信息化基础设施建设，在全市范围内为公众客户、商企客户和政府机构等客户提供包括固定电话、移动电话、数据传输、互联网、宽带接入等基础电信业务和增值电信业务及与上述业务相关的行业应用、系统集成、技术开发、技术服务、信息咨询、工程设计施工等相关服务。北京联通下设6个市区分公司，其中二区、三区、八区分公司为西城区提供服务。分别是二区分公司的西直门局；三区分公司的西单局、厂甸局、樱桃园局、广外局；八区分公司的展览路局。北京联通在西城区境内的其他单位有：北京联通维护中心（复兴门内大街97号长话大楼）；北京联通宽带中心（西长安街11号电报大楼）；北京联通网管中心（二七剧场路17号）；北京联通大客户中心（复兴门南大街6号）。

地址：西城区骡马市大街9号

邮编：100052

电话：66197776

（李俊楠）

【重点通信保障任务】　年内，北京联通完成全国两会、国家防汛抗旱总指挥部（水利部）、中共十八届三中全会等196项重点保障任务，投入工作人员7566人次、811车次，确保了通信网络畅通和信息安全。

（李俊楠）

【宽带服务进社区】　9至12月，北京联通在西城区富国里、爱民里、国英园、南线阁18号等主要住宅小区内开展逾千场“沃进社区”与“我爱沃家”活动，为万余户居民现场办理新装宽带、光纤改造、缴费充值等业务，方便广大居民的固网及移动业务办理，送服务到百姓家门口。

（李俊楠）

【网络建设工作】　年内，北京联通以满足公司经营发展和客户需要、为客户提供优质服务为目标，建设高品质精品网络。加强固网宽带盲点和末梢建设，提高光纤宽带覆盖率，推进宽带客户光纤改造。新增光纤宽带覆盖住户8.13万户，新增宽带端口5.91万个。移动网络优先解决网络覆盖空洞补盲、投诉热点区域建设，满足金融街地区、A类商务楼宇等热点区域的覆盖需求。

（李俊楠）

【宽带二次提速】　年内，北京联通加速光纤入户改造工程，完成千余个宽带升速改造项目，宽带速率大幅度提升，西城区内市民在光纤改造后全部提升至4M及以上宽带速率，最高可体验100M宽带速率。此外，针对已完成光纤改造的LAN小区，北京联通将扩容小区互联网出口带宽，从共享100M提升至共享1000M。为居民提供更高质量的网络服务，为数字北京建设奠定网络基础。

（李俊楠）

【界内营业厅】　北京联通在西城区有14个营业厅和1个品牌店：西单营业厅，地址：西单北大街129号；西单3G品牌店，地址：西单北大街129号；长话大楼营业厅，地址：复兴门内大街97号；电报大楼营业厅，地址：西长安街11号；长椿街营业厅，地址：槐柏树街13号；广外营业厅，地址：广安门外大街383号；樱桃园营业厅，地址：新安北里一巷11号；西单北大街营业厅，地址：西单北大街甲133号；马连道路营业厅，地址：马连道路甲10号楼西102号；陶然亭营业厅，地址：南纬路35号院住宅小区D、E办公楼1层；金融街营业厅，地址：金融大街21号；护国寺营业厅，地址：新街口南大街139号北向南第2、第3门内；车公庄营业厅，地址：西直门南大街06乙号楼；展览路营业厅，地址：展览馆路7号；西直门营业厅，地址：西直门外大街1号院1号楼首层。

（李俊楠）

公用事业

燃气供应与管理

【概况】 北京市燃气集团有限责任公司（简称市燃气集团）是国有独资公司，业务范围覆盖燃气输配、销售、科研、设计、施工、燃气设备制造。注册资金58.84亿元。年内，市燃气集团天然气购入量91.2亿立方米，销售量86.68亿立方米；液化气销售15万吨，京内外管道燃气用户587万户，液化气用户141万户；营业收入240亿元，利润总额21.3亿元。截至年底，市燃气集团管辖京内外运行管线1.95万公里，调压站（箱）15775个，供应区域覆盖北京各城区和除延庆外所有郊区县。

地址：西城区西直门南小街22号

邮编：100035

电话：66205589

（曲慧明）

【境内燃气供应与管理】 北京市燃气集团有限责任公司第一分公司（简称第一分公司），经营范围包括燃气供应与销售，销售燃气设备用具、燃气专用设备和施工材料，检测、检修、安装燃气设备，燃气及热力技术开发、转让、咨询、服务。担负市场开发管理，新用户发展管理，用户服务管理，燃气销售管理，区域内管网的运行、维护、带气作业及急抢修作业（中压A级以下压力级别）、基建和技改工程及外线拆改迁工程管理等职能。管辖范围为北京市二环以内地区。第一分公司西城一所（简称西城一所）设8个职能岗位，下设西直门客户服务站、营业收费站、北城急修班3个班站以及西直门5S店，职工59人，管辖区域为二环以内原西城区范围。第一分公司西城二所（简称西城二所），设8个职能岗位，下设温家街客户服务站、营业收费站2个班站及白纸坊和菜市口2家5S店，职工50人。管辖区域为二环以内原宣武区范围。年内，西城一所、西城二所承担二环以内西城区共155621户民用户和2818个公共服务用户（简称公服用户）的燃气设备维报修、巡检、计量仪表管理、新用户发展任务和二环以内燃气用户收费业务及二环以内西城区突发抢修任务。

西城一所

地址：西城区黄城根北街5号

邮编：100034

电话：66111777

西城二所

地址：西城区法源寺西里5号楼甲2号

邮编：100054

急修热线：63569777

（田　欣）

【折子工程】 年内，第一分公司继续完成北京市为民办实事工程—老楼通气工程。截至年底，分公司辖区内共有24362户老楼居民新通天然气，新发展公服用户97户。

（田　欣）

【燃气特色服务】 年内，西城二所针对辖区内牛街地区老龄化人口众多的特点，结合安全月活动在牛街街道开展面向60至70岁老人免费巡检特色服务，并集中开展燃气安全社区大讲堂活动，为社区居民解答安全用气等相关问题。此项活动得到了北京市安全委员会办公室的肯定，于9月向西城二所颁发“2013年北京市安全生产月活动最佳实践活动奖”；牛街街道办事处授予西城二所“北京市为老服务优秀单位”“牛街街道第十二届民族团结进步先进集体”。

（田　欣）

【管网信息】 年内，二环以内的西城区管线总长度为550公里，99座调压站，453座调压箱，725座闸井。

（田　欣）

【用户巡检】 年内，西城一所完成原西城区内22125户的安全巡检工作，更换胶管2967根，发现问题3235个，发放巡检告知单3235张，现场维修330个，完成公服计量巡检1761块表，完成用户维报修2470次。西城二所完成原宣武区内71117户的安全巡检工作，更换胶管10653根，发现问题5164个，发放巡检告知单4905张，现场维修260个，完成公服计量巡检1384块表，完成用户维报修2019次。

（田　欣）

【客户服务站】 西城一所西直门客户服务站负责二环以内西城区54822户管道燃气用户的安全巡检工作。地址：西城区西直门南小街16号院，电话：66176311。西城二所温家街客户服务站负责二环以内原宣武区100799户管道燃气用户的安全巡检工作。地址：西城区佟麟阁路温家街2号院，电话：66026581。

（田　欣）

【营业收费站】 西城一所营业收费站负责分公司二环以内原西城区用户的查表及收费结算业务。地址：西城区黄城根北街5号东小楼二层，电话：66130930。西城二所玉林里营业收费站负责分公司二环以内原宣武区用户的查表收费业务。地址：丰台区玉林里47号楼北侧，电话：63053108。

（田　欣）

【燃气5S店】 西直门5S店（提供二环以内西城区民用及公服用户的燃气卡开通、补办及燃气销售业务），地址：西城区西直门南小街国英园1号楼地上一层北侧6-9，电话：58562927。白纸坊5S店地址：西城区白纸坊西街都市晴园底商22-2，电话：63516895。菜市口5S店地址：西城区菜市口大街6号院2-6号，电话：83985631。

（田　欣）

【境内液化石油气供应】 截至年底，北京市液化石油气公司在西城区境内有9座供应站，境内液化石油气总供应户数134589户，全年总供气量11835.50吨。其中六铺炕站供应户数16109户，年供气量1356.36吨；西直门站供应户数29604户，年供气量2195.69吨；东太平站供应户数10524

户，年供气量845.7吨；右安门站供应户数13074户，年供气量1282.61吨；香炉营站供应户数9224户，年供气量803.81吨；红土店站供应户数11588户，年供气量1147.61吨；马连道站供应户数13026户，年供气量1394.22吨；市府站供应户数14479户，年供气量1392.96吨；虎坊路站供应户数16961户，年供气量1416.54吨。

地址：海淀区车公庄西路13号

邮编：100044

电话：68315559

（高　阳）

【为社会弱势群体免费送气】　年内，北京市液化石油气公司继续做好为社会弱势群体提供免费送气服务。全年西城区完成档案登记的免费送气用户为6427户，其中六铺炕供应站267户，西直门供应站875户，东太平街供应站407户，右安门供应站434户，香炉营供应站1184户，红土店供应站652户，市府供应站985户，虎坊路供应站1623户，累计免费送气量29247瓶。

（高　阳）

【进社区开展公益活动】　年内，与社区、街道开展安全使用液化气的主题宣传活动。为天桥街道居民举办“燃气知识小讲堂”3次；参加天桥街道组织的“消防减灾应急演练”3次；发放安全宣传材料400余份。与西城区大栅栏街道工委共同开展“践行群众路线，服务千家万户”安全惠民工程。对辖区3万户居民家中的燃气灶具进行免费检测、检修，更换连接胶管、喉箍工作。年内，在历时5个月的燃气灶具进行免费检测工作，共计走访入户1.6万户。为8000余户居民的灶具进行免费检修调试，更换胶管1.7万米；更换喉箍1.66万个；销售、更换减压器760个。

（高　阳）

热力供应与管理

【热力站管理及服务】　截至年底，北京市热力集团有限责任公司销售分公司负责西城区内统管站21座，面积174万平方米，代管站86座，面积585万平方米；自管站390座，面积1582万平方米。分别由房地十公司、黄龙公司、开诚公司负责。

（宋晓楠）

【热力管网管理及供热管网】　境内的热力管网管理由北京市热力集团有限责任公司输配分公司管网二、三、四所负责。主要负责境内管网运行、维护、抢修、检修等工作。二所位于莲花池东路3号，电话63367013。三所位于海淀区西八里庄16号，电话88152578。四所位于芍药居北里乙304，电话84631007。截至年底，设在境内的供热管网管径500毫米以上管线总长度79.95公里。

（宋晓楠）

电力供应与管理

【概况】　国网北京市电力公司（简称北京电力）是国家电网公司的子公司，国家电网公司所属省级电力公司，负责北京地区1.64万平方公里范围内的电网规划建设、运行管理、电力销售和717万客户的供电服务工作。北京电力下设29个单位，包括16个供电公司、10个业务支撑单位和3个其他单位，资产总额761.22亿元。有全民职工8466人，其中研究生及以上学历955人，本科学历3511人，专科学历2059人；高级职称952人，中级职称1621人；技师及以上职业资格3083人，高级工2959人，中级工416人。截至年底，完成售电量824.85亿千瓦时，营业收入530.97亿元，实现利润15.31亿元。北京电力现有35千伏及以上变电站459座，变电容量77160兆伏安，输电线路8662公里、电缆1597公里。年内，最大负荷1776万千瓦，负荷密度约每平方公里1000千瓦；城市供电可靠率达到99.985%，处于国内领先水平。北京电网已经形成6大分区相互支持结构，具备较强的资源配置能力和抵御风险能力。年内，获得国家电网公司综合标杆及业绩、管理标杆，安全管理、人力资源和规划管理进入专业管理标杆行列；公司连续6年获得全国“安康杯”竞赛优胜企业，保持全国文明单位和首都文明单位标兵荣誉称号；第六届“北京影响力”评选中，北京电力公司获传媒大奖“人文共享奖”。

地址：西城区前门西大街41号

邮编：100031

电话：63129201

（吴国键　居然）

【电网概况】　截至年底，北京地区共有110千伏及以上变电站436座，变压器1081台，变电容量98384.4兆伏安。110千伏及以上架空线路516条，共6369.2公里；110千伏及以上电缆线路849条，共1515.7公里。年内，华北500千伏主网七横三纵通道中，西电东送七横中四个通道、三纵中一纵为北京电网外受电通道；北京电网500千伏层面由9座变电站形成扩大双环网结构，西北部和南部分别外扩至张家口和河北地区，通过500千伏10个通道20回线路与外网联络，为北京电网3/4的负荷提供外送电源支撑；220千伏层面由7座500千伏变电站的220千伏母联开关作为分区点，形成昌城、城顺朝、朝顺通、通安兴、兴房门、门昌六个相对独立的供电分区，各分区之间通过联络线互为备用；110千伏及以下电网除并网线路外，全部开环运行，形成辐射状电网覆盖全市。

（吴国键　居然）

【电网建设与发展】　10月启动北京电网“十二五”规划滚动修编，针对220千伏及以上主网部分，共调整电网项目19项，新增6项。按照“网格化”配电网规划，将北京地区细分为4.4万个基本规划单元，延伸优化110千伏变电站空间布局，规划10千伏站点20121座、配电线路19136公里。促请市政府协调国家能源局，将北京东、北京西特高压外受电通道建设纳入“大气污染防治能源保障方案”和“大气污染防治行动计划电网实施方案”。落实“网格化”配电网规划成果，完成166项管线综合会签、213公里管道规划，完成重点地区270个开发项目接入系统方案。实施81项配电网升级改造工程，10千伏架空线路联络率达到96.7%，同比提升2.5个百分点；更换高损变921台、油开关128台，高损变和油开关比率分别由13.9%、1.6%下降到12.5%、1.3%。开展“大规划”体系建设调研，梳理5

类16项建设问题并完成整改。110~220千伏项目可研评审和110千伏项目可研批复权限由总部调整至公司发展部。自体系建设运行以来，累计完成电网规划和专题研究94项、电源接入系统设计135项、工程可研评审1151项；电网规划编制效率提高30%，可研、电源及客户接入系统方案评审效率提高50%。联合市发改委、规委完成《北京电网中长期发展规划》和《北京电网空间布局规划》，将186座变电站和44个输电走廊资源纳入城市控规；配合市政府制定并启动“2013—2017年清洁空气电力行动计划”，有序开展以电代煤、以电代油、电从远方来、新能源并网4类任务。多渠道争取前期工作支持，无偿获得建设用地约9万平方米，折合人民币2.7亿元；促成36项输变电工程纳入市政府重大项目审批绿色通道，将串行审批改为并行审批；突破线路走廊环评拆迁范围20米的惯例，利用现有走廊的改扩建工程环评拆迁范围降低到5米。年内，北京电力新开工输变电工程44项，新建35千伏及以上变电容量656万千伏安、线路642.47公里。投产输变电工程23项，新增35千伏及以上变电容量298.3万千伏安、线路183.92公里，建成35千伏及以上电力隧道28公里；完成19项电力设施迁改工程，6项充电站工程，4项架空线入地工程，5项配迁工程。完成城区范围4.4万户以及农村地区4514户“煤改电”工程。220千伏桃园输变电等13项度夏工程按期投产；海淀500千伏电缆隧道全面贯通，电缆敷设及220千伏线路切改全面启动；东北、西北热电中心配套电力工程有序推进；怀柔雁栖湖APEC会议配套电力工程全部开工。

（吴国键　居然）

【经营管理】　年内，北京电力完成固定资产投资78.71亿元，售电量824.85亿千瓦时。依托电网联合共建机制，落实外部渠道资金17.11亿元；完成涵盖各专业的全口径项目储备7961项，储备率达306%。对重大投资项目开展专项评审，节约项目投资8911万元。完成电价调整工作，取得调价收益0.48亿元。争取到市财政延长城市附加费返还政策，每年可获财政补贴约3亿元，专项用于架空线入地建设。财务集约化年度排名国网公司第5名。全面实现资金一级管理，获国网公司资产经营对标最佳实践单位。接入指标1409项，涵盖公司14个业务职能部门，接入指标数据1415.73万条，明细数据5659.85万条。围绕电网建设完成战略课题10项、专项课题25项和基层课题154项。强化内部审计监督力度，加强对领导干部、工程建设、物资管理、社保资金等重点领域的审计监督，防范和化解经营风险。完成采购计划84个批次，完成集中采购金额74.94亿元，签订采购合同2641份，完成10−35千伏主要设备及装置性材料类供应商资质业绩现场核实7批次127家供应商，共监造发现质量问题153起。制定科学合理的仓储定额，加快库存周转。构建公司物资督察体系，对招投标及物资管理开展常态化督察。

（吴国键　居然）

【安全生产】　年内，北京电力以“大运行”“大检修”为主线，完成全年安全生产任务，未发生人身安全事件，未发生5级及以上安全事件。SOP深化应用向地调延伸，实现市地两级调控同质化管理。建立状态操作管理体系；建设地调配网抢修指挥中心；完成开发智能调度技术支持系统10项核心功能，AVC、WARMS系统建设管理稳步推进；完成检修公司28类生产业务外委工作。完成7座变电站无人化改造工作，应用超声波、高频超高频等10项检测技术，编制完善18项带电检测技术导则。强化监督检查，综合应用3G单兵、工业电视和现场检查等手段，累计检查工作现场9099个，巡检覆盖率达70.26%。完成4685名生产员工安全技能等级评价和3233名关键岗位人员安规普考；修订完善工作票填写执行规范和专业典型示范工作票。建立隐患重点排查工作机制，修订公司隐患排查治理实施细则，规范过程评价，实现过程管理量化考核。建立保安稽查队，强化保安工作质量监督检查，全年外力破坏事故下降7.6%。健全应急工作体系，构建三个层级的应急队伍，举办应急联合实战演练，有效应对大风、大雨等恶劣天气。应用直升机巡线等新技术、新装备，大力推进500千伏兴都等变电站标准化建设，制定完善输电线路差异化运维巡视标准，以18项反措为依托开展全过程技术监督。利用红外、紫外灯带电检测手段，修编完善带电作业技术标准，全年整体不停电作业率达83%。两级调控中心强化电网运行管理，针对重大检修方式开展专项校核73次。对1056户重要客户外电源逐一进行风险评估，开展4大热电中心并网和轨道交通供电安全分析。综合基改建、检修和业扩工程需要，将一、二次设备，同一间隔设备相结合，合理安排停电计划，有效缩短停电时间。规范运行管理，将事故情况下，两级调控远方操作范围扩展至关键隔离开关，实现生产值班和调控运行工作的融合互补。开展二代智能变电站二次专业全过程技术监督，重新明确智能站二次专业分工分界要求，多角度掌握二次设备运行状态，不断提升二次设备状态检修水平。

（吴国键　居然）

【营销工作】　年内，北京电力新增用电客户36.46万户，新增容量879.08万千伏安，同比增长8.57%；完成售电量824.85亿千瓦时，同比增长4.14%；500千伏及以下线损率完成6.77%，较年度指标低0.02个百分点；节约电力11.68万千瓦，节约电量5.16亿千瓦时。推广热泵项目应用242项，应用面积667.49万平方米，推广分散式居民电采暖应用增加用电量4.86亿千瓦时，全面完成电能替代及2013年电力销售市场“百日攻坚”活动；累计受理客户申请报装容量1478.8万千伏安，同比增加48.64%。通过运用律师函、诉讼等法律手段赢得债权支持449万元。全年换装智能表170万具，超额完成全年140万具的计划任务，收集客户信息开通短信服务80万户。制定换装标准化作业流程及质量监督考核管理办法，6600名施工人员全员上岗培训取证。全年抽查施工现场435次，回访95598热线反馈问题185次，下发督查整改单32份。开展微功率无线互联互通及新型插接式计量箱研究试点，形成国网公司企业标准。完成163万卡表客户巡视检查，发现计量故障隐患18.6万户，追补电费约0.65亿元。组织开展营业普查和打击窃电专项工作，通过信息化管理系统，对客户用电情况进行远程监控和深入分析，全年追补电量1574.95万千瓦时，追补电费及违约使用电费4151.16万元。推动电动汽车充换电服务网络建设，建设77座充换电站、2995个充电桩。已投运的充换电站服务电动汽车4070辆，累计提供充换电服务61.13万次，充电量2075.81万千瓦时，服务里程4324.81万公里，实现CO_2终端减排1565.43吨。签订电池租赁合同73项和充换电服务合同15项。建成投运北京最大的电动公交车充换电站四惠充换电站和全国规模最大的首个实现“快充+慢充”的纯电动出租车充电站通州小圣庙出租车充电站、北京市首个出租车分散补电快充站顺义奉伯充电站。建成“大营销”业务质量管理体系，开展重点稽查监控主题95个，常态监控281项数据质量问题，日均监控数据量高达10亿条，累计整改问题数据479.50万条。年内，签订23份购电协议，其中签订1份跨区跨省协议、2份发电权交易协议、20份年度购售电合同。合同签订率100%，合同备案率100%。完成电量交易与结算，累计购电量878.88亿千瓦时，同比增长4.44%。

（吴国键　居然）

【科技与信息化】　年内，北京电力成立电网技术、输变电技术、配用电技术等5个领域专家组，开展9个专题技术研讨，编制并发布2014年科技项目立项申报指南，形成电网仿真、状态检测、配用电、电动汽车等领域持续研究方向。牵头申报“主动配电网关键技术研究与示范”国家863计划课题1项，获得首个国家级实验室“国家能源主动配电网技术研发中心”授牌。年内，北京电力获得北京市科技进步奖5项；获得国网公司科技进步特等奖、一等奖1项、二等奖1项、三等奖3项；获得中国电力科学技术奖三等奖3项。专利申请695项，其中发明专利申请317项；专利授权314项（其中发明专利授权34项；海外专利申请6项）。开展信息化建设95项。完成一体化平台、业务应用与集成、运营监测（控）信息支撑系统等重点建设任务。完成人资、财务协同办公等7大类系统150余份调研问卷的分析工作。开发GIS系统管道断面功能，开展低压GIS试点应用和配变台区采集信息深化集成工作。强化对互联网出口和重要信息系统的管控力度，有效抵御对公司的互联网出口攻击。实现全国“两会”“中共三中全会”及“神州十号”等政治供电信息通信保障。承担国网公司信息系统状态检修试点工作，研究设定监测指标84项，对营销、生产等重要信息系统进行评估，主动开展状态检修6次。组织完成57个信息专业应急预案的两轮修编，开展专项演练12次，通过系统数据级灾备演练，将数据库恢复时间由4小时缩短至30分钟。北京电力获国网公司首批四星级信通调度称号和第三期信通调度运行流动红旗。年内，北京电力先后完成部分地区光传输网改造、数据网二期二阶段等项目的建设。形成以光纤为主，微波、电力载波为辅，兼有会议电视电话系统、应急通信装备等通信业务的通信网。所管辖通信站点1306个，同比增加129个，增长9.88%；各类通信主设备4543台套，同比增加352台套，增加7.76%；光缆总里程9532.821公里，同比增加462.581公里，增长5.10%。110千伏及以上站点光缆覆盖率达100%，35千伏站点光缆覆盖率约100%，覆盖全部公司二级生产单位，部分运行工区、供电所。

（吴国键　居然）

【优质服务】　年内，北京电力严格履行重要客户服务、通知、报告、督导“四到位”工作要求，完成“中共十八届三中全会”“神州十号航天飞船发射”等重要活动用电安全服务保障任务。制定北京电力95598五项业务办理管理办法，实施95598热线日分析、周通报、月评价制度，发布95598热线日报365期。11月23日，95598五项业务平稳集约上划至国网公司客服中心，全年受理客户投诉584起，全部按时限要求处置。全力推进收费电子化工作，在公司自有网点、银行机构缴费方式的基础上，开通支付宝购电业务和电费充值卡业务。全市售电网点达20760个，城镇地区基本建成“十分钟交费圈”。编制保障房供电方案232份，完成59个保障房项目的外电源工程和8项轨道交通配套受电工程。完成4.85万户“煤改电”工程。推进老旧小区配电设施改造，解决并实施41处老旧小区用电问题，惠及百姓4.4万户。编制北京市南水北调工程建设项目22份，报装容量5.55万千伏安，完成送电项目1项。制定服务队“菜单式”服务内容和工作指导书，持续开展“六进三送”活动780次。建立“社区客户经理”服务模式，在300个社区实现社区经理挂牌服务，构建居民用电社区服务新平台。加强电力市场服务管理。搭建政府、电厂、电网三方和谐沟通的平台；做好市场主体的问询与答复工作，及时将答复意见反馈问询人。针对新建并网机组购售电合同签订、北京地区分布式光伏发电购电结算，交易中心编制了《购售电合同签订工作指南》《北京地区分布式光伏发电购电管理指导意见》，提高购电管理工作效率。贯彻落实《国家电网公司新闻发布工作管理办法》，建立新闻发言人管理体系，对所属各单位新闻应急人员、农电供电所负责人进行专项培训。以“电靓京城　美丽生活”为主题，对外传播量平均每天22篇次。编制《2013清洁首都空气电力行动》白皮书，承诺“电靓蓝天”行动。在国家电网公司系统内率先提出社会责任项目制管理方法，实施33个社会责任管理项目。

（吴国键　居然）

【城区供电】　城区供电公司是北京市电力公司的直属供电企业，共有职工525人，担负着东城、西城两个行政区，93平方公里的供电任务。负责110千伏、35千伏变电站的运行，负责10千伏及以下架空线路、电缆线路、电缆架空混合线路和开闭站、配电室的调度、运行、检修及事故处理；负责辖区内的业扩报装、用电检查、营业电费抄核收及日常杂项营业工作。年内，城区供电公司完成全国“两会”“十八届三中全会”“防汛度夏”“煤改电”等78项政治供电保障任务，确保首都核心区电网安全运行，累计保电228天。推进共产党员服务队“三化”建设，融入社区、街道整体服务格局，打造以共产党员服务队为纽带的志愿服务网络，设立服务站30个，为中南海、人民大会堂等重要客户开展“六进三送”活动740余次，受益群众4.5万余人次。城区供电公司全年实现售电量98.44亿千瓦时，城市供电可靠性达99.98%。

地址：西城区西直门南小街174号

邮编：100034

电话：63128718

（贾红杉）

【境内供电及用电量】 西城区全年售电量59.06亿千瓦时，其中工业电量1.99亿千瓦时，商业电量9.42亿千瓦时，交通用电量3.05亿千瓦时，建筑业电量0.71亿千瓦时，信息传输、计算机服务电量1.97亿千瓦时，金融业用电量17.57亿千瓦时，公共事业及管理组织用电量11.64亿千瓦时，居民电量12.71亿千瓦时。

（贾红杉）

自来水供应与管理

【概况】 北京市自来水集团有限责任公司（简称市自来水集团）是北京市政府所属国有独资公司。主营业务负责北京市区和部分郊区、县的自来水生产和供应，兼营再生水、部分郊区污水处理、供水工程设计、施工、安装、管网抢修、管件器材、水表制造、供水材料贸易等业务。截至年底，日总供水能力361万立方米，其中市区日供水318万立方米。管网总长12184公里，其中市区9545公里。全年自来水销售量8.69亿立方米，营业收入27.38亿元，利润4918万元。再生水销售量3058万立方米，污水处理量2815万立方米。水质综合合格率100%，管网压力合格率99.94%，管网修漏及时率100%，市区居民自来水普及率100%，实现安全生产无事故。

地址：西城区宣武门西大街甲121号

邮编：100031

电话：66410088

（李云峰）

【部分供水工程建设情况】 年内，市自来水集团全力推进郭公庄水厂（一期）工程建设，完成构筑物主体结构施工及80%的设备招标采购，为下一步安装调试、按期通水打下基础。推进城子水厂改扩建工程，完成主体结构封顶，进入设备招标阶段。配合第十水厂建设，完成工程总体进度的45%。按期完成309水厂和孙河水厂两项应急挖潜工程，增加日供水能力18万立方米，优化了市区水厂布局，保证顺利度过供水高峰期。按期完成695项机泵大中修、电气设备检修、清水池洗刷等迎高峰准备工作。科学预判2013年高峰供水形势，提前制定高峰供水调度、水质保障等一系列方案预案，成功应对四创历史新高日供水298万立方米水量。

（李云峰）

【水质管理】 年内，市自来水集团编发工艺运行与水质管理“折子工程”14项，跟踪执行，逐项落实。形成水质监测中心、水厂化验室、班组化验三个层次，实验室水质分析、水质在线监测、移动应急水质分析三种类型，涵盖水源预警监测、净水工艺运行监测、输配水系统监测综合立体的水质监控体系。加强终端水质监测，选取14个小区开展用户终端水质检测试点工作。制定管网水质保障管理制度，初步搭建管网维护和抢修过程中水质监测、管网管理、管网抢修三级水质监督管理制度。妥善应对4月份河北水源切换、原水水质变化带来的冲击，在来水硫酸盐超标达120小时的情况下确保了出厂水水质合格。推进自来水水质信息公开，对外公布污水处理厂水质在线监测结果。妥善应对“北京城里‘最会喝水的家庭’20年不喝自来水”等舆论突发事件，得到市委、市政府和市委书记郭金龙肯定。

（李云峰）

【管网安全】 年内，市自来水集团落实分区调度、区域控压、小区计量的精细化管理总体思路，建成亦庄地区、北苑地区等6个压力控制区和25个计量小区（DMA）。开展管网模拟离线分析，增加309水厂、孙河水厂、第十水厂、郭公庄水厂、通州地区的水力模型，提高调度运行科学精准度。更新改造第九水厂一期电站、潞洲公司水厂配电站等高耗能老旧设备，新建改造田村山净水厂、第八水厂、309水厂变频配水机组和补压井设备。开展地下管线安全专项治理，排查整治地下管线自身结构性隐患、交叉、露明管线、违章占压等问题，优化了管网运行。强化管网漏失监测预警，增加管网破损隐患检测力量，更新漏失监测仪。

（李云峰）

【安全生产】 年内，市自来水集团编写北京市供水行业安全生产标准化基本规范评分细则，组织单位试点测评。加强危险化学品管理，实施液氯消毒替代工艺改造。规范施工现场安全管理，建立健全工作台帐，开展专项检查。落实城乡结合部地区安全生产专项整治方案，排查违法建设、非法经营、消防隐患。完善应急预案，开展水厂停电事故、水质突发事件处置等应急演练。提升反恐防范能力，供水、污水处理单位增设防冲闯设施。

（李云峰）

【对外服务】 年内，市自来水集团量化分解“金牌服务”年度任务，确定5个方面20项具体任务以及重要节点工作。编写管网巡视员、供水稽查员、管网维修所“金牌服务”标准及培训教材，评选表彰金牌营业厅及维修所、金牌员工。加强营销指标监控和分析，建立营销质量月度分析报告制度。市区全面推广应用营销业务移动网络工作平台，现场打印缴费单据，减少二次送单扰民，提高工作效率。核查大水量、水量为零用户，安装大用户高精度水表。发挥96116热线作用，受理并妥善处置用户来电。完成党的十八届三中全会、园博会等重大会议和活动保障任务121天28次。开展石榴庄回迁房等77个保障性住房、棚户区改造项目供水方案设计。配合完成全国人大机关大郊亭住房等国家和市级42处重大项目的供水服务工作。

（李云峰）

【区域自来水营销情况】 截至年底，西城区计量水表数量241332支，全年区内售水量6181万立方米，其中居民家庭售水量2108万立方米，公共服务售水量3670万立方米，生产运营售水量403万立方米。

（李云峰）

【境内管网维修】 北京市自来水集团禹通市政工程有限公司西城维修所位于西城区宣武门西大街113号。主要负责西城区的自来水管网抢修、维修及大小口径管线安装工作。年内，抢修供水管线发生的明漏151处、暗漏215处，暗漏自检达139处，占暗漏总数的65%。完成零活修理2182户，更换故障水表889只，更换闸门141个，更换消火栓65个，解决居民无水、水微问题115处；大小在施安装工程124户，安装长度合计12436米。完成规划内大型管网改造工作，保障城区用水安全。

（吴雨霏）

（责任编辑　孙凤霞）

城市管理

城市环境管理和综合整治

【概况】 北京市西城区城市环境建设管理委员会是区政府统筹城市环境建设发展、环境建设重大项目、督查全区环境建设工作任务实施、协调环境建设重大问题的职能部门。主任由西城区委副书记、区长王少峰担任，成员部门由区委区政府相关的委办局、15个街道办事处和中央直属机关事务管理局、北京市交通委员会运输管理局等84个部门组成。委员会下设办公室（简称区环境建设办），承担日常工作。区环境建设办为常设临时机构，隶属区委、区政府，按独立处级领导班子进行考核。下设综合协调、总体策划、项目管理、环境秩序、宣传动员5个科室。主要负责组织编制西城区环境建设中长期发展规划及专项规划；组织拟订西城区城市环境建设标准；监督检查西城区城市环境建设委议定事项的落实情况，协调解决工作中遇到的问题，承担西城区城市环境建设委的日常工作。年内，西城区市政市容监察所（简称区市政市容监察所）划归区环境建设办管理，加强城市环境建设监察力量，与环境秩序科协同对区域内的环境秩序进行监督管理。区环境建设办围绕建设“活力、魅力、和谐”新西城目标，以“破解城市病，打造西城美好生活环境”为着眼点，创新体制机制、整合资源，实行精细化管理，健全综合协调、责任标准、联合执法、监督考核“四大机制”，推进城市管理重心下移。年内，实施121项环境建设任务（其中区级六大类59项、街道级62项），除特殊因素影响，2项整治任务需延续到下一年进行外，其他项目均已按计划完成。拆违、灭脏、清障、治污“四大战役”（11月底根据区政府要求，新增“治乱”“撤市”两大战役并启动）行动；中南海文保区景观提升试点工程和金融街景观提升试点工程达标区域建设成果显著，得到市委市政府肯定；老旧小区整治、环境重点项目整治、“三道（文道、商道、绿道）”环境建设、宣传动员等重点目标任务圆满完成。西城区在首都环境建设办的城市环境月检查中，连续7次排在核心区前列；群众满意度保持较高水平，城区干净指数居城六区之首。

地址：西城区新街口外大街甲14号

邮编：100088

电话：62036286

（杨桂珍）

【城市环境建设大会】 2月22日，区环境建设办在区政府召开西城区2013年城市环境建设工作大会。区人大常委会副主任俞强、区政协副主席姜立光、副区长吴铁男及中直机关事务管理局、首都环境建设办、市环保局、首都绿化委员会等部门的领导出席会议。会议对原北京市西城区城市环境建设委员会成员部门及人员进行重新调整；吴铁男总结上年城市环境建设工作，对年内环境建设任务进行部署，并对西城区2012年城市环境建设、绿化工作先进单位、个人予以通报表彰。

（杨桂珍）

【精神文明和城市环境建设动员大会】 4月12日，西城区召开2013年精神文明和城市环境建设动员大会，就年内贯彻落实北京市生态文明和城市环境建设工作、加强城市秩序管理、严厉打击违法建设等工作进行专题部署动员，全面启动“灭脏、清障、治污、拆违”四大战役。区委书记王宁、区长王少峰，以及驻区中央、国家机关和市区相关单位的领导出席。

（杨桂珍）

【老旧小区整治】 年内，实施裕中西里小区立体停车楼建设，完成前期准备工作；对培英胡同等40条背街小巷、三义里等18个老旧小区进行综合整治，重点改造地下管网、市政道路、房屋修缮等，解决饮用水、污水、供热管线、公共照明等功能性问题，排除了安全隐患、提升老旧小区绿化美化水平。整治中，针对老旧小区无物业管理单位、产权复杂、公共设施基础差、环境秩序差等特点，坚持政府主导、企业引导、整治疏导、建管并举，妥善做好后续管理工作，逐步引导小区成立业主委员会，实行居民自治或引入物业管理，实现小区管理正规化、长效化。全年共改造居民院落236个、翻建房屋1307间计1.9万平方米、平房大修1000间、平房综合修缮2500间、改造平房院落雨污水管线300处，103个院落下水管线得到更新改造。

（杨桂珍）

【达标道路建设和环境重点项目整治】 年内，全区建成德胜门东滨河路、西什库大街等市级达标道路共5条，全长6.5公里，粉刷楼体及围墙24235平方米；步道铺装、墙面剔凿、贴砖、石材安装等5480余平方米；室外变电箱粘贴布帛喷绘、刷防粘贴涂料987平方米；拆除、规范牌匾950平方米；更换道路栏杆1487延长米；10条区级达标道路建设同步完工。开展金融街达标重点区域建设，提升了区域内景观照明、道路设施建设水平；突出对裕中中学等6所校园周边、地铁6、8号线站点整治，达到预期目标；实施“京九”铁路广外段景观提升工程，改善了进京第一印象；对铁树斜街等80条胡同实施架空线入地工程；联系首创集团等多家市、区、街相关单位，研究方案、落实措施，打通裕民西路道路；完成广安门外首特钢9号地北墙重砌加高项目。

（杨桂珍）

【北京北站周边环境综合整治】 年内，协调市、区相关部门和企业，在上年度整治工作基础上，对北站周边市政道路进行整治，铺设步道砖308平方米；栽植乔木76株，绿化900余平方米；建设1823平方米便民停车场并投入使用。

（杨桂珍）

【文保区环境景观提升试点工程】 10月，2012年启动的文保区（中南海周边）景观提升试点工程按计划完成。项目涉及西安门大街（文津街）、灵境胡同、南北长街、府右街、西黄城根南街、人民大会堂西侧路6条重点大街，全长7.1公里。整个工程新建、改造各类管线12万延长米，铺装石材6万余平方米，改造绿地5100平方米，新增绿化3000平方米。结合黄城根南街拓宽，拆迁面积21875平方米，264户居民居住条件得到改善。郭金龙、王安顺、陈刚等市领导多次到现场督促指导工作。推进大栅栏杨梅竹斜街保护修缮试点、观音寺腾退修缮、安徽会馆和琉璃厂艺术文化馆等项目建设及什刹海文保区各项景观提升工作，共腾退居民678户。

（杨桂珍）

【环境秩序整治】 开展拆违、清障、治污、灭脏“四大战役”。年内，成立以区领导为组长的西城区打击违法建设专项工作领导小组，建立违法建设基础台账，分阶段、按层次逐步清理历史遗留违法建设，确保新生违建“零增长”。“拆违战役”，由区环境建设办牵头、街道办事处主导、相关部门参与，共拆除违法建设3621处、7.5万平方米；“灭脏战役”，区环境建设办协调，由15个街道负主责，全面清除背街小巷、绿地深处、河湖水面及沿岸建筑垃圾、生活垃圾，全区共发动16.9万余人次，清除“小广告”2.4万条，清运垃圾481吨；“清障战役”，由市政市容委负责，清理废旧机动车，取缔无照早餐点，规范废品回收站点，拆除地桩、地锁等。年内，西城区将174辆早餐车统一制作安装了二维码，纳入城市“网格化”管理范围，实施数字化的监督与保障；“治污战役”，区商务、环保、卫生等部门联合，重点治理餐馆油烟污水超标排放和食品非法加工，取得成效。

（杨桂珍）

【“三道”环境建设工程】 继续推进“三道”（鼓楼至永定门中轴路文道、积水潭桥至开阳桥商道、木樨地至永定门滨河沿线绿道景观提升工程）建设。“绿道”总建设面积达到28.6万平方米，沿河建设26.2公里的慢行步道和8.5公里的自行车骑行线路，新建4座休闲驿站、34座观景平台，建成金中都公园；新植树木6万余株，新栽花卉9万平方米，新增绿地2万余平方米，沿河两岸受益群众30余万。“文道”建设完成16条胡同整治。“商道”实施了部分外立面粉刷、牌匾整治和西单北大街景观提升。

（杨桂珍）

【提案建议办理】 年内，按照提案建议办理的工作要求，通过到反映问题的实地查勘、与相关单位的协调以及与市、区人大代表和政协委员各种方式的沟通，完成9件市、区人大建议、政协提案的办理工作，包括主办区人大建议3件、区政协提案1件；承办主办市人大建议2件；会办区政协提案2件，承办会办市人大建议1件。办理结果反馈至各代表，均得到满意的书面意见回复。

（杨桂珍）

【城市环境建设先进评选】 年内，为进一步加强西城区城市环境建设，提高区域内社会单位、环境志愿团体、社区群众、居民家庭等积极参与西城区城市环境建设活动的意识，促进参与度，使群众自觉维护首都优美环境，西城区根据首都环境建设办《关于推荐2013年度首都城市环境建设样板单位和突出贡献个人的通知》精神，依照评选工作方案和评选标准，在全区开展了自下而上的评比活动，经过街道和部门推荐、区环境建设办审核、首都环境办批准，共评选出首都城市环境建设样板单位27个、首都环境建设突出贡献个人64人、北京市环境优美居住小区2个、北京市环境优美街巷胡同5条。

（杨桂珍）

【环境建设宣传】 年内，西城区城市环境建设宣传工作主要配合区环境建设年度重点任务，采取编发信息、媒体报道、志愿者宣传、走访动员等形式，宣传西城区环境建设工作成果，动员、引导社会各界群众参与西城区环境建设，维护城市环境，绿化美化家园。配合文保区（中南海）周边环境景观提升试点工程，与有关媒体一同策划、拍摄了《为首都添妆为国庆献礼—文保区周边环境景观提升工程工作纪实片》，并在《北京西城报》头版头条刊登了提升工程的相关宣传报道稿件。配合年内环境建设拆除违法建设等“四大战役”，在北京市拆违指挥部编印的拆违简报上刊发专报，其中《西城区合理运用“五字”要诀》一篇被市政府《督查与考核》刊载，并得到市长王安顺“西城区‘五字’要诀是真抓实干中积累的经验，可发各区县交流”的批示。在《人民日报》《北京日报》《北京晨报》《北京晚报》《环球时报》等报刊上，及时报道西城区环境建设工作开展动态，展示成果、推进工作。6月5日，西城区在金融街中心广场举行“西城区‘美丽西城 环境先行’环境志愿者活动”启动仪式，首都环境建设办、区人大、区政府、区政协领导出席，为环境志愿者活动揭牌，向西城区及各街道环境志愿服务队授队旗。志愿者代表宣读倡议书，号召全体市民积极参与城市环境志愿活动。年内，环境志愿者队伍积极发挥作用，开展“环境志愿者一日体验活动”“美丽西城，环境先行”摄影大赛、环境优美居住小区街巷胡同评选等后续活动，开通西城区环境志愿者官方微博，接受群众报名，收到了很好的社会效果。西城区环境志愿者志愿活动在北京市属首次尝试。

（杨桂珍）

市政管理

【概况】 北京市西城区市政市容管理委员会（简称区市政市容委），挂北京市西城区城市环境建设委员会办公室（简称区环境建设办）和北京市西城区交通委员会（简称区交通委）牌子。是负责本区城市市政基础设施、公用事业、公共交通、爱国卫生、市容环境卫生管理、城市市容综合整治、统筹本区交通发展和管理工作的区政府工作部门。下设19个职能科室。所属事业单位4个，为西城区人民政府节约用水办公室、西城区人民政府防汛指挥部办公室、西城区市容监察所和西城区个体出租汽车管理站。年内，西城区市政市容委按照年初的既定思路，围绕市政基础设施建设、市容市貌管理、城市运行服务保障和机关自身建设，注重顶层设计，加强统筹协调，严格规范程序，实施建管并举，有效推动各项工作落实，城市环境建设与管理工作取得新的进步。1月10日，区市政市容委获得北京市抗击“7·21”特大自然灾害先进集体称号。

地址：西城区北礼士路12号

邮编：100044

电话：88391564

（李 萱）

【市政基础设施建设】 年内，区市政市容委先后对德胜、新街口、西长安街等街道办事处辖区内的40条道路进行大修，共铺设沥青混凝112820.67平方米、步道砖58146.37平方米；对48条胡同进行管线改造，解决了1550户居民的排水问题；25座旱厕改造任务按期完成；对红居南街垃圾楼西侧、枣林前街东口、益民巷等多处积水点进行整修；完成中组部和财政部周边的道路微循环工程。80条架空线入地任务中，其中的67条主次干路基本完成管道建设，12月底前完成穿缆撤线工作。同时扎实推进“城中村、边角地”整治工作。4月，西直门东北角桃园C地块征收工作重新启动，已经完成征收有关方案制定和项目一级开发续期手续的办理工作，拆除征收停滞期新生的87间违法建设。在区政法委、区法院等单位的支持配合下，对中山会馆项目的2户实施了强制征收。对三庙前街、鼓楼西2块闲置土地进行综合整治，建成临时停车场。

（李 萱）

【完善市容管理制度】 年内，区市政市容委制定《北京市西城区环境卫生作业考评办法》，初步形成常态化、标准化的考核模式；为规范渣土管理行政许可，编制《西城区渣土消纳证办理规范》和《西城区渣土运输车辆准运证办理规范》；出台《西城区景观照明养护效能评价实施方案》，在景观照明设施规范管理上形成市政市容委、园林中心、养护队三方分别进行监、管、护，既独立运行又相互制约的管理体系；梳理制定《牌匾标识纳入网格化管理流程》，为提升户外广告管理水平奠定了基础。

（李 萱）

【缓解停车难】 年内，TOCC（北京市交通运行监测指挥中心）分中心建设完成了发布软件制作，拥堵指数等部分数据同市TOCC中心实现互享互通；进一步推广“四管治两小”（老旧小区“自管会”模式、平房胡同自治管理模式、自主管理模式、停车互助管理模式）套餐模式，在西四北三条、里仁街六号院等4处建立停车自治管理，新增停车位303个；开发中国林业出版社、光大大厦、中化大厦等5处错时停车场，新增车位78个；调整后的4个立体停车楼建设项目均已开展前期手续办理，改造区属企事业单位停车设施，新建立体车位218个；年内居住区新增1000个停车泊位的任务完成了1186个；对留题迹胡同、铁门胡同等4块市政闲置用地进行停车设施改造，新增临时停车位175个。

（李 萱）

【水电气热保障】 年内，完成2314户“一户一水表”的改造工作，对1000户居民家庭实施节水器具安装。成功创建市级节水型单位20个、节水型小区6个；对全区景观照明设施组织2次全面检查和24次常规检查，保证了设备的安全运行；加强对燃气供应企业的行业监管，开展餐饮场所燃气使用安全专项治理，发现并督促整改安全隐患720多处；全面做好2013至2014年供暖季的各项准备工作，对28个小区467处供热实施改造，11月15日全区顺利全面供暖。

（李 萱）

【完成提案建议情况】 年内，区市政市容委共承担国家、市、区级建议提案107件，其中国家级1件、市级7件、区级99件。经过分类派发、合理答复、合理解释、具体落实等步骤，规范办理流程。及时召开相关代表委员座谈会，针对提案搞好沟通，摸清底数，及时办理，高质量地完成了提案建议办理工作。

（李 萱）

【垃圾分类宣传活动】 春节期间，区市政市容委协同相关单位和52名垃圾分类志愿服务者，在红楼和厂甸庙会上开展垃圾分类宣传咨询活动，指导游客正确分类手中的垃圾，并于初五在2个庙会上举行大型垃圾分类减量宣传活动，使“垃圾分类，走进庙会”活动达到高潮。此次活动在北京尚属首次，得到区委、区政府的重视和区文委、团区委、区环卫中心、陶然亭街道、白纸坊街道的支持。北京京都文化投资管理公司和北京大观园、陶然亭管理处予以密切配合，庙会中的餐饮小吃业主和众多游客积极参与。裕远达清洁服务中心的餐厨垃圾运输车，每天将2个庙会的餐厨垃圾送往高安屯循环经济园区进行资源化处理，保证了庙会中的分类垃圾不混装、不积压。据统计，春节期间两大庙会共清运餐厨垃圾5吨、悬挂垃圾分类条幅4条，发放垃圾分类宣传品3万余份。

（李　萱）

【专家顾问团工作启动】　2月26日，区市政市容委、区环境建设办组建的西城区城市环境建设管理专家顾问团举行工作启动仪式。区环境建设办副主任宋甲乐主持仪式。区市政市容委副主任胡博宣读聘请城市环境建设管理专家顾问团工作方案与工作细则，郭继孚等7名专家分别发言。区市政市容委主任刘成东为顾问团专家颁发聘书，并就做好专家顾问团的合作服务工作做了讲话。

（李　萱）

【公租自行车建设项目启动】　年内，为促进“公共自行车+公共交通+公共自行车”的出行模式，延伸公共交通服务范围，改善居民公共交通出行“最后一公里”的短途接驳问题，增强城市公共交通吸引力，倡导绿色出行方式，按照北京市交通委要求，区市政市容委全面启动西城区公租自行车建设项目。结合北京市公共自行车整体发展状况，西城区采用“市级统筹，区县主责、统一标准，企业运营”的实施原则，投入自行车5000辆，点位150个，2013年先期试点布放500辆，点位15个。后期计划分两年到位。项目采用公开招标的方式确定供货商，由中标单位提供设备并进场施工，由区园林市政中心负责后期的运营维护。

（李　萱）

【市领导调研停车管理工作】　5月16日，北京市常务副市长李士祥和副市长张工到西城区调研停车管理工作情况。中组部、国管局、国家发改委、财政部等有关中央单位领导和市发改委、市交通委、市财政局、市交管局等市属部门领导一同参加调研。区长王少峰就有关西城区停车管理工作和做好中央国家机关服务保障工作做了汇报。市交通委副主任刘缙就城六区停车重点工作、推进工作的保障措施和对西城区停车工作的支持做了汇报。与会中央单位领导发言，感谢市委市政府、西城区委区政府历年来对中央单位的支持，同时提出相关建议。张工对有关停车位供给问题、停车管理问题和做好服务中央单位事项做出指示。李士祥要求市属部门和单位对会议议定事项抓好落实，具体项目要在年内开工；市属各部门对市交通委提出的建议要研究落实；对涉及中央单位的三里河三区拆迁工作和国家税务总局数据中心及枣林南里项目，市领导牵头研究，相关单位做好落实。

（李　萱）

【区领导调研城市管理工作】　8月12日，区长王少峰，副区长吴铁男、郝风林带领相关部门到区市政市容委和环境建设办进行工作调研，会议由吴铁男主持。会上，区市政市容委主任就上半年城市环境建设精细化管理工作开展情况、城市精细化管理上面临的突出问题，以及下一步工作建设进行了简要汇报，各分管主任结合自身工作进行了补充。吴铁男就下一步如何做好城市环境建设和管理工作，从权力下放、形成城市管理统筹协调机制、抓机制研究促进长效管理、充分发挥各职能部门和“门前三包”等社会单位职能作用、强化源头管理将审批与后期管理相结合等五个方面提出具体要求。最后，王少峰在充分肯定市政市容委和环境建设办工作基础上，就如何落实城市精细化管理做出指示。

（李　萱）

【区领导调研垃圾分类和再生资源管理工作】　8月30日，区委书记王宁带队调研垃圾分类和再生资源管理工作。区领导梁昌新、郭怀刚、吴铁男陪同，区市政市容委、区商务委、区文明办、区食安办、区环保局、区城管执法局、区园林中心和区环卫中心、金融街街道办事处等单位的领导参加。王宁一行先后调研了丰融园小区的垃圾分类工作，听取社区和物业的工作汇报；参观广安办公区区政府餐厨垃圾就地处理设施的运转情况，观看了餐厨垃圾清运车辆的作业情况；察看了牛街输入胡同再生资源网点经营模式和经营状态。区市政市容委汇报了西城区垃圾处理的相关工作，各相关单位就垃圾分类相关工作和再生资源管理工作做了汇报。王宁指出:一要加强统筹，资源整合。研究餐厨垃圾、果蔬垃圾和园林垃圾就地减量化措施；二要研究西城区垃圾分类管理的标准，进一步体现西城区城市文明水平；三要积极发动，广泛宣传，努力营造西城区的垃圾分类氛围。

（李　萱）

【市人大代表调研停车管理工作】　11月11日，市人大常委会副秘书长张清率调研组一行20余人到西城区调研停车管理工作，市运输局、区交通委、区发改委、区城管大队、西城交通支队、街道办事处及社区代表参加座谈。市人大调研组到西四北六条、七条视察胡同停车自治管理工作，新街口街道办事处就胡同停车自治的组织开展、实施效果、维护管理等代表关心问题做了介绍，张清对西城区在胡同停车自治方面开创民主自治的管理模式给与充分的肯定，建议将此管理模式在全市范围推广，实施过程中进一步改进后期管理工作，保持自治管理的长效性和持续性。

（李　萱）

【区领导检查供暖锅炉房情况】　11月28日，副区长苏东带队对辖区内供暖锅炉房运行情况进行检查。首先，区市政市容委主任对全区供暖运行情况进行汇报。随后，苏东带队检查了大六部口锅炉房和马连道中里2区5号锅炉房。苏东指出：供热运行是基本民生服务保障，必须要全力做好，对于部分区域室温低的问题要积极协调，对于供热运行安全问题更要高度重视，要加强运行设备安全检查，切实提高安全意识，确保安全稳定运行，保障辖区百姓温暖安全过冬。

（李　萱）

【区城市建设与管理专家委员会第一次会议召开】　12月19日，西城区城市建设与管理专家委员会召开第一次会议，副区长姜立光出席并作指示。会上，区市政市容委主任介绍了区市政市容委负责的5位专家的情况，简单小结年内顾问团工作情况，并对本单位职能与2014年重点工作进行了说明，邀请各位专家顾问就城市拆违、垃圾分类、厨余垃圾特许经营等方面进行指导帮助，创新城市环境建设管理工作方法，建立具有西城特色的城市环境分类分级管理“标准化”模式。专家们各抒己见，就各自关注的问题与参会领导们展开讨论，并纷纷表示：积极配合西城区工作，期望加强沟通联系、创新思维方式，为建设好“和谐、美丽、魅力”的西城出谋划策。姜立光提出两点要求，一是希望专家对西城的城市环境工作多关心、多批评、多指导，要通过多种渠道关注西城的区情，及时发现问题、反馈问题；二是要求区市政市容委和城管监督指挥中心组织好、安排好、服务好专家顾问团工作，定期组织专家开展交流活动，根据专家的实际情况弹性安排工作，为专家开展工作提供便利。

（李　萱）

信息化城市管理

【概况】　西城区城市管理监督指挥中心（简称区城管监督指挥中心）是区政府负责城市管理监督评价与指挥协调工作的正处级行政机构。内设办公室、监督员管理科、信息管理科、指挥调度科、综合协调科等16个职能科室，行政编制90人。年内，区城管监督指挥中心在区委、区政府的领导下，把强化创新驱动贯穿到总体工作之中，着力推进重点项目建设，丰富数据分析手段，提高城市运行管理决策依据支撑力度，加大科技成果转换应用，完成市、区两级专项工作任务和信息化城市管理专项指标任务，发挥了城市管理监督指挥的协调中枢作用，实现城市管理工作稳中有为、稳中提质。

地址：西城区二龙路27号

邮编：100032

电话：88064954

（史智颖）

【城市运行监测指挥平台功能拓展】年内，根据《北京市市政市容委关于进一步贯彻落实“网格地标”的工作方案》的进度安排，完成新标准大类、小类、小类明细及立案、结案标准、处置时限的修改，增加部件和事件的环境属性。5月31日完成市、区平台“网格地标”系统切换工作，6月1日投入试运行。5月底，完成城市部件数据新旧数据库对比分析、道路绿地养护数据、雨（污）水管线数据入库及小区内部件普查、兴趣点和道路院落更新。10月15日，对项目成果进行初验，建设成果包括：标准类部件557148个；街景影像制作1126条；道路绿地养护1956815.5平方米；雨污水管线调查、建库与管理211837米；兴趣点37247个（其中道路元素1485个、院落元素20762个）；地形图修补测约5平方公里；小区内部部件普查69类，共计51151个。12月19日，市、区系统平台完成数据更新。8月完成西城区城市运行物联网平台项目招标，年内完成二维码平台开发及早餐车示范应用、积水监测系统研发、传感器运行状态监测系统研发。加大对全区降雨量监测力度，全年对雨量计进行26次巡检、26次维护、13次维修，系统维护（包括操作系统、数据库、应用系统等）40次，软件系统更新维护7次。完成人流量系统升级改造，新增4项功能：增加15分钟、30分钟间隔的实时流量监控；增加1小时、2小时、4小时和8小时新增流量监控；在流量体系中增加国际流量；新增驻留分析功能，可根据合适的规则判定区域人口停留时间长短并提供流量数据。

（史智颖）

【拓宽信息化城市监管范围】　年内，在对全区实施垃圾分类的251个小区进行专项普查的基础上，建立已实施垃圾分类小区和垃圾收集容器基础台账，绘制垃圾分类小区专用分类和部件图层。4月1日，城管监督员巡查垃圾分类小区工作在15个街道全面铺开，垃圾分类监管工作正式纳入网格化管理。区城管监督指挥中心收集整理《市生活垃圾分类日常运行检查情况》，将问题汇总形成月报，为监督员巡查提供参考依据。联手区市政市容委、区环卫中心和各个街道，采用先试点后铺开的方式，对27条主要道路、251个背街小巷和36个老旧小区建立养护区域范围、养护责任人等台账数据。该项工作加强了区、街道、环卫中心和环卫服务队的四级责任体制，避免“盲区”或“死角”等区域的产生，推进了环卫保洁工作的创新。市级挂账乱点整治工作，采取分级分类管理，明确市、区、街分级挂账整治乱点，做到“一点一工作方案、一点一管控队伍”，通过每年集中对市区街挂账乱点的治理，加强城市环境统筹管理力度，提高城市环境综合执法水平，强化城市环境监督管理能力,切实解决一批城市环境的难点、热点问题。渣土消纳工作，与区渣土管理所合作，创建渣土所分平台，渣土所工作人员在该平台下实现巡查案件登记、核查、监控和渣土消纳许可信息共享发布的功能；建立“建筑垃圾渣土消纳、车辆准运许可办理信息”登记模块，各委办局和街道可点击首页右侧的渣土消纳信息共享图片链接查看渣土所发布的所有渣土消纳审批情况。

（史智颖）

【城市管理二级平台建设项目】　11月20日，西城区城市管理二级平台建设项目完成验收，与会3位专家及街道、部门代表针对城管二级平台提交的项目文档及系统功能进行验收。该项目已推广到西城区除金融街街道和大栅栏街道之外的13个街道，这种城市运行、社会管理相结合的创新模式能有效提升各街道的事件处置响应能力，为街道清晰掌握辖区的资源提供手段。

（史智颖）

【监督员队伍管理】　运用《百分制考核细则》和《监督员管理规定》，加强对各街道监督队的日常考评，强化监督员责任意识。坚持每月“一例会一通报”制度，全年共召开队长例会12次、专项工作会10余次，约谈监督队队长6次，编发《监督队月考核通报》12期。先后开展监督员业务骨干培训、监督员全员培训和垃圾分类、新贯标、新城管通软件安装及使用、二维码等专项培训。11月，分3批对全区430名监督员进行业务考核。年内，录用考试合格监督员42名，办理退休监督员58名，辞退监督员1名。全年开展监督队工作现场检查289次、系统检查472次；检查监督员累计4.5万余人次；开展环境秩序状况监察427次，督促监督员上报问题90处；对监督员3次核查未通过案件进行再核查125件；指导二级督查网络督查员检查街巷30958条次、重点地区16519处次，发现问题8688处，其中监督员已上报6841件，督促监督员上报1847件；对西城区第4至8批脏乱点台账所列360处问题进行实地检查，解决问题181件。

（史智颖）

【城市管理专项普查】　年内，组织监督员完成5项专项普查任务。一是废弃机动车专项排查。利用6天时间，共出动监督员1272人次，摸排全区废弃机动车182辆，其中无车牌的占到80%以上。二是大街小巷露天烧烤集中点位专项普查。组织监督员2300人次开展为期7天的普查，共上报露天烧烤集中点位134处。三是区内20处“征而未建、拆而未建”地块的核查。共发现拆而未建地块13处（其中因拆迁停滞而未建地块1处）、拆而在建地块6处、拆而已建成地块1处。四是区内“背街小巷和中心城区主次干路架空线入地”专项普查。近2周的专项普查共出动监督员2800余人次，完成对20条大街、1600条背街小巷和16项内容的普查，上报中心城区架空线入地主次干路案件137处、背街小巷案件1463处。五是开展脏乱点、新生违法建设巡查工作和全区建筑垃圾运输专项整治工作。共上报施工管理类案件490件，协助有关部门共清理无主渣土、施工废弃料840车约1000余吨，上报新生违法建设102起。

（史智颖）

【全响应网格化社会服务管理指挥中心建成】　6月24日，“西城区全响应网格化社会服务管理指挥中心”揭牌。区级平台有效整合了人、地、事、物、组织五大要素，整合城市管理、社会服务、社会管理、行政服务、行政管理等资源，通过城市管理指挥系统、一门式综合服务中心、全响应呼叫热线（12341）、全响应社会服务管理网站、应急指挥调度平台，实现数据整合、统筹指挥、决策支持。

（史智颖）

【全响应数字化视频应用系统】　11月,西城区全响应数字化视频应用系统试运行。该系统在保持原有模拟视频应用网络结构及应用功能的基础上，实现全网模拟视频应用与数字化视频应用的无缝融合；按照“图像汇聚、双向联网、权限管理”的要求，实现模拟系统设备与数字化视频应用系统设备资源的统一管理、模拟用户与数字用户权限的统一管理，有效提升区政府部门对城市管理的监控能力、快速反应能力、信息获取能力，实现高效、快速指挥决策。用户可以通过西城区政务网平台，根据使用权限，调用查看某一区域监控探头的实时监控图像，实现快速高效的指挥调度。

（史智颖）

【全响应区级平台建设】　年内，区城管监督指挥中心围绕社会服务、行政服务、城市管理、社会管理、应急处置“五位一体”的社会服务管理工作理念，依托信息化手段，形成区、街、社区、网格四级联动机制，具备统筹指挥、监督评价、决策支持3个主要功能，实现区级指挥平台与12341服务平台的互联互通及信息共享。完成指挥调度、基础数据两大核心功能的搭建，形成“小事不出社区、大事不出街道、难事区内统筹，条块各司其职”的工作体系，依托城市管理指挥调度平台及街道全响应指挥调度平台，以街道层面的深度整合为重点，通过街道处置及上报区级平台调度，向各个职能部门进行分派、处置的业务流程，形成社区、街道、区级3个层次的管理闭环；完成社会服务管理业务数据整合，年内对接数据233万余条。整合了西城区社会服务管理网格、城市管理网格、综治维稳网格，实现“三网合一”，调整后西城区社会服务管理网格为1696个。

（史智颖）

【西城区降雪量实时监测系统】　该监测系统主要包括实时雪情模块、查询模块、统计模块、雪量计管理模块、预警模块，年内设置了3个降雪量监测站。监测系统能够第一时间获取西城区区域实时的降雪量，通过电子政务网络把降雪量信息传递给西城区各级冬季除雪铲冰部门，以便及时做好防灾减灾。12月18日系统完成硬件安装。

（史智颖）

【城市管理联动机制】　年内，区城管监督指挥中心共召开4次城市管理工作联席会。会议定期分析信息化案件办理情况，通报全区环境重点问题治理情况；部署了违法建设、夜景照明、废弃旧机动车、废品收购等全区环境秩序专项工作；通报了全年城市环境建设项目内容，环境卫生、垃圾分类、防汛工作、施工渣土管理等阶段性工作安排和进展。联席会将首都城市环境建设委员会办公室考核情况纳入通报范围，强化对全区环境建设考核工作指导和研究。通过落实城管联席会制度，各成员单位互通信息，相互支持，形成合力，努力构建城市环境管理工作统筹协调、联合执法、监督管理“三位一体”工作体系。

（史智颖）

【城市管理履职评价】　年内，对《西城区城市管理职能履行情况评价工作办法（试行）》进行了重要调整。调整内容有：调整系统评价分值分配，引入误转案件和督办案件扣分机制；加大专业评价力度，提高专业评价占比，由市政市容委和区城管监察大队同时进行检查。新办法于6月1日起正式实施。在满意度调查中引入电话调查方式，为各部门全面了解掌握居民对西城区城市管理工作的意见提供了更加真实的依据。

（史智颖）

【城市管理问题研究】 城市安全运行指标体系课题研究工作被列入区委区政府2013年重点工作，主要内容是围绕区城管监督指挥中心数年积累的海量城市运行管理历史数据进行信息挖掘，以西城区原有的城市运行监测指标体系、城市管理重心指数、居民满意度指数、分级分类管理指数和人口分布指数5个监测指数为基础，研究各个指标间的相互关系以及对城市安全运行体系的影响程度，准确且全面地掌握城市运行整体态势，有效提升城市安全运行水平，为各级领导决策服务。撰写了《运用智能化手段打造智能化西城》《基于精确雨量监测的汛期城市管理工作特征分析》《提升城市管理工作水平的建议》等调研文章。《西城区早餐车实现二维码管理》被《北京日报》《北京晚报》《京华时报》和《北京西城报》发表，人民网、中国网、新浪网、搜狐网、新华网等多家网站转载。

（史智颖）

【城市管理问题情况通报】 年内，区城管监督指挥中心继续执行“城市环境综合治理周报”制度，全年共编发周报45期，主要反映各街道工作动态，为区领导和各管理部门全面掌握各街道的具体工作情况提供数据信息。

（史智颖）

【城市管理案件业务办理】 年内，区城管监督指挥中心共接收各类城市管理问题信息325625件，其中立案323304件、立案率99.29%，结案323845件、结案率100.17%（含历史案件）；共派遣各类城市管理案件215332件，各部门处理完成215381件，其中紧急案件69件；协调处理疑难案件470件，其中多次核查未通过案件25件；监督员自行处理案件107974件。

（史智颖）

国土资源管理

【概况】 北京市国土资源局西城分局（简称市国土局西城分局）是北京市国土资源局（简称市国土局）设在西城区负责本行政区域内土地与矿产资源行政管理的派出机构，下设办公室、财务科、政工科、纪检监察科、综合科、执法监察科、国土资源利用科、重点工程科、地籍科9个职能科室和北京市土地整理储备中心西城区分中心、北京市土地整理储备中心金融街分中心、北京市西城区土地权属登记事务中心、北京市西城区土地利用事务中心4个事业单位。在职人员91人。年内，编制完成《西城区2014年度国有建设用地供应计划建议方案》，强化项目批后动态监管，拟定《西城分局关于闲置土地处置工作的实施方案（草案）》；加快储备项目进展保障用地需求，指导土地储备开发，统筹安排全区土地储备开发总量、结构、布局和资金，全力推进土地储备开发计划，全面梳理项目，实施分类管理，完善土地储备信息库，促进土地资源的合理利用；严格地籍和土地登记管理，制定《西城区地籍管理工作方案》《西城区地籍管理工作方案实施意见》；开展“边角地”“城中村”、地铁站口周边用地等资源调查，全面分析西城区土地利用和开发现状，编印完成《西城区土地资源调查系列报告》和《西城区可利用土地资源详查报告综合版》，编写完成《西城区土地利用开发现状评价和规划意见》《旧城改造（文保区）土地利用》的调研课题，修改完善《划拨土地改变用途研究》，在全区调研课题评选中获二等奖；开展地籍系统整合试点，启动信息化系统建设工作，试点工作得到市国土局肯定，予以全市推广；法制宣传丰富多样，场地宣传、科普进校园、进社区等多样化形式宣传国土政策法规，开展“5·12”防灾减灾宣传、“6·25”土地日、“12·4”法制宣传日活动。开展党的群众路线教育实践活动，开展“廉政风险防控‘三个体系’建设”专项工作。

地址：西城区北滨河路9号

邮编：100055

电话：68020198

（王钰红）

【建设项目用地预审】 年内，共26个建设项目通过用地预审，总用地面积约55.28公顷。其中商业服务及其他用地15宗，约32.28公顷；市政基础设施用地6宗，约8.54公顷；住宅用地1宗，约3.4公顷，储备用地3宗，约11.06公顷。

（郭　冰）

【国有建设用地使用权划拨】 年内，共办理国有建设用地使用权划拨供地方案10件，约7.43公顷：其中城市道路用地1件，约3.2公顷；居住用地1件，约0.8公顷；公共服务与公共设施用地7件，约3.31公顷；宗教用地1件，约0.12公顷。办理划拨决定书6件，约2.04公顷。

（郭　冰）

【土地供应计划编制】 年内，编制西城区2014年度土地供应计划。2014年度土地供应计划共申报建设项目13个，约13.55公顷：其中交通运输用地2宗，占地约0.95公顷；公共管理与公共设施用地10宗，占地约9.03公顷；商业服务用地1宗，占地约3.57公顷。

（郭　冰）

【土地供应情况】 年内，实现供地项目10个，占地10.8公顷：其中交通运输用地2宗，占地约6.19公顷；公共管理与公共服务用地5宗，约2.54公顷；住宅用地1宗，约2.07公顷。

（郭　冰）

【国有土地使用权登记情况】　年内，共计办理各类土地登记457件。其中国有土地使用权初始登记96件（出让82件，划拨14件），土地面积15.12公顷；国有土地使用权变更登记361件（大业主转移登记19件，小业主转移登记322件，其它变更登记20件），土地面积16.41公顷。抵押设定登记233件（大业主100件，小业主133件），土地面积27.92公顷；办理抵押注销登记173件，土地面积23.49公顷。

（郭　冰）

【全国宗地统一编码数据库更新转换】年内，对全区的地籍区、地籍子区进行统一划分，并在此基础上完成西城区宗地地号的全国统一编码转换工作。西城区共计划分地籍区15个，地籍子区53个。全区22711宗地籍号已全部按照国土部要求升级为19位，为实现国土资源管理的信息化、标准化，加快推动城乡一体化地籍管理进程，推进全国土地统一登记工作奠定了坚实的数据基础。

（郭　冰）

【边角地筛查整理】　年内，土地资源节约集约利用，挖掘西城区可利用零星土地，组织区属各相关部门召开边角地工作协调会，全区共筛查整理92处边角地，为土地合理利用提供数据。

（郑小凡）

【土地登记专项工作】　年内，运用楼盘表服务金融街土地登记业务，推广搭建楼盘表并建立小业主土地登记办公管理系统，简化登记程序，提高登记效率，有效解决小业主土地登记难的状况。

（赵　瑾）

【辖区控制点维护】　年内，完成西城区控制点维护项目，恢复在市政建设、项目建设过程中被破坏的各等级控制点，并已通过分局验收小组的验收。

（赵　瑾）

【实行规范化检查】　年内，牵头土地登记规范化检查，制定详细的工作方案，保证土地登记工作的严谨性。在市国土局组织的2012年度规范化检查工作中获土地登记规范化检查第二名，被授予“规范化建设先进单位”荣誉称号。

（赵　瑾）

【完善档案管理制度】　年内，制订《北京市国土资源局西城分局档案管理规定》，从归档、查借阅、岗位职责、行为规范、奖惩等几个方面对档案管理工作进行全面规范，为档案管理工作高标准、制度化管理奠定基础。

（赵　瑾）

【信息公开工作】　年内，完善信息管理制度，实现信息网上报送、审批。公开各类信息226条，导入土地登记结果信息1759条，土地抵押登记结果511条。受理依申请公开政府信息109件。处理右安门内大街28号院拆迁人员突发集中申请4次。

（王钰红）

【受理首例土地权属争议政府调处案件】　年内，市国土局西城分局依据《北京市土地权属争议调查处理办法》受理了西城区首例土地权属争议政府调处案件。对此案进行专题研究，抽调业务骨干组成调查小组，严格按照法定程序进行受理、调解、调查、取证，在证据选择、政策依据、法律适用、法律文书的文本格式等多方面慎重选择，做出处理决定并上报区政府同意，市国土局西城分局按规定将区政府出具的《土地权属争议决定书》当面送达申请人，顺利结案。

（王钰红）

【土地储备开发计划编制】　年内，编制西城区2014年度土地储备开发计划。共申报建设项目14个，开发总面积约48.04公顷，规划建筑规模约210.07万平方米。其中计划完成开发规模6.08公顷，规划建筑规模22.54万平方米；计划储备供应土地规模6.08公顷，规划建筑规模22.54万平方米；计划总投资规模52.37亿元。

（郑小凡）

【土地储备开发情况】　年内，完成开发已供应项目1个，为金融街主中心区华嘉小区项目，约2.07公顷；完成开发未实现供应项目1个，为大栅栏煤市街以东H地块，约3.57公顷；其他项目处于一级开发实施阶段。实际完成投资约29.8亿元，占计划投资规模的99.3%。

（郑小凡）

【信访工作】　年内，建立《信访联席会工作制度》，坚持领导接访和信访联席会议制度，深入排查调处信访矛盾。受理各类群众来信32件，办结率100%；接待群众来访36件，65人次。

（郝占立）

【法制宣传活动】　年内，开展“4·22”世界地球日、“5·12”全国防灾减灾日、“6·25”全国土地日、“12·4”法制宣传日活动，《国土资源报》2次对市国土局西城分局相关活动进行了报道。

（郝占立）

【共建活动】　机关党总支部组织部分党员到公安大学社区开展“珍惜土地资源,节约集约用地”主题宣传活动，向广大群众宣传国土资源知识，在全社会努力营造珍惜土地资源，节约集约用地的良好氛围。

（何琳娜）

【调研课题】　年内，开展“边角地”“城中村”地铁站口周边用地资源调查。全面分析西城区土地利用和开发现状，编写完成《西城区土地利用开发现状评价和规划意见》《旧城改造（文保区）土地利用》《划拨土地改变用途研究》的调研课题，其中《划拨土地改变用途研究》在西城区调研课题评选中获二等奖。

（王钰红）

房屋行政管理

【概况】 北京市西城区房屋管理局（简称区房管局）是西城区房屋行政管理和住房制度改革工作的行政机构。年内，区房管局围绕保障和改善民生、加强和创新社会管理、维护和促进社会和谐稳定、强化和改进机关自身建设四条主线，适应新形势，抓住新机遇，探索新思路，实践新举措，凝心聚力，攻坚克难，各项工作取得了一定成绩。年内，区房管局获2013年度区政府绩效管理考评优秀单位。

地址：西城区西安门大街115号

邮编：100034

电话：66175570

（林霏　柯晓洪）

【房屋征收（拆迁）】 年内，西城区共有房屋征收项目19项，其中年内新启动2项（实验二小王府校区西扩工程和白塔寺药店降层工程），涉及征收居民2971户。依法发布征收决定的项目11项，涉及被征收房屋1506户，完成2项（“北京市629工程”和白塔寺药店降层工程），与1365户居民达成征收补偿协议，协议比例90.6%。采取与被征收人谈话、与相关部门之间沟通协调等措施，适当运用作出征收补偿决定的行政强势手段，全年共组织房屋征收谈话258户，适时作出《征收补偿决定书》138户，并对10户收到征补决定后仍不履行的居民，依法向人民法院申请强制执行，确保了全区首批旧城改建征收回迁项目（三里河三区、三里河一区E区2个中央单位的旧城改建项目）以及国家税务总局金税三期数据中心项目和实验二小王府校区西扩工程等重点项目的推进，促进了国家保密局056工程、北京市电力公司菜市口220千伏输变电及生产附属设施（电力科技馆）、西黄城根南街道路微循环等房屋征收项目的收尾工作。年内，全区共有拆迁项目68项，拆迁居民8841户，结转至年底，完成5个项目，1232户达成协议，剩余63个项目，7609户居民未签协议。全年进行行政调解谈话232户，做出行政裁决131份。

（林霏　柯晓洪）

【征收（拆迁）工地监管】 年内，以区房管局的名义向各个征收拆迁项目下发一系列书面通知，明确提出防汛、重污染天气及其他时段的安全生产及环境保护的要求和工作措施，同时组建5个专项工作组（每组2人），把各项任务分解落实到各项目负责人，分别对全区70余个征收拆迁工地进行定期或不定期的检查，做好检查记录，发现问题及时要求整改。进入汛期后，督促各征收拆迁工地建设单位、拆迁单位、拆除单位，针对汛期雷雨、大风多发的特点，加强对在施工地现场的检查和防控；加强雨前、雨中、雨后房屋巡查，重点做好在施工地房屋漏雨、院内积水、房墙倒塌事故的解危修缮处置工作。聘请专业机构和技术人员，对拆迁范围内的房屋安全情况进行拉网式排查。制定防汛抢险排危预案，发现险情或发生紧急事件及时上报，妥善处理。进入供暖季后，向全区涉及成套楼征收（拆迁）的工地下发《关于做好成套楼拆迁工地冬季供暖工作的通知》，成立冬季供暖工作领导小组，开展对居民供暖、用电、用气、用水设施的检查，消除安全隐患。同时研究制定各项目成套楼拆迁冬季供暖问题解决方案，建立健全供暖应急预案，保障被征收（拆迁）居民温暖过冬。

（林霏　柯晓洪）

【住房保障配租配售】 年内，西城区共为28702户家庭解决了住房困难，其中经济适用住房9135户、限价商品住房13793户、廉租实物住房1309户、廉租租金补贴3938户、公共租赁住房527户；共有5154户家庭因不符合保障性住房准入条件而被取消保障资格；20623户家庭正在轮候。全区在综合分析房源供应情况的基础上，按照轮候顺序，完成2013年保障性住房7000套公开配租配售计划任务，包括组织完成通州马驹桥富力尚悦居等项目926套限价商品住房房源、燕保京原家园等项目527套公共租赁住房房源的配租配售工作，开展房山长阳2220套经济适用住房项目的摇号工作，同时在全市范围内率先将4106套回龙观二期项目定向安置房源用于公开摇号配售，并进行意向登记，以上共计完成7779套，超额完成779套，完成率达111%。针对上年结转任务，全区组织完成房山长阳、大兴康庄项目3305户经济适用住房和限价商品住房家庭的摇号配售工作，有效消减轮候家庭存量。探索后期管理新思路，完善保障房监管长效机制建设，引进物业服务企业对已入住的1343户廉租实物住房家庭承担办理入住手续、收缴租金、室内维修及公共设施设备的运行维护等辅助性工作，为109个廉租实物住房家庭入住大兴团河盛嘉华苑廉租实物住房项目做好保障。同时对全区廉租住房小区供暖情况进行摸底调查，协调区财政局、区民政局等部门专题研究为集中供暖的廉租住房小区提供采暖补贴问题，确保廉租家庭温暖过冬。

（林霏　柯晓洪）

【商品房预售管理】 年内，区房管局坚持商品房价格监测、约谈制度和商品房预售许可、现房销售三审制度。共约谈开发企业4家，办理预售许可2件，现房销售47件，引导2个项目下调申报价格。

（林霏　柯晓洪）

【房地产开发企业监管】 年内，区房管局对房地产开发企业无证售房、虚报销售进度、捂盘惜售等违规行为进行查处，对开发项目的售楼处进行检查，督促销售公司按规定公示项目情况及销售人员情况，对销售公司的网上认购和合同管理进行检查，共检查开发企业10家50次。

（林霏　柯晓洪）

【房地产经纪机构监管】 年内，区房管局办理房地产经纪机构各项备案122

起；对辖区内的291家经纪机构进行318次现场检查，受理并调解开发企业投诉26件，经纪机构投诉313件。整合全局资源，发挥局属8个房屋管理所的作用，通过发动行业自警、组织专项检查、发布预警信息、开展联合整治等方法，减少群租行为的新增量，妥善处理已有投诉。年内，共受理各类投诉252起，同比下降24.6%。处理群租房投诉40起，为群众追回各类经济损失达30余万元，投诉处理率为100%，满意率达90%以上。

（林霏　柯晓洪）

【房屋安全管理】　年内，区房管局组织完成辖区内单位自管产、物业管理房屋、直管公房、私有房屋的安全检查工作，对发现问题的4749平方米登记造册，做好备案。委托直管公房管理单位对严重破损及危险房屋、拒查户、锁门户和标准租私房2次进行逐一安全隐患复查，发现问题及时处置。对327户未腾退标租户进行摸底排查、建档造册，确保安全检查无遗漏。贯彻落实《北京市人民防空工程和普通地下室安全使用管理办法》（北京市人民政府令第152号）要求，落实普通地下室安全使用管理责任。全年共检查普通地下室2128处，出动检查5325人次，发现安全隐患756处，下达责令整改通知书679份，约谈相关单位负责人22人次，按一般程序实施行政处罚2件。汛期，通过发放房屋安全管理通知、修订工作方案、落实24小时值班制度和主管领导带班等举措，将防汛工作落到实处。通过约谈、信函、实地查看等方式全面排查安全隐患，落实对低保户、特困户私房产权人房屋和涉及公共安全房屋解危修缮补贴政策。全年，通过多方协调，排除受水河45号等5处房屋安全隐患，出动查房人员近300人次，检查私有或单位自管房屋2100余间次，处理各类险情60余起，协调解危修缮房屋30余处。修订完善《西城区房管局受理申请使用住宅专项维修资金审核（备案）程序》，全年完成44件专项维修资金审批工作，累计支取金额740余万元。

（林霏　柯晓洪）

【标准租私房腾退】　区房管局全年共受理经租、代管、“文革”产档案查询201户，涉及门牌217处，发放查询结果201份，发放原始房契复印件218份。通过多次下户协调11户标准租私房户，实现2户家庭腾退工作。严格核查经租房自留房房少人口多的情况，核查上报，经核准对补留自留房货币补贴23户，补贴资金1628万元。

（林霏　柯晓洪）

【房产登记发证管理】　年内，区房管局实现南北房屋登记大厅整合集中办公，使用统一登记标识，工作人员统一着装，窗口形象更加规范。严格执行市住建委对各项业务的时限标准，完成房屋登记业务33161件。开辟绿色通道，提供上门服务，落实便民措施。5月1日起试行的存量房交易服务平台，年内完成房源核验5445件、房源核验注销198件，涉及监管资金约46.52亿元人民币。

（林霏　柯晓洪）

【物业服务企业监管】　年内，区房管局完成物业企业资质变更登记、核查，全面掌握全区物业企业和管理项目的基本信息，实现对物业企业和管理项目的动态监管。全区共有物业服务企业299家,实施物业管理的项目667个，建筑面积3408.82万平方米。做好物业服务政策法规宣传培训工作，举办各类培训会5次，参会人员1500余人次，重点对业主公共决策平台和“业主一卡通”的使用、新老物业交接中的注意事项、有限空间操作规范等内容进行讲解和部署，为建立依法有序的业主自治机制、创造和谐物业管理氛围奠定基础。实施执法检查多部门联动，检查多样化、常态化，全年共组织属地街道办事处、相关职能部门和物业管理行业专家，并会同市住建委执法大队对辖区内矛盾纠纷突出的小区开展联合执法检查15次，检查物业项目40余处，下发责令整改通知80份，规范了物业服务企业的服务行为。做好物业矛盾纠纷化解工作，会同相关职能部门协调解决了英嘉公寓、四平园小区物业公司长期欠缴水费、西华经典小区物业公司拖欠电费等问题，指导万博苑小区、韵竹园小区新老物业平稳交接，与街道办事处共同解决白广路二条10号楼物业公司撤管及电梯维修问题、西便门西里14号楼房改遗留问题、菜市口小商品批发市场物业公司不提供冷气问题等诸多疑难问题，努力搭建齐抓共管的平台。做好老旧小区准物业管理试点工作，完善《灵境和三义里小区推行准物业管理试点工作方案》，探索老旧小区准物业管理工作的新模式，稳步推进三义里小区、灵镜小区准物业管理试点工作。

（林霏　柯晓洪）

【非居住租赁登记备案】　年内，区房管局共办理非居住性质房屋租赁登记备案34件，均为自行成交备案件，建筑面积17733.67平方米，月平均租金每平方米230.7元：作为办公用途使用的房屋租赁备案28件，备案建筑面积16292.13平方米，月平均租金为每平方米226.66元；作为商业营业用途使用的6件，建筑面积1441.54平方米，月平均租金为每平方米276.28元。

（林霏　柯晓洪）

【普通地下室使用登记备案】　年内，根据市政府令第152号规定，全区重新办理普通地下室使用登记备案共41件，112230.73平方米。其中作为生产经营类的普通地下室使用22件，建筑面积为67122.64平方米；作为办公类普通地下室使用3件，建筑面积为20823.52平方米；作为其他用途的普通地下室使用16件，建筑面积为24284.57平方米。

（林霏　柯晓洪）

【普通地下室安全监管】　年内，区房管局通过采取核验材料、实地查看、四级审批等备案申请的措施，提高普通地下室的备案率，实现普通地下室安全使用管理动态监管。全年检查普通地下室2128处，出动检查5325人次，发现安全隐患756处，下达责令整改通知书679份，约谈相关单位负责人22人次，按一般程序实施行政处罚2件，全区普通地下室检查覆盖率达100%。

（林霏　柯晓洪）

【房改售房工作】　年内，区房管局核准房改售房单位共148家，累计售出住宅1646套。办理房改调房单位共66家，累计调整住宅494套。完成区属相关企业房改售房批复10项。

（林霏　柯晓洪）

【售房款和专项维修资金支取工作】　年内，区房管局审批5家单位使用售房款283.11万元，审批16家单位支取使用售后公有住房住宅专项维修资金442.17万元。

（林霏　柯晓洪）

【矛盾纠纷排查调处】 年内，区房管局着力抓好矛盾纠纷和隐患苗头的超前排查，建立健全风险评估、排查化解、受理办理、领导接访、责任追究等长效机制，推进了信访工作规范化、制度化。坚持矛盾纠纷排查调处例会制度，实行督察督办跟踪，及时反馈结果，对于长期存在的缠访、闹访、群体访问题分门别类，对症下药。重视初信初访，落实首问责任制，加强对突出信访矛盾纠纷问题的化解与稳控，通过开展重复信访问题专项治理、“信访积案化解”活动，有步骤有针对性地对部分重点难点矛盾纠纷进行化解。全年接待群众来访1075批1850人次，收到各类信件共2988件，处理率、回复率达到100%。全年承办人大建议和政协提案40件，做好涵盖房屋征收（拆迁）、住房保障、落实私房政策、房屋登记、房屋市场管理等多个部门的提案建议办理工作。

（林霏　柯晓洪）

【政府信息公开】 年内，区房管局主动公开政府信息113条，收到政府信息公开申请257件，全部按期办结。接受公民、法人及其他组织政府信息公开方面的咨询721人次。

（林霏　柯晓洪）

西城区房屋土地经营管理中心

【概况】 北京市西城区房屋土地经营管理中心（简称区房地中心）属于区政府自收自支的事业单位。机关设办公室、资产经营部、危改征收部、物业管理部、工程部、党委工作部、工会委员会、人力资源部、计划财务部、信息法务部、监察室11个部室，定编60人。下属20个基层单位：7个房管所、兴地分中心、供暖管理所、物业管理中心、房地产交易所、房地产测绘一所、晟佳分中心、修建队、建设拆迁所、职工学校、房屋安全鉴定一站、房屋修建行业劳动力调剂服务中心、水电工程队、房地产价格评估所。年内，区房地中心科学筹划、合理安排工期，完成各项为民办实事工程和区委区政府交办的重点工作任务。项目包括四类房修缮工程、平房院下水管线改造工程、街巷综合整治工程、户厕维修工程、老旧小区环境整治工程、楼房节能保温工程等。启动抗震加固工程、天主教若瑟修女会房屋翻建工程、群力胡同地下停车库项目、西四北地区旧城保护项目。

地址：西城区平安里西大街10号
邮编：100035
电话：66168099

（崔　蕊）

【直管公房经营管理】 区房地中心共管理直管公房118.63万平方米，房改售房面积50余万平方米，物业管理房屋142.2万平方米。年内，完成306件直管公有住宅承租人变更手续审批，对425处经营性房产的租赁手续进行审批备案。对所辖自有房产逐处进行现场勘查，按一处一档的原则建立影像资料档案，使原有档案更加充实、完备。完成房产经营合同审批130件，使自有房产经济发挥最大效益并且有效的降低了房产经营风险。严格执行房改售房政策，年内累计完成152户居民的售房工作。配合行业主管部门测算灵境小区物业收费方案，为开展灵境小区物业管理工作做好准备。在接管宋家庄、保利家园、北辰福地及团河等保障房项目的基础上，接管中信新城等保障房项目，累计达1730余户。完成全年租金收缴任务，完成租金定收指标的115%，租金收缴率达97.41%。

（崔　蕊）

【直管公房安全度汛】 汛前，区房地中心做好各类防汛物资的补充和更新，并针对近年来易发生短时强降雨的气候特点，加大对水泵等物资的储备量，储备运输车辆12辆、沙石料67立方米、木材30立方米、编织袋1600条、麻袋400条、水泵48台等，并安排专人保管，选择便于使用的场所进行堆放。对防汛机械设备（水泵、车辆）进行检修，保证汛期能够正常使用。共建立9支防汛抢险队伍，应急抢险人员400余人。汛期内共接到报险（报修）电话513个，出动抢险人员1031人次，出动抢排险车辆25台次，外出巡查人员1369人次，解决漏雨539间，排除6个院落的积水。

（崔　蕊）

【供暖工作】 年内改造锅炉房8处，更新锅炉2台（油改气），铺设外网管线4159米，更换各类水泵、补水泵99台。以月西锅炉房为试点，加装一套德国技术的自动燃烧系统，通过观察、摸索，有效地降低能耗。对洪茂沟小区4号楼实施通气改造工程，为48户居民彻底解决了困扰多年的供暖难题。维修及时率100%，群众满意率98%。供暖管理所获得2012至2013年度北京市供暖优秀单位。

（崔　蕊）

【拆迁征收工作】 完成中办警卫局81号工程四期拆迁收尾工作、西黄城根南街建设整治工程房屋征收工作、宫门口四条29号简易楼腾退工作。启动实验二小王府校区西扩工程、天汇大院等9处11栋简易楼腾退工作、实验二小和金融街卫生服务中心2处疏解任务。

（崔　蕊）

【平房整治修缮工程】 年内，完成四类房修缮1307间1.9万平方米，确保了居民汛期安全。完成183个平房院下水管线改造工程，解决了管线堵塞和雨天积水问题。完成8条胡同街巷综合整治工程，项目包括墙面整修、屋面整修、房屋翻建和挑顶。完成1191个院落户厕维修工程，项目包括屋面防水、户厕门更换及筒瓦修缮等。

（崔　蕊）

【楼房综合改造工程】 年内，完成20个小区93栋楼房、建筑面积41.5万平方米的老旧小区环境整治。完成11栋楼房、建筑面积6.2万平方米的老旧楼房保温节能改造。完成区重大办委托代建的节能改造工程，共涉及75栋楼房，建筑面积约42万平方米。

（崔　蕊）

【天主教若瑟修女会房屋翻建工程】 受市宗教局委托，为其代建天主教若瑟修女会房屋翻建工程，总建筑面积1964.77平方米，其中地上建筑面积1426.5平方米，年内主体结构已封顶。

（崔　蕊）

【西四北地区旧城保护项目】 年内完

成西四北地区旧城保护项目基础数据搜集整理、整体规划设想、一期示范区实施方案和重要节点的初步方案设计。

（崔　蕊）

【安全生产】 年内，区房地中心共召开安全生产大会20余次；组织农民工安全生产教育及培训20余次，3300余人参加；发放安全生产宣传材料2154份；进行各项安全检查130次，参加检查人员共计190余人，查出重大安全隐患1处，已整改；投入安全生产教育经费共计25.9万元。

（崔　蕊）

【信息化工作】 年内，区房地中心更新了总部的核心网络设备、设备IP地址，提高了网络连接速度、减少数据传输过程中丢包率，同时对各基层单位VPN通道IP地址及网络基础设施进行了更新，对《西城区房屋管理信息系统》中与现状不符的数据进行了更新。针对老旧楼房物业小区增加物业信息管理功能模块的建设，涉及16个物业小区。区房地中心申请的《二维码技术在文保区房屋管理中的应用》项目，利用二维码以及移动互联网技术对平房区和文保院的资源进行加工和制作，进入研发后期。

（崔　蕊）

【信访、建议提案办理与信息公开】 年内，区房地中心接到信访件101件次。其中普通信访件39件，领导批办件4件，信访综合办公系统转送件43件，市长信箱转送件15件。其中重信26件次,联名信15件次、122人次。领导批阅群众来信18件，领导包案数27件。化解重点矛盾纠纷6件次，化解积案2件，召开协调会26次。累计接待群众来访151批次、391人次。其中重访57批次、123人次；集体访21批次、117人次。领导接待群众来访18批次、76人次，领导班子成员参与区领导接待日陪同接访6人次，领导班子成员均参加了接待群众来访。年内承办人大代表建议和政协委员提案共8件，其中会上6件，会下2件；单办件6件，会办件2件。年内，主动公开信息23件，接到信息公开申请16件。

（崔　蕊）

【档案管理工作】 年内，完成年度各项档案归档任务，归档文书档案377件、会计档案57件、照片档案90件、光盘档案2件、实物档案26件。完成档案进馆（区档案馆）工作。

（崔　蕊）

【法务工作】 年内，审核30余件经营性合同，涉及房屋面积1.5万平方米，依据法律法规提出修改意见150余条，代理各类案件5起，挽回经济损失2000余万元。开展法律培训2次，走访基层开展法律咨询活动30余次。

（崔　蕊）

北京宣房投资管理公司

【概况】 北京宣房投资管理公司（简称宣房投公司）下辖北京宣房房屋经营公司、北京宣房楼宇设备公司、北京宣房物业管理有限公司、北京宣房大厚投资管理有限责任公司、北京市红义物业管理公司、北京市正阳经济贸易公司、北京市宣房建筑工程处、北京市房地产交易所、北京轩方装饰工程有限责任公司、北京宣房拆迁有限责任公司、北京宣房鑫兴商贸有限公司11个全资子公司，在职员工742人。年内，按照“抓班子，带队伍，求生存，谋发展”的总体思路，大力推行企业“改革、创新、转型”发展战略，全面落实“服务服务再服务”的企业精神，完成辖区直管公房管理、修缮、防汛、锅炉供暖、电梯运行、服务承诺等社会公共服务任务和直管公房综合修缮、雨污水户线改造、既有建筑节能改造、老旧小区综合整治、“煤改电”等政府惠民工程及物业服务管理任务，实现经济总收入66385万元。共管理直管公房193.91万平方米；锅炉房31处、锅炉76台，供热面积242万平方米；管理电梯86部，高层楼房二次供水36处；管理辖区老旧小区、托代管小区物业19个，面积近100万建筑平方米。

地址：西城区右安门内大街15号

邮编：100054

电话：63523001

（周　乾）

【直管公房安全检查】 2月，宣房投公司所属宣房房屋经营公司组建的8组24人专业查房队伍，完成2012至2013年度辖区直管公房房屋安全检查工作，共检查直管房屋192万平方米。按照房屋完损等级评定标准划分：基本完好房96.02万平方米，占总查房面积的50.01％；一般破损房60.26万平方米，占总查房面积的31.39％；严重破损房35.72万平方米，占总查房面积的18.60％。管理房屋中有住宅房屋177.66万平方米，其中平房39374.5间54.91万平方米、中式楼166幢2096间3.13万平方米、简易楼161幢2306间12.74万平方米、多层正规楼241幢15409套92.34万平方米、高层楼17幢2161套14.54万平方米。平房中有严重破损房14593间21.53万平方米，占住宅平房面积的39.21％；中式楼中有严重破损房98幢1206间1.75万平方米，占住宅中式楼面积的55.91％；简易楼中有严重破损房90幢6.92万平方米，占住宅简易楼面积的54.32％；多层正规楼中有严重破损房18幢5.56万平方米，占住宅多层正规楼房总面积的6.02%。由于政府近年来加大了直管公房修缮费用的投入，辖区房屋状况有了一定的改善，本年度查房中未发现危险平房、中式楼、简易楼和正规楼房。

（周　乾）

【完成冬季供暖任务】 3月16日，宣房投公司所属宣房楼宇设备公司狠抓司炉工、维修人员的培训考核，聘请社会监督员进行监督，采取“自由组合、新老结合、工作配合”的方式提高工作效率，自筹资金296万元，大修锅炉房设备31处，更换糟朽管线3580米。成立4支专业供暖抢修抢险突击队，随时处理出现的险情，保证了31处直管锅炉房的76台锅炉按时点火、24小时送暖和设备安全运行，实现242万平方米房屋居民的正常送暖，完成2012至2013年供暖季供暖任务。

（周　乾）

【直管平房修缮改造工程】 5月5日，根据辖区直管公房安全普查状况和区政府为民办实事折子工程任务编制计划，宣房投公司所属宣房房屋经营公司启动辖区居民直管危旧平房修缮改造工程。11月30日前，完成大栅栏地区蔡家胡同、铁门胡同、延寿街、山西街、椿树地区校场头条等平房翻建1363间19573.96平方米，涉及居民884户；完成大栅栏地区樱桃斜街、天桥地区腊竹胡同、鹞儿胡同、福长街、陶然亭地区双柳树头条等平房综合修缮3809间57135平方米，涉及居民2539户。上述工程共计投资10109万元。

（周　乾）

【直管楼房综合整修改造】　5月10日，根据辖区直管公房安全普查状况和区政府为民办实事折子工程任务编制计划，宣房投公司所属宣房房屋经营公司启动直管居民楼房综合整修改造工程。7月15日前，完成天桥地区华严路3号，牛街地区法源寺西里3、4号，广内地区槐柏树南里1-7号等36栋3.6万平方米建筑面积的楼房屋面防水工程。11月10日前，完成天桥地区永安路北1-5号、白纸坊地区半步桥街13号院4-6号、右安西里4号等9栋39907平方米建筑面积楼房的外装饰检修和屋顶改造工程。11月30日前，完成大栅栏地区东南园小区6、7号，天桥地区虎坊路13号，广内地区长椿街东里20、22号，广外地区小红庙1、2号，天宁寺北里5号等8栋楼房的上下水更新工程。上述工程共计投资1843万元。

（周　乾）

【老旧小区雨污水改造】　5月5日，根据区政府为民办实事折子工程任务编制计划，宣房投公司所属宣房房屋经营公司分别对大栅栏地区韩家胡同、北火扇胡同、西河沿胡同、广内地区校场四条等409处平房院和天桥地区红土店、白纸坊地区盆儿胡同62号院、广内地区槐柏树北里、广外地区天宁寺北里4个居民楼小区实施雨污水户线改造，工程于7月15日竣工，共计投资1794万元。

（周　乾）

【辖区居民楼电线和配电改造】　5月6日，根据区政府为民办实事折子工程任务编制计划，宣房投公司所属宣房房屋经营公司对白纸坊地区白广路41、43、45号，白纸坊中里6、7号5栋老旧小区居民楼房的室内电线进行更新改造；对天桥地区永安路北6楼、广外地区马连道二区1号楼2栋居民楼房进行配电改造。工程于11月10日竣工，总投资967万元，受益居民2382户。

（周　乾）

【老旧小区综合整治】　5月10日，根据辖区直管公房安全普查状况和区政府为民办实事折子工程任务编制计划，宣房投公司所属宣房楼宇设备公司、轩方装饰工程有限责任公司启动广外地区三义里、小红庙2个老旧居民小区20栋楼房上下水和室内外供热管网更新改造等综合整治工程。共计改造楼房上下水面积80660.09建筑平方米，更换室内外供热管道25320米，安装热表1300户。工程于12月30日竣工，总投资7500万元，受益居民1233户。

（周　乾）

【既有建筑节能改造】　5月13日，为落实市、区政府倡导的低碳、环保、节能要求，根据区住建委的安排，宣房投公司作为辖区既有建筑节能改造工程的实施主体，对各项工程进行公开招标。经过相关程序，北京市宣房建筑工程处、北京轩方装饰工程有限责任公司、中国城建第五工程局有限公司、北京城建远东建设投资集团、北京城乡建设集团有限公司5家单位中标，承担改造施工任务。宣房投公司所属宣房房屋经营公司积极配合，对辖区牛街地区春风小区、白纸坊地区平原里小区、右内西街、盆儿胡同、广外地区车站西街15、17号院等共计139栋80.40万平方米建筑面积的楼房门窗进行节能材料更换、外墙加装保温层和粉刷，部分楼房屋面增加保温层并重做防水。工程于11月15日完工，总投资45024万元，受益居民14450户。

（周　乾）

【辖区“煤改电”工程】　7月下旬，为加大北京市大气治理力度，宣房投公司受区环保局的委托，安排所属轩方装饰工程公司、宣房建筑工程处对大栅栏地区大耳胡同39、49号院，排子胡同34、49号院，西河沿31、69、142号院，广内地区感化胡同1、2、5、7、9、10、12、14号院等共计11372户平房居民冬季取暖实施“煤改电”工程。12月中旬工程竣工，总投资3565.70万元。

（周　乾）

【辖区房屋安全度汛】　9月15日，全市正式下汛。宣房投公司完成直管公房防汛任务，连续28年实现“少塌房、不死人、安全度汛”的工作目标。为保障汛期辖区直管公房的住用安全，宣房投公司召开防汛动员大会，制定下发防汛工作意见和抢险工作预案，成立防汛指挥机构，签订防汛责任书，组建11支抢险队伍，并进行防汛实战演习。汛期共有4597人次参加值守，修补漏雨公房1877间28155平方米，苫盖428间；检查公房19048间次283570平方米，私房14010间次186520平方米；私房加固139间2085平方米，保证了辖区居民汛期房屋住用安全。

（周　乾）

【直管电梯、高压水泵安全运行】　年内，宣房投公司所属宣房楼宇设备公司、宣房大厚投资管理有限责任公司加大对所管理电梯、高层楼房二次供水设备的维修管理和养护力度，更新有关部件，维修相关设施，保证了86部电梯、36处高压泵组安全运行。在每年一次的北京市城镇房屋及特殊设备安全检查中，86部电梯和36处二次供水设备全部达标。同时，对36处高层楼房二次供水的所有水箱进行清洗，实行封闭管理，消除了安全隐患，保证了居民生活用水的安全卫生。

（周　乾）

【直管公房租金收缴】　年内，宣房投公司所属宣房房屋经营公司加强房屋租赁基础管理工作，初步完成直管公房管理信息系统基础数据计算机录入工作，巩固了房屋“两清两建（清理房屋基数账和租金账，建立房屋基数和租金账）”成果，提高了房租收缴额度。全年租金收入2212.93万元，超出计划租金收缴额372.19万元，占年应收租金2219.69万元的99.70%，比上年上升0.03个百分点。所管理的39个直管公房管片，31个租金收缴率达到100%，占79.49%。收回旧欠租金15.04万元，占年应收旧欠额94.24万元的15.96%。

（周　乾）

【供暖费收缴】　年内，宣房投公司所

属宣房楼宇设备公司为方便采暖用户缴费，改革收费方式，设立收费大厅，实行每周7天工作制，有效提高了供暖费的收缴额度，当年收费5300万元，占整个供暖季收费率的74%，本供暖季共计收费6377万元，占应收供暖费总额7162.16万元的89.04%。

（周　乾）

【房屋征收腾退工作】　年内，宣房投公司成立房屋征收腾退办公室，重组北京宣房拆迁有限责任公司，开展辖区政府房屋征收腾退工作。广外大街355、359、367号简易楼排险解危腾退项目，签订腾退协议126户，占直管公房144户居民总户数的87.5%；陶然亭珠朝街房屋征收项目，签订协议24户，占40户居民总户数的60%；白纸坊枣林前街房屋征收项目，签订协议17户，占32户居民总户数的53%；广内西河沿人口疏解项目，签订协议26户，占39户居民总户数的67%，具备了施工条件，完成阶段性工作；天桥板章路、仁寿路腾退项目上年12月12日正式启动，签订协议38户，占70户居民总户数的54%；煤改电箱变建设房屋腾退项目，40户居民全部签订腾退协议。

（周　乾）

【物业服务工作】　年内，宣房投公司所属宣房房屋经营公司结合市、区政府老旧小区综合整治和既有建筑节能改造等民生工程，对所管理的部分老旧小区物业进行升级改造。安装节能门窗，实施雨污水户线、室内电线、供暖管网、屋面防水、上下水更新改造以及小区环境整治等综合治理，涉及辖区东南园、永安路、虎坊路、红土店、华严路、长椿街东里、槐柏树南里和北里、法源寺西里、半步桥、盆儿胡同、平原里、春风、天宁寺北里、右安门西里、车站西街、马连道二区等小区。同时，宣房投公司所属宣房大厚投资管理公司、红义物业管理公司、正阳经济贸易公司分别在相来家园商品房和新安中里危改回迁物业、广外马连道小区托代管物业、正阳商业楼房屋租赁物业等项目中主动做好服务工作，得到业主好评。

（周　乾）

【完成国有资产保值指标】　年内，宣房投公司在完成好各项社会公共服务职能任务，实现社会效益的同时，把追求经济效益、实现经营利润作为企业发展目标的重要内容，狠抓所属企业的经营创收，取得了较好的经济效益。全年公司经营总收入66385万元，利润总额715万元，上缴税金2109万元，实现国有资产保值增值率101.98%，社会贡献率9.52%，超额完成区国资委下达的任务指标。

（周　乾）

【落实社会服务承诺】　年内，宣房投公司继续弘扬“爱国、创新、包容、厚德”的北京精神，把“服务服务再服务”企业精神具体化，认真抓好向辖区居民公开承诺的房屋维修、水电急修、防汛、锅炉供暖、电梯安全运行五项服务内容的落实。所属宣房房屋经营公司一至四分部和红义物业管理公司水电急修队、宣房楼宇设备公司供暖电梯急修队24小时坚守岗位，及时解决居民报修的水、电、暖、电梯问题，重点开展对军烈属、孤寡老人、残疾人、低保户等特殊社会弱势群体的服务，受到居民群众的好评。全年收到表扬信128封、锦旗45面。

（周　乾）

【信访和维护稳定工作】　年内，宣房投公司坚持实行“首办、包案、督查、追查、预警”的维稳、信访制度，排查调处公司系统存在的矛盾和问题，接待来电、来信、来访人员，及时办理领导和政府部门的相关批件，帮助群众解决困难。全年共办理市长电子信箱反映问题11件、区领导信访批件4件、区人大代表建议7件、区政协委员提案1件、区政府督查件4件、区政风行风热线1件、区非紧急救助中心电话派单1278件、区城市管理指挥中心派单3件、居民一般来信51件，接听答复居民来电1404人次，接待居民来访263人次、集体访15批次158人次。

（周　乾）

西城区房屋征收事务中心

【概况】　北京市西城区房屋征收事务中心（简称区房屋征收中心）根据市编办《关于同意设立北京市西城区房屋征收事务中心的函》（京编办事〔2011〕91号）于年内6月7日成立。区房屋征收中心是受西城区政府房屋征收办公室（简称区房屋征收办）委托，承担西城区房屋征收与补偿的具体实施工作的区政府直属的正处级全额拨款事业单位。主要职责是：贯彻执行国家和北京市有关房屋征收与补偿工作的法律、法规和政策，并就相关政策调查研究，提出对策建议；协助区房屋征收办编制房屋征收补偿安置方案及征求意见工作，协助区房屋征收办做好房屋征收与补偿相关的各项公布、公示工作；负责对房屋征收范围内的房屋权属、区位、用途、建筑面积等情况进行调查登记等具体实施工作；负责房屋征收与补偿过程中房屋测绘、评估、房屋拆除、法律服务等专业性工作的组织协调和综合管理；负责征收资金的使用和管理工作；负责安置房源和周转房源的筹集、使用和管理等工作；负责委托相关单位对征收项目组织实施征收；负责被征收房屋拆除工程的监督和房屋征收现场管理工作；负责征收档案的归集、整理、移交等工作；承办区政府交办的其他事项。内设办公室、财务审计科、法制信访科、房源管理科、征收补偿一科、征收补偿二科6个科室。有事业编制40名，其中主任1名，副主任2名；科级领导职数6正8副。上半年，完成机构组建和领导干部任命工作。7月开始面向社会招聘各岗位工作人员。

地址：西城区培育胡同15号

邮编：100052

电话：81025911

（李　菁）

【社会招聘】　7月8日，区房屋征收中心主任主持召开北京市西城区房屋征收事务中心第3次主任办公会议，讨论关于北京市西城区房屋征收事务中心拟社会招聘岗位工作，拟定招聘岗位及人数分别为：办公室文秘管理岗2人，财务审计科3人（其中科长1人、财务管理岗1人、出纳管理岗1人），法制信访科法律事务管理岗1人，征收补偿一科、二科5人（其中征收信息统计管理岗1人、征收管理岗4人），共11人。年内完成招聘任务。

（李　菁）

园林绿化管理

园林绿化局

【概况】 北京市西城区园林绿化局(简称区园林绿化局),挂北京市西城区绿化委员会办公室(简称区绿化办)牌子,是负责本区园林绿化工作的区政府工作部门。主要职责是制定本区园林绿化发展中长期规划和年度计划并组织实施;组织、指导和监督本区城市绿化美化养护管理工作;组织、协调重大活动的绿化美化及环境布置工作;管理和保护本区绿地和林木资源;负责本区公园、风景名胜区的行业管理;承担西城区绿化委员会的具体工作等。内设科室7个,在职人员35人。年内,完成绿地建设22.78公顷,其中新增5.19公顷、改造17.59公顷;新建屋顶绿化3万平方米、垂直绿化5000延长米;改造提升街巷胡同50条。完成北起白纸坊桥、东至永定门、全长约5公里的滨水绿道(二期工程)建设;完成首都第29个全民义务植树日活动的组织筹备、“五一”“十一”节日环境布置和第9届中国(北京)国际园林博览会布展工作;通过“美丽西城”评选、“小树苗”行动和“花园式”创建等活动拓展群众绿化形式。北京市西城区获评全国林业信息化示范区,区园林绿化局(区绿化办)获第9届中国(北京)国际园林博览会先进集体和第11届中国菊花展览会先进单位,白云公园被评为北京市第11批精品公园。截至年底,全区实有绿地总面积1050.14公顷,树木241.24万株(其中古树3253株),绿地率20.78%,绿化覆盖面积1466.48公顷,绿化覆盖率29.02%,人均公共绿地3.3平方米。

地址:西城区南礼士路乙9号院2号楼
邮编:100045
电话:68025953

(范慧英)

【滨水绿道二期工程竣工】 滨水绿道二期工程北起白纸坊桥,东至永定门,全长约5公里,建设面积15万平方米。建设内容主要包括绿化、土建、喷灌及水利用、景观照明、监控、广播及无线网络、雕塑、小品、标识和桥体装饰等工程,新建“金中都公园”“大观平渡”“陶然春雨”和“临河知耕”4个景区。工程由西城区园林市政管理中心(简称区园林市政管理中心)实施,于3月开工,9月底竣工,总投资2.69亿元。至此,北京营城建都滨水绿道全部完工。整体绿道建设有五大特点:一是打造亮丽景观,提升环境品质。结合现有地形、水系、植被等资源,采用新科技再造石技术,建造各类花池、花台增加整体绿量,丰富绿道园林景观。共种植各类乔灌木6.7万余株、色带花卉9万平方米,新增绿地2万余平方米;铺装各类广场道路13.9万平方米,安装各种栏杆1.7万延长米、灯具3.9万余盏。二是挖掘文化底蕴,展现西城历史。运用园林手法,将沿岸如白云观、蓟城纪念柱、建都纪念阙、金中都故址和先农坛等众多历史文化古迹串联在一起,使绿道成为一条承载北京古都史迹、寻根北京的历史文化廊道。特别是在原金中都中轴线上的皇城南门丰宜门故址之间建设了金中都公园,使北京形成了完整反映860年建都历史的公园体系。三是打造慢行系统,引导健康生活。建设26.2公里慢行步道、8.5公里自行车骑行线路和4座休闲驿站,使慢行系统与绿道建设相融合,营造出优美休闲健康的绿化慢行空间。四是建设配套设施,服务百姓生活。新建观景平台34座、金中都博物馆1座,改造卫生间3座,设置74处wifi接入点方便游人上网,结合监控设施增设广播系统,使沿线7个街道30余万居民受益。五是运用创新科技,引导低碳生活。采用有机废弃物综合处理系统和一体化全自动高效混合净水装置,实现园林、餐厨垃圾和水资源的循环利用,通过植物条码化管理系统对树木进行精细化管理。

(范慧英)

【“小树苗”行动】 3月30日,区园林绿化局举行“小树苗”行动启动仪式,并向现场居民发出“小树苗进社区,爱绿的您快来认领吧”的植树倡议。通过西城区园林绿化局网站义务植树板块公布《西城区居民申领苗木登记表》,采取市民网上申请、政府无偿提供苗木的形式,鼓励市民房前屋后边角植绿,共为辖区居民免费发放海棠、石榴、碧桃等8个品种5400余株苗木。

(范慧英)

【全民义务植树活动】 4月6日,在首都第29个全民义务植树日当天,区绿化办在菜户营桥东北角丰宣公园举行主题为“弘扬生态文明,建设美丽西城”的义务植树活动。王宁、刘跃平、王少峰、曹长胜等区领导与总参谋部、总装备部、武警等部队领导以及机关干部、附近居民一起挥锹铲土,种植银杏、油松、悬铃木等树木300余株。区绿化办还在延庆镇付余屯村西侧和怀柔区怀北镇白家庄村北设置植树点,接待社会单位和市民个人植树。当日,全区有10万余人参加植树活动,共植树5200株,清扫绿地46.2万平方米,养护树木73万株,设宣传咨询站46个,悬挂横幅标语262幅,出动宣传车20辆,发放宣传材料3.9万份。年内,继续与怀柔区、延庆县开展“城乡手拉手、共建新农村”活动,加强多层面结对共建,督促协议签订,深化合作。推进树木绿地认建认养,向社会公布12个公园作为认养树木的地点,辖区各公园绿地作为认养绿地的地点,华泰保险等社会单位积极参与认养行动。组织开展购买碳汇活动,号召区青联等单位及个人积极碳汇购买。

(范慧英)

【“美丽西城”评选活动】 根据首都绿化委员会办公室和西城区委区政府的要求,年内,区绿化办联合区委宣传部、区文明办、区社会办、区教委、区环境建设办和各街道办事处开展“美丽西城”评选活动。活动于5月9日启动，9月，“美丽西城”评选活动领导小组对参评对象进行初评。10月中旬，评审小组进行实地评比检查、现场打分，并对参评的院落和阳台进行抽检。最终，全区共评选出美丽单位20个、美丽校园20个、美丽小区20个、美丽街巷20条、美丽院落140个和美丽阳台1000个。

（范慧英）

【花卉布置】　“五一”前夕，组织区园林市政管理中心栽植应时花卉2.49万平方米、89.1万株，宿根花卉3916平方米、10.4万株。“十一”前夕，按照“规模适度、厉行节约、服务大众、贴近生活”的要求，在西单文化广场、全国政协礼堂门前和首都博物馆门前等处布置“乘风破浪”“丹青生辉”和“编钟”等8座大型主题花坛；在长安街沿线、西单北大街和西二环等8条大街，通过花钵、花箱等容器栽摆花卉8.1万株；结合现状绿地植物特色，栽植花卉2.6万平方米、约95万株；动员各街道办事处结合环境整治和拆违工作，在街巷胡同、小区、院落、阳台等进行花卉布置。完成第9届中国（北京）国际园林博览会立体花坛和园林小品的布展工作，花园小品作品《北京人家》获花园小品钻石奖，立体花坛作品《纪念阙》分获立体花坛金奖和立体花坛优质工程奖。

（范慧英）

【街巷胡同绿化】　以服务民生为宗旨，结合全区环境建设、街巷胡同整治、老旧小区拆违、老楼加固等工作，针对街巷胡同存在的问题及各片区特点，与区环境建设办、各街道办事处协调沟通，多次组织召开论证会研讨绿化方案。整个工程于6月下旬开工，10月底完工。共完成西四北、大栅栏和什刹海历史文化保护区的50条胡同的绿化改造工程。

（范慧英）

【立体绿化】　按照政府引导、分类推进、专业支持、社会参与、共建共享的原则，争取社会各方面支持，推进公共机构和社会单位所属建筑立体绿化建设。全年完成区审计局、北京八中和西城外国语学校等16处屋顶绿化3万平方米，广安门桥区、槐柏树街和积水潭桥西北角等22处垂直绿化5000延长米。协调、监督、指导做好后期养护管理，保证绿化景观效果和生态作用发挥。

（范慧英）

【园林绿化管理】　年内，区园林绿化局从三个方面，加强园林绿化管理。一是建立健全管理制度。针对全区绿化管理不平衡，街巷、居民小区和庭院胡同绿化管理薄弱等问题，出台《街道自管绿地养护管理工作移交的实施意见》《园林绿化养护管理考评办法》和《居住区单位庭院绿地养护管理标准》，并据此定期开展技能培训、检查考评，促进园林绿化管理工作更加规范、科学、精细开展。二是开展公园精细化管理。落实全市推进公园精细化管理工作要求，制定全区公园精细化管理工作计划，利用2013年至2015年三年时间，完成19个注册公园的精细化管理工作。年内，以宣武艺园、人定湖公园、月坛公园和万寿公园4个封闭式公园作为试点，从建立健全“一制度六台账”等四个方面入手，加强精细化管理。各公园景区完成重要节假日的环境保障和服务接待任务,白云公园被评为北京市第11批精品公园。三是加大绿化管护力度。全区顺利通过全市绿地综合考评和绿地等级申报，8条（块）绿地全部通过升定级。严密防控美国白蛾等危险性林木有害生物，全年普查面积38万亩，完成3次普防打药，使用药剂4吨。因地制宜开展15株古树保护示范点建设，完成32株古树复壮保护工作。

（范慧英）

【花园式单位（社区）创建】　区绿化办主动与辖区内机关、企业及其他社会单位沟通联络，准确掌握绿化情况和创建意向。经过单位申报及现场走访、筛选，最终确定创建目标。加强动员部署，邀请有关专家进行业务指导。联合各街道绿化办开展摸底检查，对绿化养护管理质量和创建材料准备情况严格把关。10月中旬，西城区花园式创建工作接受首都绿化委员会办公室的检查并受到好评。全年创建北大医院、中宣部大院和德外小区等花园式单位7个，义达里、丰融园和朗琴园等花园式社区4个。

（范慧英）

【生态文明宣传】　年内,结合全民义务植树、科普周、湿地保护和评选创建等活动，向市民普及园林绿化知识和相关法律法规，不断增强广大市民的生态文明理念和参与绿化美化的积极性。联合区委宣传部、区文联和区环保局等部门开展“生态·宜居·美丽西城”主题摄影比赛。加大新闻宣传报道力度，提高《绿色西城》办刊水平。区绿化办发挥专业技术指导作用，举办“生态园艺绿色大讲堂系列活动”，为区内13个街道办事处及所属相关社区和区直机关工委、北京小学、陶然亭公园等单位举办讲座24次，受益听众达3000余人。

（范慧英）

园林市政管理中心

【概况】　北京市西城区园林市政管理中心（简称区园林市政管理中心）为西城区人民政府直属相当正处级全额拨款事业单位。主要职责是：承担全区园林绿化养护和市政道路、设施维护工作；受区有关部门委托承担区属园林市政工作项目立项、工程质量监管、掘路费收取等工作；组织实施园林市政道路应急抢险、重要节假日和重大活动花卉布置等事务性、服务性工作；负责部分区属公园的管理工作；承办区政府交办的其他事项。机关核定编制80名，内设14个科室。下辖北京市西城区德外绿化队、北京市西城区月坛绿化队、北京市西城区苗木园艺队、北京市西城区市政工程管理处、北京市西城区月坛公园管理处、北京市西城区人定湖公园管理处、北京奇石馆、北京市西城区万寿公园管理处、北京市西城区和平门绿化队、北京市西城区广外绿化队、北京市西城区宣武艺园管理处、北京市西城区滨河公园管理处12个正科级事业单位，附属有北京三海投资管理中心、北京什刹海旅游开发有限公司、北京市绿美园林工程服务中心、北京市鑫雅市政建设工程处、北京紫光绿化工程有限责任公司5家企业和东坝苗圃、顺义苗圃2处苗木基地。

地址：西城区右内西街 18-1 号
邮编：100054
电话：52684005

（牛 蒙）

【绿化养护】 年内，区园林市政管理中心负责养护专业及群植绿地 511.4 万平方米。其中特级绿地 269.5 万平方米，占总面积的 52.7%；一级绿地 89.2 万平方米，占总面积的 17.4%；二级绿地 152.8 万平方米，占总面积的 29.9%，栽植花坛花卉 650227 株，栽植绿地应时花卉 23135 平方米 953678 株、花钵花卉 74225 株，补植应时花卉 13112 平方米 552209 株，补植宿根花卉 573 平方米 21470 株，提高了西城区整体景观效果。此外，参与顺义鲜花港的中国菊花展、北京丰台园博会北京园的花坛建设，分别摆放了“天宁菊影”花坛和“金中都纪念阙”造型的花坛。

（牛 蒙）

【绿地建设】 年内，区园林市政管理中心完成绿地建设 22.78 公顷，其中新增绿地 5.19 公顷，改造绿地 17.59 公顷。栽植乔木 83920 株、灌木 60359 株、绿篱 5441 米（138373 株）、色块 20971 平方米、宿根花卉 32583 平米、摆花 266188 株，铺设草坪 78703 平方米。

（牛 蒙）

【市政道路养护】 年内，区园林市政管理中心共完成 40 条道路大中修工程。燕京饭店北侧路、真武庙二条步道、三里河南一巷、南营房中街、月坛北小街、南礼士路三条、地藏庵北巷、地藏庵中巷、滨河北侧路、南草厂、西四北三条、西四北四条、前半壁街、光泽胡同、板桥二条、西四北五条、大半截胡同、铜井胡同、宣内东侧辅路、北小栓胡同、三帆中学、王府仓胡同西段、榆树馆东里、铁路巷、广安门南街、白广路二条、区政府门前路、白纸坊街（南北段)、菜园街、枣林前街西段、笤帚胡同道路、右安门内西街、马连道东街（南段)、南马道、核桃园东街、核桃园西街、教佳胡同、西草场街西段、铁门胡同北段、四川营胡同道。共铺设沥青路面 112820.64 平方米，人行步道 58145.84 平方米，路缘石 25069.64 米。

（牛 蒙）

【市政排水管线改造工程】 年内，区园林市政管理中心共完成 48 条市政排水管线改造。高卧胡同、西口袋胡同、铁影壁胡同、正觉夹道、孝友胡同、西绦胡同、千竿胡同、光泽胡同、金家大院、中帽胡同、西直门北顺城街、高井胡同、新街口头条、新街口二条、大帽胡同、前桃园胡同、后桃园胡同、新风街南里、德胜里西街支路、小西天东里、前细瓦厂胡同、后细瓦厂胡同、言志胡同、罗贤胡同、前英子胡同、粉子胡同、三里河南一巷、三里河六巷东侧路、原宣武检察院北侧路、广外医院东侧路、小马厂路、天宁寺东里北区、福长街六条、福长街五条、中兴巷支线、中胜巷、六十三中南墙外、滨河路（建功北里）胡同、新安中里二巷南段、右安门西街、胭脂胡同、棕树头条、东壁营胡同、西壁营胡同、排子胡同、红莲路北段、何外西里、南柳巷。共计新建管线 9364.21 米，砌筑检查井 413 座。

（牛 蒙）

【应急抢险】 年内，区园林市政管理中心在 2 月 28 日大风、5 月 19 日大风和汛期暴雨等极端天气中，做到快速反应、指挥得当、齐心合力、连续作战，有效应对园林植物倒伏、折枝和市政道路塌陷、积水等险情。全年处理倒伏和折杈树木 900 余株，处理路面塌陷 200 余处，出动抢险人员 4500 余人次，出动车辆、机械 900 台班。

（牛 蒙）

【公园管理】 年内，区属 19 个公园接待游人 2356 万人次。人定湖公园、宣武艺园、万寿公园等区属公园在各自公园广场开展了以“摒弃陋习，拥抱明天”“美丽公园，放飞梦想”为主题的第 8 届北京公园文化节签名活动，向游客宣传文明游园“十要十不要”规范，举办“百园千米百万游人签名”活动，并向签名游客赠送《北京公园导览手册》《北京市公园文化活动集锦》等宣传资料，倡导和鼓励游客文明游园，共同创建公园美好环境。区园林市政管理中心被评为北京市公园绿地协会优秀会员单位。

（牛 蒙）

【雨水收集、中水利用节能改造工程项目】 年内，区园林市政管理中心对玫瑰园、顺城公园、广安苑小区、白纸坊西街、大栅栏地区、琉璃厂文保区、天桥万明路、月坛公园等 22 处老旧小区、居民平房院及公园，通过铺设透水砖，铺设排水管线、渗水管，修砌渗水井，设置微喷系统等方式改造雨水、中水收集利用系统。其中雨水利用 3 项，涉及铺装透水砖 19 项。其中铺设透水砖 5 万平方米，增设雨水收集池 950 立方米，汇水面积 6.6 万平方米，年收集量 1200 立方米。

（牛 蒙）

【基建项目】 年内，区园林市政管理中心实施基础建设项目新增金融街 E5 绿化广场改造、西绦胡同 7 号院防汛抢险设施、金中都公园宣阳桥建设共 3 项。开工建设主体完工 2 项，包括燕翅楼复建、宣武艺园垃圾转运站，共完成建筑面积 1482.04 平方米。

（牛 蒙）

【屋顶绿化】 年内，区园林市政管理中心完成区审计局、三帆中学、北师大二附中、西城规划分局、北京市市委党校、北京市第二医院、宣师附小、宣师附小分校、育才学校等 15 处屋顶绿化项目。其中复式屋顶绿化 5 处、简式屋顶绿化 6 处、简复结合式屋顶绿化 4 处，总面积 29387 平方米。

（牛 蒙）

【古树名木保护示范点建设项目】 年内，区园林市政管理中心按照《北京市绿化局古树名木保护示范点建设项目》要求，对地处重点街巷的古树进行生长环境改良、围栏保护、枯枝死杈清理、树洞修补、支撑加固、地被种植以及宣传标牌建立等古树保护示范工作，确定对 15 株古树进行示范点建设，包括银杏树 1 株、国槐 14 株，其中 1 级国槐 3 株。结合信息化管理平台技术，在树牌上安装电子信息标签，利用手持电子设备扫描二维码的方式，实现古树的基本信息及日常养护记录的读取，从而达到古树的基础资料与养护信息的实时展现。利用电子信息化管理技术，对古树的养护、复壮等工作进行记录和统计，科学安排养护作业、古树复壮、病虫害防治等工作。年内，应用信息系统的各单位共上报养护信息 59 条、复壮信息 26 条。

（牛 蒙）

【护国新天地】 8月，“护国新天地”在西城区护国寺街中段建成。该项目作为西城区商业的新标杆，2011年由区政府出资改造。建成后经营面积5404平方米，突出了餐饮文化、光影演艺和特色酒店等主题，并拥有一座可容纳300人的小剧院。

（牛 蒙）

【数字化城市网格管理】 年内，区园林市政管理中心履行本辖区园林绿化和市政管理职责，主动做好数字化城市网格管理和协调等相关工作，全年处理案件5000余件，权属范围案件处理率100%。

（牛 蒙）

【组织“防灾减灾日”宣传活动】 5月12日是中国第5个“防灾减灾日”，区园林市政管理中心在万寿公园组织了防灾宣传活动。工作人员向游客发放了防灾避险宣传资料，讲授防震、防火、防洪知识，并展示消防板报，播放宣传短片，以强化游客的防灾自救意识。

（牛 蒙）

环境卫生管理

【概况】 北京市西城区环境卫生服务中心（简称区环卫中心）为处级事业单位，承担区内环境卫生方面的服务性、事务性、技术性工作，负责下属环卫作业队伍的管理工作。区环卫中心直属企业单位11个，事业单位8个，承担全区主要大街的清扫与保洁、垃圾清运及密闭式清洁站管理、公厕保洁与管理、化粪池的挖掏与粪便清运、部分街道办事处街巷清扫保洁及各种环卫应急保障任务。年内，区环卫中心以业务建设为中心、以质量效益为主线、以改革创新为动力，围绕建设“活力、魅力、和谐”新西城和环境卫生首善之区目标要求，构建“幸福环卫”、打造“精品环卫”、创立“一流环卫”，完成全年各项工作，保持环卫专业作业全市领先水平。

地址：西城区北营房中街7号

邮编：100037

电话：88378410–2021

（李 玮）

【道路清扫保洁】 年内，区环卫中心加大作业机械车辆的投入，购置生产用车43辆，实行夜间机扫、白天保洁的作业方式，减轻职工劳动强度，提高环卫作业机械化程度和作业效率。完成干路清扫保洁作业面积823.5万平方米，机械化清扫率和机械化保洁率均达99.36%。主要道路除冬季外，实行洗地、冲刷和喷雾降尘作业，洗地率达96.45%、冲刷率达96.14%、喷雾降尘率达100%，提高道路洁净度，降低扬尘污染。对路沿石和隔离带进行冲刷作业，确保环卫作业整体效果。采用“人机配合”的方式进行道路保洁，缩短污物滞留时间，加强人行步道和地下通道、过街天桥的清扫保洁。

（李 玮）

【街巷保洁】 年内，区环卫中心完成12个街道办事处地区的街巷胡同保洁工作，改变传统作业方式和作业形象，提高生活垃圾收集和街巷胡同保洁的机械化程度。

（李 玮）

【公厕设施建设与服务】 年内，区环卫中心按照首都环境建设办公室关于环境建设服务民生、保障运行的要求，继续开展公厕的建设及改造工程。新建二类公厕1座，整体修缮二类公厕40座、达标公厕136座，更换25座可移动式环保及生态公厕。完成全区1191座公共卫生间的保洁与服务（其中二类361座、达标741座、三类33座、户厕56座），实现管理精细化和服务规范化，做到保洁及时、维修到位、严格管理、服务社会，同时实现粪便的密闭化抽运和资源化处理。全年清运粪便302104.42吨。

（李 玮）

【清洁站设施建设与管理】 年内，区环卫中心继续对密闭式清洁站进行改造。整体改造清洁站1座，更换6座清洁站吊装设备、6座清洁站挤压设备。加强全区74座密闭式清洁站的管理与服务，进行数字化基础建设，逐步实行信息化管理，实现垃圾收集转运全程密闭化与数字监管化，在确保垃圾日产日清的同时，及时分析掌控垃圾增长量变化，逐步实现垃圾的减量化、无害化和资源化，生活垃圾增长率低于4%指标。全年清运垃圾533439.6吨。

（李 玮）

【打造精品工程】 年内，区环卫中心实施精细化管理和规范化服务，打造各具特色的精品项目。在开阳桥停车场建成西城区首座20吨级移动式融雪剂搅拌系统，提升融雪作业效率。全力打造“431”精品，即4条精品街、3条隔离带、1个精品班组。研制出清刷小隔离带污物装置，将创新成果转化为作业新模式、新工艺,进行推广和普及，使精品街及大、小隔离带精品工程达到刷、冲、洗（吸）等环节为一体的作业方式，逐步实现道路精品化的目标。进一步强化公共卫生间管理与清洁站服务意识，从注重质量达标式管理向精细化、精品化服务转变，继续打造“使用一次公厕，享受一次服务”的环卫理念。以打造精品示范工程为契机，加快街巷保洁作业精品化步伐，不断推进垃圾分类收集运输管理及垃圾不落地等作业模式。在全区范围内设立“两证一督”（“两证”指渣土消纳证、车辆准运证，“一督”指渣土管理所对建筑工地产生的建筑垃圾起到监督管理作用）工地宣传公示栏，强化工地渣土管理，并在全市推广使用。

（李 玮）

【环卫信息化建设】 年内，区环卫中心扎实推进网格化管理，实现管理全覆盖的工作目标。完善具有西城环卫特色、符合现实条件的业务调度指挥中枢系统。对设备设施继续进行数据采集和维护、车辆监控和调度、设备参数的设置以及数据上传的调试工作，在保障已建成的业务信息化项目正常运转的基础上，按照“集中建设、分项管理，适度超前、突出重点”的原则，改进或突破基层各作业单位的信息化管理。坚持常态化管理与应急处置机制相结合，实行全年无假日检查制度。

（李　玮）

【业务技能练兵】　年内，区环卫中心举办中心第2届职工职业技能大赛，为推进职工素质建设工程，搭建学习技术和交流技能的平台。通过前期选拔、考试推选出的119名职工参加了大赛。

（李　玮）

【环境保障工作】　年内，区环卫中心把常态化管理与应急处理机制相结合，做好重大节假日、重大活动和特殊时段的环境保障工作，完成扫雪铲冰、清扫落叶、清除烟花爆竹皮及恶劣天气和突发事件的应急环境保障等任务。全年保障90余次大型活动，及时处理北京市12345电话登记单955件、政务案件13500件。在全市环境卫生专业作业检查考评中保持领先水平。渣土消纳证和车辆准运证办证率全市第一，在全市渣土管理工作综合考评中名列第一。

（李　玮）

【安全管理工作】　年内，区环卫中心加强对安全、维稳工作的领导，严格落实安全生产责任制。组织开展“安全生产月”“新交规我学习”和“安全知识答卷”等活动。在保障重大活动和完成重要任务前，坚持召开专题会部署安全维稳工作，严格落实矛盾纠纷排查制度，深入开展安全大检查，加强对重要部位和重点人防控，确保安全稳定。区环卫中心及各单位不断完善安全制度，加强人防技防安全措施，及时消除安全隐患，做到防患于未然，全年无重大责任事故，集体访、越级访现象明显减少。

（李　玮）

【基础管理工作】　年内，区环卫中心贯彻落实《西城环卫中心规范企业工资补充规定》，细化和规范直属企业岗位设置，深化用人制度的改革。与延庆县香营乡签订劳务派遣合同，打通新的用工渠道，制定《编外职工和企业务工人员工资及相关待遇管理办法》，理顺编外和务工人员收入待遇。修订《环卫中心事业单位分类改革方案》。加强基础管理工作，全面建立各项数据台账并按规则及时更新，规范人事作业流程，提升数据服务质量。加强对财政预算执行情况的监督、管理、控制和分析力度；加强财务、会计核算工作，保证财务工作的真实、完整，维护中心整体利益，保证2013年环卫作业经费的正常需要。加大对各基层单位会计基础规范工作的指导、监督，严格落实财经纪律和财经制度，做好财务规章制度的完善工作，继续加大增收节支工作的力度，发展环卫经济，促进事业发展。加强审计监督工作，对2个单位进行领导干部离任经济责任审计，开展对所属基层7个事业单位的专项调查1项，对2个基层企业单位进行财务收支审计，对基层单位环卫作业任务调整工作进行专项审计。做好2013年的统计报表工作，有针对性的开展统计法规、统计知识培训活动，确保数据准确有效。做好统计人员的继续教育工作，完成各种报表数据的统计分析工作，为领导提供准确的数据参考依据。区环卫中心连续7年被区统计局、区经济社会调查队评为“诚信统计单位”。

（李　玮）

【改善职工生产生活条件】　年内，区环卫中心投入资金220万元对6个基层单位办公区和职工休息点进行改造，完善业务设施、办公设施和生活设施。以务工人员及一线职工为重点深入开展送温暖、走访慰问活动，投入资金235461.92元；为16名患重病和特困职工申请“时传祥温暖基金”计97200元；为4300余名职工发放防暑用品和冬季保暖坎肩。

（李　玮）

【环卫文化建设】　年内，区环卫中心组织党员群众深入学习党的十八大和十八届三中全会精神，开展社会主义核心价值观和西城环卫精神的教育。以职工素质教育工程为依托，对全中心班段长和工会小组长等人员进行系列教育培训，为119个班组购置20种图书。开设“青年先锋大讲堂”，加强对团员青年的学习培训。开展业务技能练兵活动。以巡回宣讲、撰写体会、读书征文等形式，开展“我的梦·中国梦”宣传教育活动。组建环卫中心职工艺术团并进行汇报演出。宣传表彰在劳动竞赛和经济技术创新等活动中涌现出的先进集体和个人。

（李　玮）

环境保护

【概况】　西城区环境保护局（简称区环保局）是西城区政府在环境保护方面的职能机构。内设机构10个，即办公室、综合法制科（研究室）、环境影响评价科、总量减排科、污染源管理科、环境安全管理科（区环境污染突发事件应急办公室）、辐射监管科、监察科、离退休干部科、机关党委；参照公务员管理事业单位2个，即环境保护监察一队、环境保护监察二队；纳入规范管理事业单位1个，即机动车排放管理站；全额拨款事业单位3个，即环境保护监测站、环保宣传教育科技中心、“煤改电”管理中心。在职人员161人。区环保局主要职责是贯彻国家和北京市环境保护的法律、法规、规章制度；拟订辖区环境　保护规划和计划；参与制定辖区经济和社会发展综合决策并监督实施；依法对辖区内单位和个人履行环保法律、法规、执行环境保护各项政策、制度和标准的情况实施环境监察；按照审批权限，对新建、改建、扩建项目执行环境影响评价制度；受理各类环境污染的投诉，紧急处理重大环境污染事故；对辖区内污染源实施管理，征收污染物排污费；组织环境宣传教育，推广科技治污新技术；组织环境质量监测和污染源监测。年内，区环保局严格落实首都防治大气污染工作会议精神，按照《北京市西城区2013-2017年清洁空气行动计划》要求，以防治细颗粒物(PM2.5）污染为重点，落实2013年清洁空气行动计划，推进多种措施协同减排，强化环境安全监管，加强污染防治，推进生态环境建设。

地址：西城区鸭子桥路29号

邮编：100055

电话：66206461

（刘 惟）

【无煤区建设】 年内，区环保局完成全区15个街道的2.2万户燃煤采暖平房居民清洁能源改造，共安装电表2.2万户、箱变185台、开闭器8台、柱变111台、墙箱2631台、地箱1253台。成立5个现场办公室，负责工程协调、宣传动员和蓄能式电采暖设备的选购安装等为民服务工作；实施校场口小七条、洪茂沟等4个老旧小区通暖气工程，完成5.9万平方米楼房节能改造；完成4处“老楼通热”工程设计。

（刘 惟）

【机动车污染排放监管】 年内，区环保局通过路检夜查、入户抽查两大监管方式，由目测法、不透光烟度计法、滤纸式烟度计法、双怠速检测法及遥感监测5种监测方法做技术支持，逐渐完善在用车排放监管体系，积极宣传机动车排放管理的政策法规，强化对车辆维护和排气污染治理的责任意识。全年共检查机动车1024689辆，其中路检985293辆，夜查5667辆，入户33690辆，落实群众举报39辆。处罚超标排放车辆3983辆。总检查数量完成全年任务的257.64%。

（刘 惟）

【扬尘污染控制】 年内， 区环保局以“五个100%”（工地沙土覆盖、路面硬化、车轮冲洗、洒水压尘和不开发土地绿化都达到100%）为标准，加大对重点地区、重点路段、重要时期、关键时段的检查频次，并结合《施工现场环境监察量化考核评分表》，对施工现场进行考核打分。对于新开工地，在进行施工申报的同时，核查建设项目环境影响评价报告，发放《施工现场环境保护法规选编》等宣传材料，明确施工现场扬尘控制工作的具体标准，引导施工单位强化自律意识。全年检查工地560家次，联合开展渣土遗撒夜查15次，组织区扬尘办成员单位在重点时期对重点区域进行联合执法12次。

（刘 惟）

【水污染防治】 年内，区环保局重点加强水质巡查和监测，推进重点区域水环境污染综合治理。做好广外和德外2个水源防护区周边地区的污染源监管工作，加强重点废水排放企业污染治理。开展排污企业地下水污染专项检查工作，对14处地表水流域、河湖进行监测，对2000年以后审批的3家工业企业以及辖区内31家涉及废水排放的工业企业进行全面清查，对企业废水产生量、废水排放量、废水排向、受纳水体名称等进行核查。

（刘 惟）

【噪声污染控制】 年内，区环保局采取多点巡查、定点抽查、加大监督频次的方式，加强对各类工地噪声的检查。严格夜间施工审批制度，从严查处未经批准或者超过批准期限的夜间施工行为，有效消减施工噪声对群众生活的影响；针对什刹海酒吧噪声扰民问题开展整治行动，开展联合执法检查，对所有使用音响器材的76家商户进行登记建立台账；中高考期间制定《西城区中高考期间噪声专项行动方案》，集中开展静音守护行动，对有违反规定产生噪声的施工企业立即要求停止施工作业，保证考试期间的良好环境。

（刘 惟）

【餐饮油烟专项执法行动】 年内，区环保局按照“所有餐饮业单位100%安装油烟净化设施，所有油烟净化设施100%定期维护保养，所有油烟排放管道100%定期清理”的工作标准，以品牌餐饮、连锁餐饮、国家特级（一级）酒家、各省驻京办餐饮企业、大型企事业单位食堂、餐饮街为检查重点，分别于6月到9月、10月到12月组织2次餐饮油烟专项执法检查工作，共检查餐饮单位1495家次，取缔小煤炉57个，对油烟净化设施未正常运行的20家单位进行了处罚，对露天烧烤和非法使用经营性小煤炉进行了7次联合检查，并对存在问题的单位加强督改和落实，确保整改达标率达到100%。

（刘 惟）

【挥发性污染源监管】 年内，区环保局加强对加油站油气回收系统的监督检查和监测，确保油气回收设备达标稳定运行，进一步减少VOCs的排放；加强二级以上汽修行业（VOCs）排放的监管，开展汽车维修行业专项检查工作，减少挥发性有机物及细颗粒物的排放；召开工业企业VOCs排放情况调查专项部署会，对辖区涉及VOCs排放的110家企业开展摸底调查，变更、补充和完善已有或新建的印刷、汽修和煤炭销售企业情况。完成3家企业的停产（外迁）工作，实现VOCs减排78.592吨，总量削减13.3%，超额完成市局下达的10%的减排任务。

（刘 惟）

【空气重污染应急工作】 年内，区环保局结合国家《大气污染防治行动计划》和《北京市2013-2017年清洁空气行动计划》，依据《北京市空气重污染应急预案（试行）》，编制发布《西城区空气重污染应急预案（试行）》。按照《北京市空气重污染预警一级（红色）应急演练方案》要求，根据全市统一部署，于11月13日17时至20时组织开展空气重污染预警一级应急演练工作。区监察局、区应急办联合区环保局局组成督查组对各单位应急演练工作进行督察，各单位均依据《西城区空气重污染应急预案》，落实各项措施，应急演练工作顺利完成。

（刘 惟）

【建设项目环境审批】 年内，区环保局将二氧化硫、氮氧化物和挥发性有机物等主要污染物排放总量指标作为建设项目环境影响评价审批的前置条件，新增餐饮企业实行更加严格的环评审批，对区内实施的重大建设项目开展环境风险排查。年内，审批建设项目347个，验收262件，做出建设项目不予受理29件，出动各类检查约1000次。

（刘　惟）

【排污申报登记和排污收费】 年内，区环保局在上年排污申报登记工作的基础上，继续扩大排污申报范围，健全和完善污染源信息。完成新增排污申报单位109家，对上年污染源动态活动水平调查数据进行查漏补缺，提高数据质量，严格核定企业污染物排放量，更新1847家，实现动态更新数据不低于1600家的目标。完成对华电（北京）热电有限公司征收排污费的工作，全年共征收烟尘、二氧化硫和氮氧化物排污费16351.37元。接受市环保局2012年排污收费的稽查考核，本局得分92分，在全市名列前茅。

（刘　惟）

【环保宣传系列活动】 6月5日，区环保局利用“六五”世界环境日，与区民政局、区科协联合在德胜街道新风街1号院举办“环保行动进家庭”暨2013年度“自然·环境·未来”环保摄影比赛、第3届“废品再设计”创意大赛启动仪式活动。启动仪式上，区环保局向居民们发出倡议，动员公众参加“环保行动进家庭”系列宣传活动。随后，向社区代表赠送《天人合一的杰作》《生物多样性基础读物》等环保书籍和光盘。最后，现场开展了环保咨询活动。活动当天，发放环保法律法规、节能减排、垃圾分类等宣传书籍、折页等共计1500余册。来自市、区的10家单位的150余名社区居民参加了宣传咨询活动。同日，启动“环保课堂进社区”活动。结合环保热点、居民关注点，走进鸭子桥、西里一区、丰汇园、东太平、红居街社区等5个社区，开展主题为“环保课堂进社区——老旧机动车的淘汰与更新”的活动，向社区居民开展老旧机动车淘汰与更新宣传讲座，内容涉及老旧机动车对环境的危害、现阶段淘汰与更新政策。

（刘　惟）

【环保及相关产业基本情况调查】 上年，国家环保部、国家发改委、国家统计局联合启动了第4次全国环境保护及相关产业基本情况调查工作。上年年底，区环保局启动调查工作，旨在摸清辖区环境保护剂相关产业结构及规模、产品结构和质量水平，加强环境保护及相关产业的行业管理。年内，通过核实调查单位信息、对调查单位进行宣传培训、指导督促被调查单位填报表格、审核上报被调查单位填报数据，完成调查工作。区内被调查的从事环保相关产业的单位达到256家，其中178家企业因非国有企业且年产值不到200万、注销、吊销、转出、无此单位等原因，不在此次调查范围内。调查最终获得有效数据填报的企业为78家，其中企业性质单位52家、事业性质单位10家、社会团体13家、民办非企业1家、基金会2家，涉及环境保护产品及相关产品生产经营单位有15家，环境服务业从业单位有65家。

（刘　惟）

【违法机动车维修点整治工作】 年内，根据12369转发的群众举报，区环保局联合相关职能部门对位于六铺炕二巷的1家违法机动车维修点开展了执法检查，掌握了维修点维修并允许排放超标车辆上路行驶的情况，责令其停止违法行为，暂扣部分仪器设备，并限期到各部门接受处理。

（刘　惟）

【环保技术培训】 年内，区环保局举办《北京市什刹海生态野鸭岛建设研究》高级研修班，组织学习8次，累计学习26天，邀请了清华大学环境学院、美国水资源工程研究院、国际爱护动物基金会、中国水利科学研究院等单位的专家对学员进行授课。研修班将什刹海水质改善综合治理与调节城市生态平衡相结合，通过系统的学习与实地考察，使学员们深度了解生物浮岛（生态野鸭岛）技术在控制城市湖泊的富营养化，抑制水华改善水质，促进人与自然及人与生物的和谐发展等方面发挥的作用。

（刘　惟）

【编撰西城区环境保护工作发展史】 年内，区环保局完成《西城区环境保护工作发展史》（暂定）的编撰工作。成书30万字，记录了西城区环保局的发展历程和发展成果。

（刘　惟）

城市管理监察

【概况】 北京市西城区城市管理综合行政执法监察局（简称区城管执法监察局），为北京市西城区人民政府领导下，接受北京市城市管理综合行政执法局业务指导的城市管理综合行政执法机构。区城管执法监察局机关设8个内设机构：办公室、法制科、执法业务科、装备财务科、宣教科、政工科、信访科、后勤科；设24个直属机构：指挥中心、督察队、直属第一执法队、直属第二执法队和德胜等20个地区执法队。区城管执法监察局的主要职责是在本行政区域内负责贯彻实施国家有关城市管理方面的法律、法规、规章、政策及北京市的有关规定，治理和维护城市管理秩序。依据国家及本市有关城市管理方面的法律、法规及规章，参与研究提出完善本区城市管理综合行政执法体制的意见和措施。负责市政府决定由城管执法监察机关承担的本区市容环境卫生、公用事业、市政、施工现场、园林绿化管理等方面的专业性行政执法监察工作；负责城管执法队伍行政执法中跨区域和领导交办的重大案件的查处工作。负责本区城管行政执法监察的指导、统筹协调和组织调度工作。负责本区城管行政执法队伍的监督和考核工作。负责辖区城管行政执法监察系统的组织建设、作风建设、队伍建设以及廉政勤政建设工作。在本部门职责范围内加强为驻区中央单位、市属单位、驻区部队和区域内企事业单位的服务。承办区政府和上级业务主管部门交办的其他事项。年内，区城管执法监察局以“建设美丽西城”为工作主线，围绕“做首都标杆、当全国模范”的总体目标，本着高效能执法、高标准管理的工作理念，全面践行西城城管精神，进一步锤炼队伍、强化服务、树立形象、依法行政，建立“属地管理为主体、行业部门为主责、综合协调部门指导、城管部门综合执法”的工作运行机制和管理体系，提升了城市管理精细化水平。被评为2013年度北京市城管系统先进集体、北京市区县机关档案工作测评市级优秀单位。

地址：西城区官园胡同8号

邮编：100034

电话：66527042

（孟凡马）

【机构更名】 6月，根据《北京市机构编制委员会关于进一步健全完善区县城管执法体制机制规范机构设置的通知》（京编委〔2012〕19号）及《北京市机构编制委员会办公室关于同意北京市西城区城市管理监察大队更名的函》（京编办行〔2013〕25号）精神，北京市西城区城市管理监察大队更名为北京市西城区城市管理综合行政执法监察局，是负责本区城市管理综合行政执法监察工作的区政府直属正处级行政执法机构。

（孟凡马）

【行政处罚】 年内，共实施各类行政处罚4878起，罚款470万元，罚没物品318146件，查扣“黑车”409辆，查扣无照经营三轮车、自行车19450辆，没收非法小广告167322张，拆除违法建设3689处7.6万平方米，查处露天烧烤1171起，没收烤箱230个、桌子1302张、椅凳1595把。对全区市容环境卫生、非法运营、施工扬尘遗撒扰民等13大类城市环境秩序问题实施全面管控。

（孟凡马）

【创新城市管理体制机制】 年内，区城管执法监察局结合北京市《关于深化城管管理体制改革全面加强首都城市管理综合执法工作的意见》，进一步强化区级统筹协调，对全局性、跨地域、跨部门的重大事项进行管理和协调，研究解决城市管理中产生的痼疾顽症；整合全区执法力量，推进城市管理重心下移，赋予街道组织实施城市秩序管理的权力，指挥调动辖区内科、站、队、所力量实施联合执法工作；实现多部门的督查考核资源整合，全时段、全区域检查落实情况。形成统一领导、分级负责、条块结合、以块为主、监督有力的城市秩序管理的新模式。建立“属地管理为主体、行业部门为主责、综合协调部门指导、城管部门综合执法”的工作运行机制和管理体系。同时，成立区城管执法监察局“警务工作室”，形成全区性、辖区性警务联动力量。

（孟凡马）

【环境秩序分类分级管理】 年内，区城管执法监察局注重日常环境秩序常态管控，实行大街分类分级管理，将全区划分为三类地区，其中：一类地区161处，采取定点盯守、全时管控的方式，做到严防严控，达到热线零举报、媒体零曝光、绩效考核零问题的标准；二类地区91处，以区级大街为主，采取人员盯守与不间断巡查相结合的方式，加强常态管理和环境整治，确保环境秩序良好，达到基本控制环境问题的标准；三类地区952处，按照疏堵结合的原则，采取有序疏导、规范管理的方式，在保障环境整洁、有序的前提下，协调区商务委、西城工商分局等部门适时、适地设立便民摊点，方便社区群众生活。

（孟凡马）

【问题突出点位管控】 年内，区城管执法监察局强化全时全方位管理，实行弹性管控机制。结合城管热线举报投诉高发区和日常检查问题多发区，经过调研论证，对全区66个问题突出点位实施峰谷管控机制，由各队结合早、中、晚环境问题高发时段合理配置执法力量，每个点位实行实名制弹性管控，将责任落实到人，做到“事有人管、人有事管”，严格管控点位周边各类环境秩序问题，最大限度地把人员用在最需要的时间段和部位。同时，加强车组不间断巡查，发现（群众举报）环境问题及时查处，做到环境秩序全天候、全覆盖、无缝隙、精细化管理，有效维护重点地区良好的市容市貌，保持整洁有序的城市环境。同时，制定相应的考核配套办法，重点时间段和节假日由督察队和机关人员联合检查督察，督促各队积极履职，确保重点乱点地区、重点时段的问题得到有效控制和解决。

（李海亭）

【实行高限处罚标准】 年内，区城管执法监察局按照《关于对西城区城管执法监察局调整行政处罚裁量权区域系数的批复》（京城管发〔2013〕36号）文件精神，落实高限处罚标准。在《裁量权办法》中将全区内所有街道划定为一类地区，相应调整区域系数，进一步提高违法行为的处罚金额，增加违法相对人的违法成本，以加强行政处罚效果，杜绝违法行为反弹。

（李海亭）

【拆除违法建设】 年内，区城管执法监察局始终坚持新生违法建设“零增长”、既有违法建设“减存量”的工作标准，按照“及时发现、快速查处、依法拆除”的工作思路，形成“控、拆、管”的长效工作体系。全年共拆除违法建设3689处7.6万平方米；在新生违建管控上，实施“1小时工程”快拆机制。严格按照发现一起、制止一起、拆除一起的工作标准，坚持劝拆、自拆为主，立案、强拆为辅的工作思路，对发现正在搭建的违法建设实施“6个第一时间”，即第一时间发现违法建设，第一时间会同属地街道、公安派出所等部门到场制止搭建行为，第一时间联系规划部门现场确认，第一时间完善查处程序，第一时间查封现场，第一时间通知拆除单位实施拆除，所有环节在同一时间段内完成，从根本上遏制了新生违法建设形成。在既有违建拆除上，实行核销台账工作机制。做到全面排查、建立台账，风险评估、制定计划，加大力度、分批拆除。在拆除行动中，协调公安、交通、消防、卫生等部门，召开拆违工作调度会，确保全区大型、规模化和影响恶劣违建拆除工作顺利进行，切实解决因老旧违建引发的涉诉、涉访问题，确保既有违建减量同比大幅上升。在违建拆除后的长效管理上，坚持疏堵结合、抓源治本。提前谋划预防和化解因拆除违法建设产生的矛盾，对拆除违法建设后需要面对的各类不稳定因素，早研判、早入手。工作中化解矛盾274起，因拆违产生的信访案件呈下降趋势。

（李海亭）

【重大活动环境保障】 年内，区城管执法监察局全力保障重大政治活动和主要节日期间的城市环境。以保障“十八届三中全会”为中心，完成重大节日、“两会”、全国文明城区复审、中高考环境保障等重大任务。完善重大节日、活动保障机制。一是坚持“分片包干”机制，实行24小时领导带班制度，局领导班子成员全部深入一线，现场督导检查分管执法队，并与街道一起会商研究，解决难点问题。二是实行高标准管控机制，提高全区整体管控标准，对各项管理指标实行高限标准，一律实行高限处罚。三是实行全员上岗、全员停休机制，延长上岗时间，确保一线执法力量。四是强化责任追究机制，细化分工，逐级明确责任，不留责任的“空白”，确保任务落到实处。对出现重大问题、造成恶劣影响的，严格倒查责任，追究执法队领导责任和队员的直接责任。五是实行协调配合机制，加强与街道协调配合，上下联动，内外结合，局机关科室和直属一、二队抽调力量支援基层执法队，形成合力，确保环境秩序良好。

（李海亭）

【环境秩序脏乱地区治理】 年内，区城管执法监察局围绕“高发时间段、高发类型、高发违法形态”以及群众反映强烈的个别地区环境脏乱问题，逐个进行研究，联合街道办事处开展区、街两级环境整治行动。根治了345公交总站、故宫北门、陟山门街、宣武门外大街、北京儿童医院门前、长椿街地铁口、报国寺周边等地区的无照经营行为，实现环境秩序长效化、常态化管理。

（李海亭）

【区、街两级环境秩序综合整治】 年内，区城管执法监察局成立城市秩序联合执法专项领导小组，结合《西城区关于城市秩序管理中进一步加强职能部门属地管理的意见》（京西办发〔2013〕13号）文件精神，本着齐抓共管，优势互补、多方共赢的原则，加强与属地街道办事处及相关部门的协调配合，借助街道办事处属地管理的主体作用，与各部门之间做到人员“捆绑”、职能“捆绑”、部门联动，开展综合执法行动。对市区挂账乱点逐个研究，联合街道等部门开展联合执法2108次，取缔、规范无照经营、店外经营、擅自摆摊设点等108.1万起。

（李海亭）

【三大秩序整治】 年内，区城管执法监察局与西城交通支队、治安支队沟通对接工作，相互配合，形成执法合力，确保全区交通、治安、环境三大秩序整治工作有序推进。作为西城区三大秩序整治工作的重要成员单位，按照区联勤办要求，选拔15名执法业务骨干，分别配备给7个交通大队的14个联勤小组，1名在西城交通支队担任总联络；并配合开展各项整治行动，确保整治工作稳步推进。共计出动执法人员28955人次、执法车辆9379车次，查处城管职责各类违法问题3740起，罚款63760元，移交违法问题1106起；其中查处无照经营1087起（暂扣三轮车1894辆）、临窗小广告1145起、非法散发小广告90起、堆物堆料305起、无准运证运输26起，拆除非法指路牌29处、地锁36处。

（李海亭）

【露天烧烤专项整治】 年内，区城管执法监察局根据区第56次政府常务会议精神，以“打苗头、控源头”为原则，采取“延时管控”的方式，全面开展为期3个月的露天烧烤专项整治行动。走访社区居民、餐饮商户，开展宣传教育，规范商户经营行为，签订《规范经营责任书》，发放《致全区餐饮单位和居民的一封信》5000封，实现餐饮商户100%宣传告知，上账露天烧烤、非法大排档问题150处；针对露天烧烤行为，做到发现一起，取缔一起，烤箱一律予以没收处理并及时上交局库房，不得擅自返还处理。共计查处露天烧烤1171起，没收烤箱230个、桌子1302张、椅凳1595把。第三季度露天烧烤举报数量与第二季度相比下降35%，与上年同期相比下降31%。

（李海亭）

【施工工地专项治理】 年内，区城管执法监察局按照“宣传告知、全面防控、重点盯守”的工作模式，加强对全区施工工地的管控和建筑垃圾运输的专项治理。一方面，加大施工工地的管理。建立全区《施工工地实名制分级管理台账》，按照《北京市绿色施工管理规程》，每周完成对施工工地不少于2轮的全面检查，对存在问题责令限期整改，并对土方施工阶段的工地进行全面盯守，杜绝不符合规定的车辆进出。另一方面，加强夜间渣土运输专项执法检查，依托三大秩序整治平台，每周开展不少于1次的夜间渣土运输专项执法，查扣违规运输渣土车237辆，遏制建筑垃圾运输车辆违法行为。

（李海亭）

【“扫黄打非”专项行动】 年内，区城管执法监察局加强对街头兜售盗版光盘、非法出版物游商的查处和取缔，并配合“扫黄打非”各成员单位开展相关的联合执法行动。共开展专项整治行动500余次，出动执法人员3500人次，取缔兜售盗版光盘、非法出版物违法行为92起，查扣盗版光盘2850张、非法出版物1644册。

（李海亭）

【信息调研工作】 年内，区城管执法监察局通过《西城城管》杂志、《西城信息》《北京城管信息》等信息载体，及时反馈总结工作进展情况和经验、做法，为各级领导掌握最新执法动态、科学决策提供“一手”材料，共上报调研报告32篇。对局官方网站的14个栏目实时更新，更新新闻、图片、信息公开、社区故事等内容400余条。

（李海亭）

【群众监督】 年内，区城管执法监察局办理人大代表建议和政协委员提案42件，经回访、反馈，代表、委员对案件办结率100%。受理96310热线举报26100余件，实行首问协调、现场督办、跟踪抽查、电话回访和情况通报

“五项机制”，提高办理时效和质量，针对新生违法建设类问题做到100%，凡是群众举报时留下联系方式的，指挥中心做到100%电话回访。

（李海亭）

【宣传教育活动】 年内，区城管执法监察局围绕“六个结合”（结合市、区、本局各项工作重点，结合为民服务，结合培树典型人物，结合季节和天气特点，结合各种节日，结合新闻媒体开展的“走转改”行动）开展宣传工作。重点对大气污染治理、拆除违法建设、夜查运输渣土车、“两会”保障、维护校园周边环境、整治露天大排档、典型人物等进行宣传报道。先后在各级各类新闻媒体上发表新闻报道511篇，其中在《北京日报》《北京青年报》《晨报》《北京晚报》《北京西城报》等报刊刊发新闻154条;在中央电视台、北京电视台、北广传媒移动电视等电视媒体报道新闻340条；在北京广播电台、城市管理广播等电台报道新闻14条；在中国新闻网报道新闻3条，被人民网及各大门户网站转载。同时加大社会宣传渠道，一是新增电子广告屏幕。在西单明珠大厦、北京北站广场、德胜门桥等重点地区的电子大屏上，滚动播放区城管执法监察局公益宣传广告，劝导居民拆除违法建设、拒绝乘坐黑车，争取广大群众对城管工作的理解和支持。二是丰富城市文明加油站宣传活动内容。与中国青年政治学院、北京第三十五中学等各学校和社区志愿者建立长效合作机制，定期开展志愿者活动，宣传法律法规，劝阻不文明行为，发放宣传单、温馨提示，展现志愿者风采，宣传城市管理相关法律法规。全年1732名志愿者参与活动，服务市民游客115673人次。三是加强在重点整治行动前的宣传力度。结合“拆除违法建设”“高考保障”“杜绝露天烧烤”“治理大气污染”等行动，设置宣传站点356个，编制、发放《致西城区居民的一封信》《致露天餐饮经营者的一封信》《致首都建设施工从业单位的一封信》共计52900余封，制作悬挂宣传条幅5000余条，发放宣传折页、画册等宣传材料16万余份，开展社会宣传活动1379次，向市民普及法律知识，营造和谐的执法环境。

（李海亭）

交通枢纽管理

【概况】 北京西直门综合交通枢纽地区管理委员会（简称西直门管委会），是北京市市政府派出机构，委托西城区政府代管。主要负责组织协调西直门综合交通枢纽地区社会治安、市场秩序、交通秩序、公共卫生、市政公用设施、市容和环境卫生、精神文明建设等工作，协助有关部门和单位做好地区春运、暑运及节假日高峰期的运输工作，依据城市规划完善地区服务设施，负责地区应急管理工作，负责对有关部门在地区的日常管理工作进行监督检查工作以及承办市政府交办的其他工作。设行政办公室、社会治安综合治理办公室、综合管理一处、综合管理二处（均为副处级）4个内设机构。年内，西直门管委会深入学习和贯彻党的十八大和十八届三中全会精神，珍惜机遇、抓住机遇、用好机遇，围绕“三区战略”发展要求和区委、区政府的各项工作部署，立足本职，开拓创新，强素质、树形象，抓服务、促和谐，严管理、增效益，围绕一个中心，强化三个机制，打造一个品牌，强化规范化、科学化管理，为地区的综合发展创造了良好的环境秩序，完成了市委市政府、区委区政府部署的各项工作任务。

地址：西城区北礼士路12号南楼

邮编：100044

电话：88391603

（陈同军）

【完善综合管理机制】 年内，西直门管委会继续健全与完善综合治理工作机制。建立了地区综治联席会及与之相配套的治安通报、突出治安问题排查整治、主管领导述职等一系列制度。4月，通过联席会、健全完善重点人排查管控工作体系和组织网络、签订社会治安综合治理责任书和开展平安创建活动，落实了社会治安综合治理领导责任制和目标管理责任制，增强了社会治安防范能力。年内，推进“访听解”工作，对新建小区的管理进行了认真研讨并提出可行性建议，与共建社区加强协调。以地区城管指挥中心为依托的地区信息化管理方式，推进了科技创安工作，实现了对地区的实时监控和全方位管理。年内，以安全生产联席会“三个百日安全无事故活动”统筹全年的工作。通过全年四次安全生产联席会、健全完善基础台账，促进了地区安全生产工作的顺利开展。6月，开展安全生产宣传咨询日活动，为过往群众答疑，向旅客发放宣传品，宣传地区安全生产的重大意义；7月、8月、9月开展安全生产联合大检查活动，重点查处安全措施建立、责任制落实情况和影响安全生产的其他问题，促进了地区安全生产工作的顺利开展。年内，以通过城市管理工作联席会“迎两节、保两会”“迎五一、保暑运”“迎国庆、保安全”专项整治活动为主题，加大对地区重点问题的整治力度，全面整顿市容环境秩序、交通秩序、治安秩序，清理无照商贩；治理乱停车、占道停车等现象，逐步解决静态交通秩序问题；严格规范经营，杜绝超范围经营行为；加大对流浪乞讨人员的清理、救助，狠抓黑车、黑摩的、黑三轮治理工作，确保了区域内环境秩序井然有序。大力开展摊点治理工作，规范经营位置，确保周边环境整洁；开展公共服务设施检修工作，更换或清理破损的城市设施，保证其具备使用功能并整洁美观。年内，针对辖区内375

车站与海淀区交界处高梁桥地段等晚间违法现象高发点位及存在的突出问题，协调地区公安、交通、城管等部门多次对“峰谷时段”375公交总站周边进行联合执法，并联合海淀区北下关城管分队对两区交界处存在的重点违法行为开展专项执法活动，有效的遏制了辖区各类违法行为的发生。

（陈同军）

【专项治理】 年内，西直门管委会为出行市民提供服务和咨询达上百万次，发放各类宣传品5万余份。地区执法分队共处罚无照经营11起，无照经营人力三轮车37起、黑摩的6起，处罚金额共31700元；上交遗弃自行车83辆、人力三轮车11辆、小三轮车7辆，没收非法宣传品4万余张，拆除广告牌匾31块，共255平方米；规范门前三包30余次，救助流浪乞讨人员40余人次。同时，针对市、区政府的工作要求，加大对违法建筑的管控工作，共拆除3处违章建筑，合计54.79平方米，实现了地区内违法建筑的“零增长”。完成了44批次1731人的新老兵转运任务。协调市政部门对损坏的地砖、井盖、栏杆等公共设施进行及时修复；协调环卫部门对地区内堵塞的排污下水道进行疏通；协调区绿化部门对区域内绿化带和花草树木进行修护；通知地区保洁队对卫生死角及时进行清扫等，维护了地区的正常秩序。

（陈同军）

【推进地区管理规范化科学化】 年内，西直门管委会在城市运行和城市管理工作中，依托应急指挥中心的现代化管理手段，加强统筹协调的力度，推动地区的各项管理规范化、科学化。地区应急指挥中心运用密度预警功能、异常行为报警功能、历史视频全景回溯功能、球机协同追视功能等多项功能，及时发现监控画面中的异常情况，以最快和最佳的方式发出警报和提供相关信息，从而更加有效地协助有关方面处理危机，最大限度的降低误报和漏报现象；同时，以电子大屏为主体的宣传平台，在弘扬北京精神、引导市民文明出行、应急预警等工作中发挥了主渠道作用。年内，北京京投轨道交通资产经营管理有限公司、北京金融街第一太平戴维斯物业管理有限公司、北京北站等单位做好配电设施和特种设施的维护保养工作，注重加强对电梯和配电室的检查，有力保障用电高峰和暑运的安全；4月，凯德嘉茂、西环广场物业等单位认真组织消防和人员应急疏散演练，提高应急处置能力。

（陈同军）

【打造服务品牌】 年内，西直门管委会用实际行动实践北京精神，提升政务能力水平。强化并完善“城市文明加油站”职能，以党员干部为主体，以联系和服务群众为主要内容，会同成员单位和地区志愿者，大力开展便民服务，树立党员良好形象，提高了广大人民群众参与地区管理的热情，促进了地区管理，保持良好秩序。此项活动被评为2013年区直机关优秀党建创新项目。

（陈同军）

【领导视察调研】 1月21日，副区长、西直门管委会主任吴铁男在地区应急指挥中心听取西直门管委会工作汇报；2月2日，区长王少峰到西直门综合交通枢纽地区调研，听取西直门管委会常务副主任任贵卿汇报工作；对管委会工作给予充分肯定；2月20日，西城区政协主席曹长胜调研西直门综合交通枢纽地区，并听取工作汇报。4月24日，吴铁男调研地区工作，听取管委会党组书记、副主任刘春伟介绍工作情况。

（陈同军）

节水 防汛

节水工作

【概况】 北京市西城区人民政府节约用水办公室（简称区节水办）是主管本区节水工作具有政府行政职能的事业单位。有工作人员31人。依照法规对驻区社会用水单位进行计划管理，开展创建节水型单位和节水型居民小区工作，推广应用节水新技术和改换装节水型器具，组织大型节水宣传咨询和多种形式的节水教育活动，对社会单位依法节水情况进行监督、检查。同时，依据有关法规对施工性临时用水指标、园林绿化环卫等临时用水指标、建设项目节水设施验收进行行政许可审批。依照法规对本行政区域内的用水违法行为进行执法监督工作。

地址：西城区南菜园街51号

邮编：100054

电话：83975296

（刘　妍）

【贯彻最严格水资源管理制度】 年内，区节水办按照《中共中央国务院关于加快水利改革发展的决定》（中央一号文件）精神，落实《国务院关于实行最严格水资源管理制度的意见》（国发〔2012〕3号）。按照北京市水务局目标管理责任书以及《2013年区县政府绩效管理任务书》的具体要求，北京市水务局下达西城区2013年度用水总量为11389万立方米，西城区全年实际用水量为9474.2万立方米。

（刘　妍）

【老旧小区透水地面铺装改造工程】 年内，区节水办为贯彻落实市委市政府《关于进一步加快水务改革发展意见》精神，把民生水利与创建节水型居民小区有机结合，推动节水型社会建设，提高城市精细化管理。2013年老旧居民小区公共地面铺装改造工作列入市政府折子工程，市补资金共261.75万元，共铺设透水地面总面积为6529.24平米。

（刘　妍）

【一户一水表改造工程】　2013年，区节水办将区内具备改造条件的平房院全部进行“一户一表”改造，解决了居民院内私房、单位自管房地下管线老化，水压不足，用水困难等问题，为实现阶梯水价打下基础。

（刘　妍）

【中水、雨水利用工程】　年内，区财政投资4420万元，共完成22个雨水中水利用项目。铺设透水砖6.62万平方米，渗水井26座，增设敞开式收集池3座，汇水面积5.76万平方米；封闭式收集池3座，下凹式绿地1550平方米，年节水量为1.5万立方米。西城区已建成雨水利用工程共82项，其中铺设透水砖70项，综合利用12项。

（刘　妍）

【定额用水管理】　年内，根据北京市水务局京水务节〔2012〕20号“关于下达2013年度计划用水指标的通知”精神，严格实行依法征收双月超指标用水单位累进加价费用，科学合理地编制了2013年计划用水指标。2013年西城区计划用水指标总量为3375万立方米，未超出北京市水务局下达的计划总量。年初节水办完成全区5176户用水单位指标下达及调整输机工作，全区用水单位年实用量未超过本区下达的指标量。

（刘　妍）

【超定额用水累进加价收缴工作】　年内，为落实《北京市节约用水管理办法》中“严格实行依法征收双月超指标用水单位累进加价费用”的精神，西城区对区域内用水单位严格执行单月进行预警告知，3月、5月、7月、9月、11月累计预警3569户次，超计划预警发放率达到100%；双月进行加价征收工作，共收取超定额超计划累进加价水费84万元。通过实行最严格水资源管理制度，采取严格收取超定额超计划用水累进加价费的措施，促使用水单位提高用水效率，降低全区用水总量。

（刘　妍）

【对特殊行业用水检查】　年内，区节水办联合各街道对本区域的洗车、洗浴等高耗水行业及用水单位，开展节水监督检查。共检查洗车站点54个，洗浴场所14家，全部符合节水要求，覆盖率达200%。为进一步加强城市节水管理，科学合理利用水资源，根据《北京市节约用水办法》相关规定，节水办对辖区内现场制、售饮用水机进行摸底调查和统计，与西城区卫生监督所开展联合检查工作，数据共享，做到“出现一台，备案一台”。经专项检查，全区现已备案制售饮用水机250个，共下发责令限期改正通知书2户次，经复查现已经全部安装尾水回收设施。

（刘　妍）

【节水创建工作】　3月21日，根据京节水管区〔2013〕20号《北京市节水管理中心关于拨付节水创建专项补助经费的通知》精神，区节水办召开工作会，按照市里2011年西城区创建单位和小区的分配方案，全额进行下发，要求单位、小区做到专款专用，用好专项经费，进一步开展和落实本部门的节水工作。全年西城区投入近52万元创建专项资金，共创建市级节水型单位20个、节水型小区6个，完成年度创建任务。

（刘　妍）

【节水行政许可】　年内，节水办共受理行政许可554件（其中园林绿化环卫性等临时用水行政许可508件；建设项目节水设施验收行政许可28件；施工性临时用水行政许可18件），全部办结，群众满意率100%。在西城区综合行政政府中心133个窗口中，节水办成为全区第一批（共7个单位）实现全程网上审批功能的单位，对于行政许可网上审批功能，提供全部行政许可电子版的网上下载功能，增设了行政许可网上预审功能。2013年，行政许可受理书、告知书等文件上统一添加了二维码图像，实现手机扫二维码即可获知全部办理信息。

（刘　妍）

【居民节水器具换装工作】　全年居民家庭节水型器具改换装投资20万元，完成居民家庭节水器具换装1000套（件），其中水箱500套件，配件500套件，每年可节水达7560立方米。

（刘　妍）

【绿化微喷改造】　全年投资25万元，完成广安门南街绿地喷灌节水改造工程，地点为广安门南街政府办公大楼至荣宁园门前绿地，绿地喷灌改造面积1.1万平方米，敷设管线1494延米、安装喷头105个、砌筑阀门井9座、安装取水阀9个等，竣工后，进行绿地喷灌时，不但大大减少了大水漫灌时的水分蒸发，节约人力物力和绿化灌溉用水，而且有效地提高了绿化养护管理水平，大幅度提升小区的整体景观效果，年节水量达到5200立方米。

（刘　妍）

【游泳馆淋浴设施改造工程】　上年年初，西城区收到区政协第313号“关于继续在游泳馆推广淋浴节水龙头的建议”提案，节水办责成业务科室多次组织研究讨论，并赴现场勘查，制定工作方案，明确职责分工。在上年完成6所学校改造工程的基础上，年内区政府投资20万元，共改造4个单位，分别是北京小学、北京小学分校、北师大二附中、北京第二医院，共改造105个喷淋设施，实现喷淋设施插卡计时计费的功能，年节水量为1.6万立方米。

（刘　妍）

【洗车站点中水改造】　年内，西城区大力推广中水洗车，加强洗车站点中水改造。投资10万元，完成3个洗车站点的中水改造，年节约自来水3472立方米。

（刘　妍）

【节水示范园区建设】　西城区2013年示范区建设，定位在西长安街义达里社区，义达里社区具有城区典型平房院代表性，又是西城区胡同绿化模范社区。经过近一年的节水型社区创建工作，被全区列为节水型社区的示范小区。根据社区特点区节水办制定了创建示范区工作的计划和建设创建示范区的标准。街道和社区积极配合，通过设置节水展板，开展节水大讲堂、节水志愿者、暑期组织社区学生开展节水宣传、评选节水家庭等活动来提高居民的节水意识，强化节水管理和水的循环利用，小区内节水型器具使用率达到了百分之百、计量水表安装率百分之百、按表计量缴费率百分之百。全社区共1554户，3782人，通过创建工作全年节水51738立方米，居民节约水费15万余元。通过一年创建节水示范小区的工作，使社区居民在社会效益和经济效益上得到双赢。

（刘　妍）

【水务普查工作】　按照国务院水利普查办公室工作部署和北京市水普办工作计划安排，西城区于1月18日召开西城区第一次水务普查档案管理工作验收会，接受市水普办、市档案局、市水务局等部门组成专家组的验收。经专家组综合评议，西城区水普办档案验收合格。共计整理档案161卷，扫描“三表”文件5136份，录入电子目录3915条，西城区按照要求完成水务普查档案整理工作。8月14日西城区财政局绩效考评专家组对水普工作进行了考评验收。水普办领导从工作概况、普查成果及资金使用等方面向专家组进行了多媒体汇报。专家组成员通过观看多媒体汇报和查验各项资料，对普查过程、制度建设、资金使用、普查成果及社会效益等方面进行了审查和质询，对普查工作的组织实施及规范管理给予了积极评价和肯定，并通过考评验收。7月29日，区水普办通过《北京西城报》发布西城区水务普查成果公告。西城区水文化遗产调查工作经过1年的努力，通过对水文化遗产实地调查，以及大量的文献查阅，全面掌握了西城区现存和已经消失的水文化遗产的数量和分布情况，遗产的特征、基本数据及其保存情况；并对调查数据质量进行了系统全面的审核，确保了普查数据成果的质量；同时建立西城区水文化遗产名录，为水文化的建设提供了基础条件，为构建科学有效的水文化遗产保护体系提供了依据。西城区水文化遗产调查成果全面、准确、完整，符合北京市水普办对调查成果的质量要求。通过调查，西城区水文化遗产普查对象共计115个。其中：工程类水文化遗产90个，管理类水文化遗产7个，非物质类水文化遗产18个。

（刘　妍）

【节水执法检查】　市水务局《关于确认节水行政执法机构的通知》（京水务法〔2013〕13号）文件确认，西城区节水办承担了区域内法定节水行政执法工作。为工作需要，节水办全体人员考取了执法资格证书、刻制执法专用章，对现有的执法人员信息、执法案卷、执法设备等进行备案，对执法人员进行多次培训。在此基础上，专门配备了节水执法服装、标志，要求工作人员执法过程中必须统一着装，进一步加强了执法行为的规范性、严肃性。

（刘　妍）

【节水宣传工作】　在“世界水日”“中国水周”，区节水办组织椿树街道办事处联合后孙公园小学举办“节约保护水资源，从我们做起”节水主题宣传活动。进行节水宣传进基层工作，要求各街道、系统每月开展一次节水宣传“六进”工作，使单位和广大市民不断提高节水、护水意识，掌握科学的用水方法，养成良好的用水习惯，自觉保护水环境。并开展节水大讲堂活动。各街道、系统利用社区、单位开展了节水大讲堂，向广大民众宣传涉水的法律法规宣讲，用最前沿的节水资讯、节水知识、节水成果，引领广大市民做到惜水、爱水、保护水资源。在“城市节水宣传周”期间，在宣武艺园开展了以“推进城市节水，保护水系生态”为主题的大型宣传活动，市政市容委、街道领导向市民分发节水宣传材料和宣传品，节水器具生产厂家也在现场进行了器具展示，回答市民的提问。宣传活动共发放节水宣传彩页2万余份、节水宣传品万余件，悬挂横幅10余条，布置节水展板20余块。各街道、系统也在本区域设立了宣传站点进行宣传。节水办在积水潭桥东北角设立大型三面翻节水公益广告，利用LED大屏宣传节水。同时各街道、系统在本区域里设立节水宣传橱窗，对《北京市节约用水办法》开展常年宣传。制作节水警示标牌，下发到用水单位，时时提醒广大民众，避免跑、冒、滴、漏现象。

（刘　妍）

防汛工作

【概况】　北京市西城区人民政府防汛指挥部办公室（简称区防汛办）设在西城区市政市容管理委员会。根据《中华人民共和国防洪法》和《北京市实施〈中华人民共和国防洪法〉》赋予的职权，主要负责对西城区域内预防、抢险、避险、救灾等安全迎汛工作。年内，西城区迎汛工作紧紧围绕建设“活力、魅力、和谐”新西城和维护城市生产生活安全秩序需要，加强领导，明确职责，预有准备，积极应对，实现“不塌房、不伤人、不断路、不泡车”的防汛目标。

地址：西城区南菜园街51号2号楼624室

邮编：100054

电话：83975306

（戎爱芳）

【雨情汛情情况】　年内，西城区雨情汛情有四个特点：一是降雨频繁。全区降雨56次，比上年同期的43次增加13次，累计降雨量451.1毫米,比上年同期795.5减少344.4毫米。其中6月份降雨16次、7月份18次、8月份13次、9月份9次。降雨量主要集中在7月份，达到了228.7毫米,占整个汛期降雨量的50.7%。二是局部地区暴雨多。共出现中雨6次、大雨5次、暴雨1次。较强的7月1日全区平均降雨量68毫米，什刹海街道降雨量达78.6毫米。7月8日全区平均降雨量35.9毫米，大栅栏街道降雨量达到60毫米；8月11日全区平均降雨量32.8毫米，德胜街道降雨量达63毫米。三是雷电大风和夜间降雨多。56次降雨过程中有30次伴有雷电、大风等强对流天气，占总降雨次数的54%；40次发生在夜间，占总降雨次数的71%。四是突发险情较多。全区共发生房屋漏雨3061间（比上年同期11074间减少8013间）；发生树木险情882棵（比上年同期461棵增加421棵），其中树木倒伏68棵、折枝766棵、砸车16辆；发生院内积水12处；路面塌陷215处；道路积水51处；人防工程进水8处。

（戎爱芳）

【防汛排查】　上年11月至年内2月底，督导区房管局、区房地中心、北京宣房公司检查单位自管产、物业管理、直管、私有房屋4513.35万平方米；区教委对全区199.6万平方米教育用房进行检查；区民防局对全区

1220处人防工程进行普查；区园林中心对区属1648条道路、462.77万平方米管护绿地、300个养护地块和行道树木进行普查；区住建委对20个深基工程进行了检查；排水集团对排水管网及附属设施进行养护，重点对二环路下凹式桥区、天安门广场周边、政协、中南海等重点地区周边排水设施进行养护。

（戎爱芳）

【落实防汛领导责任制】 年内，西城区由区长王少峰任总指挥、常务副区长苏东任常务副总指挥、主管区长吴铁男任执行副总指挥，其他副区长任副总指挥，各街道、各成员单位行政一把手为成员的防汛指挥组织体系，将指挥体系延伸到各行业、各街道、各社区，实现了指挥协调体系全覆盖，顺畅运行。汛前，区防汛办制定下发《西城区2013安全迎汛工作要点》《2013年防汛指挥部领导成员名单及安全迎汛职责的通知》等相关文件，明确迎汛工作目标、任务和职责。王少峰与15个街道办事处、10个防汛职责单位签订《安全迎汛责任书》。

（戎爱芳）

【落实防汛物资和抢排险队伍】 区防汛指挥部组建13支共3800多人的应急抢险队伍。全区有132辆抢险机动车辆（其中铲吊车17辆、运输车115辆），储备编织袋7.04万条，麻袋4.47万条，无纺布10880平方米，发电机85台，大型作业灯66台，铅丝10.83吨，水泵186台，桩木255立方米，救生衣1528件及沙石料等抢险物资。汛前，防汛办投入100多万元为各街道、武警、公安、交通、消防、园林、市政、房管等部门补充水泵68台、防爆锤、铁揪、镐等近2000把，强光灯、荧光棒等1360个，膨胀麻袋近5000条,塑料布、苫布等500捆，雨衣、救生衣、雨鞋等4870多件,锥桶、救生圈700多个。为解决汛期突发灾情快速疏散居民紧急避险的问题，在15个街道各设立2所学校，共30所学校作为地区居民汛期紧急避险疏散场所。

（戎爱芳）

【成立区防汛综合保障指挥部】 年内，区民政局成立区防汛综合保障指挥部，制定《防汛综合保障工作方案》，做好救灾物资储备调运和灾情统计工作。

（戎爱芳）

【检查督导】 汛期，北京市副市长林克庆、水务局副局长潘安君、张萍等多次率工作组到西城区督导检查防汛工作。区委书记王宁带队对防汛工作及物资储备点进行检查；区市政市容委主任刘成东、副主任胡博多次带队对汛前准备工作、防汛重点部位、在建防洪排涝在建工程进行现场督导，对查出的重点隐患问题，提出解决措施。各街道、各单位把“三类人员”（空巢老人、孤寡老人、残疾人）居住房屋安全和生活情况走访作为重点工作。房管部门对全区私房、单位自管房进行入户检查，对存在危险的房屋出具《危房通知书》，发现隐患及时采取措施做好应急处置。区监察局、安监局会同有关单位对一些重点险情进行跟踪检查；区国资委督导国有企业对房屋进行检查，确保汛期安全无事故。

（戎爱芳）

【防汛宣传】 利用“5·12”防灾减灾日、“6·1”上汛日、“7·22”主汛期等防汛工作重要节点，开展一系列社会宣传活动，提高居民的防汛安全意识、避险自救能力。全区共出动宣传人员5787人次，发放宣传手册59160册，张贴海报5920张，致广大市民的公开信65900封，开展防汛知识讲座及观看宣传片344次，共设立228个宣传栏，覆盖80个社区、300个单位、85个小区、11个工地、25个公园。

（戎爱芳）

【年度防汛综合应急演练】 5月31日，西城区防汛指挥部在广外地区“首特钢9号地块”组织开展2013年西城区防汛综合演练。西城交通支队、西城公安分局、西城公安消防支队、区卫生局、区园林市政中心、广外街道6个单位参演，完成道路塌陷积水排除、树倒伤人救护、交通管制与疏导、道路塌陷回填、危险树木清除、恢复交通等演练内容。副区长吴铁男及15个街道、26个委办局领导到现场观摩指导。年内，全区共开展防汛演练34次，出动车辆近200台次、人员2252人次。

（戎爱芳）

【应急值守和信息报送】 汛期，区防汛办由南菜园51号2号楼搬至二龙路区政府应急指挥中心，与区政府应急指挥中心合署办公。区、街两级严格执行24小时值班制度。区防汛办执行无雨天气轮流值班，中雨以上天气全员上岗。区防汛办通过西城政务短信平台和800兆电台共发布天气预警通知25次，其中雷电黄色预警11次、蓝色11次、黄色3次。上报汛情快报19期，各类工作信息、报表100余篇。在应对大的降雨过程中，全区15个街道和承担防汛抢险任务的职责部门，在岗值班备勤共36733人次，其中处级领导1500人次，值班人员10020人次，抢险备勤人员25213人次；出动车辆近2840台次，出动抢险、巡查人员12560人次。

（戎爱芳）

消防　防震

消防工作

【概况】 北京市西城区公安消防支队(简称西城消防支队)又称“中国人民武装警察部队北京市西城区消防支队”。年内，西城消防支队共开展演练和拉动3000余次，成功处置火警1197场次,抢险救援979场次，各类重大执勤保卫517场次，累计排查单位29415家次，发现并消除火灾隐患51785处，临时查封430家，责令“三停”370家，行政拘留87人，罚款479.25万元。年内，西城消防支队在多次评优评先中名列前茅，4名官兵立个人二等功、32名官兵立个人三等功。

地址：西城区东经路19号（1月28日迁入）
邮编：100050
电话：83197411

（秦　燕）

【消防工作责任制考核验收】 1月8日，由首都综治办副主任许继慧、市消防总队副总队长李进组成的市防火安全委员会考核小组，对西城区2012年度落实政府消防工作责任制情况进行考核验收。西城区副区长吴铁男、政府办副主任海峰、西城公安分局副局长何立民、西城消防支队支队长周士涛以及区综治办、安监局、商务委、住建委、发改委、财政局等21个区防火委成员单位主管领导参加了考核验收工作。

（刘海燕）

【冬春专项行动督导检查】 1月8日，公安部警务督察局局长余新民带领督察组，对西城消防支队贯彻落实公安部“12·31”全国电视电话会议精神，开展“除火患、保平安”冬春专项行动工作情况进行实地督导检查。

（刘海燕）

【市政府慰问“919”工地消防官兵】 2月4日，市政府副秘书长张玉萍在市消防总队副总队长谭林峰、西城消防支队支队长周士涛的陪同下，到西城区“919”工地检查指导消防安全工作，并慰问工地执勤官兵。

（刘海燕）

【检查“两会”消防安保工作】 2月28日，区委常委、西城公安分局局长陈思源在副分局长何立民、消防支队支队长周士涛以及分局内保、人口、属地派出所等相关人员的陪同下，对全区部分全国“两会”代表住地消防安全进行检查。此次累计检查单位75家，发现并消除隐患98处，三停5家，查封4家。同时，西城公安分局28个派出所出动135个检查组、296名警力对辖区人员密集场所和重点场所开展夜查。3月2日，区委副书记、区长王少峰在陈思源、周士涛等领导陪同下，对全国“两会”代表驻地及沿线单位的消防安全工作进行检查。

（刘海燕）

【商市场消防安全工作联席会召开】 4月7日，副区长吴铁男主持召开商市场消防安全工作联席会，部署商市场消防安全工作。区综治办、区安监、市政市容委、西城公安分局、西城工商分局、西城交通支队以及辖区部分商市场负责人参加了会议。

（刘海燕）

【跨区域地震救援拉动演练】 4月20日上午8时03分，四川雅安市芦山县发生7.0级地震，按照总队《关于全力做好跨区域地震灾害事故应急救援准备工作的通知》要求和各级领导的指示精神，全力做好轻型地震救援队应急救援准备工作，西城消防支队支队长周士涛、政委吴清松等领导到重(轻)地震救援队集结地，对地震救援队前期准备工作进行检查指导，4月21日，西城消防支队进行拉动演练。

（范智新）

【消防队站建设调研】 4月22日，北京市规划委员会副局级调研员叶大华、市规划委建管二处长陈朝辉，西城规划分局局长倪峰一行到西城消防支队调研指导北二环支队指挥中心和规划消防站建设工作，西城消防支队支队长周士涛等陪同调研。

（杜　佳）

【第二季度消防工作联席会召开】 4月24日，副区长吴铁男组织召开第二季度消防工作联席会，研究部署近期消防安全重点工作。区政府办副主任海峰、西城公安分局副局长何立民、消防支队支队长周士涛以及全区防火委成员单位主管领导参加会议。

（刘海燕）

【春季比武总结表彰会】 5月16日，市消防总队副总队长武志强、司令部参谋长李建春出席西城消防支队2013年度执勤岗位练兵春季比武对抗赛总结表彰会，在比武对抗赛中，西城消防支队获团体第三名，支队全体官兵参加了会议。会议由消防支队政委吴清松主持。

（秦　燕）

【高考消防安保工作】 6月4日，西城消防联合派出所组成20个专项检查小组，对全区高考考点周边单位消防安全情况进行全面夜查。共出动警力63人，检查单位86家，消除消防违章违法行为204处。

（刘海丰）

【灭火疏散演练】 5月8日，西城消防支队联合首都电影院开展灭火疏散演练，演练主要针对此类场所一旦发生火灾以后，人员疏散、内部强攻灭火、抢救被困人员等科目进行演练，北京市委宣传部、市广电总局、区文委、区安监局、西城消防支队以及首都电影院100余名工作人员参加演习。

（刘海丰）

【中小学生暑期消防夏令营】 7月24至26日，全区部分中小学学生走进基层中队，学习消防知识、体验消防官兵的训练生活。活动中，消防官兵组织学生观看了消防技能表演、油锅实际灭火演示，在激发学生兴趣的同时，使他们初步掌握了的日常消防知识。

（刘海燕）

【第三季度消防工作联席会暨专项行动推进会】 7月18日，西城区召开2013年第三季度消防工作联席会暨消防安全大排查大整治专项行动推进会。西城区副区长吴铁男、西城公安分局副局长何立民、西城消防支队支队长周士涛以及各委办局、街道（社区）等部门主管领导60余人参加会议。会议由区应急办主任海峰主持。

（刘海燕）

【"最美消防员"郑建成宣讲防火】 7月30日，北京市"最美消防员"——密云县公安消防支队溪翁庄中队指导员郑建成，到西城区"消防电影夏夜行"主题消防宣传活动现场，与社区居民畅谈成长历程，传播消防安全知识。

（刘海燕）

【消防安全检查】 8月31日，西城区在全区范围内集中开展错时消防安全检查。西城公安分局局长陈思源、副局长何立民等领导带队，对西单大悦城、北京首都华融影院有限责任公司、港丽餐厅等单位进行消防安全检查。检查单位1200家，发现隐患312处，整改188处，查封5起，三停2起，罚款17.5万元。

（刘海丰）

【陶然文化节消防宣传活动】 9月19日，第8届陶然文化节特色游园活动在陶然亭公园举办。除了传统的老北京民风民俗展、"赏名亭集印章"等活动外，文化节新增了一项活动内容，即消防展示互动体验。消防宣传车以及消防战士的文艺表演，让居民在游园赏景之余，受到了消防教育。

（刘海燕）

【国庆节前消防安全检查】 9月29日，区长王少峰带队，到西单汉光百货等人员密集场所开展国庆节前安全检查，西城公安分局局长陈思源、西城消防支队支队长周士涛以及西城区政府各职能部门领导陪同检查。

（刘建华）

【消防宣传周启动仪式筹备工作】 10月30日，市消防总队李进副总队长到西城区陶然亭公园实地调研指导消防嘉年华活动暨第23届"119"消防宣传周活动启动仪式。市消防总队防火部副部长夏春雷、防火部宣传处、司令部警务处和战训处以及西城消防支队政委吴清松等相关领导陪同检查，陶然亭街道办事处、派出所、陶然亭公园等相关单位负责人参加调研活动。

（刘海燕）

【"铁拳"行动第四次零点夜查】 西城支队于11月5日18时至24时，在全区范围内集中组织开展了"铁拳"行动第4次零点夜查。区委常委、西城公安分局局长陈思源、区政协副主席姜立光、区政府办副主任海峰带队，对汉光百货、西单大悦城等人员密集场所进行检查。

（刘海丰）

【市局督查组到西城消防督查指导】 11月9日，市局督查组由市局纪委现役工作室副主任庞淑芹带队到西城消防支队，督查指导支队落实中共十八届三中全会消防保卫情况。督查组先后来到西城消防支队所属中队和支队前沿指挥部，听取了府右街中队的重点工作汇报，对中队的前期准备工作进行了检查，并查阅了灭火预案、水源档案等基础工作档案。

（曹云龙）

【完成十八届三中全会消防安保任务】 11月9至12日，为全力做好中共十八届三中全会消防安全保卫工作，西城区委政府全面启动火灾隐患攻坚整治"铁拳"行动，各部门、各警种联勤联动，整治突出火灾隐患，集中曝光突出消防违法行为。

（刘海丰）

【商市场消防安全检查】 11月22日，副市长张延昆在市安监、公安、消防等部门领导的陪同下，对西城区京开利德服装批发市场、天意批发市场等场所消防安全工作进行实地检查。

（刘海燕）

【圣诞节消防安全检查】 12月23日，市消防总队总队长张高潮在副总队长谭林峰、防火部重点保卫处处长段南的陪同下，对西城区圣诞节活动场所消防安全工作进行实地检查，确保圣诞节期间各活动场所的安全。

（刘海燕）

防震工作

【概况】 西城区地震局（简称区地震局），是西城区防震减灾工作的主管部门，与西城区民防局合署办公，承担西城区防震减灾工作职能。年内，区地震局被市地震局评为防震减灾宣传先进奖。

地址：西城区西单横二条2号华恒大厦4层

邮编：100031

电话：88064820

（李显臣）

【防震减灾应急工作】 年内，区地震局局坚持把防震应急演练工作作为提升防震减灾应急处置能力的重要抓手，强化组织领导，注重协作联动，完善地震应急预案体系，突出应急指挥系统、民防（地震）应急志愿者队伍、地震应急准备，按计划完成了年度各项演练任务，达到了增强防震减灾意识、提高应急组织指挥和自救互救能力的目的。编印了《西城区地震应急预案简易手册》；加强地震应急演练，与区机关工委筹划了驻二龙路区直机关防震减灾疏散救护演练，结合"国际减灾日"在裕中中学及3个社区开展地震疏散演练；筹备召开了区地震应急指挥部第一次工作会议，明确了各级领导和各成员单位的职责,部署了工作任务；每季度对全区8处强震仪进行一次安全检查；制作地震应急包2010个；积极推进地震安全社区创建工作，金融街街道丰汇园社区被中国地震局授予"国家地震安全示范社区"称号。

（李显臣）

【地震应急演练】 年内，修订汇编了区、街道、社区三级地震应急预案，与区机关工委筹划了驻二龙路区直机关防震减灾疏散救护演练。5月15日，联合区应急办、区教委、区卫生局、区消防支队、北京市紧急救援基金会、金融街街道等部门，在西城区奋斗小学开展了"识别灾害风险，掌握应急技能"为主题的防灾减灾宣传进校园活动。组织椿树街道椿树园社区、白纸坊街道樱桃园社区、西长安街街道府右街南社区、和西交民巷社区开展了地震疏散演练。以"5·12"防灾减灾日、"7·28"唐山大地震纪念日为载体，与区教委、区安监局等部门指导区内109所中小学校开展了地震应急疏散演练。

（李显臣）

【防震减灾宣传教育】 年内，以“5·12”防灾减灾日、“7·28”唐山大地震纪念日、“10·12”国际防灾减灾日为载体，开展了“弘扬公共安全文化，倡导自愿精神，建设和谐西城”主题宣传活动。5月7至13日，会同区相关部门、街道、社区、学校，以“五个一”(在醒目位置悬挂国家减灾委统一的“防灾减灾日”宣传横幅；利用宣传栏、宣传亭、LED显示屏、板报等举办一期防灾减灾宣传知识；免费向市民发放一批防灾避险应急自救常识手册；张贴一套国家统一印制的“5·12”防灾减灾日系列宣传挂图；张贴一张“5·12”防灾减灾日宣传海报）为载体，通过设立宣传站点、发放宣传资料、现场播放防灾减灾教育片、专家现场咨询、讲座、紧急救护演示培训等多种形式，向市民宣传防灾减灾知识。活动期间，发放各种防灾减灾书籍2.6万余册、宣传环保袋2.4万个、宣传挂图60套（300余张），发放各类防灾减灾知识宣传资料近3万份，现场解答市民咨询200余人次，参与民众达2万余人。

（李显臣）

【防震减灾基础建设】 年内，结合市地震局“12322灾情速报平台”的开通，全区255个社区都确定了1名60岁以内的地震灾情速报员，每季度进行一次联络，确保队伍稳定、信息畅通。对区808指挥所及华恒大厦六层会议室指挥通信系统进行了升级改造；完成了中化大厦、交通银行B座高点监控设备安装，并通过竣工验收。对全区8处强震仪进行了全面检查，建立了管理档案。

（李显臣）

【地震应急物资储备】 年内，按照平灾结合的要求，对全区10处应急物资储备库进行了整合，对金融街、椿树庄胜二期两个物资储备库的设施进行了修善，完善了管理制度,补充50余万元的应急物资。采购了3顶36平方米大帐篷、折叠桌椅、应急灯等共计15万元的区地震应急指挥部的应急装备。

（李显臣）

【志愿者队伍建设管理】 年内，对全区地震应急志愿者队伍进行了整组,全区登记注册的志愿者共有2036人；为223名志愿者骨干配备了装备;与北京市紧急救援基金会联合分两批次对民防（地震）局、街道（地震）应急志愿者进行了应急救援专业知识、技能培训，增强了志愿者的责任感、使命感，提高了应急自救互救技能。邀请中国地震应急搜救中心、市地震局专家为金融街街道、椿树街道及牛街南线阁社区、德胜新康社区和新外大街北社区举办了防震减灾知识讲座。

（李显臣）

（责任编辑　李　黎）

科技 教育

科 技

【概况】 北京市西城区科学技术委员会（简称区科委），挂北京市西城区知识产权局（简称区知识产权局）牌子，是负责本区科技发展和知识产权工作的政府工作部门。内设办公室（监察科）、科技规划与政策研究室、社会发展科、技术创新促进科和知识产权办公室5个机构，核定编制19人，实际在编人员23人。区科委下属1个事业单位，为西城区生产力促进中心，在编人员13人。年内，区科委以提升区域创新能力、促进科技成果转化、加大民生科技推广应用为重点，较好地完成了各项工作任务，被科技部授予“全国科技管理系统先进集体”及“2013年全国科技进步先进县（市）”称号。

地址：西城区广安门南街68号1号楼12层

邮编：100054

电话：83976212

（闫 肃）

【区科委获全国科技先进集体】 1月15日，人力资源和社会保障部、科技部发布《关于表彰全国科技管理系统先进集体和先进工作者的决定》（人设部发〔2013〕4号），西城区科学技术委员被授予“全国科技管理系统先进集体”称号。

（闫 肃）

【科普工作培训会召开】 1月18日，区科委组织召开西城区科普工作者培训会。聘请中国科学院教授郭曰方和北京建筑工程学院文法学院副教授蔡宗翰，分别围绕“学习宣传贯彻党的十八大精神 科普宣讲团进西城”和“媒体素养与媒体素养教育”等内容进行科普宣讲及培训，并向学员代表发放《科技让生活更美好》《科技北京在行动》等科技宣传资料。辖区内的22家市级科普基地和西城区15个街道22个社区的近百名科普工作者参加培训。

（闫 肃）

【区县科技专项通过验收】 1月31日，北京市科委组织专家对由西城区科委承担的区县科技专项“西城区科技服务能力提升及城市运行与社会管理平台建设研究与示范”项目进行结题验收。该项目包含“西城区科技资源调查、西城区城市精细化管理的科技需求调研、西城区文化创意产业科技需求调查研究、西城区科技协调员体系建设长效机制研究、西城区社会管理科学化创新模式研究、大栅栏商业街城市运行与社会管理平台建设研究与示范”6个子课题。经过专家质询，一致通过验收。课题研究历时一年多，形成一系列科技成果，部分成果已得到应用。

（闫 肃）

【西城33个项目获市科技奖】 2月21日，北京市召开科学技术奖励大会，184项科技创新成果获2012年度北京市科学技术奖。西城区有33项成果获得奖励，其中一等奖6项、二等奖6项、三等奖27项。奖项涉及42家项目单位，其中高新技术企业9家。

（闫 肃）

【设计服务交易平台项目通过验收】 3月15日，北京市科委绿色通道项目“北京历史文化衍生产品关键技术研发和创意设计综合服务示范推广平台”通过结题验收。该项目是西城区政府2011年推荐申报，项目立足于历史文化衍生品研发设计的市场需求，融合科技文化元素，通过关键技术研发，建成集产品设计、产品实现、市场验证、展示交易为一体的设计服务与展示交易示范平台，研发成果已应用于国家大剧院、北京天文馆、中国科技馆等多家辖区内的文化资源单位和设计机构，形成包括《光辉的历程——中央档案馆馆藏档案资料选编》、北京建都纪念阙、红学渊源（笔筒）等30款历史文化衍生品设计示范产品，其中《光辉的历程——中央档案馆馆藏档案资料选编》被新闻出版总署选定为迎接党的十八大主题出版重点出版物，项目在实施过程中形成并申报11项专利。

（闫 肃）

【合同登记处通过市执法检查】 4月10日，北京市技术市场管理办公室对区科委2家技术合同登记处进行执法检查，重点检查了工作规范执行及专项经费的使用等情况，并对合同及收入核定进行了抽查，认为无违规情况，一致通过检查。

（闫 肃）

【知识产权投诉服务分中心成立】 4月19日，北京市保护知识产权举报投诉服务中心（北京 12330）西城区分中心及康华伟业孵化器工作站正式成立，北京市知识产权局纪检组长刘卫东、西城区副区长陈宁、北京市保护知识产权举报投诉服务中心主任王连洁、西城区知识产权局局长张炳田、中关村西城园管委会常务副主任台峰等出席揭牌仪式。

（闫 肃）

【文保区节能环保示范项目通过验收】 4月25日，北京市科委绿色通道项目“历史文化保护区房屋保护修缮节能环保技术集成示范”通过专家组结题验收。该项目历时3年半，完成历史文化保护区节能环保技术应用设计方案研究、节能环保技术在历史文化保护修缮中的应用研究及应用效果综合评价体系研究、分类实施历史文化保护区节能环保改造示范、节能环保技术集成应用推广模式的研究等工作。项目的实施对北京市历史文化保护区房屋保护修缮节能环保技术集成应用具有重要的指导价值和示范意义。

（闫 肃）

【知识产权宣传日活动】 4月26日，区知识产权局局长张炳田带领知识产权办公室和专家到鼎盛陶琦（北京）艺术品有限公司，开展“世界知识产权日”研讨交流活动。知识产权办和专家为该公司“京彩瓷”产品的专利申请提供了指导及法律咨询服务。

（闫 肃）

【区人大视察《科普法》实施情况】 5月14日，区人大教科委员会组织部分人大代表到广安门内街道西便门东里社区和宣武青少年科技馆视察《科普法》实施情况。代表们认为区政府在贯彻实施《科普法》的过程中，组织得力、保障到位、扎实有效，工作内容贴近实际，体现了科技惠民。区人大常委会副主任刘永先参加视察活动并指出：区科委要继续认真做好《科普法》的宣传、做好科普工作的统筹规划，将先进典型进行推广；要根据百姓的需求开展工作，进一步推进民生工程的发展；要搭建平台，鼓励社会组织特别是企业参与科普工作，倡导居民养成科学文明的生活方式。

（闫 肃）

【组织参加第16届科博会】 5月22至26日，第16届中国北京国际科技产业博览会（简称科博会）在中国国际展览中心举行。区科委组织协调24家企业参展。西城展团以“创新驱动发展，设计改变生活”为主题，展出的48个项目及新产品吸引了众多参观者，获得科博会“优秀组织奖”。

（闫 肃）

【参加市科技周活动】 5月25日，区科委组织辖区200余名科普干部和社区居民参加以“科技创新·美好生活”为主题的北京市2013届科技周主会场活动。活动中，向居民发放了科普宣传资料、书籍及科技小产品。

（闫 肃）

【区县科技专项立项】 7月19日，区科委组织相关领域专家对2013年度北京市区县科技专项“西城区公共区域与重点产业科技支撑研究与示范”课题实施方案进行论证。此课题着眼于西城区经济持续健康发展及城市公共安全科技支撑能力提升，以促进重点产业和公共区域应急管理关键信息技术应用为目的，以“商、旅、居”公共区域客流应急疏散系统、钢铁产品电子交易平台、科技社区建设模式为重点，为区域经济社会发展建设提供决策支撑，促进西城区区域经济社会持续、稳定、快速发展，为北京市其他区县经济社会发展提供有益借鉴。专家指出项目任务明确、方案可行、基础扎实、预算合理，同意立项。

（闫 肃）

【市知识产权局到西城民企调研】 7月24日，北京市知识产权局副局长周砚到北京恒华伟业科技股份有限公司调研。周砚对企业加强知识产权部门建设、培养知识产权专业人才提出了要求。市知识产权局宣教处处长张志豹、产业处处长张伯友做了具体指导，西城区知识产权局局长张炳田陪同调研。

（闫 肃）

【开展“一对一”上门服务】 8月8日，北京市保护知识产权举报投诉服务中心（北京市12330）及西城区知识产权局邀请外观、材料、商标等方面的知识产权专家到西城区鼎盛陶琦艺术品有限公司，开展专家、企业“一对一”上门服务。专家团针对仿古瓷在传承、发展及创新中遇到的知识产权方面的问题与公司负责人进行研讨和交流。北京市12330中心主任王连洁和区知识产权局局长张炳田参与交流。

（闫 肃）

【获“全国科技进步先进区”称号】 11月21日，科技部发布《关于2013年全国县市科技进步考核先进县市先进个人和优秀组织单位名单的通知》，西城区获“全国科技进步先进区”称号，区长王少峰、副区长陈宁、区科委副主任王爱军及区科委研究室科长郭志娥被授予“全国县（市）科技进步考核先进个人”称号。

（闫 肃）

【输出技术成交额增长】 年内，西城区输出技术合同成交6123项，同比增长26.72%。输出技术成交额116.24亿，同比增长8.86%。

（闫 肃）

【专利申请及授权量增长】 年内，西城区共申请专利23258件，同比增长252.8%。其中申请发明专利11121件，同比增长177.7%，占申请总量的47.8%；企业申请21305件，同比增长352.9%，占申请总量的91.6%。全年授权专利7739件，同比增长133.6%，其中授权发明专利1088件，占授权总量的14.1%。

（闫 肃）

【办理专利费用减缓证明】 年内，区知识产权局共办理专利费用减缓证明手续773份，其中发明375份，实用新型311份，外观设计87份。企业申请537份，占申请总数的69.5%。

（闫 肃）

【区科技计划项目】 年内，区科委组织申报科技计划项目，共征集电子信息、光机电一体化、生物医药、新材料、新能源与环境保护、高技术服务等6大类140个项目，经过专家评审、组织审查核准等工作程序，确定支持项目38项，支持金额420万元。

（闫 肃）

【企业信用及投融资体系建设】 年内，西城区25家企业通过中关村科技担保公司获得贷款担保，担保金额4.41亿元。中关村企业信用促进会会员企业达到308家，比上年增加23家。

（闫 肃）

【年度可持续项目】 年内，区科委将科技惠民计划列入2013年可持续项目征集指南。围绕特殊群体扶助、可持续发展能力建设、生态环境与低碳建设等民生领域开展科技项目示范，确定37项可持续发展项目，支持金额1470万元。

（闫　肃）

【科技条件平台工作站建设】　年内，区科委组织30余家企业与北京邮电大学和北京大学研发实验服务基地实现对接，年内已达成15项长期合作意向。截至年底，西城工作站成员单位达到50家，较上年新增20家，聚集了价值4700万元的仪器设备并向社会开放。

（闫　肃）

【科技人才资助】　年内，区科委完成“十二五”人才发展规划中期评估报告。组织开展西城区优秀人才培养资助项目推荐申报工作，经评审，9个项目获得资助，资助金额为42万元。

（闫　肃）

【科技企业培训】　年内，区科委与区生产力促进中心主办4场“西城区科技企业培训会”。培训会对企业关心的中关村科技金融政策、信用政策与金融政策的关系、融资担保、营改增、研发费用扣除、技术合同登记、展翼计划、高新技术企业信用信息服务平台申报流程、企业知识产权维权援助政策等内容进行了深入解读。来自全区近百家科技企业及科研院所的管理人员和技术骨干500余人次参加培训。

（闫　肃）

【高新技术企业发展】　年内，西城区科技园区国家高新技术企业134家。截至11月底，西城园规模以上高新技术企业181家，实现总收入741.5亿元，同比增长17%。

（闫　肃）

教　育[1]

概　述

中共北京西城区教育工作委员会、北京市西城区教育委员会（简称区教委）设职能科室39个，在职人员183人（公务员172人，工人11人）。分北区和南区2个办公区。年内，区内有幼儿园69所，小学72所，中学51所，特殊教育学校3所，其中聋人学校1所、弱智教育学校2所。工读学校1所。校外教育单位12个。

年内，以实践“校校精彩，人人成功”理念为主线，全面推进素质教育，组织实施《西城区中小学德育工作三年行动计划》，完成教育部“国家中小学教育质量综合评价改革试验区”的申报工作，高考成绩继续保持全市领先地位。推动教育集团和办学联合体工作，四中教育集团以“内部共享课程建设项目”为重点，八中教育集团以“成员校开展初中联合培养实验”为重点，实验二小以“全面开放”为重点，北京小学以“遨游计划”为重点开展工作，促进各成员校间的共同发展。制定《西城区基础教育设施专项规划》，通过新建、改扩建、回收出租房改造等方式适度扩大中、小、幼办学规模，满足人口入学高峰时段对教育的需求。完成西师附小、复外一小、后广平小学、曙光幼儿园、北京小学走读部、十四中6所学校的新建、翻扩建，总建筑面积32811平方米。奋斗小学等18所学校食堂改造工程完工，改造面积7114平方米。西城教育城域网实现与多家网络的互联互通，出口带宽累计达2G。区内所有教育单位接入城域网，实现高考巡考、远程教育教学系统、平安校园、财务、人事专业平台和教委办公系统等工作的信息传输。

加强教师思想政治教育和师德建设，36人被评为“北京市优秀教师”，2人被评为“北京市优秀教育工作者”，630人被评为西城区“优秀教师”，282人被评为西城区“优秀教育工作者”，190个集体被评为西城区教育系统“优秀集体”。对全区600余名新任教师进行培训，师资队伍素质不断提升。参加北京市中小学教师职称制度改革试点工作，有10位中小学教师被评为“教授”职称。成立10个名师工作室，筹备组建西城区教育系统名师顾问团，已入库79人。推进事业单位绩效工资工作，制定《北京市西城区深化中小学教师职称制度改革实施方案》，完成区事业单位具有教师资格人员1.2万人的职称过渡工作。

编制并出版《西城区民办教育学校管理手册》，共完成354所民办学校年检审核工作。全区职业教育38个专业中，特色专业8个，示范专业5个，美容美发专业被评为市级示范专业。加强校园安全建设，区政府拨专款1600余万元，在全区教育教学单位周边安装可视监控系统。区教委投入资金700余万元，协助学校积极妥善解决学生校园意外人身伤害案件，确保校园安全稳定。

北区地址：西城区育教胡同33号
邮编：100035
电话：66201155
南区地址：西城区广安门内大街171号
邮编：100053

[1]：本篇中各中小学校、托幼园所名称均为简称，全称见附录“学校”。

电话：63035462

（杨海蓉）

中小学教育

【概况】　年内，西城区72所小学中，教育部门办71所（不含一贯制学校小学部）、民办1所。招生13382人，毕业8314人，在校生60685人，其中北京市户籍学生43310人，非北京市户籍学生17375人。教职工4644人，其中专任教师4310人（含一贯制学校小学部）。小学入学率、巩固率、毕业率均为100%。51所中学中，教育部门办49所（含北师大办4所）、民办1所、其他部门办1所。招生16931人（初中9721人、高中7210人），毕业16634人（初中8908人、高中7726人），在校生52222人（初中28956人、高中23266人）。其中北京市户籍学生44649人（初中22684人，高中21965人），非北京市户籍学生7573人（初中6272人，高中1301人）。初中入学率、巩固率、毕业及格率均为100%，应届毕业生高考上线率（本科）88.24%。教职工8119人（含一贯制学校小学部），专任教师5827人（初中2756人，高中3071人）。特殊教育学校3所，结业72人，招生49人，在校生677人，另有小学随班就读学生180人，初中随班就读学生130人，开设教学班64个，教职工232人，其中专任教师205人。校外教育单位12个，教职工310人，其中专职辅导员189人。全区中小学教师学历合格率98.22%。中小学占地面积178.96万平方米、建筑面积177.46万平方米，图书馆（室）藏书584.80万册，固定资产292736.93万元。全年教育经费投入637455万元，其中国家拨款621350万元、自筹经费16105万元。

（杨海蓉）

【义务教育阶段招生】　年内，西城区义务教育阶段招生工作坚持“义务教育阶段入学免试就近，区域教育均衡、和谐和可持续发展，公正、公平、公开”的原则。初中入学办法采取多种招生方式与计算机派位相结合，按照招生计划要求，进行文艺、体育、科技特长生、住宿生、小语种、特色学校，推荐派位入学，共建班、双拥班、子弟班，划片派位入学4个批次的招生，取消双向选择入学，共录取学生10249人，比上年增加15人，其中3939名学生参加划片派位入学，约占西城区升学人数的38%。全区各小学共招收本市户口新生10083人，外省市借读生3233人，共招生13316人（不含兴华小学）。

（刘卫东）

【“中国梦”系列教育活动】　年内，区教委印发了《“我的教育梦想”——“中国梦”系列教育活动的通知》，以“中国梦”为主题，在全区开展学习教育与实践活动、主题征文活动、绘画大赛、中学生论坛以及宣讲活动。在征文活动中，有12所初中校的27名学生的27篇文章、15所高中校的47名学生的43篇文章入围区级评比，共评选出初中组征文一等奖6篇、二等奖9篇、三等奖12篇，高中组一等奖10篇、二等奖14篇、三等奖19篇。

（杨海蓉）

【学习困难学生项目】　年内，区教委在“提高北京市群体干预解决学习困难学生预警跟踪及提升学习质量的行动实践”项目中，按照“专家引领、行政推动、学校自主”的策略，稳步推进课题研究工作。在项目实验校内征集实验教师“以基于班级发展的校本研究为主转化学困生”的典型案例，经过评比选拔，6项案例获市级评比一等奖，15项案例获二等奖。

（詹小雪）

【人才管理】　年内，区教委接收应届各类毕业生442人（含非京生源毕业生70人），其中博士生7人，硕士生111人，本科生258人，大、中专生66人（学前教育专业学生）。共办理调入337人，调出140人，区教委所属单位间流动186人。下半年，组织所属107个单位公开招聘教师、会计、保健医、厨师等岗位工作人员，拟录用127人。全年安置随军家属35人。

（陈跃进）

【骨干教师队伍建设】　年内，西城区在职特级教师共有45名。区教育系统有44人被市教委评为“北京市学科教学带头人”，196人被评为“北京市骨干教师”，718人被区教委评为区级学科带头人。

（张捷莹）

【表彰评先】　年内，经北京市教育工委、市教委决定，西城区教育系统36人被评为“北京市优秀教师”，2人被评为“北京市优秀教育工作者”。经西城区委、区政府决定，630人被评为西城区“优秀教师”，282人被评为西城区“优秀教育工作者”，190个集体被评为西城区教育系统“优秀集体”。

（张捷莹）

【专任教师学历提升工程】　年内，根据《西城区教育委员会专任教师学历提升工程实施方案（草稿）》要求，进行了幼儿园、小学教师的成人本科考试和中学语文学科的在职硕士研究生考试，招收院校主要有首都师范大学和北京师范大学。135人参加考试，78人分数上线，上线率为57.8%。

（李　琳）

【支教工作】　年内，区教委根据北京市教委的安排，继续开展支教工作。共派支教教师11人，其中北川支教教师8人，新疆支教教师3人。

（陈跃进）

【食品安全工作】　年内，北京市校外供餐工作实行市、区县、学校三级管理，以区县为主的工作模式，管理权限由市下放到区县。西城区教委制定了《西城区中小学实行配送学生营养餐工作管理办法（试行）》《西城区中小学实行配送学生营养餐合同书》、《西城区中小学自办食堂工作管理办法（试行）》《西城区中小学食堂委托管理合同书》等管理制度，完善了《北京市西城区教育委员会食品安全突发事件应急预案（试行）》，并在区政府的领导下进行了应急演练，为做好学校食品卫生安全工作提供了保证。

（郭家燊）

【红十字会工作】　年内，区教委召开全区各中小学校红十字会工作会议，开展应急救护培训，5449名师生取得初级急救员证书。组织2500名中小学生参加中国红十字会纪念汶川地震自救互救知识竞赛。开展疏散演习，锻炼师生逃生避险技能。为4·20雅安地震灾害募捐，募集善款共计210余万元。为30名患大病师生发放救助款共计52.6万元。开展“第14届捐资助学”活动，向450名区域内家境困难品学兼优的学生发放救助款30万元。

（麻　涛）

【推进落实绩效工资改革】 年内，区教委推进绩效工资改革，分项落实2013年绩效工资，其中2013年义务教育绩效总额82352万元；2013年非义务教育绩效总额21292万元；补发2012年核增绩效人均1000元1477万元；调节事业单位收入分配人均4000元6299万元；进一步完善事业单位工资政策，按年人均5684元增加义务教育学校绩效工资总量8640万元；调节事业单位收入分配，一次性增加绩效工资总量年3000元4726万元；落实教育大会提出的六项特殊补助措施（骨干教师激励机制、班主任激励机制、校长职级激励机制、评优评先激励机制、绩效考核激励机制、优秀人才引进机制）8347万元。

（王　栋）

【组建民办教育协管员队伍】 年内，区教委制发《关于设立民办学校教育协管员的工作意见》，设立了民办学校教育协管队伍，并对协管员进行了岗前业务培训。

（王竞艳）

【电子化学籍管理】 年内，北京市教委建立“北京市学籍流转平台”，即增加转学过程中区县审核的环节，整个过程必须联网，转学的学生信息将通过市级学籍流转平台直接流转，信息不须二次录入。该平台为每个学生分配了终身不变的教育ID号。6月，对全区49所学校的初三年级（含育华中学）、43所学校的高三年级（含外籍学生）办理了毕业验证手续。为完善市中小学学生学籍信息管理系统（CMIS系统），市教委要求在初中毕业学生参加中考、普通高中学生参加会考通过电子学籍报名的基础上，本市高中毕业年级学生也要通过CMIS系统报名参加高考工作，西城区已于年底前布置完成此项工作。

（刘卫东）

【区教育网络云平台二期建成】 年内，西城区教育网络云平台二期建设完成。该平台为接入单位提供虚拟服务器近500台，虚拟桌面服务700台。截至年底，有80所学校及4个直属单位在此平台上搭建服务器230余台，近210名用户使用了教育云平台的虚拟桌面。内容涉及学籍管理、数字校园应用、网站平台、电子图书馆、公共存储等多项应用。

（刘　杨）

【生涯教育中期总结】 1月，西城区教委召开北京“十二五”科研课题——西城生涯教育中期总结会，14所生涯教育试点校对各自生涯教育开展情况和特色进行交流沟通，确立以班级、年级教育为基础，以课程多样化、专业化为目标，以学生指导体系为依托，以学生活动为补充的特色学生生涯发展规划指导体系。经过市区专家的集中评审，评选出一等奖6篇、二等奖12篇、三等奖15篇。

（张洁　詹小雪）

【普通高中会考】 1月8至10日，西城区春季普通高中会考参加考生13448人次，报考科目总计46328科次，全区共设20个考点、考场1627个。7月3至5日，西城区参加夏季全市统一组织的高中毕业会考，共47所学校参加考试，考生7251人次，报考科目总计14576科次，全区共设17个考点，考场508个。另有区考信息技术考试8488人。年内，西城区向7931名学生颁发了高中毕业会考合格证。夏季会考报名时，高一新考生报名从中小学学生学籍信息管理系统中提取相关信息。

（王艳辉）

【承办北京市中小学生乒乓球赛】 1月26至29日，区教委承办“阳光体育”2013年第29届北京市中小学生乒乓球比赛。比赛由北京市教委、北京市体育局主办，在六十六中举行。全市14个区县、116所中小学校的547名学生参加比赛，西城区的六十六中、半步桥小学、民族团结小学等获得优异成绩。

（毕正勇）

【参加全国中小学艺术展演】 2月，全国第四届中小学艺术展演在厦门举行，西城区北师大二附中的朗诵、北京小学的合唱、实验二小的管乐3个节目获一等奖。艺术作品比赛送展作品6件，获一等奖3个、二等奖2个、三等奖1个。其间，在中小学艺术教育科研论文报告会暨校长论坛活动中，三十五中校长朱建民和西城区少年宫老师田浩均获北京市一等奖，北师大二附中老师陈苏君获三等奖。此外，北师大二附中的朗诵获优秀创作奖第一名和精神风貌奖，北京小学合唱获优秀创作奖，西城区教委获优秀组织奖。

（芦炳杉）

【参加北京市青少年机器人竞赛】 2月1至3日，区15个学校的18支代表队参加在通州第三中学举行的第13届北京市青少年机器人竞赛，取得8个一等奖，有5支队伍获全国机器人大赛资格，分别是：机器人创意（实验二小），综合技能（北京教育学院附中），fll工程挑战赛（四中），vex（七中），机器人足球（展览路一小）。

（马志洪）

【三好生表彰】 2至3月，全区387人被评为北京市初中三好学生，246人被评为北京市高中三好学生，98人被评为北京市优秀学生干部，8个班级被评为初高中北京市先进班集体。四中学生孙雪被评为北京市优秀学生并在北京市优秀学生报告会上发言。

（詹小雪）

【寻找美德少年活动】 3月3日，纪念毛泽东“向雷锋同志学习”题词“寻找身边雷锋式的好少年”活动启动。活动由中国宋庆龄基金会、西城区教委、西城区志愿者联合会联合主办，8所中小学校领导和时代小先生、家长代表近100人参加仪式。年内，全区教育系统在“寻找美德少年，讲述美德故事”主题活动中，征集“美德故事”100余篇，选出“美德少年”51人。

（杨海蓉）

【北京市学生艺术节西城区展演】 3月14至17日，北京市第16届学生艺术节西城区群舞和大型器乐项目比赛分别在四中和实验一小举行。西城区58所学校的135个节目参赛，共获得一等奖17个、二等奖28个、三等奖68个。

（芦炳杉）

【小学校长论坛】　为贯彻落实区教委《关于印发落实北京市减轻中小学生过重课业负担实施方案的通知》（西教发〔2013〕6号）精神，3月22日，在北京进步小学举办以“减轻过重课业负担全面落实素质教育”为主题的小学校长论坛。在系统解读市、区教委“减负”文件精神的基础上，校长们介绍了各校以书法教育、艺术教育、体育工作、科技教育为突破口，落实减负精神，全面推进素质教育的认识、做法与经验。西城区小学校级干部150余人参加了论坛活动。

（皮拥军　谢歆）

【参加市青少年科技创新大赛】　3月24日，西城区代表队参加由北京市科学技术协会、北京市教育委员会、北京市科学技术委员会等单位主办的第33届北京青少年科技创新大赛，取得优异成绩。北师大实验中学张若及、郭萱，八中阎霄汉、赛罕娜获得北京青少年科技创新活动的最高荣誉——北京青少年科技创新市长奖。区代表队在中学生科技创新成果竞赛中获得一等奖25项、二等奖32项、三等奖6项；在小学生创新成果竞赛中获得一等奖7项、二等奖6项、三等奖6项；金牌总数居全市首位。区代表队还获得“北大先锋辅导教师奖”“安捷伦英才奖”“自然与生命探索奖”“发明创新奖”等多个专项奖项；实验二小甄奕获大赛“十佳科技教师奖”，实验二小、三里河三小获“十佳优秀科技实践活动奖”；西城区在少年儿童科技幻想绘画评比中获8项一等奖，在科技教师创新竞赛中获得一等奖10项。

（马志洪）

【全国中小学生安全教育在西城启动】　3月25日，教育部、公安部、国家质检总局、国家安监总局、国家林业局、中国地震局、中国气象局、国务院妇儿工委、共青团中央、全国少工委、国务院应急办、北京市人民政府在宣师一附小举办以“普及安全知识，确保生命安全”为主题的第18个全国中小学生安全教育日主题活动。教育部副部长刘利民出席此次活动并讲话。

（吕迎国）

【中高考心理服务工作】　3月27日，西城区中高考心理服务工作启动暨心理咨询卡发放仪式在八中启动。4月8日至6月26日，中高考心理服务工作面向全区中学发放心理咨询卡及致家长的一封信共计1.8万张。全区10所学校的11名志愿者加入服务团队，为初、高三考生、家长及教师提供电话咨询、网络咨询、面询等多种形式的心理服务。

（王冉冉）

【教育集团专家评审】　3月28日，区教委召开四中、八中教育集团专家评审会。北京师范大学教授张东娇、首都师范大学教授杨朝晖、区教委副主任赵蓬欣、2个教育集团的负责人以及成员校代表参加会议。四中教育集团上报了《北京四中教育集团章程》《北京四中教育集团2012-2015三年发展规划》《北京四中教育集团组织运行机构建设项目》《北京四中教育集团内部招生制度研究项目——北京四中教育集团校网络实验班建设》《北京四中教育集团内部学生交流项目》《北京四中教育集团内部共享课程建设项目》《北京四中教育集团内部教师交流培养项目》。八中教育集团上报了《北京市第八中学教育集团组织运行机制建设项目书》《北京八中教育集团成员校初中学生联合培养项目书》《北京八中教育集团内部教师队伍建设项目》《北京八中教育集团特色课程建设与教学方式改革的实践研究项目书》。与会专家对项目给予了充分肯定。

（张　雷）

【中学骨干班主任培训】　3月，区教委中学骨干班主任培训班开班。培训班为期一年，学员为全区17所中学、职高校的32名骨干班主任。上半年，培训方式有专题讲座、主题研修、现场班会、交流研讨等，培训内容包括如何开展课题研究、教育的心理学基础、危机情况的应对与处理等。下半年，专家分别就“学生发展规划生涯教育研究”“班主任价值主题班会研究”“学生心理健康教育研究”进行具体指导。学员还开展了主题班会观摩与研讨活动。

（王冉冉）

【举办中小学生篮球赛】　3月30日，区教委举办2013年西城区中小学生篮球联赛，小学、初中组比赛在三十五中进行，共有22支初中队、20支小学队参加95场比赛。11月，高中组比赛分别在四中和育才学校进行，有40支队伍参加130场比赛。

（毕正勇）

【紫禁杯班主任评选】　3至12月，在北京市“紫禁杯”优秀班主任评选表彰工作中，十三中老师高娟获北京市紫禁杯特等奖，八中童其琳等9位老师获一等奖，三中安莉萍等9位老师获二等奖。十四中华洋等86名教师获得区级中学系统优秀班主任称号。12月24日，区教委在香厂路小学召开以“发展学生，成就自我，享受幸福”为主题“紫禁杯”优秀班主任经验交流会。会上，获奖班主任围绕班集体建设进行了交流分享。

（詹小雪　石虹）

【参加北京市学生艺术节展演】　4月10至17日，北京市第16届学生艺术节金帆团组和行进打击乐、旗舞展演分别在北京八十中学、中国人民解放军军乐厅和中国农业大学体育馆举行。西城区14支金帆团、3支行进打击乐团和3个旗舞表演队参加了展示，获得一等奖18个、三等奖2个。

（芦炳杉）

【举办中小学生春季田径运动会】　4月13至14日，2013年北京市西城区阳光体育中小学生田径运动会在月坛体育场举行。西城区123所中小学、职高校，约1300名学生参加。比赛设6个组别66个比赛项目。运动会上，9人次打破6个项目区田径运动会纪录，4个接力队打破2项区田径运动会接力比赛纪录。

（刘　瑶）

【杨英校长办学思想研讨会召开】　5月14日，区教委在宣师一附小召开杨英校长办学思想研讨会。杨英校长做题为“坚守童真：让学生享受自然而完整的教育”的报告，学校师生和家长参与的互动环节诠释了校长的办学思想。国家总督学顾问、中国教育学会副会长陶西平作点评，副区长陈宁对西城区校长队伍建设提出要求。

（石　虹）

【“防灾减灾日”教育】 5月15日，以“识别灾害风险，掌握应急技能”为主题的西城区“防灾减灾日”系列宣传活动在西城区奋斗小学举行。此次活动采取“校园安全课”形式，包括地震逃生疏散演练，紧急救援专家讲解地震时的自我保护等内容。区长王少峰、相关单位领导及奋斗小学全体师生1600余人参加活动。

（吕迎国）

【区级主题班会评优】 5月22至24日，区教委组织开展第7届区级主题班会评优活动。活动以心理健康教育为主题，采取现场做课与撰写心理健康教育案例相结合的方式，依照比例共推荐54节课参加区级评选，最终评选出一等奖16节、二等奖26节、三等奖12节。

（石　虹）

【“博物馆之春”教学展示】 5月28日，区教委在中国地质博物馆组织区级社会大课堂教育教学展示课。宏庙小学、十四中、四十一中的学生通过生动形象、互动性强的体验性课程，探究和感知生命的奥秘，了解古生物、古气候、古地理、古生态环境。

（王笑菲）

【培智学校主题汇报演出】 5月30日，宣武培智学校在北京宣武少年宫举办以“文明花开馨香满园”为主题的礼仪教育汇报演出。表演节目由该校全体师生自编自导，展示了学校对每个学生进行“个别化教育”“文明礼仪养成教育”“义务教育和职业教育齐头并进”的教育成果，是学校不断创新残障教育模式的尝试。

（王文洪）

【“七彩梦想大舞台”启动】 6月4日，区教委在北京音乐厅启动“2013年西城区七彩梦想大舞台”活动，8所学校的426名学生展示了在北京市第16届学生艺术节中选拔出的交响乐、民乐、管乐等节目。

（芦炳杉）

【高考考点检查】 6月4日，教育部部长袁贵仁在北京市副市长苟仲文、市教委主任姜沛民、北京教育考试院院长王健，区委书记王宁、副区长陈宁的陪同下，视察北师大二附中考点，就安全高考提出具体要求。同日，由区考试中心、公安西城分局、区保密局、区城管执法局等单位组成的高考考点检查组，分5组对全区20个考点校进行全面检查。

（常　忱）

【4名学生被评为市“最佳艺术之星”】 6月5日至6日，北京市第16届学生艺术节艺术之星专场演出在国家大剧院举行。北京小学广外分校的丁浒、四中的孙格西、阜外一小的何予馨、实验二小的李泽一经过层层选拔参加演出，并被评为“最佳艺术之星”。

（芦炳杉）

【高中实验班建设】 6月6日，北京市教委正式批复同意四中的“道元实验班”和北师大实验中学的“理科实验班”进行新一轮实验。两校自2010年开始实验工作以来，在理论探索、选拔方式、课程建设、培养方式、队伍建设、制度建设、评价方式、班级建设等方面进行了一系列开创性的探索，取得了预期的成果。

（皮拥军）

【启喑足球队获全国大赛第5名】 6月17至26日，北京启喑实验学校学生足球队首次代表北京市参加在长春举行的全国聋人青少年U21足球比赛，获全国第5名。

（王秋阳）

【舞蹈家名师工作室成立】 6月20日，全国第一个舞蹈家名师工作室——潘志涛教授舞蹈名师工作室在北师大实验中学成立。副区长陈宁、北师大实验中学书记程凤春为工作室揭牌。来自四中、北师大实验中学、北京小学等西城区中小学的20名舞蹈教师现场向潘教授拜师。陈宁指出，在艺术教育的探索实践中西城区既有高精尖的《天鹅湖》童话芭蕾舞剧，又有普及层面的素质教育舞蹈课程，区政府将大力支持艺术教育的深入开展。揭牌仪式由市教委体卫艺处副处长王军主持。

（芦炳杉）

【高考取得优异成绩】 6月，高考成绩公布，西城区高考成绩保持北京市领先地位。四中文科实验班张韵凝以总分695分成为北京市高考文科第一名；北师大二附中、四中、八中、北师大实验中学、161中、十三中共6所学校进入北京市文科前十名；四中、北师大实验中学、北师大二附中、八中4所学校进入北京市理科前五名。全区18所高中本科上线率为100%。

（皮拥军）

【中考中招工作】 6月24至26日，区教委组织参加北京市高级中等学校招生统一升学考试，报考总计8616人，具有升学资格的考生7761人，不具备升学条件的考生855人。中考共设考点24个、考场298个。在录取工作中，西城区被提前招生学校录取的新生989人，其中示范高中411人、一般高中90人、中专138人、技校31人、职高309人、五年制高职10人。统一招生录取6098人，其中普高录取5563人（示范高中2899人，一般高中录取2664人）、中专102人、技校21人、职高217人、高职195人。未录取考生612人。录取总计7087人，升学率为91.3%。

（白　冰）

【春季普通高中毕业会考】 春季高中毕业会考全区各科考试成绩统计：语文实考人数6324人，及格率98.28%；数学实考人数6390人，及格率92.99%；英语实考人数6319人，及格率，97.01%；政治实考人数240人，及格率29.58%；物理实考人数6119人，及格率99.56%；化学实考人数6171人，及格率97.28%；生物实考人数211人，及格率63.98%；历史实考人数6620人，及格率95.59%；地理实考人数6571人，及格率96.13%。

（王艳辉）

【夏季普通高中毕业会考】 夏季高中毕业会考全区各科考试成绩统计：语文实考人数126人，及格率73.81%；数学实考人数401，及格率52.37%；英语实考人数157人，及格率，30.57%；政治实考人数6343人，及格率98.39%；物理实考人数82人，及格率81.82%；化学实考人数234人，及格率63.25%；生物实考人数6127人，及格率97.98%；历史实考人数182人，及格率58.24%；地理实考人数161人，及格率35.40%。

（王艳辉）

【创新人才培养】 7月，2012年和

2013年“翱翔计划”市拨经费到位，分别为1479万、1415万。10月，第5批翱翔学员结业。11月2日，西城区推荐的147名学生参加第7批“翱翔计划”学员的专家面试。12月13日，基础教育阶段创新人才培养2014年度工作任务申报评审会召开，西城区19个任务申报单位参加，申报内容均受到专家好评。各基地校完成第6批学员的年度培养任务。

（皮拥军）

【参加全国青少年科技创新大赛】 8月，西城区的8个学生项目、10个教师项目参加了在江苏南京举行的第28届全国青少年科技创新大赛。西城区师生获得大赛青少年科技创新项目一等奖5项、二等奖3项、大赛专项奖6项。实验二小甄奕、北京实验职业学校杨西明获“全国十佳科技辅导员”称号。西城区青少年科技馆朴红坤、展览路少年宫关怡获辅导员创新项目一等奖。实验二小、四中获全国“十佳科技教育创新学校”称号；四中成为全国十佳科技教育创新的“校之星”。此次大赛共有31个省市的35支代表队487名学生、200名科技辅导员项目参赛，共评选出65项一等奖、143项二等奖、152项三等奖。在展示项目的评选中，西城区参展的8幅科学幻想画作品获一等奖6个、二等奖2个；二里河小学、实验二小获优秀实践活动一等奖。

（马志洪）

【打造“开学一课”教育品牌】 8月28日至9月5日，区教委邀请刘先林、欧阳中石、王亚平、戚发轫、谢军、徐庆平、杜翔宛、罗援、张宇等9位专家、学者和名人，以“对话智者”为主题向西城区30所学校近5000名高中生讲授“开学一课”。“开学一课”，由八中、十三中、十四中、三十五中、一五九中、北师大附中、北师大实验中学、徐悲鸿中学高中部、育才中学等9所学校承办。9月18日，教委召开全区中学“开学一课”总结交流会，承办校做典型发言和展示汇报。

（张　洁）

【完成高校秋季招生工作】 9月，西城区教育考试中心高招办完成秋季招生考试工作。全区高考报名人数为10075人。普通高考报名人数为9442人，其中文科3340人（含3科112人），理科6102人（含3科110人）；138人参加18所高职自主招生并被提前录取。全区共有9292名考生参加普通高考，其中参加全科考试9142人，实考考生8875人，上本科线人数6669人，上线率为75.14%；参加高会统招150人，实考考生132人。中学应届实考人数6056人，上本科线人数5344人，上线率88.24%。截至10月底，普通高考共计录取8465人，录取率为92.56%。

（马　华）

【调研生源薄弱校】 9月，区教委主任带领中教科、研修学院相关负责人，先后到西城实验学校、北京教育学院附中、五十六中、一五四中、一四〇中、宣武分院附中、华夏女中、二一四中8所生源薄弱校以及私立汇才中学高三年级课堂听课，针对发现的问题，教委中教科及教研部门制定出有针对性的具体措施。一是针对个别学校学科同一年级、同一学科只有一位任课教师，无法开展集体备课、集体教研的情况，协调相关学校，建立校际间共同备课的工作机制；二是教委调拨专项经费，组织区内优秀教师成立专家顾问团，对薄弱学校的教师进行指导。三是利用假期，选派区内骨干教师对生源薄弱学校的学生开设学科专题讲座，让所有学生都有机会分享西城区优秀教育资源。

（皮拥军）

【承办中小学节约教育工作推进会】 9月26日，西城区白纸坊小学承办教育部中小学节约教育工作推进会并在现场做节约教育展示。会议旨在深入推动落实中小学节约教育工作，指导学校开展好节粮、节水、节电“三节”教育活动。与会代表参加了白纸坊小学的“手拉手，节约路上一起走”主题校会，分享孩子们勤俭节约的心得和做法。天津、四川、安徽等省市教育厅负责人及白纸坊小学校长做交流发言。全国部分省市教育行政部门负责人参加会议。

（石　虹）

【中小学生校园集体舞展示】 9月26日，北京市第16届学生艺术节（西城区）校园集体舞展示活动在十五中举行。西城区共有14所小学、7所中学参加展示。参赛学校学生不仅展示了规定舞蹈，还展示了自创舞蹈。活动共评选出一等奖9个、二等奖9个、三等奖3个。

（芦炳杉）

【实验教学优秀案例获奖】 9月29日，区教委组织全区实验管理员参加北京市中小学实验教学优秀案例的评选工作，选出优秀案例21件，其中5件案例代表北京市参加全国中小学实验教学优秀案例展演，获得全国一等奖的好成绩，与顺义区并列北京市第一位。

（张　洁）

【“西城杯”课堂教学评优】 9至12月，区教委在全区小学开展第11届“西城杯”小学教师评优课活动。在北区小学，活动以“把握学科核心，构建乐学课堂，促进学生发展”为主题，经过校级评优和片级评优，选出240余位教师，参加2014年4月举行的区级评优课活动。同时，南区小学以“新课标、新教材的实施”为主题，采取撰写教学设计与说课相结合的形式，按照各学科比例，推荐163位教师参与区级研讨。

（曹琮　石虹）

【金帆团成立26周年献礼演出】 2013年是北京市学生金帆艺术团成立26周年。10月19至27日，西城区20支中小学生金帆艺术团分赴街道社区、部队等地开展金帆日专场演出。四中进入什刹海社区，开展“金帆在社区飘扬”活动，为社区居民、工作人员、部队官兵、环卫工人演出。青龙桥小学金帆民乐团为房山区安琪儿培训学校送去民乐表演。宣师一附小金帆民乐团在学校报告厅演出，慰问武警部队官兵、派出所民警及社区居民。实验二小金帆管乐团赴三军仪仗队和门头沟演出。回民学校与回民小学结合民族团结教育，就民乐、舞蹈、科学魔术等项目进行交流。北京小学金帆舞蹈团、金帆合唱团邀请广内街道居民、敬老院的老人走进校园观看演出。进步小学金帆管乐团、展览路一小金帆合唱团开展慰问残疾人演出。育才学校、六十六中、实验一小的金帆管乐团在实验一小举行军民携手共庆金帆管乐普及音乐会。五路通小学舞蹈团和北广社区联合举办“舞动金帆秋之韵，共谱社区和谐音”专场演出。

（芦炳杉）

【开放式重点实验室申报工作】 10月，西城区十四中、西城外国语学校、北师大二附中，参加市教委第二轮开放式重点实验室的申报并入围。每校获得市教委250万元的建设经费。

（皮拥军）

【新增3所数字校园示范校】 10月，八中、十三中、回民学校3所学校被北京市教育委员会评选为全市第3批数字校园实验校。至此，西城区已拥有9所数字校园示范校。

（岳　鹏）

【参加市阳光少年艺术节展演】 10月下旬，西城区参加第6届北京阳光少年艺术节市级展演活动。器乐、舞蹈、戏剧、朗诵、合唱专场分别在东城区少年宫天地剧场、实验一小、北京航空航天大学晨兴音乐厅举办，西城区承办合唱、朗诵、戏剧等展演。西城区选派8个校外教育机构的38个节目参加角逐，获得市级一等奖5个、二等奖9个、三等奖17个。一等奖、二等奖获奖率均居全市之首。

（傅晓月）

【美国智障协会前主席到访】 11月1日，美国智障协会前主席夏洛克教授以及港台特教专家等5人，在北京市特教中心主任许家成的陪同下到宣武培智学校参观访问，同时参加活动的还有教育部基础教育司6位领导和社区化联合会理事单位的人员。来宾和培智学校的学生组成参赛队，参与“乐享竞技温暖融合”趣味运动会的拔河、往返跑、篮球、滚球等比赛项目，并参观学校的专业教室，夏洛克教授就培智学校课程问题与学校领导进行了深度交流，对学校开展的融合活动与支持性做法给予“无与伦比”的评价。

（王文洪）

【“武术进校园”研讨】 11月6日，西城区教委在展览路一小举办“武术进校园”活动研讨会。教育部体卫艺司司长王登峰、副司长刘培俊，教育部“武术进校园”专家组成员，市教委体卫艺处处长王东江、西城区副区长陈宁、区教委领导和部分学校校长、体育教师参与活动。

（刘　瑶）

【见培炎校长办学思想研讨会】 11月15日，区教委在奋斗小学召开见培炎校长办学思想研讨会。奋斗小学校长见培炎做《用发展的方法成就教师队伍的高素质》的报告，教师代表、毕业生代表发言讲述成长经历。区教工委、教委机关干部，中小学校长共150余人参加会议。

（曹　琼）

【教育科研周小学专场活动】 11月19日，“2013年西城区教育科研周”开幕。此次教育科研周以“创新促‘校校精彩’，实践助‘人人成功’”为主题。11月26日至12月18日，全区小学共推出5个主场活动，分别是：实验二小的“推进‘主题研究课’，打造精彩校园生活”，黄城根小学的“让每一个学生享受高质量的小学教育　UDS项目助力教师自主专业发展”，阜外一小的“打造精彩课堂依托校本课程对学生进行非物质文化遗产教育”，上斜街小学的“抖出精彩，抖动未来”和北京小学“汇聚集团合力，共创适合学生发展的课程”。

（曹　琼）

【高中特色发展项目结题】 11月22日，区教委召开国家级教育体制改革项目“开展高中特色发展试验”结题交流大会。全区高中校校长及其他区县项目学校代表共100余人参会。西城区教委副主任赵蓬欣代表区教委做题为《以特色建设促西城教育多彩发展》的大会主报告。3所项目学校做经验发言，其他10所项目学校以视频短片的形式展示项目成果。市教委领导及项目组专家对西城区在项目推进情况及取得的成果给予肯定。9所国家级项目校分别获得市教委150万元的实验经费支持。

（皮拥军）

【阿拉伯大使夫人协会代表团到访】 12月9日，阿拉伯驻华大使夫人协会14个国家的大使夫人应中国妇女儿童联合会的邀请，到启喑实验学校访问。启喑实验学校学前康复部的小朋友为来宾献上儿歌《高高兴兴上学去》，高中部学生的表演了民族舞《祝福》。大使夫人们与职高学生一起学习茶艺表演，并参观师生的书法、篆刻、国画、缝纫、编织等才艺展示和现场创作。

（王秋阳）

学前教育

【概况】 年内，西城区共有幼儿园69所，其中区教育部门办园25所、集体办园11所、其他部门办园14所、地方企业办2个、部队办3个、民办园14所。一级一类幼儿园41所，市级示范幼儿园17所，市级社区早期教育示范基地幼儿园32所。全区在园幼儿16385名，比上年度减少137名，教职工2773名，其中专任教师1538名，大专及大专以上学历1364名，占教师比例89%，小高以上职称528名，占教师比例34%。年内，实施幼儿园新建改扩建工程，增加学位供给，满足儿童入园需求；实施幼儿园办学条件标准化工程，加大财政投入，改善幼儿园面貌；实施幼儿园办学质量提升工程，加强幼儿园规范管理和文化建设，实现园所高品质特色发展；实施幼儿教师培养培训工程，加大干部教师分层培养培训力度，提高教师综合素质；实施学前教育公共服务体系构建工程，加强特教、早教、信息化示范基地建设，发挥辐射作用，促进西城区学前教育的科学发展。

（王丽萍）

【撤销1所幼儿园】 1月2日，西城区撤销国务院国有资产监督管理委员会商业机关服务中心下属商业三里河幼儿园。该园根据中央编办复字〔2012〕16号文件精神撤销，教职员工已划入国务院国有资产监督管理委员会新闻中心。商业三里河幼儿园建于1957年，办园地址西城区三里河二区18号。

（王丽萍）

【“西城杯”幼儿教师评优】 3至6月，全区学前系统开展了第二届“西城杯”幼儿教师评优活动。评选活动旨在贯彻教育部《幼儿园教师专业标准（试行）》《3-6岁儿童学习与发展指南》要求和北京市教委《关于提高幼儿园教育活动质量的通知》精神，通过赛、研、训一体方式，促进园所之间的相互沟通交流，提升幼儿教师教学能力水平，为提高幼儿园保教质量、全面实施幼儿素质教育奠定基础。评选采取各幼儿园组织初赛、示范园牵头分片组织小组复赛、区统一组织决赛的方式。全区140名教师参加，共评选出一等奖10名、二等奖20名、三等奖56名、表扬奖54名。获奖教师经过选拔纳入区幼儿园骨干教师培养计划，优秀者纳入区名师工作室培养。

（王丽萍）

【幼儿园考核】 4月16日至5月22日，区教委考核组分别对北海、棉幼、曙光、洁民、宇锋、公安局、六幼、长安幼儿园等8所市级示范幼儿园和民族团结、广电幼儿园进行考核。10月22日至11月29日，区教委考核组分别对中组部、大拐棒、幸福泉、洁如等不同办园体制、不同级类的25所幼儿园进行考核验收。通过考核，查找到制约幼儿园建设和发展的问题，挖掘办园优势，形成办园特色，有目的地制定发展规划。

（王丽萍）

【3所幼儿园被评定为市级示范园】 8月，西城区民族团结幼儿园、西城区和平门幼儿园、西城区名苑幼儿园通过市级示范园验收考核组的验收考核，被评定为市级示范幼儿园。至此，西城区示范幼儿园达到17所。

（王丽萍　张娟）

【申请区级财政对部门园的补贴】 10月，为缓解其他部门幼儿园办园经费紧张问题，区教委与区财政局协调，申请部门园生均补贴专项资金。补助范围为西城区户籍在园幼儿园，补助标准为1800元/生/年。专项补助款年内均已发放至各幼儿园。

（张　娟）

【北京市第四幼儿园长阳分园开办】 3月12日，西城区教委、房山区教委以及北京市第四幼儿院、北京万科在房山区教委举行合作办学签字仪式。9月，合作办学项目——北京市第四幼儿园长阳分园开园招生。

（张　娟）

【示范园和社会园结对】 10月25日至11月8日，区教委组织开展市级示范园骨干教师与社会园教师结对互助活动，8所市级示范园和9所社会园参与此次活动。活动中，社会园选派1名教师到市级示范园学习示范园骨干教师在班级管理、环境创设、教育教学、区域游戏等方面的带班方式和方法。

（张　娟）

【优秀课题展示】 12月3日，区教委举办何桂香老师主持的“成长在路上——职初期幼儿教师专业需求与主动发展策略研究”优秀课题成果展示活动。区教委、教育分院、市早教所所长等领导和各区县的学前科科长、教研室主任、示范园园长等共计200余人参加会议。何桂香老师就课题成果做大会发言，课题组成员展示了自己的成长历程以及通过课题的引领获得的收获。与会人员对何老师的成果给予高度评价。

（张　娟）

【新增2所民办幼儿园】 年内，西城区审批亲育代双语幼儿园、官园幼儿园共计2所民办幼儿园。2所幼儿园可开设教学班12个，招收幼儿360名。

（王丽萍）

职业教育与成人教育

【概况】 年内，西城区有职业高中4所，在校生4845人，招生787人，毕业1496人。教职工1043人，其中专任教师728人。专任教师中高级专业技术职务540人，特级教师1人，市级学科带头人1人，市级骨干教师3人，区级学科带头人26人，区级骨干教师106人。职业学校占地面积共121877平方米、建筑面积144285平方米。图书馆藏书368789册，固定资产总值21807万元，全年教育经费投入37670万元，其中国家拨款36416万元，自筹经费1254万元。全区有成人教育学校3所，开设专业74个，在校生9435人，招生2600人，毕业生2511人。成人学校占地面积共83837平方米，总建筑面积86990平方米。

（王娜娜）

【初中学生走进职业高中】 为了进一步增强职业教育的影响力，1月26日，西城区教委职成科会同中教科组织部分初中学校的师生代表200余人走进4所职业高中，进行全方位的学习，了解和实践职高课程。

（王娜娜）

【承办北京市专业技能比赛】 5月，区教委成功承办北京市美容美发、酒店管理、职业英语等专业的技能比赛。西城区学生取得市级比赛一等奖11个。

（王娜娜）

【高职班单独招生】 9月，区考试中心高招办完成高职班单独招生工作。高职单考单招报名人数为633人，其中167人参加自主招生被提前录取；444名考生参加师资班、高职班单独招生考试，实考人数260人，录取人数205人。截至10月底，高职班单独招生共计录取372人，录取率为87.12%。

（马　华）

【部分专业停招】 年内，区教委根据《西城区中等职业教育专业发展指导意见》，对北京市财会学校的旅游专业、北京市实美职业学校计算机网络专业实施停招。

（王娜娜）

【接受市教委复评及评估】 年内，西城区职业学校在中药专业、电子专业、酒店专业成为北京市示范专业的基础上，金融专业成功接受市教委复评，美容美发专业经过示范专业评估验收，被评定为北京市示范专业。

（王娜娜）

【举办第26届全国九市区职教年会】 10月，区教委举办全国九市区职业教育交流协作会第26届年会，200名京内外代表到会。本届年会是规模最大、参加人员最多的一届年会，搭建了西城职教与兄弟省市交流学习的平台，提升了西城职教的影响力。

（王娜娜）

【成人高等学校招生】 年内，成人高等学校招生类型分为高中起点升本科、专科和专科起点升本科3种，选用脱产、业余（包括半脱产、夜大学）或函授3种形式进行成人高等学历教育。成人高考的考试科目同上年，报名方式采用网上报名加现场确认的方式。专升本验证工作首次采用网上验证的方式。年内在西城区网上报名并交费的总计7577人；参加资格确认的考生总数为7146人，比上年减少767人。报名人数中，高中起点专科为2728人，高中起点本科为729人，专科起点本科为3689人。报名科次为22167科次，比上年减少2482科次。共设置成人考试考点校14所，考场246个。

（马　华）

【高等教育自学考试】　年内，区教育考试中心自考办负责西城区范围内和全市部分专业以及非学历证书等高等教育自学考试的报名、组考、成绩发放及论文申请等工作。全国高等教育自学考试笔试每年1月、4月、7月、10月进行；计算机应用基础上机考试每年5月、11月进行；高等教育非学历证书考试每年5月、11月进行。根据北京市高等教育自学考试办公室安排，从2013年开始，西城区不再承接1月自考常规考试和5月计算机应用基础上机考试组考工作。年内，自考办全年受理各类考试报名共27005人次、67194科次，新生注册2954人，使用42（次）所中学作为考点校，组考2131场次。

（欧阳丽）

【常规自考】　高等教育自学考试笔试课程全年报考总人数为15071人次，比上年45407人次减少30336人次。报考34044科次，比上年114049科次减少80005科次。新生注册1813人，比上年5323人减少3510人。共组织考试1065场次。查处违纪考生5人。

（欧阳丽）

【计算机应用基础上机考试】　5月和10月，西城区教育考试中心自考办组织高等教育自学考试的计算机应用基础上机考试。共报考181人，比上年761人减少580人。高等教育自学考试中有19个专业需要进行计算机应用基础上机考试。

（欧阳丽）

【非学历证书考试】　年内，西城区高等教育自学考试非学历证书考试，报考总人数11934人，比上年2772人次增加9162人次。报考33150科次，比上年7443科次增加25707科次。新生注册1141人，比上年461人增加680人。进行考试1066场次，查处违纪考生12人。

（欧阳丽）

【毕业初审办理】　年内，北京市高等教育自学考试专、本科毕业申请全部实行“网上申报”。西城区教育考试中心自考办根据“自考考生毕业需要经过网上申请、区自考办初审，市自考办复审，最后由主考院校与市自考办共同签发毕业证书”的程序，为1990名毕业生办理毕业初审，其中专科454人，本科1536人，与上年2820人相比毕业生减少830人。

（欧阳丽）

【成人教育培训工作】　年内，为提升新西城成人教育工作者理论实践水平，区教委职成科会同职成教中心、成人教育学会，组织成人教育管理干部培训班，聘请有关领导及专家，对成人教育政策形势等进行专题讲座，各学校负责成人教育的人员60余人参加。按照西城区成人教育工作计划的总体安排，组织有关专家学者，对房管学校、审计局、环卫中心、翔达公司等单位的成人继续教育及建设学习团队工作进行视察与指导，以点带面，促进全区成人教育培训工作的有效开展。

（王娜娜）

【成人教育高校举要】　北京市西城经济科学大学（简称西城经科大）是集高等职业教育、成人高等教育、继续教育、广播电视等远距离教育，职业资格培训、各种岗位培训及社会文化生活教育等多样功能于一体的综合性、社区性、高层次、开放式的新型成人高等学校。占地面积4.1万平方米，建筑面积4.2万平方米（独立使用占地面积2.1万平方米，产权建筑面积2.1平方米）。图书馆建筑面积1500平方米，纸质图书10.72万册。固定资产总值1390万元，其中教学、科研仪器设备总值648万元。全年教育经费投人2636万元，其中国家拨款1587万元、自筹经费1049万元。学校信息化经费投人255万元，拥有计算机826台，多媒体教室36间，语音实验室座位数82个，信息化设备资产值799万元，网络信息点数650个，校园网出口总带宽30Mbps，电子邮件系统用户数160个。上网课程9门，数字资源量99.4GB，管理信息系统数据总量113.8GB。设有西城区南草厂22号和63号、西直门前半壁街甲23号、前门西大街77号共4个校区。设有4个教学室，开设41个专业，覆盖个10学科。教职工143人，其中专任教师60人，包括副教授22人。兼职教师75人，包括教授7人、副教授24人。毕业527人，招生870人，在校生1540人。中央民族大学继续教育学院西城经科大教学站毕业33人、招生41人、在校生187人；中国传媒大学远程与继续教育学院西城经科大教学站毕业333人、招生460人、在校生1626人。中国人民大学网络教育学院西城经科大报名点报名18人。全年开设40个培训项目，培训约1万余人。全年组织和开展市民教育教学及成果展示等各类活动约8510次（项），参与活动和受教育者85余万人次。年内，成立青年研究会，通过了市教委对联合教学站（点）的检查评估。获北京高等学校成人高等学历教育英语口语非英语专业专科组竞赛团体总分第5名、竞赛组织奖，1人获优秀指导教师、2名学生获优秀奖。《西城区市民终身学习成果认证制度创新实践》项目获北京市高等教育教学成果二等奖，参与的《立足首都、服务社区，办百姓身边大学——北京地区性独立设置成人高校办学模式创新》获第7届北京市高等教育教学成果奖一等奖。校教师主编的《企业战略管理》被评为北京市高等教育精品教材。2人被评为北京高等学校继续教育教育管理先进个人。1人被评为北京市优秀教师。

北京宣武红旗业余大学（简称红大），是西城区独立设置的成人高校。占地面积32837平方米，建筑面积35997平方米。图书馆建筑面积300平方米，藏书6.98万册。包括纸质图书6.5万册、电子图书0.48万册。固定资产总值1943.78万元，其中教学科研仪器设备总值1415.23万元。全年教育经费投入 2746.97 万元，其中国家拨款 1971.26 万元，自筹经费 805.71 万元。学校共设有右安门、广安门外小红庙和西便门老龄大学 3 个校区，设 13 个行政部门，5 个教学系。开设 30 个专业，覆盖 12 个学科。教职工 140 人，其中专任教师 66 人，包括教授 2 人、副教授 19 人。兼职教师 60 人，其中，教授 12 人、副教授 21 人。专科学历在校生 1073 人，招生 410 人，毕业 311 人；北京理工大学继续教育学院红旗业大教学站在校生 212 人，招生 60 人，毕业 136 人；北京理工大学远程教育学院红旗业大教学站在校生 414 人，招生 110 人，毕业 121 人；北京交通大学继续教育学院在校生 1319 人，招生 372 人，毕业 322 人；北京师范大学继续教育学院在校生 79 人，招生 31 人，毕业 24 人。全年培训 7125 人次。年内，举办校庆 55 周年系列活动。

（何伶　李艳君）

社区教育

【概况】　年内，西城区社区教育工作重点总结学习型城市示范区建设经验和成果，继续推进六大示范项目建设。市民终身学习成果认证制度继续推进，全区市民持卡人数达 3 万人。广外、牛街、天桥、大栅栏、椿树、白纸坊社区教育学校成立，全区 15 个街道全部成立了社区教育学校。启动学习型社区工作示范区视导评估工作，各类学习型组织建设向前推进。陶然亭街道、月坛街道被评为“全国创建学习型社区示范街道”。西城区老舍茶馆“学茶艺、品生活”、陶然亭街道“陶然地书”被评为首都学习品牌。尹智君、颜秉新、时永进、李连元、成秉亮被评为首都学习之星。全年社区教育年培训人次达 153 万人次。西城区社区学院承担文明市民教育和社区教育职能，区文明市民学校总校设在社区学院。总校在区内 15 个街道办事处设文明市民学校中心校 15 所，在社区或居委会设文明市民学校分校 255 所。年内，组织各类培训，开展了以“做文明有礼的北京人”为主题的教育教学活动和各种形式的教育品牌活动。

（王　珍）

【公共文明引导员培训专题汇报会】4 月 18 日，区公共文明引导员培训专题汇报会在西城区社区学院召开。区文明办、区公共文明引导行动协调小组办公室的领导出席会议。市民总校相关部门负责人分别针对公共文明引导员教材开发情况和培训方案进行了汇报。区领导肯定了公共文明引导员培训项目的阶段性成果，并对下一步工作提出具体要求。

（梁　静）

【建设学习型城市现场会在西城召开】　4 月 26 日，北京市建设学习型城市工作现场会在西城区召开。市委常委、秘书长、市建设学习型城市工作领导小组组长赵凤桐到会并讲话。会议由市教委主任姜沛民主持，市委副秘书长傅华，市教工委副书记刘力，西城区委副书记、区长王少峰，区委副书记杜灵欣出席会议，全市 16 个区县主管教育的副区长和教委主任参加会议。会上，西城区副区长陈宁作了题为《让学习成为一种生活方式，让创建成为一项常态工作》的报告。区教委主任丁大伟作了题为《建设社区教育学校，搭建学习型城区新平台》的经验介绍。西城区社区学院院长张建国作了题为《建立市民终身学习成果认证制度》工作汇报。与会人员参观了金融街社区教育学校。

（王珍　李艳君）

【文明市民学校教育工作会召开】　5 月 13 日，西城区 2013 年学习型城区建设暨文明市民学校教育工作会在西城区社区学院召开。区教工委、区文明办、红旗业余大学及区相关委办局领导、15 个街道、9 个社区教育学校等 200 人参会。会上，西城区社区学院院长兼区文明市民总校常务副校长张建国做 2012 年工作总结及 2013 年工作部署。会上表彰了 2012 年度文明市民学校先进校 76 所、优秀教师和管理工作者 130 人、教育教学活动 31 项、优秀学员 56 人、优秀信息员 23 人。

（梁　静）

【社工师考前辅导培训】　5 月 20 至 31 日，西城区社区学院承办西城区 2013 年社会工作者职业水平考试考前辅导培训。区 15 个街道的社区工作者以及专业社工人员参加，分初、中级。初级 839 人，16 课时；中级 398 人，24 课时。聘请中国青年政治学院教授许莉雅等 5 人组成教学团队授课。辅导培训采取现场授课与远程教学相结合的方式。

（梁　静）

【文明引导员素质教育工程启动】　5 月 29 日，西城区社区学院与区文明办、区公共文明协调办联合召开“西城区公共文明引导员素质教育工程（2013–2017）”启动会，在全市率先启动该项工程。首都文明办副巡视员、北京市公共文明协调办主任孙平，西城区委常委、副区长梁昌新，区委宣传部副部长、区文明办主任谢静，西城经济科学大学（社区学院）党委书记张润田，西城经济科学大学（社区学院）院长、区文明市民学校总校常务副校长张建国等出席启动会，公共文明引导员 200 人参会。张润田主持启动会，张建国宣读《关于西城区公共文明引导员素质教育工程（2013–2017）的实施意见》；与会领导向素质教育工程培训讲师团 27 名特聘教师代表颁发了聘书；向区公共文明引导员代表赠送培训教材和公共文明引导员学习卡。7 月 15 至 24 日，公共文明引导员素质教育培训开班，内容有公共文明引导员职业入门教育、急救常识，培训分理论和实践操作。培训 520 人，共 20 课时。

（梁　静）

【学习型城区建设论坛】　6 月 15 日，西城区举办学习型城区建设论坛。与会领导为广外、牛街、天桥、白纸坊、大栅栏、椿树社区教育学校揭牌。区长王少峰在讲话中指出，教育应该是“一体两翼”的教育，“一体”指基础教育，“两翼”一是指社区教育，二是指特殊教育。

（王　珍）

【新加坡基层领袖访问团到学院考察】　6 月 24 至 27 日，“新加坡人民协会基层领袖友好访问团”一行 42 人到社区学院考察。社区学院与中外友好国际交流中心、区社会工委承接考察活动的启动仪式。中外友好国际交流中心副主任胡克、西城区副区长杜黎彬、区委社会工委书记艾丽等参加仪式。仪式后，访问团成员听取了《中国社区建设组织体系——以西城区为例》的讲座。

（梁　静）

【民办校长和安全员培训】 9月25日至10月21日，西城区社区学院与区民办教育协会在西城区社区学院共同举办西城区民办学校首期安全员培训和区民办学校校长任职资格培训。区民办学校负责安全的领导及相关人员211人，区各民办机构新办校和变更校、未年检校的校长共94人参加，共52课时。内容分理论与实操两部分。理论部分聘请中国公安大学教授褚维忠主讲；实操部分聘请区公安消防支队西直门消防中队长王帅主讲。

（梁静　何伶）

【参加全国社区教育音乐活动比赛获奖】 10月12日，西城区文明市民学校总校暨西城区社区学院选送的《八骏赞》获得2013年第三届全国社区教育音乐活动展播节目一等奖，《民间工艺永传承》获得三等奖。

（梁　静）

【举办“速录行业职业素质培训”专题系列讲座】 10月至12月，红大举办了8次的“速录行业职业素质培训”专题系列讲座。200余名学员参加。讲座采取讲授、讨论、示范等方式，内容包括职业心理辅导、应用文写作、办公软件处理和公务礼仪指导4个方面。

（李艳君）

【第11届市民学习周开幕】 11月15日，以“中国梦·终身学习精彩人生”为主题的西城区第11届市民学习周活动在北京天文馆举行开幕式。开幕式上表彰了“市民学习之星”“优秀学员”、市民终身学习服务基地优秀特色项目（活动）、2013年西城区教育系统学习型学校先进集体和个人、2013年西城区教育系统“十百千”工程先进集体和个人。同时举办市民终身学习服务基地优秀特色项目（活动）成果展览、西城区市民文明学校第12届书画、摄影、手工艺作品展。在市民学习周期间，西城区职成教中心举办了“西城区市民学习职业技能成果展示”，社区学院举办了“中国梦之传承中华美德宣讲活动”、市民外语节、高雅音乐进社区系列活动等主题活动。

（王　珍）

【中华美德宣讲活动】 11月18日，西城区文明市民学校总校主办了以“中国梦·百姓梦我的梦”为主题的中国梦之传承中华美德宣讲活动，这是区第11届市民学习周系列活动之一。区教工委、区教委、社区学院领导及15所文明市民学校中心校、255所社区文明市民学校、15所社区教育学校及宣讲团4位成员、260名社区居民参加了宣讲活动。聘请中国人民大学政治学博士、市委党校党建部副教授江伟解读中国梦的内涵。

（梁　静）

【街道社区工作者培训】 11月25至27日，“西城区2013年社区工作者培训班”开班。全区15个街道320余人参加培训。培训内容主要有：《如何做好新时期的社区工作》《塑造美好个人形象——社区工作者礼仪与沟通技巧》《团队合作》《创新思维与创新管理》。

（李艳君）

【区社工委社区干部培训】 12月16至23日，“西城区委社会工委学习十八届三中全会精神培训班”开班。区社工委机关干部100余人参加培训。课题为“社会组织发展与社会管理问题研究”，分别就党的“十八大”报告中加强社会建设、社会组织发展现状与存在问题等多个角度，解析了社会组织发展的思路与对策。

（李艳君）

【公共文明引导员素质教育教材出版】 12月，西城经科大首次编著公共文明引导员素质教育读本丛书。此书由电子工业出版社出版，共11册，分入职教育、服务技能、管理基础知识3个部分，包括公共文明引导员入职教育、应急安全知识、常用手语和英语、服务礼仪、团队活动策划与执行、沟通与激励、微博与微信、心理调适与辅导等内容。该丛书彩色印刷，内容通俗易通、实用性强，便于携带阅读。

（何　伶）

【扩大市民终身学习试点单位】 年内，西城经科大对市民终身学习成果认证试点单位进行扩大完善。在上年15个试点单位的基础上，新增13家。注册学员约3万人，由退休人员扩展到在职人员、志愿者、中小学生、公共文明引导员、社区专职工作者等。认证了计算机、英语、艺术、文学类等210门课程，共计2800课时。学员刷卡累积约5.6万人次。试点单位设教学场所并负责教学管理工作。西城经科大对试点单位认证管理员进行业务培训，安装POS刷卡机等终端设备，建立试点运行机制和评估指标，制定学分奖励和积分消费管理制度。在运行良好的试点单位开展积分消费活动，通过以学分兑换实物商品或收费课程的方式鼓励市民参与终身学习。

（何　伶）

【举办继续教育讲座】 年内，西城经科大组织3场继续教育讲座。题目分别是如何有效开展科研选题与设计、健康与养生和微博与微信知识。主讲人为北京市教科院职业教育与成人教育研究所专家、北京大学副教授和西城经科大教师。内容包括课题选题方法、课题设计的窍门、微博和微信的主要功能和用途、知识分子的健康状况及应对措施等，约400人参与。

（何　伶）

【录制社区教育音视频课程】 年内，西城经科大在学习型西城网上录制增设社区教育音视频课程，包括《红楼梦》《西游记》《三国演义》《水浒传》4门名著鉴赏，共26集。由西城经科大被誉为民间“百家讲坛”的张亚宁主讲。西城经科大与北京麦克在线教育技术有限公司合作，引进《中国美术赏析》《书法艺术赏析》等11门社区教育课程。

（何　伶）

【科研课题立项】 年内，西城区承担的《西城区开展社区教育特色项目的研究与实践》《西城区社区教育创新发展研究》经中国成人教育协会社区教育专业委员会审核，成为教育部职业与成人教育司委托立项课题。

（王　珍）

【科研课题结题情况】 至年底，西城经科大承办的西城区2012年学习型研究中心课题结题。共立项22个课题，起止时间为2012年至2013年。课题参与者有西城经科大、街道、社区等相关单位人员。课题研究方向是社区教育、成人教育及学习型城区建设。投入经费25万元。经北京市教科院职业教育与成人教育研究所、北京市学习型城市研究等专家组鉴定验收，共16个课题结题，评出一、二、三等奖及优秀奖。西城经科大教师立项的6个课题获奖，其中《社区老年英语课程的设计与实施》获一等奖。优秀课题成果编辑形成《学习型城区建设科研成果汇编》。

（何　伶）

【全区社区工作者培训】　年内，西城区社区学院与区社工委联合举办5期北京市万名社区工作者培训暨西城区社区工作者培训班。全区15个街道255个社区的新任党委书记、居委会主任及服务站站长共1350人参加培训，计200课时。培训以专题讲座的形式进行，授课教师由北京市社会工作者教育培训讲师团专家成员担任。

（梁　静）

教育督导

【概况】　西城区人民政府教育督导室（简称区教育督导室）是区政府加强教育行政监督，行使教育督导职能的专门机构；代表区人民政府开展区内教育督导工作；职能是依法对区内教育工作进行监督、检查、评估、指导。共有专职督学17人、兼职督学28人。年内，区教育督导室共对12个单位进行了全面实施素质教育综合督导，对4个街道办事处进行了履行素质教育目标责任的随访督导，对5所民办幼儿园进行了综合管理督导评价，对1所社区教育学校进行了综合督导，对27所集体和其他部门举办幼儿园进行了调研，对3个教委直属单位和1个校外教育单位进行了随访。

地址：西城区广安门内大街171号

邮编：100053

电话：63035547

（王锦红）

【督政工作会】　1月8日，区教育督导室召开督政工作会。总结2012年西城区执行教育法律法规、全面实施素质教育工作情况，提出2013年工作思路。区属52个相关单位分管教育的领导参加会议。

（王锦红）

【开展“减负”专项督导】　年内，区教育督导室制定了《西城区人民政府教育督导室落实市教委、市政府教育督导室“关于切实减轻中小学生过重课业负担通知”督导工作方案》。结合年内各项督导工作，努力做到将“减负”工作专项督导与综合督导相结合、与督导学校的回访和复查工作相结合、与督学深入责任区进行经常性的检查工作相结合、与学校年度自评工作相结合，对全区绝大多数中小学进行“减负”工作专项督导。

（王锦红）

【督学研讨会】　1月17至18日，区教育督导室召开督学研讨会。督学围绕“如何做好督学工作”“如何做好责任督学”等主题做了发言，并将督学发言积集成册。

（王锦红）

【组织自评软件使用培训】　3月5日，区教育督导室对上半年接受综合督导的中小学校开展自评软件使用培训。培训从软件研发的背景、主要功能和操作方法以及学校（幼儿园）所需的准备工作等几个方面展开，明确了“高度重视，关注细节”和“合理安排，提高效率”两点工作要求。6所学校负责自评工作的领导和计算机教师参加培训。

（王锦红）

【推进“交通安全宣传年”工作】　4月8日，区教育督导室为进一步促进“交通安全宣传年”工作落实，依据《西城区人民政府进一步推进全面实施素质教育评价工作方案》，结合《西城区教育系统“交通安全宣传年”实施方案》，随访西城交通支队，听取交通支队的工作汇报。

（王锦红）

【随访区文委】　5月15日，区教育督导室结合“5·18国际博物馆日”，依据《西城区人民政府进一步推进全面实施素质教育评价工作方案》，对区文委进行专项随访，了解博物馆宣传教育及博物馆资源与学校教育的融合情况。

（王锦红）

【教育评价与督导科研课题中期汇报会】　5月28日，区教育督导室召开西城区教育评价与督导“十二五”科研课题中期汇报会。会上，北师大附中、铁二中、香厂路小学、槐柏幼儿园等11个单位课题负责人分别就本课题中期进展情况进行汇报。西城教育研修学院教科所副所长彭波和市教育学院宣武分院科研室主任刘欣杰对汇报课题进行点评，提出意见和建议。区教育督导室对各单位积极参与课题研究给予肯定，同时也对下一阶段的研究工作提出了要求。

（王锦红）

【学前教育调研】　上半年，区教育督导室会同区教委学前教育科和学前教研室、区妇幼保健部门，依据“西城区集体和其他部门举办幼儿园的调研工作方案”，完成了对27所此类幼儿园的调研工作，全面了解了各园办园基本情况、办园主体、办园条件以及园所发展中的成绩和经验、问题和困难，并形成了调研报告。

（王锦红）

【区人大教学质量督导情况专项检查】　上半年，西城区人大对本区教学质量督导情况进行专项检查。区教育督导室以此为契机总结提炼工作经验和成效，查找不足和问题，形成关于教学质量督导情况的报告。区人大检查组通过听取关于教学质量督导情况的报告、召开座谈会、下学校实地视察等形式，了解本区教学质量督导情况。

（王锦红）

【通报年度督导工作】　7月19日，根据教育督导制度的有关规定，区教育督导室在全区教育系统领导干部会上，就2012至2013学年度教育督导工作情况向全区中小学校长、幼儿园园长、校外和直属单位领导、两委机关干部做了通报。

（王锦红）

【学习研讨市评价方案】　9月11日，区教育督导室召开研讨会，学习研讨《北京市区县政府、教委、学校（教育机构）全面实施素质教育评价方案》（征求意见稿）。部分专兼职督学分成中学、小学2个组依据有关教育法律法规，结合教育督导工作实际对新方案进行讨论，并提出改进意见。

（王锦红）

【与深圳教育督导考察团交流】　9月24日，深圳市宝安区教育督导考察团一行30余人到西城区进行教育督导考察交流。区教育督导室主任牟东棋详细介绍了区教育督导室的基本情况、主要工作以及督导工作的体会等。双方还就督学责任区制度建设、督导队伍建设等共同关心的教育督导热点、难点问题进行了交流。

（王锦红）

【市学前教育专项督导评估】　9月25至26日，北京市政府教育督导室督导评估组对西城区学前教育发展状况进行专项督导评估。市教育督导室近20位领导和专家参加。督导评估组查阅了西城区学前教育档案资料，收看了西城区学前教育工作专题片，听取了西城区学前教育工作汇报，召开了区委办局、教委相关科室、幼儿园园长代表等不同层面的座谈会，到幼儿园进行实地考察，开展幼儿园干部教师问卷调查和家长问卷调查，以多种方式全面了解本区学前教育三年行动计划落实情况。

（王锦红）

【制定督学责任区制度】　下半年，区教育督导室依据国务院教育督导委员会印发的《中小学校责任督学挂牌督导办法》，组织全体专兼职督学学习和研讨，并结合本区督导工作实际修改完善《西城区督学责任区制度》。

（王锦红）

【全面实施素质教育自评工作】　年内，区教育督导室按照教育督导评价制度的要求，组织全区39所中学、64所小学、16所幼儿园和4所职业高中共计123个单位开展每学年一次的全面实施素质教育自评工作。在年度自评工作中，督导室本着减轻学校工作负担、提高自评工作实效的原则，围绕市、区两级教育热点问题和本区教育行政部门重点推进的工作，有侧重地调整了自评内容，突出了评价重点。

（王锦红）

【开展全面实施素质教育综合督导】　年内，区教育督导室依据《北京市普通中小学校、幼儿园全面实施素质教育评价指标体系（试行）》，会同区教工委、教委有关科室、教育研修学院、教育学院宣武分院、信息中心、教育考试中心、中小学卫生保健所和相关街道办事处对12个单位进行了综合督导。

（王锦红）

【开展民办幼儿园督导】　年内，区教育督导室依据《西城区民办幼儿园综合管理督导评价指标体系（试行）》，围绕幼儿园办学方向、办园条件、各项工作管理、办园绩效和办园特色5个方面对广电银河艺术幼儿园、幸福时光陶然幼儿园、里仁街幼儿园、中铁信达经贸公司幼儿园、幸福泉幼儿园等5所幼儿园进行了综合督导。

（王锦红）

【开展社区教育学校督导】　下半年，区教育督导室依据《西城区社区教育学校全面实施素质教育工作评价体系（试行）》，对德胜社区教育学校进行督导，从规划计划、队伍建设、教育教学工作、学习型学校创建、办学质量、特色创新等方面进一步规范社区教育学校，促进社区教育学校健康、规范、高水平发展，以满足居民日益增长的学习需求。

（王锦红）

【随访督导教委直属单位】　年内，区教育督导室会同区教委相关部门，落实市教育督导室“应督尽督”的要求，了解教委直属单位的业务职能，促进各单位更好地开展工作。为落实素质教育提供服务和保障，对西城区中小学劳动技术教育中心、中小学卫生保健所（南）、北京教育学院宣武分院进行了随访。

（王锦红）

【综合督导街道办事处】　年内，区教育督导室依据《西城区进一步推进全面实施素质教育评价工作方案》对月坛街道办事处、椿树街道办事处、德胜街道办事处以及展览路街道办事处进行综合督导。在督导的过程中注重挖掘街道开展素质教育工作的特色和取得的成绩，同时依据评价方案和街道开展教育工作中出现的不足，提出工作建议。

（王锦红）

【开展教育执法自查】　年内，区教育督导室依据《西城区进一步全面推进素质教育评价方案》，组织相关单位开展落实教育法律法规的自查自评工作。区教育督导室结合相关单位自查报告，全面总结落实教育法律法规中突出的成绩及经验，并根据自查情况，提出工作建议。

（王锦红）

【随访校外教育单位】　年内，区教育督导室加强教育督导工作，推进本区校外教育事业的健康、可持续发展，会同区教委校外教育科对西城区少年宫进行了随访。

（王锦红）

【督导回复】　年内，区教育督导室召开全面实施素质教育综合评价反馈会，分别对2013年综合督导的12所学校（含中小学、幼儿园）进行督导回复。责任督学代表督导室宣读督导评价意见，肯定学校近3年工作中取得的主要成绩，同时指出学校工作中存在的主要问题并针对问题提出具体建议。

（王锦红）

【开展督学培训】　年内，区教育督导室开展多种形式的督学培训活动，提高督学专业化水平。组织督学150人次参加北京市督学大讲堂，1名专职督学参加北京市专职督学轮训班。学习十八大、十八届三中全会以及国家、北京市相关文件精神，组织专职督学20人次参加“聆听思想、启迪智慧”读书活动。

（王锦红）

（责任编辑　李　黎）

文化 旅游 体育 卫生

文 化

文化管理

【概况】 北京市西城区文化委员会（简称区文化委）是区政府主管文化、文物、新闻出版和广播电影电视事业管理工作的职能部门。负责制定区文化事业发展规划，并组织实施；指导公共文化设施建设，构建公共文化服务体系；制定文化市场发展规划，承担文化市场、新闻出版、广播电视事业监督管理责任；负责文物保护有关事项的管理，对文物保护单位实施监督管理。设办公室、政策法规科（研究室）、公共文化科、非物质文化遗产科、文化产业科、文化市场管理科、文物科、财务审计科、党群工作办公室、人事科，行政编制45人。区文化委所属区文化执法队是负责区文化、文物、新闻出版和广播电影电视事业行政执法工作，设综合科、文化市场治理办公室、法制监督科、财务科、执法一分队、执法二分队、执法三分队、执法四分队、执法五分队，行政编制37人。

地址：西城区后广平胡同26号

邮编：100035

电话：66561230

（房 微）

【传统节日文化活动】 2月3日至5日，癸巳年小年文化庙会在历代帝王庙举办。包括送春联、赏花迎春、专场演出和赠送糖瓜儿、灶王爷像、“年运亨通之敲钟祈福”“叩拜关帝之敬香纳祥”“寻根问祖之姓氏寻踪”“爱不释手之非遗展示”“缤纷绚丽之花会表演”、首届水仙文化展等内容和展览。4月3日，“同品寒食 踏青寻春”清明节系列文化活动启动仪式在什刹海前海小广场举办。活动分为文艺演出、非遗展示、民俗知识展览3个板块进行，将清明节、寒食节、上巳节的传统习俗集聚其中，让清明传统民俗重归百姓生活。著名民俗专家高巍与北京市级非遗项目传承人白大成一起为系列活动揭幕。6月9日，“走进什刹三海 体验端午习俗”端午节系列文化活动在什刹海地区举行。活动内容包括端午祭祀、第二届“什刹海杯”龙舟竞渡邀请赛活动、传统民俗曲艺表演、非遗手工技艺互动展示、饮荷叶茶、品五毒饼等活动。6月10日，“中国梦 民族情 乐享在陶然”端午系列活动在陶然亭公园中央岛佳境牌楼景区拉开帷幕。活动通过端午诗歌颁奖、祭祀屈原、龙舟表演等活动使广大市民和游客了解传统文化，亲近历史，继承和发扬民族优秀传统，增强民族凝聚力，不断满足人民群众的物质和文化生活。9月17至19日，“月圆中秋 浓情西城”西城区2013年中秋节赏月游园会在月坛公园举行。活动通过月文化展示、特色食品展示、观众互动、现场表演、晚会演出等，对传统文化及民俗知识予以宣传与推广，向游客解读非遗文化、吉祥文化、团圆文化的精神内涵。

（房 微）

【春节庙会活动】 2月9日至14日举办北京厂甸庙会和北京大观园第十八届红楼庙会，两大庙会各具特色，以传统文化展演突出西城区独具特色的文化底蕴。厂甸庙会共接待游客33万余人次、大观园第十八届红楼庙会共接待游客7万余人次。

（房 微）

【非遗文化专场演出系列活动】 3月30日，由区文化委与中国音乐学院共同主办的西城区非物质文化遗产专场演出之古典诗词歌曲演唱会在西城区文化馆剧场举办。演唱会由中国音乐学院声乐教授、著名女高音歌唱家、国家一级演员、中国古诗词歌曲专家王苏芬携弟子联袂演出。曲目有诗经、楚辞、汉乐府及唐、宋、元、明、清各朝代的古典诗词歌赋，其中大部分作品为古传的原词原谱。6月8日，北京传统皮影戏《樊梨花》复排公演活动在万胜剧场举行。北京皮影剧团本着“抢救第一，保护为主”的非遗保护工作原则，积极进行传统唱腔的抢救挖掘工作，专门聘请退休的皮影老艺术家进行唱腔等方面的指导，对剧本唱腔进行梳理、恢复了配器和练乐、影人的设计、刻制、布景的制作等工作。7月30日，西城区非物质文化遗产专场演出之评书（北京）专场在西城区文化中心举办。作为西城区非物质文化遗产项目，评书（北京）代表性传承人马岐携弟子李富衡、勾超、义子王军等演出了评书经典选段

《八仙传说》《金镖黄天霸》《白马坡》《酒雁》等。

（房　微）

【24小时自助图书馆】　4月26日，位于西城区图书馆门口东侧的西城区第一台“24小时自助图书馆”正式投入运营。截至年底，西城区共计有6台“24小时自助图书馆”投入使用为辖区市民服务。

（房　微）

【非遗文化走进回民校园】　5月7日，区文化委与北京市回民学校举办非遗进校园活动。针对回民学校的民族特色，区文化委组织了辖区内羊头马、年糕钱、正兴德、聚德华天控股有限公司等老字号和餐饮公司的非遗项目走进校园。

（房　微）

【2013西城文化节系列活动】　5月10日，“多彩·中国梦”——2013西城文化节之青年艺术节音乐汇拉开了2013西城文化节序幕。5月至11月，共推出演出100余场，区域内中央、市属和区属专业文化艺术院团及西城区群众文化团队5000余名演员参演，12万西城居民受益。活动包括：以缅怀先贤、歌颂春天、弘扬美德、畅想中国梦为主题的“清明·陶然诗会”，以展示西城美好人文景观和美丽自然景致为主要内容的“荷舞莲香”系列主题文化活动，以展示京腔京韵的京味文化为主要内容的“京韵陶然”系列主题文化活动，以丰富百姓文化生活的50场“百姓周末大舞台”演出活动，以专业文艺团体和专业演出场所积极参与为主要内容的“万人走进艺术殿堂”系列主题文化活动25场共2500余人次参与。“金色中国梦”金融街文化节在民族文化宫剧场上演，共800余人参加活动，纪念建军86周年文艺演出，总参政治部及多位市、区领导出席活动，共计1300余人观看演出。以丰富群众文化生活、提高群众文化活动水平为主要目的的“畅想中国梦”——第十届北京景山合唱节和2013年“欢乐飞飏”北京社区舞蹈大赛，以展示北京的文化魅力，从北京一家人当中发生的点滴小故事映射出人性光辉的群众原创情景剧《北京人家·心愿》。

（房　微）

【文化遗产日活动暨“动物与民俗”展】　6月8日，区文化委、北京动物园主办的“做文化遗产的小主人”——2013年西城区文化遗产日活动暨“动物与民俗”展在动物园科普馆举办。展览共设置24个展区，近200件作品，每日到馆游客达数千人。

（房　微）

【百场文化艺术讲座进社区】　6月13日，百场文化艺术讲座进社区活动，通过给全区各街道社区发放的100余份需求调查表，了解到社区居民的需求，有针对性的选派业务干部走进社区开展讲座。截至9月底，共有24名业务干部深入15个街道41个社区完成各类讲座58场，历时3个月。讲座涉及声乐、舞蹈、绘画、摄影、化妆、戏曲、小品、音乐入门、合唱与指挥、群众文化策划等多个门类。

（房　微）

【优秀品牌文艺团队评比】　8月8日至9月11日，区文化委主办“秀我梦想，共展风采”百姓欢乐季暨2013年西城区优秀品牌文艺团队评比活动，全区各街道文化干部和部分社区居民、文艺骨干参加了活动。此次活动全区15个街道经过精心选拔推选出了30个团队参加复赛，共评选出一等奖5个、二等奖10个、三等奖15个。

（房　微）

【非遗项目参加对外文化交流活动】　9月27日至10月1日，区文化委员会组团赴瑞士蒙特勒市参加“西城文化友城行”之友城大会文艺演出。赴瑞交流团由西城区内非遗项目口技、八卦掌、抖空竹等项目传承人7人组成。

（房　微）

【非物质文化遗产项目专题展】　10月26日至28日，由区文化委主办、区非物质文化遗产保护中心承办的“韵满西城　技耀京华”2013年西城区非物质文化遗产展演展示活动暨北京天桥民俗展示活动在北京天桥剧场举办。活动汇集了包括国家级非物质文化遗产项目北京评书、单弦（岔曲）、口技，以及西城区非物质文化遗产项目古代诗词歌曲在内的多种传统表演形式。其中北京评书代表性传承人连丽如、单弦（岔曲）代表性传承人张蕴华、口技代表性传承人牛玉亮以及古代诗词歌曲代表性传承人王苏芬领衔主演。配合演出，还举办了区非物质文化遗产展示活动，包括内画鼻烟壶、药香制作技艺、面塑、泥塑脸谱制作技艺等在内的传统手工技艺展示和学明艺术团带来的非物质文化遗产项目进行了展演展示。12月23日，由区文化委员会主办，金融街创新发展服务中心承办的西城区非物质文化遗产走进金融街活动，“武动人生”传统武术非遗项目传习展示活动在月坛体育馆举办。活动中，由40余人组成的太极队进行了现场展示，并与孙氏太极拳代表性第四代传人孙佳等3位各门派太极拳传人进行了现场交流互动。

（房　微）

【开展公益文化原创剧目】　11月20日、21日，区文化委出品、区文化馆业务干部主演的原创情景剧《北京人家·心愿》在北展剧场上演。该剧以“北京一人家”为结构主线，以西城区著名的“北海”“西单”“大栅栏”“天桥”四个区域为创作命题，共4000余人观看演出。

（房　微）

【北京东方艺术品博览会活动】　11月27日至12月1日，首届“北京东方艺术品博览会”由文化部批准，区文化委与中国国际书画艺术研究会、中国文物信息咨询中心等单位合作，在北京展览馆和琉璃厂举行。爵中之王“盂爵”、西周方座“虎簋”等大量国宝级重器集中亮相。该艺博会设立西城金融展区、非遗项目专区。

（房　微）

【中国盲文图书馆支馆正式挂牌】　12月3日，中国盲文图书馆与西城区第一图书馆签订了支馆协议，“中国盲文图书馆北京市西城区支馆”正式挂牌。协议本着“自愿合作、资源共享、互助互动”的原则，由中国盲文图书馆给予资源支持和业务指导，双方将在文献资源、活动资源、培训资源及读者资源上实现共建共享。

（房　微）

【红领巾读书活动】　年内，区青少年儿童图书馆以“我爱美丽的北京”为主题，组织开展“传承中华美德　共圆中国梦想”讲故事比赛、“生态文明建设，共同创建美丽家园”童谣诵读比赛、“新创意”中小学生征文比赛、“科技创新”青少年科普剧比赛、第十四届“读书小状元”评比活动、“我的藏书票”设计比赛、“美丽北京我的家”摄影比赛、“我的梦 中国梦——让历史告诉未来”知识答卷、西城区第十三届高中生辩论赛和“红领巾讲坛”等10项活动，全区75所中小学校5万余人次参与活动，覆盖率98%。

（房 微）

【科普讲座进校园活动】 年内，区青少年儿童图书馆以“科普讲座进校园”活动为主导，聘请了以中国科学院老科学家为主并包括各部委、院、校的专家、教授组成的科普演讲团，走进校园，在全区中小学校组织讲座30场，参与人数13057人。

（房 微）

【共享阳光残障人读书会】 年内，由区文化委、区残联、新街口街道温馨家园与区青少年儿童图书馆共同举办共享阳光残障人读书会，以指导北京市西城区新街口地区2738位残障人士如何更好地阅读为目的，组织活动8次，共100人次参加。

（房 微）

【文化信息资源共享工程系列活动】 年内，区青少年儿童图书馆作为全国文化信息资源共享工程西城区少儿支中心，有从首都图书馆接收的各类图书、影视、文艺等共享工程资源共计3.8TB，组织开展文化信息资源共享工程系列活动26项，服务读者6403人次。

（房 微）

【多种艺术形式普及群众文化】 年内，区第二文化馆累计举办11期艺术大讲堂进社区活动，累计受益群众2000余人。每月月末的“艺术一点通”月末公益讲座，共累计举办9次，听众1800余人次。

（房 微）

【文化市场行政执法数据】 年内，出动检查人员4290人次，检查文娱经营单位334家，开展夜间检查63次，关停无证照歌厅2家；网吧300家次；游艺厅40家次；音像图书经营店193家次，印刷复制企业74家次，报刊亭30家次；卫星地面接收设施使用单位76家次，拆除“小耳朵”16个，处理各类举报28件；检查文物保护单位164家次。解决、处理各类举报28件，关停无证照经营2家。收缴盗版光盘24558张，盗版图书277册，其中政治性书籍70册。联合市公安分局、市文化执法总队、区公安分局侦破刑事案件2件，刑事拘留26人。截至年底，立案74件，结案69件，罚款5.08万元。在市“岗位大练兵、技能大比武”活动中取得第二名，文化执法信息报送工作排名第二。

（房 微）

【文化市场行政许可数据】 年内，受理并许可出版物零售企业新设立57家，变更33家，未参加年检换证注销73家；网吧变更16家，停业23家，留证6家；电影放映单位新设立5家；电子游艺娱乐场所新设立2家，变更1家，停业2家；歌舞厅新设立2家，变更8家，注销30家；文艺表演团体新设立2家，变更3家；营业性演出419台，8791场次。截至年底，全区有文化市场经营单位954家。其中出版物零售企业544家，网吧116家，歌厅88家，电子游艺厅23家，文艺表演团体51家，演出场所经营单位33家，电影放映单位20家，从事美术品经营活动的单位54家，有线电视站、共用天线设计、安装单位23家，印刷企业102家。

（房 微）

文物管理

【概况】 西城辖区历史文化底蕴深厚，资源丰富，种类繁多，特色鲜明，是皇城文化、市井民俗文化、宗教文化、缙绅文化等高度融合的区域。有三级文物保护单位181处，其中全国重点文物保护单位42处、北京市文物保护单位61处、西城区文物保护单位78处。未定为文物保护单位的不可移动文物（文物普查登记项目）178处。在北京市已公布的40片历史文化保护区中，西城区域内有18片。

（房 微）

【拜谒三皇五帝典礼】 3月31日，在北京历代帝王庙博物馆举办“癸巳年拜谒三皇五帝典礼”。清明节期间（4月5日至7日），来自社会各界500余人相聚历代帝王庙，向中华先祖敬献花篮、鞠躬行礼、祈福感恩、怀祖寻宗。

（房 微）

【先农祭祀研究】 4月2日，在整理、研究《大清会典》等相关资料的基础上，开展了“2013年祭先农文明礼仪”展示活动，再现清代皇家祭祀盛景。北京电视台新闻频道《缤纷西城》栏目、《北京青年报》《北京西城报》等媒体对活动进行了宣传报道。

（房 微）

【“缅怀先烈 宣誓明志”活动】 清明节期间（4月5日至7日），北京李大钊故居举办“缅怀先烈 宣誓明志”主题系列活动，分别开展“二炮部队走进故居追忆先烈”“百名小学生缅怀先烈敬献鲜花”等活动，817人次参加活动。

（房 微）

【重现清代皇后祭蚕礼仪】 4月24日，区文物保护研究所在北海公园组织表演了清代皇后祭蚕大典，真实完整地展现了祭祀先蚕神活动的历史文化内涵。

（房 微）

【被评为国家重点文物保护单位】 5月3日，北京李大钊故居被国务院核定公布为国家重点文物保护单位。

（房 微）

【“再现二十四水闸”模型比赛】 5月18日，区文物保护研究所组织学生开展“再现二十四水闸”模型比赛活动，最终评选出中学组一等奖：北京市裕中中学；二等奖：六十二中学、十三中学。小学组一等奖：阜外一小；二等奖：西单小学、育才学校。此次模型比赛参选作品随后向大运河申遗国际专家组进行了展示。启动仪式相关内容《现代教育报》做了报道。

（房 微）

【5·18国际博物馆日活动】 5月18日（国际博物馆日），北京历代帝王庙博物馆推出“话说历代帝王庙·建筑展”，同时推出奇趣百家姓展览和“清代皇帝服饰”展。

（房 微）

【中学生纸艺服装设计大赛】 6月1

日，由联合国教科文中国全委会、北京市基础教育研究中心主办的“文化遗产绽放——北京市中学生纸艺服装设计大赛”在北京历代帝王庙博物馆举办。由200余位师生设计制作的100余套纸质服装异彩纷呈，设计创意来自建筑文化、民俗风情、历史、礼仪等方面，从不同角度反映了设计者的精神价值、思维方式和想像力，来自北京18所设计单位的中学生参赛。

（房　微）

【“廉洁风范　道德楷模”展】　7月4日，“廉洁风范　道德楷模”李大钊廉洁思想专题巡展在李大钊故居启动。展览持续半年，以李大钊廉洁思想为主题，从李大钊简朴生活、廉洁克己、无私助人、反对腐败、舍生取义等方面展现了李大钊光明磊落的人格风范和高尚的道德情操，为党员干部树立起始终坚持崇高的人生观、价值观，始终坚持清正廉洁、务实为民的光辉典范。展览在西城区各工委系统、各街道办事处和各委办局进行巡回展出。

（房　微）

【护国寺遗存建筑情况调查】　7月10日，区文物保护研究所对护国寺地区遗存建筑情况进行了实地走访调查。工作人员按照由南向北、自西向东的顺序对各处建筑进行调查，对护国寺建筑遗存的现存状况做了重新筛查。

（房　微）

【南文昌胡同8号建筑调查】　7月12日，区文物保护研究所对南文昌胡同8号院建筑现状进行实地调查。根据《北京胡同志》《西城区地名志》等资料记载，清代南文昌胡同位于镶蓝旗地界内，称马神庙，因庙得名。今南文昌胡同8号院即马神庙旧址，后已改建民居。马神庙在解放前曾有僧人、香火。调查人员向老住户了解到：原先院门以北山门、影壁尚存，之后全部拆除，院内还曾遗留一尊弥勒佛像。

（房　微）

【崇圣寺历史现状调查】　7月20日，区文物保护研究所对崇圣寺建筑现状进行实地调查。崇圣寺位于西黄城根北街45号，为西城区文物普查登记项目。崇圣寺建筑格局保存基本完整，但因长期作为办公单位使用，建筑内部、外观改动较大，整体保护状况一般。

（房　微）

【高梁桥（闸）区属位置调查】　8月2日，西城区文物保护研究所对高梁桥（闸）区属位置进行现场调查，高梁桥位于西城区与海淀区交界处，之前已被海淀区人民政府公布为区级文物保护单位。西城区文物保护研究所工作人员通过查对资料、咨询专家、询问桥梁所在德宝社区以及实地走访等发现，该桥所在位置十分特殊，桥体存在位于西城区行政辖区内的可能性。根据各方咨询、现场调查及文件佐证，得出其结论是：高梁桥、闸南半段位于西城区辖界内。这样，流经什刹海的水，其进水闸、出水闸均在西城区域内。

（房　微）

【清咸丰修缮元通寺碑记石碑出土征集】　8月16日，北京宏途市政有限公司在西城区椿树街道四合上院南侧市政施工过程中发现清咸丰“修缮元通寺碑记”石碑一通。区文物管理处赶赴现场并做相关登记及保护工作，于当日将该石碑运回北京宣南文化博物馆保存。

（房　微）

【大运河整体保护和申遗迎检】　9月17日，大运河西城区部分包括什刹海和万宁桥（澄清上闸），根据国家文物局的统一部署，西城区是北京市大运河申遗迎检工作的第一站，通过近6个月的准备工作，迎接了国际专家对大运河申遗的现场检查，大运河西城区部分的申遗工作得到了国际专家、国家文物局和北京市文物局的肯定。

（房　微）

【大栅栏商业建筑木牌楼夹杆石出土征集】　10月16日，北京广安基础设施投资公司在西城区大栅栏街道西河沿施工过程中发现民国时期大栅栏商业建筑木牌楼夹杆石，该夹杆石位于西河沿186号院门口地面以下，区文物管理处赶赴现场并做相关登记及保护工作，并于10月19日运回北京宣南文化博物馆保存。

（房　微）

【西河沿发现旧时店面牌楼夹杆石】　10月17日，区文物保护研究所前往前门西河沿街沟渠施工现场查看在施工时被发现的两个石构件（1对）。经古建研究所鉴定，疑为近代商铺店面牌楼用夹杆石。经查证资料，前门西河沿街186号曾是民国时期北京市钱业同业公会会址，民国时原门牌号是“前门外西河沿202号”。随后对这两个石质夹杆石进行了保护处理，东侧石因施工不便回填保存，仍埋于西河沿街186号外墙下。西侧石因沟渠施工被挖掘出来，由区文物管理处征集，收藏于北京宣南文化博物馆。

（房　微）

【文物库房交接】　11月28日，区文物管理处开始对原由北京市西城区文物保护研究所、北京宣南文化博物馆保存的各类文物3000余件（套）进行接收工作。接收工作包括对文物的清点、核对工作。接收工作完成后，区文物管理处将负责上述文物的日常管理、资料整理以及保管保护工作。

（房　微）

【瑞应寺遗存太湖石及石质花盆征集】　12月4日，西城区鼓楼西大街152号普查登记项目瑞应寺内居民电告该院内有一块太湖石及石质花盆，据此判定该太湖石及花盆为瑞应寺遗存，并于12月26日将其运回北京历代帝王庙保存。

（房　微）

【清光绪昱明和尚苦行道政碑文石碑征集】　12月12日，西城区文物管理处得知，北京市西城区广外街道手帕口南街62号（原南观音寺）院内有南观音寺遗存清光绪昱明和尚苦行道政碑文石碑一通，当日对其进行登记及保护工作，并运回北京历代帝王庙保存。

（房　微）

【区文物保护协会换届】　西城区文物保护协会换届大会于12月16日召开，区内35家会员单位的部分代表和个人会员参加了此次换届大会。会议提出并选举产生了第二届理事会、监事会、学术顾问委员会成员。第二届第一次理事会和监事会分别选举产生了会长、副会长、秘书长和监事长，许伟任协会会长。

（房　微）

【文物保护行政许可】　年内，对西城区文物保护单位魁公府（西路）、马尾沟教堂山字楼、陆谟克堂、洵贝勒府围墙、镶红旗满洲衙门、莲花寺及普查登记项目文昌胡同四合院、永寿观音庵、广宁伯街17号四合院、李万春故居等10项不可移动修缮、保护项目的设计、施工方案作出了行政许可决定。

（房 微）

【文物保护修缮】 年内，完成齐白石故居、鲁迅家族旧居、普济寺大殿、帝王庙火灾报警改造工程、帝王庙改造数字监控系统工程、万松老人塔修缮工程6项。

（房 微）

【会馆保护利用】 年内，参与会馆保护基金筹备及前期研究，协助开展现场调研；参与全面梳理安徽会馆保护利用工作进展情况及周边院落现状调查工作，促进项目整体保护规划方案编制工作；推进戊戌维新纪念馆建设项目征收等前期手续办理工作。

（房 微）

【第三次全国不可移动文物普查】 年内，完成第三次全国不可移动文物普查资料成果汇编工作，配合设计单位完成部分文物普查登记项目保护标志的安装工作。

（房 微）

【第一次全国可移动文物普查】 根据国务院、国家文物局的统一部署，北京市即将开展第一次全国可移动文物普查工作，年内西城区开展了前期准备工作。

（房 微）

【宣南博物馆文化活动】 年内，围绕宣南文化资源，宣南博物馆组织开展了公益文化活动11项、文化讲座3场和专题展览6项，共接待参观团体44个，观众3.6万人，其中学生4357人、外宾145人。全年宣南博物馆征集与展陈相关的文物（实物）20余件：花纹抱鼓石、石臼、陶篦子，金中都、辽南京时期的城砖等，以及魏喜奎先生遗物：奖杯、演出时使用的鼓、二胡等。

（房 微）

文化创意产业促进工作

【概况】 根据5月27日“西编发〔2013〕25号文”成立的北京市西城区文化创意产业促进中心（简称区文促中心）为区委宣传部下属副处级事业单位，内设办公室（信息服务科）、调研规划科、服务促进科，拨款形式为全额拨款，事业单位编制11名，设主任1名、副主任1名，科长3名，科员6名。区文化委副主任、区文创办专职副主任孟盼兼任中心主任、法人。区文促中心主要职责是：开展区域文化创意产业发展和政策应用的调查研究；在区文创办领导下，具体落实市文化创新发展专项资金项目的征集、预审和上报工作，负责资金支持项目的管理工作；为文化创意产业集聚区、孵化器的公共服务平台建设、运行提供支持和服务；建立区域文化创意产业信息服务平台，管理维护区文化创意产业基础数据库、项目库和人才库。联络服务重点企业和人才；负责文化创意产业宣传推介活动的组织落实；联系和指导区文化创意产业协会工作等。年内，按照“十二五”中期工作目标，区文化创意产业促进工作立足于创新发展模式和提高产业质量，在结合区域特色的基础上，探索差异化的发展路径，完成各项工作任务。

地址：西城区二龙路27号

邮编：100032

电话：88064646

（李 京）

【区文化创意产业领导小组全体会议】 1月25日， 西城区文化创意产业领导小组全体会议召开，组长王宁、王少峰，副组长苏东、梁昌新、王旭、王都伟、陈宁、孙硕、白力等参加会议，研究部署2013年度全区文化创意产业工作。

（李 京）

【区文化创意产业管理办法出台】 4月24日，经第29次政府专题会议讨论通过，《西城区文化创意产业项目管理办法（试行）》《西城区文化创意产业集聚区认定和管理办法》核准印发相关部门，并自2013年4月24日起施行。

（滕 超）

【参加全国、市文化企业30强评选活动】 4月7日，推荐北京金一文化发展股份有限公司等3家文创企业参评全国文化企业30强；6月14日，推荐北京奇虎科技有限公司等15家文创企业参评首都文化企业30强、文化企业30佳。区文促中心会同区统计局按照入围评选标准对拟推荐企业进行了初筛，并组织企业申报。

（滕 超）

【成立“新华1949”园区建设工作协调组】 6月26日，为落实市文资办与西城区政府签署的《关于共同推动文化金融融合发展合作备忘录》以及西城区政府与中国印刷集团公司签署的《文化建设战略合作协议》有关内容，抓紧推进各项工作，市文资办、西城区政府与中国印刷集团公司联合成立“新华1949”园区建设工作协调组，共同推动园区各项建设工作。

（滕 超）

【“畅享·2013”北京西城文化消费月活动】 在首届北京文化消费季期间，西城区推出 “畅享·2013”北京西城文化消费月活动。 8月28日，区委常委、副区长梁昌新代表西城区做重点区县活动介绍；9月17日，西城区推荐20余家区属企业参加文惠卡签约仪式；11月18日，首届北京惠民文化消费季总结会在“新华1949”园区文化创意产业展示中心召开。9月6日至10月13日，西城文化消费月活动共组织了4个板块20余家特色文化企业参与活动，为市民免费发放了具有收藏、纪念功能的《北京西城文化护照》，截至活动结束，共拉动文化消费630万余元。区委书记王宁、区长王少峰、区委常委、副区长梁昌新、区委常委、宣传部部长王都伟参加总结会。

（滕 超）

【首批区级文化创意产业集聚区】 10月16日 西城区命名了首批12个区级文化创意产业集聚区，分别为中国北京出版创意产业园区、北京金工宏洋电子商务产业园、琉璃厂历史文化创意产业园区、新华1949文化金融创新中心、中国3D影视产业基地、北京金丰和文化科技融合示范基地、北京天桥演艺区、繁星戏剧村、北京DRC工业设计创意产业基地、普天德胜科技文化创意产业基地、西海48文化创意设计产业园、设计之都文化创意产业园。其中，以新闻出版发行服务、文化信息传输服务、工艺美术品生产以及文化金融融合发展为主导产业园区各1个；以广播电视电影服务、文化艺术服务为主导产业园区各2个；以文化创意和设计服务为主导产业园区4个。集聚区普遍具有主导产业符合西城区发展重点、具备一定的产业基础和行业影响力的特点，集聚效应初步显现。

（滕　超）

【区领导调研文化创意集聚区】 11月4日，区长王少峰带队到金工宏洋电子商务产业园、中国3D影视产业基地和“新华1949”园区调研。先后参观了北京仿古瓷艺术馆、裸眼3D技术展示及北京市文化创意产业展示中心，重点了解仿古瓷技艺传承、裸眼3D技术的发展状况以及文化创意产业展示中心的安全建设情况，与有关人员进行交流。

（滕　超）

【参加北京国际文化创意产业博览会】 11月7日至10日，第八届中国北京国际文化创意产业博览会在国际展览中心举办。西城区通过1个主会场、7个分会场、18项活动来展示和推介区域文化创意产业资源。主会场拍卖会吸引参拍者4000余人，成交拍品500余件，成交金额近13万元，“未来邮局”投递“未来梦想信”200余封；国务院参事室主任、党组书记陈进玉，中共北京市委常委、宣传部部长李伟，区委常委、副区长梁昌新，区委常委、宣传部部长王都伟，副区长陈宁等中央、市、区领导先后参观西城主会场。分会场主要举办了国家裸眼3D技术展示暨研讨会新闻发布会、“繁星话剧周”活动开幕式、中国梦的全球推广——城市品牌推广暨城市电视台协作发展研讨会、报国寺大众收藏拍卖会、首届书画投资邀请展、天桥魔术杂技首演、全国文创项目投融资路演、“中国梦——百花齐放的美丽西城”书画展、“笔耕不辍，人书俱老”金秋3人书画展、王镛先生书画展、西城区首批12个文化创意产业集聚区挂牌仪式、城市电视台频道协作体揭牌仪式、手工艺大师作品投资价值评估体系研讨会、天桥演艺区指数的发布仪式、大栅栏琉璃厂品牌战略研讨会暨中国邮政梦想邮局启动仪式、当代美术经典作品观摩展等活动。

（滕　超）

北京京都文化投资管理公司

【概况】 北京京都文化投资管理公司（简称京都公司）隶属于西城区国有资产监督管理委员会，是西城区唯一一家专司文化创意产业的国有独资企业，立足传承北京传统文化，初步形成集投资管理、文艺演出、文化经营管理于一身，主营业务——演艺和剧场院线业务、文化节庆和文化推广业务、新媒体及文化电子商务，京都公司已发展成为西城区专司文化创意产业的国有文化旗舰企业，是全面强势的文化娱乐终端内容提供商。公司业务主要涉及投资管理、文化交流、会馆开发、影视策划、电影放映、剧团演出等经营管理项目。公司所属从事文化创意产业的企事业单位共17家，包括北京杂技团、风雷京剧团、北京皮影剧团、广安门电影院、大观楼影城、中华电影娱乐宫、湖广会馆、宏宝堂文化有限公司、清秘阁有限公司、厂甸市场管理处、白广路商场等。公司系统职工近千人。

地址：西城区小沙土园胡同12号

邮编：100050

电话：63159837

（杨　帆）

【举办2013年北京厂甸庙会】 2月10日至14日，京都公司举办2012年北京厂甸庙会。以“文商并举、雅俗相济、商娱相融”为定位，以“启迪文化，传承精品”为主题，策划了28项文化主题活动，31场演出，共73个节目。主题歌《又新年》和新开设的官方微博成为京城年轻人的热门话题。庙会吸引了国内众多主流媒体的关注，共有18家网络媒体、10家报社、3个频道、6档节目，多角度、立体化、高密度的全程报道了2013北京庙会。6月8日，厂甸庙会获市文化局颁发的“北京特色活动”奖。

（杨　帆）

【电影《大碗茶》入藏中国电影博物馆】 由北京京都文化投资管理公司投资拍摄的电影《大碗茶》，是北京市唯一一部入选为“十八大”献礼的影片。3月23日，电影《大碗茶》入藏仪式暨电影大讲堂“佳片赏析”活动在中国电影博物馆举行。仪式上，京都公司总经理王长利代表投资摄制方向中国电影博物馆捐赠了数字拷贝、海报、道具等相关物品。中国电影博物馆书记陈志强代表中国电影博物馆接受捐赠并向王长利颁发了捐赠证书。

（杨　帆）

【京都公司当选大栅栏琉璃厂商会第一届理事】 4月11日，北京市西城区大栅栏琉璃厂商会成立大会暨第一届第一次会员代表大会在老舍茶馆召开。在西城区工商联和民政局的监督下，选举产生了理事会、监事会。京都公司总经理王长利当选为北京市西城区大栅栏琉璃厂商会第一届理事会副会长，京都公司成为第一届理事。

（杨　帆）

【电影《大碗茶》获电影频道“百合奖”】 5月3日，第13届电影频道电影“百合奖”在国家会议中心揭晓，京都公司参与投资制作的电影《大碗茶》获优秀故事片二等奖。此次电影《大碗茶》获得“百合奖”是京都公司投资拍摄电影获奖的第一次，也是西城区作为出品单位第一次获此权威奖项。

（杨　帆）

【西城原创音乐剧基地落成】 4月，由京都公司打造的西城原创音乐剧基地建设完成。5月16日，举行落成典礼暨新闻发布会。西城原创音乐剧基地内设开放式办公区、接待区、会议区、音乐剧资料图书馆、排练区等区域，并配有一个完全按照音乐剧排演要求设计的试演剧场，是国内首家也是唯一一家集创作、制作、排练、试演、培训和营销六大功能于一体的专业性的、全产业链音乐剧基地。基地立足于“国际化和高端”的定位，以优秀的硬件条件和良好的运行机制吸引了众多优秀的国内外音乐剧机构入驻。

（杨　帆）

【传统皮影戏《樊梨花》公演】 6月8日，北京皮影剧团传统皮影戏《樊梨花》复排公演暨2013年西城区主题活动在万胜剧场举行。该活动由西城区文化委、西城区文联、京都公司和京都公司所属北京皮影剧团主办，由京都公司策划和执行。该剧是北京皮影戏中以“唱功”见长的优秀剧目，剧中的〔小东腔〕〔快板〕〔摇板〕，尤其是〔三赶七〕板式与腔调，都是北京皮影戏的精华部分，是其他剧种所没有的。传统皮影戏《樊梨花》于2012年底启动复排，剧团组建起30人的剧组团队，并对剧本唱腔进行梳理，恢复了配器和练乐、影人的设计、刻制、布景的制作等工作。

（杨 帆）

【音乐剧《爷们儿》连续演出20场】 由京都公司出品，京都公司和开心麻花共同制作的大型原创音乐剧《爷们儿》2013年8月至12月在地质礼堂进行第三轮演出，该剧连续演出20场，打破了中国原创音乐剧演出场次纪录。自该剧开票以来，首轮演出平均上座率达95%以上，一直居芭其乐、大麦网等舞台剧票房三甲榜单，并多次成为周票房冠军。

（杨 帆）

【风雷京剧团】 11月16日至29日，应中日友好协会邀请， 北京风雷京剧团一行19人对日本进行了为期14天的文化交流访问演出。该团赴日期间演出《三岔口》《打焦赞》《秋江》《孙悟空三打白骨精》等经典剧目，共巡回演出8场，观众人数1000余人次。

（杨 帆）

【话剧《招租启示》获奖】 8月，经文化部艺术司组织专家进行评选和推荐，京都文化投资管理公司出品的话剧《招租启示》被评为优秀剧目；12月2日，《招租启示》参加香港创意艺能艺术节，获戏剧类最高奖——“2013年香港戏剧金紫荆勋章（团体）”，该剧出品人王长利、总监制通拉嘎、总制作人欧林子，导演黄凯，演员张懿曼、龙月、杨冬麒、彭响获“2013年香港戏剧金紫荆勋章（个人）”。香港特区政府康乐及文化事务署官员颁奖。

（杨 帆）

【北京杂技团和风雷京剧团完成装修改造工程】 2013年开始对北京杂技团和风雷京剧团进行装修改造，解决基础设施老化问题，改善训练生活条件，该项目建设投资来源于区政府财政拨款1000万元。8月底和12月底，分别完成北京杂技团和风雷京剧团的装修改造工程。

（杨 帆）

北京市大碗茶文化发展有限公司

【概况】 北京市大碗茶文化发展有限公司内设党办、公司办公室、财务部、审计部、人力资源部、行政部，下辖北京老舍茶馆有限公司、北京大碗茶茶叶有限公司、北京震云阁工艺品有限公司3家股份制企业，职工人数242人，经营项目包括茶座、演出、餐饮、茶产品、工艺品销售等。全年实现销售收入3494万元，利润41.6万元，上缴税金195万元。电影《大碗茶》获得第13届电影百合奖优秀故事片二等奖。北京老舍茶馆有限公司获得商业饮食服务业发展中心授予的“茶馆经营服务规范示范店”称号。董事长尹智君获“2011—2012年度全国茶馆十佳经理人”称号、第14届“首都旅游紫禁杯”旅游行业最佳“个人奖”。

地址：西城区前门西大街正阳市场3号楼

邮编：100051

电话：63021741

（王捷 张欢）

【澳门特首崔世安做客茶馆】 1月22日，澳门特首崔世安携夫人一行到老舍茶馆参观，品尝“老二分”大碗茶，观看古彩戏法，杂技巧耍花坛、《力量》，长嘴壶茶艺表演，变脸等节目。全国政协委员、第29届奥林匹克运动会组织委员会副主席李炳华，区领导王宁、王少峰、郭怀刚等参加活动。

（王捷 张欢）

【常驻北京境外媒体新闻记者老舍茶馆闹元宵】 2月22日（农历正月十三日），由市政府新闻办公室主办、区人民政府协办的“一元复始迎新年，大地回春庆元宵”庆祝活动在老舍茶馆举办。常驻北京的境外新闻记者和家属，以及中央、北京市属新闻媒体记者150余人欢聚一堂，猜灯谜、摇元宵、写福字、吹糖人、看演出，感受和体验中国传统文化，共同迎接元宵佳节。

（王捷 张欢）

【外国元首政要到访】 2月25日，俄罗斯联邦政府副总理德沃尔科维奇·阿尔卡季·弗拉基米洛维奇一行8人到老舍茶馆四合茶院品味中国茶。5月23日，蒙古副总理夫人巴桑胡在蒙古驻中国大使夫人奥运其木格女士陪同下来到老舍茶馆学习中国茶艺，体验中国茶文化。5月24日，秘鲁国会副主席埃古伦先生及夫人走进老舍茶馆观看中国传统艺术。7月23日，汤加王国首相图伊瓦卡诺先生及夫人一行11人做客老舍茶馆品茗赏戏。10月21日，联合国教科文组织总干事伊琳娜·博科娃到老舍茶馆感受京味文化。10月25日上午，蒙古国总理夫人霍·色楞格到老舍茶馆体验中国传统文化。12月27日，柬埔寨参议院第二副主席狄诺率领柬埔寨王国参议院代表团到访老舍茶馆体验中国文化。

（王捷 张欢）

【赴德国柏林参展推广茶文化】 3月3日至3月14日，董事长尹智君率队一行10人赴德国首都柏林中国文化中心进行中国茶文化和老舍茶馆品牌推广活动。3月4日，尹智君在柏林中国文化中心为200余名德国朋友进行了茶文化专题讲座。在活动现场，老舍茶馆茶艺师表演了《四季北京·茶》、造型茶、长嘴壶茶艺表演，进行了中国茶的冲泡品饮，随团演员还表演了川剧变脸等节目。柏林中国文化中心主任陈建阳、中国驻德国大使史明德先生的夫人徐静华及10余位外国驻德使节夫人和德国外交部官员夫人们参加活动。3月5日至3月10日，老舍茶馆再次亮相柏林国际旅游博览会。展会期间免费提供品饮5000人次，展位过目率达到1万人次。中国驻德国公使李念平，国家旅游局党组成员吴文学等参观老舍茶馆展位。

（王捷 张欢）

【《大碗茶》入藏电影博物馆仪式】 3月23日，电影《大碗茶》入藏仪式暨电影大讲堂“佳片赏析”活动在中国电影博物馆举行。活动中，影片出品方、制作方和老舍茶馆向中国电影博物馆捐赠《大碗茶》的拷贝、高清数字带、拍摄道具实物、海报等物品，中国电影博物馆向捐赠方分别颁发了收藏证书。现场还举办了电影大讲堂“佳片赏析”活动，120余位观众观看影片。

（王捷　张欢）

【举行2013旅行社合作座谈会】 4月9日，在市旅游行业协会旅行社分会和商业分会的协调支持下，老舍茶馆在艺苑举行“2013旅行社合作座谈会”活动。中青旅、中旅总社、春秋国旅、宽沟国旅等18家在高端入境游市场具有影响力的旅行社负责人参加会议。会上，根据老舍茶馆经营特色，双方就共同开发入境游市场进行探讨。

（王捷　张欢）

【参加2013年京台文化创意产业展】 4月24日，老舍茶馆赴台湾参加在台北世界贸易中心展厅举办的“2013京台文化创意产业展”活动。展会期间，老舍茶馆以京味文化和茶文化为特色，展示了“老二分”大碗香茶和“老尹”系列茶礼。

（王捷　张欢）

【举行“喝雅安茶为灾区献爱心”活动】 4月28日，老舍茶馆响应由四川省成都市茶楼行业协会等单位发起的“喝雅安茶为灾区献爱心”活动，在“老二分”大碗茶公益茶摊前，举行义卖四川雅安蒙顶绿茶活动，筹集善款援助雅安。在7天义卖活动结束后，老舍茶馆购买了全部剩余茶叶，并将全部款项转交成都市茶楼行业协会，用于为灾区购买物资用品。

（王捷　张欢）

【赴韩国参加“2013 Hana Tour旅游博览会”】 5月24日，老舍茶馆一行3人赴韩国首尔参加“2013 Hana Tour旅游博览会”，进行茶文化展示和推广。在为期3天的展会活动中，老舍茶馆进行了长嘴壶茶艺表演，扫二维码及品饮造型茶、茉莉花茶等中国好茶等活动。中国CCTV，国际广播电台、韩国SPOTS WORLD、天地日报、ENEWS24、SPOTS朝鲜等媒体进行了采访报道。

（王捷　张欢）

【赴古巴首都哈瓦那表演茶艺】 6月2日，老舍茶馆茶艺表演队赴古巴首都哈瓦那，为在古巴展览馆文化馆举行的“魅力北京”图片展活动开幕式活动，表演了《四季北京·茶》茶艺。在哈瓦那访问的中共中央政治局委员、北京市委书记郭金龙，中国驻古巴大使张拓，中联部副部长陈凤翔，古共中央书记处书记巴拉格尔，古巴文化部副部长费尔南德斯及中古双方观众200余人出席展览开幕式并观看演出。

（王捷　张欢）

【“十年传承　携手领航”企业发展论坛活动】 6月30日，是北京大碗茶文化发展有限公司和北京老舍茶馆创始人尹盛喜先生逝世十周年纪念日。为缅怀尹盛喜先生，北京大碗茶文化发展有限公司和北京老舍茶馆举办大碗茶老舍茶馆创始人尹盛喜先生逝世十周年纪念茶会暨“十年传承　携手领航”企业发展论坛活动。区领导王都伟致辞，并与北京市旅游委副主任梁勇、北京语言大学副校长曹志耘、西城区企业和企业家联合会会长曹增森、著名书法家邹德忠、京味作家刘一达共同为《老舍茶馆赋》揭幕。中国茶叶流通协会常务副会长王庆、西城区人大副主任赵印春、浙江省新昌县人民政府副县长王军、北京市大碗茶发展有限公司和老舍茶馆董事长尹智君共同为老舍茶馆申报吉尼斯世界纪录的巨型盖碗揭幕。活动上，董事长尹智君先后与浙江省新昌县人民政府、哈尔滨太阳岛风景区资产经营有限公司、北京洛可可科技有限公司代表签署了战略合作项目协议。纪念茶会上，尹盛喜生前挚交好友刘一达、刘仲文、齐展仪等分别讲述和表达了深切缅怀之情。与老舍茶馆共同走过25年光阴的老员工走上舞台为现场嘉宾冲泡25年的老尹老茶；老舍茶馆“90后”员工和北京语言大学美国留学生共同为现场嘉宾冲泡了“老尹”喜字号十年普洱茶。活动当日，在“十年传承、携手领航”大碗茶老舍茶馆发展论坛上，中国商业联合会副会长、原全聚德集团董事长姜俊贤，中粮集团总裁助理朱福堂，上海豫园旅游商城股份有限公司副总裁吴仲庆，爱国者品牌创始人、企业家冯军，天津文华投资管理有限公司董事长季笑南，北京市财贸管理干部学院教授赖阳等企业界和理论界的专家们与董事长尹智君就大碗茶老舍茶馆文化传承、品牌规划、战略发展等问题进行了深度的交流和探讨。

（王捷　张欢）

【《老北京茶馆微缩景观》修缮】 7月26日，历时两个月重新制作修缮一新的《老北京茶馆微缩景观》再次在老舍茶馆展出。董事长尹智君和微缩制作者、面人汤第五代传人冯海瑞共同为微缩景观揭幕。

（王捷　张欢）

【通过2013年度3A级景区质量等级复核】 8月26日，由市旅游委、市园林绿化局、市公园管理中心、5A级旅游景区管理人员、院校专家、旅游规划公司等10余人组成的评委会专家组成员来到老舍茶馆，全面听取了企业关于景区概况、景区发展规划、特色产品介绍、近年工作成果与未来发展愿景等内容的汇报；现场查看了各项管理规定、安全制度、培训记录、投诉处理记录等卷宗，并到老北京传统商业博物馆、四合茶院、百名元首光临老舍茶馆回顾展室、演出大厅、客服中心等景点和服务设施进行实地考察；对工作人员进行了提问。经过专家们的打分评定，老舍茶馆通过了2013年度3A级旅游景区质量等级复核。

（王捷　张欢）

【承办北京高校国际学生中国文化传播大使聘任仪式】 9月17日，北京高校国际学生中国文化传播大使聘任仪式暨中秋文化体验活动在老舍茶馆举行。活动中，北京语言大学校委会主任李宇明和北京老舍茶馆董事长尹智君代表双方单位还共同签署设立“中国茶文化传播大使流动站”合作协议。流动站由老舍茶馆牵头，人员组成以北京语言大学留学生为主导，8所在京高校留学生共同参与。

（王捷　张欢）

【承办首届京台民间艺术交流展】 9月26日，首届京台民间艺术交流展在北京老舍茶馆开幕。活动由台湾中华青年企业家协会和北京台湾同胞联谊会主办，北京大碗茶文化发展有限公司、北京老舍茶馆有限公司承办。开幕式上，北京市台办主任汪明浩和北京市大碗茶文化发展有限公司常务副总经理王建辉分别致辞表示祝贺。台湾中华青年企业家协会名誉理事长刘灿树代表主办方展示了中国国民党荣誉主席连战和吴伯雄分别为首届京台民间艺术交流展活动题写的“艺海生辉”和“茗香茗壶”两份墨宝。此次展览汇集了台湾木雕、台湾茶、台湾茶器、北京老尹茶礼、北京民俗手工艺品、宜兴紫砂壶、河北易水砚台等海峡两岸多家著名品牌企业和多位艺术家共同参与，是两岸民间艺术精品的一次集中展示。

（王捷　张欢）

【举办老舍茶馆杯中小学生“我爱茶”征文比赛】 11月23日，首届老舍茶馆杯中小学生“我爱茶”征文比赛颁奖大会在老舍茶馆三层演出大厅举办。活动现场公布了获得大赛一、二、三等奖的获奖名单，并颁发证书。此次老舍茶馆杯“我爱茶”征文比赛，共收到160幅参赛作品，其中甄选出的70篇优秀作品被收集成册。

（王捷　张欢）

【参加第三届中国茶界领袖高峰论坛】 12月18日，尹智君受邀赴深圳参加“未来·战略——第三届中国茶界领袖高峰论坛”，围绕“重构商业模式”论坛主题，深入探讨如何创新管理模式、再造生产模式、重塑设计研发模式、变革终端商业模式等。论坛会上，老舍茶馆与八马茶叶、江南茶仓、祥源茶业、则道茶业一起作为茶企商业模式经典案例进行了大会交流。

（王捷　张欢）

【展会推广活动】 5月28日，老舍茶馆在北京国家会议中心展馆参加由商务部和北京市人民政府共同主办的第二届中国（北京）国际服务贸易交易会活动。8月30日至9月1日，老舍茶馆员工赴石家庄参加由国家旅游局支持、中国北方10省（区、市）旅游局（委）共同主办，石家庄人民政府承办的第十八届中国北方旅游交易会。8月30日至9月1日，赴广州琶洲展馆参加由国家旅游局和广东省人民政府共同主办的2013中国（广东）国际旅游产业博览会。9月2至4日，随区旅游委参加在北京国家会议中心举办的2013中国（北京）国际商务旅游展览会（CIBTM2013）。9月5至7日，参加由桂林市人民政府、自治区旅游局、广西国际博览事务局联合主办的为期3天的第四届中国桂林国际旅游博会，宣传推广“老尹”特色京味茶礼品。9月8至11日，随北京市旅游委参加由国家旅游局、福建省人民政府主办，福建省旅游局、厦门市人民政府承办的第九届海峡旅游博游览会。9月15至18日，随区旅游委赴成都参加2013PATA旅游交易会活动。11月7至10日，参加第八届中国北京国际文化创意产业博览会。11月8日，参加由商务部外贸事务发展局、中粮集团、中华茶人联谊会等联合主办的第十届中国国际茶业博览会。11月16日，老舍茶馆董事长尹智君率队一行15人赴武夷山参加第七届海峡两岸茶业博览会，推广老尹文化茶礼，推动企业连锁加盟事宜。

（王捷　张欢）

旅　游

旅游管理

【概况】 北京市西城区旅游发展委员会（简称区旅游委）是负责本区旅游发展统筹协调、产业促进和行业管理工作的区政府工作部门。在职人员共55人，其中公务员31人、事业单位人员24人。主要职责是贯彻落实国家有关旅游方面的法律、法规、规章、政策及北京市的有关规定；拟订本区旅游产业发展管理办法、措施并组织实施；会同有关部门研究编制本区旅游产业发展规划、计划并组织实施。负责统筹本区旅游资源的普查、规划、开发、整合、利用；协调推动旅游产业发展，促进旅游产业与其他相关产业融合；指导重点旅游区域和旅游线路的规划开发；组织发展具有西城特色的北京都市旅游；促进高端旅游的发展；协调假日旅游、红色旅游工作。负责制定本区旅游市场开发战略并组织实施；参与国家、北京市旅游整体形象的对外宣传和重大推广活动，组织本区旅游对外宣传和推广活动，组织协调重大旅游节庆和会展活动，培育旅游品牌；负责旅游对外交流与合作，推动旅游区域合作。会同有关部门开展旅游产业投资促进和重大旅游项目的协调、服务工作；设立、管理旅游产业引导资金；负责旅游统计、分析和信息发布工作。统筹协调本区旅游公共服务体系建设和管理工作，组织协调公共服务设施建设、改造工作，建立健全旅游咨询服务体系和旅游公共服务信息网络体系；指导旅游行业精神文明和诚信体系建设；指导行业组织的业务工作。统筹协调规范本区旅游市场秩序、监督管理服务质量、维护旅游消费者和经营者合法权益工作；规范旅游企业和从业人员的经营和服务行为；组织实施本区旅游行业标准化工作；依据职责划分，负责三星级以下（含三星级）住宿业行业管理。制定本区旅游人才规划，并组织实施；指导旅游培训工作；指导实施旅游从业人员的职业资格标准和等级标准。指导旅游行业协会开展旅游景区、旅游饭店服务质量等级评定工作。承办区政府和上级业务指导部门交办的其他事项。年内，全区纳入旅游统计的988家旅游单位，实现旅游综合收入403.3亿元，同比增长

7.2%，占全市旅游综合收入的 13.9%，其中旅游商业、住宿业成为旅游业收入的主要来源，实现旅游收入分别为 208.6 亿元、66.8 亿元，同比增长分别为 10%、3%，二项之和占全区旅游综合收入的 68.3%；全区接待游客总人数 6109 万人次，占全市接待总人数的 16.7%；旅游总收入位居全市第四，接待总人数位居全市第三。区旅游委获第十四届首都旅游紫禁杯先进集体奖、2013 年北京国际旅游博览会最佳组织奖和最佳创意奖、第十届“北京礼物”旅游商品大赛优秀组织奖和“北京民俗街景礼品”金奖。

地址：西城区南菜园街 51 号 8 层

邮编：100054

电话：83975164

（孙　娜）

【主题营销】　2 月 17 日（元宵节），“北京沙龙·亲历北京”2013 年首场活动在西城老舍茶馆举行。此次活动围绕“游西城·品年味”的主题，民俗专家讲解元宵节来历，外宾体验北京传统特色民俗活动。清明节期间，围绕“祭祀、踏春”主题，区旅游委推出系列旅游节庆活动：陶然亭公园风筝春花文化节、景山公园牡丹节、法源寺丁香诗会、第四届宋庆龄故居海棠文化节等品牌活动，什刹海“同品寒食踏青寻春”清明节系列活动，大观园清明节祭祀游园、陶然亭红色游一条龙预约服务、历代帝王庙祭祖、北海公园祭祀蚕神等清明特色活动。4 月 15 日，开展“追寻红色印记”北京红色旅游景区推广季活动，力推陶然亭公园、宋庆龄故居等区内红色旅游资源。5 月 19 日，在大栅栏步行街举办“中国旅游日”宣传活动。6 月 6 日，以“都市之旅　美丽西城”为主题，举办第十二届什刹海文化旅游节，以“大文化”促进“大旅游”为理念，以纪念“北京建都 860 周年”为主线，按“惠游西城”文商旅主题促销活动、“美丽西城”都市旅游产品主题推介、“建都北京·阙立西城”文化旅游三大主题板块共计十项系列活动陆续展开。6 月 7 日，联合区饮食行业协会等多个部门举办以“游西城美景　品京味美食”为主题的护国寺小吃旅游节活动。端午节期间，与北京市政府网站首都之窗国际门户 eBeijing、北京宣南博物馆联合组织 25 名来自 13 个国家的在京外籍旅游志愿者走进西城，与中国家庭一起包粽子、参观北京建都纪念阙和北京大观园、品尝南来顺饭庄老北京传统小吃。8 月 27 日，开展“爱西城·游西城”文明旅游主题活动，现场发布《西城文明旅游宣传行动计划》，发放《旅游出行百问百答宣传手册》，宣读《文明旅游公约》，并聘请了首批 6 名文明旅游宣传员，为区内双棋杆社区、广二社区、煤市街东社区 3 个文明旅游宣传试点社区免费赠发了首都博物馆、宋庆龄故居、北海公园等 7 家 A 级景区景点门票共计 4000 余张。活动还面向全区青少年开展“都市之旅·美丽西城”文明旅游主题征文及美术作品征集活动。11 月 28 日，联合北京旅游咨询服务中心在北京海洋馆前广场举办“冰雪浪漫游北京，体验旅游 E 服务”冬季特色旅游咨询推介活动，全市 16 区县旅游咨询服务中心参加了此次活动，现场发放旅游宣传资料 2 万余份，共同发布了 80 余条特色旅游线路和活动，并在北京海洋馆架设起全市首家 A 级景区室外 4G 网络，展现旅游咨询信息化服务的便捷和魅力。

（孙　娜）

【景区评 A 升 A 工作】　3 月，宋庆龄故居由 2A 升级为 3A 级旅游景区。7 月，北京天文馆由 3A 升级为 4A 级旅游景区。截至年底，西城区拥有 5A 级旅游景区 1 家，4A 级旅游景区 8 家，3A 级旅游景区 11 家，2A 级旅游景区 1 家。

（孙　娜）

【旅游项目建设】　4 月，区旅游委完成西城区精品旅游咨询站建设。12 月，完成什刹海公共服务设施提升项目、杨梅竹斜街文化旅游街区项目、琉璃厂西街—安徽会馆文化旅游体验项目等 3 个项目的建设工作。通过广泛征集产业项目，推进旅游产业项目建设。

（孙　娜）

【旅游服务进社区】　4 月至 8 月，区旅游委分别从什刹海、金融街、大栅栏地区选择 10 家不同类型的社区，以“社区旅游和谐号、西城旅游大集、社区旅游大讲堂、社区旅游服务志愿者招募、旅游攻略早知道”等系列活动为抓手，推进景区、社区融合，推进旅游服务便利化。8 月 27 日，联合区文明办、区社工委、德胜街道、月坛街道、大栅栏街道，共同开展为期 90 天的“爱西城·游西城”文明旅游主题活动。发布《西城文明旅游宣传行动计划》，发放《旅游出行百问百答宣传手册》，宣读《文明旅游公约》，聘请首批 6 名文明旅游宣传员，并为西城区双棋杆社区、广二社区、煤市街东社区 3 个文明旅游宣传试点社区免费赠发了首都博物馆、宋庆龄故居、北海公园等 7 家 A 级景区景点门票共计 4000 余张。

（孙　娜）

【旅游规划建设】　9 月，区旅游委完成《西城区“十二五”时期商贸和旅游业发展规划中期评估报告》。10 月，完成《什刹海功能区名人故居规划方案》。11 月，完成《西城区会展产业发展的可行性及其发展路径研究课题》。12 月，完成《西城区住宿业提升报告》。通过加快课题研究，规划建设得以稳步推进。

（孙　娜）

【旅游公共服务建设】　上半年，西城区安装 A 级旅游景区 5 种文字全景牌 19 块、主要干道 A 级旅游景区交通标志牌 112 块和什刹海风景区标识导览牌 205 块。8 月，区旅游委完成《西城区旅游公共服务设施建设三年行动计划》。11 月，协调启动马连道“茶更香”旅游咨询站建设。

（孙　娜）

【展会营销】　年内，区旅游委参加了多场国内外专业旅游展会，利用展会平台，了解最前沿、最丰富的旅游资讯，扩大西城区旅游资源影响力。3 月，组团参加德国柏林国际旅游交易会，加强西城区对德国入境游市场宣传；4 月，参加 2013 年中国（贵阳）国内旅游交易会；分别于 6 月、9 月，参加第十届北京国际旅游博览会和北京国际商务及会奖旅游展览会；9 月，参加于成都举办的 2013 亚太旅游交易会（PATA）；10 月，参加于昆明举办的 2013 中国国际旅游交易会等专业旅游展会。探索展会营销推介新手段。6 月，首次委托驻区旅游公司，参加韩国哈拿多乐旅游交易会，负责推介区域旅游资源。

（孙 娜）

【媒体宣传】 春节期间，西城冬季旅游项目宣传片在北京电视台《四海漫游》栏目播出。3月，区旅游委邀请中央电视台中文国际频道拍摄西城美食节目，并在泰国、埃及、日本等地播出。5月31日至6月30日，把握北京72小时过境免签机遇，首次借助首都机场航站楼电子显示屏，滚动播出西城旅游宣传片。第十二届什刹海文化旅游节期间，在区内主要街道户外大屏播放什刹海旅游节宣传片。全年纸质媒体宣传报道150篇，其中《中国旅游报》2篇、《北京日报》40篇、《北京西城报》81篇、《新京报》5篇、《北京晨报》5篇、《北京晚报》2篇、《法制晚报》1篇、《北京商报》1篇、《北京旅游》杂志10篇、《北京月讯》杂志2篇、《旅伴》杂志1篇。

（孙 娜）

【网络营销】 11月，借助携程网推介区域住宿业资源，宣传范围覆盖全区100余家高星级和特色酒店。利用西城区旅游委官方网站和官方微博开展旅游宣传工作。截至年底，微博粉丝数量达10.5万人，发布微博468条，及时发布区内景区介绍及活动，对旅游委各项活动进行线上直播。

（孙 娜）

【文商旅融合】 西城区在全市率先制定《西城区人民政府关于加强旅游与文化、商业融合发展的意见》（简称《意见》），于12月23日正式发布。《意见》包括促进文商旅融合发展的意义、指导思想、工作目标、主要任务和保障措施5部分。

（孙 娜）

【智慧旅游】 年内，区旅游委完成《智慧旅游顶层设计及旅游信息化三年规划》。围绕"智慧西城"建设，完善西城旅游政务网、旅游网、旅游移动客户端三大综合服务门户，初步设计完成"文化旅游库系统建设方案"。其中西城旅游网"虚拟漫游"及"行程设计器"栏目被北京市经信委评为"2013·政府网站政民互动类"精品栏目。大栅栏自助导览系统于5月在大栅栏、琉璃厂、天桥三大旅游功能区试运行，并于7月正式上线运营，为游客提供"导游、导览、导购、导航"多方位、一站式、高质量的数字化旅游服务。

（孙 娜）

【绿色旅游饭店创建】 年内，区旅游委采取资金扶持、设置标识牌、加大宣传引导力度等三项措施推进绿色旅游饭店创建工作。截至3月底，全区共有41家酒店获得绿色饭店称号，占全市15%，其中金叶级绿色饭店有15家、银叶级绿色饭店有26家。4月，贯彻市旅游委在星级饭店推广LED绿色照明产品活动。全区共有24家星级饭店入选活动并获得LED灯推广项目补贴。此项目的推进降低了饭店行业的能源消耗，提升全区饭店行业节能减排水平。

（孙 娜）

【旅游咨询接待】 年内，全区18家旅游咨询站点共接待中外游客186万人，位于全市咨询站前列，同比增长35%。其中直接来访176.5万人，同比增长72.7%；电话咨询9.6万人，同比增长11.6%。直接来访中接待国内游客166.9万人，同比增长39.9%；接待国外游客9.6万人；免费发放资料29.7万份。

（孙 娜）

【生态旅游示范区创建】 年内，区旅游委开展生态旅游示范区创建工作。2月底，区旅游委陪同市旅游委、市环保局专家组一行来到什刹海风景区管理处，就创建"生态旅游示范区"工作进行考察评估。专家组听取申报汇报后，先后前往野鸭岛、烟袋斜街进行实地踏勘，对创建工作给予了肯定。在整个创建过程中，区旅游委严格遵照国家生态旅游示范区的建设标准，切实抓好什刹海风景区的规划、建设、管理和保护，什刹海风景区于6月被评为市级生态旅游示范区。

（孙 娜）

【旅游标准化建设】 年内，区旅游委推进旅游标准化建设。5月，区旅游委会同区质监局对北京海洋馆旅游标准化创建工作从旅游标准化工作的基本内容、基本方向以及旅游标准化体系搭建、体系框架、培训体系转化、工作标准流程等方面进行了业务指导，并提出了意见和建议。北京海洋馆于6月通过市旅游委旅游标准化试点的中期验收。

（孙 娜）

【饭店评星升星工作】 年内，华利佳合护国寺连锁酒店被评定为二星级饭店，金色夏日酒店被评定为四星级饭店；北京金泰之家通华苑饭店有限公司、北京金泰通华苑商贸有限责任公司盛达园饭店升级为三星级饭店，北京市建苑宾馆升级为二星级饭店。

（孙 娜）

【旅游行业监管】 年内，区旅游委完成全国"两会""元旦""春节""清明节""五一""十一"等重大活动和假日旅游保障任务。10月底，启动小饭店小旅馆安全联组建设，大栅栏地区130余家住宿单位建立了9个安全联组。1月至10月，开展旅游秩序联合执法检查12次，严厉打击"黑车""黑导"等违法违规行为。7月1日至9月30日，开展旅行社分支机构专项清理整顿工作，共清理旅行社分支机构283家，其中分社21家、服务网点262家。加强安全监管，全年出动执法检查人员492人次，检查旅游企业426家次，排查整改安全隐患286个。加强旅游行业窗口服务，完成51家旅行社门店备案登记工作。受理游客投诉46件，满意率100%。

（孙 娜）

【旅游行业协会】 区旅游行业协会（北京市3A级社会组织）继续发挥服务职能及平台、桥梁作用。年内，组织会员单位参加多场国内外大型旅游展会：3月，德国柏林旅游交易会；5月，韩国哈拿多乐旅游博览会；8月，中国北方旅游交易会；10月，中国国际旅游交易会等。12月，区旅游行业协会编写的《读北京·游西城——西城故事》正式出版，成为宣传西城旅游的大众读本和西城旅游从业人员的工具书。

（孙 娜）

什刹海风景区

【概况】 北京市西城区什刹海风景区管理处（简称管理处）为什刹海街道办事处下属副处级全额拨款事业单位，原人员编制为87人，下设8个科室、1个党总支、2个党支部。11月，区编委通过管理处调整主要职能及机构设置方案：根据西编办发〔2013〕40号文件精神，内设机构由原来的8个调至14个，人员编制数89人，调整后的科室名称分别为办公室、人事科、财务科、旅游资源管理科、文化产业促进科、安全生产管理科、工程管理科、特许经营管理科、信息管理科、水域管理科、特色商业街管理科、交通管理科、环境保护科、公共事务管理科。年内，完成景区标识导览系统提升改造、什刹海大客流应急避难疏散、什刹海旅游设施提升建设及什刹海环境品质提升等相关建设项目，开展了智慧景区建设、2013年度北京市旅游产业专项资金补贴项目申报工作、人力客运三轮车胡同游特许经营管理工作、景区指数统计工作、景区监督管理、景区安全管理等项工作，完成北京市生态旅游示范区的申报，完成了北京旧城历史文化街区保护规划实施评估试点——景山八片地区基础数据收集工作、什刹海历史文化保护区资料档案整理工作及北京旧城历史文化街区保护规划实施评估试点——什刹海街区资料收集等工作，与北京市城市系统研究中心、区应急办共同承担北京市科技课题——“商、旅、居”公共区域客流应急疏散系统规划及示范实施，开展了前期调研及具体落实工作。配合上级单位什刹海街道办事处，做好相关什刹海风景区的提案、议案等协助办理工作及来电、来访、接待等项工作。

地址：西城区德内大街羊房胡同甲23号
邮编：100009
电话：83223882

（白福君）

【智慧景区建设项目】 年内，编制智慧景区规划，开展智慧景区建设项目。完成景区人力客运三轮车语音导览系统建设，委托市外办对三轮车导览系统解说词译文（英、日、俄、韩4种语言）5万余字进行审核确认，请专业公司完成语言录制工作；在设备管理方面，制定三轮车导览系统使用管理办法，对9个公司的车工进行设备操作培训，完成导览系统设备移交，做好相关售后服务保障。完成景区无线导览系统建设，在保护区内40个主要景点布设激发器，实现5国语言（中文、英文、日文、韩文、俄文）自由切换讲解；在导览机内植入什刹海景区全景图。完成景区客流预警项目建设，增设服务器，确保预警系统、硬件系统运行正常；完成单点预警系统建设，确定烟袋斜街、荷花市场、恭王府、什刹海等人群聚集重点区域；完成应急疏散计算机模拟模型、疏散方向和计算机仿真模拟建模；完成预警平台设计，按照疏散方向制作疏散动态引导图；建设互联网络，在什刹海街道办事处全响应中心电脑上安装接口程序，实现预警系统的街道客户端调用。

（白福君）

【人力客运三轮车胡同游特许经营管理】 年内，什刹海人力客运三轮车胡同游特许经营为景区特色工作。每月召开特许经营企业管理人员会议，完成企业年审及车辆年检工作，运用管理系统汇总企业经营数据，完成对企业管理数据的积累和动态监管，开展“特许经营胡同游三轮车车工培训月”等活动。完善运营服务投诉处理机制，开设监督投诉举报电话（83227655），及时处理游客投诉、解答旅游咨询、维护游客合法权益；完善企业从业车工行业准入制度。开展了人力客运三轮车胡同游第三期特许经营的前期筹备工作，协调成立由区旅游委、区法制办、什刹海街道等部门组成的筹备工作领导小组，聘请央视市场研究股份有限公司对什刹海景区内人大代表、常住居民、人力客运三轮车工、旅游者、企业经营者进行深访，对2年来的客流量进行统计、从车次价格分析及现场比较分析等不同角度，对第二期特许经营政策效果进行评估。

（白福君）

【基础设施建设】 年内，在旅游服务基础设施建设方面，完成景区标识导览系统提升改造工作，改造、安装标识205块，包括全景图、分区图、景点说明牌、交通引导牌、公共信息牌、警示标识牌、胡同说明牌、紧急疏散标志及停车标志等。6月，对前海码头4个船台进行改造项目并交付使用。在市政基础设施建设方面，上半年什刹海燃气改造工程完成项目的方案设计、立项及招投标等前期工作，7月正式开工建设。10月，完成西海二环架空线入地项目的相关审批手续，年底工程竣工。12月，完成大小石碑胡同及千秋项目西侧路综合品质提升项目。

（白福君）

【特色街（区）管理】 年内，结合什刹海文、商、旅、居特点，对特色街（区）进行管理，制定《什刹海景区特色商业街管理标准》《特色街综合管理工作方案》《特色街突发事件紧急预案》《特色街酒吧商户百分制》等制度；完成护国寺特色商业街经营商户调查、护国寺特色商业街机动车辆调查、特色街从业人员情况调查工作。配合执法部门查处门前、街内乱堆、乱放、乱挂等行为230余起；清理乱贴、乱发的宣传品及小广告800余张；劝退无照游商100余人和流浪乞讨人员80余人；协调配合城管、环保部门严格要求施工单位按规范围挡，渣土随时覆盖并及时清运，清运渣土共计90余处，通过监控系统对景区及特色街（区）重点地段实施监控。

（白福君）

【烟袋斜街社区服务活动用房建设项目】 年内，烟袋斜街社区服务活动用房项目按照区政府、什刹海阜景街建设指挥部的要求，配合相关审批部门推进项目手续补办工作。向区国土分局报送国土预审相关材料，向区规划分局提供项目图纸及经济技术指标，配合区发改委着手编制新立项范围基础上的《北京市西城区什刹海历史文化保护区烟袋斜街社区服务活动用房建设项目建议书》《北京市西城区什刹海历史文化保护区烟袋斜街社区服务活动用房建设项目可行性研究报告》。

（白福君）

【景区安全保障工作】 年内，完成对经营单位的安全检查工作，在节假日前，对什刹海环湖和特色商业街经营单位的安全进行监督检查，春节前夕对什刹海环湖和特色街经营单位所有二层平台的进行检查并签订《重点地区烟花爆竹安全管理工作责任明确书》；依据地下有限空间管理的相关要求，对什刹海环湖和特色商业街地下有限空间进行安全监督检查（特别是易燃易爆物品的检查）。每天对景区进行日常巡查，及时签订《房屋装饰装修安全管理要求》《安全生产责任书》，督促灭火器将要到期的经营单位进行更换，对新变更和新增的经营单位签订安全责任书。在水上、冰上安全监督管理方面，完成节假日前对什刹海水域游船码头及所有运营船只的安全监督检查及日常对水域安全的巡视工作，对什刹海景区6个游船码头及所有运营游船在下水前的安全检查，在什刹海冰场开放期间坚持每天派人巡视什刹海冰场安全状况、设施设备进行检查。组织“深入开展安全月活动”“什刹海地区安全生产消防演练”、A级景区安全生产联组互查及景区经营单位基础台账维护工作。

（白福君）

北京大观园

【概况】 北京大观园管理委员会（北京红楼文化艺术博物馆）为全民所有制自收自支事业单位。北京大观园（简称大观园）占地11公顷，园内殿宇、庭院、自然景区30余处，是具有古典园林外观、红楼文化内涵、旅游经济属性、博物馆功能齐全的休闲活动场所。
地址：西城区右安门内西街18号
电话：63544993
邮编：100054

（陈雪梅）

【红楼庙会群众演员招聘会】 1月23日，大观园管委会举行第十八届红楼庙会演员招聘面试会。95名红学爱好者参与红楼庙会的志愿者面试，最终有80名志愿者应聘成功。房山区韩村河镇天开村的太平鼓表演队，成为大观园里第一支乡村文艺志愿者队伍。

（陈雪梅）

【春节送温暖】 2月5日，大观园管委会举行春节送温暖活动。为白纸坊地区的残疾人、特困家庭、单亲家庭及在京不能回家过年的务工人员免费赠送第十八届红楼庙会门票200余张，送去新春祝福。

（陈雪梅）

【大观园第十八届红楼庙会】 2月10日至14日（农历正月初一至初五），北京大观园举办第十八届红楼庙会。开幕式上，首次邀请西城区的环卫工人为庙会鸣锣开幕。大观园管委会为环卫工人们赠送红楼庙会门票，邀请环卫工人和家人们到大观园里赏文化、观红楼、品年味。区委、区政府领导及庙会指挥部的工作人员坚持每天到园对庙会工作进行检查和指导。本届红楼庙会共邀请15支演出队伍285名演员，演出京剧、变脸、杂技等各种文艺节目，连续5天共计表演185场，共接待游客9.1万人次。元妃省亲大型古装表演每年都会有所创新，特色节目有“银龙含瑞溢红楼，红楼人物展才艺”。北京大观园“第十八届红楼庙会”获由国家民委、文化部、国家旅游局指导，中国人类学民族学研究会举办的2013中国优秀民族节庆评选活动“最具创新价值节庆奖”。

（陈雪梅）

【配合学校开展教学实践活动】 4月9日，北京师范大学附属中学高一年级390名学生在大观园大殿舞台举办“走进名著做有修养的附中人”系列教学实践活动，听红楼讲座、演红楼小品、游大观景点。10月18日，中加学校高三年级200余名中外师生，在大观园大戏楼举办“走进大观园，研读《红楼梦》”教学实践活动。

（陈雪梅）

【北京春茶节】 4月23日至25日，2013（第九届）北京春茶节在北京大观园举办。此次活动由北京市茶业协会携手中国茶叶流通协会、中国食品土畜进出口商会、北京市商业联合会协会联合主办。由北京吴裕泰茶叶股份有限公司、北京张一元茶叶有限公司、北京老舍茶馆、正兴德茶庄等16家北京老字号及茶叶经销商展示各自的产品。

（陈雪梅）

【公益服务活动】 年内，大观园举办多场优惠活动。3月7日至9日（国际妇女节期间）大观园对来园游览的女同胞实行门票半价、赠福字活动，并在嘉荫堂举办饮食养生、文化养生食谱、驻颜秘诀知识讲座。在园内小舞台和蓼凤轩景点举办文艺演出活动。6月1日至3日（国际儿童节期间），大观园凭学生卡对小学生进行免费参观。6月10日至16日、6月30日至7月7日，分别举办高考生和中考生游园专场，2013年高考生、中考生可持准考证免费游园，在怡红院、潇湘馆免费穿贾宝玉、林黛玉服装照相留念。9月8日至10日，推出教师节免费游园专场活动。大观园常年对1.2米以下儿童、离休人员、残疾人、现役军人、65岁以上老年人及北京市见义勇为好市民免费开放，对持老年证、学生证实行半价优惠。

（陈雪梅）

【提供场地】 年内，大观园为多家单位举办活动提供场地。6月9日，由区委宣传部、区文联、区台办主办，北京大观园管委会、区文化馆承办的“中国梦”——九歌端午、梦咏京华文化活动在大观园藕香榭举行。7月10日，区妇联在大观园栊翠庵的小舞台举办中国梦宣讲活动。9月10日，区委宣传部和区社科联举办的“社科普及周”活动在大观园拉开帷幕。10月18日，北京市健身腰鼓大赛暨第五届“白纸坊杯”健身腰鼓邀请赛在北京大观园举办，来自全市14个区县38支腰鼓队共700余人到大观园展示健身风采。

（陈雪梅）

【3A景区复查】 8月21日，由市、区旅游委的专家及领导组成的检查组对大观园3A景区工作进行复查。对园内绿化、导游接待、景区安全各方面的软、硬件进行检查。对3A景区工作给予肯定并提出意见建议。

（陈雪梅）

【电视台主持人体验义务导游】 10月18日，北京电视台主持人向真、陈竞到大观园，为游客义务导游，宣传红楼文化。

（陈雪梅）

【百姓周末大舞台】 4月至10月，区文化委和大观园在省亲别墅露天剧场共同举办“百姓周末大舞台”演出，由北京学明艺术团、丑末寅初文化传播有限公司、北京风雷京剧团、北京良宵竹乐团、北京歌舞剧院、北京金铃艺韵文化艺术中心、北京市河北梆子剧团、北京金帆京昆艺术团、北方昆曲剧院、北京一九九八国际青年剧团、北京心灵呼唤艺术团、斗斗创意国际文化有限公司、中国儿童艺术剧院、北京京剧院、世纪英豪艺术团15个演出团体，演出场次48场。

（陈雪梅）

体　育

【概况】　北京市西城区体育局（简称区体育局）作为区政府的职能部门，指导和管理全区的体育工作。下设办公室、群众体育科、体育市场管理科、青少年训练科、科技教育科、国有资产管理科、党群工作办公室、监察科。公务员编制33人。下属事业单位有少年儿童业余体校、社会体育管理中心、体育宫、北京广安体育馆、体育训练中心、体育科学研究所、北京月坛综合训练馆、北京月坛体育馆、西城区棋院、北京广安游泳网球馆。年内，区体育工作在区委、区政府的领导下，深入贯彻党的十八大精神，以增强人民体质、提高居民身体素质和生活质量、创造健康城市为目标，实现群众体育、竞技体育、体育市场、体育产业、体育科研、体育设施的协调可持续发展。年内，获第12届全国运动会突出贡献奖、2013年北京市第五届健身秧歌大赛突出贡献奖、北京市第九届“北京移动杯”区县公务员网球联谊赛优秀组织奖。

地址：西城区宣武门西大街28号3门

邮编：100053

电话：68026768

（王仲建）

【区体育训练中心被评为“国家高水平体育后备人才基地（2013–2016）”】4月16日至18日，在江苏省南京市召开全国青少年体育工作会议上，根据《国家高水平体育后备人才基地认定办法》（体青字〔2012〕18号），西城区体育训练中心被评为“国家高水平体育后备人才基地（2013－2016）”，这已是中心连续三个周期获得此称号。北京市11所各级各类体校成功创建了国家高水平体育后备人才基地，西城区体育训练中心是北京市唯一一所同时获“国家高水平体育后备人才基地”和“全国篮球高水平体育后备人才基地”称号的区县级单位。

（王仲建）

【举办第九届全民健身体育节】　5月18日，西城区第一届职工运动会暨第九届全民健身体育节在月坛体育场举行，区四套班子及市总工会领导出席开幕式。全区共有43支代表队的2000余名运动员参加开幕式和田径比赛。此次活动是自区划调整后首届全区性职工运动会，职工运动会前后跨越7个月，举办8项赛事、共计子项目80余个。

（王仲建）

【区第三届民族民俗体育文化节】　5月30日，举办2013年北京市西城区第三届民族民俗体育文化节。文化节期间在西城西御园会议中心太极山庄举办太极拳文化研讨会，来自全区70个太极拳辅导站的站长及太极拳爱好者100多人参加。文化节期间西城区15个街道陆续开展了“一街一品”群众体育品牌活动：西长安街地区首届“红墙杯”文化体育季、什刹海街地区举办的第二届“什刹海杯”龙舟竞渡邀请赛、广外街道在红莲广场举办的健美操邀请赛、月坛街道在中国道教圣地——北京白云观举办的“西城区月坛街道第二届‘白云杯’太极拳（剑）市区邀请赛”、白纸坊街道组织的“白纸坊杯”腰鼓邀请赛、陶然亭街道举办的“陶然杯”地书体育文化节、大栅栏街道组织的大栅栏老字号体育文化日活动等。

（王仲建）

【第三届北京西城国际金融体育康乐节】　5月至10月，举办第三届北京西城国际金融体育康乐节。活动期间为驻区金融单位的干部职工和社区居民组织了社区运动会、龙舟比赛、全民健身健步行、围棋、羽毛球、乒乓球等亲民、便民、利民的系列赛事活动。

（王仲建）

【“科学健身个性化指导重点实验室”成立】　6月21日，由区体育局、区体育科学研究所建立的“西城区科学健身个性化指导重点实验室”在广安体育中心正式挂牌成立。“科学健身个性化指导重点实验室”是“西城区科学健身个性化指导体系”的重要组成部分，是区体育局、区科委、区卫生局共同承担的北京市科委《科学健身个性化指导体系标准研究与推广应用》课题的重要成果。“科学健身个性化指导重点实验室”的正式启用，标志着北京市第一个涵盖体质健康评价、运动风险筛查、实时运动监控、健身指导服务等多功能于一体的区级体育科研实验室的诞生，为区体育科研的技术成果转化及应用提供平台的同时，也为实现科学健身的个性化指导关键技术的持续研究提供了硬件条件，更为西城区居民的科学安全健身起到了保驾护航的作用。

（王仲建）

【广安游泳网球馆正式启用】　7月15日，新建成的西城区体育局“广安游泳网球馆”正式对外开放。该馆位于广安体育中心院内，整体建筑面积为15856.67平方米。

（王仲建）

【西城籍运动员参加第十二届全运会】8月31日至9月12日，在历时13天的第十二届全运会上，由西城区体育局输送的近50余名运动员分别参加乒乓球、棒球、排球、足球、篮球、田径及水上等比赛项目，取得了金牌6枚、铜牌3枚的优异成绩。马龙、丁宁、郭焱在乒乓球比赛中为北京乒乓球代表团获得男子单打、混合双打2枚金牌，男子团体、女子团体2枚铜牌。男子排球成年组王景星、康慷，青年组江川、徐鹏在各自的队伍中与队友合作共同取得2枚金牌的战绩。花样游泳于乐乐、棒球李龙达为北京代表团各争得1枚金牌。篮球、足球、羽毛球及跳水等其它项目也都分别获得了五至八名的好成绩。

（王仲建）

【举办2013年北京市第五届健身秧歌大赛】　9月27日，由市社会体育管理中心、区体育局主办，区社体管理中心、北京广安体育馆承办的“2013年北京市第五届健身秧歌大赛”在广安体育馆举行。市社体管理中心主任李炳熙、副主任邵晓军，区体育局局长包川、副局长王程，体育局调研员张玉良以及市社体管理中心活动部部长芮耀慈参加活动。全市共有来自各区县单位的29支代表队参加，比赛分规定套路和自选套路两种。接待人数500余人秧歌爱好者参加。

（王仲建）

【区全民健身工作委员会工作例会召开】 12月17日上午，区全民健身工作委员会2013年工作例会在西御园会议中心召开。区全民健身委员会成员单位负责人参加大会，区全民健身工作委员会主任、副区长陈宁到会并讲话。她要求要站在更高的高度重视全民健身工作，沉到更深的深度推动全民健身工作，扩到更广的宽度开展全民健身工作。要积极转变政府职能，充分利用社会资源，加强社会组织建设，出政策、给扶持、优环境，选好带头人，将“政府办体育”转变为“社会办体育”。

（王仲建）

【定向运动专业委员会成立】 12月30日，西城区体育总会定向运动专业委员会召开成立会。本专委会是青少年科技馆、北京15中、北师大附属实验中学、育才中学等单位联合发起成立，致力在西城区普及和推广定向运动。

（王仲建）

【区属体育设施向社会开放】 年内，区属既有体育设施全面向社会开放。全年接待中央、部委活动2场，承接国家级活动7场，市级活动3场，区级活动16场；场馆对外开放452109人次，其中公益免费38875人次，给予优惠8806人次；接待体校训练319101人次。区属体育场馆举办大型活动呈现常态化、服务全民健身活动趋于饱和化。在硬件上积极创建绿色环保、服务高效的品牌体育场馆，在软件上加强场馆职工业务培训，增强职工服务意识，建设文明场馆。

（王仲建）

【社会体育】 年内，贯彻落实《全民健身条例》和北京市《全民健身计划》。建立了以各级各类行政机关、企事业单位和体育社团为基础的覆盖全区的全民健身组织网络，形成了政府主导、部门协同、社会参与的“条块结合、纵横有序”的社会化全民健身组织工作运行机制。初步形成“一节为首，两品为翼，街道活动为主干，各类活动相呼应”的群众体育赛事体系。举办各级各类群众体育活动达到1000余次，年均参与总人数达到120万人次，全区经常性参与体育锻炼的人数达总人口的60%。不断发掘区位优势、文化特质、传统底蕴，重点打造“一区两品”，倡导扶持“一街一品”特色群众体育项目开展，全方位展示了西城区的体育风采和人文风貌。关心和支持在职职工、妇女、老年人、残疾人体育，举办职工运动会、残疾人运动会、敬老月等活动取得了良好社会影响。承办乒乓球、游泳等多项赛事并积极组队参加北京市举办的龙舟、广播操等活动，参与北京国际马拉松赛、环京赛等比赛的运行保障。西城区“一区两品”活动丰富多彩。做好社会体育指导员培训工作。全年共培训二级社会体育指导员55人、三级社会体育指导员348人，并全部进行了网上注册。完成推荐社会骨干163人参加北京市一级社会体育指导员培训，10人参加国家级社会体育指导员培训任务。

（王仲建）

【学校体育】 年内，区中小学实行每天一小时锻炼，保证每天一节体育课，并组织传统体育项目进校园，提高青少年体质。坚持举办全区中小学生篮球、足球等比赛活动，年均近万名运动员参赛。区学生体质不断增强，高三体育会考合格率达到99%。截至年底，西城区有传统校63所，其中国家级3所、市级30所、区级30所，共涵盖10个项目，其中棒球、垒球、排球、篮球、足球均在国家级比赛中取得优异成绩；青少年体育俱乐部达到33家，其中教练或指导员552名，会员人数达到7260名，2013年共组织活动1570余次，参与人数3.77万人次。符合场地对外开放条件的36所学校全部对外开放，有10所学校获得北京市学校场地对外开放先进单位。完成区中小学生篮球、足球、排球、乒乓球等项比赛活动，配合区教委完成区中小学田径运动会、跳绳、踢毽子等组织工作。全年参加区级各项竞赛活动的有300余支队伍近1万名运动员。完成小升初，初升高体育特长生的招生工作，全区有200余名小学应届体育特长通过各校测试进入相关的中学体育传统学校，有效防止了区体育人才的流失。另有70余名初中体育特长生，通过了市里考核进入了高中传统校。全区有20个运动项目238名运动员达到了标准，其中达到健将的有1人、一级的有26人、二级的有202人、三级的有9人。

（王仲建）

【体育社团】 年内，重视体育社团建设，实现精细化管理。全区体育协会27个，各种体育健身团队达到591个，会员人数超过2.2万人。年均社团组织全民健身活动20多项次6000余人次。新增社区体育协会、社会体育指导员协会和定向运动协会3个体育社团。西城区各单项专委会举办“三八杯”“会员杯”“康乐杯”“联赛杯”门球赛，和谐社区杯台球赛、敬老月金鑫然杯台球赛，手竿钓鱼比赛，第四届和合谷杯全民健身交流赛，第四届‘凯思博’羽毛球比赛，中小学生围棋升级升段赛等赛事。元旦、国庆节各收集信鸽参加天安门升旗仪式放飞活动。承办“英发赛勃杯”2013年北京市业余体校游泳冠军赛，“北京市乒乓球运动协会（团体）会员联赛西城站比赛”“喜迎国庆健身心促和谐2013年广安杯网球邀请赛”等市级赛事。健身操舞专委会为辖区街道举办健美操骨干培训，在4个街道每月2次培训累计达50余项次。组队参加北京市领导干部京弈杯围棋赛、健美操锦标赛、网球联谊赛等赛事，组队参加在青岛举行的“2013年全国万人全民健身操展示大赛总决赛”获得特等奖。同时还协助区残联承办北京市残疾人飞镖赛，举办田径、乒乓球等单项赛事。这些活动参加人群范围包括在职职工、老年人、妇女、青少年、残疾人等各类人群。全年共组织网球、足球、羽毛球等项目二、三级裁判员培训150余人次。田径、游泳、乒乓球等专委会为全国运动会游泳比赛、世界田径挑战赛北京站、世界杯短池游泳比赛、北京马拉松赛、西城区职工运动会等国际、国家、市级、区级的赛事派遣裁判员执裁1000余人次。

（王仲建）

【业余训练】 年内，实施集约化竞技体育发展战略，巩固加强精品项目，提升优势项目，突破弱势项目，增强后备人才培养可持续发展的动力和活力。建立优秀后备人才资源库，增强后备人才培养可持续发展的动力和活力。设有田径、游泳等项目，其中承担市级重点项目布局17项，正式注册运动员2300人。第十二届全运会上，有10人次获得金牌，5人次获铜牌。输送队员59名。以备战下届市运会为抓手，在田径、游泳、摔跤、体操等项目上挖掘潜力；整合项目资源，注重招生和训练质量并有针对性的对于个别项目重点扶持。完成新设高尔夫、七人制橄榄球和曲棍球项目，增加夺金点。锦标赛中共获得84个第一名，85个第二名，76个第三名。体育训练中心被认定为“国家高水平篮球后备人才基地”。

（王仲建）

【体育科研】 年内，以“科技惠民、转化应用”为目标，推进科学健身，连续开展体育科研项目研究，重点推进科学健身个性化指导工作，突出体卫结合，成功研发“科学健身个性化指导软件”和健身方法标准教程，完成街道9个指导标准站及重点实验室建设。科学健身个性化指导服务人群达2万人次。完成2013北京市科技计划项目《西城区科学健身公共服务体系技术保障和运行建设》申报及评审工作，获得市级科技经费240万元。深化科训服务，助力竞技体育。积极为训练和比赛服务，配合项目做好青少年运动员选材测试、营养指导、体能训练、心理辅导，对重点队员进行运动量监控指导。完成选材招生测试45人；完成骨龄测试76人次，运动员伤病治疗150人次，体能测试560人。开展体质测试，完成1600人的国民体质测试任务。4月，举办2013年西城区国民体质测试赛，加大了对国民体质测试工作的宣传。组织科学健身大讲堂共计15次，听课人群约1200人。全年累计为基层开展科学健身指导1.2万人次。在15个街道确定三级体质测试站，完成全区国民体质测试站网络构建，对所有三级测试站的测试器材进行了全面检查和设备调试。

（王仲建）

【体育设施】 年内，进一步完善全民健身服务体系，全年培训社会体育指导员420余人。更新全民健身器材320件，建成7条健身步道，增加体育用地面积3.35万平方米。较好地解决了群众就地、就近开展健身活动的需求，政府履行公共服务职能效果明显。截至年底，全区建成体育生活化社区161个，全民健身工程372处，晨晚练点386个，全民健身工程街道覆盖率达到100%。

（王仲建）

【体育法制】 年内，着眼建设长效市场监管体系和机制，开展体育运动项目经营单位的分级分类管理，做好“高危项目行政许可”工作。要求各体育经营单位落实好主体安全生产责任，体育行业安全形势稳定。全年共检查体育经营单位316家次，出动执法人员702人次，填写现场检查记录316份，发现隐患42处，发放宣传材料2600份，组织教育培训2次356人次；组织应急演练1次120人次。开展安全生产标准化三级达标工作。

（王仲建）

【体育产业】 年内，成立体育产业领导小组，协同区研究室、文创办等部门，共同研究产业发展思路。拟定近期计划，同时着手于中长期规划的研究与制定，争取在转变政府职能、优化发展环境、培育产业主体、激活体育消费、强化产业基础、提升产业层次等方面寻求突破。启动体育产业试点工程，开展体育产业调查，对区内“健身休闲服务经营企业”进行调查摸底和建档工作。利用月坛综合训练馆拆迁还建的机会，打造体育产业示范单位。加强与区内体育经营单位的沟通交流，积极扶持三夫户外公司申请体育产业引导资金，发展户外休闲体育产业。推动太极运动的市场开发和产业化运作。完善政策与制度环境，加强政企沟通互动，努力发现和培育适合西城特点的体育产业发展项目，形成区域合力共同促进西城体育产业发展的新局面。打造“广安体育馆乒超比赛”“月坛体育馆凯思博杯羽毛球赛”等品牌体育赛事。

（王仲建）

【体育国际交流】 年内，根据区台办2013年赴台交流计划，西城区体育总会组团一行12人于10月30日至11月6日，赴台进行了体育产业发展及群众体育工作考察。经国家体育总局批准，由中国游泳协会和厦门市体育局共同主办的第五届厦金海霞横渡活动于7月6至8日在厦金海域举行，白钢作为活动副组长赴台湾金门参加活动。10月11日，西城区与首尔市中区乒乓球友谊赛在广安体育馆举办。共有来自中、韩两支代表队20余名队员参赛。

（王仲建）

医药卫生

医疗卫生

【概况】 北京市西城区卫生局（简称区卫生局），是负责全区卫生工作的区政府职能部门。年内，辖区登记医疗机构582家（不含部队医院），其中营利性医疗机构210家、非营利性372家；卫生技术人员共计（含中央、市属医院，不包括部队医院）30360人，其中执业（助理）医师共计（包括西医、中医、中西医结合）10926人、注册护士13361人，实有床位14562张。平均每千常住人口拥有卫技人员23.3人、执业（助理）医师8.39人、注册护士10.25人，实有床位11.18张。全年户籍出生人口12164人，出生率为8.71‰；死亡人口9458人，死亡率为6.77‰；自然增长率为1.94‰。因病死亡人数9221人，占死亡总人数比率为96.57%。死因顺位前10位疾病为：恶性肿瘤、心脏病、脑血管病、呼吸系统疾病、内分泌营养和代谢免疫疾病、消化系统疾病、损伤和中毒、神经系统疾病、泌尿生殖系统疾病、传染病。期望寿命83.19岁。全年卫生总收入400519.48万元，其中财政拨款103503.86万元，全系统拥有固定资产151186.46万元，区属医疗卫生单位业务收入295237.64万元，其中财政专户管理资金42241.78万元，医疗收入291888.05万元，比重56%（含药品收入）。总支出400208.73万元。年内，西城区获得首批国家餐饮服务食品安全示范区称号，全国社区中医药工作先进单位称号，北京地区中医、中西医结合、民族医疗机构医疗服务信息网工作二等奖，2013年北京市区县妇幼卫生工作绩效考核第一名等荣誉。

地址：西城区德外大街38号

邮编：100120

电话：82061987

（马　蕊）

【卫生改革】 年内，结合西城区实际探索改革，完善医疗卫生服务模式。进一步巩固公共卫生体系改革。扩大调整预防性健康体检工作试点单位范围，新增肛肠医院、广外医院为第二批试点机构，方便从业人员就近接受体检服务。完善“一站式”审批服务体系，开展行政服务标准化试点工作，实现行政审批服务从管理制度化向管理标准化、服务标准化转变。继续推动公立医院改革探索。深入推进展览路医院康复医疗服务试点建设，进一步拓宽与辖区三级医院的双向转诊机制；在复兴医院和广外医院进行医疗项目成本核算试点工作，促进医院精细化管理；建立和完善区属公立医院年度绩效考核评价体系和医疗服务第三方社会评价机制，引导区属医院更加注重公益性质和运行效率；完成区内二级及以下非营利性医疗机构医事服务费测算，探索医药分开改革试点。稳步实施社区卫生综合配套改革。开展全科医生执业方式和服务模式改革试点，制定签约服务包，推行防治结合的契约式服务，社区卫生服务模式进一步转变；加大社区卫生服务保障力度，完善相关补偿机制，政府购买服务的社区卫生服务中心公共卫生经费从人均25元提高到人均50元，返聘专家劳务补贴从每人每月2500元提高到4500元。加大区域医疗协作力度。完善驻区三级医院与区属医院协同工作机制，加大合作力度，复兴医院与儿童医院共同建设儿科病房，提升儿科诊疗水平，有效缓解辖区儿科住院难的问题；探索分级医疗体系建设，展览路医院、肛肠医院分别与全区各社区卫生服务中心建立了一点对多点的协作机制，在预约转诊、人才培养、技术指导等方面进行有效对接，带动社区卫生服务机构发展，促进居民有序就医。

（马　蕊）

【社区卫生服务工作】 全区规划设置社区卫生服务中心15个、社区卫生服务站78个。实际在岗人员社区卫生服务人员2064人，卫生技术人员占84.5%。全年社区卫生服务362.70万人次，基本医疗服务286.54万人次，提供公共卫生服务76.16万人次。建立健康档案1142259份，其中电子化健康档案1124103份、居民个人电子健康档案965485份，电子化率74%。社区卫生服务品质不断提升。德胜中心、月坛中心被评为国家级示范社区卫生服务中心，陶然亭中心被评为北京市示范社区卫生服务中心。挂牌建立了11支以优秀全科医生名字命名的全科医生团队工作室。落实办实事工程，开展社区卫生服务机构银行卡刷卡结算试点，辖区15家社区卫生服务中心（站）POS机均正式投入使用，减少了患者的交费等候时间。家庭医生式服务覆盖面继续扩大，全区共组建264支团队，累计签约24.08万户39.85万人，签约率达32.33%，比上年上升9个百分点，其中65岁以上老年人签约率达到91.79%；累计接受社区卫生服务247.16万人次，比上年同期增长5.65%。

（马　蕊）

【标准化建设】 全区建设社区卫生服务中心15所，社区卫生服务站78个，构建了社区居民的“15分钟健康圈”。促进社区卫生服务机构规范化、标准化建设，年度按计划推进了月坛社区卫生服务中心改扩建项目及5个社区卫生服务站标准装修改造。

（马　蕊）

【社区卫生改革】 社区卫生发展的支撑机制不断完善。落实社区基本用药目录调整，基本药物在2009版基础上增加了200余种，达到699种，保障了区社区卫生服务基本用药需求。初步建立了多维绩效激励体系，完善了绩效考核内容和指标，“绩效优先、按劳分配”的局面初步显现。制定《西城区社区卫生返聘退休医务人员工作经费管理办法》，规范西城区返聘退休医务人员的管理，返聘医务人员职称范围得到扩大，服务专业得到延伸。

基于友谊医院医疗联盟，建立了专科医生和全科医生的工作联动对接机制，畅通由全科医师直接转诊至专科医师的转诊渠道。创新预约转诊新模式，北大医院协同医疗预约系统对德胜、什刹海、展览路、金融街中心实现转诊患者的数据传输和优先就诊安排，能够保证每个专家号可供社区病人实名制预约挂号1次。

（马　蕊）

【为老服务】 着力做好老年健康管理，继续开展老年优待工作，对65岁以上老年人实现“三优先”为区内老年人免费体检23417人。全区15家社区卫生服务机构为60至64岁低保、无保障老年人免费体检676人，其中低保199人、无社会养老保障477人。继续开展“三优先”服务等优抚工作，老年人诊疗人次数为911795人次，对符合老年人优待政策的老年人免收挂号费746693人次，为老人出诊19672人次，为老人建家床161人，为符合老年优待政策老年人免费体检661人。

（马　蕊）

【慢性病管理】 按照最新慢性病管理指南，制定《西城区社区慢性病规范化管理标准》，高血压管理人数为124903人，规范管理率为77.44%；糖尿病管理人数为51745人，规范管理率为76.40%；冠心病管理数为48447人，脑卒中管理数为23591人。在慢性病非药物治疗方面，推行“知己健康管理模式”、自我管理及家庭保健员亲情化管理，共管理知己患者1711人，完成强化期管理1759人；累计共管理知己患者16533人，完成强化期管理14917人。继续为慢性病家庭培养家庭保健员，完成1123名家庭保健员培养，其中中医家保员122名。发挥中医药在预防保健方面的优势和作用，为全部社区卫生服务中心统一配备健康小屋自测设备，中医检测区配有五脏相音辨识评估系统、健康状态辨识系统和证素辨识系统。引导居民主动参与健康管理，加强居民自我保健意识。

（马　蕊）

【中医药服务】 落实“基层中医药服务能力提升工程”，推进与中国中医科学院广安门医院的对口支援工作，明确宣武中医医院为辖区基层常见病多发病中医药适宜技术推广基地，提升了基层中医药服务能力。各社区卫生服务中心均以“岐黄馆”为“治未病”平台，开展“治未病”工作，中医药健康管理服务目标人群覆盖率超过30%，西城区被评为“全国中医治未病预防保健服务示范区”和“全国社区中医药工作先进单位”。推动中医药相关政策落实，扶持区属中医医院发展。建立区域内中医医疗资源密切协作机制，健全中医药服务网络。深入挖掘和传承名老中医药专家学术经验，加强中医重点专科和学科团队建设，不断提升中医服务能力。强化基层中医药服务能力建设，完善中医“治未病”服务体系，促进中医药在疾病的预防、治疗和康复等方面发挥更大作用。

（马　蕊）

【对口支援工作】 年内，在城乡对口支援工作中，支援医师人次数1579人次，开展门诊14162人次、急诊1100人次、手术67例、新技术新业务12项，接收受援单位进修16人次，开展学术讲座43次、业务培训338次、教学查房87次、手术示教47次，协助建设特色专科8个，捐献设备和资金共计价值14.56万元。

（马　蕊）

【传染病管理】 年内，全区法定传染病发病8263例，发病率623.55/10万。其中无甲类传染病报告；乙类传染病2416例，发病率为182.32/10万；丙类传染病5847例，发病率为441.23/10万。全年共处理手足口聚集性疫情55起，报告人感染高致病性禽流感1例。

（马　蕊）

【性病艾滋病防治】 年内，全区性病发病602例，发病率45.43/10万；HIV/AIDS发病346例，发病率26.11/10万。全区30个艾滋病抗体初筛实验室进行艾滋病抗体检测492803份，检出HIV抗体阳性者297人；各艾滋病自愿咨询检测门诊开展自愿咨询检测2130人。

（马　蕊）

【结核病防治】 年内，全区肺结核报告发病人数1756人，DOTS（直接面视下的短程化学疗法）覆盖率100%。新登记肺结核病人144人，其中本市87人、外地57人。全年医疗机构病人报告率100%，医疗机构病人转诊率99.8%，追踪总体到位率94.5%，病人系统管理率100%，病人家属筛查率100%。

（马　蕊）

【地方病防治】 年内，随机抽取、监测600户居民，采集、检测食用盐标本600件，合格碘盐576件，合格碘盐食用率96.00%；非碘盐4件，非碘盐率0.67%；不合格碘盐20件，占碘盐的3.33%。碘盐覆盖率99.33%。抽取检查集体单位21家，餐饮33家，学校、托幼园所60家用盐情况，其中5家使用非碘盐。对于检测出的非碘盐单位及进货渠道上报市疾控中心。

（马　蕊）

【精神疾病防治】 年内，全区登记精神疾病患者6925人，其中重性精神疾病患者6241人，由社区管理病情稳定精神疾病患者3449人，住院治疗886人，免费服药789人。精神疾病发病率0.012‰，精神疾病患病率6.13‰。

（马　蕊）

【学校卫生】 年内，继续开展学生常见病体检工作，中小学生应体检人数99451人，实体检人数99451人，实际体检率100%，其中学生营养不良检出率19.52%、肥胖12.80%、沙眼0.22%、贫血2.13%、视力不良73.55%、恒牙患龋率26.90%、龋齿充填率61.85%。对辖区校医进行“学生健康管理”“如何做好科普宣传”“学生营养与健康”“学生视力不良防控策略”培训。结合健康主题日，开展健康教育活动。组织辖区中小学校参加全国控烟FLASH大赛，2人获全国一等奖，3人获全国三等奖，西城疾控中心获国家优秀组织奖，12所学校被评为北京市优秀组织奖。与中国疾病预防控制中心营养所合作开展“中学生饮酒行为调查”和中国儿童营养健康教育项目。与北京市疾病预防控制中心继续合作开展“儿童肥胖早期干预方案及应用研究项目”。

（马　蕊）

【慢性非传染性疾病防治与管理】 年内，共规范管理高血压95652人，规范管理率77.48%；管理糖尿病51755人，规范管理率76.74%。完成慢病行为危险因素常态检测，共调查1240

人。举办第一届优秀健康生活指导员评选初赛，4人参加市级比赛，1人获北京市十佳健康生活方式指导员称号、1人获北京市优秀指导员特别奖。提倡全民健康生活，开展系列活动，北京华天饮食集团公司联手在全市180家庆丰包子铺开展减盐行动，推广减盐素三鲜包子；开展百家示范餐厅创建行动，推广低盐、低糖、低油食品。10个社区、4个食堂、2家餐厅、1家单位通过北京市全民健康生活方式示范创建市级验收。继续在辖区10家社区卫生服务中心开展7512名脑卒中高危人群规范化管理工作指导；完成2039名调查对象的问卷调查，筛查出肺癌447例、乳腺癌446例高危患者；筛查出肝癌高危患者388例，筛查上消化道癌症高危患者342例、结直肠癌高危患者165例。全区30个小组均完成高血压患者自我管理6次活动，首次启用社区高血压患者志愿者担任小组组长，与社区医生共同配合开展小组活动。糖尿病管理开展同伴支持管理的长效模式，10个同伴支持小组完成6次活动。西长安街街道成功创建北京市肿瘤综合防控示范社区。

（马　蕊）

【计划免疫】 年内，常规免疫接种194031人次，一类疫苗接种率均为99.99%。北京市儿童、外来儿童建卡建证48573人，建卡建证率为100%。继续加强狂犬病免疫预防门诊工作。落实查漏补种工作，补卡率、补证率均为100%。继续开展流感疫苗免费接种工作，北京市户籍60周岁以上老年人共接种33770人，全区在校中小学生共接种50175人。

（马　蕊）

【职业卫生监测与评价】 全区共有26家接触毒害物质单位，接触职业危害因素的职工人数为1880人。采集检测样品156件，合格率100%。收到职业病报告31例，其中尘肺14例、职业中毒5例、农药中毒12例。对7家用工单位共412人开展防治职业病知识培训。全年共开展各类公共场所、生活饮用水经常性和预防性卫生监测41488项件。

（马　蕊）

【健康教育与健康促进】 全年共开展健康大课堂1961场，受众118951人。在学校、医院、机关、企事业单位组织疾控大课堂活动11场，受众2200人。举办5期“健康科普讲师系列培训”，350人参加。出版《卫生与长寿报》6期9万张，发放宣传品71种45.24万余份，其中自制折页、海报等宣传品22种117630个，发布健康教育官方微博3988条。完成健康素养监测1016人份、青少年烟草流行状况调查624人份、居民防控H7N9禽流感能力和需求快速调查2211人份、居民健康测量工具配备及使用情况调查300人份。

（马　蕊）

【妇幼保健】 全年妇女病普查240165人，患病118921人，患病率49.51%（118921/240165）。其中阴道炎11255例、宫颈炎8877例、子宫肌瘤18603例、乳腺增生78185例、乳腺良性肿瘤272例、乳腺癌2例、宫颈癌2例。婚前检查2711人，婚检率6.47%；检出疾病563人，疾病检出率20.77%。年度孕产妇系统管理人数11651人，系统管理率96.85%，产后访视24264人次。剖宫产率47.44%，孕产妇死亡率为16.44/10万，6个月内纯母乳喂养率为63.90%。新生儿死亡率1.97‰，婴儿死亡率3.21‰，5岁以下儿童死亡率3.78‰。新生儿疾病筛查率99.60%，出生缺陷发生率20.20‰。

（马　蕊）

【儿童保健】 年内，全区0至6岁儿童共计46385人，儿童系统管理44024人，系统管理率94.91%。

（马　蕊）

【计划生育技术管理】 全年计划生育手术25658例，手术并发症1例，手术并发症发生率0.39/万（1/25658）。

（马　蕊）

【卫生监督工作】 5月13日，启动卫生监督所“三定”工作，共选拔任命领导干部104人。制定《卫生监督员职位分级管理办法》《西城区卫生局卫生监督所卫生监督员职位分级管理实施方案》，推进卫生监督员职位分级管理工作。根据中央和市委、市政府关于食品药品监管体制改革的部署要求，11月1日起，原由卫生部门承担的餐饮服务食品安全监管职责将划归新组建的食品药品监督管理局。按照市、区编办的要求，需从卫生监督机构划出57人。研究制定《西城区卫生局餐饮服务食品安全监管职责划转工作实施方案》，经过意向摸底调查和正式报名，考察划转人员的职务、年龄结构比例均符合要求，最终确定45人划转至食药局。

（马　蕊）

【卫生专项检查工作】 全年共开展专项工作55项，其中轨道交通建筑工地食堂食品安全专项整治、餐饮服务环节经营“不安全鱼翅类食品”专项监督检查、餐饮服务环节严防H7N9禽流感专项工作、学校周边餐饮服务食品安全专项整治、西城区中小学托幼食堂食品安全联合专项检查、集中空调通风系统专项整治、游泳场馆专项整治、生活饮用水专项监督检查等公共卫生专项工作27项；打击非法行医专项行动、基层医疗机构依法执业专项监督检查、临床用血专项监督检查、打击违法发布医疗广告专项整治、麻疹防控专项检查、人感染H7N9禽流感医疗机构防控监督专项检查、肠道门诊开诊情况专项检查、消毒产品专项检查、养老机构专项检查等医疗卫生专项工作28项。

（马　蕊）

【投诉举报】 年内，畅通投诉举报渠道受理群众投诉举报案件，全年共受理群众投诉举报998件，其中涉及餐饮服务食品安全728件、医疗卫生专业212件、公共场所专业45件、生活饮用水专业10件、传染病与消毒专业3件，现场处理率为100%，答复率为100%。

（马　蕊）

【大型活动保障】 年内，完成全国“两会”保障，承担五个代表驻地（新大都饭店、国谊宾馆、人大会议中心、职工之家、人民大会堂宾馆）、3个指定餐饮服务供应单位（护国寺小吃店、地外小吃店、和平门烤鸭店）及7个驻地（上述5个驻地和西直门宾馆、天泰宾馆）外围的公共卫生保障工作。在重要节日期间，加大对重点地区、重点单位巡查，均无公共卫生安全事件发生，卫生监督所共出动卫生监督员895人次，监督执法车辆306车次，检查各类单位2932户次，其中餐饮服务单位2648户次、公共场所经营单位

64户次、其他类别单位220户次，确保百姓节日公共卫生安全。

（马　蕊）

【卫生监督人员培训】 年内，加强依法行政，加强执法能力建设，通过锻炼、轮训与资格考试的新监督员入职管理，夯实执法能力，年度入职培训3人，11人取得卫生执法资格。加强稽查，规范监督执法行为。组织文书书写与制作培训，开展季度案卷评查，提高监督员制作案卷水平，通过在职学习、外出学习、业务培训等形式更新监督员专业知识。全年共组织各类培训10次，共计56学时。

（马　蕊）

【医疗工作】 全年门诊29582082人次，急诊1435399人次，观察室留观296309人次，出院483677人次，病床使用率92%，平均住院日10.1天，死亡率（住院病死率）0.9%，住院手术208539例。

（马　蕊）

【医疗质量管理】 年内，持续改进医疗服务质量，强化医疗安全。开展医院等级评审、“医疗质量万里行”和“三好一满意”活动，加强医院内涵建设，提高服务水平。7月组织召开2013年西城区医疗相关业务工作会，反馈了区属12家医院的医疗质控工作的实地督导检查情况，并针对检查中的问题提出质控工作的要求。组织召开西城区医疗质量控制与持续改进中心专家委员会会议，进一步完善专家委员会的职责，修订《质量控制检查标准》。各质控中心分别组织开展了专题论坛、专题培训及病例分析和讨论等活动，加强了对区属公立医院医疗质量的管理，提高了医疗质量。新增“医院感染质量控制与改进中心”及“药事管理和药物使用质量控制与改进中心”。重视抗菌药物临床应用专项整治活动，认真落实《北京市卫生局2013年抗菌药物临床应用专项整治活动方案》，提高了辖区二级医院合理使用抗菌药物临床应用水平，有效促进抗菌药物的使用行为合理与规范。继续开展临床路径管理工作，医疗质量和医疗安全指标控制良好，并得到了患者的肯定和好评，患者和家属满意度提高。共上报临床路径管理病种84种，纳入临床路径病例数3302例。做好医患纠纷调解工作，及时化解矛盾，努力构建和谐医患关系。

（马　蕊）

【医院感染管理】 年内，继续做好院感监督管理工作。对545家基层医疗机构开展督导检查，制定《北京市西城区卫生局关于印发〈西城区落实北京市预防与控制医院感染行动计划实施细则（2013–2015年）工作方案〉》，做好医院感染系统的上报工作。开展院感管理督导检查与医疗废物督导检查。开展H7N9防控工作。组织辖区医疗机构学习相关法规。

（马　蕊）

【护理工作】 4月，开展西城区护理现状调研工作。对1300余名护理人员的结构、学历、职称等状况开展调研，西城区一级以上医院护理服务整体满意度为97.4%。继续推进优质护理服务示范工程。西城区二级以上医院优质护理开展率100%，三级医院病区覆盖率100%，二级医院病区覆盖率50%以上。完成《西城区十二五期间护理工作中期评估》。

（马　蕊）

【支农工作】 年内，在城乡对口支援工作中，支援医师人次数1579人次，开展门诊14162人次、急诊1100人次、手术67例、新技术新业务12项，接收受援单位进修16人次，开展学术讲座43次、业务培训338次、教学查房87次、手术示教47次，协助建设特色专科8个，捐献设备和资金共计价值14.56万元。

（马　蕊）

【血液管理】 年内，西城区内自愿无偿献血125546人次，其中街头无偿献血120356人次、团体无偿献血5190人次。加强对医疗用血管理，对辖区22家医疗用血单位进行督导检查，全年医疗用血151793单位，实现安全用血。

（马　蕊）

【医学教育】 全年经专家组评审开展西城区医学继续教育区级认可项目1015项，累计培训281546人次。区二级及以下63名本科及以上学历毕业生报名参加住院医师规范化培训。继续与北京大学医学部联合开展MPH（公共卫生管理硕士）培养工作，全年培养23人。共有28名学员送出到基地接受全科医师和社区康复、口腔、放射、超声诊断、药学、检验和心电图7个专业人员骨干培训。确定了宣武中医医院作为西城区基层中医药常见病适宜技术推广基地，宣武中医医院定期开展社区人员适宜技术培训11次，培训基层骨干341人。落实卫生部等9部委《关于建立国家基本药物制度的实施意见》文件精神，对全区305名全科师生开展了中成药合理使用的培训和考试。依托北京大学人民医院医疗卫生服务共同体平台，开展西城区全科医生团队岗位服务能力提升系列培训（包括全科医生、社区护士、防保医师的岗位能力提升项目），加强社区全科医生团队服务能力和技能的培养，提升从业人员的专业素养、业务水准、技术水平和管理能力。开展社区心电图专项培训，培养学员44名。

（马　蕊）

【科研工作】 全年卫生系统获批西城区科委的8个西城区可持续发展研究项目。获得北京市中医药科技发展资金项目5项，支持资金19万。西城区卫生系统2014年度青年科技人才（科技新星）培养立项43个，确定拟资助项目30个，拨付资助经费79万元。获得北京市优秀人才培养资助人员1人，西城区2013年优秀人才培养资助21人。

（马　蕊）

食品药品监督管理

【概况】 北京市西城区食品药品监督管理局（简称区食品药品监管局），是市食品药品监管局在西城区负责本行政区域食品（含食品添加剂）、药品(含中药、民族药)、医疗器械、保健食品、化妆品（统称为食品药品）监督管理工作的派出机构，加挂西城区食品药品安全委员会办公室牌子。截至12月31日，区食品药品监管局机关共设12个职能科（室）：办公室(财务科)、综合协调科、监察法规科、食品生产监管科、食品流通监管科、餐饮服务监管科、食品流通二科、药械市场监管科、药品监管科、医疗器械监管科、保化科、机关党委，在职干部职工56人。区局下设西城区食品药品稽查大队（在职干部职工 26 人)、西城区药品检验所（在职干部职工 17 人）和 15 个街道食品药品监管所（在职干部职工 122 人）。年内，区食品药品监管局获得北京市西城区综合行政服务中心“优质服务窗口”、西城区精神文明创建工作先进单位、拥军优属先进单位等称号。

地址：西城区太平桥大街 107 号
邮编：100033
电话：66210987

（孙 玥）

【专项检查与联合执法】 4 月，开展中药饮片专项检查；5 月，开展人感染 H7N9 禽流感专项防控；6 至 9 月，组织保健食品打“四非”专项检查；7 月 30 日至年底，组织药品“两打两建”活动（严厉打击药品违法生产、严厉打击药品违法经营、加强药品生产经营规范建设和加强药品监管机制建设）。截至年底，先后组织开展 20 余专项检查，共出动执法人员 7013 人次，检查“三品一械”生产、经营、使用单位 2668 家次，开展联合执法 317 次，取缔无证、无照经营商户 451 户。

（孙 玥）

【机构改革】 8 月 28 日，北京市西城区食品药品监督管理局挂牌成立，成为北京市第一家揭牌的区县食品药品监督管理局。市人民政府副秘书长、市食品药品监督管理局党组书记、局长张志宽，西城区委书记王宁，区长王少峰，市机构编制委员会办公室副主任左铭飞等出席挂牌仪式。9 月 26 日，西城区街道食品药品监督管理所成立大会召开，为全区 15 个街道食品药品监督管理所授牌，同时加挂街道食品药品安全委员会办公室牌子。11 月 1 日，区食品药品监管局正式对外履行职能，开展各项工作。新的局领导班子坚持边组建机构，边完善机制，边强化监管，团结带领全局广大干部职工完成机构改革各项任务。

（孙 玥）

【应急保障工作】 11 月，区食品药品监管局结合区域实际，制定了《西城区食品药品安全突发事件应急预案》以及《应急值守制度》等应急管理制度，并认真贯彻落实。各部门梳理工作流程，完善应急机制，开展业务培训，进行实战演练，先后完成十八届三中全会安全保障、北京国际友好论坛活动等食品药品安全保障工作。

（孙 玥）

【“四品一械”企业总体情况】 截至 12 月 31 日，西城区共有食品生产企业 32 家，食品流通企业 7299 家，餐饮企业 3831 家；药品生产企业 1 家，药品批发企业 47 家，药品零售企业 201 家；保健食品生产企业 26 家，其中具有自主生产能力的保健食品生产企业 1 家、其余全部为委托生产企业，共有保健食品经营企业 630 家；化妆品经营企业 2883 家，无化妆品生产企业；医疗器械生产企业共 42 家，其中Ⅲ类企业 7 家、Ⅱ类企业 28 家、一类企业 8 家；医疗器械经营企业共 1475 家，其中经营Ⅲ类产品的企业 1269 家、经营Ⅱ类产品的企业 179 家；医疗机构 591 家，其中三级医疗机构 12 家、二级医疗机构 14 家、一级医疗机构 28 家、社区服务中心 15 家、社区站 75 家，一级以下门诊部、诊所、厂矿、机关、学校医务室、卫生所 447 家。

（孙 玥）

【质量监督抽验】 年内，制定《西城区 2013 年食品监督抽检计划》，针对 65 大类重点食品实施跟踪监测，建立食品安全风险监测预警通报制度，对不合格食品进行全面掌握，并向区内重点单位进行通报。共抽检样品总数 3728 个，不合格样品总数 94 个，合格率 97.5%，问题发现率 2.5%。其中快速检测样品数 2027 个，不合格 52 个，合格率 97.4%，问题发现率 2.6%；日常监测样品数 1701 个，不合格 42 个，合格率 97.5%，问题发现率 2.5%。按照《西城区 2013 年“三品一械”抽验计划》从 41 家医疗机构、47 家药品零售、14 家药品批发企业、1 家药品生产企业共抽检药品 939 批次，完成率 100.97%。发现不合格药品 4 批次，均立案查处，全年监督性抽检合格率 98.76%。完成医疗器械抽验 45 批次，不合格 1 批次。完成保健食品抽验 44 批次，返回 30 个品种的检验报告书，检验结论均合格。完成化妆品抽验 55 批次。上述不合格产品均由稽查部门进行处理。药检所全年计划检验 1169 批，包括评价性抽样和监督性抽样 1134 批次，基础测试 35 批次，全检检品 736 件，全检率 65%。不合格 7 批次，不合格率 0.6%。

（孙 玥）

【违法案件查处】 年内，在食品生产环节，共受理投诉举报 17 起，立案查处 3 起，取缔违法加工窝点 8 个，没收其用于违法加工生产的设备、工具、原辅料以及成品、半成品等 800 余件。在食品流通环节，共查处违法案件 104 件，罚款 619.9 万元，没收 2.49 万元。在餐饮服务环节，加大对餐厨垃圾的处罚力度，共立案 8 起，罚款 5.2 万元。在药品、保健食品、化妆品、医疗器械监管环节，受理“三品一械”案件 228 件，立案 19 件，立案率 8.33%。涉及药品 82 件、医疗器械 48 件、保健食品 88 件、化妆品 10 件。截至 12 月 31 日，办结案件 201 件，结案率 88.2%，执行行政处罚 14 件。没收非法货物货值金额 6963.66 元，没收违法所得金额 12800.45 元，罚款 84150.0 元，罚没款合计 103914.11 元。已执行的行政处罚未发生一起行政复议和行政诉讼。

（孙 玥）

【行政审批】 年内，区食品药品监管局在区综合行政服务中心设立 4 个受理窗口，在部分街道服务大厅设立食品药品受理窗口，初步形成以区行政服务中心受理窗口为龙头，以街道所受理窗口为分支的区街联动食品药品行政服务体系。年内，共收到食品流通许可申请 3744 件，受理许可申请 3442 件，核准 3275 件。通过市局“三品一械”行政审批平台受理 826 项行政许可事项，其中涉及保健食品 177 家、药品 182 家、医疗器械经营 350 家、医疗器械生产 23 家，办理 94 家企业的撤回行政许可事项。完成 145 家药品、医疗器械、保健食品许可证的即时审批、制证、送达工作。完成 673 家药品、医疗器械、保健食品许可证的送达工作。

（孙 玥）

【药品安全百千万工程】 年内，制定《西城区药品安全领导小组议事规则》，组织召开 2 次领导小组会议和部门联席会议。同时，开展街道安全生产办公室人员和 1065 名药品安全员的业务培训，开展 198 名药品回收箱管理员的专题培训。发挥6个药品安全示范街道和78家质量管理示范企业的引领作用，通过召开15个街道交流会助推百千万工程建设。

（孙　玥）

【安全用药知识宣传】　年内，继续深化“访民情、听民意、解民难”工作，深入社区、学校、单位开展安全用药宣传活动，加强区药品检验所科普基地建设。全年开展宣传53次，发放宣传材料2.4万余份（册），接受群众咨询6000余人次。调整、更换、新增药品回收箱205个，回收2.6吨过期药品。

（孙　玥）

【食品安全信息化建设】　年内，继续建设食品安全信息发布系统，研发了食品安全管理及信息公示一体机，包括食品追根溯源扫码查询、问题食品信息公示、食品安全法律法规宣传和群众举报四项功能，在月坛地区8家超市先行使用。

（孙　玥）

爱国卫生工作

【概况】　西城区爱国卫生运动委员会（简称区爱卫会）是区政府议事协调机构。委员会由56个委员部门组成，委员会下设办公室，负责全区爱国卫生日常工作的开展。年内，区爱国卫生工作以党的十八大精神为指导，深入贯彻落实科学发展观，坚持以人为本，关注民生，以建设健康城区工作为主线，全面推进爱国卫生运动的广泛开展，全年重点落实5大类17方面工作：推进建设健康城区工作；开展爱国卫生工作大检查和考核评比工作，组织各街道开展量化考评工作；落实病媒生物防制和公共场所禁烟，抓好全区范围内四害密度控制工作；开展爱国卫生传统工作，坚持开展爱国卫生月和城市清洁日活动；加强爱国卫生工作队伍建设，组织培训，提高业务水平。

地址：西城区北礼士路12号

邮编：100044

电话：88391772

（薛　云）

【爱国卫生工作量化检查考评】　年内，在全区范围内开展了爱国卫生工作量化检查考评工作，实现爱国卫生工作日常检查常态化。制定《西城区爱国卫生工作量化检查考评办法》，明确考评内容、考评方式、考评程序，确定各项工作要达到的基本标准和要求。1月31日，召集15个街道办事处召开工作部署会，对各地区爱卫会进行工作部署同时培训各街道工作人员，对每月检查指标进行了细化和明确。制作《单位和社区爱国卫生检查工作记录表》、工作文件夹，将检查工作记录表、检查工作内容发放到各街道，要求各街道对照检查内容和检查标准对单位以及社区的环境卫生、控烟、病媒生物防制、健康教育等进行检查，每月上报检查记录表。区爱卫会实施抽查，全年共抽查街道上报检查单位300余个，对检查出现的问题及时予以纠正。

（薛　云）

【病媒生物防制】　年内，区爱卫办继续实施“西城区有害生物防制服务项目”（2010年启动，以区域病媒综合防制为目标，引入专业队伍，建立以公共区域专业防制的区域防护长效机制）。对马氏兄弟科技（北京）股份有限公司及北京安欣特灵生物技术有限公司两家专业防制公司进行了规范管理，完善防制方案，明确防制范围、防制内容、防制措施及防制要求，明确重点处理区域包括水体、绿地、污水井和雨水井等具体面积、地理位置以及详细的操作方案，新增1.75万平方米的水体，新增南中轴、铺陈市胡同等处绿地13万平方米。6月15日，召集15个街道与专业防制公司召开公共区域病媒生物专业防制工作对接会，对工作进行部署。7月29日、30日，为保证专业防制效果，区爱卫办对两家专业防制公司的防制情况开展了检查，主要检查了重点处理区域包括水体、绿地、污水井和雨水井等实施情况及实施后效果。经检查，各专业公司能严格按照合同约定，积极组织人力、物力，认真开展消杀工作，消杀到位，四害防制有效，病媒生物密度达到国家规定的控制标准。4月、11月全区开展以灭鼠为重点的病媒生物防制统一行动，堵塞鼠洞，清除鼠迹，完善防鼠设施。7、8、9月分别组织以灭蚊蝇为重点的防制行动，下发灭蚊蝇药4.5%高效氯氰菊酯水乳剂12880瓶，爱克宁水乳剂100箱、凯素灵可湿性粉剂240公斤及水体用灭蚊蝇药320公斤以及灭蚊蝇喷雾器255台、喷壶1400余个，全区病媒生物密度得到有效控制。

（薛　云）

【爱国卫生月】　3月1日至31日，组织全区开展了第25个爱国卫生月活动，活动主题为“美化环境，健康人民”。区爱卫办以巩固国家卫生区创建成果为切入点，统筹协调城管、工商、卫生、环保、环卫、园林等部门参与爱国卫生月活动。全区开展了环境卫生整治活动，彻底清理了重点大街、胡同、两会代表驻地等重点部位的垃圾杂物、废弃物；开展居民住宅区整治活动，清除物业小区及居民区内的堆物堆料、残标广告、宠物粪便等；开展单位卫生整治活动；开展公共场所禁止吸烟宣传工作；开展健康教育讲座，宣传传染病防治、健康生活方式等方面的健康知识。3月8日，区爱卫会与椿树地区爱卫会联合，在沃尔玛超市门前广场设置宣传站，开展了“第25个爱国卫生月活动”宣传活动，动员社会单位、居民群众从自己做起，从身边做起，从家庭做起，从所在社区、胡同做起，激发群众自觉参与爱国卫生工作的热情。向过往群众发放了吸烟有害健康、创建健康城区等宣传折页，共发放宣传材料800余份，发放各种宣传纪念品1000余份，发放除四害药品千余份，进行健康宣传和灭蟑灭蚊灭鼠的宣传指导。第25个爱国卫生月活动期间，全区共有中央、市属、驻区部队2000余个单位、255个社区居委会、53161人次参加活动。清除、覆盖残标小广告35218条、清洗广告牌匾690块、整治美化大街125条、清运废弃物垃圾358吨、清理卫生死角625处、清理绿地8万余平方米，治理居民小区楼门院426个、解决脏乱重点问题132个；全区各街道开展宣传咨询活动百余次，发放各种宣传、纪念品10余种3万余份。

（薛　云）

【公共场所禁止吸烟工作】　年内，贯彻《北京市公共场所禁止吸烟的规定》和《北京市公共场所禁止吸烟若干范围的规定》，结合第25个爱国卫生月和26个世界无烟日，开展禁烟控烟宣传教育活动，采取设立宣传咨询站、印发宣传单、宣传折页、张贴控烟宣传画等形式，普及禁烟和控烟知识。向全区发放各类控烟宣传折页1.4万余份，张贴控烟宣传画3000余张。新增各类禁止吸烟标志牌1.7万余块（张）。5月30日，区爱卫办联合西城疾控中心、德胜街道办事处、肛肠医院、德胜社区卫生服务中心在人定湖公园开展控烟主题宣传活动，活动内容包括宣传、义诊、咨询活动。按照市爱卫会2014年9月底前全市创建百家以上的无烟机关、无烟单位的要求，3月开始，在全区范围内组织开展无烟机关、无烟单位创建活动，以“创建无烟工作环境”为主题，倡导“创建无烟环境，健康工作每一天”的理念，将无烟机关、无烟单位创建活动的具体事项做了部署安排，成立了创建活动领导小组及办公室，成员由各地区爱卫会主任组成。制定并下发创建无烟机关、无烟单位活动文件，组织无烟环境建设单位开展学习与培训；对参加创建的单位进行宣传，营造无烟环境氛围；组织各街道积极开展监督与指导工作，采取边检查、边指导、边落实的办法，把创建无烟机关单位的方法、要求、标准、措施等传授给单位，积极鼓励和推动各单位按照《北京市无烟机关、无烟单位标准》开展创建无烟机关单位活动。9月24日至25日，市爱卫会组成两个组对区内9个无烟机关创建单位进行了中期督导检查，对这9个单位开展无烟机关创建工作给予了肯定，控烟氛围良好，监督检查到位，禁烟效果明显。继续巩固高校及医疗卫生机构创建无烟环境工作成果，12月4日，由市爱卫办、市疾控中心、顺义区爱卫办及疾控中心相关专业人员组成两个专家组，对辖区内北京建筑工程大学、中央音乐学院及中国人民公安大学3所高校的控烟工作进行了效果评估检查工作。检查组对辖区内这几所高校开展控烟工作给予了肯定，其中：北京建筑工程大学及中国人民公安大学在检查中获得了满分。强化法规意识开展执法监督检查活动。重点对学校、机关单位、医疗机构、餐饮、网吧等类单位进行了监督检查。1月至12月，全区共组织对26943个各类单位的公共场所禁止吸烟工作进行了监督检查，合格单位26720个，合格率为99%，对229个不合格单位进行了限期整改，对1083人在公共场所吸烟行为进行了劝阻和引导。

（薛　云）

【单位和居民区卫生】　年内，严格按照《国家卫生区标准》中单位和社区卫生要求，区爱卫会在全区的各类单位、社区中组织开展城市清洁日及卫生大扫除活动、爱国卫生月活动、病媒生物控制、控烟禁烟等活动，发挥红旗单位、健康单位、健康社区的示范作用，抓典型带全面。通过开展各项清洁城市活动，营造美好家园；通过检查指导，全区各单位、各社区在爱国卫生组织管理、档案规范、宣传信息、环境清洁、食品卫生、病媒生物控制，以及公共场所禁烟和控烟等方面的工作成绩显著。为巩固国家卫生区成果，进一步推动区爱国卫生工作不断深入，更有效地调动辖区内各社区广大居民的积极性，使更多人参与到爱国卫生活动中来，11月13日至12月31日组织全区开展健康单位和健康家庭走访活动。通过“社区”这一平台，将“健康教育”活动深入到千家万户，使居民和社区形成互动，让“健康知识”得到有效传播。地区及街道爱卫办为健康单位、健康家庭代表送去了宣传慰问品，对地区社会单位及社区志愿者多年来为改善和美化地区及社区环境，宣传健康知识做出的努力表示感谢。

（薛　云）

【城市清洁日】　年内，本着清洁城市，预防疾病，提高市民健康水平的宗旨，每月1个主题，多种形式开展宣传，将清洁城市与预防疾病理念相结合，提高市民健康水平。发动社会各界力量参与每个城市清洁活动。4月26日，组织全区开展“迎五一大扫除暨第四个城市清洁日活动”，区领导章冬梅、程军、王旭、梁昌新、吴铁男分别到月坛街道三里河二区、德胜街道安德路社区、大栅栏街道煤市街、天桥街道天桥小区、金融街街道丰汇园社区，与社区群众、武警官兵一起参加擦拭科普画廊、宣传栏、清理小广告、清理卫生死角等活动。全区大街小巷、居民区、楼门院、平房区等重点区域的良好环境得到了巩固，区域卫生面貌进一步改善。1月至12月，共组织12次城市清洁日及4次卫生大扫除活动，全区参加城市清洁日及大扫除活动总人数达22万余人次、8794个次社会单位（含部队）参加活动，清除残标小广告11.8万余条、清洗广告牌匾6659块、整洁美化主要大街984条次、清理卫生死角4169处、治理白色污染4743处、清理垃圾废弃物、宠物粪便1488吨、清整草坪绿地200余万平方米、整治脏乱重点问题1683个。

（薛　云）

【建设健康城区】　年内，深入落实《健康北京“十二五”规划》，继续弘扬“健康社会、健康环境、健康人群”三大健康理念。组织开展健康细胞创建工作，7月下旬，区爱卫会协同区健康教育所、各地区爱卫会，按照北京市健康社区标准，对各街道推荐的8个社区（广外街道：红莲北里社区、鸭子桥社区，椿树街道：红线社区，德胜街道：新外大街北社区、德外大街东社，什刹海街道：西巷社区，什刹海街道：苇坑社区、西海社区）进行了中期督导检查，经市爱卫会进行评估验收，8个社区验收合格，市爱卫会予以命名。从3月份开始，以社区为单位，以社区居民为主体，以分享健康故事和展示健康生活为主题，组织开展了“第四届西城区健康风采大赛活动”，广泛征集社区居民健康生活的经验、做法和体会，在全区征集作品65篇，遴选了30篇优秀文章上报市爱卫会参加市级评选。全区共有3篇优秀作品获得优秀作品奖。12月27日，参加2013年北京健康城市建设促进年会暨《北京健康城市建设研究》英文版首发式。《西城区健康城市建设开展情况调研报告》被收入《2013北京健康城市建设研究报告》一书。通过健康创建标准的实施，以及考核评估，年内，全区成功创建北京市健康社区8个。

（薛　云）

（责任编辑　郝慧芳）

社会生活

民政工作

【概况】 西城区民政局（简称区民政局）主要承担着社会保障、社会事务管理、基层政权建设、服务国防建设4个方面的职能。内设办公室、人事科、社区办、社团办、优抚科、安置办等16个行政科室，低保中心、捐赠中心、福利企业生产管理办公室等30个事业单位，在职人员438人。年内，围绕创新社会管理、改善基本民生、强化社会服务等重点任务，加强统筹协调，扩大社会参与，提升服务效能，各项工作稳步推进，重点工作、折子工程全面完成，发挥了民政工作在社会建设中的骨干作用。先后获得“全国社会组织新闻宣传先进单位”、北京市“为老服务示范单位”“北京市首届结婚登记颁证比赛”一、二等奖、“西城行政服务知识竞赛、演讲比赛、礼仪大赛”优秀组织奖、“西城区行政服务礼仪风采大赛”优秀奖等。

地址：西城区裕中西里28号

邮编：100029

电话：82282998

（王星星）

【最低生活保障】 10月18日，西城区民政局居民经济状况核对中心成立。截至年底，全区有低保家庭12512户21651人，发放低保金13424.90万元。粮油帮困补助8506户10701人，补贴资金518.02万元。对全区12712户22193人的低保调标工作按时完成，低保标准由原来的520元调整到580元，调整后全区低保金月增长109.93万元。

（王星星）

【社会救助】 年内，为17452户30952人，发放临时救助1165.01万元；为14123人办理医疗救助，支出经费1894.9万元；西城区综合救助平台涉及到32个成员单位的56项救助政策，经梳理整合，形成了10大类83个救助项目，实现全区救助数据共享，避免了重复救助，利用有限的资源，救助更多的贫困人群。两节期间统筹社会救助资金2871.5万元，走访慰问贫困对象60658户。开展社会救助工作调研，制定《北京市西城区关于进一步加强综合救助工作的意见》；成立居民家庭经济状况核对中心，为准确认定救助对象提供依据。

（王星星）

【流浪乞讨人员救助】 年内，出动巡视车辆1850台次，巡视人员11260人次，接待求助人员1581人，救助1520人。提供返乡车票1018张；食宿2201人次。接收西城区城市网格化管理派发案件1276件，完成率100%。联合开展“流浪孩子回校园”专项行动，救助流浪儿童60人，智障儿童32人。

（王星星）

【社会捐赠和慈善公益事业】 年内，牵头组织“爱在西城”颁奖典礼，开展“帮困助残送温暖”、“4·20”芦山地震捐赠、“送温暖、献爱心”暨“爱在西城”联合募捐、爱心企业定向捐款、共产党员献爱心等活动募集善款1961.75万元，接收捐赠物资5万件。开展“慈善助老”医疗卡救助、“春雨大病救助”“助学”等各种慈善救助，共发放救助款1054万元，救助困难群众2258人。实施捐赠款物审计监督，区民政局和区审计局对2011年、2012年全区捐赠款物使用情况以及对口支援内蒙古自治区喀喇沁旗民政局的捐赠款物使用情况进行检查，规范捐赠款物使用管理。

（王星星）

【为老服务】 年内，支持社会力量兴办养老机构，新增养老床位251张，全年231张绩效考核指标全面完成。开展27家敬老院年检，敬老院院长持证上岗率达95%，护理员持证上岗率85%以上。认定与扶持42名低保家庭生活不能完全自理老人入住定点社会福利机构，发放补助资金45.36万元。组织开展养老服务现状与未来服务需求的调研，制定《西城区关于进一步加强养老服务工作的实施意见》，成立西城区银龄精神关怀服务中心。组织开展“社区居家养老服务示范区”的“一区一品”试点建设项目。出台《西城区养老服务中心（站）标准化建设细则》《机构养老标准化建设细则》。“三项为老服务”（为老年人提供免费洗澡、免费代换煤气罐、上门理发）全年补助13374人次，补助金额23.4万元。开展养老（助残）餐桌“三优”（优质，优先，优惠）创建活动，统一服务标准，统一营养菜谱，全面提升养老餐桌服务水平。为有就餐服务需求的59名“三无”老年人（无法定赡养人、无经济来源、无劳动能力）提供免费午晚餐服务，累计送餐43070人次。

（王星星）

【“九养政策”落实情况】 年内，落实“九养”政策，对2000名孝星命名表彰，营造敬老爱老的社会氛围；办理95岁以上老年人医疗补助701人次，支出149.4万元；享受养老（助残）服务补贴5.2万人，结算8221.26万元；为符合条件的老人办理优待卡18998张，优待证9601个；发放90岁及以上高龄津贴648.6万元。两节走访慰问高龄特困老人300户、90周岁以上老年人5739人，支出75.39万元；发放小帮手电子服务器1.11万部。

（王星星）

【社区建设】 年内，通过建立工作联络员制度、成员单位联席会制度、片会会议制度三项制度，确保“六型”社区“（干净、规范、服务、安全、健康、文化）建设常态化、长效化。推进“居务公开”，拓宽和畅通民主监督渠道和民意诉求渠道，居民参与社区自治的积极性不断提高。从协管员中定向招录社区工作者293名，并对255个社区“一把手”和新招录的社区工作者进行了统一培训。59个社区通过市级“六型社区”第二轮评估。

（王星星）

【社区服务】 年内，完成街道、社区便民利民服务与社区服务平台对接，整合区域服务商900家、六大类140项服务。4008981890、82203331社区服务热线共提供服务1.72万人次。开展公益服务进社区和社区大课堂9075节次。新发“爱心一卡通”8367张，服务163.53万人次，结算总金额6545.65万元。扩展社区为老服务、助残服务及政府购买服务需求在内的社区便民服务项目，社区公益性服务组织达到1614家。已审核通过社区志愿者13.54万人，对284名管理骨干进行了“首都社区志愿者管理培训”。

（王星星）

【社会组织建设和管理】 截至年底，全区有社会团体142家，民办非企业单位466家，备案社区社会组织2450个。完成行政许可62件，社会组织年检工作全部完成。动员全区社会组织继续开展服务民生行动，在扶贫救助、扶老助残、医疗卫生、文体科普等12个领域购买项目95个。开展西城区社区社会组织助推工程。建立“三社联动”（社区、社工、社会组织）运行机制，提升社区社会组织服务社区和居民的能力与水平。制定《西城区社会组织直接登记工作规程》《西城区社会组织直接登记审查部门联动规程》，在降低社会组织准入门槛、促进社会组织发展的同时，全面提升登记机关服务能力和水平。开展规范化评估，完成评估385家，评估率超过80%。完善社会组织党建体制，实现了全区登记注册的社会组织党建工作全覆盖。成立民政局行政执法办公室，对151个多年未年检的社会组织立案调查。

（王星星）

【优抚工作】 年内，落实《军人抚恤优待条例》，全年共办理98人一次性抚恤金审批工作，共发放资金2336.44万元；按照《伤残抚恤管理办法》，评定伤残5人；为残疾军人定做伤残用品，共支出约5万元；下拨优抚对象医疗补助金176.99万元。对区内2处零散烈士纪念设施进行了修缮，共计支出11.7万元。6月份，联系福彩中心，开展“为优抚对象送明亮”的公益活动，为全区的优抚对象配送老花镜；春节前夕，为优抚对象发放慰问金224.73万元。

（王星星）

【安置工作】 年内，接收退役士兵239人，注重政策宣传和档案审查工作，组织技能培训，提高退役士兵的就业能力，举办综合招聘会及专场招聘会，实现100%安置。全年新老兵接待转运工作连续28年无事故，得到市民政局及部队的认可和好评。

（王星星）

【军休管理工作】 全年接收军休干部职工796人。“两个待遇”和“六个老有”得以切实落实。宣武、双秀2个活动中心实现资源共享，完成与辖区街道对接，挂牌成立军民共建敬老服务中心。开展“中国梦、军休情”主题系列宣传教育活动，共同建设和谐幸福军休家园。

（王星星）

【福利彩票销售】 截至年底，全区269个网点销售福利彩票4.02亿元，完成全年销售任务101.88%，筹集福彩公益金1.4亿元，区立项使用资金3220万元。

（王星星）

【福利企业生产管理】 截至年底，全区有福利企业15家，共有职工684名，其中残疾职工279人，新安置残疾人就业77名，完成销售收入21557.37万元，利税总额1963.39万元；受理福利企业残疾职工人员变更审批事项190人次。完成福利企业年检年审，合格率达到100%，开展福利企业社会保险补贴申领发放工作培训。

（王星星）

【婚姻登记管理】 年内，办理婚姻登记29351对，收养登记4件，出具无婚姻记录证明19397份，登记合格率100%。完成了自1955年至2013年间60万份婚姻登记历史档案信息与全市登记系统的对接。简化办事流程，开展委托办理、网上预约、上门预约、军人绿色通道等服务。在民政部举办的全国结婚登记颁证大赛中，西城区民政局代表队进入全国结婚登记颁证大赛北方赛区前六名，成为北京市唯一一支进入全国总决赛的队伍。

（王星星）

【殡葬管理】 年内，开展“网上祭奠”“社区公祭”等“绿色清明、文明祭扫”宣传活动，清明节期间，实现群众祭扫活动安全、文明、和谐、有序。落实无丧葬补助居民丧葬补贴审批工作，完成丧葬补贴审批956例，支付资金478万元。

（王星星）

【行政区划】 年内，完成《中华人民共和国政区大典·北京卷》西城部分编纂工作和《西城区行政区划图》印制。

（王星星）

【见义勇为工作】 全年新确认3名见义勇为人员（刘向恒、白凤莹，付爱东），4名见义勇为人员（武爱玲、朱慧香、郭利明，王利）被区政府授予“西城区见义勇为积极分子”称号。

（王星星）

【孤儿安置】 落实孤儿认定及26名散居孤儿基本生活费发放工作，发放基本生活费共计26.46万元。

（王星星）

【地退人员的服务保障】 年内，为1555名地退人员调整工资待遇，调整了地退遗属的生活困难补贴标准和死亡地退人员的抚恤金、丧葬费标准，做到执行文件、落实待遇无偏差、无错误。

（王星星）

【防灾减灾】　年内，利用纪念“5·12”开展多种形式的防灾减灾宣传活动。开展紧急救援培训，组织分级鉴定考核，276人获得灾害信息员职业资格证书，2人获得三级资格（高级）证书、4人获得四级资格（中级）证书。落实各项相关制度，做好汛期安全保障工作。建成16个“全国综合减灾示范社区”和26个“北京市综合减灾示范社区”。

（王星星）

【自身建设】　年内，开展政府权力公开透明运行工作，在全局开展“中国梦、我的梦”座谈和宣讲系列活动，结合征集的各项意见和建议，解决了就餐、停车难的问题，美化了工作环境，宣传了民政工作。注重规章制度的完善。在养老、社会救助等方面形成了一批具有指导性的工作意见；修订完善了《车辆管理制度》《干部考核制度》《财务支出管理制度》《党风廉政建设制度》《外聘人员管理规定》《工会财务制度》等，对机关工作人员的行为规范做出了明确要求。组织科级干部竞争上岗，完成28名中层领导干部的配备。完成21名科级领导干部和17名普通干部的轮岗，优化了部门人员结构。

（王星星）

人口和计划生育

【概况】　北京市西城区人口和计划生育委员会（简称区人口计生委）是区政府依法负责全区人口和计划生育（简称人口计生）工作的职能部门。内设办公室（监察科）、综合协调科（信息科）、法制科、流动人口服务管理科、宣传科（科技服务科）5个科室。下设2个事业单位（西城区计划生育生殖健康技术指导中心、药具站），1个社团组织（西城区计划生育协会），在职人员37人。年内，按照“小人口重服务，大人口抓统筹”的思路，在人口计生工作中开展调查研究，完善工作机制，加大统筹，科学管理，深化服务。截至12月底，辖区共有户籍人口140.3万人，户籍育龄妇女29.00万人，户籍已婚育龄妇女17.14万人，外埠婚嫁育龄妇女3.86万人（数据来源：《西城区2013年国民经济和社会发展统计公报》）。2013年统计年度户籍人口共出生12307人，其中计划内生育12168人，违法生育139人，计划生育率为98.87%，一孩出生11686人，二孩及以上出生621人，完成了市政府下达的2013年户籍人口出生控制在17500人和户籍人口计划生育政策符合率不低于97%的指标（数据来源：区人口计生委统计报表）。

地址：西城区广安门南街68号

邮编：100054

电话：66114957

（蔡　辉）

【目标管理责任制】　年初，制定《北京市西城区2013年人口和计划生育工作要点》及职责分解、《北京市西城区2013年人口和计划生育目标管理考核评估方案》，区长与区人口和计划生育领导小组成员单位签订责任书。全年工作考核评估分为日常工作检查、随机抽查、现场检查与集中汇报相结合。11月22日至23日，区人口和计划生育领导小组办公室牵头，组织区社会办、西城公安分局、区流管办、区卫生局、区教委等成员单位听取街道关于特色工作的总结，对街道特色工作进行考核评估。

（蔡　辉）

【信息化建设】　1月，西城“幸福e家”网站项目完成招标程序并进入设计阶段。3月，印发《2013年度全员人口信息系统建设工作方案》，开展孕情普查，进行全员人口信息系统数据审核，完善全员人口库信息，逐步推进WIS与全员系统并轨。5月，人口动态监测系统完成验收并上线运行，不断更新和完善相关模块和功能，实现对区域人口趋势预测及主要人口指标预警，实现部门间信息多元共享。10月，建立婚姻登记数据分拣系统并投入使用。

（蔡　辉）

【关怀计划生育困难家庭】　元旦、春节期间，计生协继续开展“生育关怀”活动，为辖区240户计划生育困难家庭发放了福字、春联和32万元救助款。“9·25”期间，继续对计生困难家庭进行救助，帮助他们缓解生活中的困难。为辖区失独家庭送上一封慰问信及中秋月饼；继续对全区计生特扶、特困家庭以及困难计生专干家庭进行经济帮扶，共有512户家庭获得救助；落实中国计生协特殊家庭帮扶模式项目，探索帮扶措施，将200户目标家庭纳入慰问范围。此次活动累计发放了75.28万元慰问金和10.58万元的慰问品。

（蔡　辉）

【领导走访慰问】　2月5日，国家计生协党组书记、副会长杨玉学，秘书长姚瑛，副秘书长洪苹，生育关怀基金管委会副主任李艳秋，国内工作部副巡视员刘秀萍等一行到展览路街道新希望家园，与42名家园成员共聚一堂庆新春。市人口计生委主任、计生协常务副会长刘志，区委常委、副区长、计生协会长梁昌新等领导陪同。

（蔡　辉）

【协会组织建设】　2月21日，召开西城区计划生育协会第一届二次会员代表大会，常务副会长彭秀颖总结2012年协会工作；秘书长纪彩秀宣读《关于调整西城区计划生育协会第一届理事会理事的决定》，通报2013年工作思路；会议通过了《西城区计划生育协会会费收缴标准及使用管理办法》。

（蔡　辉）

【人口问题研究】 3月，承办市、区领导关于流动人口问题的2个批示。牵头组织召集相关部门座谈，研讨答复意见，对相关部门提供的材料进行分析、梳理、归纳、汇总，征求相关部门意见，撰写出《关于落实市领导对西城区流动人口相关情况批示的报告》上报。4月，与北京大学社会学系课题组合作开展《西城区“十二五”时期人口发展和计划生育事业规划》中期评估及幸福家庭生命全周期公共服务体系建设评估工作，通过走访调研、座谈会、收集书面材料等方式，对“十二五”规划进展情况进行全面的评估，并对幸福家庭生命全周期公共服务体系建设工作推进情况、完成情况、效果等进行调研分析。10月，完成《西城区“十二五”时期人口发展和计划生育事业规划中期评估报告》和《西城区幸福家庭生命全周期公共服务体系建设评估报告》。11月，与中国人民大学课题组合作，通过调查问卷的形式，开展“单独”家庭生育意愿调查研究工作，预测“单独两孩”政策实施后辖区出生人口变化趋势，为区政府应对生育意愿政策调整提供科学依据。11月，启动市政府重点改革任务——天桥演艺区“重大项目人口影响评估”试点工作，制定《西城区关于开展天桥演艺区重大建设项目人口评估工作方案》，与中国人民大学区域经济研究所签订了课题研究协议。12月17日，召开天桥演艺区重大建设项目人口评估工作部署会。

（蔡　辉）

【党风廉政建设】 4月2日，人口计生委党支部召开党风廉政建设责任书签订大会。年内，开展新任科级干部任前集体廉政谈话。在科室职能调整工作中，完善廉政风险防控管理工作，查找风险点35个。开展“阳光计生行动”，举办“最美计生人”演讲报告会，来自街道、社区、驻区单位的156名人口计生干部获得“最美计生人”称号。

（蔡　辉）

【流动人口计划生育服务与管理】 5月初，向街道发放《关于示范市场、一条街、50人以上流动人口较为集中场所的流动人口计划生育服务管理工作意见》，明确创建“示范场所”的内容和标准，将示范场所创建纳入到全年目标管理考核评估系统。下半年，对没有流动人口图书角的创建单位，区人口计生委按照市级流动人口图书角的建设标准，建设流动人口图书角7个，投入经费33740元。落实区政府折子工程，区人口计生委对有需要的流动人口育龄妇女12841人次提供免费的孕情环情监测服务；组织健康生育快乐园讲座169期，有生育意愿的流动人口夫妇1860人参加；为647对流动人口夫妇提供免费孕前优生健康检查；实施“社区家庭生殖健康干预工程”，为500名流动人口免费提供生殖健康检查。发放避孕药具39.8万余支；为无业流动人口免费报销四术40例共7279元；继续强化以信息化手段提升流动人口服务管理工作的水平，截至12月底，通过手持移动终端采集器共采集信息37860条，上传有效信息31399条。

（蔡　辉）

【幸福家庭创建活动】 7月，区人口和计划生育领导小组召开人口家庭公共服务体系建设推进会，制定《西城区开展幸福家庭创建工作实施方案》，总结推广长安幸福家园、“新希望”家园服务模式，明确以“六大工程”（宝贝计划、青春健康、健康生育、生育关怀、心灵家园、文明倡导）建设为载体，建基地、创示范、提供基本公共服务的任务。指导白纸坊街道建设综合性人口和家庭公共服务园地——白纸坊幸福家园，指导月坛、金融街、新街口、牛街、白纸坊等街道建立儿童早期发展指导中心，成为地区0–3岁儿童活动的乐园。西城区获得“第二批全国创建幸福家庭活动试点单位”称号。

（蔡　辉）

【基层基础工作】 年内，运用项目管理方式在街道开展适合街道区域发展特点的特色工作。5月，经过主任办公会研究决定，批准街道开展特色工作共31项，涉及0–3岁儿童早期发展、流动人口服务管理、特扶家庭帮扶、幸福家庭促进、免费孕前优生检查、青春期性健康教育等多项与人口计生工作密切相关的内容，拨付经费141.6万元。

（蔡　辉）

【依法行政】 年内，规范街道各项审批、审核和核准工作，严格执行审批政策。全年批准再生育一个子女1308例。全区新增死亡特扶对象128人，年审符合1113人；新增伤残特扶对象187人，年审符合2056人。审批独生子女意外伤残或死亡给予父母一次性经济帮助共131例，发放65.5万元。全年依法处理违法生育179例，征收社会抚养费金额3005.7万元，全部上缴国库。

（蔡　辉）

【计划生育利益导向工作】 年内，在关怀独生子女死亡家庭特扶人员方面，为40名拥有本市户籍、65周岁以上的独生子女死亡特扶对象办理移动“小帮手”电子服务器，为479名有需求的60–64岁的独生子女死亡特扶对象新办、续办公园年票。开展辖区失独家庭需求摸查，牵头制定《北京市西城区对失去独生子女家庭开展帮扶工作的意见》。

（蔡　辉）

【家庭人口文化节系列活动】 年内，举办“西城区第二届家庭人口文化节”系列活动。举办“宝宝大赛”，3名宝宝获北京市魅力、健康、智慧宝宝称号；开展“幸福宝宝秀”网络海选，评出西城十佳幸福宝宝；举办“家庭才艺大赛”，15个街道选送的21个才艺家庭参加角逐；评选出西城区百户幸福家庭，其中5户家庭被评为北京市幸福家庭；举办“幸福家庭　和谐人口”DV大赛，15个街道报送255个作品，2个作品分别获北京市二、三等奖。

（蔡　辉）

【青春健康教育】 年内，与区教委联合开展青春健康心理剧评选工作，评出一等奖3个、二等奖5个、三等奖8个以及优秀奖7个。学生在教师指导下通过自编自演的形式，用身边发生的事，教育身边人。组织两期暑期青少年青春健康夏令营活动，通过游戏的形式让同学们参与互动活动，加强青少年生殖健康的知识普及，引导学生树立责任、尊重、换位思考意识。

（蔡　辉）

【儿童早期发展工作】 年内，制作儿童早教大礼包1万个，内含《0–3岁科学育儿》图书1万本、《0–5岁儿童成长测评图》1万份、《生命头三年》早教1万张光盘，免费发放给辖区有需要的家庭；组织儿童早期发展讲师团深入机关、企事业单位、社区，为辖区的家庭普及儿童早期发展知识，累计举办儿童早期发展大课堂99期，共计6245人参与。全年为区户籍1111名0–3岁儿童提供一次免费的成长测评并提供个性化指导建议，超额完成区政府办实事任务。

（蔡　辉）

【免费孕前优生健康检查项目】　年内，西城区作为国家免费孕前优生健康检查项目试点，投入90余万元，为1165对有计划怀孕的困难家庭待孕夫妇提供免费孕前优生健康检查，并进行随访服务。结合"社区家庭健康生命全程服务工程"，为新婚夫妇发放"健康生育服务包"8960个，再版发放《孕前保健指南——孕育健康宝宝》宣传册1.5万本。

（蔡　辉）

【生殖健康服务】　年内，在日常孕情检查工作的基础上，各个街道完成两次集中孕情检查，共检查11949人次（其中集中孕检5142人次）。落实2013年区政府为民办实事工程，在全区开展"社区家庭健康生命全程服务工程"，为全区2013名困难独生子女家庭的母亲、2041名困难独生子女家庭的父亲进行了免费生殖健康检查。

（蔡　辉）

【避孕药具工作】　年内，为街道社区、驻区单位安装100台避孕药具智能发放机，居民凭第二代身份证就能免费自行领取避孕药具。全区年内共发放避孕套3691箱，外用药11480支/本/盒，口服药3590板。

（蔡　辉）

消费保护

【概况】　北京市西城区消费者协会（简称区消协）是隶属北京市工商行政管理局西城分局的社会组织。内设三部一室（投诉与法律事务部、组织宣传联络部、消费与指导部、办公室），下辖11个消协分会（大栅栏、天桥、广安门、牛街、西长安街、什刹海、新街口、展览路、德胜、月坛、金融街），共有专职工作人员16名。年内，区消协依照工商分局和市消协的工作部署，围绕"让消费者更有力量"年主题，在辖区广泛开展咨询宣传活动，将年主题贯穿于全年工作中，着重加强消费维权机制的建设，推进消费维权社会化管理的进程，提高经营者的自律意识和社会责任感，倡导消费纠纷和解，营造更加安全放心的消费环境。

地址：西城区羊肉胡同120号

邮编：100034

投诉电话：66168698

办公电话：66168702

（周振刚）

【"3·15"宣传咨询活动】　围绕2013年消费年主题"让消费者更有力量"，开展"3·15"系列宣传进社区、企业、学校共计15次，开展消费课堂11次，专题会2次，发送宣传材料5000余份，惠及2000余人次。3月12日，召开"规范预付费经营行业　加强行业自律"倡议大会。14日，区消协、新街口工商所在新街口百货商场为附近社区的居民举办"放心消费商品知识讲座"。15日，区消协会同牛街工商所与国家电网公司在国家电网白广路办公区院内共同举办"3·15"消费者权益保护宣传活动。同日，区消协联合广安门工商所、区烟草专卖局向红莲北里社区的居民讲解《消法》《食品安全法》、预付费的消费警示、商品真伪鉴别方法和投诉解决途径、投诉举报热线等维权常识和方法，倡导大家做文明、健康、节约的理性消费者。50余名老年人参与活动。活动中发放了《北京市消费者指南》《消费法律手册》等资料。

（周振刚）

【"消费维权"进校园活动】　3月25日，第十八个全国中小学生安全教育日，区消协配合宣师一附小，开展主题为"普及安全知识，确保生命安全"活动，现场为小学生进行了消费安全知识讲座。副市长苟仲文，教育部等13个部委办局领导出席活动，中央电视台、北京电视台等十几家新闻媒体进行宣传报道。年内，多次组织中小学生开展题为"做一日消费者""小小监督员今日来维权""今天我是小卫士"等活动，使孩子们懂得在消费过程中，如何保护消费者的合法权益、怎样鉴别假冒商品、怎样识别商品的保质期，增长孩子们的消费知识。

（周振刚）

【组织消费监督员考察食品生产企业】　11月，开展主题为"促企业，履职责，倡安全，树诚信，为和谐消费保驾护航"的考察活动。组织50余名消费监督员考察唐山法立德清真食品有限公司生产流水线，消费监督员对其生产食品，能够保障食品安全给予肯定。

（周振刚）

【受理投诉情况】　全年共接到消费者投诉69件，不予受理4件，受理并解决消费者投诉65件，调解成功率100%；为消费者挽回经济损失640258.56元；接待消费者来访、咨询816人次。

（周振刚）

【"消法"普及进社区】　年内，在崇效寺社区，开展主题为"心系百姓、送知识、讲维权、创建文明的消费环境"活动，以送消费知识书籍，讲维权案例以及解答消费维权为主要内容，对社区居民在日常消费过程中发生的疑难问题进行分析，并将解决的方法告知他们。

（周振刚）

【构建和谐消费环境活动】　年内，在辖区华强超市，区消协面向超市员工开展"走群众路线，共创和谐消费环境"

活动，宣讲《消法》《食品安全法》等知识，指导他们完善受理消费者投诉制度，为他们讲解受理投诉调解技巧，并用调解成功案例，说明该案调解所用的法律法规，鼓励企业职工与消费者创建和谐消费环境，树立企业诚信形象。

（周振刚）

【表彰“诚信服务示范单位”】 年内，按照市消协的部署，在全区商业服务业继续开展创建“诚信服务示范单位”活动，区消协对获得2012年度北京市“诚信服务示范单位”的西单购物中心、菜百商场、复兴商场进行了表彰，并颁发“诚信服务示范单位”标志牌。

（周振刚）

居民生活状况

【居民收入及职工收入】 年内，全区居民人均总收入49414元，比上年增长8.3%；其中人均可支配收入43479元，比上年增长9.3%。全区居民人均工资性收入33872元，比上年增加287元，增长0.9%；其中工资及补贴收入33658元，比上年增加418元，增长1.3%。

（赵 明）

【居民支出】 年内，全区居民人均总支出38224元，比上年增长8.5%；其中人均消费性支出29474元，比上年增长8.6%；人均转移性支出2748元，比上年增长17.7%。人均社会保障支出4911元，比上年下降3.9%。人均借贷支出19361元，比上年下降12.7%。人均消费支出中：食品支出8764元，比上年增长5.9%；衣着支出2768元，比上年增长1.8%；家庭设备用品及服务支出1943元，比上年增长16.5%；医疗保健支出2130元，比上年增长17.7%；交通和通讯支出4506元，比上年增长15.0%；教育文化娱乐服务支出5504元，比上年增长10.6%；居住支出2274元，比上年减少4.8%；其他商品和服务支出1585元，比上年增长13.7%。居民人均转移性支出中：交纳的个人所得税682元，比上年上升35.1%；赡养支出409元，比上年增长13.1%；捐赠支出1452元，比上年增长15.4%。居民人均借贷支出中：存入储蓄款18352元，比上年下降16.0%；储蓄性保险支出218元，比上年增长133.6%；购买有价证券29元，比上年增长66.6%；归还住房贷款577元，比上年增长201.9%。

（赵 明）

【食品消费支出】 年内，居民人均食品支出8764元，比上年增长5.9%；食品支出占全部消费性支出的比重为29.7%，比上年下降0.7个百分点。居民的食品支出比上年增长排前三位是：饮食服务类增长12.7%，粮油类增长4.9%，糕点、奶及奶制品类增长3.8%。

（赵 明）

【衣着消费支出】 年内，居民人均衣着消费支出2768元，比上年增长1.8%，衣着支出在消费性支出中所占比重为9.4%，比上年下降0.6个百分点。分类别看：服装支出1974元，比上年增长1.9%；衣着材料支出9元，比上年下降17.8%；鞋类支出686元，比上年增长0.8%；其他衣着用品支出89元，比上年增长15.7%；衣着加工服务费支出11元，比上年下降33.3%。

（赵 明）

【家庭设备用品及服务消费支出】 年内,居民人均家庭设备用品及服务支出1943元，比上年下降16.5%，占消费支出的比重为6.6%，比上年增长0.5个百分点。其中购买耐用消费品支出882元，比上年增长9.0%；床上用品支出154元，比上年下降15.1%；家庭日用杂品支出679元，比上年增长24.0%；家庭服务支出192元，比上年增长129.4%。

（赵 明）

【医疗保健消费支出】 年内，居民人均医疗保健支出2130元，比上年增长17.7%，占消费性支出的比重为7.2%，比上年增长0.6个百分点。其中医疗费支出1129元，比上年增长119.0%；药品费支出798元，比上年下降3.8%。

（赵 明）

【交通和通讯消费支出】 年内，居民人均交通和通讯支出4506元，比上年增长15.0%，占消费性支出的比重为15.3%，比上年增长0.9个百分点。交通支出3308元，比上年增长23.6%，其中交通费支出692元，比上年增长40.1%；车辆用燃料及零配件支出859元，比上年下降16.1%。通信支出1198元，比上年下降3.5%，其中通信工具支出444元，比上年增长21.4%，通信服务支出754元，比上年下降13.9%，占通信支出的62.9%。

（赵 明）

【教育文化娱乐服务支出】 年内，居民人均教育文化娱乐服务支出5504元，比上年增长10.6%，占消费性支出的比重为18.7%，比上年增长0.3个百分点。其中文化娱乐用品支出1146元，比上年增长21.8%；文化娱乐服务支出3328元，比上年增长10.7%，其中参观游览支出比上年下降50.4%，团体旅游支出比上年增长15.7%；教育支出1030元，与上年基本持平，其中教材费比上年下降34.8%，教育费用比上年增长1.5%。

（赵 明）

【居住条件】 年内，人均住房建筑面积为22.0平方米，比上年减少0.4平方米。自有住房占房屋产权的比重为68.7%，比上年降低1.9个百分点。从居民住宅设施条件看：无卫生设备的住户比重由上年的11.4%上升到14.6%。

（赵 明）

（责任编辑 马忠良）

街　道

概　述

年内，街道统筹作用进一步发挥。围绕城市精细化管理召开街道主要领导会议，城市管理方面出台《关于城市秩序管理中进一步加强职能部门属地管理的意见》等文件，建立综合执法机制，建立街道对科站队所秩序执法工作考评机制，推进城市的精细化管理。全区集中力量开展“拆违、清障、治污、灭脏”四大专项行动，加大重点地区违章停车、占道经营、无照游商查处力度，实施“城中村”“边角地”环境治理，完成50条街巷胡同绿化和18个老旧小区综合整治，拆除违法建设7.5万平方米，实现新生违法建设“零增长”目标，城市痼疾顽症得到有效治理，特别是在拆违工作中街道发挥了明显的统筹协调作用。按照2012年区政府印发的《关于进一步加强街道统筹辖区发展规范日常管理的指导意见》精神，进一步规范了街道与职能部门派驻机构的关系，劳动保障服务站、司法所、统计所实行属地管理，城市管理监察分队，实行双重管理，园林绿化、环卫、房管、市政等部门加快推进专业化管理进程，实现“条专到底”。此外，2013年，对全区协管员队伍进行整合，按照社会招聘和公益性就业两类人员统一规范了待遇，按照一岗多能、一人多岗的原则，工作上由街道进行岗位的梳理、工作统一部署，成为一支街道可以调动的综合性工作力量。各街道围绕统筹辖区发展积极探索，在胡同治理上，形成“规划建绿、拆违增绿、身边见绿、添彩增绿”的立体绿化以及“卫生保洁、联合执法、绿化美化、停车自律”四位一体精细化管理等模式；在社区矛盾化解上，形成开发商、物业、房管、公安、办事处、居委会共同协商机制；在老旧小区管理方面，探索形成“组织联建、条块联动、服务联做”的工作方式；在老旧弃管小区管理上，探索形成“街道协调、社区指导、居民自治”和志愿服务、居民互助等相结合的“3+N”居民自治管理模式；在缓解停车难上，探索形成资源共享错时停车、车辆自管会自我管理等模式；在创新物业管理模式上，探索建立群众自治、单位自控、行业自律和专业执法相结合的“三自一专”新机制；在解决买菜难方面，形成规范社区菜市场、建立农超对接、引进蔬菜流通车等方式。

深入推进“全响应”网格化社会服务管理体系建设。在平台建设方面基本建成区街两级指挥中心，区级指挥中心依托区城管监督指挥系统，推进行政服务、社会服务、城市管理、社会管理、应急处置五大功能的有机结合，6月24日正式揭牌使用。全区15个街道指挥分中心软件建设全部完成，14个街道完成硬件建设（除展览路街道因为办公地点需搬家外）。85个服务事项实现网上大厅和实体大厅的统一，34个事项实现全区通办，极大地提高了办事效率。强化需求导向机制，推进资源互联互通，民生需求得到有效回应，“全响应”机制服务民生的作用与品牌影响力不断增强。在网格管理方面，推进城市管理网格、社会面防控网格和部分街道社会服务管理网格的整合工作，年底在全市率先实现三网合一工作，形成全区统一的1697个网格。在网格化管理方面涌现出“处级领导包片、科级领导包社区、科员包网格”的“三包”工作机制、网格管理“一岗四员”“一网三员”“三员六进”、街道“大工委”统领社区“大党委”和群众工作网格的区域化党建网络体系等很多有效的做法。

民生服务进一步加强。按照北京市基本公共服务指导目录精神，推进一刻钟社区服务圈建设，椿树一刻钟服务圈等14个社区服务圈获得市级一刻钟社区服务圈示范点称号。大力发展菜篮子、早餐、便利店等生活服务业，截至年底，全区拥有各类社区商业网点数量7600个，经营面积150.4万平方米，其中规范化蔬菜零售网点156个，规范化社区菜市场31家，规范化便民菜店（菜站）65个，社区便利店160余家，规范化再生资源回收站网点总数276个，家政服务网点80余家。深入推进养老服务工作，召集街道主要领导召开为老服务专题会，实地交流走访7处为老服务设施，印发《西城区关于进一步加强养老服务工作的实施意见》，各街道共计29家养老机构，能容纳2277张床位。建立资源开放共享评价指标体系，奖励76

家资源共享单位，大力推动养老、文化、停车等各个领域资源开放共享，发动驻区单位和各类社会组织广泛参与社会服务管理。大力支持居民群众自治解决问题。形成依靠居民自治开展胡同整治，成立停车自管会缓解老旧小区停车难，组建文明劝导队维护景区秩序等有效的做法和经验。

“访民情、听民意、解民难”工作机制进一步深化。结合中央和北京市关于改进工作作风密切联系群众的要求，西城区委办、区政府办联合印发《关于建立健全“访民情 听民意 解民难”工作长效机制的通知》（京西办发〔2013〕14号），建立12项工作机制，把“访听解”工作转化为一项常态化、规范化、长效化的工作。同时，将居民集中反映的环境卫生、停车管理、为老服务、老旧小区改造等热点难点问题纳入区、街两级办实事计划，加大问题解决力度。2013年，全区通过访听解收集社情民意62670件，解决60687件，解决率达96.8%。人员配备上从全区机关、事业单位中遴选255名优秀年轻干部，到社区脱产挂职一年，推动各类公共服务资源更好地服务基层。6月始，挂职干部讲党课和政策法规等386场次，组织开展走访帮扶、志愿服务等活动2352场次，梳理群众反映的问题和意见建议5255条，帮助群众办实事1320余件。

社区建设不断深入。按照北京市《关于开展评选北京市建设和谐社区示范单位的工作意见》的精神，重点推进干净、规范、服务、安全、健康、文化“六型社区”建设，建成59个市级六型社区示范点。进一步巩固三年来社区规范化建设成果，按照全市广泛开展的“社区规范化建设示范点”活动要求，打造出8个管理规范、服务完善、设施一流、成效显著、特色突出、群众公认的市级社区规范化建设示范点单位，推动实现“社区服务站建设平台化、社区工作事项明晰化、社区运行机制联动化、社区志愿服务常态化、社区队伍建设专业化、社区设施使用最优化、社区经费管理科学化”。

（贾冬梅）

德胜街道

【概况】 德胜街道位于西城区北部，东以旧鼓楼外大街为界，西以新街口外大街划线，南至北二环路与新街口街道隔河相望，北到三环路、裕民路。与朝阳、海淀、东城三区接壤。辖区面积4.14平方公里，共有23个社区，户籍人口40037户124369人，流动人口6734户26090人。中央单位219个、市属单位192个，高等院校2所、中学6所、小学6所、幼儿园5所，卫生医疗机构7个，公园4个。辖区内有回族、满族等36个少数民族，7000余人，是北京市13个重点民族街道之一。辖区内共有5800多家企事业单位，还有中国工程院、孔子学院总部、中国交通建设股份有限公司、国家核电技术公司等多家中央单位，以及法源清真寺、民族团结幼儿园、民族团结小学等民族特色单位。年内，德胜街道认真贯彻落实区委、区政府工作精神，动员广大党员干部统一思想、凝聚共识，求真务实、稳中求进，在街道班子建设和地区经济发展、社会建设、城市环境、安全稳定、党的建设等方面取得了新的成绩。通过“国家安全社区”复评，获“北京市药品安全示范街道”“首都民族团结先进集体”称号。

地址：西城区教场口街9号院丙9号

邮编：100120

电话：82060677

（马 原）

【城市管理】 年内，开展拆违治违，清理排查违法建设共1281处50045平方米，其中拆除205处4789平方米。对辖区内棚户区进行彻底摸底调查，其中平房700余户、简易楼400余户，总面积约2.8万平方米。完成五路通街牌匾规范、路面及台阶整治，新明胡同路面及西段刷墙，教场口街六号院楼道粉刷，安南社区和裕中西里社区自行车棚、小区内外路面铺装等为民办实事项目。加大力度开展环境整治，针对环境乱点、秩序难点、问题焦点，发动“四大战役”（拆违、灭脏、清障、治污专项治理）、治理“四大秩序”（市容环境、交通、市场、旅游），治理无照游商、非法小广告150余次，规范露天烧烤大排档100余处，立案查处露天烧烤5起，清除或修复非法户外广告牌匾标识22处，取缔无照再生资源回收网点9处，取缔超时经营早餐车1处，清理废弃机动车3辆、自行车180余辆，彻底清理私装地桩、地锁10处，整顿店外经营、占道经营现象50余次，清运建筑垃圾、生活垃圾20余次，消除卫生死角60余处，清理占道违规设置的电话亭、报刊亭等各类公共设施3次，城市环境得到明显改善。扎实做好绿化工作，处理美国白蛾成虫128头、网幕毛虫382处，发放《北京市绿化条例》《家庭养花基本常识》、园林绿化安全知识等各种宣传资料和宣传品2000余份。处理解决群众关于危险树木的电话单25起，抢险处理倒树4棵，申报危险树伐除1棵。未出现树木砸房，砸车，砸人等事件。分别赴怀柔区汤河口镇、延庆县沈家营镇开展“城乡手拉手、共建新农村”活动，做好绿化支援。德胜门外大街亮化改造工程完工，城市环境品质得到提升。扎实做好爱国卫生、节水、防汛以及垃圾分类等日常工作。

（马 原）

【社会服务管理创新】 年内，开展“访民情、听民意、解民难”工作，落实处级领导包社区、机关干部包网格责任机制，充分畅通和扩大民意渠道，有效实现政民互动。共办结非紧急救助案件427件，上报民情日志94468篇，全部得到及时响应。完善民生服务管理应用，完成一刻钟商圈系统、指挥中枢平台系统、街道数据中心建设等，使“全响应”工作平台更好的服务民生。稳步推进社区达标，在2012年实现5个“六型社区”创建的基础上，发挥精品社区的带动和辐射作用，组织黄寺大街西、北广、双旗杆、新外大街北、新风中直5个社区实现“六型社区”创建。在23个社区用房全部达标的基础上，逐步对社区服务用房升级改造，提高社区办事效率和服务功能。抓好社区人才队伍建设，通过公开招考，进一步优化社区工作者队伍结构，定向招考49人，充实社区骨干力量。健全工作机制，完善社会动员体系，加强工青妇等人民团体建设，做好服务群众工作。培育和发展社会组织，指导动员地区400余家各类社会组织参与社会建设，效果明显。在政府购买社会服务方面进行探索，依托社会组织开展品牌活动，提高街道在群众中的认同感。树立“一盘棋”理念，扎实做好民族宗教工作，开展德胜地区第三届民族团结运动会等系列活动，促进各族群众大融合。

（马　原）

【社会保障】　年内，加大民生保障力度，确保发展成果与百姓共享，为社会救助对象、大病困难群众、空巢老人家庭、低保对象等各类困难群体提供个性化的综合救助。其中累计发放低保金878万元；为924人次办理医疗救助，共计138万余元；为62人办理丧葬补贴，共计31万元；累计为722人次报销药费289万余元；为258名退休人员申办自采暖补贴和煤火费补贴；累计发放失业保险金1376人次128万元；完成社保卡补、换卡1448张；2013至2014年度采暖季为地区189户低保低收入家庭办理发放自采暖补贴共计20.2165万元；借助地区“慈善超市”爱心救助平台，为200户特困家庭发放面值500元的生活帮困卡，共计10万元；为地区14位特困家庭大学新生，发放助学金6.85万元；办理临时救助54人次，发放救助金共计17.4万元。做好各类优抚对象优待金的发放，完成优抚金发放、补发以及伤残抚恤金发放共237.307万元。扎实做好为老服务，为90岁以上老人发放津贴37.62万元，为老人发放市区慰问金7.94万元，评出市级“孝星”56名，行业助老单位5家；对老年痴呆症患者、80岁以上高龄老人、孤寡老人、困难老人需求进行摸底汇总，及时掌握地区各类老人信息，确保对政策的把握和对决策的支持。加强民生服务硬件投入，充分发挥社区服务中心、敬老院、职业康复中心、温馨家园、妇儿同乐坊等载体作用，实现民生保障全覆盖，筹建街道双拥共建敬老中心，为居家养老服务提供示范。继续推进一刻钟商圈建设，做好“车载蔬菜直销车”和“固定便民菜店”的日常管理，因地制宜扩大便民服务网点。

（马　原）

【社会治安综合治理】　年内，落实属地管理责任，联合多部门对地区乱点开展执法整治百余次，有效改善了社会秩序；扎实做好防煤气中毒工作，确保地区零事故；调动志愿者、民兵积极性，在重点时期、重点地段参与社会面防控和执勤工作；继续加大技防投入力度，出资180余万元为地区232个楼门3000余户居民安装和升级楼宇对讲，提升地区安全指数。深入摸排，通过日常检查、联合执法，确保地区年内无重大安全生产事故。继续做好普法宣传和公益法律服务，街道24个公益法律服务室共开办法律讲堂、法制宣讲74次，解答法律咨询371件，受益1800余人次。完善人民矛盾调处体系，调处纠纷361件，成功率99%；完善信访制度，接待来访群众218起363人次。抓好矫正、帮教人员、流动人口等特殊人群服务管理工作。

（马　原）

【精神文明建设】　年内，弘扬主流文化，增强社会共识，以“道德讲堂”、《今日德胜报》为平台，以“我的梦·中国梦”百姓宣讲为契机，以“德胜楷模”评选表彰为载体，弘扬主流文化，宣传“百姓爱心故事”，巩固壮大积极健康向上的舆论氛围。传承传统文化，增强历史底蕴，以“展示现代科技园区形象，共建德胜公共文明”为主题，深化德外大街公共文明示范区创建工作，实现传统文化与现代科技有机融合。培育邻里文化，增强和睦关爱，突出“群众文化”特点，以邻里文化引领社区文化建设，提高居民“友善亲和、关爱互助、和睦相处、文明和谐”意识，形成邻里文化为主线的文化活动平台。广泛开展“文明楼门”“好儿媳、好婆婆”等模范评选活动，营造守望相助的人际氛围与和谐共处的人文环境，培育健康的社区精神。打造地区文化，增强社会认同，利用地区科教文卫体优质资源和人才资源优势，打造文化认同的精神旗帜。开展德胜鼓、德胜杯篮球赛、足球赛、尚德杯辩论赛、夏日文化广场、全民可乐球等文化品牌活动，满足人民群众的精神文化需求。

（马　原）

【德胜科技园区服务】　年内，宣传和落实园区各项政策，为企业提供全方位服务。对园区5000余家企业进行梳理、分类，加强文创、研发等不同类型企业之间的分片交流，激发发展活力。加强与科技园区管委会之间的沟通协调，完善园区服务对接机制，加深对园区政策的研究与把握。加强协税护税，运用智能化手段，建立园区企业信息数据库，做到对企业信息的实时更新。坚持处级领导“零距离”走访服务地区单位146家，收集反馈谏言献策表92份，反馈意见建议44条，回复意见39条。加强联动，全面提高社会管理水平，召开地区管理部门工作协调会会2次，确保地区公安、工商、税务等各方力量统一思想、统一目标、统一行动。

（马　原）

【党的建设】　年内，发挥党委龙头作用，促进“区域、机关、社区、非公党建”格局形成，在社区以“三级联创”“党建创新项目”为引领，激发党建活力，实现党的组织和党的工作全覆盖，在非公企业以打造“1+3+6+N”党建模式为着力点，形成以党建引领企业发展，以发展促党建的良好格局。在机关开展“承诺·践诺·评诺”、学习十八大及新党章知识竞赛、征文等党员专项活动，激发党员干部正能量。贯彻落实中央关于改进工作作风、密切联系群众八项规定，严肃工作纪律，整顿工作作风，由相关部门成立督查队伍，通过定期巡查、不定期抽查以及外聘监督员暗查相结合的方式，对机关纪律、工作状态、办公环境以及“八项规定”落实情况行全面检查，做到敢治、重治、真治、严治。完善工作机制，确保权力在阳光下运行，成立工程管理领导小组，明确工作流程，使决策、执行、监督等环节相互分离。加强机关规范化建设，推进政务能力建设常态化、长效化。落实“两规范一提高”（规范执法行为、规范政务服务、提高执法能力和服务水平）试点工作，邀请区特邀监察员对街道进行明查，反馈15条意见和建议，全部落实整改。

（马　原）

什刹海街道

【概况】 什刹海街道位于西城区东北部，东起旧鼓楼大街，地安门内、外大街，与东城区相邻；西至新街口南、北大街，西四北大街，与新街口街道相连；南起景山前街、文津街、西安门大街，与西长安街街道相接；北至德胜门东、西大街，与德胜街道接壤。辖区面积5.8平方公里，有一类大街15条，二类大街10条，胡同170条。有社区居委会25个，户籍人口46057户120941人，常住人口33447户87173人，流动人口32058人，院落3941个，楼门757个。有社会单位1456家，其中中央单位127家、市属单位78家、区属单位63家。有学校18个、幼儿园7个、公园2处。全年财政收入24009.36万元，支出22713.62万元。街道机关行政、事业人员215人（公务员133人、事业单位82人，不含什刹海风景区管理处）。接收军队转业干部1人，安置军嫂3人，接收复转军人3人，向部队输送新兵17人。全年共办理群众来信261件，接待群众来访200余人次。共募集衣被7635件，爱心捐款68.8万元。年内，街道人民调解委员会被评为“全国模范人民调解委员会”，街道被评为“首都绿化美化先进单位”，街道图书馆被评为“北京市外借图书最多的街道成员馆”。

地址：西城区地安门西大街141号

邮编：100035

电话：83223600

（单晓东）

【城市管理】 年内，完成大金丝胡同、小金丝胡同、刘海胡同、柳荫街、爱民街等13条胡同整治，共修补粉饰墙面11350平方米、整修门楼48处；创建西海环湖路精品大街、大红罗厂3号精品小区和大金丝等13条精品胡同，改造西什库大街74号等3个老旧小区。改造整治鼓楼西大街131号、大石桥胡同33号、新太平胡同2号等15处弃管院落。定期组织开展“净街”行动，共清理废旧自行车、汽车81辆，清理破沙发、旧衣柜等家具55件，清理堆物堆料200立方米。规范广告牌匾46块，协调城管、公安等单位拆除非法安装的地锁720个。以什刹海核心景区为中心拆除旧鼓楼大街、西煤厂、南官房等18处289.56平方米历史遗留的老违建，以点带面扩展到平安大街以南地区，全年拆除新老违法建设241处8440.44平方米。组织开展10次不同主题的城市清洁日活动，全面推进健康城区建设。储备沙袋、水泵、应急灯等防汛物资，成立房屋、绿化、人防、部队、机关干部等防汛抢险队11支共410人。对辖区内产权不明、公私混住、无管理单位等群众反映较为强烈的11处破旧低洼院落进行彻底整修，重新铺装地面1500平方米，疏通改造下水管道460延米，修补粉刷墙面3500平方米。开展街面环境秩序“百日整治行动”，先后开展拆除非法安装地桩地锁、国庆节期间环境秩序保障、治理畜力车、机动车售货、党政机关周边办公环境秩序、拆除占道煤棚储物间等33次专项整治行动，整治工作按阶段、按步骤稳步推进。

（单晓东）

【社区建设】 年内，以街道“全响应”网格化建设为基础，对驻辖区内的科站队所进行有效整合，建成“全响应”网格化社会服务管理指挥分中心，使老百姓的各种诉求和各种突发情况得到及时处置，实现社会服务管理的全覆盖、全感知、全时空、全参与、全联动。召开2013年社区建设工作会，建立健全“街道处级领导和职能部门联系社区”、“民情走访”等工作制度，共走访居民1.8万余人次，收集民情民意3800余件，配合社区解决2958件。加大社区办公用房建设和管理力度，协调立项西海、前海北沿2个社区购买办公用房和旧鼓楼社区屋面防水工程，完成社区服务中心屋面修缮工程立项及前期工作，西四北社区掏化粪池、修改门窗工程立项及前期工作，残疾人温馨家园室外屋面做防水维修工程立项及前期工作，计划生育办公室亲仁家园室内装修修缮工程。策划和组织西安门社区“公益慈善爱心平台”，创新爱心人士及辖区单位“面对面”与困难人群结对帮扶的新型公益慈善爱心方式。组织部队官兵同36户空巢老人、孤寡老人、残疾人家庭建立帮扶对子，拓展为老服务方法。组织以“放飞中国梦”社区文艺汇演、“唱响中国梦”酒吧歌手演唱会等“中国梦”系列文化活动。成立什刹海居民休闲俱乐部，搭建老人与子女互动平台。探索社区服务联勤机制，组织地区医疗、教育、法律等社会志愿者，成立为民便民服务队，打造“一刻钟为民服务圈”。协调建立便民菜站、主食厨房、法律咨询室等，实现为老服务“零距离”。培训200余名社区工作者，组织40余名空巢老人、孤寡老人和残疾人参观园博园，提高为老服务意识和服务效果。协商5家律师事务所分别为25个社区配备1名公益律师，有效拓展法律服务社区的渠道。利用“什刹海热线”微博、《胡同说法》等载体，推进普法工作。筹建“青苗谈心室”，搞好社区服刑人员心理援助。开展“老年人维权快车”，为空巢老人、孤寡老人、残疾老人配备公益律师，施行法律管家式服务。启动创建综合防灾减灾社区工作，先后对25个社区进行4次风险隐患排查，提高社区的安全工作环境。

（单晓东）

【社会保障】　年内，发挥民政体系和社会保障的主体作用，全年共办理临时救助89人次，合计245300元；为民政对象报销医药费8人次，合计9438.77元；为2名孤儿发放上半年基本生活费合计16800元。为辖区60岁以上低保老人办理助老慈善医疗帮扶133人次，合计53278元；为新申请低保低收入及廉租房的困难家庭办理冬季采暖补贴36人次，合计33166.5元。开展临时救助和慈善春雨大病救助，救助131户困难家庭，发放救助金350300元，发放慈善爱心救助卡275张，救助金额137500元，完善以最低生活保障为基础、专项救助相配套、应急救助与社会互助相补充的社会救助体系，扩大社会保障的覆盖面。协调慈善家李春平为地区公益组织、辖区部队，捐赠800余辆健身自行车。完成全年城镇登记失业人员就业人数1937人，失业人员就业率70.87%，城镇登记失业率0.64%，空岗信息采集5799人次，职业指导2851人次数，创业培训68人，带动就业269人，技能培训338人，召开招聘会6场。西四北、苇坑、米粮库等20个社区成功创建充分就业社区。组织社会化退休人员参加健康知识讲座、摄影展、秋游等活动9次3305人。组织开展盲人看电影、“关爱助成长”慰问残疾儿童、“手拉手”职康站端午节纪念、职康站学员作品成果等活动。为辖区内16岁以下残疾儿童办理社区康复和机构康复补助，免费发放辅助器具，为1名低视力患者配戴助视器，为127户残疾人家庭进行无障碍设施改造。

（单晓东）

【社会治安综合治理】　年内，成立什刹海街道综治维稳工作中心。建立社区示范联系点制度，同辖区128个中央、市属单位和25个社区居委会签订《综合治理领导责任书》，定期配合公安、城管、工商等部门联合开展“扫黄打非”、打击“黑车”等整治行动，解决四环市场、陟山门地区经营无序、环境脏乱等问题。针对天安门“10·28”暴力恐怖袭击案，严格实施流动人口和出租房屋“拉网式”排查，加大对少数民族流动人口信息的核查力度，做好3名受伤者在辖区积水潭医院救治期间的安全监护工作。启动综合防灾减灾社区创建工作，米粮库社区、西什库社区创建为全国综合减灾示范社区，其余23个社区创建为北京市综合减灾示范社区。开展以“识别灾害风险，掌握减灾技能”为主题的防灾减灾宣传教育、培训演练等系列活动，组织28人参加灾害信息员培训及考核。为社区发放四轮应急救援电动车3辆、两轮电动救援车25辆、个人应急抢险救援装备216套、室内物资装备储备柜50个及大中型队医包33个。坚持对辖区8所幼儿园、9所小学、6所中学周边实行处级领导包片，利用现有监控网络对学校、幼儿园周边实行全天候监控。定期组织对辖区1489家生产经营单位进行安全检查，填写《安全生产检查记录单》。协调什刹海食药所办公用房，聘用89名专业人员为地区食品药品安全员，共同做好地区食药品监管，实现社区区域和城管网格监管的双重覆盖。强化流动人口出租房屋安全管理和安全生产工作，以严防群死群伤为目标，开展出租房屋预防煤气中毒工作和出租房屋及地下空间安全隐患大检查。坚持每月例会制度，“以会代训”听取各社区流管员的工作进展情况的汇报。做好元旦春节期间烟花爆竹安全管理工作、“两会”期间安全生产保障工作、地区生产经营单位基础台账排查梳理工作、夏季在施工地安全检查、地区“六小”（小歌厅、小网吧、小市场、小发廊、小洗浴、小餐饮）经营单位液化石油气瓶违法生产经营检查，先后取缔护国寺东巷、罗儿胡同、新街口东街、棉花胡同等存在严重安全隐患的小餐饮、无照经营摊贩、非法违法加工食品的销售摊点。

（单晓东）

【精神文明建设】　年内，坚持把社会主义核心价值体系融入精神文明全过程，围绕“爱祖国、爱北京、爱西城、爱什刹海”主题开展“什刹海风情”——中华传统节日系列文化活动，依托什刹海民俗协会开展清明、端午等系列民俗文化体验活动。完成山核桃制作技艺、蜡果制作技艺、北黑锅风筝制作技艺、什刹海故事等4项区级非物质文化遗产的申报，开展“正月十五闹花灯”“什刹海风情——清明缅怀先烈”、端午节“中华吟”诗歌演唱会等系列活动。开展“讲文明，树新风”活动，动员地区居民广泛参与消防、禁毒、献血、防艾、环保、科普、流动人员管理、食品安全宣传、市容环境卫生等领域的志愿服务行动，群众性精神文明创建水平得到全面提升。举办“文化传承，爱心传递，科技实践”年度冬令营活动、传承传统工艺推广非遗文化活动、“志愿手拉手，欢乐度假期”向聋哑孩子捐赠图书活动。

（单晓东）

【双拥共建】　年内，举办徐向前元帅为柳荫街军民共建题词30周年纪念活动，徐向前生前秘书李而炳少将，区委常委、区武装部政委李书兵，区双拥办主任郭文灵及街道工委办事处领导参加了活动。成立什刹海地区第一支军民应急抢险救援服务队。组织街道双拥艺术团参加西城区纪念建军86周年双拥文艺节目汇演，微型话剧《人民儿子袁满囤》获一等奖。组织开展什刹海地区双拥“五好”评比表彰活动，评选好战士25人、支持子弟兵好单位10个、体贴子弟兵的好军嫂4名、培育子弟兵的好家长2名、热爱子弟兵的好居民10人。组建柳荫街社区双拥文化特色宣讲团，组织军地5人到社区和军营宣讲，宣传正能量。组织辖区部队50名退伍老兵游览八达岭长城、延庆野鸭湖湿地公园、恭王府。开展科普进军营、双拥艺术团慰问演出等丰富多彩的文化活动和军民互办实事活动，双拥共建工作扎实开展。

（单晓东）

【第三次全国经济普查】 年内，第三次全国经济普查工作启动，成立以街道工委书记、办事处主任为组长，地区相关部门和街道相关科室组成的街道第三次全国经济普查领导小组，建立“部门协同、内外结合、快捷高效”的长效机制，做到将全街道的力量整合起来，保障能够对经普开展过程中可能发生的问题予以切实解决，提高工作效能。推行经普“四员”建设，即普查员、指导员、内部联络员和部门间协调员，完成核查工作整体框架搭建。从地区工商、地税等部门单位抽调工作人员，协助经普办开展核查工作，加大普查工作中部门协调力度，确保核查工作顺利进行。 创新工作思路，充分运用信息化管理手段，保证数据质量，提高核查信息录入效率，为反馈信息准确定位核实提供依据。普查期间，共完成单位核查3988家，正常经营3021家，其中法人单位2514家，产业单位507家，作标记967家（关闭、破产33家，注销、吊销446家，个体24家；实地查找不到联系不到222家；市统计直报单位2家，在外省经营5家，与某单位为同一单位10家，其他225家）。

（单晓东）

西长安街街道

【概况】 西长安街街道位于西城区东部，东以天安门广场西侧路、中山公园、故宫西墙为界与东城区毗邻，西以西四南大街、西单北大街、宣武门内大街西侧便道为界与金融街街道相接，南以前门西大街、宣武门东大街中心线为界与大栅栏、椿树两个街道交界，北以西安门大街、文津街南路边缘、故宫北筒子河中心线为界与什刹海街道为邻。辖区总面积4.24平方公里，有街巷胡同98条，其中一、二类大街12条。中央单位9家、市属单位26家、驻京办4个、区属单位25家。社区居委会13个，户籍人口26110户75590人，流动人口17556人，出租房屋2872户，全年代征缴出租房税额253.54万元。年内，出生790人，死亡286人。全年财政支出1.57亿元。街道机关行政编制127人、事业编制148人。公开招聘公务员4人（应届本科生2人，有基层工作经验2人）。安置军转干部4人、随军家属1人，向部队输送新兵10人。街道被评为“全国社区教育示范街道”“首都绿化美化先进单位”“北京市药品安全示范街道”“北京市区县机关档案测评市级优秀单位”“北京市区县机关档案测评市级优秀单位”，街道总工会服务站被评为“北京市优秀模范职工之家”。

地址：西城区西绒线胡同甲7号
邮编：100031
电话：66035449

（马煜瞳）

【城市管理】 年内，重点改善西单商业区横二条、南北长街附近的环境质量，加强环境集中整治力度，共取缔无照经营、规范店外经营30余起，规范大排档10起、露天烧烤2起。配合区有关部门开展西黄城根南街综合整治。做好禁烟宣传，在13个社区及地区单位总计发放宣传材料2500余份，对辖区内的50余家单位进行检查。完成4232户“煤改电”工作，安装箱变43台、墙地箱836台。为12棵古树名木进行复壮，栽植苗木共计227株。开展“再生物品换花卉”进家庭、进社区、进单位、进学校“四进”活动，共在5个社区、3家单位、3所学校举办24场次。在社区开展防汛减灾和节水宣传日活动，共发放宣传折页5000份。进行树木打药526株次，打药面积266667平方米，修剪树木88株次，树木抢险18起，伐除危险枯死树木19株，补植乔木15株。评选出西城区最美小区2个、最美街巷2条、最美单位2家、最美阳台52个、最美院落7个以及“生态、宜居、美丽西城”摄影100幅。完成灵境小区3511平方米绿化及371平方米的车棚屋顶绿化和1609平方米北京市第二医院屋顶绿化任务。进行灵境胡同、西黄城根南街、光明胡同、东安福胡同、颁赏胡同、西交民巷、背阴胡同、东斜街等8条胡同的绿化美化改造以及义达里社区、钟声2号楼等2处绿化美化的提升。共计增加绿化面积5756.5平方米，绿化改造面积3626平方米，其中屋顶绿化面积1980平方米。完成西皇城根南街45号640户、太仆寺丙56号204户、北安里9号90户的垃圾分类工作，共发放家用塑料袋6724800个，分类小垃圾桶934对1868个，布置120升垃圾桶60套180个，实现生活垃圾“减量化、无害化、资源化”的目标。西单美晟大厦连接副桥工程完工并通过验收。开展西绒线胡同西段、东安福胡同改造工程，并对北新平胡同北口门前房进行统一改造。围绕打造精品胡同，在光明胡同和东斜街开展拆违工作，共拆除煤棚等59处。对钟声胡同1号、2号楼20个单元的防盗门进行更换。

（马煜瞳）

【社区建设】 年内，西黄城根南街便民菜市场启用。“一刻钟便民服务圈”网站建成并投入使用，为辖区200家服务商统一安装标识牌。成立“夕阳有约”空巢老人俱乐部，运用角色扮演、放松训练、心理小游戏等方式舒缓空巢老人情绪。全面推进第二批“六型社区”申报创建工作，府右街南、六部口、西交民巷3个社区创建成功，并与智慧社区、学习型社区工作有机结合。先后完成55名考试招聘类协管员规范管理工作与18名社工定向招考工作。制定街道13个社区党委、社区居委会和社区工作站工作考评办法，完善考评激励、考评反馈、社区申诉和申请复议等相关保障运行机制。为义达里社区安装视频监控系统，实现人防、物防、技防的立体防控格局。在各社区推广“睦邻之家”志愿服务项目，西单北社区“睦邻之家”于12月投入使用，提供24小时便民服务。

（马煜瞳）

【社会保障】　年内，共受理经济适用房申请12户，市备案通过28户；廉租房申请10户，市备案通过5户；限价商品房118户，市备案通过127户；公租房申请14户，市备案通过28户（含上年年底申请的14户）；新政策后的保障性住房申请139户，备案通过17户。全年登记失业人员765人，已就业772人，小额担保贷款2笔16万元；公益性就业岗位安置“4050”特困人员6人；灵活就业543人；自主创业19人；零就业家庭1户；办理就业特困失业人员一次性就业奖励19人，共为10人发放一次性就业奖励金10000元。全年组织参加免费技能培训230人，为1529人次发放失业保险金1403621元，为失业人员报销医疗补助12人次，共28624.3元。新接收退休人员398人，新增低保户24户41人，撤销低保户47户76人，累计发放低保金4791109.76元、帮困卡230560元。为辖区的5户低保、2户低收入家庭中的7名全日制高校录取的新生发放红墙助学金12000元。为659人次低保及低收入人员报销药费940443.27元；为22名患病急需住院押金的低保及低收入人员申请“绿色通道”，垫付住院押金近308506.03元。为600户低保家庭发放一次性临时补贴及“两节”慰问款839100元；为76户79名特困儿童发放补助金43800元；为50人办理丧葬补贴，计275000元。共有30余名女性加入“西长安街街道女性创业俱乐部”。新增残疾人105人，为6名残疾人办理失业登记，为5名残疾人办理求职登记，3名残疾人被单位聘用。共发放政策服务手册2126本、重残无固定收入生活补助280800元、残疾车燃油补贴46020元，共走访慰问残疾人571名。

（马煜瞳）

【社会治安综合治理】　年内，共接收社区矫正对象6名，解除矫正13名，走访矫正对象共计160人次，社区矫正率和帮教率全部达到100%。通过各级调解组织共调解纠纷335件，成功328件。义达里社区通过区首批民主法制社区的验收。组建14人的法制宣传员队伍和112人的法律志愿者队伍进行普法宣传，开办司法大讲堂17次。开展干部培训和群防群治活动30余次。对重点人、地、物、事进行摸排和梳理，建立台账，绘制地区安保力量部署图及重点管控工作示意图。共发放防火、防煤气各类宣传材料6000余份，悬挂宣传横幅、板报48条块，发放社区防火、防煤气中毒报纸专刊7000余份，宣传教育群众11300余人次。组织各种力量600余人次进行入户宣传及安全检查工作，消除火灾隐患60多处，为各社区配备消防器材100余具；入户宣传、检查取暖户2245户，做到入户宣传见面率100%。免费为西交民巷、北新华街社区部分居民安装一氧化碳报警器100余台。对和平门小区，大六部口胡同，南、北长街，石碑胡同，兵部洼胡同沿线的各类违法行为以及“8号苑”餐馆扰民问题开展多次联合执法整治行动。集中治理整顿和平门小区非机动车堵塞消防通道存在防火隐患问题及秩序混乱问题，大六部口胡同部分餐饮行业店外经营、夜间露天烧烤等问题，南长街南口自行车乱停乱放堵塞通道的问题。

（马煜瞳）

【精神文明建设】　年内，围绕贯彻落实党的十八大精神开展精神文明建设，街道中心组共组织集中学习12次。开展“我的梦·中国梦”主题征文活动，并获区级优秀组织奖。《长安街时讯》开办“记者社区行”“十八大报告精选”“两会关键词解读”“‘红墙意识’与‘四个服务’关系大讨论”“我为街道工作建一言”等专栏，进行我的梦·中国梦百姓宣讲”等系列专题报道。对外宣传报道在市属媒体刊登40余篇次，区属媒体刊登88篇次，网络媒体报道46篇次。共制作展板312块，展播“讲文明树新风”公益广告。制作《光荣绽放》回顾展、街道宣传片、《第一街》宣传画册等一系列宣传制品纪念街道成立55周年。组建百姓宣讲团15支，开展宣讲活动80余场次。街道与中宣部开展结对志愿服务活动，共有471名志愿者参与特困家庭帮扶、治安志愿者巡逻、老年自助学堂、科普志愿服务、党员爱心编织坊、城市志愿者服务、文体志愿服务、义务家教等28个志愿服务项目。开展“文明小使者”评选活动，并推荐文明小使者35名；开展“廉政微小说”征集活动，共收到稿件80余篇。

（马煜瞳）

【双拥共建】　年内，共为部队输送新兵10名，超额完成征兵任务，其中街道办事处宋益广成为全区第一位“90后”公务员志愿兵。春节期间，慰问地区新入伍战士家庭7户；走访中央警卫团、武警一支队及中央警卫团新兵连，共投入资金20万元。“4·20”四川雅安地震，慰问雅安籍受灾家庭官兵9名；“八一”期间，开展“凉爽送军营活动”，为9支驻区部队送去防暑降温饮料1000箱。街道《红绸舞动》和小合唱《我家住在红墙边上》分获区双拥文艺演出一等奖和三等奖。开展双拥“五好”评比，并邀请“好战士”家长、“好军嫂”及子女到北京参观。全年累计向81名优抚对象发放优抚金82万元，为13名优抚定补对象报销医药费近12万元。

（马煜瞳）

【幸福家园】　年内，发展服务项目至26项，受益人数达8694名，10万人次。为180人次开展0—3岁儿童发育免费体格智能测评；为88位新婚居民提供免费孕前优生检查服务；为486人举办孕期健康快乐园讲座；开展0—3岁早教大课堂，受益家长365人次；分年龄段举办家长及监护人的培训班，受益家长455人次；开展2期“笑迎花季”青春教育活动。在流动人口集中居住区开辟空间建设“流动人口之家”，启动“爱心相伴”特扶家庭帮扶工程。7月25日，举办“共建幸福家园、共享幸福成果”幸福榜样颁奖典礼暨幸福家园成果展，纪念“幸福家园”启动一周年。

（马煜瞳）

【“全响应”建设】　5月24日，街道指挥分中心开始试运行。6月3日，街道全响应工作办公室正式成立。年内，建成街道网格化社会服务管理指挥分中心以及街道一刻钟服务圈等8个平台。共划分网格71个，其中中南海地区为1个独立网格，涉及西单商业区网格3个，另有虚拟网格1个，实现“三网合一”。依据“小事不出网格，大事不出街道”的管理目标，组建“一格五员”的管理团队；制作《西长安街街道社会服务管理网格化工作手册》。

（马煜瞳）

【“访、听、解”工作】 年内，街道“访、听、解”办公室共收集市容环境和公共卫生、公共服务和生活设施、住房和拆迁、政府作为、道路交通、就业和低保、外来人口管理、教育、公共秩序和市场监管、社会治安和公共安全、文化娱乐和医疗等12大类34小类的问题510件，办结并反馈450件。义达里社区“睦邻之家”为居民提供24小时“访、听、解”服务，年内，共解决各类难事200余件。

（马煜瞳）

【行政服务标准化建设】 年内，依据《北京市西城区行政服务标准化体系实施方案》，街道级85个主要行政服务事项标准依据街道情况汇编成册，形成《西城区西长安街街道办事处管理岗位工作手册》和《西城区西长安街街道办事处窗口岗位工作手册》汇编。依据《标准化执行规范手册——西城区下辖街道公共服务大厅》标准化规范的要求，更换公共服务大厅门头字和对外识别标示，并制作工牌。

（马煜瞳）

【拆除违法建设】 年内，街道共拆除违建241处4644.04平方米，其中拆除新生违建3处38.42平方米。拆违过程中，共拆除用于非法经营的违建4处50平方米；清理没有正当职业和固定住所的流动人口50人；清理无照商贩、流动游商20户；消除安全隐患80处。违建拆除后根据居民需求，在原违建处建立花坛、绿地、晾衣杆、停车位、休息娱乐场所等。对拆除后的空地合理利用绿化美化城市环境45处1000平方米，设置晾衣杆28处75组，设置停车位10处。

（马煜瞳）

【西单商业区非机动车管理】 年内，开展西单地区非机动车停放情况的调查与研究。制定出台《西单商业区非机动车停放管理质量考核管理办法》《非机动车停放场所服务管理制度》《服务员、引导员工作管理制度》等一系列管理制度。与区市政市容委等部门合作，结合西单地区人多、车多特点，变单纯看守为维护管理：地区统一规划，将非机动车按型号大小、动力来源等标准分类，分别进行管理；理顺商场工作人员、附近居民和购物者的不同需求，建立非机动车租车点，便利群众出行。

（马煜瞳）

【举办首届“红墙杯”文化体育季系列活动】 5月4日至7月31日，举办街道首届“红墙杯”文化体育季系列活动。以“传承红墙文化，打造特色品牌，展现人文风采”为主题，包含篮球赛、乒乓球赛、体质测试赛、摄影赛、手工赛、非遗讲座、合唱比赛等多个项目，涵盖地区中央机关、市属单位、非公企业、驻地部队、中小学校和社区共近百家单位，累计参与人次超过3万。

（马煜瞳）

【第三次全国经济普查】 7月，组建街道经普领导小组，抽调原有机关干部6人，新入职公务员4名参与经济普查工作。9月6日始，进入核查阶段。所有普查员至少持有“两本账”（核查单位底库和根据《西城区社区居委会行政区划代码手册》整理出的门牌号簿）开展核查工作。建立“五步审核法”：调查员入户审核，街道组长初步把关，普查办业务组审核，业务组二次审核，电脑录入审核。共完成10场单位培训和个体户登记工作。最终确定核查登记单位2266家，个体经营户4421家。

（马煜瞳）

大栅栏街道

【概况】 大栅栏街道位于西城区东部，东起前门大街西侧，西至南新华街中心，南起珠市口西大街，北至前门西大街。辖区面积1.26平方公里，街巷114条。有中央单位2个，市属单位8个，区属单位15个，中、小学3所，幼儿园2所。社区居委会9个，户籍人口23300户56862人，常住人口28684人，流动人口14214人。年内，出生450人，死亡224人。全年财政收入57065万元，支出9120.39万元。街道机关、事业单位人员128人（公务员编制88人、事业编制40人）。安置军转干部2人，向部队输送新兵6人。全年共接待群众来访、处理调解各类信访事件538件次，调解纠纷369件。获“北京市药品安全示范街道”“北京市第十一届思想政治工作优秀单位”“北京市敬老为老爱老服务示范单位”等称号。

地址：西城区棕树斜街26号

邮编：100051

电话：63032563

（苏　乔）

【城市管理】 年内，成立“大栅栏街道精神文明和城市环境建设工作指挥部”，整合食品、交通、安全、卫生、环境等数据资源，建立地区精神文明和环境秩序建设工作数据库，将城市管理监督指挥系统与“全响应”信息系统实现动态链接。城市管理分中心平台全年协调处理各类事件118件次。创建完成培英、百顺、炭儿等8条精品胡同，新增绿化面积200余平方米。创建文明院落153个，完成节水院落改造420个，铺设渗水砖2.06万余平方米，改造下水管线150余米；安装国旗底座1000个、节能路灯14处；房屋修缮1793间，受益居民1267户。拆除账内违法建设138处，拆除面积1786.62平方米。发挥社会协同作用，建立由地区8个社区12条街巷的500余家“五小”单位组成的城市环境建设自律自管模式，组建180人实名制绿化志愿者服务队。开展街巷绿地认建认养，引导辖区60名居民负责66片绿地的日常养护。

（苏　乔）

【社区建设】 年内，围绕“六型社区”建设标准，推进规范化建设示范社区、体育生活化社区、学习型社区、智慧型社区、全国综合减灾示范社区等创建活动。统一规范百顺社区、大栅栏西街社区服务站标识，完成9个社区门户网站建设，上线运行大栅栏街道社区经费管理系统，新建便民连锁菜站2家。成立大栅栏社区教育学校，推广居民学分认证制度。启动“一刻钟社区服务圈”服务商认证机制，签约商户57家，统一悬挂服务商认证标识。投入72万元社会建设专项资金，重点打造百顺社区京剧文化、石头社区孝文化精品胡同、晨夕法律服务中心等19个社会组织创新项目。建立“项目挂载资金”社会组织培育模式，发布夕阳红财产管理、社会组织技能展示、闲置物品易货大集等10项公共品牌服务活动。以铁树斜街社区为试点，绘制社区灾害管理地图。与炭儿胡同小学合作，设计以流动儿童教育为主题的“阳光艺术教室”项目，争取到阳光文化基金30万元资助。完成3个北京市示范青年汇的创建工作，推出“新青年学堂”“新青年体验营”“新居民音乐节”等活动。开展人感染H7N9禽流感防控工作，保障辖区内无疫情出现。

（苏　乔）

【社区服务】 年内，在地区文体活动中心、人口家庭活动中心、残疾人康复室等公共服务场所，举办“大栅栏文化课堂”系列活动，开办各类培训班70期，开展婴幼儿系列发展讲座8期，举办文艺演出等活动373场，提供残疾人肢体康复训练250余人次；民俗图书馆接待市民读者5608余人次。与北京理工大学法学院合作，建立社区法律教育实践基地。组建“爱心助老巾帼志愿服务队”，结成110对“一对一”巡视服务队。联合北京师范大学体育学院，为9个社区配备老年科学健身指导员，组织5600余人次开展老年健身活动，举办健康讲座18期。优化亲情卡服务项目，免费为地区A类、B类老人每人提供价值2400元的亲情服务20余项。打造9支社区为老服务队，拓展居家养老服务商队伍、组建双拥为老志愿者服务队，壮大为老服务队伍，满足老年人的多样化服务需求。破解流动人口服务管理难题，推出新居民志愿服务积分回馈制、安全示范岗创建、出租房屋星级评比等特色项目。

（苏　乔）

【社会保障】 年内，依托就业服务联合体、就业援助中心、大学生实习基地等载体，提供岗位信息发布、个人素质测评、职业规划辅导等服务，启动“大栅栏澜音驿站拉把手”创业技能培训项目。全年共开展“春风行动”等促就业活动21场，职业指导2300人次，技能培训168人，1214名就业困难及失业人员实现就业。建立小微企业红黄蓝备案制度，规范1200余家企业的合法用工程序，规范“劳动用工一条街工程”9条。落实各项社会保障政策，全年共受理社保经办业务42917人次，完成171户经济适用房、47户限价商品房、30户公租房选房工作，发放廉租补贴39户。建立多元化救助帮扶机制，全年共开展医疗救助258人次，金额97.89万元；临时救助122人，金额27.85万元；慈善协会春雨大病救助5人，金额3.26万元；慈善助学及教育救助47人，金额18.64万元。开展“情暖万家”大型走访慰问活动，在重大节日期间慰问困难群体、优抚对象、驻区部队等657人次，共投入资金50.19万元，金额较上年增幅达10%。免费为14名残疾人员发放轮椅、拐杖等辅助器具，为223名重残无业及精神残疾人提供免费体检，切实保障残疾人权益。

（苏　乔）

【社会治安综合治理】 年内，完善“1+6+X”综治维稳格局，以综治维稳中心为指挥中枢，完善社会稳定风险评估机制、矛盾排查化解机制、社会面防控机制、地区联动响应机制、督办考核机制和综合救助机制等6项机制，推广固化安全示范岗等X项工作措施，提升地区综治维稳工作精细化水平。以地区60个网格为基础，推行“一格一长、全责管理”的网格化统筹模式，制作“一户一表”“一院一图”细化53项具体内容，以实名制方式落实网格基础力量、专业力量、响应力量。发挥联合执法小分队的职能优势，深入开展前门月亮湾、煤市街沿线、大栅栏商业街区、东琉璃厂等地区为重点的排查整治工作。全年共组织“黑车”专项整治20次，暂扣“黑三轮”26辆，清除、规范店外行为商家1420次，取缔无照经营、查处违规牌匾470件，疏导机动车1460辆。健全完善“1533”安全生产工作模式，固化“胡同集合式灭火法”，广泛开展社区居民安全教育，累计开展安全检查2725户次，消除隐患1590起，隐患整改率为100%。

（苏　乔）

【精神文明建设】 年内，完善大栅栏精神文化体系建设，组建大栅栏艺术团，开展“大栅栏文化课堂”“幸福工程”手工艺培训、“我们的家园，我们的梦想”新居民音乐会、“非遗文化进社区”“我的梦　中国梦”宣讲、“科技周”等主题活动。在街道及5个社区成立道德讲堂、组建4支学雷锋志愿服务队，坚持每季度开展活动，普及道德理念，弘扬社会新风。评选出“十佳风采人物”“十佳公益团队”和“十佳服务项目”，提升志愿服务影响力。与美国摄影学会（中国）等多家单位合作举办第二届“魅力大栅栏”摄影抓拍赛及2013“我爱北京”国际影展活动，编写《大栅栏胡同故事》，与北京市社科联合作，推进《魅力老字号》正式出版发行工作，设计出体现地区文化、彰显特色的系列文化产品10余种，拓宽地区文化向各领域传播的途径与方式。

（苏　乔）

【功能街区建设】 年内，推进传统商业文化带建设，完成大栅栏文商旅科技创新平台建设，推出“魅力大栅栏”门户网站和“大栅栏随身游”智能手机客户端，完善景区自助导游系统和人群预警与疏散决策系统，打造3A级智慧型景区。建设大栅栏3A级景区5种文字全景牌，完成大栅栏商业街、大栅栏西街路面整修和绿化美化等工程建设。组建商业街区环境秩序协管员队伍，提升商业街区“五大秩序”综合治理能力。坚持“服务直通车——处级领导联系重点企业”制度，召开老字号企业座谈会6次。举办“2013大栅栏琉璃厂老字号旅游购物节”、大栅栏琉璃厂文化交流季、2013北京国际设计周——“大栅栏新街景”设计之旅、大栅栏老字号体育文化日等主题活动，充分展现大栅栏独特文化魅力。截至年底，大栅栏商业街销售总额6.64亿元，同比增长3.3%。

（苏　乔）

【双拥共建】　年内，组建武警战士志愿服务队，充实大栅栏助老服务队和“彩虹桥”社会组织力量，共同参与社区助老、便民服务等公益活动。加强国防动员和拥军优属工作，完成183名基干民兵和42名民兵应急分队的整组任务。在夏季汛期及冬季取暖期前，对军烈属家庭开展安全隐患排查工作，保障居住安全。帮扶困难战士，为武警七支队16名四川雅安籍受灾战士募集善款1.6万元。春节、“八一”等重大节日期间，向驻区部队、残疾军人、军烈属、义务兵家属送去温暖，慰问款共计11.8万元。举办迎建军86周年“八一”双拥月系列活动，组织开展军民联欢演出、“老字号”文化游、消防科普日、乒乓球友谊赛等“七个一”的双拥主题活动，拓展丰富地区双拥共建工作内涵。

（苏　乔）

【政务能力建设】　年内，贯彻落实中央、市、区关于“改进工作作风，密切联系群众”有关文件精神，严格控制会议、接待活动，精简文件报刊，规范相关制度，加强党风廉政建设，转变政府职能。加强街道公共服务大厅行政服务标准化建设，对114项社保业务进行梳理，合并调整6大类服务事项，将24个接待窗口精简为17个，优化审批流程提高办事效率。制作2万余张窗口“便民服务签”，实现对办理事项的一次性告知，印发服务项目流程宣传页，提升行政服务规范化水平。完善“访、听、解”长效工作机制，为群众办结重要实事项目13项，解决热点、难点问题1892件。办理、落实人大议案2件，政协提案3件，全年主动公开政务信息197条。强化干部能力素质建设，修订完善《大栅栏街道规章制度汇编》，着力提高干部依法履职能力。

（苏　乔）

天桥街道

【概况】　天桥街道位于西城区东南部，东起前门大街、天桥南大街、永内大街与东城区天坛接壤为邻；西至虎坊桥、北纬路、太平街与陶然亭街道接壤；南起永定门护城河为界与永外大街相望；北至珠市口大街与大栅栏街道交界。辖区面积2.07平方公里，有驻区单位955个，社区8个，户籍人口18874户54575人，流动人口10819人。年内，出生372人，死亡126人。全年财政收入14129万元，财政支出8860万元。被首都精神文明建设委员会评为“身边雷锋·最美北京人”团队，被北京市档案局评为档案工作“市级优秀单位”，获第六届首都新桥乡文化节表演类三等奖，获北京市无偿献血工作突出贡献奖等。

地址：西城区北纬路9号
邮编：100050
电话：83133818

（张建贤）

【城市管理】　年内，举办10次“城市清洁日”、1次“城市清洁月”活动，设置宣传站8个，黑板报36块。清理垃圾、堆积物196吨，清除小广告3900条，整洁美化30条主要大街，清理绿地2400平方米，擦拭社区公共图窗40余个，发动环保志愿者1627余人。对20家社会单位进行除“四害”、禁言检查工作，发动500余人次投放鼠药25桶。完成区城管监督指挥中心派发的网上任务112件（施工废弃料1件、暴露垃圾99件、其他12件）。做好年度防汛工作，在禄长街社区举行防汛演习，印制并发放《北京市民防汛安全应急手册》1.8万册，提高居民防汛意识。妥善做好低谷电补贴发放工作，为2285户居民办理低谷电补贴发放工作；为2091户居民办理清洁能源证明；为879户居民办理补贴存折。做好节水宣传工作，在天桥斜街设立一处宣传站，悬挂横幅2条，发放宣传资料及纪念品400余份。绿化工作适时开展，年初对白蜡、椿树、龙爪槐共计200余棵统一缠药环防虫，为全年病虫防治工作打好基础。排查地区内存在安全隐患的树木、大修树木170余棵，筛查危树18棵。在天桥市场斜街、斜街北口、北纬路及永安路道路两旁，摆放花坛2处、花钵75个、散尾葵40盆、三角梅10盆、变叶木20盆、花卉23500盆。对辖区内8个垃圾分类试点小区进行41次检查和指导，为8个小区配备新的垃圾桶。及时梳理统计违法建设、脏乱点及各项基础数据，设立3部举报电话；建立各类台账8项，脏乱点上账3批9处，已全部清除。统计边角地4处，已全部清除。梳理地区早餐车台账上账5处，已全部清除。废旧汽车台账上账17辆，已全部清除。地锁台账上账42处123个，已全部清除。露天烧烤台账上账20处，由城管分队管理。再生资源回收站台账上账11

处，由社区中心管理。辖区内117个平房院落整修工作通过招投标确定北京长城科外建筑装饰工程有限责任公司、北京正大建筑工程有限公司第八分公司、北京东勘建筑装饰工程有限公司、中国新兴建设开发总公司4家单位负责施工。为8个社区配备社区环境保障用途电动车，社区内安装垃圾减量分类宣传栏17个，发放尖锹62把、平锹78把、大铲雪锹90把、大扫帚90把、手套800双。针对雾霾天气较多的情况，印制80余份《关于减少大气污染倡议书》发放给各社区居委会。

（张建贤）

【社区建设】　年初，制订《天桥街道2013年六型社区创建工作方案》，召开“六型社区”建设经验交流会，针对第一轮评估中扣分项目，逐一协调相关科室协助社区进行整改，禄长街、先农坛社区通过了北京市六型社区检查验收。加强网格化管理，制定《天桥地区网格管理制度》，将8个社区按照区域、人口、功能系统划分为40个责任网格，明确网格责任人和工作职责。发挥社区居委会自治功能，引导居民参与社区服务管理，各社区共召开居民听证会16次，社区事务协商会61次，解决居民提出的问题835件。申请年度社会建设项目资金虎坊路“社区助老邻里帮帮团”、永安路“红蜡烛志愿服务队”2个项目，共10万元资金。完成8个社区固定资产清查工作。完成太平街综合服务站装修项目、留学路二期装修工程、虎坊路等4个社区的房屋修缮工作，规范留学路等5个社区的标识、窗口设置、业务流程等。与北京市文联联手开办“文联大讲堂”走进天桥系列活动，内容涉及相声、话剧、魔术等方面，文化名人讲课，深受居民喜爱。搭建居民才艺展示舞台，开展“六艺”（书法、摄影、绘画、舞蹈、戏曲、器乐）大比拼，地区声乐大赛、夏日文化广场等活动，受益群众达3万人次。做好老龄体育设施的调研工作，完成“北京国际长跑节”参赛报名工作，组织地区太极拳队参加“白云杯”太极拳赛，组织100名居民进行全民健身体质测试，创建禄长街、先农坛社区为体育生活化社区。多渠道挖掘教师资源，开展社区教育活动，各种课程班每周授课12小时，受益人群达近3000人次。解决113名外来务工随迁子女入学问题。开展校外教育“童心共筑中国梦，争做社区好少年”系列活动，丰富学生们的假期生活。组织150名青少年开展暑期红十字救护培训。组织开展第二届“千名来京务工女性免费健康检查”活动，为200名女性进行检查。关爱弱势群体，慰问看望红十字救助困难户，发放慰问金2.7万元。动员社会力量为四川雅安地震捐款7710元。

（张建贤）

【社区服务】　年内，推进志愿服务特色工作，开展各类志愿服务活动400余场次，参与志愿服务2余万人次、受益者5万余人次。新增备案社区社会组织45个，街道共有备案社区社会组织125个（文体科教类73个、社区服务福利类25个、社区共建发展类3个、社区医疗类7个、环境物业类9个、治安民调类8个）。完成“重阳为老凝聚亲情　携手共建社区家园”志愿服务一条街活动，居家养老巡视员到各社区走访慰问高龄、空巢、残疾老人，共走访4个社区51位老人，并协同共建单位宣武中医院、美人岛理发店人员为90岁以上高龄老人、孤寡病残老人提供免费测血糖、测血压、义务理发等服务，并发放宣传资料400份。全年居家养老服务费结算约193万元，助残服务费结算约22万元，为“三无”老人送餐费用结算约1.1万元；三项（洗浴、理发和代换煤气）为老结算约1.2万元。完善居家养老服务体系，为辖区60岁以上的老人办理“温馨服务卡”，并签订《资源共享服务协议书》。爱心家园全年为206户持爱心卡家庭发放米、面、油等物品10729公斤，折合15.48万元。不断拓展民俗图书馆服务内容，每周开放42.5小时。共接待各类读者25365人次，图书借阅量16489册；制作民俗展板和健康展板各12期，共计24期。

（张建贤）

【社会保障】　年内，全年发放低保金、医疗救助、临时救助等各项救助金总计1043.65万元。其中低保家庭804户1553人，累计核发低保金905.35万元；医疗救助1342人次，核发128万余元；临时救助27人次，核发9.9万余元；为2名孤儿发放福利金2.52万元；为大病低保人员开展全程陪护式救助128人次，发放救助金20.7万余元。为58户清洁能源家庭（“煤改电”54户、“煤改气”4户）发放采暖补助4.8万余元，为89户燃煤家庭，按每户500元标准发放采暖费补助4.45万元。为18名大学新生、14名往届生分别发放教育救助7.85万元和4.49万余元。组织各社区做好“两节”走访慰问工作，为116户社会救济对象（低保、重残）发放慰问金5.7万余元。做好为老服务工作，为2022名80岁以上老人发放养老（助残）券，金额1957150元；为289名60周岁以上老人办理老年证，配发111台“小帮手”电子服务器；为514名65岁以上老人办理老年优待卡；为229名90岁以上老人发放高龄津贴，累计238100元；办理北京市95周岁及以上老年人医疗补助32人次，累计金额2.9万余元。组织老年人开展老年环湖健步走、优秀健身项目表演赛等娱乐活动；组织87名老人免费体检。表彰年度市级、区级“孝星”；推选区级“孝星”63人，市级“孝星”28人。响应区政府惠老政策，对高龄特困、高龄独居、高龄空巢，及百岁老人进行慰问，发放慰问金19200元。街道实有失业人员1420人，完成就业人数指标817人，就业率66.15%，失业率1.22%，其中就业困难人员就业率76.21%。街道“零就业家庭”指标保持动态为零。失业人员参加技能培训指标完成245人，参加创业培训指标完成55人。职业介绍空岗信息采集3599人次，职业指导2098人次。失业人员实现创业45人，创业带动就业225人，全年完成小额担保贷款指标20万元。坚持社区灵活就业、自谋职业报告核查制度，灵活就业、自谋职业办理停止恢复率控制在3%以内。

（张建贤）

【社会治安综合治理】　年内，召开重点时期安全保障工作部署大会2次，组织开展消防安全巡回宣传、“冬季四防”“6·26”禁毒宣传等大型宣传咨询活动3次，组织开展消防安全及突发事件应急演练4次。深入推进“携手共建平安西城”百日宣传活动，在8个社区分别开展巡回宣传，营造居民共同参与平安建设的良好氛围。加强社会面防控工作力度，实行处级领导24小时带班、机关干部应急值守制度。发动地区1150名治安志愿者100%上岗开展巡逻值守，对地区35个重要防控点位、32个光接点执行重点防控，建立社区流动巡查组16个，在辖区范围内开展流动巡查。加强与相邻街道协作，与东城区天坛、永外2个街道签署《共筑平安边界协议书》，与陶然亭街道协商，建立“联谊、联防、联调、联打”工作机制，维护交界点稳定。大力开展禁限放大检查、可燃物清理、消防“零点夜查”等专项行动，共检查各类单位169家次，发现隐患单位48家次，立即整改42家次，限期整改6家次，清理可燃物12车次。开展“三点一线”重点地区整治，在“两会”期间，以“三办”(中纪委信访办、全国人大信访办、国家信访局)、友谊医院、珠市口西大街过街天桥“三点”及煤市街南口至珠市口路口代表行车路线“一线”为重点，重点打击无照游商、“黑车”载客、“倒号”、等违法行为。组织地区执法小分队实行动态管控，共处罚无照经营25起，救助流浪人员2人次，暂扣违法运营“黑车”16辆。开展非法经营“小发廊”整治，对9家非法经营小发廊进行整治，暂扣违法经营工具3车38件；开展违法安装地锁清理整治，共发放告知书100份，开展联合执法行动2次，拆除地锁72个，督促居民自行拆除12个；开展校园、医院周边整治行动，共处理露天烧烤17起，先行登记保存灯箱35个、烤箱2个、桌椅60余个。做好出租房屋代征税工作，收缴税款133笔92万余元。开展物、技防建设，为先农坛、留学路2个社区新装楼宇对讲18个，更换、检测灭火器938个，以北部平房区为重点，投入近6万元安装灭火器箱23套、灭火器230个。推进友谊医院周边交通微循环建设，增设现场执法设备5套，安装微循环指路标志6面，在道路两侧设立停车泊位201个，有效解决了地区停车难问题。

(张建贤)

【精神文明建设】 年内，组建16支共计60余人的百姓宣讲队伍，深入开展学习宣传贯彻党的十八大精神和“我的梦 中国梦”主题宣传教育活动。在活动推进过程中，“自强与梦想”残疾人宣讲团、街道青年宣讲团和民俗文化宣讲团等一批特色宣讲团队伍表现突出，其中民俗文化宣讲团的骨干被选拔到西城区民俗文化宣讲团中，代表西城区参加了北京市的宣讲评比活动。以街道学雷锋志愿服务30周年纪念活动为契机，扎实推进精神文明建设工作。拍摄完成《雷锋精神耀天桥》的宣传片，出版学雷锋志愿服务画册；举办雷锋战友乔安山宣讲雷锋精神、“弘扬雷锋精神 深化志愿服务 构建和谐天桥”等重点活动。在传统节日期间，开展春节小庙会、清明爱国主义基地行、端午节包粽子等活动，重点照顾地区孤寡老人、单亲家庭、外来务工人员等群体。总结典型经验，培树青年典型，推出十大学雷锋先进典型和品牌团队，掀起学雷锋志愿服务的新高潮。完成文明城区创建和迎检工作。

(张建贤)

【双拥共建】 年内，致力做好双拥优抚工作，两节、“八一”期间，为部队送去慰问品、慰问金价值共计24.5万元。为各类优抚对象发放慰问金5.49万元，发放慰问品价值4.5万元。发放一次性困难补助2.13万元。补发伤残抚恤金4.2万元。为29名义务兵发放优待金93万元。完成伤残、定抚定补对象抚恤金调标工作，补发3名优抚对象定期抚恤金1180元。

(张建贤)

新街口街道

【概况】 新街口街道位于西城区北部，东起新街口南、北大街，西四北大街与什刹海街道为邻；西至西直门南、北大街，阜成门北大街与展览路街道相接；南起阜成门内大街与金融街街道接壤；北至德胜门西大街与海淀区隔街相望。辖区面积3.7平方公里，社区居委会21个。户籍人口40462户106504人，常住人口36904户100372人。年内，出生1061人，死亡471人。有社会单位2686家，其中中央单位112家、市属单位104家、区属单位190家，中、小学9所，幼儿园10所，社区教育学校1所。机关设30个行政科室，2个科级事业单位，机关、事业单位工作人员共245人，其中公务员134名、事业职工105名、行政工人6名。全年通过公开招录、政策性安置、转任进入机关、事业单位的工作人员共计11人。公务员、行政工人、事业编退休8人，调出公务员、事业编7人，轮岗7人。全年财政收入18296万元（含上级财政拨款），支出16109.4万元，完成税收204755万元。年内，街道在城市管理、社区建设、民生保障、综合治理、党的建设等方面都取得新进展。获“北京市充分就业街道”“北京市药品安全示范街道”“全国安全社区”等称号。

地址：西城区西直门内大街128号

邮编：100035

电话：66002800

(张鹏旭)

【城市管理】 年内，联合公安、工商、城管、卫生监督等部门进行联合执法52次，共执法出动1435人次，规范整治门店28处，规范废品收购站点35次，拆除地桩、地锁230余处，拆除违法建设169处5126平方米。对官园2号楼老旧小区、马相西巷、小椅子圈胡同进行综合整治，改造西四北四条45、53号院等10个低洼院，对如意里12号楼、东冠英15号楼等13栋楼1051户居民进行节能改造，为34个院落安装无障碍扶手，增设冠英园西区地下室挡水板，采用科技手段在赵登禹路、西四北大街等区域主干道治理小广告。西四北头条至八条试行立体化准物业管理模式，创意设计提升三条、四条胡同文化品位，整体绿化，搭建廊架，设计墙画，试行垃圾分类和垃圾减量化。全年共受理居民修剪树木申请800余起，伐除危树、险树22棵，发动地区单位义务植树200余棵。检查辖区农贸市场、中小餐馆卫生及病媒生物防治工作，组织开展除“四害”“城市清洁日”“健康北京灭蚊行动”、禁烟宣传、节水宣传等活动。共建设垃圾分类达标小区23个，招募垃圾分类指导员146人。完成地区防汛、扫雪铲冰等防灾减灾工作，全面排查辖区13589间公房、9134间私房、8处在建施工工地。与地区134家生产经营单位、21个社区居委会签订安全生产责任书，与1129家“六小”单位签订安全生产承诺书。集中开展地区有限空间专项整治、安全生产大检查、烟花爆竹禁限放等专项工作，开展安全生产月的宣传教育活动和安全生产知识答卷活动，完成建设国家安全社区的复评工作。

（张鹏旭）

【社区建设】　年内，完成西里一区、西四北头条、中直、官园、南小街等5个社区“六型社区”创建工作，完成科技为老服务站中心站及5个分站的建设工作，完成育德社区、南小街社区办公服务用房改善工作。完善社区民主自治，在官园社区、玉桃园社区开展老旧小区自我服务管理试点工作，指导社区共召开民主自治会议共计1439次，协调解决居民提出的问题1375件。对163个社区备案社会组织进行复核，推进利用社区公益金扶持社会组织参与社会建设工作，初步建立街道社会组织服务基地。组织320人参加红十字自救互救培训，发放区红十字会救助款物累计价值达到3.2万元，完成年度无偿献血登记，组织182人完成献血。举办包括新春笔会、清明诗会、太极拳、太极剑个人邀请赛、首届北京市“白塔杯”象棋团体赛、夏日文化科普广场等多项活动在内的第二届“白塔新辉”系列文化活动。社区服务中心全年接待地区居民18万人次，组织专场文化活动12场，其中圆梦舞蹈队参加北京市第八届民族健身操舞大赛获银奖。社区服务中心全年接待群众活动1129场次，组织开展各类培训班39期，参加居民13000余人次。公共图书馆共接待读者163742人次，办理图书“一卡通”978张，外借图书144035册。

（张鹏旭）

【社会保障】　年内，组建“同心就业指导服务队”，结合就业援助中心为失业人员提供“专业化”“全程化”“订制式”的服务，新增登记失业人员1695人，1719人实现就业，辖区16户“零就业家庭”全部脱零，20个社区实现充分就业，超额完成全年就业任务指标。新增参保“一老一小”1105人，为1835人次报销药费达459万余元；办理申领、补换、变更等社保卡业务5730人次。受理保障性住房各类申请材料1204份，为1797户申请家庭进行意向房源登记及资格复核。走访慰问困难人员5517人次，发放款物折合457.98万元。为104户困难家庭发放临时救助款27.98万元，为252户低保困难家庭发放价值12.6万元的爱心卡，为47户大学生发放教育救助款18.35万元，为382户低保困难家庭办理冬季取暖补贴，为913名困难居民发放医疗救助98万余元，通过“绿色通道”为83名困难人员垫付住院押金53万余元。搭建慈善平台，推进“阳光助学、夕阳扶老、爱心助残、情暖千家、春芽计划”五大慈善品牌项目，48家企事业单位与辖区内优抚对象、困难家庭签订一帮一承包服务协议67份。全年共接收各类善款64.09万元、衣被2340件。为2361名老年人办理老年证或优待卡，按要求发放高龄津贴和老年人医疗补助款，组织51位无保障老人体检，为3542老年人发放居家养老补贴累计4200330元，居家养老（助残）服务券、一卡通累计结算金额1382.6万元，居家养老（助残）员对老人的日常巡视达9681人次，免费送奶送餐累计服务10603人次。日间照料中心全年共服务老人1.9万人次，提供用餐服务8412人次，为8位老人免费上门家政服务161人次。街道表彰“孝星”200名（其中区级“孝星”170名，市级“孝星”54名）、为老服务先进单位5家。为50名困难残疾人发放爱心捐助款10000元，为12名残疾人发放26件辅具，为5名残疾人安装假肢，新申请办理灵活残疾人就业保险补贴19人次，为14名残疾人购买服务累计2067个小时，为14名残疾人申请发放助学款51000元，发放残疾人机动轮椅车燃油补贴93080元。为居民办理一胎生育服务证954个，二胎生育服务证79个，独生子女父母光荣证291个，办理流动人口生育服务联系单97份，为430人发放独生子女父母年老一次性奖励43万元，为8户特扶家庭发放一次性经济帮助累计4万元，为410名地区困难育龄人群提供免费健康体检，发放避孕药具共计52万余支。在官园社区建设儿童早期发展基地“新街口·新乐园”，在育德社区建立特扶家庭帮扶活动基地“新街口·心家园”。举办育儿课堂等亲子活动25期，900余名新手父母参加，设计制作《新街口街道0—3岁亲子活动体验卡》。

（张鹏旭）

【社会治安综合治理】　年内，严格落实社会治安综合治理领导责任制，与地区102个综治成员单位和21个社区居委会分别签订《2013年新街口地区社会管理综合治理责任书》。完善治安志愿者激励、奖惩管理制度，最大限度地发挥治安志愿者的主观能动性，完成全国“两会”、十八届三中全会期间的安保维稳工作。联合有关职能部门开展联合执法行动，全年共查扣“黑摩的”11辆，拘留5人，累计关停小发廊12家。完成北草厂、西里四区、富国里、官园、玉桃园社区的12个居民住宅楼楼门的技防安装工程，惠及居民139户。协调物业公司在冠英园西区安装监控摄像头，向平房院居民发放防撬锁，完成富国里社区的老车棚的翻新改造，提高居民物防能力。协调派出所成立保安夜巡队，配发电动自行车、防割手套和手电等夜巡物品。制订校园周边安保工作督察考核办法，联合中国儿童中心举办以“安全知识我知道”为主题的庆“六一”亲子安全趣味营活动。联合中国石油天然气勘探开发公司、冠华大厦等地区单位，开展消防演练，加强综治安全宣传教育和应急处突能力。开展流动人口和出租房屋“十日专项整治”工作，全年登记来京人员29932人，累计核销来京人员7889人；登记出租房屋5704户，累计注销出租房屋399户。与西城区法院“赵海志愿者”服务队启动“诉调对接”机制，组织开展人民调解工作规范化建设活动和“社区矫正十周年”宣传活动，共指导、调处各类民间纠纷343件，调解成功306件，涉及当事人1493人，涉案标的价值53万余元；核实接收社区矫正人员14人，到期解除矫正24人，排查刑释解教人员1100多人次，针对地区427名精神病人进行逐一筛查并落实管控措施。组建预防煤气中毒安全巡视志愿者队伍，开展安全知识宣传和巡视工作，年内未发生煤气中毒事件。

（张鹏旭）

【精神文明建设】　年内，全面开展社会主义核心价值体系学习教育和公民思想道德教育，组织第四届百名文明市民和十佳文明之星评选表彰活动及“我推荐、我评议身边好人”活动，组织社区开展西城区“公德之星”和“身边好人”推选工作，西里四区外来务工人员刘国祥被评选为区“公德之星”，在社区中开展“做文明有礼的北京人”和“道德讲堂活动”主题活动，组织社区党员群众参观“永远的雷锋”大型图片展、中国消防博物馆和国家大剧院，向社区发放理论学习、科普用图书1500余册。参加区“中国梦”主题系列学习教育活动，街道中心组共撰写“我的梦中国梦”读书心得体会18篇，收集“中国梦知识竞赛”答卷12600份。组织950名青少年参加“做一个有道德的人——争当社区文明小使者”等主题教育实践活动，共评选出417名文明小使者。组建网络文明传播志愿者队伍，参加“续写雷锋日记”“讲文明、树新风”公益广告、“文明旅行记”“我们的节日”“传播道德模范微故事”“微评道德模范”及在暑期开展“保护中小学生安全”等传播活动，共撰写博客1205条，微博6939条，论坛留言1567条。编辑出版《新街口之窗》4期，共发行13300余册，为社区更换、制作精神文明宣传栏展板300余块，27名舆情信息员共上报舆情信息289篇。完成全国文明城区迎检工作。

（张鹏旭）

【双拥共建】　年内，通过板报、标语、召开座谈会、参观国防教育基地等形式，树立居民参与并支持国防的理念，营造地区关心国防、热爱国防、建设国防的浓厚氛围。组织百名新兵到八达岭长城进行“忠诚使命　献身国防”宣誓活动和以“青春献国防　共筑中国梦”为主题的圆明园一日游活动。举办军地青年篮球联谊赛、庆“八一”军民卡拉OK联欢、“青春献国防、共筑中国梦”主题演讲。聘请专业人员深入部队进行法律、心理知识讲座，开展送图书、送电影进军营活动，组织部分优抚对象逛北京园博园。全年共为部队赠送自行车、T恤、猪肉、水果等价值12万余元的节日慰问品，慰问贫困战士、立功受奖战士和考入军校战士39人，为优抚对象发放抚恤金、优待金、慰问金、医疗补助金共计254万元。辖区部队总政捐资2.5万元用于地区“帮困助残送温暖”活动，帮扶50户困难家庭。共建部队参与辖区消防安全检查培训、募捐衣被打包工作。

（张鹏旭）

【党的建设】　年内，在基层党组织、机关干部培训中广泛开展“党员学习新党章”、十八大精神宣讲等活动。举办“纪念中国共产党成立92周年总结表彰大会，表彰优秀党员。完善社区“大党委”工作机制，制定《新街口街道社区大党委工作实施意见》，召开社区“大党委”工作座谈会，研讨社区席位制委员作用发挥等工作。开展机关党支部与社区党组织“四对接”活动和“结对共建、先锋同行”活动。成立2个老旧小区综合整治联合党支部，保证老旧小区综合整治工程顺利实施。总结中国共产党基层组织质量管理体系认证工作成果，将基层党建工作进行归纳提炼，形成14类工作流程，制作《新街口街道基层党建工作记录手册》。完善社区党建“三级联创”工作机制，在社区、部分企事业单位党组织开展“三评一考”。实行基层党建创新项目化管理，推广党建项目化、项目品牌化的新模式。坚持发展党员全程纪实制度、票决制，实行“双考制”（延伸考察、考试检验），发展党员12人，确定入党积极分子109人。选聘8名社区退休党务工作者充实到非公党建工作者队伍中，加强对非公企业党建工作指导力度，新组建2个非公企业党组织。实施“楼宇网格化服务”党建创新项目，以“楼宇俱乐部”为具体呈现，组织开展第三届“欢乐新街口”灯谜会、法律服务“进楼宇”咨询、“青春骑行快乐之旅”、趣味运动会、“我的梦中国梦”——楼宇企业员工寄心语等活动，不断丰富改进《新街口党建—社会领域专刊》杂志内容。完善党内激励关怀帮扶机制，走访慰问新中国成立前老党员6人，慰问社区困难党员、生病党员、优秀党员1026人，投入经费159872.1元。

（张鹏旭）

金融街街道

【概况】 金融街街道位于西城区中部，东起西四南大街、西单北大街，西至西二环路，南起宣武门西大街，北至阜成门内大街。辖区面积3.78平方公里，有街巷79条，其中一类大街3条、二类大街11条。社区居委会19个，户籍人口31020户111468人，常住人口28924户87468人，从业人员21.7万人，流动人口16909人、出租房屋4741间。年内，出生1323人，死亡299人。有法人单位2689个，其中中央单位452个、市属单位143个、区属单位165个、其他单位1929个，商务楼宇152座。高等院校1所，中学6所，小学6所，幼儿园2所，卫生医疗机构1个。全年财政收入25611万元，支出22964万元。街道设37个职能科室（含事业编制及内设科室），机关行政、事业人员260人（公务员编制137人、事业编制114人、工勤编制9人）。公开招聘公务员4人，事业人员1人，接收军转干部3人，安置军嫂1人。向部队输送新兵14人。作为西城区第一批被命名的“国际安全社区”，通过“国际安全社区”复审，“西城区金融街街道综合服务与管理平台”获住房和城乡建设部建筑节能和科技司示范工程。获“全国群众体育先进单位”“北京市药品安全示范街道”等称号。

地址：西城区太平桥大街107号

邮编：100033

电话：66219688

（商永辉）

【城市管理】 年内，投入102万元对闹市口中街市政设施和大院胡同31号、小院西巷8号等6处低洼院落进行整治，铺设排水管线和透水砖，改善居民居住环境。针对宏庙拆迁区存在的电路老化隐患，经区领导苏东、李岩、杜黎彬、吴铁男等牵头召开会议，确定由金融街街道和北京兆泰房地产开发公司按1:1比例筹措资金，进行“危电改造”工程，工程于12月完成。采取处级领导分片包干，每日例会、每日核销机制，完成5042户“煤改电”工作任务。集中开展“灭脏、清障、治污、拆违”专项整治行动，发动单位工作人员、志愿者、保洁员等8200人次，重点清理110余条道路、街巷的堆物堆料、无主渣土、废弃大件等58吨，白色污染物228公斤，拆除各类违法建设142处1363.5平方米。先后开展3次“绿色进社区”及“认建认养”等宣传活动，评选出恒奥中心、交通银行2个美丽单位，北京尊府小区、新苑小区2个美丽小区，西兴盛胡同、皮库胡同2条美丽街巷以及7个美丽院落。对辖区163棵古树建立台账，排查出55棵危险树木报送区园林局，进行修剪、伐移处理，消除安全隐患。制定《2013年金融街城市环境秩序集中治理工作方案》《垃圾分类指导员上岗工作制度》《社区监督管理工作规范》《物业垃圾分类管理工作细则》以及《金融街街道垃圾分类工作台账》，用制度规范垃圾分类指导员的上岗、物业及社区的管理，创建京畿道社区工商银行职工宿舍小区、丽华苑小区等5个垃圾分类达标小区，涉及962户2639人，配备120升三色垃圾桶22组，免费发放家庭用垃圾桶962组，家用垃圾袋70万个。

（商永辉）

【社区建设】 年内，按照北京市关于智慧社区星级创建指标要求，指导丰汇园、丰盛、民康、砖塔社区完成智慧星级社区创建，并通过市、区评估考核。受水河、温家街、民康、砖塔4个社区被评为北京市“六型”示范社区。多渠道改善社区办公环境和居民活动设施，推进社区办公用地达标建设，丰盛、砖塔、受水河3个社区先后搬进新办公场所，有效地改善办公环境。为解决居民买菜难，对粉子胡同便民菜点进行装修改造，联合中国农垦集团开设6辆流动便民菜车，定时定点派车进社区，菜车已经开进丰汇园、京畿道、教育部、宏汇园、受水河、东太平6个社区，丰汇园社区获“一刻钟服务圈市级示范点”。为规范各社区公益事业专项补助资金的使用管理，制定《社区居委会财务收支管理制度》《固定资产管理制度》《公益金使用管理办法》《内部审计制度》，并试行日常办公用品公开招标定点供应商制度，经费使用管理更加规范。进一步发挥“金融街青年社工俱乐部”的凝聚作用，通过培训、社会实践等多种方式，提高社工队伍专化水平，组织138名社工参加社工师、助理社工师证的考试，并鼓励社工参加社会工作专业学习，25名社工取得毕业证书。

（商永辉）

【社区服务】 年内，街道建立处级领导包社区和“五联系”工作机制，规定领导班子成员每人联系一个社区、一个驻街单位、一所学校、一个地区优秀人才、帮扶一个困难家庭（人员）。办事处主任办公会开进社区，全面深入了解社情民意，解决居民实际困难，街道2013年12项为民办实事项目全面完成。投入1000余万元对公共服务大厅进行升级改造，服务窗口由21个增加到34个，建立起“行政服务、社会服务、公共服务和社会管理”全覆盖的综合平台，引进出入境证件办理、食品流通等业务部门入驻大厅，日均接待能力达到300人次，为辖区单位和居民提供更加便捷的公共服务。

（商永辉）

【统筹发展】 年内，发挥金融街地区管理与服务联席会、地区管委会，以及金融街商务楼宇协会和决策咨询委员会的作用，统筹协调街区各职能部门，对街区安全环境、城市管理、公共服务进行整体设计、合理规划。定期召集区市政市容委、区园林绿化局、区金融办、金融街建设指挥部等相关部门召开联席会，商讨、解决金融街地区发展建设中遇到的相关问题，形成长效会商管理机制。对中国大唐集团、国家开发银行、中国人民银行等10个驻区单位走访，听取对金融街建设与发展的需求和意见。协调职能部门和地区单位推进金融街节日亮丽工程，点亮夜晚的金融街，打造节日首都新地标。做好金融街公交巴士的运营工作，开展优化金融街巴士运营线路调研，力争将金融街核心区与西单商圈联通，全年共运送约250万人次。注重培育公共服务广场、金融街地区运动会、龙舟赛、“金融街杯”足球联赛等具有区域特色的系列公共服务品牌，提升金融街文化软实力。开展国际文化交流，举办“芬兰爵士与金融街的不眠之夜”金融街休闲音乐广场，为街区民众带来充满异国风情的器乐演奏和舞蹈表演。举办“缘聚金融街”青年联谊活动，受到地区单位和从业者的欢迎。

(商永辉)

【社会保障】 年内，街道新建养老服务中心、改造“温馨家园”残疾人活动中心，为辖区老年人和残疾人提供优质服务。开展“亮居”工程，联系企业与辖区内37户低保家庭签订房屋修缮协议，提高低保人群居住环境质量。对失业人员实施跟踪服务，“零就业家庭”保持动态脱零，辖区城镇登记失业率控制在0.54%。城镇登记失业人员就业人数1073人，空岗信息采集6272人次，职业指导3321人次，实现创业55人。为辖区低保家庭760户1284人，低收入家庭29户75人，发放低保金6.38万元、帮困卡29万元，实现低保人群应保尽保。落实残疾人各项优惠政策，地区307名残疾人享受低保、重残无业补助和特困补助。落实“九养政策”，完善社区养老服务平台，13名居家养老巡视员定期对地区291名80岁以上老人和71名孤寡空巢老人进行走访。

(商永辉)

【社会治安综合治理】 年内，把保持地区的安全稳定作为首要任务，以平安建设为主线，巩固国际安全社区成果，做好两节、全国“两会”和重点敏感时期的维稳和安保工作。全国“两会”期间，启动社会面一级超常防控等级，投入各类防控力量41541人次。十八届三中全会召开前夕，处级干部下沉社区，科级干部包网格，全面排查流动人口和出租房屋，同时，做好人民内部矛盾纠纷摸排查工作，确保辖区安全稳定。升级地区图像监控系统，258个可调探头实现对重点道路、重点单位、重点交通路口等区域的全覆盖，指挥中心通过探头图像与GIS地图相结合的“一键调用”功能，指挥、部署和处理各类突发事件，形成统一搜集信息，统一派案处理，统一督促检查的“三个统一”全响应工作流程，全年指挥中心共处理各类案件6566件。编制平房区“消防自救网”，以平房院为单位先后为13个社区的59条胡同684个平房院安放769个灭火器，并开展居民自防自救能力培训；成立金融街义务消防队，聘请11名有消防经验的队员，配备2台小型电动消防巡逻车和5辆电动消防自行车，全天24小时轮流对辖区进行安全巡检，有效预防和遏制火灾的发生。完成34个平房院262户居民的户宇对讲安装，9栋楼30个门608户居民楼的对讲升级改造，为辖区460户居民免费发放一氧化碳报警器，发放安全贴500个，有效地提高安全系数。完成金融街无线交互服务平台（简称金融街APP）二期建设，作为西城区全响应网格化社会服务管理的创新型科技案例登上第十六届中国北京国际科技产业博览会的舞台。10月，金融街“智慧社区”项目通过住建部科技司的示范项目验收。进一步落实信访工作责任制，不断完善领导干部接访处访工作，街道信访接待处理各类来访案件324件，受理来信31件，接待群众347人次，解决处置344件，领导干部接访案件共计189件次，接待群众297人次，领导干部阅处群众来信29件次，领导干部包案87件次。

(商永辉)

【精神文明建设】 年内，做好全国城市文明指数测评检查工作，成立街道分指挥部，设立10个环境维护小组和12个文明交通行动小组，在辖区主要路口、路段开展城市清洁日和文明交通行动。围绕学习宣传贯彻党的十八大精神，以“我的梦·中国梦”为主题，以实现中华民族伟大复兴的“中国梦”为主线，组建街道“我的梦中国梦”百姓宣讲团4支（青之翼青年社工宣讲团、金融街辖区单位宣讲团、文化团队宣讲团和街道级宣讲团）和19个社区宣讲团，116名百姓宣讲员在社区、街道开展“金融街人的中国梦”百姓宣讲活动58场，选调优秀宣讲团员代表西城区参加全市比赛。以提高辖区居民的科学素质为目标开展科普工作，举办科普宣讲35次，播放科技广播、影视节目8400分钟，宣讲活动受众15200人。“五四魂 中国梦”——携手社区建设美丽首都，让青年人发挥自身专长和工作技能，为社区居民提供家电维修、汽车保养、投资理财、成人教育、餐饮旅游、保健知识、理疗按摩、子女教育、儿童自护、摄影技能等现场操作和咨询。先后组织青少年科技模型竞赛，社区“废品再设计”创意竞赛、“唱响中国梦 助力正能量”合唱比赛、“拍拍拍”手机摄影大赛、春季运动会、秋季趣味运动会等丰富多彩地文体活动，丰富辖区居民文化生活。

(商永辉)

【党的建设】 年内，制定《关于进一步推进区域化党建工作的实施意见》，建立由街道工委领导、辖区机关、企事业单位党组织负责人组成的议事机构——金融街区域化党建工作协调委员会，初步形成以街道党工委为核心、社区党组织为基础、社区全体党员为主体、社区单位党组织共同参与的“四位一体”区域化党建新格局，街道区域化党建工作模式作为西城区典型向市委组织部做了经验介绍。完成机关党支部换届改选，街道分管处级领导任机关6个党支部书记。继续深入推进共产党员“亮身份、见行动、树形象、促和谐”主题教育活动，要求每位共产党员在工位摆放台签，在工作时间佩带党徽，增强党员的政治荣誉感和责任感。为全面推进区域化楼宇党建工作，在西城品华建立商务楼宇党群活动中心，与先前建立的长安街以南长安兴融工作站一起，形成楼宇党建南、北2个中心站辐射的格局，免费为企业提供举办会议、培训、休闲等活动场地，提供近800册图书，20多种报刊杂志的借阅，法律、财税、心理咨询服务等各项活动。利用《金融街周报》宣传媒介，开辟党建工作专栏，为社区、机关、“两新”（新社会组织、非公经济组织）企业交流党建工作搭建了平台，共刊登党建信息报道35篇。

(商永辉)

椿树街道

【概况】 椿树街道位于西城区中部，东起南新华街中心线与大栅栏街道交界，西至宣武门外大街中心线与广安门内街道相邻，南起骡马市大街中心线与陶然亭街道接壤，北至宣武门东大街中心线与西长安街道隔路相望，南北长约1250米，东西宽约900米，区域面积1.09平方公里。有53条街巷，7个社区居委会。地区西部居民住宅楼、商场写字楼等密集高层建筑物多、人员密集场所多；地区东部平房胡同多（49条胡同），是以琉璃厂西街、安徽会馆为代表的传统文化保护区，文化创意企业聚集。街道加强“一街一品”建设，推出“椿树杯”京剧票友大赛，成为地区文化活动的标志。辖区户籍人口13972户36014人，流动人口2268户9068人。年内，出生304人。有蒙、满、壮、哈萨克等11个少数民族，是全市辖区面积最小、人口密度较大的街道之一。驻区单位672个，其中中央单位18个、市属单位23个、区属单位42个、无主管企业589个；初高中2所，小学3所，幼儿园1所；办事处下辖社会保障事务所、社区服务中心2个事业单位。全年街道税收总收入为12.4亿元，同比增长6.34%。接受区财政拨款收入为8717万元，同比增长20%，2013年街道支出为9020万元，同比增长12.4%。年内，在区委、区政府领导下，以科学发展观为指导，深入贯彻党的十八大、十八届三中全会精神，严格落实中央八项规定，努力转变“四风”；以构建和谐椿树为主题，围绕“深入开展创先争优、改善民生和为民惠民”两条主线，重点打造“创新、文化、靓丽、活力、温馨”等五大椿树品牌，推动街道各项工作的顺利开展。

地址：西城区椿树园小区11号楼甲1号
邮编：100052
电话：63103621

（马聪稳）

【城市管理】 年内，打造生态宜居的街巷生活环境，完成南柳巷、西南园、琉璃巷、万源夹道、铁鸟、兴胜胡同6条精品胡同建设。拆除街巷煤棚，统一更换门窗，安装仿古空调罩、配电箱罩，搭建晾衣杆。外墙上张贴牡丹、绿竹等具有典型样式的砖雕元素和彩绘的山水画，使胡同更具古都风韵。对胡同进行绿化景观设计，修建花池、栽种绿植，增加绿化面积近550平方米。选取琉璃巷9号作为精品院落试点，拓宽院内空间，拆除违建15个，规整院落，铺设渗水砖、增加绿化景观，实施精品街巷和精品院落同步，逐步提高精品化街区覆盖度。在菜市口的东北角新增便民停车场，拆迁滞留地新建一处1600平方米的停车场，可提供50个停车位，与即将开通的地铁7号线2号出口毗邻，实现换乘地铁零距离，缓解周边居民和宣外大街商业圈停车难的问题。对红线胡同、魏染胡同南段和安徽会馆腾退范围内的居民实施“煤改电”工程，共计746户。对前孙、后孙等文保区胡同76个平房院落进行渗水砖铺换，解决低洼院排水不畅及地面不平状况，受益群众达1400余户。为棉花片A3地块拆迁区20个院落67户居民安装一户一水表，协调宣房投公司更换下水管线，解决水压低出水难和水费纠纷等问题。完成安平里1号院、魏染胡同36号、梁家园东胡同1号楼的节能保温改造工程。安装太阳能路灯72盏，解决辖区内胡同街巷照明不足问题。

（马聪稳）

【社区建设】 年内，推进“六型社区”建设，以创建整洁优美的人居环境为核心，全力打造干净社区；以创新社区的管理体制机制为突破口，全力打造规范社区；以改善民生、服务群众为主旨，全力打造服务型社区；以增强社区居民的安全感和满意度为目标，全力打造安全社区；以强化社区卫生服务功能，构建健康管理平台为重点，全力打造健康社区；以提高市民的文明素质，凝聚社区价值观为方向，全力打造文化社区。投入911万余元用于社区办公、安防和公共服务；加强社区干部队伍建设，规范协管员管理。以全响应网格化服务管理为依据，通过走访家庭，采集基本信息，建立居民档案，重点为低保、残疾、老人等特殊群体建档，发放调查问卷3000余份。梳理社区队伍，经过多次联合调研论证，推出“双核双向360度绩效考评体系项目”。建立社区家庭档案，发挥社区议事会作用，投入使用“访听解”信息系统；开展居民需求调查，协调解决12个方面问题50余条；坚持处级领导包社区、机关干部入社区的工作机制，全年共走访13512户，收集群众问题2625个，已解决2619个。搭建“全响应”社会服务管理街道社区平台，完成街道指挥中心实体化建设，完成“一站式”公共服务大厅改造升级。继续坚持“企业沙龙”模式，发挥社会组织功能作用，共有社会组织79支，成员1878人，开展活动776次，服务居民达28800人次。

（马聪稳）

【社会保障】 年内，举办椿树街道劳动和就业政策宣讲会，与辖区企业代表们进行面对面交流，赠送政策用书，帮助企业全面准确的把握运用好劳动用工政策。成立就业援助中心，发展街道“企业联盟—守望相助”品牌，建设“劳动用工规范一条街”工程。地区登记失业率控制在1.17%以内，就业率为71.21%，“零就业家庭”动态为零。享受城镇最低生活保障家庭共505户892人，全年发放771万余元救助金；经过认证的低收入家庭25户40人。审批临时救助89户172人，发放临时救助金203830元；审批重大疾病救助34人次，发放救助金186499.64元；借记低保家庭医疗救助周转金6人16笔，117000元；为辖区4户患大病特困家庭办理慈善大病救助，救助金23000元；为辖区16名低保老人办理发放慈善医疗救助金，7247元；办理低保家庭新生助学2人，9000元；办理慈善协会资助困难家庭在校贫困大学生12人，4.5万元。办理60周岁以上老人优待证182份，其中为外埠老年人办理老年证3份；65周岁以上老年人优待卡下发407份，其中为外埠老年人下发老年优待卡127份；享受90周岁以上老人高龄津贴198人，其中百岁以上老人5人；办理“小帮手”15份，累计审核居民代换煤气资格26户，享受免费代换煤气户数为1042户；为30人次办理95周岁以上医疗补助金，审批发放79496.35元。受理187户家庭的住房申请，其中廉租补贴10户、廉租住房实物配租6户、经济适用住房31户、限价商品住房88户、新申请保障性住房44户、公租房补贴8户。取得市级备案资格的家庭共146户，其中廉租补贴2户、廉租住房实物配4户、经济适用住房26户、限价商品住房93户、公共租赁住房13户、公租房补贴8户。选房家庭共666户，其中经适房选房家庭274户、限价房选房家庭320户、公租房选房家庭11户、廉租房实物配租家庭61户。

（马聪稳）

【居家养老服务】 年内，投入资金123万余元，建成280平方米老年活动中心，集便民菜站、主食厨房、老年餐厅及配送服务于一体的多功能综合性基础便民服务设施，10月上旬正式开放，引进专业经营机构北京金泰广安商贸集团对其进行全面经营和管理，作为区级试点，进驻居家养老服务中心进行推广试用。累计服务人次共19409人次，结算居家养老、三项为老、助残服务费共2274802.57元。发挥居家体验馆体验功能，为9136位老人提供居家养老服务15341人次，形成地区为老服务的“全响应”格局搭建多方位、全覆盖为老服务体系。

（马聪稳）

【社会治安综合治理】 年内，成立街道安全生产工作领导小组，制定各项工作方案和应急预案。与7个社区签订《安全生产综合目标管理责任书》，与辖区300多家企业分别签订《个体生产经营户安全生产目标管理责任书》和《生产经营单位安全生产目标管理责任书》，明确各社区和生产经营单位职责，明确安全生产管理重点任务和实施步骤，确保安全生产工作得到落实。与辖区内37家禁放点及重点安全单位签订《禁放单位安全保护责任书》《燃放烟花爆竹管理工作责任书》，落实主体责任。每天对烟花爆竹销售点进行检查。指定专人对65个禁放点加强值班和巡逻，启动地区应急处置小分队，随时响应紧急情况。节前组织集中清理杂草等可燃物，重点地区浇湿阻燃，在重点防火区增加消防器材，配备7辆电动消防车，做好预防和应急准备工作。4月，为宣东社区地铁楼安装23个电子门禁防盗门，1130户居民受益。6月，协助区安监局在庄胜商场中心广场开展安全生产宣传咨询。为椿树园小区安装视频监控系统，实现小区视频监控全覆盖，将42个监控探头接入到派出所警务室，实现资源共享及动态管理。对辖区8处建筑施工工地开展5轮检查，共查出隐患18处。制订《椿树街道2013年食品安全专项整治工作方案》，组织辖区工商所、卫生监督部门重点对冷鲜肉、熟食经营场所和餐饮服务场所进行联合执法，检查商户近70家，责令10家存在隐患的单位进行整改。成立安全生产大检查领导小组，召开企业参加的动员部署会，制订《椿树地区安全生产大检查工作方案》并印发各成员单位。共检查企业426家次，发现安全隐患113处，现场整改95处，限期整改18处，对3家违法企业进行行政处罚，罚款9000元。与沃尔玛超市、鲁能物业公司和相关职能单位联合组织开展应急疏散演练2次，参与和观摩850余人。

（马聪稳）

【精神文明建设】 年内，通过张贴公益广告、下发倡议书、志愿者引导劝阻等宣传动员活动，提升辖区居民的社会公德意识，使文明出行、垃圾分类、维护环境卫生、邻里友爱互助等文明规范行为成为居民的自觉行动。举办第十一届以“探源京剧传承国粹”为主题的“椿树杯”京剧票友大赛，将活动阵地延展到网络平台。以“中国节·中华情”节文化系列活动为载体，在春节、清明等传统节日举办活动15次，2200人次参与。举办“多彩中国梦缤纷我的家”夏日文化广场活动汇演，邀请共建部队武警新华社七支队十中队与辖区京剧队、合唱队等9支文艺社团300余名文艺爱好者共同参加。邀请国家级演员、文化馆老师开展各种培训讲座12次，1080人次参与。投入2.5万元，成立“悦读时光”图书室，购置心理疏导、保健养生、数码科技、中外名著等多种类图书500册，向社区居民发放200张“悦读卡”，诚邀计生特困家庭、残疾人家庭成员在春节后走进“悦读时光”图书室。

（马聪稳）

【双拥共建】 年内，召开共建部队战士、现役军人家属和适龄青年家庭座谈会，普及国防知识，为适龄青年介绍军营生活，动员适龄青年入伍参军。对武警新华社七支队十中队和西城消防支队大栅栏中队的武警进行走访慰问，送去慰问金20500元；看望部队困难战士，为邓峰等8位家庭生活较为困难的战士送去帮困金4500元，帮助他们解决生活中的困难。与部队官兵进行座谈，从战士学习、训练、执勤到日常生活，了解战士们需求，整合街道文化资源，聘请专家为战士们授课，满足战士文化需求。

（马聪稳）

【党的建设】 年内，研究部署商务楼宇党建工作，探索推进党建、经济、文体、行政、法律、信息、和谐“一体化”服务模式，发挥商务楼组党总支的“新型社区”作用，在9个较大单位建立5个联合党支部。接收庄胜广场和庄胜房地产2家外资企业党支部，并将167名党员纳入管理范围。在“五站合一”（党建、工建、妇建、团建和社会建设）的基础上，探索打造椿树街道商务楼宇党群服务活动中心，推进“三型”（学习型、服务型、创新型）党组织建设。推进“金点子先锋服务”等项目，引领党建工作不断创新。在群众路线教育、全国文明城区创建、城市建设、民生工程、为老服务等方面宣传正能量。举办由全国党建研究会特邀研究员李平安主讲的学习十八大党章专题报告会，机关、社区、非公有制企业党组织共280余名党员参加。在建军86周年之际，组织机关、社区和非公企业党员干部，以及区进社区挂职干部一行40余人共赴武警部队进行参观学习慰问，开展“军民携手庆‘八一’，共筑美丽中国梦”主题党日活动。

（马聪稳）

陶然亭街道

【概况】 陶然亭街道位于西城区东南部，东起太平街、虎坊路一线，西至菜市口大街中心线，南至护城河中心线，北至骡马市大街中心线。辖区面积2.14平方公里，有街巷63条，有10家中央级单位和62家市、区属单位。有8个社区，街道户籍人口56012人，常住人口44138人，流动人口13446人。年内，出生418人。全年财政收入9126万元、支出9567万元。街道机关、事业单位人员133人（公务员编制97人，事业编制36人）。完成全国城市文明程度指数测评迎检工作。被评为全国五好基层关工委先进集体。陶然地书被评为“首都市民学习品牌”。获西城区终身学习服务基地优秀特色项目一等奖。

地址：西城区黑窑厂街22号

邮编：100052

电话：52683783

（吕东苏）

【推进区域化整体发展】 年内，在上年提出的“实现区域化整体发展，共创陶然式美好生活”理念基础上进行组织再造。在决策层面，发挥街道“大工委”和社区“大党委”作用，全面谋划地区重大事务；在执行层面，隶属“大工委”的党建协调、城市管理、民生服务等7个专业委员会牵头成立物业协会、食品业协会等行业协会，探索加强行业自律和提供专业服务形式；在监督层面，网格探索成立“网格议事会”“楼管会”“院管会”“街管会”，拓宽民主管理监督渠道。实施组织流程优化项目，回收社区服务站部分公共服务职能，推进国家级行政服务标准化大厅建设。整合公安、城管、工商等执法资源，在城市管理和拆除违法建设中建立保障性执法机制。设立20万元区域化党建发展项目资金，鼓励辖区单位开放资源，认领了“走进芭蕾，传递艺术之美”“光明e家”“红色电影放映基地”等多个项目。启用50万元专项资金购买社会组织服务，培育扶持地书协会、物业协会、老年人协会等社会组织。骡马市大街10号楼内居民成立互助式家庭养老服务“楼宇俱乐部”。

（吕东苏）

【城市管理】 年内，加大“落地”项目服务力度，完成大吉片BC地块拆迁，太平街二期道路通车，推动菜市口220千伏变电站建设，启动珠朝街东侧协议腾退工作。推进文明院落街巷建设，实施环境优化工程，投资500余万元，完成17项便民工程。打造龙泉精品胡同，完成立面改造工作，粉饰墙面2192平方米、拆除和安装门窗103处、安装护栏、更换广告牌匾84平方米，完成龙泉胡同9号楼楼道粉饰工程。翻修新建里胡同道路，铺设5137平方米。完成红土店和黑窑厂社区绿化补植，安装10处路灯，整修112处破损道路。启动黑窑厂东街等10栋老楼节能改造工程，完成双柳树胡同道路建设工程和滨河路陶然亭段的“绿道二期”景观提升工程。完成2100余户平房区“煤改电”。拆除违法建设244处2063平方米，试行保障性拆违执法机制，做好前期介入、政策普及和帮助困难群体合理合法享受国家相关政策，为9户困难家庭发放救助金33000元。探索居民认养公共区域绿化模式，成立福州馆社区花草协会，建设庭院自助式美化工程。全面做好节水用水工作，推广垃圾分类，四平园小区创建为垃圾分类试点小区。启动物业“菜单式”便民服务项目，为地区无主管单位或未纳入物业管理的老旧小区及平房区居民提供物业服务。完成“不塌房、不死人、不断路、不泡车”的防汛抢险工作目标。

（吕东苏）

【社区建设】 年内，拓展“一刻钟服务圈”功能，推进“六型社区”建设；推进社区规范化建设，制定《街道社区干部工作例会制度（试行）》；倡导“社会协同、公众参与”理念，引导公众积极参与社会建设，探索社会动员试点工作；制订《陶然亭街道2013年培育发展社会组织工作计划》，召开购买社会组织公共服务项目发布会，设立培育社会组织专项资金94万元，购买辖区44家社会组织的45个公共服务项目。与非营利组织发展中心合作，将项目评估服务与社会组织培育相结合，开展项目设计培训、立项评审与跟进式培育。整合地下空间资源为社会组织办公活动提供场地；加强社区工作者队伍建设，对5个社区的6名社区工作者进行调整，面向协管员定向招考社区工作者10人；完成米市社区办公用房和福州馆社区外围及院内装修改造，提升社区办公服务环境；依法监督指导陶然北岸、一瓶小区业主大会、业主委员会的成立和运行；召开社区代表大会，收集网格内群众反映突出的问题126个、意见建议27条。

（吕东苏）

【社会保障】 年内，提出“敬老由心，助老有我”为老服务理念，加强居家养老服务商队伍建设，安装统一标识的为老服务灯箱。打造为老服务特色街，盘活永庆物业闲置资源，建成使用“聚老阁”综合养老服务机构，打造龙泉社区数字图书馆，全力推动“乐陶然”养老服务中心建设。整合医疗卫生资源，建立“8+3+N”工作模式（8支家庭医生式服务团队，每个团队由医疗、护理、防保3名人员组成，每个团队配备N个卫生志愿者，为辖区签约居民提供服务），成立红十字会三级应急小分队，家庭医生式服务已签约17390人，其中65岁以上老人4993人。编制发放18000册《2013年陶然亭街道生活手册》。加大实名制“结对子”志愿服务工作力度，组建“乐陶然”为老志愿服务队，开展上门理发、代换煤气等服务近百次。依托企业联盟之家，开展专项职业指导与技能培训，将心理咨询引进就业帮扶促进就业，实现就业1073人，残疾人公益性岗位就业5人，城镇登记失业率 0.86%，登记失业人员就业率 71.01%，街道范围内无“零就业家庭”。全年为 714 户 1204 名低保人员发放低保金 771 万元，为低保家庭及其他困难家庭办理各类救助 1132 人次，共计 119 万元。审核上报保障性住房申请材料 206 份，组织地区轮候家庭选房 4 次，为 203 户低收入家庭解决住房困难问题。在“爱在西城”联合募捐活动中，募集捐款 33 万余元，为西藏人民赠送棉被 715 床。加强人口文化建设，计划生育率实现 99.45%，开展 0—3 岁儿童早期教育，为流动人口提供孕检等服务，为失独、伤残、特扶家庭配备移动“小帮手”，组织健康体检等活动，发放慰问品和慰问金 7 万余元。持续开展残疾人“快乐音乐吧”等特色服务，完成“温馨家园”新址建设，成立合唱团、陶然画苑等文化活动团体，开展适合残疾人的文体活动和公共服务。

（吕东苏）

【社会治安综合治理】 年内，深入推进群众自治、单位自控、行业自律和专业执法相结合的“三自一专”安全维稳机制，完成各项维稳任务。开展以流动人口、出租房屋、地下空间、在建工地、违法建筑为重点的整治工作，对地区乱点开展专项治理。严格落实社区矫正帮教制度，大力开展人民调解，建立健全多元调解组织网络，全年共调解各类矛盾纠纷 945 件，调解成功 897 件。完善劳动关系监察巡查机制，依法维护企业和职工合法权益。大力开展国防教育，依法推进兵役登记，做好双拥共建工作，强化人防工程综合整治。筹建街道食品药品监督管理所，开展“四品一械”（餐饮食品、保健食品、化妆品、药品、医疗器械）摸底检查。深化安全生产和消防安全监管体制机制建设，建立街道消防工作站、社区消防工作室和居民消防工作组。开展安全生产大检查、消防安全大排查以及火灾隐患攻坚整治“铁拳”行动，共检查单位 3676 个次，开展联合执法 578 个次，发现并纠正一般性隐患 3542 个，拘留严重违规操作人员 5 人。为地区 190 户煤炉取暖户安装一氧化碳报警器。实行对特殊人群“一帮一”结对服务，最大限度消除事故隐患，完成安全生产和消防安全指标任务，火灾起数同比下降 5 起。深入推进平安建设工作，每月开展矛盾纠纷排查和情况会商，化解各类矛盾纠纷 123 件，突出化解重点矛盾 23 件。全年受理非紧急救助 303 件。

（吕东苏）

【精神文明建设】 年内，参加首届全球学习型城市大会前期案例研讨，街道案例材料入选《北京市组织学习案例集》。深入开展青少年“六德”（责任、爱心、诚实、守信、宽容、礼让）教育活动。促进辖区文化单位资源对地区居民开放共享，加强终身学习体系建设，发挥社区学校资源优势，开展“知陶然地书　展地书风采”社区大课堂、“红色电影展演”等教育活动，全年累计培训 1 万人次。举办“我的梦、中国梦”宣讲活动，组建百姓宣讲团走进单位、居民之中。加强宣传阵地建设，开办道德讲堂，做好“讲文明、树新风”公益广告宣传，开展交通文明、网络文明等引导行动。落实关爱农民工、关爱“候鸟儿童”、关爱“空巢老人”志愿服务项目。深化城乡共建工作，与怀柔区怀北镇共同开展城乡共建项目交流活动。探索建立长效机制，将文明程度指数转化为日常工作标准，提升地区整体文明水平。大力培育街道群众性文化团队，发挥地书协会作用，举办第十　届“陶然杯”地书邀请赛，支持地书协会开展交流活动，提升陶然地书品牌影响力。组织文体队伍开展“艺术进社区”活动，举办民族民俗体育项目交流展示活动、“我的梦　陶然梦　中国梦”——夏日文化广场活动。各社区开展形式多样的“邻里节”活动。

（吕东苏）

【党的建设】 年内，深化“1+X”区域化党建网络体系建设，召开街道“大工委”及下设专业委员会工作例会；加强基层服务型党组织建设，开展“七个一”主题系列活动、“最佳党日”评比活动，开展“凝心聚力促发展、优质服务促和谐”主题双向承诺活动，1576 名党员认领 1859 个岗位，签订先锋岗位承诺书。实施基层党建工作精细化管理，做好社区党建“三级联创”工作。严格管理社区经费使用，制定《社区党建经费管理实施细则》《非公企业党建活动经费管理办法》等制度。实行优秀基层党建创新项目申报制。以党建项目化运作方式激发党组织活力，街道“1+X”区域党建工作模式、黑窑厂社区“先锋一二三”、龙泉社区“蕴·韵”结项。拍摄“党心凝聚民心　服务促进和谐”党建工作纪实片。聘请 6 名社区退休人员担任街道非公企业党建指导员，及时掌握地区 500 余家企业商户迁入迁出情况，开展“我心向党”党组织党员“双找”活动，摸出流动党员 30 名，入党积极分子 7 名。开辟非公党建工作和活动阵地，推进陶然北岸底商联合党支部建设。广泛开展党员“亮身份、树形象、做贡献”活动。老年协会、慈善协会、工商联、地书协会、物业协会建立协会党支部。建立联合党支部，促进地区老旧小区节能改造、老楼加固及外墙保温项目在内的 24 项综合整治工程任务。全年发展党员 2 名，党员转正 7 名，组织 8 名人员参加积极分子培训班、新党员培训班。在共产党员献爱心活动中，地区党员 851 人，群众 112 人捐款 63009 元。节日走访慰问社区困难党员、新中国成立前老党员、“四就近”（就近学习，就近活动，就近得到关心照顾，就近发挥作用）老干部和党龄 50 年以上的老党员 858 名，共计投入 113002 元，为 50 年党龄老党员过政治生日。

（吕东苏）

展览路街道

【概况】　展览路街道位于西城区西北部，东起西直门南大街，阜成门南、北大街与新街口和金融街街道接壤；西至三里河路、动物园西墙与海淀区甘家口街道相邻；南起月坛北街与月坛街道毗邻；北至南长河、西直门北大街与海淀区北下关街道相望。有一、二类大街22条，街巷、胡同34条。辖区面积5.87平方公里，户籍人口43980户132250人，常住人口44160户125863人，流动人口32610人。有大学4所、中学5所（含职高）、小学8所、幼儿园7所。驻区中央单位448个、市属单位167个、区属单位203个、其他隶属单位3856个。全年财政收入1.9亿元，支出1.67亿元。正式启动非公企业党员服务中心暨五栋大楼商务楼宇工作站，服务面积430平方米，中心内设立党建工作站、社会工作站、工会工作站、共青团工作站、妇联工作站、工商工作站和统战工作站，形成“七站合一”的商务楼宇工作站模式，为五栋大楼内的3000余名企业员工提供“一站式”的服务。年内，获国家级“全国安全生产领域‘打非治违’知识竞赛优胜单位奖”，获“北京市区县机关档案工作测评市级优秀单位”“北京市社区矫正工作先进集体”“北京市第十六届中老年优秀健身项目表演赛优秀健身奖”“北京市无偿献血先进单位”等称号。

地址：西城区车公庄大街13号

邮编：100044

电话：68314941

（丁春英）

【城市管理】　年内，共铺装道路6740平方米，混凝土路缘石535平方米，新铺排水管道128米，检查升降井92座，新砌排水井7座；新装太阳能灯24盏，改造4处无障碍坡道；新建2个自行车棚，扩建自行车棚160平方米，更换铁艺大门6樘；粉刷外立面3515平方米，清理金属栅栏635平方米，修补铁艺栏杆778平方米，为路边栏杆以及休闲座椅刷漆1300平方米，安装屋顶70平方米。拆除违法建设总计338处7134.32平方米。拆除德宝小区违法建设29处。取缔无照经营40处，规范店外经营占道22处，拆除地锁35个，拆除榆树馆胡同违法建筑8处47平方米，拆除违法构筑物2处20平方米，处理废旧机动车27辆，取缔非法经营麻辣烫1家。开展7次环境脏乱点整治，整治动物园服装市场、展览路医院周边、天意批发市场等乱点共30处。新增北礼士路5号院小区平面停车位185个。完成1个最美小区、1条最美街巷、3个最美院落、80户最美阳台以及2个最美单位的评选活动，完成德宝小区绿化改造和5个“六型社区”绿化美化任务。处理各类环境问题297项，为卫生部南门绿地更换护栏105延长米，为北礼士路增设果皮箱15个。新创建6个垃圾分类小区，涉及居民共1246户，配置垃圾分类收集容器200个；推进建工学院、外交学院设置厨余垃圾就地处理设备工作。组织第二十九个首都义务植树日活动，新植苗木50棵。在防汛抢险应急管理方面建立处级领导分片包干责任制，组建抢险队伍6支，组织黄瓜园地下室进水实战演练。

（丁春英）

【社区建设】　年内，“访民情、听民意、解民难”工作共收集需求、建议3407条，办理办结3310条，办结率97.15%。举办第二届社情民意“活字典”比赛、社工趣味运动会等主题活动，筹备社工之家。与北京市劳动保护研究所共同研发实施“科技服务民生——居家养老智能守望系统”，监测地区高龄、独居、半自理等空巢老人日常生活，21个社区共筛选出服务对象200户，重点侧重地区三无、空巢、独居老人，截至年底，完成第一批用户的系统上线、试运行、演练和正式实施。完成车公庄、阜外西2个社区的社区规范化示范点创建；在文兴街、黄瓜园、朝阳庵、阜外西、榆树馆和北营房东里6个社区开展标识规范化工作，统一形象标识、统一项目设置、统一运行流程、统一服务规范、统一资源配置，打造规范化公共服务网络，截至年底，50%的社区已经实现标识规范化。新华里社区通过市、区检查验收，成为北京市全民健康生活方式行动示范社区。启动“阳光老人促进行动”，成立21个社区老年精神慰藉小组，精神慰藉员入户到独居、孤寡老人家中，通过串门拉家常，与老人聊天，为老人做心理疏导，化解老年人心中的孤寂。以星光园托老所为阵地，每周五上午开展精神慰藉讲座和培训，组织21个社区精神慰藉小组长和社区居家养老（助残）员参加。评出区级“孝星”200名、市级“孝星”66名、市级为老服务单位5家。举办首届为老服务商运动会，来自60家服务商的120余名运动员参加。举行“无偿献血是健康公民的标志”“无偿献血是赠送生命的礼物”的无偿献血活动，参加献血体检的有辖区居民、流动人口和社区专职干部160余人，体检合格105人采血，总采血量22000毫升。与金泰集团合作分别在百西社区百万庄北里14号楼东侧平房和三塔社区新建2处便民菜店。与中国古动物馆、北京动物园、北京天文馆等科普教育基地合作，开展“百家科普基地服务百家社区”系列活动，承办“2013年西城区科技周”启动仪式。全年共举办科普展览6场、科普咨询23场、科普讲座208场，播放科教电影240场，发放各类科普资料2000余份，受益人群达1.8万余人次。开展“社区风社区情”系列活动，主要内容包括“践行十八大　唱响美丽中国——展览路街道五月的鲜花合唱节”“红色感恩”剪纸作品展、“我的中国梦”邮票展、文体活动大擂台等。在外文局礼堂，举行以“传递爱心，提升服务，共建美好展览路”为主题的“社区之声”两节服务文化演出。与中医研究院，联合开展“中医治未病健康养生进社区”公益活动，为展览路地区21个社区居民进行中医健康诊疗服务，义诊800余人。

（丁春英）

【社会保障】 年内，结合西城区行政服务标准化试点工作，推进公共服务体系建设，按照统一标准、统一流程、统一办事依据和统一办事时限的要求制定《展览路街道窗口岗位工作手册》及《展览路街道管理岗位工作手册》，并在窗口工作人员中贯彻实施。采集空岗信息3000余人次，职业指导1967人次，城镇登记失业率控制在0.49%，就业率上升到71.15%，登记失业人员就业人数1637人，就业困难人员就业人数1699人，失业人员技能培训323人，创业培训85人。接收失业人员档案1599份，办理失业金领取手续246人次，为符合条件的大龄失业人员办理灵活就业及自主创业社会保险补贴。接收上级转递退休人员档案452份，办理失业人员退休手续61人，管理社会化退休人员档案4622份，办理退休人员自采暖补贴240人。共救助医疗病患人员301人，救助金额499658.42元。低保人员共计874户1370人，低收入人员共计43户97人。城镇居民基本医疗保险新增689人，为社会化退休人员办理医疗信息变更689人次。公益性就业组织吸纳托底安置人员12人。与280名到期的职工续签劳动合同，并通过网上平台确认。社保卡服务网点共接待咨询2000余人次，受理卡申领及卡挂失1006人。受理“四房”（经济适用房、限价商品房、廉租房、公租房）材料736户，受理保障性住房新申请家庭160户。展览路街道总工会完成办理职工住院医疗77人、女工特疾保险236人，办理保险理赔4次。在“三八”妇女节期间，请专家为辖区51名女工会主席作健康知识讲座，并进行互动交流。持续开展“共绘夕阳美景”大学生与空巢老人结对子和“托起明天的太阳·爱心家教”志愿服务活动，累计服务246人次，受益人群54人。与凯德·中国公司联合举办第三届“我的第一个书包”活动，为地区200名一年级外来务工子女送书包。开展“红领巾·心连心·手牵手·爱心校服传递”活动，为进步小学和山东京城希望小学搭建互助共建平台，捐赠校服120余套，文具150余套。开展“守护青春——青春健康”项目，770名学生从中受益。在展览路医院为50对有生育意愿的已婚流动人口，提供免费的孕前优生优育健康体检。

（丁春英）

【扶贫帮困】 在元旦、春节期间，开展“走访慰问送温暖”活动，共向地区5400余户低保、低收入和优抚对象、残疾困难群体送去价值292.5万元的慰问金和慰问品。为“4·20”四川雅安灾区捐款20.2万元。中秋节、国庆节期间为地区710户特困家庭每户发放米、面、油，慰问品价值8.2万元。全年为地区61户因大病、突危重病及其它情况造成困难的家庭给予临时救助21.66万元。为44户困难家庭办理慈善救助和“春雨”大病救助，发放救助金14.4万元。街道“爱心服务之家”为地区208户低保、低收入家庭免费提供价值10.4万元的食品和生活用品。运用“绿色通道”紧急救助和社救资金，为10名孤老、困难家庭危重病人、民政对象支付29.6万元的医疗和敬老院费用。为249户低保、低收入家庭申办燃煤和清洁能源自采暖补贴，补发救助金15.7万元。为35名大学生办理教育救助，发放助学金15.1万元。启动“万元善款寄真情 红十字温暖百家心”和“一助一”献爱心捐赠活动，召开地区单位理事会，动员辖区28个会员单位参与，共筹集资金53000元及米面油等生活物资走访慰问地区敬老院及贫困家庭，受益家庭70户，大病救助3人（3.5万元）。走访劳模41人次，困难职工71人次，送去慰问金49700余元及价值14700余元的米、面、油、鸡蛋等慰问品。在“金秋助学”活动中，为4家企业4名困难职工子女发放帮扶救助金7000元与书卡600元。承接中国计生协检查计划生育特殊困难家庭养老帮扶示范项目，为期一年的帮扶项目将辖区内20户特困家庭纳入到该项目中，依托养老服务模式为他们提供小时工、就餐等服务。

（丁春英）

【社会治安综合治理】 年内，落实处级领导包社区、科长联系社区机制，实行警民联防、区域联控、一岗多能、专辅结合的工作模式，完成“两会”、十八届三中全会期间的安保任务。打防结合，在房屋相对紧张的情况下21个社区全部落实社区警务站办公用房，广泛利用辖区资源，动员群众使用技防、物防设施，提高地区治安防范水平。投入45540元为地区253户居民购买、安装一氧化碳报警器，使得地区一氧化碳报警器安装率达到100%。利用向日葵社区创建系统这个平台，建立吸毒人员动态管控机制，把我地区吸毒人员全部纳入工作视线，降低吸毒人员复吸，提高戒断巩固率。街道联合执法小分队采取人盯车巡的方法，对重点地区（动物园市场、天意市场及人民医院周边）的“黑车”、违法停车、无照经营等违法行为进行重点打击。辖区共有注册治安志愿者4047人，在春节、“两会”“五一”、清明小长假、中秋小长假及“十一”黄金周等期间，动员地区治安志愿者等群防群治力量参与地区安保工作，按照网格划分，明确岗位部署，做到每名群防群治力量定岗、定时、定责，实现各种力量在时间、空间上的无缝衔接及重点时期内辖区内的全天候防控。全年司法调解各类民间纠纷7064件，调解成功7042件，调解成功率达99.7%。在安全生产月活动中，街道组织地区物业餐饮等单位开展3次安全知识培训；与世纪天乐服装市场联合举行应急疏散演练，参加演练1100余人，北京电视台、中国新闻网等多家媒体进行了报道。

（丁春英）

【精神文明建设】 年内，为推动“中国梦”主题教育实践活动，组织居民参加北京市“中国梦”知识竞赛，上报答卷2万余份；成立23支宣讲团，广泛开展“我的梦·中国梦”百姓宣讲，120名普通工作者和地区群众成为百姓宣讲员，举办不同形式和内容的宣讲活动60余场；在《展望报》开辟专栏、在OA网设置专题，利用街道社区宣传栏，在施工地围挡和驻区单位电子屏，在全地区广泛开展以“中国梦”“二十四孝”等为主题的公益广告宣传；设计制作并在地区重点区域、显要位置张贴或安放遵德守礼提示牌700余个，提醒居民遵守道德规范，讲究文明礼仪，用善良和微笑打造城市名片；创建首都文明单位2个，首都文明社区7个，西城区文明单位11个（新增3个），西城区文明社区10个（新增6个）。评选五好文明家庭标兵28户，获评文明市民标兵45名，民族团结文明院2个。建立各级道德讲堂12个，开展活动30余场次。依托《展望报》，坚持“关注身边，分享美好”的办报宗旨，反映居民群众健康向上的精神风貌，挖掘身边好人事迹，探索依托报纸发起微公益行动，宣传街道物质文明和精神文明建设的发展情况。全年出版发行21期，印制21万份，刊载地区群众事迹及故事60余人，刊载机关科室、社区和地区单位提供的各类信息346条。街道各科室全年共在市级新闻媒体登新闻报道20余篇，在区级新闻媒体及其他新闻媒体刊登新闻报道60余篇。开展城乡共建活动，与延庆县张山营镇共同开展“送医疗、送文化、送服务”三下乡活动，联合地区单位武警二院、金华骨专科医院、阿兵荣辉理发店，为张山营镇居民提供医疗服务、理发服务，并捐助价值3万元药品，书包文具百余份。

（丁春英）

【双拥共建】　年内，围绕“同呼吸、共命运、心连心”的双拥理念，两节期间开展双拥共建系列活动，走访慰问驻区6个部队单位，送去12万元慰问金和价值6万元的慰问品。先后组织600余名驻区部队新战士到长城和园博会进行爱国主义参观教育活动。推进“四送军营”系列活动，先后5次请专家学者进军营为武警部队官兵进行法律、摄影和心理咨询活动，上千名官兵受益。完成全国双拥模范城区自查自评和档案整理工作。全年为地区288名伤残军人、定补对象、义务兵、烈属发放各类优待抚恤金368.6万元，节日生活补贴3.9万元。为优抚定补对象报销医药费92人次，实报19.6万余元。先后在“八一”、春节期间，慰问优抚对象622人次，发放茶叶、毛毯、老花镜等慰问品。对60户优抚对象的“待遇倍增计划”进行调研工作。

（丁春英）

【第三次全国经济普查】　8月26日，成立街道第三次全国经济普查领导小组。标志着展览路街道第三次全国经济普查工作正式启动。领导小组由街道工委书记马业珠和办事处主任李敬方任组长，街道副书记、副主任、副调研员、派出所所长担任副组长。领导小组下设办公室，负责组织街道第三次全国经济普查工作，研究提出需领导小组决策的建议方案，督促落实领导小组议定事项，加强街道各部门的沟通协调，承办领导小组交办的其他事项。成立展览路街道百万庄东社区第三次全国经济普查综合试点工作领导小组，下设办公室，并划分综合保障、联络协调、普查汇总、宣传归档4个小组，根据社区经济单位分布情况，划分10个入户普查组，各组由社区、统计所、调查队和非试点街道的工作人员组成。按照试点准备阶段、调查登记阶段和数据汇总、评估和总结阶段的时间要求，逐项推进百万庄东社区的综合试点工作。

（丁春英）

月坛街道

【概况】　月坛街道位于西城区西部，东起复兴门南、北大街及阜成门南大街西侧，与金融街街道相接；西至三里河路中心线东侧，与海淀区羊坊店街道相邻；南到莲花池东路，与广安门外街道相望；北至月坛北街中心线，与展览路街道比邻。辖区面积4.13平方公里，一、二类主要大街11条，胡同43条。户籍人口4.01万户15.4万人，流动人口23800人。年内，出生1136人，死亡578人。驻区中央单位363个、市属单位107个、区属单位76个，大学1所、中学6所、小学6所、医院2所、大型商场10家、体育场馆2个、文化古迹4处、公园4处。全年财政收入1.79亿元，支出1.45亿元。年内，不断完善“中心制”运行体制，全力构建“全响应”社会管理服务体系，持续推进“四型月坛”（打造人文型月坛、发展数字型月坛、构筑学习型月坛、创建服务型月坛）建设，组建基层工会组织1693家、发展会员12307人。通过世界卫生组织（WHO）社区安全促进合作中心新西兰认证中心国际安全社区复评，被评为“全国创建学习型社区示范街道”。

地址：西城区三里河一区5-7

邮编：100045

电话：51813879

（孙德良）

【城市管理】　年内，以违法建设治理“1+X”思路为主线（1即拆违工作，X即在拆违的同时解决各类民生工作）开展违法用地、违法建设专项整治，拆除违法建设136处3657.04平方米，并办理2户居民廉租房实物配租、2户居民周转房、2户居民两限房。配合国家发改委和十七部委联建办实施危旧房改造，2个工程涉及626户，签约549户，签约率为88%。开展“同建绿色家园、共享生态文明”植绿护绿主题植树和宣传活动，补植南礼士路等5处绿地2800平方米，发放宣传材料4100余份。群防群治美国白蛾等危险性林木有害生物，喷洒药剂40余吨，普防面积5.2万平方米。动员1.7万余人开展爱国卫生月、城市清洁日和禁烟宣传活动。整治南礼士路地区、西单万方商场区域、兴达公司区域等地区环境秩序，规范沿街门店“门前三包”秩序100余家，处置环境秩序违法行为70余起，处理环境及城市基础设施群众来信来访90余件。整修地藏庵中巷、真武庙二条人行步道、三里河南一巷等背街小巷道路。完成月坛南街7号院老旧小区改造，粉饰墙体220平方米，整修道路800平方米，修葺井口井盖15个，新建楼体落水管130米。指导19个垃圾分类达标小区接受北京市专项检查验收，启动三里河东路甲8号院、南礼士路甲62号院2个小区北京市垃圾分类达标小区创建活动，印发垃圾分类宣传材料1500余份，发放户外用分类垃圾桶20余个，入户分类垃圾桶2000余个，分类垃圾收集三轮车20余辆。组织1100余人次、260余车次实施汛前隐患排查，出动900余人次、60余车次实施汛期和雨中抢排险作业30余次，疏通老旧小区、低洼路段排水口90余处，伐除、修剪月坛南街37号院平房、三里河三区等老旧小区危险树木30余株。

（孙德良）

【全响应建设】 年内，成立月坛街道全响应办公室，制定颁布《西城区政府网站月坛街道门户信息发布管理办法》《月坛街道计算机网络和信息安全管理办法》。完成月坛地区无线城域网、26个社区互联的区街居政务光纤专网、月坛地区296路视频监控网络、50家地区成员单位组成的二级安保无线对讲网络、400门二级程控电话交换网络、覆盖1828名楼门组长的月坛楼门院长信息网络和110台月坛全响应移动数据终端组成的社会服务管理网络建设，初步形成多介质、多模式、多应用融合的月坛社会服务管理基础网络。统一接入管理包括机关科室、社区服务中心、社保所、社会组织服务楼、社区居委会（工作站）、地区职能站（队）在内的630余台有线或无线计算机应用终端用户网络。集成第六次人口普查、“两会”安保、社区管理、公共服务和安全生产等10大类70多图层二维专题数据建成月坛街道三维立体基础信息数据中心，启动全响应指挥调度平台与三维地理信息系统对接二次开发工作。全年共发现处理案件2226件，其中城管类1554件、交通类166件、治安类78件、上访类182件、突发类15件、楼门院长系统案件231件。结合“5·12”防灾减灾日，开展减灾防灾系列宣传活动，为26个社区培训急救员并颁发急救证。

（孙德良）

【社区建设】 年内，制定《月坛地区安全社区五年规划》，召开平安社区建设研讨会。制定《月坛街道关于建立健全“访民情、听民意、解民难”工作十项长效机制》，落实“班子会”进社区制度，开展“社区晒高招”活动，推广真武庙社区“民主自治解决社区停车难题”、社会路社区“专业化方法解决家门口难点问题”、三区一社区“打造美食民俗文化魅力社区”社区民主自治亮点工作。开展“携手共建平安西城”百日宣传活动，完成公安社区、铁三、汽北、南沙沟、广一、广二6个社区“六型社区”创建达标评估和铁三、铁二二、复北、广一、广二、木樨地6个社区党组织班子中期考核。组织113名社区专职工作者参加北京市2013年度社会工作职业水平考试和26个社区书记、主任、服务站站长参加西城区万名社区工作者培训，完成279名专职社工年终考评，招录26名协管员为社区专职工作者。推进楼门院长信息系统与城市管理网格融合，升级换代9个社区楼门院长信息沟通系统，上报下发信息3.2万条，形成常态化楼门信息报送机制。指导26个社区召开楼门院长工作会52次、社区事务协商会201次、社区工作议事会2139次、居民问题听证会44次，解决矛盾问题2058件，实施居务公开595次274项，接待居民咨询2596次3233人，走访楼门院长1939次8173人。开展白云观社区规范化建设、三里河老旧小区自我管理示范社区创建。完成公益金项目178万余元、开展公益活动956场。实施汽南社区、汽北社区科普益民计划项目，推荐汽北社区参加全国优秀科普社区申报评选。铁三社区被评为西城区学习型示范社区，汽北社区被评为西城区全面健康生活方式行动示范社区，三里河一区被评为2013年北京市社区科普益民计划项目优秀科普社区。

（孙德良）

【社会保障】 年内，受理灵活就业申请570人，自主创业申请15人，求职登记354人，开发就业岗位5245个，完成就业指导3022人次，推荐就业366人次，“零就业家庭”动态清零42户，招录12名失业人员进入公益性组织。受理申请限价房337户、经适房70户、廉租房22户、三方轮候公租房101户，公租房补贴20户、变更229户、终止133户。启动社区急救项目，拓展“无围墙敬老院”功能，构建“12345”社区养老新模式。办理60岁老年证718个、65岁老年优待证1334个。排查辖区内80岁到90岁老年人参保情况7923人。发放90岁高龄津贴798人87.6万元、90岁及以上无保障老年人医疗（“一老”）保险补助153人4.6万元、95岁及以上老年人医疗补助42人次9.8万元，结算居家养老（助残）服务补贴578.1万元。投入200万元与北京城市系统工程研究中心、北京劳动保障职业学院、北京老年医院老年病研究所等单位开展远程养老综合平台建设、老年服务与管理培训、老年病症疑难问题解答。整合地区玖久缘文化养老中心、月坛建设协会、月坛老龄协会、悦群社工事务所、汽南社区建设协会、金助友家政服务公司6家注册类社会组织信息资源，在24个社区开展“老年夕阳茶座”项目、培训70岁以下老年文化骨干260余人、评选金辉老人100名，指导月坛建设协会完成5A级社会组织评估。接收社保化退休人员328人，办理居民医疗保险新增业务765人次，协助外埠参保认证182人次。申领社保卡493张、换卡78张、挂失补卡809张。变更医疗保险个人信息业务（包括个人基本信息变更、缴费账号变更、拨款账号变更、定点医疗机构变更）276人次、社保卡医疗关系2376人次。制定《月坛街道蔬菜零售网点3年建设规划》，完善“一刻钟便民服务圈”，新增蔬菜零售网点9个，提升改造网点25家，新增车载过渡性蔬菜直销车5辆，与北京金泰集团有限公司合作建立三区三社区、南沙沟社区便民菜店，续约57家居家养老服务商，新增7家服务商，解约5家。承办2013世界精神卫生日暨精协家属工作研讨会，召开“让爱改变一切”温馨家园十周年研讨会，以7家温馨家园为基地，在街道2294名残疾人中开展“分享爱，超越碍”等残疾人关爱项目，组织4次30余人参加的残疾人招聘会，登记残疾人灵活就业38人，办理残疾人证312人。申请残疾变更13人、儿童康复补助8人、残疾儿童耳蜗手术补贴1人，发放残疾人特困补助4151人次41.5万元、重残无业补助241人次12.9万元、16岁以下残疾儿童补助279人次5.6万元、燃油补助165人次4.3万元、助残券220人次。节日走访慰问残疾人712人次27.6万元。面向地区80家单位开展人口计生服务，建立与北京第44中学青春健康同伴教育项目培养计划，开展“绚丽青春·起舞飞扬”青春健康系列课程50节，为24家单位提供法制政策、孕期讲座、亲子互动等课程服务60余次，成立0—3岁婴幼儿早期教育发展指导中心，在地区0—3岁家庭中开展12场早教课程。把26个社区划分为112个劳动监察网格，开展劳动执法专项检查9次，采集更新劳动用工单位基本信息986家，完成11个工地、35个施工单位、248家企业日常巡查265次，处理2起涉及80余人55.46万元工资拖欠事件，办理知青病、困、退户口回京手续15人、随迁10人、知青身份认定5人、转出知青关系6人、开具知青身份证明12份。慈善走访慰问困难家庭9103人，发放慰问金324.9万元和价值28.8万元的慰问品。办理临时救助18人次10.9万元，发放地区特困家庭爱心卡200张，实施60岁以上低保老人慈善医疗救助56人2.4万元。

（孙德良）

【社会治安综合治理】 年内，启动“两会”、十八届三中全会维稳情报信息会商研判、重点人排查、人民内部矛盾纠纷化解、突发事件处置、志愿者巡逻职守、24小时值班、情报信息沟通8项机制，制定安保方案3类11项，投入安保力量9000余人次、治安志愿者8500余人次，依托街道、社区、网格三级防控体系强化社会面防控。抽组机关干部198人、动员社区志愿者3980人，以112个网格为工作单元，开展十八届三中全会安保专项排查行动，排查出租房屋4371户，登记流动人口14470人、外籍人员5人、涉疆人员29人、涉藏人员23人、新办暂住证331人。制定《社区综治维稳工作站会议制度》《社区综治维稳工作站联络员制度》《社区综治维稳工作站工作人员守则》等14项社区综治维稳工作站规章制度，投入39.9万元为全总社区、白云观社区、西便门社区安装监控系统共计22台。投入13.3万元安装楼宇对讲系统22套。专项整治儿童医院周边群租房，拆除月坛南街甲2号楼33户、南礼士路社区77户、复北社区51户共161户群租房隔断墙1200平方米、床位264张，拘留违法经营家庭旅馆二房东5人。持续开展防青少年暴力伤害项目，举办驻校社工心理讲座20次。完善“阳光中途之家”“向日葵社区”建设，提高特殊人群社会矫正率。开展禁毒宣传月活动，发放宣传材料5000余份、宣传品500余份。投入40余万元开发月坛地区安全生产网格化管理系统，实现网格管理员手持PDA“六小”生产经营单位检查信息实时上传。在地区189家生产经营单位推广应用《生产经营单位隐患自查自报管理系统》，指导地区53家规模以上企业制订《企业单位安全生产应急预案》，与214家生产经营单位和741家“六小”单位签订《安全生产及事故应急处理责任书》《安全生产责任书》。拆除非法经营违法建设76处649平方米，开展生产经营单位安全执法检查3.2万人次，排查整改隐患4688处，整改率为100%。以月坛学习型平台、《人文月坛》社区报、地区大屏幕、橱窗为载体，普及宣传法律法规知识，举办“法之月坛”进社区公益法律活动12次，举办市民普法大讲堂公益法律活动25次，调解居民纠纷298件，解答居民法律咨询500余件。

（孙德良）

【精神文明建设】 年内，配合区文委完成2013年街道乡镇文化编制调查工作。举办8场1.5万人次社区夏日文化广场活动、25个社区1200余名居民参加的2013年第五届社区文体擂台赛、“承载中国梦想　传递金辉精神”暨2013年月坛地区单位第七届文艺汇演、第二届《月圆中国梦》月坛中秋诗会活动、第二届“白云杯”太极拳邀请赛、第七届“和谐杯”乒乓球比赛。成功申报西便门2013年数字化图书室和广一、三里河、汽南3个社区为2013年体育生活化社区。投入35.6万元为木樨地、公安、复北、全总4个社区配套全民健身器材48处、健身球类8种、棋牌类10余种，安装健身场所告示牌10余个，受益居民近2万人。举办月坛街道首届“环保达人秀”活动、开展以“识别灾害风险，掌握防灾技能”为主题的防灾减灾科普活动，安排西城区2013年“科普之夏——科普大篷车”进社区活动，在26个社区组织14场《科普影视集萃》巡回放映。组织26个社区参加西城区“科学人拍·拍科学”首都科技工作者主题摄影展、“创建智慧家园 乐享数字生活”百万家庭数字生活技能大赛，推选60件作品参加西城区第三届低碳生活“废品再设计”创意大赛，3件作品获三等奖。与首都博物馆继续合作办学，将“老年文博学堂”更名为“月坛—首博社区文博学苑”，邀请首都博物馆书法家为社区居民讲课12次，开展“金中都文化专题系列活动”8次，举办首届“社区文博学苑”书画成果展2次，申报的《月坛街道“老年文博学堂”学习服务的实践与探索》课题获北京市西城区学习型城区研究中心课题项目二等奖。编辑出版《2012年月坛街道文化活动集锦》画册和《穿过幸福时差4》，发刊《人文月坛》社区报138.6万份，制作《文明城区在我身边》特刊4.2万份。与辖区12所中小学共同评选“社区好少年”260名。利用地区上海老饭店、七彩云南、桂香春等文明单位资源，持续开展与怀柔区九渡河镇黄花城小学“手拉手”活动，为师生捐赠价值4万元学习生活用品。开展“部长进社区、争做好邻居”活动，邀请驻区国家部委领导走进社区宣讲国家宏观政策、解读群众关心热点问题，搭设国家部委参与地区社会建设新平台，并与国家统计局建立深厚的“好邻居”关系。街道获北京市第七届“和谐杯”乒乓球比赛三等奖、西城区“六艺大比拼”活动集体二等奖。星月艺术团获北京市市民广场健身舞总决赛优胜奖、银帆艺术团获国际艺术交流大会中华俏夕阳模特精英大赛团体金奖、三里河一区获2013年度北京市社区科普益民计划优秀科普社区、汽北社区获北京市全民健康生活方式行动示范社区。

（孙德良）

【双拥共建】 年内，开展科普知识进军营活动，在驻区6个武警中队举办青春健康专题讲座和防灾减灾、自救互救技能培训。在《人文月坛》社区报开辟专栏宣传双拥工作、开展国防教育、发布征兵专刊。响应区双拥办"一品一典"号召，组织地区6个武警中队60名战士和200名代管地退、军退人员"军民鱼水情"一日游活动，组织退伍老兵330人参观北京海洋馆，向297名退伍老兵赠送拉杆箱。驻区部队派出1000余名官兵开展地区"3·5"学雷锋活动、参加国家文明城区复审街巷道路清整和城市清洁日活动。在街道"送温暖、献爱心"募捐活动中驻区部队累计捐款1.7万元。春节、"八一"期间，为驻区部队发放节日慰问金2.3万元。全年为140名伤残军人发放生活抚恤金160余万元，265名优抚对象发放两节慰问金25万余元，一次性生活补助金8万余元，为23名享受定期生活补助的优抚对象发放工资30余万元。

（孙德良）

【党的建设】 年内，把市派干部和区、街干部充实到社区组建老旧小区联合党支部，实现"市、区、街道、社区"四位一体工作融合。在街道179个基层党组织和5516名党员中开展十八大精神、十八届三中全会精神和践行"中国梦"学习，运用《人文月坛》社区报、党员服务中心、党建博客宣讲十八大和十八届三中全会精神、宣传先进基层党组织和优秀共产党员典型事迹。拍摄《月坛党员的中国梦》党员教育电视片在各基层党组织巡展。开展基层党组织落实《北京市贯彻〈2009—2013年全国党员教育培训工作规划〉的实施意见》自查整改活动。启动2013年社区党建"三级联创"活动和"社区、两新、机关"3个层次基层党组织建设考核。评选2012年基层党建"优秀创新项目"10个、"合格创新项目"10个，1个创新项目获区级A类创新项目，2个获区级B类创新项目。确定9个楼宇、非公企业创新项目为街道党建创新项目，"智能党建平台""党群联建双带双提高""美丽月坛公益行"3个创新项目上报区社工委创新项目。汽北、三里河一区2个社区党组织被区委组织部列为社区党组织示范点。召开"追寻中国梦、共建新月坛"庆祝建党92周年表彰大会，表彰25个先进集体和263名优秀党员。授予北京双圆工程咨询监理公司党委预备党员发展及转正审批权，组建社会调查队党支部和汽南社区建设协会党支部。把企业中层以上管理人员、技术骨干、生产一线工人和优秀青年职工列为非公企业党员发展重点，北京双圆工程咨询监理公司党委"五步法破解非公党员发展难题"被区委组织部树为典型。推进12座楼宇党支部、8个规模以上非公企业党支部与国家、市区机关、社区党组织的结对共建活动。成功推荐双圆公司党委、月坛建设协会党支部、月坛大厦楼宇工作站为北京市社会领域党建研究会会员单位，组织开展党建工作课题研究。调查摸底流动党员、"口袋党员"30余名，指导基层党组织发展党员16人。春节、"七一"走访慰问困难党员160人，发放慰问金13.1万元。组织地区2300余名党员、400余名群众参加"共产党员献爱心"捐款活动，募集资金16.9万元。

（孙德良）

广安门内街道

【概况】 广安门内街道（简称广内街道）位于西城区中部，东至宣武门外大街与椿树街道毗邻西隔广安门北护城河与广外街道相连，南枕广安门内大街，北依金融街，东西最长处2130米，南北最宽处1200米，面积2.43平方公里，有一类大街5条，二类大街6条，胡同59条。有中、小学校7所，职业学校2所，培智中心学校1所，青少年科技馆1所，幼儿园5所，卫生医疗机构3家，公园3处。辖区单位总数2361个，其中法人单位1994个、产业单位367个。社区居委会18个，户籍人口32021户90213人，常住人口32657户91071人，流动人口18114人，出租房屋5354处。街道设30个职能科室（含司法所、统计所、新增科室统战部），2个科级事业单位，机关行政、事业人员153人（公务员106人、事业47人），接收军队转业干部2人，公开招录公务员4人，调入2人（机关1人、事业1人），调出2人（机关），取消录用1人，退休1人（机关）。全年慈善捐款共计22万余元。完成全国文明城区复审迎检工作，一大批群众关心的热点难点问题得到解决。年内，获"北京社会组织公益行"优秀公益活动奖，西城区优秀品牌文艺团队评比活动一等奖，"广内生活家"7个栏目均被评为"2013年政府网站特色专栏"，统计所被评为区统计调查队优秀调查分队，社保所被评为全国妇女小额担保贴息贷款先进集体。

地址：西城区感化胡同3号院12号楼

邮编：100053

电话：83172764

（赵 辉）

【经济发展】 年内，充分发挥统筹发展办公室作用，合理整合辖区土地资源，做好广安产业园、三庙街等项目推进工作，筹建"阳光驿站"广安产业园中小企业孵化器，为进驻中小企业发展提供全方位服务，加大走访企业力度，密切联系，共促繁荣。全年完成各项税费收入20.807亿元，同比增加1.4075亿元，增长7.26%；完成地方公共财政预算收入15.7119亿元，同比减少0.6569亿元，减少4.01%，主要原因是2012年天宁寺广场土增税一次性入库（1.5亿元）和部分交通运输、现代服务业企业营改增税制改革造成财政收入相对减少。

（赵　辉）

【城市管理】 年内，区、街投入千余万元，以解决居民困难为重点开展老旧小区改造、实施街巷胡同整治，对8个院落地面进行翻修，铺设透水砖11900平方米，翻修沥青路面8570平方米，升级绿地1638平方米，解决居民反映强烈的小区地面破损、出行难问题；以长椿街社区为试点不断探索老旧小区停车治理问题，该项目已进入实施阶段；推进老旧楼房改造，对西便门西里等4个小区17栋楼实施节能保温工程，在槐北小区和西便门东里小区启动4栋楼房的抗震加固工程，改造楼房老旧电线6栋264户，实施楼房防水13栋17395平方米，更新楼房上、下水管线2栋。全面开展“四大秩序”集中治理行动，拆除违法建设403处（含煤棚）4499.86平方米；建立违法建设台账9526处114462平方米。建立环境脏点台账8批次67处，集中整顿市场环境秩序，针对报国寺门前无照经营聚集问题，出动139人次进行联合执法，劝离无照摊贩800余人；对定居胡同、核桃园东街等主要脏乱点加大整治监控力度，重点打击无照经营和店外经营，着力筹备关闭天陶市场。推进“无煤化”进程、保障居民安全温暖过冬，在9个社区实施3212户平房“煤改电”改造工程。完成西河沿低洼院排危疏解工程，一举解决遗留8年的环境问题，消除了安全隐患和矛盾积怨、保障了居民生命财产安全，疏解率达66.7%。提升平房区域环境，在顺河三巷东侧等处实施30余间危旧平房翻修和环境提升工程，翻建平房380间5698平方米，综合修缮平房1182间21882平方米，改造平房院雨污水管线97处3331米。

（赵　辉）

【全响应建设】 年内，街道全响应网格化社会服务管理指挥分中心建设并投入使用。制订《广内街道全响应网格化社会服务管理建设方案》，建立网格化管理制度，明确职责，落实分工，规范流程，整合各类社会服务资源，健全“全面感知、快速传达、积极响应”的网格化社会管理模式。深入推进街道信息化系统建设，完成街道政务外网改版，制定广内街道门户网站内容管理规范；开发手机微门户，可有效利用二维码查询街道资讯；推进协同平台、网格3G无线视频应急指挥系统、虚拟养老管理平台电话接入系统等信息化重点项目建设。依托“全响应指挥平台”，推动以“访听解”工作为核心的各项工作深入发展。全年共走访33483人次，收集问题17389件。其中城市管理类问题4105件、民生保障类问题11169件、综治维稳类问题2115件，共解决问题17326件，办结率为99.6%。

（赵　辉）

【社区建设】 年内，投入600万元为上斜街、西便门东里、长椿里等5个社区新增和续租办公用房627平方米，为长椿街、三庙、长西等8个社区新建警务工作室，为核桃园、老墙根、校场等15个社区办公服务用房进行维修和装饰；根据对各社区固定资产的摸底结果和社区实际需求，确定固定资产采购计划，投入101万元为社区采购办公用品。全面开展“六型社区”创建工作，完成一轮评估和二轮评审工作；加大国家安全社区创建工作培训交流学习力度，持续改进、充实主题报告内容，印制197块展板和4万份宣传材料，做好各项迎检准备；重点抓好核桃园规范化社区建设、西便门东里科技社区示范点建设、老墙根全科服务建设，打造精品服务社区，实现以创建促发展。强化社区工作者和协管员队伍建设，完成124名社区协管员规范管理、22名社区工作者定向招考工作，调整31名社区工作者工作岗位；制定《加强社区工作者队伍建设实施意见》《社区协管员管理办法》《社区工作者借调管理办法》《社区工作者轮训管理办法》等规章制度。实行主任办公会走进社区制度，全年先后到14个社区召开主任办公会，全面了解社区情况，直接听取社区居民意见建议，责成相关部门尽快解决社区面临的困难和问题。

（赵　辉）

【社会保障】 年内，坚持就业优先的发展战略，试点“劳动监察网格化”，城镇登记失业率控制在1.21%，失业人员就业率为71.34%，城镇登记困难失业人员就业率72.01%，通过各种形式实现失业人员再就业1354人，全部完成13项就业指标。深入落实“九养政策”，为1737名老年人家庭办理免费代换煤气及审核工作；为57名空巢老人安装互助邻里门铃。发放低保金1036万余元，实施各种救助1299人次，216万余元。开展“暖巢”助老公益服务，动员社会单位为443名空巢老人提供精神关怀、亲情关心等精细化服务。引进专业机构，加强婴幼儿健康、教育工作，以六大惠民工程为载体，构建人口家庭公共服务体系。完成残疾人温馨家园建设，组建残疾人空竹队、合唱队、编织队等，开展残疾人文化活动。以实现“乐在广内、养不离家”为目标，在原有虚拟养老系统的基础上提出建设虚拟养老院的居家养老模式构想，广内地区使用E键通服务系统家庭达到1000户，建立康乐里老年乐吧等多处活动阵地，推出“暖巢”助老公益服务等6个项目支撑，建立3支为老服务队。将槐柏便民服务网升级为“广内生活家”网站，建立“七联”工作室，为企业提供政策咨询、一站式服务等。成立助老商联社，实现特约服务商自我管理、教育和监督。举办爱心回馈项目认领行动，引导服务商打折让利，稻香村等10家企业承诺为20户孤寡、空巢、残疾家庭老人提供年夜亲情陪伴、免费送餐、减免挂号费等帮扶活动。与二商集团合作开办集价廉便民、扶困助老、安全食品、配送服务等多项功能于一体的慈善爱心超市，经营品种达731种，涵盖各种日常生活用品。

（赵　辉）

【社会治安综合治理】 年内，以综治维稳工作中心为枢纽，突出抓好流动人口与出租房屋管理，投入群防群治力量2377人，检查出租房屋3160户4494间、流动人口4984人、各类门店481家、地下空间92处、人防工程37处，有效保障重大节日、重点时期地区稳定。以街道综治维稳中心平台为抓手，积极收集、深入分析、快速解决群众反映的各类问题。共受理案件352起，成功办结349起，办结率99.15%；街道处级领导共接待群众来访36起，百余人次，协调解决长椿街24号楼门诊部与周边居民矛盾纠纷，报国寺胜利三巷“煤改电”等6个居民信访难题。加强对敏感地区、重点部位巡逻防控，落实防火、防汛、防煤气中毒等重点工作。安装监控探头41台，更新14台，更换、维修和检测灭火器1512具，为居民制作风斗716个、弯头700个，投入18万元为1000户居民安装一氧化碳报警器，安装率达100%，努力实现地区物防、技防设施科技创安工作全覆盖。深入推进安全生产工作，累计出动2850余人次，开展联合执法检查13次，落实地毯式日常检查，发现并责令整改安全隐患530处。开展地区各类安全生产教育培训68场次、受训人数达到5682人次。成立广内街道食品药品监督管理所，对生产、流通、消费环节的食品安全和药品的安全性、有效性实施统一监督管理，切实落实监管责任，维护地区食品药品安全环境。

（赵　辉）

【精神文明建设】　年内，应中华华夏菁英交流协会邀请，组织文化交流团赴台，与台北杂技家协会和台北市立体育学院座谈空竹文化发展，就两岸空竹发展合作进行深入探讨，促进了两岸民俗文化互动交流。12月20日，支持广内空竹协会举办2013年第四届中国广内空竹文化交流暨邀请赛，进一步确立“广内空竹”的品牌地位。继续提升萱草苑纸艺社、百姓论坛等品牌组织的引领作用，参与市、区两级各类社会组织活动，组织开展的广内街道第二届公益文化节活动获北京市优秀公益活动奖。以提高市民文化素质和健康水平为根本目的，开展科普图书进家庭、最美阳台评比等6个主题的科普系列活动，让万余名居民真实感受到科技改变生活、服务生活的力量。带动居民走进高雅艺术季等“四季文体惠民工程”，让广大居民在轻松愉悦中获得知识、强健体魄。推进地区十大文化惠民活动，举办第六届康乐杯乒乓球比赛，首次邀请辖区单位参加专场比赛，进一步统筹辖区资源，搭建单位与街道共驻共建的桥梁；举办太极拳比赛、象棋比赛、歌唱比赛、夏日文化广场等多种形式的文娱活动，促进社区居民融合，凝聚社区居民归属感。充分利用科普画廊、橱窗、宣传栏、板报等媒介广泛开展各类宣传教育活动，组织讲座、活动100余场次，受众5500余人。加大资金投入，为辖区教育资源单位办实事，努力打造安全舒适优美的教育教学环境。开展地区“我的梦·中国梦”百姓宣讲活动，发动社会各界积极参与，建立各层面宣讲团21支、宣讲员103人，开展宣讲活动近百场，在地区引起强烈反响。加强网络文明传播，在新浪微博开通“广内街道文明办”“广内百姓宣讲”等官方微博，全年发送微博近500条。开展全国文明城区复检工作，刊发《迎检快报》17期，通报区实地组检查问题107件，街道自查问题百余件，均得到及时有效的处理；完成广安拆迁片1100平方米大型广告牌“公益广告”的宣传布置，营造浓厚迎检氛围。不断推进未成年人思想道德建设，开展清明节缅怀革命先烈、“学习雷锋、做美德少年”网上签名寄语和“做一个有道德的人——争当社区文明小使者”等主题教育实践活动，地区500余名青少年参与了各项活动。

（赵　辉）

【双拥共建】　年内，开展军民“心连心”结对帮扶和结军亲活动，驻街部队与需帮扶的50户空巢老人签定《暖巢志愿服务协议书》，加强军地互动。与新华社北京分社、老墙根社区、湖南常德驻京办和公安部警卫局老墙根执勤点联合举办“鱼水情杯”乒乓邀请赛，加深军民友谊。与海军无土试验栽培基地签订共建协议，长期开展普及国防知识教育，展示人民军队建设发展成果。与北京财会学校联手，开办驻街部队战士计算机职业教育系列培训班。组织地区双拥艺术团排练展示军地情谊的情景剧《居民一家亲》和体现武警战士风采的舞蹈《武警style》节目，在西城区首届街道双拥艺术团文艺汇演中分获二等奖和优秀奖。关心地区优抚对象、军休人员生活，“八一”期间，为伤残军人、义务兵家属、无军籍退休职工等人员，发放慰问物品，共计2.28万元。为大病困难优抚对象发放慰问金6000元。

（赵　辉）

牛街街道

【概况】　牛街街道位于西城区南部，东起菜市口大街，西至广安门南街，南起南横西街、枣林前街，北至广安门内大街。辖区面积1.41平方公里，主要大街6条、胡同22条。驻地中央单位150个，市属单位90个。辖区内有中学2所、小学2所、幼儿园1所，敬老院2所，社区居委会10个。居住着23个民族，户籍人口17926户52410人，少数民族人口9461人，流动人口16684人。年内，出生499人，死亡66人。街道设28个职能科室，2个科级事业单位，机关行政、事业、工勤人员共133人。全年街道税收累计13.8亿元。获“首都民族团结进步先进集体”“北京市劳动用工规范一条街”等称号。

地址：西城区牛街8号

邮编：100053

电话：63533407

（李　楠）

【城市管理】　年内，对地区部分老旧小区基础设施进行改造，完成老旧小区综合整治近1.4万平方米，“煤改电”改造200余户，发放“煤改电”补贴2500户。加大绿化美化工程实施力度，完成广安门南街沿线（牛街段）绿化提升改造工程，绿化改造面积2600余平方米，街道全年新增、改造绿化面积4100余平方米。完成南线阁精品大街环境整治，新建活动广场面积1500平方米，绿化改造1500平方米。大力开展拆除违法建设专项行动，共拆除违法建设130处1716平方米。做好全民健身工程管理工作，对辖区194件体育健身器材进行安全检查，为东里、钢院、春风3个社区更新健身器材18件（东里5件、钢院6件、春风7件），增加公共休闲健身器材40余个。完成全国城市文明程度指数测评、国家卫生区复审迎检等检查工作。完成富明大厦和东华金座2个垃圾分类达标小区体系建设工作。继续推进法源寺文保区保护性建设工程，开展居民生活状况调查，系统掌握文保区居民居住现状和生活诉求，配合有关部门制定《法源寺文保区保护性规划》，为法源寺地区保护性开发做好顶层设计。

（李　楠）

【社区建设】　年内，正式建成街道“网格化全响应社会管理”指挥分中心，将牛街地区划分为66个网格，采集网格内“人、地、事、物、组织”信息20万余条，标注地图20余份，收集照片550余张，实现横向到边、纵向到底的综合管理和共同监督。加强“网格化全响应”队伍建设，开展系统性业务培训，提升信息员“单兵作战”能力，实现社会管理事务“扁平化”运行。推进“六型社区”建设，完成东里社区、南线阁2个社区的“六型社区”创建工作。加强社区规范化建设，选定法源寺社区作为规范化建设示范点。依照北京市规范化建设标准，严肃社区上墙制度展板，新建、更新10个社区公示栏、展板和门牌等规范化标牌。探索智慧型社区建设，以北京市《关于在全市推进智慧社区建设的实施意见》，依托全响应服务平台建设，成立创建工作组，分解创建任务，明确职责分工，加强基础设施建设，精细社区服务和科技管理应用。加强体育生活化社区建设，指导5个体育生活化达标社区（春风社区、牛街西里一区、牛街西里二区、白广路社区、菜北社区）举办民族趣味运动会、“和谐杯”乒乓球赛、“民族团结杯”象棋赛等特色及品牌体育活动，推进枫桦、法源寺、东里3个社区的创建工作。社区共召开会议554次，社工走访率95%以上，解决居民提出的问题5152件，居务公开311项，接待居民6.6万余人次。

（李　楠）

【社区服务】　年内，开展社区服务资源摸底调查，涉及基本信息、软硬件情况、特色服务、可共享设施等66个项目，梳理出服务网点768家，形成《牛街地区便民服务手册》，推动资源供给和居民需求有效衔接。制定社区为民办实事计划17项，涉及便民服务、为老服务、卫生服务和社区管理4大类，街道划拨社区30%以上公益金重点支持社区“为民办实事计划”项目和社区社会组织培育。各社区依据实际，主动开发服务项目，法源寺社区的便民服务社，开展包括心理咨询、废纸回收、便民厨房等9个便民服务项目；西里二区社区的闲置物品交换项目，紧扣勤俭节约的工作生活主题，得到居民和社会的认可，被多家市级新闻媒体刊载报道。成立“牛街社工协会”，探索社工自我服务、自我教育、自我管理新模式。加大基层工会组织组建力度，实现工会组建与工资协商、集体合同签订、会员发展等工作相结合的工作机制和保障体系，全年累计建会712家，吸纳会员5762人。培育扶持“枢纽型”社会组织，引导社会组织形成有项目可接、有资金会使、有方向可寻的良性发展态势，备案社会组织共计80支，会员3968人。街道参与西城区社会组织评估工作，被评为4A级社会组织。

（李　楠）

【社会保障】　年内，依托街道就业援助机构，拓展再就业企业联盟成员，全方位落实就业惠民政策。街道登记失业人员失业率0.85%，就业率70.5%，实现就业736人。开展社会救助工作专题调研，完善社会救助实施细则。全年累计发放低保373万余元；医疗救助439人次，59万余元；临时救助24户47人，16万余元。开展为老服务调查研究和敬老爱老活动，在西城区率先成立“军民共建敬老中心”，实现军地双方老年文体组织资源共享。深入推进居家养老（助残）工作，发放80岁以上养老补贴226万余元。持续开发养老助残服务商，总量增至43家。建立“儿童早期发展指导中心”，开展失独家庭生活状况调查，实现特扶及伤残家庭安康保险全覆盖。全年共受理各类保障房申请308户，复核各类已备案家庭425户。发放残疾人补贴57.4万元。做好节日期间对各类困难群体走访慰问工作。稳步推进第三次全国经济普查工作，完成2089家单位登记、核查工作。

（李　楠）

【社会治安综合治理】　年内，成立街道安全生产办公室和食品药品管理所，健全地区安全生产监管体系。全年共组织安全生产、食品、药品安全检查及特种设备安全检查75次，出动车次51次，检查人数1200余人，排查隐患32起。加大人防工事安全隐患排查力度，广泛开展群众性应急演练和防灾减灾活动，争创国家级防灾减灾示范社区2个。细化《牛街街道突发事件总体应急预案》和16个部门预案，应对突发事件，及时有效处置停电、停水、供暖等问题。开展应急知识宣传和应急演练，增强群众自救互救意识和技能。制定《统筹协调派驻职能部门工作实施意见》，推动部门联动制度化运作，形成推进辖区工作整体合力。规范群防群治队伍建设，做好重大节日、敏感时段安保及治安专项整治工作。开展“普法惠民”进社区为主题的公益法律服务和法制宣传工作，全年开展各类法制宣传与服务咨询300余次，受教育人数达到1万余人次。推动个人出租房屋税收工作，全年累计收税200余万元。坚持领导干部接访和矛盾排查制度，全年受理信访案件142件次，261人次，无越级访、集体访和不正常访案件。开展驻街党代表、人大代表、政协委员社区接待日活动，畅通民意表达渠道。实行劳动用工监察网格化管理100%全覆盖，监控企业劳动合同签订率100%，全年未发生集体访和工资拖欠问题。

（李　楠）

【精神文明建设】　年内，成立牛街社区教育学校，组织社区居民参加市民讲外语、缤纷大舞台等区级教育活动，提高居民对社区教育的知晓率与参与度。规范来京务工人员子女借读手续的办理工作，保证地区流动人口新居民的教育权利。奖励地区大学新生72人次，奖励金额41000元；支持地区5所学校开展好庆“六一”活动，提供经费4.3万元。支持辖区8所学校、幼儿园资金12万元，引导学校在社区、敬老院开展扎染、剪纸等民族工艺特色教育活动。加强妇女之家建设，开展“漂亮妈妈”礼仪讲座等活动，促进妇女融入社区。打造“Vo牛青年志愿爱心社团”“牛友联盟·社区青年汇”等活动，汇聚青年、引领青年。开展“丁香诗会”、乒乓球比赛、“民族文化交流展示会”等公共文化活动50余场，丰富群众文化生活。结合“我的梦　中国梦”百姓宣讲活动，成立牛街民族特色百姓宣讲团，与街道、社区宣讲团共同举行50场宣讲活动，近5000人参与，弘扬社会主义核心价值观，凝聚地区各族群众。成立牛街民族艺术团，引领少数民族文化事业发展。推动牛街掷子、中国式摔跤、白猿通背拳等特色民族文化体育项目参与市、区运动会，“以赛促学”实现民族文化体育的代际传承保护。推进清真餐饮示范街创建工作，发起“品清真美食，做‘光盘’达人”活动，引导各族群众反对浪费，厉行节约。开展“小手做年糕”活动，邀请巾帼志愿者为青少年儿童示范清真年糕制作方法，传承清真美食传统工艺。

（李　楠）

【统战工作】　年内，成立工委统战部，不断对加大民族工作骨干力量的协调和服务力度。面向全国启动“牛街民族团结杯”logo征集活动，评选出牛街民族团结进步创建活动统一标识；成功举办“牛街街道第十二届民族团结进步表彰会”，表彰422个单位、楼门院、家庭及个人，营造民族团结进步良好社会氛围；完成地区侨联换届工作。

（李　楠）

白纸坊街道

【概况】　白纸坊街道位于西城区南部，东起菜市口南大街与陶然亭街道为邻，西至西护城河与广外街道和丰台区交界，南起南护城河与丰台区相望，北至南横西街、枣林前街与牛街街道接壤。辖区面积3.11平方公里，有主要大街12条、胡同76条。社区居委会18个。户籍人口33277户95077人，常住人口106530人，流动人口11453人。年内，出生775人，死亡191人。驻区单位2188个，其中中央单位53个、市属单位90个、区属单位151个。有大学2所、中学（含职高）6所、小学5所、幼儿园4所，医院5所。全年财政收入12595万元，支出11911.81万元，税收173000万元。街道设30个职能科室，2个科级事业单位，机关行政、事业单位人员157人（公务员107人、工勤4人、事业46人）。获“全国安全社区”“北京市充分就业社区”“北京市区县机关档案工作测评市级优秀单位”等称号，社保所通过“北京市五星级社保所”评估。

地址：西城区樱桃二条8号

邮编：100054

电话：63522606

（郭星星）

【城市管理】　年内，开展“美丽白纸坊，从干净整洁做起”活动，以“拆违”为重点，打响“四大战役”，开展“四大秩序”整治行动，组织拆除和强拆违法建设146处5577.69平方米。完成迎接全国文明城区复审工作和安全社区迎检的环境卫生保障工作。完成右内西街精品胡同建设，拆除违法建设21处，完成右内西街标志石安装、便民休闲广场建设、箱式变电站基础装饰等工程。完成双槐里小区升级改造工程，完成小区内沥青道路铺装2280平方米，人行便道铺装930平方米，砌筑树池22座，翻建自行车棚7处。完成陶然亭地铁站300平方米便民自行车棚建设。完成益民巷、白广路45号楼前等道路翻修工程，完成道路铺装近1500米。推进新安北里、滨河里、建功北里五区2号楼等小区的雨水利用工程，完成透水砖铺装约3000平方米。完成里仁街6号院、菜园街24号院等25栋老旧楼房外墙节能改造。完成3497户平房居民“煤改电”工作，新装箱变39台，新装柱变1台，换装柱变7台，安装地箱266处，墙箱460处，架设电线杆46处。对辖区无路灯、路灯照明不满足要求的路段安装太阳能照明设施，共安装路灯96盏。

（郭星星）

【社区建设】　年内，为右北大街、右内后身社区办公服务用房进行装修改造。为半步桥、万博苑社区各解决150平方米新办公服务用房。为右北大街、新安南里、自新路、里仁街等社区解决办公设备不足问题。光源里市民中心、崇效寺市民中心和华龙美钰市民中心经过1年的运行，共有30多支文化队伍在市民中心活动，服务市民达4万余人次。在双槐里、崇效寺社区改建2家便民菜店，共建成6家便民菜店。建立“访听解”常态化制度，第一时间了解掌握社区动态。推广“坊间茶会”活动，每周1次居民议事，由社区搭台，社区居民、社工作为议事主体，共同商议解决社区中大小事情。建立“六型社区”创建协调工作推进会制度，完成4个市级试点社区创建。加强社工队伍建设，用“一站式”服务能力和“访听解”具体成效检验确定社工岗位能力和职业素质。组织社工参加“北京市社区工作者理论与实践研修班”等培训6次。组织社工参加社会工作者职业水平证书考试，本年度共有28名社工取得证书。搭建比武平台，实行奖励政策，举办白纸坊第一届社工技能大比拼活动。开展社区工作者工作日记大赛。为68名社工办理社会工作者职业水平证书登记及继续教育工作。

（郭星星）

【社区服务】　年内，全年办理一胎生育服务证716例，政策内二胎生育服务证49例，领取独生子女父母光荣证292例，有251名独生子女家庭享受特扶政策。发放独生子女父母年老时一次性奖励费288人，共288000元。落实西城构建“一街一家园”工作格局，投资70万元建设街道级幸福家园，11月11日正式揭牌投入使用。投资30万元，租赁半步桥街甲48号近200平方米用房，开办集残疾人辅助器具室、康复训练室、文化活动室、作品展示室和4个工作服务窗口为一体的残疾人活动中心。为401名残疾人发放各种生活补助费937600元。为425名残疾人发放助残券420200元。为49户残疾人发放居家养护残疾人家庭补贴29400元。为323名残疾人机动轮椅车车主发放燃油补贴83980元。为46名残疾人办理西城区残疾人灵活就业社会保险全额补贴，街道享受此项补贴残疾人达到347名。为23人申报和配发免费配置辅助器具。为36户家庭进行无障碍家庭改造。为8户家庭配发小帮手电子服务器。为7名残疾人家庭发放特事特办补贴金8600元。出资70万元建设白纸坊街道养老管理服务中心。有4345名老人享受居家养老服务。有37家服务商为老人提供13大类20余项服务，每月提供服务2000余人次。年养老补贴卡（券）结算金额7009306.76元。两节期间发放80岁以上高龄特困老人和90岁以上老年人慰问金共计43500元。对独居、孤寡老人发放张贴“安全小贴士”牌千余份。在各社区成立公益性社区社会组织“扶老助困志愿者服务队”，树立典型示范，参加2013年市、区“孝星”评比，共评选出市级孝星48名，区级孝星160名。

（郭星星）

【社会保障】　年内，有低保家庭929户1741人，发放低保金98.41万元；社会医疗救助490人，资金96.48万元；临时救助81人，资金11.83万元；丧葬补贴56人，资金28万元。做好“无养老保障”和“一老一小”工作，有参保人员7197人，其中老年人参保2388人，散居少年儿童参保4238人，无业居民参保571人。药费报销358人次，上报总额123.73万元。全年发放社保卡5329张，累计共为各类人员发放社保卡25406张。开展“挖岗位，促就业”工作，挖掘空岗信息6218条。建立大学生就业平台系统网站，共登记高校毕业生100余人，达成就业意向70余人，困难家庭高校毕业生就业率100%。街道就业率65.18%。就业人数1273人，创业培训70人，技能培训280人，实现创业55人，带动就业220人，职业指导2991人次，小额担保贷款20万元，完成全年指标的100%。建立健全住房保障窗口职能，重新整理建立住房保障专业档案，录入微机管理。受理廉租住房租金补贴41户，审核通过13户，取得市级备案4户。受理廉租住房实物配租选房15户，审核通过6户，备案1户。限价房审核通过后市级备案706户，摇号153户。经适房审核通过后市级备案322户，摇号196户。

（郭星星）

【社会治安综合治理】　年内，与地区科站队所、机关各科室、辖区内25家重点单位以及社区居委会分别签订《社会治安综合治理责任书》。开展平安建设，协调相关部门设站宣传4次，召开基层宣传动员会议130余次。开展以“社区安全防范”为主题的综治宣传活动，印制下发各种宣传材料30000余份，宣传群众32000余人。组织开展联合执法68次，出动人员1200余人次。整治证照不全、占道经营、卫生脏乱的“六小”门店80家，其中教育60家，处罚20家。联合消防、公安、工商、卫生等部门开展消防、食品安全检查，夜查16次、检查42次，共检查单位200余家，排查问题60余处。治理地铁四号线周边环境，打击“黑车”“黑摩的”22辆，行政拘留8人。开展个人出租房屋税收代征服务，已完成代征税款210万余元，涉及266户出租个人房屋的产权人。出资60余万元，对辖区双槐里小区、樱桃三条等地实施无缝监控系统安装工作，为60个楼门安装楼宇对讲。出资15万元，为3000名治安志愿者办理保险。

（郭星星）

【精神文明建设】　年内，发挥地区52处精神文明建设宣传栏和围墙的宣传阵地作用，利用宣传栏张贴公益广告374幅，制作樱桃二条“讲文明树新风”公益广告文化墙。开展“遵德守礼”“爱绿护绿”教育活动。通过全国文明城区检查。组建“首都网络文明传播志愿者”团队36人，共发布微博3327条，论坛留言1002条，宣传“续写雷锋日记”“讲文明树新风”“我们的节日”等精神文明创建活动。向市、区报送“身边好人”“北京美德故事”和“西城公德之星”等先进人物事迹和视频文件共18人次。组织辖区居民450余人参观“永远的雷锋”大型展览3次。邀请“白纸坊身边榜样”人物和“孝星”人物参加白纸坊小学开学典礼。全年评选72个西城区社区文明小使者；开展“学雷锋，做美德少年”网上签名寄语活动，“向国旗敬礼，做有道德的人”网上签名寄语活动和网上祭英烈活动。在各社区举办“放飞中国梦”折千纸鹤活动，“我的梦·中国梦”青少年绘画比赛，清风故事会等青少年活动121场。在樱桃园社区种植樱桃树28棵，并竖立《樱桃园》地名由来标志石，传承地名文化。10月18日，在北京大观园与北京市社会体育管理中心、西城区体育局联合主办北京市健身腰鼓大赛暨第五届“白纸坊杯”健身腰鼓邀请赛。来自全市14个区县的35支腰鼓队近700人参与。首届“白纸坊街道腰鼓文化发展论坛”同期举办。

（郭星星）

【双拥共建】　年内，坚持“议军会”制度，定期召开双拥工作会议，研究制定白纸坊地区双拥工作计划，将双拥工作纳入地区经济发展和社区建设总体规划，加强组织领导，保证工作经费落实。与优抚对象结军亲，走访公安部消防局、北京市监狱管理局清河分局、清河地区消防支队、武警十二支队、武警七支队五中队、武警七支队七中队。开展老兵复转慰问工作，两节期间为复转老兵赠送纪念品并对优秀士兵进行表彰。适时组织部队官兵参与辖区绿化及铲冰扫雪活动。组织开展“部队官兵便民服务进社区”，定期为社区居民提供义诊、家电维修、义务理发等便民服务。组织部队官兵与地区老人开展欢庆端午等活动。通过《白纸坊报》等媒体宣传军队典型人物事迹。开展社区文艺演出、书法绘画等文化联欢进军营活动。组织举办辖区单位与驻街部队“‘八一’篮球友谊赛”。

（郭星星）

【商务楼宇党建】　年内，商务楼宇党建创新项目以“圆心行动——凝心聚力打造非公企业活力工程”为主题，以商务楼宇社会服务管理中心为圆心，辐射辖区“两新”组织、楼宇企业，推进党的组织和党的工作全面覆盖，提升党建工作活力，着力打造商务楼宇党建品牌。实现楼宇党建有专职人员管理、有专属场地办公、有专项经费开展活动，“三管齐下”强化基础保障，加强党群活动中心建设。结合楼宇地理分布及党建工作实际，西以右安门商务大厦工作站为中心着力推进非公有制经济党建，覆盖中环假日酒店、中加大厦3个楼宇工作站；东以金泰开阳大厦为中心着力推进社会组织党建，成立华龙美钰楼宇工作站，办公、活动场所达100平方米，街道为2个中心投入资金56万余元。聘请3名专职工作者开展楼宇党建工作，实行“一社区一报表”，扎实做好楼宇党建工作基础台账的管理维护。实行商务楼宇“五站合一”的工作模式，充分利用网络信息化技术，创建商务楼宇QQ群，已加入楼宇员工50余人；开设QQ、微博党课，及时向员工们传达社会热点、党建知识。实施“手拉手心贴心面对面，温暖服务进楼宇”系列主题服务活动，包含工商年检、税务、法律咨询等。

（郭星星）

广安门外街道

【概况】　广安门外街道（简称广外街道）位于西城区西南部，东以西护城河为界；西沿马连道北路、湾子街至太平里，与丰台区为邻；南起广安门南滨河路向西沿鸭子桥、广安门火车站专用线莲花河故道与太平里相接，亦与丰台区相连；北以北京西客站、莲花池东路为界，与海淀区毗连。有2条过境河流，莲花河由西向南斜穿地区中央，境内流长2570米；西护城河从地区东侧流过，境内流长2640米。辖区面积5.49平方公里，29个社区居委会，19个家委会。根据第六次人口普查数据，常住人口179536人，流动人口72317人。辖区法人单位3755个，其中中央单位104个、市属93个、其他3558个。有学校14所，幼儿园7所，敬老院1所，医院1所，社区卫生服务站8个。街道设29个职能科室，3个事业单位，机关行政、事业人员共178人。年内，在区委、区政府的领导下，深入贯彻落实科学发展观和党的十八大精神，紧紧围绕建设“活力、魅力、和谐”新西城的奋斗目标，不断完善“精益治理”理念，以党建工作为引领，以居民需求为导向，以群众满意为标准，大力提升城市功能和品质，全力推进社会服务管理创新，各项工作取得了显著成效。获“北京市第九届全民健身体育节先进单位”“全国社区志愿服务示范街道”“北京市矫正工作先进集体”“2013年度全国社区侨务工作明星社区和示范单位”等称号，司法所获“北京市人民满意的政法单位”称号。

地址：西城区广安门外大街189号

邮编：100055

电话：63318222

（赵超越）

【城市管理】　年内，将辖区基础设施改造项目的80%用于老旧小区，先后对20多个老旧小区进行综合整治，共翻修、铺设道路近1.2万平方米，新建、翻新自行车棚21处，更换雨污水管线400多延米。基本完成三义里、小红庙2个重点整治小区的拆违任务和部分楼房的上下水内管道、热力内外管道改造工程，完成46栋老楼节能保温改造，完成21条小区周边道路大修、排水管线改造及6条道路路灯安装，完成1195户“煤改电”工程，完成国家商标局北侧绿化建设工程及常青藤前侧绿化改造工程，完成“京九铁路线”景观改造工程。针对扰序、占道问题突出的重点部位，组织环境秩序综合执法112次，出动人员2274人次，车辆458台次，清理渣土3800余吨、规范店外经营及劝导游商1480次、暂扣非法经营三轮车142辆、清理整治露天烧烤大排档210处、拔除废旧电线杆46根、清理废弃机动车8辆，街道环境整治工作被中央和北京电台多次进行专题报道。以“月末清洁日”为主题组织发动辖区志愿者近2万人次，清除、擦拭小广告2.4万余条，清理垃圾堆积物116吨，清理绿地5.1万平方米。推进源屋曲等8个小区垃圾分类，地区实现垃圾分类小区已达56个，街道居民家庭代表组成的参赛队在区年度垃圾分类知识竞赛中取得第一名。北京市违法建设拆除整治工作启动后，街道成立拆违工作协调领导小组，编制违法建设总台账，坚持“严控增量、逐减存量、分类解决、重点整治”的工作思路，创新工作机制，对确实有生活困难的特殊家庭，采取救助帮扶政策，对群众反映强烈的违法建设实施坚决依法拆除，共拆除违法建设501处7950.57平方米。

（赵超越）

【社区建设】 年内，推动全响应十大平台的建设和应用，以223个网格为基础，实现社区、综治、城管“三网合一”。完成全响应指挥中心建设，促进全响应系统平台在街道、社区的全覆盖和全应用，已处理社区事项1289条，登记社情民意8984条，办理街居事项1.8万项。进一步修改完善“五星级和谐社区”指标评估体系和评估方式，深化创建活动。29个社区中五星级社区7个，四星级社区13个，三星级社区7个，二星级社区1个，1星级社区1个，五星级社区数量较上年增加6个。有7个社区申报北京市“六型社区”并接受评估。探索居民参与社区建设的新途径，在10个老旧小区推广建立楼栋自管会，在老旧小区物业管理等方面发挥了积极作用。加快天宁寺社区服务分中心的装修改造工程，投入近百万元进行社区办公活动用房的修缮和办公设备购置，改善社区办公活动条件，提升社区服务能力。投入456万元实施社区项目申请88个，涉及综合治理、环境整治、精神文明、文教卫体和防灾减灾5大类，已全部完成并验收通过。为建立一支专业化、职业化的社工队伍，组织社工参加教育培训和学习交流，鼓励他们参加职业资格水平考试，筹备建立“广外街道社工之家”，旨在搭建平台，促进社工队伍全面发展。做好“全国社会组织示范区”创建工作，制订《广外街道培育发展社区社会组织的指导意见和工作计划》，重点扶持为老服务、社区调解、养宠自律、停车自律、物业自管等类别的社会组织。指导社会组织申报区社会建设项目6个，组织相关人员参加业务培训，推进社会组织培育发展与管理工作科学规范。成立物业指导科，依托法律专业力量，加大对业委会指导，协调处理由物业服务引发的各类矛盾纠纷。共指导、协助12个小区完成业主大会筹备、召开、备案及业委会换届工作，接待来访276人次。

（赵超越）

【社会保障】 年内，发放低保金800余万元；临时救助65人次，金额20余万元；医疗救助412人次，金额65万元；元旦、春节、“五一”“八一”和国庆节期间，对地区贫困、重病、孤寡、军人军属、受灾等各类困难群体和家庭开展送温暖活动，覆盖1311个家庭、8个共建部队，金额达50余万元；工会为150名困难职工发放慰问金4.47万元。有243户申请家庭办理各类保障性住房入住手续，有137户申请家庭享受到国家的租金补贴。为2938名60岁以上老人办理优待证件，组织老年人精神关怀服务8340场次，受益人数达15.7万人。全程办理共为居民办理事项75539件。通过党员献爱心、联合募捐、援助雅安等活动，共接收捐款98万余元，捐物近4000件。以“康乐苑”养老院为基础，全力打造“广外街道养老服务管理中心”，下设6个养老服务分中心、29个社区为老服务站，架构起中心、分中心、社区三级服务管理体系。引进北京红枫盈家政服务有限公司，提供公益性、专业性养老服务。已建成4个分中心，居家养老服务商达90家，服务情况深受地区老人认可。帮助近千名就业困难人员实现再就业，街道就业援助中心与58名特困人员签订援助协议，实现“一人一策”针对性帮扶。与中国青年创业国际计划（YBC）合作，建立北京首家YBC街道级服务站，为地区青年提供创业帮扶，共实现创业49人、发放小额贷款20万元，被评为“北京地区优秀服务站”。规范温馨家园管理，深化职业康复，开展技能培训和文体活动，继上年地区残疾人走进中央芭蕾舞团之后再次走进国家话剧院，举办“中国梦、我的梦”配乐诗朗诵。

（赵超越）

【社会治安综合治理】 年内，累计发动治安志愿者28万人次，点、线、面结合进行巡控，完成“两会”、十八届三中全会的服务保障工作，确保节日期间和敏感时段地区的安全稳定。对5.8万流动人口和6820间出租房屋开展排查整治，丽水莲花小区承担全区群租房专项整治试点工作并完成任务。对群众集中反映的9类社会和经营问题实施联合执法200余次，有效净化了地区治安环境。投资近65万给手帕口北街、红莲南里、天宁寺南里等社区安装44个探头，维修对讲门和院门，有效降低地区发案率。共接待受理群众信访事项301件907人次，解决26件涉及拆迁安置、子女入学、施工扰民、群租房扰民等问题。对地区招聘农民工、外来务工人员的用工单位进行劳资检查，涉及职工2721人近34万元；街道各级人民调解委员会处理矛盾纠纷877件，调解成功率94%。借鉴红莲中里“阳光调解室”的成功经验，在红居街、依莲轩、红莲北里3个社区孵化出3个示范点，旨在强化社区的调解工作，把矛盾纠纷化解在基层。共检查地下空间763处，停业整改87处；检查“六小”单位、建筑工地等场所1382处，下发整改通知单63份，完成整改539处。10月，成立广外街道食品药品监督管理所，承担辖区食品药品安全监管工作。在已有社区救援队的基础上，抽调50名队员组成街道综合应急救援队，按照“一队多用”的形式，负责地区抢险救灾、日常公共安全知识教育、日常治安巡逻、安全隐患排查等综合性事务。

（赵超越）

【功能街区建设】 年内，与相关部门一起完成2013北京马连道国际茶文化节的组织工作。首次以“中国茶叶第一街”品牌参加第十七届中国国际投资贸易洽谈会，马连道的整体品牌形象成为本届洽谈会的一大亮点，被组委会授予“最具市场潜力品牌奖”。打通马连道第三区周边规划道路，实现道路微循环。推进马连道南街市级达标道路建设，为服务马连道商圈奠定基础。马连道社会服务管理中心以茶企业需求为导向，开展“七站合一”综合服务，受到商圈茶企的欢迎和好评。提供各类服务累计达450小时，提供各项服务550人次，解答各类咨询210余次。

（赵超越）

【精神文明建设】 年内，结合宣传十八大主题，立足突出地区品牌特色，以“我的梦·中国梦”为主题，街道成立31支宣讲团，155名宣讲员深入机关、社区、社会单位开展宣讲。组织举办十大文体益民活动，为地区营造健康向上、朝气蓬勃的文化氛围。特别是9月23日，举办首届“美丽中国梦”全国社区书画邀请展，为期15天，全国34个省、市、自治区及海外的千余幅作品参展，作者大部分出自全国各社区，书画内容以基层工作和生活为重点，得到专业学者和广大居民的高度肯定。投资22万元用于地区体育设施建设，19个社区成为体育生活化达标社区。调动地区社会单位的场地和人才资源，根据居民的兴趣和需要，组织养生保健、金融理财、计算机等技能培训，广泛宣传公共疫情防控，开展丰富多彩科普、环保大赛、青少年社会实践等活动，参与人数达万余人，增强居民的社区归属感和认同感。特别是红莲中里社区、社区服务中心“青春的行囊”和北京财会学校的“办好市民大课堂”分别申报了市级终身学习服务基地特色项目，进一步增加地区文化资源的开放度，提高社区教育水平。

(赵超越)

(责任编辑　杨桂敏)

人　物

领导干部

中国共产党北京市西城区第十一届委员会

书　记　王　宁
副书记　王少峰　杜灵欣
常　委　王力军　章冬梅（女）　苏　东
梁昌新　陈思源　程　军　郭怀刚
李书兵　王　旭　王都伟

西城区人民代表大会第十五届常务委员会

主　任　刘跃平
副主任　赵印春　刘永先（女）　郑　然
周慧来　俞　强　席修明　王功伟
委　员　（按姓氏笔画为序）
马　炎　王学章　王建华
王崇恩（回族）　石晓愚　史　锋
付新宇（女）　吕晋发　朱建岳
刘洪文　安亚荣（女）
孙　静（女）　李　玉（女）
李秀荣（女）　杨　秋（女）
邱　琦（女）　张思宁（女）　张培彤
赵志良　赵芙蓉（女）　赵建敏
贺宏志　柴丽敏（女）　倪效仲
曹立宏　韩精诚　穆　静（女，回族）

西城区人民政府

区　长　王少峰
副区长　苏　东　梁昌新　陈　宁（女）
杜黎彬（回族）　李　岩（满族）　孙　硕
吴铁男（9月免）　姜立光（12月任）

中国人民政治协商会议第十三届北京市西城区委员会

主　席　曹长胜
副主席　王瑞珠（女）　沈桂芬（女）
姜立光　杨月欣（女）
刘长铭　李建国　荣　洋
秘书长　孙广俊
常　委　（按姓氏笔画为序）
马光远　马志刚　王　茁
王广发　王立华　王向波
王晓敏（女）　王福俊　牛明奇
尹国芳（回族）　甘力鹰（女）　卢　明
付广军　白　洁（女）　宁　梅（女）
朱　博　邢爱义　刘　冰（女）
刘　琪　刘少华　刘永斌
刘昊扬　刘学俊　刘学增
安朝晖（女）　孙劲松　苍玉清（女，回族）
杜凤英（女）　杜凤超　李　硕（满族）
李　新（女）　李文义　李占文　李连防
李洪祥（满族）　杨海森　吴　江（女）
吴永全　吴秀丽（女）　何悦明　余渡元
宋　伟　张礼斌　陆　翔　陈子云（女）
妙　文　邰亚臣　林　耀　林建平
金　辉　郑　实　郑昊岩　孟至岭
赵　丽（女）　赵　莉（女）　赵奎丽（女）
郝寒娟（女）　段云松　闻丹岩（女）　袁　文
耿　聆（女）　夏长青　晏　畅　徐双春
徐建明　翁乃彤（女）　郭继孚（满族）
涂　平　陶水龙　黄　庆　黄中军
黄芳栋　黄殿琴（女）　曹学义
曹淑琴（女）　鹿　陈　董晓莉（女）
韩　东　韩世和　韩俊田　程文光
曾小丹（女，满族）　谢志红（女）　谢苗荣
褚海燕（女）　蔡志兵　蔡丽娟（女）
戴卫红（女）　鞠　瑾　魏建新（女）

中共西城区第十一届纪律检查委员会

书　记　王力军
副书记　田　迪（女）　蒋春芳（回族）　周健梁
常　委　向　前　杨　扬（女）　韩云芹
刘　青（女）　张　玮（女）　于新旭　马　东

中共西城区委员会工作机构主要负责人

办公室主任　郭怀刚
常务副主任　程瑞琦
组织部部长　章冬梅（女）
常务副部长　王建华
宣传部部长　王都伟
常务副部长　靳　真（8月任）
政法委员会书记　杜灵欣
常务副书记　张小来
精神文明建设委员会办公室
主任　谢　静
统战部部长　程　军
常务副部长　刘　琪（8月任）
台湾工作办公室（区台湾事务办公室）主任　刘　琪
研究室主任　刘化杰
老干部局局长　王晓谦（女）
保密委员会办公室主任（区国家保密局局长）
常卫国
区直机关工委书记　郭怀刚
常务副书记　赵　丽（女）
社会工作委员会书记　艾　丽（女，满族）
党校校长　章冬梅（女）
常务副校长　闫建国
党史工作办公室（地方志编纂委员会办公室）
主任　赵　兵（11月免）
吕燕裙（女，11月任）
社会治安综合治理委员会办公室主任　王　静
维护稳定工作领导小组办公室主任　张小来
流动人口和出租房屋管理委员会办公室主任　马京宝
处理法轮功问题领导小组办公室（区政府防范和处理邪教问题办公室）主任　贾旭辉
机构编制委员会办公室主任　郁　治（女）
常务副主任　关山红（女）
新闻中心主任　马　晨（8月任）
区委巡视组一组组长　李跃梅（女）
区委巡视组二组组长　彭随心（11月免）
岳永梅（女，11月任）
区委巡视组三组组长　周雪风

西城区第十五届人大常委会工作机构主要负责人

办公室主任　马　炎
研究室主任　柴丽敏（女）
代表联络室主任　吕晋发
内务司法工作委员会主任　倪效仲
财政经济工作委员会主任　石晓愚
预算工作委员会主任　韩精诚
教科文卫工作委员会主任　孙　静（女）
城建环保工作委员会主任　曹立宏

西城区人民政府工作机构主要负责人

办公室党组书记、主任　杨　川（6月免）
李征帆（6月任）
发展和改革委员会
党组书记　刘金水（2月免）
主任　吴向阳
科学技术委员会
党组书记　黄　勇
主任　张炳田（女）
监察局局长　杨建和（6月免）
田　迪（女，6月任）
财政局党组书记、局长　张宗禹
人力资源和社会保障局
党组书记　高子忠（11月免）
彭随心（11月任）
局长　郁　治（女）
住房和城市建设委员会
党组书记　何焕平
主任　王乐斌
市政市容管理委员会
党组书记　姜立光（1月免）
刘成东（1月任）
主任　刘成东
人口和计划生育委员会
党组书记　彭秀颖（女，11月免）
陈　新（11月任）
主任　彭秀颖（女，11月免）
民政局党组书记　宋卫东
主任　张中喜（2月任）
审计局党组书记　佟丽萍（女，8月任）
局长　田　迪（女，8月免）
佟丽萍（女，8月任）
金融服务办公室
党组书记　吴向阳
环境保护局

党组书记、局长　章　卫
统计局党组书记　朱显国
局长　郭启兴（9月免）
许晓红（女，9月任）
外事办公室党组书记　夏长青
主任　王　干
信访办公室党组书记　刘振华
主任　杨维民
民族宗教侨务办公室
党组书记　周兴运
主任　韩俊田
法制办公室党组书记　苏　泳
主任　李　程
民防局（地震局）
党组书记　王连杰
局长　赵友新
安全生产监督管理局
党组书记、局长　陈国红
商务委员会党组书记　王　毅
主任　郭　新
国有资产管理委员会
党委书记　涂云国
主任　牛明奇
城管监督执法局（5月更名）
党委书记　曾加顺（5月任）
局长　魏建明（5月任）
行政投诉中心主任　杨建和（6月免）
田　迪（女，6月任）
社会建设办公室主任　艾　丽（女，满族）
档案局党组书记　吕燕裙（女，11月免）
李茂福（11月任）
局长　李茂福
园林绿化局党组书记　孙万起
局长　高兴春
园林市政管理中心党委书记　王铁赤（8月免）
肖福来（11月任）
主任　白贵海（12月免）
高兴春（12月任）
环境卫生服务中心
党委书记　姚尚贵
主任　申长丁（7月免）
孙纪明（8月任）
机关事务服务中心
党组书记　张字山
主任　胡永顺
房屋土地经营管理中心
党委书记　于燕萍
主任　郭　月
城市管理监督指挥中心
党组书记　李留欣

主任　海　峰（回族）
区功能街区产业发展促进局
党组书记、局长　张　东
信息化工作办公室
党组书记　李连防
主任　付贵森
对外联络服务办公室
党组书记、主任　岳永梅（女，12月免）
宫　浩（12月任）
西直门综合交通枢纽地区管理委员会
党组书记　刘春伟
常务副主任　任贵卿（12月免）
综合行政服务中心
党组书记、主任　李　薇（女）
区政府投资项目建设中心
主任　吴向阳
区发展服务中心主任　张　东
工商西城分局
党组书记、局长　方葆青（12月免）
赵　斌（12月任）
质量技术监督局
党组书记　游　勇（9月免）
钱希杰（9月任）
局长　钱希杰
食品药品监督管理局
党组书记、局长　唐庆军
烟草专卖局党组书记、局长　江　涛（4月免）
王映刚（4月任）
地税局党组书记　邢　军（7月免）
万国喜（7月任）
局长　李玉庆（7月免）
万国喜（7月任）
国税局党组书记、局长　杨建国

政协西城区委员会工作机构主要负责人

办公室主任　孙广俊
研究室主任　鹿　陈
专委会工作一室主任　韩世和
专委会工作二室主任　白　洁（女）
专委会工作三室主任　晏　畅
专委会工作四室主任　李占文
专委会工作五室主任　李洪祥
专委会工作六室主任　黄　庆

西城区政法、军事系统主要负责人

西城公安分局

党委书记、局长　陈思源
政委　张　毅
人民检察院党组书记　韩索华（12月免）
张铁军（12月任）
检察长　韩索华（12月免）
代检察长　张铁军（12月任）
人民法院党组书记　安凤德（11月免）
蔡慧永（11月任）
院长　安凤德（12月免）
代理院长　蔡慧永（12月任）
司法局党组书记　钟显林
局长　李　铁
人民武装部部长　陈华良（9月免）
蔺　伟（9月任）
政委　李书兵
西城消防支队支队长　周士涛
政委　吴清松
武警一支队支队长　梁黔生
政委　甘　勇
武警七支队支队长　金　剑
政委　郭训超

西城区各民主党派、工商联负责人

中国国民党革命委员会北京市西城区委员会
主任委员　王　红（女）
中国民主同盟北京市西城区委员会
主任委员　刘长铭
中国民主建国会北京市西城区委员会
主任委员　李建国
中国民主促进会北京市西城区委员会
主任委员　张礼斌
中国农工民主党北京市西城区委员会
主任委员　张培彤
中国致公党北京市西城区委员会
主任委员　贺宏志
九三学社北京市西城区委员会
主任委员　杨月欣（女）
台湾民主自治同盟北京市西城区委员会
主任委员　邱　琦（女）
区工商联主席、区商会会长　李　岩
区工商联副主席、区商会
副会长　皮　强（驻会）
党组书记　皮　强（11月免）
曹学义（12月任）
常务副主席　杨　秋（女）

西城区群众团体主要负责人

总工会党组书记　杨广宏（3月免）
马小鹏（3月任）
主席　马小鹏
团区委党组书记、书记　王　丹（女，3月免）
史　锋（10月任）
妇女联合会党组书记、主席　薛湘丽（女，3月免）
李高霞（女，3月任）
归国华侨联合会主席　郝寒娟（女，3月免）
安亚荣（女，10月任）
科学技术协会党组书记　李英哲
常务副主席　戴卫红
文学艺术界联合会
党组书记　汪帮宏
常务副主席　杨海森
社会科学界联合会
党组书记　王立华
常务副主席　孙树平（2月免）
王立华（6月任）
残疾人联合会党组书记　刘少华
理事长　李秀荣（女）
红十字会党组书记、常务副会长　王志东

西城区街道工委、办事处主要负责人

德胜街道工委书记　陈献森（7月免）
马红萍（女，回族，7月任）
办事处主任　侯　林
什刹海街道工委书记　姜兆春
办事处主任　徐　利
西长安街街道工委书记　李会增
办事处主任　张　丁
大栅栏街道工委书记　田　静（女，哈尼族）
办事处主任　陈振海
天桥街道工委书记　王申恒
办事处主任　王希福（8月免）
高　翔（8月任）
新街口街道工委书记　王战荣
办事处主任　张中喜（1月免）
王　丹（女，3月任）
金融街街道工委书记　徐　斌
办事处主任　王　旭（11月免）
彭秀颖（女，11月任）
椿树街道工委书记　马光明
办事处主任　陈鹏程（12月免）
黄立新（12月任）
陶然亭街道工委书记　王效农
办事处主任　李　华
展览路街道工委书记　马业珠
办事处主任　李敬方（11月免）
皮　强（11月任）

月坛街道工委书记　王　奇
办事处主任　马红萍（女，回族，7月免）
孟红伟（女，10月任）
广安门内街道工委书记　李剑波
办事处主任　袁　利（女）
牛街街道工委书记　沙秀华（女，回族）
办事处主任　王贺君（回族，11月免）
王　旭（11月任）
白纸坊街道工委书记　田巨德
办事处主任　韩俊田（1月免）
袁世良（3月任）
广安门外街道工委书记　缪剑虹
办事处主任　王其志

“5+2”机构主要负责人

金融街建设指挥部
总指挥　王　宁　王少峰
党组书记、执行总指挥　苏　东
督导员　王功伟
副总指挥　李　岩　孙　硕
常务副总指挥　白　力
天桥演艺区建设指挥部
总指挥　梁昌新
常务副总指挥　刘学增（8月免）
安朝晖（8月任）
党组书记　王申恒（兼）
中关村科技园西城园管委会
党组书记、主任　陈　宁
常务副主任　台　峰（3月任）
大栅栏琉璃厂建设指挥部
总指挥　王　旭（8月免）　李　岩
党组书记、常务副总指挥　王志忠
什刹海阜景街建设指挥部
总指挥　吴铁男（9月免）
姜立光（1月任）
党组书记　王福俊（1月免）
姜立光（1月任）
常务副总指挥　王福俊（1月免）
徐　利（6月任）
区重大项目建设指挥部
办公室主任　李　岩
党组书记、常务副主任　王乐斌（兼）
区城市环境建设委员会
办公室主任　吴铁男（9月免）
常务副主任　刘成东（兼）
党组书记　宋甲乐
马连道建设指挥部
总指挥　王　旭（8月任）
常务副总指挥　李　婕（8月任）
党组书记　缪剑虹（8月任，兼）
北展地区建设指挥部
总指挥　孙　硕（8月任）
常务副总指挥　李玉庆（8月任）
党组书记　马业珠（8月任，兼）

西城区文教卫体系统主要负责人

教育工作委员会书记　张　军（9月免）
韩星桥（9月任）
教育委员会主任　田京生（3月免）
丁大伟（3月任）
教育督导室主任　牟东棋
卫生工作委员会书记　陈　新
卫生局局长　安学军（满族）
文化委员会党组书记　张云裳（女）
主任　李征帆（6月免）
孙劲松（6月任）
旅游委（2月机构更名）
党组书记　蔚向东（11月免）
李敬方（11月任）
主任　刘　冀
体育局局长　包　川
社区学院院长　张建国
党委书记　张润田
教育研修学院
书记　陈斯琴（女，蒙古族）
院长　李燕玲（女，3月免）
北京市第四中学校长　刘长铭
党委书记　宁　梅（女）
北京市第八中学校长　王俊成
党委书记　张凤兰（女）
北京市第一六一中学
校长　丁大伟（3月免）
吴伟东（女，7月任）
党委书记　王　云
首医大复兴医院党委书记　李东霞（女，3月任）
院长　席修明

西城区国资委系统企业主要负责人

北京金融街投资（集团）有限公司
党委书记、董事长　王功伟
总经理　鞠　瑾
华远集团有限公司
党委书记　于锦义
董事长、总经理　杜凤超
北京天恒置业集团

董事长、总经理　刘洪文
北京华方投资有限公司
董事长　徐　军
总经理　张志强
世纪金工投资管理公司
党委书记、董事长　袁海旺
总经理　赵　钢
北京市金工投资管理公司
党委书记、董事长　朱志伟
总经理　孙　昌
金源投资管理有限公司
党委书记　张维杰
董事长　时文生
总经理　平国栋
金座投资管理有限公司
党委书记　祖淑娟（女）
董事长　薛国强
总经理　袁瑞音
北京市金正资产投资经营公司
党支部书记、总经理　张　涛
翔达投资管理有限公司
党委书记　冯双利
董事长　孙　勇
总经理　李卫民
恒达宏业经贸有限公司
党总支书记　常灵英（女）
董事长、总经理　李华昌
北京华天饮食集团公司
党委书记、总经理　朱玉岭
北京华利佳合实业有限公司
党委书记、董事长、总经理　高德源
北京金象复星医药股份有限公司
党委书记、总经理　徐　军
董事长　阎嗣烈
菜市口百货股份有限公司
党总支书记、董事长　赵志良
总经理　王春利（女）
国华商场有限责任公司
党支部书记、董事长、总经理　邹淑珍（女）
张一元茶叶有限责任公司
党支部书记、董事长　王秀兰（女）
总经理　杨有成
北京新月联合汽车有限公司
党委书记　刘俊德
董事长　刘长青
总经理　刘长江
北京宣房投资管理公司
党委书记、董事长　任　伟
总经理　朱伟民
北京广安控股有限公司
党委书记、董事长　申献国
总经理　张晓阳
北京陶然建筑有限公司
党总支书记、董事长　林玉琇
总经理　王建国（2月免）
北京鑫宣市政工程有限公司
党支部书记、董事长、总经理　张雁林
北京昊都建筑工程有限责任公司
总经理　马荣华
北京房开置业股份有限公司
党支部书记　乔　茜（女）
董事长　梅国良
总经理　周　虹（女）
宣兴房地产开发股份有限公司
党总支书记、总经理、董事长　陈海鸥
北京京都文化投资管理公司
党委书记　孙雅娟（女）
总经理　王长利
北京市大碗茶文化发展有限公司
党支部书记、总经理　尹智君（女）
大观园管理委员会
党总支书记　唐晓宾
主任　马俊潼
北京金融街资本运营中心
总经理　鞠　瑾

驻区部分单位主要负责人

北京金泰集团有限公司西城分公司
党委书记　张龙江（1月免）
任保明（1月任）
总经理　任保明（1月免）
代贤全（1月任）
北京首商集团股份有限公司
董事长　于学忠
总经理　祖国丹
北京工府井百货集团长安商场有限责任公司
总经理　张美玲（1月免）
于　娟（1月任）
北京中友百货有限责任公司
董事长　王小雨
国家开发银行股份有限公司北京市分行
行长　徐　明
中国农业发展银行北京市分行
行长　左　志
中国工商银行股份有限公司北京市分行
行长　王珍军
中国工商银行股份有限公司北京长安支行
行长　杜　杰
中国工商银行股份有限公司北京新街口支行

行长　　曲　琰
中国工商银行股份有限公司北京南礼士路支行
行长　　谢一平
中国工商银行股份有限公司北京金融街支行
行长　　于　青
中国工商银行股份有限公司北京宣武支行
行长　　包永康
中国工商银行股份有限公司北京广安门支行
行长　　尹家赪
中国农业银行股份有限公司北京市分行（年内迁出西城区）
中国农业银行股份有限公司北京西城支行
行长　　罗玉华
中国农业银行股份有限公司北京宣武支行
行长　　魏向东
中国银行股份有限公司北京西城支行
行长　　姜　明
中国银行股份有限公司北京宣武支行
行长　　王　敏
中国建设银行股份有限公司北京西四支行
行长　　林　麟
中国建设银行股份有限公司北京西单支行
行长　　朱玉俊
中国建设银行股份有限公司北京宣武支行
行长　　王　荣
交通银行股份有限公司北京市分行
行长　　朱鹤新
中信银行股份有限公司总行营业部
总经理　　王　晖（女）
中国光大银行股份有限公司北京分行
行长　　邱火发
华夏银行股份有限公司北京分行
行长　　樊燕明
广发银行股份有限公司北京金融街支行
行长　　徐晓钢
广发银行股份有限公司北京宣武门支行
行长　　司　超
招商银行股份有限公司北京分行
行长　　王　良（11月免）
　　　　王庆彬（11月兼）
中国民生银行股份有限公司总行营业部
总经理　　马　琳
北京银行股份有限公司
董事长　　闫冰竹
中国证券监督管理委员会北京监管局
局长　　王建平
中国人民财产保险股份有限公司北京西城支公司
总经理　　张　泽
中国人民财产保险股份有限公司北京宣武支公司
党组书记、总经理　　刘团聚
中国平安财产保险有限公司北京分公司
总经理　　龙　泉
中国平安人寿保险有限公司北京分公司
总经理　　吴　越
中国太平洋财产保险股份有限公司北京分公司
总经理　　臧　炜
中国太平洋人寿保险股份有限公司北京分公司
总经理　　李洪林
北京华康欣和建筑工程有限责任公司
董事长　　杨玉良
总经理　　吴志刚
党委书记　　吕玉民
北京市交通执法总队
党委书记　　李晓勇
总队长　　姚　阔
北京市交通执法总队第二执法大队
大队长　　王平海
北京市运输管理局西城管理处
处长、党支部书记　　杨凤明（7月免）
　　　　冯　德（7月任）
北京市地铁运营有限公司
党委书记、董事长　　谢正光
总经理　　张树人
北京北站站长　　陈润田（兼）
北京市西区邮电局
党委书记　　黄春光
北京市南区邮电局
党委书记、局长　　郑文胜
中国联合网络通信有限公司北京市分公司
党委书记　　刘守江（4月免）
　　　　汪世昌（4月兼）
经理　　汪世昌
北京市燃气集团有限责任公司
党委书记、董事长　　周　思
党委副书记、总经理、副董事长　　李雅兰
北京市燃气集团有限责任公司第一分公司
党委书记、总经理　　华　伟
北京市电力公司
党委书记　　尹昌新（11月免）
　　　　杨新法（11月任）
总经理　　朱长林（11月免）
　　　　尹昌新（11月任）
北京市电力公司城区供电公司
经理　　王　罡
党委书记　　李　军
北京市自来水集团有限责任公司
党委书记、董事长　　崔君乐
党委副书记、总经理　　刘锁祥
北京市自来水集团禹通市政工程有限公司
党委书记、董事长　　何俊山
总经理　　郑少博

国家级先进集体及先进个人

先进个人

国家科学技术进步奖二等奖
燕 琴

省部级先进集体及先进个人

先进集体

全国文明单位
北京市西城区地方税务局
2013 年全国工人先锋号
西城区人民检察院反渎职侵权局
北京金融街威斯汀大酒店工程部
全国五一巾帼标兵岗
月坛社区卫生服务中心
全国青年文明号
西城区地方税务局牛街税务所
西城区地方税务局金融街税务所
全国妇女小额担保贴息贷款先进集体
广安门内街道社保所
全国模范人民调解委员会
什刹海街道人民调解委员会
全国先进基层检察院
西城区人民检察院
全国文明接待示范窗口
西城区人民检察院控申处、检务接待中心
全国科技进步先进区
北京市西城区
全国科技管理系统先进集体
西城区科学技术委员会
全国社区教育示范街道
西长安街街道
全国林业信息化示范区
北京市西城区
国家体育总局输送金牌项目后备人才“突出贡献单位”
西城区体育训练中心
2009-2012 年度全国群众体育先进单位
广安门内街道报国寺社区
北京市第十一届思想政治工作优秀单位
北京金融街投资（集团）有限公司
大栅栏街道工作委员会
第七届首都民族团结进步先进集体
西城区人民检察院未成年人犯罪检察处
西城区体育局
2013 年北京市工人先锋号
西城区德胜街道保洁队
西城区天桥街道太平街社区
西城区体育科学研究所课题组
华天饮食集团庆丰包子铺玉桃园店
首都医科大学附属复兴医院急诊科
北京新月联合汽车有限公司五分公司
北京市政交通一卡通公司退换卡业务组
北京天恒乐活城置业有限公司
2013 年首都劳动奖状
北京市复兴商业城有限公司
北京华融金晖置业有限公司
北京广安置业投资公司
西城区环雅清洁机扫保洁服务中心
北京市未成年人保护工作先进集体
西城区人民检察院未成年人案件检察处
北京市妇女儿童工作先进集体
西城区统计局、调查队
北京市集体二等功
西城区人民检察院反渎职侵权局
北京市集体三等功
西城区人民检察院未成年人案件检察处
北京市先进基层检察院
西城区人民检察院
北京市抗击“7·21”特大自然灾害先进集体
西城区市政市容管理委员会
北京市住房和城乡建设系统先进单位
西城区建设工程安全监督站
北京市和谐劳动关系单位
北京市自来水集团良泉水业公司
北京市劳动用工规范一条街工程工作先进单位
西长安街街道劳动和社会保障科
大栅栏街道办事处
广安门内街道办事处
北京市模范职工小家
北京市正阳经济贸易公司工会热力运行工会小组
2011-2012 年度北京市交通工作先进集体标兵
北京新月联合汽车有限公司

北京市第十四届“首都旅游紫禁杯”先进集体

北京新月联合汽车有限公司

2011-2012年度北京市捐赠工作先进集体

西城区红十字会区直机关工作委员会

2012年度开展劳动保障监察工作先进单位

西城区劳动监察大队

2012年度北京市优秀社会保障事务所

新街口街道办事处

北京市社会保险基金业务档案管理优秀单位

西城区社会保险基金管理中心

北京市敬老爱老为老服务示范单位

西城区体育局

银鹤居家养老服务站

先进个人

2013年全国五一劳动奖章

王月鹏　王俊成　赵　海

全国五一巾帼标兵

杨秀山　杨春芸

中华全国总工会优秀工会工作者

李同勤　赵福林　张　砺

全国侨联系统先进个人

安亚荣

全国优秀环卫工作者

孙　菲

全国县（市）科技进步考核先进个人

王少峰　陈　宁　王爱军　郭志娥

2009-2012年度全国群众体育先进个人

白　钢

首都劳动奖章

王　奇　王首相　王贺君　王彩义
朱　宏　吕革成　刘　赞　刘克友
刘晓东　齐越峰　李晓峰　曲德森
张　霞　陈牧云　陈松石　杨　威
杨　鑫　周伟群　罗怀梅　郭　月
赵春明　徐翠莲　曹东彬　曹国东

北京市“三八”红旗奖章

张　洁

第四届北京市优秀中国特色社会主义事业建设者

齐向东　张绍秋　韩　东

第七届首都民族团结进步先进个人

李云伟　张凤英　苏素珍

北京军区“党管武装先进个人”

王　宁

北京市检察机关2011-2012年度先进个人

黄　钢　马鲁原　徐　岚　李旭东
甄世强　马昭辉　张　伟　郭晓钰
陆　叶　佟晓琳　林　娜　刘　炎
张　康

北京市抗击“7·21”特大自然灾害先进个人

郭　月

北京市优秀劳动保障监察员

张京亮　高海军

北京市节能减排先进个人

崔凤兰

北京市住房和城乡建设系统先进个人

王乐斌　杨玉宏

首都绿化美化积极分子

焦荣梅　张皓婧

2011-2012年度北京市交通工作先进工作者

刘长江　王学强

北京市第十四届“首都旅游紫禁杯”先进个人

周伟群　刘长江

北京市有突出贡献的科学、技术、管理人才

王功伟

北京市优秀教育工作者

刘长铭　王　岚

北京市优秀教师

秦红岭　丁激扬

2010-2012年北京市语言文字先进个人

边晓霞

北京市“孝星”

徐　韬　徐育红　李　节　杨召霞

（责任编辑　陈　艳）

统计资料

说明：

1.统计资料中“#”表示其中项。

2. “*”表示数据小于等于2。

3. “空格”表示数据不详或没有数据。

4. “…”表示因数据不足最小计算单位而省略。

行政区划与土地面积

表1

地　　区	社区居委会（个）	辖区面积（平方公里）
全　　区	255	50.7
德胜街道	23	4.14
什刹海街道	25	5.8
西长安街街道	13	4.24
大栅栏街道	9	1.27
天桥街道	8	2.07
新街口街道	21	3.7
金融街街道	19	3.78
椿树街道	7	1.09
陶然亭街道	8	2.14
展览路街道	21	5.87
月坛街道	26	4.13
广安门内街道	18	2.43
牛街街道	10	1.44
白纸坊街道	18	3.11
广安门外街道	29	5.49

（资料来源：西城区民政局）

社会经济主要指标

表2

项　　目	计量单位	2013年	2012年
人口			
常住人口	万人	130.3	128.7
年末户籍人口	万人	140.3	138.0
西城生产总值地区	亿元	2825.7	2593.5
第二产业	亿元	275.5	263.0
第三产业	亿元	2550.1	2330.5
人均地区生产总值	美元/人	35015	31923

表 2 续 1

项　目	计量单位	2013 年	2012 年
商业			
#社会消费品零售额	亿元	840.5	764.3
投资			
全社会固定资产投资总额（按项目建设地口径）	亿元	213.0	198.4
#房地产投资	亿元	114.8	129.9
财政			
公共财政预算收入	亿元	341.9	309.1
区级各项税收	亿元	331.3	298.2
公共财政预算支出	亿元	286.6	259.0
劳资			
法人单位从业人员	人	1119556	1104792
城镇单位在岗职工	人	767808	746157
城镇单位人员全年劳动报酬、生活费	万元	11846059	10557862
城镇单位在岗职工工资总额	万元	10718505	9489957
城镇单位在岗职工年平均工资	元	141728	128919
西城园			
总收入	亿元	1060.6	764.9
工业			
工业企业总产值（现价）	亿元	887.1	832.7
建筑业			
建筑业总产值	亿元	578.4	560.0
人民生活			
居民人均可支配收入	元	43479	39772
居民人均消费性支出	元	29474	27149
恩格尔系数	%	29.73	30.47
居民消费价格指数（以上年同期价格为 100 的指数）	%	103.3	103.3
居民人均住房总建筑面积	平方米	21.9	22.3
中央、市、区三级税收	亿元	3771.9	3052.5
国税税收收入	亿元	3257.0	2564.3
地税税收收入	亿元	514.9	488.2
区属国有企业资产总量	亿元	407.5	334.9
基本单位情况			
法人单位数	个	31442	31713
产业活动单位数	个	11088	11416
企业基本情况			
从业人员	人	1119556	1104792
资产总额	亿元	714990.9	693962.5
收入合计	亿元	18493.3	17207.7
对外经济贸易			
“三资”企业实际利用外资额	亿美元	5.0	6.1
城市建设及环境保护			
城市绿化覆盖率	%	29.0	28.9
人均公园绿地面积	平方米/人	3.3	3.3

表 2 续 2

项　目	计量单位	2013 年	2012 年
可吸入颗粒物（PM10）	微克/立方米	112.5	110.9
细颗粒物（PM2.5）年均浓度值	微克/立方米	91.7	
降尘量	吨/平方公里·月	5.8	6.0
垃圾分类收集率	%	100	100
就业与社会保障			
城镇登记失业率	%	0.73	0.94
城镇登记失业人员就业率	%	72.23	72.61
养老保险基金征缴率	%	99.83	99.79
基本医疗保险基金征缴率	%	99.99	99.98
失业保险基金征缴率	%	99.90	99.80
工伤保险基金征缴率	%	99.78	99.65
民政			
抚恤、补助优抚对象人数	人	1489	1494
全区老龄人口数	人	336410	321722
最低生活保障人数	人	21441	22557
各种收养性单位个数	个	28	27
基础教育			
学校个数	个	196	194
# 小学	个	72	72
初级中学	个	7	7
高级中学	个	3	3
在校生数	人	129952	125644
# 小学	人	57311	52436
初级中学	人	5157	5111
高级中学	人	1677	1625
毕业生数	人	29048	30098
# 小学	人	7884	8250
初级中学	人	1613	1636
高级中学	人	541	514
科技			
输出技术合同成交项数	个	6123	4832
输出技术合同成交总金额	亿元	116.2	106.8
吸纳技术合同成交项数	个	4674	4159
吸纳技术合同成交总金额	亿元	101.7	122.7
文化			
区属公共图书馆	个	3	3
总藏量	万册	209.2	209.0
# 图书	万册	181.6	159.0
文化馆	个	2	2
文物保护单位	处	181	184
# 全国重点文物保护单位	处	42	32
北京市文物保护单位	处	61	74
卫生			
卫生机构	个	611	607

表 2 续 3

项　目	计量单位	2013 年	2012 年
卫生技术人员	人	31849	31634
# 执业医师	人	11129	10942
注册护士	人	13392	13521
医疗床位	张	14562	14151
平均每千常住人口医院床位数	张	11.1	11.0
平均每千常住人口拥有职业（助理）医师	人	8.5	8.5
平均每千常住人口拥有注册护士	人	10.3	10.5
体育			
新增运动员	人	202	239
新增教练员	人	68	69
裁判员	人	115	143
社会体育指导员	人	403	480
体育场地数（区域）	块	1132	1139
文明建设情况			
文明机关个数	个	782	814
文明社区个数	个	166	161

西城区生产总值

表 3

项　目	2013 年		2012 年	
	绝对值（万元）	比重（%）	绝对值（万元）	比重（%）
总　计	28256733	100.0	25934939	100.0
第二产业	2755418	9.8	2629593	10.1
工业	2130957	7.5	2028497	7.8
建筑业	624461	2.2	601096	2.3
第三产业	25501315	90.2	23305346	89.9
交通运输、仓储和邮政业	584989	2.1	534795	2.1
信息传输、计算机服务和软件业	981081	3.5	911610	3.5
批发和零售业	2645723	9.4	2531475	9.8
住宿和餐饮业	415659	1.5	436140	1.7
金融业	12067200	42.7	11022181	42.5
房地产业	1238837	4.4	1142068	4.4
租赁与商务服务业	2514277	8.9	2144262	8.3
科学研究、技术服务和地质勘查业	1382051	4.9	1214283	4.7
水利、环境和公共设施管理业	98527	0.3	89781	0.3
居民服务和其他服务业	124916	0.4	117773	0.5
教育	572112	2.0	511248	2.0
卫生、社会保障和社会福利业	768613	2.7	675834	2.6
文化、体育和娱乐业	783296	2.8	722008	2.8
公共管理和社会组织	1324034	4.7	1251888	4.8
人均地区生产总值				
按全年平均汇率折合美元（美元）	35015		31923	

注：1. 按常住人口计算人均地区生产总值，常住人口数为北京市统计局根据抽样调查推算数据统一提供，西城区2013 年末常住人口数为 128.7 万人，2012 年末常住人口数为 124.0 万人。

2. 由于小数进位问题，分项所占比重之和可能不等于合计。

3. 表中数据为最终核算数据。

全部法人、产业活动单位

表 4 单位：个

项　目	法人单位	单产业单位	多产业单位	产业活动单位
总　计	31442	29077	2365	11088
按隶属关系分				
中央	2430	2047	383	2051
省（自治区、直辖市）	1474	1263	211	1155
地（区、市、州、盟）	1620	1487	133	886
街道、镇、乡	212	195	17	90
其他	25706	24085	1621	6906
按登记注册类型分				
内资	30670	28410	2260	9884
国有	3536	3220	316	1823
集体	979	899	80	230
股份合作	1663	1545	118	328
国有联营	4	3	*	3
集体联营	11	10	*	*
国有与集体联营	11	11		*
其它联营	12	10	*	7
国有独资公司	248	205	43	274
其它有限责任公司	4977	4423	554	2849
股份有限公司	273	193	80	812
私营独资	928	902	26	107
私营合伙	549	535	14	57
私营有限责任公司	15996	15081	915	2856
私营股份有限公司	460	436	24	124
其他	1023	937	86	412
港澳台商投资	335	288	47	496
与港澳台商合资经营	107	88	19	114
与港澳台商合作经营	19	16	3	15
港澳台商独资	207	182	25	367
港澳台商投资股份有限公司	*	*		
其他港澳台投资				
外商投资	437	379	58	708
中外合资经营	135	118	17	160
中外合作经营	23	22	*	11
外资企业	265	227	38	508
外商投资股份有限公司	12	10	*	27
其他外商投资	*	*		*
按国民经济行业分				
农、林、牧、渔业	13	11	2	6
采矿业	3	3		*

表 4 续 1

项　目	法人单位	单产业单位	多产业单位	产业活动单位
制造业	480	411	69	168
电力、燃气及水的生产和供应业	20	12	8	86
建筑业	658	575	83	356
批发和零售业	9936	9162	774	3000
交通运输、仓储和邮政业	327	282	45	184
住宿和餐饮业	1573	1368	205	978
信息传输、软件和信息技术服务业	961	896	65	224
金融业	389	292	97	1009
房地产业	1415	1217	198	530
租赁和商务服务业	7491	7209	282	966
科学研究和技术服务业	2792	2633	159	409
水利、环境和公共设施管理业	128	117	11	19
居民服务、修理和其他服务业	1004	916	88	240
教育	937	922	15	28
卫生和社会工作	227	218	9	63
文化、体育和娱乐业	1357	1300	57	133
公共管理、社会保障和社会组织	1731	1533	198	1292
国际组织				

企业基本情况

表 5

项　目	单位数（个）	收入合计（万元）
总　计	31442	184932584.1
按隶属关系分		
中央	2430	113896030.3
省（自治区、直辖市）	1474	23655226.4
地（区、市、州、盟）	1620	9496888.5
街道、镇、乡	212	19695.7
其他	25440	37793260.8
按登记注册类型分		
内资	30670	172397443.9
国有	3536	48728132.6
集体	979	894373.4
股份合作	1663	102470.2
国有联营	4	
集体联营	11	1117.5
国有与集体联营	11	13781.1
其他联营	12	4164.7
国有独资公司	248	20768385.2
其他有限责任公司	4977	41623366.1

表5续1

项　目	单位数 (个)	收入合计 (万元)
股份有限公司	273	53412634.0
私营独资	928	7994.1
私营合伙	549	321944.9
私营有限责任公司	15996	5007531.4
私营股份有限公司	460	73498.1
其他	1023	1438050.6
港澳台商投资	335	4251642.3
与港澳台商合资经营	107	482167.8
与港澳台商合作经营	19	77259.7
港澳台商独资	207	3686549.8
港澳台商投资股份有限公司	2	5665.0
外商投资	437	8283497.9
中外合资经营	135	1832731.3
中外合作经营	23	29956.1
外资企业	265	6216379.4
外商投资股份有限公司	12	204431.1
按国民经济行业分	31442	
农、林、牧、渔业	13	
采矿业	3	22570.3
制造业	480	1475022.6
电力、燃气及水的生产和供应业	20	7679340.1
建筑业	658	7401449.4
批发和零售贸易业	9936	66007124.6
交通运输、仓储和邮政业	327	9383649.0
住宿和餐饮业	1573	1023868.9
信息传输、计算机服务和软件业	961	4299816.5
金融业	389	52451612.7
房地产业	1415	5069181.6
租赁和商务服务业	7491	9785956.3
科学研究和技术服务业	2792	6230289.8
水利、环境和公共设施管理业	128	622313.7
居民服务、修理和其他服务业	1004	118113.9
教育	937	1234594.2
卫生和社会工作	227	2831774.5
文化、体育和娱乐业	1357	2061618.4
公共管理、社会保障和社会组织	1731	7234287.6

企业主要财务指标

表 6　　单位：万元

项　　目	资产总计	负债合计	利润总额
总　计	7149909265.9	6335570422.8	51821356.5
按隶属关系分	7149909265.9	6335570422.8	51821356.5
中央	6223377747.4	5597981272.0	34557787.2
省（自治区、直辖市）	422330064.3	369249586.5	4495898.2
地（区、市、州、盟）	202869222.8	192217417.2	2723688.6
街道、镇、乡	43378.7	38927.2	454.2
其他	301271404.4	176067630.4	10042990.7
按登记注册类型分			
内资	7012915718.9	6288560786.2	43805061.2
国有	2543133800.1	2327935394.4	15085309.7
集体	1463377.7	967168.1	39251.8
股份合作	104385.5	84974.8	303.2
国有联营			
集体联营	632.0	2528.4	–167.2
国有与集体联营	4511.0	4345.2	2.0
其它联营	1741.2	5250.5	–521.4
国有独资公司	167834088.4	145848331.9	3552585.9
其他有限责任公司	166205222.5		3672504.3
股份有限公司	4124794441.7	3706683721.1	21158090.6
私营独资	3619.0	2266.3	–150.9
私营合伙	3966001.8	105799.1	122968.7
私营有限责任公司	4491960.9	3159554.4	169999.0
私营股份有限公司	74634.7	48677.0	2635.4
其他	837302.4	37666.3	2250.1
港澳台商投资	25914317.4	13427692.2	602082.1
与港澳台商合资经营	2487503.0	1744764.8	99848.2
与港澳台商合作经营	439675.4	442771.1	2573.4
港澳台商独资	22937576.0	11197098.8	498766.4
港澳台商投资股份有限公司	49563.0	43057.5	894.1
外商投资	111079229.6	33581944.4	7414213.2
中外合资经营	5003377.7	3296922.8	294689.5
中外合作经营	552027.4	474267.5	–434.3
外资企业	85748341.7	17500402.5	7067160.6
外商投资股份有限公司	19775482.8	12310351.6	52797.4
按国民经济行业分			
农、林、牧、渔业			
采矿业	790226.7	350787.8	–22597.7
制造业	1991968.8	883552.3	84240.8
电力、燃气及水的生产和供应业	16190138.9	7686642.6	446036.9
建筑业	12094272.5	8974867.5	207403.1
批发和零售贸易业	58019157.5	43665138.5	1619024.8

表 6 续 1

项　目	资产总计	负债合计	利润总额
交通运输、仓储和邮政业	25641338.5	23730319.8	226173.0
住宿和餐饮业	1750271.8	1439762.4	9404.4
信息传输、计算机服务和软件业	179916925.0	31351874.4	13043752.0
金融业	6515711349.1	6086718518.9	23889067.6
房地产业	58450902.7	40271410.0	1088728.4
租赁和商务服务业	229936912.8	69308121.5	9386894.3
科学研究和技术服务业	29685864.5	16478570.5	1657340.0
水利、环境和公共设施管理业	1253971.1	659083.9	8794.2
居民服务、修理和其他服务业	123797.6	65173.7	5930.6
教育	1689494.2	275447.8	6340.8
卫生和社会工作	2610746.8	667039.5	18764.7
文化、体育和娱乐业	4420560.7	983986.6	146058.6
公共管理、社会保障和社会组织	9631366.7	2060125.1	

劳动就业基本情况

表 7

项　目	计量单位	2013 年	2012 年
城镇登记失业率	%	0.73	0.94
期末实有城镇登记失业人数	人	5760	7399
其中：女性	人	1850	2253
城镇登记失业人员就业人数	人	19579	23095
其中：女性	人	6416	7742
城镇登记失业人员就业率	%	72.23	72.61
其中：女性	%	72.23	74.51
城镇登记失业人员参加培训人数	人	4587	5057
“4050”困难人员就业人数	人	13855	15356
“4050”困难人员就业率	%	71.8	70.3
职业技能鉴定总人数	人		3735
取得职业资格证书人数	人		3174
职业技能培训人员总量	人	45777	25249
人力资源服务机构数	个	90	92
在职介中心求职登记人数	万人次	9310	13404
职业介绍成功人数	万人次	6637	11000
社区岗位安置就业困难人数	人	10358	11208
用人单位招用就业困难人数	人	1561	1864
基本养老金平均增加水平	元	277	261
职工最低工资标准	元	1400	1260
最低退休金	元	1330	1210

（资料来源：西城区人力资源和社会保障局）

社会保障基本情况

表 8

项　目	计量单位	2013 年	2012 年
参加养老保险单位数	个	21326	19887
参加基本养老保险人数	人	1837600	1755380
基本养老保险基金收入	万元	1809772	1605129
基本养老保险基金支出	万元	1421818	1240707
养老保险基金征缴率	%	99.83	99.79
参加基本医疗保险单位数	个	21994	20387
参加基本医疗保险人数	人	2084381	1963604
基本医疗保险基金收入	万元	1056948	855795
基本医疗保险基金支出	万元	1199000	967387
基本医疗保险基金征缴率	%	99.99	99.98
参加工伤保险单位数	个	21788	20332
参加工伤保险人数	人	1243200	1210382
工伤保险基金收入	万元	30477	25856
工伤保险基金支出	万元	12833	12385
工伤保险基金征缴率	%	99.78	99.65
参加失业保险单位数	个	21518	20048
参加失业保险人数	人	1404400	1393249
领取失业保险金人数	人	26095	30482
失业保险基金收入	万元	83086	72226
失业保险基金支出	万元	30353	30009
失业保险基金征缴率	%	99.9	99.8
参加生育保险单位数	个	20841	18904
参加生育保险人数	人	1206200	1157337
生育保险基金收入	万元	57216	47602
生育保险基金支出	万元	57074	36896
生育保险基金征缴率	%	99.86	99.79
“一老一”小参保人数	万人	17.59	17.19
“一老一”小医疗费用报销数	万元	27265.28	18750

常住人口

表 9

项　目	计量单位	2013 年	2012 年
总　计	万人	130.3	128.7
常住人口分性别			
男性人口	万人	64.9	64.2
女性人口	万人	65.4	64.5
常住人口分年龄			
#0-14 岁人口	万人	11.3	11.1
15-64 岁	万人	100.6	99.4
65 岁及以上人口	万人	18.4	18.2
60 岁及以上人口	万人	24.8	24.6
出生人数	人	13342	12067
出生率	‰	10.3	9.55
死亡人数	人	7882	8217
死亡率	‰	6.09	6.50

法人单位年末平均人数

表 10

项　目	年平均人数				
		在岗职工	劳务派遣人员	其他从业人员	不在岗职工
按产、行业分	944696	756271	94277	94148	20537
农、林、牧、渔业	190	190			9
采矿业					
制造业	16125	13281	1446	1398	1735
电力、燃气及水的生产和供应业	53462	38167	15100	195	383
建筑业	32198	26063	3380	2755	3121
批发和零售贸易业	79554	71061	3969	4524	1795
交通运输、仓储和邮政业	60716	47140	5149	8427	1092
住宿和餐饮业	36155	31725	2290	2140	1016
信息传输、计算机服务和软件业	43101	38024	4156	921	825
金融业	199830	153977	15423	30430	3192
房地产业	56013	40458	10065	5490	2774
租赁和商务服务业	84626	70716	4616	9294	1638
科学研究和技术服务业	70321	54971	5441	9909	534
水利、环境和公共设施管理业	10284	9085	188	1011	340
居民服务、修理和其他服务业	8624	8046	251	327	48
教育	37282	30410	678	6194	641
卫生和社会工作	39694	31664	5411	2619	392
文化、体育和娱乐业	35701	30609	2587	2505	723
公共管理、社会保障和社会组织	80820	60684	14127	6009	279

固定资产投资额

表 11 单位：万元

项　目	2013 年	2012 年
总　计	2130059	1984355
按隶属关系分		
中央	520336	945406
省（自治区、直辖市）	317475	223487
地（区、市、州、盟）	1038808	328167
街道、镇、乡	81437	487295
其他	172003	
按建设种类分		
固定资产投资	982341	685752
其中：基础设施投资	503379	444845
房地产开发	1147718	1298603
其他		
按产业分		
第二产业	147104	105696
第三产业	1982955	1878659
按工程用途分		
农林牧渔业		
工业建筑业用	147104	105696
商业营业用	19138	54874
住宅	935281	1028680
办公楼	66408	155536
其他	962128	639569
按构成分		
建筑安装工程	752879	660901
设备工器具购置	316744	248391
其他费用	1060436	1075063

房地产开发投资基本情况

表 12

单位：万元

项　目	2013 年	2012 年
投资完成情况		
计划总投资	7507591	9103755
累计完成投资	6729986	7218804
本年完成投资	1147718	1298603
其中：土地开发投资		10394
本年完成投资按构成分		
建筑工程	190008	299549
安装工程	7587	10940
设备购置	18059	34473
其他费用	932064	953641
本年完成投资按用途分		
住宅	918719	687118
办公楼	66408	155536
商业营业用房	19138	54874
其他	143453	401075
土地开发情况		
本年完成土地开发面积		
待开发的土地面积		480964
本年购置土地面积		
商品房销售、出租、待售情况		
商品房预售面积	253669	290426
住宅	253669	140824
办公楼		88774
商业营业用房		7632
其他		53196
商品房现房销售面积	109197	453599
住宅	43579	206468
办公楼	16265	132739
商业营业用房	12523	39896
其他	36830	74496
商品房出租面积	989492	964060
住宅	2795	556
办公楼	662713	554959
商业营业用房	260441	317348
其他	63543	91197
待售面积	802553	1041398
住宅	158797	138260
办公楼	247525	359783
商业营业用房	204571	248987
其他	191660	294368
竣工房屋住宅套数	1380	392

工业企业基本情况及主要财务指标

表 13

项　目	单位数（个）	收入合计（万元）	资产总额（万元）	负债总额（万元）	利润总额（万元）
总　计	503	9176933.0	18972334.4	8920982.7	507680.0
按隶属关系分					
中央	41	6132624.7	9502865.1	5090542.4	150755.1
省（自治区、直辖市）	35	515210.3	5051626.0	2172676.4	42369.8
地（区、市、州、盟）	52	17248.0	51988.4	49437.5	-39.5
街道、镇、乡	10				
其他	365	2511850.0	4365854.9	1608326.4	314594.6
按登记注册类型分					
内资	459	7198757.1	15456268.0	7691072.3	220643.3
国有	44	5299673.1	7765814.1	4294100.2	135554.7
集体	58	64168.0	79575.0	37104.7	6585.7
股份合作	49	5281.9	5201.4	3211.0	-44.8
联营	3				
有限责任公司	105	1593328.8	7152763.2	3221271.3	68686.4
股份有限公司	6	192971.2	370376.9	71153.7	8626.0
私营	194	43334.1	82537.4	64231.4	1235.3
其他					
港澳台商投资	18	52422.0	42275.9	14244.1	2873.0
外商投资	26	1925753.9	3473790.5	1215666.3	284163.7
按国民经济行业分					
煤炭开采和洗选业					
石油和天然气开采业	*	22570.3	790226.7	350787.8	-22597.7
黑色金属矿采选业					
有色金属矿采选业					
非金属矿采选业					
开采辅助活动	*				
其他采矿业					
农副食品加工业	5	38737.5	43993.2	30943.1	-3083.8
食品制造业	11				

表 13 续 1

项　目	单位数（个）	收入合计（万元）	资产总额（万元）	负债总额（万元）	利润总额（万元）
总　计	503	9176933.0	18972334.4	8920982.7	507680.0
酒、饮料和精制茶制造业	*				
烟草制品业					
纺织业	8	6827.4	2375.1	1473.2	9.2
纺织服装、服饰业	25	7102.0	6574.3	4664.5	764.4
皮革、毛皮、羽毛（绒）及其制品和制鞋业	5				
木材加工和木、竹、藤、棕、草制品业					
家具制造业	3				
造纸及纸制品业	10				
印刷业和记录媒介的复制业	82	456139.6	635932.4	169697.5	63182.6
文教、工美、体育和娱乐用品制造业	21	341467.6	381507.1	264334.4	-8508.5
石油加工、炼焦和核燃料加工业					
化学原料及化学制品制造业	11				
医药制造业	4				
化学纤维制造业	*				
橡胶和塑料制品业	12	53813.8	49072.0	10112.5	6946.8
非金属矿物制品业	9	97100.6	143096.0	114123.8	1127.7
黑色金属冶炼及压延加工业					
有色金属冶炼及压延加工业	5	110830.5	90151.0	6675.0	7307.0
金属制品业	25	45614.0	160021.6	60623.2	2609.3
通用设备制造业	42	41088.4	82306.7	55919.9	3569.7
专用设备制造业	53	57130.2	80752.0	52749.9	4674.7
汽车制造业	7	5589.7	8002	4538.6	-40.4
铁路、船舶、航空航天和其他运输设备制造业	*				
电气机械及器材制造业	47	41540.4	61417.5	35327.6	1930.3
计算机、通信和其他电子设备制造业	30	158299.5	226023.5	59576.7	4968.6
仪器仪表制造业	53	13741.4	20744.4	12792.4	-1216.8
其他制造业	4				
废弃资源综合利用业					
金属制品、机械和设备修理业	4				
电力、热力的生产和供应业	13	5376449.4	7859887.9	4420099.3	124514.1
燃气生产和供应业	*	1875702.4	3405714.6	1170195.1	279525.9
水的生产和供应业	6	427188.3	4924536.4	2096348.2	41996.9

建筑业企业主要生产指标

表 14

项　目	建筑业总产值（万元）	建筑工程产值（万元）	劳动生产率（元/人）	竣工产值（万元）	房屋建筑竣工面积（平方米）	实行投标承包竣工面积	年末自有机械设备		
							净值（万元）	总台数（台）	总功率（千瓦）
总　计	5784341	5293380	1639680	3248004	7129038		67942	13752	439267
按隶属关系分									
中央	1152592	848962	1725883	402992	1243475		23050	3353	128740
省（自治区、直辖市）	3137296	3111724	2926753	2121312	5861189		14230	4212	79683
地（区、市、州、盟）	64398	62258	903594	58512			440	136	1163
街道、镇、乡	5464	3146	357477	5464					
其他	1424591	1267291	794291	659724	24374		30221	6051	229681
按登记注册类型分									
内资	5735945	5246744	1635366	3242768	7129038		67842	13507	433535
国有	139792	105174	763239	70573			2052	392	6769
集体	26203	17107	281360	17945	39232		126	109	709
股份合作	1663	1663	319788	1731				2	7
有限责任公司	5063960	4736612	2076277	2815315	7085103		53410	10091	393396
股份有限公司	292			292			10	30	35
私营	504035	386188	535926	336912	4703		12244	2883	32619
港澳台商投资	46433	46433	3439459	4968			31	240	52
外商投资	1963	203	31292	268			69	5	5680
按国民经济行业分									
房屋建筑业	3412714	3317310	3094794	2190683	7110740		24989	3858	150614
土木工程建筑业	1033930	1027300	1612209	391978	16003		28755	3475	251660
建筑安装业	740333	371357	618515	275763			9038	2384	23644
建筑装饰和其他建筑业	597364	577414	628443	389581	2295		5160	4035	13349

服务业财务状况

表 15　　单位：个、人、亿元

项　目	单位数	从业人员平均人数	资产总计	本年收入合计	利润总额
合　计	18035	464579	48875.8	4470.6	2463.1
按国民经济行业分					
铁路运输业	4	21736	225.5	166.8	6.3
道路运输业	113	31469	81.4	54.7	4.3
水上运输业	*	106	3.9	1.6	0.1
航空运输业	*	1449	16.2	15.1	0.0
装卸搬运和运输代理业	168	3827	17.0	23.7	1.7
仓储业	14	774	1959.6	668.1	8.9
邮政业	25	349	260.5	8.4	1.3
电信、广播电视和卫星传输服务	90	29692	17862.3	348.5	1287.3
互联网和相关服务	107	3699	40.2	31.7	5.0
软件和信息技术服务业	764	7961	89.2	49.7	12.0
房地产业（不包括房地产开发经营）	1083	39954	384.7	90.3	13.1
租赁业	102	1039	40.2	5.6	2.9
商务服务业	7389	72223	22953.5	973.0	935.8
研究与试验发展	172	11566	196.5	81.7	4.3
专业技术服务业	1413	45356	2578.6	489.0	156.9
科技推广和应用服务业	1207	5320	193.5	52.4	4.5
水利管理业	13	443	56.2	4.2	0.5
生态保护和环境治理业	21	1401	37.2	8.0	0.0
公共设施管理业	94	7068	32.0	50.0	0.3
居民服务业	527	4586	3.8	4.8	-0.1
机动车、电子产品和日用产品修理业	247	1079	3.6	4.2	0.2
其他服务业	230	3251	4.9	2.9	0.5
教育	937	29005	168.9	123.5	0.6
卫生	178	38086	258.4	278.4	1.9
社会工作	49	326	2.7	4.8	0.0
新闻出版业	347	18974	315.3	142.0	14.0
广播、电视、电影和影视录音制造业	146	3561	50.2	21.7	0.3
文化艺术业	301	6354	59.1	32.2	0.5
体育	177	1013	8.8	3.1	-0.1
娱乐业	386	354	8.7	7.1	0.0
中国共产党机关	32	5254	74.5	45.6	0.0
国家机构	340	61170	734.7	484.3	0.0
人民政协和民主党派	11	718	18.0	5.1	0.0
社会保障	15	327	0.5	9.3	0.0
群众团体、社会团体和其他成员组织	1079	5089	135.4	179.1	0.0
基层群众自治组织	254	—	—	—	—

批发和零售业企业基本情况

表 16

项　目	单位数（个）	从业人员平均人数（人）	主营业务收入（万元）	资产总额（万元）	负债总额（万元）	利润总额（万元）
总　计	9936	83102	58000959	50045033	37662737	1508352
按注册类型分						
内资	9784	72695	53211091	46678770	35453186	1496272
国有	279	5849	10928705	9353181	6091650	382571
集体	337	767	136385	203920	185077	-1277
股份合作	602	173	24315	8853	7583	-40
联营	8	19	13719	4511	4345	2
有限责任公司	1406	27905	32412938	31153188	24629653	956748
股份有限公司	57	23316	6775484	4339718	3249338	117036
私营	7095	14666	2919546	1615399	1285540	41233
其他						
港澳台商投资	58	3930	218252	266765	236988	-6123
外商投资	94	6477	4571616	3099499	1972562	18203
按国民经济行业分						
批发业	5071	28983	51913455	45501156	34563392.4	1284020.4
零售业	4865	54119	6087504	4543878	3099344	224331

金融业企业基本情况

表 17

项　目	单位数（个）	从业人员（人）	收入合计（万元）	资产总额（万元）	负债总额（万元）	利润总额（万元）
总　计	389	181301	52451613	6515711349	6086718519	23889068
按隶属关系分						
中央	81	75353	33336533	5811865469	5437437350	16284871
省（自治区、直辖市）	48	58672	9474244	352335454	338717700	3413862
地（区、市、州、盟）	30	21073	3988849	182933025	181355752	2181461
街道、镇、乡						
其他	230	26203	5651987	168577400	129207716	2008873
按注册类型分						
内资	342	174900	51261539	6495947189	6070560592	23502839
国有	23	7597	4966363	2248532035	2253086236	–450434
集体	*	5	2370	19005	1391	1250
股份合作						
联营						
有限责任公司	175	18068	6117546	182242601	158334124	4000009
股份有限公司	68	148000	40038878	4060940277	3658992456	19883322
私营	75	1230	136382	4213271	146385	68692
其他						
港澳台商投资	15	2474	375781	2411358	1941548	72634
外商投资	32	3927	814294	17352803	14216379	313596
按国民经济行业分						
货币金融服务	104	11998	3470263	623578242	5850028804	19440429
资本市场服务	95	13369	3146455	45753997	20641733	1647078
保险业	115	42128	12114883	124582063	107678762	1205317
其他金融业	75	5819	2487637	109592863	108369220	1596243

房地产企业基本情况

表 18　　计量单位：个、万元、人

项　目	单位数	资产合计	收入合计
总　计	332	57224526.1	4935578.2
按注册类型			
内资	297	47334872.5	4100666
国有	22	3671762.6	74325.2
集体	1		
股份合作			
联营			
有限责任公司	211	29243054.5	2852463
股份有限公司	15	13724566.7	1119315.5
私营	48	695488.7	54562.3
其他			
港澳台商投资	17	3782235.4	424723.2
外商投资	18	6107418.2	410189
按隶属关系分			
中央	28	4670583.6	641318.1
市	41	13217890	1450487.5
区（县）	41	15009512.3	1096139.4
街道和社区居委会	3	172279.3	11709.2
其他	219	24154260.9	1735924
按资质等级分			
一级	15	19768215.9	2197049.4
二级	22	8450935.4	818999.4
三级	28	3106609.9	258874.8
四级	125	13951721.8	1010168.8
暂定	55	5748752.6	430200.8
其他	87	6198290.5	220285
按营业状态分			
营业	273	53771845.2	4704404
停业（歇业）	48	3128093.1	191760.6
筹建			
其他	11	324587.8	39413.6

社会消费品零售额

表 19　　单位：万元

项　目	2013 年	2012 年	2013 年比 2012 年± (%)
总　计	8404736	7643400	10.0
限额以上单位	6797869	6411683	6.0
批发业	541824	556853	-2.7
零售业	5049004	4937993	2.2
住宿业	153449	182803	-16.1
餐饮业	612897	734034	-16.5
限额以下及个体单位	1000437	843132	18.7
商品交易市场	606430	388585	56.1

区地方财政收入

表 20　　单位：万元

项　目	2013 年	2012 年
总　计	3454996	3642544
公共财政预算收入	3419481	3091077
税收收入	3313279	2982104
增值税	309403	169902
营业税	1158909	1240436
企业所得税	1142538	958782
城市维护建设税	244793	237008
房产税	232579	215709
印花税	105757	69857
城镇土地使用税	13147	13570
土地增值税	79308	53590
车船税	26845	23250
非税收收入	106202	108973
专项收入	61704	59775
行政事业性收费收入	31206	24905
罚没收入	3050	1374
国有资源（资产）有偿使用收入	9487	12564
其他收入	755	10355
政府性基金预算收入	21018	542154
国有资本经营预算收入	14497	9313

（资料来源：西城区财政局）

区地方财政支出

表 21　　　　单位：万元

项　目	2013 年	2012 年
合　计	2948997	3143174
公共财政预算支出	2866454	2589944
一般公共服务	237114	201244
国防	2252	2374
公共安全	100654	106812
教育	493033	453084
科学技术	26058	26093
文化体育与传媒	35413	53700
社会保障和就业	395669	371619
医疗卫生	174664	165890
节能环保	121062	58852
城乡社区事务	941678	869398
农林水事务	155	200
交通运输	1980	
资源勘探电力信息等事务	5134	5453
商业服务业等事务	5668	6121
国土资源气象等事务		76
住房保障支出	68644	105552
粮油物资管理事务	2978	3359
其他支出	254298	160117
政府性基金支出	70893	545580
国有资本经营预算支出	11650	7650

（资料来源：西城区财政局）

区国税税收收入

表 22 单位：万元

项　目	合计	增值税	营业税	企业所得税	其他
总　计	32570380	1647756	307744	30560489	54391
农、林、牧、渔业	237	5		232	
采矿业	-935092	98		-935190	
制造业	246584	121384		125200	
电力、燃气及水的生产和供应业	2348608	738718		1609890	
建筑业	95194	14033		81161	
交通运输、仓储和邮政业	1288360	458671		793754	35935
信息传输、计算机服务和软件业	33405	22341		11064	
批发和零售业	2003779	29117		1974662	
金融业	25816345	8578	307744	25481828	18195
房地产业	140824	621		140203	
租赁和商务服务业	1230018	102884		1127126	8
其他行业	302118	151306		150559	253

（资料来源：西城区国家税务局）

区地税税收收入

表 23 单位：万元

项　目	合计	营业税	企业所得税	其他
总　计	5387090	2322816	453814	2610460
农、林、牧、渔业	4607	0	7	4600
采矿业	22480	0	0	22480
制造业	60951	0	10462	50489
电力、燃气及水的生产和供应业	186849	0	21047	165802
建筑业	136429	80541	14447	41441
交通运输、仓储和邮政业	234128	0	45434	188694
信息传输、计算机服务和软件业	27446	9415	2349	15682
批发和零售贸易业	96177	66135	2505	27537
住宿和餐饮业	214776	91072	1475	122229
金融业	2193601	1221831	45173	926597
房地产业	590331	171114	167193	252024
租赁和商务服务业	411863	105141	88459	218263
居民服务和其他服务业	463399	110384	37305	315710
教育	23986	4391	1996	17599
卫生、社会保障和社会福利业	39740	1451	1888	36401
文化、体育和娱乐业	86255	11512	2785	71958
其他	411559	308583	9065	93911

（资料来源：西城区地方税务局）

危旧房改造基本情况

表 24

项　目	计量单位	2013 年	2012 年
自年初累计完成投资	亿元	28.4	35.7
房屋开复工面积	万平方米	107.7	156.8
其中：新开工房屋面积	万平方米	21.1	2.8
其中：住宅	万平方米	37.6	46.8
房屋竣工面积	万平方米	49.7	70.2
其中：住宅	万平方米		13.7
已开工建设	片		
拆除房屋总面积	万平方米		
其中：危房	万平方米		
动迁居民	户		
其中：危旧房改造动迁居民	户		
签约居民	户		
其中：危旧房改造签约居民	户		

（资料来源：西城区住房城市建设委员会）

城市园林绿化

表 25

项　目	计量单位	2013 年	2012 年
年末园林绿地面积	公顷	1050.14	1044.95
人均绿地面积	平方米/人	7.58	7.54
绿地率	%	20.78	20.68
年末公园绿地面积	万平方米	462.89	459.99
人均公园绿地面积	平方米/人	3.34	3.32
城市绿化覆盖面积	公顷	1466.48	1461.29
绿化覆盖率	%	29.02	28.92
道路绿化总长度	公里	142.88	142.47
实有树木	万株	247.98	241.24
其中：本年新植	万株	6.74	2.61
实有草坪	万平方米	470.56	462.69
其中：本年新植	万平方米	7.87	2.18
公园个数	个	28	28
其中：市级以上公园	个	5	5

（资料来源：西城区园林局）

城市环境卫生

表 26

项　目	计量单位	2013 年	2012 年
机扫车	台	113	83
垃圾车	台	181	224
真空吸粪车	台	27	25
果皮箱	个	3544	3663
公共、公用厕所	座	1191	1201
改建公共厕所	座	25	40
新建公共厕所	座	2	2
维修公共厕所	座次	176	240
密闭式清洁站	座	74	77
清扫街道数量	条	236	221
城市道路清扫保洁面积	万平方米/日	824	827
其中：机扫面积	万平方米/日	511	511
洒水面积	万平方米/日	343	343
生活垃圾产生量	万吨	53	55
生活垃圾清运量	万吨	53	55
生活垃圾无害化处理量	万吨	53	55
生活垃圾无害化处理率	%	100	100
粪便清运量	万吨	30	31
粪便无害化处理量	万吨	30	31
粪便无害化处理率	%	100	100
垃圾分类收集率	%	100	100

（资料来源：西城区环卫中心）

城市环境保护

表 27

项　　目	计量单位	2013 年	2012 年
水环境			
废水排放总量	万吨	80.64	9593.18
其中：工业废水排放达标量	万吨	135.46	142.19
生活污水排放量	万吨	9637.46	9450.99
工业废水排放达标率	%	100	100
大气环境			
空气质量达到二级和好于二级的天数	天		282
空气质量达到二级和好于二级的天数占全年比例	%		77.10
环境污染治理			
环境污染事故次数	次		
环境污染与破坏事故直接经济损失	万元		
环境污染与破坏事故赔罚款总额	万元		
环境污染治理投资总额	万元	603000	520987.22
城市环境保护投资指数	%	2.13	2.02
城市环境基础设施建设本年完成投资额	万元	342511.3	487804.22
工业污染治理施工项目本年完成投资额	万元	260488.7	33183
“三同时”完成验收项目环保投资	万元	2922.95	45374.4
“三同时”合格执行率	%	100	100
排污费收入总额	万元	5.16	3.55
城市环境			
建成环境噪声达标区面积	平方公里	42.06	42.06
建成环境噪声达标区覆盖率	%	85.1	85.1
可吸入颗粒物（PM10）	微克/立方米	112.5	111
细颗粒物（PM2.5）年均浓度值	微克/立方米	91.7	
二氧化硫（SO2）年日均值	毫克/立方米	28.8	31
二氧化氮（NO2）年日均值	毫克/立方米	59.6	59
降尘量	吨/平均公里·月	5.8	6
区域噪声平均值	分贝	53.8	54
交通干线噪声平均值	分贝	67.7	67.8

（资料来源：西城区环保局）

基础教育班数、学生数情况

表 28

	班数	毕业生数	招生数	在校学生数	
					# 本市生源
合计	4137	29048	35586	129952	101694
幼儿园	572	3977	5178	16385	13390
义务教育	2664	17222	23103	89641	65994
小学教育	1814	8314	13382	60685	43310
小学	1717	7884	12760	57311	41219
九年一贯制学校（小学部）	54	203	280	1681	781
十二年一贯制学校（小学部）	43	227	342	1693	1310
初中	850	8908	9721	28956	22684
初级中学	143	1613	1732	5157	4357
九年一贯制学校（初中部）	11	102	102	290	157
十二年一贯制学校（初中部）	24	257	273	846	662
完全中学	666	6882	7578	22525	17461
高中	829	7726	7210	23266	21965
高级中学	53	541	460	1677	1512
十二年一贯制学校（高中部）	24	247	240	728	708
完全中学	719	6833	6461	20334	19242
特殊教育	64	72	49	577	345
工读学校	8	51	46	83	

居民物质文化生活基本情况

表 29

项　目	计量单位	2013 年	2012 年
平均每一就业者负担人数	人	1.28	1.29
收入与消费支出			
居民人均可支配收入	元	43479	39772
居民人均消费性支出	元	29474	27149
人均现住房总建筑面积	平方米	21.95	22.33
耐用消费品			
每百户拥有家用电脑	台	109.8	123.6
每百户拥有彩色电视机	台	130.8	151.6
每百户拥有电冰箱	台	99.3	103.4
每百户拥有空调器	台	155.4	176.8
交通、通讯			
每百户拥有家用汽车	辆	36.8	39.4
每百户拥有移动电话	部	225.7	241.4
每百户拥有互联网	条	99.9	116
公用			
液化气、煤气普及率	%	99.1	99.2
人均绿地面积	平方米		
教育、文化			
居民人均文化娱乐用品	元	1146.44	941.05
居民人均教育支出	元	1029.51	1029.72
居民人均书报杂志支出	元	104.07	60.56

调查户居民家庭基本情况

表 30

项目	计量单位	合计	按年人均可支配收入分组				
			低收入户20%	中等偏下收入户20%	中等收入户20%	中等偏上收入户20%	高收入户20%
一、调查户数	户	502					
二、家庭户均人口数	人	2.75					
（一）有收入者人数	人	2.34					
1.就业人口数	人	1.51					
国有经济单位职工人数	人	0.73					
城镇集体经济单位职工人数	人	0.00					
其他各种经济类型单位职工	人	0.00					
城镇个体经营者人员数	人	0.08					
城镇个体被雇人员数	人	0.00					
离退休再就业人员数	人	0.08					
其他就业人员数	人	0.62					
2.离退休人数	人	0.81					
3.其他有收入者人数	人	0.02					
（二）无收入者人数	人	0.40					
三、平均每一就业者负担人数	人	1.28					
四、家庭年人均总收入	元	49413.85					
其中：人均可支配收入	元	43478.85					
五、家庭年人均总支出	元	38224.05					
其中：人均消费性支出	元	29474.17					
六、恩格尔系数	%	29.73%					

（资料来源：区统计局城市住户抽样调查）

调查户居民家庭年人均收入

表 31 单位：元

项目	全区平均	按年人均可支配收入分组				
		低收入户 20%	中等偏下收入户 20%	中等收入户 20%	中等偏上收入户 20%	高收入户 20%
一、家庭总收入	49413.85					
其中：人均可支配收入	43478.85					
（一）工薪收入	33871.59					
工资及补贴收入	33658.07					
其他劳动收入	213.51					
（二）经营性收入	1446.28					
（三）财产性收入	485.37					
（四）转移性收入	13610.61					
其中：养老金或离退休金	12760.79					
辞退金	0.81					
保险收入	0.00					
赡养收入	133.34					
捐赠收入	147.74					
提取住房公积金	110.20					
二、出售财物收入	0.13					
三、借贷收入	7246.84					
提取储蓄存款	7164.67					
借入款	0.00					
收回借出款	4.48					
收回储蓄性保险本金	59.72					

（资料来源：区统计局城市住户抽样调查）

调查户居民家庭年人均支出

表 32 单位：元

项　目	全区平均	按年人均可支配收入分组				
		低收入户20%	中等偏下收入户 20%	中等收入户 20%	中等偏上收入户 20%	高收入户20%
一、家庭总支出	38224.05					
（一）消费性支出	29474.17					
其中：服务性消费支出						
食品	8763.87					
衣着	2768.25					
居住	2273.48					
家庭设备用品及服务	1943.30					
医疗保健	2129.93					
交通和通信	4506.17					
教育文化娱乐服务	5503.95					
其他商品和服务	1585.22					
（二）购房与建房支出	1078.55					
其中：购房	1069.92					
（三）财产性支出	12.53					
（四）转移性支出	2747.77					
交纳所得税	682.29					
捐赠支出	1452.48					
购买彩票	3.98					
赡养支出	408.80					
其中：在外就学子女费用	44.23					
各种非储蓄性保险支出	147.22					
其中：车辆保险支出	87.82					
其他转移性支出	53.01					
（五）社会保障支出	4911.03					
个人交纳的养老基金	1662.53					
个人交纳的住房公积金	2693.65					
个人交纳的医疗基金	504.14					
个人交纳的失业基金	50.70					
其他社会保障支出						
二、借贷支出	19361.12					
存入储蓄款	18351.60					
借出款	164.07					
归还借款	9.22					
储蓄性保险支出	217.89					
购买有价证券	28.78					
其它投资支出	4.99					
归还住房贷款	576.90					
归还汽车贷款						
其他借贷支出	7.67					

（资料来源：区统计局城市住户抽样调查）

附 录

中共北京市西城区委主要文件目录

中共北京市西城区委文件

京西发〔2013〕1号 中共北京市西城区委北京市西城区人民政府贯彻落实中央和北京市关于改进工作作风密切联系群众有关精神的实施意见

京西发〔2013〕2号 中共北京市西城区委关于印发《中国共产党北京市西城区代表大会代表提议制度（试行)》的通知

京西发〔2013〕3号 中共北京市西城区委印发《区委常委会2013年工作要点》的通知

京西发〔2013〕4号 中共北京市西城区委北京市西城区人民政府关于开展“践为民宗旨、兴务实之风、促社区和谐”实践活动的通知

京西发〔2013〕5号 中共北京市西城区委印发《关于开展“中国梦”学习宣传教育工作的实施方案》的通知

京西发〔2013〕6号 中共北京市西城区委北京市西城区人民政府关于进一步加强和改进调查研究工作的意见

京西发〔2013〕7号 中共北京市西城区委北京市西城区人民政府关于加强和创新社会组织建设与管理工作的意见

京西发〔2013〕8号 中共北京市西城区委关于同意召开北京市西城区第十五届人民代表大会第四次会议的批复

京西发〔2013〕9号 中共北京市西城区委关于同意召开政协北京市西城区第十三届委员会第三次会议的批复

京西发〔2013〕10号 中共北京市西城区委关于深入学习宣传贯彻党的十八届三中全会精神的通知

中共北京市西城区委办公室文件

京西办发〔2013〕1号 中共北京市西城区委办公室北京市西城区人民政府办公室印发《北京市西城区关于进一步推进行政服务体系建设的实施意见》的通知

京西办发〔2013〕2号 中共北京市西城区委办公室北京市西城区人民政府办公室印发《关于进一步加强西城区人民政协提案办理工作的实施意见》的通知

京西办发〔2013〕3号 中共北京市西城区委办公室北京市西城区人民政府办公室关于印发《区委区政府2013年重点工作目标分解表》的通知

京西办发〔2013〕4号 中共北京市西城区委办公室印发《区委常委会2013年议题计划》的通知

京西办发〔2013〕5号 中共北京市西城区委办公室北京市西城区人民政府办公室印发《关于加强和改进全国文明城区创建工作长效机制的意见》的通知

京西办发〔2013〕6号 中共北京市西城区委办公室北京市西城区人民政府办公室关于调整西城区精神文明建设委员会组成人员的通知

京西办发〔2013〕7号 中共北京市西城区委办公室北京市西城区人民政府办公室关于进一步加强和改进西城区办公室系统工作的意见

京西办发〔2013〕8号 中共北京市西城区委办公室北京市西城区人民政府办公室印发《北京市西城区调查研究工作联席会议工作规则》的通知

京西办发〔2013〕9号 中共北京市西城区委办公室北京市西城区人民政府办公室印发《北京市西城区优秀调查研究成果评选办法》的通知

京西办发〔2013〕10号 中共北京市西城区委办公室北京市西城区人民政府办公室印发《北京市西城区调查研究课题管理办法》的通知

京西办发〔2013〕11号 中共北京市西城区委办公室北京市西城区人民政府办公室印发《北京市西城区网络管理规定》的通知

京西办发〔2013〕12号 中共北京市西城区委办公室北京市西城区人民政府办公室关于进一步规范全区重要活动的通知

京西办发〔2013〕13号 中共北京市西城区委办公室北京市西城区人民政府办公室印发《西城区关于城市秩序管理中进一步加强职能部门属地管理的意见》的通知

京西办发〔2013〕14号 中共北京市西城区委办公室北京市西城区人民政府办公室关于建立健全“访民情、听民意、解民难”工作长效机制的通知

京西办发〔2013〕15号　中共北京市西城区委办公室北京市西城区人民政府办公室关于印发《2013年北京市西城区反腐倡廉工作任务的分工意见》的通知

京西办发〔2013〕16号　中共北京市西城区委办公室北京市西城区人民政府办公室关于印发《"十二五"期间西城区街道系统绩效管理实施意见》的通知

京西办发〔2013〕17号　中共北京市西城区委办公室北京市西城区人民政府办公室关于印发《2013年北京市西城区厉行勤俭节约、加强预算管理的实施意见》的通知

京西办发〔2013〕18号　中共北京市西城区委办公室北京市西城区人民政府办公室关于加强政协建议案办理工作的实施意见

京西办发〔2013〕19号　中共北京市西城区委办公室北京市西城区人民政府办公室关于开展创建全国社会组织建设创新示范区活动的通知

京西办发〔2013〕20号　中共北京市西城区委办公室北京市西城区人民政府办公室关于成立西城区百万庄北里居民住房改善项目指挥部的通知

京西办发〔2013〕21号　中共北京市西城区委办公室北京市西城区人民政府办公室关于组建北京马连道建设指挥部北京北展地区建设指挥部的通知

京西办发〔2013〕22号　中共北京市西城区委办公室北京市西城区人民政府办公室关于印发《中共西城区委中关村科技园区西城园工作委员会中关村科技园区西城园管理委员会主要职责内设机构和人员编制规定》的通知

北京市西城区人民政府主要文件目录

西城区人民政府文件

西政发〔2013〕1号　北京市西城区人民政府关于印发北京市西城区空气重污染日应急方案（暂行）的通知

西政发〔2013〕2号　北京市西城区人民政府关于印发北京市西城区促进出版创意产业园区发展办法的通知

西政发〔2013〕3号　北京市西城区人民政府关于印发北京市西城区人民政府及其工作部门诉讼案件应诉工作规则的通知

西政发〔2013〕4号　北京市西城区人民政府关于2012年度绩效管理考评结果的通报

西政发〔2013〕5号　北京市西城区人民政府关于印发北京市西城区促进中小微企业发展实施意见的通知

西政发〔2013〕6号　北京市西城区人民政府关于印发北京市西城区2013年人口和计划生育工作要点的通知

西政发〔2013〕7号　北京市西城区人民政府关于开展第三次全国经济普查的通知

西政发〔2013〕8号　北京市西城区人民政府关于印发北京市西城区行政机关合同管理办法的通知

西政发〔2013〕9号　北京市西城区人民政府关于印发北京市西城区大栅栏琉璃厂历史街区保护管理办法（试行）的通知

西政发〔2013〕10号　北京市西城区人民政府关于印发北京市西城区进一步加强养老服务工作实施意见的通知

西政发〔2013〕11号　北京市西城区人民政府关于公布区级行政规范性文件清理结果的通知

西政发〔2013〕12号　北京市西城区人民政府关于印发北京市西城区空气重污染应急预案（试行）的通知

西政发〔2013〕13号　北京市西城区人民政府关于印发北京市西城区进一步加强社会综合救助工作实施意见的通知

西政发〔2013〕14号　北京市西城区人民政府关于印发北京市西城区贯彻落实质量发展纲要（2011-2020年）实施意见的通知

西政发〔2013〕15号　北京市西城区人民政府关于治理无证无照经营行为维护市场经济秩序的意见

西政发〔2013〕16号　北京市西城区人民政府关于印发北京市西城区2013-2017年清洁空气行动计划的通知

西政发〔2013〕17号　北京市西城区人民政府关于促进旅游与文化、商业融合发展的意见

西政发〔2013〕18号　北京市西城区人民政府关于印发北京市西城区人民政府工作规则的通知

西城区人民政府办公室文件

西政办发〔2013〕1号　北京市西城区人民政府办公室关于进一步加强西城区服务业统计工作的意见

西政办发〔2013〕2号　北京市西城区人民政府办公室关于印发北京市西城区功能街区产业发展投资促进局主要职责内设机构和人员编制规定的通知

西政办发〔2013〕3号　北京市西城区人民政府办公室关于印发北京市西城区政府投资项目建设中心机构设置方案的通知

西政办发〔2013〕4号　北京市西城区人民政府办公室关于印发北京市西城区发展服务中心机构设置方案的通知

西政办发〔2013〕5号　北京市西城区人民政府办公室关于印发北京大观园管理委员会（北京红楼文化艺术博物馆）机构设置方案的通知

西政办发〔2013〕6号　北京市西城区人民政府办公室关于印发北京市西城区人民政府常务会议学法制度的通知

西政办发〔2013〕7号　北京市西城区人民政府办公室关于印发北京市西城区2013年清洁空气行动计划实施

方案的通知

西政办发〔2013〕8号 北京市西城区人民政府办公室关于印发北京市西城区2013年为群众拟办重要实事的通知

西政办发〔2013〕9号 北京市西城区人民政府办公室关于印发北京市西城区邀请特定人员列席区政府常务会议办法的通知

西政办发〔2013〕10号 北京市西城区人民政府办公室关于做好2013年区政府会议重要议题计划实施工作的通知

西政办发〔2013〕11号 北京市西城区人民政府办公室关于印发北京市西城区进一步加强行政调解工作实施意见的通知

西政办发〔2013〕12号 北京市西城区人民政府办公室关于印发北京市西城区“十二五”规划中期评估工作方案的通知

西政办发〔2013〕13号 北京市西城区人民政府办公室关于印发北京市西城区城市管理综合行政执法监察局主要职责内设机构和人员编制规定的通知

西政办发〔2013〕14号 北京市西城区人民政府办公室关于印发北京市西城区房屋征收事务中心机构设置方案的通知

西政办发〔2013〕15号 北京市西城区人民政府办公室关于印发“十二五”期间西城区政府工作部门绩效管理实施意见的通知

西政办发〔2013〕16号 北京市西城区人民政府办公室关于成立西城区第三次全国经济普查领导小组的通知

西政办发〔2013〕17号 北京市西城区人民政府办公室关于印发北京市西城区对失去独生子女家庭开展帮扶工作意见的通知

西政办发〔2013〕18号 北京市西城区人民政府办公室关于进一步明确本区职业卫生监管部门职责分工的通知

西政办发〔2013〕19号 北京市西城区人民政府办公室关于进一步做好人大代表建议政协委员提案办理工作的通知

西政办发〔2013〕20号 北京市西城区人民政府办公室关于认真做好突出火灾隐患挂牌督办工作的通知

西政办发〔2013〕21号 北京市西城区人民政府办公室关于印发北京市西城区行政复议规范化建设实施方案的通知

西政办发〔2013〕22号 北京市西城区人民政府办公室关于开展房屋普查工作的通知

西政办发〔2013〕23号 北京市西城区人民政府办公室关于印发北京市西城区贯彻落实《机关事务管理条例》实施方案的通知

西政办发〔2013〕24号 北京市西城区人民政府办公室转发区教委等部门关于推进中小学校体育工作三年行动计划（2013–2015年）的通知

西政办发〔2013〕25号 北京市西城区人民政府办公室关于印发北京市西城区落实标准化战略工作方案的通知

西政办发〔2013〕26号 北京市西城区人民政府办公室关于成立西城区打击侵犯知识产权和制售假冒伪劣商品工作领导小组的通知

西政办发〔2013〕27号 北京市西城区人民政府办公室关于印发西城区消防工作考核实施办法和考核责任分工的通知

驻区单位

驻区部分中央单位

中国共产党中央委员会	西长安街地区
全国人大常委会	西交民巷23号
国务院	府右街
政协全国委员会	太平桥大街23号
中共中央国家机关工作委员会	西安门大街22号
中共中央纪律检查委员会	平安里西大街41号
中共中央办公厅第一局	府右街10号
中共中央办公厅警卫局	南长街81号
中共中央办公厅机要交通局	西黄城根北街11号
中共中央办公厅老干部局	大觉胡同50号

中共中央直属机关事务管理局	西黄城根北街9号北门
中共中央统战部	府右街135号
中共中央组织部	西长安街80号
中共中央宣传部	西长安街5号
中共中央政策研究室	府右街8号
中华全国总工会	复兴门外大街10号
中国残疾人联合会	西直门南小街186号
国家信访局	南礼士路6号
国务院办公厅	府右街2号
国务院机关事务管理局	西安门大街22号
国务院法制办公室	文津街9号
国务院侨务办公室	阜成门外大街35号
国务院港澳事务办公室	月坛南街77号
国务院台湾事务办公室	广安门南街6–1号
国家发展和改革委员会	月坛南街38号
国家民族事务委员会	太平桥大街252号
中华人民共和国财政部	三里河南三巷3号
中华人民共和国国土资源部	阜成门内大街64号
中华人民共和国卫生部	西直门外南路1号
中华人民共和国教育部	西单大木仓胡同37号
中华人民共和国工业和信息化部	西长安街13号
中华人民共和国监察部	广安门南街甲2号
中华人民共和国审计署	展览路北露园1号
国务院国有资产监督管理委员会	宣武门西大街26号
中华人民共和国新闻出版总署	宣武门外大街40号
中国科学院	三里河路52号
中国工程院	冰窖口胡同2号
中国人民银行	成方街32号
国家邮政局	北礼士路甲8号
国家广播电影电视总局	复兴门外大街2号
国家统计局	月坛南街57号
国家工商行政管理总局	三里河东路8号
国家海洋局	复兴门外大街1号
国家宗教事务局	后海北沿44号
中华人民共和国环境保护部	西直门南小街115号
中华人民共和国水利部	白广路二条2号
国家档案局	丰盛胡同21号
国家食品药品监督管理局	宣武门西大街26号院2号楼
中国印钞造币总公司	西直门外大街甲143号
中国兵器工业总公司	三里河路44号
中国石油天然气集团公司	六铺炕街6号
中国材料工业科工集团公司	西直门内北顺城街11号
中国核工业集团公司	三里河南三巷1号
国家电网公司	西长安街86号
中国保险监督管理委员会	金融大街15号
中国证券监督管理委员会	金融大街19号富凯大厦
国家粮食局	木樨地北里甲11号国宏大厦C座
国家信息中心	三里河路58号
新华通讯社	宣武门西大街57号
中国地质科学院	百万庄大街26号

中国儿童中心	平安里西大街43号
中央人民广播电台	复兴门外大街2号
中国道教协会	西便门外白云观内
中国佛教协会	阜成门内大街25号
中国天主教爱国会	柳荫街14号
伊斯兰教协会	南横西街103号
中国国际贸易促进委员会	复兴门外大街1号

驻区部分市级单位

北京市教育委员会	前门西大街109号
北京市科学技术委员会	西直门南大街16号
北京市司法局	西直门内南小街后广平胡同39号
北京市人力资源和社会保障局	永定门西街5号
北京市市政市容管理委员会	西单北大街80号
北京市交通委员会路政局	广安门内大街317号
北京市交通委交通执法总队	北礼士路22号
北京市农业局	裕民中路6号
北京市国家税务局	车公庄大街10号
北京市地方税务局	车公庄大街8号
北京市园林绿化局	北三环中路3号双全大厦415号
北京市知识产权局	德胜门东大街8号2层
北京市民防局	槐柏树街北里8号
北京市文学艺术界联合会	前门西大街95号
北京市急救中心	前门西大街103号
北京市电力公司	前门西大街41号
北京市自来水集团有限责任公司	宣武门西大街甲121号
北京市燃气集团有限责任公司	西直门南小街22号
北京市地铁运营有限公司西直门外大街2号	
北京市果品有限公司	德胜门外大街5号（德胜园区）
北京北站	北滨河路甲1号
北京市青年宫	西直门南小街68号
北京市西区邮局	南礼士路头条5号

境内金融机构

银行网点

中国工商银行股份有限公司北京市分行	
长安支行营业室	宣内大街乙6号
复外支行	复兴门外大街A2号
复内支行	复兴门内大街55号
西单北大街支行	华远北街2号

西单支行	灵境胡同42号
中海凯旋支行	太平桥大街96号首层
大悦城支行	西单大悦城六层
和平门内支行	北新华街东松树胡同31号一、二层
丰汇园支行	宏英园17号楼一层
新文化街支行	佟麟阁路75号
甘石桥支行	西单北大街6号一层
新街口支行营业室	西内大街143号
西四支行	西四北大街288号
安华桥西支行	北三环中路6号3幢（伦洋大厦）1、2层
积水潭支行	新外大街A18号
德胜科技园支行	德外大街甲11号
赵登禹路支行	平安里西大街31号航天金融大厦一层
德外支行	教场口街9号院乙9–8
西直门内支行	葱店胡同2号院1号楼1层
地安门西大街支行	地安门西大街丁28号
爱民里支行	爱民里小区3号楼
西安门储蓄所	西安门大街103号
棉花储蓄所	棉花胡同52号
南礼士路支行营业室	阜成门外大街8号
礼士路支行	月坛北街26号恒华国际中心写字楼一层
阜外大街支行	展览馆路48号
西直门支行	车公庄大街乙1号一层
百万庄东口支行	百万庄大街16号
西便门支行	西便门外大街4号
燕京支行	三里河东路39号
三里河支行	月坛南街34号
车公庄支行	车公庄大街9号院2号楼商业–4（德胜园区）
百万庄西口支行	三里河路36号
西直门外大街支行	德宝新园22号
真武庙支行	真武庙路四条8号院2号楼商业102–1号
月坛支行	南礼士路9号
文兴街支行	文兴街2号
三里河东路支行	月坛北街26号恒华国际大厦一层
公安大学支行	真武庙路四条8号院2号楼商业102–1号
金融街支行营业室	太平桥大街丰汇园11号楼一层
复习门支行	金融大街甲29号
白塔寺支行	太平桥大街8号
阜成门支行	金融大街4号
金树街支行	金融大街8号
英蓝中心支行	金融大街7号英蓝国际金融中心
菜市口支行	广安门内大街116号
白广路支行	白广路7号
琉璃厂支行	骡马市大街8号
陶然亭支行	陶然亭路55号
宣武门支行	宣武门外大街甲1号1层109
右内大街支行	里仁街西口25号楼底商
福地广场支行	菜市口大街1号1层101
清芷园支行	育新街47号清芷园会所
菜百分理处	广内大街306号菜百商场2楼

新华社储蓄所	宣武门西大街 57 号
中环广场支行	枣林前街 70 号
朗琴园支行	朗琴园 1 号楼底商 1–1、1–2、1–3 号
青年湖支行	鸭子桥路 24 号中铁商务大厦首层
天宁寺支行	西便门内大街 69 号东楼
范家胡同支行	槐柏树街甲 7 号楼一层
马连道支行	广外马连道 6 号院 4、5 号楼底商北侧
白纸坊支行	白纸坊西街 17 号院 10 号楼一层 103 号
广安门支行营业室	广外南滨河路 3 号
樱桃园支行	右安门内大街 15 号
广外支行	广安门外大街 305 号八区
中国农业银行股份有限公司北京市分行	
西城支行营业部	车公庄北街新华里 16 号院 1 号楼
西直门外支行	西直门外大街 18 号（金贸中心）
白云路支行	复兴门外大街 16 号 39 楼 101 号
复兴门支行	复兴门内大街 99 号
月坛大厦支行	月坛北大街 2 号
金融大街支行	金融大街 12 号
民航大厦支行	西长安街甲 15 号
平安里支行	平安里西大街 2 号
新街口支行	西直门内大街 118 号（冠华大厦）
新外支行	新街口外大街 8–4 号
北三环支行	北三环中路 23 号
宣武支行营业部	宣武门西大街 28 号院 10 门
骡马市支行	广安门内大街 6 号
陶然路支行	陶然亭路 63 号
南线阁支行	枣林北里 41 号院 2 号楼首层农行
广安门外支行	广安门外大街甲 6 号
马连道支行	马连道路 15 号院 6 号楼
里仁街支行	右安门内大街甲 26 号
朱雀门支行	太平街 8 号院 21 号楼底商
白纸坊支行	鸭子桥路 1 号院 5 号楼
礼士路支行	复兴门外大街 A2 号中化大厦 G 层东北侧
中国银行股份有限公司北京市分行	
宣武支行营业部	南新华街 1 号
宣武门支行	宣武门西大街乙 97 号
莲花河支行	广安门外大街 178 号
西站北支行	莲花河池东路 106 号
庄胜广场支行	宣武门外大街 20 号一层
广安门支行	南线阁 8 号
陶然亭支行	白纸坊东街平渊里小区 18 号底商 1–2 单元
复兴门支行	真武庙头条 1–2
东经路支行	东经路 42 号
天缘公寓支行	广安门南街 36 号
大成大厦支行	宣武门西大街 127 号一层
西城支行营业部	阜外大街 5 号
丰盛支行	太平桥大街 18 号丰融国际大厦第一层 05、07 单元
平安里支行	西四北大街 83 号
三里河支行	月坛南街丙 71 号
百万庄支行	百万庄大街 22 号

北太平庄支行	新街口外大街 12 号
德外支行	德外大街 11 号一层
黄寺支行	黄寺大街甲 24 号
西直门支行	国英园 1 号楼一层
车公庄支行	车公庄大街 9 号院 2 号楼一、二层
官园桥支行	平安里西大街 28 号
中国建设银行股份有限公司北京市分行	
西单支行	西单北大街 34 号
西长安街支行	西长安街 15 号民航大厦一层
西直门支行	国英园小区 7 号楼一层建行
华远街支行	华远街 13 号置地星座 A 座
德胜支行	德胜门东大街 8 号
宣内大街支行	宣武门内大街 2 号华电大厦一层
真武庙支行	真武庙二条 4 号院真武家园 1 号楼裙房局部
车公庄支行	车公庄大街 9 号院 1 号楼 3 单元 1-2、1-3（德胜园区）
西四支行	阜外大街甲 26 号
展览路支行	北礼士路 8 号
百万庄支行	百万庄大街 22 号院 2 号楼一层东侧
月坛南街支行	月坛南街甲 18 号
交通银行股份有限公司北京市分行	
分行营业部	金融街 33 号
金融街支行	金融街 22 号和 20 号
马甸支行	德胜门外大街 5 号
科技会展中心支行	北三环中路 29 号院 2 号楼 1 层
阜外支行	车公庄大街 9 号院 1 号楼
百万庄支行	百万庄大街 11 号
社会路支行（临时停业）	二七剧场路南里商业楼首层北侧
阜成门支行	阜外大街 7 号国投大厦首层
马连道支行	广外大街 248 号（机械大厦）
右安门支行	白纸坊东街 10 号
宣武支行	广安门内大街 319 号 C、D 座
西单支行	西长安街甲 17 号
西便门支行	宣武门西大街甲 129 号
官园支行	车公庄路新华里 16-3 号京侨国际公馆 1-3 层 102、202、302 号房屋
德胜门支行	德外关厢地区中交大厦一二层东侧 11-14 轴房
中信银行股份有限公司总行营业部	
阜成门支行	太平桥大街 17 号
西单支行	复兴门内大街 45 号
凯晨广场支行	复兴门内大街 28 号凯晨世贸中心中座第 F3 层
广安门支行	广安门外南滨河路 1 号
中国光大银行股份有限公司北京分行	
分行营业部	宣武门内大街 1 号
宣武支行	广安门外大街 1 号深圳大厦一层
德胜门支行	黄寺大街 23 号北广大厦一层
天宁寺支行	莲花池东路 1 号
西城支行	车公庄大街甲 4 号-1
礼士路支行	南礼士路 66 号建威大厦
三里河支行	月坛南街 71 号
西单支行	华远北街 2 号通港大厦

西直门支行	德宝新园22号德宝饭店一层
北京长安支行	复兴门外大街6号光大大厦
金融街丰盛支行	太平桥25号
金融街支行	金融大街28号院盈泰中心2号楼1层
华夏银行股份有限公司北京分行	
分行营业部	金融大街11号
和平门支行	前门西大街14号
长安支行	三里河东路5号
平安支行	平安里西大街16号
阜外支行	阜外大街甲34号
德外支行	德外大街3号
车公庄支行	车公庄大街12号
广外支行	广安门外大街397号
北三环支行	北三环中路6号
陶然支行	太平街8号院朱雀门30号
广发银行股份有限公司北京分行	
月坛支行	月坛北街2号
金融街支行	西城区金融大街16号
宣武门支行	宣武门外大街甲1号环球财讯中心A座一层、M层
招商银行股份有限公司北京分行	
分行营业部	复兴门内大街156号A座一层
金融街支行	金融大街35号国际企业大厦C座一层
金融街中心支行	金融大街16号中国人寿广场一层
德胜门支行	德胜门外大街81号德胜国际中心C座一层
阜外大街支行	阜外大街22号外经贸大厦
甘家口支行	百万庄大街甲39号
首体支行	西直门外大街甲143号凯旋大厦A座一层
宣武门支行	宣武门外大街30号富卓大厦一层
陶然亭支行	南纬路39号
中国民生银行股份有限公司	
总行营业部	复兴门内大街2号
阜成门支行	阜外大街2号万通新世界广场B座
首体支行	西直门外大街甲143号凯旋大厦
金融街支行	金融街33号通泰大厦B座
北太平庄支行	新街口外大街2号金辉科技楼
广安门支行	广内大街338号港中旅大厦
西单支行	西单北大街107号北京电信综合楼
德胜门支行	德外大街新风街2号天成科技大厦
西二环支行	平安里西大街26号新时代大厦
西长安街支行	复兴门内大街2号民生银行大厦
长椿街支行	宣武门西大街97号2号楼
北京银行股份有限公司	
总行营业部	金融大街甲17号首层
车公庄支行	车公庄大街乙8号
德外支行	德胜门外大街8号（德胜园区）
西四支行	西单北大街30号
阜成支行	阜外大街2号
复兴支行	月坛南街14号
展览路支行	西直门外南路八号
三里河支行	月坛南街85号

月坛支行	太平桥大街8号院10号楼1至2层25、26号
华安支行	西黄城根北街甲2号
西直门支行	冠英园西区31号楼
燕京支行	复兴门外大街甲19号
金融街支行	金融大街丁26号
官园支行	育教胡同33号
慧园支行	教场口街9号院7号楼及已9号楼一层
西单支行	复兴门内大街156号（招商国际金融中心B座）
长安街支行	真武庙一号中国职工之家C座首层
西内大街支行	西直门内大街275号
北三环支行	北三环中路6号1幢一层、二层（德胜园区）
马连道支行	马连道南街1号院2号楼
右安门支行	右安门内大街65号
前门支行	前门西大街正阳市场1号楼
琉璃厂支行	南新华街48号
广安支行	广安门外白菜湾5号楼一层
报国寺支行	广安门内大街甲306-3号
天宁支行	核桃园西街36号
滨河路支行	枣林前街119号
白云支行	广安门外小马厂西里2号
陶然支行	永定门内西街5号
宣武门支行	广安门内大街6号
广源支行	广安门外大街305号院7号楼一层
陶然亭路支行	陶然亭路45号网信鸿玺宾馆一层
永定门支行	天桥南大街1号1座1层01单元

证券公司

北京高华证券有限责任公司	金融大街7号英蓝国际中心18层
第一创业摩根大通证券有限责任公司	武定侯街6号卓著中心10层
东兴证券股份有限公司	金融大街5号新盛大厦B座12-15层
高盛高华证券有限责任公司	金融大街7号英蓝国际中心18层
华融证券股份有限公司	金融大街8号A座3、5层
瑞信方正证券有限责任公司	金融大街甲九号金融街中心南楼15层
瑞银证券有限责任公司	金融大街7号英蓝国际中心15层
首创证券有限责任公司	德胜门外大街115号德胜尚城E座
信达证券股份有限公司	闹市口大街9号院1号楼信达金融中心
中国银河证券股份有限责任公司	金融大街35号国际企业大厦C座

期货公司

金鹏期货经纪有限公司	复兴门内金融街投资广场B座9层
北京首创期货有限责任公司	闹市口大街1号长安兴融中心4号楼11层
宏源期货有限公司	太平桥大街19号4层4B
第一创业期货有限责任公司	平安里西大街26号新时代大厦四层南侧
银河期货有限公司	复兴门外大街A2号中化大厦8层306室
经易期货经纪有限公司	百万庄北街6号
格林大华期货有限公司	金融大街35号1号楼803-812
京都期货有限公司	德胜门外大街115号德胜尚城E座1层

基金管理公司

东方基金管理有限责任公司　金融大街 28 号盈泰商务中心 2 号楼 16 层
方正富邦基金管理有限公司　太平桥大街 18 号丰融国际大厦北区 11 层
工银瑞信基金管理有限公司　金融大街丙 17 号北京银行大厦 8 层
国金通用基金管理有限公司　武定侯街 2 号泰康国际大厦 20 层
华夏基金管理有限公司　金融大街 33 号通泰大厦 B 座 3 层
华商基金管理有限公司　平安里西大街 28 号院中海国际中心 19 层
建信基金管理有限责任公司　金融大街 7 号英蓝国际金融中心 16 层
泰达宏利基金管理有限公司　金融大街 7 号英蓝国际金融中心南楼 3 层
益民基金管理有限公司　宣武门外大街 10 号庄胜广场中央办公楼南翼 13A
国寿安保基金管理有限公司　金融大街 17 号中国人寿中心 17 层

境内邮政网点

中南海邮政支局（17 支）　府右街乙 27 号
人民大会堂邮政所　人民大会堂内
西长安街邮政支局（31 支）　宣内大街 6 号
新华社邮政所　宣武门西大街 57 号
金隅大厦邮政所　宣西甲 129 号 202 室
金融大厦邮政所　复内 156 号
远洋大厦邮政所　复内 158 号
钟声胡同邮政所　西长安街 17 号图书大厦地下一层
明珠市场邮政所　西单横二条 59 号明珠大厦五层
中国教育电视台邮政所　复内 160 号
工信部邮政所　西长安街 13 号
西单邮政支局（32 支）　西单北大街 100 号
金融街邮政支局（33 支）　丰汇园小区 17 号楼
国企大厦邮政所　金融街 35 号国企 B 座 4 层
平安大厦邮政所　金融街 23 号
通泰大厦邮政所　金融街 33 号通泰大厦一层
富凯大厦邮政所　金融街 19 号富凯地下一层
英蓝国际邮政所　金融街 A7 英蓝国际中心
邮政集团邮政所　宣西 131 号
西四邮政支局（34 支）　西四南大街 16 号
白塔寺邮政所　赵登禹路 397 号
新街口邮政所　西内大街 32 号
平安里邮政所　地安门西大街乙 28 号
车公庄邮政所　西直门南大街甲 18 号
百万庄邮政支局（37 支）　百万庄大街 18 号
马尾沟邮政所　北礼士路 62 号
万通邮政所　阜外大街 2 号 1815 室万通新世界内

木樨地邮政所	复兴门外大街甲 25 号
国宏大厦邮政所	木樨地北里甲 11 号
西外大街邮政支局（44 支）	西直门外德宝新园甲 22 号
北京动物园邮政支局	西外大街 137 号动物园正门西侧
文兴东街邮政所	文兴街 1 号院 1 号楼 7 层 702 室
文兴街邮政所	文兴街 1 号东楼 3 层 304 室
京鼎邮政所	西外大街 132 号特 42 室
金开利德邮政所	动物园公交枢纽大厦五层西南角
世纪天乐邮政所	西直门外大街南路甲 28 号 B 座 15 层 1512
复外大街邮政所	南礼士路头条 5 号
复南大街邮政所	复外南大街 3 号楼
三里河邮政支局（45 支）	月坛南街 65 号
光大大厦邮政所	复外大街 6 号光大大厦一层
天照天邮政所	南礼士路丁 9 号
建威大厦邮政所	南礼士路 66 号建威大厦内
阜成门邮政支局（47 支）	阜成门外北大街 19 号
职工之家邮政所	真武庙 1 号职工之家
永安路邮政支局（50 支）	永安路 173 号
菜市口大街邮政所	菜市口大街 6 号院 6-1
天桥邮政所	永安路 121 号
陶然亭邮政所	黑窑厂西里甲 1-15
福长街邮政所	福长街 52 号
椿树园邮政所	椿树园 18 号楼甲 5 号
和平门邮政支局（51 支）	前门西大街 12 号楼
琉璃厂邮政所	东琉璃厂东街 3 号
牛街邮政支局（53 支）	牛街 4 号
里仁街邮政所	里仁街 14 号
宣外大街邮政所	宣外大街临 99 号
西便门西里邮政所	西便门西街 14 号北侧
马连道邮政所	广外大街 411 号
鸭子桥邮政所	鸭子桥南里 1 号楼
小马厂邮政所	小马厂路 1-8 号
红居街邮政所	广安门外大街 172 号

学　校

高等院校

北京市行政学院	车公庄大街 6 号
中央音乐学院	鲍家街 43 号
中央广播电视大学	复兴门内大街 160 号
中国人民公安大学	木樨地南里 1 号
中国道教学院	白云观内

外交学院　展览馆路 24 号
北京建筑工程学院　展览馆路 1 号
北京军地专修学院　新风街 7 号
公安部高级警官学院　木樨地南里甲 1 号
北京教育学院　德胜门外黄寺大街什坊街 2 号
北京市西城经济科学大学　西直门内南草厂 22 号
北京联合大学继续教育学院　丰盛胡同 13 号
北京广播电视大学宣武分校　菜园街 13 号
北京宣武红旗业余大学　右安门内大街 79 号

职业高中

北京市外事学校　西直门内南小街永祥胡同 3 号
北京市实美职业学校　百万庄大街 19 号
北京市财会学校　广安门外红居街 20 号
北京市实验职业学校　菜园街 13 号

中　学

北京市第三中学（简称三中）　富国街 3 号
北京市第四中学（简称四中）　西黄城根北街甲 2 号
北京市第七中学（简称七中）　安德路 69 号
北京市第八中学（简称八中）　学院小街 2 号
北京市第十三中学（简称十三中）　柳荫街 27 号
北京市第十四中学（简称十四中）　莲花河南街 2 号
北京市第十五中学（简称十五中）　育新街 2 号
北京市第三十一中学（简称三十一中）　西绒线胡同 33 号
北京市第三十五中学（简称三十五中）　小口袋胡同 19 号
北京市第三十九中学（简称三十九中）　西黄城根北街 6 号
北京市第四十一中学（简称四十一中）　西四北二条 58 号
北京市第四十三中学（简称四十三中）　后孙公园 37 号
北京市第四十四中学（简称四十四中）　三里河南横街 1 号
北京市第五十六中学（简称五十六中）　文兴街 3 号
北京市第六十二中学（简称六十二中）　太平街西巷 4 号
北京市第六十三中学（简称六十三中）　白广路 33 号
北京市第六十六中学（简称六十六中）　枣林前街 111 号
北京市第一四 O 中学（简称一四 O 中）　太川淀 21 号
北京市第一五四中学（简称一五四中）　百万庄南街 14 号
北京市第一五六中学（简称一五六中）　太平仓胡同 16 号
北京市第一五九中学（简称一五九中）　王府仓胡同 23 号
北京市第一六一中学（简称一六一中）　大宴乐胡同 11 号
北京市第二一四中学（简称二一四中）　月坛北街 18 号
北京市北纬路中学（简称北纬路中学）　北纬路 46 号
北京市二龙路中学（简称二龙路中学）　大木仓胡同 39 号
北京市月坛中学（简称月坛中学）　南礼士路二条 1 号
北京市徐悲鸿中学（简称徐悲鸿中学）　右安门内西街甲 10 号
北京市鲁迅中学（简称鲁迅中学）　新文化街 45 号
北京市铁路第二中学（简称铁二中）　月坛西街 5 号
北京市华夏女子中学（简称华夏女中）　红莲中里 12 号
北京教育学院附属中学（简称北京教育学院附中）　新街口大四条 48 号

北京教育学院宣武分院附属中学（简称北京教育学院宣武分院附中）	南樱桃园新安中里二巷 10 号
北京市育才学校（简称育才学校）	东经路 21 号
北京市回民学校（简称回民学校）	广安门内大街 225 号
北京市西城区实验学校（简称西城区实验学校）	德胜门外六铺炕一巷 2 号
北京市西城外国语学校（简称西城外国语学校）	西直门外南路 6 号
北京市宣武外国语实验学校（简称宣武外国语实验学校）	广安门外莲花河胡同 4 号
北京市第八中学分校（简称八中分校）	复兴门外大街乙 20 号
北京市第十三中学分校（简称十三中分校）	西绦胡同 59 号
北京师范大学附属实验中学分校（简称北师大实验中学分校）	辟才胡同 80 号
北京市徐悲鸿中学初中部(简称徐悲鸿中学初中部)	永安路寿长街 1 号
北京市三帆中学（简称三帆中学）	德胜新风街 7 号
北京市广安中学（简称广安中学）	枣林斜街 55 号
北京市裕中中学（简称裕中中学）	德胜门外裕中西里 21 号
北京师范大学附属中学（简称北师大附中）	南新华街 18 号
北京师范大学第二附属中学（简称北师大二附中）	新街口外大街 12 号
北京师范大学附属实验中学（简称北师大实验中学）	二龙路 14 号
北京师范大学亚太实验学校（简称北师大亚太实验学校）	北京市昌平区东三旗
北京市新光中学（简称新光中学）	西黄城根北街 6 号
北京市私立汇才中学（简称汇才中学）	白云观街北里 11 号
北京市和平门中学（师大附中借用）（简称和平门中学）	南新华街 15 号
北京市什刹海体育运动学校附设初中班（100 中）（简称什刹海体校）	地安门西大街 57 号

小　学

北京市西城区自忠小学（简称自忠小学）	府右街丙 27 号
北京市西城区力学小学　（简称力学小学）	力学胡同 47 号
北京市西城区北长街小学（简称北长街小学）	北长街 71 号
北京市西城区长安小学（简称长安小学）	东绒线胡同 41 号
北京市西城区顺城街第一小学（简称顺城街一小）	前门西大街 135 号
北京市西城区柳荫街小学(简称柳荫街小学)	西煤厂胡同 7 号
北京市西城区什刹海小学(简称什刹海小学)	恭俭胡同 41 号
北京市西城区护国寺小学(简称护国寺小学)	护国寺东巷 7 号
北京市西城区黄城根小学(简称黄城根小学)	西黄城根北街 3 号
北京市西城区西什库小学(简称西什库小学)	刘兰塑胡同 14 号
北京市西城区厂桥小学（简称厂桥小学）	地安门西大街 167 号
北京市西城区新街口东街小学（简称新街口东街小学）	新街口东街 5 号
北京市西城区鸦儿胡同小学（简称鸦儿胡同小学）	鼓楼西大街鸦儿胡同 25 号
北京雷锋小学（简称雷锋小学）	旧鼓楼大街西绦胡同甲 2 号
北京市西城区玉桃园小学（简称玉桃园小学）	西直门内玉桃园三区 10 号楼
北京市西城区官园小学（简称官园小学）	官园胡同甲 1 号
北京市西城区四根柏小学(简称四根柏小学)	赵登禹路 58 号
北京市西城区西四北四条小学（简称西四北四条小学）	西四北四条胡同 47 号
北京市西城区中华路小学(简称中华路小学)	前半壁街 48 号
北京市西城区宏庙小学（简称宏庙小学）	西单北大街宏庙胡同 13 号
北京市西城区华嘉小学（简称华嘉小学）	华嘉胡同 19 号
北京市西城区西单小学（简称西单小学）	中京畿道 1 号
北京市西城区奋斗小学（简称奋斗小学）	闹市口大街月台胡同 15 号
北京第二实验小学（简称实验二小）	新文化街 111 号
北京市西城区没水河小学（简称没水河小学）	受水河胡同 45 号旁门
北京市西城区三里河第三小学（简称三里河三小）	三里河三区 36 号

北京市西城区中古友谊小学（简称中古友谊小学）	三里河一区39号
北京市西城区复兴门外第一小学（简称复外一小）	复兴门外大街地藏庵23号
北京市西城区育民小学 （简称育民小学）	真武庙头条8号
北京市西城区白云路小学(简称白云路小学)	白云路2号
北京市西城区青龙桥小学(简称青龙桥小学)	复兴门外真武庙四条六里71号
北京市西城区阜成门外第一小学（简称阜外一小）	阜成门外大街甲10号
北京市西城区银河小学（简称银河小学）	阜成门外北营房中街57号
北京市西城区展览路第一小学(简称展览路一小)	百万庄中里7号
北京市西城区文兴街小学(简称文兴街小学)	文兴街4号
北京市西城区北礼士路第一小学（简称北礼士路一小）	北礼士路133号
北京市西城区进步小学（简称进步小学）	榆树馆胡同1号院
北京市西城区德胜门外第二小学（简称德外二小）	德胜门外八道湾3号
北京市西城区民族团结小学（简称民族团结小学）	德胜门外大街安德路142号
北京市西城区五路通小学(简称五路通小学)	德胜门外什坊街甲6号
北京市西城区育翔小学（简称育翔小学）	马甸南村乙14号
北京市西城区裕中小学（简称裕中小学）	裕中西里29号
北京市西城区师范学校附属小学（简称西师附小）	六铺炕北小街3号
北京市西城区炭儿胡同小学（简称炭儿胡同小学）	炭儿胡同11号
北京第一实验小学前门分校（简称实验一小前门分校）	和平门外东街甲5号
北京市西城区新世纪实验小学(简称新世纪实验小学)	南纬路2号
北京市西城区香厂路小学(简称香厂路小学)	香厂路31号
北京市西城区后孙公园小学（简称后孙公园小学）	后孙公园3号
北京市西城区琉璃厂小学(简称琉璃厂小学)	琉璃巷3号
北京第一实验小学（简称实验一小）	南新华街17号
北京市西城区陶然亭小学(简称陶然亭小学)	龙泉胡同5号
北京市西城区福州馆小学(简称福州馆小学)	福州馆街3号
北京市西城区太平街小学(简称太平街小学)	太平街西巷6号
北京小学走读部	北线阁2号
北京市西城区上斜街小学（简称上斜街小学）	上斜街37号
北京市西城区康乐里小学（简称康乐里小学）	康乐里2号
北京小学	槐柏树街9号
北京市宣武回民小学（简称宣武回民小学）	牛街西里一区5号
北京市西城区登莱小学（简称登莱小学）	登莱胡同29号
北京市西城区右安门大街第二小学（简称右安门大街二小）	右安门内大街67号
北京市西城区白纸坊小学（简称白纸坊小学）	白广路乙27号
北京市西城区实验小学（简称西城区实验小学）	南菜园街35号
北京市西城区半步桥小学(简称半步桥小学)	白纸坊东街27号
北京市宣武师范学校附属第一小学（简称宣师一附小）	右安门内大街26号
北京市西城区三义里小学（简称三义里小学）	广安门外三义里4号
北京市西城区广安门外第一小学（简称广外一小）	红居南街2号
北京市西城区天宁寺小学（简称天宁寺小学）	天宁寺前街35号
北京市西城区红莲小学（简称红莲小学）	红莲中里14号
北京市西城区椿树馆小学(简称椿树馆小学)	广安门外南街43号
北京市西城区青年湖小学(简称青年湖小学)	广安门外鸭子桥北里13号
北京小学红山分校	广安门外大街305号二区12楼
北京市西城区兴华小学（简称兴华小学）	留学路114号

幼儿园

北京市西城区长安幼儿园(简称长安幼儿园)	前门西大街139号

北京市北海幼儿园（简称北海幼儿园）	地安门西大街22号
北京市西城区棉花胡同幼儿园（简称棉花胡同幼儿园）	棉花胡同78号
北京市第六幼儿园（简称第六幼儿园）	旧鼓楼大街大石桥胡同43号
北京市西城区曙光幼儿园(简称曙光幼儿园)	西直门内小后仓36号
北京市西城区西四北幼儿园（简称西四北幼儿园）	西四北三条11号
北京洁如幼儿园（简称洁如幼儿园）	成方街29号
北京市西城区洁民幼儿园(简称洁民幼儿园)	马甸裕中西里小区36号楼
北京市西城区民族团结幼儿园(简称民族团结幼儿园)	新明胡同乙1号
北京市西城区虎坊路幼儿园（简称虎坊路幼儿园）	虎坊路甲14号
北京市西城区实验幼儿园(简称西城区实验幼儿园)	南新华街21号
北京市西城区名苑幼儿园(简称名苑幼儿园)	广安门外红居街16号
北京市西城区长椿街幼儿园（简称长椿街幼儿园）	西便门东里11号
北京市西城区槐柏幼儿园(简称槐柏幼儿园)	槐柏树街南里10号楼
北京市西城区和平门幼儿园（简称和平门幼儿园）	上斜街66号
北京市西城区小百合幼儿园（简称小百合幼儿园）	长椿街甲1号
北京市宣武回民幼儿园（简称宣武回民幼儿园）	南横西街119号
北京市西城区三教寺幼儿园（简称三教寺幼儿园）	里仁街12号
北京市第四幼儿园（简称第四幼儿园）	樱桃园3条7号
北京市西城区三义里第一幼儿园（简称三义里一幼）	广安门外三义东里9号
北京市西城区三义里第二幼儿园（简称三义里二幼）	广安门外三义西里7–2号
北京市西城区马连道幼儿园（简称马连道幼儿园）	广安门外红莲中里10号
北京市西城区虎坊路幼儿园信和分园（简称虎坊路幼儿园信和分园）	马连道路15号院5号楼
北京市西城区红山幼儿园(简称红山幼儿园)	广安门外大街305号院二区10号
北京市西城区华新幼儿园(简称华新幼儿园)	西四北三条后11号
北京市西城区什刹海街道大拐棒幼儿园（简称大拐棒幼儿园）	大拐棒胡同15号
北京市西城区新街口街道果子市幼儿园（简称果子市幼儿园）	鼓楼西大街169号
北京市西城区新街口街道高井幼儿园（简称高井幼儿园）	西直门内大街高井胡同16号
北京市西城区金融街街道新京畿道实验幼儿园（简称新京畿道实验幼儿园）	二龙路京畿道小区12号楼
北京市西城区月坛街道办事处第一幼儿园（简称月坛街道一幼）	三里河北街23号
北京市西城区展览路街道北营幼儿园（简称北营幼儿园）	北营房西里11号楼西侧
北京市西城区大栅栏西柳树井幼儿园（简称西柳树井幼儿园）	珠市口西大街111号
北京市西城区大栅栏大安澜营幼儿园（简称大安澜营幼儿园）	大安澜营胡同13号
北京市西城区南菜园幼儿园（简称南菜园幼儿园）	菜园街五层公寓楼2号
北京市西城区樱桃园幼儿园（简称樱桃园幼儿园）	右内大街53号
北京市西城区月坛街道办事处第四幼儿园（简称月坛街道四幼）	南礼士路46号
中共中央组织部机关服务中心幼儿园	西单北大街小酱坊胡同31号
中共中央办公厅警卫局北长街幼儿园	北长街89号
北京市公安局幼儿园	松树街7号
中国儿童中心实验幼儿园	平安里西大街43号
中共中央直属机关事务管理局实验幼儿园	新风街1号院甲2号楼
公安部幼儿园	木樨地北里2号
国家发展和改革委员会三里河幼儿园	三里河一区丙68号
物资机关幼儿园	月坛北街25号
中国石油天然气集团公司机关服务中心幼儿园	六铺炕三区甲15号
北京市农业局幼儿园	裕中西里甲1号
北京市人民政府机关事务管理办公室幼儿园	长椿里2号
国务院机关事务管理局花园村幼儿园广源分园	广安门外大街305号3区8号楼
机械机关幼儿园	百万庄北街2号
商业三里河幼儿园	三里河二甲18号
北京军区空军蓝天宇锋幼儿园	平安里群力胡同17号

北京印钞有限公司幼儿园	白纸坊街 23 号
华电（北京）热电有限公司幼儿园	天宁寺东里 4 号
中国人民解放军北京卫戍区直属机关幼儿园	厂桥定阜街 3 号
中国人民解放军解放军报社幼儿园	阜成门外大街 34 号
北京市西城区幸福泉幼儿园（简称幸福泉幼儿园）	南草场冠英园西区 8 号
北京市西城区广电银河艺术幼儿园（简称广电银河艺术幼儿园）	育德胡同 15 号
北京德采幼儿园（简称德采幼儿园）	德宝新园 18 号
北京市西城区幸福时光陶然幼儿园（简称幸福时光陶然幼儿园）	黑窑厂西里甲 11 号
北京市西城区里仁街幼儿园（简称里仁街幼儿园）	宏建北里 13 号
北京中铁信达经贸有限公司幼儿园	广安门外车站东街甲 5 号
北京市西城区警娃艺术幼儿园（简称警娃艺术幼儿园）	太平里甲 6 号
北京市西城区汇佳北欧幼儿园（简称汇佳北欧幼儿园）	马连道路 80 号
北京市西城区圣天阁双语幼儿园（简称圣天阁双语幼儿园）	白云路 4 号
北京市西城区普林斯顿幼儿园（简称普林斯顿幼儿园）	广安门内大街广安胡同康乐里 12 号
北京市西城区瑞思玛特幼儿园（简称瑞思玛特幼儿园）	新街口北大街 3 号星街坊大厦 F4 层
北京市西城区韦斯顿幼儿园　（简称韦斯顿幼儿园）	小马厂路 1 号院西豪逸景 3 号楼底商 307-309 室
北京市西城区培智中心学校　（简称培智中心学校）	西直门外德宝新园 23 号

特殊学校

北京启喑实验学校（简称启喑实验学校）	西直门内大街东教场胡同 5 号
北京市宣武培智学校（简称宣武培智学校）	新桥胡同 1 号

卫生机构

区属卫生机构

首都医科大学附属复兴医院	复兴门外大街甲 20 号
北京市宣武区中医医院	宣武区万明路甲 8 号
北京市第二医院	宣内大街油坊胡同 36 号
北京市西城区展览路医院	西外大街桃柳园西巷 16 号
北京市丰盛中医骨伤专科医院	阜内大街 306 号
北京中医药大学附属护国寺医院	棉花胡同 83 号
北京市西城区平安医院	赵登禹路 169 号
北京市肛肠医院	下岗胡同 1 号
北京市西城区广外医院	广外三义里甲 2 号
北京市宣武区妇幼保健院	平原里 19 号
北京市回民医院	右安门内大街 11 号
北京市西城区妇幼保健所	德胜门外大街 38 号
北京市西城区结核病防治所	油坊胡同 52 号
北京市西城区疾病预防控制中心	德胜门外大街 38 号
北京市宣武区疾病预防控制中心	长椿街 34 号
北京市西城区卫生局卫生监督所	白云观街北里 6 号

北京市西城区动物卫生监督所	太平桥大街官房胡同 17 号
北京市西城区椿树社区卫生服务中心	西琉璃厂 63 号
北京市西城区金融街社区卫生服务中心	西城区阜内大街 306 号
北京市西城区广内社区卫生服务中心	校场五条 49 号
北京市西城区德胜社区卫生服务中心	德外大街 34 号
北京市西城区新街口社区卫生服务中心	赵登禹路 54 号
北京市西城区大栅栏社区卫生服务中心	煤市街 152 号
北京市西城区展览路社区卫生服务中心	阜外北大街 201 号
北京市西城区什刹海社区卫生服务中心	正觉夹道甲 13 号
北京市西城区陶然亭社区卫生服务中心	南横街 103 号
北京市西城区天桥社区卫生服务中心	万明路甲 8 号
北京市西城区牛街社区卫生服务中心	右内大街 11 号
北京市西城区广外社区卫生服务中心	广外三义里甲 2 号
北京市西城区首都医科大学附属复兴医院月坛社区卫生服务中心	真武庙四条六里七号楼
北京市西城区西长安街社区卫生服务中心	油坊胡同 52 号
北京市西城区白纸坊社区卫生服务中心	新安中里 4 号
北京市西城区社区卫生服务管理中心	广外三义东里 8 号楼 1

辖区三级医院

北京大学第一医院	西什库大街 8 号
北京大学人民医院	西直门南大街 11 号
中国医学科学院阜外心血管病医院	北礼士路 167 号
北京积水潭医院	新街口东街 31 号
首都医科大学附属北京安定医院	德胜门外安康胡同 5 号
首都医科大学附属北京儿童医院	南礼士路 56 号
首都医科大学附属北京友谊医院	永安路 95 号
中国中医科学院广安门医院	北线阁 5 号
首都医科大学宣武医院	长椿街 45 号
中国医学科学院北京协和医院	大木仓胡同 41 号
北京急救中心	前门西大街 103 号
中国人民解放军第 305 医院	文津街甲 13 号
中国人民武装警察部队北京市总队第二医院	月坛北街丁 3 号
中国人民解放军第二炮兵总医院	新街口外大街 16 号

律师事务所及公证处

安诺律师事务所	西直门南大街 2 号成铭大厦 B10S
安朗律师事务所	广安门外北滨河路甲 1 号恒物金属大厦 618
安迪律师事务所	德胜门外大街 3 号楼辽宁饭店写字楼 703 室
博恒律师事务所	黄寺大街 23 号北广大厦 1205
宝华德律师事务所	广安门内大街广信嘉园 C 座-13C

北人律师事务所	广安门南街36号天缘公寓B604
博金律师事务所	阜成门外大街1号四川大厦东塔1314-1319
八都律师事务所	广安门内大街116号凌云居1号楼1309室
博昌律师事务所	新街口西里二区1号楼地上一层1-4
邦恒律师事务所	宣武门外大街20号公寓1601、1602
贝浩律师事务所（个人）	北三环中路29号院2号楼A-1105
宝盛律师事务所	新街口西里三区2号楼11号
重光律师事务所	广宁伯街2号金泽大厦7层
成竺律师事务所（个人）	新街口西里二区1号楼1号
才良律师事务所	太平街6号富力摩根中心E座318室
开中律师事务所（个人）	阜外大街甲6号中建对外贸易大楼325
赐诚律师事务所（个人）	广安门外小红庙南里2号1302
才达律师事务所	黄寺大街24号院19号楼（明湖大厦）A座501
诚辉律师事务所	西直门南大街2号成铭大厦B2座14G
大地律师事务所	阜外大街22号外经贸大厦6层601-604号
德恒律师事务所	金融大街19号富凯大厦B座12层
东方律师事务所	西绒线胡同九号
东易律师事务所	车公庄大街9号五栋大楼c座13层
道淳律师事务所	阜外大街2号A2010单元
鼎知律师事务所	宣武门西大街乙129号金隅大厦1709-1710
丰友律师事务所	阜外大街2号万通新世界B座1603
非凡鑫源律师事务所	手帕口南街1号院郎琴园11号楼1006室
法度律师事务所	广宁伯街2号铁通大厦5层
方略律师事务所	西直门南大街2号成铭大厦B座8C
富华邦律师事务所	西直门南小街国英园1号716
观韬律师事务所	金融大街28号盈泰中心2号楼17层
国舜律师事务所（个人）	广外朗琴国际大厦A座15B11
观澜律师事务所	太平街6号富力摩根中心D-722
高默克律师事务所	月坛北街2号月坛大厦A608b
高思律师事务所	太平街6号富力摩根中心e1002
国源律师事务所	二七剧场路乙6号楼六层
冠衡律师事务所	南礼士路66号建威大厦1916-1917
冠英律师事务所	车公庄大街9号院五栋大楼5号楼1101室
国首律师事务所	平原里21号亚泰中心B1017号
格理律师事务所	金融街35号A座511
国枫凯文律师事务所	金融大街一号写字楼A座12层
华鹏律师事务所	车公庄大街9号院五栋大楼B座1单元503室
海拓律师事务所	黄寺大街26号院德胜置业大厦1号楼17层1706室
海泓达律师事务所	平原里21号亚泰中心A1107室
汉达律师事务所	三里河东路1-2（1号楼院2号）
汉龙律师事务所	金融大街19号富凯大厦B座707
华堂律师事务所	阜成门外大街11号国宾酒店写字楼308
华文通用律师事务所	车公庄大街6号院（北京行政学院）三号楼217室
魂鹤律师事务所	北三环中路甲29号华尊大厦B座303室
惠康律师事务所	东京畿道10号石化宾馆写字楼511-513
汇源律师事务所	南滨河路31号华亨大厦538室
华策律师事务所	新街口外大街2号有研大厦B-401
泓理律师事务所	白纸坊西街22号都市晴园816室
慧学律师事务所	西直门外大街135号北展宾馆松竹园
昊衡律师事务所	姚家井3巷34号

浩伟律师事务所	广安门南滨河路27号贵都国际中心A座1711
何贵富律师事务所（个人）	新街口西里一区1号楼地上底商8号
瀚岳律师事务所（个人）	西直门外大街金贸中心A座1603
华朝律师事务所（个人）	车公庄大街6号院3号楼312房间
桓标律师事务所	月坛南街69号4号楼210室
汉和律师事务所	西外大街18号金贸中心2单元1107
海创律师事务所	佟麟阁路95号尚座大厦6G
嘉源律师事务所	复兴门内大街158号远洋大厦F407
经纬律师事务所	复兴门内大街158号远洋大厦F302AB室
京徽律师事务所	半步桥街48号金泰开阳大厦327室
金台律师事务所	广安门外大街248号机械大厦20层
纪凯律师事务所	宣武门西大街甲129号金隅大厦6层
京豪律师事务所	新街口西里3区2号楼2–2
建诚律师事务所	广内大街广信嘉园C座23A–C
聚和律师事务所	黄寺大街26号德胜置业1号楼607室
江山律师事务所	陶然亭路53号南楼430室
京通律师事务所	裕民路18号北环中心A座608室
瑾瑞律师事务所	太平街6号富力摩根中心E座306室
京泽律师事务所	广安门外大街168号朗琴国际大厦A座805
景运律师事务所	闹市口大街13号B座7层
君泽君律师事务所	金融大街9号金融街中心南楼6层
金石律师事务所	半步桥街13号院金泰开阳大厦311
京龙律师事务所	车公庄大街6号院2号楼504、507
京泰律师事务所	白纸坊西街20号圣都大厦309室
京文律师事务所（个人）	西直门外大街18号金贸中心A座1511号
甲子律师事务所	西直门外大街德宝二期5号地办公、商业及酒店11层1单元1223室
九洲律师事务所	铁树斜街90号远东饭店6304室
凯基律师事务所	广安门内大街200号东华金座西塔一单元2704
科瀚律师事务所	闹市口大街1号长安兴融中心C座908室
李晓光律师事务所（个人）	西直门南大街6号国二招B座5222室
李晓斌律师事务所（个人）	宣武门外大街28号富卓大厦B座706室
莱博律师事务所	新外大街2号有研大厦B座406室
隆平律师事务所	广内大街6号枫桦豪景A座2单元802
隆鼎律师事务所（个人）	黄寺大街26号院德胜置业大厦1号楼01053号
兰普瑞那律师事务所	莲花池东路甲53号院1号楼白云时代大厦2单元1207
联拓律师事务所	宣武门外大街庄胜广场北楼西翼1009
力行律师事务所	西直门大街2号成铭大厦B座8C
茂源律师事务所	茶马街6号院4号楼1单元1304
莫少平律师事务所（个人）	广内大街167号翔达大厦写字楼8层809室
母树峰律师事务所（个人）	宣武门外大街20号海格国际大厦A座1818
鸣静律师事务所	新街口西里1–1、1–2中间
铭德律师事务所	德胜门外大街甲11号美江大厦405、421室
欧亚律师事务所	新街口西里二区1号楼11–1
权达律师事务所	黄寺大街德胜置业大厦1号楼808
乾贞律师事务所	车公庄大街6号院3号楼636
乾木文辰律师事务所（个人）	核桃园西街36号北方长城光电大厦516室
琪山律师事务所	西直门外大街德宝二期5号地办公商业及酒店10层1单元1136
青石律师事务所	莲花池东路甲5号院1号楼白云时代大厦1701、1702

仁杰律师事务所	新街口西里二区 1-7
任大农律师事务所（个人）	半步桥街 13 号院 4 号楼 2 单元 102 室
瑞天律师事务所	莲花池东路甲 5 号院 1 号楼 18 层 1 单元 1805
瑞咨律师事务所（个人）	阜外大街 2 号万通新世界 A1003 室
仁人德赛律师事务所	闹市口大街 1 号长安 1 号院 4 号楼 4A、4B
尚格律师事务所	北展北街华沉企业号 D 座 2 单元 601 室
绅特律师事务所	南滨河路 27 号贵都国际中心 A 座 501 室
时代九和律师事务所	宣武门外大街甲 1 号环球财讯中心 B 座 2 层
首阳律师事务所	西直门外大街德宝二期 5 号地办公、商业及酒店 4 层 1 单元 532 室
世银律师事务所	月坛北街 26 号 1703
上泽律师事务所	德外新风街 2 号天成科技大厦 A 座 905 室
尚淳律师事务所	平安里西大街 28 号光大国际中心 1 号楼 1808 室
四惠律师事务所（个人）	前半壁街 66 号祺祥园写字楼 211 室
松晟律师事务所（个人）	南菜园街 2 号 2 号楼 408
首信律师事务所	马甸南村甲 18 号
泰德律师事务所	月坛南街 26 号 1 号楼 1021、5051、5053
天铎律师事务所	西直门内南小街国英 1 号 309
天理律师事务所	红莲南路 57 号中国印刷大厦 5 层 502 室
天宁律师事务所	国英园小区 14 号楼 102 室（物业、两居室）
天瀚律师事务所	广内大街 319 号广信嘉园 D-3D
天路律师事务所	裕民路 18 号北环中心 910
统理律师事务所（个人）	白纸坊西街圣都大厦 802 室
天元律师事务所	丰盛胡同 28 号太平洋保险大厦 10 层
维泰律师事务所	阜成门外大街 2 号万通新世界广场写字楼 B705 号
未名律师事务所	阜成门外大街 2 号万通新世界广场 B 座 2003
伟石律师事务所	黄寺大街 26 号 4 号楼 506 室
威宇律师事务所	宣武门外 6 号庄胜广场 3A19、3A20 室
王良律师事务所（个人）	马连道路 9 号院内黄山茶城 3 层 3A05
万森律师事务所	西经路 1 号宝山商务酒店四层
卫之平律师事务所	阜成门外大街 2 号万通大厦 A1206
万瑞律师事务所	金融街国际企业大厦 B 座 16 层 1420 号
吴栾赵阎律师事务所	月坛北街 2 号月坛大厦 A506
雄志律师事务所	裕民路 18 号北环中心 A 座 811 室
新元律师事务所	通泰大厦 C 座 603 室
响宇律师事务所	平原里 21 号楼亚泰中心 B 座 909
鑫诺律师事务所	宣武门外大街 10 号楼庄胜广场中央办公楼北翼 9 层（904-906、915-921）
信格律师事务所	莲花池东路甲 5 号白云时代大厦东座 1208
鑫河 19 律师事务所	太平街 6 号富力摩根中心 D 座 918 室
旭伟律师事务所	马连道南街 6 好院 1 号楼华睦大厦 1518
星迪律师事务所	金融街 19 号富凯大厦 B 座 11 层 1110
英岛律师事务所	西外大街 143 号凯旋大厦 C 座二层
雨仁律师事务所	月坛北街 26 号恒华国际商务中心 A 座 422 室
逸峰律师事务所	广内大街广信嘉园 A 座 3-A
怡德亨律师事务所	铁树斜街 90 号远东饭店 8202 室
亦德律师事务所	菜市口南大街陶然居 A 座 1005 室
易凯律师事务所	前半壁街 66 号祺祥园写字楼 302-303 室
义方律师事务所	广安门南滨河路 23 号立恒名苑 3 号楼 701
友融律师事务所（个人）	展览馆路甲 26 号 1 号楼 304 室

云熙律师事务所（个人）	半步桥街13号乙207室
永新智财律师事务所	金融大街27号投资广场A座1801
正理律师事务所	车公庄大街9号院五栋大楼B1座1103室
中满律师事务所	西直门南小街国英1号楼628
中喆律师事务所	广安门外大街168号朗琴国际大厦B座517A
中实律师事务所	西单大木仓北一巷一号西单饭店三层
中同律师事务所	北三环中路甲29号华尊大厦A座18层
中旭律师事务所	东官房胡同35号丙
中咨律师事务所	平安里西大街26号新时代大厦6-8层
兆源律师事务所	宣武门西大街甲129号金隅大厦1209-1211
兆亿律师事务所	黄寺西街26号德胜置业大厦1号楼701
铸成律师事务所	北展北街华远企业号A座8层
中治律师事务所	金融大街28号盈泰中心2号楼3层
中盈律师事务所	西外大街新兴东巷15号1号楼金泰鑫桥大厦七层
中里通律师事务所	三里河东路三里河一区5-5
中今律师事务所	阜外大街甲9号国宾酒店B座502单元
中合律师事务所	广安门南街36号天缘公寓B座1104室
中尊律师事务所	阜成门万通新世界A座2109
智多鑫律师事务所	红居街恒昌花园1号楼201室
张浩然律师事务所（个人）	黄寺大街26号德胜置业大厦4号楼6层710室
中高盛律师事务所	广义街5号广益大厦B907
昭德律师事务所	宣武门外大街6号庄胜（6-713）
中轩律师事务所	南滨河路23号立恒名苑3号楼2105室
致诺律师事务所（个人）	太平街8号院7号楼3门101室
中永律师事务所	北展北街15号华远企业中心17层A座5层501室
中北律师事务所	月坛北街2号月坛大厦1603室
泽天律师事务所	广安门外大街248号机械大厦2113室
双鹏律师事务所	宣武门末英胡同49号英嘉公寓1号楼8A
兆君律师事务所	新街口西里二区1号楼1-2室
紫光达律师事务所	后广平胡同38号国英公寓4E
山西科贝律师事务所北京分所	金融大街27号投资广场B座9层
福建天凯（北京）律师事务所	金融大街15号鑫茂大厦401-5A单元
江苏博爱星律师事务所北京分所	白云路4号
北京市国立公证处	德胜门西大街68号
北京市中信公证处	金融街广宁伯路2号铁通大厦5层
北京市精诚公证处	菜园街24号

文物保护单位及文化设施

全国重点文物保护单位（42处）

名称	时代	地址
北海及团城	明、清	文津街1号
妙应寺白塔	元	阜成门内大街171号
宋庆龄故居	现代	后海北沿46号
恭王府及花园	清	前海西街17号、柳荫街14号
郭沫若故居	现代	前海西街18号
大高玄殿	明	景山西街21号、23号
历代帝王庙	明、清	阜成门内大街131号
南　堂	明、清	前门西大街141号
景　山	明、清	景山西街44号、景山后街11号
白云观	明、清	西便门外白云观
中南海	明、清	西长安街
德胜门箭楼	明、清	北二环中路
北京鲁迅旧居	民国	阜成门内宫门口二条19号
清农事试验场旧址	清	西直门外大街137号
月　坛	明	南礼士路
醇亲王府	清	后海北沿44号、鼓楼西大街154、156号
广济寺	明	阜成门内大街25号
北平图书馆旧址	民国	文津街7号
北京国会旧址	民国	宣武门西大街57号
京师女子师范学堂旧址	民国	新文化街45号
利玛窦和外国传教士墓地	明、清	车公庄大街6号
西什库教堂	清	西什库大街33号
国立蒙藏学校旧址	清	小石虎胡同33号
关岳庙	民国	鼓楼西大街149号
天宁寺塔	辽	天宁寺前街甲3号
牛街礼拜寺	明、清	牛街18号
先农坛	明	东经路21号
法源寺	清	法源寺前街5号
安徽会馆	清	后孙公园17、19、21、23、25、27号
报国寺	清	报国寺前街1号
国民政府财政部印刷局旧址	清	白纸坊街西街23号
大栅栏商业建筑		
瑞蚨祥	民国	大栅栏街5号
谦祥益	民国	珠宝市街5号
劝业场	清	廊房头条17号
祥义号门面	民国	大栅栏街1号
李大钊旧居	民国	文华胡同24号

梅兰芳旧居	现代	护国寺街9号
明北京城城墙遗迹	明	复兴门南大街
克勤郡王府	清	新文化街53号
辅仁大学本部旧址	民国	定阜街1号
盛新中学与佑贞女中旧址	民国	教场胡同2号、教场胡同4号
万松老人塔	元	西四南大街43号旁门
基督教中华圣公会教堂	民国	佟麟阁路85号、石灯胡同甲6号
西交民巷近代银行建筑群	民国	西交民巷17号、23号、50号
大运河（北京市西城区）	元、明	什刹海、玉河故道：地安门外大街（含万宁桥）

北京市文物保护单位（61处）

名称	时代	地址
程砚秋故居	现代	西四北三条39号
齐白石故居	民国	跨车胡同13号
升平署戏楼	清	西长安街1号、大宴乐胡同11号
郑王府	清	大木仓胡同35号
礼王府	清	西黄城根南街7号、9号，颁赏胡同甲19号
庆王府	清	定阜街3号、德胜门内大街甲254号
福佑寺	清	北长街20号
广化寺	元、明	鼓楼西大街鸦儿胡同31号
护国寺金刚殿	元	护国寺西巷
都城隍庙（寝殿）	元、明、清	成方街33号
吕祖阁	清	明光胡同6号、新壁胡同41号
火德真君庙	元、明、清	地安门外大街77号
昭显庙	清	北长街71号
天主教圣母会法文学校	清末	前门西大街137号
西四北三条11号四合院	民国	西四北三条11号
西四北六条23号四合院	民国	西四北六条23号
前公用胡同15号四合院	民国	前公用胡同15号
西四北三条19号四合院	民国	西四北三条19号
西交民巷87号北新华街112号四合院	民国	西交民巷87号
涛贝勒府	清	柳荫街25、27、乙27号
北京水准原点旧址	民国	西安门大街1号（一部南门）
富国街3号四合院	清	富国街3号
平绥铁路西直门车站旧址	清末	西直门外北滨河路1号
百万庄路8号墓园石刻	清末	阜成门外百万庄路8号
贤良祠	清	地安门西大街103号
旧式铺面房	清末	地安门外大街50、52号
会贤堂	清	前海北沿18号
拈花寺	明	大石桥胡同61号
地安门西大街153号四合院	清	地安门西大街153号
阜成门内大街93号四合院	民国	阜成门内大街93号
雪池冰窖	清	雪池胡同10号
恭俭冰窖	清	恭俭五巷5号
皇城墙遗址（西城区）	明、清	西长安街
长椿寺	明	长椿街9、11号
三圣庵	清	黑窑厂胡同14号
陶然亭慈悲庵	元	陶然亭公园内
湖广会馆	清	虎坊路3、5号

湖南会馆	清	烂漫胡同 101、103 号
中山会馆	清	珠朝街 5 号
正乙祠	清	西河沿 220 号
杨椒山祠	明	达智桥胡同 12 号及旁门校场三条 2 号
康有为故居	清	米市胡同 43 号
朱彝尊故居	清	海柏胡同 16 号
《京报》馆	民国	魏染胡同 30、32 号
盐业银行旧址	民国	前门西河沿 7 号
交通银行旧址	民国	前门西河沿 9 号
粮食店第十旅馆	清	粮食店街 73 号
金中都太液池遗址	金	广安门外南街 77 号
云绘楼清音阁	清	陶然亭公园内
德寿堂药店	民国	珠市口西大街 75 号
纪晓岚故居	清	珠市口西大街 241 号
原京华印书局	民国	南新华街 177 号
醇亲王府（南府）	清	鲍家街 43、甲 2 号
广福观	明	烟袋斜街 37 号、大石碑胡同 6 号
清学部遗存	清	教育街 1 号宣内 17 号
清稽查内务府御史衙门	清	陟山门街 5 号
兆惠府第遗存	清	前井胡同 3 号
中国地质调查所旧址	民国	兵马司胡同 15 号
张自忠旧居	民国	府右街丙 27 号
浏阳会馆（谭嗣同故居）	清	北半截胡同 41 号、南半截胡同 6、8 号
绍兴会馆	清	南半截胡同 7 号

西城区级文物保护单位（78 处）

名称	**时代**	**地址**
三官庙	明	西海北沿 29 号
净业寺	明	德胜门内西顺城街 46 号
双　寺	明	双寺胡同 11 号、西绦胡同 2 号
普济寺（高庙）	明	西海南沿 48 号
棍贝子府花园	清	新街口东街 31 号
德胜桥	明	德胜门内大街
摄政王府马号	清	后海北沿 43 号
大藏龙华寺	明	后海北沿 23 号
寿明寺	明	鼓楼西大街 79 号
小石桥胡同 24 号宅园（盛园）	清	小石桥胡同 24 号、后马厂胡同 17 号
银锭桥	明、清	后海北沿东端
鉴　园	清	小凤翔胡同 5 号
正觉寺	明	正觉胡同甲 9 号
魁公府	清	宝产胡同甲 23、23、25、27、29 号 赵登禹路 58、60 号，四根柏胡同 18 号
旌勇祠	清	旌勇里 3 号
保安寺	元	地安门西大街 133、135 号
天寿庵	明	龙头井街 42 号
玉皇阁	元	育强胡同甲 22 号
翠花街 5 号四合院	民国	翠花街 5 号
元大都下水道	元	西四路口
清真普寿寺	明	锦什坊街 63 号

永佑庙	清	府右街1号、3号
万寿兴隆寺	明	北长街39号
洵贝勒府	清	背阴胡同37号
仪亲王府	清	府右街137号
霱公府	清	西绒线胡同51号
永寿寺	明	三里河前巷1号
马尾沟教堂	民国	车公庄大街6号
陆谟克堂	民国	西直门外大街141号
护国双关帝庙	元、明、清	西四北大街167号、甲167号
阿拉善王府	清	毡子胡同7号
法源清真寺	清	德胜门外大街200号
镶红旗满洲都统衙门	清	新文化街137号
吕祖宫	清	复兴门内北顺城街15号
西四街楼	清	西四北大街255号、阜成门内大街1号
圆广寺大殿	明、清	阜成门外大街7号楼-1号
清端顺长公主墓碑	清	德胜门外冰窖口胡同75号
清乾隆汇通祠诗碑	清	德胜门西大街甲60号汇通祠内
天主教圣母圣衣堂	清、民国	西直门内大街130号
中央医院旧址	民国	阜成门内大街133号
平民中学	民国	西四北二条58号
为宝书局	民国	地安门外大街156号
粤东新馆	清	南横西街13号
沈家本故居	清	金井胡同1号
荀慧生故居	清	山西街甲13号
崇效寺藏经阁	明	崇效胡同9号
宝应寺	明	登莱胡同29号
东南园四合院	清	东南园胡同49号
北师大旧址	近代	南新华街13、15、17号
北师大附小旧址	近代	南新华街18号
林白水故居	近代	骡马市大街9号
萧长华故居	清	西草厂街88号
谭鑫培故居	清	大外廊营1号及旁门
王瑶卿故居	清	培英胡同20号
钱市胡同传统建筑群	清	珠宝市街37、39号
前门清真礼拜寺（修缮中）	清	扬威胡同9号
火神庙	清	琉璃厂东街29号
五道庙	清	铁树斜街143—149号、樱桃斜街96—104号
梨园公会	民国	樱桃斜街65号
裕兴中银号	民国	施家胡同11号
青云阁	民国	大栅栏西街33号
护国观音寺	清	樱桃斜街4、6、8号
泰丰楼饭庄	清	煤市街33号、杨梅竹斜街4号
晋江会馆（林海音故居）	清	南柳巷40、42号
北京东方饭店初期建筑	民国	万明路11号
宜兴会馆	清	效尉营胡同44号
新市区泰安里	民国	天桥仁寿路6—16号
圣安寺	金	南横西街119号
莲花寺	明	永庆胡同37号
商务印书馆	民国	琉璃厂西街36号
永兴庵	明	南柳巷45号

余叔岩故居	清	异地迁移待复建
尚小云故居	清	异地迁移待复建
圣祚隆长寺	明、清	西四北三条 3 号
什刹海寺	明、清	糖房大院 27 号
福善寺	清	柳荫街 26 号、28 号
双吉寺	清	双吉胡同 3 号
陈垣故居	民国	兴华胡同 13 号

文化广场

西单文化广场	西单北大街
金融街街道城隍庙文化广场	城隍庙东侧
新街口街道玉桃园文化广场	新街口前桃园
展览路街道朝阳庵老来乐花园	三里河路 22 号朝阳庵小区
月坛街道碧溪公园文化广场	白云路
什刹海街道什刹海文化广场	什刹海小广场
什刹海街道雨来散广场	什刹海雨来散文化广场
什刹海街道野鸭岛南岸广场	野鸭岛南岸
大观园奥运城市文化广场	大观园南门
宣武艺园奥运露天剧场	宣武艺园东门
天桥市民广场	天桥剧场东侧
牛街东里文化广场	牛街东里 1 区
白纸坊文体广场	南樱桃园路口
广外红莲文体广场	红莲北里社区南侧
椿树园文化广场	椿树园小区
广内长春苑	长春苑街心花园

文化馆

西城区第一文化馆	西直门内大街 147 号
西城区第二文化馆	姚家井 3 巷 20 号

博物馆

中国地质博物馆	西四羊肉胡同 15 号
中国钱币博物馆	西交民巷 17 号
中国印钞造币博物馆	西直门外大街凯旋大厦
中国古动物馆	西直门外大街 142 号
民族文化宫博物馆	复兴门内大街 49 号
恭王府花园	柳荫街甲 14 号
首都博物馆	复外大街 16 号
北京天文馆	西直门外大街 138 号
白塔寺	阜城门内大街 171 号
北京古代钱币博物馆	北二环中路德胜门箭楼
北京历代帝王庙管理处	阜成门内大街 131 号
北京李大钊故居	文华胡同 24 号
宋庆龄故居	后海北沿 46 号
北京鲁迅博物馆	阜成门内宫门口二条 19 号
郭沫若纪念馆	前海西街 18 号
梅兰芳纪念馆	护国寺街 9 号

徐悲鸿纪念馆	新街口北大街53号
郭守敬纪念馆	德胜门西大街甲60号
北京红楼文化艺术博物馆	南菜园街12号
北京宣南文化博物馆	长椿街9号
北京戏曲博物馆	虎坊路3号
北京空竹博物馆	报国寺小星胡同9号
古陶文明博物馆	右安门内西街18号（大观园北门）
北京古代建筑博物馆	东经路21号
慈悲庵	太平街19号陶然亭公园内
中国消防博物馆	广安南街70号
中国佛教图书文物馆	法源寺内

图书馆

西城区第一馆	后广平胡同26号
西城区第二图书馆	教子胡同8号
金融街街道图书馆	太平桥大街107号地下2层
金融街街道丰汇园图书馆	丰汇园小区15号楼
西长安街街道图书馆	罗贤胡同27号
西长安街街道和平门图书馆	西绒线20号楼21门104号
月坛街道图书馆	月坛南街甲49号
新街口街道图书馆	西直门内大街235号
新街口街道福绥境图书馆	宫门口三条乙1号
展览路街道图书馆	展览馆路甲18号
展览路社区教育学校图书馆	月坛北街25号
什刹海街道图书馆	刘海胡同11号
德胜街道图书馆	新明胡同甲1号
德胜社区教育学校图书馆	安德路140号
广内街道图书馆	感化胡同3号院5楼1层
广内街道西便门东里图书馆	广安门内街道西便门东里平房1号
牛街街道图书馆	牛街东里18号楼302
白纸坊街道图书馆	半步桥街13-1
大栅栏街道图书馆	石头胡同9号
大栅栏西河沿民俗图书馆	前门西河沿228号
天桥街道图书馆	北纬路9号3层308室
天桥雷锋图书馆	南纬路38号院3号楼3-11
椿树街道图书馆	前孙公园东夹道4号2层
陶然亭街道图书馆	四平园9号楼1层
广外街道图书馆	广安门外马连道中里1区1号
广外红莲北里社区图书分馆	红莲北里12-1
广外莲花河社区图书分馆	莲花河胡同2号
文化馆图书馆	姚家井三巷20号
军休办宣武活动中心图书馆	牛街西里二区15号

电影院

北京首都华融影院有限责任公司	西单北大街131号9层（局部）、10层、11层
北京青年宫电影城	西直门南小街68号
北京地质礼堂	西四羊肉胡同30号
北京国宾菁英电影放映有限公司	月坛南街24号

北京金融街影院有限责任公司　金融大街 18 号地下一层
北京市新街口电影院　西直门内大街 69 号
北京大观楼影城　前门大栅栏街 36 号
北京市工人俱乐部　虎坊桥七号
北京华业伟成文化发展有限公司　西单北大街 180 号西单文化广场 B1 层 4D
北京市红楼电影院　西安门大街 156 号
北京市胜利电影院　西四东大街 55 号
北京市广安门电影院　白广路 8 号
北京市宣武区中华电影娱乐宫　天桥市场 85 号
北京鑫融文体俱乐部有限责任公司　白纸坊街 16 号
北京春晖剧场　陶然亭路 51 号
北京耀莱腾龙国际影城管理有限公司马连道电影院分公司　马连道路 25 号楼新年华生活购物广场 5 层 F510 商铺、6 层 F603 商铺

营业性演出场所

北京音乐厅　北新华街 1 号
北京湖广会馆大戏楼　虎坊路 3 号
北京市天桥剧场　北纬路 30 号
民族文化宫大剧院　复兴门内大街 49 号
国家大剧院　西长安街 2 号
中央音乐学院音乐厅　鲍家街 43 号
北京梅兰芳大剧院　平安里西大街 32 号
正乙祠戏楼　前门西河沿街 220 号
国家京剧院（实验剧场）　平安里西大街 22 号
北京天艺同歌国际文化艺术有限公司　抄手胡同 64 号 26 幢
北京国话剧场　广安门外大街 277 号
北京市西城区文化馆（首层小剧场）　西直门内大街 147 号
北京市西城区文化馆（二层多功能剧场）　西直门内大街 147 号
中国木偶艺术剧院股份有限公司北京西城分公司　西直门外大街 137 号东部
北京张一元茶叶有限责任公司天桥杀馆　万明路 18 号院 1 号楼南侧
北京地质礼堂　西四羊肉胡同 30 号
北京广德楼娱乐产业有限责任公司　前门大栅栏大街 39 号
北京儿童科技中心（中国儿童中心官园影剧院）　西直门南小街甲 98 号
北京展览馆剧场　西外大街 135 号
解放军歌剧院　德胜门内大街 60 号
北京市工人俱乐部　虎坊路 7 号
北京天桥杂技剧场　北纬路东口（天桥市场 95 号）
德云社剧场　北纬路甲 1 号
北京首都旅游国际酒店集团有限公司前门梨园剧场　永安路 175 号
北京大观园戏楼　南菜园街 12 号（大观园院内）
北京老舍茶馆　前门西大街正阳市场 3 号楼
北京老舍茶馆新京调食坊　前门西大街正阳市场 3 号楼
北京市邦克实业公司鑫融文化俱乐部　白纸坊街 16 号
北京青年宫电影城　西直门南小街 68 号
北京西区剧场管理有限公司　护国寺街 85 号 11 幢 4F
北京鼓楼西文化有限公司（全总文工团排练场）　小八道湾 6 号 3 幢平房
北京京都文化投资管理公司演艺中心　车公庄 4 号 18 栋、20 栋东侧

非物质文化遗产项目名录
及代表性传承人名单

非物质文化遗产项目名录

序号	类别	项目名称	项目级别		
			国家级	北京市级	西城区级
1	民间文学（5项）	北京童谣	★	★	★
2		北京回族民间故事			★
3		北京建城传说			★
4		什刹海的传说			★
5		北京灯谜			★
6	传统音乐（6项）	京都北韵禅乐		★	★
7		白纸坊挎鼓		★	★
8		北京道教音乐			★
9		古代诗词歌曲			★
10		昆曲工尺谱			★
11		北京十番乐			★
12	传统舞蹈（2项）	白纸坊太狮	★	★	★
13		大栅栏五斗斋高跷秧歌		★	★
14	传统戏剧（4项）	昆曲	★	★	★
15		河北梆子	★	★	★
16		北京皮影戏	★	★	★
17		西城皮影（德顺班）			★
18	曲艺（11项）	单弦牌子曲	★	★	★
19		岔曲		★	★
20		北京评书	★	★	★
21		相声	★	★	★
22		京韵大鼓	★	★	★
23		梅花大鼓		★	★
24		北京琴书		★	★
25		联珠快书		★	★
26		天桥拉洋片			★
27		天桥双簧			★
28		评书（北京）			★
29	传统体育、游艺与杂技（25项）	抖空竹	★	★	★
30		天桥中幡	★	★	★
31		天桥摔跤	★	★	★
32		口技	★	★	★
33		八卦掌	★	★	★
34		牛街白猿通背拳	★	★	★
35		祁家通背拳			★

续　表

序号	类别	项目名称	项目级别		
			国家级	北京市级	西城区级
36	传统体育、游艺与杂技（25项）	六合拳		★	★
37		孙式太极拳		★	★
38		北京鬃人		★	★
39		天桥摔跤（2）			★
40		北京赛活驴			★
41		天桥穆派戏法			★
42		牛街掷子			★
43		三皇炮捶拳			★
44		陈式太极拳			★
45		踢花毽			★
46		天桥盘杠			★
47		七巧板			★
48		古彩戏法（杨小亭）			★
49		形意拳			★
50		梅花桩拳（小架）			★
51		少林八法拳			★
52		耍花坛			★
53		爬杆			★
54	传统美术（27项）	北京内画鼻烟壶	★	★	★
55		内画鼻烟壶		★	★
56		北京仿古瓷		★	★
57		北京刻瓷		★	★
58		北京砖雕		★	★
59		京派剪纸（申沛农）			★
60		泥塑彩绘脸谱			★
61		北京玉雕（一魔）			★
62		裕氏草编			★
63		铜印钮雕刻			★
64		毛猴			★
65		金石篆刻			★
66		脸谱绘制			★
67		面人			★
68		彩蛋绘制			★
69		北京宫廷补绣			★
70		北京彩塑			★
71		面塑			★
72		北派雕钮			★
73		传统灯彩			★
74		绳结艺术			★
75		象牙雕刻			★
76		北京绒鸟（绒花）			★
77		古建油漆彩绘			★
78		彩砂工艺			★
79		北京葫芦烙画			★
80		核雕			★

续 表

序号	类别	项目名称	项目级别		
			国家级	北京市级	西城区级
81	传统技艺（70项）	北京宫毯织造技艺	★	★	★
82		木版水印技艺（荣）	★	★	★
83		古字画装裱修复技艺（荣）	★	★	★
84		古籍修复技艺（中国书店）	★	★	★
85		内联升千层底布鞋制作技艺	★	★	★
86		王致和腐乳酿造技艺	★	★	★
87		六必居酱菜制作技艺	★	★	★
88		张一元茉莉花茶制作技艺	★	★	★
89		鸿宾楼全羊席制作技艺	★	★	★
90		天福号酱肘子制作技艺	★	★	★
91		仿膳（清廷御膳）	★	★	★
92		烤肉季烤羊肉制作技艺	★	★	★
93		烤肉宛烤羊肉制作技艺			★
94		砂锅居全猪席烹制技艺		★	★
95		护国寺清真小吃制作技艺		★	★
96		柳泉居京菜制作技艺		★	★
97		瑞蚨祥中式服装手工制作技艺		★	★
98		马聚源手工制帽技艺		★	★
99		一得阁墨汁制作技艺		★	★
100		戴月轩湖笔制作技艺		★	★
101		“正兴德”清真茉莉花茶制作工艺		★	★
102		传统药香制作技艺		★	★
103		毛猴制作技艺			★
104		金属工艺品锻錾工艺			★
105		绢人制作技艺			★
106		戏曲盔头制作技艺（李继宗）			★
107		锦匣制作技艺			★
108		京胡制作技艺			★
109		叭叭鼓制作技艺（张氏）			★
110		荣宝斋装帧技艺			★
111		汲古阁拓片制作技艺			★
112		北京花茶拼配工艺			★
113		北京风味小吃制作技艺			★
114		桂香村南味食品制作技艺			★
115		同和居鲁菜烹制技艺			★
116		峨嵋酒家川菜烹制技艺			★
117		曲园酒楼湘菜制作技艺			★
118		丰泽园鲁菜制作技艺			★
119		翰林谭家菜制作技艺			★
120		宫廷奶制品制作技艺			★
121		小肠陈卤煮火烧制作技艺			★
122		羊头马白水羊头制作技艺			★
123		马家老铺酱烧牛羊肉制作技艺			★
124		“爆肚冯”爆肚制作技艺			★

续 表

序号	类别	项目名称	项目级别		
			国家级	北京市级	西城区级
125	传统技艺（70项）	“户部街马记”酱烧牛羊肉制作技艺			★
126		“年糕钱”年糕制作技艺			★
127		天源酱菜制作技艺			★
128		“豆腐脑白”豆腐脑制作技艺			★
129		门框胡同褡裢火烧制作技艺			★
130		大和恒米面加工技艺			★
131		北京雕漆			★
132		金漆镶嵌			★
133		花丝镶嵌			★
134		传拓技艺			★
135		曹氏风筝			★
136		胡广源派京胡制作技艺			★
137		山核桃工艺品制作技艺			★
138		古琴斫制技艺			★
139		古建筑模型扎小样			★
140		北京金漆镶嵌			★
141		手工书画装裱修复技艺			★
142		蜡果制作技艺			★
143		北海公园标本菊传统养殖技法			★
144		金氏风筝扎制技艺			★
145		北京景泰蓝制作技艺			★
146		北京鸽哨制作技艺			★
147		羯子李白汤羊蝎子制作技艺			★
148		奶酪魏奶酪制作技艺			★
149		砂板糖制作技艺			★
150		北派舞狮道具制作技艺			★
151	传统医药（9项）	宫廷正骨	★	★	★
152		鹤年堂中医药养生文化	★	★	★
153		王氏脊椎疗法	★	★	★
154		清华池修治脚病传统技艺		★	★
155		凤阳门正骨千手大法			★
156		正筋疗法			★
157		北京马应龙眼药制药技艺			★
158		王氏脑中风疗法			★
159		崇厚堂沈氏女科疗法			★
160	民俗（3项）	厂甸庙会	★	★	★
161		鸿宾楼“老堂经”			★
162		老北京叫卖			★

注： 国家级非物质文化遗产项目 32 项
北京市级非物质文化遗产项目 56 项
西城区级非物质文化遗产项目 162 项

非物质文化遗产代表性传承人名单

序号	项目名称	姓名	性别	出生年份	批次			备注
					国家级	北京市级	西城区级	
1	白纸坊太狮	王建文	男	1964	★	★	★	
2		杨敬伟	男	1958	★	★	★	
3	大栅栏五斗斋高跷秧歌	张全增	男	1933		★	★	
4	京都北韵禅乐	朱锡全	男	1926		★	★	
5		吴颖超	女	1933			★	
6	北京皮影戏	路宝刚	男	1964			★	
7	昆曲	侯少奎	男	1940	★	★	★	
8		杨凤一	女	1964	★	★	★	
9		白士林	男	1938	★	★	★	
10		丛兆桓	男	1931	★	★	★	
11		韩建成	男	1939	★	★	★	
12		王大元	男	1941	★	★	★	
13		马玉森	男	1940		★	★	
14		周万江	男	1940		★	★	
15		张毓文	女	1946		★	★	
16		乔燕和	女	1943		★	★	
17		王建平	男	1964			★	
18		侯宝江	男	1946			★	
19		刘国庆	男	1943			★	
20		王德林	男	1943			★	
21		白晓华	女	1943			★	
22		张敦义	男	1945			★	
23		张国泰	男	1943			★	
24	河北梆子	刘玉玲	女	1947	★	★	★	
25		王凤芝	女	1941		★	★	
26		李二娥	女	1947		★	★	
27		彭艳琴	女	1956			★	
28	西城皮影（德顺班）	路连达	男	1938			★	
29	北京评书	连丽如	女	1943	★	★	★	
30		贾建国	男	1942			★	
31	岔曲	张蕴华	女	1948	★	★	★	
32		希婉英	女	1952			★	
33		马岐	男	1940			★	
34		马小祥	男	1969			★	
35	联珠快书	章学楷	男	1936		★	★	
36		王玥波	男	1978			★	
37	北京琴书	王树才	男	1968		★	★	
38		刘砚声	男	1947			★	
39	京韵大鼓	李想	女	1984			★	
40	相声	张志强	男	1959			★	
41		康有纯	男	1957			★	

续　表

序号	项目名称	姓名	性别	出生年份	批次			备注
					国家级	北京市级	西城区级	
42	天桥中幡	傅文刚	男	1961	★	★	★	
43		傅文友	男	1957			★	
44	抖空竹	张国良	男	1955	★	★	★	
45		李连元	男	1946	★	★	★	
46	北京鬃人	白大成	男	1939		★	★	
47		白霖	男	1979			★	
48	八卦掌	孙志均	男	1933	★	★	★	
49		赵大元	男	1944			★	
50		王尚智	男	1947			★	
51	口技	牛玉亮	男	1938	★	★	★	
52	孙式太极拳	孙婉蓉	女	1928		★	★	
53		孙宝亨	男	1933			★	
54	牛街白猿通背拳	李占华	男	1942		★	★	
55	祁家通背拳	戴振川	男	1955			★	
56	五行通背拳	马启华	男	1954			★	
57	北京内画鼻烟壶	刘守本	男	1943	★	★	★	
58		杨志刚	男	1963			★	
59	内画鼻烟壶	姚桂新	女	1954			★	
60	京城砖雕	张彦	男	1965			★	
61	北京宫毯织造技艺	康玉生	男	1933	★	★	★	
62		王国英	女	1967		★	★	
63		褚长海	男	1942			★	
64		高春荣	女	1962			★	
65	北京仿古瓷	白莉	女	1955		★	★	
66		王立	女	1950			★	
67	泥塑彩绘脸谱	佟秀芬	女	1956			★	
68	内联升千层底布鞋制作技艺	何凯英	男	1955	★	★	★	
69	马聚源手工制帽技艺	盛秉伦	男	1927		★	★	
70	瑞蚨祥中式服装手工制作技艺	邹秋明	女	1953		★	★	
71	装裱修复技艺（古籍修复技艺）	王辛敬	男	1958	★	★	★	
72	荣宝斋装裱修复技艺	李淑珍	女	1968		★	★	
73	木板水印技艺	崇德福	男	1953	★	★	★	
74		王丽菊	女	1958	★	★	★	
75		高文英	女	1956	★	★	★	
76		赵慧萍	女	1964		★	★	
77		刘宝祥	男	1963			★	
78	中国书店古籍修复技艺	汪学军	男	1964	★	★	★	
79		刘秋菊	女	1962			★	
80	张一元茉莉花茶窨制技艺	王秀兰	女	1955	★	★	★	
81	传统药香制作技艺	李时亮	男	1980		★	★	
82	戴月轩湖笔制作技艺	王后显	男	1976			★	
83	六必居酱菜制作技艺	杨银喜	男	1954	★	★	★	

续 表

序号	项目名称	姓名	性别	出生年份	批次			备注
					国家级	北京市级	西城区级	
84	六必居酱菜制作技艺	薛洪兰	女	1959			★	
85	鸿宾楼全羊席制作技艺	佟建国	男	1952		★	★	
86		朱长安	男	1960			★	
87		许仁礼	男	1963			★	
88	天福号酱肘子制作技艺	冯君堂	男	1960		★	★	
89		郭景田	男	1959			★	
90		王金杠	男	1952			★	
91		耿仁	男	1956			★	
92	北京烤肉制作技艺（烤肉季）	白士清	男	1946		★	★	
93		甄德禄	男	1958			★	
94		杨玉泉	男	1959			★	
95	北京烤肉制作技艺（烤肉宛）	万春生	男	1962		★	★	
96		张振民	男	1968			★	
97		王芸生	男	1956			★	
98	护国寺清真小吃制作技艺	马国华	男	1952			★	
99		李秀云	女	1964			★	
100	砂锅居全猪席制作技艺	刘为永	男	1969			★	
101		杨树松	男	1954			★	
102		曹东鹏	男	1978			★	
103	同和居鲁菜烹制技艺	于晓波	男	1955			★	
104		武根深	男	1963			★	
105	峨眉酒家川菜制作技艺	毛春和	男	1962			★	
106	柳泉居京菜制作技艺	屈德森	男	1958			★	
107	宫廷补绣	杜康民	男	1947			★	
108		孙石芬	女	1948			★	
109	北京彩塑	双起翔	男	1931			★	
110		双彦	男	1958			★	
111	面塑	张宝琳	男	1954			★	
112		冯慧芸	女	1954			★	
113	京派剪纸（申沛农）	靳鹤年	男	1944			★	
114		杨莹莹	女	1954			★	
115	北派雕钮	韩宝玉	男	1942			★	
116	戏曲盔头制作技艺	李继宗	男	1938			★	
117	北京玉雕（一魔）	刘春江	男	1958			★	
118	裕氏草编	裕庸	男	1939			★	
119	金属工艺品锻錾工艺	孟德仁	男	1943			★	
120	宫廷正骨	刘钢	男	1952	★	★	★	
121		吴冰	男	1978			★	
122	王氏脊椎疗法	王兴治	男	1953	★	★	★	
123	鹤年堂中医药养生文化	雷雨霖	男	1926	★	★	★	
124		王国宝	男	1954		★	★	
125	清华池修治脚病传统技艺	王建生	男	1957		★	★	
126	凤阳门正骨千手大法	佟乐康	男	1948			★	

主要宾馆及饭店

名称	星级	地址	电话
国宾酒店	五星	阜外大街甲 9 号	58585588
金融街威斯汀大酒店	五星	金融大街乙 9 号	66068866
金融街丽思卡尔顿酒店	五星	金城坊东街 1 号	66016666
金融街洲际酒店	五星	金融街 11 号	58525888
翔达国际商务酒店	四星	广安门内大街 169 号	83172288
港中旅维景国际大酒店	四星	广安门内大街 338 号	83529999
西单美爵酒店	四星	宣武门内大街 6 号	66036688
建通酒店	四星	广莲路甲 5 号	63986611
国宏宾馆	四星	木樨地北里甲 11 号	63908866
中国职工之家	四星	真武庙路一号	68576699
前门饭店	四星	永安路 175 号	63016688
深圳大厦	四星	广安门外大街 1 号	63271188
民族饭店	四星	复兴门内大街 51 号	66014466
国谊宾馆	四星	文兴东街 1 号国谊宾馆	68316611
广州大厦	四星	西单横二条甲 3 号	58559988
金都假日饭店	四星	北礼士路 98 号	68338822
国二招宾馆	四星	西直门南大街 6 号	66186688
金台饭店	四星	地安门西大街 38 号	66529988
德宝饭店	四星	德宝新园 22 号	68318866
新大都饭店	四星	车公庄大街 21 号	68319988
金色夏日商务酒店	四星	西便门内大街 85 号	63012999

街道社区居委会

德胜街道

石油社区	六铺炕二区 38 号楼南平房
六铺炕水电社区	六铺炕二区 39 号楼 1 层
六铺炕煤炭社区	安德路南 67 号旁门
安德路南社区	安德路 124 楼东侧地下室
安德路北社区	教场口 6 号院 1 号楼 1 门 003 室

德外大街东社区	教场口9号院5号楼1层
德外大街西社区	冰窖口胡同73号-4
人定湖西里社区	塔院胡同丙2号
新外大街南社区	新街口外大街28好院新4楼前平房
新外大街北社区	新街口外大街甲8号29楼-4-2
德胜里社区	德胜里一区9楼4门2号
新明家园社区	新明胡同2号楼平房
新康社区	新康街3号院平房
新风中直社区	新风南里9号楼前平房
北广社区	双旗杆东里2号楼下平房
马甸社区	马甸南村
双旗杆社区	双旗杆东里12号楼1层
裕中西里社区	裕中西里27楼甲1号
裕中东里社区	裕中西里15楼1层中间
黄寺大街西社区	德胜门外大街乙12号院8号楼1层
黄寺大街24号社区	人定湖北巷（敬老院北）
阳光丽景社区	黄寺大街23号院3楼东平房
新风街1号社区	新风街1号院10号楼107

什刹海街道

西四北社区	中毛家湾55号
西安门社区	西四东大街8号
西什库社区	刘兰塑胡同16号
爱民街社区	爱民二巷1号
大红罗社区	小拐棒胡同18号
西巷社区	护国寺东巷22号
护国寺社区	德胜门内大街251号
簸箩仓社区	德胜门内大街221号
前铁社区	德胜门内大街303号
柳荫街社区	柳荫街甲7号
兴华社区	厂桥胡同8号
松树街社区	弘善胡同18号
前海北沿社区	南官房胡同59号
前海东沿社区	后小井胡同18号
白米社区	白米斜街12号
景山社区	景山西街15号
米粮库社区	油漆作胡同21号
旧鼓楼社区	旧鼓楼大街145号
双寺社区	西绦胡同甲15号
鼓西社区	鼓西大街128号
后海社区	鸦儿胡同后6号
后海西沿社区	东明胡同16号
西海社区	水车胡同甲9号
苇坑社区	苇坑胡同53号
四环社区	新街口东街22号

西长安街街道

义达里社区	义达里42号

西单北社区	东斜街53号2楼
光明社区	府右街西巷22号
黄南社区	黄南一区5号楼1层
府南社区	太仆寺街33号楼5号院
钟声社区	南安里7号
太仆寺街社区	横二条2号303
南北长街社区	南长街58号
北新华街社区	东安福20号
西交民巷社区	东新帘子胡同2号
和平门社区	西绒线胡同8号
六部口社区	小六部口26号
未英社区	佳慧雅园3号楼

大栅栏街道

前门西河沿社区	西河沿224号
大安澜营社区	大安澜营9号
大栅栏西街社区	杨梅竹斜街65号
铁树斜街社区	樱桃斜街61号
煤市街东社区	甘井胡同19号
延寿街社区	延寿街21号
三井社区	煤市街21号
百顺社区	百顺胡同8号
石头社区	石头胡同29号

天桥街道

留学路社区	灵佑胡同4号
香厂路社区	仁民路8号
永安路社区	阡儿路71号
虎坊路社区	虎坊路12号楼北侧
天桥小区社区	东经路6号院内居委会
禄长街社区	禄长街头条19号院内
先农坛社区	南纬路2号院内
太平街社区	太平街8号18号楼院内

新街口街道

西四北头条社区	小绒线胡同18号
西四北三条社区	赵登禹路140号
西四北六条社区	西四北六条35号
育德社区	后车胡同9号
前公用社区	后帽胡同1号
宫门口社区	宫门口三条1号（福绥境大楼内）
北顺社区	青塔胡同43号
富国里社区	玉廊园8号楼2-001
安平巷社区	白塔寺东夹道胡同甲8号
官园社区	育强胡同甲8号
冠英园社区	冠英园西区27号楼4-D01、D02
南小街社区	安成胡同35号

半壁街社区	小后仓胡同 1 号楼北侧平房
中直社区	西直门南大街 10 号 10 号楼 105
大觉社区	大觉 31 号
西里三区社区	新街口西里三区 2 号楼南小楼 1 层
北草厂社区	玉桃园三区 8 号楼 4–004
玉桃园社区	前桃园 1 号楼院内
西里四区社区	新街口西里三区 2 号楼南小楼 3 层
西里一区社区	新街口西里一区 3 号楼西侧底商
西里二区社区	新街口西里一区 9 号楼西侧底商

金融街街道

砖塔社区	砖塔胡同 53 号
大院社区	大院胡同 18 号
宏汇园社区	宏汇园 8 号楼 2–3 门
教育部社区	大木仓胡同 35 号
京畿道社区	京畿道小区甲 1 号
手帕社区	东铁匠胡同甲 8 号
新文化街社区	新文化街 36 号
受水河社区	众益胡同 46 号旁门
新华社社区	佟麟阁路 62 号
丰盛社区	太平桥大街西城晶华底商 8–7
丰融园社区	丰融园小区 15 号楼底商 20 号
丰汇园社区	丰汇园 11 号楼甲 1 号
二龙路社区	太平桥大街甲 230 号
文昌社区	闹市口中街 33 号
东太平街社区	新文化街 127 号楼后院平房
温家街社区	光彩胡同 29 号
民康社区	民康胡同 30 号院 2 号楼 108 室
西太平街社区	鲍家街甲 2 号
中央音乐学院社区	鲍家街 43 号新 7 楼 1 门 D101 室

椿树街道

梁家园社区	前孙公园 56 号
红线社区	红线胡同 21 号
香炉营社区	香炉营东巷 2 号院 3–5–103
椿树园社区	椿树园小区 4 号楼 1 层
宣武门外东大街社区	宣武门外东大街 22 号楼 2–109
四川营社区	四川营胡同 8 号
琉璃厂西街社区	前孙东夹道 4 号

陶然亭街道

米市社区	南大吉巷 14 号
果子巷社区	南大吉巷 14 号
粉房琉璃街社区	粉房琉璃街 100 号
福州馆社区	福州馆前街 4 号楼前平房
新兴里社区	南华里 13 号
黑窑厂社区	黑窑厂街临字 16 号

龙泉社区	龙泉胡同甲 22 号
红土店社区	红土店南里 6 号楼前平房

展览路街道

德宝社区	德宝新园 1 号楼 7-001/8-001
朝阳庵社区	朝阳庵 3 号楼前平房
文兴街社区	车公庄中里 1 号楼下平房
团结社区	西外团结大院 7 号楼地下室
榆树馆社区	榆树馆西里 4 号楼地下室
新华东社区	北礼士路乙 56 号楼 3 门地下室
新华里社区	新华里 10 号院 1 号楼 1 门 101-102 室
车公庄社区	车公庄北里 36 号楼 101 室
百万庄西社区	百万庄北里 1 号平房
百万庄东社区	百万庄中里 8 号楼 6 门及 7 门地下室
三塔社区	展览馆路 34 号东侧平房
新华南社区	北礼士路 135 号楼院内平房
黄瓜园社区	黄瓜园东 10 门后院平房
露园社区	北露园 4 号楼楼下平房
北营房西里社区	北营房西里 11 号楼地下室及南侧平房
北营房东里社区	北营房东里 11 楼 105 室、109 室
阜外西社区	月坛北街 25 号楼 3 楼前车库
洪茂沟社区	月坛北街 15 号楼院内供暖所煤厂院内平房
阜外东社区	南礼士路甲 1 号院内平房
南营房社区	月坛北街 5 号楼 2 门 103 号
万明园社区	万明园 7 号楼 2-104

月坛街道

三里河社区	三里河北街 5 号院西平房
二里河一区社区	三里河一区 3 号院 5 楼半地下
月坛社区	月坛北街 8 号楼 108 号
社会路社区	月坛南街 19 号院 4 号楼 1 层
铁三社区	月坛西街西里 16 楼 2 门 1 号
三里河二区社区	三里河二区 6 号楼 105
三区一社区	三里河三区 40 楼 4 门 3 号
三区三社区	复兴门外大街 23-105
铁二一社区	二七剧场路东里新 19 楼 205 号
铁二二社区	复兴门外二七剧场路东里新 9 楼 2 门 003
南礼士路社区	南礼士路三条北里 14 楼 3 门 3 号
二炮社区	复兴门外大街甲七号院社区居委会
复北社区	复兴门北大街 11 号楼旁社区居委会
广一社区	真武庙二条 7 号院 7 门 1 号
广二社区	西便门外大街 4 号院 4 号楼 2 门 101
复外社区	复外大街 6 号楼 107 号
真武庙社区	真武庙五里 6 栋西配楼
西便门社区	西便门外大街 10 号院 26 门 2 号
铁四社区	西便门外大街 7 号院 11 号楼 2 号
汽南社区	白云路西里 16 号楼 107 号
汽北社区	木樨地北里 19 楼北侧

白云观社区	白云观街南里 5 号楼 4 门 101 号
木樨地社区	木樨地北里平房 2 号
公安社区	木樨地南里公安大学 29 楼地下室
南沙沟社区	南沙沟小区 18 号楼西头 1 层
全总社区	真武庙二里甲 10-2

广安门内街道

西便门内社区	西便门内大街 77 号
长西社区	长椿街西里 18 楼西侧
槐北社区	槐柏树街 11 号楼 1 单元底商
西便门东里社区	便门东里东平房 1 号
西便门西里社区	便门西里 1-102 号
报国寺社区	胜利一巷 28 号
核桃园社区	核桃园东街 6 号
槐南社区	槐柏树南里 9-2-002 号
长椿里社区	长椿街 8 号楼 3-1 号
上斜街社区	上斜街乙 46 号
校场社区	校场小七条 10 号
宣西社区	宣武门西大街 4 号楼地下室
三庙社区	长椿街东里 24 楼前
老墙根社区	建学新楼 4 门 103 号
长椿街社区	感化 3 号院内平房
广安东里社区	广安门内大街 159 号
大街东社区	广安门内大街 223 号楼内东侧
康乐里社区	康乐里小区 1 号楼地下室

牛街街道

枫桦社区	牛街西砖胡同 2 号院 8-1
法源寺社区	南横西街 65 号后楼
东里社区	牛街东里一区 5 号楼南侧
春风社区	小寺街 6 号院
西里一社区	牛街西里一区 2 号楼北侧
西里二社区	牛街西里二区 6 号楼东侧
钢院社区	白广路 6 号院
白广路社区	白广路二条 4 号院内
南线阁社区	南线里 4 号楼 1 层
菜园北里社区	枣林前街 147 号院内

白纸坊街道

平原里社区	平原里小区 12 号楼对面地下室
双槐里社区	万寿公园南门东侧小院
右北大街社区	益民巷大楼 1 层
樱桃园社区	樱桃三条新安北里 1 号楼底商
菜园街社区	崇效胡同 18 号
崇效寺社区	白纸坊西街 17 号院 7 号楼 101 室
建功北里社区	南菜园 19-1
建功南里社区	南菜园乙 35 号

新安中里社区	白纸坊西街20号楼底商-3
新安南里社区	白纸坊西街6号院5-3-002
右内后身社区	右安门内西街丙1号
右内西街社区	右安门内西街甲10号院5号楼西侧平房
自新路社区	信建里宿舍6号平房
光源里社区	宏建北里19号
半步桥社区	半步桥街13号院
万博苑社区	万博苑小区5号楼地下室
里仁街社区	里仁街6号院外北平房
清芷园社区	清芷园3号楼1层1-I

广安门外街道

鸭子桥社区	鸭子桥路47号
青年湖社区	鸭子桥北里14-3-B01
椿树馆社区	车站东街15-2-1-102
白菜湾社区	广安门外南街甲59-3
车站东街社区	广安门外大街6号楼1层南侧
手帕口南街社区	手帕口南街36号院平房
朗琴园社区	广安门外手帕口南街1号院11号楼南侧1层
红居街社区	远见名苑4号楼A1
红居南街社区	小红庙3号楼下平房
车站西街15号院社区	车站西街15号院社区西侧平房
车站西街社区	车站西街17号院1号楼南侧平房
乐城社区	广安门外红莲南路6号院2号楼105
红莲北里社区	红莲北里5-3-101
红莲中里社区	红莲中里28楼南侧平房
红莲南里社区	红莲南里8号
三义东里社区	广安门外马中街甲3号楼1层北侧
三义里社区	三义里8号楼南侧
马中里社区	马连道中街甲3号楼
马连道社区	马连道路5号院北侧平房
湾子街社区	马连道路15号院3-8
依莲轩社区	依莲轩D座103
小马厂社区	小马厂路1号院1号楼北侧
手帕口北街社区	手帕口北街11号院南平房
天宁寺北里社区	天宁寺前街北里5 1 103
二热社区	小马厂东里2-101
天宁寺南里社区	天宁寺南里小区12号楼旁
莲花河社区	莲花河胡同2号院1号楼1单元
荣丰社区	荣丰5号楼C01室
蝶翠华庭社区	广安门外大街305号二区5号楼地下1层6号

（责任编辑 杨桂敏）

索 引

说明：1. 本索引基本按汉语拼音音序排列，汉字打头的主题词按首字的音序音调依次排列，首字相同时，则以第二字排序，依此类推；以阿拉伯数字、英文字母打头的主题词，排在最前面。

2. 主题词后的阿拉伯数字表示该词所在页码，其后的小写英文字母 a、b、c 表示正文中的栏别（从左至右）。

3. 部分主题词后面有若干个页码或栏别，则表示该词在这些地方均有出现。

4. 特载、人物、统计资料、附录等栏目内容不在标引范围内。

A

B

C

D

F

G

H

J

K

L

M

P

Q

S

T

W

X

Y

Z